图书在版编目（CIP）数据

中国孩子最爱问的十万个为什么 / 高小雪，李向云编. —沈阳：辽海出版社，2012.1
ISBN 978-7-5451-1740-0

Ⅰ.①中… Ⅱ.①高… ②李… Ⅲ.①科学知识—少儿读物 Ⅳ.①Z228.1

中国版本图书馆CIP数据核字（2011）第272437号

出　　品	唐码书业（北京）有限公司 WWW.TANGMARK.COM
责任编辑	孙德军
装帧设计	刘　畅
排版制作	闫晓玉　张　月

图片版权声明

本书使用的部分图片来源于互联网。尽管编者和出版社已通过各种途径联系权利人，但仍无法与之取得联系。为尊重权利人的权益，我们向无法取得联系的权利人及权利继受人表示深深的歉意和真诚的感谢，并希望权利人或权利继受人得知本书出版信息后尽快与我们联系，以便我们及时支付稿酬。联系方式如下：

电话：（010）82676767　　　邮箱：forreader@126.com

中国孩子最爱问的十万个为什么
ZHONGGUO HAIZI ZUI AI WEN DE SHIWAN GE WEISHENME

高小雪　李向云 ◎ 编

| 出版发行 / 辽海出版社 |
| 社　　址 / 沈阳市和平区十一纬路29号 |
| 邮　　编 / 110003 |
| 经　　销 / 新华书店 |
| 印　　制 / 北京市海淀区温泉印刷厂 |
| 版　　次 / 2012年10月第1版 |
| 印　　次 / 2012年10月第1次印刷 |
| 开　　本 / 787×1092　1/16 |
| 字　　数 / 1 019 000 |
| 印　　张 / 48 |
| 书　　号 / ISBN 978-7-5451-1740-0 |
| 定　　价 / 498.00元（全四册） |

序 Preface

在每个人的成长过程中,都曾有过这样的疑问:晴朗的天空为什么是蓝色的?雪花为什么是六角形的?星星为什么会眨眼睛?……

孩子眼中的世界与成人眼中的世界是不同的,这些在成人眼中司空见惯的现象在孩子的眼中却充满了神秘。他们渴望了解世界,渴望去探索、去发现。他们充满期待地仰望着他们最了不起的父亲,希望从他那里得到答案。然而,父亲的答案并不总是那么令人满意。还记得两千年前那个数星星的孩子张衡吗?他问天上的星星一共有多少颗,但是他的父亲却答不上来,他父亲的父亲也不知道,于是他只好自己去数,一颗,两颗,三颗……一百颗……两百颗……三百颗……一千颗……数着数着,这竟成了他终身的事业。

现在的孩子是幸运的,他们想知道天上的星星有多少颗,即便父亲不知道,他们也用不着像张衡一样自己去数,只要上网搜索一下马上就知道答案了。现在的孩子又是不幸的,生活在信息时代,互联网的存在使信息的获取变得非常容易,他们因此渐渐失去了探索发现的兴趣,变得懒于思考,心中的问题也越来越少;另一方面,网络上的信息繁芜庞杂,对于同一个问题常常有几种相互矛盾的解释,他们不知何去何从,常常被弄得一头雾水,甚至被误导。

家长的知识有限,而网络资源又有诸多弊端,那么谁才是孩子学习过程中最好的伙伴呢?一项研究表明,高质量的课外阅读是提高学习能力与效果的基础。几乎所有学习能力出色的孩子,在课外阅读的兴趣、广度、频度方面都远远高于普通孩子。在阅读内容上,阅读那些千锤百炼且具有逻辑结构的课外书籍,其效果要明显高于浏览网络提供的各种杂乱无章且毫无主旨的信息;在教育价值上,书籍形式的课外知识阅读有益于孩子身心的健康发展,而难于自我控制的网上漫游,容易将孩子的学习态度、学习兴趣、道德倾向引入歧途。由此可见,高质量的课外书籍对孩子的成长至关重要。

正是本着为孩子提供一本高质量的课外读物的思想，编者精心编写了这本《中国孩子最爱问的十万个为什么》。本书的内容大体分为这样几部分：

一、提问。虽然不是每个孩子都要成为张衡那样的科学家，但是每个孩子都应该学会思考和提问题。好奇是孩子的天性，每个孩子的头脑里总会有一些稀奇古怪的问题。本书中的每一个问题都是编者精心选取的，都是中国的孩子最爱问的问题，大到宇宙、人类的奥秘，小到日常生活中的智慧，包罗万象，相信一定能够调动起每一个孩子的兴趣。我们旨在通过这些问题的提出，激发孩子好奇的天性，引导孩子进行思考，从而使孩子们提出更多有价值的问题，更好地学习、成长。

二、回答。对于精心选取的每一个问题，编者都慎重地予以回答。编者花费了大量的时间，查阅了大量的资料，对一些过时的信息进行了更新，对于一些争议较大的问题向有关专家、学者请教，力求使每一个问题的答案都有理有据、符合当下最新的科研成果。为了便于孩子们阅读，编者对书中的语言文字进行了精加工，在保证科学性的前提下，运用孩子们容易理解的叙述方式，尽量做到既严谨流畅，又深入浅出、通俗易懂。相信孩子们一定能够在轻松的阅读中，满足自己的好奇心，获取丰富、有益的知识。

三、图片。本书插入了大量精美的图片，版式精致、图文并茂。这不仅有助于增加阅读的视觉美感，大幅提升孩子们的阅读兴趣，更能加快知识信息的吸收，提高信息传递的效率，有助于孩子们形象地认识丰富多彩的世界。

四、小版块。本书在正文之外还附有一些小版块，内容涉及相关的生活常识、历史知识、科学名词等，既增加了全书的信息量，又增加了阅读的趣味性，进一步拓展孩子的视野。

孩子是家庭的未来，也是民族的希望，孩子的学习与成长是家长最关心的，也是我们最关注的。我们真心希望，每个孩子在阅读本书的过程中，都能够在一个清新、健康的知识世界中，放飞心灵，激发灵感，锻炼思维；能够在幻想与探索、已知与未知的智慧遨游中，领略世界的奥妙、体验科学的魅力，品味心灵的愉悦、精神的富足，收获身心的健康、成长的快乐……

总目录 Index

一	身边的科学	1
二	通信与计算机	43
三	物质与材料	63
四	军事与武器	77
五	交通与体育	121
六	历史文化中国卷	181
七	历史文化世界卷	211
八	文学艺术中国卷	291
九	文学艺术世界卷	309
十	国家民族卷	347
十一	神秘的史前生物	365

十二	动物世界探秘	**387**
十三	植物王国漫游	**459**
十四	探索微生物世界	**495**
十五	认识人类自身	**509**
十六	宇宙·星球	**549**
十七	太空·宇航	**587**
十八	地球·地理	**607**
十九	气象·气候	**667**
二十	能源·矿藏	**695**
二十一	生态·环境	**711**

第一册目录 Contents

一 身边的科学　　　　　　　1

为什么蒸熟的馒头里有许多小孔？……………… 2
可乐打开为什么冒泡？……………………………… 2
为什么用吸管可以把果汁吸上来？……………… 3
水饺熟了以后为什么漂在水面上？……………… 3
爆米花是怎样做的？………………………………… 4
为什么镜子里的人像是左右颠倒的？…………… 4
自来水是从哪里来的？……………………………… 5
盥洗池的下水管为什么是弯的？………………… 5
为什么冬天脱毛衣时会"起电"？……………… 6
为什么羊毛衫洗过以后会缩水？………………… 6
为什么羽绒服穿起来特别暖和？………………… 7
为什么拉链能把皮包的开口封上？……………… 7
尼龙搭扣为什么能粘得那么牢固？……………… 8
为什么用高压锅做饭熟得特别快？……………… 8
为什么煮牛奶时很容易"溢锅"？……………… 9
为什么水壶里会结一层厚厚的水垢？…………… 9
为什么真空罐头食品不易变质？………………… 10
为什么有些药片要包上糖衣？…………………… 10
肥皂为什么能洗掉衣服上的污渍？……………… 11
铅笔是用铅做的吗？………………………………… 11
自来水笔为什么会自动出水？…………………… 12
为什么老照片会泛黄？……………………………… 12
为什么铁会生锈？…………………………………… 13
为什么不锈钢不生锈？……………………………… 13
空调为什么能制冷？………………………………… 14
暖气为什么都安装在窗户下面？………………… 14
煤气为什么有怪味道？……………………………… 15
为什么在屋里烧煤炉容易引起煤气中毒？…… 15

保险丝为什么能够保证用电安全？……………… 16
为什么有时候空气开关会跳闸？………………… 16
灯泡为什么会亮？…………………………………… 17
为什么白炽灯泡用久了会发黑？………………… 17
调光台灯为什么可以调节明暗？………………… 18
霓虹灯为什么是五光十色的？…………………… 18
为什么火苗会向上？………………………………… 18
水为什么能灭火？…………………………………… 19
油锅着火为什么不能用水扑灭？………………… 19
泡沫灭火器为何能灭火？…………………………… 20
烟花为什么绚丽多彩？……………………………… 20
为什么救生圈和救生衣都是橙黄色的？……… 21
大门上的"猫眼"有什么作用？………………… 21
为什么一把钥匙只能开一把锁？………………… 22
指纹锁的原理是什么？……………………………… 22
为什么超市里的所有商品都有条形码？……… 23
声控灯为什么有声音就会亮？…………………… 23
电子琴为什么能奏出其他乐器的声音？……… 24
自动扶梯如何工作？………………………………… 24
电视为什么可以用遥控器来控制？……………… 25
彩电为什么可以显示彩色图像？………………… 25
微波炉为什么可以加热食物？…………………… 26
为什么微波炉中不能放金属器皿？……………… 26
油烟机为什么能把油烟吸走？…………………… 27
为什么洗衣机能将衣服甩干？…………………… 27
为什么说失去摩擦力我们就会寸步难行？…… 28
猫从高处跳下来为什么不会摔死？……………… 28
用撬棍为什么能撬动很重的物体？……………… 29
为什么夏天容易中暑？……………………………… 29
为什么有时开着电风扇也不凉快？……………… 30
为什么温度计能测量温度？……………………… 30
为什么声音不能在真空中传播？………………… 31

为什么有的声音听起来令人烦躁？ ……… 31
山谷里为什么有回声？ ……………… 32
回音壁为什么会传声？ ……………… 32
为什么人类听不到超声波和次声波？ …… 33
太阳下的物体为什么会有影子？ ……… 33
为什么我们的眼睛能看见物体？ ……… 34
为什么伸入水中的吸管看起来是弯的？ …… 34
为什么汽车的后视镜是凸出来的？ …… 35
手电筒灯泡后为什么有块凹面镜？ …… 35
望远镜为什么能望远？ ………………… 36
为什么用光学显微镜看不到更小的东西？ …… 36
电子显微镜为什么能把物体放大几十万倍？
……………………………………………… 37
汽车雾灯为什么选用黄色光？ ………… 37
富兰克林为什么在雷雨天放风筝？ …… 38
吸铁石为什么能吸铁？ ………………… 38
为什么磁铁烧红了会失去磁性？ ……… 39
磁悬浮列车为什么能够悬空前进？ …… 39
为什么打火机按一下就能打出火苗？ …… 40
照相机为什么能把风景照下来？ ……… 40
数码相机为什么不用装胶卷？ ………… 41
为什么照相机要使用三脚架？ ………… 41
为什么干电池不宜连续使用？ ………… 42
为什么铅蓄电池可以储存电能？ ……… 42

二 通信与计算机　43

人类最原始的通信方式是什么？ ……… 44
古代信件怎样传递？ …………………… 44
谁发明了电话？ ………………………… 45
什么是程控电话？ ……………………… 45

为什么手机在哪里都能接通？ ………… 46
飞机上为什么严禁使用手机？ ………… 46
什么是"蓝牙"技术？ ………………… 47
微波是怎样实现全球通信的？ ………… 47
什么是卫星通信？ ……………………… 48
什么是地面卫星接收站？ ……………… 48
电子计算机是谁发明的？ ……………… 49
为什么电子计算机又称"电脑"？ …… 49
什么是计算机硬件？ …………………… 50
盲人怎样使用电脑？ …………………… 50
电脑能代替人脑吗？ …………………… 51
什么是电脑的CPU？ …………………… 51
键盘是做什么用的？ …………………… 52
电脑为什么要配鼠标？ ………………… 52
电脑的主板是什么？ …………………… 53
计算机为什么需要软件？ ……………… 53
什么是电脑操作系统？ ………………… 54
CPU上为什么装有风扇？ ……………… 54
计算机机房为什么要求清洁无尘？ …… 55
电脑为什么能执行人的指令？ ………… 55
什么是内存？ …………………………… 56
什么是笔记本电脑？ …………………… 56
什么是巨型计算机？ …………………… 56
为什么将电脑列为"美容杀手"？ …… 57
电脑为什么会感染病毒？ ……………… 57
什么是计算机网络？ …………………… 58
企业为什么要建网站？ ………………… 58
为什么网站域名大都以WWW开头？ …… 59
电子邮件为什么便宜又快捷？ ………… 59
为什么电子邮件地址中都有个@？ …… 60
什么叫网络带宽？ ……………………… 60
光纤电缆是怎样传输数据的？ ………… 61

网络黑客是些什么人? 61
"博客"是什么? 62
"播客"又是什么? 62
什么是人工智能? 62

三 物质与材料 63

铁矿石是如何炼成钢的? 64
为什么黄金的延展性非常强? 64
记忆合金为什么"记忆力"超群? 65
为什么要用钛合金制造宇宙飞船? 65
什么是超导材料? 66
谁发明了造纸术? 66
什么是宣纸? 67
阻燃纸为什么能阻燃? 67
尼龙布为什么很结实? 68
丝袜为什么富有弹性? 68
塑料是用什么做的? 69
为什么有些特殊塑料能够导电? 69
为什么硅胶可以用于整容手术? 70
天然橡胶是怎样生产的? 70
为什么要生产人造橡胶? 71
"陶"和"瓷"是一回事吗? 71
新刷的油漆为什么有一股难闻的气味? 72
油漆为什么能防水? 72
混凝土为什么是理想的建筑材料? 73
防弹玻璃为什么能够防子弹? 73
钢化玻璃碎裂后为什么不会伤人? 74
金属玻璃是玻璃吗? 74
"不粘锅"为什么能不粘锅? 75
婴儿"尿不湿"为什么尿不湿? 75

吸声材料为什么能消除噪声? 76
什么是纳米材料? 76

四 军事与武器 77

弓箭是哪个国家最早发明的? 78
中国古代的"十八般兵器"指什么? 78
为什么古代读书人也常佩剑? 79
"兵器之王"是什么? 79
古代士兵为什么要穿戴盔甲? 80
为什么说云梯是古代最有效的攻城器械? 80
塞门刀车是怎样守卫城门的? 81
古代城墙四周为什么有护城河? 81
中国骑兵是何时出现的? 82
火药为什么会爆炸? 82
最早的手枪什么样? 83
无声手枪为什么无声? 83
什么是转轮手枪? 84
什么是步枪? 84
狙击步枪为什么能远距离命中目标? 85
卡宾枪为什么又叫马枪? 85
冲锋枪为什么适用于近距离作战? 86
AK-47自动步枪为什么广受欢迎? 86
机枪为什么能连发? 87
高射机枪为什么能击中飞机? 87
为什么轻机枪诞生在重机枪之后? 88
霰弹枪为什么伤害范围很大? 88
最早的火炮出现在什么时候? 89
什么是滑膛炮? 89
榴弹炮和加农炮各有什么优点? 90
火箭炮为什么威力巨大? 90

激光炮为什么威力大？ 91	航空母舰上为什么会有弹射装置？ 107
手榴弹的优点是什么？ 91	飞机怎样在航空母舰上降落？ 107
地雷为什么一踩就炸？ 92	"尼米兹"级航空母舰到底有多大？ 108
穿甲弹为什么能穿透坚硬的装甲？ 92	潜艇为什么能潜水？ 108
什么照明弹能隐形？ 93	为什么说声呐系统是潜艇最重要的设备？
烟幕弹为什么能放出大量烟雾？ 93	 109
深水炸弹为什么能在水下爆炸？ 94	潜艇的外形为什么像支雪茄？ 109
装甲车为什么装空调？ 94	导弹为什么能准确打击目标？ 110
坦克为什么要装履带？ 95	什么是弹道导弹？ 110
轻型步兵战车为什么多采用轮式？ 95	什么是巡航导弹？ 111
坦克架桥车是如何架设桥梁的？ 96	核武器为什么有极大的破坏力？ 111
坦克是何时出现在战场上的？ 96	氢弹为什么要用原子弹来引爆？ 112
什么是主战坦克？ 97	中子弹为什么能减少对建筑物的破坏？ 112
火箭筒为什么可以攻击坦克？ 97	为什么化学武器杀伤力很大？ 113
军用飞机的代号是怎样命名的？ 98	什么是生物武器？ 113
什么是战斗机？ 98	什么是"三防"？ 114
战斗机为什么配有弹射座椅？ 99	防毒面具上为什么有个"猪鼻子"？ 114
歼击机、截击机和强击机有什么不同？ 99	为什么要建造防空洞？ 115
"鹞"式飞机为什么能垂直起降？ 100	什么是预备役部队？ 115
F-117A型飞机为什么能"隐形"？ 100	陆军包括哪几个部分？ 116
什么是轰炸机？ 101	特种兵为什么有超强的战斗力？ 116
武装直升机为什么可以执行多种任务？ 101	海军陆战队为什么强悍勇猛？ 117
侦察机怎样进行侦察？ 102	海军航空兵是做什么的？ 117
空中加油机如何为飞机加油？ 102	战略轰炸机部队为什么要编队飞行？ 118
战船最早出现在哪里？ 103	什么是特技飞行？ 118
破冰船为什么能破冰？ 103	防弹服为什么能防弹？ 119
舰艇的航行速度为什么用"节"表示？ 104	迷彩服为什么能迷惑敌方侦察？ 119
什么是战列舰？ 104	水手服的军帽后面为什么有飘带？ 120
巡洋舰为什么能适应远洋作战？ 105	飞行员为什么要穿上厚厚的飞行服？ 120
驱逐舰有什么特点？ 105	
什么是登陆舰？ 106	
什么是航空母舰？ 106	

第一册目录 Contents

五 交通与体育 121

最早的交通工具是什么？ 122
为什么说轮子的发明是运输史上的一大进步？
.... 122
自行车是何时发明的？ 123
自行车的车轮上为什么有辐条？ 123
充气轮胎是何时出现的？ 124
山地车为什么可以在崎岖的山路上行驶？ ... 124
摩托车为什么能够高速行驶？ 125
为什么骑摩托车一定要戴头盔？ 125
第一辆汽车是什么时候问世的？ 126
为什么说引擎是汽车的心脏？ 126
为什么绝大部分汽车都使用汽油引擎？ 127
为什么方向盘能够控制汽车灵活转向？ 127
离合器和变速器是怎样配合工作的？ 128
汽车的轮胎上为什么布满了花纹？ 128
轿车的风挡玻璃为什么是斜的？ 129
汽车是怎样刹车的？ 129
安全气囊为什么能保护驾乘人员？ 130
什么是ABS系统？ 130
为什么方程式赛车的外形那么怪？ 131
为什么无轨电车有两根"辫子"？ 131
为什么越野车能轻松地翻山越岭？ 132
极地越野车是如何在冰面上前行的？ 132
什么是SUV？ 133
什么是"老爷车"？ 133
概念车的设计为什么大都前卫而怪异？ 134
未来汽车发展的趋势是什么？ 134
最早的铁路出现于何时？ 135

最早的火车是谁发明的？ 135
火车为什么只能在铁轨上行驶？ 136
火车的动力来源是什么？ 136
地下铁道和城市轻轨是一回事吗？ 137
什么是"动车组"？ 137
为什么会有单轨列车？ 138
为什么火车站台上画有安全线？ 138
早期航海业是怎样的？ 139
为什么要开凿运河？ 139
为什么船能浮在水面上？ 140
帆船是怎样航行的？ 140
为什么说气垫船实际上是在"飞行"？ 141
为什么水翼船船底有个"翅膀"？ 141
轮船为什么逆水靠岸？ 142
超导船为什么不用装螺旋桨？ 142
人类第一次乘飞机飞行在什么时候？ 143
飞机为什么能上天？ 143
为什么早期的飞机都有两层机翼？ 144
为什么大多数飞机采用喷气式发动机？ 144
超音速飞机为什么能超音速？ 145
为什么飞机的身上装有"红绿灯"？ 145
民航客机上为什么不配备降落伞？ 146
什么是"黑匣子"？ 146
手机会干扰飞机飞行吗？ 147
为什么飞机一定要按航线飞行？ 147
飞行员怎样知道飞机在空中的高度？ 148
为什么要把机场附近的鸟群驱走？ 148
为什么飞机表面要涂上涂料？ 149
火箭为什么能飞入太空？ 149
什么叫航天运载火箭？ 150
为什么有的火箭要分成多级？ 150

中国孩子最爱问的十万个为什么

火箭发射场为什么建在人烟稀少的地方？ 151
火箭为什么要垂直发射？ 151
什么是宇宙飞船？ 152
宇宙飞船为什么要加压密封？ 152
什么是航天飞机？ 153
航天飞机怎样与空间站对接？ 153
航天飞机是怎样耐受高温的？ 154
什么是空天飞机？ 154
什么是高速公路？ 155
城市中为什么要架设立交桥？ 155
为什么大部分国家都规定靠右行驶？ 156
为什么交通信号灯采用红黄绿三色？ 156
什么是全球卫星定位系统（GPS）？ 157
为什么不能酒后驾车？ 157
古希腊人为什么要举行奥运会？ 158
古希腊运动员为什么裸体参赛？ 158
奥运会开幕前为什么要传递"圣火"？ 159
奥运五环代表什么？ 159
什么是奥林匹克精神？ 160
奥运会选手为什么要进行性别检查？ 160
田径中的"田"和"径"分别指什么？ 161
为什么许多田径运动员要穿钉鞋参赛？ 161
为什么跳高选手多采用"背跃式"？ 162
什么是三级跳远？ 162
推铅球为什么先滑步？ 163
掷铁饼前为什么要原地旋转？ 163
跑步比赛为什么都要逆时针跑？ 164
短跑比赛为什么要使用起跑器？ 164
为什么说长跑运动能锻炼心脏？ 165
为什么说马拉松长跑起源于古希腊？ 165
为什么自由泳的速度比其他泳姿快？ 166
为什么称花样游泳为"水上芭蕾"？ 166
人在冷水中游泳时为什么容易抽筋？ 167
跳水运动员为什么要控制入水时的水花？ 167
什么是冲浪运动？ 168
为什么说水球是"水中足球"？ 168
为什么滑雪用滑雪板而滑冰却用冰刀？ 169
什么是花样滑冰运动？ 169
为什么划船运动员的肺活量比较大？ 170
为什么运动完后要进行"冷身"？ 170
为什么称足球为"世界第一运动"？ 171
为什么说足球运动起源于中国？ 171
什么是世界杯足球赛？ 172
足球场为什么铺草皮？ 172
谁发明了篮球？ 173
什么是"NBA"？ 173
篮球队里为什么不能有1、2、3号队员？ ... 174
乔丹为什么被称为"空中飞人"？ 174
乒乓球为什么被称为中国的"国球"？ 175
排球比赛中为什么要设"自由人"？ 175
网球比赛怎样记分？ 176
为什么棒球帽又被称为战斗帽？ 176
什么是"全垒打"？ 177
垒球和棒球有什么区别？ 177
什么是"铁人三项"？ 178
什么是有氧运动？ 178
运动前为什么要热身？ 179
什么是瑜伽运动？ 179

Part 1

一 身边的科学

为什么蒸熟的馒头里有许多小孔？可乐打开后为什么会冒泡？其实每一种现象都蕴涵着科学道理，科学就在我们的身边。只要我们留心观察、不断研究，就能成为一个小小的科学家，也许还能成为未来的大科学家。

中国孩子最爱问的十万个为什么

主题索引
为什么蒸熟的馒头里有许多小孔？可乐打开为什么冒泡？

可乐
可乐是碳酸饮料，碳酸极不稳定，容易分解为水和二氧化碳，所以，可乐中产生的气泡实际上就是二氧化碳气体。

面包
面包是传统的西式食品，和馒头一样，面包也要用酵母发酵，所以烤熟的面包中也会有很多二氧化碳的"房子"——小孔。

为什么蒸熟的馒头里有许多小孔？

Weishenme

馒头是大家经常吃的食物，可是，馒头里的学问却不是人人都了解的。比如说，馒头里为什么有许多小孔呢？告诉你吧，它们全都是酵母的杰作。

做馒头时，要先在面粉里放些水，然后再放些酵母菌，搅拌均匀后揉成面团盖起来，等它发酵。酵母菌被放到潮湿的面团里，就开始生长繁殖。它们把面粉里的淀粉分解成葡萄糖，并在这一过程中不停地制造出二氧化碳。这些二氧化碳都想从面团里跑出来，但是，面团却把它们阻拦住了。渐渐地，二氧化碳气体越来越多，最后把面团顶了起来，面团就发胖胀大了。

面团发酵好后，就可以将其做成一个个馒头，放到蒸笼里蒸。馒头里的二氧化碳气体因为受热，会加倍膨胀，把面团胀出一个个小洞，面团也会渐渐变大。当馒头蒸熟时，这些小孔就留在了馒头里。

现在你明白了吧，原来，馒头里的小孔都是二氧化碳曾经住过的"小屋子"。

可乐打开为什么冒泡？

Weishenme

我们都知道，第一次打开可乐瓶盖的时候，可乐会像喷泉一样冲出来，不停地冒出泡沫，这是为什么呢？这是因为，可乐中含有能制造泡沫的奇妙物质。

可乐是一种碳酸饮料。所谓碳酸饮料，就是指在一定条件下充入二氧化碳气体的饮料制品，一般是由水、甜味剂、酸味剂、香精香料、色素、二氧化碳及其他原料组成。

可乐里含有的碳酸成分，在外部压强减小、碳酸溶解度降低时，就会分解成水和二氧化碳。二氧化碳是气体，于是，在水中就形成了气泡。当我们打开盖子以后，由于外边的气压小于可乐瓶中的气压，二氧化碳气泡就纷纷从水中冒出，在短时间内形成大量泡沫，并从狭小的瓶口涌出来。

【百科辞典】

酵母菌：
酵母菌是真菌的一种，在显微镜下呈小圆颗粒状。

发酵：
利用生物体（包括微生物、植物细胞、酵母菌等）的代谢功能，使有机物分解的生物化学反应过程。

压强：
物理学的一个基础概念，指物体单位面积上受到的压力。

二氧化碳：
是一种透明的、没有气味的气体，比空气密度大，不能支持燃烧。

生活之最 销量之最：迄今为止，可口可乐是全世界销量最大的碳酸饮料。销量仅次于它的碳酸饮料是百事可乐。

为什么用吸管可以把果汁吸上来?

Weishenme

炎炎夏日，来一杯清凉的果汁，那是多么惬意的一件事啊！我们喝果汁的时候，往往都是将吸管插入饮料杯，再慢慢把它吮吸入口中的。但是，很少有人去思考：果汁为什么能被我们轻易地吸上来呢？难道这里面还蕴含着什么科学道理吗？没错，这里面藏着物理学的一个小秘密。我们之所以能用吸管吸上果汁，是空气中的大气压帮了我们的忙，是它把果汁送到我们嘴里的。

地球的周围被厚厚的空气包围着，由于受到重力作用，这些空气的内部向各个方向都有压强，这个压强被称为大气压。

我们把吸管插到果汁里，管内和管外受到的大气压相等。但是，当我们把管内的空气吸走后，管内的大气压也就随之消失，这样一来，管外的大气压就会把果汁顶上来，让它流到我们口中了。

水饺熟了以后为什么漂在水面上?

Weishenme

过年的时候，北方人喜欢煮香喷喷的饺子吃。生饺子下锅以后，由于它的比重比水大，所以就沉下去了。但是，煮熟的饺子为什么又会浮起来呢？原来，随着炉子的加热，锅中的水和饺子都慢慢地热起来。我们知道，热的物体是要膨胀的，饺子和水也不例外。不过，物体受热膨胀的程度是不同的，有的东西膨胀快，有的东西膨胀慢。饺子的膨胀速度就比水要快得多，这一点你一定很清楚。热饺子膨胀后鼓鼓的，比生饺子大得多。但是，饺子的重量并没有增加，所以当它的体积增大以后，单位体积的重量（比重）就减小了。

根据阿基米德原理，浸在水中的饺子受到的浮力与和它同体积的水的重力相等。既然饺子体积大了，那么，它在水中的排水量也会变大，也就是说，水对饺子的浮力变大了。这样，变大的浮力就会把重量没变而体积变大的饺子托起来，抬出水面。

饺子
饺子是我国传统特色食品，又称"水饺"，起源于南北朝时期，是我国北方民间的主食之一，也是过年过节必不可少的食品。

吸管
吸管是美国人马文史东于1888年发明的，最初是类似于烟卷的纸吸管。塑料发明后，纸吸管便被五颜六色的塑料吸管取代了。

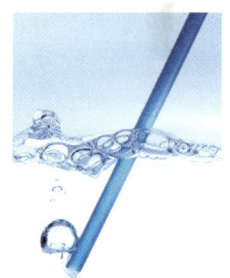

···【百科辞典】···

浮力：
指浸在液体中的物体受到液体对它向上托的力。

阿基米德原理：
浸入液体中的物体受到向上的浮力，浮力的大小等于它排开的液体的重力。

生活之最 最大的饺子：2009年1月，为迎接新春佳节，郑州市绿城广场展出了一只高2米，长1.8米、重600公斤的超大实物水饺。

爆米花是怎样做的?

Weishenme

爆米花是一种膨化食品,很受年轻人欢迎,经常被当做零食食用。那么,你知道玉米是怎样做成爆米花的吗?

将玉米粒放到密闭的锅中,在加热过程中,密闭的锅内的温度不断升高,锅内气体的压强也不断增大。当温度升高到一定程度时,玉米粒便会逐渐变软,玉米粒内的大部分水分也会变成水蒸气。由于温度较高,水蒸气的压强很大,这会使已变软的玉米粒膨胀。但此时玉米粒内外的压强是平衡的,所以它们不会在锅内爆开。当锅内压强升到4至5个大气压时,突然降低锅内的压力,锅内的气体就会迅速膨胀,压强则很快减小,从而使玉米粒的内外压强差变大,导致玉米粒内高压水蒸气也急剧膨胀,使它们瞬时爆开,这样就做成了爆米花。

为什么镜子里的人像是左右颠倒的?

Weishenme

假设你站在镜子前,抬起左手,右手垂着不动,你会看到镜中的自己抬起的似乎是右手。这是为什么呢?难道镜子中的你是在哈利·波特的魔法世界里吗?

当然,镜子里的东西并没有魔法,也不会左右颠倒。再做一个试验,你在左手心里写上"左"字,右手心里写个"右"字,然后张开双臂照照镜子,你就会发现"左"字还是在左边,"右"字还是在右边,不可能左右互换。

但这时,你会说,为什么"左"字是在镜子里的人像的右手上呢?其实,这是因为镜子里的那个人跟你是面对面的,而人体又是左右对称的,如果你一不小心把左手的影像看成"镜中人"的右手,那你就会觉得"左右颠倒"了。

这下知道了吧,不是镜子里的影像左右颠倒,而是我们利用人体的左右对称特点,把左手的影像看成了"镜中人"的右手,所以才会得出左右颠倒的结论。

用科学的解释就是,你在镜子中看到的影像是身体反射的光线在镜子里的成像,因为光线是呈直线传播,左边的光线反射到镜子左边,右边的光线反射到镜子右边,所以看到的镜子里的成像正好与身体相反。

照镜子
镜子一般是竖直放置的,物体经过反射成像后就会"左右颠倒"。如果镜子水平放置,物体的成像就会变成"上下颠倒"。

爆米花
爆米花是一种膨化食品,儿童常吃极易发生慢性铅中毒,造成食欲下降、腹泻、烦躁、牙龈发紫以及生长发育缓慢等现象。

你知道吗

■ 我们面对镜子时,镜中影像只会左右颠倒,不会上下颠倒。但如果把镜子平放在地上,人站在镜面上,这时,影像就上下颠倒了。

■ 除了最常见的玉米爆米花,还有用大米做成的爆米花,口味也有普通、加糖、奶油等很多种。

生活之最 最早的镜子:早在公元前3000年,古埃及人就已经懂得把青铜板打磨光滑,以使它照出人形,这就是人类制作的最早的镜子。

自来水是从哪里来的？
Weishenme

自来水是人们生活中不可缺少的。当我们轻轻拧开水龙头时，洁净的自来水就会"哗哗"地奔流而出，给我们的生活带来很多方便。如果问起自来水是怎样流进千家万户的，似乎一下子难以说清。难道自来水真的是自己来的吗？

当然不是，自来水是自来水厂送来的，而水厂的水又是从江河湖泊里或地底下取来的。自从有了城市，人类就开始了铺设自来水管道的尝试，这样做不仅仅是为了方便生活，也是为了饮水的洁净和安全。比起直接饮用江河湖泊里的地表水或地下井水，这是人类饮水史上的一次革命，被称为第二代饮水。

正如上面提到的，自来水的来源是地表水和地下水，需要经过自来水厂的处理，达到一定标准后才能供给人们饮用。

自来水厂在送水前，首先把水沉淀、过滤和消毒，然后再把净化后的洁净水送进水塔和贮水箱，或者通过很大的出水管输送到外边。水厂的大出水管连着埋在地下的自来水管网，这些水管又连着千家万户的水龙头。所以，每当你打开水龙头时，水就会流出来。要提醒大家的是，自来水虽然经过了多次加工和处理，但还是会含有少量的病菌物质，所以一定不要饮用没有烧开的自来水。

自来水管道
自来水厂一般建在江河湖泊等地表水源附近，人们通过水泵站把水源里的水抽取到水厂，再进行净化处理，再通过管道运送到用户家中。

盥洗池的下水管为什么是弯的？
Weishenme

我们都知道，家用洗手池下面的水管有一段弯曲的部分，公共场所盥洗池的下水管也有这样的弯管，这是为什么呢？

这是因为，下水管里全是污水，污水发臭后，会通过管道传出臭味。为了防止臭味散发，就把管道做出有一段弯曲的形状，利用连通器原理，使存在于弯管中的水封住下水管，这样可以避免臭味传出。

此外，污水臭气中含有氨气，氨气过多时易引起爆炸。因此，把水管做成弯形也有益安全。

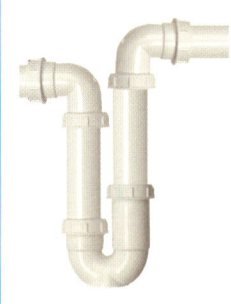

自来水
自来水并不是"自来"的，而是由水厂从江河湖泊或地底下取来的。

你知道吗

- 自来水的生产流程最少要经过四道工序：投加"净水剂"除杂质；沉淀使水清澈；过滤消毒；经过水泵加压后供给千家万户。
- 如果下水管没有做成弯曲形状，当下水道堵塞时，污水的异味就会通过排水管轻而易举地进入房间里。

生活之最 中国最早的自来水公司：清光绪六年（1880年），英商在上海建立了自来水公司，不过，三年后才开始供水。

中国孩子最爱问的十万个为什么

主题索引
> 为什么冬天脱毛衣时会"起电"？为什么羊毛衫洗过以后会缩水？

🔹 **静电**
在干燥多风的秋天，我们的头发经常会自己"飘"起来，越理越乱，这是体内静电向外释放的结果。

🔹 **毛衣**
公元前1000年左右，西亚幼发拉底河和底格里斯河流域便出现了手编毛针织服装。1862年，机器编织毛针织服装开始出现，毛衣遂成为人们常用的御寒衣物。

为什么冬天脱毛衣时会"起电"？

Weishenme

到了冬天，人们都要穿上暖和的毛衣，但是，在脱毛衣的时候，经常会发出噼里啪啦的声音。如果我们在晚上关了灯脱毛衣，还会看到细小的蓝色火花。这种现象在干燥的北方尤其明显。冬天我们在和别人握手时，两人的手指相互接触也会"起电"，指尖会感到像被针刺了一下；早上起来梳头时，发丝有时也会随着塑料梳子"飘"起来，头发越梳越乱……这是怎么回事呢？

其实，引起这些现象的"元凶"都是一个：静电。静电并不是静止不动的电，而是在空间缓慢移动的电荷，或者说是一种相对稳定的电荷。任何两个不同材质的物体接触后再分离就能产生静电，干燥而流动快的空气更容易产生静电。当你活动时，皮肤与衣服之间、衣服与衣服之间互相摩擦，都会产生静电。干燥的冬天，我们都会穿好几件衣服，发生摩擦的机会很多，所以在脱毛衣的时候才会"起电"。

为什么羊毛衫洗过以后会缩水？

Weishenme

有时，一件在服装店里试穿时相当合身的衣服，买回来以后在水里洗一洗，就变得短小了，再穿就不好看了。确实，有些材料的衣服特别容易缩水，比如羊毛衫，洗过几次以后就会缩小变形，无法再穿。那么，为什么羊毛衫这么容易缩水呢？

其实，几乎所有用天然纤维织成的布料都会发生缩水。这些布料在生产加工过程中，会受到一些机械拉伸，制成衣服后再经过漂洗，就会发生自然收缩。而各种各样的织布所用的纤维的吸湿性各不相同，纤维的吸湿性越大，缩水率就越大。例如，天然纤维中的棉、毛以及丝、麻的吸湿性相对较大，所以其缩水率也大。

毛纤维在湿热条件下，经机械外力的反复作用，纤维集合体逐渐收缩紧密并相互穿插纠缠，交织毡化，这一性能就被称为毛纤维的缩绒性。羊毛纤维的缩绒性就是羊毛衫容易缩水变形的主要原因。

●●●【百科辞典】●●●

电荷：
电荷是物质、原子或电子等所带电的量，单位是库仑（单位符号为C）。

缩水率：
指经水浸及洗涤后，布料发生收缩的百分率。缩水率与布料的纤维特性以及生产加工工艺过程有着相当密切的关系。

生活之最 最大的手工编织羊毛衫：为纪念2008年奥运会倒计时500天而织的羊毛衫，胸围8米，身长4.3米，共用毛线62113米。

为什么羽绒服穿起来特别暖和?

Weishenme

虽然冬季服装越来越趋向多元化,但由于羽绒服既轻便又保暖,许多人还是喜欢穿着它来抵御寒冷。从理论上讲,一件真正的羽绒服的"羽绒"特指鸭绒和鹅绒。用来填充羽绒服的材料有羽绒和羽毛两种,前者的保暖性更好一些。那么,羽绒服为什么会保暖呢?

羽绒服能保暖不是因为它能隔离冷气,而是因为羽绒与羽绒之间有相互的空隙,能够形成空气隔离层,破坏空气对流,从而使外面的冷空气不容易到达衣服里面;同理,里面的热空气也不容易散发到外面,这样就形成了一个与外界相隔的保暖层,从而达到保持人体温度的目的。事实上,不仅仅是羽绒,一些毛料同样可以达到这种效果。

为什么拉链能把皮包的开口封上?

Weishenme

我们日常所用的皮包,开口一般都装有拉链。拉链可是个神奇的小东西,只要轻轻一拉拉头,两条拉链带就合上了,再一拉又分开了,既方便又牢固。拉链作为20世纪对人类最有用的十大发明之一,已经被载入史册了!那么,它到底为什么这么神奇呢?

拉链又称拉锁,是一个可重复开合、柔性交错的连接件。它的高明之处在于,利用齿轮原理和斜面原理,通过拉头的作用,使两条拉链带能随意拉开或闭合。当拉头向前移动时,两条拉链带上的链牙脚因拉头内腔闭合角的形状限制,受到推挤,从而互相有规则地啮合,这就形成了拉链的闭合状态。当把拉头拉到顶点时,因为拉链带合拢后的宽度大于拉头内腔最狭窄处的宽度,拉头就不会脱落;当拉头向后拉时,拉头内腔两侧柱面组成的劈开角又可以把链牙的牙锋与牙谷逐个分开,使两条拉链带分离。

•••【百科辞典】•••

热传导:
热量从系统的一部分传到另一部分或由一个系统传到另一个系统的现象。

热对流:
液体或气体中较热部分和较冷部分之间通过循环流动使温度趋于均匀的过程。

斜面原理:
斜面减少了提高物体所需之外力,因斜面具有机械利益,斜面越平缓,机械利益越大。斜面使拉链的微小力量转换成足以分合链齿的强大力量。

绒羽
绒羽指长在水禽腹部,呈芦花状的羽毛,也称羽绒,鸭绒即鸭的绒羽。绒羽是一种动物性蛋白质纤维,比棉花的保温性高。绒羽球状纤维上密布着千万个三角形的细小气孔,能随气温的变化而收缩膨胀,可吸收人体散发流动的热气,隔绝外界冷空气的入侵。因此,绒羽常被用做防寒服的填充物。

羽绒服
羽绒服内充着羽绒填料,保温性较强,是住在寒冷地区的人以及极地考察人员冬天必备的衣物。

生活之最　最早的拉链:1893年,美国工程师贾德森设计出了一种可快速滑动的关启系统,它就是拉链的雏形。

中国孩子最爱问的十万个为什么

主题索引: 尼龙搭扣为什么能粘得那么牢固？为什么用高压锅做饭熟得特别快？

老式铁制高压锅
高压锅又叫做压力锅，用它可以将食物加热到100摄氏度以上，高压锅是1679年由法国物理学家帕斯卡发明的。

测量血压
血压计根据水银柱的高度来测量血压。血压计的袖带上安有尼龙搭扣，这样，使用时才能紧紧地缠在病人的上臂部。

尼龙搭扣为什么能粘得那么牢固？

Weishenme

有这样一种东西：一块毛茸茸的布和另一块带着硬硬小钩的布，把两块布稍微用力挤压一下，它们就可以紧紧地粘在一起。这个东西叫什么呢？它的表面又没有胶水，为什么能粘得那么牢固呢？

它的学名叫尼龙搭扣，此外，还有免扣带、黏合带、魔术搭扣等其他外号。它是一种使用起来非常方便的服装辅料，被广泛用于服装、手套、帐篷、座椅、袋子、鞋子、帽子、行李、书包、背包、安全装置、皮件、垂帘、布幔、运动用品、医疗器具等物品的制造中。

尼龙搭扣的原理十分简单。它是由尼龙材料织成的纺织品，一个表面织有许多毛圈（简称"绒面"），另一个表面织有许多均匀的小钩子（简称"钩面"）。由于尼龙材料的强度和韧性很高，只要将这两面对齐后轻轻挤压，毛圈就被无数的小钩子钩住。由于它们错综紧密地混粘在一起，增大了摩擦面积，所以粘得非常牢固。如果想撕开，就只能从搭扣的头端向外用力拉。尼龙搭扣上的钩子是活动的、有韧性的，当拉力足够大的时候，钩子会自动打开，从圆圈里脱落，然后又迅速恢复形状。因此，它能起到联结作用，可以代替纽扣、按扣、拉链等连接材料。

【百科辞典】

尼龙：
即锦纶纤维，是由人工加工制造成的纤维状物体，学名为聚酰胺（简写为PA）。

沸腾：
指一定温度下，液体内部和表面同时发生剧烈的汽化现象。

为什么用高压锅做饭熟得特别快？

Weishenme

很多人家里都有高压锅，你们知不知道，用高压锅煮饭会比电饭煲煮饭快很多呢？赶快看一下高压锅快速做饭的秘诀吧！

大家都知道，水的沸点是100摄氏度。但有人也许不知道，水的沸点会受到气压的影响。气压越高，水的沸点越高。在高山和高原上，气压不到1个大气压，也就是说，不到100摄氏度时水就能沸腾了。如果气压大于1个大气压，水就要在温度高于100摄氏度时才会沸腾。

高压锅就是利用这个原理，把水封闭起来，水受热蒸发后的蒸汽不能扩散到空气中，只能保留在高压锅内，这样就增大了液面上方的气压，使高压锅内部形成高温高压的环境。当高压锅中的压强达到两个大气压时，水要煮到120摄氏度才会开。换言之，高压锅中的水温越高，饭就会熟得越快，当然，做饭的时间也就缩短了。

但是，高压锅内的压力不会无限地上升，排气装置会在气压达到一定程度时把蒸汽排出，以保证使用安全。

生活之最 水沸点最低的地方：世界第一高峰珠穆朗玛峰，由于海拔8000多米，所以理论上，温度达到52摄氏度就可以使水沸腾。

为什么煮牛奶时很容易"潽锅"?

Weishenme

小朋友正处于长身体的时候,一定要多喝营养丰富的牛奶。但是,在煮牛奶时很容易出现"潽锅"的现象,也就是牛奶咕嘟咕嘟地冒起好多泡泡,一不小心就会从锅里溢出来。你家煮牛奶的时候,有没有发生过"潽锅"现象呢?

煮牛奶容易"潽锅"的原因很多,总结起来主要有以下三个方面:一、牛奶的比热容比较小,容易沸腾。单位质量的某种物质温度升高1摄氏度所吸收的热量叫做这种物质的比热容。由于牛奶的比热容不大,因此吸收较少的热量就会沸腾。二、牛奶中有许多类似乳化剂的东西,它们在沸腾时会产生许多泡沫,所以会溢出锅。三、牛奶里有水,给牛奶加热时,水蒸发形成的小气泡会跑出来。但是,小气泡的外面却形成了一层膜,它包住了小气泡。所以小气泡既飞不出来,又不容易破裂,于是越聚越多,使劲往上顶,最后就带着牛奶一起溢出锅了。

同样道理,不仅是煮牛奶,煮粥、煮面条时,也很容易出现"潽锅"现象。

↑ 奶牛
世界上奶牛的品种近百个,其中最著名的有黑白花牛、娟姗牛、更赛牛、爱尔夏牛等。经用黑白花牛与中国黄牛杂交,科学家现已培育出了中国黑白花奶牛。

为什么水壶里会结一层厚厚的水垢?

Weishenme

众所周知,水壶用久了,内壁会"长"出一层厚厚的水垢。这些水垢是怎样形成的呢?

首先,我们所用的自来水都来自地表或地下,其中都含有非常丰富的矿物质,尤其是钙、镁离子及其他重金属离子,这是水垢形成的根本原因。据研究,一吨河水里大约有1.6千克矿物质,而一吨井水里的矿物质则更是高达30千克。

含有钙、镁等盐类杂质的水进入水壶后,在烧水时吸收了许多热量,钙、镁盐类杂质便会发生化学反应,生成难以溶解的物质最后析出。析出物随着沸水的不断蒸发而逐渐浓缩,当达到一定浓度时,就会成为固体,并沉淀附着在水壶内壁上,形成一层白色的"膜"。这就是我们所说的水垢,它的主要成分是碳酸钙、碳酸镁等。

↑ 水垢

← 牛奶
牛奶营养丰富、容易消化吸收、物美价廉、食用方便,是"最接近完美的食品",人称"白色血液",是最理想的天然食品。

你知道吗

■ 牛奶含有丰富的营养,可以起到抑制肿瘤、镇静安神、美容养颜、减肥、促进幼儿大脑发育等作用。

■ 去除水垢小窍门:若铁锅、铝锅底有了水垢,只需在锅内放些土豆皮,然后加水煮一下,水垢即可除去。

生活之最 喝牛奶的最佳时间:每天早晨起床和晚上睡前是喝牛奶的最佳时机,有利于人体对牛奶中营养成分的吸收。

中国孩子最爱问的十万个为什么

主题索引
为什么真空罐头食品不易变质？为什么有些药片要包上糖衣？

为什么真空罐头食品不易变质？

真空罐头食品是指先将食品装入密封性较强的罐头瓶，再用真空包装机抽取瓶内的空气，使密封后的容器内部达到预定真空度后保存的罐头食品。真空罐头食品的保质期很长，通常放上几个月甚至一年都不会变质。为什么会这么神奇呢？

食品发霉变质的主要原因是微生物的活动。大多数微生物（如霉菌和酵母菌）的生存都需要空气，而真空包装把罐头内和食品细胞内的氧气抽掉，使微生物失去了"生存的环境"，也就不会有致病性的微生物了，当然也不会有繁殖的非致病性微生物。并且所有微生物都处于抑制状态，不会再生长发育。

真空除氧的另一个重要功能是防止食品氧化。食品长时间暴露在氧气里，一些成分会发生氧化，使食品变味、变质。除氧既能有效地防止食品变质，还能保持其色、香、味、形及营养价值。另外，真空罐头还有抗压、阻气、保鲜等功能。

玉米罐头
罐头食品是将符合要求的原料经处理、分选、修整、烹调、装罐、杀菌、冷却、密封后，再精制而成的真空食品。

糖衣包裹的药片
为了减少药的苦味，有些药片会裹上一层糖衣，既便于入口，又不会影响功效。糖衣入口之后就会溶化，可减少药片苦涩的味道。

为什么有些药片要包上糖衣？

每个人都难免会生点儿小病，这时，打针吃药就是一件最令我们头疼的事。但有一种药片我们并不害怕，那就是包裹了糖衣的药片。这些药片一般五颜六色，吃时不但感觉不到苦，甚至还有一丝丝甜味。那么，为什么要给药片包上糖衣呢？

很多药都有苦味，所以加上糖衣就便于入口了。糖衣入口之后会溶化，这样既掩盖了苦涩的味道，又不会影响药效。

除了减少药味之外，糖衣还有好多作用：一是可以掩盖某些药片本身的臭味和刺激性气味；二是有些药片只有在肠中溶解，才能充分发挥药效，糖衣可以保证药物进入肠道，而不会在胃里就受到胃酸的破坏，同时也保护了胃部；三是为了使药品整洁美观，使病人不至于产生厌恶感，从而增强战胜疾病的信心；四是糖衣具有遮光和隔绝空气的作用，对于易潮解、遇光易变质或是遇空气易氧化的药物，糖衣可增强其稳定性；五是给不同药片包上不同颜色的糖衣，方便病人识别。根据国际惯例，消炎药常用黄色；镇静、镇痛、安眠、降压等药选用蓝色或绿色；营养补益类药常选用红色或咖啡色；驱虫药常用白色。

你知道吗

■ 当你买真空罐头食品时，如果发现盖子鼓起，就不要购买了，因为它已经变质了。

■ 药片的糖衣虽好，但是，由于糖尿病人不可食用，而且具有易霉变、生产工艺繁琐等缺点，所以薄膜包衣已经逐渐成为糖衣的替代品。

生活之最 最苦的物质：苯酸铵酰糖化物是一种白色的结晶，即使将它稀释三千万分之一，用舌头尝一下，依然苦味难耐。

肥皂为什么能洗掉衣服上的污渍？

Weishenme

洗衣服要用肥皂，这是众所周知的常识。可是，肥皂是怎样去污的呢？

我们日常用的肥皂，主要成分是含有硬脂肪酸的钠盐，也叫钠肥皂。肥皂的分子有个特点，一端具有亲水性，另一端具有亲油性。如果衣服沾有油污，把它浸湿，擦上肥皂，轻轻揉搓，肥皂分子中的亲油部分就会同油污"抱成一团"，互相融合在一起，形成外表亲水的微小"胶团"。这样一来，油污被肥皂和水包围起来，渐渐地从衣服上溶解到水中，再经过清水漂洗，油污连同肥皂分子便会一起被水清洗掉。

在洗衣服的时候，轻轻地揉搓，可以帮助肥皂分子同油污更好地接触，增加把油污从衣服上"捉下来"的机会。

铅笔是用铅做的吗？

Weishenme

铅笔是用铅做的吗？没错，它是用铅做的，不过，这已经是五百多年前的事情了。由于用铅做的笔写出来的字看不太清楚，到了近代，人们就改用石墨来制造铅笔了。

石墨是黑色的细鳞片状晶体。大自然中有天然的石墨矿，可是，天然石墨矿数量有限。这使人们无法坐等大自然的恩赐。后来，人们发明了人造石墨的方法：把煤放在电炉里，通入强大的交流电，加热到两三千摄氏度，使煤再结晶而变成石墨。

当石墨与别的物体摩擦时，它那鳞片状的结晶便会脱落下来，附在别的物体上面，留下它的痕迹。人们正是利用石墨的这种性质，把它做成了笔。在铅笔里，工人们把石墨、黏土分别研磨，然后混合，再加入适当的辅助材料，揉成黑面团，在机器里像挤牙膏一样把它变成黑面条。然后把黑面条烘干，便制成了铅笔芯。

那么，人们为什么还叫它铅笔呢？原来，这种笔起源于古希腊，当时人们用纯铅来制造，并称为铅笔。到了1664年，在英国彼罗多尔发现了石墨矿后，人们便用石墨来做笔了。但铅笔的名称仍沿用至今。

石墨
石墨是碳元素结晶矿物，它的晶体格架（晶格）为六边形层状结构。石墨质软，黑灰色；有油腻感，可污染纸张。

肥皂
肥皂是一种具有极强去污能力的洗涤用品。洗衣服时轻轻揉搓，肥皂液中就会出现许多泡沫，把油污等脏东西"漂出去"。

你知道吗

- 铅笔表面的彩釉里有铅，因此，啃铅笔头时会把铅吃进体内，造成铅中毒。
- 铅笔芯有硬有软，有黑有淡。其中，H代表硬度，B代表黑度。硬度越大，笔迹也就越淡；硬度越小，笔迹就越黑。

生活之最 **最大的肥皂泡**：英国人制造出了世界上最大的肥皂泡，这个肥皂泡最大时体积有13.5立方米，还能够自由漂浮。

自来水笔为什么会自动出水?

Weishenme

19世纪以前,西方人用羽毛制成鹅毛笔蘸取墨水写字。后来才有了用笔胆贮存墨水的钢笔,也就是"自来(墨)水"笔。

现在,自来水笔已经成为人们使用最为广泛的书写工具之一。自来水笔盛墨水的笔胆通常是一个圆柱形的塑料管,它外形像一个小注射器。笔胆内有一个活塞,墨水是通过提起活塞进入塑料管的。人们应用毛细现象又设计成了具有毛细作用的零件——笔舌,它与钢笔尖紧密互配。用滴管将墨水注入空心的笔杆,依靠毛细引力作用,使墨水自动流向笔尖,这样一来,自来水笔就可以自动出水了。

1884年,美国人刘易斯·爱迪生·华特门(Lewis Edison Waterman)利用毛细管的原理,用一条硬橡皮连接笔嘴和笔内的贮墨水管,然后又在硬橡皮上钻了一条细如毛发的通管,让少量的空气进入贮墨管,以保持贮墨管内的气压平衡。这样,在笔嘴受到压力时,墨水便会源源不断地流至笔尖。这是自来水笔自动出水原理最早的应用。

钢笔
钢笔是人们普遍使用的书写工具,它是在19世纪初发明的。1809年,英国颁发了第一批贮水笔的专利证书,这标志着钢笔的正式诞生。

泛黄的照片
保存久了的老照片,难免因受潮等原因而泛黄。但泛黄的老照片,却别有一种沧桑感。

为什么老照片会泛黄?

Weishenme

现在,家家都用拍照的方式来保留生活中最珍贵的画面。但是,照片放置时间长了,为什么有的会泛黄呢?是照相时的问题吗?是洗照片时的问题吗?还是放置时间过长的原因呢?

实际上,导致照片变色的因素有很多,情况也非常复杂。一般来讲,以下几种情况会使老照片产生泛黄现象。一、洗照片时水洗不彻底。水洗的目的是洗去照片上残留的定影液和可溶性银盐,使照片上仅留下黑色金属银影像。水洗如果不彻底,就会引起照片泛黄。二、定影不足。这会使照片中残留的银盐感光变黑,久置而产生黄色银斑。三、保存不当。照片最怕潮,如长久接触潮湿空气,就会产生氧化作用而变色泛黄。

因此,保存照片的正确做法是,将照片置于阴凉、干燥、通风处,如能放置在防潮箱中更好。长期保存的照片应加以冷裱或塑封,使乳剂膜与空气隔绝。在相册上粘贴照片时,要用照片专用糨糊,因为一般的糨糊和胶水也容易引起照片泛黄。

【百科辞典】

毛细现象:
浸润液体在细管里升高的现象和非浸润液体在细管里降低的现象。

冲洗照片:
传统的照相、洗印工艺都是利用银盐的感光性来制作照片的。由于胶卷和相纸必须在黑暗或暗红色的环境下进行处理,所以要在暗房里用显影液浸泡显像,然后再用定影液浸泡定影,最后晾干成形。

生活之最 自来水笔的始祖:早在5000年前,古埃及人就利用纸草的空心茎管贮存有色液体,然后在管端绑上金属笔尖,用来书写。

为什么铁会生锈？

人们常常把贵重的东西锁在保险柜里。大家都知道，金子在保险柜里躺几千年，也可以分毫不损。铁却不是这样，即使放在保险柜里，它也会慢慢地损耗——生锈。博物馆里陈列的古代铁器，几乎没有一个不是锈迹斑斑的；家里的铁制菜刀几个月不用，也会满身是锈。那么，铁为什么会生锈呢？

水分是铁生锈的条件之一。化学实验证明：在绝对无水的空气中，铁即使放几年也不会生锈。然而，仅有水也不会使铁生锈。人们曾经试验过，把一块铁放在煮沸过的、密闭的蒸馏水瓶里，它并没有生锈。

你注意到河边的那些自来水管了吗？靠近水面的那一段更容易生锈。原来，只有当空气中的氧气溶解在水里，并与铁发生氧化还原反应，才会使铁生锈。自来水管靠近水面的部分，与空气距离最近，水中溶解的氧气也最多，所以容易生锈。另外，空气中的二氧化碳溶在水里，也能使铁生锈。

为什么不锈钢不生锈？

不锈钢不容易生锈与其成分有很大的关系。不锈钢的成分中除了铁和钢以外，还有铬、镍、铝、硅等元素。一般的不锈钢，含铬量不低于12%，高的甚至达到18%。添加了铬等元素后，就能改变钢的性能，使不锈钢的分子结构更均匀，在表面生成一层致密的氧化物保护膜等，从而大大提高不锈钢耐腐蚀的能力。所以不锈钢能抵抗火、水、酸、碱和各种溶液对它的腐蚀，而不生锈。

科学家发现，钢的内部结构越均匀，其各种组成成分就联系得越紧密，腐蚀物入侵也就越困难，而表面附着的一层氧化物保护膜，就像给钢穿上盔甲。在层层结构的保护下，钢自然就不容易生锈了。

虽然不锈钢具有抵抗大气氧化的能力（不锈性），同时也具有在含酸、碱、盐的介质中抗腐蚀的能力（耐蚀性），但其抗腐蚀能力的大小是随着钢质本身化学组成、使用条件及环境介质类型的改变而改变的。一旦有某种原因使其致密的氧化物保护膜遭到破坏，那么，即使是"不锈钢"，也还是会生锈的。

生锈的火车头
锈是铁的氧化物，铁和溶解在水里的氧化合时就会形成锈。铁锈一旦形成，即使在干燥的空气中也会不断增多。

不锈钢座椅
不锈钢具有耐空气、蒸汽、水等弱腐蚀介质和酸、碱、盐等化学侵蚀性介质腐蚀的特性，常被用在各种建筑物及装饰品中。

生活之最 **最轻的金属**：所有金属里，锂是最轻的，1立方厘米的锂只有0.543克重，把它扔在水里，它甚至还会浮起来。

中国孩子最爱问的十万个为什么

主题索引
空调为什么能制冷？暖气为什么都安装在窗户下面？

空调"马赛克"
随着全球气候日益变暖，空调越来越成为人们不可或缺的家用电器。

暖气片

空调为什么能制冷？

炎炎夏日，在地上洒点水会使人感觉很凉快，这是因为，水蒸发时从地面和空气中吸取了热量。同样的道理，打针前用酒精在皮肤表面消毒，也会让人感到清凉，这也是因为酒精蒸发吸走了皮肤的热量。可见，液体蒸发时，会从周围吸取热量，使周围环境的温度下降。这便是空调制冷最基本的原理。

现在，空调采用的蒸发物质一般都是氟里昂。启动空调后，氟里昂就会被吸入空调的压缩机，被压缩成高温高压的气态氟里昂；而后，气态氟里昂流到室外的冷凝器，在向室外散热的过程中，逐渐冷凝成高压液态氟里昂；接着，通过节流装置降温降压，又变成低温低压的气液氟里昂混合物。此时，气液混合的氟里昂就可以发挥空调制冷的"威力"了：它进入室内的蒸发器，通过吸收室内空气中的热量而不断汽化，这样，房间里的温度就降低了。而氟里昂逐渐又变成了低压气体，重新进入压缩机。如此循环往复，空调就可以连续不断地运转工作了。

暖气为什么都安装在窗户下面？

北方的冬天很冷，所以室内都安装暖气来取暖。为什么暖气总被安在窗户底下，而不是其他地方呢？

首先，室内的冷空气主要由窗户进入，而暖气会使窗户周围的空气先热起来，冷空气进来后和周围的热空气混合，就不那么"凉飕飕"了。其次，室内空气流动速度慢，冷空气通过窗户空隙进入后，还有相对较快的流动速度，能把热空气挤向室内，这样能够平衡室内空气的温度，加快空气对流。再次，把暖气安在窗户下面，冷空气进来后就会被加热，温度升高，密度变小，向屋顶升去，而屋顶较冷的空气降下来，碰到暖气片又被加热成热空气上升。如此周而复始，使整个屋子里的空气循环起来，屋内自然也就暖和了。

你知道吗

- 热气球就是利用了加热空气、使空气密度变小、不断向上升的原理制造出来的。
- 加压和冷却都可以使气体变成液体，而且压力越高、温度越低，气体变成液体所要的时间越短。
- 氟里昂有非常大的危害，它的温室效应值比二氧化碳高1700倍，更危险的是，它会破坏大气中的臭氧层。

生活之最　最大的空调生产国： 中国目前是全球最大的空调生产国。2011年，中国空调产量为1.39亿台，占世界总产量的70%以上。

煤气为什么有怪味道？

Weishenme

家里做饭用的煤气，为什么会有股很怪的味道呢？大家可不要厌烦这种怪味，因为它虽然难闻，却有很重要的作用，甚至可以挽救生命呢。

通常说的煤气，包括液化石油气和天然气，它们的主要成分是甲烷以及一定含量的一氧化碳，此外还有氢和烯烃、芳烃等气体。这几种气体都既没有颜色，也没有气味。其中，一氧化碳有剧毒，当空气中一氧化碳的含量达到万分之几的时候，人呼吸它就会中毒，后果非常严重。而且一氧化碳和甲烷与空气混合达到一定浓度时，极易发生爆炸。

煤气无色、无味，泄漏出来不易被发觉。为了使人们尽早发现煤气泄漏，避免煤气中毒和爆炸，就要在煤气中添加臭味剂。经过多次实验，人们发现硫醇担当这个角色是最合适的，因此生产煤气、液化石油气和天然气的工厂会特意在燃气里掺进一点点有怪味的硫醇，充当气味"报警员"。

为什么在屋里烧煤炉容易引起煤气中毒？

Weishenme

寒冷的冬季，医院里不时有煤气中毒的病人被送来急救，轻者头晕心慌、四肢无力，重者昏迷不醒、呼吸微弱，甚至可能导致死亡。

那么，煤气中毒是如何造成的呢？煤炉点燃时，空气从炉子下部进入炉膛，炉膛中的煤可以得到充分的氧气，燃烧完全，生成二氧化碳，并产生大量的热。可是，刚刚点燃炉子，或者炉火快要熄灭，或者紧闭炉门封火的时候，由于炉温比较低或氧气供应不足，会使燃烧不能充分进行，从而产生一氧化碳。一氧化碳被吸入人体后，会透过肺泡进入血液，抢先和负责输送氧气的血红蛋白结合，使血红蛋白丧失了与氧结合的能力。人体的氧气供应一断绝，就会因缺氧而头晕、昏迷，甚至死亡。

燃气火焰
燃气火焰正常呈淡蓝色，如发现呈红色，即表示有不完全燃烧现象，可能会产生一氧化碳中毒的危险，应立即请燃气专业人员上门检修、调整炉具。

燃烧中的煤炭
煤炭在燃烧过程中，会消耗空气中的氧气，并释放出一氧化碳（CO）。而一氧化碳是有毒气体，人体一旦因此中毒，轻者头疼、恶心、乏力，重者会昏迷甚至危及生命。

你知道吗

- 凡是含碳的燃料，如汽油、煤油、木炭等，在缺氧而燃烧不充分时，都可产生大量的一氧化碳。
- 煤气中毒对人的肺、心、脑等器官的损害都很大，即使被抢救过来，也很可能留下后遗症。

生活之最　最臭的气体：乙硫醇与丁硒硫醇是迄今可区分的1.7万种气味中最臭的，二者都含有硫成分，这正是其臭味的来源。

中国孩子最爱问的十万个为什么

主题索引

> 保险丝为什么能够保证用电安全？为什么有时候空气开关会跳闸？

保险丝为什么能够保证用电安全？

Weishenme

电路发生故障或异常时，随着电流不断增大，有可能损坏电路中的某些器件，也有可能烧毁电路，甚至造成火灾。为了防止此类事故的发生，就需要安装保险丝。

保险丝的学名叫熔断器，它是由好几种金属熔解在一起做成的，比单一金属制成的电线更容易熔断。当电流过大时，保险丝就会熔断，保险丝一断，电线和电器都不通电了，这样就防止了意外事故的发生，保证了用电的安全。

一般保险丝由三个部分组成：一是熔体部分，它是保险丝的核心，它熔断时可起到切断电流的作用；二是电极部分，通常有两个，是熔体与电路连接的重要部件，必须有良好的导电性；三是支架部分，保险丝的熔体一般都纤细柔软，支架的作用就是将熔体固定并使三个部分成为牢固的整体，便于安装、使用。

另外还要注意，保险丝要选用合适的型号。不然，不是经常烧断，影响正常使用，就是不能保证安全，造成意外事故。

保险丝
保险丝也被称为熔断器，是一种安装在电路中，保证电路安全运行的电器元件。最早的保险丝是一百多年前由爱迪生发明的。

电闸
现在的电表中大多装有电闸。如果电路中出现意外，电闸就会自动弹起，断开电路，保证安全，俗称"跳闸"。

为什么有时候空气开关会跳闸？

Weishenme

与以前家庭使用的保险丝不同，现在的家用电表普遍用空气开关来保护电器。如果电路出现意外，空气开关就会"啪"的一下自动弹起，断开电路，保证安全，俗称"跳闸"。那么，为什么空气开关会跳闸呢？这需要从空气开关的工作原理谈起。

空气开关是一种遇到异常情况就会自动跳闸的开关，学名叫做断路器。当流过断路器的电流超过额定电流时，里边的零件会产生足够大的吸力，将衔铁吸合并撞击杠杆，引起"跳闸"。跳闸是电气设备自保的一种方式。当电路中的负荷加大、电流增大时，导线的温度就会升高。当导线的温度超过一定限度时，热保护装置就会自动将断路器断开，避免电流进一步增大而烧毁电气设备。

一般说来，以下几种情况会引起跳闸：一、短路时，电流强度瞬间会达到导线所能承受的极限，为防止导线过热而引发火灾，空气开关就会自动断开；二、同时启动过多大功率电器的情况下容易跳闸；三、人触电时即跳闸，这可以保护人身安全。

【百科辞典】

电路：
汽车走的路叫公路，火车走的路叫铁路。如果要让电流工作，必须使它按照指定的路线流动。我们把电流所走的路线叫做电路。同时，它也是相互连接的电子器件的总称。

短路：
电源的两端不经过任何电气设备，直接被导线连通叫短路。

生活之最 最早的保险丝：1881年爱迪生发明了保险丝，最初用它来保护当时价格昂贵的白炽灯。

为什么白炽灯泡用久了会发黑？

白炽灯泡用久了会发黑，这和钨丝的升华、凝华现象息息相关。温度越高，灯丝就越容易升华。所谓升华，就是固态物质不经过液态过程，直接变成了气态。白炽灯发黑的原因是：在持续的高温状态下，钨丝逐渐升华，变成钨的气体状态，这些气体遇到温度较低的灯泡壁时，又会凝华在灯泡壁上。

所谓凝华，是指物质从气态直接变成固态的现象，它和升华正好是一个相反的过程。钨丝受热升华形成的钨蒸气又在灯泡壁上凝华成极薄的一层固态钨，时间长了以后，灯泡壁上就会出现一层淡淡的黑色薄膜。

科学家们根据气体对流自下而上的特点，在灯泡内充有少量惰性气体，并把灯泡做成梨形。这样，灯泡内的惰性气体对流时，金属钨蒸发时的黑色微粒大部分被气体卷到上方，附着在灯泡的颈部，从而保持玻璃透明，使灯泡亮度不受影响。

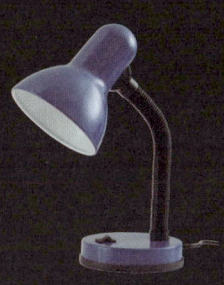
灯泡中的钨丝
白炽灯是靠加热钨丝来发光的。在持续的高温状态下，钨丝逐渐升华，变成气态物质后又凝华在灯泡壁上，从而导致灯泡发黑。

灯泡为什么会亮？

世界上第一盏电灯诞生于1879年10月21日，它是由美国科学家爱迪生发明的。小小的电灯泡，怎么会发光呢？

电灯泡的学名叫白炽灯。它是一种通过电流做功加热钨丝，直至钨丝发光的灯。电流做功，简单地说，就是电流通过用电器时把电能转化为其他能量的过程。电流通过钨丝时产生热量，而螺旋状的钨丝又不断将热量聚集，使自身的温度不断升高，达到2000摄氏度以上（钨丝的熔点高达3410摄氏度）。超高温的状态下，电流通过线径细、电阻大的钨丝时，会发生类似塞车的情况，使钨丝在白炽状态下发光。白炽灯发光时，大量的电能将转化为热能，只有极少的一部分可以转化为有用的光能。

灯泡中的钨丝温度越高，发出的光就越亮，所以人们称之为白炽灯。灯亮着的时候，钨丝遇到空气中的氧气会很快熔断，所以电灯泡外围用玻璃制作，把钨丝维持在内部真空状态或惰性气体的保护之下，以防止高温时钨丝氧化、熔断。

【百科辞典】

熔点：
固体将其物态由固态转变（熔化）为液态时的温度。

电压：
即两点间的电势差，就是能使导体中电子按一定方向运动的一个物理量。有了电压，电子就会在电线中流动形成电流。

电功：
电在流动过程中所做的功。

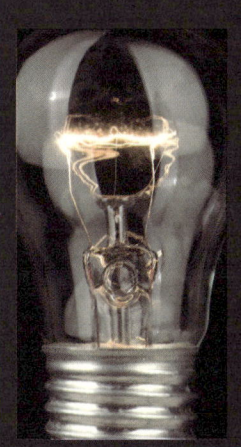
白炽灯
白炽灯是所有用电的照明灯具中效率最低的，它所消耗的电能只有12%至18%可转化为光能，其余部分都以热能的形式散失了。

中国孩子最爱问的十万个为什么

主题索引：调光台灯为什么可以调节明暗？霓虹灯为什么是五光十色的？为什么火苗会向上？

调光台灯为什么可以调节明暗？

我们在晚上看书时常会使用调光台灯。通过控制按钮，我们可以调节灯光的亮度。那么，调光台灯为什么可以调节明暗呢？

调光台灯之所以可以调节光，是因为其电压调节器能够调节灯泡上的电压。电压越高，灯光越亮；电压越低，灯光越暗。如果转动灯座上的旋钮，就会连带转动一个叫做电位器的可变电阻，从而控制晶体管中流过的电流。流经晶体管的电流越多，经过电压调节器加到灯泡上的电压就越高，灯就越亮。

台灯
台灯为家居常用的电器之一，它可以把光集中在一小区域内，便于工作和学习。一般台灯用的灯泡是白炽灯泡或者节能灯泡。

霓虹灯为什么是五光十色的？

每当夜幕降临时，五光十色的霓虹灯就会成为一道美丽的风景线。大家知道霓虹灯的工作原理吗？其实，霓虹灯的构造和原理并不复杂。在两端封闭的玻璃管中，装置两个电极，将管里的空气抽出，再在两个电极之间通以上万伏的高压直流电，管内的稀薄空气就会发生电离，发生放电现象，从而发出光芒。

如果把空气抽出后，将少量不同的惰性气体或水银蒸气充入管内，灯光就会出现不同的颜色：若充以氖气，放电时就发出橘红色的光；如果掺入少量的水银蒸气，就发蓝光，若配上黄色玻璃，就会变成绿光；若充以氩气，就会发出紫蓝色的光。通过许多不同的搭配，霓虹灯就可以发出五颜六色的光了。

霓虹灯
霓虹灯是靠充入玻璃管内的低压惰性气体，在高压电场下冷阴极辉光放电而发光的，其光色由充入玻璃管内的惰性气体的光谱特性决定。

为什么火苗会向上？

无论是燃起熊熊大火，还是点燃一根火柴，明亮的火焰总是不停地向上跳跃，这是为什么呢？

当温度达到一定程度时，燃烧物质的内部就要发生变化，分解出可燃气体。由于分解出的气体温度较高，密度较小，受空气浮力的作用，它们会立即上升。在上升过程中，这些气体又不断被加热，若遇到空气中的氧气且温度达到燃点，它们就会发生激烈的氧化反应，同时放出光和热，这就是我们看到的火焰。火焰周围的空气被加热后形成了上升的气流，把可燃气体"吹"向上方燃烧，这就是火苗为什么总是向上蹿的原因。

【百科辞典】

惰性气体：
惰性气体是稀有气体的旧称，包括氦、氖、氩、氪、氙、氡。它们由于化学性质不活泼，不易与其他物质发生反应，所以被称为惰性气体。

气体放电：
电流通过某些气体时发生的放电现象。

生活之最 最大的霓虹灯广告：我国广州市中信广场的"七喜临门"灯饰，高160米，面积达7000平方米，接近于一个足球场大小。

水为什么能灭火?

Weishenme

我国古代人民根据自己的经验创造了"五行"学说,五行就是金、木、水、火、土,其中点明了水能克火的道理。成语中也有"水火不容"一词,说明了水与火之间的对立关系。大家都知道水是最常见、最经济、最方便的灭火剂,但是,水为什么可以灭火呢?原来,这是由水的化学和物理性质所决定的。

水不是可燃性物质,它的化学性质很稳定。水与火接触后,还能大量地吸收火中的热量,使燃烧物质的温度降到燃点以下。水能从火中吸收多少热量呢?1升25摄氏度的水,吸收2569.6焦耳的热才会全部变为水蒸气。在一般的火炉上倾注1升水,马上就可使火熄灭殆尽。此外,水与火焰接触后,水滴转化为水蒸气,体积急剧增大(1升水可变成1700升水蒸气)。而水蒸气能稀释可燃气体和助燃空气的浓度。在一般情况下,空气中只要含有30%(体积)以上的水蒸气,燃烧就会停止。所以人们常用水来做灭火剂。

油锅着火为什么不能用水扑灭?

Weishenme

我们刚刚说完水能灭火的道理,现在又说油锅着火时不能用水扑灭,是不是互相矛盾呢?

油是一种有机物,其化学性质之一就是易燃,还有很重要的一点,就是油的密度比水的密度小。如果油着火了用水来泼,当水倒入锅中,因为油比较轻,会漂浮在水上面,仍然与空气中的氧接触,激烈燃烧。而且,浇水后会使油分散成更大的面积,增大油和空气的接触面,反而使燃烧更剧烈。因此,用水不但不能扑灭油火,而且起了反作用。此外,远远超过100摄氏度的高温油锅会瞬间将水加热,致使滚烫的水外溅,油火也会随之飞溅到别处,很容易造成火势蔓延和人员伤亡。所以油锅着火时千万不可以用水来浇灭。正确扑救油锅着火的方法是:将冷菜倒入锅内,火就自动熄灭了;或者将锅盖迅速盖到锅上,使燃烧的油火接触不到空气而熄灭。

扑灭起火的油锅
油锅因为过热而起火燃烧时,不可试图用水浇灭,而要采取盖上锅盖、关闭煤气等其他应急措施。

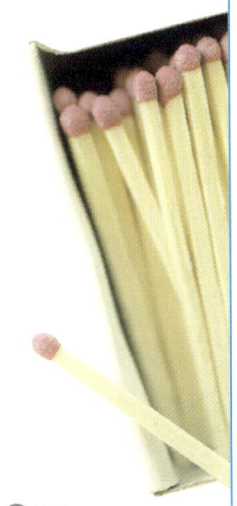

灭火
水与火接触后能大量吸收火中的热量,使燃烧物因温度降到燃点以下而熄灭,人们就是利用这个道理来用水扑灭大火的。

生活之最 密度最小的气体:氢气,标准状况下,1升氢气的质量只有0.0899克。

泡沫灭火器为何能灭火?

根据二氧化碳既不能燃烧,也不能支持燃烧的特性,人们研制出了各种各样的二氧化碳灭火器,包括泡沫灭火器、干粉灭火器及液体二氧化碳灭火器。那么,泡沫灭火器是怎样迅速把火扑灭的呢?

泡沫灭火器内有两个容器,分别盛放着硫酸铝溶液和碳酸氢钠溶液两种液体。这两种溶液一旦接触,就会发生激烈的化学反应,所以平时千万不要碰倒泡沫灭火器。当需要灭火时,把泡沫灭火器倒立,让两种溶液混合在一起,两种溶液混合马上就会产生出大量的二氧化碳气体。二氧化碳的比重比空气大,一旦喷出后就落在燃烧物的表面上,起到隔绝空气的作用。同时,灭火器中还加入了一些发泡剂。打开灭火器开关后,泡沫就会从灭火器中喷出,覆盖在燃烧物品上,使燃着的物质与空气隔离,并降低温度,从而达到灭火的目的。

↑ 灭火器
消防灭火器的类型多种多样,主要有:清水灭火器、泡沫灭火器、二氧化碳灭火器、干粉灭火器、卤代烷灭火器、酸碱灭火器等。不同的灭火器适宜扑救不同类型的火灾。

烟花为什么绚丽多彩?

老百姓在过年燃放爆竹的同时,还喜欢放烟花。相传,烟花始于隋唐,盛于宋代,又称为"焰火"或"礼花",是由爆竹演变发展而来的。烟花由引信、发射药和炮药三部分组成。现代烟花可分为低空烟花、高空烟花、地面烟花、水面烟花、手持烟花、吊线烟花、造型烟花等八大类,燃放时令人眼花缭乱,目不暇接。绚丽多彩的烟花与声声爆竹交相辉映,将节日的夜空装点得热闹非凡。

但是,烟花燃放时为什么会产生绚丽多彩的效果呢?其实,这是利用了发射药和炮药燃烧时产生的几种烟花效应的结果。发光效应是烟花药剂的一种主要效应,而在烟花药剂中增加一些金属粉(如铝粉、镁铝合金粉等),燃烧时即可生成固态和液态物质,同时又可放出大量的光能和热能。

另外,烟花药剂燃烧时除了能发光外,还能产生不同颜色的火焰。火焰颜色是由于药剂燃烧时,它的多种成分间产生许多化学反应、生成某些原子或分子而形成的。这些分子或原子以一定的频率振动,在可见光谱范围内呈现出一定波长的谱线,从而使火焰着色,最终造成了特殊的"焰色效应"。

除此之外,烟花药剂还具有声响、气动和发烟等效应,从而使烟花在燃放时更加绚丽多彩。

↱ 烟花
烟花的炮药中有混杂的盐类,烟花爆炸后,这些盐类在高温下与氧气发生化学反应,便会产生绚丽多彩的火花,其中不能燃烧的物质则产生烟雾。

你知道吗

- 为了保护图书,图书馆着火时不能用泡沫灭火器灭火,而要用干冰灭火器。
- 当电器失火时,不能用泡沫灭火器灭火,因为有触电的危险,所以最好用干冰灭火器。
- 据《大美百科全书》记载,1879年已经出现了一种可以变出人形的烟花了。

生活之最　最大的烟花: 中国产的"至尊皇冠"烟花,高0.6米,装火药34千克,能在8秒内升到488米,爆发出直径500米的火花。

为什么救生圈和救生衣都是橙黄色的?

Weishenme

经常乘船的人会发现,很多国家都将救生衣和救生圈做成橙黄色,这样做有什么特别的意义吗?简单地说,这样做一是防备鲨鱼,二是便于营救遇险人员。

海中的鲨鱼异常凶猛,遇难落水的人时常受到它的伤害。但是人们发现鲨鱼最怕橙黄色。它一见到这种颜色就调头远远逃走,宁愿挨饿也不肯靠近。所以人们将救生圈和救生衣做成橙黄色,以吓跑鲨鱼。

此外,这还与橙黄色的波长有关。橙黄色能见度高,明亮刺眼,可以强烈地刺激我们的视神经。人的眼睛很容易注意到橙黄色,且不会和其他颜色混淆。所以,在许多危险的场合,橙黄色就是警戒色,如火车头、登山服装、背包、救生衣等物品上都染有橙黄色。使用这样的救生衣或救生圈,万一出了事故,较容易被人发现,从而尽早得到救援。

戴着救生圈游泳的宝宝
救生圈是水上救生设备的一种,通常由软木、泡沫塑料或其他比重较小的轻型材料制成,外面包着帆布、塑料等。

大门上的"猫眼"有什么作用?

Weishenme

现在,大多数居民的房门上都安装了一种叫"猫眼"的小孔,其实,它真正的名字叫门镜。为什么叫它"猫眼"呢?这是因为,在远处看,门镜闪光的样子非常像猫眼睛在晚上发光,所以人们就给它取了个别名叫"猫眼"。那么,"猫眼"有什么作用呢?

"猫眼"是一种防盗门镜,由凹透镜和凸透镜组成。使用过"猫眼"的人都知道,从室内通过门镜向外看时,门外的景物都被缩小了,眼睛能看到的视角范围很大。而且眼睛越靠近"猫眼",观察景物的效果越好,可以看见比景物略小的正立虚像。这样一来,门外的人、发生的事,都能看得一清二楚。而人在室外向屋里看时,无论眼睛靠近"猫眼"还是远离"猫眼",都无法看清室内景物。

正是因为这种特性,很多人在公寓等处的大门上装上"猫眼",屋里的人可以仔细看清门外来人的情况,而不用随便开门。因此,它在家庭防盗和安全方面发挥了很大的作用。

救生衣
海中一霸——鲨鱼最怕橙黄色,它们只要一见到这种颜色就调头远远逃走,于是人们就将救生衣和救生圈做成橙黄色,以便吓跑它们。

【百科辞典】

暖色系:
由太阳光衍生出来的色彩,如红色、黄色、橙色等,可以给人以温暖柔和的感觉。

凹透镜:
两侧面均为球面或一侧是球面而另一侧是平面的透明体,中间部分较薄。它对光线有散射作用。

凸透镜:
凸透镜是中央较厚边缘较薄的透镜。薄凸透镜有汇聚光线的作用,较厚的凸透镜则有望远、发散光线或汇聚光线等作用。

生活之最　最特别的颜色: 在所有色彩中,最冷的颜色是蓝色;最暖的颜色是橙色。

为什么一把钥匙只能开一把锁?

指纹
由于人的遗传特性,虽然指纹人人皆有,但各不相同。据说,全世界五十多亿人中,还没有发现两个指纹完全相同的人。

锁对大家来说并不陌生,家里的抽屉上有锁,柜子上有锁,家家户户的门上都安装着锁。这些锁担负着保护财产安全的责任,只有用特定的钥匙才能打开。那么,人们是怎样保证一把钥匙只开一把锁的呢?

原来,每把锁里面都有一个圆柱形的锁芯,锁芯上有四个孔,每个孔里有两个很短的圆柱形铜柱和一个小弹簧。我们用钥匙锁门的时候,锁芯随着钥匙转动,由于铜柱长短不同,又有弹簧顶着,就把锁芯挡住转不动了。而钥匙上的齿深浅不一,把钥匙插进锁芯后,深浅不同的齿正好填满四个孔里的缝隙,把锁芯顶到适当的位置,就能转动锁芯了。锁芯转动可以带动锁里面的弹簧,并将所有小铜柱顶出,于是锁就被打开了。

由于每一把钥匙上的齿都深浅不同、大小不一,因此一把钥匙不能将任意一把锁里的锁芯都顶到特定位置上,所以一把钥匙只能开一把锁。这才是钥匙的真正目的,上锁就是为了防止东西被别人随便打开。不过,如果齿型真的非常近似,有的时候一把钥匙也能打开其他的锁。所以人们现在又发明了十字钥匙及各种异型钥匙和锁具,以减少误配的可能性。

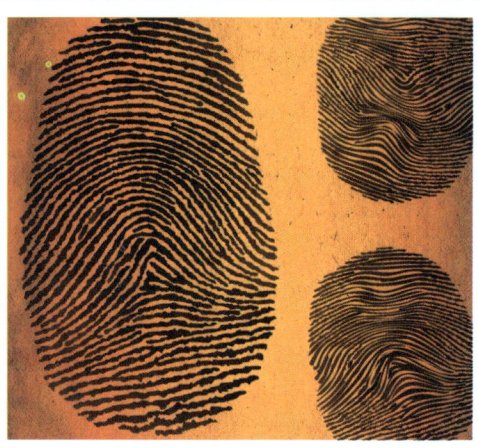

指纹锁的原理是什么?

指纹锁设计新颖,运用了非常先进的指纹识别技术。它彻底改变了传统锁类的设计方式和保密措施,极大地改进了保密方法。

指纹识别技术分为两种:一种是光学技术,另一种是电容技术(半导体技术)。前者类似于照相机,相对来说容易被复制。后者更保险,它采集了手指更深一层的图像,根据手指的真皮、血流量、指纹的脊、谷等细微区别,在手指的表皮和芯片之间产生不同的电容,通过电容场得到完整的指纹图像,因而很难被复制。

指纹锁把允许进入该门内的人员的指纹存储起来,每个想进门的人都必须先检验指纹,核对无误后才能进入。指纹锁一旦发现不吻合的指纹,其电脑系统就会立即报警。由于每个人的指纹都是独一无二的,所以不会出现钥匙失窃或者被人复制的情况。

有时,房主为了安全起见,在经过指纹的检验后,还要通过小键盘来回答比如血型或生日等问题,然后再与计算机内存储的数据相比较。如果二者准确符合,门就自动打开,如果不符合,它就会客气地将你拒之门外。

黄山连心锁
黄山连心锁遍及黄山各山道险隘,是黄山的一道独特风景线。爱侣们将连心锁挂在铁索上,而后将钥匙抛向深谷,表示永结同心、爱情不渝。

为什么超市里的所有商品都有条形码？

Weishenme

条形码（Product Code）是一种产品代码，由一组宽窄和间隔不等的平行线条及相应的数字组成，代表与商品有关的许多信息。条形码经过光电扫描输入电脑后，人们就能迅速查出某件商品的生产国、制造厂商、品名规格、价格等一系列产品信息。

许多国家和地区的超级市场都在使用条形码识别系统。顾客选定商品后，售货员只要把商品包装上的条形码对着扫描阅读器，电子计算机就能自动查询售价并进行收款累计。顾客选定商品的所有条形码都经过扫描后，计算机就能立即报出总价并把购物清单打印出来。这样，超市只需配备少量的售货员便能迅速、准确地完成结账、收款等工作，既方便消费者，也能提高超市的工作效率，降低销售成本。

目前，条形码辨识技术已经相当成熟，读取错误率只有约百万分之一，是一种输入快速、可靠性高、准确性强、成本低、应用面广的资料自动收集技术。不难预料，条形码辨识技术将会在今后的货物流通中发挥越来越大的作用。

条形码扫描
在超市购物时，售货员用条形码扫描器把商品包装上的条形码扫描进计算机后，计算机就能自动查询售价并进行收款累计。

声控灯为什么有声音就会亮？

Weishenme

如今，城市里许多现代化小区的楼道中都安装了声控灯，人们在夜晚进入漆黑的楼道时，不用摸索墙上的开关，只要拍拍巴掌或者跺跺脚，灯就能自动变亮。这其中有什么奥秘吗？

其实，声控灯的关键器件是电路里的"小话筒"——声传感器。声传感器能将声波以电信号的形式输出，电信号经过专用的芯片处理就可以控制电子开关，这样灯就亮了。

准确地说，声控灯是一种声控电子照明装置，由音频放大器、选频电路、延时开启电路和可控硅电路组成。其实，它应该叫做声光控灯，因为它和光线也有关系。在白天，即使你放鞭炮，声控灯都不会亮。这是因为声控灯里面还有一个检测光线的光传感器。所以，在白天有光的时候，灯总是灭的，只有晚上发出声响的时候，灯才会亮。

传感器
传感器是一种检测装置，能感受到被检测的信息，并将这些信息变换成电信号等形式输出，以满足信息的传输、处理、存储、控制等需求。

生活之最 最新的结账方式：美国一家超市集团推出了一种指纹结账方式，目前已经有越来越多的人建立了自己的指纹账户。

电子琴为什么能奏出其他乐器的声音?

大家都知道,电子琴既可以演奏不同的曲调,又可以发出强弱不同的声音,甚至还可以模仿二胡、笛子、钢琴、黑管以及锣鼓等不同乐器的声音。那么,电子琴的发音原理是怎样的呢?

乐器发出的优美动听的乐声,一般都是由琴弦、琴簧或者管内空气的振动形成的。在电子琴里,虽然没有能振动的弦、簧、管等物体,却有许多特殊的电子装置。当每个电子装置工作时,就会使喇叭发出一定频率的声音。于是,当你按动了某个琴键时,就会使与它相对应的电子装置开始工作,从而使喇叭发出某种音调的声音。

乐器发声时,除了发出某一频率的基音以外,还会发出响度较小、频率加倍的泛音。我们听到的乐器的声音就是它发出的基音和泛音混合而成的。不同的乐器在发出一样基音的同时,各自的泛音数目和响度都不相同,因而不同的乐器具有不同的音色。在电子琴里,除了有与基音对应的电子装置外,还有许多与泛音对应的电子装置,只要适当地选择不同的泛音电子装置,就可以将基音与不同的泛音混合,从而模仿出不同乐器的声音。

↑ 电子琴
电子琴具有能模拟各种乐器声音的丰富的音色库,可以根据乐曲的需要,选用合适的音色,来训练各种演奏法。

自动扶梯如何工作?

1900年,巴黎国际博览会上展出了一台阶梯状的自动梯,它就是现代自动扶梯的雏形。此后,自动扶梯在许多国家得到了进一步的发展。如今,它早已普及,在车站、码头、商场、机场和地下铁道等许多人流集中的地方都能看到自动扶梯。

自动扶梯是循环运行的运输设备,能够倾斜向上或向下连续输送乘客。直观地看去,它就像伴随着扶手带缓慢移动的楼梯。它由梯路(变形的板式输送机)和两旁的扶手带(变形的带式输送机)组成,转动原理并不复杂。

扶梯的两个尽头装有两个大齿轮,两个大齿轮之间连接着轮链,每个阶梯都安装在轮链上。在电动机的带动下,轮链推动阶梯沿两条轨道上下移动。这样,人站在上面就可以随着阶梯上下楼了。为了方便乘客登梯,梯路在乘客入口处作水平运动,以后逐渐形成阶梯。在接近出口处,阶梯逐渐消失,梯路再度作水平运动。为了保证乘客安全,自动扶梯在特制链条断开时,能够自动停止运行并在安全装置上卡住,以防向下滑动。

→ 自动扶梯
自动扶梯是循环运行的运输设备,能够倾斜向上或向下连续运送乘客。在车站、码头、商场和机场等人流集中的地方,都能看到它的身影。

生活之最 最大的电子琴:由美国古典风琴演奏家瓦·福克斯设计,1977年制作完成,共有上下5排键盘,总重近4吨,音域宽广宏大。

电视为什么可以用遥控器来控制?

Weishenme

看电视的时候,我们手里拿着遥控器,只要按一按上面的按钮就可以换台、调音或开关机,省掉了许多起起坐坐的麻烦。那么,为什么遥控器能控制电视呢?

遥控器分两个部分,我们手里拿的是它的发射器,它还有一个接收器装在了电视机的内部。我们按不同的按钮时,发射器就会发出不同的信号,接收器收到后,就会按照发射器的指令控制电视作不同的反应,遥控就成功了。

目前,全世界生产的彩电几乎全都带有红外遥控装置。用红外遥控器对电视机进行功能控制时,需要对准接收端方向。遥控器由红外遥控发射器、接收器和控制电路组成。红外线是一种波长极短的电磁波,用它作遥控开关的媒介,不会对其他电器造成干扰。我们使用遥控器时,首先由红外线发射器发出红外遥控信号,通过红外线接收电路放大处理后,再送到微处理器,最后经译码后再变成相应的控制信号。因此,只要编码是一样的,电视机就可以接收控制,比如,同一个型号的遥控器,可以用于所有适用的机型。这种类型的遥控器成本便宜,使用简单,给人们的生活带来了很多便利。

彩电为什么可以显示彩色图像?

Weishenme

电视机被誉为"20世纪最伟大的发明之一",最初诞生于1925年。1930年至1940年间的10年,是电视机成型的时代。早期的电视机只能接收和显示黑白图像,直到1940年,美国无线电公司首先成功研制出播放彩色图像的电视机。此后,电视机逐渐成为一种大众化的信息媒介和娱乐工具,走入了千家万户。

彩色电视机之所以可以显示逼真的彩色图像,是由于它的显示屏上涂有红、绿、蓝三种不同发光材料的荧光粉。这三种颜色叫"三基色",用三基色可以配出其他各种颜色。此外,彩色电视机的显像管里还装有三把电子枪,它们按各自收到的电视信号,发射出代表不同颜色的电子束。当电子束打在显示屏上时,屏上的荧光粉就会发出不同颜色的光。

如果我们走近看彩电的屏幕,会发现上面的图像是由很多红、绿、蓝色的小点构成的,由于人眼空间细节分辨能力比较差,所以这些三基色的小光点混合在一起,看起来就像是彩色了。

【百科辞典】

红外线:
红外线是不可见光线中的一种,由德国科学家霍胥尔于1800年发现,又称为红外热辐射。

荧光粉:
荧光粉在受到自然光、灯光、紫外光等照射后,能把光能储存起来。在光停止照射后,又以荧光的方式释放出光能来。

遥控器
遥控器是一种用来远控机械的装置。现代的遥控器,主要是由集成电路电板和用来产生不同讯息的按钮组成的。

电视塔
电视塔是用于发射传播广播电视信号的建筑。要使信号播送的范围更大,电视发射天线就要更高,这样,电视塔愈建愈高,最终成为现代最高的建筑物类别之一。

生活之最 最早的电视机:1925年,拜尔德在英国首次成功装配出世界上第一台电视机。

微波炉为什么可以加热食物？

Weishenme

1946年，美国人斯潘瑟于一个偶然的机会，发现了微波融化糖果的现象。事实证明，微波辐射能引起食物内部的分子振动，从而产生热量。

1947年，第一台微波炉问世。

微波是一种频率为300兆赫至300000兆赫的电磁波，它的波长很短，具有可见光的性质，可沿直线传播。这种电磁波的能量不仅比通常的无线电波大得多，而且还很有"个性"：微波在遇到金属材料时能反射；遇到玻璃、塑料、陶瓷等绝缘材料时则可以穿透；遇到含有水分的蛋白质、脂肪等介质时可被吸收，并将微波的电磁能量变为热能。微波炉正是利用微波的这些特性制成的。

微波炉的心脏是磁控管。这个叫磁控管的电子管是个微波发生器，它能产生每秒钟振动频率为4.5亿次的微波。这种肉眼看不见的微波，能穿透食物达5厘米深，并使食物中的水分子也随之运动。剧烈的运动产生了大量的热能，于是食物就被"煮"熟了。这就是微波炉加热食物的原理。

微波炉专用盒
微波一碰到金属就发生反射，金属根本没有办法吸收或传导它，所以应选用玻璃、陶瓷、塑料等绝缘材料的器具来盛放需微波加热的食物。

微波炉
微波炉是一种用微波加热食品的现代化烹调电器，其功率范围一般为500至1000瓦。

你知道吗

- 用微波炉烹饪时，由于热量直接深入食物内部，所以烹饪速度比其他炉灶快4至10倍，热效率高达80%以上。
- 在微波炉内尽量使用广口容器，因为封闭容器内食物加热时产生的热量不容易散发，而使容器内压力过高，易引起爆炸。

为什么微波炉中不能放金属器皿？

Weishenme

我们在使用微波炉时，产品说明书上都会提醒说，不能用金属器皿在微波炉内加热食物，这是为什么呢？

原来，微波有一个特性，遇到金属就会被反射回来，所以金属容器中的食物根本无法被加热，而且由于发射出去的微波没有损耗地全部反射回来，经过累积，还可能使发射微波的器件产生高温以至损坏。同时，金属的电阻又很小，会形成微波能量的高频短路，极易使发射微波的磁控管阳极因产生高温而烧毁。所以微波炉里不能放入金属容器。

烤箱里包裹食物所用的铝箔也不可以放在微波炉内，同时，也不要忘记把金属的勺子、刀叉等拿出来，以免在加热时与微波炉内壁摩擦而产生电火花。

微波炉内用最理想的器皿是玻璃制品，因为它对微波的吸收性较小，而且非常耐热。此外，在微波炉内加热食物时，也可使用陶瓷、塑料等材料的容器。

油烟机为什么能把油烟吸走？

Weishenme

油烟机是一种净化厨房环境的厨房电器，它安装在厨房炉灶上方，能将炉灶燃烧的废物和烹饪过程中产生的对人体有害的油烟迅速抽走，排出室外，减少室内空气污染。油烟机一般都由风机系统、控制系统、滤油装置、外壳与悬吊装置等零部件组成。

油烟机工作时，电机带动风轮转动，从而在进风口、风柜内和出风口之间造成气压差，压力差引起空气快速流动，油烟也就随之开始了吸排运动。当油烟经过进风口的过滤网时，部分油烟因冷却而被分离开来。那些冷却凝聚的污油通过导油系统被导入油杯，而滤过的烟则直接由出风口排出室外。

为什么洗衣机能将衣服甩干？

Weishenme

洗衣机是现代家庭最常见的家用电器之一，它的诞生将人们从繁重的清洗劳动中解脱了出来。目前受到人们广泛欢迎的全自动洗衣机，不仅能将衣物洗涤、漂洗干净，而且还能自动甩干，洗好的衣服只需再晾晒很短的时间就能完全干了，非常方便。那么，洗衣机的甩干功能用的是什么原理呢？

洗衣机甩干衣服利用了离心力的原理。在洗衣机中，有一台能够高速转动的电动机，它可以带动洗衣机里的甩干桶高速旋转。在用洗衣机将衣服甩干时，桶内的湿衣服会随着圆桶一起作高速圆周运动，最高速度可达每分钟800至1000转。甩干桶的桶壁上有许多圆孔，附着在湿衣服纤维中的小水珠会在离心力的作用下，沿着圆周运动的切线方向离开衣服，从桶壁的圆孔中甩出去。于是，湿衣服就这样被甩干了。有些洗衣机除了甩干之外，还有烘干的功能，衣服拿出来就可以直接穿了。

滚筒洗衣机
这种洗衣机模仿棒槌击打衣物的原理，利用电动机使滚筒不停旋转，从而使滚筒中的衣物不断被提升和摔下，最终被"捶打"干净。

抽油烟机
油烟机可以说是厨房里的"肺"，它改变了厨房的大环境，减少了油烟对厨房环境和人体健康的危害。

你知道吗

- 清洗油烟机时，最好不要擦拭风叶。可在风叶上喷洒清洁剂，然后再旋转甩干，这样做可以避免风叶变形。
- 1776年，在欧洲出现了最早的简易机械洗衣机。1979年，以电脑控制的全自动洗衣机在日本问世。

生活之最 最快的洗衣机：日本三菱电机公司宣称生产出了世界上洗衣最快的洗衣机，能在35分钟内清洗9千克衣物。

中国孩子最爱问的十万个为什么

主题索引：为什么说失去摩擦力我们就会寸步难行？ 猫从高处跳下来为什么不会摔死？

为什么说失去摩擦力我们就会寸步难行？

Weishenme

两个互相接触的物体，当它们要发生或已经发生相对运动时，会在接触面上产生一种阻碍相对运动的力，这种力就是摩擦力。假如地球上没有摩擦力，将会变成什么样子呢？那样的话，生活将处处都是无法解决的难题：想写字却拿不起笔，想喝水却端不起杯子；想工作劳动，但任何工具都一次次从手上滑落，甚至想站起来都会立刻滑倒，想走路更是寸步难行……

摩擦力虽然是一种阻力，但在生活中却是必不可少的。我们要稳稳地站在地面上，就得靠鞋底与地面之间的静摩擦力。而我们想要向前走或者跑，更是离不开这个静摩擦力。当一个人迈开腿时，会下意识地先用另一条腿蹬地，于是鞋先给地面一个向后的作用力，而地面相应地给鞋一个向前的摩擦力，人就可以成功地跨出这一步，向前移动了。如果没有了摩擦力，人一走动就会滑倒，而且滑倒后，由于缺少摩擦力的帮助，将再也无法站立起来。

猫的爪子
猫的每只脚下都有一块大的肉垫，每一脚趾下又有一块小的趾肉垫。这些柔软的肉垫起到了良好的缓冲和防滑作用，当猫从高处跳下时，这些肉垫能使猫免受伤害。

轮胎锁链
汽车在平常路面上不易打滑，而在雪地上却极易打滑，这是因为雪地的摩擦系数较小，汽车前进的摩擦力不足。所以下大雪时，很多车辆都要在轮胎上绑上铁链，以增加摩擦力。

猫从高处跳下来为什么不会摔死？

Weishenme

如果一只狗从高处摔下，它多半会摔伤，可是，猫从高处跳下却可能安然无恙，这是为什么呢？这是因为，猫的平衡功能比其他动物更完善。

当猫从高处跳下来时，它的眼睛能很快地看清地面是平坦还是不平坦。如果它的身体失去平衡，它内耳的平衡器官能很快感觉到，这些平衡器官会把感觉及时地通知延脑。延脑一方面把消息报告给大脑"司令部"，另一方面向下通知脊髓。脊髓的脊神经立刻把感觉再传给四肢的肌肉，四肢的肌肉就以最快的速度调整，使身体保持平衡状态。这样，猫在着地之前，身体已经做好了准备。

此外，猫的脚底有很厚的肉垫，这种肉垫既柔软又富有弹性。当猫从高处落下的时候，它脚底的肉垫可以帮助它减小震动，再加上它的长尾巴如同飞机的尾翼，可使身体保持平衡，所以猫从高处跳下，一般不会摔死。

生活之最 最富有的猫：2011年11月，一只名叫托马索的黑色小猫继承了其女主人价值1000万欧元的遗产，成为世界上最富有的猫咪。

用撬棍为什么能撬动很重的物体？

Weishenme

在采石场里，我们可以看到工人在撬动比较大的石头时，经常先把长铁棍的一端插到石头底下，再在撬棍下面放一个小石头作支点，然后用力去压铁棍的另一端，这样就能撬动很大很重的石块了。为什么一个工人用一根撬棍就能撬动巨石呢？这是因为，他们利用了杠杆原理，他们手中的那根长铁棍就是杠杆。

我们把支撑杠杆左右摇摆的点称为支点。当支点靠近物体时，撬起物体就会省很大的力气；当支点远离物体、靠近我们用力的双手时，就会非常费劲。这就是杠杆原理。千万别小看这个简单的科学原理，它在我们生活中有着很大的用处。把一枚钉子从木头里拔出来，用羊角锤或老虎钳就能轻松完成；牛皮纸很硬，用普通剪刀很难剪开，但是用长柄剪刀却可以很容易剪开；开瓶子的专用起子、吃饭时夹菜用的筷子、用手握住写字的毛笔、铲土用的铲子等等，这些工具都巧妙地运用了杠杆原理。

撬动地球
阿基米德有一句世界闻名的豪言壮语："给我一个支点，我可以撬动地球。"这充分说明了杠杆所能发挥的巨大力量。

为什么夏天容易中暑？

Weishenme

在炎热的三伏天，人们若在烈日下劳动或进行体育比赛，往往会出现发烧、抽筋等症状，严重的还会突然昏倒，不省人事，这种情况就是中暑。

人为什么会中暑呢？虽然中暑看起来比较突然，但它却是逐步形成的。人体每时每刻都在通过出汗向外散热，由于劳动和运动时出汗多，因此散发的热量也多。在通常情况下，环境的温度低于体温，人体的热量就能顺利地散发出去。但是，在炎热的夏天，环境温度高于体温，人体热量散发不出去，大量的热积聚在体内，再加上出汗过多，体内的水分和盐分消耗过多，就会引起中暑。

中暑对人的身体损害很大。所以，在夏天或高温环境里劳动时，必须注意通风降温，尽量避免烈日直晒，还应多喝一些淡盐开水、汽水等饮料。

遇到中暑的人，应该立刻将其抬到阴凉而空气流通的地方，解开衣服，用凉水擦拭身体，用冷湿毛巾敷头，帮助患者降温。如果中暑的人一直脸色苍白、昏迷不醒，就应该赶快送到医院进行抢救。

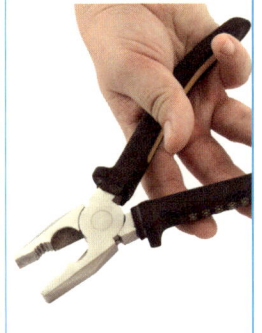

烈日下
在高温酷热的夏天，特别是在中午太阳最盛时，应该避免让烈日直晒头部，并多喝一些淡盐开水、汽水等饮料，以防中暑。

生活之最 最易中暑的时段：在夏天，最好不要在10点至16点之间外出，因为这个时段阳光最强，中暑的可能性也最大。

为什么有时开着电风扇也不凉快？

夏天为了避暑降温，一般室内都备有电风扇。可是，在闷热的夏天，有时电风扇虽然对着人吹，却只感到一阵热风过来，而不觉得凉快。这是什么原因呢？

电风扇吹出来的风使人感觉凉爽，是因为它加快了皮肤表面的空气流动，汗液蒸发随之加快，吸收了身体热量，使皮肤温度下降。同时，空气快速流动带动了空气对流，对流也可以带走大量的热，最终也可以降低温度。由此可见，汗液的蒸发才是使人凉爽的主要和直接因素。

在闷热的夏天，有时室内的湿度特别大，接近饱和状态。这时，空气中已经不能再容纳水蒸气了。这时候，尽管有电风扇迫使空气流动加快，但也难以促进汗液蒸发。在这种情况下，就算一直吹着电风扇也不能减轻人们闷热的感觉。

水银温度计
水银温度计是膨胀式温度计的一种，用来测量0至150摄氏度或500摄氏度以内的温度。这种温度计不仅比较简单直观，而且还可以避免气压的影响。

电风扇
电风扇由斯凯勒·惠勒于1882年发明。电风扇工作时可加快空气流动，降低室温。但假如房间与外界没有热传递，即便有电风扇，室内的温度不仅不会降低，反而会升高。

为什么温度计能测量温度？

在日常生活中人们往往凭自己的感觉来判断物体的冷热程度，但这样的判断由于多种因素的存在，通常是不准确的。要想准确知道物体的温度，就要借助于温度计。那么，温度计为何能测量温度呢？

最早发明温度计的人是意大利科学家伽利略。当时，伽利略设计了一根一端呈球形、中间充满空气的玻璃管，管的另一端开口朝下置于液体之中。当温度升高时，管内空气受热膨胀。由于在相同条件下，液体的热膨胀程度没有气体大，所以管中液面的高度会降低。同理，温度降低时，管中液面会升高。但是，这样的温度计容易受大气压变化的影响，所以精确程度并不是很高。

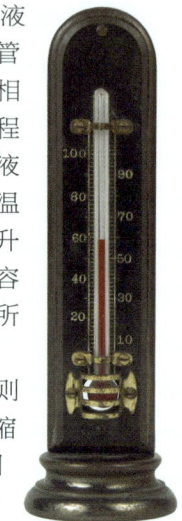

我们现在用的温度计则完全是利用液体的热胀冷缩原理制成的：由于在相同条件下，液体的热膨胀程度要比固体大，所以当温度变化时，玻璃管中的液面便随之上升或下降；又因为温度计的玻璃管内径很细，因此液体体积变化在细管中呈现出较明显的高度变化，所以从玻璃管上的刻度就可读出温度的具体数值。

随着科学技术的发展，测温技术也在不断地改进和提高。由于需要测温的范围越来越广，人们又制造了出许多不同种类的测温仪器。

【百科辞典】

蒸发：
液体蒸腾挥发为水汽的现象。蒸发在任何温度下都能发生，且蒸发过程吸收热量。影响蒸发快慢的因素有温度、湿度、液体的表面积和液体表面上的空气流动速度等。

热胀冷缩：
是物体的一种基本性质。物体在一般状态下，受热以后体积会膨胀，受冷以后体积会缩小。

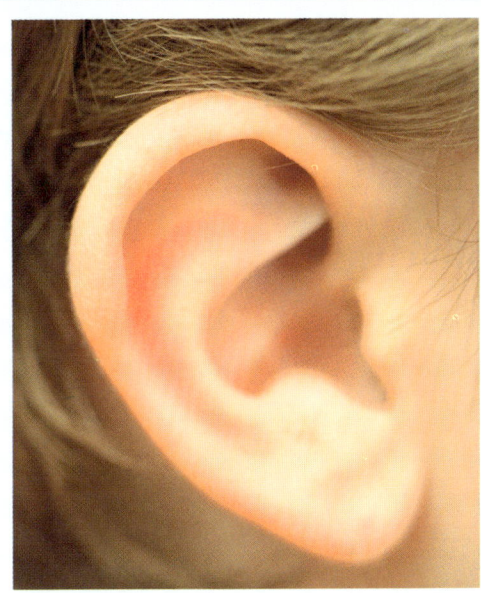

为什么声音不能在真空中传播？

Weishenme

声音是由物体机械振动而产生的，人们所听到的声音实际上是物体振动后引发的声波。当物体发生机械振动时（例如我们说话时声带的振动或乐器被击打时发生的振动），周围的空气也被迫产生微妙的振动，并在空气中以每秒钟340米的速度向周围传播，这就是声波。声波在空气中不断扩散，当它到达鼓膜时，就会通过复杂的变化，转化为生物电信号，接着，由人的神经系统感知，最后变成人们能察觉到的声音。不同的声波是由振动频率的不同造成的。频率是指物体每秒钟振动的次数，单位是赫兹（赫兹），人耳能听到的声音频率范围是20至20000赫兹。

由此我们知道，声音实际上是一种声波，它的传播需要介质，固体、液体、气体等都是声音传播的媒介。声音在不同介质中传播的速度不同，一般情况下，在固体中传播得最快，在液体中次之，在气体中最慢。由于真空中没有任何介质，所以声音在真空中无法传播。

为什么有的声音听起来令人烦躁？

Weishenme

声音是非常重要的环境因素之一，美妙的音乐能使人心情舒畅。但是，有一些声音听起来不仅没有悦耳的感觉，反而令人心烦意乱，尤其是那些音量过大、杂乱无章的嘈杂声，听了更会使人心烦意乱、坐卧不安。这是为什么呢？

从物理学角度讲，噪声指的是一种非周期性的声音振动。它的声波波形不规则，音高和音强变化混乱，让人听起来感到刺耳、难以忍耐。而在生活中，所有使人烦躁，干扰人们学习、工作和休息的声音都属于噪声，比如建筑噪声、交通噪声及其他生活噪声等。

高强度的噪声不仅损害人的听觉，而且对人的神经系统、心血管系统、内分泌系统、消化系统以及视觉、智力等都有不同程度的影响。

噪声的单位是分贝，分贝是声压级的大小单位，1分贝就是人耳刚刚能听到的声音。如果一个人长期在高达95分贝的噪声环境里工作和生活，甚至会有丧失听力的危险。

⬅ 耳朵

耳朵要听见声音是有条件的，首先需要有发声源，而且声波要在一定频率内，其次需要空气、固体、液体等声音传播介质。

⬆ 音叉

⬇ 令人烦躁的声音

噪声是一种可使人心情烦躁甚至会危害人体健康的声音。它会影响人的神经系统，使人急躁、易怒；影响睡眠，使人疲倦不堪。

山谷里为什么有回声？

当我们爬山的时候，在山谷里高声叫喊，过一会儿就会传来一模一样的声音，难道是有人在学我们说话吗？当然不是，那是回声。那么，山谷里为什么会有回声呢？

这是因为，在人们喊叫的时候，声音会向四面八方传去。声音是以声波的形式传播的，假如在传播过程中遇到较大的障碍物，它就会被障碍物的界面反射回来。由于反射回来的声音比直接传入耳朵的声音多跑了很多路，所以人们总是先听到直接发出的声音，过一会儿才能听到反射回来的回声。

事实上，只要存在障碍物就会有回声。但是，人耳只能区分时间相隔超过0.1秒的两个声音。如果障碍物与声源的距离较近，原声与回声的间隔不到0.1秒，它们就会混在一起，使人不易察觉。一般情况下，声音每秒钟可以扩散340米，因此人耳要将原声和回声区别开来，声源和障碍物之间的距离至少也得有17米。由于山谷四周高山围绕，人和高山距离较远，喊叫的声音传出去后，过了比较长的时间才被高山反射回来，结果就形成了山谷里清晰可辨的回声。

广泛应用于潜艇上的声呐装置，就利用了回声的原理。仪器先发出声波，然后再接收障碍物反射回来的声波信号。之后，人们通过测量发出信号和接收信号之间的时间，再根据声音在水中的传播速度，就可以计算出障碍物的距离或海的深度了。

回音壁为什么会传声？

北京天坛公园里的回音壁是一个奇妙的建筑物，即使人们朝着回音壁小声地说一句话，在另一面的人也能听到。这是为什么呢？

我们平时在比较小的屋子里说话无法听到回声，是因为屋子面积小，回声反射回来很快，基本上跟原来的声音合并在一起；而大房子的回声反射回来的时间长，回声和原声有一定的时间间隔，所以能听出回声。天坛回音壁的壁圆很大，半径足有32.8米，这个距离足以使人清楚地分辨出回声。

回音壁有回音效果的另一个原因是，围墙由磨砖对缝砌成，光滑平整，弧度十分柔和，有利于声波的规则折射。加之围墙上端覆盖着的琉璃瓦，可使声波不至于散漫而消失，从而加强了回音壁的回音效果。此外，围墙建造成磨砖对缝，可以使声音在传递途中减小损失。因此，只要对着墙壁说话，就算相隔四五十米，见不到面，也可以清晰地听到对方说话。

天坛
天坛是明清两代帝王用以"祭天"、"祈谷"的建筑。其主要建筑祈年殿、皇穹宇、圜丘等都建造在北京南北纵轴上。坛墙南方北圆，象征天圆地方。

空谷回声
幽静的山谷中，群山环绕，人如果站在其中大声喊叫，声音传出去后，高山又把它反射回来，就会形成独特的"空谷回声"。

生活之最　最大的天然回音壁：河北省嶂石岩景区的回音壁，直径90米，弧长310米，壁高100多米，在其中任一位置说话都可听到回音。

为什么人类听不到超声波和次声波?

Weishenme

前文提到,科学家把物体发声时每秒钟振动的次数称为频率,单位是赫兹。人耳能听到的声波频率范围是20至20000赫兹。因此,当物体的振动超过一定的频率,即超过20000赫兹时,人类便听不出来了,这样的声波称为超声波。超声波的方向性好,几乎沿直线传播;穿透能力强,能穿透许多电磁波不能穿透的物质;在介质中传播时能产生巨大的作用力,可以用来为硬质材料做切割、凿孔等,也可以用来清洗和消毒。

频率小于20赫兹的声波叫次声波。虽然次声波看不见,听不见,可它却无处不在。地震、火山爆发、风暴、海浪冲击、枪炮发射、热核爆炸等都会产生次声波。某些频率的次声波由于和人体器官的振动频率相近,容易和器官产生共振,对人体有很大的危害性。

你知道吗

- 太阳光实际上是由赤、橙、黄、绿、青、蓝、紫七种颜色组成的。
- 医院手术室里的无影灯上装了许多灯,这些灯可以从各个方向发出光线,使影子淡化,从而保证医生动手术时不会受到影子的干扰。

太阳下的物体为什么会有影子?

Weishenme

每个人都有一个不说话的好伙伴,它和你一生都在一起,不会离开,那就是你的影子。物体为什么会有影子呢?这需要用光的知识来解释。

我们知道,光总是沿着直线传播的,当它照射到不透明的物体时,就会发生反射,从各种物体反射出来的光线进入我们的眼睛,我们就看到了五颜六色的世界。而我们能看到各种颜色,是因为各种物体反射出了不同颜色的光。同时,照射在物体上的光的亮度不同,也会让我们看到的物体的颜色不同。亮度最高的光为白色,亮度最低的光是黑色。

而所谓"影子",就是物体挡住了能够照射到这个物体背后的所有光线,形成了一个亮度最低的黑色地带,也就是光线照射不到的地方。一般来说,物体是什么形状,影子也就是什么轮廓。不过,由于光照的角度和遮挡光线的物体的角度不同,同样一个东西的影子长短和形状也会有所不同。所以每天中午,太阳就在我们头顶时,我们脚下的影子只有一小块;而下午时,在夕阳的余晖之下,每个人又都会拖出一条长长的影子。

蝙蝠

蝙蝠总是喜欢倒挂在树上休息。它们中的大多数都具有回声定位系统,能够发出超声波信号,根据回声在黑暗中判别方向,为自己的飞行路线定位。

影子

光线在同种均匀介质中沿直线传播,因不能穿过不透明物体而形成投影,就是我们常说的影子。影子的形成需要光和不透明物体两个必要条件。

生活之最　超声波在医学上最早的应用:1942年,奥地利医生杜西克首次用超声波技术扫描人体脑部结构。

中国孩子最爱问的十万个为什么

主题索引：为什么我们的眼睛能看见物体？为什么伸入水中的吸管看起来是弯的？

为什么我们的眼睛能看见物体？

如果没有眼睛，我们的生活将会黯淡无光。正是因为有了眼睛，我们才能看见大千世界和形态各异的物品。那么，为什么人的眼睛能看见物体呢？

在人的眼睛后面，有一层特殊的膜，科学家称之为视网膜。外来的光线先通过眼睛前部无色透明的表层的折射，然后在视网膜上形成图像。视网膜的细胞对光十分敏感，上亿个感光细胞感到了光的强弱和色彩，并立即把信息通过神经传给大脑，于是，我们便"看"到了那个物体。

实际上，眼睛只不过起着"摄像"和"传递"的作用，真正"看清"东西的是我们的大脑。当光通过眼睛的折射和视神经的传递到达大脑的视觉中枢时，我们才能产生视觉，才能看到世界上的一切。我们的视力也是在光的不断刺激下逐渐完善起来的。初生的婴儿只能看到物体模糊的影子，随着他们的眼睛不断被光刺激，他们的视力也就慢慢形成了。

照相机
照相机的工作原理和眼睛差不多，但远远不如眼睛快，也不如眼睛高级。眼睛才是世上最智能的"照相机"。

雨后彩虹
彩虹是气象中的一种光学现象。当阳光照射到半空中的雨点，光线被折射及反射时，天空就会出现拱形的七彩光谱。

为什么伸入水中的吸管看起来是弯的？

相信大家肯定看到过这样的景象：把吸管伸入水中后，从外面看起来，吸管好像变弯了，可是把它拿出来，又安然无恙。你知道这是为什么吗？

【百科辞典】

折射定律：
在光的折射现象中，确定折射光线方向的定律。主要原理是：在平滑的界面上，部分光线由第一介质进入第二介质后即发生折射。光在两种介质间穿行的速度差越大，折射效应就越大。

海市蜃楼：
由于光线的折射，平静的海面、江面、湖面、雪原、沙漠或戈壁等地方，偶尔会在空中或"地下"出现高大的楼台、城郭、树木等幻景。

光从一种介质斜射入另一种介质时，传播方向一般都会发生变化，这种现象叫做光的折射。由于光在水和空气这两种介质中的传播速度不同，所以当光从空气中进入水中时，传播速度便由每秒3×10^8米变成约2.25×10^8米，入射角和折射角也发生了变化，因此光就发生了偏折。而人的肉眼之所以能看见物体，是因为水中物体反射的光进入了眼睛，所以，当光发生了偏折的时候，我们就会发现吸管发生了"弯曲"，而实际上它没有任何变化。

我们在岸上看到水中的鱼，比它在水里的实际位置要高；看起来不过齐腰深的池水，实际深度却没过胸部；把一块厚玻璃放在钢笔的前面，笔杆看起来好像"错位"了……这些现象都是光的折射造成的。

生活之最 人体最灵敏的神经反射：眼角膜反射，即角膜受到刺激，引起眨眼的一种反射。

为什么汽车的后视镜是凸出来的？

Weishenme

汽车头的两边各有一块镜子，叫做后视镜，可以帮助驾驶员看清后方的车辆和行人，保证安全。这两块小镜子的镜面都是凸出来的，这是为什么呢？

镜面凸出来的后视镜实际上是一个凸面镜，是一种利用球面的外侧作为反射面的镜子。物体的影像经过凸面镜反射以后，会形成一个正立缩小的虚像。如果让一束平行光线照射到凸面镜上，它反射出来的光线就是发散的；根据光线可逆原理，光线发散地照射到凸面镜上，还可以平行地反射回来。用凸面镜当汽车的后视镜，就相当于使旁边的景物在司机的眼里成像，与平面镜相比，它又可以扩大司机的观察范围，有助于防止交通事故的发生。所以汽车的后视镜都采用凸面镜，这样可以反映出汽车后方、侧方和下方的情况，使驾驶员间接地看清楚这些位置。后视镜起到"第二只眼睛"的作用，扩大了驾驶员的视野。

凸面镜虽然会使物像变形，但这对安全观察并无妨碍。

盘山公路的急转弯处和公路拐弯的地方，也常常设置着很大的凸面镜，同样是为了保障交通安全。欧洲现在生产的轿车，大都采用双曲率的后视镜，也就是在凸面镜的基础上再添加一块凸面镜，以进一步增大司机的观察范围、扩大视野。

手电筒灯泡后为什么有块凹面镜？

Weishenme

仔细观察家里的手电筒，你会发现，手电筒灯泡后面有一块凹进去的镜子，它是干什么用的呢？原来，那是一块凹面镜。凹面镜也是球面镜的一种，它可以起到会聚光线的作用。

凹面镜有一个独特之处：根据成像原理，当一个点光源放在凹面镜的焦点位置时，光线经反射后就会以平行光的形式发出。所以用手电筒照明时，手电筒前边中心部位的灯泡可以被看做是一个点光源，如果灯泡处在凹面镜的焦点位置上，后面的凹面镜就可以将灯泡发出的光线平行送出，并会聚成一条直线。这样，光能比较集中，进而也可以提高亮度，使手电筒照得很远。

利用这种特性，广场上的照明灯、探照灯以及各种机动车的车头灯里都装有凹面镜，可使灯光变得更加集中而且亮度更高。耳科医生在检查耳道时，也经常使用银色或白色的凹面镜来会聚光线，将光线射入病人的耳道内部，以便观察诊断。

▲ 道路广角镜
凸面镜有使光发散的属性，可利用它扩大视野。生活中凸面镜应用比较多的是汽车后视镜及道路拐弯处的广角镜。

▲ 手电筒
手电筒的灯泡后面都有一块凹进去的镜子，这是凹面镜，它可以将灯泡发出的光线平行送出，使其会聚成一条明亮的直线。

【百科辞典】

球面镜：
反射面为球面的镜子。

凹面镜：
用球面的内侧作反射面的球面镜。

焦点：
平行光线经反射（或折射）后，反射（或折射）光线相交会的点。

生活之最　最小的手电：Luxeon Portable PWT是全球最小的LED手电，体积不到2.5立方毫米。

中国孩子最爱问的十万个为什么

主题索引：望远镜为什么能望远？为什么用光学显微镜看不到更小的东西？

望远镜为什么能望远？

望远镜是一种用于观察远距离物体的光学仪器，它能把远处的物品在成像空间内按一定倍率放大，使本来无法用肉眼看清的物体变得清晰可见。

望远镜能望远，靠的是它前后两块玻璃镜片：前面一块接近景物的凸形透镜或凹形反射镜叫物镜，直径大，焦距长；后面靠近眼睛的那块叫目镜，直径小，焦距短。如果把远处景物的光源视做平行光，根据光学原理，平行光经过透镜或球面凹形反射镜便会聚焦在一点上，这就是焦点。焦点与物镜的距离就是焦距。

物镜把远处景物反射过来的光线会聚成倒立的、缩小的实像，就等于把远处景物一下子移到了成像的地方，而这个景物的倒像又恰好落在目镜的前焦点处，这样对着目镜看过去，就像拿放大镜看东西一样，可以看到一个放大了许多倍的虚像。这样，很远的景物，在望远镜里看来就仿佛近在眼前，看得特别清楚。

但是，看似功能强大的光学显微镜也有自己的极限。因为微观世界是无限的，非常小的物质也有更小的组成部分，而光学显微镜只能看到大于0.2微米的东西。如果要观察更小的东西，它就无能为力了。这是为什么呢？

原来，光也是一种波，它的波长为0.4微米，在传播过程中如果遇见比它的半个波长还要小的东西，它就会直接绕过去。这种情况叫做光的衍射。在光学显微镜下，一旦发生光的衍射，光就会变成一些极为细小的小圈或圆弧，我们就只能看到几个模糊的斑点，而看不出物体的具体轮廓。正因为如此，自19世纪至今，光学显微镜基本上没有什么改进。因此，要想看到更小的东西，就得求助于电子显微镜了。

望远镜
望远镜又称"千里镜"。它利用通过透镜的光线经折射或被凹镜反射，进入小孔能会聚成像的原理，最后经过一个放大目镜来观察远处的事物。

光学显微镜
光学显微镜是利用光学原理，把人眼所不能分辨的微小物体放大成像，以供人们提取微细结构信息的光学仪器。

为什么用光学显微镜看不到更小的东西？

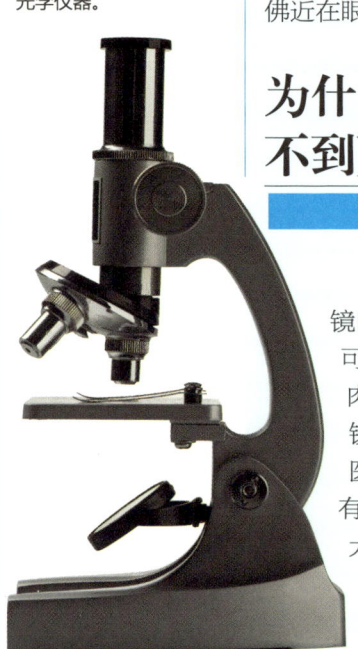

显微镜是由一个透镜或几个透镜的组合构成的一种光学仪器，它可以把微小的物体放大成为人们的肉眼所能看到的影像。17世纪显微镜发明以来，它就为生物学家和医学家发现细菌和微生物提供了有力的帮助。现在的光学显微镜最大可把物体放大1500倍，连非常微小的细胞、细菌、病毒等物体在显微镜下都能看得一清二楚。

【百科辞典】

实像：
光线被凹面镜反射或透过凸透镜折射后汇合在一起所成的影像，由于它可以显现在屏幕上，所以叫实像。

虚像：
像点的集合叫做物体的像。如果光束是发散的，那么发散光束的反向延长线的交点就叫虚像。

光的波长：
光子在一个周期的时间内，在空间运行的距离。

电子显微镜为什么能把物体放大几十万倍？

Weishenme

前文提到，如果想观察极其微小的物体，光学显微镜无能为力，就需要电子显微镜的帮助了。电子显微镜是根据电子光学原理，用电子束和电子透镜代替光束和光学透镜制成的，可以将物体成像放大至数十万倍。它为什么会有如此奇妙的功能呢？

根据光的衍射原理，光会跨过小于它半个波长的物质，所以人们就不断地寻找一种波长非常短的光线，避免衍射情况的出现。经过长期的试验，人们最终发现了电子波。因为电子波是带有负电荷的，当它被高压正电吸引而产生运动时，就有了光波的波动性质。正电压越高，电子运动的速度越快，它的波长就越短。当正电压达到五万伏的时候，电子波的波长就只有可见光波长的十万到十八万分之一。所以电子显微镜的分辨率特别高。

电子显微镜的本领虽然远胜于光学显微镜，但由于它只有在真空条件下才能工作，所以很难用它观察活的生物。

汽车雾灯为什么选用黄色光？

Weishenme

大雾天气是交通的一大障碍。遇到雾天时，司机常常会打开车头上的雾灯，让一束灿烂的黄色灯光开路。

汽车雾灯照射出来的光是黄色光，它是经过科学家精心研究后作出的选择。因为不同颜色的光具有不同长度的波长。波长越短的光，向四面发散传播的距离越远。黄色灯光的波长，比起大灯发射的白光要短得多，照射的距离要远得多，穿透性要强得多。

在有雾的时候，汽车开启黄色的雾灯，迎面而来的驾驶员既能看清目标又不觉得刺眼。而且，黄色光颜色纯净，不会被雾中的水蒸气反射，所以人们用黄色雾灯代替大灯照明。

那么，绿色光、蓝色光和紫色光的散射作用不是更强吗？为什么不用它们呢？这是因为，绿色光早就被当做"安全"和"可以通过"的标志光了；而蓝色光和紫色光的光色较暗，在大雾中十分不明显，不易引起人的注意。

此外，黄色灯光也能作为醒目的警示标志。在一些十字路口，到了半夜，行人车辆稀少，交通灯上只有一盏黄灯一闪一闪地发出光芒，使驾驶员在很远的地方就能发现，以便及时降低车速，安全通过交叉路口。

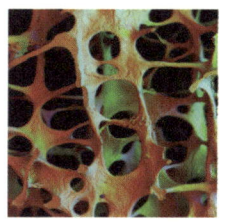

显微镜下的骨骼
这是在20倍电子显微镜放大下，一名89岁妇女疏松的骨骼形象。电子显微镜最大可将物体成像放大至数十万倍。

街灯
黄色光有较强的穿透性，不仅被用在汽车雾灯上，而且城市的街灯也多放射出黄色光芒，这样可以使在深夜，特别是在雾中赶路的人看清前方路面，安全前行。

你知道吗

- 1931年，厄恩斯特·卢斯卡和马克斯·克诺尔研制出了第一台透视电子显微镜。卢斯卡后来于1986年获得诺贝尔物理学奖。
- 车灯是运动着的，但人眼的视觉有暂留现象，这会使人看到的车灯横向变长，像拖着一条红色的尾巴。

科技之最 **最先进的显微镜**：德国学者宾尼格和瑞士学者罗雷尔于1982年制造的"扫描隧道显微镜"，放大倍数可达3亿倍。

中国孩子最爱问的十万个为什么

主题索引：富兰克林为什么在雷雨天放风筝？吸铁石为什么能吸铁？

闪电
闪电的平均电流是3万安培，最大电流可达30万安培。

磁铁
最早发现及使用磁铁的是中国人。北宋时人们已经学会利用两种方法制造人工磁铁：一种是利用地球的磁场将铁针磁化；另一种是用磁石磨擦铁针制成磁铁。

富兰克林为什么在雷雨天放风筝？

富兰克林是18世纪美国著名的科学家、社会活动家，他一生都在进行有关电的研究。1752年的一天，富兰克林在做实验时，不小心碰了一下莱顿瓶，结果顿时闪起一阵电光。他马上联想到了雷电，于是猜想天上的雷电可能和地上的电是一样的。为了证明自己的设想，他做了一个著名的风筝实验。

富兰克林和他的儿子拿一只丝绸制成的风筝，把一根长金属丝接在风筝的顶端，并且把一块丝绸系在风筝绳子的末端，又在丝绸和绳子的连接处挂上一把金属钥匙。最后，他还准备了一只莱顿瓶用来收集电。

在一个雷雨天，他们将风筝放起来，一个闪电打下来，风筝线上的绒毛头竖了起来，同时，钥匙和富兰克林的手指间闪出了一串电火花。就这样，他证明了天空中的闪电和莱顿瓶中的电是同一种东西。

吸铁石为什么能吸铁？

吸铁石在古代称为"慈石"，因为它靠近铁时能把铁吸住，好像一个慈祥的母亲搂抱自己的孩子那样。后来，人们才改称它为"磁石"。那么，它为什么能吸引铁呢？这要从物质的基本粒子说起。

物质大多数是由分子组成的，分子是由原子组成的，原子又是由原子核和电子组成的。在原子内部，电子不停地自转，并绕原子核旋转。电子的这两种运动都会产生磁性。但是，在大多数物质中，电子运动的方向各不相同、杂乱无章，因此磁性就相互抵消了。所以，大多数物质在正常情况下，并不呈现磁性。

铁、钴、镍或铁氧体等铁磁类物质有所不同，它内部的电子可以在小范围内自发地排列起来，形成一个自发磁化区，这种自发磁化区就叫磁畴。铁磁类物质磁化后，内部的磁畴整整齐齐、方向一致地排列起来，使磁性加强，这样就构成了磁铁。其实，磁铁的吸铁过程就是对铁块的磁化过程，磁化了的铁块和磁铁不同磁极间产生吸引力，铁块就牢牢地与磁铁"粘"在一起了。

【百科辞典】

莱顿瓶：
一个贴有锡箔的玻璃瓶，瓶里的锡箔通过金属链跟金属棒连接，棒的上端是一个金属球，它可以储存电。

磁性：
指物质放在不均匀的磁场中会受到磁力的作用。磁铁两端磁性强的区域称为磁极，一端为北极，一端为南极。同性磁极相互排斥，异性磁极相互吸引。

生活之最 最重的磁铁：莫斯科附近的杜布那拥有世界上最重的磁铁，重达36280吨。

为什么磁铁烧红了会失去磁性?

Weishenme

我们已经知道了磁铁的吸铁原理,但是,你是否想过,将磁铁烧得通红后,它还能不能吸住铁,还有没有磁性呢?实验证明,磁铁烧红后,它就失去了磁性。这是为什么呢?

我们说过,磁铁具有磁性是因为磁铁内部整整齐齐排列着很多方向一致的磁畴。当铁钉靠近磁铁时,就会被磁场磁化,变成一块"小磁铁",两者不同的磁极相互吸引,磁铁就把铁钉吸住了。但是,随着温度的升高,磁铁内部的分子热运动开始加剧。这时,磁畴的排列方向就不那么规则了,前后左右晃来晃去,一个个磁畴变得自由散漫起来,最后就会逐渐变成无序状态,导致磁性减弱。当磁铁烧得通红,温度升高到某个数值时,剧烈的分子热运动使磁畴全都回到了无序状态,这时,磁铁便彻底失去了磁性。材料学家把铁磁质完全消失磁性时的温度称为"居里温度"。钢铁的居里温度是769摄氏度。

其实,除了高温可以破坏铁磁质的磁性以外,剧烈振动和高频磁场也会使磁铁的磁性减退或消失。

磁悬浮列车为什么能够悬空前进?

Weishenme

磁悬浮列车由于铁轨与车辆不接触,不但运行速度快,而且运行平稳、舒适、无噪声,有利于环境保护。它的基本原理并不复杂,就是利用磁铁"同性相斥,异性相吸"的性质,使磁铁具有抗拒地心引力的能力,即"磁性悬浮"。科学家将"磁性悬浮"这种原理运用在铁路运输系统上,使列车完全脱离轨道而悬浮行驶,成为"无轮"列车,时速可达几百千米以上。这就是所谓"磁悬浮列车",亦称为"磁垫车"。

磁悬浮列车有两种方式。一种是运用磁铁同极相斥的原理,设计出电磁运行系统。它利用车上超导电磁铁形成的磁场与轨道上线圈形成的磁场两者之间所产生的相斥力,使车体悬浮运行。

另一种则是利用磁铁异性相吸原理,设计出了电动力运行系统。它在车体底部及两侧倒转向上的顶部安装上磁铁,在"工"形导轨的上方和伸臂部下方分别设置反作用板和感应钢板。然后通过控制电磁铁的电流,使电磁铁和导轨间保持10至15毫米的间隙。当导轨钢板的吸引力与车辆的重力平衡时,车体就能悬浮于车道的导轨面上快速运行了。

铁水四溅
当磁铁被烧得通红甚至成为液体,温度升高到某个数值时,剧烈的分子热运动使磁畴全都回到无序状态,磁铁便彻底失去了磁性。

磁悬浮列车
磁悬浮列车上装有电磁体,铁路底部则安装着线圈。通电后,地面线圈和列车上的电磁体极性保持相同,两者"同性相斥",使列车悬浮运行。

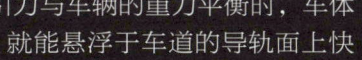

最早的磁悬浮列车: 1978年,利用常导磁体,日本生产出第一辆磁悬浮列车,时速307.8千米。

为什么打火机按一下就能打出火苗？

你肯定在生活中或电影里见过人们使用打火机。小小的打火机，为什么按一下就能打出火苗呢？

打火机有好几种。第一种，也就是最老式的那种，是以打火石为基础的。它顶部有一个滑轮，用手扳动滑轮可以使打火石打火，点燃储气槽里的可燃气体，打出火苗。第二种是用电的，里面有一个纽扣电池，扳动按钮使其放电，产生电火花点燃储存的气体。

此外，还有一种最常见的打火机。这类打火机内含一块压电陶瓷，按下打火装置时，就会把压力施加在压电陶瓷上，使它产生很高的电压，进而将电能引向燃气的出口放电，这样，燃气就被电火花点燃了。压电陶瓷的这种功能叫做压电效应。压电陶瓷点火装置就是利用了某些材料的压电效应（某种材料在经受压力的时候会在材料本身产生电压差）来工作的。

柯达相机
1883年，美国人乔治·伊士曼发明了胶卷，摄影行业发生了革命性的变化。1888年，伊士曼又推出柯达照相机，奠定了摄影大众化的基础。

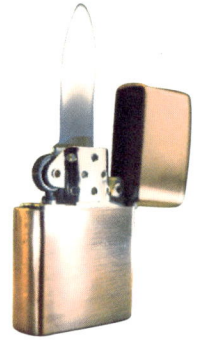
打火机

相机镜头
相机镜头是照相机上由透镜组成的光学装置。根据镜头的性能及外形区分，目前有P型、E型、L型和自动变焦镜头等类型。

照相机为什么能把风景照下来？

人们在外出旅游时，常常要带上照相机，把自己的风采和山水风光都留在照片上。那么，照相机为什么能把风景照下来呢？

早期的照相机结构十分简单，仅包括暗箱、镜头和感光材料。现代照相机比较复杂，具有镜头、光圈、快门、测距、取景、测光、输片、计数、自拍等系统，是一种结合光学、精密机械、电子和化学等技术的复杂产品。

照相时，镜头把被摄的风景成像在胶片上，通过控制快门的开闭，胶片即被曝光而形成潜影，从而完成一次拍照动作。然后换装胶片或推进胶片，就可以进行二次拍照。最后，将已曝光的胶片进行冲洗，便可显现出被摄风景的影像。因此可以说，照相机的工作过程，是光通过照相机，使胶片经过光学、化学作用，把风景影像记录下来的过程。风景成像靠镜头，经过镜头把景物影像聚焦在胶片上；曝光靠快门和光圈，胶片上的感光剂随快门和光圈控制收集的光而发生变化；记录影像靠胶片，胶片受光后，变化了的感光剂再经特殊药水显影和定影，就形成了和景物相反或色彩互补的影像。

照相机从诞生到现在已经有一个多世纪了，在这100多年里，虽然，它本身发生了很大的变化，但使用的胶卷却依然如故。

【百科辞典】

曝光：
光线通过镜头形成结像光，然后进入暗箱到达感光片上，使胶片感光乳剂在光化作用中产生潜影。有时候因感光胶片不恰当地暴露于光线当中而失效也叫做曝光。

快门：
是照相机镜头前阻挡光线进来的装置，它与光圈合成确定曝光时间的重要机件。

生活之最 最快的照相机快门：目前，全世界最快的照相机快门的反应速度为0.001秒。

数码相机为什么不用装胶卷?

Weishenme

数码相机,是指能够通过内部数码处理,把拍摄到的景物转换成以数字格式存放的图像的照相机。与普通相机不同,数码相机并不使用胶片,而是用半导体存储器来保存获取的图像。

数码相机的"胶卷"就是其成像器件,而且它与相机一体,是数码相机的心脏。数码相机虽然也靠镜头和快门摄取景物,但感光的媒介不是涂满感光剂的胶片,而是电子式的影像感测器。这个感测器直接把景物反射光线转化为数码信号,再进行处理和存储。所以数码相机不用胶卷,它使用储存卡保留照片。

由于景物影像已变成数字化信息,因此数码相机能够与个人电脑连通,配合使用。数码相机成像也不再受到胶卷的限制,人们可以对数码相机拍摄下来的影像进行色彩、光度、轮廓的修补,甚至可以在原始图像的基础上制作出完全不同的效果。这是数码相机最独特的优势。

为什么照相机要使用三脚架?

Weishenme

我们经常会在外出游玩时带上照相机,把美丽的景色保留下来。有时候明明取景很好,但拍出的照片却是模糊的。这大都是因为在拍照过程中,拿相机的手发生了抖动。要解决这个问题,唯一可靠的办法,就是在摄影时使用三脚架。三脚架是照相机的一种辅助设备,由三根支架组成,

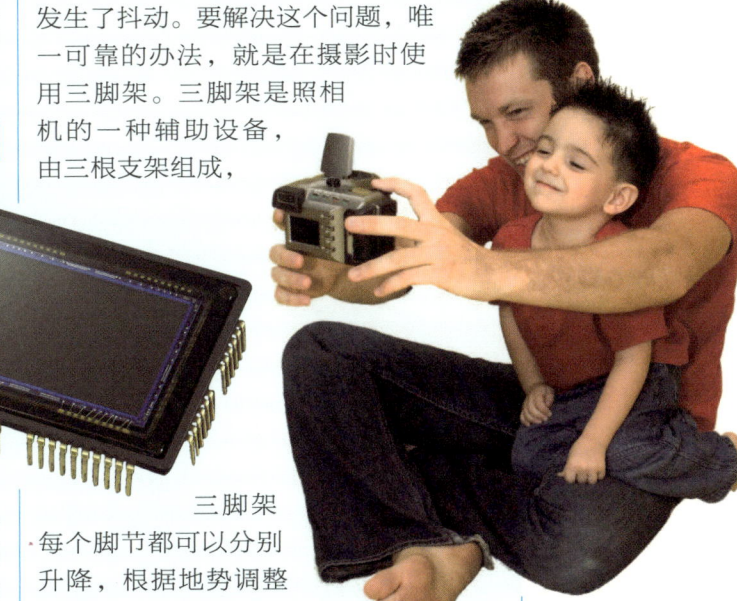

三脚架每个脚节都可以分别升降,根据地势调整高度,三点支撑一个平面,就可以将照相机稳稳地支在上面。无论对于业余爱好者还是专业摄影师,三脚架都不可或缺,它的主要作用就是稳定照相机,以达到某些摄影效果。比如在微距拍摄物体的细部,或者拍摄夜景时,需要较长的曝光时间,哪怕轻微的抖动都会造成画面模糊,而人手很难达到如此高的稳定性,这就需要三脚架的帮助。此外,如果单独一个人外出的时候想要为自己留影,也需要将相机固定在三脚架上。而且,在低角度或向上仰拍这两种情况下,由于摄影者不能长时间保持固定的动作,所以最好也是把照相机支在三脚架上,再进行拍摄。

CCD
它的英文全名是Charge Coupled Device,即电荷耦合器件。CCD是一种半导体装置,它的作用和胶片一样。

三脚架
三脚架的主要作用就是支撑和稳定照相机、摄像机等设备,以达到某些摄影效果。

你知道吗

■ 数码相机的简称是"DC"。决定数码相机性能的因素有CCD影像感测器的像素、镜头和存储卡等。

■ 随着科技的进步,数码摄像机也逐渐进入了普通家庭,它的简称是"DV",主要用于拍摄动态图像。

■ 著名的相机三脚架品牌有:法国的捷信、意大利的曼附图、日本的金钟。

生活之最 **最强大的数码相机:** 美国宇航局有世界上最强大的数码相机,它的像素高达40亿,它所拍摄的照片最小也有5G的容量。

中国孩子最爱问的十万个为什么

主题索引: 为什么干电池不宜连续使用？为什么铅蓄电池可以储存电能？

为什么干电池不宜连续使用？

蓄电池
蓄电池是电池的一种，它的作用是把有限的电能储存起来，在需要的时候使用。它的工作原理就是把化学能转化为电能。

干电池
相对于具有可流动电解液的蓄电池来说，干电池的电解质是一种不能流动的糊状物，它也因此被称为"干电池"。

干电池属于化学电源中的原电池，是一次性电池。相对于具有可流动电解液的蓄电池来说，干电池的电解质是一种不能流动的糊状物，所以被称为干电池。干电池不仅适用于手电筒、半导体收音机、收录机、照相机、电子钟、玩具等各种小型电器，而且也广泛运用于国防、科研、电信、航海、航空、医学等多个重要领域。

但是，干电池只宜间断性地使用，如果连续使用时间过长，电流就会越来越弱。例如，我们把手电筒开关打开，大约两分钟后，它的亮度就会逐渐变小。这是什么原因呢？这是因为，在干电池内部的化学反应过程中有氢气产生，形成了许多小气泡。它们阻碍了电池中的化学反应，使得电池反应速度变慢，电流变小。如果关掉开关停半分钟再使用，氢气就会被氧化成水，化学反应又继续进行，电流就会变大，亮度也会随之增强。因此，只有间断性地使用，才能保证干电池的寿命较长。比如一节一号的干电池，当向5欧姆负载电器间歇供电时，可以使用1108分钟；若持续供电，则只能使用483分钟。

为什么铅蓄电池可以储存电能？

当人们有余钱的时候，就会想到存入银行，其实，电能也可以这样。蓄电池能把暂时不用的电能先储存起来，等到人们需要时再放出来。它的原理就是先将电能转换为其他形式的能量，使用时再将其还原为电能。

在一定条件下，电能和化学能可以互相转化。铅蓄电池就是一种可以进行能量转换的电池，它主要由极板、隔板、电解液和外壳组成。铅蓄电池储存电能的过程叫"充电"。电池开始充电时，直流电源所接的两块极板均为硫酸铅状，当电流通过时，电池内会发生化学反应。充足电后，与电源负极相接的极板变成了纯铅，而与正极相接的极板则变成了二氧化铅。这时，电解液中水分减少，硫酸增多，两极板间就形成了一定的电压。

若将充足电的铅蓄电池接上用电器，便有电流输出，这个过程叫做"放电"。放电结束后，电压降低，电解液比重减小，两极板又会转化为硫酸铅状。可见，蓄电池充电和放电的过程是可逆的。

蓄电池的应用十分广泛，可用于UPS、电动车、滑板车、风能太阳能系统、安全报警等许多方面，给人们的生活带来多种方便。

【百科辞典】

蓄电池：
一种可以多次放电和充电的电池。常见的有铅蓄电池、镍铁蓄电池和镍镉蓄电池等。

欧姆：
电阻单位，符号Ω。电路中的两点间通过单位电流时，如果这两点间的电压为1伏特，那么，这两点间导体的电阻便为1欧姆。

生活之最　最小的录音机：最小的录音机出现在莫斯科，这一发明已被列入吉尼斯世界纪录，其重量为8克，尺寸是43毫米×36毫米×3毫米。

二　通信与计算机

通信是人与人之间通过某种媒体进行的信息交流与传递活动。古代的烽火台、驿马、信鸽，现代的电报、电话、短信等，都是为通信服务的。而计算机与网络的出现，更把人类的通信能力推到了一个无与伦比的高度。

人类最原始的通信方式是什么？

现代社会有许许多多先进的通讯工具，例如网络、手机、邮件等。但是，你可曾想过，在几千年前，那时的人们是用什么方式来交流信息的呢？

在远古时代，人类的力量很弱小。为了生存，他们总是一群一群地聚在一起，靠狩猎为生。在狩猎时，人们通过喊叫来恐吓、驱赶猎物，告诉同伴猎物逃窜的方向；遇到危险时，通过喊叫把危险的讯号告诉同伴。可以说，喊叫是人类最原始的通信方式。

喊叫其实是人振动声带发出声音的一种本能。声带是人发音的器官。人们在呼吸时声带打开，说话时肌肉把声带并拢，这时，肺将空气压出，就会使声带振动发出声音。声带的松紧和压出空气的快慢，决定了声音的大小与高低。声音有高低长短之分，因而可以代表特定的意思。这和我们平时说话是一样的道理。也就是说，我们今天复杂的语言是从原始社会的喊叫逐步发展而成的。

信鸽
鸽子是古代出色的"信使"。公元前3000年左右，埃及人就已开始用鸽子传递书信了。我国也是养鸽古国，隋唐时期，我国广州等地就开始了"飞鸽传书"。

古代信件怎样传递？

我国关于通信的最早记载，来自殷墟出土的甲骨文。殷朝就是商代，也称殷商。甲骨文中记载有"来鼓"二字，经考证，"来鼓"类似于今天的侦察通信兵。在古书中，还有关于"简书"的记载，"简书"就是在兽骨上刻写文字，再由通信兵传递的官府紧急文书。"简书"出现于殷末周初（前12～前11世纪），这也是邮驿的前身。

古时候，信件是靠人步行或骑马传递的，一封信送到收信人手中需要很长的时间。当时最快的通信方式是用驿马传递信息。

秦始皇统一六国后，修筑了遍布全国的道路，称为驿道。在驿道上，每隔一段距离修一座驿站，每个驿站里都准备着强壮的马匹，这些马就是驿马。传递信息时，信使骑着驿马把信件送到下一个驿站，再由下一个驿站的信使接力传递下去。当时的驿马能以每小时15千米的速度把信件送到全国各地。驿站是官府的通信组织，只传递官府文书。一般老百姓传递信息，只有托人捎带，然而辗转传递，极易延误、遗失。

马
马奔跑速度很快，是古代农业生产、交通运输和军事等活动的主要动力，当时最快的通信方式就是用驿马传递信息。

你知道吗

- 唐代时，由于经商贸易的需要，在长安与洛阳之间出现了为商人服务的"驿驴"，也就是用驴来传递信件的通信服务。
- 1840年5月6日，英国发行了世界上第一枚邮票"黑便士"，黑色的票面上印有维多利亚女王的浮雕像。

科技之最 传递速度最快的信件：通过网络，电子邮件几秒钟之内就可以被发送到世界上任何一个指定的电子信箱。

主题索引

谁发明了电话？什么是程控电话？

通信与计算机

谁发明了电话？

Weishenme

在19世纪的欧洲，有很多人一直都在进行有关电话的研究。早在1854年，电话的原理就被法国人鲍萨尔提出，6年之后，德国人赖伊斯又完善了这个设想。他们的想法是：将两块薄金属片用电线相连，一方发出声音时，金属片振动，变成电，然后传给对方，再转化成可接收的信号。但这仅仅是一种设想，关键问题在于送话器和受话器怎样才能把声音的机械能转换成电能，并进行传送。

1875年6月2日，科学家贝尔在一次试验中，把金属片连接在电磁开关上，没想到，在这种状态下，声音竟然奇妙地变成了电流。原来，这是由于金属片因声音而振动，并在与其相连的电磁开关线圈中感生了电流。这样就解决了电话发明的最大难题。于是在1876年2月14日，他向美国专利局申请了电话专利权。就在贝尔提出申请电话专利权的两小时之后，一个名叫E.格雷的人也申请了电话专利权，只是后者很可惜地失去了留名历史的机会。目前，世界公认的电话发明人就是亚历山大·贝尔。

什么是程控电话？

Weishenme

所谓程控电话是相对于以前的机电式人工交换电话而言的。以前，如果你想给他人打电话，就要先和电话交换机那边的接线员讲话，他会把你的电话和你想要的那个单位的电话接通，那样你才能和对方讲话。后来出现了自动"接线机"，也就是现在的"程控交换机"，这才使我们打电话方便了许多。

程控电话是指接入程控电话交换机的电话。程控电话交换机是利用电子计算机程序来控制运行的一种自动交换机，它以预先编好的程序来控制交换机的接续动作。这种控制方式叫做"存储程序控制"，简称"程控"。用户所安装的使用了程控程序的电话，就叫做"程控电话"。它与一般机电式交换机电话相比，具有接续速度快、业务功能多、交换效率高、声音清晰、质量可靠等优点。

◀ 贝尔试验第一部电话
贝尔发明了世界上第一部可用的电话机，创建了贝尔电话公司，被誉为"电话之父"。

◀ 老式电话
历史上和电话有关的发明有：碳粉话筒，人工交换板，拨号盘，自动电话交换机，程控电话交换机，双音多频拨号，语音数字采样等。

你知道吗

- 国际电信联盟出版的《电话一百年》一书提到，968年，中国人发明了一种叫"竹信"的东西，它被认为是今天电话的雏形。
- 1900年，我国第一部市内电话在南京问世。
- 使用程控电话必须在规定时限内拨出对方电话号码的第一位数，这个时限为20秒，如果超时将出现忙音。

科技之最 最早的程控电话：1960年，美国贝尔公司试用程控交换机成功，1965年5月，世界上第一部程控电话交换机开通。

➡ 空客A380
空中客车A380是全世界载客量最大的民用飞机，可载555人，持续飞行14800千米。

为什么手机在哪里都能接通？

Weishenme

手机精致漂亮，外形小巧，只有手掌大小，便于随身携带。它不用电话线也能拨打，用起来非常方便。可是，大家想过没有，为什么手机在哪里都能接通呢？

手机的使用与一个极其庞大而严密的通讯网是分不开的。普通电话是先把声音变成电流信号，然后沿着四通八达的电话线，才能把声音传到遥远的地方。而手机却不同，它使声音经过一定的转换，变成具有统一格式的信号，再以无线电波的方式传送出去。无线电波不需要电话线，直接就能在空气中传播。附近的通讯网基站接到信号后，经过特定处理，再将信号还原，然后通过别的设备，最终连接上用户的电话。

每一个通讯网基站都使用全方位天线，服务半径约为10千米。只要基站合理分布，就可以避免盲区。基站的服务网络系统是一个正六边形小区，形如蜂窝。人们常说的蜂窝式移动电话，指的就是这种服务网络。现在，通过卫星传送，手机也能把电话信号传送到很远的地方。就这样，手机实现了"全球通"。

➡ 打电话
电话是现代社会不可或缺的通信工具。特别是有了移动电话之后，我们便可以随时随地和亲朋好友交流了。

飞机上为什么严禁使用手机？

Weishenme

众所周知，飞机上严禁使用手机。或许有人会说这是"小题大做"。怎么连使用手机的"自由"都没有了呢？殊不知，乘客在飞机上使用手机、笔记本电脑等电子设备，已经造成了多起航空事故。

那么，为什么在飞机上打移动电话很危险呢？原来，飞机在高空中是沿着规定的航向飞行的，整个飞行过程都要受到地面航空管理人员的指挥。在高空中，飞行员一边驾驶飞机，一边用飞机上的通信导航设备与地面导航站进行联络。飞机上的导航设备是利用无线电波来测向导航的，它接收到地面导航站不断发射出的电磁波后，能测出飞机的准确位置。如果发现飞机偏离了航向，飞机的自动驾驶仪就会立即纠正错误，使飞机正常飞行。而手机工作时，会有一定频率的无线电信号发送出去，这会干扰飞机上的导航设备和操纵系统，从而引发险情，甚至致使飞机坠毁。

什么是"蓝牙"技术?

Weishenme

"蓝牙(Bluetooth)"原意指一位在10世纪时统一丹麦的国王,他将当时的瑞典、芬兰与丹麦联合为一个国家。用他的名字来命名这种新的技术标准,含有将四分五裂的局面统一起来的意思。

蓝牙实际上是一种短距离的无线通信技术,各种电子装置之间可以通过蓝牙连接起来,而不用传统的电线。透过芯片上的无线接收器,配有蓝牙技术的电子产品能够在10米内彼此相通,传输速度可以达到每秒钟1兆字节。

蓝牙技术的设计初衷就是让智能移动电话与笔记本电脑、掌上电脑以及各种数字化的信息设备之间都不再用电缆,而只用一种小型的、低成本的无线通信技术连接起来,进而形成一种身边网络,使一定范围之内各种信息化的移动便携设备都能实现资源共享。

手机如果具备了蓝牙功能,不仅可以直接与计算机相互上传或下载图片、铃声,还可以与笔记本电脑一起实现无线移动上网。而且两部蓝牙手机之间也可以传递图片、铃声,甚至打游戏。

微波是怎样实现全球通信的?

Weishenme

我们周围的空间充满了各种频率的无线电波,它们被广泛地应用于电报、电话、广播、通信、电脑、电视等领域。微波是无线电波中频率最高的电磁波(300兆赫~300吉赫),又叫"超高频无线电波"。微波通信的频带宽、容量大,可以用于各种电信业务传送,电话、电报、数据、传真以及彩色电视等均可通过微波电路传输。它的最大优点是具有良好的抗灾性能,水灾、风灾以及地震等自然灾害,一般都不会对它产生影响。

微波的波长很短,它不像长波那样可以翻山越岭,而是像光波那样径直向前,遇到障碍物就会反射回来。那么,它是怎么进行远距离通信,乃至全球通信的呢?

由于地球表面是一个弯曲的球面,要使微波沿着地球表面传向远处,就必须采取接力的方法,即在沿线每隔50千米左右的地方建立一个微波中继站。每个中继站都有高耸的天线,它能够把上一个中继站的信号接收下来,加以放大,再传送给下一个中继站,这样一站接一站地传送下去,就实现了远距离的全球通信。

蓝牙耳机
蓝牙耳机将蓝牙技术应用在免持耳机上,让使用者可以免除恼人电线的牵绊,自由自在地通话。

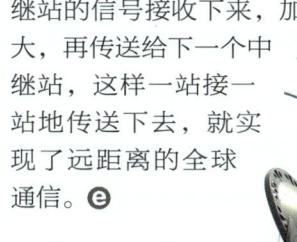

微波中继站
为了更好地接收和传输微波信号,微波中继站一般都建在山顶或地势较高的地方。

【百科辞典】

字节:
指计算机信息技术用于计量存储容量和传输容量的一种计量单位,1个字节等于8位二进制。

长波:
指波长在1000至2000米之间的无线电波。其运动方式主要是绕地球表面以电离层波的形式传播,作用距离可达几千至上万千米。

中国孩子最爱问的十万个为什么

主题索引
- 什么是卫星通信？什么是地面卫星接收站？

通信卫星
通信卫星是各类卫星通信系统或卫星广播系统的空间部分。它可以反射或转发无线电信号，实现卫星通信地球站之间或地球站与航天器之间的通信。

卫星接收器
卫星接收器可以接收来自通信卫星的信号，然后再将信号传送给用户，这样我们就能接听越洋电话，并看到大洋彼岸精彩的体育赛事了。

什么是卫星通信？

卫星通信与微波通信都是利用微波信号经过空中传播，把信息送往目的地的。所以，在本质上两者都是中继通信。

卫星通信系统由空间部分（通信卫星）和地面部分（地面通信站）构成。在这一系统中，通信卫星实际上就是一个悬挂在空中的通信中继站。它居高临下，视野开阔，只要在它的覆盖照射区以内，不论距离远近都可以通信，例如，通过它可以转发和发射电报、电视、广播和其他数据等无线信号。

通信卫星的工作原理简单来说，主要有三个步骤。首先由地面通信站a发出无线电信号。然后这个微弱的信号被卫星通信天线接收后，就会在通信转发器中进行变频和功率放大。最后再由卫星的通信天线把放大后的无线电波重新发向地面站b或地面站c，从而实现两个地面站或多个地面站的远距离通信。

随着航天技术日新月异的发展，通信卫星的种类也越来越多，但主要有以下几种：一般通信卫星、广播卫星、海事卫星、跟踪和数据中继卫星以及各种军用卫星。

什么是地面卫星接收站？

地面卫星接收站就是专门向卫星发射信号，并接收卫星信号的设备。它有一个巨大的碗状收发天线，无线电信号在天线的焦点处被发射和接收时，信号最集中。因此，地面卫星接收站的发射器和接收器也就被装在了天线的焦点上。接收站可大可小，有的可以装在汽车上，随汽车移动；有的可以安放在家庭的阳台上；有的甚至只有手表那么大，可以戴在手腕上。

严格来说，只有集合抛物面天线、馈源、高频头、卫星接收卡，才能组成一套完整的地面卫星接收站。其中，抛物面天线可以把来自空中的卫星信号能量反射汇聚成一点，再由馈源将汇聚到焦点的能量全部收集起来。馈源是在抛物面天线的焦点处设置的一个收集卫星信号的喇叭，它是馈送能量的来源。接着，高频头将馈源送来的卫星信号进行降频和信号放大，然后传送至卫星接收机。最后由卫星接收卡将卫星信号进行解调，解调出数据信号。

科技之最 最早的通信卫星：1965年4月6日，美国成功发射了世界上第一颗实用静止轨道通信卫星：国际通信卫星1号。

电子计算机是谁发明的?

Weishenme

在第二次世界大战中,美国陆军要求宾夕法尼亚大学和阿伯丁弹道研究实验室,每天共同提供六张火力表,每张表都要计算出几百条弹道。这项工作既繁重又紧迫,用原始计算器计算一条飞行时间为60秒的弹道,最快也得20个小时。阿伯丁实验室当时聘用了200多名计算能手,即使这样,一张火力表也往往要算两三个月,而这根本无法满足作战要求。

为了摆脱这种局面,迅速研究出一种能提高计算能力和速度的工具成了当务之急。当时领导这项研制工作的总工程师是年仅23岁的埃克特,他与多位科学家合作,经过两年多的努力,终于在1945年底,成功制造出世界上第一台电子计算机,并将其命名为"电子数字积分计算机",简称"ENIAC"。

这台神奇的电子计算机犹如一个庞然大物,里面装有17468个电子管,占地面积170平方米。它每秒钟可做5000次加法或400次乘法运算,这比过去用台式计算器来计算弹道要快2000多倍。从此,人类在计算领域进入了一个崭新的时代。

为什么电子计算机又称"电脑"?

Weishenme

电脑就是电子计算机,英文写为"computer",是"计算者"之意。日文则称为"人工头脑"或"人工智脑"等。除此之外,电子计算机还有"电子信息处理网"或"电子式数据处理系统"(ELECTRONIC DATA PROCESSING SYSTEM,简称EDPS)等叫法。

电子计算机的组成结构和工作过程与人脑有着许多相似之处,例如电子计算机中用于处理和分析问题的核心部件CPU,具有如同人脑处理分析问题的功能,因此"电脑"一词被普遍接受。

计算机有很多种,包括大型计算机、分布式计算机、服务器、嵌入式计算机等。此外,按不同的标准计算机还有不同的分类。而电脑则通常指的是个人计算机(PC),像常用的台式机、笔记本等。从第一台计算机诞生至今的60多年中,计算机以惊人的速度发展着,体积越来越小,功能越来越强,越来越像"用电的大脑"了。

【百科辞典】

电子计算机:
用电子管、晶体管或集成电路等构成的复杂机器,能对输入的数据或信息进行非常迅速、准确的运算和处理。

PC:
即Personal Computer,指能独立运行、完成特定功能的个人计算机。它与超级计算机、大型计算机(巨型机)、中型计算机、小型计算机不同。

286电脑
1982年2月,英特尔公司的86系列CPU,名为"80286",被广泛应用在20世纪80年代中期到90年代早期IBM的PC兼容机中。

ENIAC
世界第一台电子计算机,全称"电子数字积分计算机"。这台神奇的电子计算机是一个装有17468个电子管、占地170平方米的庞然大物。

科技之最 最早的电脑:第一台电子计算机(ENIAC),诞生于1945年,重达30吨。

什么是计算机硬件?

计算机硬件是指由电子器件和机械部件组成的计算机实体,也就是所有的电脑零件。

从逻辑功能上看,计算机硬件一般分为五大功能部件:运算器、存储器、控制器、输入设备和输出设备。运算器是计算机进行算术运算和逻辑运算的主要部件,它相当于手工计算过程中的算盘。存储器是用来存储数据和指令的主要部件,它就像手工计算时的纸和笔。控制器是计算机自动工作的指挥和控制中心,是信息和各种指令的处理总部,相当于人的大脑。输入设备和输出设备是计算机与用户相互联系的部件,向计算机输入信息或从计算机中获得信息,可以把它看做人的双手。

从物理构成上看,计算机是由各种电脑插件、机架、底板线、电源、散热系统、控制台以及具有各种功能的外部设备组成的复杂系统。计算机的主要部件有:CPU、主板、显卡、内存、硬盘、光驱、机箱、网卡、声卡、显示器、音箱、键盘、鼠标等。

➡ **盲人键盘**
这款盲人键盘的大小和外观与普通键盘相似,但键盘上采用了盲文标注,以方便使用者通过触觉判断键位。

⬆ **机箱**
电脑机箱的主要作用是放置和固定各电脑配件,起到一个承托和保护的作用,此外,它还具有屏蔽电磁辐射的重要作用。

盲人怎样使用电脑?

随着文字—语音扫描器、盲文打印机的问世以及阅读图像的特殊软件技术的突破,一向被禁锢在盲文书籍里的盲人,现在也能够使用电脑了。

为了让电脑也能为盲人所用,设计人员特意对电脑进行了改造:去掉鼠标,利用键盘代替鼠标的所有功能。盲人利用方向键、回车键等按键就可以操纵电脑屏幕上的光标,随意地将光标上下左右移动。当光标移动时,电子装置"屏幕阅读器"就对它所遇到的文字进行扫描,然后把信号传输到语音合成器,再由它把书面文字转变成语音"读"出来。此外,设计人员还为盲人设置了一个"只读文字键"。使用这个键的时候,它就会指示阅读器略过图表,只把文字信号传输给语音合成器。

另外,这种电脑还能使盲人"看到物体",它在一副与电脑相连的墨镜上,安装了一个特制的微型摄像机。当盲人戴上它后,把"目光"集中于某一物体时,微型摄像机就把这个物像摄下来。电脑会将这个物像的边缘部分放大,让它转化为一幅轮廓图,随后再把物体位置的信息通过电极传递到盲人的大脑里,盲人就可以"看"到物体了。

你知道吗

■ 计算机硬件摩尔定律:由于科技飞速发展,每隔18个月,硬件性能差不多会提高一倍。

■ 目前,计算机已经经历了四个发展阶段:第一代电子管计算机(1945~1956年);第二代晶体管计算机(1956~1963年);第三代集成电路计算机(1964~1971年);第四代大规模集成电路计算机(1971年之后)。

电脑能代替人脑吗?

Weishenme

可以这么说，电脑的出现不仅改变了整个世界的面貌，同时也改变了整个人类文明的进程。然而，虽然电脑具有人类无法匹敌的计算能力，但它却始终没有真正的"创造力"和"联想力"，这使得电脑还不能完全代替人脑。

计算机的内部构造及其工作原理决定了它只会"照章办事"：人把某些解决问题的知识、方法、经验用特定的电脑语言表达出来，写入计算机程序，计算机不过是执行这些程序而已。因此，只有那些能用语言做明确描述的问题，计算机才有可能解决；不能用语言表达的问题，计算机无法"听懂"，自然也就无能为力了。

人脑的生理结构和工作方式与电脑完全不同，人类的智慧包含了许多语言所不能表达的成分。一些人类可以"一目了然"的事物，即使最先进的电脑，经过千万次乃至上亿次运算，也还是认识不了。尤其那些无法用语言描述的问题，根本不存在算法，不能被编写为程序，计算机也就无法解决了。因此，计算机再先进也不能代替人脑。

你知道吗

☐ 按照其处理信息的字长，可以将CPU分为：八位微处理器、十六位微处理器、三十二位微处理器以及六十四位微处理器等。

☐ 大脑的潜能几乎接近于无限。但是，到目前为止，人类普遍只开发了大脑潜能的5%，仍有巨大的潜能尚未得到合理开发。

什么是电脑的CPU?

Weishenme

CPU是决定电脑性能的核心部件。CPU即中央处理单元，是英文"Central Processing Unit"的缩写，指具有运算器和控制器功能的大规模集成电路。它一般由逻辑运算单元、控制单元和存储单元组成，是整个系统的核心，也是整个系统最高的执行单位。它负责整个系统指令的执行、数学与逻辑的运算、数据的存储与传送以及对内对外输入与输出的控制。所以，电脑中所有操作都由CPU负责读取指令，并对指令进行译码，同时也执行指令，它是系统的控制中心，对各部件进行统一协调和控制。

电脑，特别是微型电脑的快速发展过程，实质上就是CPU从低级向高级、从简单向复杂发展的过程。

CPU的时钟频率（即主频）是衡量CPU性能的主要指标，一般说来，主频越高，CPU的速度就越快，整机的性能也就越高。

CPU
CPU是英语"Central Processing Unit（中央处理单元）"的缩写，一般由逻辑运算单元、控制单元和存储单元组成。CPU堪称电脑的心脏。

机器人
机器人是高级整合控制论、机械电子、计算机、材料和仿生学等学科不断发展的产物。但是，机器人技术发展再快，机器人也要受人的控制，而不可能反过来控制人。

科技之最　运算速度最快的电脑：IBM公司的"蓝色基因"超级计算机，曾创造了每秒280.6万亿次运算的性能纪录。

键盘是做什么用的?

Weishenme

键盘是电脑最常用,也是最主要的输入设备。通过键盘,我们可以将英文字母、数字、标点符号等输入计算机,从而向计算机发出命令。

常规的键盘有机械式按键和电容式按键两种。机械式键盘是最早被采用的结构,现在已基本被淘汰,取而代之的是电容式键盘。电容式键盘是一种基于电容式开关的键盘,噪声小,容易控制手感,虽然制造工艺比较复杂,但质量较高。

键盘是最常用的电脑硬件,所以最好使用质量良好的人体工程学键盘,以更好地保证身体的健康。人体工程学键盘是将指法规定的左手键区和右手键区两大板块相互分开,并形成一定角度,使操作者不必有意识地夹紧双臂,从而保持一种比较自然的姿态。有的人体工程学键盘还有意加大常用键的面积,并在键盘的下部增加护手托板,给一直悬空的手腕以支撑点,这样可以减轻由于手腕长期悬空而导致的疲劳感。

电脑为什么要配鼠标?

Weishenme

"鼠标"的标准称呼应该是"鼠标器",英文名是"Mouse",它从出现到现在已经有40年的历史了。鼠标的使用是为了让计算机的操作更加简便,以代替键盘那些繁琐的指令。

自从有了计算机,键盘就一直陪伴着它,也一直是最主要的输入设备。

【百科辞典】

人体工程学:
这是第二次世界大战后发展起来的一门新学科,又被称为工效学、人类工程学、人机工程学、人体工学等。它以人和计算机的关系为研究对象,以实测、统计、分析作为学科基本的研究方法。

脉冲信号:
指电脑里用到的数字电路的信号,由二进制的"0"和"1"组成。如果表现在平面坐标上,它就是一条有无数断点的曲线。

用键盘打字确实不错,但用来移动光标,就显示出其局限性了。1968年12月9日,全世界第一个鼠标诞生于美国加利福尼亚州的斯坦福大学,它的发明者是道格拉斯·恩格尔巴特博士。他制作的鼠标形似一只小木头盒子,工作原理是由它底部的小球带动枢轴转动,并带动变阻器改变阻值来产生位移信号,信号经计算机处理后,屏幕上的光标就可以移动了。自此,鼠标和电脑就结下了不解之缘。

我们现在使用的鼠标主要是光电鼠标器,它能够通过检测鼠标器的位移,将位移信号转换为电脉冲信号,然后再通过程序的处理和转换来控制屏幕上光标箭头的移动。

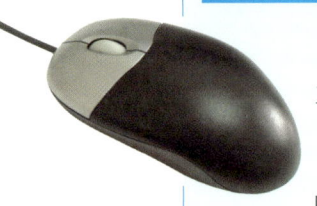

人体工程学键盘
这种键盘将指法规定的左手键区和右手键区两大板块相互分开,并形成一定的角度,可以使操作者保持一种比较自然的姿态。

打字机
打字机是用以代替手工书写、誊抄、复写和刻制蜡板的一种设备。从今天电脑键盘上的26个英文字母的排列顺序中,仍可看出过去的机械式打字机的影响。

电脑的主板是什么？
Weishenme

主板，又叫主机板（main board）、系统板（system board）或者母板（mother board）。它安装在机箱内，是电脑最基本的，也是最重要的部件之一。

当我们打开机箱后，首先看到的是一块比A4纸稍大的电路板，那就是主板。它身上最显眼的部分，是一排排颜色各异、长短不一的插槽，CPU、显卡和内存条等设备就是插在这些插槽里的。除此之外，主板上还有各种元器件和接口，它们的作用是将机箱内的所有设备连接起来。如果说CPU是电脑的心脏，那么主板就是电脑的血管和神经，有了主板，CPU才能控制硬盘、内存、显卡、光驱等周边设备。

主板的另一个特点是采用了开放式结构：在主板上有多个扩展插槽，可以随时更换、添加新部件，给电脑升级。这使得厂家和用户在配置机型时拥有更大的灵活性。大体上说，主板最主要的两个作用就是连接设备和备用升级。主板的类型和档次决定了整个计算机系统的类型和档次，它扮演着不可替代的重要角色。

机系统非常重要，一台没有软件的计算机，就好像一个四肢健全却大脑一片空白的人，不会听、不会说，更不会去思考和解决问题。如果没有软件，计算机就无法指挥、协调各个组成部分进行工作，甚至连开机、关机这样最基本的操作都不能完成，当然就更不可能完成传递数据、信息，进行运算、分析等高级工作了。

软件是用户与硬件之间的接口界面。用户主要是通过软件与计算机进行交流的。软件又是计算机系统中的指挥者，它规定了各项计算任务内部的工作内容和工作流程以及各项任务之间的调度和协调。

软件被划分为系统软件、应用软件等类别。其中，系统软件居于系统中最靠近硬件的一层，其他软件一般都要通过系统软件发挥作用。而应用软件是特定应用领域专用的软件，不同的应用软件根据不同的用户和所服务的领域提供相应的功能。

🔹 **计算机主板**
如果说CPU是电脑的心脏，那么主板就是电脑的血管和神经，有了主板，CPU才能控制硬盘、内存、显卡、光驱等周边设备。

🔹 **光盘**
光盘存储量大，而且存储的信息不能被轻易改变，所以大部分软件都以光盘作为载体。使用时，只需把光盘插入电脑光驱后进行安装，就可以获得其中的程序了。

计算机为什么需要软件？
Weishenme

计算机的软件是计算机系统中的程序和有关的文件。程序是对计算任务的处理对象和处理规则的描述；文件是为了便于了解程序所需的说明资料。软件对于计算

=== 你知道吗 ===

■ 著名的主板品牌有：华硕、微星、技嘉、磐正、升技、精英、英特尔等。

■ 系统软件负责管理计算机系统中各种独立的硬件，使它们协调工作。最有名的系统软件就是大名鼎鼎的"Windows"操作系统和"Vista"操作系统。

中国孩子最爱问的十万个为什么

主题索引
- 什么是电脑操作系统？CPU上为什么装有风扇？

什么是电脑操作系统？

Weishenme

我们已经知道，电脑系统是由硬件和软件两大部分组成的。如果一台电脑没有软件的支持和管理，它的硬件就无法发挥任何作用，这就是所谓的"裸机"。而电脑操作系统扮演的正是一个"管家"的角色，人们在控制电脑运作的时候，所有的指令都是通过操作系统来处理完成的。它犹如一个乐队的指挥，能把机器里的所有资源协调一致，使其发挥出各自的功能。

操作系统（Operating System，简称OS）是最基础的系统软件，它负责管理计算机系统的全部硬件资源、软件资源及数据资源，控制程序运行，为用户提供方便有效的服务界面，为其他应用软件提供支持，从而使计算机系统最大限度地发挥所有的本领。它的管理功能大致包括进程与处理机管理、作业管理、存储管理、设备管理、文件管理等五大方面。目前，最常见的计算机操作系统有Unix、Linux、Windows等。

CPU上为什么装有风扇？

Weishenme

作为整个电脑的灵魂，CPU（中央处理单元）的正常运行至关重要。如果看过电脑主机的内部，你就会发现，CPU旁边安装着一个风扇。这是为什么呢？

原来，风扇的作用是给CPU降温，以防高温导致"电子迁移"。"电子迁移"是指因电子的流动而导致金属原子移动的现象。因为此时流动的"物体"已经包括了金属原子，所以也有人称之为"金属迁移"。在电流密度很高的导体上，电子的流动会产生不小的动量，这种动量作用在金属原子上时，就可能使一些金属原子脱离金属表面到处流窜，结果导致原本光滑的金属导线表面变得凹凸不平，造成永久性损害。这种损害是一个逐渐累积的过程，当这种"凹凸不平"多到一定程度时，就会造成CPU内部导线的断路或短路，最终使CPU报废。

温度越高，电子流动所产生的作用力就越大，那么，其彻底破坏CPU内一条通路的时间就越短，即CPU的寿命也就越短。这也是高温会缩短CPU寿命的根本原因，也是电脑必须安装风扇的原因。

CPU风扇
CPU风扇是为电脑的灵魂——CPU特别准备的。这个小风扇可以降低CPU工作时产生的高温，保护电脑正常运行。

操作系统
操作系统是最基础的系统软件，直接控制及管理计算机硬件。目前最常见的操作系统有Unix、Linux、Windows等。

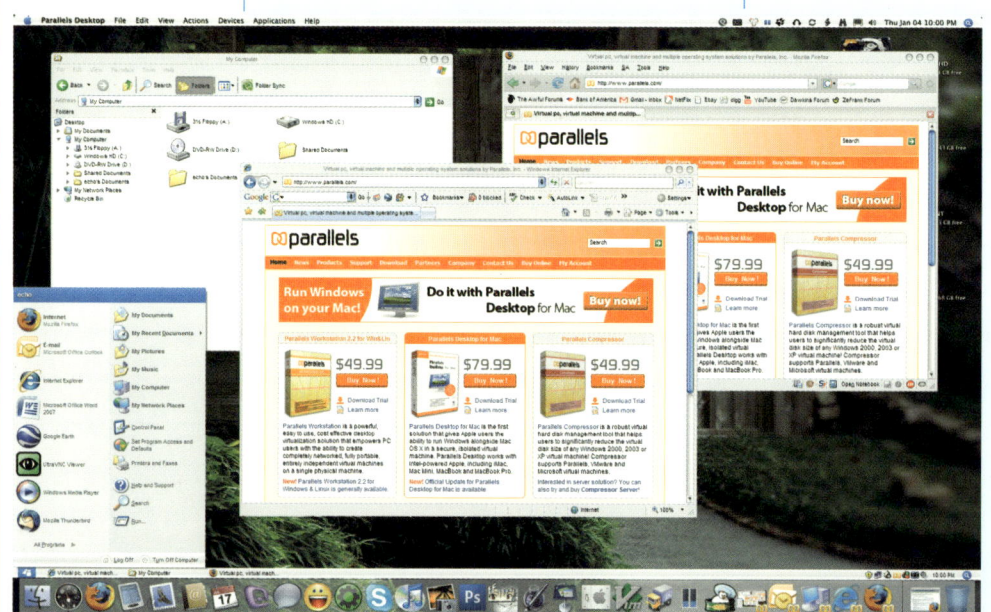

科技之最　CPU最适宜的温度： 在室温正常的基础上，CPU的温度应低于30摄氏度，这样它才能正常运转。

计算机机房为什么要求清洁无尘?

Weishenme

我们可能看到过这种情况:在一些正规的计算机机房里,房间没有窗户,处于密闭状态;地板、墙壁和天花板都经过特殊处理,铺着防静电的地板,贴着壁纸;工作人员都穿着白大褂、戴着白帽子,脚上穿着只能在机房里穿的拖鞋。这一切都是为了保证机房清洁无尘。

为什么呢?因为有些高级计算机对环境的要求极为苛刻,尤其是作为外存设备的磁盘机。磁盘机内的磁盘组装有多个磁头,在进行读写操作时,磁头距磁盘盘面的距离只有几微米。这要求盘面与磁头的相对位置绝对准确,不能有丝毫偏差,盘面要绝对光洁。即使有几微米的灰尘掉在盘面上,都有可能损坏磁头、划伤磁盘,造成重大的损失。因此,为了防止这种情况的发生,必须采取一系列防尘措施。

微型计算机,即我们常见的家用或商用电脑,它们的体积较小、配置较低,对环境的要求也不高,只要保持基本干净就可以了。

电脑为什么能执行人的指令?

Weishenme

电脑具备了各种硬件,就可以帮助人们计算数据和处理信息了。不过我们要想使电脑有条不紊地工作,就需要对电脑发出指令,指示它的每一步动作,并且安排出合理的工作顺序。这样一组安排好的指令,就叫做程序。

如果人们用日常使用的语言给计算机发指令,计算机是"听"不懂的,所以编写程序时必须使用一种人和机器都能接受的语言,也就是程序设计语言。

计算机发明的早期,编制程序使用的是以机器基本指令集为主的机器语言以及在机器语言基础上稍加符号化的汇编语言。用这种语言编程非常复杂、烦琐,于是,人们又创造出了更加易学易懂的高级语言。高级语言接近人类的语法规则,较为易学易用。这样一来,程序设计员只要对等待解决的问题进行分析,设计出数据和加工过程,再把这种过程细化,转换成编程语言编写出来,一套程序就设计好了。

🎧 **计算机二进制**
二进制是计算技术中被广泛采用的一种数制。二进制运算法则简单,能使电子元件工作在两种状态时具有很好的稳定性。

💡 **CPU内核**
这颗由单晶硅做成的芯片可以说是电脑的大脑,所有的任务都是在这块指甲盖大小的地方进行的。

●●●【百科辞典】●●●

汇编语言:
是面向程序设计的语言,也是利用计算机所有硬件特性并能直接控制硬件的语言。虽然汇编语言只起着基础性的作用,但它功能强大。

高级语言:
由于汇编语言依赖于硬件体系,于是,人们发明了更加易用的高级语言,其语法和结构类似英文,且远离对硬件的直接操作,这使得一般人经过学习都可以编程。

中国孩子最爱问的十万个为什么

主题索引：什么是内存？什么是笔记本电脑？什么是巨型计算机？

➤ 超级计算机
如果把普通计算机的运算速度比做成人的走路速度，那么超级计算机的速度就达到了火箭的速度。人们可以通过它的计算来预测和解释以前无法预测和解释的自然现象。

➤ 内存条
内存条就是存储程序及数据的地方，一般采用半导体存储单元，包括随机存储器（RAM）、只读存储器（ROM）及高速缓存（CACHE）。

➤ 笔记本电脑
笔记本电脑是一种小型、可携带的个人电脑，通常重1至3千克。当前的发展趋势是体积越来越小，重量越来越轻，而功能却越来越强大。

什么是内存？

内存是电脑的主要部件之一，它是相对于外存而言的。我们平常使用的电脑程序，如操作系统、打字软件、游戏软件等，一般都是安装在硬盘等外存上的，但仅仅这样还不能使其发挥功用，必须把它们调入内存中运行，才能真正发挥作用。

我们平时输入一段文字，或玩一个游戏，其实都是在内存中进行的。通常我们把要永久保存的、大量的数据存储在外存上，而把一些临时的或少量的数据和程序放在内存上。所以说，内存是计算机必不可少的部件。

什么是笔记本电脑？

顾名思义，笔记本电脑就是外观像笔记本的电脑，又称手提电脑或膝上型电脑，是一种小型、可携带的个人电脑，通常重1至3千克。但是，"麻雀虽小，五脏俱全"，笔记本电脑的功能并不弱于一般的台式电脑。当前笔记本电脑的发展趋势是体积越来越小，重量越来越轻，而功能却越来越强大。

笔记本电脑通常拥有液晶显示器（LCD）。除了键盘和鼠标以外，有些笔记本电脑还装有触控板或触控点作为定位设备。笔记本电脑以其携带方便、外观时尚、功能完善等特点，越来越受到广大电脑用户的青睐。

什么是巨型计算机？

巨型计算机是一种超大型电子计算机，它具有很强的计算和处理数据的能力，主要特点是高速度和大容量，配有多种外部和外围设备及丰富的、高功能的软件系统。有的国家规定：运算速度达到平均每秒1000万次以上的计算机，存储容量在1000万位以上的计算机，才能称为巨型计算机。巨型计算机主要用来承担重大的科学研究、国防尖端技术和国民经济领域的大型计算课题及数据处理任务。巨型计算机的发展是电子计算机的一个重要发展方向，它的研制水平标志着一个国家的科学技术水平和工业发展程度，体现着一个国家的经济实力。

●●●【百科辞典】●●●

液晶显示器：
以电流刺激液晶分子产生点、线、面，并配合背部灯管构成画面的显示器。

触控板：
一种对触摸敏感的指示设备，它可以实现一般鼠标的所有功能。通过手指在触控板上的移动，能够很容易地完成相当于鼠标移动的操作。

科技之最 全球最薄的笔记本电脑：Acer公司在2012年展出了目前世界上最薄的笔记本电脑Aspire S5，其最厚处仅为15mm。

为什么将电脑列为"美容杀手"？

Weishenme

如今，电脑已成为现代人不可缺少的工具，除了学习、工作使用电脑外，休闲也离不开电脑。然而你知道吗，电脑在给人们带来愉悦和方便的同时，也在悄悄地伤害着使用者的皮肤。不知不觉间，原本白皙的皮肤变得晦暗干燥了，甚至还有黑斑出现，而这一切的罪魁祸首，正是电脑辐射。

电脑辐射主要指电脑在工作时产生和发出的电磁辐射（各种电磁射线和电磁波等）、声（噪声）、光（紫外线、红外线辐射）等多种辐射"污染"，其中电磁辐射的危害最大。医学研究表明，长期、过量的电磁辐射不仅会伤害人们的皮肤，引发暗沉和色斑，还会对人体的生殖、神经和免疫系统造成直接伤害。

要降低电脑的伤害，可以在电脑屏幕前安置防护屏，平时注意补充水分和维生素，睡前彻底清洁皮肤。

电脑为什么会感染病毒？

Weishenme

1977年，美国一本科幻小说描写了一种可以在电脑间互相传染的病毒，共有7000台计算机被其控制，造成了一场灾难。几年后，这个幻想就变成了现实。1983年，科学家们在实验室里验证了计算机病毒的存在。1986年，"巴基斯坦"病毒流传开来，给人们造成了重大的损失。此后，新的病毒层出不穷。那么为什么电脑这种没有生命的机器也能感染病毒呢？

随着时代的发展和联络的需要，人们把独立的多台电脑互相联结起来，从而构成了电脑网络。可是，这种网络有利有弊，一旦它的局部出了故障，就会造成很大的麻烦。比如说，通过网络，病毒可以不断扩散，使个人电脑"中毒"。

电脑病毒是指有人蓄意设计和编制的破坏性程序，它们能在电脑内自动复制、自我繁殖和扩散，危及整个电脑系统。这些破坏性程序可以像病毒在生物体内繁殖，最终导致生物患病、死亡一样使电脑受到损坏。电脑受到它们的侵害，轻则经常出错，不能正常工作；重则完全瘫痪，乃至损伤硬件。所以，现在大多数国家的法律都明文规定：凡是故意制造病毒并已经对他人电脑造成损害的行为，都属于犯罪行为。

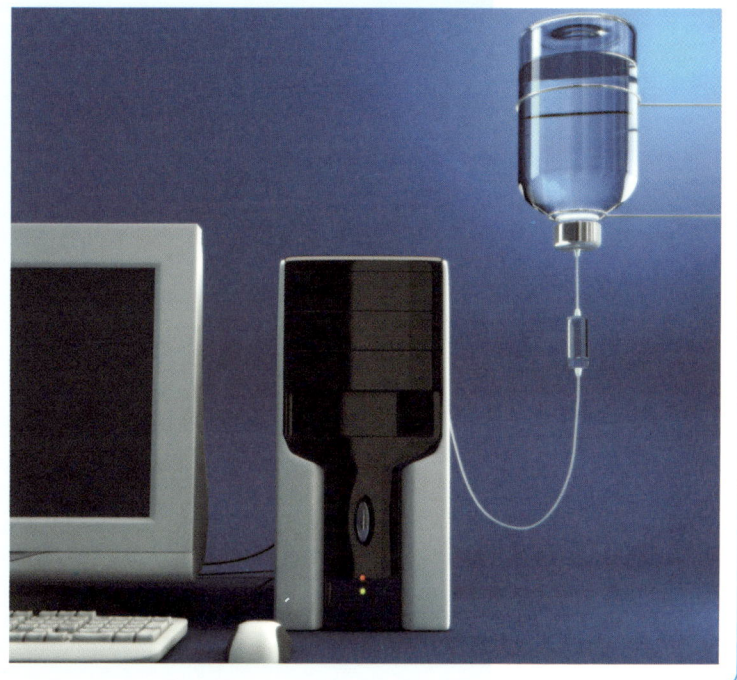

电脑"中毒"了
一不小心，电脑"中毒"了。这时候，就需要请高明的电脑"医生"——反病毒软件来给你的电脑把把脉，用点"苦口良药"啦。

你知道吗

- 长期使用电脑的人，平时应多吃胡萝卜、白菜、豆芽、豆腐、红枣、橘子以及牛奶、鸡蛋、动物肝脏、瘦肉等食物，以补充维生素A和蛋白质。
- 美国国家电脑安全中心为电脑病毒下的定义是"一种能自我繁殖的特洛伊木马，由三条腿支撑：任务部分（干坏事的主要部分）、激活部分和自我繁殖部分。"

科技之最　**最具杀伤力的病毒**：CIH病毒，一种能够破坏计算机系统硬件的恶性病毒，产自中国台湾，曾在全球范围内造成巨大损失。

什么是计算机网络？

计算机网络是人类数千年来最伟大的发明之一，它让人们能够在某种程度上自由地交换思想，共享信息。今天，我们已经不能想象没有网络技术我们的生活会变成什么样子。网络对世界的改变才刚刚开始。然而，计算机网络是如何建立的呢？

按照最基本的覆盖范围，网络可以分为局域网、城域网和广域网。事实上，电脑网络最先是被用于军事的。20世纪60年代，美国国防部决定开发一个能够让电脑之间进行通信的手段，以保证军中信息的顺利交流。这个计划的名称叫"ARPAnet"，它就是计算机网络的前身。

进入20世纪80年代后，许多大学为了共享数据和研究信息，联入了美国国家科学基金网"NSFnet"，使网络得到了进一步发展。1990年后，"NSFnet"以惊人的速度扩张，正式转变为国际计算机互联网，即"Internet"，也称为因特网。因特网目前已经联系了超过160个国家和地区、4万多个子网、500多万台电脑主机，直接用户超过4000万，是世界上信息资源最丰富的电脑公共网络。它被认为是未来全球信息高速公路的雏形。

企业为什么要建网站？

网站（Website）是指在因特网上，根据一定的规则，制作出用于展示特定内容的网页的集合。网站就像布告栏一样，人们可以通过它来发布自己想要公开的资讯。它由网站地址（又叫域名）和网站空间构成。如果把互联网比做无边的海洋，网站就类似于其中的一个小水滴。可是，在互联网的汪洋大海中，企业为什么要建立自己的网站呢？

这是因为，在信息时代，网站可以给企业提供很多在传统社会中无法想象的好处：有利于提升企业形象，展示企业文化；使公司具有网络沟通能力；全面而详细地介绍企业产品，使更多的人快捷地了解它们，从而提高企业在同行业的知名度，增强企业的竞争力；发掘潜在客户，降低通信费用；及时得到客户的反馈信息，为企业决策提供参考；通过网站还可以无形地延长企业营业时间，在因特网上，网站24小时都在运营中，顾客在任何时候、任何地点都可与企业保持密切的联系。以上这些都是传统业务联系无法比拟的。

网上购物
在因特网上，网站24小时都在运营中，顾客在任何时候、任何地点都可与企业保持密切的联系，并可随时随地与企业达成交易，这些都是传统业务联系无法比拟的。

服务器
从广义上讲，服务器是指网络中能为其他机器提供某些服务的计算机系统。从狭义上讲，服务器专指某些高性能计算机，它能通过网络对外提供服务。

科技之最　最大的节约功能："联邦快递"邮递公司（UPS）曾宣布，公司每年由于电子邮件而节约的纸张高达20亿张。

为什么网站域名大都以WWW开头?

Weishenme

经常上网的人都知道,大多数网站的域名都是以"WWW"开头的,这是为什么呢?

"WWW"是World Wide Web的缩写,简称Web,中文译为万维网。1990年,英国科学家伯纳斯·李发明了万维网,并开发出了最早的浏览器,1991年开始在内部发行,这就是万维网的雏形。发展到现在,万维网引入了直观的图形界面,取代了抽象难懂的命令格式,使上网不再只是专业人员的特权。网络因此得以迅速普及,数以亿计的人能够方便地使用浩瀚的网络资源,万维网更是吸引了无数的网站加入其中,所以网站域名大都由WWW开头。

伯纳斯·李在1990年开发出最早的浏览器时,万维网的应用似乎只有浏览器一个工具。而现在,各种网络工具早已蓬勃兴起,万维网已经从最初"连接世界的电子百科全书"的理念,向以音乐、视频及亲朋好友之间的轻松交流为主的全新娱乐交流工具转变。与此同时,使用浏览器以外的工具访问互联网的人也正在逐渐增多。

电子邮件为什么便宜又快捷?

Weishenme

电子邮件,简称电邮,翻译自英文的"E-mail",是指通过电子通信系统进行书写、发送和接收的信件。现在,电子邮件以其快捷、低价的特点,成了因特网最常用的功能之一。

如果要在因特网上发送电子邮件,你首先就要拥有一个电子邮件地址和一个密码。电子邮件地址供接收电子邮件用,而密码供用户所连的主机核对账号。互联网24小时通邮,而电子邮件传送的快慢和距离的远近几乎没有任何关系。电子邮件发送后,只需几秒钟就可以传送到邮件接收人的电子邮箱中。电子邮件除了传送文字之外,还可以传送照片、语音等其他形式的信息。

电子邮件

E-mail是Internet应用最广的服务:通过网络的电子邮件系统,用户可以用非常低廉的价格,以非常快速的方式,与世界上任何一个角落的网络用户联系。

万维网

WWW是World Wide Web的缩写,中文译名为万维网。网络迅速普及后,万维网吸引了无数的网站加入,所以网站域名大都以WWW开头。

你知道吗

- 英国科学家伯纳斯·李发明了万维网后,无偿地公开了他的发明成果,从而使网络以前所未有的速度发展。
- 美国"通信在线"电子通信研究公司调查表明,全世界电子邮件信箱已有8.91亿个。

科技之最 最早的电子邮件:1969年美国的克兰罗克教授从电脑上发出了只有"LO"两个字母的简短消息,它是最早的电子邮件。

为什么电子邮件地址中都有个@？

"@"就是英文单词"at"的缩写，它有两种意思，即"在"或"单价"，起源于中世纪。那时印刷机尚未发明，如果要出版一本书，每一个单词的每一个字母都得手工刻出来。

虽然"at"一词很短，但它在文本中和文件中频繁出现，如果能进一步简化它，就可以写起来更快更容易。于是有人就在"a"的四周划了一个圈，从而省去了字母"t"的两个笔画。可是，为什么后来的电子邮件地址中会有个@呢？

1971年，阿帕网BBN电脑公司的电脑工程师雷·汤姆林森奉命寻找一种电子邮箱地址的表达格式，需要一个标志，以便把个人的名字同他所用的主机分开。结果，他一眼就选中了这个特殊的字符，并将它用在了电子邮箱的地址中。这样，就有了人们现在使用的电子信箱地址的表示形式：人名或代码＋@＋电脑主机或公司代码＋电脑主机所属机构的性质代码＋两个字母表示的国家代码。这使得电子邮件得以通过网络准确无误地传送，而且赋予了符号"@"一个全新的现代含义。

电子邮件的@符号
"@"在电子信箱地址中的出现，使得电子邮件得以通过网络准确无误地传送。可以说，电子邮件是现代人沟通的"密钥"和快速通道，它把世界更紧密地联结了起来。

调制解调器
调制解调器的英文名是modem，俗称"猫"。调制解调器的性能及速率直接关系到联网以后传输信息的速度。

什么叫网络带宽？

在20世纪90年代，拨号上网时常会奇慢无比，问及原因，总被告知"带宽太小"。那带宽到底是什么？为什么它可以限制上网速度呢？

带宽又叫频宽，是指固定时间内在线路上可以传输的最大资料数量或传递数据的能力。在数字设备中，带宽通常以"bps（bit per second——字节每秒）"表示，即每秒可以传输的字节数。在模拟设备中，带宽通常用赫兹（赫兹）来表示。

那么，网络带宽的意义又是什么呢？简单地说，网络带宽就是网络的传输速率。它是指在网络上每秒钟能传输的最大字节数（Mb/s），即每秒钟能处理多少兆字节。带宽高则意味着很高的传输能力；带宽小就自然使上网的速度受到限制。而影响带宽的因素则主要是传输的介质：任何一种介质都只能传输低于某个频率的信号，当信号的频率过高时，此介质就失效了。所以任何一种介质都有一个最大的数据传输频率，也就是带宽。比如，电话线的带宽很低，所以拨号上网会很慢；而使用光纤上网，传输速率则可以达到数百兆字节，也就意味着上网的速度比较快。

你知道吗

- 在中世纪的意大利，葡萄酒是按罐出售的，在当时，"@"是葡萄酒容积的单位，1@大约相当于114加仑。
- 网速的快慢也不一定全是因带宽小造成的，它还与ISP（网络服务运营商）的承受能力、所访问网站的人数等因素有很大的关系。

光纤电缆是怎样传输数据的？

Weishenme

光纤电缆就是现在常用的通信电缆，其内部光纤在进行信号传输时，一般使用红外线。实际应用中的光缆由下面几个部分组成：表皮，它处于光缆的最外面，将一捆光纤包容在一块，可以起到较好的保护作用；线芯，每条光纤都是由一条极细的玻璃丝构成的，它是实际传输数据的媒体；包覆，在每条光纤的线芯——细玻璃外层环绕有一层包覆玻璃，这层包覆玻璃的密度与线芯的密度不同，可造成光的全反射。

光纤电缆不是用电子信号来传输数据，而是用光束来传输数据的。正是这种特殊的材质，使它拥有无法比拟的优点：拥有极宽的频带范围，以GB（千兆）位作为度量；抗干扰性强，由于光纤中传输的是光束，而光束不会受到外界电磁的干扰；保密性强，光束本身不会向外辐射信号，这就有效地防止了窃听；传输速度快，光纤是至今为止传输速度最快的传输介质，能轻松达到1000Mbps；传输距离长。

网络黑客是些什么人？

Weishenme

提起黑客，总是让人感到那么神秘莫测。在一些人的眼中，黑客是一群聪明绝顶、精力旺盛的年轻人，他们一门心思地破译各种密码，以便偷偷地、未经允许地进入政府、企业或他人的计算机系统，窥视他人的隐私。那么，具体来说，什么才是真正的"黑客"呢？

黑客，是英文hacker一词的音译，源于动词hack，意为"劈、砍"，后来引申为"干了一件非常漂亮的工作"。在早期麻省理工学院的校园俚语中，"黑客"则有"恶作剧"之意。到了今天，黑客一词已被用来泛指那些专门利用电脑搞破坏或恶作剧的家伙。他们通常具有计算机硬件和软件的高级知识，善于利用网络漏洞，破解密码和非法入侵他人电脑或网站。

许多黑客破解系统或网络只是出于兴趣，吸引他们的只是成功解密的成就感。但也有一些人以窃取机密、破坏系统、获得不法利益为目的，他们大肆破坏网络安全，传播病毒，成了网络上的小偷和强盗，也成为各国政府和警方打击的对象。

光导纤维

光纤电缆不用电子信号来传输数据，而是用光束传输数据。光纤是至今为止传输速度最快的传输介质，能轻松达到1000Mbps。

"黑客之手"

黑客一词最早源自英文hacker，原指热心于计算机技术、水平高超的电脑专家。但到了今天，黑客一词已被用于泛指那些专门利用电脑搞破坏或恶作剧的家伙。

你知道吗

- 光纤和常见的网线都是网络通信线，两者的区别在于光纤成本高，速度快，主要用于远程高速连接；而网线一般用在短程的局域网内，常见的有细同轴线缆、粗同轴线缆、双绞线。
- 据介绍，黑客到了30岁以后普遍会转向"正道"，从事网络安全工作，这是国内外通行的规律，美国排名前三位的网络安全公司创始人原来都是有名的黑客。

科技之最　最早的光缆：1976年，美国贝尔研究所在亚特兰大建成了第一条实用化光纤通信线路，采用了含有144根光纤的光缆。

中国孩子最爱问的十万个为什么

主题索引
ℹ "博客"是什么?"播客"又是什么?什么是人工智能?

"博客"是什么?

博客一词来自于英文单词Blog或Blogger，是Weblog的简称。实际上，博客就是一个网页，是一种简易的个人信息发布方式。它通常由简短且经常更新的帖子组成，任何人都可以注册，完成个人网页的创建、发布和更新。博客充分利用网络互动、更新即时的特点，给人以发挥想象、记录和展示个人生活、展现灵感的平台，因而受到了网民的广泛欢迎，并由此形成了一种新的网络虚拟社群和人际交往方式。

"播客"又是什么?

播客是在博客的基础上发展起来的，是博客的升级，是由单纯传播文字上升到了可传播声音和视频的个人网页。可以说，播客是有声有色的博客。

播客的英文名称为Podcast，一般情况下，我们在论坛或者博客上可以随意发表自己的言论，但只能用文字来说话，而播客网站则为人们提供了上传音频或视频文件的条件。只要你上传了完整的音频、视频作品，就会配有自动显示的播放器。当别人访问你的网页时，就可以直接听到声音、看到影像，相当于你拥有了一个私人的电台或电视台。

【百科辞典】

Weblog:
Web和Log的组合词。Log原意是航海日志，Weblog则可简称为网络日志。

计算机科学:
一门包含各种各样与计算和信息处理等主题相关的泛系统学科。

什么是人工智能?

人工智能（Artificial Intelligence），缩写为AI，是计算机科学的一个分支，它企图了解智能的实质，并生产出一种能够以与人类智能相似的方式作出反应的智能机器。该领域的研究对象包括机器人、语言识别、图像识别、自然语言处理和专家系统等。

人工智能的本质是对人的思维信息过程的模拟，这个模拟可以从两方面进行，一是结构模拟。就是仿照人脑的结构机制，制造出"类人脑"的机器；二是功能模拟，就是撇开人脑结构，而从功能过程进行模拟。现代电子计算机的产生便是对人脑思维功能和思维信息过程的模拟。

➡ **播客**
播客是博客的升级版，它由传播文字上升到了传播声音和视频，是有声有色的博客。只要把声音和影像资料放到播客上，就可以让全世界的网民收看和收听。

⬇ **博客**
所谓博客（blog），也就是网络日志。传统的日记都是用笔写在笔记本上的，而博客正是用电脑按键写在网页上的日记。

科技之最 计算机领域的最高奖：国际计算机协会（ACM）于1966年设立的"图灵奖"，被誉为"计算机科学的诺贝尔奖"。

Part 3

三　物质与材料

材料是人类用于制造物品、机器或其他产品的那些物质，但不是所有物质都可以称为材料。材料是人类赖以生存与发展的物质基础，和信息、能源一起被誉为当代文明的三大支柱。

中国孩子最爱问的十万个为什么

主题索引
> 铁矿石是如何炼成钢的？ 为什么黄金的延展性非常强？

铁矿开采
铁的发现和大规模使用，把人类从石器时代、铜器时代带到了铁器时代，推动了人类文明的发展。至今铁仍是现代工业的基础，是人类进步所必不可少的金属材料。

金牌
金是一种价值很高的贵金属，加之其加工简便，因此常被镀于奖牌、奖章或纪念章表面，用以表示一种崇高的嘉奖和荣誉。

铁矿石是如何炼成钢的？

Weishenme

铁矿石是大自然赐予人类的礼物。将开采出的铁矿石放入高炉冶炼后，就可得到生铁。生铁实际上是含碳量大于2%的铁碳合金，同时也含有一定量的硅、锰、硫、磷等元素。而炼钢的过程，就是脱去生铁中的碳、硫、磷等元素，使其变得更加坚韧的过程。

把生铁放入炼钢炉中，在高温下按一定工艺熔炼，然后把得到的熔化钢液浇铸成型，冷却后即得钢锭或铸胚，再行轧制就能制成不同的材质或钢型。钢材的含碳量小于2%。

为了获得各种性能的钢材，人们还会在冶炼过程中加入微量的铬、镍、钼、钨、钒等元素，而这些元素的化学成分将决定钢材的不同特性。其中，铬可增加钢材的耐腐蚀性，通常把含铬量大于13%的钢材称为不锈钢；镍可增加钢材的强度和韧性；钼可防止钢材变脆；钨可增加钢材的耐磨损性；钒可增加钢材的抗磨损性和延展性。

为什么黄金的延展性非常强？

Weishenme

金的化学元素符号是Au，它来自拉丁文AURNM，原意为曙光，因其呈现黄色，故被称为黄金。

在人类已发现的所有金属中，黄金的韧性和延展性是最好的，其延伸率可达到40%至50%。在现代科学技术条件下，1克黄金可以被拉成420米以上的金丝。50克纯金能锤成万分之一毫米薄的金叶，面积可达9平方米。黄金的密度会随着温度的变化而略有变化。在常温下，金的密度为每立方厘米19.29至19.37克，这是因为金锭中含有一定量的气体，导致其密度略有降低，但经轧延后密度就会有所增大。

金有很好的韧性和延展性，可制成极细的金丝。在古代，人们用金丝和丝线织成的各种图案，就是所谓的"织金"和"绣金"，专门作为古代帝王将相和贵族朝服的装饰。此外，金还有良好的工艺性，极易加工成超薄金箔、微米金丝和金粉。加工以后，金很容易就能镀在其他金属和陶器及玻璃的表面上，它的应用范围很广泛。

【百科辞典】

铁矿石：
从理论上说，凡是含有铁元素或铁化合物的矿石都可以叫做铁矿石。

高炉：
横断面为圆形的炼铁竖炉。高炉冶炼的主要产品是生铁，这样生产的铁占世界铁总产量的绝大部分。

材料之最 铁矿储量最多的国家：俄罗斯。俄罗斯的铁矿总储量约为650亿吨，占世界总储量近40%。

记忆合金为什么"记忆力"超群?

Weishenme

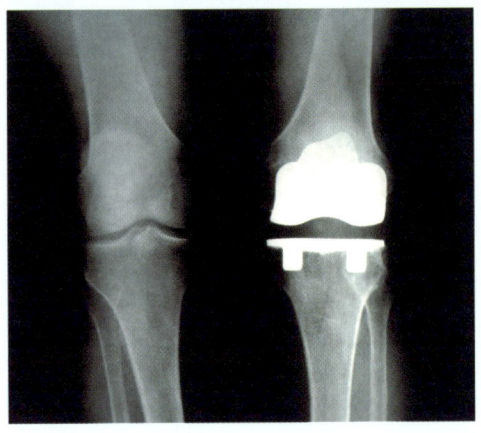

20世纪70年代,世界材料科学中出现了一种可以记忆形状的奇妙合金,即记忆合金。记忆合金是一种颇为特别的金属,在高温下,这种合金可以被变成任何你想要的形状,在较低的温度下,合金可以被拉伸,但若对它重新加热,它就会记起原来的形状并自动变回去。这是怎么回事呢?难道合金也具有人类那样的记忆力吗?

原来,这是由于某些合金在固态时,其晶体结构会随着温度的变化而发生形变。例如,镍钛合金在40摄氏度以上和40摄氏度以下的晶体结构是不同的,当温度在40摄氏度上下变化时,合金就会收缩或膨胀,形态发生变化。这说明,40摄氏度就是镍钛记忆合金的"变态温度"。

各种合金都有自己的变态温度。如果一种高温合金的变态温度很高,在高温时被做成螺旋状并能处于稳定状态,但若在室温下强行把它拉直,它则会很不稳定。也就是说,只要把它加热到变态温度,它就会立即恢复原来的螺旋形状。

你知道吗

- 记忆合金可用来制造自动温控开关,这样的装置能在阳光照耀的白天自动打开通风窗,晚间气温下降时又自动关闭通风窗。
- 人工心脏是一种结构复杂的人造脏器,其中用记忆合金制成的肌纤维与弹性体薄膜心室相配合,可以模仿心室进行收缩运动。

为什么要用钛合金制造宇宙飞船?

Weishenme

钛是一种极为罕见的金属,1791年被英国牧师格雷戈尔(Gregor)发现。1795年,德国化学家克拉普鲁斯在研究金红石时也发现了该元素,并将这种金属命名为钛。以钛为基础元素,再加入其他金属元素就组成了钛合金。钛合金是一种新型结构材料,它具有优异的综合性能,例如密度小,比强度和比断裂韧性高,疲劳强度和抗裂纹扩展能力好,低温韧性良好,抗蚀性能出色等。某些钛合金的最高工作温度为550摄氏度,经过深加工,可达到700摄氏度。因此,它在航空、航天、化工、造船等工业部门都得到了日益广泛的应用。

钛及钛合金主要用来制造火箭、导弹发动机的外壳,燃料和氧化剂的储箱及宇宙飞船的船舱骨架等。用钛合金制造宇宙飞船可使其体重减轻数百千克,这样不但能改善宇宙飞船的飞行性能,还可以节省大量昂贵的高级燃料。

钛合金膝关节
钛具有"亲生物"性,被广泛用于制作人造膝关节、肩关节等。

火箭
钛有"太空金属"之称,钛合金是制作火箭发动机壳体的绝佳材料。

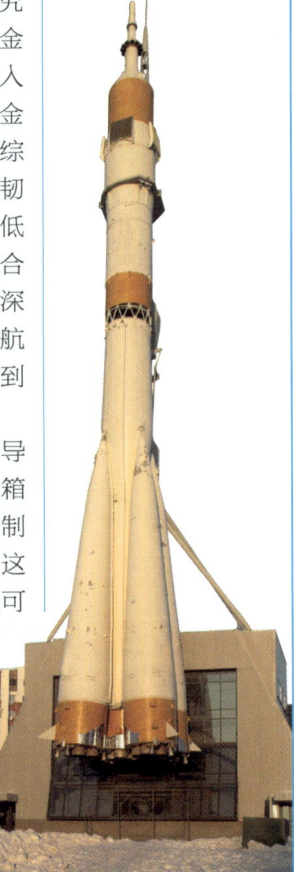

材料之最 最珍贵的水晶类宝石:钛晶,即内含针状钛金属的水晶宝石,由于极为稀有,所以非常昂贵。

水银
汞在常温下呈液态，色泽如银，故俗称"水银"。水银是一种比重很大的、银白色的液态过渡金属，它导热性能差，而导电性能良好。

蔡伦像
蔡伦（？~121年），东汉人，改进了造纸术。

手工造纸术
手工造纸法用竹帘、聚酯网或铜网制成的框架，将分散悬浮于水中的纤维抄成湿纸页，经压榨脱水，再行晒干或烘干成纸。

什么是超导材料？

1911年，荷兰的物理学家昂尼斯发现，水银的电阻率并不像人们预料的那样，随温度降低而逐渐减小，而是当温度降到约为零下269摄氏度左右时，它的电阻会突然降为零。

某些金属、合金和化合物在温度降到绝对零度附近某一特定温度时，电阻率突然减小到无法测量的现象叫做超导现象，能发生超导现象的物质叫做超导体。超导体由正常态转变为超导态的温度，称为这种物质的转变温度（或称临界温度）。多数金属元素以及合金、化合物都可在不同条件下显示出超导性。

正常的导体都有电阻，通过电流时就会发热，这不仅浪费电能，而且过量的电流甚至会烧坏设备。所以大容量的输变电设施，往往还配有各种冷却设备。而如果应用超导技术，使用超导材料制成导线，因为没有电阻，就可以节省大量电能。所以用超导材料制成的装置，都会具有体积小、使用性能高、成本低的优点。

谁发明了造纸术？

造纸术被视为中国古代的四大发明之一，与印刷术、指南针和火药具有同样的地位，在中国历史乃至世界历史上具有重大意义。那么，造纸术是谁发明的呢？

《后汉书》中明确地记载了造纸术的发明人、发明缘由和过程："自古书契多编以竹简……伦乃造意，用树肤、麻头及敝布、鱼网以为纸。元兴元年奏上之，帝善其能，自是莫不用焉，故天下咸称'蔡侯纸'。"

这段文字的大意是说，汉代官员蔡伦看到人们用竹简写字很不方便，于是就研究改进造纸的方法。他总结了前人造纸的经验，带领工匠们用树皮、麻头、破布和破渔网等废旧纤维作原料来造纸。蔡伦先把那些原材料剪碎，然后放在水里浸渍一段时间，再取出来捣成浆状物，可能还要经过蒸煮，最后在席子上铺成薄片，放在太阳底下晒干就变成纸了。用这种方法造出来的纸，又轻又薄，很适合写字，受到了人们的欢迎。公元105年，蔡伦把这个重大的成就报告给了汉和帝，汉和帝赞扬了他一番。从此，中国各地都开始用这样的方法造纸，人们都把用这种方法造出来的纸叫"蔡侯纸"。但要注意的是，蔡伦并不是造纸术的真正发明者，他是造纸术的改进者。真正的发明者只能说是人民大众了。

材料之最 最低的温度：绝对零度，即-273.16摄氏度，在此温度下，构成物质的所有分子和原子均停止运动。

什么是宣纸？

宣纸产于安徽泾县，古属宣州，故称宣纸。宣纸以青檀树为主要原料，制作精细，质地绵韧，色泽白雅，纹理美观，且久藏不腐，百折不损，耐老化，防虫防蛀，故有"千年寿纸"的美称。

宣纸分为生宣、熟宣和半熟宣。熟宣用明矾水加工过，因此水墨不易渗透，可在纸上作细致的描绘，或反复渲染上色，适于画青绿重彩的工笔山水。生宣纸没有经过明矾水的加工，吸水性和渗水性很强，遇水即化开，易产生丰富的墨韵变化，能表现出水晕墨章、浑厚化滋的艺术效果，因此多用于写意山水画。熟宣用于作画容易掌握，但极易产生光滑板滞的毛病；生宣作画虽多墨趣，但渗透迅速，不易掌握。因此许多人画山水一般都喜欢用半生半熟的宣纸。半熟宣纸遇水慢慢化开，既有墨韵变化，又不过分渗透，皴、擦、点、染都易掌握，可以表现丰富的笔情墨趣。中国历代文人墨客、书画名家，都十分偏爱宣纸。

阻燃纸为什么能阻燃？

众所周知，"纸是包不住火的"。这是因为，纸一般都是由植物纤维制成的，而植物纤维主要是失水后的葡萄糖缩合物，属于易燃物。植物纤维的易燃性，决定了纸品的易燃性。可是，有一种阻燃纸，却可以阻止燃烧。这是为什么呢？

阻燃纸，顾名思义，就是经过阻燃剂加工之后具有阻燃性的纸。虽然它不能完全防火，但至少不会助燃。有时遇到小火，阻燃纸不但不会燃烧，还有可能自动熄灭，从而减少发生火灾的危险。

阻燃纸的制法主要有两种：一种是浸渍法。就是利用化学木浆抄成原纸，然后经过阻燃液的浸渍加工，制成成品。另一种是变性法。通过将精制木浆进行阻燃化处理，使之变成"变性纸浆"，即把某些具有阻燃性的基因嫁接到纤维分子上，从而使其成为阻燃性纤维。然后再添加一些材料，最终制成阻燃纸。

阻燃纸技术现在已经广泛应用于车厢壁纸、家具贴面纸、绢花、拉花、装饰板及账册、机密档案等方面。

【百科辞典】

明矾：

又称白矾、钾矾、钾铝矾、钾明矾、十二水硫酸铝钾，可用于制作铝盐、发酵粉、油漆、澄清剂、防水剂等，同时它还是一种较好的净水剂。

阻燃性：

就是物质在火焰中不燃烧，不产生明火，只会炭化的性质。有阻燃性的物质可以对火焰的扩大产生阻碍作用，即使局部发生燃烧，也能很快自动熄灭。

宣纸旧书
宣纸因产于宣州府（今安徽泾县）而得名，是中国古代用于书写和绘画的纸。很多古老的书籍都是用宣纸印刷的。

中国书法
书法是汉字的书写艺术，它不仅是中华民族的文化瑰宝，而且在世界文化艺术宝库中也独放异彩。一般来说，书法宜用生宣，以增添墨的韵味。

尼龙布为什么很结实？

尼龙外套
尼龙织物的耐磨性堪称各类织物之首，而且它还容易洗涤，所以才被用于制作各种外套。

你知道身上的衣服是用什么材料做的吗？不同的布料会产生不同的效果，比如尼龙布与棉布比较起来，前者就会结实得多。这是为什么呢？

棉布是用棉花纺出的纤维织的，尼龙布却是用尼龙纤维织的。棉纤维弹性较差，容易断裂，而尼龙纤维由人工制成，比纯天然的棉花纤维结实。此外，由于尼龙纤维比棉花纤维长得多，所以尼龙布比棉布更耐用。

尼龙面料一向以优异的耐磨性著称，它不仅是羽绒服、登山服等衣物的最佳选料，而且经常与其他纤维混纺或交织，以提高织物的强度和坚韧度。可以说，尼龙织物的耐磨性堪称各类织物之首，比一般的纤维织物都要结实。

但是，尼龙布的透气性很差，而且也不吸汗，夏天穿在身上会觉得闷热。所以，人们在选择贴身衣物时，一般还是倾向于材料为天然棉麻、丝绸的。

丝袜为什么富有弹性？

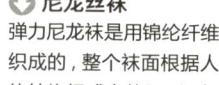

尼龙丝袜
弹力尼龙袜是用锦纶纤维织成的，整个袜面根据人体结构织成立体腿形，舒适贴身。

尼龙丝袜广受女性的喜爱，因为它富有弹性，不易损坏，又能很好地展现女性腿部的线条美。那么，丝袜是怎么来的呢？又为什么会富有弹性呢？

1937年，杜邦公司的一位化学师无意间发现煤焦油、空气与水的混合物在高温下融化后能拉出一种耐磨、纤细并灵活的细丝。这就是后来广为人知的尼龙纤维。尼龙纤维的弹性很好，即使拉长5%，也可以完全恢复原来的状态。1940年5月5日，第一批尼龙丝袜上市，72000双丝袜在一天之内就被抢购一空。尼龙丝袜的发展无疑是袜子历史上的一个里程碑。

弹力尼龙袜是用锦纶纤维织成的，整个袜面根据人体结构织成立体腿形，这就使袜子更加贴身。它的耐磨性能比棉纤维织品高10倍，强度也比棉、毛纤维高得多，而且还具有弹性好、比重小、不怕潮、不生蛀虫等优点，因此很受人们欢迎。但是，尼龙袜的弹性和耐拉伸的程度也是有限的。如果一直持续拉伸，久而久之，弹力袜也会失去弹性。

20世纪70年代，杜邦公司又发明了革命性的莱卡。莱卡又叫氨纶，弹性是原来的4至7倍。莱卡丝袜与肌肤贴合的紧密程度前所未有，并可表现出不同的质感，更光滑、柔软、贴身、平整，甚至可以修整女人的腿部曲线，因而受到了更加广泛的欢迎。

【百科辞典】

纤维：
人们常把长度比直径大千倍以上，且具有一定柔韧性的纤维物质统称为纤维。纤维的粗细、长短是决定面料手感的重要因素。

锦纶：
合成纤维的一种，旧称尼龙。它强度高、耐磨性和回弹性都很好，可以纯纺或混纺制作各种衣料及针织品。

材料之最 最原始的袜子：古罗马城的妇女曾在脚和腿上缠着细带子，这种绑腿便是最原始的袜子。

塑料是用什么做的？

在我们的生活中，塑料制品无处不在，无处不有。那么，塑料又是用什么制造出来的呢？

塑料是指以树脂为主要成分，以增塑剂、填充剂、润滑剂、着色剂等添加剂为辅助成分，在加工过程中能流动成型的材料。树脂这一名词，最初是由动植物分泌出的脂质如松香、虫胶等而得名的。目前，树脂指尚未和各种添加剂混合的高分子聚合物。

树脂约占塑料总重量的40%至100%。塑料的基本性能主要取决于树脂的特性，但添加剂也起着重要作用。不过，有些塑料基本上都由合成树脂组成，不含或少含添加剂，如有机玻璃、聚苯乙烯等。因此，塑料和树脂这两个名词经常被混用。

塑料主要有以下特性：大多数塑料质轻，化学稳定性好，不会锈蚀；耐冲击性好；具有较好的透明性和耐磨耗性；绝缘性好，导热性低；成型性、着色性好，加工成本低；大部分塑料耐热性差，热膨胀率大，易燃烧；尺寸稳定性差，容易变形；多数塑料耐低温性差，低温下容易变脆；大多数塑料容易老化；某些塑料易溶于溶剂。

为什么有些特殊塑料能够导电？

平时，我们见到过并使用过一些塑料制成的机械零件和日用品。在我们的印象中，塑料通常是不导电的。然而，有些特殊的塑料却可以导电，这是为什么呢？

科学研究发现，经过特殊改造之后，塑料能像金属一样具有导电性，例如聚乙炔、聚苯硫醚、聚吡咯、聚噻吩、聚噻唑等。目前，科学家已制成一批导电性与银、铜相当的聚合物，它们被称为有机金属或合成金属。与金属相比，它们的特点是容易加工、重量轻。

导电塑料是将树脂和导电物质混合，用塑料的加工方式进行加工的功能型高分子材料。它主要应用于电子、集成电路包装、电磁波屏蔽等领域，其一大特点是可消除静电。计算机和电子设备机房都要求抗静电防护，新型飞机上的电子器件要求防电磁干扰，树脂基复合材料机身、机翼要求防雷击，这些问题都可以用导电塑料薄膜屏蔽加以解决。目前，导电性塑料已在许多工业领域得到应用，在未来的能源工业中，导电塑料将成为重要的一员。

树脂
树脂有天然树脂和合成树脂之分。森林中含油脂量较高的树种，如红杉、水杉、松柏等，分泌出的透明黏稠状树胶，就是一种天然树脂。

塑料袋
数量庞大的塑料袋不易分解，变成污染物后长期存在并不断累积，对环境造成极大危害。

你知道吗

- 塑料袋难以通过自然腐化降解，一直是"白色污染"中的头号污染源。目前已经有多个国家实施了禁用或限用塑料袋的法律法规。
- 在美、欧、日的一些实验室里，人们已经制成了一系列支撑信息技术社会的导电塑料电子零件。比如，用导电塑料人们已经研制出了防电磁辐射的电脑保护屏幕。

材料之最　人类最糟糕的发明：英国《卫报》评选"人类最糟糕的发明"，塑料袋不幸得此"殊荣"。

中国孩子最爱问的十万个为什么

主题索引
> 为什么硅胶可以用于整容手术？天然橡胶是怎样生产的？

为什么硅胶可以用于整容手术？

天然橡胶
天然橡胶是由天然产胶植物（以巴西三叶橡胶树为最佳）割胶时流出的胶乳经凝固、干燥后制得的。

橡胶轮胎
橡胶的分子链可以交联，交联后的橡胶受外力作用发生变形时，具有迅速复原的能力，因此被广泛用来制造轮胎、胶管、胶带、电缆及其他各种橡胶制品。

【百科辞典】

硅胶：
是一种高活性吸附材料，通常是用硅酸钠和硫酸进行反应，并经老化、酸泡等一系列处理过程而制得的。硅胶按性质及组成成分可分为有机硅胶和无机硅胶两大类。

整容：
通常指脸部整形，包括割双眼皮、垫下巴、隆鼻、嫩唇、造酒窝、矫正牙齿、除皱、脱毛等。

大家可能听说过，现在越来越多的人希望通过整容使自己变得更加年轻靓丽，而硅胶便是整容所用的主要材料。那为什么硅胶可以用来整容呢？

硅胶的主要成分是二氧化硅，具有热稳定性好、化学性质稳定、有较高的机械强度、成本相对较低等优点，因此常被用做整容材料。固体硅胶是一种高分子硅化物，也是常见的隆鼻材料。早在1972年，固体硅胶就被用做整容材料，经过二十多年的观察，其并发症的发生率约为5%至20%。这个数字虽然较高，但因固体硅胶具有良好的生物相容性，且价格低廉，因此仍是目前临床首选的整容材料之一。

硅胶也有不少缺点，比如不能与机体建立起血液循环从而形成组织连接；偶尔还有硅胶假体的体表膨出，影响外观等。

天然橡胶是怎样生产的？

橡胶一词最早起源于印第安语，当地人把橡胶树称为"cauuchu"，意为"流泪的树"。1770年，英国化学家J.普里斯特利发现树中流出的乳胶可以擦去铅笔字迹，于是就将这种特别的材料称为"rubber"。此词一直沿用至今，翻译为中文就是"橡胶"。

橡胶按原料来源可分为天然橡胶和合成橡胶。天然橡胶就是从天然产胶植物中制取的橡胶，可分为标准胶（又称颗粒胶）、烟胶片、浓缩胶、白绉胶片、浅色胶片、胶清橡胶和风干胶片等。最常用的是标准胶和烟胶片。

现在，世界上约有2000种不同的植物可生产类似天然橡胶的聚合物，人们已从其中的500种中得到了不同种类的橡胶，例如木薯橡胶、美洲橡胶、印度榕和巴西三叶橡胶等。但具有产量高、质量优良、产胶期长、成本低、加工方便等优点的只有巴西三叶橡胶一种。

巴西三叶橡胶是由三叶橡胶树割胶时流出的胶乳经凝固、干燥后制成的，它富有弹性，强度高，综合性能好。采胶工人割开橡胶树的表面后，树皮内的乳管被割断，胶乳就从树上流出来。人们将从橡胶树上采集的乳胶，经过稀释再加酸凝固、洗涤，然后压片、干燥、打包，最后即制成市场上出售的天然橡胶。市场上出售的天然橡胶多由三叶橡胶树的乳胶制得，成分主要是橡胶烃，此外还有蛋白质、脂肪酸、灰分、糖类等非橡胶物质。

世界之最 最失败的整容明星： 美国流行歌手迈克尔·杰克逊，自1981年起共接受过十余次面部整容手术，后因此而面目全非。

为什么要生产人造橡胶？

Weishenme

前文提到，橡胶可以分为天然橡胶和合成橡胶。人造橡胶就是合成橡胶。也许有人感到疑惑，既然我们已经有了很好的天然橡胶，为什么还要生产人造橡胶呢？

虽然天然橡胶耐磨损，加工方便，对环境污染少，但是，它受产地气候限制，产量偏低且不稳定，单位产品的人工成本较高，而且对使用温度的要求也比较高。而人造橡胶是以石油、天然气为原料，以二烯烃和烯烃为单体聚合而成的高分子材料。人造橡胶原料资源较为丰富，随着生产规模的不断扩大，生产工艺的不断创新和优化，其生产成本还在不断下降。

人造橡胶在20世纪初开始投入生产，从40年代开始，这个产业得到了迅速的发展。尽管合成橡胶在性能上不如天然橡胶全面，但它具有高弹性、绝缘性、气密性、耐油、耐高温或低温等性能，因而被广泛地应用于工农业、国防、交通及日常生活中。

你知道吗

- 人造橡胶分为通用型橡胶和特种橡胶两大类：部分通用型橡胶可以代替天然橡胶，特种橡胶则具有耐高温、耐油、耐臭氧、耐老化等特性。
- 陶瓷是陶器、炻器和瓷器的总称。凡是用陶土和瓷土这两种不同性质的黏土为原料，经过配料、成型、干燥、焙烧等工艺流程制成的器物都可以叫陶瓷。

"陶"和"瓷"是一回事吗？

Weishenme

陶器和瓷器是人们经常接触的日用品，从表面上看，它们非常相似。其实，它们之间有着很大的区别。

二者的区别主要有以下几点：一、烧成温度。陶器的烧成温度一般最高不过1100摄氏度，而瓷器的烧成温度则比较高，有的能达到1400摄氏度。二、坚硬程度。陶器烧成温度低，胎体硬度较差，有的甚至可以用钢刀划出沟痕。瓷器的烧成温度高，胎体基本烧结，敲击时声音清脆。三、使用原料。陶器使用一般黏土即可制坯烧成，瓷器则需要选择特定的材料，以高岭土作坯。四、透明度不同。陶器不透明，而瓷器的胎体无论薄厚，都具有半透明的特点。五、釉料不同。一般的陶器表面无釉，即使有釉也是低温釉。瓷器的釉料有两种，制法亦有不同。

陶器
陶器的发明是人类文明的重要进步——人类第一次利用天然物，按照自己的意志创造出了一种崭新的东西。

瓷器
中国是瓷器的故乡，瓷器的发明是中华民族对世界文明的伟大贡献，在英文中"China（中国）"一词就是自"china（瓷器）"演变而来的。

材料之最 最早的瓷器：1981年河北正定南杨庄仰韶文化（前5000~前3000年）遗址出土的原始瓷器，是目前世界上发现的最早的瓷器。

新刷的油漆为什么有一股难闻的气味？

Weishenme

用油漆粉刷一新的墙壁或地板往往会散发出一股刺鼻的油漆味，这股味道能长时间地残留在室内，使人头昏脑涨，很不舒服。这么难闻的油漆味是怎么产生的呢？

现在，普通的油漆多用有机溶剂，俗称"天那水"或"香蕉水"，它的挥发性较强。在施工过程中，油漆挥发的有毒物质能直接侵害施工者的身体健康，而残留在油漆中的有毒物质也会在日后逐步地释放出来，危害使用者的健康。

油漆气味中的有害气体主要有甲醛、苯、TDI等，它们对人体的伤害很大，经常吸入这些化学气体会导致慢性中毒。甲醛是一种无色易溶的刺激性气体，容易导致人体嗅觉异常、刺激性过敏、肺功能异常和免疫功能异常等。当空气中的甲醛浓度稍高时，儿童就会发生轻微气喘；如果人们闻到它的气味，就会产生不适感；过多的甲醛会引起流泪、咽喉不适、恶心呕吐、咳嗽胸闷、气喘甚至肺水肿。

目前，我们可使用化学试剂或利用植物消除法和吸附法等多种方法去除油漆味。

油漆的主要成分包括：油料和树脂，它们是主要的成膜物质；颜料，具体品种繁多，为次要成膜物质；稀料，用来溶解上述物质和调剂稠度，为辅助成膜物质；辅料，包括催干剂、固化剂、增塑剂、防潮剂，也属于辅助成膜物质。油漆被涂在物件表面只是完成了成膜的第一步，之后它会慢慢变成固态连续膜，完成全部的涂料成膜过程。这个由湿膜变为干膜的过程通常称为干燥或固化。由于漆膜的主要成分不溶于水，且含有增塑剂、防潮剂，因此油漆干后可以防水。

油漆
油漆是一种用做装饰或保护器物外层的液体混合物，通常由液态展色剂和固体颜料组成。因为它早期多以植物油为主要原料，故被称为"油漆"。

粉刷
将油漆涂覆在物件表面，可以形成黏附牢固、具有一定强度的固态薄膜。油漆干了以后，能起到防水的作用。

油漆为什么能防水？

Weishenme

油漆可以涂在物件的表面，形成黏附牢固、具有一定强度的固态薄膜。这层薄膜通称漆膜，又称涂膜或涂层。涂刷的油漆干了以后，就能起到防水的作用。

【百科辞典】

TDI：
即甲苯二异氰酸酯，主要存在于油漆之中。超出标准的游离TDI会对人体造成伤害，有致敏和刺激作用，使人出现结膜充血、咳嗽、胸闷、哮喘等症状。

水性漆：
以水作为稀释剂、不含有机溶剂的木器涂饰品。它不含苯、甲醛、游离TDI等刺激性气体。

材料之最　最环保的油漆车间： 瑞典北部的乌默奥机车厂喷漆车间。据媒体报道，那里是"世界上最清洁、最现代的终级喷漆车间"。

混凝土为什么是理想的建筑材料？

Weishenme

混凝土是由水、胶凝材料和粗、细骨料按适当比例配合、拌制成拌合物，再经一定时间硬化而成的人造石材。目前，常用的混凝土主要有两大类别：普通混凝土和钢筋混凝土。普通混凝土由水泥、沙、石和水组成，另外，还要加入适量的掺合料和外加剂。钢筋混凝土是在普通混凝土的材料中加入了一些抗拉钢筋，经过一段时间的养护后，可以达到建筑设计所需要的高强度。

钢筋和混凝土是两种全然不同的建筑材料。钢筋的比重大，不仅可以承受压力，也可以承受张力，然而它的造价高，保温性能很差。而混凝土的比重比较小，能承受压力，但不能承受张力，价格比较便宜，但却不坚固。所以钢筋混凝土的诞生，弥补了两者的缺陷，并且保留了它们各自的优点，成为现代建筑物的首选材料。

1861年，钢筋混凝土得到了第一次应用，首先用它建造的是水坝、管道和楼板。1875年，法国的一位园艺师建成了世界上第一座钢筋混凝土桥。

防弹玻璃为什么能够防子弹？

Weishenme

防弹玻璃属于夹层安全玻璃的一种，它由多层透明的玻璃和胶片叠合制成，总厚度一般在20至75毫米之间。它具有普通玻璃的外观，能给其内的物体提供一定的保护作用。

防弹玻璃主要有三层结构：第一层为承力层，该层首先承受冲击而破裂，一般采用厚度大、强度高的玻璃，能破坏弹头或改变弹头形状，使其失去继续前进的能力。第二层为过渡层，一般采用有机胶合材料，粘接力强、耐光性好，能吸收部分冲击能，改变子弹的前进方向。最后一层为安全防护层，这一层采用高强度玻璃或高强度透明有机材料，有较好的弹性和韧性，能吸收绝大部分冲击能，并保证子弹不能穿过。

防弹玻璃能抵御枪弹射击，最大限度地保护人身安全。它在金融、银行、商业、文物及安防等部门和航空、水上和地面军用装备设施中都有广泛的应用。

万神庙穹顶
万神庙是罗马最古老的建筑之一，也是古罗马建筑的代表作。其穹顶用混凝土建筑而成，堪称全世界最古老的混凝土建筑。

被击打后的防弹玻璃

防弹车门
装有防弹玻璃的防弹车门、窗能抵御枪弹射击，最大限度地保护人身安全。

材料之最 最古老的混凝土建筑物：万神庙，古罗马人用石头、沙子和维苏威火山区的粉尘物与水混合制成混凝土建造而成。

中国孩子最爱问的十万个为什么

主题索引
钢化玻璃碎裂后为什么不会伤人？金属玻璃是玻璃吗？

钢化玻璃碎裂后为什么不会伤人？

→ 彩色玻璃拼贴的圣经故事

玻璃花房
钢化玻璃由于破碎后，碎片会破成均匀的小颗粒而没有普通玻璃刀状的尖角，因而被称为安全玻璃，它被广泛用于汽车、室内装饰以及各种建筑物中。

钢化玻璃又称强化玻璃，是一种经过特殊加工处理的玻璃。它被广泛用于室外玻璃幕墙、室内玻璃隔断、建筑物的开口部位、楼梯扶手和围栏等安全要求较高的场合。除了比普通玻璃更加光洁明亮之外，它还有两个非常突出的优点：

第一，钢化玻璃的强度和抗冲击性能比普通玻璃高好几倍。人们运用尖端科技，在钢化玻璃的表面制成了一种特殊的压应力层。当玻璃受到外力作用时，这个保护层可以削减部分的拉应力，避免玻璃碎裂。即便钢化玻璃处于较大的拉应力状态，只要其内部结构没有被破坏，它就不会破裂。

第二，使用安全。钢化玻璃如果处于内部受拉、外部受压的应力状态，局部发生破损，会发生应力释放，碎成无数小块，碎片呈分散的细小颗粒状。这些小碎片没有尖锐棱角，不易伤人。

也就是说，钢化玻璃的承载能力改善了原本的易碎性质，即使破碎后也会碎裂成无锐角的小颗粒，这样就极大地降低了对人体的伤害。

由于钢化玻璃具有较好的机械性能和热稳定性，所以在建筑工程、交通工具及其他领域均得到了广泛应用。

金属玻璃是玻璃吗？

大多数人想到玻璃时，透明玻璃板的形象便会迅速浮现在脑海中。其实，在一定的条件下，金属也能做成玻璃。

从科学的角度来讲，玻璃是指任何能从液体冷却成固体时没有结晶的材料。但是，大多数金属冷却时都会结晶，内部原子排列成了有规则的形式。如果金属熔体在瞬间冷凝，以致金属原子还处于杂乱无章的状态，来不及排列整齐就被"冻结"，这种没有发生结晶并且原子排列不规则的金属物质，就是金属玻璃。

金属玻璃既不透明也不脆，它们罕见的原子结构使其具有特殊的机械特性及磁力特性。它兼具金属和玻璃的优点，具有一定的韧性和刚性，强度高于钢，硬度也非常高，断裂强度比一般的金属材料好得多。由于避免了晶间腐蚀，因此它又拥有良好的化学稳定性，常被用来制造高压容器、火箭等关键部位的零部件。所以，金属玻璃被人们称为"21世纪的材料"。

•••【百科辞典】•••

压应力：
当一个圆柱体两端受压时，沿着它轴线方向的应力就是压应力。压应力指使物体有压缩趋势的应力。

结晶：
物质从液态（溶液或熔融状态）或气态形成晶体的过程。

材料之最 自然界最硬的晶体：金刚石是碳在高温高压条件下的结晶体，是自然界最硬的晶体。

"不粘锅"为什么能不粘锅?

Weishenme

我们知道,用普通铁锅炒菜时,常常会发生食物粘在锅底的现象,但是,用不粘锅烹制食品时,就不会出现这样的麻烦。这是什么原因呢?

其实,不粘锅的这种"特异"功能靠的是一种叫聚四氟乙烯的高分子材料。聚四氟乙烯,就是人们所说的"特富龙"。聚四氟乙烯由氟和碳两种元素组成,它的分子量特别大,超过一般高分子聚合物的10倍。在聚四氟乙烯分子的内部,碳原子和氟原子结合得特别紧密,化学性质非常稳定,普通的酸、碱对它根本不起任何作用,即使把它放在腐蚀性最强的王水中煮沸,也不会发生任何变化。因此,把它涂在锅底上,一般的油、盐、酱、醋都奈何不了它。但是,这种不粘涂层厚度只有0.2毫米左右,如果干烧或油温达到300摄氏度以上,薄膜就可能受到破坏。一般而言,炒菜时的温度不会超过260摄氏度,但在煎炸食品时,锅内温度就可能会超过薄膜的极限而破坏涂层。

婴儿"尿不湿"为什么尿不湿?

Weishenme

传统的尿布是用普通的棉布做的,一尿就湿,年轻的妈妈常会为经常换尿布而感到麻烦。但新产品"尿不湿"尿布却具有独特的吸水功效,一天只需换一次,因而深受年轻父母的欢迎。然而,尿不湿为什么不会被尿浸湿呢?

米加了水煮成熟饭,虽然饭粒中含有大量水分,但这些水不会流出来。这是因为,大米中含有大量的淀粉,这种长链状的高分子化合物可以吸附水分子。也就是说,正是由于水分子挤在长链分子之间,才使饭粒膨大的。而"尿不湿"就是以淀粉和丙烯酸盐为主要原料制成的。它的吸水和蓄水量大得惊人,可达自身重量的500至1000倍。此外,尿不湿还有一个优点,就是在受到少许压力时,被吸收的水分也不会流出来。所以不必担心婴儿尿湿裤子,因为流出的尿全部会被"尿不湿""喝"光。

【百科辞典】

王水:
是一种硝酸和盐酸组成的混合物,其混合比例为1:3,它是一种腐蚀性非常强,常态下冒着黄烟的液体。

高分子材料:
指以高分子化合物为基础的材料,包括橡胶、塑料、纤维、涂料、胶粘剂和高分子基复合材料等。

🎧 **不粘锅**
从健康角度说,不粘锅没有铁锅对人体健康有利。世界卫生组织(WHO)的专家建议,人们应该选择相对安全、对健康有益的铁锅。

穿尿不湿的宝宝
"尿不湿"的吸水和蓄水量大得惊人,是自身重量的500至1000倍,有了它,父母们就不必老是担心宝宝尿湿裤子了。

材料之最 最强的酸:由两种或两种以上含氟化合物组成的溶液,如氢氟酸和五氟化锑等,均比常见酸的酸性强几百万至几十亿倍。

吸声材料为什么能消除噪声?

纳米结构模型
物质到了纳米尺度以后，大约在1至100纳米这个范围，它的性能就会发生突变，出现特殊性能。

吸声材料就是具有较强吸收声能、减低噪声性能的材料。吸声材料并不能完全把声音消除掉，而只能把某些频率的声波的能量消耗掉。它是如何做到这点的呢？其实，它是利用了吸声结构和吸声介质来减少反射声波，从而达到消除噪声这一目的的。

当声波入射到物体表面时，部分声能被物体吸收转化为其他形式的能量，这一过程称为吸声。材料的吸声性能用吸声系数来表示，吸声系数越大，吸声性能越好。吸声材料的吸声机理是：材料内部有无数细小的相互贯通的孔洞。当声波入射到材料里细小的孔隙时，就会引起孔隙内的空气运动。而紧靠孔壁和纤维表面的空气，因摩擦和黏滞不易运动，这样就使声能转化为热能而消耗掉。所以性能良好的吸声材料要多孔，孔与孔之间互相贯通，并且贯通的孔洞要与外界连通，这样才能使声波进入材料内部。

此外，还有靠共振作用吸声的柔性材料、膜状材料、板状材料和穿孔板等复合材料，它们可扩大吸声范围，提高吸声系数。

会议室
吸声材料利用吸声结构和吸声介质来减少反射声波，达到消除噪声的目的。会议室或电影院等地方一般都装有吸声材料。

什么是纳米材料?

提起"纳米"这个词，大家都很耳熟，但究竟什么是纳米和纳米材料呢？

纳米是一个物理学上的度量单位，1纳米是1米的十亿分之一，相当于一根头发丝万分之一的粗细。当物质达到纳米尺度以后，其性能就会发生突变，产生特殊性能。这种既不同于原来组成的原子、分子，也不同于宏观物质的材料，就是纳米材料。

纳米材料大致可分为纳米粉末、纳米纤维、纳米膜、纳米块体四类，其中纳米粉末的开发时间最长、技术最成熟，它是生产其他三类产品的基础。

纳米材料的特性，可以用"更轻、更高、更强"这三个词来概括。"更轻"是指借助纳米材料和技术，我们可以制备体积更小、性能不变甚至更好的器件。"更高"是指纳米材料可望有更高的光、电、磁、热性能。"更强"指纳米材料有着更强的力学性能，如强度和韧性等。

你知道吗

- 吸声材料放置在房间里的任何地方都有吸声效果。例如，可以利用吸声天花板、吸声墙板、空间吸声体等进行吸声降噪。
- 现在，纳米材料中，纳米粉末的开发时间最长、技术也最成熟，它是生产其他三类纳米产品的基础。

世界之最 噪声最高的城市：巴西的里约热内卢是世界上最喧闹的城市，室内噪声达85分贝，汽车流量大的地区噪声高达93分贝。

四　军事与武器

自从有了人类，就有了战争。战争总是伴随着社会的革命，且往往会带来新的格局。而随着社会的进步和战争的升级，军事变革和武器更新换代的速度更是日行千里。

Part 4

弓箭是哪个国家最早发明的？

弓箭是由弓和箭组成的一种远程兵器。弓由弓臂和弓弦构成，箭包括箭头、箭杆和箭羽三部分。弓箭具有射程远、命中率高、携带方便等优点，是古人狩猎和打仗最常用的武器之一。弓箭的出现，不仅表明人类开始制造和使用复合工具，而且标志着原始社会生产技术的明显进步。

中国是世界上最早制造和使用弓箭的国家。1963年，我国考古人员在山西朔县峙峪村的旧石器时代晚期遗址中发现了一枚用燧石加工打制而成的箭镞。这枚石镞完全符合箭头的三个要素：锋利、尖头适度、器型周正；而在石簇的另一端，两侧均有凹槽用来安装箭杆。从这两点可以推断出峙峪人已经会制造和使用石制弓箭。此处遗址距今约有2.8万年，这个发现证明中国早在2.8万年前就开始使用弓箭。

➡ 现代射箭运动

🡐 戟

戟是我国古代的一种兵器，既有直刃又有横刃，呈"十"字或"卜"字形，具有钩、啄、刺、割等多种用途，杀伤能力胜过戈和矛。

中国古代的"十八般兵器"指什么？

"十八般兵器"的称号是从"十八般武艺"一词演化而来的。至于它最准确的出处和最原始的含义，今天已经很难查找了。不过，如今人们在浏览古书时，却发现十八般兵器有着非常丰富的内涵。

在公元前107年，汉武帝命人经过严格的挑选和整理，最后筛选出了18种类型的兵器，它们是：矛、镗、刀、戈、槊、鞭、锏、剑、锤、抓、戟、弓、钺、斧、牌、棍、枪、叉。到了三国时代，著名的兵器鉴别家吕虔，根据兵器的特点，把汉武帝钦定的十八般兵器重新排列为"九长九短"。"九长"是：刀、矛、戟、槊、镗、钺、棍、枪、叉；"九短"是：斧、戈、牌、箭、鞭、剑、锏、锤、抓。现如今，武术界普遍认定的"十八般兵器"则是：刀、枪、剑、戟、斧、钺、钩、叉、鞭、锏、锤、抓、镗、棍、槊、棒、拐、流星。

如上所述，十八般兵器的各种说法大同小异，形式和内容十分丰富。有长器械，短器械；软器械、双器械；有带钩的、带刺的、带尖的、带刀的；有明的、暗的；有攻的、防的；有打的、杀的、击的、射的、挡的，真可谓包罗万象。

你知道吗

■ 古典小说《水浒传》里也提到了十八般兵器，它们分别是：矛、锤、弓、弩、铳、鞭、锏、剑、链、挝、斧、钺、戈、戟、牌、棒、枪、扒。

军事之最　最早的铜铁复合兵器：铁刃铜钺。为商朝时期兵器，1977年在北京市平谷出土。

为什么古代读书人也常佩剑？

Weishenme

在几千年前，剑除了被当做兵器之外，还是一种佩饰，不仅仅限于武将，读书人也爱佩剑。比如大诗人李白，少年习剑，25岁时就"仗剑去国，辞亲远游"；杜甫写道："检书烧烛短，看剑引杯长"；王维也留下"一身转战三千里，一剑曾当百万师"的咏剑诗句。古代的读书人为什么喜欢佩剑呢？

剑，属于双刃短兵，素有"百刃之君"的美称。剑最早出现于殷商之前，春秋战国时期剑术理论得到一定程度的发展。击剑在汉朝风行一时；隋唐至宋代，剑器文化更是受到了古代读书人极大的推崇。在他们看来，剑不仅是一种器械，更是一种象征，一种流行的佩饰。

剑曾被看做礼仪中显示地位等级的标志，古籍中就记载了严格的佩剑制度，如佩剑人的年龄和地位不同，装饰的金属或玉石等也有所不同。秦汉时的文武官员大多佩剑，这种习俗延续到南北朝时期也没有改变。到了宋、明两代，男子佩剑的习俗仍然存在。

古代读书人佩剑还有很多意义，比如，可以彰显身份：读书人无论多穷也要佩剑，因为这代表着他身为士族的尊严。封爵及出使访客时要佩剑，因为这具有礼治和修身养德方面的意义。另外，剑被看做一种风雅佩饰，文人学士多通过佩剑来彰显自己高雅不俗，同时寄寓着希望建功立业的深意。

上述这些就是古代读书人也常佩剑的原因。

"兵器之王"是什么？

Weishenme

古代的枪是一种以刺为主的兵器，杀伤力很大，长而锋利，灵活快速，取胜之法之多，其他兵器难与匹敌，因此有着"兵器之王"的美誉。

枪由枪尖、枪缨和枪杆组成。枪尖为钢铁打制；枪缨多用马鬃制成，今用细麻丝制成；枪杆有铁制的、攒竹制的和白蜡木制的。枪的种类很多，有火枪、标枪、勾镰枪、飞枪、浑铁枪、虎头枪等。最长的枪长可达4米，重量根据枪杆分量而定。在战场上，骑兵用的枪叫大枪，步兵用的枪叫小花枪。大枪长丈余，又长又沉，普通人两只手端平都难。小花枪就短多了，抖起来枪头乱飞，故名花枪。

枪法以拦、拿、扎为主。拦、拿枪法是挡拨防御之法，应掌握好动作幅度，避免对方乘虚而入。扎枪讲究平正、迅速、直出直入。此外，枪术的常用技法还有崩、点、穿、劈、圈、挑、拨，要求劲力适当，动作精准。练枪时，要求练习者身法灵活，快速稳健，有"开步如风，偷步如钉"之说。枪术是十八般武艺中较难练的一种，故有俗语说，"年拳、月棍、久练枪"。

▲ 羊首短剑
剑属"短兵"。在我国历史上，剑从唐时就逐步退出了战场，更多地被当成佩饰。

【百科辞典】

剑：
古代兵器之一，素有"百兵之君"的美称。最初出现在商代，剑身较短，呈柳叶或锐三角形，主要有铜制和铁制两种。

枪：
古代兵器之一，武术长器械，由矛演变而来。枪的长度约相当于人体直立、手臂伸直向上的高度。枪杆的粗细，因使用者的性别、年龄而异。

古代士兵为什么要穿戴盔甲？

盔甲是对在冷兵器时代头部和躯干各部位防护装备的统称，主要分为护头的盔和护身的甲两部分。甲又可以细分为甲身、甲裙、甲袖和配件等。

在最初的战争中，人们使用的武器都很简陋，有士兵将兽皮、柳条、有垫衬材料的布套或木头等各种各样的东西，固定在躯干上，抵挡敌方兵器的直接攻击。随着生产技术的发展，出现了青铜制和铁制的兵器，同时，皮盔甲、膝盔甲、青铜铸盔甲和整块金属锤炼而成的板甲、金属编织成的锁子甲等盔甲也随之出现，这使军队里的伤亡人数大大降低。

最早的铜制盔甲出现于亚洲。公元前2600年左右的西亚两河流域、殷周时代的中国都已出现了铜盔甲。最早大量使用铁制盔甲的是中东的亚述人。在盔甲的普及过程中，还出现了颈甲、面甲、腕甲、胸甲、手套等防护特定部位的配套甲具。

盔甲
盔甲使用于冷兵器时代，主要分为护头的盔和护身的甲两部分。随着近代火器的广泛使用，古代盔甲在战场上的防护作用逐渐降低，最终被防弹背心、钢盔等所取代。

为什么说云梯是古代最有效的攻城器械？

云梯是我国古代军队攻城时，用于攀登城墙、翻越障碍物的一种攻城器械。到了现代，云梯则演变为一种普通的攀援登高的工具，主要用于消防和抢险。

早在夏、商、周时期，人们就发明了原始的云梯。当时叫"钩援"，即在顶部安装有铜钩的一种木制长梯。进入春秋战国后，人们在云梯底部装上了可以移动的轮子，同时梯身也可以上下仰俯，靠人力扛抬，倚架于城墙上。云梯顶端装有钩子，可以钩住城墙边，保护云梯免受守军的推拒和破坏。

到了唐代，为了减少登城的危险，人们在主梯上又增设了一具能活动的副梯，顶端装有一对辘轳，攻城时可以沿着城墙上下滑动，名叫"飞云梯"。宋代的云梯采用了中间以转轴连接的折叠式结构，降低了主梯接敌前的高度，增加了其运动时的稳定性。

经过古人不断地改进和加固，云梯成了古代最有效的攻城器械，而且一直使用了好几千年。

消防云梯
消防云梯具有伸缩性，可带有升降斗转台及灭火装置，供消防人员登高进行灭火和营救被困人员，常用于高层建筑火灾的扑救。

军事之最　最重的盔甲：现存最重的盔甲收藏于奥地利，造于17世纪，重达42千克。

主题索引

> 塞门刀车是怎样守卫城门的？古代城墙四周为什么有护城河？

四 军事与武器

塞门刀车是怎样守卫城门的？

Weishenme

古代的中国，为了对付层出不穷的攻城器械，人们发明了塞门刀车来抵御敌人的进攻。《墨子·备穴》篇里就记载过塞门刀车。那么，塞门刀车是怎样守卫城门的呢？

遇到恶战，城门难保一次不失，那时，塞门刀车便是最为有用的救急兵器。每辆塞门刀车宽度足有八尺，正前方由两根木柱夹了一块厚木板，厚木板上从上到下安置了四五排两面开锋的利刃，刃与刃之间的横距不过半尺。因此，它的整个前部就是由几排密集利刃组成的刀山。"塞门"是它的用途，"刀车"是它的防备器械。一旦城门被撞开，它就是活动的城门，堵在城门口形成密集的刀阵，使对方很难攀援，一时之间攻不进城。

到了元代，人们对塞门刀车进行了改良，开始配以火铳辅助。一旦出现危急情况，便可用该车堵住城门，同时点燃火铳，使敌人无法攻入城里。火铳是中国元代和明代前期对金属管形射击火器的通称，有时又称火筒，在守城方面，它的威力极大。ⓔ

古代城墙四周为什么有护城河？

Weishenme

所谓护城河，就是引水注入人工开挖的壕沟，从而形成人工河，作为城墙的屏障。它一方面可以维护城内安全，另一方面还可阻挡外敌的入侵，这体现了古人在防御手段上对水的巧妙运用。

普通的护城河都以砖石垒筑，在城外缓慢流动，守护城池的安危。河内侧有时还会筑一道矮墙，从而提高护城河的防御能力。世界各国在古代都有修筑护城河的行为。中国北京的紫禁城，日本的古城松本城，乃至欧洲各国的城堡及皇宫外围都修有护城河。有些欧洲城堡在护城河上还建有可升降的木桥，既方便出入，又可防御敌人入侵，设计非常巧妙。ⓔ

⬇ 塞门刀车
塞门刀车是两轮车，前面设有四五块连接在一起的长方形木板，两面开刃的刀就从木板后方插出。

⬇ 北京故宫的角楼与护城河
如今的护城河已不再起到保护城池的作用，而是成为一处美丽的风景供人们休闲娱乐。

你知道吗

▫ 中国的春秋战国时期，由于各诸侯国之间战争频繁，所以军事技术和兵器制造也得到了很大发展。塞门刀车最早即出现在春秋时代。

▫ 环绕故宫外围的护城河，建成于明代永乐十八年（1420年）。该河用条石垒砌驳岸，坚固陡直，亦称筒子河。

军事之最　最长的护城河：北京护城河，位于北京市区，中心地段在故宫周围，长3800米，而全城护城河的总长度则达38千米。

中国骑兵是何时出现的?

骑兵,顾名思义,就是骑马作战的军队,其长处在于拥有强大的机动能力和冲击力。中国是世界上较早拥有骑兵的国家之一。早在春秋时期以前,各诸侯国的作战力量就以战车为主,兵车的数量成为军事实力的象征。之后,随着战争规模的扩大、战术的多样化及同北边游牧民族的战争需要,骑兵作为一个独立的兵种才正式登上历史舞台。

在战国时代,军队作战由步、骑为主渐渐转变为车、骑并重。进行这项变革的首先是赵国。赵武灵王率先在国内进行了"胡服骑射"的改革:削减军中的车兵,增加骑兵;要求改汉族传统宽袍大袖的衣服为北方少数民族的紧身式服装,方便进行骑射。从此,中原各国骑兵的地位逐步提高,成为军队的一支主要力量。赵国也因为有了这支强大的骑兵,成为战国后期军事上能与秦国相抗衡的强国。

从出土的兵马俑可以看出,战国后期的秦国军队已经车、步、骑混合编队。其中,鞍马俑多持弓,头戴小帽,身穿紧腰窄袖袍,披短甲,足蹬短皮靴,这种装束便于骑射。

硫磺结晶石
硫磺是制作火药的主要原料之一,有明显气味,能挥发。它燃烧时能发出青色火焰,并伴随燃烧产生二氧化硫气体。

秦始皇陵中的骑兵与战马
从秦始皇陵中出土的兵马俑可以看出,当时秦军已经车、步、骑混合编队。其中的鞍马俑持弓,戴小帽,穿紧腰窄袖袍,披短甲,足蹬短皮靴,这种装束便于骑射。

你知道吗

- 在秦赵两国的长平之战中,秦将白起用五千骑兵截断赵军,最终全歼赵军40余万人。这显示了骑兵在当时的优越性。
- 秦汉之后,炼丹家用硫磺、硝石等物炼丹,经常会发生爆炸。人们从这种现象中得到启发,经过反复实验,最终发明了火药的配方。

火药为什么会爆炸?

火药是我国古代著名的"四大发明"之一,最早诞生于汉代方士的炼丹炉中,距现在已经有一千多年的历史了。作为人类掌握的第一种爆炸物,火药为什么会引起爆炸呢?

火药是由硝酸钾、硫磺和木炭混合在一起制成的。这三种东西都特别容易燃烧,把它们混在一起后,更容易加倍地急剧燃烧。在燃烧过程中,会产生很多气体,体积一下子就会胀大几千倍,然后冲破周围的束缚,同时发出巨大的响声,发生爆炸。

火药起源于中国古代的炼丹术。公元9世纪的《真元妙道要略》中明确记载道:"有以硫黄、雄黄合硝石并密烧之,焰起,烧手面及烬屋舍者。"意思就是说,硫磺、硝石等混合在一起,遇火后会引起燃烧或爆炸。这可能是人类关于火药的最早记载了。现代黑火药是由中国古代火药发展而来的。火药的出现对世界文化的发展曾起了重大作用。

军事之最 最强大的骑兵:成吉思汗率领的蒙古骑兵,总数虽然不多,但战斗力极强,在13世纪曾经横扫欧亚大陆,征服了许多国家。

最早的手枪什么样?

Weishenme

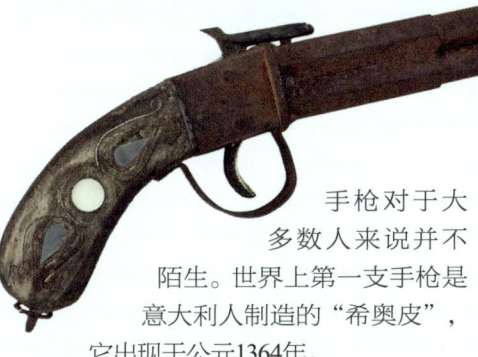

手枪对于大多数人来说并不陌生。世界上第一支手枪是意大利人制造的"希奥皮",它出现于公元1364年。

这把手枪由一根很短的枪管构成,长度不到25厘米,口径约为25至45毫米。射击时一只手持枪,另一只手射击。火门通常在枪管的上方,以便装入火药。这样小的枪很难让使用者瞄准,而且枪管会很快烫得无法着手,人们只好把它们装在木板上进行射击。有人认为这种兵器曾经在法国的克莱赛战役中被使用过。这种手枪实际上并没有多大的杀伤力,可以说只是一种心理战的武器。火药爆炸时所产生的巨大声响、烟尘和火光,往往使敌人骑兵的马匹惊吓不已。

尽管"希奥皮"与20世纪的现代手枪不能相提并论,但它的产生仍然标志着人类研制单手射击武器的工作向前迈出了一大步。约14世纪中叶,人们发明了枪柄和用来支持手枪的枪管。15世纪时发明了粒状火药,从而解决了手枪火药爆炸所应达到的压力问题。不久之后,人们又逐步研制出了各种各样先进的手枪。

无声手枪为什么无声?

Weishenme

无声手枪又叫微声手枪。它在射击时并不是一点声音也没有,只不过声音很小罢了。如果用无声手枪在屋子里射击,外边就听不到声音。用无声手枪射击,白天看不见火焰,夜晚也看不到火光。

无声手枪的奥妙在于枪管外面有一个附加的套筒,叫做消声筒。消声筒的前半部分长出枪口,其结构有多种。有的是由十几个消音碗连接而成的。消音碗装在消音筒内,当高压气体从枪口喷出时,每一个消音碗都能抵消一部分能量,从而达到消声的目的。有的是在筒内装有卷紧的消音丝网,枪口喷出的高压气体进入消音丝网后,大部分能量就地被其消耗掉。有的将筒的前端用橡皮密封,弹头由枪口射出,穿过橡皮,橡皮很快收缩,阻止气体外流。此外,无声手枪的子弹也与众不同,它采用速燃火药,发火后燃烧速度很快,从而可以使枪口处的火药气体相对微弱。

由于采取了上述一系列消声措施,无声手枪的弹头初速较小,低于音速,因而也避免了飞行时的啸叫声,所以在一定的距离外就听不到枪声了。由于无声枪枪声小,利于隐蔽和进行暗杀活动,常被情报人员和特种部队使用。

古老的手枪
手枪是枪族中最小的枪,先后经历了火门手枪—火绳手枪—转轮发火枪—打火手枪—燧发枪—击发手枪—转轮手枪—自动手枪等几个发展阶段。

无声手枪
无声手枪的准确称谓应该是微声手枪。这种手枪采用了消声装置,在室内射击时,室外听不见声音,故俗称无声手枪。

【百科辞典】

火门手枪:
世界上最早的手枪。它是用铸铜或熟铁制成的,枪管尾部有一个火门,发射时先将火药装入,然后在火门处将引火药点燃即可射击。

消声器:
用于减弱射击噪声的装置。一般消声器只能减弱声音,达到微声,而不可能达到绝对的无声。

军事之最 装备时间最长的手枪:柯尔特M1911A1式自动手枪,先后经历了第一次世界大战、第二次世界大战、朝鲜战争和越南战争。

什么是转轮手枪?

手枪按构造可分为转轮手枪和自动手枪。由于转轮手枪在装弹时,能转动的弹膛会从左侧摆出,所以又称左轮手枪。

与其他枪械不同的是,转轮手枪的枪管和枪膛是分离的。转轮手枪通常由三部分组成:枪底把、转轮系统和发射系统。枪底把与一般枪上的机匣相类似,上面开有许多槽孔,以便将所有的机构和零件结合在一起;转轮系统通过回转轴固定在框架上,转轮既是弹膛又是弹仓,最常见的是六个弹孔的那种,所以人们又把这种转轮手枪叫"六响子";发射机构是转轮手枪最复杂的部分,转轮手枪按发射原理可分为单动式和双动式。早期的转轮手枪多属单动式,而后期的多属双动式。

转轮手枪需手工装填弹药,子弹打空之后就得退壳或重新装填。有三种方法将转轮推出框架,最常用的是转轮摆出式,就是将转轮甩向左侧,然后装入子弹,再转动转轮将其摆正,便可进行射击了。

左轮手枪
左轮手枪的主要特征是枪上装有一个转轮式弹仓,内有5至7个弹巢,枪弹装在巢中,转动转轮,枪弹可逐发对准枪管。

步枪
步枪是步兵单人使用的基本武器,不同类型的步枪可以执行不同的战术使命。步枪的主要作用是以其火力、枪刺和枪托杀伤有生目标。

【百科辞典】

手枪:
近战和自卫用的单手发射的短枪,在50米内具有良好的杀伤力。

半自动步枪:
能够自动完成退壳和送弹的一种单发步枪,扣动一次扳机只能发射一发子弹。其基本射速一般为每分钟40发子弹。

自动步枪:
能够进行连发射击的步枪,这种枪能够自动装填子弹和退壳。它的基本射速为每分钟90发子弹。

什么是步枪?

步枪是一种单兵肩射的长管枪械,主要用于发射枪弹,杀伤暴露的有生目标,有效射程一般为400米。短兵相接时,也可用刺刀和枪托进行白刃格斗。有的现代步枪还可发射枪榴弹,并具有点、面杀伤和反装甲能力。

最原始的步枪出现于14世纪初。那种步枪用火绳点火,所以被称为火绳枪。这种枪口径为23毫米,质量为10至11千克,虽然很笨重,但射出的铅弹威力极大,能在100米内击穿骑士的重型胸甲。

步枪家族中,常见的有普通步枪、骑枪(卡宾枪)、突击步枪和狙击步枪等。如果按自动化程度分类,步枪还可分为非自动、半自动和全自动三种。第二次世界大战前的步枪都属于非自动步枪,它是一种古老的传统兵器,一般为单发装填。自13世纪出现射击火器后,经过约600年的发展,非自动步枪已经基本趋于完善。第二次世界大战后,出现了自动步枪。

随着步枪的不断改进和发展,它已经显示了较多的优越性——结构简单、质量小、使用和携带方便、适于大量生产、大量装备,由此可见,步枪在未来的高技术战争中,仍将成为军队普遍使用的近战武器。

军事之最 最小的左轮手枪:名叫"Swiss Mini Gun"的袖珍左轮手枪,只有5.5厘米长,口径2.34毫米,看起来更像个钥匙链。

狙击步枪为什么能远距离命中目标？

Weishenme

我们经常在电影中看到，狙击手射击目标时百发百中。为什么狙击手隔着那么远的距离，还能射得如此准呢？这是因为狙击手使用的是狙击步枪。

步枪，特别是远射程步枪，射击精度的好坏主要取决于枪管的质量。狙击步枪的枪管管壁较厚，内膛加工精度和光洁度都比一般步枪的枪管高。枪管的变形和磨损较小，射击精度自然就得到了保证。其次，狙击步枪配有白光瞄准镜，放大倍率较大，即使在远距离和弱光条件下，也具有很好的清晰度，可使射手更容易发现目标。再次，狙击步枪的枪托长度和高度都可以调节，可使狙击手射击时尽可能舒适自然，保持步枪的稳定。此外，有的狙击步枪还配备了专用的高精度弹药，误差极小。正是这些特别之处，使狙击手在很远处也能命中目标。

卡宾枪为什么又叫马枪？

Weishenme

卡宾枪源于15世纪西班牙骑兵使用的一种短步枪。当时，西班牙人把骑兵叫做"Carabins"（音译为卡宾），卡宾枪由此得名。它是一种枪管比普通步枪短，子弹初速略低，射程略近的轻便步枪。

最初的卡宾枪是在又重又长的步枪基

础上将枪管截短而成的。枪管截短了，枪就变得轻便了，便于骑兵在马上射击。而且在骑马行军时，还可将这种轻短的卡宾枪插在长筒马靴内携带。由于早期的卡宾枪只是将步枪的枪管截短而成，所以其子弹与步枪相同。不同的是，卡宾枪长只有914毫米，重量不超过2.7千克。而当时的步枪长1.4米，重4千克。两者相比，显然卡宾枪更适合骑兵作战。所以，卡宾枪又被称为马枪。20世纪80年代后，由于轻型自动步枪和冲锋枪的发展，卡宾枪逐渐失去了原有的地位。

狙击步枪
狙击步枪主要用于对最重要的单个目标实施精确射击。它装有光学瞄准镜，可以在能见度不好的条件下进行有效的观察，提高瞄准精度。

卡宾枪
卡宾枪是枪管比普通步枪短，子弹初速略低，射程略近的轻便型步枪。卡宾枪原先主要供骑兵和炮兵装备使用。骑兵逐渐被淘汰后，它也曾作为特种部队、军士和下级军官的基本武器被使用。

狙击手
狙击手的价值在于，以最小的成本使敌军付出最大的代价。越战时，平均20万发子弹才能杀死一名敌兵，而狙击手杀死一名敌兵却只需要1.3发子弹。

你知道吗

- 现代大口径狙击步枪的有效射程大都在1000米以上，而有一些特制的狙击步枪的潜在射程甚至可达到8000米。
- 卡宾枪实际上类属于步枪。它一般采用与标准步枪相同的结构，只是截短了枪管。有人给它下了个简单的定义——短步枪。

军事之最 **最厉害的狙击步枪：**据报道，美国某公司研制出一种新型狙击步枪，口径25毫米，能射击几千米外的目标。

冲锋枪为什么适用于近距离作战?

一战时期,为了突破协约国的层层战壕防线,德国军方提出了一种"渗透战术"。而要与这种战术相配合,就必须有一种能在短时间内发射大量子弹且便于携带的武器,于是冲锋枪便由此产生了。

冲锋枪通常指双手握持,能够发射手枪子弹的单兵连发枪械,是一种介于手枪和机枪之间的武器。它比步枪短小轻便,便于突然开火,射速较高,适用于近战和冲锋。也就是说,范围一般在100米以内的战斗任务,冲锋枪是最佳武器,比如巷战或突然的遭遇战等。这时,冲锋枪小巧、灵活、精度高、火力猛的特点可得到最大体现。

20世纪60年代以后,有些国家研制了微型冲锋枪,例如美国的英格拉姆M-10冲锋枪和中国的79式7.62毫米冲锋枪等。由于它们更加短小轻便,使用灵活,必要时还可单手发射,因此特别适于特种部队装备使用。

冲锋枪
冲锋枪是一种单兵连发枪械,它比步枪短小轻便,具有较高的射速,火力猛烈,适于近战和冲锋时使用,在100米内具有良好的作战效能。

AK-47自动步枪
由于可靠性令人惊讶,结构简单,坚实耐用,物美价廉,使用方便等特点,AK-47受到许多国家军队及反政府武装的欢迎。

AK-47自动步枪为什么广受欢迎?

你知道吗

- AK-47自动步枪并非完美无瑕,它也有一些缺点,如连发射击时枪口跳动大,不易控制,射击精度较差等。
- 20世纪80年代,美国毒品犯罪分子经常使用AK-47系列步枪。虚构的影视剧中也经常出现AK-47步枪,这些对公众造成了心理影响,导致美国在1989年立法禁止进口AK-47系列步枪。

AK-47型自动步枪,是由苏联枪械师卡拉什尼科夫设计的。它名字中的A代表自动枪,K是设计者卡拉什尼科夫的第一个字母,47表示1947年定型。

越南战争中,苏联为越南大量提供AK-47自动步枪。该枪充分显示出良好的作战性能,很受士兵欢迎,就连美国士兵也对它发生了极大兴趣——他们居然扔掉美国产的M-16,捡起AK-47来用。这主要是因为M-16在风沙、沼泽及泥泞等恶劣环境中,枪膛污秽严重,容易卡壳,故障率高。相比之下,AK-47的勤务性好,坚实耐用,故障率低。无论是在高温还是低温条件下,它的射击性能都很好,即使在风沙或泥水中使用,性能仍然可靠。据说把它放入水中几个星期,再拿出上膛后仍能射击。此外,这种枪的结构简单,分解和组装都很容易,非常适于士兵乘车作战,因此受到了广泛的欢迎。而发明者卡拉斯尼夫则因为AK系列步枪在世界范围内的广泛使用,被誉为"世界枪王"。

美国国防信息中心的资料显示,全世界现在至少有5500万支AK-47自动步枪,它武装了50多个国家的军队。曾有位西方轻武器专家在20世纪70年代说了这么一句俏皮话:"美国出口的是可口可乐,日本出口的是索尼,而苏联出口的是AK-47。"

军事之最 使用最广的突击步枪:全世界使用最广的突击步枪是苏联的AK系列步枪,包括AK-47、AK-M等。

主题索引

> 机枪为什么能连发？高射机枪为什么能击中飞机？

四 军事与武器

机枪为什么能连发？

Weishenme

机枪是指带有枪架或枪座，能实施连发射击的自动枪械。它以杀伤有生目标为主，也可以射击地面、水面或空中的薄壁装甲目标，或压制敌方火力点，通常分为轻机枪、重机枪、通用机枪和大口径机枪。

机枪之所以能够连发，是由于拉枪栓时形成了撞击势能。扣动扳机后，撞针击发第一颗子弹时产生的能量除了推动弹头之外，还有部分通过回气管再将枪栓顶回去，并拉动下一颗子弹到位，由带撞针的弹簧再次击发。在电影中可以看到，子弹打空了还会发出咔咔的声音，那就是弹簧带着撞针打击而出的声音。但是，仅靠弹簧的力量并不足以把子弹打出去，所以还要加上弹壳向后推的能量来完成连发。

简单地讲，连发的主要原理就是，上一颗子弹发射后分出了两部分力量：一部分推动子弹前行，另一部分由特别设计的管道送回撞针部位，带动子弹复位。所以在打第一枪的时候，必须要人来拉动枪栓，之后才能连发。

高射机枪为什么能击中飞机？

Weishenme

高射机枪主要用于射击空中目标，由枪身、枪架、瞄准装置组成。它可以击中倾斜距离在2000米以内的低空目标，还可以用于摧毁、压制地（水）面的敌方火力点、轻型装甲目标、封锁交通要道等。

最为常见的高射机枪是口径为14.5毫米的二联或四联高射机枪以及口径为12.7毫米的高射机枪。它们一般编在步兵营或高炮营内，由5到10人操作使用。

高射机枪口径大，射速快，火力凶猛，射程达2000米，子弹可以穿透20毫米厚的钢板。因此，用它来对付低空飞机和直升机最为合适。所以，在高射炮阵地上都配有高射机枪，充分发挥了其体积小、重量轻、机动灵活、投入战斗速度快、对低空目标射击效果好等优点，是防空武器系列中不可取代的重要装备。

高射机枪还可以发射一种爆破弹，这种弹射出到一定的高度就会自动爆炸，向周围炸出大量的弹片，常用来杀伤敌方的空降伞兵。

【百科辞典】

势能：
由于各物体间存在相互作用而具有的、由各物体间相对位置决定的能，旧称位能，它是一种状态量。

机枪口径：
指机枪的内膛直径。英国和美国多用英寸来标示枪械的口径，我国和欧洲其他国家则用毫米来标示。

机枪
机枪通常分为轻机枪、重机枪、通用机枪和大口径机枪等不同类型。根据装备对象，机枪又可分为野战机枪（含高射机枪）、车载机枪（含坦克机枪）、航空机枪和舰用机枪。

高射机枪
高射机枪体积小、重量轻、机动灵活、投入战斗速度快、射速快、火力猛、对低空目标射击效果好，是防空武器系列中不可取代的重要装备。

军事之最 最厉害的机枪：型号为M-134的美国速射机枪"格林"，最高射速达6000发/分，是一般机枪的10倍。

轻机枪
轻机枪能全自动射击，可持久压制火力。一般在战场上作为支援及阵地防卫武器，能够由单兵携带、射击，是个人能使用的武器中火力较强的一种。

你知道吗

- 轻机枪是以两脚架为依托抵肩射击的机枪，重量轻，机动性好。早期的轻机枪手多为二人一组，称射手和副射手，副射手同时兼炮弹兵。
- 进一步减轻重量是未来军用霰弹武器研制的重点之一。

为什么轻机枪诞生在重机枪之后？

世界上第一挺重机枪是由美国工程师马克沁在1883年设计成功的，最初的设计目的是追求强大的火力。重机枪发射子弹就像流水一样，半分钟内可以连续发射300发，能形成一股强大的火力网。重机枪既可用来压制敌方火力，封锁敌人交通线，又能支援步兵进行冲锋。而且其射程要比步枪远得多，最远可达5000米，在1000米以内，杀伤效果最佳。

但是，重机枪很笨重，使用和运输、维修都不方便，尤其是随着战争规模的不断扩大，武器的机动性就显得尤为重要。于是，在第一次世界大战后，轻机枪就应运而生了。它和重机枪在自动原理上基本相同，只是在结构上做了某些改变，重量大幅度减轻。轻机枪采用弹链或匣供弹，容弹量大，射速较高，也可连续发射300发子弹，威力比一般步兵武器大得多。

这种枪带有轻便的两脚架，可随时打开将枪支起来，简便实用，射击稳定性好。轻机枪有效射程小于重机枪，一般约为800米，主要用来杀伤中、近距离内集结的部队和单个有生目标。

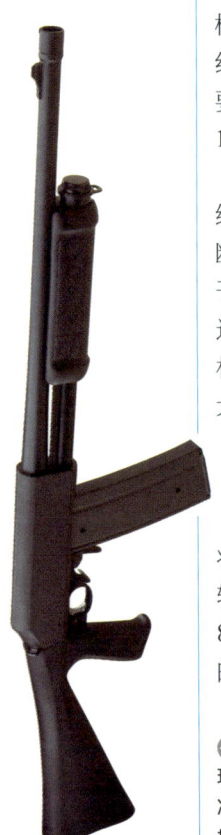

霰弹枪
现代军用霰弹枪基本具备了突击武器火力猛烈、射击准确等优点，但不足之处是武器系统重量仍然偏大，携行不便，甚至影响战术动作。

霰弹枪为什么伤害范围很大？

提到霰弹枪这个名词，许多人脑海里就会浮现出持枪者双手紧握长枪，枪口爆出巨响，火力强大，轻易地把混凝土墙轰出一个大洞的景象。

霰弹枪的前身是猎枪。与步枪不同，霰弹枪不但能发射出一颗子弹（独弹），而且可以同时射出许多小弹丸（霰弹），形成"弹雨"，因此伤害范围很大，首发命中率也很高。当代的霰弹枪口径多为18.2毫米，发射的枪弹有榴散弹和群子弹。在战场上，霰弹枪是一种单兵近战枪械，主要用于近距离冲锋和狙击作战。它更适合100米以内或更近距离的面杀伤目标。它以集束霰弹来杀伤有生目标，不需要精确瞄准，命中概率高且杀伤面积大。

霰弹枪在第一次世界大战和第二次世界大战中发挥过很大的作用。在越南战争中，美军给士兵配置了10万余支雷明顿870型霰弹枪。实践证明，霰弹枪在越战中起到了其他枪支不可替代的作用。

越战后，霰弹枪逐渐用于防暴和近距离作战。许多顽抗的歹徒被手枪弹命中后仍可负伤而逃，但遭到霰弹枪轰击后，则很少能爬起身来。霰弹枪的制止威力和震撼效果是其他枪械无法比拟的。

最早的火炮出现在什么时候？

中国是世界上最早发明火炮的国家。早在公元7世纪，中国在发明了火药之后，就创制了能抛射火药包的抛石车，叫做"发机飞火"，这可以说是火炮的雏形。

到了公元13世纪，我国制出了用金属身管发射铁弹丸的管形火器，叫做管形火铳。这种火铳起初用铜制作，所以也称为铜火铳。后来逐渐改为用生铁浇铸，就叫做铁火铳。火铳后来向两个方向发展，小的发展成火枪，大的发展为火炮。这两类火铳就是现代火炮和步枪的直系祖先。

在中国历史博物馆里，珍藏着一尊元代至顺三年（1332年）制造的铜火铳，这是现在已经发现的世界上最早的金属火炮。这尊火铳重6.94千克，长0.353米，口径为0.105米。炮（铳）身上铸有"至顺三年二月十四日，绥边讨寇军，第三百号马山"等铭文。铳的后部有两个孔，可装耳轴，以便安置在木架上。发射时，从铳身上的点火孔装入引线，并从铳口装入火药和弹丸，然后引着引线点燃火药，把弹丸发射出去杀伤敌人。

什么是滑膛炮？

滑膛炮就是炮管内没有膛线的火炮，一般情况下这种炮的口径都不会很大。在军队里，人们习惯性地将无膛线的加农炮叫做滑膛炮。其实，许多火箭炮和迫击炮都属于滑膛炮。

枪炮内膛线的条数一般为3至12条，凸起的叫阳线，凹的叫阴线。膛线可以使炮弹快速旋转，获得自转角速度，使它具有足够的飞行稳定性。也就是说，让炮弹在飞行中绕自己的轴线快速旋转，否则炮弹飞行时很容易翻跟头，最终影响准度。

从某种意义上说，膛线是对滑膛的改进，这种进步主要体现在通过飞行稳定性而使炮弹保持良好的气动状态上。但是，有了膛线之后，阻力变大，不利于初速度的提高。

现代的滑膛炮较好地解决了炮弹飞行的稳定性问题，使古老的滑膛重新绽放光彩。解决飞行稳定性的方法主要是给炮弹装上尾翼，所以迫击炮弹、早期火箭炮弹和滑膛炮弹都带有尾翼。现代火箭炮弹则采用斜置喷火孔的方法，使弹丸在空中自行旋转保持稳定。

目前，滑膛炮主要用于对付坦克，这是由于滑膛炮初速大，使用穿甲弹的效果更好。

▶ **火炮**
火炮是以发射药为能源发射弹丸，口径在20毫米以上的身管射击武器。早在1332年，我国元朝就在部队中装备了最早的金属身管火炮：青铜火铳。

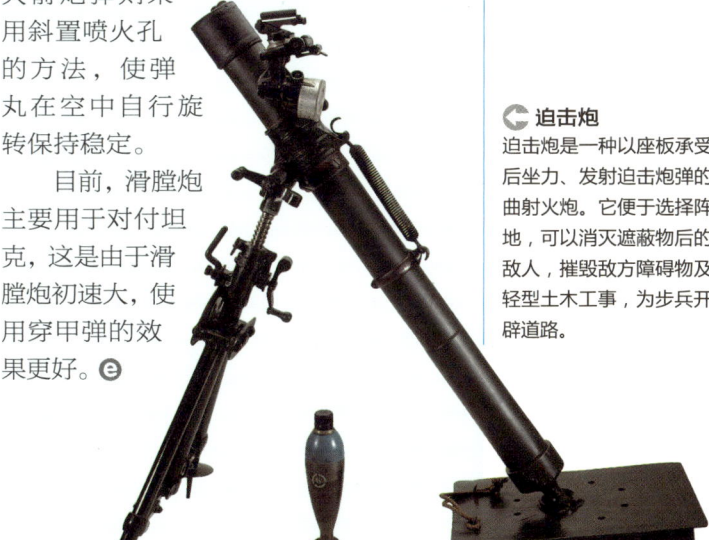

▶ **迫击炮**
迫击炮是一种以座板承受后坐力、发射迫击炮弹的曲射火炮。它便于选择阵地，可以消灭遮蔽物后的敌人，摧毁敌方障碍物及轻型土木工事，为步兵开辟道路。

▲ 榴弹炮

▲ 加农炮

➡ 火箭炮

火箭炮是炮兵装备的火箭发射装置，特点是重量轻、射速大、火力猛、富有突袭性，适于对远距离大面积目标实施密集射击。

榴弹炮和加农炮各有什么优点？

榴弹炮是一种身管较短、弹道稍弯曲的中程火炮。最早的榴弹炮起源于15世纪的意大利，17世纪时，欧洲正式出现了榴弹炮这个名称。现代增程榴弹炮的射程可达到30000米。在历史上和现代炮兵中，榴弹炮一直是使用量最大的炮种之一。榴弹炮弹道较弯曲，弹丸的落角很大，几乎沿铅垂方向下落，因而弹片可均匀地射向四面八方。此外，榴弹炮还可以配用燃烧弹、榴弹、特种弹、杀伤子母弹、碎甲弹、制导弹、增程弹、照明弹、发烟弹、宣传弹等多种弹药，运用起来非常灵活。

最早的加农炮建造于14世纪的欧洲。17世纪后，为了提高炮弹的初速和射程，人们开始制造身管较长、弹道平直低伸的火炮，并把这种火炮称为加农炮。加农炮炮管的长度一般为40至70倍口径，所以射程较其他类型的火炮都远，例如美国175毫米自行加农炮，最大射程达32.7千米；而口径比它大的203毫米榴弹炮，最大射程却只有29千米。因此，加农炮特别适于远距离攻击敌方纵深目标，也可作为岸炮对海上目标进行轰击。

火箭炮为什么威力巨大？

火箭炮是炮兵装备的火箭弹发射装置，火箭弹靠自身的发动机动力飞抵目标区，而火箭炮的主要作用就是点燃火箭弹的引信并确定火箭弹的初始飞行方向。火箭炮之所以威力巨大，是因为它能够发射弹径较大的火箭弹，而且是多发连射。它的发射速度快，火力猛，突袭性好，但炮弹散布大，因而多用于对目标实施面积性打击。

世界上第一门现代火箭炮是1933年苏联研制成功的BM-13型火箭炮。这种自行式火箭炮安装在载重汽车的底盘上，装有轨式定向器，可联装16枚132毫米尾翼火箭弹，最大射程约8500米。二战时，苏军的一个火箭炮连仅以一次齐射，便摧毁了纳粹德国军队的铁路枢纽和大量军用列车。火箭炮齐射时，火箭弹铺天盖地倾泻在敌目标上，不仅能消灭敌人的大量有生力量和军事装备，而且给敌人精神上以巨大的震撼。苏军战士把这种威力巨大的武器亲切地称为"卡秋莎"。严格地说，"卡秋莎"还不算多管火箭炮。最早的具有炮管式发射装置的多管火箭炮是德国于1941年正式装备部队的6管牵引式火箭炮。

军事之最　最轻型的榴弹炮：英美联合研制的XM-777式轻型榴弹炮重约3.68吨，比老式榴弹炮最少轻近一半。

激光炮为什么威力大?

Weishenme

激光炮是一种能定向发射激光束，攻击敌方目标的武器。高度集束的激光能量非常集中，若作用于目标的关键部位，可以造成毁灭性破坏。激光对目标的破坏作用大致分为软破坏与硬破坏两种：软破坏是用激光破坏导弹和制导炸弹等精确制导武器的导引头，或摧毁卫星上的光学元件与光电传感器；硬破坏是用激光破坏敌方空中目标的金属构件，或摧毁卫星上的太阳能电池板等硬件。

由于激光武器能利用激光束直接毁伤目标或使之失效。因此，与火炮、导弹等相比，它具有许多优异的技术特性。其一是反应迅速，打击目标时无须计算射击提前量；其二是可在电子战环境中工作，不受外界电磁波的干扰；其三是转移火力快，激光束发射时无后坐力，可连续射击，并在很短的时间内转移射击方向；其四是它的使用费较低，化学激光武器每发费用为数千美元，远低于防空导弹的成本。

手榴弹的优点是什么?

Weishenme

手榴弹是一种能攻能防的小型手投弹，也是使用较广的弹药之一。它既能杀伤有生目标，又能破坏坦克和装甲车辆，曾在历次战争中发挥过重要作用。

手榴弹的优点：其一是体积小、质量小。常用的防御手榴弹的弹径一般在50毫米左右，质量只有300克左右，这大大减轻了士兵的负重。其二是结构简单、造价低廉。手榴弹的结构只有弹体和引信两部分，弹体用薄钢片、铁皮或塑料制成，成本低廉。其三是操作简易、使用方便。手榴弹是所有武器弹药中使用最为简便的，既不需要投掷装置，也不需要复杂的操作程序和附加条件。其四是弹种齐全、用途广泛。根据需要，手榴弹只要改变战斗部结构与装药，就可变成一类新的弹种。除作战使用外，防暴、灭火、杀虫等民用手榴弹的应用也很普遍。

【百科辞典】

激光：
20世纪60年代发明的一种光源。英文称为"laser"，是英文"来自受激辐射的放大、增强的光"的首字母缩写。

光电传感器：
采用光电元件作为检测元件的传感器。它首先把测量对象的变化转换成光信号的变化，然后借助光电元件进一步将光信号转换成电信号。

激光武器
激光武器是一种利用沿一定方向发射的激光束攻击目标的定向能武器，具有快速、灵活、精确和抗电磁干扰等优异性能，在光电对抗、防空和战略防御中可发挥独特作用。

手榴弹
手榴弹是一种用手投掷的弹药装置，因十七八世纪欧洲的手榴弹外形和碎片有些似石榴和石榴籽而得此名。

军事之最 传输距离最长的激光器：英国学者发明的这种新型激光器能通过一个长达75千米的光纤传输光信号，信号强度几乎保持不变。

地雷为什么一踩就炸？

地雷
地雷是一种爆炸性武器，通常布设在地面下或地面上，受目标作用并满足动作条件时即自行发火，或待目标进入其作用范围时操纵爆炸。

穿甲弹
穿甲弹是主要依靠弹丸的动能穿透装甲摧毁目标的炮弹，其特点为初速高，直射距离大，射击精度高，是坦克炮和反坦克炮的主要弹种。

相信大家都看过老电影《地雷战》，游击队员悄悄把地雷埋在道路底下，敌人刚进村子，一踩到地雷，"轰"的一声，地雷就爆炸了，敌人也被消灭了。为什么地雷一被踩上，立刻就那么猛烈地爆炸呢？

原来，地雷是一种被动式的防御性作战兵器，分为反步兵地雷和反坦克地雷，形状大多是圆的。它的内部装有炸药和压力引爆装置，当它受到的压力达到一定程度时就会爆炸，并利用散发出的碎片或钢珠来杀伤人员或毁坏坦克的履带及负重轮，使敌人受到致命的打击而失去战斗力。

地雷除具有直接的杀伤、破坏作用外，还具有对敌阻滞、牵制、诱逼、扰乱和精神威胁等作用。

在第二次世界大战中，苏联军民共使用了2.22亿个地雷，这造成了入侵德军10万多兵力和约1万辆坦克等装甲车辆的损失。在越南抗美战争中，1970年美军被地雷炸毁的车辆就占被毁车辆总数的70%。

穿甲弹为什么能穿透坚硬的装甲？

装甲车或坦克都有一身厚厚的铠甲，那么，什么武器能穿透它们坚硬的装甲呢？穿甲弹就可以做到这一点。

穿甲弹素以强拱硬钻而著称，也就是俗话说的"硬碰硬"。它主要靠弹丸命中目标时的大动能和本身的高强度击穿钢甲。俗话说"打铁先得自身硬"，穿甲弹的弹丸都是用比坦克装甲硬得多的高密度合金钢、碳化钨等材料制成的。当然，对付混凝土工事，它也照样"当仁不让"。发射时，穿甲弹丸在膛内高温高压气体的作用下射出，一触及目标，就会把钢甲表面打个凹坑，并且将凹坑底面的钢甲像冲塞子一样给顶出去。这时候，弹丸头部虽然已经破裂，但弹体在强大惯性力的冲击下，仍会继续前冲。当撞击力达到一定数值时，引信就会被触发点燃，引起弹丸装药的爆炸。这时，在每平方厘米的面积上，可产生数十吨乃至数百吨的高压，从而杀伤坦克内的乘员，破坏其武器装备。

你知道吗

- 地雷由雷壳、炸药、引信传导器构成，它被埋在地下的时候，上面盖有一层薄薄的覆盖物，突然受压时，就会立刻爆炸。
- 穿甲弹的穿透能力主要来源于炮弹运动时的动能，若要增大它击中目标时的动能，就必须提高炮弹的初速。

军事之最 最早的地雷：公元1130年，中国的铁壳地雷。最初的地雷表面十分平滑，后来表面出现突角，当时称为蒺藜炮。

什么照明弹能隐形？烟幕弹为什么能放出大量烟雾？　　　　　　　　　　　　　　　军事与武器

什么照明弹能隐形？
Weishenme

一提起照明弹，大家都会不约而同地想到能使漆黑的夜晚变得亮如白昼的炮弹。但随着夜视器材的发展，一种能够隐形的照明弹已经被制造出来了。

这种名为红外隐形的照明弹主要用来作为微光夜视仪的辅助光源。它弥补了微光夜视器材在没有月光或星光时不能使用的不足，使之能在完全黑暗的条件下工作，大大提高了目前部队大量装备的微光夜视器材的作战效能。

这种照明弹之所以能够"隐形"，是由于它能发出很强的、但肉眼看不见的近红外光。红外隐形照明弹输出的可见光只有普通白光照明弹输出的可见光的0.3%，其可见光效应相当于悬挂在366米高空的一只100瓦的电灯泡，因而不易被敌人发现。在漆黑的夜晚用它做辅助光源，可使红外夜视仪"复明"且视距增加若干倍，而照明弹本身及其发射者又不易被敌人发现。此外，利用红外照明弹还可以大大提高装备夜视器材的飞机、坦克、火炮及人员的夜战能力。目前，利用红外隐形照明弹已可使微光夜视仪的视距增大3倍以上，因而受到了各国部队的广泛重视。

烟幕弹为什么能放出大量烟雾？
Weishenme

烟幕弹的作用是发烟，主要用于对敌方进行视线干扰。烟幕弹最好是在无风或微风条件下使用，它利用与空中爆炸相结合的烟火技术，在3秒钟内可形成一道5米高的烟幕，造成目视或红外屏蔽，并可以有效持续80秒的时间，从而对付敌方的热成像仪和激光测距仪。

烟幕弹被点燃时，弹内藏有的颜料受热气化，逸出弹体后遇冷凝聚成彩色烟幕。例如装有白磷的烟幕弹引爆后，白磷迅速在空气中燃烧，经过一系列化学反应后，形成非常细小的白色颗粒和液滴，悬浮在空气中，可构成白色的烟幕。

第一次世界大战期间，英国海军就曾用飞机向自己的军舰投放了烟幕弹，从而巧妙地隐藏了军舰，避免了敌机的轰炸。现代有些新式军用坦克所用的烟幕弹不仅可以隐蔽物理外形，而且其烟雾还有躲避红外激光及微波的功能，达到了真正的"隐身"效果。

你知道吗

■ 制造红外隐形照明弹的最初设想是美国陆军于1988年提出来的。据此设想，美国西奥尔公司试制出了由70毫米航空火箭发射的M-257型红外隐形照明弹。

■ 在战场上，彩色烟幕弹的用途十分广泛，包括定位空降区域、辨识友军、暴露敌方目标以及联络通讯等。

夜视望远镜
夜视器材利用夜晚的微光和红外线这两个条件，把来自目标的人眼看不见的光信号转换成为电信号，然后再把电信号放大，并转换成人眼可见的光信号。

施放烟幕弹
烟幕弹由引信、弹壳、发烟剂和炸药管组成，制造烟雾主要靠它的发烟剂，发烟剂一般都用黄磷、四氯化锡或三氧化硫等物质配制。

军事之最 **最环保的烟幕弹**：美国陆军的科学家们研制出了一种以食糖为产热成分的绿色和黄色烟幕弹，可取代含硫烟幕弹。

装甲车为什么装空调？

装甲车是装有武器和拥有防护装甲的一种军用车辆，是坦克、步兵战车、装甲人员输送车、装甲侦察车、装甲工程保障车辆及各种带装甲的自行武器的统称。

1855年，英国人科恩在蒸汽拖拉机的底盘上安装机枪和装甲，制成了第一辆装甲车。1900年，装甲车正式登上战场，在战争中立下了赫赫功勋。

装甲车虽然是一个庞然大物，但是为了尽量减轻自重、降低油耗，它的车厢内部却十分窄小，十几个战士挤在一起，苦不堪言。不过，现在新型的装甲车经过精心设计，不仅座位更加合理，乘坐舒适，而且还装上了空调。

在装甲车中安装空调，不但能起到调节温度以及通风的效果，而且也能有效防御核武器、化学武器及生物武器等对人员和装备的打击伤害。一般来说，装甲车的空调在进风口处加装了许多过滤器，战场上的核污染物质以及化学毒气、生物病毒都能被阻挡在装甲车之外，这样就保证了人员安全。与此同时，空调具有特别大的功率，从而使装甲车内的气压一直高于外界大气压，因而即使装甲车在战斗中有一些地方被打坏、打穿，也能防止车外被污染的空气进入车内。

装甲车
装甲车是装甲汽车、装甲输送车、步兵战车等的统称，指装有武器和拥有防护装甲的军用车辆，按行走机构可分为履带式装甲车和轮式装甲车。

深水炸弹为什么能在水下爆炸？

在海战中，对付潜水艇是不能使用普通炸弹的，因为它对于在深海里潜行的潜水艇起不到很大的破坏作用。这时要采用深水炸弹，将它投掷到水中，达到某一深度后它就能自动爆炸了。那么，深水炸弹为什么能在水下爆炸呢？

深水炸弹简称深弹，它是一种入水后下潜到一定深度爆炸的水中兵器，主要用于攻击潜艇。深水炸弹是靠水压爆炸的，因为液体的深度越深，压强就越大。深水炸弹的起爆引信由弹簧、击针、雷管组成。弹簧在击针和雷管中间，击针与水接触。深水炸弹下潜越深，它受到的水压越大，击针与雷管便越靠越近，最后击针刺破了雷管，这样，深水炸弹便爆炸了。

水的密度虽然比空气大得多，可压缩性却比空气小得多，因此它是炸药爆炸能量的良好传递者。深水炸弹在爆炸的瞬间可产生压强极大的气体，从而形成强大的压力波，向四周辐射，产生在陆地爆炸时无法比拟的破坏力。即使它在离潜水艇较远的地方爆炸，也会将潜水艇震坏。

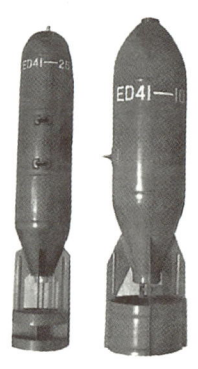

意大利两栖装甲车
两栖装甲车是不用舟桥、渡船等辅助设备便能自行通过江河湖海等水障，并可在水上进行航行和射击的履带式装甲战斗车辆。两栖装甲车最早出现于第一次世界大战结束之后。

军事之最 最厉害的深水炸弹：核深水炸弹装有核爆炸装置，1枚1万吨级TNT当量的炸弹在水下爆炸，可将1000米内的潜艇击沉。

坦克为什么要装履带？

坦克是陆军作战的常规武器，全身都由钢铁构成，最普通的轻型坦克也有二三十吨重，重型坦克更是重达五六十吨。如此沉重的庞然大物，如果安装轮胎，在道路上行驶的时候，就很难达到较快的速度，要是遇到坑坑洼洼的泥泞路面，就更加寸步难行了。

为了解决这个难题，科技人员决定给坦克安装履带。由于履带的接地面积大，增大了坦克在松软、泥泞路面上的通过能力，降低了下陷量。履带板上有花纹，并能安装履刺，所以在雨、雪、冰或上坡等路面上也能牢牢地抓住地面，不会滑转。所以采用履带行进，就像给坦克铺了一道无限延长的轨道，使它能够平稳、迅速、安全地通过各种复杂路段。

轻型步兵战车为什么多采用轮式？

步兵战车是供步兵机动作战用的装甲战斗车辆，在火力、防护力和机动性等方面都优于装甲人员输送车，车上还设有射击孔，以便士兵乘车射击。步兵战车主要用于协同坦克作战，消灭敌方反坦克火力点、有生力量和低空飞行目标。

步兵战车通常分为履带式和轮式两种类型，而轻型步兵战车多采用轮式，这里面有很多原因。首先，在公路上，轮式装甲车比履带装甲车跑得快。其次，轮式车行驶起来阻力小，油耗低，噪声也小。再次，轮式装甲车的维修费用低，通常只相当于履带装甲车的三分之一，并且还可以广泛利用汽车技术和汽车零件，通用性好。而且从实战需要来看，轮式车的生存能力要比履带车强。履带车的履带一断便无法动弹，而轮式装甲车的轮子即使被打坏一两个也照样能跑。所以，30吨以下的轻型步兵战车多为轮式。

【百科辞典】

坦克： 具有强大直射火力、高度越野机动性和坚固防护力的履带式装甲战斗车辆，它是地面作战的主要突击兵器和装甲兵的基本装备。

履带： 由主动轮驱动的循环旋转的柔性链环。履带由履带板和履带销等组成。履带销将各条履带板连接起来构成履带链环。

坦克履带
坦克履带除了可以让坦克自如行驶外，还可以分散和缓解重型穿甲弹对坦克的破坏力。但是履带一旦脱落就难以安装，现在国外已经研发出了6轮无履带坦克。

轻型装甲步兵战车
步兵战车主要用于协同坦克作战，其任务是支持快速机动步兵分队，以消灭敌方轻型装甲车辆、步兵反坦克火力点、有生力量和低空飞行目标。

军事之最 最重的坦克：德国1943年8月生产的"鼠"式超重型坦克，可乘8人，车长9米，高3.66米，宽3.67米，重达188吨。

中国孩子最爱问的十万个为什么

主题索引
坦克架桥车是如何架设桥梁的？ 坦克是何时出现在战场上的？

坦克架桥车
坦克架桥车又称架桥坦克，是以制式坦克车体底盘为基础，去掉炮塔，代之以制式车辙桥以及架设和撤收机构发展而成的装甲车辆。

老式坦克
早期的坦克性能较低，火力主要用于歼灭有生力量，装甲只能防御枪弹和炮弹碎片，没有无线电通信设备和光学观察瞄准仪器、行驶颠簸、速度缓慢，且机械故障频繁，乘员工作条件恶劣。

坦克架桥车是如何架设桥梁的？

Weishenme

坦克架桥车是一种架设、撤收桥梁装置的装甲车，俗称"架桥坦克"。坦克架桥车一般为履带式，可快速架设车辙桥，以保证其他种类的坦克和车辆顺利通过防坦克壕、沟、渠等人工或天然障碍。架桥车一般用坦克底盘改装而成，去掉炮塔，桥体多由合金钢或高强度铝合金所制。

如今的架桥坦克在桥梁展开、架设及撤收过程中，人员无须走出车外，在车内通过电气设备操纵液压驱动机构即可完成。此种车可在2至10分钟内，架起一座长约30米、宽4米的便桥，大约可承重40至70吨。己方部队通过后，只需5至10分钟，它就可将便桥收起。

坦克是何时出现在战场上的？

Weishenme

坦克的研制是从第一次世界大战开始的，当时为了突破敌方由壕沟、铁丝网、机枪火力点等组成的防御阵地，迫切需要一种集火力、机动力和防护力为一体的新式武器。于是，英国于1915年开始研制坦克，并于1916年生产了"小游民Ⅰ型"坦克。它的外廓呈菱形，车体两侧的履带架上有突出的炮座，两条履带从顶上绕过车体，车后伸出一对转向轮。1916年9月15日，有49辆"小游民Ⅰ型"坦克首次投入索姆河战役。坦克靠履带行走，能驰骋疆场，越障跨壕，不怕枪弹，无所阻挡，很快就突破了德军防线，开辟了陆军机械化的新时代。

当时为了保密，英国将这种新式武器说成是为前线送水的"水箱"，英文是"tank"，结果这一名称被沿用至今。

第一次世界大战期间，英、法和德国共制造了近万辆坦克。由于当时技术水平的有限和生产设备的简陋，坦克性能较低，火力主要用于歼灭有生力量，装甲只能防御枪弹和炮弹破片，没有无线电通信设备和光学观察瞄准仪器，行驶起来颠簸、速度缓慢、故障频繁，乘员工作条件恶劣。不过，坦克的问世开创了陆军机械化的新时期。

你知道吗

☐ 坦克架桥车的特点是机动性好，防护能力强，架桥速度快。

☐ 坦克由坦克武器系统、坦克推进系统、坦克防护系统、坦克通信设备、坦克电气设备及其他特种设备和装置组成。

军事之最 速度最快的坦克：德国豹2A6坦克每小时可行驶72千米，而且从零加速到32千米/小时的速度仅需6秒。

什么是主战坦克？
Weishenme

主战坦克是装有大威力火炮、具有高度越野机动性和装甲防护力的履带式装甲战斗车辆，一般全重为60吨。从20世纪90年代开始，各国主战坦克的重量一直呈上升的趋势。主战坦克的火炮口径目前多为105毫米以上，有较强的装甲破坏力。它们主要被用于与敌方坦克和其他装甲车辆作战，也用以压制或摧毁反坦克武器、野战工事、歼灭有生力量。目前世界各国装备的主战坦克几乎都是第二次世界大战后设计的产品。

火箭筒为什么可以攻击坦克？
Weishenme

要问谁是目前反坦克武器中的"袖珍明星"，那自然要数单兵携带的火箭筒了。它们个头小、重量轻，却在过去的战争中摧毁了不少坦克。就算在今天，口径仅40毫米的RPG-7火箭筒仍是令驻伊美军装甲部队头疼不已的武器。那么，火箭筒里发射出的小小火箭弹是怎样击毁坦克那庞大坚硬的"乌龟壳"的呢？

火箭弹的穿甲本领源于它装置的带金属罩的空心装药。火箭弹炸药呈锥孔形，中间有聚能凹槽，表面有一层金属罩。当火箭弹击中目标时，炸药被弹头前端引信起爆，刹那间在接触处形成十几万个大气压，并迅速形成几千摄氏度的高温、高压集束气流。这种高能定向射流速度可达每秒几千米，它的猛烈冲击，会把目标的局部受热点顷刻熔化掉。正因为如此，坦克的铮铮铁骨也难以抵抗小小火箭弹的袭击。

另外，令坦克惧怕的还有火箭弹易受控制和容易发射的特性，只要单兵就可以完成所有瞄准、发射、转移任务。特别要提的是，坦克侧翼相对来说比较薄弱，又是一个死角，刚好为单兵种攻击提供了条件。

【百科辞典】

轻型坦克： 重量较轻、装甲较薄的坦克。轻型坦克装有直瞄武器，主要用于侦察、空运和两栖登陆作战以及反坦克作战等。

空心装药： 一种装药形式。战斗部（武器系统用于直接杀伤目标的部分）的破甲弹头前部装有一个圆锥形金属罩，锥口朝前，锥尖朝后，金属罩后面装有炸药，前面是空的。这样，爆炸时即会聚成一股速度、温度和压力都很大的金属能射流，从而摧毁装甲。若金属罩中不留空隙，就不能达到破甲的目的。

主战坦克
主战坦克比一般坦克更快、更有威力，是相当可怕的战具。主战坦克在战况不利时也能迅速撤退，脱离战场（除非和它们交战的也是移动能力极好的快速部队）。

火箭筒
火箭筒是一种发射火箭弹的便携式反坦克武器，主要用于近距离打击坦克、装甲车辆和摧毁工事。火箭弹具有控制和发射简易的特性，只要单兵就可以完成瞄准、发射及转移的所有任务。

军事之最 破甲威力最大的火箭筒：法国"阿比拉"火箭筒发射的火箭弹可击穿720毫米厚的装甲或2米以上厚度的混凝土。

中国孩子最爱问的十万个为什么

主题索引：军用飞机的代号是怎样命名的？什么是战斗机？

军用飞机的代号是怎样命名的？

Weishenme

各国对军用飞机的命名方法一般都是使用代号或确定的名称，但有的既有代号，又有名称。由于军用飞机的发展和种类的繁衍以及文化的差异，各个国家军用飞机的命名方法存在一定的差异，但也表现出一定的规律性。

中国军用飞机的命名代号由机种代号、序列代号（又称设计代号）和改型代号组成。如"歼击-7Ⅲ型"表示序列代号为7、改型代号为Ⅲ的歼击机，这种名称也可简化为"歼-7Ⅲ"。美国军用飞机命名使用代号和名称，但以代号为主，代号包括机种代号、序列代号、改型代号、任务变更代号和状态代号。例如F-15A，表示序列为15、改型代号为A、名称为"鹰"的战斗机。苏联军用飞机的命名代号由设计局代号、序列代号和改型代号组成。如"米格23Y"，表示由米高扬设计局研制的、序列为23的歼击机的教练型战机。北大西洋公约组织则赋予了苏联等国的军用飞机以英文别名，如苏联"Tu－22轰炸机"就被他们称为"Backfire（逆火）"。

➤ 战斗机引擎

战斗机引擎包括发动机点火、动力控制、惯性控制、空中机动控制等系统，是战斗机最主要的性能构件之一，它与火控装置构成了战斗机的主体。

➤ 德国米格-29战斗机

米格-29战斗机凭其良好的机动性能赢得了普遍赞誉。它爬升速度快，加速度大，探测距离远，且需要的地面维护工作比较简单。

什么是战斗机？

Weishenme

战斗机是指用于保护己方制空权以及摧毁敌方制空设备的军用机种，特点是飞行性能优良、机动灵活、火力强大。传统上，战斗机根据其执行任务的特点可分为歼击机、截击机和强击机等类别。

现代的先进战斗机多配备各种搜索、瞄准火控设备，能全天候攻击所有空中目标。战斗机主要的装备武器是航空机关炮，此外还可携带空空导弹和空地导弹及空舰导弹、火箭弹、航空炸弹等。武器一般悬挂在机翼或机身下方，有的歼击机的外挂点多达十余个，可挂导弹、副油箱、电子干扰吊舱等。

现代战斗机在高空的最大速度可达到每小时3000千米，超低空允许最大速度可达每小时1500千米，升限为21千米左右，一般情况下的飞行速度通常在2马赫左右。

世界上公认的第一架战斗机是法国制造的莫拉纳·索尔尼爱L型飞机。由于它装备"偏转片系统"，解决了飞机在机载机枪射击时被螺旋桨干扰的难题，因而可以使飞行员专心驾驶飞机去攻击对方，同时也不需要另配机枪手。

•••【百科辞典】•••

空空导弹： 从飞行器上发射的攻击空中目标的导弹。

马赫： 是表示速度的量词，又叫马赫数。一马赫即一倍音速（340米/秒）。

军事之最 最快的飞机：现在世界上最快的飞机是美国的X-43A，其极限速度已经达到了9.7马赫，几乎接近音速的10倍。

战斗机为什么配有弹射座椅？

Weishenme

弹射座椅是在飞机遇难时的一种救生装置，能依靠座椅下的动力装置将飞行员弹射出机舱，然后张开降落伞使飞行员安全降落。现代作战飞机大多都有弹射座椅，这是为什么呢？

第二次世界大战时，由于战斗机的时速已提高到了600千米以上，飞行员跳伞时很容易被强风吹撞到飞机尾翼上。为了解决这一难题，德国首先开始研制能把飞行员弹射出机舱的装置，并成功发明了弹射座椅，在"二战"结束前装备了空军。

20世纪60年代，为使高空飞行中的飞机驾驶员在跳伞时免受高速、低温、缺氧等因素的伤害，美、苏两国在弹射座椅的基础上，又相继研制成功了密闭和半密闭式的弹射救生系统。

20世纪70年代初，美国试验了可飞弹射救生系统，座椅弹射离机后变为可控飞行器，飞行一定距离后，人椅才会分离，开伞降落。

目前，各国主要战斗机上多配有敞开式的火箭弹射座椅，其救生性能较强，一般可满足飞机在零高度、速度为每小时1200千米情况下的救生要求。

歼击机、截击机和强击机有什么不同？

Weishenme

战斗机是空军的战术机种，包括歼击机、截击机和强击机几种。

歼击机是夺取制空权的主力机型，中低空机动性好，装备有中近程的空对空导弹，可通过中距离的空中格斗和近距离的缠斗来击落敌机，从而获得空中优势，或者为己方的其他军用飞机护航。

截击机是高空高速的本土防空型机种，在机动性方面不如歼击机，通常装备远程空对空导弹或反辐射导弹，主要任务是拦截高空高速入侵的敌方侦察机、超音速战略轰炸机、洲际导弹等，还可以用远程反辐射导弹攻击远处的敌方预警指挥机。不过自20世纪60年代以来，专用截击机的任务已由歼击机完成，截击机已不再发展。

强击机是近距离对地火力支援的机种，装甲防护优异，速度一般，飞行高度很低，机载武器为对地攻击的导弹、炸弹、火箭弹，仅有少量近距离空对空导弹用于自卫。它的任务是通过切断和削弱敌后方对前线的补给和支援，来削弱敌前线部队的作战能力。现在，最著名的强击机当数俄罗斯的苏-25和美国的A-10。

你知道吗

- 强击机由于速度较慢，突防能力差，再加上地空导弹越来越厉害，已经很难安全地完成任务，目前已逐渐被淘汰。
- 随着时间的推移，强击机的对地攻击任务将由多功能的歼击机通过远距离对地精确制导投弹和战略轰炸机通过常规轰炸来完成。

弹射座椅
弹射座椅出现在第二次世界大战期间。现在的弹射座椅强调的是零高度发射，也就是在飞机接近地面的时候发射仍能保护飞行员安全。

F-16"战隼"轻型战斗机
F-16是美军主力轻型战斗机，它的外形相当漂亮，很有明星风范，是美军"雷鸟"表演队的专用机。

军事之最　最强的纸飞机：一个英国设计小组制作出了目前最完美的纸飞机，其飞行距离超过30米，滞空时间约20秒。

"鹞"式飞机为什么能垂直起降？

我们知道，一般飞机都需要在跑道上滑行后才能起飞，只有直升机才能垂直起降，可是英国空军的"鹞"式飞机也可以垂直起降，这是为什么呢？

"鹞"式飞机是一种亚音速战斗机，主要任务是空中支援和战术侦察。它之所以能垂直或短距离起降，关键是有一个设计独特、性能优越的"飞马"发动机。当飞机垂直起飞时，飞马发动机的前后四个喷管就会转到垂直向下的位置，然后在喷气反作用力的作用下产生向上的推力，使飞机垂直上升；在飞机短距离起飞时，喷管就会水平向后产生向前的推力，使飞机加速滑行。这四个喷口喷出的气流正像一匹骏马的四条腿，可以载着飞机飞奔或悬停。此外，它还能在空中做出一些别的飞机做不到的非常规动作，从而使己方在空战中掌握主动权。

你知道吗

- "鹞"式飞机典型带弹方案：一对30毫米"阿登"机炮舱，三颗454千克炸弹，一对"马特拉"155火箭发射筒以及一枚"响尾蛇"空空导弹等。
- F-117A的外形与众不同，整架飞机几乎完全呈直线型，就连机翼和V形尾翼也都采用了没有曲线的菱形翼形，这在战斗机的设计中是前所未有的。

F-117A型飞机为什么能"隐形"？

F-117A型飞机是美国在20世纪80年代研制成功的隐形攻击机，也是世界上第一种可正式作战的隐形战斗机。它的隐形原理是什么呢？

所谓隐形飞机的"隐形"只是一种借喻，指的是它能躲过雷达的侦察。雷达发射的电磁波有个特点：只有当波束正好垂直照射到飞机表面某个部位时，反射波才会沿着波束原来的照射方向返回而被雷达天线接收，然后在雷达荧光屏上显示出来。也就是说，飞机的雷达散射截面越小，雷达"捕捉"到它的概率也越小。由于F-117A型飞机的雷达散射截面只有0.01平方米，在雷达荧光屏上不易察觉，因此就像隐去了身形一样。此外，F-117A型飞机采用了一系列的高科技技术，包括表面隐形涂敷材料、外形隐形结构、降红外辐射技术、降噪技术和电子干扰技术等。

不过，世界上并没有制造出能够完全隐形的飞机。1999年3月，一架F-117A隐形战斗机在南斯拉夫首都贝尔格莱德上空被雷达发现，结果被当地的防空部队击落。

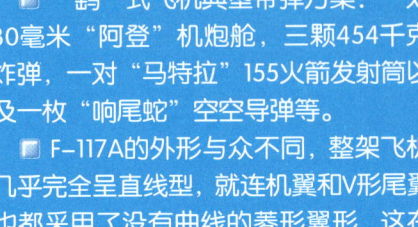

❶ F-117A隐形战斗机
F-117A型飞机是美国前洛克希德公司研制的隐形攻击机，也是世界上第一种可正式作战的隐形战斗机。

❷ 英国"鹞"式飞机
英国BAE公司的"鹞"式飞机是世界上第一种实用的可以垂直起落、快速平飞、空中悬停和倒退飞行的战斗机，于1966年8月31日首飞。

什么是轰炸机？

轰炸机是用于对地面、水面目标进行轰炸的飞机，具有突击力强、航程远、载弹量大等特点。它有多种类型：按飞行任务范围可分为战略轰炸机和战术轰炸机；按载弹量可分出重型（10吨以上）、中型（5~10吨）和轻型（3~5吨）轰炸机；按航程可划分为近程（3000千米以下）、中程（3000~8000千米）和远程（8000千米以上）轰炸机。

轰炸机上的武器系统包括机载武器和各种炸弹、航弹、空地导弹、巡航导弹、鱼雷、航空机关炮等，它们保证了轰炸机具有全天候轰炸能力和很高的命中精度。此外，它还有很多电子设备，比如自动驾驶仪、地形跟踪雷达、领航设备、电子干扰系统和全向警戒雷达等，用以保障其远程飞行和低空突防。现代轰炸机还装有受油设备，可进行空中加油。

在飞机用于军事后不久，人们就开始了用飞机轰炸地面目标的试验。1911年11月1日，意大利的加福蒂中尉驾驶一架飞机向土耳其军队投掷了4枚重约2千克的榴弹，虽然战果甚微，但却是世界上第一次空中轰炸。

武装直升机为什么可以执行多种任务？

武装直升机就是装有武器并能执行战斗任务的直升机，主要被用于攻击地面、水面和水下目标，并为运输直升机护航，有时也可参加空战。

武装直升机通常用来突击地面目标，多配属于陆军航空兵，是航空兵实施直接火力支援的新型机种。

武装直升机之所以能够执行多种任务，一是因为它火力强、射程远。它可以同时攻击数辆坦克，对地面部队有较大的杀伤力，而且既能俯冲攻击，又可悬停扫射。二是其火控系统先进。它装有激光目标指示器、热成像探测器等先进的识别装置和夜视系统，与火控系统相联系，作用距离远，并可全天候使用。三是它空防能力强。它主要在距地面200米以下的高度作超低空飞行，还可以快速改变飞行高度和方向。四是隐蔽性能好，被对方侦察发现的概率较低。

🔺 **武装直升机**
目前，武装直升机可分为专用型和多用型两大类。图为机身窄长的专用型武装直升机。

🔺 **B-52远程轰炸机**
美国研制的亚音速战略轰炸机，号称"同温层堡垒"，主要用于远程常规轰炸和核攻击。1948年开始设计，1952年原型机开始试飞，1955年开始装备美国战略空军，1962年停产。

你知道吗

■ 美国在2006至2011年的财政经费花销计划中，专门留出了10多亿美元用于研制最新型的轰炸机。

■ 著名画家达·芬奇是世界上最早的直升机图纸的设计者。早在1483年，他就以惊人的想象力绘制出了一张直升机雏形的设计图纸。

军事之最 最昂贵的轰炸机：美国的B-2"幽灵"轰炸机，造价高达22.2亿美元，是世界上最昂贵的飞机。

侦察机怎样进行侦察？

飞机在军事上的最初应用就是进行侦察。侦察机是专门用于从空中获取情报的军用飞机，是现代战争中最主要的侦察工具之一。按飞行任务范围，侦察机可分为战略侦察机和战术侦察机。战略侦察机一般具有航程远和高空、高速飞行的性能，用以获取战略情报，这种飞机大多是专门设计的。战术侦察机具有低空、高速飞行的性能，用于获取战役战术情报，通常由歼击机改装而成。

侦察机一般不携带武器，主要依靠其高速性能和电子对抗装备来提高生存能力。侦察机通常装有航空照相机、前视或侧视雷达和电视、红外侦察设备，有的还装有实时情报处理设备和传递装置。侦察设备通常装在机舱内或外挂的吊舱内。侦察机可进行目视侦察、成像侦察和电子侦察（如电子对抗飞机）。成像侦察是侦察机实施侦察的重要方法，有可见光照相、红外照相与成像、雷达成像、微波成像、电视成像等成像方式。

目前，随着侦察卫星和航空导弹的发展，各国都致力于侦察机"隐身"技术的应用以及无人侦察机的研究，以提高侦察机的生存能力。

SR-71侦察机
美国SR-71是高空高速战略侦察机，绰号"黑鸟"，曾在20世纪60至70年代的越南战争、中东战争中创造了未被击落一架的神话。

空中加油机
空中加油机是一种以延长战机执行任务的时间，或者延长战机的作战航程为目的的军用航空器。加油机的机身下层机舱全为油箱，上层机舱可装载人员及其他物资。

【百科辞典】

侦察： 为获取敌方与军事斗争有关的情况而采取的行动。其主要手段有观察、搜索、谍报侦察、战斗侦察、照相侦察、雷达侦察、无线电测向、调查询问、搜集文件资料等。

伸缩管： 加油机尾部装置的一根与拉杆相似的可伸缩的刚性加油杆。加油时，杆的末端与受油机座舱后的受油口相接，自动锁定后即可开始加油。

空中加油机如何为飞机加油？

对于军用飞机来说，一次飞行上万千米，在过去是难以想象的事，而今随着空中加油技术的出现却已成为现实。空中加油技术就是在空中由一架飞机给另一架或几架飞机加注燃油，使其续航时间增长的技术。

空中加油机多由大型运输机或战略轰炸机改装而成，加油设备大都装在机身尾部，少数装在机翼下面的吊舱内，由飞行员或加油员直接操纵。加油设备主要有插头锥套式和伸缩管式两种。空中加油技术最早出现于1923年。20世纪40年代中期，英国研制出成熟的插头锥套式加油设备。40年代后期，美国研制出伸缩管式加油设备。

在20世纪60年代至90年代的几次局部战争中，美、英等国的空军都使用过空中加油机。

军事之最 最强的空中加油机：美国的KC-10A"致远"空中加油机，有7个油箱，最大供油量90吨，可同时给3架小型飞机加油。

战船最早出现在哪里？

人类进入阶级社会之后，随着战争的出现，战火也逐渐由陆地蔓延到了海上。于是，专门用于水上战争的船只就从普通船舶中分化出来，并经过不断发展最终形成了战船。战船是奴隶社会的产物，根据史料来看，世界上哪些国家和地区较早进入奴隶社会，哪里的战船就出现得较早。

埃及在公元前3000年左右就进入了奴隶社会。在埃及，曾发掘出一条约为公元前1500年的木板船，船长11米，宽2.6米，没有龙骨和肋骨，仅仅由一条条木板加上木钉拼接而成。此后，地中海其他地方也有战船残骸发现。由此可知，最晚在公元前1200年左右，埃及、腓尼基、希腊、迦太基和罗马等古国就有了专门用于水战的战船。早期的战船都是单层桨船，这种船没有甲板，通常只有12对桨，每只桨配置数名桨手。此外，这些船还装有四角帆，排水量约为50吨。

破冰船为什么能破冰？

每当严寒降临、冬季到来的时候，北方的港湾和海面常常会冰封，从而使航道阻塞。为了便于船舶出入港口，这时往往要用破冰船进行破冰。那么，为什么破冰船能够轻易破冰呢？

破冰船同其他船比较起来，船体结构特别坚实，船壳钢板比一般船舶厚得多；船身较胖而上身较小，便于在冰层中开出较宽的航道；此外，破冰船吃水很深、马力大、速度快、冲击力大，向冰层猛冲时，可以破碎较厚的冰层。

此外，破冰船的船头造成折线形，头部底线与水平线成20至35度角，这就使船头可以"爬"到冰面上。破冰船船头、船尾和船腹两侧，都备有很大的水舱，作为破冰设备。

破冰船遇到冰层，就会使翘起的船头"爬"上冰面，然后靠船头部分的重量把冰压碎。如果冰层较坚固，破冰船往往要后退一段距离，然后开足马力猛冲过去，一次不行，就反复冲击，直至把冰层冲破，再继续前进。

独木舟
独木舟是战船的鼻祖，满语和赫哲语都称为"威呼"，有的地方俗称"快马子"船，是用整根大树干砍凿制成的。长两丈有余，宽以能坐下一人为度，平口圆底，两头尖，并微微上翘。

破冰船
破冰船的船头被特意造成了折线形，这样使头部底线与水平线成20至35度角，船头可以"爬"到冰面上。

中国孩子最爱问的十万个为什么

> 舰艇的航行速度为什么用"节"表示?什么是战列舰?

舰艇的航行速度为什么用"节"表示?

Weishenme

大家都知道,陆上的车辆和空中的飞机以及江河里的船舶,它们的速度都采用千米/小时为计量单位,但海船(包括军舰)的速度单位却是"节"。这是为什么呢?

早在16世纪时,海上航行已相当发达,但当时一无时钟,二无航程记录仪,所以难以确切判定船的航行速度。于是,有一位聪明的水手想出一个妙法,他在船航行时,向海面抛出拖有绳索的浮体,再根据一定时间里拉出的绳索长度来计算船速。那时候,计时使用的还是流沙计时器。为了较准确地计算船速,有时放出的绳索很长,便在绳索的等距离处打了许多结,如此以来整根计速绳又被分成若干节,只要测出相同的单位时间里,绳索被拉拽的节数,自然也就测得了相应的航速。于是,"节"便成了海船速度的计量单位,它的代号是"Kn",即英文单词"Knot(节)"的词头。1节意味着船速是每小时1海里,即1.852千米。

现在,海船的测速仪已非常先进,随时可以显示数字,"抛绳计节"早已成为历史,但"节"作为海船航速的计量单位仍被沿用。

➡ **快艇**
快艇是舰艇中的"短跑冠军",最大航速可达40至60节,有"海上轻骑兵"之称。

➡ **战列舰**
战列舰是人类有史以来创造出的最庞大、最复杂的武器系统之一,具有吨位大、火力强、装甲厚、航程远等特点。

什么是战列舰?

Weishenme

"战列舰"一词的英文是"Battleship",直译为"战斗舰",这个名字起源于帆船时代的"战列线战斗舰"。

现代的战列舰是一种以大口径火炮与厚重装甲为主要配置的高吨位海军作战舰艇,具有吨位大、火力强、装甲厚、航程远等特点。由于这种军舰自1860年开始发展直至第二次世界大战中末期逐渐衰微为止,一直是各主要海权国家的主力舰种之一,因此在过去曾经一度被称为主力舰。战列舰是人类有史以来创造出的最庞大、最复杂的武器系统之一。在20世纪初,战列舰是唯一具备远程打击手段的战略武器平台,因此受到各个海军强国的重视。

104 军事之最 **最强大的战列舰:** 美国的"依阿华"级战列舰,主要武器是3座3联装的406毫米口径的主炮,是世界上最大的战舰火炮。

巡洋舰为什么能适应远洋作战？

Weishenme

巡洋舰是目前世界上仅次于航空母舰的大型水面舰艇，具有多种作战能力，主要用于远洋作战，具有较高的航速和远洋机动作战能力。

巡洋舰的吨位比较大，一般都在万吨以上，其动力装置多数采用蒸汽轮机，少数采用核动力装置。

巡洋舰装备有导弹、火炮、鱼雷等多种先进武器，各种武器配备相对齐全，一般以进攻为主，拥有同时对付多个作战目标的能力，有的还可以携带直升机。因此，适合远洋作战，经常担当舰队的旗舰。

历史上，巡洋舰一开始是指可以独立行动的战舰，与需要其他补给船只帮助的驱逐舰相对。但是在现代，这个区分已经消失了。目前，世界上最知名的巡洋舰是美国提康德罗加级导弹巡洋舰和苏联基洛夫级核动力巡洋舰。

驱逐舰有什么特点？

Weishenme

驱逐舰是伴随鱼雷艇的出现而发展起来的一个舰种。19世纪60年代，体积小、速度快的鱼雷艇出现，经常对大型舰艇造成巨大威胁。为了对付鱼雷艇，人们建造了反鱼雷艇——鱼雷艇驱逐舰，简称驱逐舰，它不仅有火炮装置，还有鱼雷武器。

在现代海军中，驱逐舰是用途最广泛、数量最多的舰艇。现代驱逐舰吨位在2000至8500吨之间，以导弹、鱼雷、舰炮等为主要武器，还有对空、对海、对潜等多种武器装备，突击力较强，能执行防空、反潜、反舰、对地攻击、护航、侦察、巡逻、警戒、布雷、火力支援及攻击岸上目标等作战任务，有"海上多面手"之称。

DDG-51驱逐舰
DDG-51阿利·伯克级导弹驱逐舰是世界上第一艘装备宙斯盾系统并全面采用隐形设计的驱逐舰，代表了美国海军驱逐舰的最高水平，是当代水面舰艇当之无愧的代表作。

鱼雷发射
从本质上说，驱逐舰就是一种大型的鱼雷艇。"一战"后，驱逐舰取代了鱼雷艇而成为海上鱼雷攻击的主力。

军事之最　最大的巡洋舰：苏联海军第一艘核动力水面舰艇"基洛夫"号，舰长248米，宽28.5米，最大吨位为2.5万吨。

登陆舰
登陆舰包括多种不同类型的舰艇,例如登陆艇、坦克登陆舰、船坞式登陆运输舰等。

什么是登陆舰?

登陆舰又称两栖舰艇,它是为输送补给品、登陆兵及其武器装备而专门制造的舰艇。一般认为,登陆舰的最初形态是俄国舰队在1916年使用的"埃尔皮迪福尔"船。那是一种平底货船,吃水很浅,只适用于运送部队抵达海滩实施登陆作战。

登陆艇的航速普遍都在每小时30千米左右,续航能力从200千米至6000千米不等。在早期登陆作战中,登陆兵往往需乘坐运输船或军舰至登陆站附近的海域,再换乘登陆艇突击上岸。20世纪70年代,美国和苏联研制出了新型的气垫登陆艇,其航速最高可达每小时130千米,并且可以直接登陆,这就使登陆人员和车辆免去了中途换乘和步行上岸的麻烦。

什么是航空母舰?

航空母舰,简称"航母",是一种以舰载飞机为主要作战武器的大型水面舰只。现代航空母舰及舰载飞机已成为高技术密集的军事系统工程。

人们将航空母舰称为"浮动的海上机场",这是因为航空母舰以舰载飞机作为主要武器。航空母舰上最显眼的就是与陆上飞机场跑道相似的起飞甲板。在一般军舰上,主甲板最长只有200米左右,最宽不超过40米,最窄只有几米。相比较而言,航空母舰的飞行甲板就显得特别长,特别宽,并呈多边形状。航空母舰上的飞行甲板的面积要比一般军舰大几倍甚至十几倍。在目前所有舰种中,航空母舰是在吨位、体积、作战能力等方面均居首位的最大舰种。

航空母舰从来不单独行动,它总是由其他舰只陪同行动,它们合称为航空母舰战斗群。陪同舰只包括巡洋舰、驱逐舰、护卫舰等,它们为航空母舰提供对空和对其他舰只以及潜艇的保护。

航空母舰
航空母舰(即Aircraft Carrier),简称为"航母"或"空母",是一种可以提供军用飞机起飞和降落场地的军舰。中文"航空母舰"一词来自日文汉字。

军事之最 "航母"的最大弱点:目标大,易遭敌方攻击,需要在多艘巡洋舰、驱逐舰、护卫舰等护卫下组成"航母"编队才能展开行动。

航空母舰上为什么会有弹射装置？

Weishenme

现代战斗机和攻击机如果起飞时需要自行加速滑跑，那么，就至少需要2000米长的跑道。但目前世界上最大的航空母舰的飞行甲板也不过330多米长。在这种情况下，舰上的飞机怎样做到起飞无误呢？这就需要弹射装置的帮助了，这种装置能够用一种很大的力量把飞机弹射到空中。

第一次世界大战的时候，为解决弹力问题，有的国家曾采用火箭助推的方式，但因喷出的燃气温度高、加速大、费用多而被淘汰。第二次世界大战中，各国又用了一种液压弹射方式，但因为笨重、功率不能进一步增大而放弃。最后，科学家们逐步研制出了现在常用的蒸汽弹射器。其原理就是用蒸汽作动力，推动活塞和弹射装置运动，舰载飞机在活塞带动和自身的动力作用下，像箭一样弹射上天，迅速达到起飞速度。

另外，有些国家的航空母舰的舰载飞机是垂直起降（如英国的"海鹞"式、俄罗斯的雅克-36、美国的V-22等）的。此外，俄罗斯和英国还设计了滑橇式甲板，使飞机只需滑跑较短距离就可以离舰起飞。

角甲板上，不是一件很容易的事情：如果它飞得过低，就无法正常降落，会撞上军舰的尾部；如果飞得过高，就很容易冲出甲板，一头栽进海里。所以舰载飞机降落时，航空母舰上会设置一道如绊马索一样的拦阻装置，使飞机可在着舰后80米左右的距离内停下来。

拦阻索实际上就是一根强度很大的绳索，它的末端连着液压阻力缓冲器，垂直于斜角甲板的中心线放置。它自斜角甲板尾端60米处就开始设置，向前每隔14米横设一根。舰载飞机降落时，在放下起落架和襟翼后，会放下专门设计的可伸缩的尾部舰钩，当这种钩子挂住拦阻索中的任意一根时，飞机便能迅速被拦阻。为防止意外，航空母舰上的另一端还可以临时架设拦机网，保证飞机安全降落。

蒸汽弹射器助飞机起飞

这是一架正在蒸汽弹射器助推下起飞的"超级大黄蜂"。蒸汽弹射器用蒸汽增压的办法给飞机添加助力，引擎动力加上蒸汽压力使得飞机短时间内即可达到起飞的基本时速。

【百科辞典】

蒸汽弹射器：

是重型飞机从航空母舰上起飞的助推器。它用蒸汽增压的办法给飞机添加助力，引擎动力加上蒸汽压力使得飞机短时间内就能达到起飞的基本时速。

飞机怎样在航空母舰上降落？

Weishenme

舰载飞机要降落在又短又窄的航母斜

F-18大黄蜂舰载飞机
舰载飞机是以航空母舰或其他军舰为基地的海军飞机，用于攻击空中、水面、水下和地面目标，是在海洋战场上夺取和保持制空权、制海权的重要力量。

军事之最 最短命的航空母舰：日本的"信浓"号航空母舰，于1944年11月28日第一次出航时就被美军潜艇击沉。

"尼米兹"级航空母舰到底有多大？潜艇为什么能潜水？

"尼米兹"级航空母舰
"尼米兹"级航母是美国第二代核动力航母，自1968年至1998年共建造了8艘，分别是"尼米兹"号、"艾森豪威尔"号、"卡尔文森"号、"罗斯福"号、"林肯"号、"华盛顿"号、"斯坦尼斯"号和"杜鲁门"号。

核潜艇
核动力潜艇是潜艇中的一种类型，指以核反应堆为动力来源设计的潜艇。核动力潜艇水下续航能力为20万海里，自持力达60至90天。

"尼米兹"级航空母舰到底有多大？

美国的"尼米兹"级航空母舰是世界上排水量最大、舰载飞机最多、现代化程度最高、作战能力最强的核动力航空母舰，它就像一座浮动的机场或海上城市。

"尼米兹"级航空母舰长330米，宽76米，它的甲板相当于3个足球场那么大。舰身高70多米，相当于30层楼的高度。舰上有工作人员3184人，航空人员2800人，储备了足够6000多人生活两个月的食品及淡水等。此外，它携带的核燃料可使用13年，发电量可供一座中小型城市的日常使用。舰上还有广播站、电影厅和邮电所、百货商店、服装店、理发店、冷饮店，仅照明灯就有29184盏。参观过这艘军舰的人，都用"海上巨兽"来形容它。

"尼米兹"级航空母舰的作战能力也相当强悍，舰体吃水11.3米，总功率28万马力，最大航速33节，续航力达100万海里，相当于绕地球30圈。它通常都相对固定地配属于一支舰载飞机联队，这个机联队有80余架不同类型的飞机。

潜艇为什么能潜水？

潜艇是指能潜入水中活动和作战的舰艇。它神出鬼没，隐蔽性能好，有较大的自给力、续航力和突击力，是海军武器的重要组成部分。可是，潜水艇为什么能在水下作战呢？

潜艇之所以能自由地下潜、上浮或者悬停，主要与它受到的重力和浮力有关。潜艇的两侧有水舱：水舱充水时，潜艇所受重力大于浮力，就下降；水舱排水时，浮力大于重力，潜艇就上升；浮力与潜艇重力相等时则悬浮。

要想潜入海底，除了沉浮问题外，如何抵抗深海的巨大压力也是一个棘手的问题。潜艇的外壳大都用抗高压合金钢制造，厚度达到了7英寸。此外，深海潜艇的沉浮系统没有采用浮箱，而是根据仿生学，使用了一个既能沉浮又能抵抗深海巨大压力的"气船"装置，以此来帮助潜艇在水下更好地作战。这两项措施便很好地解决了高压问题。

20世纪60年代，美国首先用核动力作为推进动力制成核潜艇，使其水中排水量达到了万吨以上，水下续航力超过20万海里，自持能力达3个月之久，并能携带各种鱼雷和导弹，大大地提升了潜艇的战斗力。

军事之最 最小的潜艇：澳大利亚有一艘被命名为"塞拉菲娜"的潜艇，仅40厘米长，是世界上可自我控制的体积最小的潜艇。

为什么说声呐系统是潜艇最重要的设备?

Weishenme

潜艇一般都能在水中下潜数百米。在那么深的海里,它是靠什么装备准确无误地潜行呢?这个问题的答案,就在声呐系统身上。

声呐是利用水中的声波进行探测、定位和通信的电子设备,它是各国海军进行水下监视使用的主要工具。就像潜艇的"耳朵",声呐可用于对水下目标进行探测、分类、定位和跟踪,它还能进行水下通信和导航,保障舰艇、反潜飞机和反潜直升机战术的具体实施和水中武器的正确使用。

潜艇上装备有主动式声呐和被动式声呐。主动式声呐发射声波后,由声呐接收器接收回波,以辨别目标的方位和距离。被动式声呐则靠接收敌舰螺旋桨转动或其他机械工作发出的声波来发现敌人。

潜艇的外形为什么像支雪茄?

Weishenme

潜艇作为军用舰艇的一种,虽然也在海洋中航行,但它的形状却和一般的船舶不同。它钝钝的头部,加上又长又圆的身躯,看起来就像一支雪茄。为什么潜艇要做成这个样子呢?

潜艇与水面舰船最大的区别就在于它要长时间地在水下航行,所以,在设计潜艇的时候,如何克服水的阻力,提高潜艇的航行速度,就成了设计人员首先要考虑的问题。

潜艇刚诞生的时候,外形也类似于水面上的舰船。但这种造型有一个很大的缺点,就是潜艇在水下受到的阻力很大,导致航速最多只能达到十几节(海里/小时),根本不能满足战场快速反应的需要。此后,设计人员根据流线型阻力小的原理,把潜艇的外形改成了现在常见的类似雪茄或水滴的形状。

这种形状的潜艇充分显示了水下航行的优势:光滑的外形可使阻力变小,使潜艇的最高航速达到30节以上,达到能与高速水面舰艇同步航行的机动作战水平。

海豚
海豚属于鲸目齿鲸亚目。齿鲸亚目的动物都拥有"声呐系统",其中以海豚的"声呐"最为精密,它能利用声波分毫不差地测出附近物体的形状、材料、位置,全部过程只需2秒钟。

潜艇内部
潜艇的艇体内通常被分隔成3至8个密封舱室,舱室内设置有操纵指挥部位、动力装置、武器系统、导航仪器、通信设备和艇员生活设施等。

军事之最 下潜最深的载人潜艇:美国的"得里雅斯特"号深潜器,最深能下潜14000米,曾潜到海洋最深处的马里亚纳海沟。

导弹为什么能准确打击目标?

弹道导弹

弹道导弹能按预定弹道飞行并准确飞向地面固定目标,主要是由其制导系统实现的。弹道导弹的制导方式有无线电指令制导、惯性制导、星光—惯性制导等。

导弹

导弹是"导向性飞弹"的简称,是一种依靠制导系统来控制飞行轨迹的、可以指定攻击目标甚至追踪目标动向的武器。

导弹是20世纪40年代才出现的武器。第二次世界大战后期,德国首先在实战中使用了V-1导弹和V-2导弹,从欧洲西岸隔着英吉利海峡轰炸英国。由于可靠性差及弹着点的散布度太大,结果只起到了骚扰的作用,但这却对以后导弹技术的发展起到了重要的促进作用。

导弹是一种依靠制导系统来控制飞行轨迹的武器,其任务是把炸药弹头或核弹头送到打击目标附近引爆,最终摧毁目标。导弹是否能够准确击中目标,关键在于制导系统。导弹发射后,只有按预定速度和轨道飞行才能准确命中目标。由于种种原因,导弹会出现速度变化和姿态不稳定以及不必要的滚动、俯仰和偏航等偏差,这就需要靠仪器来发现和纠正。这些设备就叫制导系统。导弹制导系统有四种制导方式:自主式制导、寻的制导、遥控制导和复合制导。其作用就是适时测量导弹相对目标的位置,确定导弹的飞行轨迹,控制导弹的飞行轨迹和飞行姿态,保证弹头能够命中目标。

什么是弹道导弹?

导弹按飞行方式来划分,一般可分为弹道导弹和巡航导弹。那么,什么是弹道导弹呢?

弹道导弹是指在火箭发动机推力作用下按预定程序飞行,关机后按物体抛行轨迹飞行的导弹。这种导弹的整个弹道分为主动段和被动段:主动段弹道是导弹在火箭发动机推力和制导系统作用下,从发射点起到火箭发动机关机时的飞行轨迹;被动段弹道是导弹从火箭发动机关机点到弹头爆炸点,按照在主动段终点获得的给定速度和弹道倾角作惯性飞行的轨迹。

弹道导弹按作战用途分为战略弹道导弹和战术弹道导弹;按发射点与目标位置分为地地弹道导弹和潜地弹道导弹;按射程分为洲际、远程、中程和近程弹道导弹;按使用的推进剂分为液体推进剂弹道导弹和固体推进剂弹道导弹;按结构分为单级弹道导弹和多级弹道导弹。

一般的导弹是用来击中具体目标的,而弹道导弹更多的是一种威慑性武器,拥有弹道导弹就意味着可以远距离攻击敌对方,如果同时拥有弹道导弹和核武器就意味着可以对敌方进行以陆地发射为基本方式的核打击。

军事之最 **射程最远的弹道导弹:** 苏联的SS-18 Ⅲ型导弹,最大射程约为16000千米,足以攻击地球上的任何目标。

什么是巡航导弹？

Weishenme

巡航导弹是依靠喷气发动机的推力和弹翼的气动升力，以巡航状态在大气层内飞行的导弹，在过去曾被称为飞航式导弹。它可从地面、水面或水下发射，攻击地面、水面固定目标或移动目标。其特点是长途奔袭不迷航。至于它是否能够按照作战期望，自动、准确地搜寻到被攻击目标，这完全取决于巡航导弹上的精确制导系统的导引精度。

世界上第一枚巡航导弹是德国的V-1飞弹。第二次世界大战期间，德国曾向英国发射了10500枚V-1飞弹，但落在英国本土的只有约3200枚。20世纪70年代后，诞生了以美国的"战斧"式为代表的高性能新型巡航导弹，其特点是体积小、重量轻、雷达波有效反射面小，可超低空机动飞行，不易被发现和拦截，既能在地面、空中发射，又可从水面、水下发射，命中精度高，既能核装药又可常规装药。在1991年的海湾战争中，美国向伊拉克的重要目标发射了数百枚"战斧"式巡航导弹，多数都击中了目标。

核武器为什么有极大的破坏力？

Weishenme

核武器，是指利用爆炸性核反应释放出的巨大能量对目标实施杀伤性破坏的武器。它的威力指爆炸时释放的总能量，通常用TNT当量来度量，指产生同样能量所需的TNT炸药的重量。目前，较大的战略核武器，威力相当于5000万吨TNT以上的炸药。

核武器的杀伤破坏方式有五种：光辐射、冲击波、早期核辐射、电磁脉冲及放射性沾染。前四种方式作用时间很短，一般在几十秒钟以内，而放射性沾染作用时间较长，可持续几天，甚至几十天时间。

光辐射也叫热辐射，它是在核爆炸时释放出的比太阳光还要强烈，且可以以每秒30万千米的速度进行直线传播的一种杀伤方式。冲击波是核爆炸后产生的一种巨大的气流和超压。核辐射实际上就是在核爆炸最初几十秒钟放出的中子流和γ射线。电磁脉冲是一种能够有效破坏敌方电子装备的杀伤破坏方式，它不仅能使电子装备的元器件严重受损，还能烧毁电路，使全部无线电指挥、控制和通信设备失灵。放射性沾染是蘑菇状烟云飘散后所降落的烟尘，它对人体可造成严重损伤，甚至死亡。

你知道吗

- 巡航导弹大部分时间在稠密大气层中作匀速水平飞行，它的重力与升力、推力与阻力处于完全平衡的巡航状态，故而得名。
- 精确制导技术是巡航导弹的关键技术，正是因为它起到了"眼睛"、"大脑"和"舵"的作用，所以才能使巡航导弹神出鬼没、出奇制胜。
- 光辐射可使人致伤、致盲，还可使某些物体燃烧。

巡航导弹
巡航导弹是现代军事武器中最有效率的武器之一。这种多功能的武器可以在空中、海上或陆地上发射，而且效率丝毫不受影响。

军事之最 第一颗原子弹：1945年7月16日凌晨，第一颗原子弹在美国新墨西哥州阿拉默多尔空军基地的沙漠地区爆炸成功。

氢弹为什么要用原子弹来引爆？

Weishenme

氢弹是一种能瞬时释放出巨大能量的核武器，它是利用原子弹爆炸的能量来点燃氢的同位素氘、氚等氢原子核的聚变反应，又称聚变弹或热核弹。1942年，美国科学家在研制原子弹的过程中，推断原子弹爆炸提供的能量有可能点燃轻核，引起聚变反应。于是，他们想以此来制造一种威力更大的超级弹。

1952年11月1日，美国进行了世界上的首次氢弹原理试验。氢弹的杀伤破坏因素与原子弹相同，但威力比原子弹大得多。原子弹的威力通常为几百至几万吨级TNT当量，而氢弹的威力则可大至几千万吨级TNT当量。不过，科学家们还可以通过设计增强或减弱其某些杀伤破坏因素，使其战术技术性能比原子弹更好，用途也变得更加广泛。

由于氢弹是利用轻核聚变反应制成的炸弹，而参加反应的物质主要是氢的同位素氘和氚（太阳向外辐射光和热就是氘和氚核聚变反应的结果），它们的聚变反应需要极高的温度，而原子弹正好可以提供高温，所以氢弹要靠原子弹来引爆。

▶ **氢弹爆炸**
核爆炸时，地面掀起的尘土与烟云相连，从远处看像一个大蘑菇，形成核爆炸特有的"蘑菇云"。

中子弹为什么能减少对建筑物的破坏？

Weishenme

中子弹是一种新型的微型氢弹。它能把核聚变产生的光辐射和冲击波效应减小到氢弹爆炸时的十分之一左右，而特别加大中子流的杀伤作用。其独特之处在于核辐射效应大大增强，而同时产生的冲击波却很弱，放射性沾染也很少，因而对除人员外的附带性毁伤很少。所以中子弹是一种基本上只会杀人的核武器。

中子弹的杀伤原理是什么呢？由于中子一旦从原子核里面发射出来，就不受外界电场的作用，所以中子穿过物质的本领特别大。中子穿过生物体时，可使生物体内的分子和原子变质或变成带电的离子，引起人体里的碳、氢、氮原子发生某种核反应，从而破坏细胞组织，导致人员死亡。但是中子弹对没有生命的物体却无法破坏。

现在，除中国外，世界上仅有美国、俄罗斯、法国掌握了中子弹技术。

▶ **原爆圆顶塔**
1945年8月6日，美国轰炸机在日本广岛投下一颗原子弹，造成8万人死亡。"原爆圆顶塔"是爆炸中未被完全炸平的少数建筑物之一。

军事之最 **最强大的武器**：中子弹。由于杀伤力巨大，现在还没有人把它运用到实战中去，但军事家们仍将其称为"武器之神"。

为什么化学武器杀伤力很大？

Weishenme

战争中用来毒害人畜、毁灭生态的有毒物质叫军用毒剂，装有军用毒剂的炮弹、炸弹、火箭弹、导弹、地雷、喷洒器等统称为化学武器。

在第一次世界大战中，化学武器共造成了127.9万人伤亡，其中死亡人数9.1万人，约占整个战争伤亡人数的4.6%。化学武器为什么具有如此巨大的杀伤力呢？

第一，中毒途径多。化学武器所释放的毒气可呈现汽、液、烟、雾等各种形态，通过呼吸道吸入、皮肤渗透、误食染毒食品等多种途径使人们中毒。

第二，杀伤范围广。染毒空气无孔不入，所过之处都有杀伤效果。

第三，作用时间长。液体毒剂污染地面和物品，其毒害作用可持续几小时至几天，有的甚至长达数周。

化学武器虽然杀伤力大，破坏力强，但由于使用时受气候、地形、战情等的影响，因此具有很大的局限性，而且与核武器和生物武器一样，化学武器也是可以防护的。其主要防护措施有探测通报、破坏摧毁、防护、消毒、急救等。ℯ

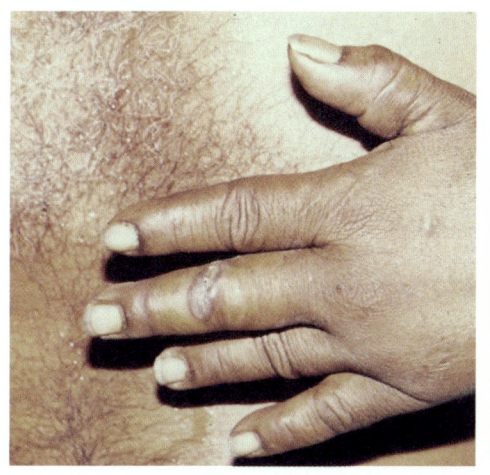

你知道吗

■ 化学武器是在第一次世界大战期间逐步形成的、具有重要军事意义的制式武器。按毒剂的分散方式，化学武器可分为爆炸分散型、热分散型和布散型。

■ 日本在侵华战争中，曾在东北等地利用臭名昭著的731部队进行生物战剂的研究和生物武器的研制，并在湖南、浙江等地使用细菌武器，造成巨大伤亡。

什么是生物武器？

Weishenme

我们把在战争中用来伤害人、畜或毁坏农作物的致病微生物、毒素及其他生物活性物质统称为生物战剂，比如细菌、真菌、病毒、毒素、立克次体等。生物战剂及施放它的武器、器材就合称生物武器。

生物武器也叫细菌武器，它不像炮弹、炸弹那样用弹片杀伤有生力量，而是靠散布细菌战剂（生物战剂）来杀伤人员、牲畜和毁坏农作物。生物武器的"主角"是一些微生物，如细菌、病毒等。这些微生物进入人体后，会使正常的体细胞受到感染、发生变异，并且，它们可以不断进行自我复制和繁殖，使人在短时间内感染恶性疾病。生物武器便于培养，杀伤力极强，而且使用方便，作战时无孔不入，防不胜防。

利用生物武器作战始于1347年。不过，当时的生物武器较为简单，只是把带有鼠疫、天花等传染病的媒介物投送到敌军集结地域，使之染病而丧失战斗能力。现代生物武器的杀伤性大大增强，第一次世界大战末期，仅在一年半的时间内，交战双方患病毒性流感的人员达5亿之多，其中有2000多万人死亡，比战死人员数量高出3倍。ℯ

炭疽杆菌感染者
炭疽热是一种由炭疽杆菌引起的感染性疾病。炭疽杆菌制备成本低廉、威力巨大，是出现历史比较久的一种生物武器。

军事之最 **最恐怖的生物武器：** 炭疽杆菌可以使人患上炭疽热，如果不及时治疗，100个感染炭疽热的人中至少有95个会死亡。

什么是"三防"?

所谓"三防",泛指对核武器、生物武器和化学武器这三种大规模杀伤性武器的防护。虽然核武器、化学武器、生物武器对人类具有巨大的杀伤和破坏作用,但只要我们防护得当,还是可以在很大程度上免受它们伤害的。

"三防"的防护措施,主要包括利用工事进行防护、利用地形地物进行防护和利用个人防护器材进行防护。对核武器的防护主要是防光辐射、冲击波、早期核辐射、核电磁脉冲、放射性沾染等,可以选择防护地段进行防护。对化学武器的防护,则主要是防各种神经性、窒息性、糜烂性、刺激性的毒剂,所以要注意用个人防护器材对人的呼吸道、眼睛和皮肤进行防护。对生物武器的防护主要也是采用呼吸道防护和体表防护,防止吸入被污染的空气、误食被污染的水和食物、接触带菌物品等。

防毒面具
防毒面具可以保护人的呼吸器官、眼睛和面部,阻止毒气、毒剂、生物战剂和放射性灰尘等有毒物质的伤害。

野猪拱地
野猪的鼻子十分坚韧有力,能挖掘洞穴或推动4至50千克的重物,可以当做武器。野猪喜欢用鼻子拱地的习性,给人们带来了灵感,使人们制造出了"猪鼻子"防毒面具。

防毒面具上为什么有个"猪鼻子"?

如果大家见过防毒面具的话,就会发现,防毒面具的外形和猪鼻子极为相似。这是为什么呢?莫非防毒面具的发明和猪鼻子有关?事实确实如此。

在第一次世界大战期间,德军为了打破欧洲战场长期僵持的局面,第一次使用了化学毒剂。他们在阵地前沿放置了5730个盛有氯气的钢瓶,释放了180吨氯气,致使5万英法联军士兵中毒死亡,战场上的大量野生动物也相继中毒丧命。可是,奇怪的是,这一地区的野猪竟意外地生存了下来。原来是野猪喜欢用鼻子拱地的习性,使它们免于一死。野猪闻到强烈的刺激性气味后,就用鼻子拱地,以躲避气味的刺激。而泥土被野猪拱动后,其颗粒就变得较为松软,从而对毒气起到了过滤和吸附的作用。

根据这一发现,科学家们很快就制造出了第一批防毒面具。这种防毒面具没有采用泥土作为吸附剂,而是用了吸附能力很强的活性炭,但采用了猪鼻子的形状,因为这能装入较多的活性炭。尽管如今吸附剂的性能越来越优良,但防毒面具那酷似猪鼻子的基本样式却一直没有改变。

你知道吗

■ 防毒面具可分为过滤式和隔绝式两种:过滤式带有内装滤烟层和吸着剂的滤毒罐;隔绝式则自带氧气,完全杜绝外界空气进入,用于在高浓度染毒空气中或缺氧条件下活动。

■ 英国的新式S6型防毒面具,采用了气垫管密合框结构,能在人的面部产生均衡的压力,即使长时间佩戴亦不会产生局部压疼感,大大提高了舒适性。

为什么要建造防空洞？

防空洞是为了躲避敌人炮火的轰炸，保护人身、财物的安全而挖掘的洞穴，它不仅能防止空中轰炸，还能防原子弹、中子弹和毒气等。防空洞的进出口都有防护密闭设备和通风口，这样，放射性灰尘和毒气就不能侵入了。

防空洞是人防建设的一项基本内容。纵观世界，越是实力强大的国家，对防空洞等人防措施的建设就越重视。在近100年来从未遭受过战争侵袭的美国本土，几乎每个较大规模的城市都建有防空洞。瑞士法律规定，每所住宅都必须修建地下防空设施，并且防空设施必须要能抵抗一定强度的冲击波，还要配备防御化学武器、核放射尘埃的过滤器和至少维持两周以上的饮用水和储备粮。

另外，防空洞在平时，对自然灾害同样发挥着不可低估的作用。在美国的佛罗里达州，每当龙卷风袭击的时候，防空洞就成了人们避难的场所。

在我国，1976年唐山大地震发生后，正是一个设在地下人防设施里的电站，由于得到人防工程的保护，没有被损坏，在震后第一个输出了电，为抗震救灾作出了重要贡献。

你知道吗

- 如今，一些多年前建造的老旧防空洞被人重新利用起来，经过重新整修，用于旅游业、防自然灾害（如躲避龙卷风）等。
- 中国最早于1955年开始建立预备役部队，先后在成都、武汉、昆明、兰州等军区组建了一批预备役部队，并预编了十几万名预备役士兵。

什么是预备役部队？

所谓预备役部队，是相对现役部队而言的。预备役部队是指国家平时以预备役军人为基础、现役军人为骨干组建起来的，能够迅速转化为现役部队的武装组织。

预备役部队是加强军队后备力量建设，保障战时迅速扩编军队的重要组织形式。预备役人员按地区编组，配有武器装备，对训练时间、训练内容、战时任务及隶属关系等都有明确规定。他们训练有素，战斗力较强，战时能迅速、成建制地转为现役部队，进而参加作战。

世界上许多国家都把组建预备役部队视为增强军队后备力量的重要手段。

预备役部队在现代国防和战争中占有重要地位，因此引起了世界上越来越多国家的重视。

正在整装的中国预备役士兵

预备役部队通常分为军种预备役部队和兵种预备役部队。后者只在规定的时间内进行规定的训练，目的是为国家储蓄兵力。

防空洞入口

防空洞不仅可以躲避炮火，而且还是个冬暖夏凉的好地方。这是因为防空洞很少受到太阳直射，内部温度变化不大，所以夏天比外面凉，冬天比外面暖。

军事之最 最强大的防空设施：美国的地下防空设施是世界上最先进的，城市75%的建筑都有地下室，面积达6.5亿平方米。

陆军包括哪几个部分?

当今世界,几乎所有的国家都建有陆军。许多国家的陆军都由五个以上的兵种和保障部队构成,每个兵种又由不同层次、多种类型的部队编成。现代陆军是一个多兵种、多系统、多层次有机结合的整体,具有强大的火力、突击力和高度灵活的机动能力,既能独立作战,又能与其他军种联合作战。

现代陆军主要由步兵(含摩托化步兵、机械化步兵)、装甲兵(即坦克兵)、炮兵、陆军防空兵、陆军航空兵、电子对抗兵(即电子对抗部队)、工程兵、防生化兵、通信兵、侦察兵等兵种和专业兵组成。有些国家的陆军还有空降兵、导弹兵、火箭兵、铁道兵和特种部队等。陆军的主要装备有步兵武器、汽车、坦克、装甲车、火炮、导弹、火箭、直升机等各种武器器材。

20世纪80年代以来,我国以炮兵、装甲兵、工程兵、防化兵为主体的兵种部队在陆军编制中所占比重已达2/3以上。

特种兵

一般认为特种部队最早源于英国。第二次世界大战期间,为反击纳粹德国的疯狂进攻,英国首相丘吉尔下令组建一支由海军和海军陆战队的精锐士兵组成的特种部队,他们头戴贝雷帽,被称为"哥曼德"。

炮兵

炮兵是以火炮、火箭炮和战役、战术导弹为基本装备,执行地面火力突击任务的兵种。炮兵具有强大的火力和较高的机动能力,在历史上曾有"战争之神"的美誉。

特种兵为什么有超强的战斗力?

特种部队指的是担负破袭敌方重要的政治、经济、军事目标和执行其他特殊任务的部队,通常隶属于最高的军事机关。特种兵的建制一般不大,在军队里所占比重小于3%,但是战斗力却是最强的。

特种部队之所以具有超强的战斗力,首先是成员素质高,一名合格的特种兵先要经过严格挑选,还要接受战斗技能、机动技能、渗透技能、侦察谍报技能等多方面的近乎严酷的训练。

特种部队的战斗力还取决于他们轻便、先进、高效的武器装备。其装备以手枪、匕首、步枪、冲锋枪、轻机枪、手榴弹和掷弹筒等轻武器为主;还配备高级无声枪械、高级暗杀器械和药品、微型通信器材、特种爆破装置等,能够机动灵活地完成各种特殊任务。

军事之最　最早的特种部队:1940年6月6日,为反击纳粹德国,英国首相丘吉尔下令组建了第一支特种部队,名为"哥曼德"。

海军陆战队为什么强悍勇猛?

Weishenme

在现代高科技的战场上，有一支带有神秘色彩的劲旅。论编成，步兵、炮兵、装甲兵、空降兵、潜水兵，陆海空三军无所不有；论作战地域，从山林到海岛，从空中到水下，从热带到寒带，无所不及；论单兵素质，人人身怀绝技，就是和特种兵相比也毫不逊色。他们就是海军陆战队。

海军陆战队是海军中担负登陆作战任务的兵种，一般属于海军或舰队。它的产生源于执行登陆作战的需要，因而海军陆战队也被称为两栖部队。

目前，世界上有29个国家和地区拥有海军陆战队，经过极其严格的训练，其队员大都具有机动性强、反应快的特点及高超的独立作战能力。各国海军陆战队的基本使命都是独立或配合陆军担任特遣队实施登陆作战，争取并巩固登陆点和登陆场，保障后续部队登陆，担负海军基地、重要地区和岛屿的防御任务。

海军航空兵是做什么的?

Weishenme

海军航空兵是海军中主要在海洋上空执行作战任务的兵种，是海军的主要突击兵力之一。它分为岸基航空兵和舰载航空兵，通常编有轰炸机、歼击机、强击机、反潜机部队以及执行侦察、巡逻、预警、电子对抗、运输、救护等支援保障任务的部队、分队。有的国家还为海军航空兵编有地面防空部队和专业院校，配有指挥、通信、补给、保养、修理等勤务系统，具有远程作战、高速机动和猛烈突击的能力。

海军航空兵的任务是独立或协同其他军种、兵种，歼灭敌方的空中、海上力量，攻击敌方的海上交通线和海军基地、港口、沿海机场等重要目标，从而夺取海洋战区和濒海战区的制空权。此外，他们还要掩护和支援己方舰艇的战斗行动，夺取制海权，保护己方的海上交通线和沿海机场、基地、港口和兵力部署，进行海上侦察、巡逻、反潜、布雷、扫雷、通信、引导、运输、救护等。

今后，海军航空兵将向着多机种、多用途的方向发展。

"血战硫磺岛"纪念雕像
这座巨型雕像是根据记者乔·罗森塔尔拍摄的著名照片塑成的，位于美国首都华盛顿的广场上。它表现了在第二次世界大战时期的硫磺岛战役中，几名美国海军陆战队的士兵奋力插起一面美国国旗的场景。

军事之最 最大的海军陆战队：美国海军陆战队共有3个师与3个配有416架战斗机的空中联队，被美国人视为"第四军种"。

战略轰炸机部队为什么要编队飞行?

Weishenme

轰炸机编队
轰炸机的速度慢、机动性差,如果遇到敌人战机拦截,单机会很快被击落,所以轰炸机进行轰炸时需要编队飞行。

特技飞行
特技飞行的突出特点是在不同的特技动作中飞机的飞行状态、高度、速度、方向和过载等参数都会急剧变化。

前文提到战略轰炸机部队,可是你知道吗,战略轰炸机部队在空中执行任务时,是需要编队飞行的。这是为什么呢?

原来,轰炸机的速度慢,机动性差,如果遇到敌人战机拦截,单机会很快被击落,虽然重型轰炸机有大量的机枪、航炮和球形炮塔,但它还是不能以单机来对付大批的战斗机,所以重型轰炸机进行轰炸时都需要编队飞行。而且单机飞行进行轰炸对敌方的破坏微乎其微,要对敌方的军事设施、基础设施的破坏达到最大限度,就需要进行编队飞行。编队飞行的另外一个好处就是可以避开别的飞机的尾流。

在历次轰炸中,使用率最高的编队飞行方式就是"巴尔博编队",它是以意大利著名空军军官伊塔罗·巴尔博的名字命名的。其队形是:三架飞机成正三角形飞行,一机在前,两机在后。

什么是特技飞行?

Weishenme

特技飞行指的是飞机急速改变飞行状态和运动参数的机动飞行。我们有时在电视上看到的飞行表演中,一队飞机在空中上下翻飞,做出各种高难度的飞行动作,那就属于特技飞行。

特技飞行是随着飞机性能的改进和空战与表演的需要而逐步发展起来的,现在已逐渐成为一种专门的飞行技术。它对提高飞行员的驾驶技术,增强耐力,培养勇敢精神和充分发挥飞机性能都有重要的作用。这些特技动作将有可能成为歼击机飞行员夺取空战优势的手段。

特技飞行按飞机数量可分为单机特技和编队特技;按飞行高度可分为低空特技、中空特技和高空特技;按空间位置则可分为水平面特技、铅垂面特技和空间特技。常见的特技动作有盘旋、俯冲、跃升、战斗转弯、下滑倒转、筋斗、斜筋斗、半筋斗翻转、水平8字、上下横8字、跃升盘旋、跃升倒转、上升下滑多次横滚、水平一次或多次横滚和慢滚等。

你知道吗

- 二战结束前后的1945年9月2日,在日本的投降仪式上,由1500架战斗机和500架B-29轰炸机组成的庞大的飞机编队飞越"密苏里"号战列舰上空,显示了美军强大的空中力量。
- 美国麻省理工学院的一个小组已初步研制出代号为"X-Cell60"的无人驾驶直升机,它的长项就是"玩特技"。

军事之最 最著名的轰炸事件:1941年12月7日,日军动用50架轰炸机、51架俯冲轰炸机、40架鱼雷轰炸机,偷袭了珍珠港的美军基地。

防弹服为什么能防弹？

Weishenme

防弹衣是一种能吸收和耗散弹头和碎片的动能，减轻子弹穿透力，有效保护人体受防护部位的服装，分为软体、硬体和软硬复合体三种。软体防弹衣的材料主要以高性能纺织纤维为主，这些高性能纤维的能量吸收能力远远高于一般材料，从而赋予防弹衣以防弹功能。硬体防弹衣则是以特种钢板、超强铝合金等金属材料，或氧化铝、碳化硅等硬质非金属材料为主体防弹材料制成的。软硬复合式防弹衣的柔软性介于上述两种类型之间，它以软质材料为内衬，以硬质材料为面板和增强材料，是一种复合型防弹衣。

防弹衣的防弹机理从根本上说有两个：一是将弹体碎裂后形成的碎片弹开；二是通过防弹材料消释弹头的动能。美国在20世纪二三十年代研制出的首批防弹衣就是靠连在结实衣服内的搭接钢板提供防护的。这种防弹衣以及后来类似的硬体防弹衣都是通过弹开弹头或弹片，或使子弹碎裂以消耗分解其能量而起到防弹作用的。以高性能纤维为主要防弹材料的软体防弹衣，其防弹机理则以后者为主，即利用高强纤维织物"抓住"子弹或弹片，从而达到防弹的目的。

迷彩服为什么能迷惑敌方侦察？

Weishenme

在表现现代战争的影片里，人们常常可以看到一些隐蔽待命的部队，他们所穿的五颜六色的衣服，就是"迷彩服"。这种衣服在环境多变的丛林中，可以使"红外夜视仪"、"激光侦察仪"视线模糊，让敌人变成"睁眼瞎"。

你知道吗

- 人体铠甲的雏形可追溯至远古，原始人类为防止身体被伤害，曾用天然纤维编织带作为护胸的材料。
- 如今，迷彩已不仅仅是在士兵的军服和头盔上使用，各种军用车辆、大炮、飞机等军用器材装备上也被普遍涂上了迷彩。

迷彩服防侦察的关键在于军服的色彩颜料。由于颜料里掺进了一种特殊的化学物质，而染上这些染料的服装，具有较强的反射红外光波的能力就与周围自然景物相似，从而达到迷惑近红外夜视仪的目的。另外，迷彩服使用不同的色斑，可使军服色彩基本接近周围环境的颜色。

第二次世界大战末期，德国军队首次使用了迷彩服，那是一种三色迷彩服。后来，美国等国家的军队装备了更先进的四色迷彩服。现在世界通用的是六色迷彩服。美军还根据其不同兵种，制定了各种不同的迷彩服伪装图案。

身穿防弹衣的警察
防弹衣主要由衣套和防弹层组成。防弹层对低速弹头或弹片有明显的防护效果，可减轻其对人体胸、腹部的伤害。

身穿迷彩服的士兵
迷彩服的反射光波与周围景物反射的光波大致相同，不仅能迷惑敌人的目力侦察，还能对付红外侦察，使敌人现代化侦察仪器难以捕捉目标。

军事之最 最早的伪装色军服：是1864年12月英军大尉拉姆斯汀针对作战环境中黄土裸露多、风沙大的特点，选定的土黄色军服。

中国孩子最爱问的十万个为什么

主题索引: 水手服的军帽后面为什么有飘带？飞行员为什么要穿上厚厚的飞行服？

➡ **战斗机飞行员**
飞行员在执行飞行任务时必须穿着厚厚的飞行服，这是能保证飞行员在飞行中，特别是在高空低气压、缺氧等情况下正常工作的重要装备。

➡ **海军水兵帽**
海军水兵帽的特色是无檐并配有两根飘带。飘带在早期主要是为了测试风向。今天，虽然现代气象设备已广泛使用，但这一特色仍被保留了下来。

水手服的军帽后面为什么有飘带？

Weishenme

各国海军士兵戴的军帽大同小异，通常为白色或蓝色，帽檐为硬圈，帽檐后面有两条黑色的飘带。大家知道海军士兵帽的飘带是如何来的吗？

19世纪初，无檐水兵帽风行于世界各国海军。水兵帽无檐，主要是为了避免舰艇高速航行时帽檐兜风和使用观察仪器时帽檐碰坏仪器。而水兵帽后面有飘带，则既可以当风向标使用，也可以用以系住帽子不使其脱落。

关于飘带的来历，还有另外一种说法。1805年，拿破仑军队入侵英国，英军统帅纳尔逊率舰队打败了法国舰队，但他本人在战斗中重伤身亡。英国海军为他发丧时，全体水兵都在帽后缀上两条黑纱表示悼念。此后，英国海军士兵帽就正式缀上了两条黑色飘带，以后逐渐为各国海军所仿效。

飞行员为什么要穿上厚厚的飞行服？

Weishenme

飞行员之所以在执行飞行任务时要穿厚厚的飞行服，是为了保证飞行员在飞行

中，特别是在高空低气压、缺氧等情况下的正常工作和生命安全。厚厚的飞行服主要包括：头盔、围巾、风镜、外上衣、裤子、皮靴、手套和毛衣裤、衬衣裤等，按穿用季节可分为春秋季、夏季和冬季飞行服。飞行服上衣通常为夹克式，下衣为马裤式。

这套特制的衣服不仅具有保暖的作用，还可以抗压。在飞机高速俯冲或做"大筋斗"的时候，飞行员要受到很大的过载，即受到几倍于身体重量的压力，如果超过一定限度，飞行员就会昏厥过去。飞行服的抗压性能可以减少飞行员受到的压力，保证在做高难度动作时，他们仍然能较清醒灵活地操纵飞机。

目前，各国空军的飞行服均采用尼龙贴扣封口，而没有用纽扣。这是因为20世纪50年代初，西欧某国在一次陆海空三军演习时，一名技术高超的飞行员因一粒纽扣掉进仪器而造成了机毁人亡的事故。后来人们吸取这次教训，对飞行服进行了改造。

军事之最 最年轻的飞行员：2003年10月14日，已有1年驾龄的10岁女孩晨·维兹曼被吉尼斯世界纪录委员会授予"最年轻的飞行员"称号。

Part 5

五　交通与体育

交通工具是为适应人类生产和生活的需要而逐步发展起来的，当代主要有铁路运输、公路运输、水路运输、航空运输和管道运输5种运输方式。体育活动既能强身健体，又能使人精神愉悦，自古以来就深受人们重视。

中国孩子最爱问的十万个为什么

主题索引
最早的交通工具是什么？为什么说轮子的发明是运输史上的一大进步？

最早的交通工具是什么？

➡ 牛车
人类在公元前8世纪就已经开始驯养牛为人类服务了。牛性情温驯、身强力壮、吃苦耐劳，曾是古代最主要的代步工具之一，直到现在，仍有许多人使用牛耕地、拉车。

在原始社会，如果人们想到另外一个地方去，就只能靠自己的双脚走去。不过这种现象很快得到改善，人们学会了驯养牲畜，骑乘它们来代替步行。就这样，牛、马、驴和骆驼成了最早的陆上交通工具。

而水上交通则是另一种情况。科学家认为，人们很早就注意到了落叶、枯枝和树木能在水中漂浮的现象，并逐渐从中得到启发，慢慢学会了用藤条将几根树枝捆在一起，顺水漂流，创造了最原始的水上交通工具：木排。

中国西汉末东汉初发明的独轮车，堪称世界上最早的运输工具。独轮车又叫"鹿车"或"羊角车"。它的特点是中间只有一个车轮，一个人就可推动。车上既可坐人又可载物，不论平原还是山地的狭窄道路，均可使用，而且它的运输量比人力担挑、畜力驮运大了好几倍。

为什么说轮子的发明是运输史上的一大进步？

➡ 木轮
轮子通常被视为人类最古老、最重要的发明，以至于我们经常把它和火的发明使用相提并论。实际上，人类使用火的历史超过150万年，而使用轮子的历史则只有短短的6000年。

人类的发明不可胜数，轮子的发明堪称最杰出的发明之一。

在轮子发明之前，人们除了肩背手提之外，就只会使用滑橇来运输货物了。后来有人偶然发现，圆滑的石头或圆木滚动起来很快。受到这个现象的启发，人们用石斧把圆木截短，并在砍下的两段圆木的中间凿一个圆洞，再在洞里穿上一根细一点的木棍把它们连接起来。这样，一种滚子橇就制造出来了，用它拖东西比过去轻快多了。这种滚轮出现于公元前2000年左右。但这种滚轮装运太重的物品时，就会被压裂，因此，后来人们又为这种轮子套上了铜箍或铁箍。

轮子带给人类一种全新的运动方式，即由滑动到滚动的飞跃。滚动的轮子和滑动的物体相比，可以大大减轻与地面的摩擦力，使人类可以运输更多更重的货物，从而大大促进了劳动生产力的提高和社会经济的发展。因此，有人将轮子的发明与火的发明相提并论。

你知道吗

▪ 中国考古工作者在浙江省境内发现了一艘在地下沉睡了至少7500年的小木船，它是迄今为止中国出土的最早的水上交通工具。

▪ 原始居民普遍崇拜日月。因为古人认为圆形是最完美的形状。

交通之最 最大的车轮：加拿大通用公司为矿区制作了一种巨无霸卡车，其车轮直径超过了4米。

自行车是何时发明的?

Weishenme

自行车是何时发明的？说法有很多，这里介绍其中最主要的三种。

第一种，认为自行车的始祖是我国公元前500多年的独轮车。史书记载，清朝人黄履庄曾发明过自行车。《清朝野史大观》载："黄履庄所制双轮小车一辆，长三尺余，可坐一人，不需推挽，能自行……日足行八十里。"

第二种，认为自行车为西欧人发明。1790年，法国人西夫拉克研制成木制自行车，外形像一匹木马的脚下钉着两个车轮。1817年，德国的德莱斯男爵发明了一种能自由活动的车把。1839年，英国工人麦克米伦首创了用曲轴机构驱动后轮的脚踏自行车，可使人在骑自行车时双足离开地面。

第三种，认为自行车是俄国人发明的。1801年，俄国农奴阿尔塔莫诺夫骑着自己制造的木制自行车向沙皇亚历山大一世献礼。

后来的1886年，英国机械师斯塔利为自行车装上了前叉和车闸，并用钢管制成了菱形车架，还首次使用了橡胶的车轮。他的设计改进了自行车的结构，为自行车的大量生产和推广应用开辟了美好的前景，因此被后人称为"自行车之父"。

【百科辞典】

轮毂：
车轮中心轴状的那一部分。

轮辐：
车轮上连接轮辋和轮毂的部分，是一种保护自行车车轮的轮圈、辐条装置。

轮辋：
车轮周围边缘的部分，也就是钢圈。

古董自行车
1861年，法国人发明了前轮大、后轮小的自行车，前轮上装有曲柄和能转动的踏板；1874年，英国人在自行车上采用了链条传动结构。但此时的自行车仍是前轮大、后轮小，车座也很高，骑车的人很难控制车子。

自行车的车轮上为什么有辐条?

Weishenme

自行车轮
自行车车轮的辐条一般是等径的，为了减轻重力，也有制成两端大、中间小的变径辐条，还有为了减小空气阻力将辐条制成扁流线型的。

自行车的车轮并不是实心的，轮毂和轮辋之间有钢丝制成的辐条。它的用处是使自行车的车轮保持一定的形状，因为每当车轮碰到石头或陷入马路上的小坑时，辐条都能吸收冲力的震动，从而防止轮子变形。安装辐条时，每一根辐条都是被辐条板子按照对称的方向拉紧的。没有装辐条的钢圈，只要稍一用力，钢圈就会变成椭圆形，但是，拉紧了辐条的钢圈就不会变成椭圆形，因为辐条不能任意伸长。

其实，最早的轮子都是实心的，一般用三块木板拼成。相比较而言，辐式车轮是一项重大的技术改进。因为它具有更大的承压能力，而且重量较轻、不易破裂、更富于弹性，适于高速运行。

交通之最 最贵的自行车：全世界最贵的自行车是宝马公司制造的价值15万美元的人工智能自行车。

中国孩子最爱问的十万个为什么

主题索引
> 充气轮胎是何时出现的？山地车为什么可以在崎岖的山路上行驶？

充气轮胎是何时出现的？

自行车头盔
今天的自行车头盔大都由轻型复合材料制成，既能保护头部又轻便透气。

早期没有轮胎的自行车，轮子不是木头做的就是金属做的，骑车时乱颠乱震，实在不便于使用。但在轮子外面加上充气轮胎以后，颠簸的程度就大大减轻了。那么，最早的充气轮胎是什么时候发明的呢？

1887年，有个叫邓禄普的英国人，为了在自行车比赛中获胜，千方百计地改进自行车的轮子。经过多次实验之后，他把橡皮管按自行车轮子的大小弯成圆环，再用胶把两端粘结实，然后给橡皮管打足气，绑在了自行车的轮子上，这样便制成了世界上第一个充气轮胎。

比赛那天，邓禄普骑着改进后带充气轮胎的自行车，一直在队伍的最前面，遥遥领先，最后如愿以偿地获得了冠军。事后，人们对他的发明产生了极大的兴趣，于是，在很短的时间内，装上充气轮胎的自行车便很快风靡了整个欧洲，成了自行车的主流类型。

山地车为什么可以在崎岖的山路上行驶？

山地车，英文名"mountain bike"，缩写为"MTB"，起源于美国，是美国青年为了寻求刺激，在摩托车比赛的越野场地上驾驶自行车进行花样比赛而发展起来的车型。

山地车的各种部件均不同于普通自行车：它有着缓冲作用很强、抗震性能良好的轮胎；具有牢固结实、材料刚度大的车架；还有不易疲劳的手把以及即使在陡峻的坡道上也能保证畅快骑行的变速器等。这些特殊器械使山地车更加适于爬山越岭和郊游旅行。所以，山地车具有刚度大、行走灵活等特点，骑行时不必选择道路，骑车者可以在各种路面环境上尽情享受骑行的乐趣。

山地车因其坚固、粗犷、新颖的外形、缤纷夺目的色彩、优越的骑行性能，很快就成了都市青年追求的时尚。

山地自行车赛
山地自行车赛是一项独立的自行车赛事。参赛队员尽量避开过于平整的赛道，而选择更艰险崎岖的山路，以比赛实力及自行车技术。

交通之最 最先进的安全轮胎：米其林轮胎有胎唇垂直锚泊系统，装配于顶级豪华轿车劳斯莱斯上，大大提高了轿车的安全系数。

摩托车为什么能够高速行驶？

Weishenme

摩托车飞驰起来就像一阵风，一点也不亚于汽车的速度，这是为什么呢？

这是因为，摩托车和汽车发动的原理基本是一样的。摩托车也装有一个内燃式发动机，一般安装在车子的中间位置。内燃机的燃油燃烧产生动力，推动活塞，牵动曲轴，变速器又将曲轴的旋转传给链条，从而带动轮子转动，摩托车就这样发动起来了。发动机的动力越大，摩托车也就跑得越快。摩托车一般采用二冲程发动机，在转速相同的情况下，比四冲程发动机功率要高1.5倍。

与汽车相比，摩托车造型轻巧，加速容易，而且能在崎岖的道路上自由行驶。而用来进行越野赛的摩托车，其强大的动力则足以使车身在高速疾驶中高高腾起，飞越障碍。

为什么骑摩托车一定要戴头盔？

Weishenme

在1956年美国加利福尼亚州举行的一次摩托车大赛中，著名选手威廉斯内尔在

【百科辞典】

内燃机：
一种动力机械，它是通过使燃料在机器内部燃烧，将其放出的热能直接转换为动力的热力发动机。

二冲程发动机：
用两个步骤就能完成一个燃油燃烧循环过程的引擎。

比赛中坠车惨死。之后，人们就将安全防护头盔的设计列为摩托车的重点研究项目。

摩托车具有灵活、快捷、行驶中占用道路面积小、容易通过一般空隙的特点。但是，摩托车与路面附着面积小，稳定性差，这就容易诱发交通事故。由于摩托车驾驶员的身体直接暴露在车外，没有任何保护装置，一旦发生事故，驾驶员就极易受到伤害。不论是撞车还是翻车，驾驶员的头部都会受到损伤，甚至导致驾驶员死亡。

专家们经过反复实验确定，头盔可以有效地保护头部。头盔光滑的半球可分散并吸收冲击力，而头盔的变形或裂纹以及护垫，又可以起到缓冲作用，也能吸收一部分能量。据测算，人的头部一般可以承受450千克作用的冲击力，而头盔能使实际作用于头部的冲击力小于这个上限，从而起到防护的作用。另外，在行车或超车时，安全头盔鲜明醒目的色彩还能引起前方驾驶员的注意。所以，世界各国都规定，骑摩托车必须戴头盔。

飞越
图为摩托车越野赛中腾空跃起的摩托车。全世界最快的摩托车时速可达400千米。

摩托车
摩托车由内燃机驱动，轻便灵活，行驶迅速，广泛用于巡逻、客货运输等，也用做体育运动器械。

交通之最 最早的摩托车：1885年，德国人戴姆勒把自己发明的单缸内燃机安装在木制自行车上，发明了世界上第一辆摩托车。

中国孩子最爱问的十万个为什么

主题索引
- 第一辆汽车是什么时候问世的？为什么说引擎是汽车的心脏？

第一辆汽车
1885年，德国人卡尔·佛里特立奇·本茨研制出了世界上第一辆马车式三轮汽车，并于1886年1月29日获得世界第一项汽车发明专利。这一天被大多数人视为现代汽车诞生日，本茨也被后人誉为"汽车之父"。

汽车引擎
引擎是汽车发动机的核心部件，是整部汽车的心脏，它为汽车的行驶提供了最主要的动力。

第一辆汽车是什么时候问世的？

Weishenme

世界公认的汽车发明者是德国人卡尔·佛里特立奇·本茨。他在1885年研制出了世界上第一辆马车式三轮汽车，并于1886年1月29日获得了世界第一项汽车发明专利。这一天被大多数人视为现代汽车诞生日，本茨也被后人誉为"汽车之父"。

1887年，卡尔·佛里特立奇·本茨将他的第一辆汽车卖给了法国人埃米尔·罗杰斯，这是世界上销售出的第一辆现代汽车。同年，本茨成立了世界上第一家汽车制造公司——奔驰汽车公司。本茨将毕生的精力都献给了汽车事业。

对于谁是汽车的发明者这个问题，法国人持有不同的看法。法国人认为，早在德国人之前，法国的戴波梯维尔在1884年就发明了汽车并申请了专利。这的确是事实，但遗憾的是，戴波梯维尔以后并没有去研究汽车，而是把发动机用到了工业生产中，最终成了一个工业发动机制造商。但有一点是肯定的，法国在汽车发展史上作出的巨大贡献是不可磨灭的，因为法国人同样是汽车工业的先驱，是他们使汽车制造真正进入工业生产阶段。

为什么说引擎是汽车的心脏？

Weishenme

引擎，是英文Engine的音译，指一种能够把一种能转化为另一种更有用的能的机器，它通常能够把化学能转变为机械能，从而为汽车、飞机、轮船乃至航空火箭提供动力。最早的引擎是在1860年由一位英国科学家发明的，那是一种由火药驱动的燃烧式引擎。有人把引擎称为发动机，其实发动机是一整套动力输出设备，包括变速齿轮、引擎和传动轴等，引擎只是发动机的一部分，但却是最核心的部分。

我们常说，引擎是汽车的心脏，是因为它为汽车的行走提供了主要的动力。简单地讲，引擎就是一个能量转换机构，能将汽油或柴油的热能，通过燃烧气体膨胀时推动活塞做功这种方式，转变为机械能，这就是引擎最基本的工作原理。它所有的结构都是为能量转换服务的。虽然引擎伴随汽车走过了100多年的历史，不管是在设计上、制造上、工艺上还是在性能上、控制上都有很大的提高，但其基本原理仍然未变。

引擎是汽车中能给汽车提供动能的独一无二的部件，就如同人体中源源不断地向身体各部位输送血液的心脏。所以，把引擎说成是汽车的心脏，一点也不为过。

交通之最 最贵的汽车：德国奥迪原厂生产的一款派克峰概念车，车身用铝制成，具有环保功能，价值3000万欧元。

为什么绝大部分汽车都使用汽油引擎？

Weishenme

汽车尾气
汽车尾气是空气污染的一个重要因素。它不仅会使人头昏、恶心，影响人的身体健康，而且还会对环境产生更为深远的影响。

多年来，发动机在不停地更新换代，例如蒸汽发动机、燃气发动机和电动机。到了近现代，汽车的动力来源已经有了许多种，像汽油、柴油、电力及油电混合等。但就目前的使用状况而言，绝大部分汽车都使用以汽油为燃料的引擎。这是为什么呢？

首先，汽油引擎已经有了近百年使用与发展的历史。工程界对这种引擎不但熟悉，而且有多年的研发经验，这使得它价格便宜且实用可靠。其次，汽油燃料的能量密度很高。当空气和汽油的混合物被推进引擎中的气缸后，经过一系列反应变化和机械运动，燃料的化学能可以转化为机械能，给汽车源源不断地注入强大的动力。最重要的一点是，和另一种常用燃料柴油相比，电喷汽油引擎的污染要小得多。

现在，我国的柴油品质还不高，含硫量很大，这使得在使用柴油燃料的时候，柴油引擎会冒出大量的黑烟，给环境造成严重的污染。相比之下，人们就更多地选择使用汽油引擎了。

为什么方向盘能够控制汽车灵活转向？

Weishenme

大家都知道，汽车能够灵活自如地转弯。在一些汽车比赛中，赛车在复杂的赛道上，做出各种花哨的转弯动作，更是令人目不暇接、眼花缭乱。这一切都是通过迅速操作方向盘做到的。

为什么方向盘能够控制汽车灵活转向呢？原来，方向盘可以通过调节差速器来控制汽车的方向。差速器是位于汽车驱动轴之间的一组复杂的齿轮，最初是由法国雷诺汽车公司的创始人路易斯·雷诺发明的。当车辆需要转弯时，驾驶员转动手中的方向盘，通过一系列齿轮传导至差速器，而差速器能调整内外两轮的转速。比如，当汽车拐过一个拐角时，汽车的外轮比内轮走的路要多一些，因此外轮必须转得更快一些，才能与内轮保持平衡。如果内外轮单靠同一根轮轴，那将是不可想象的。因此，车轮轴要分成两部分，这两部分彼此相连，并且靠差速器的轴承系统与发动机里的牵引杆相连接。当汽车直线行驶时，两个轮子都以相同速度转动；转弯时，通过方向盘调节差速器，差速器再使外轮加速而内轮减速，从而保持车身平衡，实现汽车的迅速转弯。

汽车驾驶台
方向盘是一种齿轮系统，操作灵活，很好地缓解了来自道路的剧烈振动。好的方向盘系统还能为驾驶者带来一种与道路亲密无间的感受。

【百科辞典】

汽油：
是用量最大的轻质石油产品之一，分为车用汽油和航空汽油两大类，是汽车、摩托车、快艇、直升机的主要燃料。

柴油：
是石油产品之一，是大型车辆、船舰的主要燃料。汽车用的高速柴油引擎比汽油引擎更省油。

交通之最 最小的汽油引擎：全球最小的汽油引擎可以装入手表中，但它产生的能量却是传统电池的700倍。

离合器和变速器是怎样配合工作的？

离合器，顾名思义，就是起着分离或结合作用的机器，它能够分离或结合汽车的发动机和传动系统。如果驾驶员踩下离合器，发动机和传动系统就迅速分开，这样便于驾驶员进行汽车的起步、停车、换挡等操作。在汽车行驶过程中，驾驶员松开离合器踏板时，使发动机与变速器逐渐接合，从而加大传递发动机向变速器输入的动力。

而变速器，就是发动机转速的变换器，是汽车传动系统中最重要的部件之一。变速器内有多组大小不同的齿轮，而汽车行驶时的换挡行为，也就是通过操纵机构使变速器内不同的齿轮组工作。驾驶员通过操纵变速杆以变换速度，使汽车获得所需的牵引力和行驶速度，以适应各种道路条件下起步、爬坡的速度要求。

离合器和变速器两者相互配合，便于驾驶员进行换挡。汽车行驶过程中，需要经常换用不同的变速器挡位，以适应不断变化的行驶条件。如果没有离合器将发动机与变速器暂时分离，那么变速器内动力过大，就容易损坏机件。利用离合器使发动机和变速器暂时分离后再进行换挡，就会使变速器内的主动齿轮与发动机分开后的转动惯量变小，这时，采用合适的换挡动作就能避免或减轻齿轮之间的冲击了。

汽车的轮胎上为什么布满了花纹？

汽车的轮胎上布满了花纹，你知道这是为什么吗？

汽车轮胎上的花纹可以起到增加摩擦力的作用，从而增加车的抓地力，有助于汽车的启动和减少刹车的滑行距离。在雨天时，通过花纹还可以把路上的积水排到轮胎外，使汽车能够正常行驶。如果前轮轮胎使用沿滚动方向花纹的轮胎，还能保证导向性。此外，轮胎上的花纹还可以起到节约橡胶用料，减轻自重的作用。

世界上首批汽车轮胎样品是1895年在法国出现的，它们是由平纹帆布制成的单管式轮胎，并没有花纹。直到1908年至1912年间，轮胎才有了提高使用性能的花纹。起初，轮胎花纹仅是直线型的花纹，非常简单。后来，随着车辆载重量和行驶速度的日益提高以及路面条件的改进，轮胎花纹也逐渐多样、复杂起来。

车辙
汽车在路面上碾过后，留下了各种花纹的车辙。汽车轮胎上的花纹，最主要的作用是增加车轮与地面的摩擦力，以达到增加车的抓地力，帮助汽车启动以及减少刹车滑行距离的目的。

汽车离合器
离合器位于发动机和变速器之间的飞轮壳内。在汽车行驶过程中，如果驾驶员踩下离合器，发动机和传动系统就迅速分开，这样便于驾驶员进行汽车的起步、停车、换挡等操作。

轮胎花纹的最小厚度：驾驶员应该定期检查轮胎花纹的厚度，如果发现厚度不足1.6毫米，就需要更换新轮胎了。

轿车的风挡玻璃为什么是斜的？

Weishenme

我们有时在街上会看到，有一些老式大卡车的风挡玻璃，几乎都是垂直的；而大部分的小轿车则不同，它们的风挡玻璃都是倾斜的。为什么是这样呢？

其实，车的前风挡玻璃都是有倾角的，只不过倾角大小不同而已。前风挡玻璃倾角的大小涉及到一个风阻系数。据测试，一辆以每小时100千米的速度行驶的汽车，发动机输出功率的80%将被用来克服空气阻力。所以为了减少空气阻力，人们将风挡玻璃的倾角设计得比较大，使车身更显流线型，以此减小风阻系数，以保证车辆快速行驶。

此外，前风挡玻璃斜置还有一个目的：后面车辆射来的光，照到风挡玻璃后，就会斜向下反射，而不会进入司机的眼睛；当车内的景物被照亮时，通过风挡玻璃所成的像在司机的前上方，这样司机的视线就不会受到干扰。反之，如果车内有光，再加上玻璃是垂直的，就会把车中的图像映射到车子的玻璃前方，这样就会挡住司机的视线，非常危险。e

汽车是怎样刹车的？

Weishenme

汽车在行驶时，如果出现意外，就必须赶紧刹车，所以刹车装置的性能好坏与车上人员的安全息息相关。那么，汽车是怎样做到紧急刹车的呢？

刹车器的学名叫制动器，主要有两大类：盘式制动器和鼓式制动器。盘式制动器有一个与轮子以同样速度旋转的扁平圆盘，叫制动盘。制动盘的两面各有一个刹车片，被制动卡钳夹在一起。当司机用脚踩制动踏板时，刹车油就从液压缸流到轮胎处的制动汽缸，制动汽缸产生一个强大的力挤压刹车片，从而使它们压在制动盘上，这样制动盘和车轮就都停下来了。鼓式制动器是早期设计的制动系统，它的制动块位于制动轮内侧，刹车时制动块向外张开，摩擦制动轮的内侧，从而达到刹车的目的。相对于盘式制动器来说，鼓式制动器的制动效能和散热性都要差许多。e

盘式制动器
盘式制动器是目前的主流制动系统，其主要特点是热衰减较小、刹车灵敏，刹车力量强劲，配合ABS系统还能有效防止车轮抱死。

制动鼓
鼓式制动器利用制动片挤压制动鼓产生制动力来刹车，多用于小型货车和低档汽车，由于制动力较弱、湿水后容易引起瞬间刹车失灵、热衰减快等原因，已濒临淘汰。

轿车的风挡玻璃
人们将轿车风挡玻璃的倾角设计得比较大，使车身更显流线型，有利于减小风阻系数，以保证车辆快速行驶，同时它还可以使司机的视线更清晰。

交通之最　**最快的轿车**：搏速E.V12 Biturbo，在意大利的高速路上创造了时速350.2千米的世界纪录，成为最快的公路用车。

中国孩子最爱问的十万个为什么

主题索引
- 安全气囊为什么能保护驾乘人员？什么是ABS系统？

ABS制动系统
目前，装备在车辆上最常见的是四传感器四通道ABS系统，每个车轮都由独立的液压管路和电磁阀控制，它可以对单个车轮实现独立控制。这种结构能实现良好的防抱死功能。

安全气囊
汽车的安全气囊内有叠氮化钠或硝酸铵等物质。当汽车在高速行驶中受到猛烈撞击时，这些物质会迅速发生分解反应，产生大量气体，充满气囊。

安全气囊为什么能保护驾乘人员？

Weishenme

安全气囊是现代轿车上最引人注目的高技术装置，它通常设置在汽车的前排位置。一旦车体发生了强烈的碰撞，安全气囊就会瞬间"蹦"出来，垫在方向盘与驾驶员之间，以防驾驶员的头部和胸部撞击到方向盘或仪表板等硬物上。安全气囊面世以来，已经挽救了许多人的性命。

安全气囊主要由传感器、微处理器、气体发生器和气囊等部件组成。传感器和微处理器用以判断撞车程度，传递及发送信号；气体发生器根据信号指示产生点火动作，点燃固态燃料并产生气体向气囊充气，使气囊迅速膨胀。同时，气囊设有安全阀，当充气过量时就会自动泄放部分气体，避免将乘员挤压至受伤。安全气囊所用的气体多是氮气或一氧化碳。

此外，除了驾驶员有安全气囊外，有些轿车的副驾驶位置也安装了安全气囊。副驾驶的气囊相对体积要大些，所需气体也多一些。

值得一提的是，安全气囊是一种辅助性的设备，与安全带相配合才能起到最佳的保护作用，否则在某些情况下，安全气囊展开时甚至会对乘员造成一些不必要的伤害。

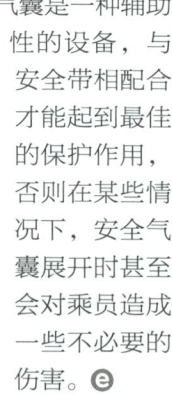

什么是ABS系统？

Weishenme

汽车在湿滑或结冰的路面上行驶时，如果发生过度刹车的情况，车轮就会被制动装置抱死，失去抓地力，最终导致车辆失去控制方向的能力。为了使车辆在这种危险的路面上能够有效控制前进的方向，设计人员研发出了ABS系统。

ABS是英文Anti-lock Brake System的缩写，中文译为防抱死制动系统。它是一种具有防滑、防抱死等优点的汽车安全控制系统。ABS是在常规制动装置的基础上改进而成的系统，可分为机械式和电子式两种。电子式ABS是根据不同的车型设计的，它的安装需要专业的技术，如果换装至另一辆车就必须改变它的线路设计和电瓶容量。机械式ABS的通用性很强，只要是液压制动装置的车辆都可使用。由于电子式ABS的体积大，所以成品车不一定有足够的空间安装电子ABS。相比之下，机械式的ABS的体积较小，占用空间小。所以对一般车辆而言，使用机械式ABS更加经济实用一些。

目前，最新的ABS已发展到第五代。现今的ABS还有多方面的功能，可以起到电子牵引系统（ETS）、驱动防滑调整装置（ASR）、电子稳定程序（ESP）和辅助制动器等多种作用。

交通之最　最早的ABS系统：世界上第一台ABS系统于1950年问世，最初被用在飞机上。

为什么方程式赛车的外形那么怪？

Weishenme

方程式，来自英文的"Formula"，原意是惯例、常规或准则、方案。方程式赛车就是指以共同的方程式（规则限制）制造出来的车，必须符合多种特定的程式，包括车体结构、长度和宽度、最低重量、

发动机工作容积、汽缸数量、油箱容量、电子设备、轮胎的大小等内容。

方程式赛车的外形非常奇怪，它的车身特别矮，前面还装有一块薄板，车轮却又宽又大。为什么赛车要设计成这种怪模样呢？这是因为，方程式赛车的速度特别快，车身矮有利于减小空气阻力。车身前面的薄板叫扰流板，装上它就能防止赛车高速行驶时迎面而来的气流向下钻，从而减小其举升力。同时，气流改由车顶通过，反而增强了赛车轮胎和地面的附着力，提高操纵的稳定性。赛车的轮胎特别宽大就是为了最大限度地增强赛车的地面附着力。赛车在急转弯或加速时，重量主要落在后轮上，因此，其后轮设计得更为宽大也是为了增加车辆的稳定性。

为什么无轨电车有两根"辫子"？

Weishenme

无轨电车和大客车最不一样的地方，就是它的顶上有两根长长的"小辫子"——导线。它们有什么用呢？

我们知道，一般的汽车是通过燃烧汽油来获取能量的，而电车则是用电来发动的。不过，无轨电车自身并不能发电，必须通过车顶上那两根"小辫子"导线，从马路上方的线缆中得到电能。电流先通过一根导线传到电车里，再从另一根导线流回到线缆中。这样，电车就开动起来，整个电力的循环也得到了保证。所以，那两根"小辫子"一根也不能少。

无轨电车素有"绿色公交"之称，它最大的优点是环保。跟普通的公共汽车相比，无轨电车本身不会排放废气，使用的电能来自发电厂，而发电厂可使用水力、核能、煤炭等不同种类的能源，从而减少了对石油的依赖。就算同样使用石油能源，发电厂在效率、废气控制等方面都远远胜于汽车的内燃机。综合起来讲，无轨电车对环境的污染要比公共汽车小得多。

F1赛车
F1赛车是世界上最昂贵、速度最快、科技含量最高的赛车，理论上最高时速可达960千米。但其耗油量也十分惊人，一场比赛下来，一辆F1赛车约需消耗200升燃料。

无轨电车
无轨电车自身并不能发电，而必须通过车顶上那两根"小辫子"，也就是导线，从马路上方的线缆中得到电能。电流先通过一根导线传到电车里，再从另一根导线流回到线缆中。

交通之最 最畅销的跑车：1989至1998年，日本马自达公司制造了492645辆MX5跑车，该车成功的销售使双座跑车充满了世界市场。

中国孩子最爱问的十万个为什么

主题索引
为什么越野车能轻松地翻山越岭？极地越野车是如何在冰面上前行的？

越野车
越野汽车一般都是全轮驱动的。除了4轮和8轮全驱动车以外，还有6轮驱动的越野汽车。它们的突出优点是载重量大，越野本领强。

为什么越野车能轻松地翻山越岭？

Weishenme

无论是沙尘飞扬的沙滩荒漠，还是泥泞崎岖的山区公路，甚至是湿滑难行的浅河石滩，都阻止不了越野车……那么，越野车为什么能轻松地翻山越岭呢？

原来，越野车的设计结构不同于普通汽车。普通汽车一般采用两轮驱动，功率较小；而越野车的功率一般比较大，采用四轮驱动，所以，越野车爬坡时常常显得特别"轻松"。越野车的刹车性能十分优良，非常适合于需要急停急动的复杂道路条件。更重要的是，越野车的底盘较高，在高低不平的路面上行驶时，也不易碰坏车体。

同时，越野车的转弯性能也很好，它能在很小的范围内转弯、掉头，特别适合在山地公路上行驶。此外，越野车的轮胎通常较大较宽，从而增加了轮胎与地面的接触面积，减小了汽车在松软的路面和沙滩上行驶时车轮下陷的程度，保证了汽车的驱动性能。越野车这么多的优点，正是其轻松翻山越岭的秘诀。

极地越野车是如何在冰面上前行的？

Weishenme

对地球的两极进行科学考察，是人类探索生存环境过程中既十分重要又非常艰难的一步。因为极地终年为冰雪覆盖，普通汽车在冰雪路面上行驶时，由于摩擦力太小，车轮往往会空转，根本无法前进。那么，怎样才能使汽车在极地的冰面上顺利前进呢？

科学家们从生活在极地的企鹅和海豹身上获得了启示：平时走路蹒跚的企鹅，时常会趴下身体，用退化了的翅膀配合带蹼的脚掌用力蹬踏冰雪，从而使身体在冰雪上快速滑行；看起来十分笨重的海豹，则是用演化成鳍脚的四肢，来帮助身体贴在冰面上灵活行动。因此，科学家们把极地越野车的行驶系统做了较大的改动，它被设计成一种特殊的轮勺，既有些像脚，又类似坦克的履带。当车行进时，车底贴在冰面上，而轮勺则飞快地转动，不断"抓挖"冰雪的表层产生动力，车辆就这样向前行驶了。

这种行进方式不同于在冰面上滑行，因为它可以通过控制装置，准确灵活地转弯、变速，时速最高可达50千米，这样就改变了普通汽车在冰面上"滑到哪里就是哪里"的失控状况。

滑行中的企鹅
平时走路蹒跚的企鹅，时常会趴下身体，用退化了的翅膀配合带蹼的脚掌用力蹬踏冰雪，使身体在冰雪上快速滑行。科学家们正是受此启发，才设计出了极地越野车的车轮。

交通之最　最重的轿车：苏联的扩展型吉尔高级轿车，重达6吨，其关键部位使用了75毫米厚的不锈钢防弹层。

什么是SUV？

Weishenme

SUV是英文Sports Utility Vehicles的首字母缩写，意思是运动型多功能车。SUV是为了迎合年轻白领阶层而发展起来的一种厢式车。它采用四轮驱动，一般情况下，前悬架是轿车车型的独立螺旋弹簧悬架；后悬架则是非独立钢板弹簧悬架，离地间隙较大。这类车既可载人，又可载货，既具有豪华轿车的功能，又有越野车行驶范围广的越野性能。

虽然SUV的历史不长，但其血脉却赫赫有名。SUV的概念可以追溯到第二次世界大战美军横扫欧洲大陆时的军用吉普车。吉普车迅捷有力，粗犷豪迈，但求实用，不甚讲究细节。SUV的特点即是强动力、越野性、宽敞舒适及良好的载物和载客功能。有人说，SUV集中了豪华轿车的舒适精细和吉普车的本性，堪称轿车与吉普车的混血后裔。

SUV兼具城市行驶、野外运动等多种功能，极其符合现代年轻人追求强烈个性的心态。它能适应各种路况，而且性价比也相对较高，十分符合年轻一代的消费需求。可以说，SUV的兴起是汽车市场和汽车文化迅速发展的必然结果。

你知道吗

- 1984年，美国克莱斯勒公司制造的四门"切诺基"驶出生产线，这标志着一个新的车种SUV的问世。
- 吉普车即轻型越野汽车，可在不良路面或原野、山区、坡地、沼泽、沙漠和冰雪等无路面地区行驶。

什么是"老爷车"？

Weishenme

老爷车也叫古典车，它是一种怀旧的产物，一般指20年前或更老的汽车，是人们过去曾经使用、现在仍可以使用的汽车。

"老爷车"一词最早出现在1973年英国出版的《名人与老爷车》杂志上。此名称出现后很快得到了各国汽车界人士的认可，并成为世界各地爱好者对老式汽车的统一称谓。不到10年时间，关注老爷车的人越来越多，致使老爷车的身价也戏剧性地增长起来。例如，一辆1933年款式的美国求盛伯格汽车，在拍卖行竟然卖到100万美元，一辆布加迪老爷车更是卖到650万美元。

老爷车至今没有一个公认的标准定义。著名的美国老爷车俱乐部曾把其中意的品牌或车型，如1925至1948年间生产的老爷车列为完全古典车，其定义为"非凡的汽车，拥有优良设计、高工艺标准及制作"。

↑ 老爷车
并不是每一辆旧汽车都有资格成为老爷车的，保养完好是重要的先决条件。

↙ SUV
SUV起源于20世纪80年代的美国。其最吸引人的地方除了具备中高档轿车的舒适性外，还具有更高的越野性和安全性，便于日常生活、外出旅行和野外休闲。

交通之最 最昂贵的老爷车：制造于1906年的劳斯莱斯"银魂"敞篷房车，现价值1500万英镑。

概念车

概念车具有超前的构思，体现了独特的创意，并应用了最新科技成果，不仅鉴赏价值极高，而且代表了未来汽车的发展方向。

概念车的设计为什么大都前卫而怪异？

"概念车"是由英文"Conception Car"意译而来的，它指处在创意、试验阶段的车型，但并不一定不是即将投产，也可能永远不投产，它仅仅是为了向人们展示设计人员新颖、独特、超前的构思。概念车是当代的最新汽车科技成果，代表着未来汽车的发展方向，因此它展示的作用和意义很大，能够给人以启发并促进相互间的借鉴和学习。通常情况下，概念车分为两种，一种是能跑的真正汽车，另一种是概念车模型。概念车是汽车中内容最丰富、最前卫、最能代表世界汽车科技发展和设计水平的汽车。正因为概念车是艺术性最强、最具吸引力的汽车，所以它的设计大都前卫而怪异。

【百科辞典】

电动汽车：
指以车载电源为动力，用电机驱动车轮行驶的车辆，其研究和应用目前已成为汽车工业中的热点。

EBS：
指电子控制制动系统。该系统可以使汽车在难以制动的情况下防止车轮打滑，从而保证驾驶员能够转动方向盘。

未来汽车发展的趋势是什么？

一些业内专家对目前每年生产的5000万辆汽车进行了统计分析，预测出了未来汽车技术发展的十大趋势。

一、乘用车柴油机化的比例将会越来越高。二、电动汽车将进入实用阶段。三、汽车安全标准将会更加严格。为保证汽车安全，许多目前选装的安全装置将成为标准装备。四、汽车排放控制标准将会更严格。五、降低油耗将成为制造商制胜市场的首选课题。六、设计人员将使用更多替代钢、铁的轻质材料，以降低车辆自重。七、各种电子、电控、智能装置会越来越多地应用在汽车上，如电子防盗门锁、电控可变技术、智能驾驶等。八、前轮驱动汽车的比例将会不断增加，发动机横置技术也会进一步发展。因为这两种技术可以使汽车的性能大大改善。九、通信、网络技术在汽车，尤其是在商用车上的应用将会越来越普遍。十、重型载货汽车必定将会向高吨位发展。

电动汽车

电动汽车的优点是：它本身不排放污染大气的有害气体，可实现尾气零排放，相对而言是一种较为环保的汽车。

交通之最 最轻的汽车：由英国伦敦的路易斯·博瑞斯制造，重量为9.5千克，配有2.5毫升排量发动机，最大时速可达25千米。

最早的铁路出现于何时？

16世纪下半叶，英国和德国的矿山与采石场中，已经铺有用木材做成的路轨，但在轨道上行走的车是靠人力或畜力推动的。到了1767年，英国的金属大跌价，有一家铁厂的老板看到堆积如山的生铁既卖不出去，又占用了很多地方，于是就令人将其浇铸成长长的铁条铺在工厂的道路上，准备在铁价上涨的时候再卖出去。可是，人们发现车辆走在铺着铁条的路上，既省力又平稳。就这样，铁路先于火车诞生了。

然而，铁条上行车毕竟不是很方便，于是，铁条得到了改进，做成凹槽形的铁轨。这种轨道可以防止车轮滑出，但凹槽中容易积上石子、煤屑，铁轨很容易损坏。后来，人们把铁轨做成了上下一样宽，中间略窄的形状，这样垃圾就不易积起，铁轨也不容易损坏了。可是这种轨道不是很稳，铁轨受到冲击时容易翻倒而导致车辆出轨翻车。于是人们又把铁轨的下面加宽，造成汉字的"工"字形，这种形状的轨道既稳定又可靠，一直沿用到今天。

最早的火车是谁发明的？

在铁路已经诞生的时代，行走在铁路上的车却是用马拉的。直到1814年，放牛娃出身的英国工程师斯蒂芬森造出了在铁轨上行走的蒸汽机车。他发明的这个铁家伙有5吨重，车头上有一个巨大的飞轮。这个飞轮可以利用惯性帮助机车运动，斯蒂芬森为他的发明取了个名字，叫"布鲁克"。这个布鲁克可以带动总重约30吨的8个车厢。在以后的10年中，他又造了11个与布鲁克相似的火车头。

1825年9月27日，英国的斯托克顿附近挤满了4万余名观众，铜管乐队也整齐地站在铁轨边，不一会儿，人们惊讶地看到一辆机车喷云吐雾地疾驶而来。机车后面拖着12节煤车，另外还有20节车厢，车厢里还乘有约450名旅客。这是斯蒂芬森亲自驾驶世界上第一列火车进行试行。这列火车以每小时24千米的速度，从达灵顿驶到了斯托克顿。就这样，铁路运输事业正式开始了。

第一条铁路通车
1825年9月27日，世界上第一条行驶蒸汽机车的永久性公用运输设施，英国斯托克顿—达灵顿的铁路正式通车了。设计者斯蒂芬森亲自驾驶着列车，浩浩荡荡地在铁路上行驶了31.8千米。

老式火车
老式火车是以蒸汽机为动力的，它利用蒸汽的力量推动气缸里的活塞向前移动。活塞通过连杆和曲轴与前轮连在一起，随着曲轴的转动，车轮就跟着转起来，从而推动车子向前进。

交通之最 最长的铁路线：从俄罗斯首都莫斯科至朝鲜首都平壤的铁路线，全长10212.6千米。

火车为什么只能在铁轨上行驶？

铁轨
铁轨，全称为"铁路轨道"，用于铁路上，与转辙器合作，使火车无须转向便能行走。铁轨其实是"钢轨"，通常由两条平衡的钢轨组成，钢轨固定放在轨枕上，轨枕之下为路基。

在以前，火车被人们称为"钢铁长龙"，但它只能沿着长长的铁轨行驶。可这是为什么呢？

火车之所以只能在铁轨上行驶，是因为沉重的车厢如果直接压在地面上，哪怕是坚硬的水泥地面也会深深地陷下去，使车轮无法滚动。早期，人们曾用木头做轨道，尽管木头轨道做得很结实，但还是很快就被火车压坏了。现在的铁轨是由钢铁制造的，它的下面铺着许多粗大的枕木，枕木下面是坚实的路基。这样一来，火车的沉重压力就被均匀地分散到路基上，从而保证了火车的安全运行。此外，光滑的铁轨可以大大减小阻力，使火车头能带动更多的车厢，也能使火车跑得更快。

火车的动力来源是什么？

火车头
铁路机车的通称。有的火车首尾都有火车头，第一是为了方便掉头，掉头时只要换一个火车头就可以了；二是为了增加推力，便于火车爬坡。

大家都知道，火车非常长，几十节车厢全靠火车头来带动。那么，火车头这么大的"力气"是从哪里来的呢？

火车运行确实是靠火车头牵引的，火车头按其能量来源可以分为三类：烧煤的蒸汽机车、烧油的内燃机车、用电的电力机车。

包括1814年斯蒂芬森发明的第一辆火车在内，最早的火车头都是蒸汽机车，它们利用蒸汽机，把煤的热能变成机械能，使机车运行。它主要由锅炉、蒸汽机、车架走行部和煤水车四大部分组成。

目前，干线铁路已经很少使用蒸汽机车了，取而代之的是内燃机车和电力机车。内燃机车就是通过燃料在机器内部的燃烧而产生动力的机车。随着科技的发展，世界上先进的内燃机车现在一般都采用电传动方式，俗称"电传动内燃机车"。1924年，出现了第一部内燃机车，它是使用汽油的。但之后不久，柴油内燃机很快显示出了高效率及低维修等优点，逐渐取代了汽油机车。

电力机车是以接触网送来的电流作为能源的，并由此牵引电动机驱动机车的车轮。电力机车具有功率大、热效率高、速度快、运载能力强和运行可靠等优点，而且不污染环境，特别适于运输繁忙的铁路干线和隧道多、坡度大的山区铁路。

交通之最 海拔最高的铁路线：从北京至拉萨的青藏铁路，最高处的海拔为5072米。

地下铁道和城市轻轨是一回事吗？

Weishenme

地铁和轻轨都是比较新型的城市交通工具。"地铁"的全称是"地下铁道"，所以它的主要运行空间在地面下；而"轻轨"则是"轻型轨道交通"的简称，它既可以建在高架桥上，也可以铺设在地面上或地下。

其实，轻轨与地铁的区别，并不在于钢轨的轻重，也不在于运行线路在地上还

是在地下，而主要是以载重量的大小来划分的。轻轨一般采用中等载客量的车厢，每节车厢可载客202人，超员时最多为224人，高峰时，每小时最大客流量为3万人次。而地铁则采用大载客量的车厢，每节车厢可载客310人，超员时最多为410人，高峰时，每小时最大客流量可达到6万人次。此外，轻轨的载客车厢一般不超过6节，地铁的车厢数量则常常超过10节。

地铁和轻轨是城市公交客运的骨干系统，也是城市建设和土地开发的支持系统，被誉为"城市的主动脉"和"城市建设的骨干"。

你知道吗

- 地铁站里，装有许多大型的排气扇和吸气扇，排气扇将地下的混浊空气排出去，吸气扇则将地面上的新鲜空气吸进来。这样，乘客在地铁站中就不会感到闷热了。
- 德国是最早制造和运用动车的国家，其制造技术一直处于世界领先地位。1903年7月8日，德国首先运行了由钢轨供电的动车组，它由4节动车和2节拖车编成。

什么是"动车组"？

Weishenme

你听说过"动车组"吗？它是什么意思呢？所谓动车，就是把动力装置分散安装在每节车厢上，使其既具有牵引力，又可以载客的车辆。动车组就是将几节自带动力的车辆和几节不带动力的车辆编成一组。其中，带动力的车辆叫动车，不带动力的车辆叫拖车。

一般情况下，我们乘坐的普通列车是靠机车牵引的，车厢本身并不具有动力。而采用了"动车组"的列车，车厢本身也具有动力，这样就可以把动力分散，从而达到较高的速度。

动车组可以根据某条线路的客流量变化进行灵活编组，实现高密度、小编组发车，具有安全性能好、运量大、往返不需掉转车头、污染小、节能等诸多优点，因而受到了国内外市场的广泛青睐。

地铁
地铁是一种独立的有轨交通系统，不受地面道路情况的影响，能够按照设计的能力正常运行，从而快速、安全地运送乘客。地铁效率高，无污染，能够满足大运量的要求，具有良好的社会效益。

轻轨
轻轨既可以建在高架桥上，也可以铺设在地面上或地下。

交通之最 地铁线路最长的城市：作为世界上最早的地下铁路，伦敦地铁的总长度为408千米，是世界上最长的地铁。

中国孩子最爱问的十万个为什么

主题索引
> 为什么会有单轨列车？为什么火车站台上画有安全线？

火车站安全线

列车高速行驶的时候，会带动周围的空气一起高速运动，离列车越近的空气流速越高。所以，现在火车站的站台上都划有安全线，目的是使人们与高速气流保持距离，以防发生危险。

单轨列车

单轨列车与轻轨电车都属于轻轨交通系统，但由于技术还不成熟，在安全性和载客量方面还有一些弱点，因而应用得并不广泛。

为什么会有单轨列车？

Weishenme

见惯了车辆在两根钢轨上运行的你，也许想象不到还会有单轨列车。事实上，这种在一根导轨上行驶的列车确实存在，它与轻轨电车同样属于轻轨交通系统。

单轨铁路首先于1888年在爱尔兰建成。20世纪50年代以来，西方各国和日本共修建了数十条单轨铁路。其中，除日本外，其他国家的单轨大都是短距离的游览线路。

单轨铁路分为高架跨座式和悬挂式两种，它的车轨比普通车轨要宽一些，其结构新颖奇特。单轨铁路通常高高地架设在地面以上的空中，因此在城市中能节省土地，不会影响地面的建筑物和地下的管道。单轨列车车体采用铝合金外壳，用橡胶车轮代替了钢轮，车轮有负重轮和导向轮之分。开车的时候，导向轮紧紧抓住铁轨两侧，起着导向和稳定车身的作用，使列车既快又稳当，噪声和震动也减小了，又没有污染，是一种很理想的城市交通和旅游工具。然而单轨铁路虽然新奇优越，但由于还存在安全性及载客量等方面的一些弱点，因此在100多年的发展历史中，世界各国推广应用得并不是很多。

为什么火车站台上画有安全线？

Weishenme

列车高速行驶时，会带动周围的空气一起高速运动，离列车越近，空气流速越高。也就是说，离列车越近压强越小，如果有人站在离列车很近的地方，这种气压就很可能会把人"拉"到车轮下，导致惨剧发生。

1726年，科学家伯努利通过无数次实验，发现了"边界层表面效应"，流体速度加快时，物体与流体接触的界面上的压力会减小，反之压力会增大。后来这一发现被称为"伯努利效应"。

所以，现在火车站的站台上都画有安全线，就是为了使人们离高速气流远一点儿，站在安全距离以外，以免发生危险。

交通之最 载客量最大的单轨列车：日本有6个城市有单轨铁路，其中东京的单轨列车年载客量超过1亿人次。

主题索引

早期航海业是怎样的？ 为什么要开凿运河？

交通与体育

早期航海业是怎样的？
Weishenme

早在公元前3000年，生活在地中海沿岸的腓尼基人就乘船航行到爱琴海。到那之后，他们庞大的商船队又通过直布罗陀海峡，航行到了英国。很长一段时期，人们都认为他们是最早的航海家。

印度是一个海岸线很长的文明古国，印度考古学家在孟买洛塔附近发现了世界上最早的港口。他们在那里发现了码头、货栈和218米长、37米宽的船坞。由这些发现，不难想象当时印度洋上繁忙发达的帆船运输的盛况。所以，严格地说，印度洋才是真正的航海摇篮。

阿拉伯也是最早出现航海业的民族之一。阿拉伯人以善于经商而闻名，古代阿拉伯航海业的发达与此有着密切的关系。阿拉伯早期的帆船，除了用于进行贸易外，也被当做战舰。所以说，阿拉伯人也为早期的航海事业作出过重大贡献。

为什么要开凿运河？
Weishenme

运河，指的是人工开凿的用来沟通地区或水域间水路运输的水道。运河还常常被用于灌溉、分洪、排涝、给水等。现在的运河包括海运河、内陆运河、设闸运河、无闸运河、跨岭运河和旁支运河几类。从古至今，世界各国都十分重视运河的修建，这是因为运河对交通运输有着十分重要的作用。

中国的运河建设有着悠久的历史，早在公元前219年，秦人就为沟通湘江和漓江之间的航运而开挖了灵渠。而中国的京杭大运河则是世界上最长的运河，作为南北交通的大动脉，历史上它曾起过巨大作用。

世界上最著名的运河首推苏伊士运河和巴拿马运河。苏伊士运河位于埃及境内，连接地中海与红海，连通欧亚非三大洲，它的开凿大大缩短了东西方的航程。巴拿马运河位于美洲巴拿马共和国中部，横穿巴拿马地峡，是沟通太平洋和大西洋的重要航运要道，被认为是世界七大工程奇迹之一。

京杭大运河
京杭大运河北起北京，南至杭州，全长1794千米，是世界上最长的人工河流，和万里长城并称为我国古代的两项伟大工程。

交通之最 最古老的运河：灵渠。修建于公元前214年，全长37公里，沟通了湘江、漓江，联接了长江和珠江两大水系。

中国孩子最爱问的十万个为什么

主题索引
> 为什么船能浮在水面上？帆船是怎样航行的？

为什么船能浮在水面上？

船是世界上最主要的水路运输工具。从19世纪开始，钢铁制造的船舶逐渐代替了木质船舶。我们都知道，木头是能浮在水面上的，可钢铁怎么也能浮在水面上呢？

放在水中的东西都会受到向上的浮力。我们在洗澡和游泳时，会觉得自己的身体在水中轻了很多，就是这个道理。人们发现，物体在水中占的体积越大，受到向上的浮力就越大，当浮力比物体的重量大时，物体就浮在水面。例如，把一只空心的铁碗放在水里，它就会漂浮在水面上，而把同样重的铁块放在水里，它就会沉入水底。这是因为铁碗是空心的，在水中占的体积要比铁块大得多，因而受到向上的浮力也大。

轮船好比一只空心的铁碗，因为它有着很大的体积，船受的浮力大于它的重量，因而能浮在水面上。如果船底有个洞，水从洞口流进船舱，那么，船在水中的浮力大大减小，它就会像铁块一样沉入水底。

帆船是怎样航行的？

高高挂起风帆的帆船自由自在地游弋在大海中，是那样轻盈而具有活力，让人不禁有扬帆起航的冲动。可你知道能漂洋过海的帆船是怎样航行的吗？

帆船是使用风帆并以风作为动力的船舶，是继舟、筏之后又一种古老的水上交通工具，

已有5000多年的历史。西班牙航海家哥伦布发现新大陆，葡萄牙航海家麦哲伦环球航行，中国明代的航海家郑和七下大西洋，他们率领的船队所使用的都是庞大的帆船。

帆船航行的动能由风提供。风吹在帆上，使船帆受力，船帆受力后便分解成两个方向的分力，一个是推动船向前的力，一个是使船横向移动的力。船受到向前的力就可向前移动，而横向的力则使船偏离航向，因此需要通过船舵使船回到正常的航向上。实际操作帆船时，应该合理调节船帆的角度，尽量使船前进的力大，而横向偏移的力小。

即使风向不利于帆船朝某个方向航行（如逆风），人们也可以通过合理操作船帆，使船按"之"字形的航线航行。这种情况下虽然没有顺风时快，但最终还是能够实现逆风前进。所以说，帆船最怕的不是逆风，而是没有风。

帆船

帆船曾在海上航行中长期占据统治地位。虽然现在已经是"后帆船时代"，除体育运动外，基本上已经很难见到帆船的身影，但舵、水密隔舱、船体形状这三项源自帆船的技术仍在被继续应用。

正在下沉的纸船

当一个物体受到的浮力比它自身的重量大时，它就会浮在水面上；反之则会沉入水底。所以纸船一开始总能漂浮在水面上，但随着纸张被水浸透，它就会慢慢沉入水底。

为什么说气垫船实际上是在"飞行"?

Weishenme

1953年,英国人库克雷尔创立了气垫理论。经过大量试验后,1959年,英国建成了世界上第一艘气垫船,并横渡英吉利海峡获得成功。气垫船行驶时,船底会产生一个气垫,使船体与水面不直接接触,好像悬在空中飞行一样。这是为什么呢?

原来,气垫船上装有几台很大的鼓风机,这些鼓风机能产生压缩空气,并由船底四周的通道喷出,以很大的压力冲向水面,船体因此得到一个向上的托力。当这个力足以托起船体的重量时,船体就被抬出水面。然后船舶利用斜向插入水中的螺旋桨或空气螺旋桨产生推力,便产生了脱离水面又紧贴水面飞起来的奇异效果。

气垫船的最大优点是它在地面和水面上都可以行驶,而且在地面上行驶时不需要修筑公路,非常方便。

为什么水翼船船底有个"翅膀"?

Weishenme

我们在现实生活中或者电视中,经常能见到一种船身底下长着翅膀的船,它们行驶起来像飞一样,非常快。这种船就是水翼船。

水翼船的船底前部和后部都装有宽大扁平的水翼,其形式和飞机的机翼差不多。水翼船在发动、行驶时,水中的水翼就像飞机的机翼一样,产生一种向上的升力。当水翼产生的升力与船体重量相近时,船身就被托出水面,从而消除了水对船体的大部分阻力。这时,它只受到空气的阻力。因此水翼船能在水中高速行驶。

水翼船的航行速度比同吨位的普通船舶大几倍。目前,水翼船的最高时速可达110千米以上。由于水翼船能露出水面高速行驶,大大减弱了波浪对它的影响,因此,即使在大风浪中,它也能平稳航行。

水翼船
水翼船的船身底部支架上装有水翼,当船的速度逐渐增加时,水翼提供的浮力就会把船身抬离水面(称为水翼飞航或水翼航行),从而大大减小水的阻力,提高航行速度。

气垫船
气垫船又叫"腾空船",是一种利用空气的支撑力升离水面的船。人们把气垫船形象地称为"骑在空气垫上飞行的船"。

交通之最 最大的气垫船:俄罗斯Zubr级气垫登陆艇,全长57.4米,艇宽22.3米,据称是世界上最大的气垫军舰。

中国孩子最爱问的十万个为什么

主题索引
> 轮船为什么逆水靠岸？超导船为什么不用装螺旋桨？

轮船为什么逆水靠岸？

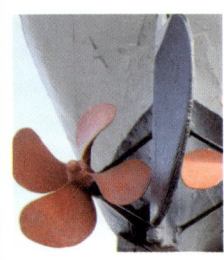

螺旋桨
螺旋桨是船的一种推进装置，它通过自身转动产生一个拨水向后的力，从而使船破水前进。

轮船靠岸的时候，总是让船头顶着水流，慢慢向码头斜斜地靠近，然后再平稳靠岸。水流越急，这种情况越明显。你可以注意一下，在大江大河里顺流而下的轮船，它们到达目的地时并不立即靠岸，而是绕一个大圈子，使船逆水行驶以后，才慢慢地靠岸。这是为什么呢？

道理其实很简单，你不妨算一下：如果水流的速度是每小时2千米，船在靠岸时的速度是每小时3千米，那么，顺水的情况下这只船每小时走几千米？要是逆水呢？你肯定能脱口而出：顺水时，船每小时可以行驶5千米；逆水时，船每小时只能行驶1千米。既然是为了让船停下来靠岸，当然是越慢越容易停靠。

轮船逆水靠岸，可以利用水流对船身的阻力，起到部分"刹车"的作用，以保证停泊安全。当然，轮船同样装有"刹车"的设备和动力。例如，当轮船靠近码头或运行途中发生紧急情况，急需停止前进时，就可以采用抛锚的办法，同时轮船的主机还可以利用开倒车来起到"刹车"作用。但是，最常见的轮船停靠方法还是让轮船自然地逆水靠岸。

正在靠岸的轮船
逆水靠岸，利用水流的速度抵消轮船的速度，可以避免因顺流船速太快而使轮船撞岸的危险。

【百科辞典】

超导体：
当温度降低到接近绝对零度时，某些材料的电阻就会突然减小到零，这种现象叫"超导现象"，处于这种状态的物体叫做"超导体"。

超导船为什么不用装螺旋桨？

当今世界，所有的舰船都离不开螺旋桨推进器和操纵舵。但是，随着超导技术的发展，一种不依靠螺旋桨和操纵舵的超导电磁流推进船——超导船，已开始涉足舰船领域。

1911年，荷兰物理学家、诺贝尔奖获得者卡曼林·昂尼斯发现了没有电阻，但在有电压的情况下能产生强大电流的超导体。美国的W.赖斯博士则根据昂尼斯的发现，提出了以电磁铁作为轮船动力的设想。

超导船的船身装有许多超导线圈，船的两侧装有电极板。当线圈处于超导状态时，电流就会通过线圈，并在船四周的海水内产生强大的磁场。发电机给两个电极板加电压时，电极板之间的海水中会产生电流。由于磁场与电流相互作用，便产生了电磁力，电磁力作用于海水，推动海水向后运动，舰船便可在没有螺旋桨的条件下获得一个向前运动的作用力。由于输入超导线圈和电极板的电流大小和方向是可以控制的，因此，只要对输入电流加以控制，就能够自如地控制舰船的航行速度和方向了。

由于超导船具有无振动、无噪声、无污染、造价低、航速高等传统舰船所不具备的优点，因此人们把超导船称为21世纪的高速船。

交通之最　最大的游轮："卡纳佛尔·命运"号，长270米，排水量1万多吨，最多可载客3400人。

人类第一次乘飞机飞行在什么时候？

自古以来，人类就一直梦想着像鸟儿一样自由飞行。这种梦想直到1783年才得以实现。1783年，法国人蒙哥尔菲兄弟制造了世界上第一只内充热空气的气球并飞向空中。同年，法国物理学家查理制成并试放了世界上第一只氢气球。从那时起，人类飞向天空的梦想就已经不仅仅是梦想了。

在人类历史上，12月17日是一个非常值得纪念的日子。1903年12月17日，莱特兄弟在北卡罗来纳州基蒂霍克村一个人迹罕至的海滩上，成功进行了人类首次飞机飞行。首次试飞的驾驶员是弟弟奥维尔·莱特，他在空中飞行了12秒，飞行距离为36.6米。他们共同制造的"飞行者1号"总重280千克，长6.5米，翼展13.2米，以12马力的4缸活塞发动机为动力，用链条带动两个螺旋桨。

一个世纪以来，飞机制造技术发展得很快。到今天，人类已经可以乘飞机以超音速飞越几个大洲。人类的梦想已经完全变为现实了。

飞机为什么能上天？

我们知道，地球周围的大气是有压力的。一个物体在静止的时候，各个方向受到的大气压力是一样的。但是，当它运动起来以后，也就是造成空气在表面的流动时，各处受到的大气压就不一样了，气流速度快的地方压力小，速度慢的地方压力大。飞机就是利用大气压力差产生的升力飞上天的。

飞机能飞上天靠的是它的机翼和发动机。飞机机翼的上表面是个向上凸的弧形，机翼下表面是平的。空气流到机翼前缘，就会分成上下两股气流，分别沿机翼上下表面流过，然后在机翼后缘重新汇合向后流去。机翼上表面比较凸出，流管较细，因此流速加快，压力降低；机翼下表面的气流受到阻挡，流管变粗，流速减慢，压力增大，于是上下表面出现了压力差。压力大的把压力小的顶起来，就产生了升力。这样，重于空气的飞机就能克服自身重力，在蓝天上自由地翱翔了。

第一次氢气球载人飞行

氢气球是一种充满氢气，靠氢气升空的大型气球，可以向上漂浮。1783年12月1日，法国人查理和罗伯特乘坐氢气球在巴黎作自由飞行，这是首次氢气球载人飞行。

"飞行者1号"试飞

1903年12月17日，美国的莱特兄弟成功试飞了人类历史上第一架能够自由飞行、完全可操纵的动力飞机——"飞行者1号"。"飞行者1号"的出现宣布了飞机的诞生。

交通之最 世界上最大的客机：空中客车A380客机。正常载客数为555人，如果对内部结构稍加修改，其载客数可增至840人。

为什么早期的飞机都有两层机翼?

飞机在空中之所以不会像一块石头那样掉下来,全靠机翼的升力来平衡它的重量。而能不能产生足够的升力,则取决于飞机的飞行速度和机翼的平面面积,飞行速度和机翼面积越大,升力就越大。

早期的飞机由于发动机还比较落后,加上结构材料比较粗糙,因此飞行速度不快。速度不快,又要克服一定的重量,唯一的办法就是尽量加大机翼面积,来取得足够的升力。一个机翼不够,就用两个,两个还不够就用三个。这样,双翼机、三翼机就产生了。不过,三翼机的结构很复杂,效果也并不比双翼机好多少,所以早期的飞机差不多都是双翼机。

随着航空发动机的改进及航空结构材料的改良,飞机速度有了很大的提高,不再需要大面积的机翼了,所以现代飞机都改成了单翼机。

喷气式飞机
喷气式飞机借助喷气发动机,可以获得更大的推力,飞得更快。今天,世界上绝大部分作战飞机和民航客机都早已实现了"喷气化"。

双翼机
有上下并列配置的两副机翼的飞机,就称为"双翼机"。双翼机的上下机翼用支柱和张线连成1个承力的整体,组成一个空间桁架结构,支撑飞机飞行。

为什么大多数飞机采用喷气式发动机?

如今,人们把连接世界各大城市快速、定期的飞行看做是理所当然的事。这种高效率的空中航行大多是由喷气式发动机来提供动力的。

1935年6月,英国人惠特尔设计并制造出了第一台涡轮式喷气发动机。与此同时,德国的冯·奥亨也在研制涡轮喷气发动机。1939年8月27日,装有冯·奥亨研制的涡轮喷气发动机的He178飞机首次试飞成功,成为世界上第一架喷气式飞机。

喷气式飞机使用喷气发动机,靠燃料燃烧时产生的气体向后高速喷射的反冲作用使飞机向前飞行,它可使飞机获得更大的推力,飞得更快。特别在1万至2万米空气比较稀薄的高空,喷气式发动机有着螺旋桨活塞发动机所无法比拟的优越性。

喷气式发动机的诞生,为人们追求更快、更高的飞行目标提供了可靠的动力。喷气式飞机自诞生开始,就接二连三地打破了活塞式飞机创造的飞行速度和飞行高度的纪录。从此,人类航空史进入了喷气机时代。到今天,世界上绝大部分的作战飞机和干线民航客机都早已实现了"喷气化"。

交通之最　最小的喷气式飞机:印度LCA轻型战斗机是目前世界上最小的喷气式飞机,翼展大约8.20米,全长13米多,空重只有5.5吨。

超音速飞机为什么能超音速?

Weishenme

音速就是声音在空气中传播的速度。高度不同,音速也不同。在国际标准大气压下,海平面的音速为每小时1227.6千米,在1000米的高空,音速则是每小时1065.6千米。超音速则指飞机的飞行速度大于声音的速度。

涡轮喷气发动机的成功研制,冲破了活塞式发动机和螺旋桨给飞机速度带来的限制,在向高音速迈进的道路上前进了一步。要进一步提高飞行速度,实现超音速,飞机必须采用新的空气动力外形。为此,飞机设计师们为飞机重新设计了机体结构:机翼非常薄,最大厚度可能只有十几厘米。飞机的翼展(即机翼两端的距离)趋向于较宽较短,多数呈三角形,前缘的后掠角较大,翼根很长。

1947年10月14日,美国空军的试飞员查尔斯首次完成了人类航空史上超音速飞行的壮举,成为世界上第一个飞得比声音还快的人,他的名字也被载入航空史册。这一次飞行,查尔斯驾驶的飞机在12800米的高空飞行,速度达到了1078千米/小时,超过了音速。

为什么飞机的身上装有"红绿灯"?

Weishenme

当我们仰望夜空时,有时会看到几点红、绿、白色的灯光伴随着一阵隆隆的声音从头顶呼啸而过,这是飞机在夜空中飞过,而闪烁的彩灯是机身上的航行灯。

飞机在夜空中飞行时,尽管天空广阔,但由于飞机的速度很快,能见度又远远低于白天,所以仍然可能发生对撞事故。为了避免这种危险,飞行员必须时刻注意自己的前后左右和上下方,看有没有飞机在飞行,并及时判断事故隐患是否存在。"红绿灯"其实就是为飞机导航的航行灯。

飞机的航行灯有红、绿、白色三盏,其中红灯装在左机翼尖,绿灯装在右机翼尖,白灯装在机尾。这三盏灯可以连续点亮,也可以同时点亮。飞机夜航时,如果飞行员看到前方有一架飞机向自己飞来,而且只看到红、绿两盏灯,说明对方正在迎面而来,有对撞的危险,必须立即设法避开;如果只见到一盏红灯或绿灯,那就说明对方是在自己的左侧或右侧;如果三盏灯同时可见,那就说明对方在自己的上空或下空飞行,是没有危险的。当然,飞行员只靠灯光指示来避让对面飞来的飞机是远远不够的,现代飞机上的雷达可以反映逐渐靠近的飞机的航向和大致距离。

> **"协和"式客机**
> "协和"式客机是由英法两国共同研制的超音速客机,是迄今为止唯一投入商业飞行的超音速客机。但由于其经济性差、航程短、噪声污染严重等原因,已于2003年停运。

> **F-86超音速战斗机**
> 美国的F-86超音速战斗机是世界上最早具有后掠翼的实用飞机之一。后掠翼可以延缓或消除音障现象,并减小飞行阻力,有利于提高飞行速度。

交通之最 最快的飞机:美国的"黑鸟"侦察机,最高时速曾突破5倍音速,是世界上速度最快的飞机。

中国孩子最爱问的十万个为什么

主题索引
民航客机上为什么不配备降落伞？什么是"黑匣子"？

波音747
波音飞机一直是全球民用飞机的主力，其中波音747是全球首架宽体喷气式客机，是一种研制与销售都很成功的民航客机。美国总统的专机"空军一号"就是由波音707和波音747改装而成的。

黑匣子
"黑匣子"是飞机专用的电子记录设备之一，学名叫"航空飞行记录器"。它里面装有飞行数据记录器和舱声录音器，飞机各机械和电子仪器仪表都有专门的传感器与之相连。

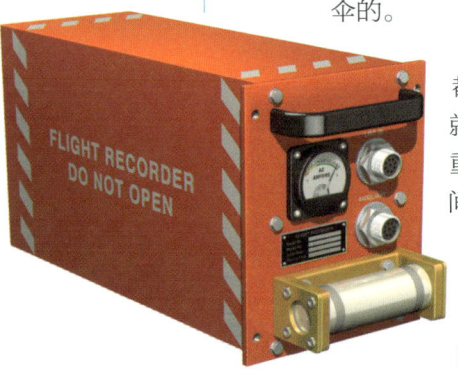

你知道吗

1908年，美国发生了第一起军用飞机事故。以后，随着飞行事故的增多，人们迫切需要一种研究事故原因的仪器。第二次世界大战时，飞行记录器（黑匣子）正式在军用飞机上使用。战后，它又被应用到民航飞机上。

民航客机上为什么不配备降落伞？

我们都知道，军用飞机上都备有降落伞，一旦出现意外，飞行员和战斗员可以跳伞逃生。可是民航飞机上并不配备降落伞，乘客没有，机组人员也没有。这是为什么呢？发生事故又怎么办呢？

事实上，大多数飞机事故都不是在万米高空发生的，而是发生在起降的时候，降落伞是不大适合超低空使用的。超低空跳伞，人的反应能力很难打开降落伞，即使能打开，降落伞也很难在短时间内迅速产生一个与人的冲量相当的升力。这样，超低空跳伞的受伤概率就很高。

而且，由于民航客机的舱门大多在飞机涡轮的前后方，在打开舱门跳伞的一瞬间，人很容易被飞机涡轮卷进去。专业跳伞人员乘坐涡轮飞机时，是从飞机尾部跳伞的。

如果给每个乘客都配备一顶降落伞，就会大大增加飞机的重量，会占用很多空间，影响飞机的运营能力。

此外，飞机如果发生危险，配备降落伞会造成乘客集体混乱，这样更不便于机组人员管理，会影响机组人员解决问题。如今，民航飞机的性能越来越先进，安全系数极高。因此，乘客大可不必担心客机在飞行中会发生意外。

什么是"黑匣子"？

我们经常在新闻中看到，飞机一旦失事，航空部门总要千方百计寻找"黑匣子"，它到底是什么东西呢？

原来，"黑匣子"就是安装在飞机上的飞行记录器。它外表并非黑色，而是醒目的橙色。只是人们视它为空难的不祥之物，才将它称为"黑匣子"。

"黑匣子"一般有两种，一种是飞行数据记录器，一种是语音记录器。飞行数据记录器能自动记录飞机的飞行高度、速度、航向等飞行状态信息。记录下来的各种数据必须经专门的机构作译码处理，人们才能看明白。而语音记录器则用来记录飞机停机前的半小时内飞行员与飞行员之间以及座舱内乘客、劫机者与空中小姐的讲话声。

"黑匣子"具有耐撞击、耐火烧、耐腐蚀的特殊结构，飞机一旦失事，航空部门可以依据其中记录的数据和录音分析空难原因，有助于分清责任，做好善后工作。

交通之最 最早的降落伞：降落伞起源于中国，成书于西汉时代的《史记·五帝本纪》中就有应用降落伞原理的记载。

手机会干扰飞机飞行吗?

Weishenme

我们在乘坐飞机时,服务人员总是提示我们要关闭手机,这是什么原因呢?因为,在飞机上,使用中的手机会干扰飞机的通信、导航、操纵系统,威胁飞行安全。

飞机在整个飞行过程中,是利用机载无线电导航设备与地面导航台保持实时联系,控制飞行航线的。在能见度低的情况下,飞机需要启用仪表着陆系统进行降落,也就是利用跑道上的盲降台向飞机发射的电磁波信号,以确定跑道位置。而手机不仅在拨打或接听过程中会发射电磁波信号,且在待机状态下也会不停地和地面基站联系。它搜信号的过程中,虽然每次发射信号的时间很短,但具有很强的连续性,所以发出的电磁波就会对飞机的导航系统造成干扰。

此外,手机传出的无线电波还可能会引起爆炸,或影响客机在9500米高空上飞行的航行系统。科学证据显示,在飞机上使用手机,确实存在危险。手机传送的信号,除了强度会影响航行的飞机,它们传送的频率,如果与飞机的频率恰巧相同或相近也会影响飞行安全。

宽度和飞行高度,以维护空中交通秩序,保证飞行安全。

飞机的类型不同,在航线空域的飞行高度也不同。航线就像公路的快车道和慢车道一样,应该走哪一条就必须走哪一条。根据飞机机型,航空管制部门规定了不同的航行高度,每条航路又分成若干高度层,飞机在相对、交叉、超越飞行时,必须保持一定的垂直间隔,以确保飞行安全和交通顺畅。

 飞机舷窗
飞机在高空飞行时,乘客通过飞机的圆形舷窗,可以感觉到飞机在朵朵白云中穿行,令人心旷神怡。民航客机一般在9000米左右的高空飞行。

> ●●●【百科辞典】●●●
>
> **电磁波:**
> 能量的一种,凡是能够释放出能量的物体,都会释放出电磁波。电磁波可以在真空或介质中传播。真空中的电磁波速是一个常数,它是宇宙中最快的速度。

为什么飞机一定要按航线飞行?

Weishenme

俗话说:"天高任鸟飞"。对于飞机来说,是否可以在万里长空任意飞翔呢?答案是否定的。因为飞机在天上飞行必须严格遵守空中"交通规则",按航线飞行。航线就是飞机的飞行路线,也称为空中交通线。飞机的航线不仅确定了飞机飞行的具体方向、起飞点和经停点,而且还根据空中交通管制的需要,规定了航线的

 轻型飞机
轻型飞机最大起飞重量小于5700千克,轻便、安全、易于操作,广泛用于私人飞行。

中国孩子最爱问的十万个为什么

主题索引
❶ 飞行员怎样知道飞机在空中的高度？为什么要把机场附近的鸟群驱走？

飞行员怎样知道飞机在空中的高度？

Weishenme

➡ **涡轮喷气发动机叶片**
涡轮喷气发动机工作时，涡轮叶片高速旋转，从周围吸入大量的空气，小鸟如果在附近，极易被强大的气流卷进发动机里，造成发动机瘫痪。

➡ **飞机驾驶舱**
在飞机驾驶舱密密麻麻的仪表中，有一种仪表是用来显示飞行高度的，这就是高度表。飞机上常用的高度表主要有气压式高度表和无线电高度表。

在飞行中，飞行员需要随时知道飞机在空中的高度，以便确认航线。可是，飞行员怎样知道飞行高度呢？

飞机上装有几种测量高度的仪表。一种仪表叫做气压式高度表，它是利用大气压强随高度变化的规律制成的。在地球表面上，海平面的大气压强最高，随着高度的增加，大气压强就按照一定的规律逐渐减小，因此只要测出压强，就可以推算出高度。气压式高度表中有一个用薄膜做的膜盒，它会随着外界压力的变化而发生膨胀或收缩，带动指针转动，直接显示出飞机所在的高度。

另一种高度表叫无线电高度表，它能够测量飞机离开地面的实际高度。它的原理也很简单：从飞机上发出无线电波，电波碰到地面以后反射回来，重新被飞机接收。由于电波传播的速度是一定的，因此只要记录从发出电波到收到回波的时间，就可以计算出飞机距离地面的高度。这种高度表在低空飞行时很有用。

但在现代飞机上，往往同时装有这两种高度表。

为什么要把机场附近的鸟群驱走？

Weishenme

之所以要驱走飞机场附近的小鸟，是因为"飞机怕小鸟"。这听起来有点不可思议，是不是有悖常理呢？庞大的飞机怎么会怕小鸟呢？

事实上，飞机在飞行的时候，速度非常快，如果有小鸟撞上去，便会产生巨大的作用力，使飞机受到严重损坏。喷气式飞机如果遇上小鸟会更危险。喷气式发动机工作时，需要从周围吸入大量的空气，如果有小鸟在附近，极易被强大的气流卷进发动机里。而发动机里一旦卷进小鸟，零件便会受到很大的损伤，极易造成飞机失事的严重后果。

1962年11月，有名的"子爵号"飞机正在美国马里兰州伊利奥特市上空平稳地飞行，突然一声巨响，飞机从高空掉了下来。事后，人们发现酿成这场空中悲剧的罪魁祸首就是一只在空中慢慢飞翔的天鹅。

交通之最 飞得最高的飞机：美国的X-15A研究试验机，飞行员沃尔克曾驾驶该机飞到9.5936万米的高空，该纪录至今未被打破。

为什么飞机表面要涂上涂料？

Weishenme

如果你仔细观察飞机，就会发现飞机表面涂有涂料。那么，飞机表面为什么要涂涂料呢？

首先，飞机飞行速度非常快，而飞行中遇到的小雨滴、雪花及尘埃在空中全部变成了可怕的东西。它们变得硬如铁砂，在机身上摩擦，可使机身温度升高到100摄氏度甚至300至400摄氏度。

另外，飞机有时被阳光照射，机身温度会突然升高；有时又钻进云层，机身被水滴和冰雪包围，温度又降到零度甚至零下几十摄氏度。机身时冷时热，时干时湿，有些重要的部位，如飞机头部受到的磨难就更严重了。

所以，飞机一定要用航空涂料对自身加以保护。这种涂料形成的涂层具有非常好的耐腐蚀、耐磨、耐热性，还有较强的附着力。另外，有涂层的机身因光滑度提高，便可大大减小机身与大气的摩擦。

火箭为什么能飞入太空？

Weishenme

我们经常在电视里看到火箭发射的情景：随着指挥员一声令下，"3、2、1，点火！"火箭在轰鸣中喷着火苗飞向了太空。那么，火箭是怎样飞上太空的呢？

其实火箭飞行的原理并不复杂，它是依靠作用力和反作用力的原理飞上蓝天的。火箭点火后，通过燃料燃烧产生的炽热气体，不断地从火箭尾部的排气口排出，从而产生一股非常强大的向下的推力，而这股推力又会产生一个方向相反的反作用力，推动火箭向上飞行，直到飞出大气层，进入太空。

火箭可以在大气中飞行，用于运载军用炸弹，成为火箭武器。由于它自身携带固体或液体燃烧剂与氧化剂，不必依赖空气中的氧气助燃，所以又可在外层空间飞行，用于运载航天器。我们知道，航天运载火箭要想飞入太空，必须达到宇宙速度，即最低为每秒7.9千米。为达到这个速度，必须采用多级火箭，以接力的方式将航天器送入太空轨道。简单地说，多级火箭就是把几枚单级火箭连接在一起，其中的一枚火箭先工作，工作完毕后与其他的火箭分开，然后第二枚火箭接着工作，依此类推。这样组合的优点是每过一段时间就把不再有用的结构抛弃，无需再消耗燃料来带着它飞行。

【百科辞典】

航空涂料： 指用于飞机的涂料。一般分为飞机铝蒙皮防护涂料（飞机蒙皮漆）、飞机复合材料防护涂料、雷达罩防护涂料、镁合金零件防护涂料、飞机内部金属零件防护涂料、发动机用涂料和飞机伪装涂料等。航空涂料的质量要求很高，现代飞机广泛使用的航空涂料是丙烯酸涂料和脂肪族聚氨酯涂料。

迷彩战斗机
战斗机对航空涂料的要求十分苛刻，涂料不仅要质量绝佳，颜色也十分讲究。为了更好地隐藏自己和袭击敌人，很多战斗机都"穿上"了与周围环境相符合的"迷彩装"。

火箭的发动机
现代火箭广泛使用化学火箭发动机，其工作原理是将推进剂在燃烧室内进行化学反应释放出来的能量转化为推力。火箭发动机的推力大小相差很大，小到微牛，大到十几兆牛。

航天之最 世界上最早发明火箭的国家：火箭起源于中国，是中国古代的重大发明之一。13世纪，中国就有关于"起火"的记载。

中国孩子最爱问的十万个为什么

主题索引
① 什么叫航天运载火箭？为什么有的火箭要分成多级？

什么叫航天运载火箭？

我们常在新闻中听到"某某航天运载火箭发射成功"的消息，有时还会看到长圆锥状的火箭喷着火舌发射升天的壮观景象。那么，什么是航天运载火箭呢？

航天运载火箭是技术含量非常高的火箭品种，其主要组成部分包括动力系统、飞行控制系统、结构系统、遥测设备系统、外测设备系统和安全自毁系统以及应急逃逸系统。遥测设备系统也叫内测系统，主要负责测量、记录和向地面发送火箭上的温度、压力等各种状态数据；外测设备系统是测量、记录和向地面发送火箭飞行速度和轨迹数据的工具；安全控制系统是火箭在飞行过程中，一旦出现无法纠正的故障，就由地面或火箭上的自毁装置将火箭炸毁，以保证地面上的生命财产安全的结构；应急逃逸系统是在火箭发射过程中发生爆炸等危及航天员生命安全的事故时，及时将载人的密封座舱从火箭顶部弹出，并可在安全地域降落的组成部分。

正因为如此复杂，所以一般国家的技术力量很难达到火箭系统的要求。目前，我国是世界上少数几个拥有航天运载火箭及其发射技术的国家之一。

➡ "土星5号"发动机
"土星5号"是美国国家航空航天局在阿波罗和天空实验室两项太空计划中使用的多级可抛式液体燃料火箭。它是土星火箭中最庞大的一位成员，更是目前使用过的最大、最重、推力最强的运载火箭。

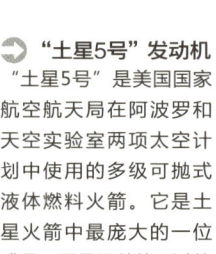

➡ 运载火箭
运载火箭是在导弹的基础上发展而来的，一般由2至4级组成。每一级都包括箭体结构、推进系统和飞行控制系统。末级有仪器舱，内装制导与控制系统、遥测系统和发射场安全系统。级与级之间靠级间段连接。

为什么有的火箭要分成多级？

现在各国使用的运载火箭几乎都被制成多级式火箭。那么，为什么要把火箭分成多级呢？

多级火箭是根据火箭的不同燃料和对速度的不同要求进行分级的。比如一枚两级火箭，分别由两级各重1000千克的火箭组成，并各装有750千克的推进剂。使用时，第一级火箭在推进剂烧完以后被整个抛掉，第二级火箭接着前进。试验表明，依靠第一级火箭的推力，可以达到每秒1175米的速度，然后依靠第二级火箭，又可进一步把速度提高到每秒5200米，其速度比单级火箭快了将近五倍。

各国现在一般采用二级或三级火箭来发射人造卫星，用四级火箭来发射飞向太空的宇宙飞船，并使宇宙飞船本身成为末级火箭。

=== 你知道吗 ===

▣ 多级火箭有串联、并联和串并联几种连接方式。串联就是把几枚单级火箭串在一条直线上；并联就是在较大的单级火箭（芯级）周围捆绑多枚较小的火箭；串并联以多级火箭作芯级。

航天之最 **最大的运载火箭**：美国研制的"土星5号"是目前世界上最大的运载火箭，它由三级组成，总长85米，起飞总重约3000吨。

火箭发射场为什么建在人烟稀少的地方？火箭为什么要垂直发射？

火箭发射场为什么建在人烟稀少的地方？

Weishenme

在电视新闻中，我们看到，火箭发射场都建在一些荒凉的郊外。这是什么原因呢？

发射场一般由测试区（又叫技术区）、发射区、指挥控制中心和生活区组成。技术区是装配、测试火箭和航天器的地方，建有宽敞和设备齐全的装配测试大楼。发射区是发射运载火箭的地方，建有发射台、发射控制室和燃料库等。发射场的神经中枢是指挥控制中心，它担负着发射时的指挥控制、数据处理和传输、安全控制、时间统一等工作。

火箭发射时，完成任务的火箭级段会落向地面。另外，火箭发射时的剧烈震动、巨大噪声和火箭推进剂会造成环境污染，火箭发射失败还会造成财产损失甚至危及人员的生命安全。因此，火箭发射场都建在人烟稀少的地方。

火箭为什么要垂直发射？

Weishenme

在火箭发射基地，硕大的火箭垂直矗立在发射架上，随着底部喷出炽烈的火光，箭体径直冲向天空。那么，为什么火箭不能倾斜发射呢？

一般情况下，运载火箭的体形都很庞大，如果倾斜发射就得有一条比火箭体更长的滑行轨道。这种滑轨不仅相当笨重，稳定性也差，而且发射时所产生的振动还会影响火箭的发射精度。更何况火箭点火后，尾部还会喷射出高温、高速、高压燃气流，如果倾斜，就需要一个相当大的安全区。更重要的是，火箭绝大部分飞行时间是在大气层以外的空间，垂直向上飞行可以迅速穿过大气层，减少因空气阻力而造成的速度损失。此外，垂直发射还可以简化发射设备，而且能够使竖立在发射台上的火箭在360度范围内移动，从而满足改变射向的需要，并保证火箭系统的稳定性和隐蔽性。因此，垂直发射对于火箭的加速和能量的利用都是十分有利的。

火箭发射区
火箭发射时会造成环境污染，一旦发射失败还会造成财产损失、危及人员生命安全。因此，对火箭发射场地的选择须慎之又慎。我国现有西昌、酒泉和太原三个火箭发射基地。

火箭垂直发射
垂直发射能够使火箭尽快地穿过厚厚的大气层而进入高空飞行，最大限度地降低能量的消耗。

航天之最 中国最早的火箭基地：1958年，我国在酒泉创建了第一个火箭发射基地，于1980年5月18日在这里发射了第一枚远程运载火箭。

什么是宇宙飞船？

宇宙飞船也称载人飞船，是一种能保障宇航员在外层空间执行航天任务并返回地面的航天飞行器，属于一次性使用的返回型载人航天器。它可以独立进行航天活动，也可作为往返于地面和空间站之间的"载体"，还能与太空站或其他航天器对接后进行联合飞行，运行时间一般是几天到半个月，通常乘坐2至3名航天员。

宇宙飞船通常由两个舱组成，上面的是密封载人舱，又称航天员座舱。该舱内设有能保障航天员生活的供水、供气的生命保障系统以及控制飞船姿态的姿态控制系统测量飞船飞行轨道的信标系统、着陆用的降落伞回收系统和应急救生用的弹射座椅系统。另一个舱是设备舱，舱内有使载人舱脱离飞行轨道而返回地面的制动火箭系统、供应电能的电池、储气的气瓶、喷嘴等系统。

宇宙飞船结构图
宇宙飞船是一种运送航天员、货物到达太空并安全返回的一次性使用的航天器。

"和平号"空间站
世界上第一个载人、在宇宙空间长期运转的宇宙空间站。

【百科辞典】

空间站：
是能载人进行长期宇宙飞行的航天器，又称航天站或轨道站。空间站一般重达数十吨，可居住空间达几百立方米。它基本上由几段直径不同的圆筒串联组成，分为对接舱、气闸舱、轨道舱、生活舱、服务舱和太阳电池翼等几个部分。

宇宙飞船为什么要加压密封？

我们都知道，地球上的大气压与海拔高度有关，气压随着高度的增高而降低。宇宙飞船在几万米的高空中，气压不断降低，飞船中的宇航员血液中的氧气、氮气和水分含量也会随之发生不同的变化。

第一，血液的主要任务是向全身输送氧气。正常人体的血氧饱和度应达到99%至100%，当人到达3000米以上的高度时，氧在血液中的饱和度就会降低，人就会出现眩晕、恶心、反应迟钝等缺氧症状，更不用说飞到大气层外的宇航员了。第二，当人体处在5000米以上的高度时，血液中的氮会以气泡的形式从血液中分离出来，影响宇航员的正常生理机能，导致呼吸困难、神经麻痹、休克乃至死亡。第三，在极低的气压之下，水分会沸腾，人体内的水分也会汽化，几秒钟之内皮肤下面就会出现气泡，并迅速扩展到全身，其后果不堪设想。

正是基于以上的原因，宇宙飞船才必须进行加压密封处理，以维持正常的气压。而宇航员进入密封舱时，也必须穿上加压密封的宇航服，以确保生命安全。

第一艘载人宇宙飞船： 苏联于1961年4月12日发射的"东方1号"宇宙飞船，是第一艘绕地球轨道飞行的载人宇宙飞船。

什么是航天飞机?

航天飞机是一种集火箭、卫星和飞机等技术特点于一身的多功能新型航天器。它既能像火箭那样垂直发射进入空间轨道,又能像卫星那样在太空轨道飞行,还能像飞机那样进入大气层滑翔着陆。

航天飞机主要由轨道飞行器、用来提供推进力的外贮箱和火箭助推器三大部分组成。其中,轨道飞行器包括三副引擎火箭、驾驶员舱、乘务员舱和载货舱。

航天飞机的主要任务是空间运输和卫星服务,它可以靠近其他航天器,输送物品及进行修理,还可以进行星际观测,进行军事、地理观察及拍照。由于航天飞机本身体积较大,所以它也可以作为大型空间建筑。航天飞机最大的优势在于,它可以实现定点着陆和无损返回,主要机械经过整修还可以继续使用,这大大降低了飞行成本。

美国于1972年开始研制航天飞机技术,目前共建造了五架航天飞机,进行了62次飞行。

航天飞机与空间站对接
航天飞机与空间站对接前,需从低轨道开始用小动量发动机进行加速,将航天飞机的轨道推高,进而实现与空间站的对接。

航天飞机怎样与空间站对接?

航天飞机最重要的用途就是为空间站提供运输服务。因此,它与空间站的交会和对接至关重要。两个航天器在茫茫太空中对接是一项十分复杂的技术。航天飞机与空间站对接前必须先会合。航天飞机在太空中飞行时必须沿着轨道运行,所以要精确地测量和计算出航天飞机与空间站的轨道和运行速度,精确地控制航天飞机的运行轨道,使其与空间站在同一轨道上运行。航天飞机从发射入轨到最后与空间站完成刚性连接,整个过程大致可分为地面导引、自动寻的、最后逼近、对接合拢四个阶段。

目前,美国、俄罗斯和中国已经较好地掌握了这种复杂技术,俄罗斯和美国发送的航天飞机与空间站的所有对接均获成功。

航天飞机发射
航天飞机共有固体燃料助推火箭两枚。发射时它们与轨道器的三台主发动机同时点火,当航天飞机上升到50千米高空时,两枚助推火箭停止工作并与轨道器分离,且回收后经修理可重复使用20次。

中国孩子最爱问的十万个为什么

主题索引：航天飞机是怎样耐受高温的？什么是空天飞机？

▲ 航天飞机

航天飞机是怎样耐受高温的？

在晴朗的夏夜里，我们仰望星空，有时可以看到有流星划过天边。流星是宇宙中游荡的石块，当它们靠近大气层时，就会和空气发生剧烈的摩擦从而起火燃烧，这时就会产生一条光亮的轨迹。可见，高速运行的物体和大气层摩擦能产生高热，将物体熔化，更甚者还可以起火燃烧。那么，航天飞机在飞行时，速度也很快，它是怎样耐受高温的呢？

为了解决这个问题，科学家们经过反复的研究，最终找到了一种碳复合材料。它可以耐受1650摄氏度的高温，将它涂在预先做成的硅纤维瓦的表层，然后再用几万块这样的防热瓦盖在航天飞机表层，就等于给航天飞机穿上了一件"防火衣"。这种"防火衣"既能耐高温，又可以隔热，就算飞机表面热得发红发白，机舱里的温度依然可以保持在19摄氏度上下，这种温度正适合宇航员们进行工作。

▲ 机舱中的宇航员

航天飞机拥有一种可以耐受1650摄氏度高温的"防火衣"，就算飞机表面热得发红发白，机舱里的温度依然可以保持在19摄氏度上下，这个温度正适合宇航员工作。

什么是空天飞机？

空天飞机是航空航天飞机的简称，顾名思义，它是一种既可以在大气层内飞行，也能在太空中飞行的新型飞行器。与航天飞机相比，空天飞机多了一个在大气层中航行的功能，而且它起飞时也不使用火箭助推器。作为新一代的航天器，空天飞机能够完全重复使用，从而大幅度降低航天运输的费用。

空天飞机可以在一般的大型飞机场上起落。起飞时，空气喷气发动机先工作，这样可以充分利用大气中的氧，节省大量的氧化剂。飞到高空后，空气喷气发动机熄火，火箭喷气发动机开始工作，通过燃烧自身携带的燃烧剂和氧化剂提供动力。降落时，两个发动机的工作顺序与起飞时正好相反。

空天飞机的奥妙之处就在于它的动力装置。这种动力装置既不同于飞机发动机，也不同于火箭发动机，而是一种混合配置的动力装置，由空气喷气发动机和火箭喷气发动机两大部分组成。空气喷气发动机在前，火箭喷气发动机在后，它们串联成一体，为空天飞机提供动力。

▲ 波音747与航天飞机轨道器

1977年2月，美国研制出了一架"创业号航天飞机轨道器"，由波音747飞机驮着进行了机载试验。如今，航空机与航天机组合的梦想已经成为现实。

交通之最 最早研制空天飞机的国家：美国航空航天局的科学家最早提出空天飞机的设想，并于1986年2月开始着手研究。

什么是高速公路？

Weishenme

许多人都有过坐车在高速公路上飞驰的经历，但是，究竟什么样的路才算是高速公路呢？就是汽车跑得快的公路吗？其实不然。

不同国家对高速公路的定义有所不同。一般来说，高速公路是指全封闭、全立交、有通过限制和速度限制的高速行驶道路。比如超大型车辆、特种车辆、摩托车、自行车均不允许通过高速公路，这就保证了高速公路不会被车速低的车辆所占用。高速公路一般限低速每小时60千米，限高速每小时120千米，这样就保证了车辆在高速行驶时的安全性和可靠性，又兼顾了道路的承受能力。

高速公路行车道分为超车道、主车道两部分。车辆正常行驶时应在主车道上，在条件允许时可通过超车道超越前方车辆。在主车道的外侧，一般设有紧急停车带，供车辆在紧急状态下停车使用。此外，高速公路上还设有警告标志、可变情报板等指导人们安全行车的工具。

城市中为什么要架设立交桥？

Weishenme

据测试，机动车在城市中心区运行的时间，有三分之二是用在通过交叉路口上的。同时，有一半的交通事故也发生在交叉路口上。而建设立体交叉桥就是解决交通阻塞的一个重要手段。立交桥是为保证交通顺畅，而在道路、铁路交叉处建造的桥梁。它能将互相冲突的车流分别设置在不同高度的道路上，使车辆互不干扰。

立交桥可分为跨线桥、地道桥两类。跨线桥在既有线路之上进行跨越，它又分为分离式和互通式。前者只保证上下层线路的车辆各自独立通行；后者在平面和立面上修建复杂的迂回匝道，能使上下层线路车辆相互通行。而地道桥是从地下穿越既有线路的路桥。立交桥的形式多样，但目的都是保证高效通行，提高行车安全。

立交桥
立交桥全称"立体交叉桥"，它用空间分隔的方法消除道路平面交叉车流的冲突，使两条交叉道路的直行车辆畅通无阻。

高速公路
高速公路上行驶的车辆一般能达到120千米/小时或者更高的速度，这要求道路路线顺畅，纵坡平缓，路面达到4个以上车道的宽度。

交通之最 高速公路总里程最长的国家：美国是世界上拥有高速公路最多的国家，其高速公路总里程约为10万千米，连接了所有5万人以上的城市。

中国孩子最爱问的十万个为什么

主题索引：为什么大部分国家都规定靠右行驶？为什么交通信号灯采用红黄绿三色？

靠右行车
全世界60亿人口中有40亿"靠右走"。这些靠右行的国家大多是典型的大陆性国家，如中国、德国、美国、法国、俄罗斯等。

红绿灯
采用红黄绿三种颜色作为交通信号灯的颜色，是根据光学原理而定的。红色光穿透空气的能力强，而且更引人注意，所以作为禁止通行的信号；黄色光穿透空气的能力也较强，所以作为警告的信号；绿色与红色的区别最大，易于分辨，所以作为通行标志。

为什么大部分国家都规定靠右行驶？

靠右行驶是道路交通规则中最基本的通行制原则之一。如果没有通行制，人、车在道路上随意走动，必然使得交通毫无秩序可言。世界现有两种通行制：一种是左行制，另一种是右行制。现如今，全世界大多数的国家实行右行制。

靠右行驶的习惯可追溯至18世纪的法国大革命时期。在这以前，法国的左右行驶方向可谓泾渭分明，贵族马车靠左行驶，这样就把徒步行走的下层平民挤到了右边。1789年，法国大革命爆发，革命领袖罗伯斯庇尔发布命令：巴黎所有的马车和行人一律靠右行驶。

拿破仑上台后，也坚持他的辎重车辆应该靠右行驶。后来在被拿破仑征服过的欧洲国家，如瑞士、德国、意大利、波兰和西班牙等国，右行制便成了交通规则。

现在，世界上许多国家都规定靠右行驶。这种国际范围内行驶方向的统一，主要是为了公路交通的安全。调查证实，交通行驶方向统一之后，公路上的车祸的确大大减少了。

为什么交通信号灯采用红黄绿三色？

我们从小就知道过马路要看红绿灯，红灯停，绿灯行，可是你知道交通信号灯为什么用红、黄、绿三种颜色吗？

在早期，交通信号灯只是用来表明道路使用者的行路权利的，它分为指挥灯、信号车道灯、信号人行横道灯。1868年，英国伦敦首先采用交通信号灯，它源于铁路信号灯。1918年，美国首先采用红、黄、绿三色电气照明灯作为交通信号。

其实，最早的信号灯只有红、绿两种。黄色信号灯是由中国留美电机专家胡汝鼎教授发明的。交通信号灯之所以采用红、黄、绿三色，是经过多次研究并根据光学原理而定的。红色光波长，显示距离最远，人的眼睛对红色的感觉也比较敏锐，因此用做停车信号。黄色光波次于红色，显示的距离也比较远，因而作为缓行信号。绿色光也是如此，而且它与红色光区别最分明，因此被用做通行信号。

你知道吗

- 汽车刚诞生时，驾驶座是位于车身中央的，采用"三轮式"结构，也没有刹车及排挡等设备。
- 据统计，世界上有34%的国家靠左行驶，66%的国家靠右行驶。全世界只有28%的可通行道路规定靠左行驶。

交通之最 第一盏交通信号灯：1868年12月10日，英国机械师德·哈特设计并制造了红、绿两色的煤气交通信号灯，用于指挥交通。

什么是全球卫星定位系统（GPS）？

Weishenme

全球卫星定位系统（GPS），是20世纪70年代由美国陆、海、空三军联合研制的新一代空间卫星导航定位系统，可以为陆、海、空三大领域提供全天候和全球性的导航服务。

GPS包括人造卫星、地面监控站和用户接收设备三个部分，其中空间部分是绕地球运行的24颗卫星，它们能连续发射一定频率的无线电信号。只要用户持有信号接收设备，无论身处陆地、海上还是空中，都能收到卫星发出的特定信号。接收仪中的电脑通过选取几颗卫星发出的信号进行分析，就能确定用户所在地方的经纬度和高度，以实现导航、定位、授时等功能。GPS系统可以为公路、铁路、空中和海上的交通运输工具提供导航定位服务。

现在，便携式的GPS接收机差不多只有移动电话的大小。如果有了GPS，即使在荒野中也不会迷失方向。

为什么不能酒后驾车？

Weishenme

我们经常在公路上见到这样的标语"司机一滴酒，亲人两行泪"，由此可以看出酒后驾车的严重危害。那你知道司机为什么不能酒后驾车吗？从科学理论上说，酒精在人体血液内达到一定浓度时，人对外界的反应能力及控制能力就会下降，尤其是处理紧急情况的能力会下降。司机血液中酒精含量愈高，发生撞车的机会就越高。当司机血液中酒精浓度达0.064%（每100分升的血液中含有64毫克酒精）水平时，发生交通事故的可能性较零点水平高3.5倍；达到0.08%水平时，发生交通事故的可能性较零点水平高26倍。根据世界卫生组织的研究与抽样调查，许多国家50%至60%的交通事故都是由酒后驾车引起的。为此，各国都制定了非常严格的酒后驾车惩处措施。

根据我国法律，酒后驾车分为饮酒驾车和醉酒驾车两种情况，是根据驾驶人员血液、呼气中的酒精含量值来界定的。饮酒驾车，是指车辆驾驶人员血液中的酒精含量大于或者等于20毫克/分升而小于80毫克/分升的驾驶行为。醉酒驾车，指车辆驾驶人员血液中的酒精含量大于或者等于80毫克/分升的驾驶行为。

喝过酒的司机从发动车的那一刻起，就已经踏上了危险的边缘。酒后驾车不仅是法律上的事，更是威胁每个人的生命，影响社会秩序的大事！

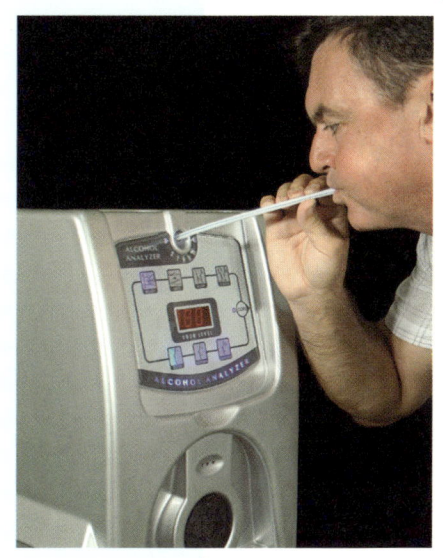

酒精测试
酒精测试仪能通过口腔中呼出的气体，测试出血液中酒精的浓度，以此判断司机是否酒后驾车。

GPS接收器
GPS卫星发送的导航定位信号是一种可供无数用户共享的信息资源。只要拥有一台GPS信号接收机，就可以随时免费接收、跟踪、变换和测量GPS信号。

你知道吗

■ 酒精对肝脏、大脑等器官有毒害作用，而且过量饮酒还会减少人体对其他食物的摄入，使身体里的热量过剩。

■ 在英国，酒后驾车初犯者会被吊销驾驶执照一年，重犯者吊销3年，加1000英镑罚款，在10年内有3次酒后驾车，就要吊销驾驶执照109年。

交通之最 最早的卫星定位系统：美国的子午仪系统，GPS系统的前身，从1958年开始研制，1964年正式投入使用。

中国孩子最爱问的十万个为什么

主题索引
古希腊人为什么要举行奥运会？古希腊运动员为什么裸体参赛？

➡ 奥林匹亚宙斯神殿遗址

古时候，希腊人把体育竞赛看做一种祭祀奥林匹斯山众神的节日活动。而宙斯作为众神之首，希腊人对他更是格外崇敬，对他的祭祀也格外隆重，渐渐便促生了古代奥林匹克运动会。

古希腊人为什么要举行奥运会？

Weishenme

奥运会的全称是奥林匹克运动会，是当今世界规模最大、最有权威性的体育盛会。

奥运会源于古希腊。奥林匹亚是希腊南部一座风景秀丽的小镇，是人们朝圣和祭祀的地方。据记载，希腊人在公元前776年就规定每四年举办一次运动会，借以"传达诸神的和平旨意"，消弭内争外战。第1届古代奥运会就在奥林匹克举行。

后来，古希腊运动会的规模逐渐扩大，并成为显示民族精神的盛会。从公元前776年开始，到公元394年止，历经1170年，共举行了293届古代奥林匹克运动会。此后，由于罗马皇帝狄奥多西信奉基督教，禁止一切异教活动，因而废止了古奥运会，并烧毁了它的建筑物。之后希腊又遭到地震，古奥运会遗址从此被湮埋在地下。

1875至1881年，德国库蒂乌斯等人在奥林匹克遗址找到了大量出土文物，这引起了全世界的兴趣。为此，法国的顾拜旦认为，恢复古希腊奥运会的传统，对促进国际体育运动的发展有着十分重大的意义。在他的倡导与积极奔走下，1894年6月，在巴黎举行了首次国际体育大会，并正式成立了国际奥委会。第1届现代奥运会于1896年在雅典举行，以后每四年召开一次，其中三届因世界大战被迫中断，但届数仍按顺序计算。

古希腊运动员为什么裸体参赛？

Weishenme

"赤身运动"是古希腊体育竞技的一大特色。希腊盛产橄榄油，运动员比赛时全身涂满这类油脂，在阳光照射下熠熠生光，身体显得特别健美，因此赤身比赛风靡一时。

但是，在古希腊运动会初期，选手并不是赤身裸体的，这一习俗的出现有一定的偶然性。据说，一个身着狮皮的选手在一次比赛中，不慎狮皮脱落。人们发现，裸体更能体现人体的健美，因此便规定以后进行比赛都要赤身。

此外，还有一个更具体的说法。在公元前724年第14届（或第15届）奥运会上，一位选手在赛跑时被散落的"兜裆布"绊倒丧命，所以从第15届（一说第16届）起，规定选手一丝不挂，进行裸体比赛。当然，这些也仅是传说而已。

⬇ 古代奥林匹亚体育场入口

古代奥运会期间，来到这里参加比赛的运动员必须符合以下条件：男性、希腊人、自由人、婚生子、没有任何犯罪记录等。

158 体育之最 **古希腊获得荣誉最多的人：** 塞阿格勒斯在古代奥运会上与大型竞技会上共获1400多种奖品，他的雕像遍布古希腊各地。

奥运会开幕前为什么要传递"圣火"？

Weishenme

"奥林匹克"火炬的火种之所以被称为"圣火"，是因为它源于古希腊神话。传说，众神之王宙斯为了永远统治大地，故意不给人类降火，使世人永远生活在黑暗之中。然而勇敢善良的普罗米修斯不顾个人安危，用茴香树枝从太阳火焰里引来了火种。从此，人间有了火，驱散了黑暗和寒冷，普罗米修斯给人类带来了光明和温暖。可是，普罗米修斯却因此受到宙斯残酷的惩罚。后来，人们为了纪念这位英雄，便制成火炬来传递、扩散火种，并把这作为光明、勇敢、威力的象征。

1912年，现代奥林匹克运动会的创始人顾拜旦为了把象征和平的奥林匹克精神永远传播开来、继承下去，提出了在奥运会上点燃圣火的建议。这个建议在1936年第11届奥运会中被正式实施。奥运会圣火的取火仪式在古代奥林匹克运动发源地举行。

在古希腊女神赫拉的庙旁，化妆成女神的女子用凹面镜聚集日光点燃圣火后，人们以接力传递的方式把火炬传到奥运会举办地点。人们认为，用接力传递的方式来迎送火炬，有利于扩大奥运会影响，传播奥林匹克精神，所以传递"圣火"的仪式也就一直流传了下来。

奥运五环代表什么？

Weishenme

五只相套接的彩色圆环是现代奥林匹克运动会最显著的标志，它象征着五大洲运动员的友谊和团结。依据传统的说法，五环标志及其颜色是现代奥运会创始人皮埃尔·顾拜旦男爵于1913年精心设计和选定的，以后才成为国际奥林匹克会旗和会徽的主要标志。

1914年7月，这个旗帜首次出现在巴黎庆祝奥运会成立20周年的大会上。1920年，比利时奥委会把一面绣有五环的绸缎会旗赠送给国际奥委会，并在安特卫普奥运会的开幕式上升起来。

圣火传谕和平

古代奥运会开幕前必须举行隆重的点火仪式，由祭司从圣坛上燃取奥林匹克之火，所有运动员一齐向火炬奔跑，最先到达的三名运动员将高举火炬跑遍希腊，传谕停止一切战争，开始四年一度的奥运会。

圣火采集地——赫拉神庙

奥林匹亚遗址内的赫拉神庙是希腊众神庙中最古老的一座，建于公元前7世纪上半叶，现代奥运会点燃圣火的仪式就是在该神庙前的广场上举行的。

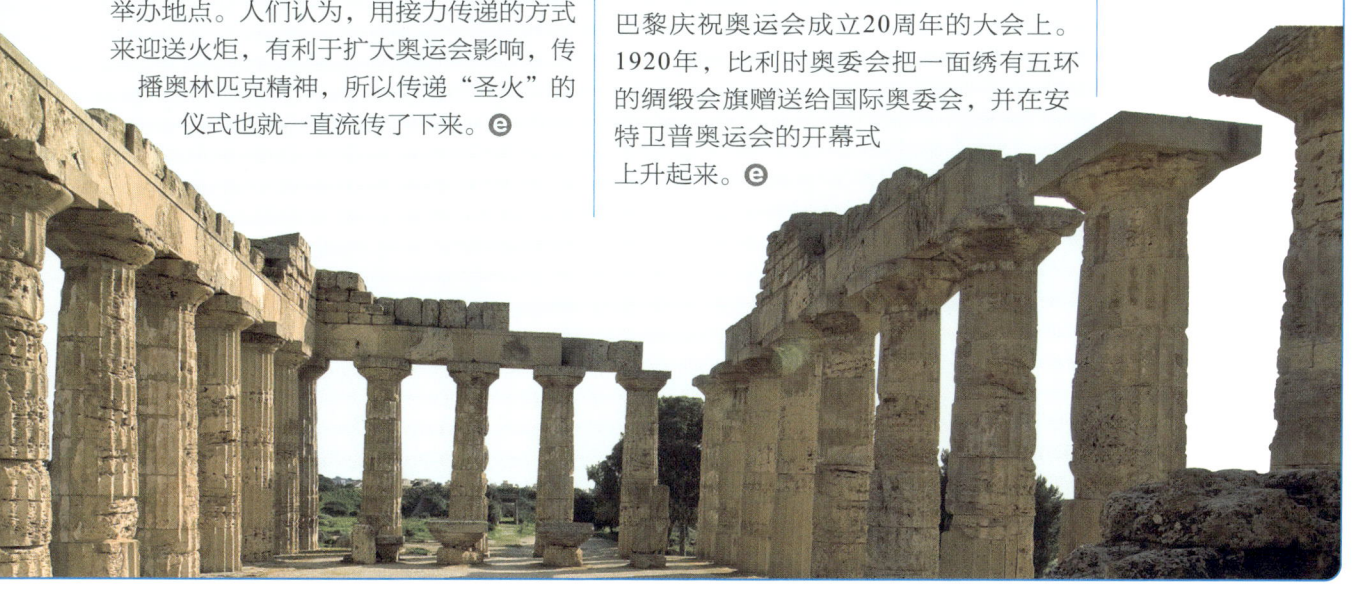

什么是奥林匹克精神？

《奥林匹克宪章》指出，奥林匹克精神就是"以友谊、团结和公平精神互相了解"。奥林匹克精神集中体现在奥林匹克运动所一贯遵循的宗旨以及提出的格言和口号上。

"和平、友谊、进步"是奥林匹克宗旨的高度概括。这不仅是奥运会最基本的出发点，也是奥林匹克精神的重要内容。

"更快、更高、更强"这一格言于1913年经现代奥运会创始人顾拜旦提议，获国际奥委会批准后，被定为奥林匹克格言。它体现了一种敢于拼搏、不断进取、永远奋发向上的竞技精神。

"重要的是参加，不是胜利。"这句口号反映了奥林匹克运动的国际性和广泛的群众性。不同种族、不同肤色、不同语言的各国运动员平等参加比赛，不仅是争夺奖牌，更重要的是交流友谊、增进理解、扩大和平。

同一个世界
2008年北京奥运会的口号为："同一个世界，同一个梦想。"它表达了全世界在奥林匹克精神的感召下，不同种族、不同肤色、不同语言的人们亲如一家，携手追求人类美好未来的共同愿望。

北京奥运会火炬传递
奥运圣火是和平的象征。奥运圣火的传递，代表着奥运精神的弘扬和传承。2008年3月25日，北京奥运会的圣火在希腊奥林匹亚采集成功，经过4个多月的传递后，于8月6日抵达2008年奥运会的举办地——中国北京。

奥运会选手为什么要进行性别检查？

在奥运会各项运动比赛前，先要对运动员进行性别检查，看是男选手还是女选手以及与他（她）所要参加的运动项目是否吻合。之所以这样做，主要是因为男女生理上的差异，会导致男女运动员的成绩有差距。历史上曾出现过男性用种种手法伪装成女性，混入女性运动员的行列中参加女子运动项目，从而轻易获奖的事。这明显违背了奥林匹克的精神与原则。

在1932年，奥运会女子100米赛金牌的获得者瓦拉谢维奇，在其长达20年的运动生涯中所获得的奖牌多达5000枚，是田径界的一个传奇人物。但在"她"死后的尸检中却发现，这名"女运动员"原来是男性。再如1938年创造了女子跳高世界纪录的朵拉·拉蒂安和1966年在世界滑雪锦标赛高山下滑女子比赛中获金牌的奥地利选手艾丽卡·施莱格等，均是男子冒充的"女选手"。

因此，及时甄别出伪装性别的运动员，确认各位选手参加规定项目的比赛资格，以确保奥运比赛的公正进行，就成了奥运会竞赛前一项必要的检查措施。

1968年，国际奥委会决定，对所有奥运参赛选手采用"染色体检查法"进行性别检查。它是通过鉴定受检运动员的细胞染色体中是否有Y染色体，从而确认该运动员性别的。

第一部《奥林匹克宪章》： 亦称奥林匹克章程或规则，由顾拜旦提出，于1894年6月在巴黎国际体育大会上正式通过。

田径中的"田"和"径"分别指什么？为什么许多田径运动员要穿钉鞋参赛？

田径中的"田"和"径"分别指什么？

Weishenme

田径运动包括竞走、赛跑、跳跃和投掷等40多个单项以及由部分跑、跳、投项目组成的全能运动。其中，以时间计算成绩（走和跑）的项目叫"径赛"，以高度和远度计算成绩（跳跃和投掷）的项目叫"田赛"。田赛和径赛合称为田径运动。

田径运动是体育运动的重要项目之一。它的项目较多，一般都是个人运动项目，运动强度大，竞争性强，锻炼形式多样，不受人数、年龄、性别、季节、气候等条件的限制，便于广泛开展。

田径运动是各运动项目之母。它能全面地、有效地发展人的身体素质和运动技能，对其他各项运动技术的发展和成绩的提高都有很好的作用。因此，各项体育运动都把田径运动作为提高身体素质的基本训练手段。

田径运动历史悠久，具有广泛的群众基础。公元前776年，第1届古代奥运会就将田径运动列为正式比赛项目。1896年，在雅典举行的第1届现代奥运会上，田径的走、跑、跳跃、投掷等项目也都被列为比赛项目。至今已举行的各届奥运会上，田径运动都是主要比赛项目之一。

在历届奥林匹克运动会和其他大型比赛中，田径比赛都在中心运动场举行，是设奖牌最多的竞赛项目。因此，世界各国都很重视发展田径运动，并把它作为衡量一个国家总体体育水平的重要标志。

为什么许多田径运动员要穿钉鞋参赛？

Weishenme

在田径比赛中，许多运动员都穿着钉鞋上场。这是什么原因呢？

原来，鞋底的钉子能"抓"住地面，使运动员在快速跑动时脚下不打滑。同时，由于鞋钉大大增加了鞋底与地面的摩擦力，运动员就能借此用力蹬地，发挥出最高的水平，获得最好的成绩。

当然，并不是所有的田径运动员穿的钉鞋都一样，不同的田径项目，运动员会选择不同的钉鞋。径赛运动员的钉鞋一般只有鞋底前掌才有鞋钉，数目不会超过6枚。而像跳高、标枪等田赛运动员的钉鞋，常常是前掌镶着鞋钉，鞋后跟也镶着2至4枚鞋钉。这是因为径赛运动员主要用前脚掌着地，而田赛运动员助跑时则需要脚掌脚跟同时发力。

田径场
田径场分为标准田径场和非标准田径场两类，都内设由两弯道和两直道组成的环形径赛跑道及各项田赛区。多数田径场都设有看台，以方便观众观看比赛，较大的田径场可以容纳数万名观众。

钉鞋
对于田径运动员来说，拥有一双好的钉鞋将如虎添翼，它可以帮助运动员发挥出最高的水平，获得最好的成绩。所以很多著名的运动员都有制造商为自己特制的钉鞋。

体育之最　田径成绩之最：美国人阿尔弗雷德·厄特在1956至1968年4届奥运会的铁饼比赛中，连续四次打破奥运会纪录并获金牌。

中国孩子最爱问的十万个为什么

主题索引
为什么跳高选手多采用"背跃式"？什么是三级跳远？

"背跃式"跳高
"背跃式"跳高时，人的重心在杆的下面，形成一个圆弧过杆，重心为圆心；而"跨越式"跳高的重心在杆的上面，要求有更高的高度。所以，一般来说"背跃式"比"跨越式"易取得成绩。

三级跳远
三级跳远时，运动员快速助跑之后，要向前做连续三次跳跃：第一跳是单足跳，即用起跳脚落地；第二跳是跨步跳，须用摆动脚落地；第三跳时双脚落入沙坑。

为什么跳高选手多采用"背跃式"？

Weishenme

在跳高比赛中，我们经常可以看到大多数运动员都是采用"背跃式"跳跃，那么，选择这种跳跃方式有什么好处呢？

"背跃式"跳高的助跑技术特点是采用弧线助跑。助跑时身体内倾有利于降低身体重心，为起跳做好肌肉用力的准备。起跳阶段可以迅速地改变人体的运动方向，并获得尽可能大的垂直速度，保证过杆动作顺利进行。

"背跃式"跳高时，运动员在起跳后，头部、肩部、后背部首先过杆。这时，运动员在空中挺胸挺腹，身体成反曲，在身体重心达到跳跃的最高点时，臀部正好处于横杆上方。由于整个身体是以"扁平"的姿势过杆的，所以采用"背跃式"的姿势能充分利用腾起的高度，跃过较高的横杆。

什么是三级跳远？

Weishenme

三级跳远是田径运动中田赛跳部的运动项目，由单脚跳、跨步跳和跳跃组成。

运动员快速助跑之后，向前连续三次跳跃：第一跳是单足跳，即用起跳脚落地；第二跳是跨步跳，须用摆动脚落地；第三跳用双脚落入沙坑。

由于这项运动使身体下肢的负担很大，所以对身体素质的要求比其他项目高一些。它要求运动员有较高的助跑速度和良好的弹跳力以及强大的腿部力量。

速度是影响三级跳远成绩的重要因素。运动员必须具备良好的助跑速度、动作速度、跳跃速度。其中，助跑速度最为重要，世界优秀的三级跳远运动员都具有较高的助跑速度。另外，起跳有力、踏跳脚积极扒地、腾空抛物线很高、双臂摆动、大腿高抬等都对运动成绩的提高有重要作用。

如今，三级跳远的发展已经进入了新的时期，世界各国都涌现出许多优秀的运动员，有的能跳过17米，英国运动员乔纳森·爱德华兹则在1995年创造了18.29米的世界纪录。

体育之最 最早的跳高比赛：最早的跳高比赛出现在1800年的苏格兰运动会上，当时运动员主要采用简单的"跨越式"起跳方式。

推铅球为什么先滑步？掷铁饼前为什么要原地旋转？

交通与体育

推铅球为什么先滑步？
Weishenme

凡是观看过田径比赛的人，都知道铅球运动员在掷铅球前，都要先滑步，然后转体投掷。这是为什么呢？

推铅球运动是田径运动中的田赛项目之一。正式比赛中，男子铅球的重量为7.26千克，直径11至13厘米；女子铅球的重量为4千克，直径为9.5至11厘米。由于铅球的重量较大，要使铅球既推得远，又要按规则落在前方的扇形区域内，运动员在做准备动作时，就要把铅球托在肩上锁骨窝处，然后采用滑步使铅球和身体迅速起动，并沿着水平方向前进，以获得最大的预先速度。当摆动腿的脚掌一触地，立即用力推出，这样就可以把铅球推得更远。

实践证明，一个优秀的铅球运动员，其原地推球和滑步推球的成绩能相差1.5至2.5米。从这里也可以看出，滑步动作对提高推铅球的成绩是多么重要。

掷铁饼前为什么要原地旋转？
Weishenme

铁饼是田径比赛中的投掷项目之一。据考证，这项运动起源于公元前12至前8世纪希腊人投掷石片的活动。比赛用的铁饼重量为2千克，直径为22厘米。

我们经常看到，铁饼运动员在投掷铁饼之前都要原地转几圈，这是为什么呢？

铁饼投掷的场地是一个直径为2.5米的圆圈，在这么狭小的范围内，运动员在把铁饼掷出之前无法用跑动的方式为它提高速度，因此，只有通过旋转身体的方式，让铁饼具备一定的初速度，这样出手后才能飞得更远，进而提高投掷成绩。所以投掷铁饼的方法是使铁饼随着运动员的旋转而做圆周运动，并在运动员最后用力前获得预先速度，为最后用力创造有利条件。同时，铁饼也因此旋转起来，这样可以减小空气的阻力，增加惯性，使铁饼飞得更远。实践表明，用旋转法掷出铁饼一般要比原地掷铁饼远6至10米。

世界上的优秀运动员，铁饼出手的初速度可达到24至25米/秒，铁饼以7至8转/秒的速度旋转，这使它能在最后着地时仍保持稳定。此外，在顺风条件下，正确投掷铁饼，成绩要大大高于无风条件下投掷铁饼的成绩。

•••【百科辞典】•••

铅球：
田径运动使用的投掷器械之一，球形，用铁或铜做外壳，中心灌铅。

铁饼：
田径运动使用的投掷器械之一，形状像凸镜，边沿和中心用铁制成，其余部分用木头。

◯ 推铅球
铅球的重量较大，要使铅球既推得远，又要落在扇形区域内，运动员在做准备动作时，就要把铅球托在肩上锁骨窝处，然后滑步以使铅球和人体迅速起动，并沿着水平方向前进，以获得最大的预先速度。

◯ 掷铁饼者
这尊被誉为"体育运动之神"的雕像，一望而知是表现投掷铁饼的一个典型瞬间动作：人体动势弯腰屈臂成S形。现存的《掷铁饼者》为大理石雕复制品，高约152厘米，原作为青铜，米隆作于约公元前450年。

体育之最 **最高的女子铁饼纪录：** 目前女子铁饼的世界纪录是76.80米，是由前民主德国选手雷因施在1988年7月创造的。

起跑器
根据田径比赛规则，在跑道上安放起跑器时，起跑器任何部分都不得触及起跑线或延伸线，或者延伸至其他分道。

接力赛
"接力"是田径比赛中唯一的集体项目，由每队4名队员依次传递接力棒，并跑完一定距离。在接力赛中，只有第一棒运动员使用起跑器。

跑步比赛为什么都要逆时针跑？

Weishenme

田径比赛中的跑步都是按逆时针方向进行的，大家知道为什么不按顺时针方向跑吗？

我们知道，人的大脑分为左右两个半球，而且左右脑的功能不一样。左脑支配右半身的活动，右脑则支配左半身的活动。在日常生活中，大多数人养成了用右手干活、写字、工作的习惯，而左脑又主要是进行高级思维活动的，因此就大大加重了左脑的负担。人体为了维护全身的平衡，就会加强受右脑支配的左腿的功能，所以多数人感到左腿比右腿有力。

赛跑时，多数运动员都是用左腿作为后蹬腿的。在跑弯道时，由于左腿有力，如果按逆时针方向跑，左腿就能很好地克服身体的离心力，避免身体向内侧倾倒。右腿力量比左腿小，如果按顺时针方向跑，就会感到身体不稳，容易摔倒。其实，人在滑冰、骑自行车拐弯和跑步时，也有同样的感觉。如果按顺时针方向跑步，反而会感到别扭和不舒服。

此外，一般情况下，人的心脏在左边，当逆时针方向跑步时，身体向左倾斜，形成左转弯，有利于保护心脏。所以说，逆时针跑的规制是合理的。

短跑比赛为什么要使用起跑器？

Weishenme

短跑是径赛中距离最短、速度最快的项目，也是田径运动员的基础项目。最初的短跑比赛中，运动员都是站着起跑的。澳大利亚运动员舍里尔发明了蹲距式起跑，并在第1届奥运会上取得了优异成绩，从此蹲距式起跑就成了短跑的标准起跑姿势，起跑器作为辅助的工具也随之诞生了。

起跑器是用于径赛短跑的起跑装置，一般由坚固的金属材料制成，包括两块抵足板和一个固定抵足板的框。抵足板面呈平形或凹形，有槽，上带适合钉鞋使用的物质，位置和角度可调整。田径竞赛规则规定：短跑项目可以使用起跑器。大型比赛的起跑器由运动会统一提供。

具体来说，使用起跑器的好处有两点：首先，可以使两脚有牢固的支撑形成良好的预备姿势，使身体迅速地摆脱静止状态，获得向前的最大冲力，尽快地提高速度转入途中跑；其次，使用方便，能够根据个人的需要随意调整位置、距离和抵足板的倾斜度。实践也证明，使用起跑器有助于运动员更好地发挥，提高速度，同时还可以保护跑道不受损坏。

主题索引　为什么说长跑运动能锻炼心脏？为什么说马拉松长跑起源于古希腊？　五 交通与体育

为什么说长跑运动能锻炼心脏？

Weishenme

在竞技运动中，长跑包括3000米、5000米、10000米等项目，属于高强度运动，持续时间在8至40分钟之间，是一项全身性的剧烈运动。所以练习长跑是非常艰苦的，要不断地克服"极点"，不断地与疲劳作斗争。由于此项运动单调乏味，所以不易引起人们的兴趣。但是，长跑运动却具有独特的锻炼作用，对身体十分有益。

长跑运动能够锻炼神经系统。经常进行长跑锻炼的人，其大脑皮层和神经系统特别坚强稳定，所以对各肌肉群及内脏器官的协调能力较好，具有顽强的意志力和吃苦耐劳、坚忍不拔的精神。

另外，人在长跑的时候，肌肉会剧烈活动，这样，血液对氧气和养料的需求量就会大量增加，心脏输出的血量也会成倍增加，比平时的输出量要多4至5倍。要输出这么多的血，心脏必须加快跳动，加强收缩，拼命工作。随着长跑距离的逐渐加大，心脏工作的强度也会不断增加。久而久之，心脏的肌肉变粗，收缩力增强，心脏也会增大，血液输出量加大，心率减慢，这样，心脏的工作能力也就加强了。所以说长跑能锻炼心脏。

为什么说马拉松长跑起源于古希腊？

Weishenme

马拉松是古希腊的一个地名，位于雅典城东北30千米处。公元前490年，波斯远征军入侵希腊。当波斯军在马拉松这个地方布阵的消息传到雅典后，雅典就派出一名叫裴里匹底斯的信使前往斯巴达求援。这位信使用35小时走完了从雅典到斯巴达的150千米路程。但是，斯巴达人的回答却是，月圆之后才能出兵。这需要等10天左右。无奈，雅典人不得不靠自己孤军奋战，结果竟然以少胜多，打败了波斯人。这位名叫裴里匹底斯的信使，又带着胜利的喜讯，从马拉松跑到雅典城中央广场（距离为42.195千米），向雅典人民高喊："我们胜利了！庆祝吧！"随即倒地身亡。"马拉松跑"就是为纪念这件事而设立的。

1896年，法国的顾拜旦男爵在恢复现代奥林匹克运动会之际，巴黎索邦大学的语言学家、历史学家布莱尔援引马拉松的故事，向他提议增加一项长距离赛跑项目。马拉松赛跑便由此诞生。

女子10000米长跑
图为2004年雅典奥运会女子10000米长跑现场。长跑能锻炼心脏，使心脏的肌肉变粗，收缩力增强，从而使心脏的血液输出量加大，心率减慢，工作能力加强。

马拉松比赛
由于马拉松比赛一般在室外进行，不确定因素较多，所以在2004年1月1日前，马拉松一直使用世界最好成绩，而没有世界纪录。但从2004年开始，国际田联规定让马拉松也拥有了自己的世界纪录。

体育之最　第一个马拉松冠军： 在1896年的第1届奥运会上，希腊运动员鲁伊斯成为第一个马拉松比赛的冠军。　165

自由泳
自由泳（爬泳）的动作像爬行，双臂轮流划水，两腿上下交替打水。这种姿势结构合理、阻力小、速度均匀，是目前世界上最快、最省力的一种游泳姿势。

花样游泳
花样游泳是一项具有艺术性的优雅的体育运动，由游泳、技巧、舞蹈和音乐编排而成，有"水上芭蕾"之称。

为什么自由泳的速度比其他泳姿快？

在游泳比赛中，那种身体俯卧在水面上，双臂轮流在体侧向后划水，两脚快速上下打水面，游起来好像江中汽艇的姿势，称为自由泳（也称爬泳）。自由泳是游泳姿势中速度最快的一种。

为什么自由泳的速度最快呢？从力学的角度来看，游泳速度的快慢主要取决于两个因素：一是增大游进时的推进力；二是减小游进中水对人体的阻力。鱼雷快艇之所以开得快，第一个原因是它船体小、马力足；第二个原因是它有尖形的船头，流线型的船身，因此，在前进时所受的阻力小。同样，自由泳之所以比别的泳姿游得快，也是由于它具备了上述两个优越条件。

今天的自由泳技术正朝实效性发展，要求高体位、高肘加速后划，减少换气次数，动作连贯，节奏稳定合理。

在水中游得快，选择姿势固然很重要，但是更重要的是顽强的意志和强壮的身体。因为自由泳需要连续地划水、打水，对体力消耗较大，所以要想游得快，还要有良好的身体素质。

为什么称花样游泳为"水上芭蕾"？

花样游泳，是运动员在水中做出各种优美游泳动作的艺术性游泳，是一项只有女子才能参加的奥运会比赛项目。花样游泳融游泳、体操、舞蹈和音乐于一体，给人以高度的艺术享受。

花样游泳比赛分为规定动作和自选动作两种。规定动作的比赛没有音乐伴奏，主要比个人的基本技术；自选动作的比赛可以自己选配音乐。这个项目在奥运会上的历史并不长，在1984年第23届洛杉矶奥运会上，它才被正式列为比赛项目。

花样游泳运动员们动作娴熟优美，一丝不苟，将划水、仰浮、下潜、变换图形（花样）等动作完成得天衣无缝、和谐无比，构成的画面也多姿多彩。在此运动中，生命的力度、青春的韵律及女性独特的妩媚舞姿，无不表现得淋漓尽致，恰如碧波上一群翩翩起舞的天鹅。因此受到世人的喜爱，并被冠以"水上芭蕾"的美称。

主题索引

人在冷水中游泳时为什么容易抽筋？跳水运动员为什么要控制入水时的水花？

五 交通与体育

人在冷水中游泳时为什么容易抽筋？

Weishenme

到了夏天，很多人都爱游泳。有的人到水里以后会出现一点小麻烦：肌肉突然不听指挥，顿时强直收缩起来，既酸又痛，身体局部不能活动。这种现象就叫肌肉痉挛，俗称抽筋。那么，为什么有的人游泳时会抽筋呢？

抽筋是人体某一部分肌肉发生痉挛的现象。游泳时抽筋大多数是由于游泳前没有做准备活动，下水时突然受到冷水的刺激，肌肉产生了反射性紧张。有的是因在水中停留时间过长，体内热量、水分、盐分排出过多，过度疲劳导致的。还有的则是由精神紧张，动作不放松或突然用力过猛而引起的。

其实，抽筋是完全可以预防的，只要做好准备活动，下水时间适当，动作放松，一般都不会出现抽筋。下水前，可以先用冷水擦拭身体，让身体适应冷水环境。下水以后，不要一开始就猛游，运动量要逐渐加大，这样就会提高身体对冷水的适应能力，使全身血液循环流畅，同时也可增强肌肉的耐受性。

跳水运动员为什么要控制入水时的水花？

Weishenme

跳水是一项优美的水上运动，运动员从高处用各种姿势跃入水中，在空中完成一定动作，并以特定动作入水。在跳水比赛中，运动员入水时身体要成一条直线，动作轻盈优美、干净利索，富于美感。要想做到这一点，运动员需要控制入水时的水花，使其越小越好。

波浪与水花的形成同人体入水时的身体形态有很大的关系，全身越是接近流线型，水花就越小。因此，跳水运动员入水时，要求身体成一直线，脚尖绷直，从头到脚都在同一点上入水。不过，人体不可能是最佳流线体，手入水后，头、肩等部分都会突然增加人体入水的横截面，从而产生一定的水花。为了减少水花，我国运动员在比赛中采用手腕上翻、掌心向下、手指分开、两手也稍分开的"压水花"技术。这种入水方法在手接触水面时有一点水花，但随即因为手掌在入水时带入了大量空气而降低了身体其他部分入水时的阻力。此外，由于手掌压水可以稍微减慢入水的速度，这样就可避免造成较大的水花了。

冬泳

冬泳被称为"勇敢者的游戏"，经常进行冬泳可以刺激血液循环和新陈代谢，增强心血管的功能。

入水

跳水运动员入水时，要求身体成一条直线，脚尖绷直，从头到脚都在同一点上入水，动作轻盈优美、干净利索，富于美感。

你知道吗

☐ 1904年，第3届奥运会将跳水列为比赛项目。运动员在跳水过程中，要在空中做出复杂的翻腾动作，由于动作轻巧美丽，所以这项运动被称为"空中芭蕾"。

☐ 高敏是我国著名的女子跳水运动员。她在13岁时便获得全国跳板跳水的冠军。从1986年开始，她多次获得国际大赛的跳水冠军，并成为世界上第一个获得世界锦标赛、世界杯赛和奥运会冠军的三连冠者，她被誉为"跳水女皇"。

体育之最 在国际比赛中为新中国夺得第一块金牌的人：吴传玉。1953年8月9日，吴传玉在第4届世界青年联欢节100米仰泳比赛中夺冠。

什么是冲浪运动?

冲浪运动是由运动员站在冲浪板上驾驭海浪的水上运动。早在18世纪80年代，英国的探险家库克船长，就曾在夏威夷群岛看见当地印第安人骑坐树干漂浮在海浪之间的情景。以后，人们从中受到启发，将印第安人的树干改成一块扁平的木板，人站在上面，依靠自己的平衡能力，逍遥于海浪之间。近一二十年来，冲浪运动得到了较为迅速的发展，在部分沿海国家较为普及。

冲浪运动以浪为动力，要在有风浪的海滨才能进行。海浪的高度要在1米左右，最低不低于30厘米。运动员站在一块长160至270厘米、宽60至80厘米、厚10至15厘米的以塑料、木质或玻璃钢为材料制作的冲浪板上，随波逐流地由浪峰向浪谷滑下。在冲浪板上，当冲至浪峰前面时，运动员由俯卧或跪姿改为站姿，两腿自然开立，通常平衡腿（左腿）在前，控制腿（右腿）在后，靠腰部及双臂调整身体重心与板体浮心的相对位置来平衡身体。方向控制则主要靠扭动腰部、夹紧臀部，用双腿的剪力来完成。

夏威夷群岛常年都有适合冲浪运动的海浪，特别是在冬天或春天，都有从北太平洋涌来的海浪，浪高达4米，可以使运动员滑行800米以上。因此，夏威夷群岛一直是世界冲浪运动的中心。

为什么说水球是"水中足球"?

水球比赛是在长30米、宽20米的长方形水池中进行的。赛场水深在180厘米以上，四周有明显的浮标作为界线，而且场内有一些虚设的线，如中线、球门线等，两条边线上也有明显的标志。球门固定在球场两端的正中，门柱和横木都是用木头、金属或合成纤维制成的。球门高90厘米，宽3米，两侧和后面都用软网封闭起来。

水球用球的周长与足球一样，也是68至71厘米；重量也与足球基本相似，为400至450克。水球的外壳是用皮革或橡胶制成的，有良好的防水性能，而且表面十分光洁。水球的颜色为统一的棕色，不像足球既可以是白色，也可以是黑白相间色。

水球比赛
水球是一种在水中进行的球类活动，起源于19世纪中叶的英国。水球最初是人们游泳时在水中传掷足球的一种娱乐活动，故有"水上足球"之称，后逐渐形成两队之间的竞技水球运动。

冲浪
冲浪运动曾创造出许多令人难以置信的奇迹。1986年初，两名法国运动员脚踩冲浪板，从非洲西部的塞内加尔出发，横渡大西洋，二月下旬到达中美洲的法属德罗普岛，历时24天12小时。

体育之最　我国最早的水球比赛：1931年第5届广东省水上运动会曾设立水球比赛项目，这是我国最早举行的正式水球比赛。

为什么滑雪用滑雪板而滑冰却用冰刀？

Weishenme

滑雪是一项既浪漫又刺激的体育运动。人们把滑雪板装在靴底上，在雪地上轻松自在地滑行，尽情享受速度带来的快感。滑雪时使用滑雪板，主要是为了增大脚部与雪地的接触面积，这样人就不至于陷入松软的雪里，而能在积雪的表层自由滑行。

而滑冰是在冻结的冰面上进行的运动，冰鞋底下冰刀的作用与滑雪板恰恰相反，是为了减小冰鞋与冰面的接触面积，增大对冰的压强。

冰的融解有一个特点，当它受到的压强增大时，融点就会降低。大约每增加一个大气压，冰的融点就降低0.0075摄氏度。当人穿着冰鞋在冰面上滑过时，冰面在冰刀的压力作用下迅速融解成水，在冰刀和冰面之间形成一层薄薄的水膜。这层水膜可以对冰刀起到润滑的作用，使冰刀与冰面间的摩擦力减小，从而使人们得以在冰面上快速飞驰，滑出一个个优美的动作。

什么是花样滑冰运动？

Weishenme

花样滑冰运动指运动员在音乐的伴奏下，随着音乐的韵律和节拍，在冰面上滑出各种姿势的跳跃、旋转、图形和花样的一种冰上运动项目，是一种将滑冰的技巧性与艺术性融合到舞蹈动作中的综合性运动项目。这项运动要求运动员具有较好的力量、耐力、速度、协调、柔韧、灵活、平衡、优美、稳定等素质。花样滑冰千变万化，动作优美，韵律和谐，深受人们的喜爱。

据载，花样滑冰已有100多年的历史，它的创始人被认为是"美国滑冰大王"杰克逊·海恩斯。1908年，在英国伦敦举行的第4届奥林匹克运动会上，花样滑冰被首次列为竞赛项目。花样滑冰在每年的世界滑冰比赛中都要举行，同时也是冬季奥运会扣人心弦的比赛项目之一。目前，我国的花样滑冰运动已经相当普及，水平也正在不断提高。

双人滑
花样滑冰的双人滑动作丰富多彩，包括许多十分复杂的托举和抛接动作。

冰鞋
现代冰刀的刀刃有一定弧度，且不同项目的冰刀式样、弧度和刀齿均有所不同。

你知道吗

- 挪威国土的1/3在北极圈内，气候寒冷，是滑雪的胜地，举办过许多次世界冰雪大赛，还诞生了许多著名的冰雪运动员，所以被称为"世界冰雪运动的故乡"。
- 在白茫茫的雪地原野中行进时需要戴上雪镜，否则太阳出来之后，双眼就会受到白雪反射出来的紫外线的伤害，出现红肿、剧烈疼痛、怕光、流泪等症状，这就是人们通常所说的雪盲。

体育之最 第1届单人花样滑冰锦标赛：1896年，俄国圣彼得堡举行了第1届世界男子单人花样滑冰锦标赛。

为什么划船运动员的肺活量比较大？

Weishenme

如果你有机会和划船运动员比较一下肺活量，我想没有几个人能超过他们。划船运动员的肺活量，在所有的体育运动员中是最高的，平均可以达到6000至6500毫升，比游泳运动员的肺活量还要大。为什么会这样呢？划船运动使全身的大肌肉群都参加工作，这对体内氧的供应提出了很高的要求，迫使肺的工作效率不断提高。再加上划船时双臂的动作具有"扩胸运动"的效果，使肺部的容积愈加增大，自然也就能够提高肺活量。此外，划船过程中，人的呼吸频率成倍地上升。优秀运动员在安静状态下，每分钟呼吸约在10次左右；而运动时，可达到每分钟70次以上。这对于呼吸肌来说是一种很好的锻炼。

另外，划船运动一般都在空气清新的湖面上进行，这也为运动员呼吸新鲜空气创造了良好条件。因此，划船运动非常有利于提高呼吸系统的机能，也是促进肺部健康的重要因素。因而，有人把划船运动称为"肺脏的体操"。

划船
划船运动被称为"肺脏的体操"。因为划船一般都在空气清新的湖面上进行，使人呼吸到更多清新空气，再加上双臂不断做"扩胸运动"，自然可以增大肺部容积，提高肺活量。

赛龙舟
赛龙舟是中国民间传统水上体育娱乐项目，已流传两千多年，多在喜庆节日举行。史书记载，赛龙舟是为了纪念爱国诗人屈原而兴起的。现在，赛龙舟活动早已走出中国，受到全世界人民的喜爱。

为什么运动完后要进行"冷身"？

Weishenme

一般情况下，在进行重大比赛前，常要举行"热身赛"。同样道理，在进行一项较剧烈的运动前，常要做"热身运动"，这是为了预防肌肉和骨骼遭到损伤。在运动后，为使身体逐步放松，也要有几分钟走动或慢跑这样的"冷身运动"作过渡，千万不要马上坐下来或平躺休息，否则对身体十分有害。因为在激烈运动时，血液循环速度加快，如果突然停下来，血液此时主要淤积在腰以下的血管内，无法及时将血液送到上半身，因而导致血压下降，严重者还会因心脏供血太少而昏迷。同时，身体为了代偿血压下降而产生大量肾上腺素，有时会增多10倍，而肾上腺素会令血管收缩，从而使血压上升，可引发心脑血管疾病。

体育之最 最早的划船运动组织：最早的国际赛艇联合会于1892年成立，国际划艇联合会于1924年成立。

为什么称足球为"世界第一运动"？

在目前已经成为国际比赛项目的几十种体育运动中，足球的普及程度最高，被全世界公认为"世界第一运动"、"体育之王"。

足球运动有着很深的历史底蕴，源远流长。据说，希腊人和罗马人在中世纪以前就已经从事一种足球游戏了。世界上几乎所有国家和地区的体育爱好者都喜爱足球运动。相关专家们对各项运动的参加人数、开展范围和观众人数进行统计后发现，足球堪称世界之最，是其他任何体育项目都不可比拟的。任何体育比赛都有胜负，但都没有足球比赛那样激动人心。一场足球比赛可突显一个国家的地位、一个民族的荣辱。胜者可以将一个国家的全体人民带入欢乐的海洋。

尤其是现代每四年一度的世界杯，更成了全世界球迷的视觉盛宴。足球运动以它特有的魅力将世界人民的思想、热情、希望紧紧地聚集在了一起，所以被誉为当今世界的第一运动。

你知道吗

- 现代足球运动起源于英国。1863年10月26日，英国伦敦成立了世界上第一个足球协会，这标志着现代足球运动的诞生。
- 国际足球比赛规则规定：一个运动员在同一阶段比赛中，被裁判员出示黄牌累计达两次者，即停止下一场比赛。被出示红牌后，除当场停止比赛外，还需停止下一场比赛。

鞠"。所谓"踢鞠"就是一种足球游戏："踢"就指踢，"鞠"则指球。那时，足球在中国就已成为一种比较流行的体育活动了。以后，此项运动逐渐有新的发展。西汉初年，汉高祖刘邦曾在宫廷内建筑"鞠域"，专供踢球竞赛用。到了唐代，此项运动在场地、设备、器材方面逐渐完善。宋代，踢球的艺人们组织了自己的团体，称为"圆社"。专门推广蹴鞠活动。北宋时期的高俅就出身于圆社。据记载，他球技高超，因陪侍宋徽宗踢球而被提拔为殿前都指挥使。1985年7月，时任国际足联主席的阿维兰热博士在北京举行首届世界少年足球锦标赛的开幕式中也肯定地说，足球运动起源于中国。

足球
国际足联规定，足球是圆形的，以皮革或其他合适的材料制成。球体的圆周在68至70厘米之间，球的重量在比赛开始时不得超过450克，不得少于410克。球的气压，在海平面应为0.6至1.1个大气压。

为什么说足球运动起源于中国？

世界上许多民族古代都出现过用脚支配球的游戏，均属于足球游戏的范畴。然而，要谈起古代足球运动的起源，却不得不提中国。

中国古代球戏最早可追溯至2500年前的战国时期。《战国策·齐策》曾记载，纵横家苏秦与齐宣王会面时，提及人民安居乐业，喜欢"踢

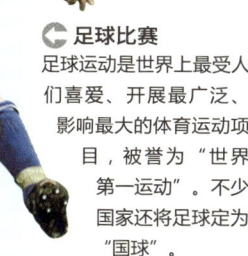

足球比赛
足球运动是世界上最受人们喜爱、开展最广泛、影响最大的体育运动项目，被誉为"世界第一运动"。不少国家还将足球定为"国球"。

体育之最 我国近代最早的足球组织：1908年，香港成立了我国近代最早的足球运动组织——"南华足球会"。

中国孩子最爱问的十万个为什么

主题索引：什么是世界杯足球赛？足球场为什么铺草皮？

世界杯足球赛中疯狂的球迷
世界杯足球赛是世界上最高水平的足球赛事，与奥运会、F1并称全球顶级三大赛事。世界杯足球赛每四年举行一次，比赛期间，全世界球迷为之日夜疯狂。

人工草皮
体育场、足球场、广场绿地等，一般铺设的都是人工培育的植物，种类为75%的细叶草配25%的大叶草。

什么是世界杯足球赛？

世界杯足球赛是目前世界上规模最大、最受世人瞩目的国际性足球比赛。它专门由国际足球联合会主办，其创办过程十分坎坷。

1900年，足球比赛被列为奥运会比赛项目，但这时的足球赛只限业余运动员参加。直到1928年第9届奥运会后，国际足球联合会才决定在1930年另行组织足球类的国际大赛，这就是世界杯足球赛。国际足联还规定，无论是业余球员还是职业运动员都可以参加比赛。比赛每四年举办一次，参赛队是各会员协会派出的最强队。从1930年到2006年，除了停办的1942年和1946年两届以外，世界杯共举行了18届比赛。世界杯的奖杯是流动杯，但是，一个队若先后三次夺得冠军，就能永久占有世界杯奖杯。

足球场为什么铺草皮？

当我们坐在足球场的看台上，望着绿草如茵的球场时，会有一种舒适爽目的感觉。这是什么原因呢？这是草地的绿色对阳光反射比较弱，对我们的眼睛刺激不太大的缘故。此外，有绿色草地作为背景，场上的运动员、裁判员和所有的设备都被绿草衬托得十分醒目，即使连续观看几个小时的比赛，眼睛也不会感到太疲倦。

对于运动员来说，场地铺了草皮后，更显得平坦、松软而富有弹性，能缓冲球速及其弹跳，便于控制，为运动员更好地发挥技术提供了良好的条件。铺着草皮的场地还对运动员起着一定的保护作用。大家都知道，足球运动员身体接触或摩擦地面的机会比较多，如鱼跃顶球、倒地铲射和守门员扑接球等，都要与地面接触或摩擦。场地上铺了草皮就可使运动员免于或减少受伤。当然，倒地不受伤更主要的是靠运动员的倒地技巧。

另外，正式足球比赛的日期一旦确定之后，一般不轻易改动。足球场上铺了草，遇到刮风不会尘土飞扬；遇到下雨也不会泥泞不堪；即使是下雪天，也便于雪水快速地渗入地面。总而言之，它可以保证比赛正常举行。

体育之最 首届世界杯足球锦标赛：1930年，乌拉圭举办了首届世界杯足球锦标赛。

谁发明了篮球？

Weishenme

篮球运动是一项很受欢迎的运动，起源于100多年前的美国。它是1891年由一个叫詹姆斯·奈史密斯的美国人发明的。当时，奈史密斯是美国马萨诸塞州春田国际青年会训练学校的体育老师。这个学校的体育系主任要求他发明一种冬天也能在室内比赛而且能引起学生兴趣的团队运动。于是奈史密斯融合了北美土著印第安人玩的长曲棍球以及英国人玩的足球的特点，创造了一种新的室内运动。这种运动不准用棍子打，也不能用脚踢，而是由球员把球传来传去，或者在地上拍（运）球，然后投进目标。这个所谓目标就是两个固定在空中的"篮子"，所以这种运动就被称为"篮球"。

最初比赛的时候，每次有人投中篮，球就停在篮子里，玩起来很不方便。到了1906年，一种篮底开洞的铁制篮子出现了。接着，篮板也开始出现。不久，像足球那样大的篮球也被较大的球代替了。

什么是"NBA"？

Weishenme

"NBA"是National Basketball Association（国家篮球协会）的缩写，由美国波士顿花园老板沃尔特·阿·布朗于1946年4月6日发起成立，成立时叫"BAA"，即全美篮球协会（Basketball Association of America）。它是由11家冰球馆和体育馆的老板为了让体育馆在冰球比赛以外的时间不至于闲置而共同发起成立的。

1949年，在布朗的不懈努力之下，"BAA"篮球组织与当时另一大篮球组织"NBL"合并为"全国篮球协会（简称'NBA'）"。布朗也成为后来著名的波士顿凯尔特人队的创始人。

"NBA"是全美国男子职业篮球运动的比赛。每场比赛分两个半时，共4节，每节12分钟，加时赛为5分钟。目前，该项赛事是男子篮球全世界范围内最高水准的比赛，集合了全世界最优秀的篮球运动员，比赛精彩激烈，令全世界篮球爱好者共同瞩目。

近年来，"NBA"以更开放的姿态吸纳了更多的外籍球员，包括中国的姚明和来自欧洲、南美洲等众多国家的优秀球员，从而使这项赛事吸引了全世界人的目光。

"NBA"赛场
"NBA"是当今男子篮球全世界范围内最高水准的比赛，在这里集合了全世界最优秀的篮球运动员和最疯狂的篮球观众。

詹姆斯·奈史密斯像
詹姆斯·奈史密斯是美国马萨诸塞州一所学校的体育老师，他从加拿大儿童用球投入桃子筐的游戏中受到启发，发明了篮球运动。

篮球
根据规定，正规比赛中的篮球必须是正圆体，外皮必须用皮、橡胶或合成物质等材质制成，重600至650克，周长75至78厘米。

体育之最 最早的世界篮球规则：1932年，美国等八个国家在日内瓦组建了国际业余篮球联合会，制定了第一份统一的篮球规则。

篮球队里为什么不能有1、2、3号队员？

如果你经常观看篮球比赛，就一定会发现，在比赛场中，无论哪一个篮球队，都没有1、2、3号队员。这是为什么呢？

这是因为，在篮球比赛中，裁判要做很多手势来表明得分、犯规等判决，如果球员投进一球，裁判就用手势来表示得几分，篮球比赛中的得分数为1、2、3；如果有球员犯规，裁判要用手势来表示罚几个球，而一次可以罚1至3个球；当球队换队员时，裁判还要用手势来表示球员的号码。所以，如果有1、2、3号球员，这些方面都容易引起误会。为了避免队员号码与得分混淆，使记录台更清楚地记录，以便比赛顺利进行，篮球比赛规则规定，参加篮球比赛的队员，不得穿用1、2、3标号的球衣，也不得穿用数字号码过大的球衣。因为数字号码过大，临场裁判员不易用手势向记录台作出表示。

当然也有特例，例如美国NBA在这方面就较宽松，它允许的号码范围是1至55。所以才有23号的"飞人"乔丹、50号的"海军上将"罗宾逊，1号的"便士"哈达维、T-MAC，3号的"答案"艾弗森等篮球明星号。

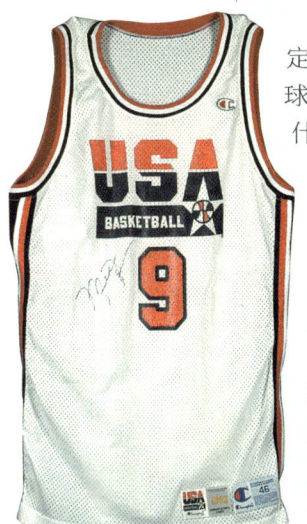

球衣
在篮球比赛中，为了避免队员号码与得分混淆，我们很少看到有穿着1、2、3号球服的队员，只有NBA在这方面比较宽松，它允许的号码范围是1至55。

乔丹为什么被称为"空中飞人"？

迈克尔·乔丹被称为NBA历史上最杰出的篮球运动员，是NBA最辉煌的图腾，被冠以"空中飞人"的称号。为什么这样称呼他呢？主要原因在于乔丹的弹跳力非常好，就像会飞一样。他可以在空中自由地停留3秒钟，而这一点普通人一般都无法达到。他可以在空中跨步、转体，在空中"览尽风光"之后用各种花样扣篮；他可以跳到2米以上，并隔着两个人大力灌篮；他也可以从罚球线起跳，把球塞入篮筐。曾经有位教练对媒体说："当乔丹双脚离开地面时，没有任何力量能阻挡他飞翔。"

当然，更让乔丹在球坛上声誉倍增的是他所创造的篮球神话。自1984年NBA选秀大会第一轮被芝加哥公牛队选中开始，一连串的荣誉紧随乔丹而来：1985年获NBA年度最佳新人奖，1991至1993年率公牛队完成NBA总冠军"三连冠"霸业，6次获得NBA总冠军，6次当选NBA总决赛最有价值球员，3次当选NBA全明星赛最有价值球员，1996年当选为"NBA历史上最伟大的50位球员"之一，NBA职业生涯总得分共29277分，名列NBA第四位。有人说，就是上帝穿上球衣也阻挡不了乔丹上篮得分。

"飞人"乔丹
乔丹的弹跳力非常好，他在空中停留的时间不是一般人经过训练能达到的，就像会飞一样；再加上他在NBA赛场上的杰出表现无与伦比，因此被冠以"空中飞人"的称号。

乒乓球为什么被称为中国的"国球"？排球比赛中为什么要设"自由人"？

乒乓球为什么被称为中国的"国球"？

Weishenme

从20世纪五六十年代开始，乒乓球运动在我国便得到了广泛开展。乒乓运动相对于足球、篮球等运动来说，没有直接的身体对抗，自己可控制运动量，所以得到了国人的普遍喜爱。无论是城市还是乡村，人们都积极地投入这项运动：孩子们在家里用门板搭起简易的球台；没有条件的乡村学校砌起水泥球台；甚至一条10厘米宽的长板凳，孩子们也能在上面打得难解难分。另外，各学校、各单位、各省市每年都要举行各种等级的乒乓球赛，从中选拔出优秀的乒乓球人才，然后重点培养，使我国乒乓球后备力量充足。

我国的乒乓球为国家赢得了巨大的荣誉。新中国成立后，毛主席号召"发展体育运动，增强人民体质"，从此，乒乓球运动开始在全国广泛开展。1959年，乒乓球运动员容国团为中国夺得了第一个世界金牌！此后，中国的乒乓球运动长盛不衰。在世界乒乓球三大赛事中，金牌数均居世界第一位。

据统计，从1969年到1997年，我国共参加13届世乒赛，荣获冠军35.5项、亚军31项、季军50项。在第36届（1981年）、43届（1995年）比赛中，囊括男女团体、男女单打、男女双打、混合双打全部7项冠军。乒乓球为国家争得了极大的荣誉，所以，人们把乒乓球称为中国的"国球"。

排球比赛中为什么要设"自由人"？

Weishenme

在排球比赛中，每个队可设一名自由防守队员参加比赛。这是国际排联于1996年世界女排大奖赛中试行的一项规则，该自由队员称为"自由球员"或"自由人"。自由人的设立是为了增加排球比赛中每个球的回合数，加强防守，使比赛更加精彩。

这名自由人身穿与队友不同颜色的衣服，可以在后场任何位置活动，但不许发球、扣球或参与前场进攻。他（她）不受换人次数的限制，当场上为死球时，不用经过裁判同意，即可于场上换人区（本方替补席一侧，中线与限制线之间的无障碍区）以外区域与场上后排队员进行交换。在每次死球中，只能进行一次自由人的换人，即自由人不能刚下场就又上场，中间必须经过一次比赛过程。

国际排联规定，自由防守队员应穿着与场上其他队员明显不同的服装，且只能作为后排队员进行比赛，当其应轮换到前排位置时，则必须与其替换下场的队员进行交换，否则即为违例。

🔵 **中国球员郭跃**
我国的乒乓球运动员为国家赢得了无数的荣誉。尽管20年来国际乒联出了一个又一个新规则，但中国队的夺冠势头依然不减，在第39至48届这10届世乒赛中，我国共获得了70个冠军中的56个。

🟠 **乒乓球与乒乓球拍**
乒乓球运动于19世纪末起源于英国。最初只是一种活动性游戏，球是用轻而富有弹性的材料制成，拍子用雪茄烟盒盖之类的木质板做成，人们像打网球一样在桌上打乒乓球，故乒乓球也被称为"桌上网球（table tennis）"。

体育之最 最早的奥运会排球比赛：在1964年东京举行的第18届奥运会上，首次进行了排球比赛。

网球比赛怎样记分？

网球比赛的记分方式在球类比赛中非常独特。在比赛中，0分用"Love"标记，胜1分记15分，胜2分记30分，胜3分记40分。如果一个选手取得4分，也就获得了这局比赛的胜利，但条件是他必须比对手多得2分。但是，"0"分为什么叫"Love"呢？这个"Love"与通常所说的"爱情"根本没关系，而只是法文"Toeut（鸡蛋）"的英文译音。因为"0"的形状像鸡蛋，所以法国人把零分称为"Toeut（鸡蛋）"，转到英语中就变成了"Love"。

网球比赛的记分方式虽然奇特，看似毫无规律，其实还是有章可循的。这种15—30—40的记分系统源自一种航海仪器——六分仪。在茫茫的大海上，船员是通过六分仪观测星座来确定船只位置。六分仪依据圆的六等分原理，采用60进制。

早在17世纪，网球赛就采用了六分仪的进位制来记分：15—30—45—60形成完整的一周。也就是说，球员要想赢一盘比赛，就必须打6个60分。到了19世纪，45分改成了40分，这是因为裁判在喊分时，"40分"的发音要比"45分"容易些。

你知道吗

- 网球运动起源于法国，由贵族们的"掌球戏"演变而来，18世纪在民间流行，19世纪时开始在欧美盛行。
- 棒球运动起源于英国的板球和一种叫"跑圈子"的运动，后来由英国移民传到美国，演变成现在的棒球运动。
- 美国和日本对世界棒球运动的发展贡献最大，即便说棒球是美日两国的"国家运动"，也毫无争议。

为什么棒球帽又被称为战斗帽？

在美国深秋时节，繁华都市的街头，常会看到一些妙龄少女或小伙子，神气十足地戴着棒球帽。你可知道，棒球帽又被称为战斗帽？

棒球帽檐上的金橄榄枝早在英国皇家海军佩戴时就代表和平这一主题。后来，美国航空兵和陆军学院把它接过来，改成了军便帽。这种帽子既能遮光防风，还有很广泛的气候适应性。帽根紧扣脑后，帽檐长长探出，表现出一种运动、速度和力量，所以深受美军欢迎。

不久之后，防暴警察和联邦调查局又加以发挥，用一些标志性的字母代表特定的含义。这样，美军这种军便帽便以其良好的适应性被北约成员国的一些军兵种采用。不久后，此种风潮迅速蔓延到东南亚，各国军队也纷纷效仿，它便这样成了"战斗帽"。后来，美国棒球选手经常戴着这种战斗帽上场比赛，久而久之，它又进入了体育领域，被人称为棒球帽。

棒球帽
棒球帽不但能遮光防风，还有很广泛的气候适应性。帽根紧扣脑后，帽檐长长探出，表现出一种动感、力量，深受人们欢迎。

网球比赛
网球运动是一项优美而剧烈的运动。它的由来和发展可以用四句话来概括：孕育在法国，诞生在英国，开始普及和形成高潮在美国，现在盛行全世界。它被称为世界第二大球类运动。

主题索引

❓ 什么是"全垒打"？垒球和棒球有什么区别？ 交通与体育

什么是"全垒打"？
Weishenme

棒球是以9人为一方，在室外扇形场地使用球棒和球进行的一项球类运动。棒球比赛中，进攻队伍的球员必须依次经过四个垒包才能得分。在其他情况下，打者上垒成为跑者之后，必须借助其他队友的帮助推进才能得分。但是若击出全垒打，计分板上的分数立刻就增加了，因此全垒打一向是棒球运动中最为人津津乐道的一环。

那么什么是全垒打呢？全垒打是一种打者可环绕所有垒跑一周的安打。也就是1、2、3号垒上都有人，形成满垒局面时，下一个打者将球击出外场且不能出界（左右两根白线）——通常是打上看台。这时，除了打者跑到终点本垒，可自己得到一分之外，所有已经在垒包上的跑者每人皆可得一分。多数全垒打球都从界内外场地区飞出围栏。优秀的棒球运动员通常很会打全垒打。

全垒打有很多种类，除了一般常说的全垒打，某些特定的比赛状况还有各自的名称。最典型的是场内全垒打，就是把球打出球场外野最后面的全垒打墙外，并且球飞出去时是在界内。此外，还有大满贯全垒打、再见全垒打等。ⓔ

垒球和棒球有什么区别?
Weishenme

棒球和垒球都是集体竞赛活动，它们虽然是两个项目，但场地、器材和竞赛规则却有许多相同之处，所以人们常把它们相提并论。但两者也有不同之处，主要有以下几点：

第一，垒球的比赛场地比棒球场地稍小一些（约半个足球场大）。

第二，垒球的球体比棒球稍大且软，垒球的球棒也比棒球的球棒短而细。

第三，二者对投手投球的距离和姿势要求不同，垒球采用下手臂运动投球，而棒球则举手过肩投球，垒球的垒间和投球的距离比棒球要短。

第四，垒球的跑垒员必须在投手把球投出后才能离垒或偷垒，否则判为出局，而棒球则无此限制。另外，垒球的投手限用低手投球，而棒球则没有这个要求。

第五，正式的垒球比赛要打7局，而棒球比赛则打9局。

第六，棒球只限于男子参加，它在技术、力量、速度等方面比垒球的要求高一些。而垒球的主要参加者则是女子和少年男子，中老年男子也可参加。ⓔ

🔍 棒球比赛

🔍 垒球比赛

你知道吗

▪ 垒球运动20世纪初传入中国。1915年，在上海举行的远东运动会上，菲律宾女子垒球队作了表演。此后，垒球运动逐渐在上海、北京、天津、广州等地的教会学校中得到开展。

▪ 1924年，在中华民国第3届全运会上进行了首次全国女子垒球赛。1933年，在中华民国第5届全运会上，女子垒球被列为正式竞赛项目。

体育之最 **最早的棒球比赛**：1846年6月19日，美国的古柏斯镇举行了首次棒球赛，因此人们将古柏斯镇称为棒球运动的发源地。

什么是"铁人三项"?

"铁人三项"是指长距离的游泳、骑自行车和马拉松长跑三项运动合起来进行的竞赛,是由美国军官约翰·科林斯与他的同事首先提出并发起的。

1978年的一天,约翰·科林斯在檀香山夏威夷与几个同事在一起谈论什么项目的运动量最大,是长距离游泳、骑自行车,还是马拉松?一时,他们争辩得难解难分。最后,他们以一项有趣的决定结束了辩论:即要进行一次比赛,把3.8千米的游泳、180千米的骑自行车和42.195千米的马拉松长跑三项运动放在一起,一项接一项地完成。谁也没有想到,这种在当时看来似乎不可思议的比赛项目,竟迅速风靡欧洲。现今,美国"铁人三项赛"每年举行不下500次,参加者达百万人之多。

目前,这项运动已有三个档次标准:第一档为游泳3.8千米、骑自行车180千米、长跑42.195千米;第二档依次为2.5千米、100千米和25千米;第三档次已作为奥运会的标准,依次为1.5千米、40千米和10千米。

海边钓鱼
钓鱼是一项对身心都十分有益的运动。300多年前,世界闻名的钓鱼大师爱扎克·沃尼顿曾预言:钓鱼将成为全世界人民广泛喜爱的活动。今天,垂钓已经风靡世界。

奔向游泳赛场
游泳是铁人三项赛的第一项,运动员可以用他们喜欢的任何姿势游泳。但实际上所有人都会选择自由泳。图为运动员们全速奔向游泳场的壮观场面。

什么是有氧运动?

有氧运动指的是在保证正常呼吸的情况下,以有氧代谢提供能量的运动。

有氧运动是刚开始锻炼者较理想的运动方式,也是使身体更加健康的理想途径,特别是对锻炼少、体重过大和上了年纪的人来说更是这样。随着年龄的增长,人们血清中过氧化脂质的含量就会增加,而红细胞超氧化物歧化酶含量下降;机体致氧化作用增强,抗氧化功能减弱,因此体内自由基增多,导致细胞寿命缩短,机体也随之逐渐衰老。如果经常进行有氧运动,人体内的过氧化脂质就会明显下降,红细胞超氧化物歧化酶含量和活性都会显著上升,从而有效延缓衰老。

在我们的日常运动中,有很多运动都属于有氧运动,比如走路散步、徒手体操、慢跑、排球活动、网球活动、乒乓球活动、羽毛球活动、骑自行车、高尔夫球活动、台球活动、划船、钓鱼以及我国自古流传的八段锦、太极拳等。

体育之最 最早的铁人三项赛:1974年2月17日,一群体育爱好者在夏威夷参加的游泳、骑车、跑步比赛被追认为首届铁人三项锦标赛。

运动前为什么要热身？
Weishenme

热身运动又叫准备运动，是为随后更强烈的身体活动做的准备活动。

人体是各器官系统构成的有机整体，在进行体育活动时，看起来似乎只有肌肉在活动，其实其他器官系统也都在运动。物体具有一定的惯性和惰性，人体各器官的机能也有一定的生理惰性。不过，身体各部分的惰性并不完全一样，其中以肌肉的惰性最小。肌肉从相对安静状态到活动状态，只要20至30秒钟就能发挥较大能力；内脏器官的惰性较大，心脏和肺的功能往往需要2至3分钟才能发挥较大能力。运动前，心跳从每分钟72次（心率）左右加速到每分钟200次左右，需要3至5分钟时间才能达到。如果预先做些准备活动，使心跳过渡到中等速度状态，那么进行剧烈运动或比赛时，很快就能达到180至200次/分左右，这样可以使你避免在运动中出现身体不适的状况。

此外，热身活动还能使体温略微升高，使肌肉、肌腱处于良好的状态，这样肌肉就不至于因突然收缩而撕裂。

什么是瑜伽运动？
Weishenme

瑜伽是源自印度的一种古老的健身法。"瑜伽"一词是梵文"YOGA"的音译，意为"加法"，有"结合"、"连接"的意思。它的含义是把精神和肉体结合到最佳状态，把生命和大自然结合到最完美的境界。

瑜伽出现于佛教和基督教之前。传说，在古印度高达8000米的圣母山上，有人修成圣人，亦有人成为修行者，他们将修炼的方法秘密传授给有意追求者，因而沿传至今。瑜伽修持者开始只有少数人，他们一般在寺院、乡间小舍、喜马拉雅山洞穴和茂密森林中心地带修持，并将修炼方法讲授给门徒。以后，瑜伽逐渐在普通人中流传开来。

如今，瑜伽运动已抛开了其佛教和哲学的深层次的东西，而以修心健身的功能为主要取向，逐渐被引入到室内，成为健身房里一个重要的健身项目，被称为"健身瑜伽"。健身瑜伽是一项运动强度不大，偏于柔韧型的运动，一般动作包括弯、伸、扭、推、挤，可促使内脏腺体进行自洁，保证排泄功能畅通，加快人体新陈代谢。瑜伽通过成千上万的体位姿势，充分锻炼人体的脊柱，伸展肌肉，塑造形体。瑜伽还可通过特有的呼吸法按摩内脏，调节神经系统和内分泌系统。瑜伽是一种帮助人们协调身体和精神的传统运动，男女老幼都可练习，对人体没有特殊的要求。经常练习瑜伽，还可以预防和治疗各种相关疾病。

热身运动
在运动前做些准备活动，能使心跳过渡到中等速度，避免激烈运动时出现身体不适。另外，热身运动还能使体温略微升高，使肌肉、肌腱处于良好的状态，不至于因突然收缩而撕裂。

瑜伽
瑜伽姿势运用古老而易于掌握的技巧，改善人们生理、心理等方面的机能，是一种能使人达到身体、心灵与精神和谐统一的运动方式。

体育之最 最早的瑜伽：瑜伽最早出现在5000年前的古印度。

100000 SHIWAN GE WEISHENME

第二册目录 Contents

六 历史文化中国卷 181

中国境内最早的人类是什么人？ 182
北京猿人是怎样学会说话的？ 182
北京猿人怎样制石器？ 182
为什么说华夏文明发源于黄河流域？ 183
传说中的女娲为什么要补天？ 183
中国人为什么自称"炎黄子孙"？ 184
神农氏为什么要尝百草？ 184
仓颉为什么创造文字？ 185
尧为什么要让位给舜？ 185
大禹为什么三过家门而不入？ 186
夏朝是如何建立的？ 186
谁建立了商朝？ 187
商朝为何又称"殷商"？ 187
商纣王是如何亡国的？ 188
姜太公为什么要用直钩来钓鱼？ 188
周公为什么要"一饭三吐哺"？ 189
周幽王为什么"烽火戏诸侯"？ 189
周平王为什么迁都？ 190
"春秋"和"战国"是同一个时期吗？ 190
"春秋五霸"指哪些人？ 191
孔子为什么周游列国？ 191
秦王嬴政为什么自称"始皇帝"？ 192
秦始皇为什么要统一文字、货币、度量衡？ 192
秦始皇为什么筑长城？ 193
秦始皇为什么"焚书"？ 193
楚汉之争如何爆发？ 194
韩信为什么被杀？ 194
汉武帝为什么派兵远征匈奴？ 195
王莽是如何篡位的？ 195
三国鼎立的局面是如何形成的？ 196
三国为什么归于西晋？ 196
隋炀帝为什么要开凿大运河？ 197
唐初为什么会出现"贞观之治"？ 197
文成公主因何入吐蕃？ 198
玄奘为什么西行取经？ 198
武则天为什么为自己立无字碑？ 199
为什么说唐朝在开元年间达到鼎盛？ 199
唐玄宗为什么要赐死杨贵妃？ 200
五代十国指的是什么？ 200
北宋徽、钦二宗为什么被掳到金国？ 201
岳飞为什么惨遭杀害？ 201
陆秀夫为什么背负小皇帝投海？ 202
成吉思汗是怎样建立起一个强大政权的？ 202
元朝为什么把百姓分成四等？ 203
朱元璋为什么又被称为"乞丐皇帝"？ 203
明成祖为什么迁都？ 204
郑和为什么七下西洋？ 204
为什么说戚继光是抗倭英雄？ 205
闯王李自成为什么受到百姓拥戴？ 205
崇祯皇帝为什么自缢？ 206
吴三桂为什么引清入关？ 206
土尔扈特人为什么万里东归？ 207
鸦片战争如何爆发？ 207
英法联军为什么火烧圆明园？ 208
西方军队为什么帮助清军围剿太平军？ 208
李鸿章等人为什么发起洋务运动？ 209
中法之战中国为什么"不败而败"？ 209
八国联军为什么要进攻北京？ 210
宣统皇帝为什么退位？ 210

七 历史文化世界卷　211

为什么说人类是由古猿进化而来的？..........212
猿手和人手有何区别？..........212
原始农业如何出现？..........213
为什么说学会用火是人类的一大进步？......213
部落和部落联盟是怎样形成的？..........214
为什么母系氏族时期人们不知其父？..........214
原始社会有他们自己的文化吗？..........215
国家是怎样出现的？..........215
为什么说美索不达米亚是第一个文明开化地？...216
苏美尔人为什么"钟情"泥巴？..........216
是什么人建立了古巴比伦王国？..........217
《汉谟拉比法典》上写了些什么？..........217
为什么说亚述帝国是一个军事帝国？..........218
新巴比伦王国由谁建立？..........218
巴比伦城里为什么会有"空中花园"？......219
巴别塔真的存在吗？..........219
古埃及是何时统一的？..........220
古埃及法老是什么人？..........220
埃及法老为什么修建金字塔？..........221
古埃及人为什么将死者制成"木乃伊"？...221
古埃及人为什么要建造狮身人面像？..........222
古埃及人为什么崇拜太阳神？..........222
图坦卡蒙墓中有什么？..........223
埃及为什么会进入托勒密王朝？..........223
埃及艳后克里奥帕特拉为什么自杀？..........224
印度河文明为什么又称哈拉帕文明？..........224
哈拉帕时期为什么被称为"清洁时代"？...225
什么是"吠陀时代"？..........225
孔雀王朝因何得名？..........226
什么是种姓制度？..........226
悉达多王子为什么出家修行？..........227
阿旃陀石窟何时开凿？..........227
为什么说阿拉伯数字是由印度人发明的？...228
爱琴文明为何又叫"克里特—迈锡尼文明"？...228
克里特岛有"迷宫"吗？..........229
特洛伊战争为何爆发？..........229
古希腊城邦是城市还是国家？..........230
斯巴达战士为什么骁勇善战？..........230
雅典的名称从何而来？..........231
古希腊为什么与波斯发生战争？..........231
为什么古希腊时期又称为"民主时代"？...232
苏格拉底为什么服毒？..........232
柏拉图的理想国是什么样子的？..........233
阿基米德为什么被誉为"力学之父"？......233
亚历山大大帝缔造了怎样的大帝国？..........234
什么是罗马王政时代？..........234
母狼为什么被视为罗马人的恩兽？..........235
古罗马如何称霸地中海？..........235
古罗马为什么盛行角斗？..........236
斯巴达克为什么起义？..........236
古罗马的"法西斯"代表什么？..........237
恺撒大帝为什么被刺？..........237
西方"元首制"是从哪里来的？..........238
罗马帝国的"黄金时代"是什么时期？......238
罗马帝国为什么衰落？..........239
西罗马帝国为什么灭亡？..........239
基督教是何时诞生的？..........240
玛雅文明始于何时？..........240
奥尔梅克文明与玛雅文明有何关系？..........241
为什么说玛雅社会是金字塔式结构？..........241

第二册目录 Contents

玛雅的历法为什么令人迷惑？ ……………… 242
阿兹特克人为什么用活人献祭？ …………… 242
阿兹特克帝国的都城在哪里？ ……………… 243
阿兹特克文明是如何毁灭的？ ……………… 243
太阳石是做什么用的？ ……………………… 244
印加人为什么自称"太阳之子"？ ………… 244
印加绳结有什么用？ ………………………… 245
印加帝国为什么被称为"美洲罗马"？ …… 245
印加帝国如何灭亡？ ………………………… 246
什么是"中世纪"？ ………………………… 246
东罗马帝国为什么又称拜占庭帝国？ ……… 247
君士坦丁大帝为什么颁布《米兰敕令》？ … 247
为什么《查士丁尼法典》影响巨大？ ……… 248
拜占庭帝国如何覆灭？ ……………………… 248
为什么说拜占庭是东西方贸易的十字路口？ … 249
法兰克王国如何建立？ ……………………… 249
"海盗时代"指的是什么时候？ …………… 250
西欧教皇为什么发起十字军东征？ ………… 250
英法两国之间为什么爆发百年战争？ ……… 251
圣女贞德为什么被尊为"奥尔良英雄"？ … 251
14世纪欧洲为什么暴发黑死病？ …………… 252
伊斯兰教是如何产生的？ …………………… 252
阿拉伯帝国如何建立？ ……………………… 253
什么是文艺复兴运动？ ……………………… 253
文艺复兴运动为什么始于佛罗伦萨？ ……… 254
为什么说但丁是承前启后的诗人？ ………… 254
"文艺复兴三杰"是谁？ …………………… 255
为什么说伽利略是近代科学之父？ ………… 255
欧洲人为什么要开辟新航线？ ……………… 256
哥伦布为什么远航美洲？ …………………… 256
谁实现了人类历史上第一次环球航行？ …… 257
西班牙为什么侵略美洲？ …………………… 257

西班牙的"无敌舰队"是如何覆灭的？ …… 258
马丁·路德为什么发起宗教改革？ ………… 258
英王亨利八世为什么要与罗马教廷决裂？ … 259
玛丽女王为什么被称为"血腥玛丽"？ …… 259
伊丽莎白一世为什么鼓励海盗活动？ ……… 260
什么是启蒙运动？ …………………………… 260
伏尔泰为什么会被誉为"启蒙泰斗"？ …… 261
什么是"百科全书派"？ …………………… 261
苏格兰和英格兰为什么要合并？ …………… 262
查理一世为什么要解散议会？ ……………… 262
英国为什么爆发内战？ ……………………… 263
查理一世为什么被送上了断头台？ ………… 263
克伦威尔是怎样成为英国的独裁者的？ …… 264
英国的"光荣革命"是怎么回事？ ………… 264
沙皇彼得一世为什么发起改革？ …………… 265
沙皇彼得一世改革的主要内容是什么？ …… 265
彼得一世为什么迁都圣彼得堡？ …………… 266
巴黎人民为什么攻占巴士底狱？ …………… 266
什么是"天赋人权"？ ……………………… 267
法兰西第一共和国是何时建立的？ ………… 267
马拉为什么被人刺杀？ ……………………… 268
法国为什么会爆发"热月政变"？ ………… 268
欧洲各国为什么要组成"反法同盟"？ …… 269
拿破仑怎样登上皇位？ ……………………… 269
拿破仑为什么会兵败滑铁卢？ ……………… 270
英国在北美的殖民地有哪些？ ……………… 270
北美为什么会爆发独立战争？ ……………… 271
《独立宣言》由谁起草？ …………………… 271
华盛顿为什么成为第一任美国总统？ ……… 272
美国为什么向法国购买路易斯安那？ ……… 272
美国的西进运动有何积极意义？ …………… 273
美国为什么会爆发南北战争？ ……………… 273

林肯总统为什么要颁布《解放黑奴宣言》？...274
英国为什么会率先发生工业革命？...274
什么是"蒸汽时代"？...275
谁发明了蒸汽轮船？...275
马克思主义何时诞生？...276
1848年为什么会爆发欧洲革命？...276
俾斯麦为什么被称为德国的"铁血宰相"？...277
普法战争因何爆发？...277
德意志统一如何完成？...278
加里波第为什么远征两西西里？...278
意大利统一如何完成？...279
日本为什么会爆发倒幕运动？...279
日本的明治维新是怎样产生的？...280
同盟国和协约国分别包括哪些国家？...280
第一次世界大战的概况是怎样的？...281
索姆河战役为什么被称为"地狱"？...281
什么是"凡尔赛体系"？...282
俄国为什么会爆发二月革命？...282
俄国两个政权并立的局面是怎样结束的？...283
十月革命是怎么回事？...283
苏联是何时成立的？...284
希特勒如何夺取政权？...284
意大利为什么入侵埃塞俄比亚？...285
三国轴心如何形成？...285
什么是"法西斯"？...286
第二次世界大战初期英法两国为何宣而不战？...286
英法联军为什么在敦刻尔克大撤退？...287
德军的"海狮计划"为什么没有得以实施？...287
第二次世界大战中盟军如何在北非取胜？...288
第二次世界大战中日本为何偷袭珍珠港？...288
为什么说斯大林格勒战役是二战的转折点？...289
第二次世界大战中意大利为什么投降？...289

美国为什么在日本境内投下原子弹？...290
第二次世界大战是如何彻底结束的？...290

八 文学艺术中国卷　291

中国最早的诗歌总集是什么？...292
中国最初的神话有什么内容？...292
屈原为什么被流放？...293
司马迁为什么写《史记》？...293
《楚辞》的作者是谁？...294
顾恺之为什么会有"三绝"的美誉？...294
王羲之为什么会被尊为"书圣"？...295
为什么汉字有那么多的字体？...295
悬空寺为什么有"奇、悬、巧"的特点？...296
为什么说赵州桥是石桥建筑的经典之作？...296
唐诗为什么是中国古典诗歌的顶峰？...297
李白为什么被后人誉为"诗仙"？...297
杜甫的诗为什么被称为"诗史"？...298
吴道子为什么被后人尊为"画圣"？...298
张旭和怀素为什么合称"颠张醉素"？...299
什么叫"颜筋柳骨"？...299
敦煌莫高窟为什么被誉为世界艺术宝库？...300
乐山大佛何时修凿？...300
布达拉宫有何特点？...301
大昭寺因何而建？...301
我国现存最早的木塔在哪里？...302
元曲四大家都是谁？...302
为什么说赵孟頫是元代最有影响的书法家？...303
中国长篇古典小说中的四大名著是什么？...303
明十三陵在建筑上有何特点？...304
明朝为何建筑长城？...304

第二册目录 Contents

"八大山人"是指八个人吗？.................305
《红楼梦》为何是中国古典小说的巅峰之作？
....305
中国现存最大的古建筑群在哪里？.........306
鲁迅为什么要写《狂人日记》？.............306
话剧《茶馆》为什么长演不衰？.............307
曹禺为什么被誉为"中国的莎士比亚"？...307
鲁迅为什么拒绝诺贝尔文学奖的提名？.....308
金庸小说魅力何在？...........................308

九 文学艺术世界卷　309

传说中的诺亚为什么要造方舟？.............310
《荷马史诗》作者是谁？......................310
谁创作了《伊索寓言》？......................311
古希腊雕像为什么多为裸体？................311
希罗多德为什么被称为"历史之父"？......312
古希腊的戏剧是怎样发展起来的？..........312
《源氏物语》为什么被称为日本文学的高峰？...313
《一千零一夜》为什么流传至今？..........313
夏目漱石的头像为什么印在日元纸币上？...314
古罗马的万神庙为什么有个大穹顶？.......314
大竞技场为什么是古罗马的象征？.........315
什么是马赛克镶嵌画？........................315
什么是哥特式建筑？...........................316
什么是"骑士文学"？........................316
堂吉诃德为什么冲向大风车？...............317
为什么会出现"流浪汉小说"？............317
为什么说蒙娜丽莎的微笑最神秘？.........318
为什么说拉斐尔塑造的圣母最为成功？...318
谁创作了西斯廷教堂天顶巨画？............319

文豪莎士比亚的"四大悲剧"都是什么？...319
歌德为什么写《少年维特之烦恼》？.......320
雨果为什么被看做法国浪漫主义文学的领袖？...320
名画《自由引导人民》取材于哪个历史事件？...321
"印象派"之名是怎么来的？................321
凡·高为什么喜欢画向日葵？................322
为什么说惠特曼是美国最伟大的诗人？...322
为什么说《人间喜剧》是小说史上的奇迹？...323
勃朗特三姐妹为什么在英国家喻户晓？...323
《双城记》的"双城"指哪两座城市？...324
19世纪俄国最伟大的作家是谁？............324
丹麦"童话大王"是谁？......................325
马克·吐温为什么被称为"幽默大师"？...325
毕加索的画风为什么几经变化？............326
达利为什么把钟表画得软塌塌的？.........326
海明威为什么喜欢站着写作？...............327
音乐是怎样产生的？...........................327
什么是五线谱？................................328
交响乐乐器有哪些？...........................328
《土耳其进行曲》是怎样产生的？..........329
小约翰·施特劳斯为何誉为"圆舞曲之王"？...329
小号为什么声音嘹亮？........................330
钢琴为什么被誉为"乐器之王"？..........330
帕格尼尼为什么被称为"小提琴魔术师"？...331
为什么说李斯特是"钢琴之王"？..........331
巴赫为什么被誉为"音乐之父"？..........332
《哈利路亚》为什么一定要站着听？.......332
贝多芬为什么在双耳失聪后仍坚持创作？...333
肖邦为什么被称为"钢琴诗人"？..........333
爵士乐最早出现于何时？......................334
什么是新世纪音乐？...........................334
芭蕾舞为什么会被称为"脚尖上的舞蹈"？...335

芭蕾舞剧《天鹅湖》为什么久演不衰？……335
探戈舞为什么有漂亮的甩头动作？…………336
踢踏舞中为什么会有清脆的响声？…………336
百老汇为什么成为音乐剧的代名词？……337
电影为什么被称为"第七艺术"？…………337
最早的电影是哪一部？……………………338
什么是分镜头剧本？………………………338
美国的好莱坞为什么会成为电影名城？……339
为什么要设立奥斯卡金像奖？……………339
为什么说卓别林的喜剧片"笑中带泪"？……340
纪录片为什么独具魅力？…………………340
动画片是怎样拍出来的？…………………341
玛丽莲·梦露为什么被誉为"性感女神"？……341
马龙·白兰度为什么是"好莱坞常青树"？……342
奥黛丽·赫本为什么被称为"天使"？………342
为什么说斯皮尔伯格是"电影奇才"？……343
清真寺是寺庙吗？…………………………343
泰姬陵是为谁而建的？……………………344
埃菲尔铁塔为什么会成为巴黎的标志？……344
为什么蓬皮杜中心刚落成时巴黎人无法接受？
……………………………………………345
目前世界上最高的大楼在哪里？…………345
悉尼歌剧院为什么能入选七大奇迹？……346
米拉公寓的造型为什么怪异荒诞？………346

国家民族卷　347

人类为什么分黄种人、白种人和黑种人？…348
为什么黄种人头发黑而白种人头发黄？…348
为什么说亚洲是"太阳升起的地方"？……349
文莱为什么被称为"亚洲首富之国"？……349

日本为什么被称为"樱花之国"？…………350
泰国为什么被称为"黄袍佛国"？…………350
新加坡为什么又被称为"狮城"？…………351
缅甸为什么又叫"万塔之国"？……………351
印度尼西亚为什么被称为"千岛之国"？…352
伊朗之名是如何来的？……………………352
为什么说冰岛是"冰与火的国度"？………353
瑞典的福利制度为什么被称为"瑞典模式"？
……………………………………………353
巴基斯坦为什么被称为"清真之国"？……354
荷兰为什么被称为"风车之国"？…………354
法国的香槟酒是怎么产生的？……………355
比利时首都为什么被称为"欧洲之都"？…355
瑞士为什么被称为"钟表王国"？…………356
德国慕尼黑为什么被称为"啤酒之都"？…356
奥地利为什么又被称为"音乐国度"？……357
为什么意大利每年会吸引数百万游客？…357
西班牙为什么又被称为"斗牛王国"？……358
津巴布韦国名由何而来？…………………358
南非为什么被誉为"世界矿库"？…………359
加拿大为什么会有"枫树之国"的美誉？…359
美国为什么被称为"移民国家"？…………360
古巴为什么被称为"世界糖罐"？…………360
为何巴拿马运河河岸曾被称为"死亡河岸"？
……………………………………………361
为什么说埃塞俄比亚是"咖啡之乡"？……361
巴西为什么被称为"足球王国"？…………362
澳大利亚自古就是"羊背上的国家"吗？…362
为什么英国一度被称为"日不落帝国"？…363
为什么说新西兰是"地球上最后一块绿洲"？
……………………………………………363

六　历史文化中国卷

在漫长的历史进程中，中华民族留下了清晰的轨迹。女娲为什么要补天？周武王为什么伐纣？玄奘为什么西行取经？让我们顺着这些问题触摸历史，感受文明。

北京猿人遗址

位于北京市房山区周口店镇龙骨山北部。北京猿人已经能直立行走,食物主要来源于狩猎和采集,他们采取以石击石的方法打制出刮削器、钻具、尖状器、雕刻器和砍砸器等工具并用其肢解猎物。此外,他们已经懂得用火。

元谋人的牙齿化石
这两颗牙齿为上中侧门齿,同属于一个男性成年人。经古地磁测定,它们距今约170万年,是迄今我国发现的最早的人类化石。元谋人的发现,说明云贵高原是人类早期活动的地区之一。

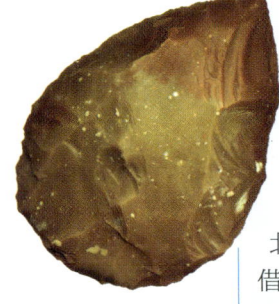

打制石器
打制石器是利用石块打制的石核或石片加工而成的具有一定形状的石器。其种类包括砍砸器、刮削器、尖状器等。

中国境内最早的人类是什么人?

中国是世界文明古国,也是人类的发源地之一。到目前为止,中国是发现旧石器时代人类化石和文化遗址最多的国家。1965年,中国的地质学家在云南省元谋县那蚌村发现了两颗人类的牙齿化石。这两颗牙齿齿冠保存得很完整,齿根末梢稍有残缺,表面有碎小的裂纹。经过科学测定,它们为距今约170万年的原始人类所有,属于元谋直立人化石。元谋人就是中国境内已知的最早的人类。这个发现,对于揭示人类演化、发展的历史具有重要意义。

北京猿人是怎样学会说话的?

北京猿人是中国猿人的一种。在距今约50万年以前,他们生活在北京周口店龙骨山一带。经过漫长的岁月,北京猿人开始从事一些高级劳动,而劳动是语言产生的最重要的动力。出于平时交流的需要,北京猿人抑扬顿挫的音调不断地增多,发声器官也得到了一定的锻炼,慢慢成熟起来。最后,他们逐渐能够发出一个个清晰的音节。北京猿人的语言,就是从彼此呼唤、并借助手势发出的一个个音节开始的。

北京猿人怎样制石器?

北京猿人制造石器的方法主要有三种。一是"碰砧法",为了得到有锋利刃口的石块,北京猿人会用一块较大且结实的石块当石砧,就像铁匠打铁时在地上先放上一个铁砧一样,然后,手握一块较小的鹅卵石,用力去大石砧上撞碰。二是"锤击法",就是两手各拿一块石头,将两块石头多次用力相击,直到得到薄而锋利的石片。三是"砸击法",就是用三块石头,先用一块大的当石砧,再把一块小的放在砧面上,然后用一块较重的石头反复地砸,最终使小石头破成几片,或者剥离下一块较锋利的小石片。

【百科辞典】

母系氏族社会:
氏族社会的早期阶段。这一时期,女性在社会中享有很高的地位,掌握着氏族的领导权。世系建立在母系血缘关系上,子女只知其母,不知其父。

石器:
以岩石为原料制作的工具,是人类最初使用的主要生产工具,盛行于人类历史的初期阶段。

历史之最 人类最早的祖先:腊玛古猿。他们大约生活在距今1500万至700万年前。

为什么说华夏文明发源于黄河流域？

Weishenme

黄河流域不仅是中华民族和华夏文明的摇篮，同时也是世界文明的发祥地之一。大约在80万年以前，我国著名的蓝田猿人就生活在今天的陕西省蓝田县公王岭一带。此外，陕西的大荔人、山西的丁村人、内蒙古地区的河套人等，都证明了从远古时代起，中华民族的祖先就已在黄河流域从事生产活动了。

大约在公元前7000年，人类正处于母系氏族社会的全盛时期。在黄河流域发现的裴李岗、磁山和稍后的仰韶文化遗址，以及西安的半坡、临潼的姜寨、宝鸡的北首岭、三门峡的庙底沟、洛阳的王湾等文化遗址，都是这一时期人类活动的重要标志。传说中华民族的始祖黄帝出生于河南新郑，主要活动在今河南、河北和陕西一带。此外，传说中的唐尧、虞舜、夏禹的都城也都在黄河流域的晋西南盆地。

黄河流域的文明由诸多元素组成，如陶器、丝织品、青铜、文字、大麦和小麦的种植以及羊、牛、马家畜的饲养等。黄河流域的青铜冶铸技术是世界一流的，那时候，祭拜祖先时用来存放肉类、谷物和酒等祭品的礼器都是青铜制的。它们大小各异，表面饰有丰富多彩的几何形花纹和许多真实或想象的动物图案。

传说中的女娲为什么要补天？

Weishenme

相传有一天，水神和火神因为一点小事而大打出手。他们从天上一直打到地下，结果火神打胜了。水神很不服气，一怒之下，把头撞向了支撑天地的不周山。山很快就崩裂了。天一下子塌了半边，出现了一个大窟窿，地也裂成一道道深谷，洪水从地下喷涌而出，龙蛇猛兽四处袭人，人类面临着空前的灾难。女娲看到这种情况，决心拯救人类。她选用青、红、白、黄、灰五色石子，用火熔炼后去补天。又砍断了一只大龟的四脚，将其竖立在大地四方代替天柱，撑起天空。最后，她又杀死了兴风作浪的黑龙，止住了洪水。

天补好了，洪水退去了，灾祸平息了，人类也获得了新生，女娲这才坐着雷车，乘着祥云飞上九天，回到天庭。

女娲
女娲是中国神话传说中的一位女神，是中华民族伟大的母亲。她创造了我们，又勇敢地为我们补天，使我们免受灭顶之灾。

黄河壶口瀑布
黄河是中华民族的象征，壮观无比的壶口瀑布则是黄河精神的代表。壶口瀑布位于黄河壶口，早在《尚书·禹贡》中，古人就用"盖河旋涡，如一壶然"八个字来形容壶口瀑布排山倒海般的气势。

历史之最 中国最早的神话人物：盘古。在我国的古代神话中，盘古开天辟地，死后他的身躯变成了世间的自然万物。

中国人为什么自称"炎黄子孙"?

炎帝像
在《世本·帝系篇》中,炎帝和神农氏被扯在一起,称为"炎帝神农氏"。此图中,炎帝手持野草,正在品尝。反映的就是神农氏遍尝百草而发现药材,教人治病的事。

相传4000多年前,在中国的长江流域和黄河流域居住着许多分散的人群。他们按照各自的血缘关系建立氏族,一些氏族又联合起来组成不同的部落。其中,最著名的就是黄帝部落、炎帝部落和蚩尤部落。

远古时期人们对自然灾害的抵抗能力较低,每次遇到水灾或旱灾,整个部落都必须搬离原来的住所。一次,黄河流域发生旱灾,炎帝部落迁移到一个自然条件较好的地方,并决定在那里安居下来。但那个地方已经被黄帝部落占领,于是,双方为争夺领地而发动了战争,结果炎帝战败。

后来,炎帝向黄帝认输,表示愿意听从黄帝的命令,并把自己部落的木犁和草药送给黄帝,而黄帝则把养蚕缫丝、造车、造船等技术传授给了炎帝,炎、黄部落相处得十分融洽,联合在一起组成了炎黄部落联盟,以黄帝为领袖,并在涿鹿大战中打败了经常在各地为非作乱的蚩尤部落,统一了天下。所以,后人就把黄帝尊为中华民族的始祖,并自称是"炎黄子孙"。

黄帝像
黄帝是华夏部落联盟的首领,华夏民族的共主。他以土为德,土是黄色,因而被称为"黄帝"。

神农氏为什么要尝百草?

远古时期,人们为了活下来,吃野草、喝生水,采食树上的野果,甚至还冒着生命危险去捕猎非常凶猛的野兽。在如此恶劣的生存环境之下,生病、中毒、受伤的事情频频发生。

为了使族人免受饥饿和病痛,神农氏开始去找寻可以食用的植物和能够解除病痛的草药。他不但跑到深山里去采集草药,还亲自尝试各种药草的功效。最后,他把尝过的花草分类收好,哪些苦、哪些甜、哪些热、哪些凉,哪些能充饥、哪些能治病,都分得非常清楚。

通过长时间的探索和试验,神农氏终于发现了适合人类食用的稻米,并教会族人如何种植。从此,人们过上了丰衣足食的日子。同时,他又发现了许多草药,进而解救了许多饱受病痛折磨的族人。因此,造福人间的神农氏被后人尊为农耕和医药的始祖。

你知道吗

■ 相传黄帝在位的时间很久,他在位期间,国势强盛,政治安定,文化进步,出现了许多发明,如文字、音乐、宫室、舟车、衣裳和指南车等。

■《神农本草经》是我国现存最早的药学著作,作者不详,以"神农"为托名。它是关于中药学的经典著作,书中共记录了365种药物。

仓颉为什么创造文字？

Weishenme

仓颉是黄帝手下负责管理牲口和粮食的一个官吏。古时候，在文字诞生之前，人们通常通过在一条绳子上打结来记事。大事打一个大结，小事打一个小结，特别的事情则打一个特别的结，凡事相连就打一个连环结。起初，仓颉清点牲口和粮食时，也是用这种办法。但是，牲口、粮食的数量常常变化，时间一长，那些大大小小、奇形怪状的绳结记的是什么内容，连他自己也忘了。因此，仓颉想创造一种简单易记的符号，用来表达思想、传授经验、记载历史。

仓颉一个人想了很长时间，终于创造出了一系列新的符号。为了叫起来方便，他给这些符号取了名字，叫做"文字"。这些文字都是依照自然万物的形态造出来的。比如"日"字，是照着太阳圆圆的模样创造的；"月"字，是仿照着月牙儿的弯弯的形态描绘的；"人"字，则是看着人的侧影画的；"爪"字，是观察了鸟兽的爪印后涂的……就这样，仓颉通过观察周围的事物，创造出了汉字。

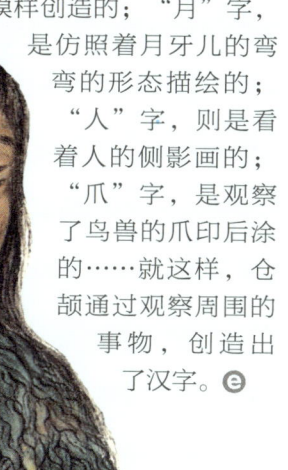

尧为什么要让位给舜？

Weishenme

尧是传说中的君王。他当上部落联盟的首领后，奖善罚恶，任用贤人，并且注意协调各个部族间的关系，使老百姓和睦相处。尧还和大家一样住茅草屋，吃糙米饭，喝野菜汤，披粗麻衣。在他的治理下，天下安宁，社会和谐。

然而，尧的儿子丹朱却为人粗野，不学无术，甚至常常做出一些危害族人的事情。尧在位70年，到了退位的时候，有人推荐丹朱继位，尧不同意。尧召开了部落联盟议事会议，讨论继承人的人选问题，各部落领袖都推举舜当继承人。

尧对舜进行了长期考察，指导舜管理百官、接待宾客、经受各种磨炼。舜不但将政事处理得井井有条，而且还改进了社会管理制度。经过三年各种各样的考核，尧觉得舜说话办事都很成熟可靠，必将有所作为，于是，就将帝位禅让给了舜。

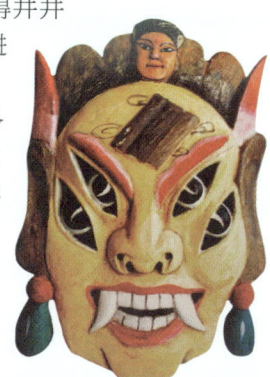

唐尧像
尧，中国古代传说中的圣王，姓尹祁，号放勋，因封于唐，故称"唐尧"。尧治理部落70多年，后禅位于同样出色的舜。

仓颉像
仓颉仰观天象、俯察鸟兽虫鱼，创制汉字，结束了远古先民结绳记事的历史。后人感其德，尊他为"字圣"，建庙纪念。

你知道吗

■ 相传仓颉造字时，天上落下了粟米，鬼神在夜里哭号。这个故事说明，文字的出现在历史上是一件"惊天地、泣鬼神"的重要事件。

■ "禅让制"实际上就是民主选举首领的制度。据说舜年老时，经过民主推举和长期考察确认禹才德出众，于是将帝位传给了禹。

历史之最 最早的汉字：甲骨文。这是一种刻在龟壳或兽骨上的古老文字。早在4000多年前的商朝，甲骨文已广泛应用。

夏绿松石镶嵌兽纹牌饰
1981年河南偃师二里头出土，盾牌状，两侧有圆鼻，兽面纹用绿松石片镶嵌而成，制作精美，技艺高超，反映出当时手工业已经具有相当的水平。

大禹像
禹，姓姒，名文命，夏后氏首领，传说为帝颛顼的曾孙。他治理黄河水患有功，成为人们世代景仰的英雄，而他治水的精神，也永远地成为中国人民宝贵的精神财富。

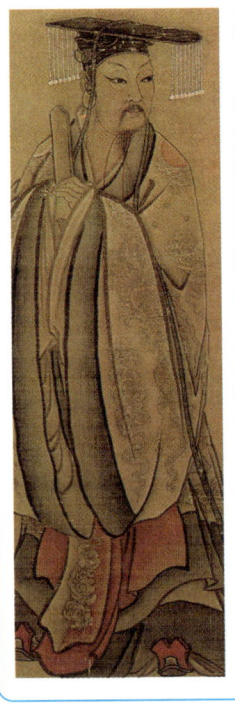

大禹为什么三过家门而不入？

古时候，黄河流域经常发生洪灾，庄稼被淹，房子被毁，人们不得不搬离原来的住所。为了保护百姓，发展农业生产，尧帝召开部落首领会议，寻找治水能手来平息水害。鲧被人们推荐出来治理水患，但9年过去了，鲧的努力仍然没有获得太大成效。

舜帝继位以后，任用鲧的儿子禹继续治水。为了想出更好的办法，禹走遍了九州。在治水过程中，禹不畏艰苦，身先士卒，连续工作了13年，小腿上的汗毛都被磨光了。由于治水工程责任重大，任务艰巨，他甚至三过家门而不入。最后，禹利用水自高向低流的自然趋势，把洪水引入疏通的河道、洼地或湖泊，然后让它们流向大海。水患终于得以平息，人们从高地迁到平川居住，从事农业生产。为了表达感激之情，后人都尊称禹为"大禹"。

夏朝是如何建立的？

由于禹治水有功，发展了农业生产，舜让位给了禹。禹在位期间，各个部族之间争夺联盟首领的战争十分频繁。禹的部落在对外战争中不断得到胜利，俘获了更多的奴隶，积累了更多的财富，势力迅速增强。最后，禹成了部族联盟的首领。

多年以后，禹老了，需要考虑挑选新的继承人了，于是他也召开了首领会讨论继承人的问题。最初人们推举皋陶，舜帝在位时他就已经掌管刑法了，可谓德高望重。可是，皋陶没等接任就病死了。后来，人们又一致推举皋陶的儿子伯益做禹的继承人。伯益曾在大禹治水时屡立奇功。据说是他发明了凿井的方法，使人们能够吃上干净的地下水。在当时人们的心目中，伯益是仅次于禹的大英雄。

但是，随着权力的膨胀和地位的巩固，禹越来越觉得，自己好不容易得来的地位应该由自己的儿子启来接管。于是，禹开始让启参与治理国事，随自己外出巡狩，会见各地的部落酋长，帮自己训练军队，制订吏治和刑罚，并让他抚恤百姓，发展生产，积累治国的经验。过了几年，启把国事处理得很好，在人们心目中的地位也高了。伯益是继承人，却没有新的政绩，他过去为百姓做的好事，也渐渐被淡忘了。

大禹死后，启在贵族奴隶主的支持下，要求废除禅让制度，实行父传子的王位继承方式。这个举动遭到了伯益的坚决反对，也引发了争夺王位的激烈斗争。经过几次交战，启打败了伯益，并动用军队镇压了其他拥护禅让、反对世袭制度的人。不久启继位，正式建立了夏朝，开始了"家天下"的局面。这标志着我国第一个奴隶制王朝正式诞生。

【百科辞典】

家天下：
指帝王将国家据为己有，将其作为私有财产世代相袭。家天下是封建社会的重要特征。

历史之最 最早的世袭王朝：夏朝。公元前21世纪由禹的儿子启建立。

谁建立了商朝？

Weishenme

夏朝末年，夏王桀即位后，大兴土木，建造宫殿，残杀异己，横征暴敛，过着极其荒淫奢侈的生活。夏朝的奴隶主贵族们整日沉迷于饮酒、打猎和歌舞之中，把成批的奴隶赶到农田里去种地，从事各种繁重的体力劳动。不仅如此，奴隶主还随意地把奴隶关进监狱，施以重刑，甚至把那些不愿为他们作战的奴隶当做祭祀品杀死。夏桀和贵族们的残暴不仅使奴隶深怀怨恨，也激起了许多大臣和地方诸侯的不满。

在越来越多的部落忍受不了夏朝的压榨剥削之时，商渐渐壮大起来。商是黄河下游的一个部落，其先祖是个对人民有功绩的人，曾跟禹一起治理过洪水。夏朝末年，商已经成为一个强大的部落，当时商的首领是汤。汤十分仁义，对待部下和奴隶都很宽厚，逐渐树立起很高的威信，很多部落纷纷依附于商，听从汤的命令。汤觉得时机已经成熟，决定大举进攻夏朝。士兵们都恨不得夏朝尽早灭亡，因此作战非常勇猛。夏、商两军经过一番激战，众叛亲离的夏王桀，最终兵败被杀。之后不久，汤建立了商朝。

商朝为何又称"殷商"？

Weishenme

汤建立商朝后，把都城定在了亳（今天的河南商丘附近）。早期的商朝较为强大，但过了一段时间，奴隶主贵族之间的矛盾开始激化，王朝内部连续发生了几次争夺王位的斗争，政局动荡不安，对外的控制力也逐渐削弱，原来臣服于商朝的小国纷纷脱离，商王朝衰弱下来。在最后的150年间，商朝不得不四次迁都，势力范围越来越小。

商朝第19位王阳甲死后，他的弟弟盘庚继位。盘庚为了摆脱这种混乱局面，巩固商王朝的国家政权，决定把国都迁到殷（今天的河南安阳）。然而，这个决定遭到了一部分大奴隶主贵族的强烈反对。这些人拥有大量的奴隶、大面积的土地和很多房屋，迁都必然使他们蒙受巨大的损失。最后盘庚冲破了种种阻拦，终于迁都成功。这就是"盘庚迁殷"，从这以后到商朝灭亡的约270年里，商朝的都城一直设在殷。所以，商朝又称"殷"或"殷商"。

你知道吗

■ 在古代，打仗之前部落首领都会召集所有将领召开誓师大会。在大会上，首领往往借用上天的旨意来动员将士，以提高全军的士气。

■ 商代是继夏代之后中国历史上第二个世袭制王朝。自汤至纣，商朝总共经历了31个帝王，前后持续了将近600年。

刻有卜辞的龟甲
这是商王武丁时期的龟甲，上面刻的是关于发兵征讨方面的卜辞，用的是龟腹甲，正反面各占卜了5次。

商汤像
商汤革除夏的弊端，减轻田赋，鼓励生产，安抚民心，将商的势力扩展至黄河上游，建立起一个强大的奴隶制王朝。

历史之最 最迷信的朝代：商朝。商朝统治者十分迷信鬼神，一切行动都要先向鬼神占卜吉凶，政府设有专门占卜的机构。

商纣王是如何亡国的？

商纣王是商朝的最后一个君王，也是我国历史上罕见的暴君。他荒淫无度，而且残暴无比。为了及时行乐，他命人在宫中挖了一个很深很大的池子，池内灌满了酒，叫做"酒池"；又在池子的四周围满林木，挂上一串串烤肉，称为"肉林"。商纣王与他的妃子就在这里玩乐，渴了喝酒，饿了吃肉，不停地追逐嬉戏，寻欢作乐。

商纣王还经常用酷刑残害劝告他的忠臣。他用挖心的酷刑处死了向他进谏的叔叔比干，另一个叔叔箕子虽然装疯，最终也被他囚禁起来。他还逼得忠厚的哥哥微子逃亡。商纣王为非作歹，残害忠良，使得朝中大臣、贵族和诸侯们都无比气愤。为转移人民的视线，纣王还发动了对周边国家的战争。战争加重了人民的负担，激化了本已尖锐的阶级矛盾，商王朝的统治危在旦夕。武王伐纣时，商纣王众叛亲离，军队倒戈，他本人则在鹿台自焚而死。

比干像
比干是殷商后期著名的政治家，他忠君爱国，为民请命，敢于直言劝谏商王，被称为"亘古忠臣"。

你知道吗

- 相传商纣王让人用铜铸成空心柱子，在柱中置炭火，制成叫"炮烙"的刑具，将对自己不满的臣民脱光衣服，绑在铜柱上活活烤死。
- 姜子牙是西周的开国元勋，同时也是一位韬略家、军事家、政治家。儒、道、法、兵、纵横诸家都将他看成本门先贤，他因此被尊为"百家宗师"。

姜太公为什么要用直钩来钓鱼？

周是一个古老的氏族部落。周文王继位后，克勤克俭，励精图治，使周的势力渐趋强大。眼见纣王昏庸残暴，丧失民心，周文王决定讨伐商朝，可是身边还缺少一个有军事才能的人来辅佐。

当时，贫民出身的姜子牙不满商朝的黑暗统治，隐居在渭水边上。虽然已经80岁了，但他依然很想实现自己的政治抱负，依然深信自己能成就一番事业。于是，他每天在渭水旁边假装钓鱼。他钓鱼的方法很奇特：鱼钩是直的，而且放在水面三尺以上的地方，钩上还不装鱼饵。其实，他并不是想垂钓，而是希望通过这种方式来引起周文王的注意。

有一天，周文王带着儿子到渭水北岸打猎。在渭水边，他看见了姜子牙不同寻常的钓鱼方法，觉得很奇怪，就下车和姜子牙谈了起来。两个人谈得很投机，周文王最后决定请姜子牙当丞相。姜子牙没有辜负文王的期望，在文王去世后的第四年，他辅佐文王的儿子武王推翻了商王朝，建立了周朝。

周武王像
武王，姓姬名发，是周文王第二子。他继承父亲遗志，灭掉了商朝，建立了周王朝，表现出卓越的军事、政治才能，成为我国历史上的一代名君，也是正义的化身。

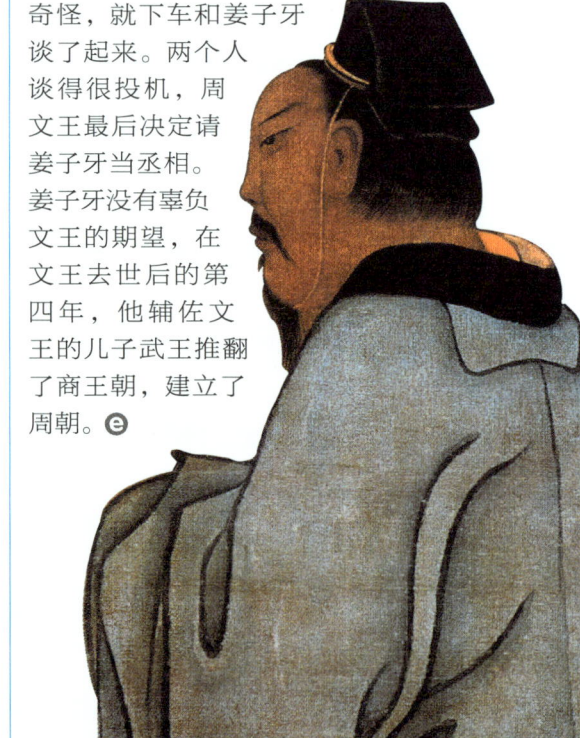

历史之最 最老的丞相：姜子牙。他80多岁时被周文王拜相，据《史记》记载，姜子牙享年100余岁，堪称中国历史上最老的丞相。

周公为什么要"一饭三吐哺"？周幽王为什么"烽火戏诸侯"？

周公为什么要"一饭三吐哺"？

Weishenme

周公是周文王的第四个儿子，周武王的弟弟。周王朝建立之初面临着许多困难，周公为了辅佐武王平定动乱，建立完善的制度，就留在了武王的身边，没有到自己的封地去。周武王死后，12岁的周成王继位。年幼的成王还无法独立处理事务，周公便尽心尽力地代替他治理国家。一次，成王病重，周公很着急，剪了自己的指甲沉到大河里，对河神祈祷说："成王还不懂事，有什么错都是我的。如果要死，就让我代成王死吧。"

成王长大后，周公还政于成王。后来，有人在成王面前说周公的坏话，逼得周公逃到楚地躲避。不久，成王翻阅收藏的文书，发现了自己生病时周公的祷辞，感动得流下了眼泪，立即派人将周公迎回。之后，周公仍忠心地为成王操劳。

周公为周王朝的发展呕心沥血。他唯恐失去有才干的人，甚至吃一顿饭时，都要数次吐出口中的食物，迫不及待地去接见贤人。这就是"一饭三吐哺"的来由。

周幽王为什么"烽火戏诸侯"？

Weishenme

周幽王是西周的最后一个君王。他沉湎女色，疏于朝政，非常宠爱一个叫褒姒的妃子，可褒姒却很少露出笑容。一天，幽王带着褒姒到了骊山烽火台。烽火台是用来传递战报的，每隔不远有一座。如有敌人侵犯边境，烽火台上的守卫就会立刻点燃烽火，向邻近的烽火台报警。这样一路传下去，消息很快就能传开。国都一旦受到威胁，骊山的烽火台也会点燃烽火，向诸侯国传递消息，诸侯国就会立刻派兵来援助。为了博褒姒一笑，周幽王竟然命士兵点燃了烽火。各地诸侯很快看到了火光，纷纷率领军队前来救援。可当他们匆忙赶到骊山脚下时，却看见幽王和妃子正在高台上饮酒作乐，这才知道自己被愚弄了。褒姒觉得很好玩，忍不住微微一笑。周幽王见自己宠爱的妃子终于笑了，心里很高兴。等诸侯都退走以后，他让士兵再次点燃烽火，诸侯们又急匆匆带着军队赶到。就这样，周幽王反复点燃烽火，多次戏弄了诸侯。

周公像
周公姓姬名旦，是周文王姬昌的第四子，西周初期杰出的政治家、军事家和思想家，被尊为儒学的奠基人。

骊山烽火台遗址
骊山烽火台遗址在临潼骊山西岭最高峰，海拔1280米，是古代用以发布信号调动军队的设施。周幽王烽火戏诸侯的故事就发生在这里。

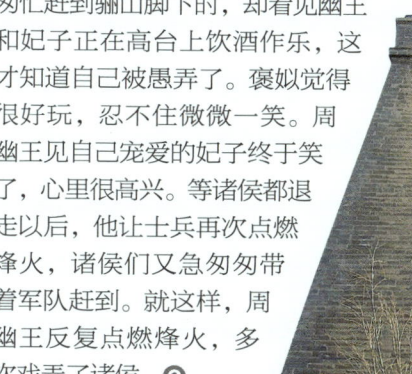

你知道吗

- 周朝初期，商朝的残余势力与周室内部的反叛势力勾结起来，发动了多次叛乱。周公率军平定了这些叛乱，巩固了周朝的统治。

- 后来，邻国发兵攻打周朝。周幽王下令点燃烽火，召集诸侯。可经过"烽火戏诸侯"的事情后，诸侯们已经不再相信周幽王了，没有一个诸侯前来救援。周朝的国都很快就被攻破，周幽王被杀，西周随之灭亡。

历史之最 最早的通信工具：烽火台。人类历史上最早的通信工具和现在一样是"无线"的，那就是利用火光传递战争信息的烽火台。

周平王为什么迁都？

周平王是周幽王的儿子，东周的第一代君王。西周末年，周幽王沉湎酒色，不理国事，周朝政局不稳，各种社会矛盾加剧。后来，幽王又变本加厉，任用贪官主持朝政，加重剥削，引起国人怨愤。之后不久，西北的犬戎大举进攻西周，在骊山脚下杀死了幽王。

战乱之后，西周国都镐京面目全非，宫室坍塌，城阙残破，一时间难以恢复，而且犬戎仍散居在镐京附近，对国都形成了严重的威胁。此时，周公经营建造的洛邑已成为重要的政治、经济和军事中心，其地位仅次于西都镐京。周平王即位后，在众臣的协助下将都城迁到了洛邑。

"春秋"和"战国"是同一个时期吗？

在中国历史上，东迁以后的周王朝被称为"东周"。东周又分为春秋和战国两个时期，因此东周也称为春秋战国时期。

春秋时期简称为"春秋"，时间范围是公元前770至前476年（另一说为公元前770至前403年）。当时，全国有数以百计的诸侯国，处于一种分裂割据状态。各诸侯国之间为了争夺土地、人口以及对其他诸侯国的支配权，不断进行兼并战争。谁战胜了，谁就召开诸侯国会议，强迫大家承认他的"霸主"地位。首先称霸的诸侯是齐桓公，他任用管仲为相，提出"尊王攘夷"的口号，成为中原诸侯的盟主，并得到了周天子的承认。此后，晋国也逐渐强大起来，晋文公于城濮之战大破楚军，成为中原的第二位霸主。而楚国在楚庄王时期，以孙叔敖为宰相，整饬内政，兴修水利，国势更加强盛，曾数次击败晋，因而楚庄王也成为中原的霸主。

战国时期简称战国，时间范围是公元前476至前221年（另一说为公元前403至前221年）。战国初年，各诸侯纷纷自立为王，周天子的地位比春秋时期更加低微。春秋时期的众多小国都纷纷被吞并，最后只剩下所谓的"战国七雄"：韩、赵、魏、齐、楚、燕、秦。与春秋不同的是，"战国七雄"开始任用平民为官，各国也纷纷进行了变法改革，以求在混乱的政局中不被淘汰。

战国早期兵器——越王丌北古剑

西周武士形象复原图
周代为火德，尚红色，所以戎装也是以红色为主。西周乃至春秋早期，诸侯贵族注重礼仪，讲的是堂堂正战，所以戎装的服装也不用隐蔽色，而是越鲜艳越好。

战国秦公镈
战国时期秦国的乐器，是从钟发展来的形式。一般器型较大，上方无长柄，却有扁环或兽形钮，钟口平坦。将其悬挂，以槌叩击而鸣。

【百科辞典】

西周：
中国历史上继商朝之后的朝代，建都于镐京（今陕西省西安市西部）。由于后来周朝都城东迁，所以历史学家称这一时期（约公元前1046~前771年）的周朝为"西周"。

东周：
公元前770年，周平王把都城从镐京迁至洛邑（今河南省洛阳市），历史学家便把东迁后的周朝称为"东周"。

历史之最　最早的指南仪器：战国时期的"司南"。司南是一种指示南北方向的器具，但还不是指南针。

"春秋五霸"指哪些人？
Weishenme

在中国历史上把公元前770至前476年的这一时期，称为春秋时期。在这290多年间，烽烟四起，战火连天，大大小小的军事行动共有480多次。

相传在春秋初期，诸侯列国有140多个，经过连年的兼并战争，到后来只剩下了势力比较强大的几个诸侯国。他们之间仍然互相攻伐，争夺霸权。为了得到其他诸侯拥戴而成为霸主，建立霸业，他们假借"尊周室，攘夷狄"的名义来行使天子职权，主持诸侯会盟，仲裁小国间的纠纷，决定诸国大事。先后支配这个时代的有5人：齐桓公、宋襄公、晋文公、秦穆公和楚庄王，合称"春秋五霸"。

孔子为什么周游列国？
Weishenme

孔子是西周时期鲁国人，中国历史上著名的思想家、教育家和改革家。孔子从小热爱学习，懂得各种古老的礼仪规矩。年轻时，他博览群书，对音乐、射箭、驾车、书写、计算等都很精通，因此很快就成了一个远近闻名的学者。

到了中年，孔子开始在鲁国做官，为国家作出了很大贡献。但是鲁国国君沉湎酒色，不理朝政，让孔子很失望。于是他离开鲁国，带着自己的一批学生周游列国，希望能够在其他国家实现自己的政治主张和抱负。然而春秋战国时期，整个社会发生了重大的变革，各国都忙于战争，君王根本无心顾及社会文化的发展。孔子宣传礼乐制度的主张，也就没有人愿意采纳。

孔子在列国奔波了七八年，碰了许多钉子。无奈，最后他还是回到鲁国，把精力放到了整理古代文化典籍和教育学生上面。孔子在晚年整理出几部重要的古代文化典籍，有《诗经》、《尚书》、《春秋》等。《诗经》是我国最早的一部诗歌总集，共收录诗歌305篇，其中有不少是反映古代社会生活的民间歌谣，在我国文学史上占有很重要的地位。

《孔子圣迹图》
清代画家焦秉贞所绘。图中左上方的孔子方面密髯，席地而坐，正在向坐在对面的君王进行宣讲，表现了孔子周游列国、游说诸侯的情景。

孔子燕居像
在中国5000年的历史中，孔子可以说是对华夏民族性格、气质产生最大影响的人。他在世时已被誉为"天纵之圣"、"千古圣人"，并且被后世尊为"至圣"和"万世师表"。

你知道吗

- 根据史书记载，春秋时"弑君三十六，亡国五十二，诸侯奔走不得保其社稷者，不可胜数"，足见当时社会混乱与动荡的程度。
- 孔子思想和学说的精华集中地见诸于《论语》一书。《论语》是孔子及其弟子的语录，共20篇，是一部优秀的语录体散文集。

历史之最　最早的平民教育：孔子的门徒教育。据说他弟子多达3000人，其中贤者72人，孔子开创了我国历史上对平民讲学的先河。

中国孩子最爱问的十万个为什么

主题索引
> 秦王嬴政为什么自称"始皇帝"？秦始皇为什么要统一文字、货币、度量衡？

秦始皇陵兵马俑坑
秦始皇陵兵马俑坑是秦始皇陵的陪葬坑，是世界最大的地下军事博物馆。最早发现的是一号俑坑，呈长方形，东西长230米，南北宽62米，深约5米，四面有斜坡门道，左右两侧又各有一个兵马俑坑，现称为二号坑和三号坑。

秦王嬴政为什么自称"始皇帝"？

秦朝是中国第一个统一的封建制国家，秦王嬴政是秦朝的第一个君王。战国后期，秦国经过商鞅变法，很快进入了一个社会高速发展的阶段，为兼并六国创造了物质条件。之后不久，秦王相继消灭了韩、赵、魏、楚、燕、齐六国，建立了统一的多民族中央集权国家。

秦王嬴政兼并六国，结束了战国割据的局面。他觉得自己的功绩比古代传说中的三皇五帝还要大，不能再用"王"的称号，应该用一个更加尊贵的称号才配得上他的功绩。他让大臣们讨论用什么作为自己的封号最合适，有人主张用"帝"，也有人主张用"皇"。最后，他决定将"皇"和"帝"并称，采用"皇帝"的称号，意为"德兼三皇、功盖五帝"。他是中国的第一个皇帝，就自称是"始皇帝"。他还规定，接替他皇位的子孙按照次序排列，第二代叫二世皇帝，第三代叫三世皇帝。这样一代代传下去，一直传到万代。

秦始皇为什么要统一文字、货币、度量衡？

汉字产生后，经历了长期的发展演变。到了春秋战国时期，由于社会的动荡和国家的分裂，各地文字的形体和读音都有所改变，出现了"言语异声，文字异形"的混乱现象。此外，当时的铜币已成为流通领域里的主要货币，但各国的铜币却在形状、大小、轻重以及计算单位上有很大差异。度量衡是商品交换中必不可少的，也是国家收取赋税的重要标准，在当时却有很多标准。混乱的文字、货币和度量衡使人们之间的交流渐趋困难，这不但不利于文化的传播和发展，还会给商品的流通和经济的发展带来很大阻碍，对一个国家来说，更会给政令的推行造成很大困难。

面对这种情况，秦始皇接受了丞相李斯的建议，规定以秦国小篆为统一书体，与小篆不同者全都废掉；颁布了货币法，"以秦币同天下之币"，明确规定货币的种类；下令以秦国的度量衡为标准，统一其他六国的度量衡器。

文字、货币、度量衡的统一，促进了各地之间的文化和思想交流，推动了中国文化的统一，为商品经济的发展提供了方便，也为维护封建国家的统一奠定了重要基础。

历史之最 最天然的货币：黄金。它质地均匀，易于分割，便于贮藏，光泽完美，是承担货币价值尺度职能的理想金属。

秦始皇为什么筑长城？
Weishenme

秦始皇统一六国后，整个中国完全进入统一的中央集权制封建社会。但与秦国相邻的匈奴、东胡等许多少数民族地区仍然处于奴隶社会阶段。这些少数民族部落专门以掳掠邻国的财物为生，战争成了他们生活的一部分，每个人视为能给自己带来至高荣誉的事业。这些部落或国家就像永不停息的战争机器，时刻处于一种进攻的状态。

匈奴、东胡等少数民族的士兵们善于骑射、野战，常常采取突然袭击的方式进攻目标，来去飘忽，难于捉摸，具有强大的战斗力。而当时秦国的作战部队主要是步兵和战车，士兵们穿着宽衣大袖的服装，行动迟缓，根本不能阻止匈奴、东胡的袭击和掳掠。这不仅使秦国人民的生命财产受到威胁，生产遭到破坏，还严重威胁到秦国的社会稳定和政权巩固。为了防御匈奴、东胡的入侵，秦始皇派当时的大将蒙恬率领30万军队和很多劳力，历时9年，修筑了一条西起临洮、东到辽东，绵延万里的城墙。这就是中国历史上著名的"万里长城"。

秦始皇为什么"焚书"？
Weishenme

制之后，许多儒生和方士对这种中央集权的体制感到不满。他们常常引用一些古典文籍中的话来讽刺、嘲弄秦始皇的统治。

这时，李斯已经做了秦帝国的丞相，秦始皇想听听他的意见。李斯说："现在天下安定，法令统一。但有一批读书人不满现在，却歌颂古代，对国家大事乱发议论，在民间造成了很坏的影响。如果不加禁止，势必影响朝廷的威信。"于是，秦始皇采用了李斯的主张，立刻下了一道命令：除了医药、占卜、种植等方面的书籍以外，凡是私藏《诗经》、《尚书》或百家言论等书籍，一概交出来烧掉；谁要是再私下谈论这类书，就定为死罪；谁要是拿古代的习俗来批评现在的制度，将会被满门抄斩。这就是历史上有名的"焚书坑儒"事件。

"焚书"对于古代文化典籍是一个极大的破坏。秦始皇想采取这种严厉的手段来巩固自己的统治，但最后并没有达到预期的目的。利用国家权力强制思想的统一，只会禁锢思想，摧残学术文化的发展，激起人民的普遍反抗。

🔺 **秦始皇像**
秦始皇（前259~前210年），中国历史上第一个统一的封建王朝——秦朝的建立者。

🔻 **阿房宫缩微景园**
阿房宫遗址位于今西安市西郊三桥镇赵家堡和大古村之间，又名阿城，是秦朝皇宫的前殿，创建于惠文王时期，扩建于秦始皇时期。当年的阿房宫规模庞大，大殿可坐万人。现在在遗址南部新建了阿房宫缩微景园，可供游人参观游览。

秦朝确立了封建专制行政体

历史之最 最长的人造建筑：万里长城。横穿我国北方的崇山峻岭，总长6700多千米，是享誉世界的古代军事防御工程。

楚汉之争如何爆发？

秦朝末年出现了许多反秦起义军，项羽和刘邦就是其中两支重要的力量。项羽的军队在巨鹿与秦军大战，九战九捷，大败秦军，这就是历史上著名的以少胜多的"巨鹿之战"。巨鹿之战后，秦王朝已是分崩离析。刘邦率兵攻进咸阳，秦二世皇帝的弟弟子婴捧着玉玺，在脖子上系了一根绳子，跪在咸阳东北的大道旁，向刘邦投降。

秦亡后，项羽自恃实力雄厚，自称"西楚霸王"。刘邦不服，两人由此开始了争夺天下的斗争，历史上叫做"楚汉之争"。楚汉战争初期，刘邦力量弱小，与项羽作战屡战屡败。几年之后，双方的力量对比发生了变化。刘邦注意笼络人心，与关中父老"约法三章"，周围还有萧何、张良、韩信等一批谋士良将，势力逐渐强大起来；楚军虽然强盛，但其头领项羽骄傲自大，不善于听取意见，仅有的谋士范增也负气离去，楚军势力因此由强转弱。

不久，刘邦率领诸军，在垓下团团围住项羽的军队。耳闻"四面楚歌"，无颜再见江东父老的项羽在乌江边自刎。刘邦胜利后，建立了汉朝，定都长安，历史上叫做"西汉"。刘邦就是西汉的开国皇帝汉高祖。

韩信为什么被杀？

韩信是西汉时期一位著名的军事家、战略家和军事理论家。秦朝末年，韩信先是追随项羽，后又投奔刘邦。在刘邦的军队中，韩信得到了赏识和重用，随后，他制订出各种作战方略帮助刘邦夺取天下。楚汉相争期间，韩信在北方战场上屡战屡胜，充分显示了他的军事才能。可以说，韩信为汉王朝的建立作出了重要贡献。

刘邦做了汉朝皇帝后，他的妻子吕后畏惧韩信的才能，害怕他阴谋叛乱，一直想寻找机会将其除掉。而韩信也因为得不到汉高祖的信任，日积怨恨，逐渐起了谋反之心。他与被封为巨鹿郡郡守的部将陈豨约好伺机谋反。陈豨起兵后，韩信和他的部下谋划在夜里假传诏旨，释放那些在官府中的囚徒和官奴，然后，率领他们去袭击吕后和太子。然而，韩信一位门客的弟弟却向吕后告发了韩信。吕后得到消息后，与相国萧何商量，假称皇上已经杀死了陈豨，借诸侯群臣进宫朝贺的时候，在长乐宫诱杀了韩信，并灭了他的三族。

项羽像
项羽有勇而无谋，独断专行，最后败在刘邦手下。

《汉殿论功图》
这幅画出自明代画家刘俊之手。画中描绘的是汉高祖刘邦建立后，功臣们在殿上争功邀赏的场景。

汉高祖刘邦像
刘邦在楚汉之争中战胜了项羽，建立汉朝。他与民休息，以文治天下，取得了良好的效果。

【百科辞典】

四面楚歌：
刘邦在垓下团团围住了项羽的军队，并采用谋士的计策，让一些人在半夜高唱楚国的地方歌谣，引起楚军的思乡之情，瓦解了他们的斗志。后来，这个成语多用于形容人到了走投无路、山穷水尽的境地。

汉武帝为什么派兵远征匈奴？

匈奴是中国北方一个好战的游牧民族。自汉朝建立以来，匈奴经常侵犯边境，掠夺人畜财物，对汉朝构成严重威胁。汉朝初年经济凋敝，无力抗击匈奴的侵犯，被迫采用"和亲政策"，并送给匈奴大量的丝绸、粮食、酒、米等物品。但匈奴既不放弃和亲带来的利益，又不停止武力掠夺。虽然西汉王朝前后有八次和亲，但只能换来暂时的和平。

汉武帝即位前，西汉王朝经过几十年的休养生息，社会经济空前繁荣，军事实力空前强大。西汉还建立起了一支强大的骑兵，足以和匈奴决一雌雄。所以，雄才大略的汉武帝即位之后，立即把反击匈奴提上了国家的日程。当匈奴再次大举入侵汉朝时，汉武帝派大将军卫青领兵出击。卫青采取避实击虚、迂回进攻的战略，从敌人的后路包抄，打败了匈奴，收复了长期被匈奴占领的河套地区，解除了匈奴对长安的直接威胁。之后的两次战争中，卫青、霍去病率领的骑兵彻底打败匈奴兵，匈奴主力只好向西北远走，大漠以南再也没有了匈奴的势力。

王莽是如何篡位的？

西汉自宣帝以后，元、成、哀、平四个皇帝都极其荒淫骄奢，朝廷大权落到外戚（皇后的亲戚）手里。汉元帝皇后王政君的几个兄弟王凤、王商、王音、王根以及侄儿王莽，都先后担任过大司马（大司马在当时是掌握政务重权的高官）。其他一些重要官职也都出于王氏门下。王氏家族在朝廷中从上到下形成了强大的势力。

皇后王政君的侄儿王莽从小饱读诗书，长大后礼贤下士，清廉俭朴，声名远播。他常常把自己的俸禄分给门客和穷人，甚至卖掉马车接济穷人，深受众人爱戴。汉哀帝继位后，丁皇后的外戚得势，王莽急流勇退，隐居了起来。其间，他的儿子曾杀死家奴，王莽逼儿子自杀，得到了世人好评。

汉哀帝死后，汉平帝继位。王莽重新任大司马，兼管军事事务及禁军，得到了朝野的拥戴。平帝死后，王莽拥孺子婴为皇帝，由他辅政，称"摄皇帝"。之后不久，王莽强迫孺子婴禅位给他，改国号为"新"，改长安为常安。

你知道吗

- 汉朝的强大使中原人不再被称为"秦人"而被称为"汉人"，古老的华夏族也从此被称做"汉族"。
- 历史上有"秦皇汉武"之称，这是因为秦始皇统一了中国，汉武帝则以他的文韬武略巩固和发展了中国。

❶ 新莽政权时期的刀币
王莽篡权后便改革币制，发行新币，并增铸钱币。这是王莽篡汉后铸的货币，又称"金错刀"。刀币上有铸金"一刀"二字。

❷ 青铜骑兵像
这尊骑兵像的战马是汉武帝从中亚地区引进的品种，显示出汉代强大的骑兵力量。

历史之最 最早的匈奴人：3000多年前生活在今内蒙古、山西与河北北部的游牧部落被史学界认定为最早的匈奴人。

诸葛亮像

诸葛亮是三国时期蜀汉的丞相，杰出的政治家、军事家、外交家。千百年来，诸葛亮在中国人心目中已成为智慧的化身，他的传奇故事广为世人传诵。

湖北黄州赤壁

长江边上的赤壁有文赤壁和武赤壁两处。图中为文赤壁，即北宋文学家苏东坡曾经题咏过的赤壁，位于湖北省黄冈市境内，而真正的赤壁大战发生地——武赤壁则位于湖北省蒲圻县（今赤壁市）境内。

三国鼎立的局面是如何形成的？

东汉末年，黄巾起义爆发，腐朽的东汉政权无力镇压，便号召各地豪强组织力量镇压农民起义。在镇压起义的过程中，一些地方官吏乘机扩大自己的军队，成为割据一方的军阀势力。当时，袁绍占据冀、青、幽、并四州，曹操占据兖、豫二州，刘备占据徐州。在这些割据者中，势力最强也最活跃的是袁绍和曹操。袁绍吞并了公孙瓒占据的幽州后，势力很大，计划消灭曹操，统一北方。曹操虽然在兵力上处于劣势，但他善于用人，不仅屈尊出迎袁绍的谋士许攸，而且采纳了许攸的计策，派兵袭击袁军的囤粮处，烧掉了袁绍的全部粮草。袁军没了粮草，军心动摇，最终被打败，这就是著名的"官渡之战"。官渡之战使曹操奠定了统一北方的基础。

此后，曹操开始率军南下，想一举消灭刘备。当时，刘备依附于荆州的刘表，但他不甘寄人篱下，三顾茅庐，请出了隐居的诸葛亮，并接受诸葛亮联吴抗曹的建议。不久，孙刘联军在长江边的赤壁与曹军展开大战，曹军溃败，这就是著名的"赤壁之战"。

赤壁之战后，曹操被迫退守黄河流域，重新积蓄力量，再也不敢轻易南下。孙权在长江中下游的势力得到巩固。刘备乘机占领湖北、湖南的大部分地区，又向西占领了四川。这样，三个军阀的势力相当，任何一方暂时都不具备统一全国的条件和可能。此后，三国先后建立，形成了三国鼎立的局面。

三国为什么归于西晋？

三国后期，魏国实力逐渐增强，北方经济的恢复和发展比较迅速，财力逐渐超过南方。与此同时，南方的吴、蜀两国因为统治者的日益腐朽，国力日趋衰落。诸葛亮死后，蜀国后主刘禅昏庸无能，朝政混乱，魏国乘机灭掉了蜀国。之后，魏国权臣司马懿的孙子司马炎推翻了魏朝，建立了晋朝，史称"西晋"。不久，西晋起兵灭掉了吴国，统一南北。至此，西晋帝司马炎占领魏、蜀、吴三国，建立了一个统一的政权。

历史之最 最早正确计算圆周率的人：三国时期数学家刘徽。在《九章算术·圆田术》注中，刘徽用割圆术证明了计算圆面积的精确公式。

隋炀帝为什么要开凿大运河？

Weishenme

隋炀帝杨广为了方便自己游玩和加强对南方的统治，征调100多万民工，历时6年，修建了一条全长1794千米的大运河。河的两旁开辟大道，道旁种上榆树和柳树，岸边每隔两个驿站设置一座供杨广休息的行宫。自洛阳到江都，共设置了40多座行宫。

杨广曾经三次通过大运河到江都（今扬州）巡游。他乘坐着长200尺、高45尺，上下四层的大龙舟。随行的嫔妃、王公大臣、僧尼道士则分别乘坐千艘华丽的大船，船队首尾相望，绵延200多里，拉船的纤夫就有8万多人。两岸还有骑兵护送，旌旗蔽日，热闹非凡。到了晚上，船上灯火通明，鼓乐喧天。隋炀帝纵情饮酒作乐，观赏两岸风景。沿途500里以内的百姓，都要被迫奉献精致的食品，许多百姓因此而倾家荡产。

唐初为什么会出现"贞观之治"？

Weishenme

唐贞观年间，唐太宗李世民即位。他吸取隋朝灭亡的教训，以隋炀帝为反面教材时刻警戒自己。

在经济方面，唐太宗特别重视农业生产，不仅"去奢省费，轻徭薄赋"，还实行均田制与租庸调制，使百姓能够安居乐业。

在文化教育方面，唐太宗大力奖励学术，在长安设国子监。

在外交方面，唐太宗经略四方，使唐朝国威远播。唐太宗还采取了比较开明的民族政策，让文成公主和亲吐蕃，促进了汉藏两族间的友好交往。

在选拔人才方面，唐太宗重视科举取士，善于倾听不同意见，不断改进治国方法。不仅如此，他还唯才是举，用人不计出身，不问恩怨。当朝臣子中，魏征曾是道士，还是李建成的旧臣，曾参与密谋杀害太宗；尉迟恭做过铁匠，但他们都受到了唐太宗的重用。尤其是魏征，性格刚直，常直言唐太宗之过，但太宗多择善而从。

另外，唐太宗还非常注意"戒奢从简"，节制自己享乐的欲望。他常告诫自己："民，水也；君，舟也。水能载舟，亦能覆舟。"唐太宗实行的一系列比较开明的政策，使得唐朝在政治、农业等方面都取得了显著的成绩，经济和文化也得到较好的恢复和发展。

总之，贞观年间，在唐太宗君臣的共同努力之下，出现了一个政治清明、经济发展、社会安定、武功兴盛的治世，史称"贞观之治"。

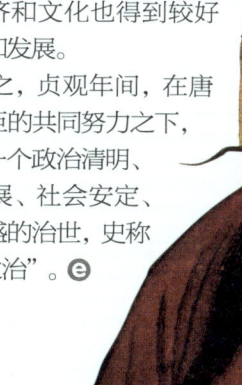

唐太宗像
唐太宗是我国历史上最有作为的皇帝之一，他在位期间，国泰民安，社会安定，经济繁荣发展，军事力量强大，被后人称为"贞观之治"。

你知道吗

■ 隋炀帝杨广开设了进士科，考试以诗赋为主，选择"文质秀美"的人才。这标志着科举制度的产生。科举制重才学而不重门第，削弱了门阀大族世袭的特权。这种"任人唯贤"的改革为下层优秀知识分子提供了极好的发展机会。

■ 历代状元中，书法成就最高的是唐元和三年（808年）的戊子科状元柳公权。他精于楷书，也擅长行书、草书，和唐代另一位大书法家颜真卿并称"颜柳"。历史上还把他和唐代的欧阳询、颜真卿，元代的赵孟頫合称为"楷书四大家"。

历史之最 最长的人工运河：京杭大运河。北起北京，南到杭州，全长1794千米，是世界上最长的人工运河。

《步辇图》
唐代画家阎立本的名作，描绘了贞观十五年（641年）唐太宗李世民接见前来迎娶文成公主的吐蕃使者禄东赞的情景。

松赞干布
《新唐书》等汉文史籍亦作"弃宗弄赞"或"弃苏农赞"。西藏历史上著名的赞普，吐蕃王朝的缔造者。

文成公主因何入吐蕃？

文成公主是唐太宗李世民的宗室。她聪慧美丽，自幼受家庭熏陶，知书达理，并且信仰佛教。唐太宗时期，唐王朝国势强盛，成了当时东亚地区文明的中心，对周边民族产生了巨大的影响。许多部落纷纷俯首称臣、纳贡请封，希望能够与唐朝建立良好的外交关系。

在唐朝的强盛时期，吐蕃国王松赞干布已称雄雪域高原，完成了对其他小国的兼并，建立了统一的吐蕃王朝。同时，松赞干布也希望能够与唐朝建立密切关系，他曾两次派能言善辩、聪明机智的大使前往长安，向唐皇求亲。最后，唐太宗同意跟松赞干布和亲，把文成公主嫁给了他。

松赞干布迎娶文成公主后，中原与吐蕃之间关系极为友好，40多年间很少有战事，使臣和商人频繁往来。松赞干布十分倾慕中原文化，他脱掉毡裘，改穿绢绸，并派吐蕃贵族子弟到长安读书。唐朝也不断派出各类工匠到吐蕃传授各种技术。

玄奘为什么西行取经？

玄奘是中国唐朝的一个高僧。他自幼聪明，爱好佛学，11岁时便能诵读佛经，13岁时在洛阳出家。此后，他在全国各地遍访名师，刻苦钻研佛教理论。18岁时，玄奘在佛教界已经小有名气了。因为他精通佛学中的《经藏》、《律藏》和《论藏》，人们尊称他为"三藏法师"。

青年时代的玄奘对佛教哲学执著追求，达到了痴迷的程度。他感到当时自己所读到的许多佛经译得并不确切。为了进一步了解佛学原著，他决定亲自西行取经，到佛教的发源地天竺（即印度）去探求佛理。玄奘从长安出发，跋山涉水，最后终于到达天竺，进入了佛教的最高学府那烂陀寺求学。后来，他又到天竺各地游学，宣讲大乘佛法，获得了很高的声誉。

玄奘回国后专心致志地翻译佛经，19年间共译经75部，1335卷。他不仅系统地介绍了5世纪时印度佛教的基本著作，而且在晚年译出了佛教经籍中最大的一部经——共600卷的《大般若经》，对后世产生了深远的影响。

你知道吗

文成公主远嫁吐蕃后，中原地区的先进生产技术和科学知识陆续传到吐蕃，为吐蕃社会的发展创造了有利的条件。与此同时，吐蕃的畜产品及装饰、游艺等技术也传入了中原地区。

武则天为什么为自己立无字碑？

自古以来，树碑立传一直是许多帝王将相希望留名青史的传统做法，可唐代女皇武则天却为自己立了一块无字碑，这给后人留下了一个难解之谜。关于武则天为什么为自己立无字碑，有多种说法。第一种说法认为，武则天的无字碑是用来夸耀自己，表示功高德显非文字所能表达；第二种说法认为，武则天立无字碑是因为自知罪孽深重，感到还是不写碑文为好；第三种说法认为，武则天是一个眼光长远的人，立无字碑是聪明之举，功过是非让后人去评论，不失为一种最好的办法。

还有少数人认为，武则天死后必须与唐高宗合葬，无论称呼自己是皇帝还是皇后，都很难落笔。因为武则天曾经君临天下毕竟是不可回避的事实。她权衡之后，还是认为立无字碑更为恰当。

为什么说唐朝在开元年间达到鼎盛？

"开元"是唐朝皇帝唐玄宗李隆基的年号。开元年间，为了加大财政收入、增强国力，唐玄宗进行了一系列的改革，其中包括整顿统治机构，改革统治制度，广开言路；杜绝宦官掌权，打击豪门士族；废除苛税，发展农业；裁减僧尼，减少寺院等等。

由于唐玄宗采取了一系列积极的政治经济措施，再加上广大人民的辛勤劳动，唐朝在各方面都取得了很大的进步，国力空前强盛。社会繁荣也促进了人口的大幅度增长。在这期间，唐代人口增长到5290余万人。唐代的商业亦十分发达，国内交通四通八达，城市非常繁华，对外贸易不断增长，波斯、大食商人纷至沓来，长安、洛阳、广州等大都市商贾云集，各种肤色、不同语言的商人身穿不同的服装来来往往，十分热闹。中国封建社会在此时达到了鼎盛的高峰。后人称这一时期为"开元盛世"。

你知道吗

- 武则天称帝后，大开科举，破格用人；奖励农桑，发展经济；知人善任，容人纳谏。在她主持朝政的近半个世纪里，社会比较稳定，经济得到了较大的发展，为后来的"开元盛世"打下了基础。但另一方面，武则天重用酷吏，以严刑峻法残酷镇压所有的反对势力，导致冤狱丛生，这也受到了世人的谴责。

- 唐玄宗善于用人，量才任官，曾提拔了很多贤能的人当宰相。历史上赫赫有名的姚崇、宋璟、张九龄都是唐玄宗时期的大臣。

胡人骆驼陶俑
唐朝时期，北方游牧民族与中原交往频繁，一时间胡人之风盛行天下。唐代工艺美术创作，尤其是陶俑深深地染上了胡人色彩。

武则天像
武则天前后执政近半个世纪，是我国封建时代杰出的女政治家。

历史之最 最擅长音乐的皇帝：唐玄宗李隆基。他擅长羯鼓和横笛，创作、改编了《霓裳羽衣曲》等古曲，建立了音乐机构"梨园"。

《华清出浴图》(局部) 清代画家康涛传世之作，取自白居易《长恨歌》"春寒赐浴华清池，温泉水滑洗凝脂"诗意。

《韩熙载夜宴图》(局部) 以连环长卷的方式描摹了南唐巨宦韩熙载家开宴行乐的场景，由"听乐"、"观舞"、"休息"、"清吹"和"送别"五个画面构成。此图为"听乐"。

唐玄宗为什么要赐死杨贵妃？

唐朝在唐玄宗开元年间，社会安定，政治清明，经济空前繁荣，国力进入鼎盛时期，但到了统治后期，唐玄宗开始贪图享乐，极度恩宠杨贵妃。为讨杨贵妃欢心，他甚至开辟了从岭南到长安的几千里贡道，以便杨贵妃能及时吃上新鲜荔枝。宫廷的奢侈之风越来越盛，大臣、贵族、宗室为了巴结皇帝，专投贵妃所好，相继献上奇珍异宝、美味佳肴。

此外，杨贵妃的哥哥杨国忠平步青云，当上了宰相。朝政在杨国忠的把持下开始变得混乱不堪。政治的腐败与黑暗，引起了边镇将领的贪功、求官欲望。为了挑起战争，并在战争中立功受赏，边疆的很多将领肆意挑衅，使得边境战乱不断。

当时的一个节度使安禄山手握军事重权。他趁唐朝内部空虚腐败之际，以惩治奸臣杨国忠为名发动兵变，史称"安史之乱"。安史之乱爆发后，唐玄宗带着杨贵妃出逃。但行军到马嵬坡时，军中将士不愿继续前进，因为对杨氏家族的专权深感不满，杀死杨国忠，并坚持要求玄宗把祸国殃民的杨贵妃处死。只有这样，他们才愿意保护玄宗逃命。唐玄宗出于无奈，最终在佛堂赐死了杨贵妃。

五代十国指的是什么？

唐朝灭亡之后，中国历史再一次进入了割据时代。在北方广大地区，军阀混战，藩镇割据，先后出现了后梁、后唐、后晋、后汉和后周五个较强大的王朝，以及北汉一个割据政权。与此同时，南方各地又陆续并存过前蜀、后蜀、吴、南唐、吴越、闽、楚、南汉及南平九个割据政权。后人把这个时期的政治势力统称为"五代十国"。

五代十国时期，上有暴君，下有酷吏，大小统治者激烈角逐，战争不断，社会动荡不安。后周世宗即位后，采取了许多改革措施，增强了国力，并发动了北伐战争，为北宋的统一奠定了基础。

在这一段历史中，有一点值得特别注意：在五代之中，有三代，即后唐、后晋、后汉的开国之君都是沙陀（即沙陀突厥）人。同时，北方的契丹亦不断强大，他们互相勾结，逐步形成了强大的政治军事集团，为以后宋朝和辽国、金国的对峙，埋下了伏笔。

历史之最　最早的茶叶专著：《茶经》。758年前后，唐代陆羽编写，是世界上第一部茶叶专著。

北宋徽、钦二宗为什么被掳到金国？

Weishenme

北宋后期，朝政日益腐败，国势进一步衰落。神宗时期的王安石本想通过变法使腐朽的北宋王朝强盛起来，不想却引起了激烈的党派之争，结果变法失败。徽宗时期，奸佞当权，官逼民反，两浙方腊起义和梁山泊起义沉重地打击了北宋的腐朽统治。1125年，金国军队大举进攻，宋朝朝廷上下一片混乱，宋徽宗不得已将皇位让给太子赵桓，也就是后来的宋钦宗。

北宋军队在丞相李纲等人的指挥下，一度击退金军，得以暂时喘息。可徽、钦二宗昏庸无能，一心求和，罢免了李纲等人。1126年，金军再次发起进攻，很快占领了北宋国都东京（今开封），俘虏了徽、钦二宗，并劫获了大量的财物，北宋王朝宣告灭亡。史称"靖康之变"。

岳飞为什么惨遭杀害？

Weishenme

岳飞出生在一个农民家庭，从小随父亲在农田里劳动，体格健壮，膂力过人。

【百科辞典】

北宋：
960年，后周大将赵匡胤在陈桥发动兵变，建立了宋朝，史称"北宋"。

南宋：
1127年，定都开封的北宋被金朝所灭，宋钦宗的弟弟赵构逃往南方，在临安重建宋朝，史称"南宋"，赵构就是宋高宗。南宋偏安一隅，奸臣当道，是中国历史上最软弱的王朝之一。

《听琴图》（局部）
据说这幅画的作者是宋徽宗赵佶，后人推测画面中央端坐抚琴的人就是他自己，而下首两位听琴的官员中，右边穿红袍的就是备受宠信的奸相蔡京。

他生性沉默寡言，但很有志气，长期勤学骑射，练就了一身武艺。在母亲姚氏的教诲下，岳飞脑海里深深地刻上了忠君报国、忧国忧民、以天下为己任的理想和信念。长大后，岳飞先后四次从军，抗击金兵，在战场上奋勇杀敌，屡立战功。岳飞还按照朝廷的命令，剿灭了江淮匪帮，镇压了一些农民暴动。在此过程中，岳飞制定严格的军纪，无论亲疏，一视同仁。他曾处斩了违抗军令的虎将傅庆，斩杀了扰民并有叛变行为的士兵。

然而，南宋皇帝赵构害怕岳飞的势力越来越大，威胁到自己的帝位。而以丞相秦桧为首的投降派一直在为金人效劳，如果岳飞得胜，他们将性命难保。于是，君臣互相勾结，一面勒令岳飞撤军回朝，一面与金人议和。岳飞回朝后，赵构和秦桧经过密议，任命岳飞为枢密副使，解除了他的兵权。很快，赵构又罢免了岳飞枢密副使的职务，授其万寿观使的闲职。最后，赵构和秦桧借口岳飞策动兵变、企图谋反，以"莫须有"的罪名残忍地杀害了岳飞。

岳飞像

岳飞，字鹏举，相州汤阴（今属河南）人。他出身贫寒，19岁应募参军，身经百战，屡建奇功，是南宋初期的抗金名将。

中国孩子最爱问的十万个为什么

主题索引
- 陆秀夫为什么背负小皇帝投海？成吉思汗是怎样建立起一个强大政权的？

陆秀夫为什么背负小皇帝投海？

陆秀夫是宋朝末年的政治家。宋朝末年，蒙古的势力逐渐强大起来，建立了元朝，并不断向外扩张，侵占宋朝疆土。宋朝小皇帝赵昺即位后，封陆秀夫为左丞相，让他与当时的名相张世杰共同辅政。不久，元兵大举攻宋，很快攻破了小皇帝的居地崖山，宋军全军覆没。

赵昺得到消息时，吓得大哭大闹，整个宫廷乱作一团。丞相陆秀夫不愿意当元军的俘虏，先逼迫自己的妻儿投海自尽，接着对赵昺说："皇上不可受辱啊，国家就要灭亡，您还是以身殉国吧！"陆秀夫含着眼泪将传国玉玺绑在赵昺身上，背起年仅9岁的小皇帝跳海而死。南宋最后一位皇帝死去，宋王朝覆灭。陆秀夫谱写了一曲抗敌御侮、舍身为国的爱国主义悲壮乐章。他逝世后，与张世杰、文天祥一起被誉为"宋亡三杰"。

陆秀夫负帝殉难像
1279年，南宋大臣陆秀夫在国家将亡之时，为免受辱，背着年仅9岁的少帝投海而死。

成吉思汗是怎样建立起一个强大政权的？

成吉思汗原名铁木真，1162年出生在一个蒙古部落的贵族家庭里。铁木真9岁时父亲被世敌暗杀，少年时代的坎坷经历铸就了他坚毅勇敢的性格。12世纪初，蒙古高原部落林立、征战不息。铁木真依靠亡父的盟友集合旧部，建立起斡耳朵政权。历经多年征战，铁木真先后征服了塔塔儿、篾儿乞、克烈、乃蛮等部。

1206年，铁木真在斡难河源召开忽里台大会，建立了大蒙古国，即大汗位，称"成吉思汗"。成吉思汗将整个蒙古国划分为95个千户，建万人军团作为政权的武力支柱。他称汗后，先后攻灭西夏、西辽、金朝。1219至1224年间，成吉思汗征服了亚欧大片领土，先后建立四大汗国。

成吉思汗以其卓越的才能，成为历史上杰出的政治家、军事家。他统一蒙古各部，对蒙古民族的形成有巨大意义；他攻金灭夏，为元朝的建立奠定了基础；他建立横跨亚欧的大帝国，打开了东西方的大通道，推动了东西方经济文化的交流。

成吉思汗陵
位于内蒙古自治区的伊金霍洛旗，是一座衣冠冢，而真正的成吉思汗陵究竟在何处，至今仍是个谜。

历史之最 最早的系统法医学著作：《洗冤集录》。南宋宋慈所著，刊于1247年，是世界上现存第一部系统的法医学专著。

元朝为什么把百姓分成四等？

Weishenme

元朝是中国少数民族夺取汉族政权后创建的朝代。蒙古统治阶级出身于游牧民族，思想仍不能完全摆脱奴隶制的影响，以至于蒙古统治阶级和其他民族之间，在政治、法律地位以及其他权利和义务方面存在着诸多不平等。蒙古、色目贵族通过赐田、战争掠夺以及强占、兼并等手段，成为占有大片田地的封建地主。汉人和南人中的官僚、军阀，也依附蒙古政治势力扩大自己的封建权益。

蒙古统治者仿效金朝，在用人方面先女真、次渤海、次契丹、次汉人的做法，将全国百姓分为蒙古、色目、汉人、南人四等。元朝后期，统治者不断向人民收取各种赋税，汉族人民被压迫得最为严重。在这种制度下，以汉族为主的中原人和南方各族人民的地位极低，成为蒙古人与色目人剥削、压迫、驱使的对象，事实上处于亡国奴状态。

朱元璋为什么又被称为"乞丐皇帝"？

Weishenme

朱元璋是明朝的开国皇帝。小的时候，因为家里非常贫困，他不得不剃了头发去当和尚，甚至靠乞讨度日。元朝末年，各地起义军纷纷兴起，濠州郭子兴领导的起义军也日益壮大了起来。

一天，寒风凛冽，朱元璋因为衣衫破烂，被郭子兴的城卫怀疑是奸细而抓了起来。郭子兴见被捆绑的和尚相貌不凡，于是问清了朱元璋的来历，然后就放了他。后来，朱元璋加入了郭子兴的起义军，由于他足智多谋，英勇善战，很快便得到了重用，并成为郭子兴的女婿。郭子兴去世后，朱元璋成为这支起义军的首领，转战南北，最终夺得天下，建立了明朝。因为朱元璋曾有落发为僧、乞讨度日的经历，所以，被后人称为"乞丐皇帝"。

元世祖忽必烈像
元世祖忽必烈在统一全国之后，开始推行"四等人制"。这一制度既是对统一国家内多民族现实的确认，也充分表现了元朝统治者的民族特权思想。

明太祖朱元璋像
朱元璋从农民起义军的首领蜕变成地主阶级代言人，建立了全国统一的封建政权——明朝。他在位期间革新政治，与民休息，发展生产，抗击外侮，并且以极其残酷的法律严惩贪官污吏，推动了社会的发展和进步。

你知道吗

■ 朱元璋平定天下后，大封功臣。但他性格多疑，对这些功臣始终心存猜忌，害怕他们居功枉法或者图谋不轨。因此在明朝初期，朱元璋制定了很严酷的刑法，并在几起大案件中诛杀了许多功臣。

■ 元朝是中国历史上统治最黑暗的时期，汉人的生命在元朝只等同于一头牛的价值。钱穆等学者称蒙古的黑暗统治为"没有制度的法术"，章太炎等学者认为蒙古统治时期应该被列入蛮夷史。

■ 不可否认的是，元朝也对历史的发展做出了很多贡献。比如说，元朝结束了中国三个世纪的分裂状态，实现了历史上的新的大一统，且版图超过了汉唐；元朝对新疆、西藏等地进行了有效的行政管辖，使西藏首次归入中国版图。

《永乐大典》书影
《永乐大典》是一部大型类书，保存了上自先秦下迄明初的各种典籍资料8000余种，是中国古代最大的类书。

明成祖朱棣像
朱棣是明太祖朱元璋的第四子，初封燕王，镇守北平。建文元年（1399年）起兵反叛，自称"靖难"。建文四年攻破京师（今江苏南京），夺取了帝位。

郑和海船模型
据记载，郑和船队中最大的海船长四十四丈四尺，宽十八丈，立九桅，挂十二帆，是当时世界上最大的木帆船。

明成祖为什么迁都？

明成祖朱棣是明朝第三位皇帝，明太祖朱元璋的第四个儿子。朱棣即位后，政权并不稳固。威胁明朝安全的主要力量，仍然是退守到关外的元朝残余势力。蒙元虽然覆亡，败走塞北，但其力量并未被完全消灭，军队仍频繁出没于居庸关一带。他们一直想返回北京，复辟元朝。明成祖认为，将明朝的都城迁到北京，可以更有效地组织力量，抵抗元朝残余势力的侵犯。

1406年，明成祖决定将都城迁至北京。第二年，他从全国调集工匠、民夫，正式开始重新修建北京城。工程历时13年才完工。1421年，朱棣正式迁都，将北京定为京师，南京为应天府，两京制格局初步形成。北京从此成为中国的政治、军事、经济、文化中心。

郑和为什么七下西洋？

在航海业不发达的古代，中国的对外贸易只能依靠西部的陆上丝绸之路进行。贸易的内容主要是西方的金银与中国的丝绸和其他物品的交换。从中世纪开始，世界的黄金主要产自西非。这些黄金被阿拉伯商人用骆驼驮过撒哈拉沙漠，往北运到地中海沿岸，然后装上船，经过海上丝绸之路，最后换取到中国的丝绸、瓷器，这被称为"海上丝绸之路"。在明朝，和中国做生意的人多数为阿拉伯商人。他们带着金银，经印度洋和马六甲海峡来到中国，使明朝人认为阿拉伯世界有很多黄金。此外，明朝前期，中国经济得到恢复发展，国势强盛，矿冶业、纺织业。尤其是造船业以其高超的水平和突出的特色展现于世界。明成祖朱棣夺得帝位后，为争取海外地区对政权更替的了解和归附，显示中国的富强，开始着力加强明朝与海外各国在经济文化方面的联系，派遣郑和出使西洋是其重要手段之一。

从1405年开始，郑和先后七次出使西洋，最远曾到达非洲东海岸。这是中华民族走向世界的一个划时代的伟大事迹，开拓了中国与东南亚、阿拉伯、东非等地区的海上交往，为世界航海事业的发展和东西方各国间的友好往来作出了巨大贡献。

你知道吗

从明永乐三年（1405年）至宣德八年（1433年），郑和先后率领庞大的船队七下西洋，经东南亚、印度洋远航至亚非地区，最远到达红海和非洲东海岸，航程遍及亚、非30多个国家和地区。

历史之最　最大的类书：明朝《永乐大典》。共22937卷，由2000多名学者在1403至1408年间编成。

为什么说戚继光是抗倭英雄？

Weishenme

中国明朝中后期，邻国日本国内处于分裂对抗状态，一些武士、失意政客和浪人失去了依托，于是盘踞在中国境内的海岛上。他们不但掠夺财富，互相争斗，还常常支持和勾结海盗、商人，抢夺中国人的海上物资和沿岸居民。倭寇的侵略骚扰，给中国东南沿海地区的人民生活和社会经济造成了极大的破坏。

戚继光是中国明代的军事家和抗倭英雄。他从小就非常喜欢军事，立志当兵，年轻的时候曾经考中武举人。为了平定倭患，使人民安居乐业，发展生产，戚继光被明朝政府先后派往山东、浙江进行抗倭斗争。到浙江以后，戚继光积极组织新军进行严格训练，取得了慈溪、台州大捷，全歼了侵犯浙江的倭寇。

后来，倭寇到福建沿海骚扰，戚继光又率军开赴福建、广东抗倭前线。他率领戚家军直捣倭寇的大营，乘敌人疏于防备之际将倭寇全部消灭。之后，戚继光被调到北方训练士兵，前后共16年。戚继光在北方的16年间，加固长城，整顿屯田，训练军队，制订了车、步、骑配合作战的战术，形成了墙、台、堑密切联络的防御体系，多次击退侵扰之敌，军威大振。当时，人们称赞他"足称振古之名将，无愧万里之长城"。戚继光不仅使边境出现了太平景象，而且使都城北京的安全也有了保障。

闯王李自成为什么受到百姓拥戴？

Weishenme

李自成是明末农民起义军的领袖。他从小给财主放羊、种田和打铁，长大后还给官府当过驿卒。他和贫苦百姓生活在一起，因此非常了解百姓的疾苦。他生性刚勇、智慧过人、疾恶如仇，好打抱不平。

明朝末年，陕北一带连年遭灾，民不聊生。李自成愤然杀死当地的几个恶霸、财主，打开县衙粮库接济百姓。然后他火烧县衙，揭竿而起，汇集了一支浩浩荡荡的农民起义军，并自称"奉天倡义大元帅"。

李自成转战南北，出生入死15年，历经艰险，终于推翻了统治中国近三百年的明王朝。虽然他只当了40天大顺皇帝，但他开创的辉煌业绩却是不容抹杀的，他也因此受到了百姓的拥戴。

倭寇盔甲
倭寇是指古代日本的海寇。日本制造武器和盔甲的技术在中世纪时居世界领先地位。

明神宗朱翊钧像
明神宗在位初期，由首辅张居正等大臣辅政，经济有所发展。张居正死后，神宗荒废朝政，广搜民脂民膏，导致民愤纷起，所以有史书称："明之亡，亡于神宗。"

【百科辞典】

倭寇：
古代日本海寇。日本在古时被称为倭奴国，故中国古代典籍将这些日本海寇以及后来与之勾结的中国内陆奸民通称为"倭寇"。

戚家军：
戚继光指挥的部队，因百战百胜，而威名远扬，被老百姓称为"戚家军"。戚家军赖以成名的是严明的军纪、职业化的训练、当时东亚最先进的装备和高达10万的杀敌纪录。

历史之最 最懒惰的皇帝：明神宗朱翊钧。他在位48年中有28年不肯上朝听政，直接导致了明朝的衰落。

崇祯皇帝为什么自缢？

1627年，明思宗朱由检即位，年号崇祯。执政初期，由于皇室官僚广占民田，赋役繁重，天灾不断，不久便爆发了农民起义。为了重振朝纲，崇祯皇帝杀掉了魏忠贤，罢黜阉党，启用东林党人。但后来因为朝臣朋比为奸，他又开始信任另一批宦官。崇祯皇帝生性多疑，1630年冤杀了蓟辽督师袁崇焕，致使明朝边疆兵乱不断，他却仍然全力调集军队镇压农民起义。

1644年，闯王李自成率领的农民起义军攻入北京。崇祯皇帝见大势已去，便让永王和定王两个皇子化装成平民逃出紫禁城，并命令周皇后自杀。接着，他又冲进宁寿宫，亲手杀死了自己的女儿长平公主和昭仁公主。在昏暗的夜色中，他带着一批太监冲出宫门，在城内寻找出路，却被背叛他的臣僚挡了回来，只得重返宫中。次日凌晨，崇祯皇帝登上钟楼，鸣钟召集百官，但无一人前来。众叛亲离的崇祯皇帝与宦官王承恩一起跑出紫禁城，登上了后面的万岁山，最后在那里自缢而死。

明思宗朱由检像
明王朝最后一个皇帝。18岁登基，曾力图挽救濒临灭亡的明朝，但他不辨忠奸、胆小多疑，最终使本来就风雨飘摇的明王朝彻底崩溃。

景山
位于北京紫禁城北门神武门外，是俯瞰皇宫的制高点。据说明代兴建紫禁城时，曾在此堆放煤炭，故又俗称"煤山"。

【百科辞典】

阉党：
明朝依附于宦官权势的官僚们所结成的政治派别。明熹宗时，大宦官魏忠贤专权，一大批官员依附于他，形成了明代最大的阉党集团。

吴三桂为什么引清入关？

吴三桂是明朝末年崇祯皇帝时期的一位将军，任辽东总兵。1644年4月，李自成率农民军攻占北京，崇祯皇帝自缢，明朝被推翻了。李自成入京后，派降将唐通带了白银5万两和吴三桂父亲吴襄的书信前去招降吴三桂。为保全自己在北京的财产，吴三桂也曾想归顺闯王，但后来见各地地主纷纷组织武装力量反对农民军，又得知李自成建立的大顺政权镇压明朝遗老贵少，自己的父亲被拷打，家产被查抄，爱妾陈圆圆被起义军首领纳为姬妾。于是，吴三桂便杀了大顺使者，致书满清的睿亲王多尔衮，请求"合兵灭寇"。这个举动正好迎合了清军进关、入主中原的意图。多尔衮立刻率领清兵入关"助剿"。

李自成得到吴三桂拒绝投降的消息后，亲自率领农民军和吴三桂的大军在山海关附近展开战斗。2万清军骑兵从右方突袭农民军，农民军难以招架而溃散。李自成不得不率兵返回北京，并很快放弃了北京的统治权。吴三桂打着"为君父报仇"的旗号，引清军进入了北京。

土尔扈特人为什么万里东归？

【百科辞典】

鸦片：

俗称大烟、烟土，是医学上的麻醉性镇痛药。它是从罂粟中提炼出来的。吸食鸦片成瘾后，可引起体质严重衰弱，使人精神颓废，寿命也会缩短。过量吸食鸦片还可能引起急性中毒，甚至会因呼吸困难而死亡。

乾隆朝服像
乾隆皇帝名爱新觉罗·弘历，是清朝的第六位皇帝，亲政60年。乾隆在位期间，清朝经济繁荣，国力强盛，呈现一派盛世景象。

土尔扈特人为什么万里东归？

Weishenme

土尔扈特是中国蒙古族中一个古老的部落。明朝末年，土尔扈特人为了寻找新的生存环境，大部分人离开了新疆故土，越过哈萨克草原，渡过乌拉尔河，来到了当时尚未被沙皇俄国占领的伏尔加河下游的里海之滨。在这里，他们重新建立了游牧封建政权——土尔扈特汗国。

后来，沙皇俄国逐渐向南扩张势力，强迫土尔扈特人当兵打仗，强迫他们改信东正教，不许他们皈依佛门，还限制他们放牧的范围。土尔扈特部人民没有屈服，他们时刻想念着自己的故土，努力取得了与清朝中央政府的联系。之后不久，土尔扈特人在首领渥巴锡的率领下，乘上了早已准备好的马车、骆驼和雪橇，离开了他们生活将近一个半世纪的异国他乡。他们一边战斗，一边前进，在缺粮挨饿、疾病流行的情况下，击溃了紧跟在后面的沙俄追兵。他们历时半年，行程一万多里，损失了全部牲口、付出了人员减半的巨大代价，终于踏上故土。清政府对土尔扈特部的归来十分重视，乾隆帝邀请土尔扈特部的首领来避暑山庄觐见，派御前大臣亲去迎接。土尔扈特人民"万里东归"，重新生活在祖国多民族的大家庭中。

鸦片战争如何爆发？

Weishenme

19世纪初，鸦片开始大量输入中国，流毒极为严重。吸食鸦片败坏了社会风尚，摧残了人民的身心健康，同时也破坏了社会生产力，影响了广大劳动人民的生活，给中国社会带来了不可估量的损害。鸦片的输入，还造成大量白银外流，使清朝的财政更加紧张、吏治更加腐败，军队失去战斗力，加深了清朝封建统治的危机。

清政府从自身利益出发，开始在中国实施禁烟令，并由钦差大臣林则徐专门负责禁烟活动。在广大人民的支持下，林则徐果断采取措施，迫使英商陆续交出两万多箱鸦片。在林则徐的主持下，清军将缴获的鸦片在虎门海滩当众全部销毁。虎门销烟严重地损害了英国在中国的不合法利益，消息传到英国伦敦后，由英国资产阶级挑起的侵略战争——鸦片战争爆发了。

林则徐像
林则徐领导了中国历史上轰轰烈烈的禁烟运动——虎门销烟，维护了国家主权和民族的尊严，是中国近代史上伟大的民族英雄和爱国者。

历史之最 寿命最长的皇帝：清高宗。即乾隆皇帝爱新觉罗·弘历，他89岁时才驾崩。

《攻破天京图》
1863年底，湘军开始围困天京（今南京）。1864年7月，湘军攻破天京，城内守军与入城湘军展开巷战，或战死，或自焚，10余万人没有一个投降，战争场面异常惨烈。天京的陷落，标志着太平天国运动的失败。

圆明园大水法遗址
大水法在圆明园西洋楼远瀛观南端，是皇帝观赏喷泉的地方，包括放置皇帝宝座的台基和宝座后的石雕屏风以及两侧的巴洛克式石门等。

英法联军为什么火烧圆明园？

Weishenme

圆明园位于北京市的西北郊，原为清代一座大型皇家御苑。它由圆明、长春、绮春三园组成，占地约5200亩。圆明园是一座珍宝馆，里面藏有名人字画、秘府典籍、钟鼎宝器、金银珠宝等稀世文物，集中了中国古代文化的精华。

1856年10月，英法两国在沙皇俄国和美国的支持配合下发动了第二次鸦片战争，目的是要在中国攫取更大的殖民利益。他们先后两次在广州挑起战端，但均未能达到预期的愿望。为了对清政府直接施加压力，他们最后决定进攻北京。1860年，英法侵略军以英法公使进京换约为幌子，依仗武力逼近北京。之后，英法联军闯进圆明园，开始大肆抢掠园内的景泰蓝瓷瓶、绣花长袍、珠玉、挂钟、金佛像、织锦绸缎、红蓝宝石、名贵字画等不计其数的金银财宝和文化艺术珍品。有的士兵甚至将不能带走的东西全部捣碎。当英法军队暂时撤离圆明园的时候，圆明园已满目疮痍。

正当清政府对侵略者屈膝退让、答应接受全部"议和"条件之时，英国侵华头目为了迫使清政府长期俯首称臣，借口自己被清兵虐待，下令火烧圆明园。三四千名英法联军在园内到处纵火，不久，这座举世无双的园林杰作、中外罕见的艺术宝库便化为灰烬了。

西方军队为什么帮助清军围剿太平军？

Weishenme

鸦片战争后，清政府将大笔军费和巨额赔款全部转嫁给劳动人民。政府的赋税年年增加，使农民不堪重负。同时，地主加紧对农民的盘剥，土地兼并更为严重。此外，西方质高价廉的工业产品大量涌进中国，冲击了中国传统的家庭副业和手工业，使东南沿海地区的农民和手工业者纷纷破产，失去生计。太平天国农民起义就是在这样的形势下酝酿和发动的。1851年1月11日，洪秀全在广西桂平县金田村率众起义，随后建立了与清王朝相对峙的农民革命政权，建国号"太平天国"，太平天国的军队称为"太平军"。

太平天国坚持中国的独立与主权，反对帝国主义国家的侵略，禁止中国与西方国家的鸦片贸易。这些举措严重损害了西方列强在中国的政治、军事和经济利益。为了维护自己的殖民权益，第二次鸦片战争后，西方侵略者便开始同清政府互相勾结，共同围剿、镇压太平军。

李鸿章等人为什么发起洋务运动?

Weishenme

第二次鸦片战争后,太平天国走出低谷,开始复兴,势力迅速扩大,对清政府的统治造成了严重的威胁。英法侵略军及西方其他列强对中国经济持续性的疯狂掠夺,也极大地动摇了清朝的统治基础。在这样一个内忧外患的困境中,清政府的统治阶级分裂为"洋务派"与"顽固派"两个阵营。以曾国藩、李鸿章、左宗棠为代表的洋务派,主张利用资本主义发展工商业的手段使国家富强起来,以维护清朝的封建统治。

洋务派认为只有学习西方先进的科学技术才能解决清政府所面临的各种问题,于是他们掀起了一场"师夷长技以自强"的洋务运动。洋务运动前期,洋务派以"自强"为口号,采用西方先进生产技术创办了一批近代军事工业。因办理洋务的需要,洋务派还兴办了新式学校,培养翻译人才和军事人才;设立翻译馆,翻译外国科技书籍,并派遣留学生出国深造。到了后期,洋务派在继续发展军事工业的同时,又提出"求富"的口号,开办一些民用工业。此外,以辅助军事工业。洋务派还筹建了南洋、北洋和福建三支海军。

洋务运动没有使中国走上富强的道路,但由于洋务派引进了西方先进的科学技术,在客观上刺激了中国资本主义的发展和民族资产阶级的出现,促进了无产阶级队伍的扩大。

中法之战中国为什么"不败而败"?

Weishenme

1884年,法军突然侵袭中国台湾的基隆,占领基隆炮台,挑起了中法战争。1885年初,法军进犯镇南关,清军将领冯子材亲率士卒将法军击退,取得了镇南关大捷。此后,中国在军事上、外交上都处于有利地位。但清政府在整个中法战争期间一直担心"兵连祸结"会激起"民变",因此始终或明或暗地向法国侵略者进行求和活动。李鸿章等人主张把镇南关大捷当做寻求妥协的机会,建议清政府立即与法国缔结和约。由于统治者的腐朽昏庸,最后法国强迫清政府签订了丧权辱国的不平等条约。因此,"法国不胜而胜,中国不败而败。"

李鸿章旧照
李鸿章是晚清时期的军政重臣,淮军创始人和统帅,也是洋务运动的主要倡导者。在洋务运动中,他创建了江南机器制造总局等军用企业以及一批民用企业,组建北洋海军,创办各类新式学堂,并派遣学童赴欧美留学,对近代中国产生了深远的影响。

曾国藩像
清朝时期的军事家、理学家、政治家。1865至1866年,他与李鸿章在上海创办江南机器制造总局等军用企业,派遣学童赴美留学,是清末兴办洋务的首倡者。

【百科辞典】

洋务派:
清朝统治阶级内部主张向西方学习、引进西方先进技术,以富国强兵的政治派别。其主要代表是奕䜣、文祥等满族官员以及地方上的曾国藩、李鸿章、左宗棠、张之洞等汉族官员。

顽固派:
清朝统治阶级内部维护封建制度、阻止历史前进的反动势力。他们仇视一切外来事物,主张用传统文化抵抗侵略,但他们最终被历史潮流所淘汰。

历史之最　最早的近代军事工业:安庆军械所。1861年由曾国藩创办,主要用于仿制西式枪炮。

八国联军为什么要进攻北京？

19世纪末20世纪初，世界上主要资本主义国家进入帝国主义阶段。为了满足垄断资产阶级的需要，许多西方国家在全球疯狂扩张。在中国，他们强占"租借地"和划分"势力范围"，掀起了瓜分中国的狂潮。面对空前严重的民族危机，义和团反帝爱国运动爆发了。

义和团没有建立起统一的组织和领导机构，团民多为农民和小手工业者。最初，他们以"反清复明"为宗旨，屡遭清政府的镇压。在严重的民族危机面前，义和团把斗争的矛头转向帝国主义列强。他们在北京习拳练武，惩罚贪官污吏，烧毁教堂，袭击外国官兵，掀起了声势浩大的"扶清灭洋"活动。由于义和团的举动严重打击了西方国家的在华势力，破坏了他们的殖民利益，阻碍了他们瓜分中国的计划，于是，1900年6月10日，英、俄、日、法、德、美、意、奥八国组成联军2000余人，从天津登陆，开始向北京进犯。

义和团在天津与侵略者进行了英勇的战斗，部分清军也在义和团影响下参加了天津保卫战。但终因寡不敌众，7月14日，天津失陷。但是，义和团歼灭侵略者1000多名，给予了侵略者沉重的打击。

你知道吗

- 义和团是由分布在山东各地的义和拳、梅花拳和大刀会等发展起来的，1899年下半年后，逐渐形成了统一的名称。
- 1917年6月，安徽督军张勋曾带领辫子军入京，和康有为等保皇党人士一起，在7月1日拥护溥仪复辟。但5个月之后，在全国的声讨中，溥仪再次宣布退位。

宣统皇帝为什么退位？

爱新觉罗·溥仪是清朝也是中国历史上的最后一位皇帝。

1911年10月10日，辛亥革命爆发，全国响应，各省纷纷宣告独立，清王朝的统治处于风雨飘摇之中。清政府被迫起用袁世凯执掌大权以安稳时局，任命他为内阁总理大臣，节制水陆各军。老奸巨猾的袁世凯一方面利用清政府的武力要挟革命党人议和妥协，另一方面以革命势力逼迫清帝退位。

退位还是应战，清政府为此召开了多次御前会议。会上争论激烈，多方势力各持己见，无法达成共识。袁世凯软硬兼施，以"优待条件"为诱饵，逼迫清帝退位。1912年2月12日，隆裕太后被迫代溥仪颁布了《退位诏书》，溥仪退居紫禁城中的养心殿，清王朝灭亡，延续了2000多年的封建帝制宣告结束。

义和团运动
义和团运动是一次以农民为主体的反帝爱国运动，它显示了中国人民伟大的革命力量，促进了人民的觉醒，推动了革命的发展，加速了腐朽的清王朝的崩溃。

在伪满洲国登基时的溥仪

孙中山像
辛亥革命后，孙中山当选为中华民国第一任临时大总统，于1912年元旦宣誓就职。

历史之最　最早的资产阶级革命团体：兴中会。孙中山于1894年11月24日创立。

Part 7

七　历史文化世界卷

最早的人类诞生于500万年前，而从五六千年前起，人类开始有了文字可考的历史。在这几千年中，多少伟大的民族兴起又消亡，多少强大的国家由鼎盛而衰落，历史的车轮就是在这样不断的更迭与兴替中滚滚前进的。

中国孩子最爱问的十万个为什么

主题索引：为什么说人类是由古猿进化而来的？猿手和人手有何区别？

▶ 灵巧的双手
人类的双手能够完成各种精巧而又复杂的动作。手指通过协调配合，可以制作精美的物件，绘出栩栩如生的彩画，奏出悦耳动听的琴声，这些都是猿类的手爪无法完成的。

▶ 聪明的黑猩猩
在现代哺乳动物中，黑猩猩、猩猩、大猩猩和长臂猿与人类在形态和结构方面相似，与人类的血缘关系也很近，所以它们被叫做"类人猿"。其中黑猩猩与人类的血缘最近。研究表明，它们也会使用一些简单的工具，这与人类远古的祖先十分相似。

为什么说人类是由古猿进化而来的？

距今3000多万年以前，亚、非、欧的热带和亚热带的原始森林，像海洋一般望不到边。那时候，古猿成群地生活在树上。它们满身是毛，两耳尖耸，以植物的果实、嫩叶、根茎和小动物之类作为主要食物。古猿的四肢已初步分工，它们能用前肢采摘果实，会使用木棒、石块等天然工具，还会用树枝和树叶筑巢，偶尔也下地，勉强用后肢站立行走。

后来，地球上发生了"沧海桑田"的变迁。在亚洲和非洲，大面积的森林变成了树木稀疏的林间草原。一些古猿因适应不了环境的变化而灭绝。另一些古猿从森林的边缘退向深处，继续在树上生活，它们的后代成了现在的猩猩、大猩猩和黑猩猩等。还有一些古猿，随着自然环境的变化，成群结队地来到林间草原，开始长期的地面生活，朝直立行走的方向发展。

直立行走和四肢分工又引起了古猿整个身体结构的变化。同时，肉食促进了它们大脑的发育。长期的演进慢慢地使其大脑产生了初级意识，这种初级意识要求把看到的事物和联合行动的愿望表达出来。经过简单呼叫、手势表达的长期演进，古猿逐渐地发出一个个清晰的音节，从而由一定的音节和一定的内容相结合的语言产生了。语言与劳动一起出现，成为由猿到人这一根本变化的推动力。经过漫长的演变过程，这些古猿在劳动中进化为人类。

猿手和人手有何区别？

古猿从树上来到地面后，逐步改变了自己的生活方式，它们的身体结构也开始发生变化。直立行走使其上肢从辅助行走的负担中解放出来，开始从事与下肢不同的许多事情，例如抓取食物，擎起木棒、石块，加工和使用原始的工具等等。这样，猿手变得越来越灵巧。当它们制造出第一件工具时，作为运动器官的猿手就被改造成劳动器官，成为人手了。

猿手除拇指外的其他四指很长，形成弯曲的钩状，利于攀住树枝；大拇指很短，可以配合其他四指握住物体，但不能像其他四指那样对握捏拢，难以像人手那样可以拿住各种形状的东西。劳动使人手和猿手产生了很大的差别。人的手十分宽大，有发达的拇指，其他手指较短。拇指基部与腕间的关节十分灵活，可以作出外展、内旋和弯曲的动作，与其他四指的动作十分协调，可以对握，能精确、灵敏地抓住任何细小的东西。手指上皮肤变得细腻而紧密，感觉的可靠性非常高。同时，劳动还使人手的指骨变得更直，末端指节更宽。

历史之最 最早的古猿：埃及发现的一种叫做"渐新古猿"或"小古猿"的渐新世生物，大约生活在距今3300万年前。

原始农业如何出现？为什么说学会用火是人类的一大进步？

燧皇陵

燧皇陵，又名燧人氏陵园，位于商丘古城西南1.5千米处。据说，燧人氏立方牙、观天象、钻木取火，确立了中华第一姓——"风"姓，并研究制定了中国第一部历法，还确立商丘为天地之中心，在此地建立了中华第一都。由于贡献巨大，他被后人尊为"天皇"，位列"三皇"之首。

原始农业如何出现？

很早以前，原始人类在长期的采集活动中，逐渐发现许多植物的发芽、生长和枯萎都是随着季节而变化的，有一定的生长规律。他们按照自己得出的经验，慢慢懂得了按期采集它们的果实、根、茎，并摸索到栽培的方法，从而产生了原始农业。

那个时候，采集和种植的事情常常是由妇女们去做的。她们使用石锄、石斧、蚌锄等工具进行耕作，从事刀耕火种的原始农业生产。亚洲、非洲和美洲都分别出现了农业村落，欧洲在稍晚时也出现了农业。最古老的农作物有：美洲印第安人培植出的玉米、马铃薯、甘薯，亚洲和非洲人培植出的小麦、大麦、水稻、棉花、粟等等。小麦和大麦约在9000年前培植成功。玉米约在7000年前培植成功，其原始作物是大刍草。

为什么说学会用火是人类的一大进步？

火是大自然中最神奇和最常见的现象之一，是人们在生活中不可缺少的伙伴。距今约50万年之前，人类已经使用火了。在北京猿人生活过的洞穴中，考古学家发现了好几层灰烬，并且从中找到了许多被火烧过的石头和骨头。

火帮助原始人御寒取暖，使人类可以移居到寒冷的地区生活，大大扩展了活动空间；火为原始人提供了照明手段，使人们可以在夜间进行某些生产活动，延长了工作时间；火也成了人类对付野兽和保护自己的武器，原始人不仅用它来吓退野兽，还学会了利用它猎取野兽。

经过了极为漫长的时间，人类掌握了人工取火的方法。他们发现，石头间的碰撞可以产生火花，物体间的摩擦也可以生出火来，人们由此掌握了一些取火的方法。火的发现还为原始人后来发明陶器和冶炼金属奠定了基础。总之，火的使用是人类从原始生活迈入文明的第一步，是人类的一大进步，也是人类从动物最终分化出来的标志之一。

盗火者普罗米修斯

普罗米修斯是希腊神话中的神，他因从天上为人类盗出火种而受到宙斯的惩罚，被一条铁链缚在陡峭的悬崖上，永远不能入睡，双膝不能弯曲，时时忍受着饥饿、风吹和日晒。所以现在我们常用普罗米修斯比喻为了他人而宁愿牺牲自己的人。

历史之最 最早的农业村落：西亚地区的约旦河谷发现的一个9000年前的农业村落，村落里有数以百计的用泥砖砌成的房屋。

中国孩子最爱问的十万个为什么

主题索引
部落和部落联盟是怎样形成的？为什么母系氏族时期人们不知其父？

泸沽湖
云南海拔最高的湖泊，周围主要生活着摩梭人。摩梭人至今仍保留着女性当家和女性成员传宗接代的母系大家庭形态以及"男不婚、女不嫁、结合自愿、离散自由"的母系氏族婚姻制度（俗称"走婚"）。

马赛族男女
非洲的马赛族是一个落后的半游牧部族。他们喜穿红色，据说是为了吓走野兽，因为部族男子终日在野生动物出没的热带草原放牧，常遭野兽袭击。

部落和部落联盟是怎样形成的？

人类社会早期的部落是由两个或两个以上具有相同或相近血缘关系的氏族或胞族联合组成的社会组织。"胞族"是指从一个大氏族中分裂出来的一些小氏族，由于血缘相同、奉祀共同的祖先等原因，又自然地结合起来的姐妹氏族。

在原始社会时期，两个互通婚姻的氏族构成了早期部落。部落的首领由全体部落成员参加的部落大会上推举产生，部落大会通常是在选举部落首领、决定战争或和平时才召开。

在原始社会后期，战争逐渐增多，为了对付共同的敌人或者保障生存区域的安全，两个或两个以上的部落联合组成一个更大的社会组织，叫做"部落联盟"。部落联盟的最高权力机构是联盟议事会，又称"贵族会议"，由参加这个联盟的各部落代表共同组成。此外，部落联盟还设有军事首领、部民大会。

为什么母系氏族时期人们不知其父？

原始社会初期，男子主要从事打猎和捕鱼等劳动，妇女们则主要在住地附近采集天然植物果实抚育子女，照管"家务"，她们对于维系氏族集团起着重要的作用，充当氏族集团主持者和领导者的身份。在这种以母系血缘关系为纽带的氏族中，妇女们享有崇高的威望。起初，她们过着非常混乱的杂婚生活。后来她们意识到同氏族的人不能婚配，便慢慢禁止了父母与子女、兄弟与姐妹间的结合，并开始实行"族外婚"。当他们到了婚配年龄时，不论男女，婚配都要到外氏族去。这样，同一氏族的兄弟就会和另一氏族的姐妹交互群婚，一个女子可以和很多男子结合，生的孩子自然就无法确定父亲是谁了。

你知道吗

- 每个部落都有自己的名称、活动地域，部落成员有共同的宗教信仰、风俗习惯，有相通的语言。管理部落行政事务的最高权力机构是部落议事会，由本部落的氏族长和军事首领组成。
- 妇女们在长期的采集劳动中，学会了把采来的天然植物籽种到地里，并由此开创了原始农业。由于她们从事的劳动有着比较稳定的性质，也为生活提供了较稳定的保障，因此妇女在当时具有很高的威望。

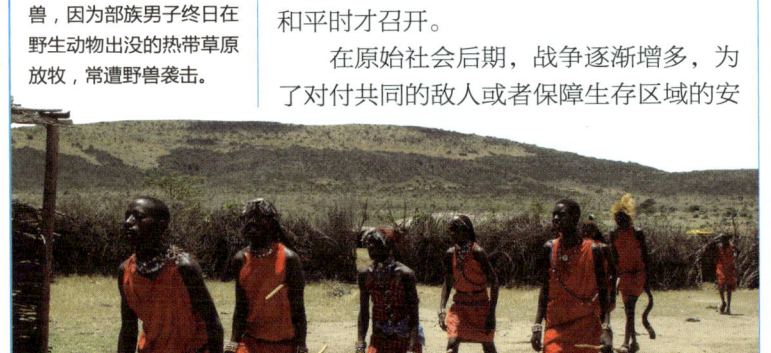

历史之最 现存最著名的部落：肯尼亚马赛部落。部落成员终年穿着红色的鲜艳衣服，戴着大耳环和项链，很有"黑非洲"的味道。

原始社会有他们自己的文化吗？

Weishenme

原始人在采集、狩猎和农牧业生产中，了解了许多动植物的生活习性和生长规律。出于生产和生活的需要，他们还掌握了一定的地理、气象、天文历法等方面的知识。通过长期观察，他们懂得了根据日月星辰的位置辨别方向，也了解到各种征候可以预测天气的变化，还能通过月亮的圆缺估算时间等。原始人掌握的数学知识较少，直到原始社会末期才学会用刻痕、算筹或结绳的方式计数。

原始人已具备一些医疗知识，发现了多种动植物和矿物的治疗功能。相传在三四万年之前，克罗马农人已用燧石工具进行外科手术，甚至能施行环锯术，即在头骨上穿孔。但原始医学往往和巫术夹杂在一起。

原始艺术可能萌芽于旧石器时代中期，但大量作品出现于旧石器时代晚期。绘画多发现于洞穴的岩壁上，题材以动物为主，神态栩栩如生。雕刻作品刻在岩壁、石头、骨头和兽角上，有线雕、浮雕和圆雕等不同类型，题材也以动物为主，在一些洞穴里发现有石雕人像，大部分是孕妇像。新石器时代，由于制陶、编织等手工业的发展，造型艺术的题材以几何形的纹饰或植物花纹图案为主。此外，音乐和舞蹈也产生于原始社会。

国家是怎样出现的？

Weishenme

原始社会时期，随着生产力的进一步提高，剩余劳动产品出现，以家庭为单位的个体劳动逐渐发展起来，生产工具、牲畜、农产品，甚至部分土地逐渐变为私有财产。私有制的出现导致贫富分化。为了减轻劳动强度并生产出更多的剩余产品，人们不再杀死战俘，而是把他们变为奴隶。战争越来越频繁，奴隶越来越多，部落联盟就出现了。

在部落联盟中，掌握军事、行政和宗教事务领导权的贵族发展为统治阶级。随着贫富差别越来越大，阶级矛盾加剧，奴隶主阶级为加强自己的统治，设置了一系列组织和机构：军队、警察、法庭、监狱和城墙等。同时，军事民主制出现。军事民主制包括民众会、氏族酋长议事会和后来获得王权的军事首领召开的会议。掠夺战争加速了私有财产的积累和贫富分化，以军事首长为代表的奴隶主贵族终于夺取了全部权力。至此，氏族制度里的组织和机构从人民意志的工具转变为掠夺邻人和压迫自己同胞的统治机关，国家由此诞生。

结绳记事

结绳是文字发明前人们所使用的一种记事方法，是原始先民广泛使用的记录方式之一。

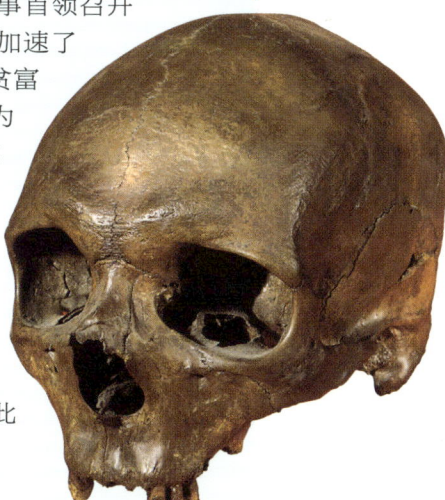

智人头骨化石

"智人"是人类发展史上的第二个阶段。早期智人生活在距今30万年至5万年前，已经学会了用火和人工取火。

历史之最 最早的国家监狱：位于中国河南省汤阴县城以北约4千米处的羑里城，是现存最早的国家监狱。

为什么说美索不达米亚是第一个文明开化地？

苏美尔楔形文字泥版
楔形文字同中国甲骨文和古埃及的文字一起被称为人类最早的三种古文字。大约公元前3500年，苏美尔人发明了表意和指意符号的象形文字，因形似木楔，所以被称为"楔形文字"。

由底格里斯河和幼发拉底河构成的两河流域古代文明，是人类历史上最古老的文明之一。古希腊人把两河流域叫做"美索不达米亚"，意思是"两河之间的地方"。两河流域文明的创造者是苏美尔人，大约在公元前5000年，他们已经开始使用牛、驴拉着木犁耕地，种植大麦和椰枣等农作物。

大约在公元前4000年，苏美尔人开始在两河流域建立起规模较大的村镇和城市，有了先进的灌溉农业，有了神庙。大约在公元前3500年，苏美尔人已经以神庙为中心建立了一些城邦国家。在此之前，两河流域的居民在世界上最早开始制作陶器，人们常用的生活用具，比如酒杯、油缸、炉子、灯盏等几乎全是陶器。最有趣的是，人死后用的棺椁也用陶土烧制，形状像有盖的长方形大箱。古代两河地区的金属制造工艺也达到了相当纯熟的水平，手工行业很多，已能制出砖、织麻、刻石、珠宝、皮革制品等物品。

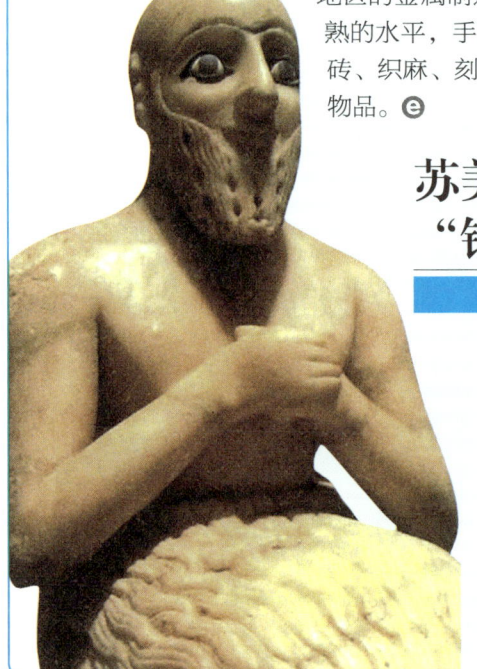

苏美尔人雕像
公元前3500至前3000年的作品，这个双手紧握、神情虔诚的大眼睛人是苏美尔人塑造的，他在神庙中代表祭司日夜伫立在神前乞求恩泽。

苏美尔人为什么"钟情"泥巴？

在古代苏美尔人居住的两河流域地区，盛产泥沙和黏土，缺乏石料和树木。他们把泥沙、黏土和切碎的麦秸混合在一起，制成一种相对比较坚硬的土砖，这种土砖就成了他们垒墙、盖房、铺路时的主要材料。砖与砖之间没有灰浆或水泥连接。泥砖建筑随时间的推移会损毁，因此，它们过一段时间就得被拆除、铲平并重造。

苏美尔人最壮观、最著名的建筑是塔庙，它们建在巨大的平台上。再后来，苏美尔人在修建庙和宫殿时使用了更加复杂的结构和技术，如支柱、密室和黏土钉子等。

【百科辞典】

底格里斯河：
西亚水流量最大的河流，源于土耳其境内安纳托利亚高原东南部的东托罗斯山南麓，向东南流入伊拉克境内。

幼发拉底河：
西亚最长的河流，源自安纳托利亚的山区，流经叙利亚和伊拉克，最后与底格里斯河合流为阿拉伯河，注入波斯湾。

苏美尔人：
两河流域（美索不达米亚）早期的定居民族，他们所建立的苏美尔文明是整个美索不达米亚文明中最早的文明，同时也是全世界最早的文明。

最早的学校： 法国考古学家在两河流域名城马里发掘出的一所学校，建造时间在公元前3500年左右。

是什么人建立了古巴比伦王国？

你知道吗

- "城市国家"是两河流域（美索不达米亚）古代国家形成过程里的一个特征，这种城市是在交通方便、适宜对外贸易的地方形成的。古巴比伦城位于幼发拉底河下流，土壤肥沃，并处在西亚商业要道上，有利于经济、文化发展，所以，古巴比伦城的地位十分重要。
- 《汉谟拉比法典》表明，古巴比伦社会存在奴隶主、奴隶、小生产者三个基本阶级，此外还有与阶级关系不尽一致的等级关系。

古巴比伦王国是西亚文明古国，位于两河流域中下游地区。两河流域是人类文明的发祥地之一。苏美尔人是两河流域南部的主要居民。从公元前3500年左右起，苏美尔人先后建立起一些奴隶制城邦。不久，苏美尔城邦的北面迁来了一支来自叙利亚草原的游牧部落阿卡德人，他们在那里建立了阿卡德等奴隶制城邦。在以后的几百年时间里，苏美尔人和阿卡德人不断交战，两河流域南部时而统一，时而分裂。

公元前18世纪，阿摩利人不断向外扩张，陆续征服了邻近各国，统一了两河流域，在幼发拉底河中游建立了古巴比伦王国。古巴比伦第六代国王汉谟拉比统治时期，建立了全国性的交通网，使各地经济联系更加紧密，生产进一步发展，古巴比伦王国达到强盛时期。但汉谟拉比死后，古巴比伦王国逐渐衰落，两河流域重新陷入分裂。

《汉谟拉比法典》上写了些什么？

《汉谟拉比法典》是古巴比伦国王汉谟拉比颁布的一部法律。它是迄今所发现的人类历史上第一部比较完备的成文法典。法典全文铭刻在一根黑色的大石柱上，文字共约8000字，是用楔形文字书写的，内容分为序言、正文和结语三部分。

序言充满神化、美化汉谟拉比的言辞。正文包括282条法律条文，涉及现代意义上的诉讼法、民法、刑法、婚姻法等内容，意在调解自由民之间的财产占有、继承、转让、租赁、借贷、雇佣等多种经济关系和社会、婚姻关系。在正文中，自由民被分为有权者阿维鲁和半有权者穆什根努两个等级。前者原意是"人"，享有一些特权；后者原意可能是"礼拜"，法律地位低下。法典对债务奴隶制和高利贷有所抑制，限制对小生产者过分的掠夺，以免影响兵源和税源。法典对奴隶制予以严格保护，体现了法典的性质。结语中除继续对汉谟拉比歌功颂德外，还强调法典原则的不可改变性。该法典的制定，标志着古西亚法律制度的进步和国家的成熟。

苏美尔鸟形容器
高31厘米，长27厘米、宽16厘米，制作于第一王朝时期（约公元前2900年），伊拉克出土。

《汉谟拉比法典》（局部）
石碑由三块黑色玄武岩合成，上部是太阳神、正义神沙马什授予汉谟拉比王权的浮雕；下部刻着楔形文字，记载了法律条文——《汉谟拉比法典》。

历史之最　第一条数学公式：公元前1800年古巴比伦人创制。通过它，人们可以根据水渠的矩形断面计算出水渠的浇灌水量。

为什么说亚述帝国是一个军事帝国?

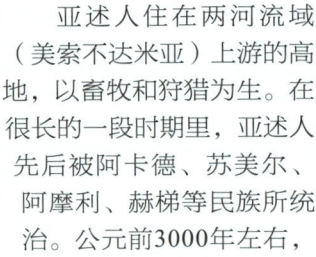

亚述王宫内的装饰品
亚述帝国恢弘的气势在其宫殿装饰上体现得淋漓尽致,我们可以从那些残缺的装饰物中一窥当时的辉煌。

亚述人住在两河流域(美索不达米亚)上游的高地,以畜牧和狩猎为生。在很长的一段时期里,亚述人先后被阿卡德、苏美尔、阿摩利、赫梯等民族所统治。公元前3000年左右,他们逐渐向南迁移,并与南部的巴比伦文明融合,形成了亚述文明。

到公元前1500年,周围强国相继衰落,亚述开始兴盛起来。在和周围民族长期的军事冲突中,亚述渐渐把自己变成一架庞大的战争机器。大约从公元前9世纪起,亚述人开始大量铸造铁制的兵器,建立了常备军,发明了投石机和冲城器等攻城器械,并组建了战车兵、骑兵、重装步兵、轻装步兵、攻城兵等多种专业兵种,拥有当时世界上最优良的军事体制和军事装备。

提格拉·毕利沙尔三世时,亚述向南摧毁了巴比伦,向西征服了叙利亚,攻陷了历史名城大马士革。后继者萨尔贡二世、辛赫纳里布及伊沙海登统治时,又进一步进行扩张,先后消灭了以色列、埃及,再次征服了巴比伦,建立起第一个地跨亚、非两大洲的大国。亚述由此成了古代世界一个强大的军事帝国。

新巴比伦王国由谁建立?

新巴比伦王国的建立者是迦勒底人,新巴比伦王国又称"迦勒底王国",它是在与亚述帝国的长期斗争中兴起的。公元前630年,迦勒底人的领袖那波帕拉萨尔乘亚述帝国内乱之机,发动了反抗亚述统治的起义。公元前626年,巴比伦军队打败了前来镇压的亚述军队。不久,巴比伦军队同伊朗高原上的米底军队联合,彻底打败了强大的亚述军队,亚述帝国从此灭亡,新巴比伦王国随后建立。此后,新巴比伦又进行了对外扩张战争,征服了叙利亚、巴勒斯坦地区。

新巴比伦王国建立后,国力逐渐强大起来,奴隶制经济也有了很大发展。巴比伦城人口众多,因地处交通要塞,世界各国的商人往来不绝。作为当时亚洲西部著名的商业和文化中心,巴比伦被冠以"上天的门户"的称号。

石制首饰铸模
这是亚述帝国时的半块首饰铸模,用以浇铸黄金或铅质小饰品。上有方形饰牌,刻画了邪恶女神拉玛什图,她长着狮子的头,乘着小船在阴间河流里漂浮。

亚述武士雕像
亚述帝国是世界史上第一个"军事帝国"。亚述军队以铁制武器为主要装备,又有战车和骑兵,在两河流域所向披靡。

你知道吗

亚述人是居住在两河流域北部(今伊拉克的摩苏尔地区)的一支不太纯正的闪族人。他们身上有着闪族人的共同特点:长脸钩鼻、黑头发、多胡须、皮肤黝黑。此外,他们比其他游牧民族更加崇尚武力。

巴比伦城里为什么会有"空中花园"?

Weishenme

新巴比伦国王尼布甲尼撒二世在位期间,娶了米底的公主米梯斯为王后。公主美丽动人,深得国王的宠爱。可是时间一长,公主愁容渐生。尼布甲尼撒二世不知何故。公主说:"我的家乡山峦叠翠,花草丛生。而这里是一望无际的巴比伦平原,连个小山丘都找不到,我多么渴望能再见到我们家乡的山岭和盘山小道啊!"

于是,尼布甲尼撒二世命令工匠按照米底山区的景色,在他的宫殿里建造了层层叠叠的阶梯形花园,上面栽满了奇花异草,并在园中开辟了幽静的山间小道,小道旁是潺潺流水。工匠们还在花园中央修建了一座矗立在空中的城楼。由于花园比宫墙还要高,给人的感觉像是整个御花园都悬挂在空中,因此被称为"空中花园"。这个空中花园名满天下,被后世誉为"古代世界七大奇观"之一。

巴别塔真的存在吗?

Weishenme

公元前586年,新巴比伦国王尼布甲尼撒二世灭掉犹太国,拆毁犹太人的圣城耶路撒冷,烧掉神庙,将国王和近万名臣民掳掠到了巴比伦。这就是历史上著名的"巴比伦之囚"。在巴比伦的多半犹太人沦为奴隶,并为尼布甲尼撒修建巴比伦城和巴别塔。

在历史上,巴别塔是真实存在的。它建在巨大的高台上,这座高台共有8层,愈高愈小。最上面的高台上建有马尔杜克神庙,里面没有神像但金碧辉煌,由深蓝色的琉璃砖装饰并饰以黄金。墙的外部建有螺旋形的阶梯,可以绕塔而上,直达塔顶。塔梯的中腰设有座位,可供歇息。在巴别塔里,每年都要定期举行大规模的典礼,成群结队的信徒从全国各地赶来朝拜。

公元前539年,波斯人占领了巴比伦。后来,波斯王薛西斯因怨恨巴比伦人民的拼死反抗,下令彻底摧毁巴比伦城,巴别塔也难逃厄运,最后变成了一堆瓦砾。

通天塔
又名巴别塔。《圣经·旧约》记载:古时的人类都说一种语言。一天,人们决定联合起来兴建一座能通往天堂的高塔。为了阻止狂妄的人类,上帝扰乱了人类的语言,使人类相互之间不能沟通,通天塔计划因此失败。

波斯波利斯的浮雕
波斯波利斯是古波斯帝国的宫殿遗址,公元前518年大流士一世在位期间修建。这幅浮雕描绘了波斯帝国23个属国的使节向大流士一世进献珍宝和土特产的情景。

历史之最 最早的商业银行:巴比伦神庙的祭司开办的借贷机构,分实物借贷和金银借贷。

古埃及是何时统一的?

在几万年以前,人们就在尼罗河谷两边的高地上过着氏族公社生活,主要从事采集、狩猎活动。当时气候湿润,高地水草繁盛,宜于居住。后来气候变得干燥,水草地带变成沙漠。公元前5000年前后,人们逐渐由沙漠高地移居到尼罗河谷地,并开始从事畜牧业和农业生产。尼罗河发源于非洲中东部的布隆迪高原,不仅为古埃及人带来了丰富的水源,而且带来了大量含腐殖质的土壤。古埃及人逐步掌握了利用尼罗河水的方法开凿沟渠、排水蓄水,发展起灌溉农业,使沼泽成为良田。他们种植的主要作物有大麦、小麦和亚麻等。

生产的发展促使贫富分化和阶级的产生,公元前3500年左右,埃及开始出现一些早期的奴隶制小国。这种奴隶制小国由一些村社结合而成,日常的政务主要是照料田地的灌溉和庄稼的收割。全埃及大约有40个小国,它们各有各的图腾、主神和旗帜。它们面积不大,为了争夺土地、水源和财富,不断混战、兼并。经过长期的兼并战争,上、下埃及两个王国取代了原来的奴隶制小国。上埃及国王戴白冠,占据南部;下埃及国王戴红冠,占据北部。公元前3100年左右,上埃及国王美尼斯征服了下埃及,在历史上第一次初步统一了埃及。

古埃及法老是什么人?

法老是对古埃及君主的一种尊称,古王国时代时仅指"宫殿"。埃及法老是全国最高统治者,也是最大的奴隶主,有着至高无上的权力。法老称自己是太阳神的儿子,要求全体臣民像崇拜神一样敬奉他。他设置了包括宰相在内的各级官吏,大臣朝见他时必须行匍匐礼,即匍匐在御座前,以胸贴地,吻法老脚前的尘土。法老手里既拿着代表权力的王杖,也拿着代表暴力的鞭子,稍不如意就鞭笞朝臣。法老认为,全国的土地都归他所有,他在各地设立了王室田庄,还时常把土地赐给大臣、贵族和寺庙。法老的这种专制和奢侈,在金字塔的修建上得到了突出的反映。

【百科辞典】

古埃及:
位于非洲东北部,是一个狭长的河谷地带,尼罗河由南向北贯穿它的全境。曾经有很长一段时间,古埃及分为两个部分,分别是被称为"上埃及"的南部尼罗河谷地带和被称为"下埃及"的北部尼罗河下游三角洲地带。

美尼斯石板
石板正面手持权杖的人可能就是美尼斯。他是埃及第一王朝的开国国王。他统一了埃及,开启了法老统治时代,建立了在人类文明史上具有长期而辉煌影响的王国。

尼罗河风光
尼罗河是一条非常古老的河流,在距今约6500万年前的始新世就已存在。古埃及人民在尼罗河流域创造了辉煌的埃及文化。

埃及法老为什么修建金字塔？

Weishenme

埃及金字塔距今已有近5000年的历史，由于形似汉字中的"金"字而得名。埃及金字塔本身是一种王陵建筑，它规模宏伟，结构精密，塔内除墓室和通道外都是实心，顶部呈锥形。胡夫金字塔历经多次地震都岿然不动，完好无损，被誉为世界七大奇迹之首。

相传，古埃及第三王朝之前，无论王公大臣还是百姓，死后都要被葬入一种用泥砖建成的长方形的坟墓里。但是后来，法老们为了显示自己的尊贵，同时也幻想死后可以成神，灵魂能够升天，便找人来为自己设计新的坟墓建造方法。其中，有一位设计者用山上采下的呈方形的石块来代替泥砖，并不断修改陵墓的设计方案，最终建成一个六级的梯形金字塔。后来的法老们纷纷效仿这种做法，而且把金字塔越建越高，越建越大，于是，渐渐就有了我们现在所看到的埃及金字塔。

古埃及人为什么将死者制成"木乃伊"？

Weishenme

关于"木乃伊"，在古埃及还流传着一个神话传说。很久以前，地神塞布的儿子奥西里斯很有本事，曾是埃及国王。他教会了人们种地、做面包、酿酒、开矿等，给人们带来了幸福，人们很崇拜他，把他视做尼罗河神。然而，他的弟弟塞特心存不善，蓄谋杀害了他，夺取了王位。

当时，塞特请哥哥共进晚餐，还找了许多人作陪。进餐时，他指着一只美丽的大箱子说："谁能躺进这个箱子，就把它送给谁。"奥西里斯在众人的怂恿下准备试一试。但他一躺进去，塞特就关闭了箱子，上了锁，把他扔进了尼罗河。奥西里斯被害以后，他的妻子雨神伊西斯到处寻找，终于找回了尸体。不料，这件事被塞特知道了。他半夜里又偷走了尸体，把它切成14块，扔在不同的地方。伊西斯又从各个不同的地方找到奥西里斯尸体的碎块，就地埋葬了。后来，奥西里斯的遗腹子荷拉斯出生了，他从小就很勇敢。长大成人后，他打败了塞特，替父亲报了仇，并继承了埃及王位。他把父亲尸体的碎块从各地挖出来，拼凑在一起，做成了干尸"木乃伊"。后来在神的帮助下，他的父亲又复活了。此后，每一个埃及法老死后，都要把奥西里斯的神话表演一番。第一步是举行寻尸仪式，第二步是举行洁身仪式，即把尸体解剖，取出内脏和骨髓，制成干尸"木乃伊"。

放置木乃伊的人形棺
木乃伊做好后会被戴上面具，放入造型奇特的人形棺中。人形棺外侧通常绘有经文及守护死者的女神伊西斯、奈芙提斯，还有死者的容貌。

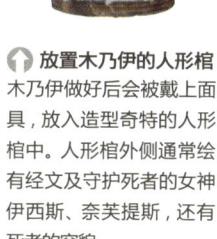

胡夫大金字塔
胡夫大金字塔建筑在一块巨大的凸形岩石上，占地约5.29万平方米，体积约260万立方米，高耸巍峨，壮丽无比。它的四边正对着东南西北四个方向。在生产工具很落后的4000多年前，埃及人如何建造完成这宏伟的大金字塔，还是难解的谜。

历史之最 最大的金字塔：埃及法老胡夫建造的胡夫大金字塔，高146米，由230万块巨石建成，内部可以容纳罗马圣彼得教堂。

太阳神"拉"

"拉"是古代埃及主要的神话人物。他不但是光明和天堂的象征,最早还是一位生育万物的大神。太阳和月亮是拉的两目,他的泪水生成大地上的人类。

狮身人面像

哈夫拉是埃及第四王朝的第三位法老,他在吉萨建立了世界上第二大金字塔——哈夫拉金字塔和狮身人面像。狮身人面像又译为"斯芬克斯",面部是哈夫拉的脸型。

古埃及人为什么要建造狮身人面像?

狮身人面像坐落在开罗西南的吉萨哈夫拉金字塔旁,与金字塔同为古埃及文明最有代表性的遗迹。相传在公元前2611年,哈夫拉到此巡视,命令工匠们为自己雕刻一尊石像。工匠别出心裁地雕凿了一头狮子,而狮子的头部则以这位法老的头像代替。

在古埃及,狮子是力量的象征,狮身人面像实际上就是古埃及法老的写照。另外,在古埃及神话里,狮子也是各种神秘地方的守护者,同时还是地下世界大门的守护者。在传说中,法老死后要成为太阳神,所以,古埃及人就造了这样一个狮身人面像为法老守护门户。雕像坐西向东,蹲伏在哈夫拉的陵墓旁。

古埃及人为什么崇拜太阳神?

古埃及人看到太阳每天从河东升起,从河西"入地",还看到岸上、河里的各种动物相互追逐嬉戏。但他们不明白为什么日出日落,为什么尼罗河会泛滥,为什么会有这么多动物。

你知道吗

- 狮身人面像高20米,长57米,脸长5米,头戴"奈姆斯"皇冠,额上刻着"库伯拉"圣蛇浮雕,下颌有帝王的标志——下垂的长须。
- "拉"是古埃及的太阳神,在中王国和新王国时代拥有绝对的权威。

他们想象着太阳、月亮、狮子、牛、羊、猫、蛇、鳄鱼……甚至屎壳郎都是神。

那黑色的屎壳郎每天随着太阳的升起从地下钻出来,在动物的粪便里爬来爬去,滚动着粪便小球,孵化出小屎壳郎。古埃及人便认为太阳是由一只巨大的屎壳郎像滚粪球一样推动着东升西落的,于是他们把屎壳郎看做太阳神,认为它是复活与永生的象征。

他们还遐想:世界原本是混沌一片、模糊不清的。直到有一天,一朵莲花托着一轮红日冒出水面,那就是太阳神"拉"显形了。天地从此分开,大地一片春光。有一次,太阳神哭泣,滴滴泪水顿时化成一个个活人,人类从此诞生了。

在古埃及新王国的第十八王朝时,法老阿蒙霍特普四世推崇阿吞神为埃及独一无二的天神。阿吞神也是太阳神,"阿吞"的意思是"太阳似的圆盘"。在阿蒙霍特普四世眼中,阿吞即日轮。出于对阿吞的崇拜,他把自己的名字改为"埃赫阿吞",即"阿吞的灵魂"。之后,他还宣布,在埃及奴役下的叙利亚人和努比亚人也只能崇拜阿吞神。

图坦卡蒙墓中有什么?
Weishenme

图坦卡蒙的陵墓位于埃及法老埋葬集中地——帝王谷里。陵墓的入口有一段长约120米的走廊。走廊中,第一个房门是前室,前室的旁边是附加房,前室的远端是通往墓室的门。墓室由两个黑色的哨兵雕像守卫着,他们象征着复活的希望。墓室里有图坦卡蒙的棺材和图案鲜明、色彩繁复的壁画,壁画的内容以宗教活动和埋葬场面为主。画面庄重精美,技法成熟稳健,代表着埃及古代艺术繁荣阶段的较高水平。墓室的旁边是库房,存放着随葬品。陵墓中共有家具、雕像、武器、王杖、包金战车等数千件物品,其中有4件镀金神龛被认为是库房里最精美的宝物。

而最令人称奇的是整个陵寝的关键部分——棺椁室。一个木制的4层圣柜(或称外椁)几乎塞满了整个房间。圣柜通体用黄金覆盖,四面镶着鲜艳的蓝釉饰板,上面是各种用来保护死者的宗教象征图形。外椁内是整块黄色石英岩制成的内椁。内椁的盖是用玫瑰色花岗石制成的,棺盖上是图坦卡蒙的金像,金像上法老的双手交叉在胸前,手里握着用蓝釉镶嵌的曲杖和连枷,它们是王权的象征。法老的脸用纯金铸成,眼睛用的是阿拉贡白石和黑曜石,眉毛和眼圈用的是透明蓝玉,法老表情严峻冷漠,面容栩栩如生。内椁分为3层套棺。最外层和中间层都是贴金木棺,最里层是重达110.4千克的纯金棺材。图坦卡蒙的木乃伊就躺在里面。

埃及为什么会进入托勒密王朝?
Weishenme

埃及在第二十六王朝时期,国家经过一系列的分裂、统一后,又复兴起来。铁器、金属货币普遍流行,商业和经济生活也较为繁荣。为了争夺在叙利亚、巴勒斯坦的霸权,埃及还曾与新巴比伦王国进行过战争。不久后,波斯帝国侵占埃及。波斯人在埃及的残暴统治和无情劫掠,激起了埃及人民的反抗。公元前404年,波斯王朝的统治被推翻,埃及再次获得独立。公元前343年,波斯帝国再次征服埃及,建立了第三十一王朝。公元前332年,希腊马其顿王亚历山大大帝侵入埃及,打败波斯王朝,结束了延续3000年之久的法老时代。

亚历山大征服埃及后,埃及进入了希腊化时代,以亚历山大城为首都。亚历山大死后,他的部将、留驻埃及的总督托勒密·索特尔在公元前305年称王,创建了托勒密王朝。托勒密王朝继承埃及和波斯帝国君主专制的统治形式,垄断一切主要经济部门,规定粮油盐等产品的专卖权,没收全部土地重新分配。埃及农民、士兵、奴隶等不堪忍受希腊奴隶主贵族的统治与奴役,从公元前3世纪末至公元前1世纪,屡次发动起义,托勒密王朝的统治开始动摇。

图坦卡蒙的黄金面具
图坦卡蒙是古埃及新王国时期第十八王朝的法老。他的黄金面具高54厘米,宽约40厘米,用黄金制成,现藏于埃及开罗博物馆。

帝王谷
帝王谷位于尼罗河西岸,是埃及最著名的古迹之一。

历史之最 最年轻的法老:图坦卡蒙。他是第十八王朝的第十二位法老,9岁时登上法老的宝座,18岁就死去了,死因不明。

埃及艳后克里奥帕特拉为什么自杀？

↑ 莎草纸上的克里奥帕特拉像
这位古埃及托勒密王朝的末代女王拥有绝世美貌，与恺撒、安东尼等英雄人物有过传奇般的情缘。

克里奥帕特拉是托勒密十二世的女儿。父亲去世以后，她和弟弟托勒密十三世共同执政，统治着埃及。她美貌出众，因此被叫做"埃及艳后"。

克里奥帕特拉和她的弟弟共同执政后不久，两人便开始争夺最高统治权。克里奥帕特拉在斗争中失败，被迫流亡到国外。后来，她成了罗马执政者恺撒的情妇，并借助恺撒的力量夺回了埃及统治权，成为埃及唯一的女王。

恺撒遇刺之后，克里奥帕特拉又与恺撒的部将安东尼结了婚。在安东尼的支持和帮助下，她成为罗马东方领土的统治者，并最大限度地为自己和埃及谋取利益。这些举动引起了罗马贵族的强烈不满，罗马大将屋大维以此为由发动了同安东尼的战争。在安东尼战死之后，克里奥帕特拉也被迫自杀。从此，埃及成为罗马帝国的一部分。

【百科辞典】

恺撒：
古罗马共和国的政治领袖和军事统帅。他带兵打仗几十年，大都以少胜多、出奇制胜。他的战略思想和战术原则被拿破仑等西方著名军事统帅所效法，他为西方军事学作出了杰出的贡献。

印度河文明为什么又称哈拉帕文明？

在世界考古史上，印度河文明诞生的主要证据是印度河流域哈拉帕城遗址的发现。因此，印度河文明也被称为哈拉帕文明。从哈拉帕城的遗址中考古学家发现，在印度河文明时期，古印度居民主要从事农业和家畜饲养业，此外还进行渔猎及各种手工生产活动。

在哈拉帕城的一些陵墓中，许多陵墓主人都戴着指环、滑石珠链、脚镯和手镯。墓里面满是铜镜、轻薄的汤勺以及形状不同的容器与水壶等陪葬品。这说明，古印度居民已经初步掌握了金属加工技术。金属加工主要以红铜和青铜为原料，采用锻、錾、焊和失蜡法等铸造技术，制造斧、锛、镰、锯、鱼钩、矛、剑等工具，也制造一些铅制的小瓶、银容器和金饰物等。一些遗址中的文物还表明，当时已经出现了棉纺织业、造船业、象牙加工业和石料加工业。

→ 印度河
印度河发源于喜马拉雅山西部中国境内的狮泉河，自东南向西北流经克什米尔后，转向西南贯穿巴基斯坦全境，在卡拉奇附近注入阿拉伯海。

哈拉帕时期为什么被称为"清洁时代"？

Weishenme

哈拉帕时期大约存在于公元前3000至前1750年。那个时候的古印度属于青铜文化时期，也有较为发达的农业，人们种植了多种农作物，城市规模宏大，陶器、青铜器工艺精良，已经产生文字。

摩亨佐·达罗是哈拉帕文明的典型城市之一。它位于巴基斯坦信德邦拉尔卡纳，靠近印度河右岸，面积约为2.5平方千米，人口在4万左右。摩亨佐·达罗城市规划整齐，西部为统治者居住的卫城，东部为下城居民区。卫城有城墙和壕沟环绕，北半部中央建有大浴池，并有良好的供水、排水系统。浴池可能是祭祀仪式开始前供人沐浴的宗教礼仪建筑。池西有规模宏大的谷仓，池东、池北可能是最高统治者的宅第。在发掘出的古遗址中，摩亨佐·达罗不但有着完整的供水、排水系统，在城市的许多地方，包括统治者居住的卫城、居民区以及街道上，还分布着许多建造水准较高的厕所。厕所里有便池，也有能及时将污物排走的水沟。这反映了哈拉帕时期的古印度人已经非常注重个人与公共的卫生了，所以，这个时期又被称为"清洁时代"。

什么是"吠陀时代"？

Weishenme

"吠陀时代"是印度从原始社会向阶级社会的过渡时期，因这个时期的文献以《吠陀》为主而得名。所以，又被称做"吠陀时代"。《吠陀》也称《吠陀经》，是印度最古老的典籍，它使用的语言比古代梵语更为古老，主体是早期以《吠陀》为名的文献集以及附录其后的文献。

《吠陀》以诗歌为主，里面记载了上古时期的巫术、宗教、礼仪、风俗、社会思想和哲学等方面的内容。《吠陀》的编纂工作是由婆罗门祭司完成的。在古代印度，大型的祭祀活动都是由婆罗门祭司主持，他们在仪式上吟唱诗歌和经文。祭司们将自古流传下来的诗歌和经文编纂成《吠陀》，作为祭祀活动中必不可少的工具，并且用十分严格、秘密的方法保存下来，直到19世纪才印成书籍。

你知道吗

- 摩亨佐·达罗和哈拉帕是代表印度河文明的两座典型城址，它们都具有较大规模。摩亨佐·达罗城址位于巴基斯坦信德邦拉尔卡纳，哈拉帕城址位于印度旁遮普邦拉维河左岸。两城面积均约为2.5平方千米，人口数量都在4万左右，它们可能是两个独立国家的都城或城邦联盟中心。
- "吠陀"为音译，是"学问"的意思。在古代印度，译为"明"或"知识"。

湿婆神像
湿婆是婆罗门教的三大主神之一，兼具生殖与毁灭、创造与破坏的双重能力，额上的第三只眼能喷出毁灭一切的神火。同时他也是舞蹈之神。

梵天像
梵天是印度神话中世界万物的创造者，婆罗门教的三大主神之一。传说他从金蛋中破壳而出，蛋壳分为两半，变成天和地。他又从自己的心、手、脚中生出十个儿子，创造了世界万物。

历史之最 印度最古老的典籍：《吠陀》，婆罗门教和现代印度教最重要和最根本的经典。

中国孩子最爱问的十万个为什么

主题索引：孔雀王朝因何得名？什么是种姓制度？

亚历山大大帝
亚历山大大帝是古代世界最著名的征服者，他在征战生涯中建立了二十多个城市。

孔雀王朝因何得名？

孔雀王朝是古代印度摩揭陀国的奴隶制王朝。在难陀王朝统治的末期，北印度政局动荡不安，人民起义不断发生。马其顿国王亚历山大大帝在此时入侵北印度，并在旁遮普设立了分部，留下了一支军队。难陀王朝出身低贱的旃陀罗·笈多乘机率领当地人民揭竿而起，组织军队赶走了马其顿驻军。随后，他又推翻了难陀王朝，统一了北印度，建立了新的王朝。由于旃陀罗·笈多出生于一个养孔雀的家族，因此后来人们把旃陀罗·笈多建立的王朝叫做孔雀王朝。

什么是种姓制度？

古代印度是人类文明的发祥地之一，也是世界上的四大文明古国之一。但是几千年来，印度社会的发展却一直比较缓慢，这与印度实行的种姓制度有着一定的关系。

雅利安人原是中亚地区一个古老的部落联盟，过着原始的游牧生活。后来，为了寻找新的水源和牧场，雅利安人的部落开始不断地四处迁徙，并入侵北印度。在占领了印度的七河流域后，雅利安人为了把自己较白的肤色同土著居民较黑的肤色区别开来，在占领区便出现了分别代表他们自己和土著居民的两种称谓：雅利安瓦尔纳与达萨瓦尔纳。随着雅利安人的社会分化，从事祭祀的僧侣和武士集团逐渐从普通雅利安人中脱离开来，成为两个特权阶层。普通百姓则成为雅利安人社会里的第三等级。这样，再加上被征服的土著居民，社会上便形成了四个地位不同的等级。这种森严的等级制度就是种姓制度。

在种姓制度下，古代印度人被分为四个种姓：婆罗门、刹帝利、吠舍和首陀罗。婆罗门是僧侣，为第一种姓，地位最高，垄断文化教育和祭祀；刹帝利即武士、王公、贵族等，为第二种姓，从事行政管理；吠舍是商人，为第三种姓，从事商业贸易；首陀罗是农民，为第四种姓，地位最低，从事农业和各种体力劳动。

印度种姓制度使劳动人民之间出现了隔阂和对立，不利于人们团结起来抵御外侮。此外，种姓制度实行职业世袭，把生产限制在一个狭小的范围内，从而阻碍了社会经济的发展。印度自古代至近代，经历了好几种社会形态，但种姓制度一直延续下来，成为历代剥削阶级的统治工具。

桑奇佛塔
桑奇佛塔是印度早期王朝时期的佛塔，位于印度中央邦首府博帕尔附近的桑奇村，始建于公元前3世纪孔雀王朝阿育王时期。这种半球形的建筑物是后世佛塔的雏形，主要用于埋葬佛祖或圣徒的舍利子。

历史之最 对佛教贡献最大的君王：阿育王。据说他总共兴建了8.4万座奉祀佛骨的舍利塔，并推动佛教成为世界性宗教。

悉达多王子为什么出家修行？阿旃陀石窟何时开凿？

悉达多王子为什么出家修行？

Weishenme

释迦牟尼本名悉达多，是古印度迦毗罗卫国净饭王的太子。他善于骑射，博学多艺，也常常思考诸多哲学问题。少年时代的悉达多就接受了传统婆罗门教教育，并学习了很多吠陀经典。虽然他在豪华的皇宫里长大，但锦衣玉食的生活并没有让他无忧无虑。他看到大多数人过着艰难困苦的生活，即使有钱的人家也常常遭受挫折和不幸，多数人都是病魔缠身，这一切让他感到痛苦不堪。

29岁时，悉达多决定放弃优越的生活条件，一心一意地去寻求真谛。他告别妻子和儿女，抛弃万贯家产，离开宫殿，成为身无分文的流浪汉。在一段时期内，他和当时一些有名气的圣人一起探讨人生，但他熟知了他们的说教以后，感到他们解决人生问题的办法无法令人满意。

后来，悉达多认为人身需要经过苦行，清除体液，才能悟出真理。于是，他逐渐减少饮食，直到每天只吃一粒米，7天只进一餐。他穿鹿皮、树皮，睡在牛粪上，有时甚至睡在荆棘上。6年之后，他的身体变得非常消瘦，形同枯木，却依然没有发现拯救人生的真理。悉达多这时才认识到，苦行并不能使人获得解脱，于是他开始净身进食。他渡过尼连禅河，坐在菩提树下，沉思默想。经过七天七夜，他终于悟出了"四谛"的佛理。此后，他开始一心转向传教活动。

阿旃陀石窟何时开凿？

Weishenme

阿旃陀石窟从公元前1世纪开始建造，到7世纪完工，工期历时700余年。开凿出的29座石窟形态各异，高低错落，形似新月，绵延550米。石窟内有石雕佛像和大量壁画。现存壁画的主要内容是释迦牟尼的生平故事，还有一些反映的是古印度王朝的宫廷生活。

阿旃陀石窟集印度古代建筑、雕刻和绘画三者于一体。壁画和雕刻的内容，虽然大多数取材于佛教故事，但也如实地反映了当时印度的社会风貌，不仅对后来印度的美术产生了推动作用，而且对东方佛教国家和地区也产生了深远的影响。

释迦牟尼涅槃图
据《佛经》记载，释迦牟尼80岁那年，在拘尸那迦城的娑罗双树间涅槃。

阿旃陀石窟壁上的浮雕
阿旃陀石窟中有大量精美绝伦的雕刻和壁画，有佛陀向弟子布道的群像，也有形象可爱的小矮人，还有很多手执花环的神女和一些可爱的小动物。

历史之最 最具代表性的佛教咒语："唵嘛呢叭弥吽。"它的书面翻译是："皈依观世音菩萨！随意达到我要达到的目的！"

为什么说阿拉伯数字是由印度人发明的?

米诺斯王宫的御座之室
御座之室位于中心庭院西面,分为前后两部分:前室面向中心庭院,内有一个长方形地穴;后室较大,内有一个石制宝座,座位下有奇异的卷叶式凸雕。

7世纪初期,阿拉伯人先后征服了周围其他的民族,建立起一个东起印度、西到非洲北部及西班牙的阿拉伯大帝国。后来,这个大帝国分裂为东、西两个国家。由于两个国家的历代君主都非常能干,两国的都城也都很繁荣昌盛,其中东都巴格达更胜一筹。这样,来自西方的希腊文化和来自东方的印度文化都汇集于此。于是,阿拉伯人将两种文化理解并消化,形成了新的阿拉伯文化。

7世纪中期,有一位印度的天文学家来到了巴格达王宫,把印度制作的天文表献给了当时的国王。印度数字以及印度式的计算方法,也就在这个时候被介绍给了阿拉伯人。因为印度数字为十进制计数法,计算方法简单又方便,因此很快就被阿拉伯人所接受,并且逐渐传播到了欧洲各个国家。后来,人们虽然弄清楚了阿拉伯数字的真正起源,但大家早已习惯了"阿拉伯数字"这个叫法,所以也就沿用了下来。

爱琴文明为何又叫"克里特—迈锡尼文明"?

克里特陶罐
克里特文明的手工艺品以精巧秀丽著称,铜器和金银制成的日用品和工艺品皆相当精美。陶器尤为突出。彩陶秀巧可爱,彩绘优雅大方,被公认为古代彩陶中的精品。

爱琴文明指的是约公元前20至前12世纪间爱琴海区域的上古文明。爱琴文明先后以克里特岛和迈锡尼为中心,因此又被称为"克里特—迈锡尼文明"。

大约在公元前20世纪,克里特岛产生了奴隶制城邦。到公元前18世纪,克里特文明进入了以北部的克诺索斯城为代表的繁荣时期。据说当地的米诺斯王曾经拥有一支强大的海军,统治着爱琴海诸岛。20世纪早期,英国考古学家埃文思对米诺斯王宫的发掘,证明了岛上的手工业曾经很发达。出土的彩色陶瓶薄如蛋壳,还有青铜、金银和宝石制成的各种工艺品,尤以金项链、手镯等最为精致。

米诺斯王宫依山而建,王宫内的地面铺有平整的石板,四壁绘有海涛飞鱼、森林猛禽、婀娜的少女和国王贵族行乐图。但到了约公元前15世纪,王宫突遭毁灭,古希腊进入了迈锡尼文明时期。迈锡尼文明后期,迈锡尼等许多城邦组成联军远征特洛伊,虽然取得胜利,但十年战争损耗了自身实力。约公元前12世纪,迈锡尼诸城邦被北方的多利亚人征服,文明衰落。

【百科辞典】

十进制计数法:
"每相邻的两个计数单位之间的进率都是十"的计数方法。

克里特岛:
位于希腊东南的地中海海域,距希腊本土130千米。该岛东西长约298千米,面积达8236平方千米,是希腊最大的岛屿、古老的文化中心和地中海著名的旅游胜地。

主题索引

克里特岛有"迷宫"吗？特洛伊战争为何爆发？

历史文化世界卷

克里特岛有"迷宫"吗？
Weishenme

有关克里特岛"迷宫"的传说是这样的：在远古时代，有位国王叫米诺斯，他统治着爱琴海上的克里特岛。米诺斯的儿子在雅典被人阴谋杀害后，为了替儿子复仇，米诺斯决定向雅典人提出挑战。在战争、瘟疫和疾病的威胁下，雅典人不得不向米诺斯王求和，每隔9年就给他送去7对童男童女。米诺斯在克里特岛建有一座由无数宫殿构成的巨大迷宫，迷宫中的道路曲折纵横。在迷宫的深处，米诺斯养了一只人身牛头的怪兽米诺牛，专门用来吃雅典人每次送来的7对童男童女。

1900年，英国考古学家阿瑟·埃文斯和他率领的考古队来到了地中海的克里特岛，他们想找出传说中有关克里特岛迷宫的历史遗迹。经过3年的艰苦发掘，他们终于在克里特岛的克诺索斯发现了米诺斯王宫的遗址和大量文物，并且找到了迷宫。迷宫坐落在凯夫拉山的缓坡上，占地面积有2.2万平方米，有大小宫室1500多间。迷宫分为东宫和西宫，由国宝殿、王后寝宫、双斧宫、楼房、贮藏室和仓库组成。占地1400平方米的长方形中央庭院把东宫和西宫联结为一个整体。这些华丽的建筑物之间，有无数长廊、门厅、通道和阶梯相连，可谓千门万户，所以才有"迷宫"之称。

特洛伊战争为何爆发？
Weishenme

特洛伊战争是希腊神话中的一则故事。传说，狄萨亚利王珀琉斯与海神的女儿忒提丝举办婚礼时，邀请了很多神，唯独没有邀请争吵女神埃里斯。埃里斯很生气，便抛出一个金苹果，上面写着"给最美丽的女人"。雅典娜、阿佛洛狄忒和赫拉都宣称自己应该获得这个金苹果。最后，她们请求特洛伊王子帕里斯裁决。三个女神分别向帕里斯许愿：赫拉答应让他成为最伟大的君主；雅典娜答应让他成为最勇敢的战士；阿佛洛狄忒答应让他拥有最美丽的女人。最后，帕里斯选择了阿佛洛狄忒。作为回报，阿佛洛狄忒让世界上最漂亮的女人——斯巴达王后海伦和他坠入爱河。在一次访问斯巴达的过程中，帕里斯诱惑了海伦，把她带到特洛伊。斯巴达国王非常生气，联合他的哥哥阿伽门侬和其他一些希腊的国王向特洛伊开战。一方面为了争回海伦，另一方面想趁机掠夺富饶的特洛伊。战争历时十年，最后，依靠奥德修斯的木马计，希腊军队终于攻下了特洛伊城。

◁ 雅典娜神像

◁ 米诺斯宫殿北通道
米诺斯宫被称为"迷宫"可谓实至名归，尽管经过数千年风雨，当年风貌早已不在，但其内部空间仍显示出它的奥妙非凡。宫殿内过道和楼梯曲折迂回，穿堂入室，楼上楼下高低错落，使人眼花缭乱。

历史之最　最大的迷宫：美国夏威夷多尔农场里一座由植物建成的迷宫。它占地面积9290平方米，路线长约2737米。

《雷奥尼达在温泉关》
这是法国画家大卫的传世名作。雷奥尼达是古代斯巴达国王,于公元前480年率300名勇士抵抗波斯人的侵略,因保卫温泉关而英勇牺牲。

斯巴达战士的头盔
斯巴达母亲送儿子上战场时不是祝他平安归来,而是给他一个盾牌,说:"要么拿着,要么躺在上面。"

古希腊城邦是城市还是国家?

希腊城邦是指古希腊的一种国家形态。它一般以一个城市为中心,包括周边的若干村落。城邦的主要特征是小国寡民,各邦长期独立自治。城邦公民不是指城邦里所有的人,而是指具有"公民"身份、有权参加公民大会的男性成员。城邦公民既不包括外邦人,也不包括奴隶。因此,城邦实际上是公民集体联合起来,保护自身利益,压迫奴隶与外邦人的一种国家组织。

古希腊城邦早期有过君主制,即君主终身世袭,独掌大权,但形式上保留公民大会。但后来基本上都采用了贵族制或民主制。贵族制由贵族集体领导,权力受公民大会制约。民主制是人民集体享有主权,公民大会是最高权力机关。

斯巴达战士为什么骁勇善战?

斯巴达是古代希腊著名的城邦之一。斯巴达的男孩子长到7岁,就要离开父母,到少年团队里去接受严格的军事练习,包括对首领的绝对服从、增强勇气、体力和残忍性,还要练习跑步、掷铁饼、拳击、击剑和斗殴等技能。为了训练他们的忍耐力,在每年敬神的时候,他们都要跪在神殿前被皮鞭鞭打一次。火辣辣的皮鞭如雨点般落下,但不许男孩们求饶,也不许喊叫。

斯巴达的男子到了20岁,就开始过军营生活,接受正规的军事训练。斯巴达的战术不仅要求每个战士能勇敢作战,更重要的是依靠组织和纪律的严密,使军队能够在战斗中进退自如,反应灵敏。这种长期的操练使斯巴达人逐渐变得骁勇善战起来。

斯巴达的妇女也和男子一样要进行体格锻炼,练习赛跑、格斗、掷标枪等。斯巴达人认为,只有健壮刚强的母亲,才能为斯巴达生育出勇猛强健的战士。

斯巴达独特的军事社会制度和尚武精神,使这个城邦拥有希腊其他城邦无法相比的军事优势。这为他们称霸南希腊、打败雅典奠定了基础。

你知道吗

■ 古希腊城邦在将近500年的时间里,一直处于分立之中,城邦数量众多,前后有数百个。其中,雅典和斯巴达是众多城邦中最强大和最有影响力的。

■ 斯巴达人崇尚武力,经常对外发动战争,整个社会处在军事化的管理中。刚生下来的婴儿要经过严格的体格检查,长得不壮实或者有疾病的就会被抛弃在山谷里,任其死掉。

历史之最　**最勇猛的战士**:斯巴达战士。公元前480年的温泉关战役中,300位斯巴达战士与10万波斯军队作战,创造了空前绝后的英雄传奇。

雅典的名称从何而来？
Weishenme

雅典是今天希腊的首都，也是世界闻名的古城之一。关于雅典城名称的由来，有一段古老的神话传说。

传说很久以前，希腊半岛居民稀少，只有少数人住在山洞里，过着简陋的原始生活。后来，这个地方来了一个名叫塞克罗普斯的蛇身人，教导当地居民耕种、烹调和缝制衣服，还教导他们修养品德和信奉神明。从此，希腊半岛居民的生活在物质和精神方面都得到了极大改善，人们为了感谢塞克罗普斯，便拥立他为国王。塞克罗普斯带领人们过着宁静快乐的日子，直到有一天，希腊半岛来了两个神，男的是海神波塞冬，女的是智慧女神雅典娜。他们都想用自己的名字为这个城市命名，从而成为城市的保护神。他们彼此互不相让，最后决定，谁能给人类一件最有用的东西，谁就能拥有这座城市。波塞冬用他的三叉戟敲了这个城的岩石三下，从岩石上立即跳出一匹战马，这是战争的象征；雅典娜则用她的长枪敲了一下岩石，让岩石长出一株橄榄树，这是和平的象征。结果当地人民选择了雅典娜，并以她的名字为城邦命名。

古希腊为什么与波斯发生战争？
Weishenme

公元前5世纪，希腊强大起来。与此同时，西亚兴起的波斯帝国统治着小亚细亚、叙利亚、巴勒斯坦和埃及的广大地区，并进军多瑙河，直逼希腊。由于不满波斯的统治，小亚细亚半岛上的米利都等希腊城邦发动起义，并得到了雅典的支持。波斯国王大流士一世在镇压起义后，准备进攻雅典。不久，波斯大军渡海西侵，但在马拉松战役中被人数居于劣势的雅典重装步兵击败。希腊人赢得了第一次希波战争的胜利。

公元前480年，波斯国王薛西斯一世率50万大军再次进攻希腊。希腊各城邦也结成同盟，共御强敌。希腊联军的陆军以斯巴达人为主力，海军则以雅典舰队为主力。希腊陆军在温泉关阻击波斯陆军，虽然兵败，但为希腊海军的集结赢得了时间，波斯人攻入了雅典，将全城焚毁，但希腊海军在萨拉米海战中一举击溃波斯海军。希腊人乘胜追击，解放了小亚细亚的希腊诸邦。第二次希波战争又以希腊的胜利告终。

希波战争是亚欧之间一场规模巨大、时间持久的战争，也是对人类历史进程有着极大影响的战争之一。古希腊军民顽强地抵抗强大的波斯军队，最终战胜了侵略者，保全了欧洲，也保住了古希腊的文明成果。

橄榄枝
橄榄树是希腊的国树，早在公元前3500年，希腊人就开始种植。橄榄枝是古希腊人智慧、和平和胜利的象征。

帕特农神庙遗址
帕特农神庙是雅典卫城的主体建筑，为歌颂雅典战胜波斯侵略者而建。它曾经是一座长方形建筑物，巍峨耸立，光彩照人。如今庙顶坍塌，雕像无存，浮雕也剥蚀严重。但从巍然屹立的柱廊中，人们还可以看出神庙当年的风姿。

历史之最　最著名的神庙：帕特农神庙，是供奉雅典娜女神的最大神庙。该庙建于公元前5世纪，已有2000多年历史。

伯里克利

古代雅典首席将军，古希腊奴隶主民主政治的杰出代表。他统治时期的雅典被称为希腊的"黄金时代"，又被称为"伯里克利时代"。

苏格拉底之死

苏格拉底被雅典法庭以不信神和腐蚀雅典青年思想的罪名判处死刑。尽管有逃亡的机会，但苏格拉底认为那会破坏雅典法律的权威，同时也担心他逃亡后雅典将再没有好的导师可以教导人民，因此他选择从容赴死。

为什么古希腊时期又称为"民主时代"？

公元前6至前4世纪，古希腊社会进入了全盛时期，各城邦都得到了极大的发展。而地处海湾、交通便利的雅典在工商业方面更是日益发达，并建立了奴隶主民主制政权。

在雅典，国家不设国王，最高权力机构是全体公民大会，大会成员由公民抽签产生，共同对国家事务进行商议。

雅典的制度中民主化程度最高的是"直接民主制"。在伯里克利时代，雅典所有的官职向全体公民开放，任何人都可以通过抽签选举方式担任政府中的各级官职。

雅典的政府官员都有任期，任期通常为一年，而且大多数的官职不得连任，以避免结党营私。雅典还实行委员会制，凡是重大事务均由集体决定、由集体负责，而不是由一个人说了算，从而避免了专制独裁和官僚主义。

苏格拉底为什么服毒？

苏格拉底是古希腊著名的哲学家。他出生在离雅典城不远的一个雕刻匠家庭，自幼随父学艺，后来当过兵，曾经三次参战。40岁左右，苏格拉底成了雅典远近闻名的智者。

苏格拉底很喜欢在市场、运动场、街头等公众场合与各方面的人谈论各种各样的问题。在辩论中，他通过问答形式使对方纠正、放弃原来的错误观念，产生新的思想。他非常善于辞令，常常把那些自认为知识渊博的浅薄之辈驳得目瞪口呆，因而在广大青年中享有很高的威望。

后来有人控告他，说他反对民主政治；用邪说毒害青年，使之误入歧途；不尊敬城邦信奉的诸神，而且还引进新神。苏格拉底因此被捕入狱。按照雅典的法律，在法庭对被告判决以前，被告有权提出一种不同于原告所要求的刑罚，以便法庭在二者中选择其一。苏格拉底借此机会发表了慷慨激昂的演说，他自称无罪，认为自己的言行不仅无罪，而且是有利于社会进步的。但他最后仍然被判了死刑。在关押期间，他的朋友们买通了狱卒劝他逃走，并制定了越狱计划，但他宁肯死也不肯违背自己的信仰。就这样，这位70岁的老人在狱中服毒受死，平静地离开了人间。

=== 你知道吗 ===

苏格拉底认为，天上和地上各种事物的生存、发展和毁灭都是神安排的。因此他反对研究自然界，认为那样做会亵渎神灵。他提倡人们认识做人的道理，过有道德的生活。他的哲学主要探讨的就是伦理道德问题。

历史之最 最早的民主制度：陶片放逐制。雅典政治家克利斯提尼于公元前510年创立。

柏拉图的理想国是什么样子的？

Weishenme

《理想国》是古希腊著名哲学家柏拉图著述的一本对话体著作。柏拉图出生于雅典贵族，青年时师从苏格拉底。苏格拉底死后，他游历四方，曾到埃及、小亚细亚等地从事政治活动，企图实现他的政治理想。

柏拉图认为在理想的国度里，国家应当由哲学家来统治。公民被划分为卫国者、士兵和普通人民三个阶层。卫国者是少部分管理国家的精英，这个头衔可以被继承，其他阶级的优秀儿童也可以被培养成卫国者，而卫国者的后代也有可能被降成普通人民。卫国者的任务是监督法典的制定和执行。

为达到该目的，柏拉图有一套完整的理论。他的理想国要求每一个人在社会上都有其特殊作用，以满足社会的整体需要。而且在这个国家中，女人和男人有着同样的权利，存在着完全的性平等。政府也可以在维护公众利益需要的时候撒谎，而每一个人都不应该打扰他人。在今天看来，柏拉图描绘的理想世界是一个可怕的极权主义国家。

阿基米德为什么被誉为"力学之父"？

Weishenme

阿基米德（约公元前287~前212年），是古希腊伟大的物理学家、数学家，静力学和流体静力学的奠基人。阿基米德出生于西西里岛的叙拉古（今意大利锡拉库萨）。出身贵族的他从小就被送到古希腊文化中心亚历山大里亚城学习，并且对数学、力学和天文学产生了浓厚的兴趣。

> **浴缸里的阿基米德**
> 阿基米德发现浮力定律的故事广为流传，据说他在洗澡时突然发现浮力定律，并且光着身子跑到大街上，大呼"我发现了"。

【百科辞典】

《理想国》：
又译为《国家篇》、《共和国》等，共分10卷。它探讨了哲学、政治、伦理道德、教育、文艺等各方面的问题，以理念论为基础，建立了一个系统的理想国家方案。

> **柏拉图像**
> 柏拉图在雅典城西北部创立了自己的学校，取名学园。这是西方最早的高等学府，后世的高等学术机构——学院也因此得名。

在一生不懈的研究探索中，阿基米德在诸多科学领域都作出了突出贡献，尤其在力学方面的成绩最为突出。首先，他系统并严格证明了杠杆定律，为静力学奠定了基础。在总结前人经验的基础上，阿基米德系统地研究了物体的重心和杠杆原理，提出了精确地确定物体重心的方法。他还曾就此说出那句名言"给我一个支点，我将撬动整个地球"。他在研究浮体的过程中发现了浮力定律，也就是有名的阿基米德定律。阿基米德受到同时代人和后世许多科学家的高度尊敬，被称为"理论天才与实验天才合于一人的理想化身"，并被誉为"力学之父"。

历史之最 最早的百科全书：雅典的斯伯西布斯于公元前370年编纂的百科全书。编者斯伯西布斯是柏拉图的侄子。

亚历山大城

公元前332年,希腊马其顿国王亚历山大一世征服埃及时建立了这座城市,并以他的名字命名,定为都城。现在的亚历山大城已经没有古迹,成为一个现代化城市。

亚历山大大帝缔造了怎样的大帝国?

公元前4世纪,希腊城邦开始走向衰落,而在它北部的马其顿王国却逐渐强大起来,并很快打败了希腊联军,控制了希腊。不久,马其顿国王腓力二世的儿子亚历山大继承了王位,史称"亚历山大大帝"。

亚历山大成为马其顿国王后,先征服了希腊,然后以马其顿、希腊联军最高统帅的身份继续东侵。他率军侵入小亚细亚,在伊苏斯大败波斯,接着占领埃及,在埃及建立了著名的亚历山大城。然后又去了亚洲,攻占巴比伦等城市,消灭了波斯。在远征中,他命令所有士兵"把世界当做自己的家乡"。

后来,亚历山大在进军中亚细亚时,遭到当地游牧部落的反抗,无功而返;在进军印度河流域时,又遭土著居民的顽强抵抗,加上气候不适,士兵普遍厌战,亚历山大被迫退兵,返回了巴比伦。此后,亚历山大就以巴比伦为都城,在东起印度河、西至尼罗河和巴尔干半岛的领域内,建立了横跨亚、非、欧三大洲的亚历山大帝国。

什么是罗马王政时代?

罗马文明起源于意大利拉提乌姆平原的台伯河左岸附近。

公元前1000年左右,拉丁人进入了拉提乌姆平原,其中一支大约在公元前800年迁到了后来的罗马城所在地,居住在帕拉提乌姆等山丘一带。他们在山丘顶上建立村落,种植农作物,并制造铁器。不久,萨宾人也迁到了罗马城,在拉丁人住地附近定居下来。到了公元前7世纪,以帕拉提乌姆为中心,各山丘聚集的居民开始了部落联合过程,由单一的拉丁人部落联合为包括萨宾人和伊特拉斯坎人等三个部落的罗马人公社。公元前7世纪末到公元前6世纪末,罗马人公社由伊特拉斯坎人统治,并逐渐完成了由氏族部落公社到城市国家的过渡。

历史上把公元前8至前6世纪这一段时期称为罗马的"王政时代"。当时氏族部落组织非常完整,并具有军事民主制机构。但内部阶级已逐步分化,家长奴隶制和保护制的关系也正在发生变化,后来又出现了贵族与平民之分。传说王政时代共有七王,第一王罗慕路建立了罗马城。

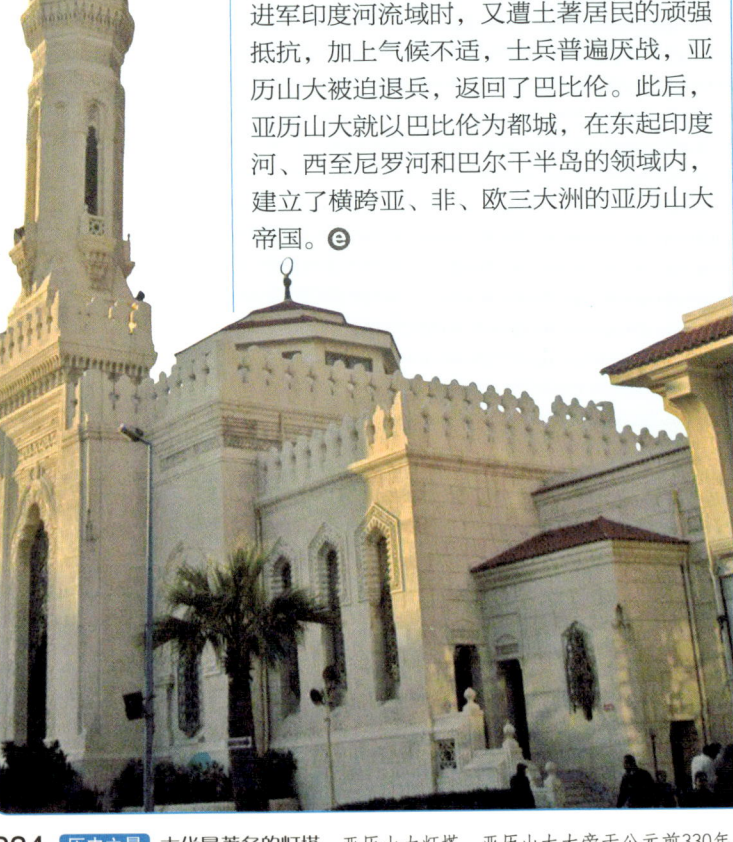

你知道吗

- 亚历山大大帝的家庭教师是声名显赫、堪称古代世界最伟大的哲学家和科学家的亚里士多德。
- 亚历山大是历史上最富戏剧性的人物之一,他的经历和个性一直是其力量的源泉。在11年的奋战中,他从未打过一次败仗,建立了一个举世无双的帝国。作为战士,他智勇双全;作为将军,他睿智多谋。简单地说,他是个英雄。

历史之最 古代最著名的灯塔:亚历山大灯塔。亚历山大大帝于公元前330年所建,高约140米。

母狼为什么被视为罗马人的恩兽？

Weishenme

传统上，罗马人把罗穆路奉为罗马城的创始人。相传，他和他的孪生兄弟瑞摩斯是英雄埃涅阿斯的后代，埃涅阿斯在希腊人占领特洛伊城之后来到了意大利半岛。这对孪生兄弟的外祖父是罗马东南部阿尔巴国的国王努米托，他邪恶的兄弟阿穆利乌斯将他驱逐出境，还阻止他唯一的女儿生儿育女，以防止国王的子孙报仇。但是努米托的女儿与战神玛尔斯相爱，生下了罗穆路和瑞摩斯这对孪生兄弟。

阿穆利乌斯得知此事，便将这对孪生兄弟放入篮子，丢进台伯河中，想要淹死他们。可兄弟俩被冲上了河岸，一只母狼发现了他们，并用乳汁哺育了他们。后来，一位牧羊人发现了这对孪生兄弟，将他们带回家中并抚养成人。长大后的兄弟俩杀死了阿穆利乌斯，帮助外祖父努米托恢复了王位。此后，他们离开外祖父，在当年二人被母狼哺育过的地方创建了自己的城市，即罗马城。可惜，兄弟俩在决定谁来做城市的主宰时发生了争执，罗慕路最终杀死了瑞摩斯，成为罗马城的国王。

古罗马如何称霸地中海？

Weishenme

罗马为了取得地中海上的霸权，于公元前3至前2世纪，同迦太基人发生了三次战争。第一次是为争夺西西里而爆发的，结果罗马不仅得到大量赔款，还将西西里岛划为行省；第二次是因罗马势力扩展到迦太基控制的城市而引起的，迦太基著名将领汉尼拔率军队远征意大利，取得一系列的胜利，其中最有名的是发生在公元前216年的坎尼战役，汉尼拔以劣势兵力击溃罗马军，歼敌5.4万人，俘虏1.8万人，而汉尼拔军只损失6000人，成为世界历史上一次著名的以少胜多的战役。

罗马军队暂时处于困境，但他们很快扭转了战局，并最终取得了胜利。迦太基再次失败，失去了海外的一切属地。公元前149年，罗马借口迦太基人违反和约而进攻迦太基，经过3年血战，彻底战胜了迦太基。与此同时，罗马向东扩张，征服了一些国家。到公元前2世纪末，罗马已成为地中海上的霸主。

母狼哺婴青铜像
母狼形体结构严谨，身上的装饰纹样也非常细致讲究，颈毛部位呈卷凸状，下垂的乳房与因喂乳而消瘦的腹肋部位都塑造得极其逼真，给人以一种威严的感觉，表现出一种外表凶残内心仁慈的性格。16世纪时，又有人在狼的腹部下制作了两个婴儿的雕像，更完整地表达了罗马建城的传说。

突尼斯的迦太基遗迹
现在的迦太基遗迹虽只剩下断壁残垣，但仍可从巨大的石块、恢弘的遗迹中想象当年迦太基的繁荣。

历史之最　最早的罗马："七丘之城"。罗马城最初建在景色秀丽的七座山丘之上，故称为"七丘之城"。

斯巴达克
斯巴达克以他的勇敢和智慧,成了角斗士们的精神领袖。马克思曾称赞他是"伟大的统帅"。

罗马大角斗场宏伟的外墙
罗马大角斗场是古罗马最大的角斗场,建于公元70至82年,平面呈椭圆形,长径188米,短径156米,四周为看台,外墙高57米。

古罗马为什么盛行角斗?

角斗最开始出现的时候,只是一种为了纪念亡者和获取威望的仪式。随着时间的推移,角斗活动逐渐失去了原有的宗教意义,演变为公共娱乐活动。这种血腥的仪式,在当时被视为神圣而勇敢的行为。最初的角斗是人与人之间的肉搏,后来逐渐发展为人与老虎、狮子、熊、豹、野牛等猛兽的搏斗。到了最后,为了寻求更大的刺激,古罗马人有了真正的角斗士:两个角斗士手里均拿着利剑或三叉戟、盾牌或网套,相互刺杀,直至一方死亡。

罗马帝国末期,享乐之风盛行。古罗马贵族养尊处优,无所事事,游手好闲,观看角斗表演成了他们的最大嗜好。而普通的自由民也渐渐沾染了这种恶习,他们鄙视劳动,不再从事农业生产,沦为流氓无产者,整天在竞技场或浴场里面玩乐,平常就依靠政府的救济生活。"面包与竞技"成了古罗马民众的口号,同时也是古罗马贵族的统治政策。古罗马统治者通过向民众提供角斗表演等公共娱乐活动,转移民众斗争视线,使他们沉溺其中,失去斗志。但这也成为古罗马走向衰落的主要原因之一。

斯巴达克为什么起义?

古罗马共和制末期,由于频繁的内外战争,众多的奴隶产生了,他们的处境十分悲惨。奴隶主们为了取乐,建造巨大的角斗场,专门挑选身强力壮的奴隶送到角斗学校进行训练,然后强迫奴隶在竞技场自相残杀或同野兽搏斗,用奴隶的鲜血和生命供自己消遣、娱乐。

斯巴达克是巴尔干半岛东北部的色雷斯人。古罗马进兵北希腊时,斯巴达克被罗马人俘虏,沦为角斗奴隶,受到了非人的折磨。在忍无可忍的情况下,斯巴达克决定起来反抗。角斗士们在斯巴达克的鼓动下,拿起厨房里的刀和铁叉,冲出牢笼,跑到维苏威火山上发动了起义。

起义队伍很快发展壮大,并多次战胜古罗马军队。公元前72年,斯巴达克的队伍已增加到12万(另说为9万至10万)人,在摩提那会战中击溃了卡西乌斯总督的军队,然后又挥师南下。古罗马元老院宣布国家进入紧急状态,命令克拉苏率大军前往镇压。在古罗马军队的四面围剿之下,起义终于被镇压下去,斯巴达克战死。但他的余部仍在意大利许多地区坚持战斗达10年之久。

古罗马的"法西斯"代表什么?

Weishenme

法西斯在古罗马是权力和威信的标志,是古罗马时代执政官自己或卫士手执的权杖的名字。它是一束捆绑在一起的木棒,中间插着一把斧头。木棍代表团结,斧头则代表最高权力,意思是像捆绑着的木棒一样团结起来,统一行动,统一意志,达到像斧头一样的威力。

在古罗马的官方场合下,法西斯还代表官员的级别和权利。官员的级别不同,他们拥有的法西斯数量也不等。允许持法西斯的官员包括最高裁判官、地方长官、最高执政官、总督、独裁者和皇帝。在古罗马胜利游行的过程中,特别勇敢的士兵也可以手持斧头。但在古罗马的传统中,一个普通官员进入古罗马城后,法西斯的斧头必须摘下来,只有独裁者才允许带斧头进入古罗马城。

恺撒大帝为什么被刺?

Weishenme

公元前46年,恺撒被推举为古罗马终身独裁官。元老院、公民大会虽然在形式上保存,但实际上一切听命于恺撒,恺撒已经成了古罗马世界至高无上的主宰者。但他的独裁和改革遭到一部分元老贵族的坚决反对,代表人物有布鲁图和卡西乌斯。布鲁图曾经是恺撒的主要政敌庞培的部下,后来被恺撒宽恕,并继续信任和重用。

恺撒和庞培早年曾经担任执政官。当恺撒在古罗马共和国西部打仗的时候,庞培在共和国东部也屡建战功。庞培虽然是恺撒的亲密朋友,却十分嫉妒恺撒。恺撒征服的地方越来越多,在士兵中的威信又日益增高,使庞培深感不安。还有一些元老认为,恺撒的权力愈来愈大,总有一天会凌驾于他们之上,戴上皇冠。因此,庞培和这些元老们联合起来组织成一个阴谋集团,决心除掉恺撒。不料恺撒先发制人,于公元前49年率军打败庞培,继而摧毁了元老院的统治秩序。庞培只得逃往埃及。恺撒于是成为古罗马的独裁者。但元老院的残余势力尚未被肃清,其中的阴谋家仍然蠢蠢欲动。

公元前44年3月15日,在元老院举行会议时,恺撒只身一人来到会议厅。虽然他事先已经得到警告,说有人要在这天谋杀他,但是他仍然拒绝带卫队。最终,他被以布鲁图为首的一群阴谋者用短剑刺死在了会议大厅里。

《恺撒之死》
公元前44年,恺撒大帝遭到暗杀,结束了他56岁的人生。这幅画表现了恺撒被刺的情形。

古罗马的"法西斯"
法西斯,即一把被多根绑在一起的木棍围绕的斧头,在古罗马是权力和威严的标志。

你知道吗

☐ 恺撒在独裁统治期间,为了加强中央集权,采取了一系列改革措施。通过这些改革措施,恺撒一方面加强了罗马共和国与其他国家的联合,另一方面也提高了各行省的地位,从而削弱了元老贵族的势力。

历史之最 最经典的辩解:在杀死恺撒之后,布鲁图留下了历史上最著名的自我辩解:"不是我爱恺撒少,而是我爱罗马多。"

西方"元首制"是从哪里来的？

古罗马共和国经过几百年的发展，到公元前1世纪时，已成为一个强大的殖民帝国，占领的领土面积超过了意大利本土面积5倍。随着土地的扩大和财富的集中，奴隶主集团之间争权夺利的斗争也相应加剧。统治阶级内部的高级将领相继发生了兵戎相见的血腥倾轧，并最终导致了权力的绝对集中，国家体制由共和国转变成为帝国，世界上最早的元首制由此产生。元首制也称为普林西比制，来自于拉丁文字"princeps"，意思是首领或第一。这一头衔为第一位罗马皇帝屋大维最早采用。

尼禄像
罗马"黄金时代"在克劳狄王朝最后一个皇帝尼禄上台后结束。关于尼禄，人们一般都认为他残暴，接近疯狂。不过，尼禄善于弹琴和调弦，爱好艺术表演。

图拉真纪功柱
图拉真是罗马帝国安东尼王朝的第二任元首，曾获得元老院赠予的"最佳元首"称号。图拉真纪功柱建于107年，是为纪念图拉真远征罗马尼亚的胜利。

罗马帝国的"黄金时代"是什么时期？

公元前27年，屋大维完成了古代罗马从共和制到帝制的演变，建立了罗马帝国。屋大维在位期间，不断对外征战。他使疆土得到了极大的扩展，西至大西洋边，北至莱茵河和多瑙河，东至幼发拉底河，南边则到阿拉伯和非洲的沙漠地带。之后，罗马帝国出现了涅尔瓦、图拉真、哈德良、安东尼·皮乌斯和马尔库斯·安东尼五位帝王，进入五贤帝时代。尤其在后两位帝王统治时期，罗马进入"两安东尼统治下的黄金时代"。

在两安东尼黄金时代，帝国团结，繁荣富强，各种宗教和谐并存，各地的人民都希望到罗马这座安定繁荣的城市定居。罗马帝国善于吸纳外族、奴隶、敌人及野蛮人的诸多优点，自由之风在罗马城盛行。帝国及各行省的公民都享有特权，虽然他们的特权还有一些差异，但这些差异越来越小。在人数上占有很大的比例的奴隶也得到了一定的法律保护。在这个时期，罗马的城市功能逐步完善，成为一座艺术之城，农业也得到了极大的发展。罗马帝国的法律、度量衡和货币制度都快速得到了统一，并且通行全国。

【百科辞典】

元首制：
元首制实质上就是披着共和制外衣的君主制。比如在罗马，其皇帝独裁统治的实质被罗马共和国时期寡头政治的形式所掩盖。

屋大维：
古罗马杰出的政治家、罗马帝国的创始者。屋大维曾被恺撒收为养子，并继承了其大部分财产。公元前31年，屋大维打败了安东尼，成为罗马的独裁者。屋大维在国家制度上保留了共和制的外衣，没有恢复军事独裁制度。但他把自己称为"第一公民"，意即元首，他的地位等同于中国的皇帝。

历史之最 最大的太阳钟：奥古斯都太阳钟。古罗马时期屋大维下令建造，由一块很大的平地和一根矗立在平地中央的华表组成。

罗马帝国为什么衰落？
Weishenme

罗马帝国因其幅员辽阔而被誉为"世界帝国"。在前后一千余年里，罗马帝国的统治者们不断开疆拓土，在极盛时期，罗马帝国的版图包括了今天的意大利、英国、法国、葡萄牙、西班牙、瑞士、奥地利、希腊、土耳其、伊拉克、埃及等地，地中海只不过是其内湖。这么庞大的帝国，它是怎样逐渐分裂消亡的呢？

罗马的衰败在很大程度上归咎于罗马公民理想的丧失。在共和国时代，普通公民是国家的主人，人们为国家也为自己而工作，各级官员、元老院也都一心为公，很少有贪污腐败的现象发生。进入帝国时代后，人民被排除在政治生活之外，国家成了皇帝和官僚的私产。他们巧立名目征收重税，使得普通百姓与政府离心离德，不愿服兵役，最后导致国家军事实力下降。

此外，罗马人民失去了民族活力。当年在布匿战争中表现勇敢的罗马人，经历几百年的辉煌后已经完全沉醉在艺术和无聊的消遣中。帝国的统治者丧失了锐气，人民也不再树立建功立业的雄心，整个国家死气沉沉。这也是罗马衰败的重要原因——历史绝不会垂青一个没有锐气的民族。

西罗马帝国为什么灭亡？
Weishenme

4世纪中期，罗马帝国境内不堪忍受残暴统治的人民纷纷起义。394年，以起义起家的提奥多西皇帝最后一次把罗马帝国统一了起来，然而这次统一是短暂的。395年，提奥多西去世，他在临终前把帝国分给两个儿子继承，随即帝国分裂为东西两部，东罗马定都君士坦丁堡，西罗马仍定都罗马。西罗马帝国建立后多次遭受西哥特人的进攻，同时，日耳曼部落的另一支汪达尔人和勃艮第人也从北方发起进攻，西罗马帝国岌岌可危。410年，西哥特人在罗马城内奴隶的配合下，一举占领罗马城。

5世纪70年代，西罗马帝国土崩瓦解：西哥特人统治西班牙，东哥特人统治意大利，汪达尔人统治非洲北部，法兰克人和勃艮第人统治高卢。西罗马帝国皇帝成了日耳曼人的傀儡。476年9月4日，日耳曼人首领奥多亚克废掉了当时只有6岁的罗马皇帝，自立为王，西罗马帝国灭亡。从此，西欧各族开始步入了封建社会时期。

你知道吗

- 曾有历史学家认为，古罗马帝国是由于铅污染而灭亡的。因为古罗马人喜欢用铅制的器皿储存糖浆和酒，贵族们用铅管引水入室，妇女们喜欢用含铅的化妆品，他们制作葡萄酱时还要加进铅丹（即四氧化三铅）。天长日久，罗马帝国的人民普遍发生了铅中毒。
- 东罗马帝国又称"拜占庭帝国"。476年，西罗马帝国灭亡后，东罗马帝国又存在了近1000年，于1453年被奥斯曼土耳其帝国所灭。

君士坦丁凯旋门
建于312年，是罗马城现存的三座凯旋门中年代最晚的一座。它是为庆祝君士坦丁大帝于312年彻底战胜强敌马克森提并统一帝国而建的。

历史之最 最暴虐的国王：罗马帝国皇帝凯尼古拉。凯尼古拉最喜欢用各种酷刑杀人，堪称人类历史上最暴虐的国王。

基督教是何时诞生的?

公元元年前后,统一的罗马帝国促使希腊和罗马哲学熔于一炉,各方的民俗和宗教互相渗透。但是,帝国境内的阶级矛盾和民族矛盾十分尖锐,奴隶起义和民族独立战争此起彼伏。但每次起义都在残酷的镇压下失败了。被压迫民族,尤其是下层劳动群众,无力在经济、政治、军事上获得解放,对自由的渴望只能更加强烈地表现于宗教信仰中。当时在罗马帝国境内,各种形式的宗教到处流传。基督教就产生于这样的历史环境中。

相传基督教是由巴勒斯坦地区的拿撒勒人耶稣所创。基督教是区别于犹太教、崇奉"三位一体"的"圣父"、"圣子"、"圣灵"的新教派。4世纪时,基督教成为罗马帝国国教,渐渐在欧洲占统治地位,成为欧洲封建制度的重要支柱。在11世纪前后,基督教分裂为罗马公教和东正教。16世纪的宗教改革运动中,新教又从罗马公教中分裂出来,出现了路德宗、归正宗和安立甘宗三大新教主流派,后来又陆续分化出其他许多宗派。此后,基督教各派系逐渐传遍世界各大洲,对欧美各国的历史和文化都产生了深远影响。

彩陶盆
玛雅文化前古典期烧制,洪都拉斯玛雅遗址出土。画面中绘的是章鱼的形象。

蒂卡尔的玛雅金字塔
蒂卡尔是玛雅古典时期最大的城邦,位于危地马拉北部佩腾省的丛林中,城市面积超过65平方千米,有3000座以上的金字塔、祭坛、石碑等遗迹。蒂卡尔一号金字塔的倾斜度达70度,陡峭惊险,被称为"丛林大教堂"。

你知道吗

1526年,一支西班牙探险队前往尤卡坦,企图用暴力建立西班牙殖民地,并强制推行基督教。不肯屈服的玛雅人与之展开了长达百余年的游击战,直到1697年,最后一个玛雅城邦在西班牙人的炮火中灰飞烟灭,玛雅文明被彻底摧毁。

玛雅文明始于何时?

玛雅文明是中美洲古代印第安文明的杰出代表,因其创建者为印第安玛雅人而得名,主要分布在墨西哥南部、危地马拉、巴拿马、伯利兹以及洪都拉斯和萨尔瓦多等地区。玛雅文明大约形成于公元前2500年,于公元前400年左右建立了早期的奴隶制国家。3至9世纪是玛雅文明的繁盛期,15世纪后衰落,最后被西班牙殖民者摧毁,湮没在热带丛林中。

玛雅文明是拉美古代三大文明中最早的一个。玛雅人在农业、文字、天文、数学和建筑等方面取得的辉煌成就。比如他们培育的玉米、土豆、西红柿等作物,后来传遍了整个世界。19世纪以来,人们在中美洲陆续发现了一百多个玛雅城邦遗址,其中最著名的有蒂卡尔、帕伦克、奇琴·伊察和乌克斯马尔等。

历史之最 影响最大的书:迄今为止,《圣经》已被译成1900多种语言,是公认的对人类影响最大、最深远的一部书。

奥尔梅克文明与玛雅文明有何关系？

Weishenme

奥尔梅克文明是已知最古老的美洲文明。它存在和繁盛于公元前1200至前400年的中美洲（现在的墨西哥中南部）。圣洛伦索是早期奥尔梅克文明的中心，在繁盛了大约300年后，于公元前900年左右被暴力摧毁。后来奥尔梅克文明的中心迁到靠近墨西哥湾的拉文塔，持续到公元前400年，这一文明莫名其妙地消亡了。

尽管奥尔梅克文明消失的原因尚不为人所知，但它对中美洲文明产生了深远的影响。

奥尔梅克文明以大量的石头艺术品和石刻建筑而著称，比如说石头金字塔、石雕人像和精美的玉器等。奥尔梅克文明的许多特征，如金字塔和宫殿的建造、玉器雕琢、美洲虎和羽蛇神崇拜等都是后来中美洲玛雅文明的共同元素。大多数学者认为，奥尔梅克文明是玛雅、托尔特克等文明的母体。但也有人认为，奥尔梅克文明和其他中美洲文明的关系是姐妹关系。

为什么说玛雅社会是金字塔式结构？

Weishenme

7至8世纪时的玛雅社会已经具有高度完善的阶级制度，形成了金字塔式的社会阶层组织。

在玛雅的社会阶层中，最高一级是统治阶层，或称统治家族。统治者自己担任这个复杂社会组织的首要执行长官，维持上层建筑并且管理这个文明社会的基础设施，可以兼任宗教和世俗两方面的领袖。地位最高的大酋长采用世袭制，下有常设的由领导阶级及祭司组成的"顾问议会"。祭司阶级是玛雅社会的中心，他们同时拥有对世俗社会的权力，控制着王室或贵族。

玛雅社会的地方长官由各部落的小酋长及助手担任。除此之外，还有类似指挥作战的司令官及警察等公共事务人员编制。

居于这种金字塔式的社会组织基层的是为数众多的农奴和手工业奴隶，他们被迫出卖体力，以满足统治阶级的各种需求。

奥尔梅克巨石头像
奥尔梅克巨石头像用整块玄武岩雕成，嘴唇肥厚，鼻子扁平，扁桃形的大眼睛深邃冷漠，还戴着古怪的头盔。它是奥尔梅克文明最典型的象征，也是美洲最早的纪念性雕刻。

玛雅奇琴·伊察城的"圣井"
在距离奇琴·伊察城不远处有两个石灰岩深潭，早在五六世纪时，玛雅人就在靠近深潭的地方定居，用其中一个深潭的水灌溉农田和饮用，而把另一个奉为"圣井"，用来祭祀雨神。

你知道吗

- 奥尔梅克人主要崇拜半人半虎的神，也崇拜羽蛇神和谷神。宗教信仰是奥尔梅克社会的主旋律。
- 玛雅的祭司通晓占星术与历法，对宇宙有极为深刻的认识，他们不但能做出正确的太阳历，还能运用图形文字将各种知识记录于图画文字资料中。

历史之最 最著名的奥尔梅克艺术品：奥尔梅克巨石头像。这些高达3米的巨大头像具有非洲人的相貌特征，且戴着古怪的头盔。

玛雅的历法为什么令人迷惑？

Weishenme

19世纪末，中美洲丛林中的玛雅神殿被发现，拉开了人们对玛雅文化研究的序幕。在对玛雅文化长期的研究中，人们发现玛雅历法是古代各民族中最精确的历法，同时也是最不可思议、最令人迷惑的历法。玛雅人把一年分为18个月，每个月20天，在年终又加上了5天禁忌日，总共是365天。他们测算的太阳历为365.2420天，相对于现代人准确计算出来的365.2422天，误差只有24.28秒。

同样，玛雅人知道月亮绕地球运行的时间周期为29.528天，而现代人计算出来最精确的数字是29.530天。除了使用太阳历外，玛雅人还有金星历和卓尔金历。他们计算出金星历年为584天，而现代人的测算为583.92天，两者每天相差仅12秒，50年内的误差只有7秒。

在关于玛雅文明的传说中，他们有几个纪元，每个纪元都是以地球毁灭性破坏的结束为起点的。玛雅的最后一个纪元开始于公元前3113年，那正是他们在中美定居下来的日子；玛雅的上一个纪元开始于公元前11000年，那时，恰逢地球上冰河期结束；再往前推，他们还有三个纪元，每个纪元的时间都要以几十万年或几百万年来计算。

阿兹特克人为什么用活人献祭？

Weishenme

阿兹特克文明是美洲三大文明之一，阿兹特克人是一个尚武而又对宗教极端狂热的民族，宗教在阿兹特克人的日常生活中占有极其重要的地位。他们认为，宇宙是以"大循环"的方式存在。自创世以来，世界已经过了四个循环周期，每个周期就是一个"太阳纪"，分别由不同的神灵统治。前四个太阳纪都已毁灭了，现存的是第五个太阳纪，由太阳神兼阿兹特克人的战神，保护神齐洛波齐特利统治。可这个神灵已经非常古老了，人类必须时时奉献热血和人心以满足他的需要，使之有足够的力量每天升起，给大地带来生机。

阿兹特克人自诩神的选民，坚信自己有权对神的敌人发动战争，将俘虏的血奉献给太阳神。为此，他们常年四处征战，抓捕俘虏作为祭品献给神灵，大排宰杀俘虏向太阳神献祭，以致他们金字塔圣殿的四壁和台阶上蒙着一层厚厚的凝血和人的脂肪，令远道而来的西班牙殖民者看到后也感到触目惊心。

阿兹特克人的祭祀仪式
阿兹特克人有以活人作为祭品的习惯。每次出征前和胜利归来，阿兹特克人总要把人当做祭品押上祭坛，用刀挖出心脏来敬献给战神。

阿兹特克石雕
阿兹特克文明又被称为"石头文明"，阿兹特克人制作了许多大型的石雕艺术品。

奇琴·伊察的天文台
玛雅文明最古老的圆形建筑，有三层平台，台内有一座螺旋梯子直通最上层的观测台，圆顶上有许多对着各个星座的天窗。

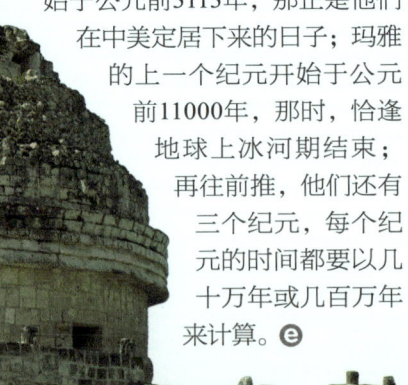

主题索引

阿兹特克帝国的都城在哪里？阿兹特克文明是如何毁灭的？

历史文化世界卷

你知道吗

阿兹特克文化的一大特色是喜欢用祭品。他们相信这样一个传说：必须用人的鲜血供奉太阳，太阳每天才会有力量从东方升起。于是他们通常用活人当祭品，一天之内杀掉数千人是常有的事。

阿兹特克帝国的都城在哪里？

Weishenme

12世纪末期，阿兹特克人从北部进入墨西哥中央峡谷，毁灭了托尔特克文化。1325年，他们开始在特斯科科湖中的岛上建立特诺奇蒂特兰城（今墨西哥城）。15世纪上半叶，阿兹特克人与附近的特斯科科和特拉科潘两个部落结盟，建立起了当时中美洲最为强大的部落联盟，并以特诺奇蒂特兰为都城。都城里面建有宏伟的宫殿和金字塔神殿，供祭祀的墙上面饰有浮雕、壁画及花纹，这里是拉丁美洲四大文化基地之一。

阿兹特克文明是如何毁灭的？

Weishenme

阿兹特克帝国繁荣之时，西班牙人开始在阿兹特克人居住的墨西哥湾和加勒比海沿岸进行殖民活动。1519年11月8日，西班牙殖民军在科尔特斯的率领下进入特诺奇蒂特兰城，受到了阿兹特克人的欢迎。但进城后，科尔特斯以几个西班牙人被阿兹特克人杀害为借口，俘虏了国王孟蒂祖玛二世，并在王宫内的地下室中掠夺了大量财宝。这样以来，双方的仇恨变得不可化解。

1520年，在一次阿兹特克人的宗教活动中，西班牙人又大肆杀害阿兹特克人，激起了阿兹特克人的强烈反抗。他们将西班牙人的驻地团团围住，科尔特斯组织突围，逃出了特诺奇蒂特兰城。1521年，科尔特斯再次带兵攻入了特诺奇蒂特兰城内，大肆破坏，烧杀抢掠，随后将城市夷为平地。墨西哥就此沦为西班牙的殖民地，阿兹特克文明也从此消亡。

科尔特斯与孟蒂祖玛二世
西班牙殖民者科尔特斯初到特诺奇蒂特兰时，受到阿兹特克皇帝孟蒂祖玛二世的欢迎。但科尔特斯施展狡诈手段，把孟蒂祖玛二世监禁起来。经过激烈的战争，1521年8月，科尔特斯终于攻占了特诺奇蒂特兰城。

特诺奇蒂特兰遗址
今日的墨西哥城是建在昔日阿兹特克帝国都城特诺奇蒂特兰的遗址之上的。如今，为了保护这个伟大古国的遗址，墨西哥政府已把附近5000平方米地区划为保护区，拆毁了保护区内的七幢建筑物。

历史之最 最古老的球类运动：乌拉马。作为一种体育运动，乌拉马能够流传4000多年，的确是个非常独特的历史现象。

太阳石是做什么用的？

传说，1479年，阿兹特克王阿夏亚卡特尔命令他的臣民从山上取下一块巨大的玄武岩。随后命令工匠把它凿成圆盘，并在表面雕刻上阿兹特克太阳历，这块巨石被后人称为"太阳石"。

1521年，西班牙入侵墨西哥，在控制特诺奇蒂特兰城后，掩埋了太阳石，拆毁了原来的阿兹特克神庙，并在原址上用拆毁神庙所得的砖石修建了大教堂，希望借此摧毁当地人的宗教信仰。1790年，在平整大教堂广场地面的工程中，人们挖掘出了太阳石。

太阳石上的阿兹特克历记录了太阳、月亮和金星的轨迹，包含了两部历法。第一部是太阳历，用于指导农耕。太阳历每年有18个月，每月20天，再加上年末5天禁忌日，正好是365天，其精确程度比起伽利略历有过之而无不及。太阴历则规定每年有13个月，每月20天，共有260天。两部历法各自纪年，每52年重合一次。用这种方式纪年，可以精确地推算到远古时代。

太阳石
太阳石中间的人像是给生命以力量的太阳神，四周的四个长方形代表着曾经的四个太阳纪。内环的20个不同的图案代表了20天，外环的"V"字象征带给大地能量的阳光。环绕巨石的两条巨蛇则象征着羽蛇神和火神。

库斯科印加遗迹
库斯科建造于11世纪，是美洲最古老的城市之一。今天的古城格局依旧，有大量印加遗迹及殖民时期建造的大教堂，被联合国教科文组织列入"人类文化遗产"名录。

印加人为什么自称"太阳之子"？

6世纪时，南美洲安第斯山区和太平洋沿岸地带大约生活着一百多个部落，其中最主要的有4个：艾马拉、莫契卡、普基那和克丘亚。居住在库斯科谷地的克丘亚部落在4个部落中相对比较落后，但它借鉴了其他部落的先进经验，迅速发展起来，萌生了印加文化之源。

到了13世纪，克丘亚部落群中的印加部落开始崛起，建立了奴隶制国家，并开始了历时百年的征战史。印加部落先后征服了整个安第斯山脉中部地区的各个部落，建立了幅员辽阔的中央集权帝国，即"印加帝国"。

"印加"是太阳之子的意思。印加人崇拜太阳，认为太阳神是他们的祖先。为此，他们为太阳神建造了神殿，在祭坛上装饰有能够反射日光的黄金大圆盘。每年6月，印加人都为太阳神举行盛大的感恩祭奠——太阳祭。从1243年印加帝国崛起，到1532年印加人的末代首领阿塔瓦尔帕被西班牙征服者皮萨罗杀害，印加国大约经历了3个世纪的发展过程。

历史之最 保存时间最长的阿兹特克遗迹：太阳金字塔。塔高66米，体积100万立方米，是阿兹特克人祭祀太阳神的地方。

印加帝国为什么被称为"美洲罗马"？

Weishenme

印加帝国作为13至16世纪美洲的大帝国，享有"美洲罗马"之称。这不仅因为印加人开拓了辽阔的疆域，而且在于印加帝国建立了一套完善的国家机器。印加帝国属于奴隶制国家，奴隶主阶级包括印加王、王室贵族、高级官吏和祭司。他们不从事生产劳动，过着奢侈的生活。印加王被称为太阳之子，神的化身，拥有至高无上的权力，独揽国家一切政治、军事和宗教大权。印加王建立了以中央集权为中心的政治制度，以库斯科为中心，通过各级官吏，牢牢地控制着全国。除了政权机构外，印加统治者还拥有一支20万人的常备军队。为了巩固自己的统治，印加王还采取了一些文化和经济措施。例如，在刚被征服的地区强行推广统一的克丘亚语，并且在全国大兴道路和驿站，建立以库斯科为中心的交通网，以利于对边远地区的控制。

印加绳结有什么用？

Weishenme

印加帝国在农业生产技术及耕作制度、政治体制等方面都较为完备。但印加人并没有发明属于自己的文字，他们依靠结绳的方法来记录事情，记载历史。到目前为止，有一些"结绳文字"已经被破译。

结绳文字代表数字或者更复杂的意思，是印加历史的载体。印加数字系统使用的是十进制。印加人为了精确描述他们仓库中的商品数量、国家人口和其他信息，常常要使用几百条不同颜色的绳子打结来记录。绳子用棉线、骆驼或羊驼毛线制成，所打的绳结被印加人称为奇普。它由一根主绳和主绳上拴着的上千根副绳组成。主绳的直径通常有0.6厘米左右，上面系着很多细一些的副绳。副绳一般都超过100条，有时甚至多达2000条。每根副绳上都有一串串绳结，有时副绳上还挂着第二层、第三层甚至更多的绳索。

印加古道
印加人在全国修建了四通八达的道路网络，不仅便于印加王对全国的统治，而且也促进了各地区的联系与交流。

马丘比丘城里的羊驼
羊驼属于无峰驼的一种，原产于南美的秘鲁和智利的高原山区。羊驼还能提供肉食和皮革，脂肪可做灯油，毛可以结绳或制成绒布，粪便可做肥料，全身是宝。

历史之最　最长的山脉：安第斯山脉。其支脉跨委内瑞拉、哥伦比亚、厄瓜多尔、秘鲁、玻利维亚、智利等国，全长约8900千米。

→ 印加国王阿塔瓦尔帕
阿塔瓦尔帕是印加帝国最后一个国王，1532年，他被西班牙殖民者皮萨罗处以死刑，印加帝国300年繁荣的历史结束。

→ 印加人开垦的梯田
印加人凭借着自己的勤劳和智慧从山脚到山顶开垦了无数的梯田，望上去仿佛是山坡上巨大的阶梯。

印加帝国如何灭亡？

在印加帝国第十一代国王瓦伊纳·卡帕克（1493~1525年在位）统治时期，印加人征服了整个安第斯地区，建立起了强盛的国家，帝国达到强盛的顶峰。1531年，瓦伊纳·卡帕克死后，长子瓦斯卡尔与异母弟阿塔瓦尔帕为争夺王位而发生了内战，双方伤亡极大，再加上国内瘟疫流行，帝国元气大伤。1532年，西班牙殖民者F.皮萨罗率军侵入印加帝国，设计诱捕并处死了国王阿塔瓦尔帕，另立曼科·卡帕克二世为印加王。次年11月，西班牙军队占领了首都库斯科。1536年，曼科·卡帕克二世发动反对西班牙人的起义，起义于1537年被镇压下去，其他起义者的斗争一直延续到1572年。至此，印加帝国终于彻底灭亡了。

什么是"中世纪"？

中世纪的历史也叫中古史，指的是476年西罗马帝国灭亡到1640年英国资产阶级革命爆发这一时期的历史。在中世纪，随着西罗马帝国被日耳曼人所灭，相继出现了一批所谓的"蛮族"国家，先后有法兰克、伦巴第、奥多亚克等王国。中世纪早期，王国之间战争不断，造成科技和生产力的发展停滞不前，人民生活在毫无希望的痛苦中；中后期，整个欧洲处于基督教会的黑暗统治之下，中世纪因而又被称为"黑暗时代"。

封建制度的形成、发展和解体是中世纪欧洲历史的主线。但是，世界各国封建社会的发展并不平衡，当西欧在5世纪刚刚进入封建社会的时候，中国已经走过了近千年的封建社会历程。

历史之最 最早的"蛮族"国家：西哥特王国。418年，由狄奥多里克一世建立，都城为阿奎丹的土鲁斯。

东罗马帝国为什么又称拜占庭帝国？

Weishenme

拜占庭是一座靠海的古希腊移民城市，罗马皇帝君士坦丁一世于330年在此建城，并将其改名为"君士坦丁堡"，作为罗马帝国的陪都。君士坦丁堡位于连接黑海和爱琴海的战略水道博斯普鲁斯海峡西岸，控制海陆商业要道，地理位置十分优越。395年，庞大的罗马帝国遭受各路蛮族侵扰，罗马帝国分裂为东、西两部分，东部为东罗马帝国，西部为西罗马帝国。不久，西罗马帝国灭亡，而东罗马帝国依然存在。因为东罗马帝国的都城君士坦丁堡是在希腊古城拜占庭的基础上建立起来的，因此，东罗马帝国又被称为"拜占庭帝国"。

君士坦丁大帝为什么颁布《米兰敕令》？

Weishenme

如今，基督教是世界上影响最大、传播范围最广的宗教。但在1世纪时，罗马的统治者认为基督教只是犹太人的一种教派，因而，基督教和犹太教一样遭到罗马统治者的压制。加上早期的基督教徒多是贫苦人，他们具有明显的反抗意识，不与统治阶级合作，因此多次遭到罗马统治者的迫害。不过，也有一些皇帝对基督教采取了宽容态度，早期基督教才得以在艰难的环境中继续发展。3世纪时，基督教徒已经有六百多万。随着基督教的发展，教徒的成分发生了变化，教义也更趋向于顺从统治阶级的意志。

君士坦丁大帝执政后，发现基督教内部有一股统一的有组织的力量，耶稣的精神在全罗马帝国甚至在帝国范围以外传播，形成了一个巨大的自由结合的契约团体，提供了使人们在道义上团结一致的唯一希望。于是，君士坦丁大帝在有偏见者和追求私利者制造的巨大混乱之中，看到了这种团结一致的希望。313年，君士坦丁和东部帝国的皇帝李基尼乌斯联合颁布了《米兰敕令》。

《米兰敕令》宣布在罗马帝国境内，人们有信仰基督教的自由，并且发还已经没收的教会财产，承认基督教的合法地位。这是基督教历史上的转折点，标志着罗马帝国的统治者对基督教的态度从镇压和宽容相结合转变为保护和利用。而基督教从此也开始了与帝国政权合流、为奴隶主统治阶级服务的转变过程。

圣索菲亚大教堂
教堂建于拜占庭帝国鼎盛时期，整个建筑恢弘无比，体现出了卓越的建筑艺术。它的特别之处在于在平面上采用了希腊式十字架的造型，在空间上则创造了巨型的圆顶，而且在室内没有使用柱子来支撑。

拜占庭时期的金质徽章（正面）

拜占庭黄铜挂灯

历史之最 最典型的拜占庭建筑：圣索菲亚大教堂。这座面积达7570平方米、拥有107根支撑圆柱的教堂共使用了900年之久。

奥斯曼土耳其帝国时期的伊斯坦布尔
拜占庭帝国覆灭后，取而代之的是奥斯曼土耳其帝国，这是奥斯曼土耳其帝国统治时期的伊斯坦布尔。

穆罕默德二世像
穆罕默德二世是奥斯曼土耳其帝国的第七代君主，他于1453年攻克并洗劫了君士坦丁堡，灭亡了延续一千多年的拜占庭帝国，之后把这个城市改名为伊斯坦布尔，作为奥斯曼土耳其帝国的首都。

为什么《查士丁尼法典》影响巨大？

6世纪，拜占庭帝国查士丁尼大帝在位之时，国势日益强盛。首都君士坦丁堡位于欧亚两洲交界处，海上贸易发达，经济发展迅速。为了更好地维护其统治，查士丁尼同他的大臣们制定了《查士丁尼法典》。

《查士丁尼法典》保留了奴隶法，但取消了父母可以把子女卖为奴隶这一部分。《法典》还肯定了妇女可以继承遗产的权利。最重要的是，该《法典》强调了基督教的思想统治，确立了君权神授的原则。

《查士丁尼法典》标志着罗马法律已发展到了极其发达、完备的阶段，对以后欧洲各国的法学和法律的发展都有着较大的影响。另外，该《法典》的内容远比其他奴隶制法更为详尽。它所确定的概念和原则具有措辞严格、确切和结论明晰的特点，尤其是它所提出的自由民在"私法"范围内的形式上平等、契约以当事人同意为生效的主要条件和财产无限制私有等重要原则，均为后世法律的制订奠定了基础。

拜占庭帝国如何覆灭？

拜占庭帝国末期，为了抵抗突厥的入侵，国王亚历克修斯一世引入了封建封侯制度，并重新建立起一支军队。同时，他向西方罗马教皇求救，希望能共同抵抗突厥。西方教会势力组织了十字军，开始了第一次东征。十字军收复了尼西亚，但很快与拜占庭帝国反目成仇。1144年，法国国王路易七世发起第二次十字军东征，法国人和拜占庭人公开对抗。

1169年，拜占庭帝国皇帝曼纽尔一世和由十字军建立的耶路撒冷王国联合出兵远征埃及，但联军在1176年被彻底击败。曼纽尔一世在位期间，力图恢复拜占庭往日的荣耀，四处出击，但屡屡碰壁，拜占庭复兴的最后努力也以失败而告终。1202年，第四次十字军东征开始，目标是拜占庭都城君士坦丁堡。1204年4月12日，君士坦丁堡被拉丁十字军攻克，这是君士坦丁堡历史上第一次被外族攻克。这座城市遭到了拉丁人的疯狂洗劫。

1299年，奥斯曼土耳其人开始在小亚细亚中部兴起，并在1355年时疯狂扩张领土，致使拜占庭失去了所有的亚洲领地，仅剩下君士坦丁堡、色雷斯、特拉比松和萨洛尼卡等爱琴海沿岸的孤立据点。1451年起，奥斯曼人开始围攻君士坦丁堡，进攻长达两年，并且动用了当时最先进的武器——大炮。1453年5月29日，拜占庭帝国在炮声中彻底覆灭。

你知道吗

- 东罗马帝国的《查士丁尼法典》规定了教堂和修道院的规模和生活规则，强化了对教徒的统治。
- 拜占庭帝国皇帝曼纽尔一世曾两次入侵匈牙利，最后被匈牙利军击败，并由此丢失了达尔马提亚的主权。

历史之最 第一部完备的中世纪奴隶制成文法：《查士丁尼法典》。它搜罗了自罗马共和时期至查士丁尼时期的所有法律和法学著作。

为什么说拜占庭是东西方贸易的十字路口？

Weishenme

拜占庭帝国初期，许多重要的手工作坊都由国家直接管理。它们制造的产品也主要供应宫廷、军队和贵族奴隶主，并对外换取大量消费品。除了国家控制的作坊外，还有一些属于城市政府、教会寺院以及私人的作坊和自由的个体手工业劳动者。但到了10世纪，情况发了巨大变化，君士坦丁堡的私人作坊和个体手工业者已在手工业生产中占据主要地位，推动着自由贸易的发展。

由于拜占庭帝国的都城君士坦丁堡处在特殊的地理位置，对外贸易往来非常频繁。帝国成立初期，成批的商人通过伊朗与东方的印度、中国等国进行贸易。他们运去的玻璃制品、琉璃制品、珊瑚和毛织品很受东方人的欢迎；而运回的香料、丝绸、宝石、象牙、药材等名贵商品，除满足拜占庭贵族们的需要之外，还远销西方的意大利、法兰西、西班牙、德意志和北方的俄罗斯等国家。君士坦丁堡是当时西方世界最大的贸易中心，大街上商店林立，热闹非凡，主要街道和广场四周修建了许多规模宏大的建筑。很多国家的商人都汇集在这里从事商业活动。因此，拜占庭是东西方贸易的十字路口。

法兰克王国如何建立？

Weishenme

公元5世纪下半期到6世纪初，在首领克洛维的统率下，法兰克人经过不断的武力扩张，建立了法兰克王国墨洛温王朝，占领了罗马在高卢的绝大部分领土。之后，克洛维的子孙又先后征服图林根、勃艮第王国，合并了高卢东南部的普罗旺斯和西南角的加斯科尼。在此期间，法兰克社会也从原始社会末期的氏族制度过渡到了农村公社，又在农村公社进一步解体的过程中实现了封建化。部落贵族与亲兵成为封建主，普通法兰克人则成为农村公社中的自由农民。当地的高卢—罗马贵族、罗马教会、奴隶与散居的自由农民依然存在，与法兰克人逐渐融合。法兰克王国逐渐成了西欧最强大的国家。

查理大帝像
查理大帝是法兰克王国加洛林王朝的国王，查理曼帝国的创建者。在他的统治下，9世纪时，查理曼帝国控制了西欧大陆的绝大部分土地。教皇利奥三世在罗马为查理加冕，称"查理曼"，即"伟大的罗马人的皇帝"。

拜占庭风格的修道院
5世纪时，拜占庭人创立了一种新的建筑形制，即集中式建筑。其特点是把穹顶支撑在四个或更多的独立支柱上，并以帆拱作为中介连接，同时可以使成组的圆顶集合在一起，形成广阔而有变化的空间。

你知道吗

- 拜占庭帝国的采矿、金属加工以及武器、玻璃、首饰和纸草制造工业都比较发达，丝织业也有较大的规模。
- 早在古希腊时期，中国的蚕丝及丝织品就已传入欧洲。由于转运路途漫长，中间又有波斯商人阻隔，丝绸在当时的欧洲几乎和黄金等价。

历史之最 最早的法兰克人：散居在莱茵河下游的一支日耳曼人。大约241年，他们就与罗马军队发生过战争。

中国孩子最爱问的十万个为什么

主题索引
"海盗时代"指的是什么时候？西欧教皇为什么发起十字军东征？

维京长船
维京人驾驶桨帆并用的狭长形船只航行于北欧海域，这类船总称维京长船。高高翘起的船首和窄长的船身成为"维京海盗"的标志。

"海盗时代"指的是什么时候？

Weishenme

在许多欧洲国家，"海盗"就是"维京人"的代名词。"海盗时代"事实上指的就是"维京人时代"。8至11世纪，被称为"维京人"的北欧海盗驾驶着他们的龙头船，以山呼海啸般的猛烈攻势一路烧杀掠夺。从英格兰到苏格兰、爱尔兰、比利时、荷兰、意大利、西班牙、葡萄牙、法国、俄罗斯，直至君士坦丁堡，他们的足迹踏遍了整个欧洲。

袭击欧洲西部的主要是丹麦和挪威的海盗。他们向西欧和不列颠诸岛扩张，在英国沿海先后建立起战略据点，进而袭扰内地，最终征服整个英格兰。挪威海盗在袭扰不列颠诸岛的同时，还远航到赫布里底群岛、奥克尼群岛和法罗群岛，并在那里定居。最初，他们的攻击目标仅限于岛上毫无防备的教堂和海边的城镇。最后，尝到了甜头的维京人干脆在寒冷的冬季不再返回北欧，而把袭击地作为根据地，要求当地人向他们持续不断地进贡。

西欧教皇为什么发起十字军东征？

Weishenme

十字军东征是在1096至1291年间发生的八次宗教性军事行动的总称，是由西欧基督教国家对地中海东岸的伊斯兰国家和拜占庭发动的战争。

11世纪末，西欧社会的生产力有了长足的发展，手工业从农业中分离出来，城市崛起。现有的财富已不能满足封建主贪婪的欲望，他们渴望向外攫取土地与财富；许多不是长子的贵族骑士不能继承遗产，纷纷热衷于在掠夺性的战争中发财；许多受压迫的贫民也幻想到外部世界去寻找土地和自由，摆脱被奴役的地位；欧洲教会最高统治者罗马天主教会，则企图建立"世界教会"，确立教皇的无限权威。这些动因促使他们把目光转向了地中海东岸。

不久，垂涎东方财富的西欧各界在天主教会的组织下，以驱逐穆斯林、收复圣地为目标，以解放基督教圣地耶路撒冷为口号，开始了十字军东征。十字军东征在客观上打开了东方贸易的大门，使欧洲的商业、银行和货币经济发生了革命性变化，并促进了城市的发展，为资本主义萌芽的产生创造了条件。此外，十字军东征还使东西方的文化与交流增多，在一定程度上刺激了西方的文艺复兴运动的兴起。阿拉伯数字、代数、航海罗盘和火药等，都是在十字军东征时期传到西欧的。

维京人的长屋
维京人居住的屋子一般有20米长，6米宽，但这样的"长屋"中却只有一两个房间，通常全体家庭成员都在一间屋子里生活劳作。

历史之最 第一次十字军东征：1096年，西欧十字军第一次东征。在这次东征中，十字军攻陷并掳掠了耶路撒冷，屠杀了7万人，建立了4个十字军国家。

英法两国之间为什么爆发百年战争？

Weishenme

1337至1453年，英法两国发生了持续一百多年的战争，史称"百年战争"。

1328年，法国国王查理四世死后，法国卡佩王朝家族男嗣断绝。这个时候，英国国王爱德华三世因是查理四世妹妹伊莎贝拉的儿子，而要求继承法国王位，但法国以《萨利克法典》规定女性系后裔无王位继承权为由，拒绝了爱德华三世的要求。英王心有不甘，坚持要求继承法国王位。就这样，以法国王位继承问题为导火线，英法之间爆发了百年战争。

战争开始以后，法国军队连连失利，大片土地被英军占领。战争的失败使法国国内矛盾尖锐起来。法国北部的一些城市，尤其是巴黎，遭到严重损失，生产力遭到破坏，人口减少、生产下降、贸易萎缩，而被占领的地区则大片土地荒芜、粮食减产、民不聊生。此外，战败的消息在法国国内引起了极大震动，人们对败退归来的骑士深感不满，大加责难，骑士制度从此开始衰落。

圣女贞德为什么被尊为"奥尔良英雄"？

Weishenme

1429年，百年战争仍然在继续，法国偏远地区的一个小村落里传出了一个令法国人振奋的消息。该村有一个名叫贞德的姑娘对外宣称，自己获得了上帝的指示，将带领法国人击退来犯的英军，让法国恢复为一个自由的国家。原本流传于乡间的消息，逐渐为整个法国所知。法国当时的储君查理在岳母的鼓动下接见了贞德，并最终将大批军队交由贞德指挥。

贞德自称受神的指示，这使战争中士气原本低落的法国军队变得高昂起来。接着，贞德率领法国官兵纵横各战场，以破竹之势击败英军，解救了即将落入英军手中的奥尔良城，并辅助储君查理登上了国王的位置，即查理七世。然而，查理七世成为法国的国王后，却不再支持贞德。在缺乏援兵的情况下，法军节节败退。贞德落入英军手中，被处以女巫罪而被活活烧死。后来，法国人民理解了她的胆识及智慧，为了纪念她，特尊称她为"奥尔良英雄"。

百年战争战场场景
在百年战争中，骑兵已失去了以往的作用，而步兵的作用则得到了充分发挥。

火刑柱上的贞德
1430年5月23日，贞德被勃艮第人俘虏，后被交给英军。1431年5月30日，贞德被烧死在卢昂的火刑柱上。

【百科辞典】

卡佩王朝：
法国封建王朝，因建立者为于格·卡佩而得名。卡佩王朝的历代国王通过巩固和扩大王权为法兰西民族的统一奠定了基础。

《萨利克法典》：
5世纪时萨利克人的习惯法汇编，是一部刑法典和程序法典，其中列举了各种违法犯罪行为应处以的赔偿金，其中也包括一些民法法令。

主题索引
14世纪欧洲为什么暴发黑死病？伊斯兰教是如何产生的？

耶路撒冷的阿克萨清真寺

黑死病纪念柱
为纪念战胜黑死病，欧洲许多国家和地区修建了黑死病纪念柱。

14世纪欧洲为什么暴发黑死病？

14世纪中期，欧洲受到了一场具有毁灭性影响的瘟疫的侵袭，即一般人所称的"黑死病"。它从中亚地区向西扩散，并于1346年出现在黑海地区。同时它向西南方向传播到地中海地区，然后开始在北太平洋沿岸流行，并传至波罗的海地区。只有距离遥远和人口稀疏的地区才免受其害。据统计，当时在欧洲、中东、北非和印度地区，大约有1/3到1/2的人口因此死亡。

黑死病是一种由细菌引起的传染病。跳蚤先吸了受到感染的老鼠血液，再跳到人体上，通过血液把细菌传到宿主（寄主，即人体）的体内。患者身上会出现大块黑色，而且会渗出血液和脓汁，黑死病以这种可怕的症状而命名。受感染的人高烧不退且精神错乱，很多人在感染后48小时内就会死掉。只有极少数的人能够抵抗住这种传染病而存活下来。

伊斯兰教是如何产生的？

阿拉伯半岛由于自然环境的差别，社会经济和政治发展极不平衡。各氏族部落占据一方，彼此之间经常为争夺牧场、水源和土地而发生战争。连年的战争使社会动荡，生产停滞。同时，氏族内部阶级分化加剧，部落贵族应运而生。城镇中的商业贵族伙同游牧部落的贵族，通过经营商队、贩卖奴隶、放高利贷等手段牟取暴利，对城镇贫民和农牧民进行盘剥。大批中小商人沦为商业贵族的债务人，阶级矛盾大大加剧，社会危机四伏。

不过，日益加剧的社会危机促进了阿拉伯民族的觉醒，社会各阶层都在寻求出路。阿拉伯贵族为维护其统治，期望打破氏族壁垒，夺取新的土地和重新控制商道；广大的下层人民和奴隶要求和平与安宁，渴望摆脱经济剥削和政治压迫，改善自己的贫困地位。伊斯兰教的兴起，也正是阿拉伯半岛各部落要求改变社会经济状况和实现政治统一的愿望在意识形态上的反映。穆罕默德顺应了历史发展的需要，创立了伊斯兰教，在宗教革命的旗帜下，领导了阿拉伯的社会变革运动，统一了阿拉伯半岛。

你知道吗

- 大约1348年，黑死病在西班牙流行，到1349年已经传到了英国和爱尔兰，1351年传到了瑞典，1353年传到了波罗的海地区的国家和俄罗斯。

- 6世纪末至7世纪初，阿拉伯半岛处于原始氏族部落解体、阶级社会形成的大变革时期，复杂的社会情况和时代因素促使了伊斯兰教的产生。

历史之最　病死率最高的疾病：狂犬病，其病死率几乎接近100%。有关资料曾报道：1969年，患此病的515人全部死亡。

阿拉伯帝国如何建立？

610年，穆罕默德开始在麦加传播伊斯兰教。随着传教逐渐公开，伊斯兰教徒开始增加。后来，由于遭到麦加统治阶级和贵族势力的迫害，穆罕默德不得不离开麦加，前往麦地那。

到麦地那后，穆罕默德成功地调解了该地部落间的争端，树立了威望。624年，他发起伯德尔战役，率教徒袭击了麦加倭马亚家族的一支武装商队。这次战役以少胜多，大大提高了穆罕默德的威望，也扩大了伊斯兰教的影响。此后麦地那迅速兼并了周围的部落。与此同时，穆罕默德还派遣使者游说半岛上的各个部落，竭力扩大伊斯兰教的影响，使麦地那国家成为当时阿拉伯半岛上最强大的政治、宗教和军事力量。

630年初，权势日渐巩固的穆罕默德率万人大军兵临麦加城下，双方缔结《侯德比耶和约》，麦加接受伊斯兰教，而麦加贵族在宗教上的优越地位也得以保持。随后，阿拉伯半岛上的各个部落纷纷遣派使者前往麦地那表示归顺，少数不服从者也遭到了镇压。自此，阿拉伯半岛上的各部落民众开始以伊斯兰教为核心，建立了一个统一的阿拉伯帝国。

什么是文艺复兴运动？

14世纪，处于萌芽状态的欧洲资本主义生产方式在意大利地中海沿岸的一些城市出现，新兴的资产阶级开始登上历史舞台。他们和人民大众在一起，掀起了政治、文化上的反封建斗争。于是，欧洲历史上出现了文艺复兴的思潮。

文艺复兴是一种文化思想的发展潮流，开始于意大利，然后逐渐扩展到德意志、英国、法国和西班牙等国家，在16世纪时达到了最高峰。文艺复兴思想的主要特征是人文主义，具体表现在科学、宗教、文学、艺术和教育等诸多方面。人文主义者要求文学艺术表现人的思想感情，要求科学为人生谋福利，要求教育发展人的个性，即把人的思想、感情和智慧从神学的束缚中解放出来。所以，他们提倡人权反对神权，提倡人性反对神性，提倡个性自由反对中古时期的宗教束缚。这些思想和行为猛烈地冲击了当时的宗教和封建文化，有力地推动了历史的进步。对于继承古代优秀文化遗产、打破教会权威、消除封建愚昧思想，进而拓宽近代科学、文化、艺术和思想的发展道路，也具有十分重要的历史意义。

【百科辞典】

穆罕默德：
伊斯兰教的创始人，生于570年，出生前父亲亡故，6岁时母亲病故。610年，穆罕默德创立了伊斯兰教教义。

人文主义：
指社会价值取向倾向于对人的个性的关怀，注意强调维护人性尊严，提倡宽容，反对暴力，主张自由平等和自我价值体现的一种哲学思潮。人文主义是欧洲文艺复兴运动的核心思想。

麦地那先知寺

又称麦地那清真寺，是伊斯兰教的第二圣寺，位于沙特阿拉伯麦地那的白尼·纳加尔区，是伊斯兰教先知穆罕默德于622年9月率众从麦加迁往麦地那后修建的。一开始规模较小，后来几经扩建，到现在形成了一个占地1.6326万平方米的大寺，富丽堂皇，非常壮观。

历史之最 成长最快的宗教：伊斯兰教。最新的统计数据表明，在当今世界，伊斯兰教徒的增长率是全球最高的。

但丁像
意大利诗人,现代意大利语的奠基者,欧洲文艺复兴运动的开拓者之一。恩格斯评价说:"封建的中世纪的终结和现代资本主义纪元的开端,是以一位大人物为标志的,这位大人物就是意大利人但丁。"

阿尔诺河上的旧桥
又称老桥,横跨在佛罗伦萨的阿尔诺河之上。传说但丁与贝特丽丝在桥上相遇并一见钟情,但以悲剧结束,为此桥平添了不少人文和浪漫色彩。

文艺复兴运动为什么始于佛罗伦萨?

13世纪末期,在意大利的佛罗伦萨和威尼斯等地,由于工场生产规模的不断扩大以及生产技术的不断提高,一些大作坊主和富裕的工匠成了新兴的资产阶级。他们拥有经济基础后,便开始谋求政治权力,希望将本阶级的价值观和思想文化提升为社会主流。与此同时,由于对封建统治和天主教会思想束缚的不满,一些新兴资产阶级知识分子为了维护自己的政治和经济利益,他们以研究古代文化为借口,首先在思想上展开了反封建和天主教神学统治的斗争。他们呼唤古典文化的复兴,注重对人的关心和尊重,用一种以人为中心的思想观念对抗神学思想和经院哲学,从而推动文学艺术和科学技术的发展,并由此形成了文艺复兴运动。

为什么说但丁是承前启后的诗人?

但丁是意大利文艺复兴时期的伟大诗人,1265年出生在佛罗伦萨的一个贵族家庭。在他出生前后,意大利的封建世俗王权和教皇统治之间已经有了严重的对立和冲突。受到家庭的影响,但丁很早就参加了政治活动。当时,佛罗伦萨城的经济、贸易和文化十分繁荣,党派之争却使得政治形势十分混乱。但丁认为,正义的世俗王权和教皇的权力应该是平等而独立的,他们都具有平等的权力,但同时二者应约束自己的权势。然而在党派之争中,但丁最终成为一个牺牲品。1302年,他全家的财产被没收,自己被判处终身流放。这个经历使但丁最终走出狭隘的政治生活圈子,全身心地投入到文学创作之中。

1308至1321年,但丁用13年的时间完成了旷世之作《神曲》。在这部作品中,他对意大利的历史和未来倾注了无限的留恋和憧憬,深刻批判了现实社会的丑恶和黑暗,表现出他对祖国的热爱和对光明的信心。在充满动乱的中世纪末期,《神曲》代表了中世纪文学的最高成就,同时又表现出文艺复兴时期的思想特征,因此,人们称但丁为承前启后的诗人。

【百科辞典】

《神曲》:
但丁的长篇诗作。全诗分为三部分,即《地狱》、《炼狱》和《天堂》。每部33篇长诗,最前面增加了一篇序诗,一共100篇。

历史之最 但丁最有名的一句话:"Vien dietro a me, e lascia dir le genti。"它的意思是:"走自己的路,让别人说去吧。"

主题索引

"文艺复兴三杰"是谁？为什么说伽利略是近代科学之父？

拉斐尔名作《雅典学院》（局部）
这是拉斐尔为梵蒂冈宫绘制的三幅巨型壁画之一，画家巧妙地利用拱廊作背景，把五十多位希腊、罗马学者和哲学家聚集一堂，显示出强大、均衡、多样而又统一的效果。

"文艺复兴三杰"是谁？

Weishenme

文艺复兴时期，在美术领域，艺术家们开始意识到了人的尊严。新兴的画家敢于面对现实社会，描绘现实生活中的人和事，使美术的内容发生了巨大的变化。此外，在这个时期，古希腊和古罗马的艺术遗迹逐渐被人们发现，在艺术家面前重新焕发出崭新的、璀璨的光辉。于是，美术造型有了新的楷模，美术家们期望通过变革，回归并且"复兴"古典艺术的风格。

这一变革中出现了许多伟大的画家，其中最有代表性的三位被称为"文艺复兴三杰"。他们是达·芬奇、米开朗琪罗和拉斐尔。他们的出现，集中体现了欧洲文艺复兴时期美术方面取得的最高成就。

为什么说伽利略是近代科学之父？

Weishenme

伽利略是意大利伟大的物理学家和天文学家，也是科学革命的先驱。1564年2月15日，伽利略生于比萨，自幼受到父亲的影响，对音乐、诗歌、绘画以及机械学发生了浓厚的兴趣。17岁时，他遵从父命进入比萨大学学医。可是后来，他发现医学并不能引起他的兴趣，于是逐渐把精力转向了科学。

伽利略是最先在科学实验的基础上，融会贯通了数学、天文、物理三门学科的一位科学巨人。他扩大、加深并改变了人类对物质运动和宇宙的认识，倡导实验和理论相结合，用实验来检验理论的正确性，开创了以实验为基础的具有严密逻辑理论体系的近代科学。此外，为了证实和传播哥白尼的"日心说"，伽利略献出了毕生精力，甚至在晚年时受到教会迫害，并被判处终身监禁。

伽利略一生坚持真理，不畏强权，为近代科学的成长作出了巨大的贡献。他追求科学真理的精神为后人所景仰，因此被尊称为"近代科学之父"。

伽利略像
文艺复兴后期伟大的天文学家、力学家、哲学家、物理学家、数学家，也是为维护真理而不屈不挠斗争的战士。恩格斯称他是"不管有任何障碍，都能不顾一切而打破旧说、创立新说的巨人之一"。

你知道吗

■ 达·芬奇不但是一位大画家，还是未来学家、建筑师、数学家、音乐家、发明家、解剖学家、雕塑家、物理学家和机械工程师。

■ 1633年2月，伽利略因"反对教皇，宣扬邪学"而被罗马宗教裁判所判处终身监禁。1638年以后，他双目逐渐失明，晚景凄凉。

历史之最 首个进行力学实验的科学家：伽利略。1582年前后，他经过长期的观察和推算，得出了钟摆的等时性定律。

欧洲人为什么要开辟新航线?

1453年,奥斯曼土耳其帝国的军队攻占了君士坦丁堡,并占领了巴尔干、小亚细亚以及克里木等地区,从而控制了东西方之间的通商要道。不但帝国军队肆意抢劫商旅,而且帝国当局还对过往的商人课以重税,导致欧洲市场上东方商品的价格猛涨。

与此同时,随着欧洲资本主义生产关系的逐渐发展,西欧各国相继出现了具有资本主义性质的手工工场和商业贸易。15世纪时,欧洲各国商品经济的发展和资本主义萌芽的出现,导致了对金属货币需求的增加,使得欧洲人狂热地追求白银与黄金。然而,欧洲黄金的开采量有限,而且还要用有限的黄金去换取东方出产的丝绸、香料、珠宝等,因此欧洲黄金奇缺。

对黄金贪婪的追求,以及资本主义生产关系对于掠夺财富和加速资本原始积累的迫切要求,成了欧洲人探索通往东方新航路的主要原因。

哥伦布登上圣萨尔瓦多岛
1492年10月12日,哥伦布的船队出海70天后第一次遇到陆地,他们把这个岛命名为"圣萨尔瓦多岛",意为"救世主"。它就是现在加勒比海巴哈马群岛中的华特林岛。

哥伦布立像
位于西班牙巴塞罗那的哥伦布纪念塔全部用赭红色大理石建成,塔身高达60米。圆柱顶端的哥伦布立像是世界最大的哥伦布像。

哥伦布为什么远航美洲?

自幼热爱航海的哥伦布,年轻时就多次参加航海活动。通过阅读马可·波罗的《东方见闻录》,他对富庶的东方产生了浓厚的兴趣。他相信当时已经日益流行的地圆学说,认为只要从欧洲海岸一直向西航行,就可以到达东方的印度,从而得到大量的黄金和香料等贵重物品。

于是,哥伦布先后向葡萄牙、西班牙、英国、法国等国的国王求助,以实现他向西航行到达东方国家的计划。为实现自己的计划,哥伦布到处游说,一直坚持了十几年。直到1492年,西班牙王后说服了国王,才使哥伦布的计划得以实施。

=== 你知道吗 ===

- 有人认为哥伦布不是发现新大陆的第一个欧洲人,海盗水手雷弗·艾利克逊早在此前几百年就到达过美洲大陆。但是从历史影响来看,雷弗·艾利克逊的发现并没有引起欧洲和美洲发生任何大的变化,而哥伦布的发现最终导致了殖民活动的开始。

- 1493年3月15日,哥伦布回到西班牙。此后,他三次重复他的西向航行,又登上了美洲的许多海岸。直到1506年逝世时,哥伦布还一直认为他到达的这个地方是印度。

历史之最 最大的港口:上海。2010年上海港口集装箱运量达2900万个,一举超越新加坡,成为世界最大的港口。

谁实现了人类历史上第一次环球航行？

Weishenme

1480年，费尔南多·麦哲伦诞生在葡萄牙北部的一个破落贵族家庭里。1496年，他来到葡萄牙航海事务厅工作。在那里，他熟悉了西欧到美洲、非洲、亚洲的航线、地图和许多相关资料，这为他后来的航海实践打下了坚实的理论基础。24岁时，麦哲伦随探险队来到印度，开始了远洋探航的生涯。在后来的航海岁月里，他了解到摩鹿加群岛以东是一片汪洋大海。他坚信球是圆的，于是联想到，在美洲和亚洲之间可能还有可以通行的航路。这就是他环球航行的最初想法。

1519年9月20日，麦哲伦率领着由5艘船和265人组成的庞大船队，从西班牙的圣罗卡尔港出发，开始了人类航海史上的第一次环球航行。船队由圣罗卡尔横跨大西洋，向巴西进发，经南美大陆和火地岛之间的海峡，在1520年8月开始横渡太平洋。1521年4月27日，船队到达菲律宾时，麦哲伦被马克坦岛的当地人所杀。但是，船队中的"维多利亚"号最终于1522年9月6日返回了西班牙，完成了人类历史上第一次环绕地球的航行。

西班牙为什么侵略美洲？

Weishenme

哥伦布在西班牙皇室的支持下发现了新大陆，为西班牙打开了通往美洲的大门。当时，西班牙已经完成了政治统一和中央集权化的过程，国力逐渐强盛起来，资本主义萌芽也开始发展。伴随着新航路的开辟，追求黄金的欲望使西班牙人最早走上了殖民征服的道路。

从16世纪开始，西班牙通过武力征服在美洲殖民地成功代行了西班牙国王的权力，总揽殖民地的行政、财政、司法和军事等方面的大权。为了管理这个庞大的殖民帝国，西班牙还设有事务委员会，专门负责制定殖民地政策。在经济上，西班牙人在美洲竭力扩大甘蔗、棉花、烟叶等经济作物的产量，大量开采宝石、珍珠和黄金，然后将它们源源不断地输往欧洲。同时，为了保证西班牙本土制造的葡萄酒、橄榄油等能在殖民地高价出售，又限制和禁止美洲种植葡萄、橄榄等作物。此外，西班牙政府还规定，殖民地的一切进出口货物必须由西班牙船只装运。

麦哲伦像
麦哲伦的环球航行用实践证明了地球是一个球体，不管是从西往东，还是从东往西，都可以环绕地球一周回到原地。

直布罗陀海峡风光
直布罗陀海峡位于西班牙伊比利亚半岛最南部和非洲西北角之间，是连接地中海和大西洋的重要门户。全长约90千米，是地中海通往大西洋的必经之路。

历史之最 人类首次进入美洲的时间：大约1.8万年前。美洲第一批印第安人被认为来自西伯利亚，时间大约在1.8万年前。

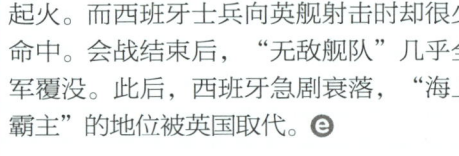

西班牙的"无敌舰队"是如何覆灭的？

▲ 西班牙"无敌舰队"
"无敌舰队"的战舰体大笨重，船身像楼宇一样高耸，航行较为缓慢，极不灵活。相对于低小轻便、容易操纵、火力猛烈的英国战船来说，弱点十分明显。

16世纪初期，西班牙的势力范围遍及欧、美、非、亚各大洲。为了保障殖民利益，西班牙建立了一支由100多艘战舰、3000余门大炮、数以万计士兵组成的"无敌舰队"。而到了16世纪中期，英国通过圈地运动、海外掠夺，在经济上也获得了迅速的发展，萌发了强烈的向外扩张的欲望。英国对西班牙商船的海盗式抢劫以及对美洲的掠夺，严重地威胁着西班牙在殖民地的垄断地位，引起西班牙的强烈不满。西班牙人最终决定用武力征服英国。

1588年5月，西班牙"无敌舰队"远征英国。当时的舰队共有舰船134艘，船员和水手8000多人，奴隶2000多人，船上载有2.1万名步兵。英国也做好了迎击准备：100多艘战舰，载有作战人员9000多人，全是船员和水手，没有步兵。英国的战舰远航性能虽然较差，但船体小、速度快、机动性强，而且火炮数量多、射程远。不久，两国海军在加莱东北的海面上进行了会战。英国战舰因为行动轻快，可以远距离开炮，致使"无敌舰队"许多战舰中弹起火。而西班牙士兵向英舰射击时却很少命中。会战结束后，"无敌舰队"几乎全军覆没。此后，西班牙急剧衰落，"海上霸主"的地位被英国取代。

马丁·路德为什么发起宗教改革？

马丁·路德出生在德意志的一个天主教徒家庭，父亲原来是贫穷的自由农民，后来成了炼铁厂的厂主。他在贫困中度过了自己的童年，家境好转后才开始接受正规教育。在马丁·路德年轻时代，市民阶层对封建制度下的西欧现状十分不满，下层人民的苦难更为深重。教廷和神圣罗马帝国的威信在明显下降，教会内部腐败的情况非常严重。罗马教廷出卖赎罪券，肆无忌惮地搜括民财。教会征收重税以及买卖教职等行为使民众的信心丧失殆尽，改革的呼声再度提高。

马丁·路德曾经亲眼目睹人们购买赎罪券的受骗情形。于是，他将对赎罪券的批判意见张贴在了威登堡大学的教堂门口。这篇论纲以神学论辩的笔调，指出了当时教会内部的种种弊端，并否定了赎罪券的意义。很快，马丁·路德的言论使赎罪券在德意志各地的销量大减，有些地方甚至无人购买。由此，马丁·路德领导的宗教改革运动开始迅速地发展起来。

马丁·路德像
马丁·路德是16世纪欧洲宗教改革的倡导者，新教路德宗的创始人，在新教信仰和制度等方面作出了奠定性的贡献。

【百科辞典】

赎罪券：

亦称"赦罪符"。1313年，天主教会开始在欧洲兜售此券，教皇宣称教徒购买此券后可以赦免"罪罚"。16世纪初，教皇借口修缮罗马圣彼得大教堂，大肆销售"赎罪券"，并派人到德国兜售。

英王亨利八世为什么要与罗马教廷决裂？

Weishenme

亨利八世是英国都铎王朝的第二位国王。亨利八世即位后，按照天主教的教规，和他的寡嫂凯瑟琳结了婚，并生了一个女儿。但亨利八世对这段婚姻并不满意。他喜欢自己的婚外恋人——精明而美貌的安妮·布琳，并希望能与她结婚。于是，亨利八世向罗马教皇提出要与凯瑟琳离婚的请求。但教皇迫于政治压力，拒绝了亨利八世的请求。愤怒的亨利八世开始了对抗罗马教廷的活动。当时的欧洲在路德宗教改革的影响下，反教皇的情绪已经非常普遍。这更让亨利八世决心切断罗马教廷对英国的束缚。于是，他想方设法挑拨英格兰人民和罗马教廷之间的关系，极力煽动国民对教皇专制作风的反感，借此达到个人目的。

为了能及时与已经怀孕的安妮·布琳结婚，亨利八世采取了多项措施。他先把主教宰相撤职拘禁，再下令停止向教廷交纳教税，最后甚至没收了教会财产，迫使教皇开除他的教籍。在当时宗教改革者的鼓吹下，他宣布英国教会脱离罗马教廷，自任为英国教会的最高领袖，并颁布了著名的《至尊法案》。法案明文宣告，英王是英格兰国教会的最高首领。这标志着英格兰教会与罗马教廷的正式决裂。

玛丽女王为什么被称为"血腥玛丽"？

Weishenme

玛丽是亨利八世的女儿、都铎王朝的第五位国王。她的母亲凯瑟琳是一位西班牙公主，她和母亲都笃信天主教。

你知道吗

"血腥玛丽"在西方是一个十分流行的词汇，它广泛的知名度来自于一种鸡尾酒。这种鸡尾酒由伏特加、番茄汁、柠檬片、芹菜根混合制成，鲜红的番茄汁看起来很像鲜血，故而以此命名。

其父亲亨利八世为了和她的母亲离婚，与罗马教皇决裂，脱离了天主教，并在国内扶持新教，迫害天主教徒。亨利八世和玛丽的弟弟爱德华六世死后，玛丽继承了英格兰王位，之后又和西班牙国王菲利普二世结了婚。

玛丽即位后，宣布恢复天主教，并对新教徒采取高压政策，屠杀其中的激进分子。在她统治的数年时间中，有三百余人被烧死在火刑柱上，被迫流亡国外的新教徒更是不计其数。她的暴行使英国人民为她冠上了"血腥玛丽"的称谓。

剑桥大学国王学院

国王学院是剑桥大学内最有名的学院之一，成立于1441年，由当时的英国国王亨利六世创建，所有建筑完成于亨利八世时期。学院内双塔高耸的礼拜堂是剑桥大学中最壮观的哥特式建筑之一。

伊丽莎白一世像
1603年3月24日，伊丽莎白一世因病去世，终年70岁。她曾说："朕希望有一块大理石刻着这样一些字句——有一位女王，她曾经在这一段时期统治过她的王国，她终生都是一位处女。"

弗朗西斯·德雷克像
德雷克是伊丽莎白一世统治时期最著名的英国海盗。在女王的鼓励下，他率领船队攻击满载美洲金银的西班牙船只和贩运非洲奴隶的葡萄牙船只，并在1588年英国海军对抗西班牙"无敌舰队"的战斗中立下了汗马功劳。

伊丽莎白一世为什么鼓励海盗活动？

1558年，英国女王伊丽莎白一世即位。此时的英国在百年战争中消耗了大量的人力物力，国家濒临穷困边缘，对外又要与拥有强大舰队的西班牙明争暗斗。内忧外患之下，女王怀着"英国要用英国的战舰守护"的想法，大胆地鼓励海盗活动，期望能够借此快速恢复英国的国力。

不久之后，大西洋的西班牙航线上便逐渐出现了一批批数目众多的英国海盗。他们明目张胆地活动，袭击的主要对象是满载珍贵金属的西班牙船只。这些船只一般是由墨西哥和中美洲的海岸启程，沿着大西洋航线返回西班牙。同时，海盗们对西非开往美洲的贩运黑人奴隶的贩奴船也从不放过。这种行为给英国带来许多财富，同时也带来了与西班牙的一场战争。

什么是启蒙运动？

17世纪时，西欧各国的工商业还没有开始大规模地发展，资产阶级处于无权地位，力量薄弱。在法国，封建贵族和教会的高级教士仍然是联合专制政权的统治者，而资产阶级和平民属于"第三等级"，完全处于无权无势的地位。文化和教育掌握在天主教的教士手里，一般的民众在思想上处于相当愚昧的状态。

到了18世纪，西欧部分国家的经济和政治形势开始有所转变。法国和英国隔海相望，但和英国相比，法国在经济和政治方面却落后很多。英国已拥有海上霸权，工商业十分发达；资产阶级已走上政治舞台，开始进行产业革命；工人阶级日渐活跃；政治上兴起宪章运动，奠定了议会民主制的基础。多方面的差距使法国的一批思想家开始探讨新的发展出路。当时，最初在英国产生的启蒙运动开始向法国、德国等西欧国家扩展。其中法国的启蒙运动声势最大，战斗性最强，影响也最深远。

启蒙运动中的思想家认为，社会之所以不进步，人民之所以愚昧，主要是由于宗教势力对人民精神的统治与束缚。为了改变这种状况，必须树立理性和科学的权威。他们主张传播科学知识以启迪人们的头脑；破除宗教迷信，从而增强人类的认识水平；反对封建专制制度，宣扬自由、平等和民主；大力宣扬"天赋人权"，主张人民参与政治；主张法律面前人人平等。

你知道吗

- 伊丽莎白一世被认为是英国历史上最杰出的帝王。在她当政的45年间，英国经济繁荣昌盛，文学成就灿烂辉煌，军事上一跃成为世界上首屈一指的海军强国。
- 启蒙运动是18世纪西方资产阶级进行的一次反对教会神权和封建专制的文化运动。启蒙运动的中心在法国，领袖是伏尔泰，他的思想对18世纪的欧洲产生了巨大影响。

伏尔泰为什么会被誉为"启蒙泰斗"？

伏尔泰是18世纪法国的一位思想家。他一生里创作了大量的文学、哲学和其他作品，拥有非常广泛的读者群。他反对封建专制制度，主张由开明的君主执政，强调资产阶级的自由和平等，批判天主教会的黑暗和腐朽。

1760年，伏尔泰在法国和瑞士的边境定居下来，并开始了他反封建斗争的新阶段。他加强了与国内外著名学者的联系，热情支持狄德罗等新一代启蒙学者，利用各种斗争形式抨击宗教狂热和封建王朝的罪行，推动了为民主自由而进行的斗争。

伏尔泰以他非凡的才智、锐利的思想以及对封建专制主义的揭露，在人民中间获得了崇高的声望，并深深地影响了法国以及其他国家的众多思想家和领导人。所以，人们称赞他为"启蒙泰斗"。

什么是"百科全书派"？

18世纪，法国的一批启蒙思想家联合编纂了一部包含科学、艺术、手工艺等多方面知识的大型词典，即《百科全书》。参加这项工作的人员很多，其中有文学家、医师、工程师、旅行家、航海家和军事家等，几乎包括了当时法国各个知识领域具有先进思想的杰出人物。除该书的主编狄德罗和副主编达朗贝外，启蒙主义作家孟德斯鸠和伏尔泰为该书写过文艺批评和历史方面的稿件，卢梭写过音乐方面的条目，而哲学家爱尔维修、霍尔巴哈和空想社会主义者摩莱里、马布利等人都是读书哲学方面的撰稿人。这些人观点不尽相同，却能相互协作，积极参与编纂工作。在这个编纂过程中所形成的派系，被历史学家称为"百科全书派"。

百科全书派的核心是以狄德罗为首的唯物论者，他们反对封建特权制度和天主教会，向往合理的社会，认为迷信、成见、愚昧无知是人类的大敌，主张一切制度和观念都要在理性的审判庭上接受批判和衡量。他们推崇机械工艺，孕育了资产阶级务实谋利的精神。

伏尔泰像
伏尔泰去世后，他的心脏被装在一只盒子里，存放在巴黎国家图书馆中。盒子上写着伏尔泰的名言："这里是我的心脏，但到处是我的精神。"

百科全书
百科全书常被誉为"没有围墙的大学"。高质量的百科全书的编纂成为衡量一个国家科学文化发展水平的标志之一。

你知道吗

法国启蒙思想家伏尔泰经历了路易十四、路易十五、路易十六三个封建王朝，他目睹了封建专制主义由盛转衰的过程，亲身感受到了封建专制主义统治的腐朽和反动。因此，他预见到了革命必然到来的趋势。

历史之最 伏尔泰最具影响的哲学著作：《哲学通信》，被称为"投向旧制度的第一颗炸弹"。

查理一世像
查理一世即位后，变本加厉地推行专制统治政策，这进一步激化了英国的社会矛盾。

安妮女王像
1702年，安妮即位成为英国女王。她在位期间，英格兰议会与苏格兰议会合并，实现了两个国家真正的联合。

苏格兰和英格兰为什么要合并？

英国全称是"大不列颠及北爱尔兰联合王国"，由英格兰、苏格兰、威尔士以及北爱尔兰共同组成。这是英国在过去的近1000年中多次合并的结果。苏格兰和英格兰本来是两个各自独立的国家。苏格兰位于英格兰之北，在中世纪曾与英格兰发生过多次战争，也曾臣服于英格兰。但在14世纪中期，英格兰承认了苏格兰的独立。1603年，两国共尊一位君主，但苏格兰依旧保持着自己独立的地位。

当亨利·都铎成为英格兰国王建立英国历史上著名的都铎王朝后，被推翻的斯图亚特王朝的后裔企图以苏格兰为基地进攻英格兰，重新复辟，而法国也企图联合苏格兰打击英格兰。英格兰认为，只有与苏格兰合并才能解除这些忧患。而当时苏格兰对外贸易的主要对象是英格兰。如果能通过合并撤销两国的边境关税，对苏格兰的牲畜、谷物、小麦出口将有很大的帮助。另外，英格兰的"航海条例"也使苏格兰人无法直接与英格兰的海外殖民地进行贸易。而苏格兰的农业发展缓慢，必须发展对外贸易才能维持原有的经济状况。鉴于上述情况，苏格兰和英格兰通过协商，在1707年正式合并为大不列颠王国，奠定了今日英国的版图基础。

查理一世为什么要解散议会？

17世纪初期，英国的资本主义经济已经得到了比较大的发展，出现了肥皂、火药、玻璃等新兴的工业部门。对外贸易和海外殖民地的发展也很快，资产阶级和新贵族的经济势力逐渐强大起来。但是，英国封建王朝为了保证国家的税收，把肥皂、纸张、玻璃、毛纺织品等几百种商品划为皇室的专利，实行专卖。国王还授予封建贵族各种特权。这样的做法损害了新兴工商业者的利益，阻碍了资本主义工商业的发展。于是，以国王为代表的旧封建贵族阶级和以新兴资产阶级为代表的议会之间产生了激烈的矛盾。

查理一世统治时期，实施了多项反动措施，横征暴敛，扩大专卖权，致使工商业萧条不堪，资产阶级纷纷把资金转移到国外。结果，国内财政危机严重，物价上涨，民怨沸腾。查理一世要求议会推行新税法，遭到了议会的强烈反对和拒绝。于是，查理一世一怒之下强行解散了议会。

【百科辞典】

都铎王朝：

英国历史上的封建王朝，自1485年开始到1603年结束，历时119年。虽然统治时间不长，但都铎王朝处于英国从封建社会向资本主义社会转型的关键时期，所以它是英国历史上极为重要的一个朝代。

历史之最 最早的议会：冰岛古议会。930年，冰岛所有的土地占有人在辛格韦德利平原上召开了名为"阿尔庭"的议会。

英国为什么爆发内战？

Weishenme

16世纪初，英国兴起了圈地运动，资本主义开始迅速发展。旧的封建生产关系与先进的资本主义生产力之间产生了尖锐的矛盾。17世纪30年代，苏格兰地区爆发了起义。查理一世为了筹措军费，于1640年4月13日召开了新的国会。但资产阶级和新贵族议员提出的进一步限制王权、发展工商业的许多要求都被查理一世拒绝。1640年5月5日，议会再次被解散，这次议会史称"短期议会"。后来，随着苏格兰起义军的大举进攻，查理一世被迫于当年11月3日重新召开议会，这次议会一直存在到1653年4月20日，史称"长期议会"。

长期议会召开后，以资产阶级为代表的新国会迅速废除了各种封建专制制度的全部主要工具，包括废黜国王等。英国政府的全部权力开始转移到了资产阶级手里。封建贵族对于剥夺他们权力和特权的政治变革非常不满，从而发起了反对资产阶级的战争，并于1642年8月22日向国会宣战。英国的内战由此爆发。

查理一世为什么被送上了断头台？

Weishenme

资产阶级革命前，英国处在封建专制统治之下。查理一世即位后，大肆迫害清教徒，并认为"决定大事的只能是神所授权的国王"。当时，英国资本主义工商业已经有了较大发展，新兴资产阶级的势力正逐渐壮大。他们要求人人平等，要求限制国王的权力，查理一世却根本不予理会。

1639年，苏格兰人民举行了武装起义。查理一世为了筹集军费，两度召开议会。"长期议会"召开后，议员们一致决定，否决国王征收军费的诏令，逮捕帮助国王镇压人民的大臣斯特拉福伯爵和功德大主教。无计可施的查理一世在1642年8月22日宣布讨伐国会，英国内战由此爆发。查理一世的国王军与国会军展开了激烈的厮杀，国会军屡战屡胜。1645年，国王军在英格兰纳西比的决战中大败，查理一世仓皇逃往苏格兰。1646年，查理一世返回英国，纠集保王党人发动了第二次内战，但很快便被击败。不久，他在人民的唾骂声中被送上了断头台。

查理一世上断头台
查理一世是英国历史上唯一一位被处死的国王。

英国内战的战场情景
1645年6月，克伦威尔指挥国会军与国王军在纳西比附近展开决战，结果大败国王军，取得内战的胜利。

历史之最 最早的圈地运动：1414年发生在英国诺丁汉郡的圈地事件。到了16世纪时期，圈地运动已在各地大规模兴起。

詹姆士二世像
1685年至1688年间的英国国王，也是最后一位信奉天主教的英国国王。他的臣民不信任他的宗教政策，反对他的专制，在光荣革命中他被剥夺王位。

战场上的克伦威尔
克伦威尔（1599~1658年），英国17世纪资产阶级革命领袖、政治家和军事家，在内战中他战胜王党的军队，后处死国王查理一世，宣布英国为共和国，成为军事独裁者。

克伦威尔是怎样成为英国的独裁者的？

克伦威尔出身于英国一个中等贵族家庭，后来全家迁居到英国剑桥郡。在那里，他曾多次帮助当地农民反抗贵族地主的压迫，在东部各郡中有着很高的声望。

1642年，英国内战开始，克伦威尔站在国会革命阵营一面，借自己组织的"铁骑军"屡建战功。1644年7月2日，国会军与国王军在马斯顿大草原上进行了第一次大会战，克伦威尔率领国会军骑兵取得最终胜利。这次胜利成为英国内战的转折点，国会军从此掌握了战争的主动权。克伦威尔更在战争中赢得了"铁人"的称号，名震全国。

1644年12月，英国长老会授权克伦威尔组建新军，史称"新模范军"。克伦威尔以"铁骑军"为核心，自任新军副总司令，从而夺取了军权，成为英国军队的实际统帅。内战胜利之后，他杀死查理一世，成为英国的独裁者。

英国的"光荣革命"是怎么回事？

1685年，英国国王詹姆士二世不顾国内的普遍反对，违背以前政府制定的关于禁止天主教徒担任公职的"宣誓条例"，委派天主教徒到军队、政府部门、教会、大学里担任要职。1687年4月和1688年先后发布两个"信仰自由宣言"，给予所有教徒信教的自由，还命令英国圣公会的主教在各主教区的教坛上宣读新政令，这引起了英国国教会主教们的普遍反对。此外，他还残酷地迫害清教徒，并向英国工商业的主要竞争者——法国靠拢，危害资产阶级和新贵族的利益。

1688年，英国辉格党人与部分托利党人为了避免信奉天主教的詹姆士二世传位给刚出生的儿子，通过议会废黜了詹姆士二世的王位。之后，他们把王位传给了原本的继承者，信仰国教的詹姆士二世的女儿玛丽和时任荷兰执政的女婿，奥兰治亲王威廉。威廉带兵进入英国，没有发生任何暴力冲突，便迫使詹姆士二世仓皇出逃。于是，议会重

历史之最 最顺利的革命：1688年的"光荣革命"，这是一次没有经过流血事件就完成的政变，堪称世界上最顺利的革命。

掌大权，威廉随后即位，成为威廉三世。这场革命因为没有流血事件发生，所以被称为"光荣革命"，也可以说它是英国一场和宗教有关的非暴力宫廷政变。

沙皇彼得一世为什么发起改革？

Weishenme

17世纪末，在西方许多国家，资本主义生产关系已经确立，而俄国依然实行落后的封建农奴制。在经济方面，俄国地主、贵族普遍采用强制手段，推行最原始的封建剥削方法，把农民束缚在土地上。农民因而丧失了人身自由，沦为农奴。在政治方面，行政、财政、司法的权限不分，分工也不明确；财政制度紊乱，缺乏统一的监督；机构过于庞大，办事效率极低；贪赃枉法、行贿受贿的事件层出不穷。在文化教育方面，俄国人受教育的程度非常低，甚至在城市居民中，识字的人也不多；社会上出现的书籍都是手抄本，错误连篇，价钱昂贵，而且畅销的也都是一些宣扬宗教的作品；民间迷信之风盛行，普遍保留着极其愚昧落后的风俗；各地虽然开办了一些学校，但都是宗教性的，教会对非宗教的知识传播采取敌视态度。

这种落后的状况严重地阻碍着俄国社会的发展。沙皇彼得一世执政后，凭借着自己的政治权力，抛弃俄国自大、守旧的传统，亲自率团出国考察、学习西欧，然后，自上而下实行了大胆果断的全面改革。

沙皇彼得一世改革的主要内容是什么？

Weishenme

1697年，沙皇彼得一世随同俄国使团化名出国，先后在荷兰、英国等地学习造

▶ 彼得一世的剪胡子运动
作为西化改革的措施之一，彼得一世命令所有的俄国人剪掉长长的胡子，要想保留胡子就得交重税。

炮、造船和航海的技术。1698年回国后，他立即效法西欧发达国家的先进制度，在国内自上而下实行全面改革。

改革方案涉及的内容很多。在政治方面，削弱大贵族势力，加强沙皇的专制权力；设立新的国家最高权力机构参政院；将全国划分为8个州和50个省，由省长进行管辖；实行论功晋升的制度，非贵族出身的人也可以做官，以至进入贵族的行列。在军事方面，改进军事装备，扩大海军规模；派遣青年出国留学，聘请外国技术人员协助工作；改进造船术，铸造新式大炮；设立海军学院、炮兵学校等军事院校。在经济方面，支持工商业发展，鼓励商人兴办手工工场，允许他们在购买土地的同时，把拥有该地的农民也买走。此外，政府也大办手工工场，推行重商主义和保护主义，凡本国能生产的物品，都限制或禁止进口。

▼ 年轻的彼得一世
彼得大帝是俄国历史上最有作为的沙皇，杰出的改革家，站在时代前列的人，他制定的西方化政策是使俄国变成欧洲强国的主要因素之一。

你知道吗

■ 在封建农奴制的残酷压迫下，俄国广大农民过着极其悲惨的生活。由于社会生产力遭到严重破坏，农民因饥荒、破产和贫困而四处逃亡，大量土地因此荒芜。

■ 彼得一世的改革使俄国开始进入在欧洲有影响力的大国行列，为俄国新的资本主义生产关系的发展创造了条件。

攻占巴士底狱
巴士底狱始建于14世纪，原是一座防御外来侵略的军事要塞。它由8个巨大的塔楼组成，四周环绕一道宽26米、深8米的壕沟，只有吊桥与外面连接。塔楼围墙很厚，上面架着15门大炮，大炮旁边堆放着几百桶火药和无数炮弹。大多数反对封建制度的著名人物都曾被监禁在此。因此，巴士底狱成了法国专制王朝的象征。

伊萨基辅大教堂
坐落在俄罗斯圣彼得堡市区，造型雄伟壮观，是俄国晚期古典主义建筑的精华，为世界四大教堂之一。

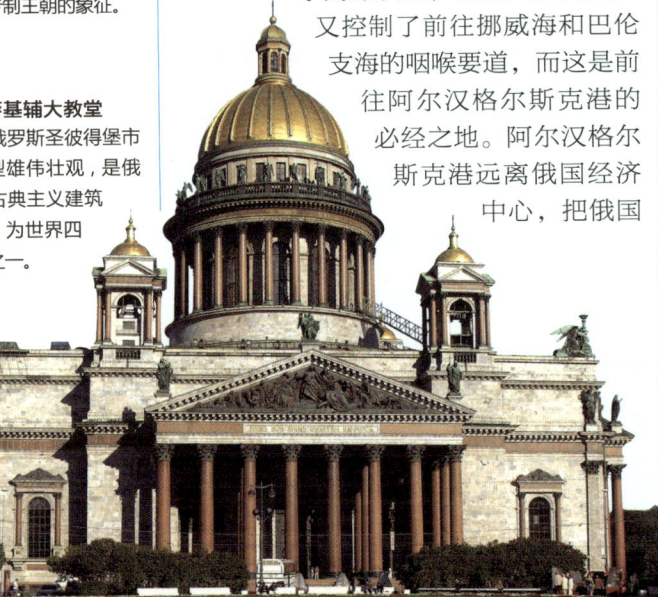

彼得一世为什么迁都圣彼得堡？

在圣彼得堡之前，俄国只有一个位于白海的阿尔汉格尔斯克港。1693年，彼得一世在众多随员的陪同下前往该海港，第一次看见了英国、荷兰和德国的海船。然而，阿尔汉格尔斯克港一年中有8个月处于封冻状态，荷兰人和英国人又控制了前往挪威海和巴伦支海的咽喉要道，而这是前往阿尔汉格尔斯克港的必经之地。阿尔汉格尔斯克港远离俄国经济中心，把俄国商品运进港口，需要很长的路途。相比之下，圣彼得堡不但比阿尔汉格尔斯克港多了两个月适航期，而且距离其他西方国家更近。

为了打开通往西方世界的交通要道，并快速将圣彼得堡发展成为一个年轻的现代化城市，彼得一世决定将当时俄国的首都从莫斯科迁往圣彼得堡。此外，彼得一世执政以后，一些守旧的封建贵族对他所做的一些旨在发展俄国政治、经济、文化等方面的举措感到不满，并竭力阻挠。逃避克里姆林宫顽固不化的落后思想情绪，也是彼得一世迁都的原因之一。

巴黎人民为什么攻占巴士底狱？

1788年和1789年两年，法国连续遭受自然灾害，导致粮食短缺、物价飞涨、国库空虚，人民反抗运动日益高涨。为了摆脱困境，当时在位的法国国王路易十六在凡尔赛宫召开了已经中断175年的三级会议。但由于路易十六一心只想通过会议征收新税，拒绝进行任何改革，因此，会议并没有取得任何实效，反而引起了人民的愤怒。

1789年7月12日，巴黎人民上街游行示威，自发地与军队展开战斗。第二天清晨，巴黎上空钟声回荡，人民拿起斧头、短刀、手枪、石头开始武装起义，并迅速占领了巴黎的大部分地区。7月14日，当群众发觉国王的一支骑兵队前往巴黎东部关押政治犯的巴士底狱时，起义者高喊着"到巴士底去"的口号，以排山倒海之势向这个象征封建统治的堡垒发动猛攻。他们砍断了监狱吊桥的锁链，与守军展开激烈的战斗，最后击毙了守军司令，攻占了巴士底狱。

什么是"天赋人权"?

18世纪末,为了反对法国的封建专制统治,阐明资产阶级社会的基本原则,荷兰的斯宾诺莎,英国的霍布斯、洛克,法国的伏尔泰、狄德罗、卢梭等一批著名的政治家和文学家提出了《人权宣言》。在《人权宣言》的基础上,他们又延伸出了"天赋人权"的概念。他们认为,人天生具有生存、自由、追求幸福和财产的权利;人是自由和平等的,即使对个人权利做了某些限制,也是为了使个人权利得到共同力量的保护;如果政府侵犯了这种权利,人民就有权推翻其统治。

"天赋人权"明确宣布自由、平等、财产和安全是天赋的神圣不可侵犯的人权;宣布了"主权在民"的原则;宣布了资产阶级所拥有的基本民主权利;宣布私有财产神圣不可侵犯。它的提出,打破了君权神授的神话,否定了封建等级制度,激起了人民巨大的革命热情。在此之后,人们高举着"人权"的旗帜,给封建特权阶级与封建专制制度以沉重的打击,促进了法国大革命的深入发展。

法兰西第一共和国是何时建立的?

法国最早由查理曼帝国分裂而来。公元10世纪前后,查理曼帝国分成了东西两部分,东部形成现在的德国,而西部则逐渐成为法国。15世纪末,法国形成了中央集权制国家。直到1789年爆发的法国大革命推翻了封建制度及君主制,法兰西第一共和国才逐渐形成。

1792年9月22日,新选出的议会,即国民公会宣布法兰西第一共和国成立。这不仅标志着一千年的封建君主专制制度被推翻,还标志着自巴黎第一次武装起义胜利后三年的君主立宪政体的结束。

法兰西第一共和国成立后,吉伦特派和雅各宾派先后专政。"热月政变"后,法兰西第一共和国又相继经历热月党人、督政府和执政府时期等多个阶段。法兰西第一共和国在以上各个时期的政治体制差别较大,曾先后颁布了《1793年宪法》、《1795年宪法》、《1799年宪法》等。在雅各宾派专政期间最具民主特征。1804年5月,法兰西第一共和国为拿破仑建立的"法兰西第一帝国"所取代。

处死路易十六
1793年1月21日,路易十六在巴黎革命广场(今协和广场)被当众处决。讽刺的是,路易十六当年曾亲自参与了断头台的设计。

【百科辞典】

查理曼帝国:
中世纪早期西欧的封建帝国,因其建立者为查理大帝而得名。查理大帝统治时期,查理曼帝国的版图西南至厄布罗河,北临北海,东至易北河和多瑙河,南面包括意大利北半部,是当时世界上最强大的帝国之一。

卢梭像
卢梭是法国最伟大的思想家之一,提出了"天赋人权"。

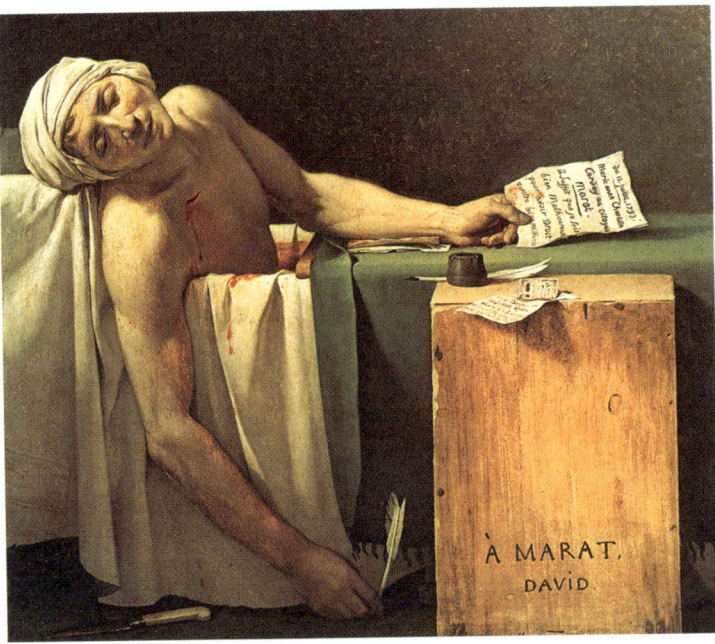

《马拉之死》
1793年7月13日,马拉被吉伦特党派遣的保皇分子杀害于浴缸中。这幅油画是法国画家雅克·路易·达维特于1793年创作。

罗兰夫人像
罗兰夫人和她的丈夫都是大革命时期吉伦特派的领导人。1793年11月8日,她被雅各宾派送上断头台。

马拉为什么被人刺杀?

马拉是法国大革命时期的民主派政治家和革命家。1789年法国大革命爆发后,马拉很快投身到革命当中。他创办的《人民之友》报虽几经停刊,但出版了近1000期,成为支持激进民主措施的有力武器。马拉以惊人的毅力同政治迫害、贫困和疾病作斗争,几乎独自承担撰稿、编辑、出版等全部工作,被誉为"人民之友"。他反对富有者的统治,尊重穷苦人的地位,猛烈抨击当权的君主立宪派的温和政策,要求建立民主制度,消灭贫富悬殊的社会状况。

在1792年巴黎人民的起义中,他又成了巴黎公社的领导人之一,随后当选为国民公会代表,主张进行改革,实行累进所得税。法兰西第一共和国建立后,《人民之友》报改名为《法兰西共和国报》。1793年6月雅各宾派取得政权之后,马拉强调,要建立革命专政,通过暴力手段争取自由。马拉的种种做法引起了吉伦特派及其支持者们的强烈不满。不久后,马拉便被一名伪装成革命家的吉伦特派支持者刺杀了。

法国为什么会爆发"热月政变"?

雅各宾派专政后,平定了被推翻的吉伦特派在许多地区煽动的武装叛乱,并很快颁布三条土地所有权方面的法令,使大批农民重新得到土地。同时,雅各宾派也颁布了法国第一部共和制民主宪法,但由于战争未能实施。接着,雅各宾政权开始改组,加强了作为临时政府机关的救国委员会的权力,处决了许多投机商人。他们将吉伦特派及其支持者斩首,包括布里索、罗兰夫人、科黛,美国革命家托马斯等也被捕入狱。之后,雅各宾派又将外国干涉军全部赶出国土。至此,国内的叛乱基本平息。

然而这时,雅各宾派内部开始了激烈的斗争。首先是国民公会代表马拉被暗杀,接着罗伯斯比尔以阴谋罪处死了雅各宾派中与他政见不和的丹东、埃贝尔等人,雅各宾派趋于孤立。这时,人民也开始反对雅各宾派的恐怖政策。于是,国民公会中反罗伯斯比尔独裁的力量组成了热月党,发动了推翻罗伯斯比尔政权的"热月政变"。

【百科辞典】

雅各宾派:
法国大革命时期,参加雅各宾俱乐部的资产阶级激进派政治团体,因1789年10月迁到巴黎后在雅各宾修道院集会而得名。雅各宾派内部政见不一,立宪派、吉伦特派先后分裂出去后,雅各宾派成为以罗伯斯比尔为代表的激进的资产阶级革命民主派。

欧洲各国为什么要组成"反法同盟"？

Weishenme

18世纪末至19世纪初，法国爆发了资产阶级大革命，大革命在欧洲各国产生了巨大的影响。欧洲大陆上的君主们看到法国波旁王朝在大革命中被推翻，因为害怕革命的势力波及本国领土，最终影响到自己的政权统治，因此对法国大革命抱有强烈的仇视态度。而法国的邻邦英国，也非常担心法国在这场革命之后强大起来，与它争夺欧洲和海上的霸权。

于是，英国积极联合欧洲各国封建君主，武装干涉法国革命，以削弱法国革命在欧洲大陆的影响。英国率先成为欧洲"反法同盟"的组织者和领导者。

1793年春天，英国联合奥地利、普鲁士、西班牙、荷兰、撒丁王国、那不勒斯和俄国组成了第一次反法同盟，以法国人处死路易十六为借口，对法国发动了战争。

《拿破仑一世加冕大典》（局部）
1804年12月2日中午，巴黎圣母院，35岁的拿破仑身穿镶嵌银鼬皮的紫色天鹅绒礼服，佩戴着当年查理大帝登基时用过的宝剑，头戴黄金铸就的桂冠，登基成为法兰西皇帝。

【百科辞典】

雾月政变：

1799年11月9日，拿破仑以"雅各宾过激主义威胁共和国"为借口，派军队控制了督政府，接管了革命政府的一切事务，开始了自己为期15年的独裁统治。因为这一天是法国共和历雾月18日，故历史上称这次政变为"雾月政变"。

拿破仑怎样登上皇位？

Weishenme

1769年8月15日，拿破仑在法兰西的科西嘉岛出生，他的父亲是一名律师。法国大革命时期，少年拿破仑在巴黎的一所军事学校学习炮兵学。毕业后，他开始在法国的南部炮兵团服役，任炮兵少尉。在学校和服役期间，他熟读了启蒙学者伏尔泰、卢梭等人的著作，并与当时著名的学者雷纳尔常有通信往来。

法国大革命爆发后，拿破仑宣称支持雅各宾政府，出任炮兵副指挥。在一场战役中，他率法军击败英军立了大功，雅各宾政府破格授予他准将军衔。之后不久，在镇压王党的暴乱中，他又为自己赢得了极大的声誉。此后，他多次率领法国军队在欧洲大陆上战胜奥地利、撒丁等国。

战争结束后，拿破仑返回巴黎，在多数督政官的支持下，依靠资产阶级和部分军队的力量，发动了"雾月政变"，建立起执政府，并修改、颁布了共和国宪法。1804年11月6日，公民投票通过《共和十二年宪法》，法兰西共和国改为法兰西帝国，拿破仑成为法兰西皇帝，人称"拿破仑一世"。一年之后，拿破仑又在意大利由教皇加冕为意大利国王。

历史之最 拿破仑一生中最经典的战役：奥斯特利茨会战。这是拿破仑一生中最经典的以少胜多、以谋克敌的战例。

中国孩子最爱问的十万个为什么

主题索引
① 拿破仑为什么会兵败滑铁卢？ 英国在北美的殖民地有哪些？

拿破仑在莫斯科
1812年6月，拿破仑率60万军队入侵俄国。9月15日清晨，法军进入莫斯科，却发现攻下了一座空城。次日，莫斯科全城燃起大火，拿破仑被迫撤退，法军一路上遭遇俄军截击，一溃千里。从此法军元气大伤，为拿破仑不久以后的失败埋下了伏笔。

滑铁卢古战场
古战场的中心是一座45米高的土山，这是1826年比利时妇女用背篓运土堆成的。登上226级台阶可达山顶。上面环形大平台的正中，一只长4.5米、高4.45米、重28吨的铁狮子雄踞于高6米的底座上，它右前爪踩着一只圆球，面朝法国方向，表示"威震"拿破仑。

拿破仑为什么会兵败滑铁卢？

1815年3月，拿破仑从监禁地厄尔巴岛返回巴黎，轻而易举地推翻了波旁王朝的统治，重新登上皇位。当时，正在维也纳举行国际会议的欧洲各国君主和政府首脑们大惊失色，英、俄、普、奥等国立即组成第七次反法同盟，纠集了80万人的大军，分六路向法国扑来。拿破仑在仓促之间也募集了近70万人的军队，但是由于武器、马匹奇缺，真正能上战场的不足12万人。

不久，法军和反法的英普联军在布鲁塞尔附近的滑铁卢展开了大规模的会战。战斗开始后，法军遭到普英联军的顽强抵抗。法军虽然发起多次进攻，但都失败了，军队伤亡惨重，拿破仑的作战计划无法实现。拿破仑转而命令法军全力投入进攻，仍未取得胜利。随后，普军摆脱了法军的追击部队赶来参战。形势急转直下，英军也发动反攻，法军两面受敌，全线溃败。联军随后占领了巴黎，并在武装干涉下，迫使拿破仑第二次退位。

英国在北美的殖民地有哪些？

1607年，英国一家垄断性大贸易公司——伦敦公司，依据英王的"特许状"来到北美詹姆士河口，建立了仅有一个炮台、一所教堂、几间薄板房的詹姆士城，奠定了英国在北美的第一个殖民地——弗吉尼亚的基础。1620年，英国的一群政治避难者乘着一艘名叫"五月花"号的船，在北美的马萨诸塞登陆，建立普利茅斯城，奠定了新英格兰殖民地的基础。后来，它包括马萨诸塞、罗德艾兰、康涅狄格和新罕布什尔。17世纪中期，英国建立马里兰殖民地，从荷兰手中夺取特拉华，又夺取新尼德兰，并将其分割为二，建立纽约和新泽西两个殖民地。1682年，英王查理二世将宾夕法尼亚赐给业主威廉·宾，以抵偿王室欠他的债务，同年建立费城和宾夕法尼亚殖民地。英王查理二世把卡罗来纳赐给其宠臣们，后又将卡罗来纳分为两部分，即北卡罗来纳和南卡罗来纳两个殖民地。1733年，建立佐治亚殖民地。至此，英国在北美大西洋沿岸建立了13个殖民地，可分为三部：北部4个，即马萨诸塞、罗德艾兰、康涅狄格和新罕布什尔，统称"新英格兰"；中部4个，即宾夕法尼亚、纽约、新泽西、特拉华；南部5个，即弗吉尼亚、马里兰、北卡罗来纳、南卡罗来纳和佐治亚。

历史之最 最早的北美殖民地：弗吉尼亚。1607年5月，东印度公司到达弗吉尼亚，在詹姆斯河口建立了英国在北美的第一个殖民地。

北美为什么会爆发独立战争？

Weishenme

新航路开辟以后，葡萄牙、西班牙率先进行殖民扩张。从17世纪开始，荷兰、英国和法国也先后加入殖民扩张的行列。尤其是英国，随着资本主义的发展和国力的增强，它先后打败了西班牙、荷兰和法国，成为海上霸主，在北美大西洋沿岸先后建立了13个殖民地。

经过一个多世纪的发展，这些殖民地的资本主义经济迅速发展起来。同时，一个新兴的美利坚民族也逐渐形成。美利坚民族是一个由欧洲移民互通婚姻、融合而成的新民族。随着统一民族的形成，他们的民族意识也随之觉醒，对英国的殖民统治越来越不满，要求摆脱英国的控制。而英国为了维护在北美的殖民统治，使北美永远成为它的原料产地和商品销售市场，便对北美采取了高压政策。这一政策严重阻碍了北美资本主义经济的发展，不断激起北美殖民地人民的反抗和斗争。

为了扩充军备，维护其殖民统治，英皇乔治三世于1765年规定，凡是殖民地所用的茶叶及其他物品均需课税。这进一步激起殖民地人民的强烈反对。1767年，英国议会决定废除其他物品税，唯独对北美人民喜爱的中国茶叶，仍规定每磅需课税3便士。由此产生了闻名世界的"波士顿倾茶事件"，并最终引发了北美的独立战争。

《独立宣言》由谁起草？

Weishenme

1775年，北美殖民地爆发了独立战争。1776年7月4日，第二届大陆会议通过了《独立宣言》，并把当日定为美国国庆日。资产阶级民主派托马斯·杰斐逊是宣言的主要起草人。宣言继承和发展了天赋人权和社会契约理论，阐述了殖民地人民争取独立的理论根据。

《独立宣言》宣布，一切人生而平等，上帝赋予他们诸如生存、自由和追求幸福等不可侵犯的权利。为保障上述权利，人们才建立政府。任何政府一旦损害这些权利，人们就有权改换它或废除它，建立新政府。宣言列举和痛斥了英王对殖民地实施的暴政，并向全世界庄严宣告北美殖民地脱离英国，至此，自由、独立的美利坚合众国正式成立。

油画《独立宣言》
这幅油画生动地再现了1776年7月4日杰斐逊、富兰克林、华盛顿等人聚集费城签署《独立宣言》、宣布国家独立时的情景。

你知道吗

■ 1775年4月18日，在波士顿附近的莱克星顿和康科德，殖民地爱国者打响了反抗斗争的第一枪，这一枪揭开了独立战争的序幕。同年5月，第二届大陆会议召开。次年7月，大陆会议通过了《独立宣言》，正式宣布13个殖民地脱离英国而独立。

■ 独立战争进行了8年。1781年10月，美、法联军攻下了英军的最后据点约克镇，独立战争基本结束。战争期间涌现出了一大批杰出的人物，如大陆军总司令华盛顿、外交家富兰克林和《独立宣言》的起草人杰斐逊等。

历史之最 美国第一位平民总统：安德鲁·杰克逊。他出生在西部边远地区，先后当过众议员、参议员、州最高法院法官和州民兵少将。

杰斐逊纪念堂
杰斐逊纪念堂位于美国首都华盛顿，建于1943年，为纪念美国第三任总统杰斐逊诞辰200周年而建。杰斐逊任职期间，以低廉的价格从法国手中购得路易斯安那地区，使美国的国土增加了一倍，这笔聪明绝顶的交易也使杰斐逊声望倍增。

华盛顿为什么成为第一任美国总统？

Weishenme

18世纪，英、法两国为了争夺在北美大陆上的殖民地，进行了长达7年的战争。英国在战争中击败法国并取得了对北美大陆的霸权，但同时也消耗了很多国力。为填补国库空虚，英国加强了对北美殖民地人民的压迫和剥削。青年华盛顿开始认识到，北美殖民地除了完全独立之外，别无选择。

1775年4月19日，英军袭击莱克星顿，正式拉开了北美独立战争的序幕。第二届大陆会议决定创建一支大陆军，华盛顿被任命为大陆军总司令。他以自己的聪明才智领导了一场力量悬殊的正义战争。

当时的条件十分艰苦，士兵们常常食不果腹，华盛顿和他们同甘共苦，从未动摇过战争必胜的信念。在萨拉托加战役中，由于华盛顿领导的大陆军和民兵配合作战，英军大败。华盛顿大力加强外交，让法国宣布承认美国政权，并与美国联合起来对抗英国。此后，美、法两国军队及民兵相互配合，又打败了约克镇的英军……独立战争胜利结束后，华盛顿因为在战争中作出了巨大贡献，被人民推选为美国总统。

美国为什么向法国购买路易斯安那？

Weishenme

1800年，法国刚刚上台执政的拿破仑从西班牙手中夺得北美路易斯安那地区。该地区位于密西西比河和落基山脉之间，北起加拿大，南到墨西哥湾，相当于现在美国中西部的13个州。

法国对这一地区的侵占使刚刚独立不久的美国感到非常不安。1802年，当时的美国总统杰斐逊与法国谈判，希望以高价买到路易斯安那这一大片土地。美国已经作了最坏打算，如果谈判失败，就伙同英国孤立法国。

结果，谈判的顺利和迅速出乎意料，拿破仑竟以8000万法郎（当时约合1500万美元）的价格把如此辽阔的土地卖给了美国。其实拿破仑也有难言的苦衷。当时他正急需资金，而且如果美国和英国结盟，英国必将进攻路易斯安那地区，与其让土地落入宿敌英国之手，不如卖给美国。就这样，1803年4月，美、法两国签订和约，美国轻而易举地获得了260万平方千米左右的土地，每平方千米的价格还不到5美元。

乔治·华盛顿像
美国首任总统。他不仅领导美国人民取得了民族独立，而且开创了民主政治的先河，因此被美国人民尊为"国父"。

美国的西进运动有何积极意义?

Weishenme

18世纪末至19世纪末的西进运动是美国国内的一次大规模移民拓殖运动,是美国人对西部的开发过程,也是美国城市化、工业化和美利坚民族大融合的过程。这场西进运动对美国的经济、政治和社会都产生了重大而深远的影响。

美国一位历史学家曾这样说过:"直到目前为止,一部美国史在很大程度上可以说是对于西部的拓殖史。"西进运动彻底改变了美国的面貌:大片荒地被开垦出来,大批的资本主义农场建立起来,西部农业的发展为工业的发展提供了大量的粮食、原料、出口产品和国内市场。

西进运动还使美国的劳动力布局有所改变,促进了国内统一大市场的形成,东西部互补性贸易也迅速发展。此外,西部资源的开发和利用满足了工业发展的需要,交通运输业也飞速发展。

西进运动激发了美国人的创造力和美国的经济活力,提高了美国的综合国力和国际地位,对整个国民经济的发展具有重要的意义。

美国为什么会爆发南北战争?

Weishenme

美国独立后,北方资本主义经济迅速发展,急需保护国内市场,保障原材料供应,提高关税,特别是需要大量自由的雇佣劳动力。所以,他们迫切要建立统一的民族市场,实行关税保护,取消奴隶制。而南方盛行的是种植园经济。奴隶主为了牟取高额利润,把大批原料运往英国,并从英国进口大批廉价的工业品,因而他们主张降低关税,扩大进口,扩充奴隶数量,增加蓄奴州。这种不可调和的矛盾最终在1861年引发了南北战争。

战争初期,南方由于准备充足,节节胜利。为了扭转局面,北方的林肯政府先后颁发了两项和奴隶切身利益息息相关的法律,大大鼓舞了士气,迅速改变了战争的局势。北方军队在进军中彻底摧毁了南方的各种设施,使南方经济陷入瘫痪。加之北方海军实行海上封锁,几乎断绝了南方与欧洲的贸易,南方军队中的逃兵与日俱增。1865年4月9日,南方军队陷入北方军队的重围之中,被迫请降。南北战争终于结束,美国实现了统一。

> **【百科辞典】**
>
> **南北战争:**
> 从1861年4月到1865年4月间美国南北两方进行的战争,又称为"美国内战"。领导北方军队的是资产阶级,其目的在于打败南方,恢复全国的统一;南方坚持战争的是种植园奴隶主,目的是把奴隶制度扩大到全国。

"通向西部之门" 这座门又叫圣路易斯市拱门,位于密苏里州圣路易斯市的密西西比河畔。由于圣路易斯是美国西进运动时期拓荒者西进的必由之路,于是这座拱门被称为"通向西部之门"。

林肯总统为什么要颁布《解放黑奴宣言》？

南方棉花种植园的黑人奴隶
英国工业革命开始后，棉花的需求量大增，再加上轧棉机的发明，促使南方种植园主扩大植棉区，购进新奴隶。到1860年时，南方的黑人奴隶数量已达到395万。

林肯像

葛底斯堡战役
1863年7月初，北军与南军在小镇葛底斯堡鏖战三昼夜，北军最终赢得胜利，扭转了整个南北战争的战局。这也是北美大陆历史上规模最大、伤亡最惨重的一场战斗。

1809年，林肯出生在美国，他从小家境贫寒，只在学校读了不满一年的书，就为了养家糊口而去做工。他渊博的知识全部来自于刻苦的自学。经过不懈的努力，他在青年时期成为一名律师。由于从小生活在社会的底层，林肯非常了解劳动人民的疾苦，因此，参加政治活动后，他一直为争取人民民主和自由而斗争。

美国南北战争爆发初期，由于南方有充分的军事准备，北方军队在战场上节节败退。当时已经成为总统的林肯为了扭转战局，通过并颁布了《解放黑奴宣言》。

《解放黑奴宣言》宣布，从1863年1月1日起，叛乱诸州的奴隶全部获得自由，并且可以参加联邦军队。《解放黑奴宣言》颁布后立即产生了巨大反响。南方各州的奴隶成批地逃亡，他们纷纷来到联邦军队的营地，要求参军杀敌。1864年，联邦部队中的黑人团队增到166个，总计达12.6万余人。军队的战斗力变得强大起来，并最终在战争中打败了南方，统一了美国。

英国为什么会率先发生工业革命？

17世纪中期，资产阶级统治首先在英国确立起来。到了18世纪，英国开始了积极的海外殖民扩张，成为世界上最大的殖民国家。随着殖民地的不断增多，国内外市场也越来越大，商品需要量随之增加，技术革新的要求变得十分紧迫。

同时，英国资产阶级内部开展了大规模的圈地运动。圈地运动使英国大量农民失去土地，成为庞大的无产者队伍，从而为工业革命提供了大生产所必需的大量雇佣劳动力。此外，在16至18世纪之间，英国自然科学快速发展，并在世界上处于领先地位；工场手工业时期积累了大量的生产技术知识，分工更为精细，这些都为机器生产提供了可能。

而且，英国境内河流众多，水能丰富；煤炭资源储量也很大，可以作为驱动蒸汽机的原料。因为长期的海外殖民霸权活动，英国拥有比其他国家更多的船只，可以自由地在海上运输人们需要的各种成品。在美洲殖民地和印度的贸易商站，英国拥有可以销售本国商品的巨大市场。正是由于上述原因，工业革命才首先产生于英国。

历史之最 最早的蒸汽机：1782年前后，英国发明家瓦特发明了蒸汽机。蒸汽机的出现引起了18世纪的工业革命。

什么是"蒸汽时代"？

在工业革命初期，以水力为动力的工业发展具有很大的局限性。这就需要一种更方便、更有效的动力来带动机器。解决机器动力问题的人是学徒出身的瓦特。他童年时就善于观察事物，经过20多年的研究，同时吸收前人的成果，他终于在1785年制成了改良蒸汽机。后来，不仅纺织工业中采用了机器生产和蒸汽动力，而且在冶金、采矿等部门也都进行了工业革命，到19世纪上半期，机器大生产基本上代替了工场手工业，英国完成了工业革命。随后，法、美等资本主义国家也都进行了工业革命。

随着工业的发展，交通运输业的革命也被提上了日程。工业革命以后，机器大生产需要运进大批原料并及时把堆积如山的产品运到各地。人力、畜力和简陋的运输工具显然无法胜任这一工作。于是，1830年英国正式使用了火车，铁路交通从此飞速发展。

由于工业革命以蒸汽机的发展为主要特点，因此，这一时期也被后人称为"蒸汽时代"。

谁发明了蒸汽轮船？

人类第一艘蒸汽轮船的发明者是一个叫富尔顿的美国人，他于1765年生于宾夕法尼亚州的兰斯卡特。幼年时他就失去了父亲，由于家庭贫困，他直到9岁才入学读书。17岁时，他离家来到费城，一面学习绘画，一面在一家机器工厂做机械制图工作。22岁时，他来到英国伦敦，结识了著名的蒸汽机发明家瓦特等人。在伦敦，他一边工作，一边自修，在瓦特等人的影响下，他努力学习科学技术。他不仅攻读了高等数学、化学、物理学和透视图，还学习了法文、德文和意大利文。

在富尔顿发明蒸汽轮船之前，有人曾试制过蒸汽动力船，但没有成功。富尔顿研究了前人失败的原因，立志要成功制造一艘蒸汽动力船。1793年他来到巴黎，这个想法得到了拿破仑的支持。他从模型试验到设计制造，前后经过9年的艰苦努力，终于在1803年发明了第一艘轮船。不料在塞纳河试航时，轮船竟被狂风暴雨所摧毁。富尔顿并没有因这次失败而灰心丧气。1806年，他回到美国后又开始新的造船工作。1807年，一艘新的轮船——"克莱蒙脱"号在纽约的哈得逊河下水了，航速达每小时4千米。后来，经他继续改进，这艘轮船的航速最高可达每小时8千米。富尔顿获得了首次成功。

【百科辞典】

蒸汽机车：
蒸汽机车是利用蒸汽机把燃料（一般用煤）的热能转化成机械能带动机车运行的一种火车，主要包括锅炉、蒸汽机、车架走行部和煤水车四大部分。

蒸汽机模型
瓦特对蒸汽机原始雏形作了一系列的重大改进，发明了单缸单动式和单缸双动式蒸汽机，提高了蒸汽机的热效率和运行可靠性，使人类社会迈进了"蒸汽时代"。

瓦特像
瓦特改良了蒸汽机、发明了气压表、汽动锤。后人为了纪念他，将功率的单位称为瓦特，常用符号"W"表示。

中国孩子最爱问的十万个为什么

主题索引
① 马克思主义何时诞生？1848年为什么会爆发欧洲革命？

二月革命
1848年2月，法国爆发了二月革命，巴黎人民推翻了路易·菲利普统治下的七月王朝，成立了法兰西第二共和国，确立起资产阶级的全面统治，为资本主义在法国的进一步发展扫清了道路。

马克思像
1848年，30岁的马克思及其合作者恩格斯出版了《共产党宣言》，号召工人阶级团结起来。与此同时，欧洲的工人队伍正在迅速成长并开始形成独立的政治意识。

马克思主义何时诞生？

19世纪早期，随着资本主义经济的发展和工业革命的进展，社会财富不断聚集到资本家手中，相比起来工人变得更加贫困。无产阶级和资产阶级的矛盾日益加深，资本主义制度下人剥削人的罪恶现象日益暴露出来。这时候，在欧洲资本主义经济比较发达的国家中，尤其是在英国和法国，有一些先进的思想家开始批评资本主义制度的不合理性，寻求改造这种不合理的社会制度的途径和方法，并提出自己的设想，从而出现了空想社会主义。

1818年5月，马克思在德国出生。1835年中学毕业后，他被父亲送到了当时著名的波恩大学去学习法律。但是马克思不喜欢波恩大学的学习氛围，因此又转入了柏林大学。经过长期的努力，马克思终于研究出了一套属于自己的学说。这套学说是包括科学世界观、社会历史发展学说、无产阶级革命理论以及社会主义和共产主义建设理论在内的科学理论体系，被称为"马克思主义"。它诞生于19世纪40年代，以《共产党宣言》的问世为标志，是资本主义矛盾激化和工人运动发展的产物。

1848年为什么会爆发欧洲革命？

19世纪40年代，欧洲大陆新兴的工业资产阶级力量日益壮大，迫切要求争取更多的权利，进一步扫除资本主义发展的障碍。另外，匈牙利等遭受外来压迫的国家，也希望摆脱外国统治，争取民族独立。

1848年1月，欧洲革命首先在意大利爆发，接着，法国爆发了二月革命。为了推翻封建统治，实现国家统一，奥地利首都维也纳和普鲁士首都柏林在当年3月先后爆发了革命。在维也纳革命的影响下，匈牙利、捷克和罗马尼亚也发生了民族独立运动，革命烈火燃遍欧洲。

在1848年欧洲革命中，法国革命的影响是最大的。2月22日，巴黎的工人、学生和平民走上街头进行示威游行，随后游行演变成武装起义。起义军迅速控制了巴黎，国王路易·菲利普逃往英国，七月王朝覆灭。资产阶级分子占据了新成立的临时政府的一切要职，并宣布法国为共和国，即法兰西第二共和国。

你知道吗

■ 在求学期间，马克思加入了"青年黑格尔派"，并积极参与活动，这使他吸收了更多不同的民主思想，加强了对世界的认识，增强了改造世界的信心，为以后的思想发展、理论建树奠定了基础。

■ 面对各国汹涌的革命浪潮，欧洲的封建君主们大为惊恐，资产阶级也害怕革命继续深入会危及到自身的利益。在这种形势下，各种反动势力开始组织反扑。到1849年8月，欧洲各国的革命基本上都被镇压下去了。

历史之最 最早的空想社会主义："乌托邦"。在乌托邦中，一切生产资料归全民所有，人人从事生产劳动，生活用品按需分配。

俾斯麦为什么被称为德国的"铁血宰相"？

Weishenme

奥托·冯·俾斯麦是德国近代史上一位举足轻重的人物。作为普鲁士容克资产阶级最著名的政治家和外交家，他是"从上至下"统一德国的代表人物。

1815年4月1日，俾斯麦出生于普鲁士的一个贵族世家。他青年时受过良好教育，曾经在哥廷根大学和柏林大学学习法律、历史和外语。

1847年，俾斯麦成为普鲁士议会议员；1851年被任命为普鲁士邦驻德意志联邦代表会的代表；1859年任驻俄公使；1861年改任驻法公使。1862年，俾斯麦任普鲁士宰相兼外交大臣，极力推行"铁血政策"，主张通过战争，由普鲁士统一德国。随后，他相继发动了对丹麦、奥地利和法国的战争，逐步实现了德国统一。

1871年，俾斯麦出任新成立的德意志帝国宰相，并受封为公爵。此后的20年间，他对内加强普鲁士和帝国政府的权力，促进容克与资产阶级的联盟和经济收益，镇压工人运动；对外采取现实主义态度，争霸欧洲，并向海外积极扩张。他成了19世纪下半期欧洲政治舞台上的风云人物，被人们称为"铁血宰相"。

普法战争因何爆发？

Weishenme

普奥战争结束以后，拿破仑三世曾向普鲁士暗示，如果普鲁士同意法国东北部领土扩展到莱茵河西岸，法国就支持普鲁士在德意志境内的领土吞并活动。然而，俾斯麦设计让法国把要求写成书面形式，然后加以拒绝，并公布于众。拿破仑三世在外交受挫以后，进一步要求吞并比利时和卢森堡，但遭到普鲁士的反对。

1868年，西班牙女王流亡在国外，王位悬空。普鲁士议会决定选择普鲁士王族的一个亲王为西班牙国王。对于这样的决定，法国非常不满，并对普鲁士进行威胁，要求普鲁士王族放弃西班牙王位继承权。宰相俾斯麦趁机把普鲁士国王给他的关于放弃西班牙王位的电报精心修改一番，变成一份语气强硬的挑衅声明，然后交给报社发表出来，引起普法两国的矛盾。

于是，在1870年7月19日，法国对普鲁士宣战。拿破仑三世在战争开始后不久，就亲自上前线接过了指挥权，希望能像拿破仑一世那样取得辉煌的战绩。然而，拿破仑三世低估了普军的力量。事实上，战争开始前，普军就已经作好了战争准备，在德法边界集结了50多万军队、1000多门大炮和大量军用物资，而法国只有30多万兵力，指挥能力和军事装备也不及普军。因此，法国军队很快就输掉了战争。

俾斯麦像
德意志帝国实现统一后的20年中，俾斯麦成了帝国的实际领导人，集帝国内政、外交大权于一身，成为19世纪下半叶欧洲政治舞台上的风云人物。

色当会战
1870年9月1日，普法两军在色当展开会战，在普军的猛烈炮火轰击下，法军丢盔卸甲，溃不成军，次日就竖起白旗，递交了投降书。

历史之最 最"火暴"的宰相：俾斯麦。他体格强壮、个性粗野，大学期间曾与同学有过27次决斗。

中国孩子最爱问的十万个为什么

主题索引
- 德意志统一如何完成？加里波第为什么远征两西西里？

德意志统一如何完成？

威廉一世像
威廉一世全名威廉·弗里德里希·路德维希，1871年1月18日在法国巴黎的凡尔赛宫称帝。在俾斯麦的回忆录里，他是一个传统、谦恭、绝对有礼的绅士。

美丽的西西里岛
西西里岛是地中海最大和人口最稠密的岛，隶属于意大利。"如果不去西西里，就像没有到过大利：因为在西西里你才能找到意大利的美丽之源。"

19世纪中期，德意志仍然是由34个邦和4个自由市组成的邦联，普鲁士和奥地利是其中最大的两个邦国。相对而言，普鲁士具有更大的优势，如资本主义发展迅速，经济发达；拥有强大的军事实力；民族成分单一，统一决心坚定；统治阶级实力雄厚，野心勃勃等。1862年，俾斯麦出任普鲁士首相，他一方面加强对国内局势的控制，坚持进行军事改革，推行"铁血政策"，大力加强普鲁士的经济、军事实力；另一方面，他展开灵活的外交活动，争取分化、孤立敌国，以便各个击破。

最终，德意志通过三次战争实现了统一。1864年，普鲁士联合奥地利击败丹麦，取得了丹麦控制下的部分德意志地区。1866年，普奥战争爆发，在萨多瓦战役中，奥军主力被击溃，奥地利从此被排挤出德意志。第二年，普鲁士成立了北德意志同盟，统一了德意志北方诸邦。1870年，普法战争开始，普军在色当战役中大败法军，俘虏了法皇拿破仑三世。不久，南方诸邦与北德意志同盟合并。1871年初，普鲁士国王威廉一世正式即位为德意志帝国皇帝，德国终于实现了统一。

你知道吗

邦联没有统一的中央政府和统一的武装力量，各邦都享有独立的主权，因此，邦联只是一个松散的政治联盟，而不是统一的国家。而所谓联邦制，则是由若干成员国（州、邦、共和国等）组成联盟国家的一种国家结构形式。

加里波第为什么远征两西西里？

1860年4月4日，西西里岛的巴勒摩爆发了起义，起义的主力是贫农和手工业者，城市人民的斗争与农民游击战互相配合。到4月底，革命已席卷了西西里全岛。两西西里人民起义的消息传到北意大利后，人民英雄加里波第立即组织了"千人远征军"，于5月5日从热那亚出发，渡海前来援助两西西里起义者。

1860年5月11日，"千人远征军"在西西里岛的一个小港口马尔萨拉登陆，一个月内就有5000名游击队员参加了加里波第领导的队伍。5月27日，在起义人民的支持下，他们攻下了巴勒摩。接着，革命队伍以秋风扫落叶之势肃清了波旁王朝的军队，到6月底便解放了西西里全岛。

1860年8月，加里波第挥师北上，在那不勒斯的卡拉布利亚登陆，10月1日解放了整个那不勒斯，国王及宫廷人员逃之夭夭。临时政府从此成立，加里波第在人民的拥戴下成为两西西里的元首。

历史之最 最早的联邦制国家：美国。美国于1787年颁布宪法，标志着它成为资产阶级联邦史上的第一个联邦制国家。

意大利统一如何完成?

Weishenme

19世纪上半期,意大利仍然处于分裂状态:奥地利统治着意大利中北部的大部分邦国;西班牙的波旁王室控制着意大利南部的西西里王国;法国于1848年派兵帮助罗马教皇镇压革命后,军队赖在罗马不走。

当时的撒丁王国是意大利唯一独立的君主立宪制国家。1852年,加富尔出任撒丁王国的首相,推行了一系列有利于富国强兵的政策,使撒丁王国的经济、军事实力大大增强。但加富尔深知,单靠撒丁王国的力量无法赶走外国势力,统一意大利。于是,他决定先设法取得法国的支持,打击主要敌人奥地利。

法国与撒丁王国于1858年发动了对奥地利的战争,法、撒军队连战连捷,意大利北部各地人民纷纷响应。第二年,意大利北部基本完成了统一。1860年,加里波第远征两西西里,很快占领了两西西里王国首府那不勒斯。不久,加里波第将政权移交给撒丁王国。1861年,意大利王国成立,撒丁王国国王成为意大利国王。

10年后,意大利借普奥战争和普法战争之机,把奥地利和法国的残余势力赶出了意大利,最终完成了统一。

日本为什么会爆发倒幕运动?

Weishenme

1603年,德川家康消灭了各地的割据势力,取得了"征夷大将军"的称号,在江户设置了幕府,掌握了日本的实权。当时,幕府将军是最大的封建领主,把持着全国最高土地所有权,直辖土地面积约占全国耕地总面积的四分之一,此外,还掌握着全国的商业城市和矿山,垄断对外贸易,控制国家经济命脉。

18世纪后期,随着商品经济的发展,新兴的地主阶级和商业资本家出现了,他们对幕府制度产生了强烈的不满。而广大人民群众的反抗情绪也日趋高涨,接连爆发的农民起义和市民暴动严重动摇了幕府的统治。

不久,日本就有两股倒幕势力结成了讨幕联盟。他们一面实行政治、经济改革,以调动农民、商人和中下级武士的积极性;另一面在军事上武装自己,购置大量的西方先进武器,展开了声势浩大的倒幕运动。

加里波第与伊曼纽尔二世
在这幅政治漫画中,加里波第为头戴皇冠的伊曼纽尔二世穿上写有"意大利"字样的靴子,象征着两西西里王国并入意大利。

伊曼纽尔二世纪念堂
这栋纯白色的纪念堂位于意大利罗马的威尼斯广场,建于1885到1911年。纪念堂前有一座高达11.9米的伊曼纽尔二世骑马铜像,伊曼纽尔二世是意大利统一后的第一任国王。

历史之最 最早的幕府:镰仓幕府。1192年建立,是日本历史上第一个正式幕府。幕府一词来自古代汉语,指出征时将军的府署。

日本的明治维新是怎样产生的？

19世纪中期，一向奉行"锁国政策"的日本遭到美、英、法、俄等国的侵略，面临着严重的民族危机。日本人民仇视外国侵略者，更痛恨和侵略者相勾结的幕府。因此，农民和市民纷纷起义，开展倒幕运动，中下层武士、商人、资本家和新兴地主中的改革势力也投入了倒幕斗争。他们联合起来，于1868年1月3日发动了政变。此后，明治天皇召开御前会议，倒幕派皇族公卿、大名和武士都出席了会议。会议宣布"王政复古"：恢复天皇亲政，废除幕府，成立新的中央政府，并责令幕府将军德川庆喜交出领地和财产。1月6日夜间，德川庆喜逃往大阪，集中兵力反扑。于是，日本爆发了大规模的内战。内战最终以天皇一方的胜利而告终。

战后，明治天皇消灭了国内的封建割据势力，建立起一个统一的中央集权的国家，为发展资本主义扫除了障碍。此后，明治天皇在主政期间进行了一系列改革，使日本走上了资本主义的道路。历史上称这些改革为"明治维新"。

▶ 明治天皇像
明治天皇在位期间，通过一系列的措施使日本资本主义迅速发展，并走上了军国主义和帝国主义的道路，从这个意义上说，他的一生是日本近代国家诞生的同义词。

▼ 19世纪的日本铁路
在明治维新过程中，政府改善各地交通，兴筑新式铁路、公路。1872年，日本第一条铁路通车，到了1914年，日本全国铁路总里程已经超过7000千米。

同盟国和协约国分别包括哪些国家？

19世纪70年代以后，德国与法、英两国，俄国与奥匈帝国矛盾加剧。1873年，德、奥、俄三国建立了三皇同盟。俄国与土耳其战争后，德国宰相俾斯麦在主持柏林会议时严重损害了俄国在巴尔干的既得利益，引起了俄国人对德国人的怨恨，三皇同盟由此破裂。1882年5月20日，德、奥、意三国在维也纳签订同盟条约。

1891至1894年，法、俄两国订立军事协定，建立法俄同盟。1902年，英国企图利用日本对付法、俄两国，以保护自己在远东的利益，便与日本签订了盟约。1904年，英、法签订协定，承认各自的势力范围，英法协约关系建立。至此，以德、奥为主的同盟国和以英、法、俄为主的协约国两大军事集团正式形成。

两大军事集团形成后，各国加紧了扩军备战步伐，使得战争危机日益增加。

第一次世界大战的概况是怎样的？

Weishenme

第一次世界大战是1914年至1918年间，帝国主义国家两大集团——同盟国与协约国为瓜分世界、争夺殖民地和霸权而进行的战争。战争先在8个欧洲国家开始，后来陆续有38个国家卷入战争，最终协约国获胜。

1914年6月28日，奥匈帝国皇储斐迪南为了对塞尔维亚炫耀武力，到波斯尼亚检阅部队，结果在萨拉热窝遇刺。萨拉热窝事件成了第一次世界大战的导火索。7月28日，奥匈帝国率先对塞尔维亚宣战，第一次世界大战由此爆发。

战争期间，很多亚洲、欧洲和美洲的国家都加入了协约国。值得注意的是，意大利虽是同盟国，但是后来英国、法国及俄国与意大利签订密约，承诺给予意大利一些土地，结果，意大利加入了协约国对抗同盟国。

战线主要分为东线（俄国对德奥作战）、西线（英国、法国对德国作战）和南线（又称巴尔干战线，是塞尔维亚对奥匈帝国作战）。其中西线最为惨烈。著名的战役有马恩河战役、凡尔登战役和索姆河战役。

第一次世界大战是欧洲历史上破坏性最强的战争之一。大约有650万人参战，其中100万左右的人失去了生命，200万左右的人受伤。

索姆河战役为什么被称为"地狱"？

Weishenme

索姆河战役是第一次世界大战中规模最大的一次战役。伤亡共计约134万人，其中英军45万余人，法军34万余人，德军53.8万人。此战因伤亡极其惨重，故被称为"地狱"。在战争中，英、法联军未达到突破德军防线的目的，但钳制了德军对凡尔登的进攻，进一步削弱了德军实力。

战役的过程是这样的：第一次世界大战中期，英、法军队在法国北部索姆河地区对德军的阵地发动进攻。战役从1916年6月24日开始，至11月中旬结束。德军在该地区构筑了号称"最坚强"的防线，包括三道主要阵地和一些中间阵地。英、法方面最初投入兵力39个师。从6月24日起，英、法联军进行了7天的炮火准备，7月1日早晨7点半，步兵在炮火支援下发起进攻。英军以密集队形前进，遭到德军机枪和炮兵火力的严重杀伤，伤亡近6万人。7月3日，德军利用对方进攻的间歇，迅速调集兵力，加强纵深防御。英、法联军于7月中再度发起进攻，但未能发展为战役突破。9月3日，英军派出32个师、法军派出26个师第三次发起进攻，截至12日向德军纵深只推进了2至4千米。英、法联军最终仍未突破德军防线。

普林西普被逮捕
萨拉热窝事件的行刺者是个19岁的波斯尼亚学生，叫加夫里洛·普林西普。他共射出7粒子弹，其中一粒击中斐迪南公爵夫人的胃部，一粒子弹击中斐迪南公爵的脖子，公爵当场身亡，而公爵夫人在去医院途中身亡。

凡尔登的无名战士墓
这座墓中埋葬着第一次世界大战的凡尔登战场上无人认领的战士尸骨，他们代表所有阵亡的战士受到人们的凭吊。

中国孩子最爱问的十万个为什么

主题索引：什么是"凡尔赛体系"？俄国为什么会爆发二月革命？

《凡尔赛和约》的签订
1919年6月28日，协约国代表与德国在巴黎凡尔赛宫镜厅签订了《凡尔赛和约》。

什么是"凡尔赛体系"？

经过第一次世界大战，英国和法国赢得了战争却输掉了优势，而美国和日本日益崛起，国际关系的中心舞台开始向欧洲的两侧即美国所在的美洲、日本所在的亚洲转移。国际关系格局由英国独霸世界、欧陆势力均衡转变为英法主宰世界、美日争夺霸权。这就是凡尔赛体系形成的背景。

第一次世界大战后，战胜的协约国在法国巴黎召开和会，会议签订的《凡尔赛和约》以及对奥地利、保加利亚、土耳其、匈牙利的和约统称为《巴黎和约》，该和约构成战后帝国主义在欧洲和中东的统治秩序，称为"凡尔赛体系"。"凡尔赛体系"改变了欧洲的政治格局：奥匈帝国解体；捷克斯洛伐克、南斯拉夫建立；原奥匈帝国领土的一部分割给意大利，一部分归还波兰；德国的疆界重新划分。而中东地区的奥斯曼帝国丧失了更多的领土和领地，成为单一的民族国家。殖民地也被重新瓜分，德国的海外殖民地、奥斯曼帝国的属地，由战胜国以"委任统治"的形式加以瓜分。总之，"凡尔赛体系"在英法占主导地位、惩治德国为首的战败国、宰割弱小民族的基础上，确立了帝国主义在欧洲、中东和非洲的统治新秩序，维系"凡尔赛体系"的国际机构实际上是被英法控制的国际联盟。

福煦将军像
福煦将军是第一次世界大战中协约国联军的将领，1919年11月11日，他代表协约国与德国代表在巴黎东北贡比涅森林签署了停战协定。

俄国为什么会爆发二月革命？

二月革命前，俄国是一个经济上落后、政治上反动的军事封建帝国主义国家，国内充满尖锐复杂的矛盾。处于饥寒交迫之中的人民不堪忍受沉重的压迫，群众斗争此起彼伏，连绵不断。沙皇尼古拉二世平庸而且残暴，为了转移人们斗争的视线，同时也为了对外掠夺，他把俄国拖入了第一次世界大战。结果俄国军队屡遭失败，而且战争使俄国经济濒于崩溃，各种社会矛盾空前激化。这时，列宁提出了"变帝国主义战争为国内战争"的口号，号召各国人民调转枪口，反对本国反动政府。

1917年3月3日（俄历二月），彼得格勒普梯洛夫工厂工人开始罢工。3月8日，彼得格勒女工响应布尔什维克的号召，举行政治罢工，庆祝国际劳动妇女节。女工和男工纷纷走出工厂，举行示威游行。10日，游行发展成为反对饥饿、反对帝国主义战争、反对沙皇制度的政治总罢工，罢工人数达到25万。沙皇政府下令开枪镇压参加示威和集会的群众，激起了人民更强烈的反抗。11日，布尔什维克维堡区委员会决定将罢工转变为武装起义。很快，二月革命便爆发了。

你知道吗

☐ 1917年3月（俄历二月），俄国爆发了资产阶级民主革命——二月革命。这次革命推翻了统治俄国长达300多年的罗曼诺夫王朝，结束了沙皇专制制度的反动统治。

历史之最 最早的布尔什维克：1903年在俄国社会民主工党第二次代表大会上形成的拥护列宁的政党组织。

俄国两个政权并立的局面是怎样结束的？

Weishenme

二月革命后，俄国形成了以工兵为代表的苏维埃和资产阶级临时政府两个政权并存的局面。针对这种复杂的情形，列宁从芬兰回到彼得格勒，1917年4月17日在塔夫利达宫布尔什维克会议上作了题为《四月提纲》的报告。《四月提纲》为布尔什维克党提出了从资产阶级民主革命过渡到社会主义革命的路线和计划，指出应当使政权转到无产阶级和贫苦农民手中，规定在经济方面，没收地主土地，全部土地国有化，把所有银行合并为一个国家银行，由苏维埃加以监督；在政治方面，由国会制共和国进入到苏维埃共和国，指明苏维埃共和国是资本主义到社会主义过渡时期中最适当的社会政治组织形式。

然而，正当布尔什维克党对广大群众进行宣传教育工作，继续推进革命的时候，临时政府却驱使士兵在前线向德国和奥匈帝国发起进攻，妄图通过战争消灭革命势力。但这次冒险的进攻遭到了惨败。此后，彼得格勒工人和士兵举行游行示威，要求"全部政权归苏维埃"。于是，临时政府开始起兵镇压示威群众，公开反对革命，白色恐怖笼罩全国。之后，政权完全落入资产阶级临时政府手中，布尔什维克党转入地下，两个政权并存的局面由此结束。

十月革命是怎么回事？

Weishenme

第一次世界大战的持续使俄国局势继续恶化，人民群众掀起了新的革命浪潮。10月，布尔什维克党中央通过了列宁提出的关于近期举行武装起义的决议。11月7日，在布尔什维克党领导下的工人赤卫队和革命士兵、水兵迅速占领了彼得格勒的主要桥梁、火车站、邮电局、国家银行和政府机关等战略要地。之后，他们又占领了通往临时政府所在地的交通要塞。临时政府总理克伦斯基见势不妙，匆忙乘坐美国大使馆的汽车逃走。布尔什维克党革命军事委员会勒令临时政府无条件投降，但临时政府指望前线调回援军，因此一边等待，一边负隅顽抗。

不久，停泊在涅瓦河上的"阿芙乐尔号"巡洋舰用空炮射击，发出了总攻的信号。接着，工人赤卫队和革命士兵向冬宫发起总攻，在冬宫里与守卫士兵短兵相接，展开白刃战，最后冬宫被攻占，临时政府的16名部长全部被逮捕。至此，以克伦斯基为首的资产阶级临时政府被推翻，工农苏维埃政府宣告成立。因为这次革命发生的时间是俄历十月，所以它后来被称为"十月革命"。

列宁像

列宁是全世界无产阶级和劳动人民的革命导师和伟大领袖，他继承并发展了马克思、恩格斯的思想和事业，在新的历史条件下全面地发展了马克思主义，创立了列宁主义。

冬宫

冬宫是沙皇的宫殿和临时政府的所在地，是反动势力的象征。1917年，列宁指挥的革命军队攻占了冬宫，并成立了苏维埃政府，世界上第一个无产阶级领导的社会主义国家诞生了。

历史之最 俄国的第一个工农苏维埃政府：全俄工农苏维埃政府，1917年11月7日成立，由列宁担任主席。

苏联是何时成立的?

俄国十月革命胜利后,苏维埃共和国的成立引起了国内外反革命势力的恐惧和仇视。国外帝国主义为了把新生的无产阶级革命政权扼杀在摇篮中,不断对年轻的苏维埃共和国进行武装干涉。同时,俄国国内也爆发了反对无产阶级革命政权的高尔察克、邓尼金等反革命武装叛乱,大规模的战火在俄国中部和边疆地区燃起。

为了反击帝国主义的武装侵犯,粉碎国内反革命势力的进攻,布尔什维克党号召和动员各民族的工人阶级和劳动人民群众团结起来,保卫无产阶级革命的胜利成果。不久,全俄中央执行委员会颁布了关于联合俄罗斯、乌克兰、白俄罗斯等苏维埃共和国同世界帝国主义斗争的法令。法令规定,统一各苏维埃共和国的军事组织和铁路管理,建立军事和经济统一指挥机关。随后,各苏维埃共和国的国民经济、交通运输、财政和劳动人民委员会也联合了起来,并建立了统一的货币制度,统一了邮电和海关管理。1922年12月30日,俄罗斯、乌克兰、白俄罗斯和外高加索联邦最终共同组成了苏联。

希特勒如何夺取政权?

1929年,严重的经济危机在世界范围内爆发。这场危机在经济上给德国带来了深重的灾难,导致德国外债沉重,国内物价飞涨,工业生产效率下降,失业人数与日俱增。同时,经济危机也激化了政治危机,对外,德国的垄断资产阶级迫切需要打破《凡尔赛条约》的束缚,重新获得领土和殖民地;对内,统治阶级需要加强镇压国内日益发展的革命力量。

这时,以希特勒为首的纳粹党趁机发展和壮大起来。1932年,垄断资产阶级决意让希特勒上台,对兴登堡总统施加压力。1933年,希特勒被任命为德国总理,标志着法西斯政权在德国的建立。1934年,兴登堡病逝,希特勒成了集总统、总理大权于一身的国家元首。

然而,以希特勒为首的纳粹党上台后,立刻就露出了他们狰狞的面目。1933年2月,他们纵火焚烧了国会大厦,制造了著名的国会纵火案,然后嫁祸于德国共产党,借此下令取缔共产党,并在全国逮捕共产党人和进步人士。他们要求国会通过授权法案,把立法权和同国外缔结条约的权力都交给希特勒政府,国会不再起任何作用。不久,纳粹党解散了一切工会,取缔了国内的一切其他政党,自行宣布纳粹党为德国的唯一政党。

苏联国旗
1923年11月12日,苏联最高苏维埃制定苏联国旗,为一面由镰刀、锤头和闪耀星星组成的旗帜。

纳粹战功勋章

德国国会大厦
德国国会大厦位于柏林市中心,是德国统一的象征。"国会纵火案"中被大火烧毁的部分建筑后来得到重修。

历史之最 最疯狂的战争狂人:希特勒。他曾多次宣称"每一代人都应该至少经历一场战争的洗礼"。

意大利为什么入侵埃塞俄比亚？

第一次世界大战后，意大利的形势和德意志帝国一样严峻。中央政府无法控制地方，全国面临无政府状态，共产党人与社会党人控制着工会，很多人担心布尔什维克式的共产革命将席卷意大利。国王维克多三世在1922年10月30日邀请右翼政客墨索里尼以及他所领导的法西斯党组成政府。此后，在短短几年时间内，墨索里尼就巩固了自己的独裁地位，意大利也沦为一个法西斯国家。1929年，世界性的经济危机严重冲击了意大利的国内经济，墨索里尼断定殖民地扩张是减轻国内经济压力所必需的，进而领导意大利走上了扩张的道路。1935年10月3日，意大利军团入侵独立的非洲王国阿比西尼亚，即现在的埃塞俄比亚，在经过一场长达7个月的战役之后，阿比西尼亚被征服。而英、法等国采取绥靖政策，默许了意大利的侵略。

三国轴心如何形成？

德国总理希特勒上台后，立刻开始在国际上寻觅同盟者。由于意大利与德国之间存在一定的矛盾，双方关系并不融洽，所以一时间没有达成共识。1935年10月，意大利入侵埃塞俄比亚，德国首先公开支持。1936年7月，西班牙发生内战，德国和意大利同时支持法西斯叛乱。这时双方的立场开始接近，两国之间的矛盾也很快得到调整，1936年10月，他们签订了《德意议定书》。意大利首相墨索里尼发表演说，声称这个协定构成了罗马—柏林轴心。

德国与意大利勾结之后，开始试探与日本联合。日本因为国联不承认其在中国设立的伪满洲国而退出了国联，一时间在国际上处于孤立的境地。为了全面侵华，并与欧美列强抗衡，日本也渴望与纳粹德国联合。1936年，德国和日本签订了《反共产国际协定》，表面上这个协定是针对苏联和各国革命运动，实际目的是为了与英、美、法等国争夺势力范围，最终建立世界霸权。这样，德、意、日三国结成了法西斯同盟，"三国轴心"正式形成。

慕尼黑会议代表合影
1938年9月29日，英、法、德、意四国首脑在慕尼黑召开会议，决定把捷克的苏台德区"转让"给德国。这是绥靖政策最典型的体现。

墨索里尼像
墨索里尼是意大利法西斯主义的领袖，表面上既强硬又残酷，但实际上其却是懦弱、犹豫不决的人。

【百科辞典】

绥靖政策：
也称姑息政策。第二次世界大战初期，英、法等国对法西斯国家的侵略扩张不加抵制、姑息纵容、退让屈服，以牺牲别国利益为代价，谋求同侵略者妥协，妄图将"祸水"东引至苏联，坐收渔利。

轴心国：
在第二次世界大战中结成的战争联盟，包括纳粹德国、意大利和日本等国家。1945年5月8日德国投降，同年8月15日，日本向同盟国投降。至此，轴心国集团灭亡了。

历史之最 最血腥的战役：斯大林格勒战役。此战中，德国和苏联损失都很惨重，大约有200万人死亡，其中50万是平民。

中国孩子最爱问的十万个为什么

主题索引：什么是"法西斯"？第二次世界大战初期英法两国为何宣而不战？

德军入侵波兰
1939年9月1日凌晨，德军利用夜幕的掩护，在2300多架飞机的支援下对波兰发动突然袭击。夜袭波兰标志着第二次世界大战的全面爆发。

奥斯维辛集中营
希特勒实行种族灭绝政策，使用各种惨绝人寰的手段迫害犹太人，第二次世界大战期间，死于集中营的犹太人就达250万人。图为令人闻之色变的奥斯维辛集中营遗址。

什么是"法西斯"？

"法西斯"这个名词最早出现在2000多年前的古罗马。当时的国家最高长官执政官出巡时会有24名随从跟随，他们每人肩上扛着一束用皮带捆扎的笞棒，笞棒中间插着一把锋利的战斧。这束笞棒叫做束棒，拉丁文的音译是"法西斯"，它是罗马国家最高权力的标志，象征着暴力和权威。

第一次世界大战后，"法西斯"重新出现。首先是墨索里尼在意大利建立了一个名叫"法西斯党"的党派，并夺取了国家政权，于1922年建立了世界上第一个法西斯专政。墨索里尼对内残酷镇压共产党和人民群众，剥夺了人民的一切民主权利，实行恐怖的独裁统治；对外侵略扩张，妄图征服世界。人们把这种思想和主张称为法西斯主义。后来，德国、日本也推行法西斯主义，就是这三个法西斯国家挑起了第二次世界大战。但正义的潮流不可阻挡，德、日、意法西斯在全世界人民的共同打击下，随着第二次世界大战的结束而彻底崩溃了。

第二次世界大战初期英法两国为何宣而不战？

第二次世界大战初期，当德军集中兵力进攻波兰的时候，英、法军队本应在西线进攻德国，以支援波兰。然而他们却按兵不动，静坐西线，宣而不战。在这种形势下，波兰军民孤军奋战20多天，最终覆亡在德国法西斯的铁蹄之下。那么，为什么英、法军队会宣而不战呢？

这是因为英、法、美等帝国主义国家认为苏联的成长壮大比法西斯势力更为可怕。法西斯德国正是利用了英、法、美与苏联之间的矛盾，假意与英、法示好，暗地里却积蓄力量，准备一举攻下整个欧洲。而英、法联军希望借用德国的力量去攻打苏联，等到双方两败俱伤的时候再出来收拾残局，实现称霸的愿望。其结果就是：1939年9月，德军突袭波兰，英、法虽然对德宣战，但没有采取行动发动大规模的进攻，致使波兰灭亡；"静坐战"先后持续了7个月，使德军赢得充足的时间完成更大规模战争的准备；1940年春夏之交，德军向北欧、西欧进攻时，法国依然幻想德国会首先攻打苏联，因而没有进行充分的战争准备，结果很快就溃败了。1940年6月14日，德军占领了"不设防城市"巴黎。

历史之最 最大规模的屠杀： 阿道夫·希特勒于1941年4月至1945年5月间对犹太人进行的种族灭绝，总共杀害了580万犹太人。

英法联军为什么在敦刻尔克大撤退？

1940年5月10日，德国军队开始进攻西欧。当时，法国只把希望寄托在他们自认为固若金汤的马其诺防线上，对德国宣而不战。然而，德军没有攻打马其诺防线，他们首先攻打比利时、荷兰和卢森堡，并绕过马其诺防线从色当一带渡河进入法国境内。

1940年5月24日，德军直趋英吉利海峡，法国北部和比利时境内的近40万英、法、比部队，被迫退到法国北端濒临英吉利海峡的一块狭小的地带——敦刻尔克。他们的面前是波涛汹涌的大海，后面是穷凶恶极的追兵，部队丢盔卸甲，溃不成军，无力组织背水一战，避免覆没的唯一希望，就是由敦刻尔克渡海撤往英国。

此时，德军装甲部队已经推进到可以望见敦刻尔克的地方，摆好阵势准备投入最后厮杀。万分危急之际，希特勒突然下达了一道命令，要坦克部队停在运河一线，不再向前推进。这给了英法联军一个意外的、难得的喘息机会。英、法联军立刻让士兵抢修工事，掩护退却。英国海军部根据首相丘吉尔的命令，开始执行名为"发动机"的大撤退计划。他们迅速征集了850余艘各种类型的船只，从巡洋舰、驱逐舰到普通游艇、木帆船，应有尽有。很快，英法联军便开始了浩浩荡荡的大撤退。

德军的"海狮计划"为什么没有得以实施？

1942年下半年，德国主力部队渡过顿河，希特勒于1940年7月发布了全面入侵英国的"海狮计划"。8月13日，德国空军突袭英伦海峡及英国本土，袭击的目标主要是英国的空军基地及雷达站。希特勒计划先消灭英国的空军主力，以保障日后登陆行动的顺利进行。但当时英国南部天气恶劣，再加上英国使用新研发出来的雷达，使得德国的突袭行动受挫。此后，英德空军屡次交战，拉开了不列颠空战的序幕。不列颠空战是第二次世界大战中作战规模最大、持续时间最长的一次空战，最后以英军胜利告终。

希特勒见无法在短时间内实现入侵英国的计划，只好把作战目标转向攻击前苏联，而将针对英国的"海狮计划"被无限期推迟。

敦刻尔克大撤退
由于敦刻尔克港海滩水浅，许多船只无法靠近岸边接人，士兵们只得涉水，艰难地走向停泊在几百米之外的救援船队。

德军斯图卡轰炸机
斯图卡是第二次世界大战初期德国著名的俯冲轰炸机，在1940年不列颠空战中充当轰炸英国南部的主力之一，但由于自身防御火力不足，它在英军战斗机的攻击下损失惨重。

不列颠空战中遭到轰炸的房屋
在整个不列颠空战期间，英国损失作战飞机近千架，被炸死炸伤各类人员14.7万余人，被毁房屋达100多万幢。但英勇的英国飞行员也给纳粹造成了无法承受的损失，使"海狮计划"不得不无限期推迟。

历史之最 最大规模的军事撤退行动：敦刻尔克大撤退。1940年5月，盟军从敦刻尔克撤走了33万人，创造了世界战争史上的奇迹。

第二次世界大战中盟军如何在北非取胜?

Weishenme

1941年3月,轴心国新成立的非洲军团在隆美尔指挥下突然发起进攻,英军溃败后退到埃及境内。4月6日,德国入侵南斯拉夫和希腊,很快就迫使这两个国家投降。随后,德意联军开始进攻阿拉曼,阿拉曼战役爆发。

如果德意联军占领了阿拉曼,就可能直接侵占整个埃及,继而威胁苏伊士运河和中东地区,切断英国与印度等海外殖民地的联系。所以,英军采取了积极的抵抗行动。10月23日夜,英军的1000多门大炮同时点火,向德意联军发动强攻。一个多星期后,10万多德意联军损失了一半多,防线崩溃,被迫西逃,一路撤退到了突尼斯。英军的胜利沉重打击了德意法西斯在北非战场的军事力量,德意联军伤亡和被俘人员合计近6万人。这次战役也成了北非战局的转折点。

1942年11月8日,英、美两国军队在"火炬行动"中登陆摩洛哥和阿尔及利亚。当地维希法国的军队几乎没有任何抵抗。最终,德意联军遭到来自阿尔及利亚和利比亚部队的夹击。从东西两个方向同时进攻的盟军部队在1943年5月13日将德意联军完全赶出非洲,取得了北非战场的胜利。

第二次世界大战中日本为何偷袭珍珠港?

Weishenme

1940年夏秋之际,日本正式抛出了臭名昭著的"大东亚共荣圈"计划,企图进一步向东南亚扩张,建立其在亚洲、太平洋地区的霸权。日本的政策严重损害了美、英等国在这些地区的既得利益,于是,美、英等国对日本实行贸易禁运,禁止其他国家向日本出口钢铁、石油等战略物资,这对战略物资严重依赖进口的日本而言是一个沉重的打击。为此,日本军部决定趁美国尚未准备就绪之际发动突然袭击,取得战争主动权。

偷袭珍珠港前,日本进行了周密的准备,并制造种种假象欺骗、麻痹美国。1941年12月7日,日本海军联合舰队出动两批共354架飞机,对美国海军在太平洋上的珍珠港基地进行了大规模的突然空袭。

日本对珍珠港的偷袭仅损失了29架飞机、5艘特种潜水艇,却炸沉、炸伤了美国停泊在港内的8艘战列舰、10余艘其他大型舰只和20余艘中小型舰艇,击毁美机约180多架,摧毁和损坏了港内、岛上的大部分军事设施,取得了巨大战果。美国太平洋舰队遭此打击,完全丧失了元气,不得不躲入偏海,暂避锋芒。日本得以在东南亚和西南太平洋猖獗一时。然而,也正是由于日本偷袭了珍珠港,美国才坚定地走到了反对日本帝国主义的前列。

隆美尔像

隆美尔是第二次世界大战中德国最著名的将领,有"沙漠之狐"的称号。他在希特勒的战争中策划指挥,却反对纳粹的屠杀和灭绝政策,更没有参与暴行,赢得了敌国的尊敬和历史学家客观的评价。

珍珠港事件纪念馆

珍珠港事件中,停泊在珍珠港的"亚利桑那号"战列舰被日军击中沉没,弹药库爆炸,1177名将士遇难。1962年5月,肯尼迪总统指定"亚利桑那号"沉没处为国家陵园,并在战舰沉没处的水上建立了纪念馆。

为什么说斯大林格勒战役是二战的转折点？

Weishenme

1941年6月22日，德军不宣而战，背信弃义地撕毁了《苏德互不侵犯条约》，突然入侵苏联国境，从列宁格勒、莫斯科和基辅三个方向大举进攻。苏军进行了英勇顽强的防御战。12月初，苏军在莫斯科城下开始反攻，解除了德军对莫斯科的直接威胁。德军在莫斯科会战中失败后，被迫放弃了全面进攻苏联的计划。

不久后，德国总理希特勒决定集中力量进攻南线，企图占领苏联战略要地斯大林格勒，以便夺取苏联南方重要的粮食、石油产区，进而包围莫斯科。1942年夏，德军集中150多万兵力和大批飞机、坦克，以南北夹击之势，向斯大林格勒发动了猛烈进攻，但遇到了苏军的顽强抵抗。同年冬天，苏军突然发动大规模反攻，分割包围了斯大林格勒附近的德军主力。第二年春天，苏联取得了斯大林格勒战役的辉煌胜利。

在斯大林格勒战役中，德军被歼33万人，被俘军官中有一名元帅和24名将军，德军损失3000多辆坦克、3000多架飞机和1.2万门火炮，军事力量被严重摧残。这次战役改变了苏德战场的形势，大大鼓舞了反法西斯军民，巩固并发展了世界反法西斯同盟，促使法西斯集团内部趋于瓦解。可以说，斯大林格勒战役推动了整个战争形势的发展，是第二次世界大战的重要转折点。

你知道吗

1943年7月25日，由于军事上的失利和国内反法西斯运动的高涨，墨索里尼被撤职并被监禁在阿布鲁齐山大萨索峰顶。1945年4月28日下午，墨索里尼和情妇克拉拉·贝西塔等15人在科摩湖岸被枪决。

第二次世界大战中意大利为什么投降？

Weishenme

第二次世界大战期间，连年的战争使意大利经济濒于崩溃。全国各地食品匮乏，黑市猖獗，民不聊生。军队也处于"崩溃状态"，兵员严重缺乏，士气低落，意大利法西斯党内部也出现了分裂。意大利在内外交困的情况下，于1943年7月25日发生了政变，墨索里尼政府垮台，墨索里尼本人也被监禁。

意大利新政府经过秘密谈判后，决定投降。1943年9月3日，意、美双方代表在西西里岛锡腊库扎附近的橄榄林中签订了停战协定，并规定意军立即停止军事行动，海、空军撤往盟军指定地点，并立即撤回在国外各战场作战的军队，还规定盟军有权使用意大利的各个机场和军事基地。

苏联勋章

斯大林格勒保卫战遗迹

1942年底，进入巷战的斯大林格勒已经没有战线可言，每一栋楼房、每一条街道、每一个地下室都是战场。图中这栋弹痕累累的红砖楼作为当年那场战役的纪念被保留至今。

历史之最 死亡人数最多的战争：第二次世界大战，共有5640万人在战争中死亡。

中国孩子最爱问的十万个为什么

主题索引：美国为什么在日本境内投下原子弹？第二次世界大战是如何彻底结束的？

美国为什么在日本境内投下原子弹？

德国投降后，为了取得世界反法西斯战争的最后胜利，迫使日本尽快投降，美国政府决定对日作战。而当时美国的原子弹刚刚研制成功，美国一方面为了加快战争结束的进程，一方面又期望检验原子弹威力，最后决定在日本的广岛、长崎投掷原子弹。

1945年8月6日，美国在日本广岛的上空投放了第一颗原子弹。原子弹在离地600米的空中爆炸，立即发出令人目眩的强烈白光，广岛市中心上空随即发出震耳欲聋的爆炸声。顷刻之间，城市上空卷起巨大的蘑菇状烟云，接着便竖起几百根火柱，广岛市马上变成一片火海。

当时，广岛人口为34万多人，靠近爆炸中心的人大部分被炸死，当日死者计8.8万余人，负伤和失踪的为5.1万余人；全市7.6万幢建筑物中，被全部毁坏的有4.8万幢，严重毁坏的有2.2万幢。

但是，广岛的悲剧并未使日本立即同意无条件投降。苏联政府遵守对联合国的义务，宣布从8月9日起对日宣战。就在苏联出兵的当天，美国又在日本长崎投下了第二颗原子弹。

第二次世界大战是如何彻底结束的？

1945年第二次世界大战中的欧洲战场上，苏军从东面，美、英、法等国军队从西面攻入德国境内。东南欧各国人民纷纷举行武装起义，打击德国侵略者。

为了加快反法西斯战争的最后胜利和解决战后的重大问题，苏、美、英三国首脑斯大林、罗斯福和丘吉尔在苏联的雅尔塔举行了会议。之后，盟国的行动得到了进一步的调整，加快了战胜德日法西斯的步伐。

同年4月，美苏军队在易北河会师。同时，苏军攻克柏林，占领德国国会大厦，希特勒自杀身亡。5月8日，德国正式签署无条件投降书。

在太平洋战场，美军展开猛烈进攻，向日本本土步步逼近。在亚洲大陆，中国等国的抗日武装也开始反攻。同年夏天，斯大林、杜鲁门和丘吉尔在德国的波茨坦举行会晤，重申了雅尔塔会议关于处理德国问题的精神，并以中、美、英三国的名义发表了促令日本无条件投降的《波茨坦公告》。8月，美国向日本的广岛和长崎各投下一颗原子弹；苏联也对日宣战，并围歼了在中国东北的日本关东军；中国的八路军等抗日部队向日军发起全面反攻。8月15日，日本法西斯走投无路，宣布投降，并于9月2日正式签署了无条件投降书。至此，第二次世界大战彻底结束。

广岛和平纪念公园慰灵碑
纪念碑呈马鞍形，下面停放着一个大石箱，其中存放着原子弹爆炸受害者的名字。箱子上刻着一句话："安息吧，过去的错误将不再重复。"

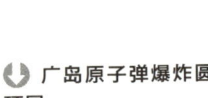

广岛原子弹爆炸圆顶屋
这座破残的圆顶屋位于广岛原子弹爆炸中心，原为广岛物产陈列馆，是广岛原子弹爆炸之后保存下来的唯一遗址。

历史之最　二战最主要的战场：苏德战场。二战中，苏军从莫斯科一直打到柏林，双方死亡人数超过3500万，数千座城市和村镇化为废墟。

Part 8

八　文学艺术中国卷

中国的文学与艺术源远流长,早在文字还没有产生的远古时代,人们就已经开始传唱美丽的神话和民间歌谣了,从《诗经》到《楚辞》,从王羲之到顾恺之,从赵州桥到莫高窟,中华民族在诸多艺术领域都留下了不朽的杰作。

中国最初的神话有什么内容？

中国神话是远古中国人民表现对自然及文化现象的理解与想象的故事，是中国文学童年时期的产物，多为口头流传的散文作品。中国神话的内容丰富多彩，有关于天地开辟、人类起源的，有关于日月星辰、自然万物的，有关于洪水和部族战争的，还有关于工艺文化的。

古代人在这些神话中多方面地说明了天地宇宙、日月星辰、山川草木及人类、民族的由来。在中国神话里，女娲是揉泥造人的始祖，盘古则以他巨大的身躯化生天地万物。女娲炼石补天，挽救了一个即将毁灭的世界，成为人类的再造神。围绕女娲补天的神话，还有共工怒触不周山等许多动人的情节。

中国神话是多民族的创造。除汉族外，中国有55个少数民族。少数民族的神话也是中国神话的重要构成部分。由于各民族历史文化及经济发展程度的不同，这些神话大多具有鲜明的民族特色，想象丰富。比如，纳西族创世神话《人祖利恩》、壮族神话《布洛陀与妹六甲》、彝族神话《人类和石头的战争》等，都各有特色。

水边的芦苇
芦苇在古时候称蒹葭，又称荻，叶细长，絮飘零。《诗经·秦风》中的《蒹葭》一篇通过芦苇写出了相思之伤，"古之写相思，未有过《蒹葭》者"。

《伏羲女娲图》
这幅图出土于新疆吐鲁番的古墓，为唐初遗物，表现了我国古代神话传说中人类始祖的形象。图中伏羲和女娲面容相向，各一手抱对方腰部，另一手扬起，下半身均为蛇形，互相交绕，传说他们交合而有了人类。

中国最早的诗歌总集是什么？

诗歌是最古老的文学形式之一，最初的诗歌是和音乐、舞蹈结合在一起，在口头上流传的。直到文字产生以后，这些最初的诗歌才被记录下来，广为流传。《诗经》就是这样一部经搜集整理而成的诗歌总集。它也是我国第一部诗歌总集，现在存留下来的诗歌有305篇。先秦时代，它被称为《诗》或《诗三百》，是由春秋时的思想家和教育家孔子进行整理的。到了汉朝，汉武帝采纳学者董仲舒"罢黜百家，独尊儒术"的建议，将《诗》尊为经典，定名为《诗经》。

《诗经》按其所配乐曲的性质，可分成"风"、"雅"、"颂"三类。"风"由邶风、卫风、王风、齐风、魏风、唐风、秦风、陈风、桧风、曹风等十五国风组成，大部分是黄河流域的民歌，小部分是贵族加工的作品，共160篇。"雅"包括小雅和大雅，共105篇，"雅"基本上是贵族的作品，只有小雅中的一部分来自民间。"颂"包括周颂、鲁颂和商颂，共40篇，是宫廷用于祭祀的歌词。一般来说，来自民间的歌谣生动活泼，而宫廷贵族的诗作则诗味不足。

你知道吗

- 《诗经》是中国韵文的源头，是中国诗史的光辉起点。它形式多样、内容丰富，反映了当时社会生活的各个方面，如劳动与爱情、战争与徭役、风俗与婚姻、祭祖与宴会甚至天象、地貌、农作物等。

文史之最 最早的诗歌："断竹，续竹，飞土，逐宍（肉）。"《吴越春秋》所载的《弹歌》是我国最古老的诗歌。

屈原为什么被流放？

Weishenme

战国时期，称雄的秦、楚、齐、燕、赵、韩、魏七国争城夺地，连年混战不断。当时，秦国经常对其他六国发动进攻，而只有楚国和齐国能与它抗衡。楚国的忠臣屈原主张对内改良内政，对外联齐抗秦，但当时楚怀王宠信的郑袖、上官大夫等人接受了秦国的贿赂，想尽办法排挤和陷害屈原。糊涂的楚怀王听信谗言，渐渐疏远了屈原，并把他放逐到汉北一带。结果，楚怀王被秦国骗去，当了三年阶下囚，死在了异国。屈原看到这一切，极端气愤。他坚决反对向秦国投降，却因此遭到了政敌们更严重的迫害。新即位的楚襄王比他父亲更昏庸，竟把屈原放逐到比汉北更偏僻的地方去了。

在长期的流放生活中，屈原没有屈服，他依然坚持自己的政治主张，决不随波逐流。他拿起笔抒写了自己对祖国的热爱，为后人留下了不少千古不朽的诗篇，其中最有名的是《离骚》。在诗歌里，屈原痛斥卖国的小人，表达了自己忧国忧民的心情，甚至对楚国的一草一木，都寄托了无限的深情。作为我国古代第一位杰出的爱国诗人，屈原得到了后人的世代景仰。

司马迁为什么写《史记》？

Weishenme

《史记》是我国历史上一部伟大的历史著作，同时也是我国古典文学的优秀典范，它反映了从黄帝到汉武帝这2600年间中国政治、经济、文化各方面的发展过程。它以广博精深的历史知识，美妙高超的艺术笔法，创造了一系列鲜明生动的人物形象，并全面准确地再现了风云激荡的历史画卷。它的作者就是西汉著名的史学家司马迁。

司马迁的父亲司马谈是汉朝专门掌管修史的官员，他在世时曾立志编写一部史书，但直到去世，他的心愿也未能实现。受父亲的影响，司马迁从小就努力学习，并读过很多史书。成年后，他四处游历，结交朋友，积累了大量的历史资料。然而，当他专心致志编写《史记》的时候，一场横祸却突然降临到他的头上——司马迁因为替李陵辩护，得罪了汉武帝，结果入狱受了宫刑。司马迁悲愤交加，几次想血溅墙头，了此残生，但为了创作《史记》，他尽力克制自己，把个人的耻辱、痛苦全都埋在心底。就这样，司马迁发愤写作，用了整整13年的时间，终于完成了52万字的辉煌巨著——《史记》。这部前无古人的著作几乎耗尽了他毕生的心血，是他用生命写成的。

司马迁祠
司马迁祠位于韩城市南10千米处芝川镇东南的山冈上，东西长555米，南北宽229米，面积4.5万平方米。它始建于310年，距今已有近1700年。

司马迁像
司马迁（前145~前90年），字子长，西汉史学家、文学家、思想家。他因直言进谏而遭宫刑，却因此更加发愤著书，完成了名震古今中外的《史记》，为后世留下了一笔珍贵的文化遗产。

你知道吗

公元前278年，楚国的都城被秦兵攻破，屈原在精神上受到了极大的打击。眼看国难当头，却又无法施展自己的才华力挽狂澜，他忧心如焚。在极度的失望和痛苦中，他来到了长江东边的汨罗江，抱着石头跳江自杀了。

文史之最　最早的史书：《尚书》。它是中国最早的历史文献汇编。最早叫《书》，到了汉代改称《尚书》，意思是"上古之书"。

中国孩子最爱问的十万个为什么

主题索引
❶《楚辞》的作者是谁？顾恺之为什么会有"三绝"的美誉？

《楚辞》的作者是谁？

《楚辞》是我国第一部浪漫主义诗歌总集，由西汉末年的学者刘向将屈原、宋玉等人的作品收录而编成。其诗歌的形式是在楚国民歌的基础上加工形成的，篇中大量引用楚地的方言词汇，因此得名《楚辞》。

《楚辞》的主要作者是屈原。屈原创作了《离骚》、《九歌》、《九章》、《天问》等。在屈原的影响下，楚国又产生了宋玉、唐勒、景差等诗歌作者。

春秋时期以来，楚国长期独立发展，在宗教、艺术、风俗、习惯等方面都形成了自己的特色。与此同时，楚国又与北方各国频繁接触，吸收了中原文化，也发展了本国固有的文化。这一南北合流的文化传统成为"骚体"发展的重要源泉。《楚辞》对后世文学影响深远，不仅开启了后来的赋体，而且影响历代散文创作，是我国浪漫主义诗歌创作的源头。

《楚辞》书影
楚辞是战国时代的伟大诗人屈原创造的一种诗体。汉代时，刘向把屈原的作品及宋玉等人"承袭屈赋"的作品编辑成集，命名为《楚辞》，它成为继《诗经》以后，对我国文学具有深远影响的又一部诗歌总集。

顾恺之为什么会有"三绝"的美誉？

顾恺之，字长康，是我国东晋时期最负盛名的大画家。他出生在一个十分富有的家庭里，祖父和父亲都当过东晋的大官。顾恺之从少年时代起就受到了良好的教育。在他很小的时候，父亲便请人教他读书、写字，稍大一些，又教他写文章、作诗。顾恺之聪明好学，而且十分刻苦，年纪很小时就具备了一定的文学艺术素质。

长大后的顾恺之多才多艺。当时人们称他有"三绝"，即"才绝"、"画绝"、"痴绝"。他写过许多诗、赋和游记，比较有名的有《雷电赋》、《冰赋》、《筝赋》、《观涛赋》等，因此得"才绝"。"画绝"是指他有高超的画艺。有一次，东晋的建康城里新建了一座寺庙。寺庙落成时，僧侣举行法会进行募捐，一般官绅募捐的钱都没有超过一万，而顾恺之却募捐到了一百万。他是怎么做到的呢？他先让寺僧为他准备了一面白墙，他在墙上画了几尊菩萨画像，画成后却没有点眼睛。他对寺僧说："我明天为佛像点眼睛，你可以请人来，第一天来看的要捐钱十万，第二天捐钱五万，第三天来看随意。"人们听了，争先恐后地来看画家的"画绝"，最终筹集到了一百万。"痴绝"则是指他对绘画有着非同一般的痴迷。

你知道吗

顾恺之的绘画大部分以日常生活为题材，非常善于传达人物的神情。一次，他为别人画人物扇面，没画眼睛就把扇面画送给了主人。主人问："怎么不画眼睛？"他幽默地说："不能画眼睛啊，有了眼睛他就会说话了！"

《洛神赋图》（局部）
这幅画是中国十大传世名画之一，顾恺之的传世精品，曲折细致而又层次分明地描绘了曹植与洛神真挚纯洁的爱情故事。

文史之最 诗、画成就最高的名家：王维。他是我国盛唐时期山水田园诗派的代表诗人，他的绘画也被推为"南宗绘画之祖"。

王羲之为什么会被尊为"书圣"？

Weishenme

王羲之是我国东晋时期著名的大书法家。他出身士族，加上才华出众，朝廷中公卿大臣都推荐他做官。他做过刺史，也当过右军将军，因此人们也称他王右军。

王羲之从小就喜爱写字，为了练好书法，他在书房内、院子里、大门边甚至厕所的外面，都摆着凳子，安放好笔、墨、纸、砚，每想到一个结构好的字就马上写到纸上。他在练字时神情专注，凝眉苦思，以至于常常废寝忘食。

经过勤学苦练，王羲之的书法越来越有名，当时的人们都把他写的字当宝贝。有一次，王羲之到一个村子里去玩，看到有个老婆婆拎着许多竹扇正在集市上叫卖。竹扇很简陋，没有什么装饰，一个也卖不出去，老婆婆十分着急。王羲之很同情老婆婆，就提起笔来，龙飞凤舞地在每把扇面上都写了五个字，然后告诉老婆婆，如果有人来买扇子，就告诉他扇面的字是王右军写的。老婆婆照他的话做了。集市上的人一看真是王右军的书法，都抢着买。结果，竹扇很快就卖完了。

王羲之精通多种书体，代表作有楷书《乐毅论》、《黄庭经》，草书《十七帖》，行书《兰亭序》等。他的书法平和自然，笔势委婉含蓄，风格遒美健秀，后人评曰"飘若游云，矫似惊蛇"，并把他尊为"书圣"。

【百科辞典】

书法：
从广义上讲，书法是指语言符号的书写法则，指按照文字特点及其涵义，依其书体、笔法、结构和章法写字，使之成为富有美感的艺术作品的方法。从狭义上讲，书法包括执笔、运笔、点画、布局等内容。

《兰亭序》帖（局部）
王羲之的行书有如行云流水，其中以《兰亭序》为极品。该书共28行324字，章法、结构、笔法都很完美，可说是王羲之书法艺术的最高境界。

为什么汉字有那么多的字体？

Weishenme

我国幅员辽阔，历史悠久，所以，汉字在漫长的发展过程中出现了很多不同的字体。经过几千年的发展演变，汉字形成了篆书（分大篆和小篆）、隶书、楷书、行书和草书等多种书法字体。秦代以前，大篆是我国通用的字体，它由甲骨文演变而来；秦朝统一中国后，小篆成为标准的通用字体，它平稳庄重，整齐划一；隶书产生于秦代，它将篆书的方折改成圆转，并简化了笔画；楷书端庄工整，成型于北魏，沿用至今；行书大约诞生于汉朝末年，书写起来自由灵活，是实用性和艺术性结合得最好的字体；草书冲破了其他各种字体的局限和束缚，把篆书、隶书、楷书和行书融为一体，书写技巧变化多端。

王羲之像
王羲之是东晋伟大的书法家，被后人尊为"书圣"，其字被誉为"飘若浮云，矫若惊龙"。代表作品有：楷书《乐毅论》、《黄庭经》，草书《十七帖》，行书《兰亭序》等。

文史之最 最早的石刻文字：石鼓文。唐代初年发现了10个鼓形石，上面各刻着一首四言诗，共600多字，人们叫它"石鼓文"。

山西悬空寺
悬空寺又名玄空寺，是国内现存的唯一一座佛、道、儒三教合一的独特寺庙。它修建在悬崖峭壁间，始建于北魏后期，迄今已有1400多年的历史。

赵州桥
赵州桥是世界上现存最早、保存最好的巨大石拱桥，距今已有1400多年历史。桥长50.82米，跨径37.02米，拱券高7.23米，是当今世界上跨径最大、建造最早的单孔敞肩型石拱桥。

悬空寺为什么有"奇、悬、巧"的特点？

山西悬空寺位于北岳恒山脚下的金龙峡，据说是由北魏时一位叫了然的和尚所建，距今已有1400多年的历史。它是我国现存的唯一一座佛、道、儒三教合一的独特寺庙。悬空寺距地面约50米，建筑特色可以概括为"奇、悬、巧"三个字。

"奇"的主要体现是悬空寺的全身悬挂在石崖中间，石崖顶峰突出的部分好像一把伞，使古寺免遭雨水冲刷，也免于被泛滥的洪水淹没。

"悬"是因为悬空寺全寺共有殿阁40间，全由几根木柱来支撑，所以有人用"悬空寺，半天高，三根马尾空中吊"来形容它。

"巧"则主要表现为工匠在建寺时因地制宜，充分利用峭壁的自然状态布置和建造寺庙的各部分建筑，山门、钟鼓楼、大殿、配殿等一应俱全，设计非常精巧。

为什么说赵州桥是石桥建筑的经典之作？

河北省赵县的济河上有一座世界闻名的石拱桥，叫安济桥，又叫赵州桥。它是由隋朝的石匠李春设计和参加建造的，至今已有1400多年历史，却仍然比较完整地保存着桥基和桥身的原来结构，堪称我国乃至世界石桥建筑史上的典范。

赵州桥横跨在37米宽的河面上，桥长50多米，宽9米多，全部用石头砌成，下面没有桥墩，只有一个拱形的大桥洞，大桥洞顶上的左右两边还各有两个拱形的小桥洞。发大水的时候，河水可以从大桥洞和四个小桥洞同时流过。这样既减轻了流水对桥身的冲击力，使桥不容易被冲毁，又减轻了桥身的重量，节省了石料。

赵州桥上的雕刻形态逼真，精致秀丽，体现了我国古代劳动人民的聪明才智，是宝贵的历史遗产。

最古老的铁索桥：霁虹铁索桥，飞架在云南省保山县与永平县交界处的澜沧江上，修建于明成化十一年（1475年）。

唐诗为什么是中国古典诗歌的顶峰？

唐代是我国诗歌发展的黄金时代。强大的国力、兼收并蓄的文化精神与丰厚的文化积累，为唐诗的繁荣提供了充分的条件。在这个时期，众多杰出的诗人将我国诗歌艺术的发展推向了顶峰。

唐代的诗人非常多，除了闻名世界的"初唐四杰"，李白、杜甫、白居易外，还有其他3700多位。他们的作品有54000多首保存在《全唐诗》中。

唐诗的题材非常广泛。有的揭露封建社会的黑暗，有的歌颂正义战争，有的描绘祖国河山的秀丽多娇。

在创作方法上，唐诗既有现实主义的流派，也有浪漫主义的流派，而许多伟大的作品又是这两种创作方法相结合的典范。这形成了我国古典诗歌的优秀传统。

唐诗的形式多种多样。唐代的古体诗主要有五言和七言两种；近体诗也有两种，一种叫做绝句，一种叫做律诗。唐诗不仅继承了前代的五言和七言古诗，并且把诗歌发展为叙事言情的长篇巨制。

唐诗把我国古典诗歌的音节和谐、文字精炼的艺术特色推上了前所未有的高度，为古代抒情诗找到了一个最典型的形式，至今依然为广大人民所喜闻乐见。

【百科辞典】

古体诗：
指近体诗形成以前，除《楚辞》外的各种诗歌体裁，也称古诗、古风。古体诗格律自由，不拘对仗、平仄，押韵较宽，篇幅长短不限，分为四言体、五言体、六言体、七言体和杂言体。

近体诗：
唐代形成的律诗和绝句的通称。作近体诗有四项基本要求：一是句数、字数有规定；二是按规定的韵部押韵；三是上句和下句各字之间要求平仄对立和相粘；四是某些句子之间的用词要对仗。

王勃像
王勃是唐朝初年的杰出诗人，与杨炯、卢照邻、骆宾王齐名，并称为"初唐四杰"。

李白为什么被后人誉为"诗仙"？

李白字太白，号青莲居士，是我国唐代著名的诗人。他笃信道教，喜欢求仙学道，又有远大的政治抱负，希望能够建功立业。不过，李白不愿像当时的一般士人那样，通过参加科举考试取得官位，他希望能够通过隐居山林和广泛的社会结交来培养声誉，从而获得帝王的赏识。

天宝元年，李白受人推荐，到当时的国都长安做了官。他很兴奋，也希望有所作为，但唐玄宗后期政治日趋腐败黑暗，贤能之士屡遭排斥和迫害。在长安任职不满两年，李白便被迫辞官离京。这个时期，李白写出了《长干行》、《乌栖曲》、《蜀道难》等著名诗篇。之后的11年里，他继续在黄河、长江的中下游地区漫游，结识了许多文人墨士并创作出了《将进酒》、《远别离》等众多优秀诗篇。

李白一生创作了大量的诗歌，虽然丢失了很多，但流传至今的仍有900余首。其内容丰富多彩，形式复杂多样。他善于运用夸张的手法、生动的比喻、丰富的想象、自由解放的体裁和优美的语言来表现自己热烈奔放的思想感情。因此，后人称他为"诗仙"。

李白像
李白是文学史上继屈原之后又一位伟大的浪漫主义诗人，有"诗仙"之称。他的诗歌被看做盛唐气象的典型代表。

文史之最 最大的断代诗歌总集：《全唐诗》。《全唐诗》是清朝初年编修的唐代诗歌总集，全书共900卷。

杜甫草堂
杜甫草堂位于四川省成都市西门外的浣花溪畔，是杜甫流寓成都时的故居。草堂经历代保存、修葺扩建，现已成为一处集纪念祠堂格局和诗人旧居风貌为一体的文化圣地。

杜甫像
杜甫的诗歌取材深入社会，内容关切政治和民生疾苦，重视写实，这不仅标志着唐诗内容与风格的重大转折，也对中唐以后直至宋代诗歌的发展产生了深刻的影响。

杜甫的诗为什么被称为"诗史"？

杜甫，字子美，我国古代文学史上伟大的现实主义诗人。他的诗深刻地反映了唐朝由盛转衰的社会面貌，具有丰富的社会内容、鲜明的时代色彩和强烈的政治倾向。

杜甫曾到长安参加进士考试，当时正值奸相李林甫掌权。李林甫最嫉恨读书人，害怕这些来自下层的读书人当了官，议论起朝政来对他不利，于是他把应试考生的试卷都判为不及格。杜甫受到这样的挫折，心情十分懊丧。此后，他在长安过着贫穷愁苦的生活，亲眼目睹了权贵的豪华奢侈和穷人受冻挨饿的凄惨情景。他按捺不住心里的愤慨，就用诗歌来控诉这种不平的现象。

杜甫一生写下了1000多首诗，最著名的有"三吏"、"三别"、《兵车行》、《茅屋为秋风所破歌》等。这些诗作充分表达了他对人民的深刻同情，揭露了封建社会剥削者与被剥削者之间的尖锐矛盾，同时，诗中激荡着热爱祖国、热爱人民的炽烈情感和不惜自我牺牲的崇高精神。因此，他的诗被后人公认为"诗史"，他也被尊称为"诗圣"。

吴道子为什么被后人尊为"画圣"？

吴道子是唐朝著名画家，山水、人物、草木、鸟兽、帷幕等题材，他都画得非常出色。

吴道子一生作画很多，仅在长安、洛阳的寺院里，就画了300余幅壁画。画里的人物面貌各不相同，形象逼真。有一次，他在长安兴善寺画佛像圆光，一笔挥就，势若风旋，旁边很多观看的人不禁大声叫好，甚至惊动了里巷街坊。

吴道子的画富有立体感。他画人物时，常用朱粉的厚薄来表现骨肉的高低起伏，如同塑像一样真实；人物身上的衣带，更是飘飘如飞，人们称赞为"吴带当风"。

他画的佛像样式当时被称为"吴家样"，对后世的宗教人物画和雕塑都产生了很大的影响。

在中国绘画史上，吴道子占有非常重要的地位。千余年来，他被历代画家推崇为"画圣"，并被民间雕塑、绘画艺人奉为"祖师"，受到广大群众的尊敬。

你知道吗

■ 杜甫原是河南巩县人，出生于一个没落的官僚家庭。他从小就下苦功读书，年轻时游历了许多名山大川，写了不少优秀的诗歌。30多岁的时候，他在洛阳遇见了李白，共同的志趣和爱好使他们成了亲密的朋友。

■ 吴道子在很小的时候就失去了双亲，生活贫穷孤苦。为了生计，他开始跟从民间的塑绘工匠学习绘画。由于他才华出众，刻苦好学，到20岁时，他的画已经非常出色了。

文史之最　诗作最多的诗人：宋代伟大的爱国诗人陆游。陆游一生共创作诗歌9300余首，主题大多数都与抗击侵略者有关。

张旭和怀素为什么合称"癫张醉素"?

Weishenme

"癫张"指的是唐代著名的书法家张旭。张旭是一位极有个性的草书大家,他非常喜欢喝酒,而且常常喝得酩酊大醉。他在醉酒的时候,就会变得激情勃发,呼叫狂走,然后落笔成书。有时候甚至用自己的头发蘸墨书写,几乎达到了癫狂的程度。酒醒后,他自己都觉得醉酒时所创作的作品十分神妙。

"醉素"指的是唐代著名的书法家怀素。怀素出身贫寒,少年时就出家当了和尚。他在诵经拜佛之余,也非常喜欢书法。他性情爽朗,不拘小节,学书勤奋,也嗜酒如命,自称"饮酒以养性、草书以畅志"。他醉酒时所写的草书奇趣更浓。

张旭和怀素两个人在书法风格上有许多相似的地方,而且性格也都很有特色。所以,后人把他们合称为"癫张醉素"。

什么叫"颜筋柳骨"?

Weishenme

颜真卿是我国唐代著名的书法家。他初学书法时,曾临摹过王羲之和王献之的作品,并得到过"草圣"张旭的直接指点。在学习前人的基础上,他运用篆书的笔意写楷书,将初唐四家"瘦硬紧劲"的风格改造成了一种丰腴雄浑、宽博舒张、别具一格的"颜体"。他的作品中楷书最多,其中《多宝塔碑》、《麻姑仙坛记》等气势恢弘、气概凛然,是非常独特的作品。

在书法史上与颜真卿并称"颜柳"的柳公权,也是一位对后世影响很大的书法家。柳公权从小聪明好学,无论是写字、画画,还是写文章,都一学即会。他还喜欢看各种各样的书,因而能出口成章。据说他曾在走七步路的时间内作出三首诗,比大名鼎鼎的曹植更胜一筹。柳公权的书法中,楷书尤其出名。他最初学王羲之的字,后来又学欧阳询、颜真卿,最后融合各家之长,创出了风格独特的"柳体"。

颜真卿的楷书雍容气派,雄伟健劲;而柳公权的楷书刚劲挺拔,骨力十足。所以,后人就把他们的书法风格合称为"颜筋柳骨"。

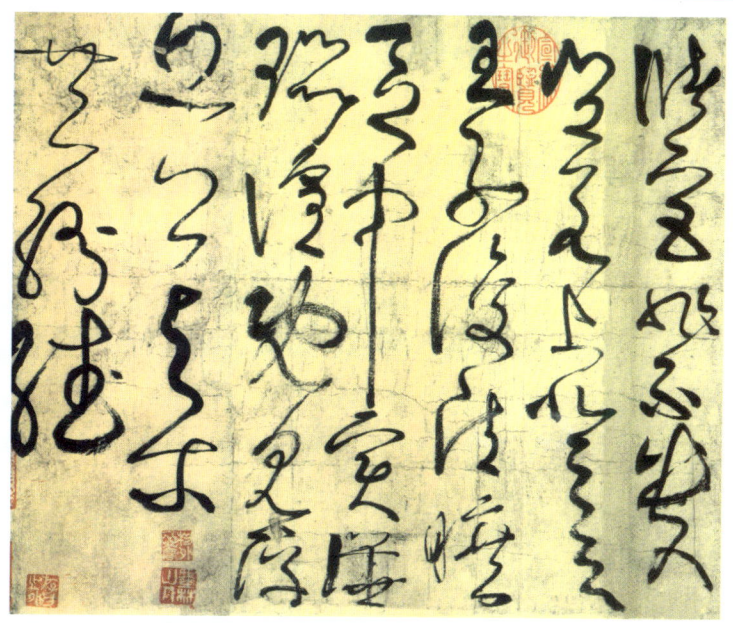

张旭《古诗四帖》(局部)
这幅作品集中体现了张旭草书的特点,通篇布局大开大阖,笔法奔放纵逸,犹如激雷闪电。明代书画家董其昌称其"有悬崖坠石、急雨旋风之势"。

你知道吗

- 张旭是一个潇洒不羁、豁达大度的人,他才华横溢、学识渊博,与李白、贺知章等人是好朋友。
- 在写字之前,怀素总是先喝很多酒,等酒兴上来后,便开始挥笔疾书。
- 可以说,中国楷书发展到唐代已经达到了顶峰阶段,其成就以颜真卿为代表。他的书法理论著作《述张长史笔法十二意》对后世影响极大。
- 柳公权的传世书迹很多,影响较大的有《玄秘塔》、《神策军碑》、《金刚经》等。

中国孩子最爱问的十万个为什么

主题索引：敦煌莫高窟为什么被誉为世界艺术宝库？乐山大佛何时修凿？

敦煌莫高窟为什么被誉为世界艺术宝库？

我国石窟艺术源远流长，享誉世界。从规模和艺术成就而论，甘肃敦煌莫高窟、山西大同云冈石窟和河南龙门石窟堪称"中国三大石窟"，是我国三座最为璀璨夺目的石刻艺术宝库。而在三大石窟中，又以敦煌莫高窟的规模最大、内容最丰富，从而广受世人瞩目。

中国的石窟艺术源于印度。印度传统的石窟造像常以石雕为主，而敦煌莫高窟所处山崖的岩质不适合雕刻，所以莫高窟的造像除四座大佛为石胎泥塑外，其余均为木骨泥塑。敦煌莫高窟整个洞窟的前面为圆塑，后面逐渐淡化为高塑、影塑、壁塑，最后以壁画为背景，将塑、画两种艺术融为一体。

莫高窟的艺术特点表现在把建筑、塑像和壁画三者有机地结合了起来。窟形建制分为禅窟、殿堂窟、塔庙窟、穹隆顶窟、影窟等多种样式；彩塑分圆塑、浮塑、影塑、善业塑等；壁画类别分尊像画、经变画、故事画、佛教史迹画、建筑画、山水画、供养画、动物画、装饰画等不同内容。这一切系统地反映了我国古代历史上十六国、北魏、西魏、北周、隋、唐、五代、宋、西夏、元等十多个朝代及东西方文化交流的各个方面。

1987年12月，敦煌莫高窟被联合国教科文组织列为世界文化遗产，它成了现存规模最庞大的世界艺术宝库。

你知道吗

莫高窟在我国唐朝的时候有1000多个窟洞，现存的有400多个，其中魏窟32洞、隋窟110洞、唐窟247洞、五代窟36洞、宋窟45洞、元窟8洞，共有壁画45000平方米，彩塑、雕像2415尊。

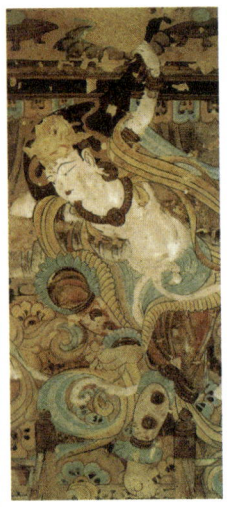

《反弹琵琶图》
这幅壁画出自莫高窟的《伎乐图》，描绘了舞伎伴随着仙乐翩翩起舞、举足旋身、反弹琵琶的瞬间。人物造型饱满，线条写实明快，流畅生动，是敦煌壁画中的杰作。

乐山大佛
乐山大佛是世界上最大的石刻弥勒佛坐像，也是唐代摩岩造像中的艺术精品。

乐山大佛何时修凿？

相传唐玄宗时期，在我国四川省的峨眉山下岷江、青衣江和大渡河三江交汇处有一座山叫凌云山，在凌云山上有一座凌云寺，寺里有一个叫海通的高僧。凌云山下是三江汇聚之处，每逢汛期，山洪暴发，洪水便似脱缰的野马，波涌浪翻，横冲直撞，毁坏农田，危害百姓。

有一天，海通和尚站在山岩上观望三江水势。他远远望见一只木船在江水中颠簸，时而被抛上浪尖，时而被巨浪吞没。木船靠近山岩时，只见水中忽然卷起一道巨浪，向木船劈头盖脸地打去，顿时把木船卷得无影无踪。海通和尚亲眼看到船毁人亡，心中十分伤感。于是，他决心依山开凿一尊弥勒佛大像，想仰仗佛的无边法力，减小水势，永镇风涛。在海通和尚的建议下，大佛于713年正式开始修凿，803年才竣工，历时90年。

乐山大佛体态匀称，神势肃穆，依山凿成，临江危坐。大佛通高71米，头宽10米，耳长7米，鼻长5.6米，眉长5.6米，眼长3.3米，肩宽28米，手指长8.3米，脚背宽8.5米，可围坐百人以上，被古代诗人誉为"山是一尊佛，佛是一座山"。

文史之最 世界第一大佛：乐山大佛。它头与山齐，头高约15米，头顶上可置圆桌，耳孔中间可站两名大汉，肩部可做篮球场。

布达拉宫有何特点？

Weishenme

布达拉宫由吐蕃王松赞干布于631年下令兴建，距今已有1300多年的历史。据说当时的宫殿有999间，加上山顶的修行室共1000间。后来，布达拉宫因为雷击和战乱而遭受了严重的破坏。

布达拉宫主体建筑分为白宫和红宫。白宫是达赖喇嘛的冬宫，红宫主要是灵塔殿和各类佛殿。布达拉宫的建筑总面积有13万余平方米，主楼共13层，高117米，东西绵延360米，南北宽约300米。其中宫殿、灵塔殿、佛殿、经堂、僧舍、庭院等一应俱全，是当今世界上规模最大的宫堡式建筑群。它依山垒砌，群楼重叠，气势雄伟。花岗石墙体，金顶，巨大的鎏金宝瓶、幢和经幡，红、白、黄三色的鲜明对比，分部合筑、层层套接的建筑形体，都体现了藏族古建筑迷人的特色。布达拉宫是藏式建筑的杰出代表，也是中华民族古建筑的精华之作。

此外，布达拉宫还收藏和保存了大量的历史文物。其中有2500余平方米的壁画、近千座佛塔、上万座塑像、上万幅卷轴画，还有贝叶经、甘珠尔经等珍贵经文典籍和大量的金银品、瓷器、珐琅、玉器、锦缎品及工艺品等。

大昭寺因何而建？

Weishenme

大昭寺位于中国西藏拉萨老城区的中心，始建于647年，距今已有超过1360年的历史，堪称拉萨最古老的寺庙。大昭寺建成后，在元、明、清历朝都进行了修筑和扩建，并最终形成了今天占地25100余平方米的宏伟规模。

唐太宗李世民执政时期，唐朝对外实施和亲政策，把文成公主嫁给了当时的吐蕃王松赞干布。松赞干布为了迎娶文成公主，决定建造一批宫殿。文成公主到西藏时，带来了一尊唐朝的铜制佛像。为了安置这尊佛像，松赞干布请来能工巧匠开始建造大昭寺。建成的大昭寺有20多个殿堂，主殿高4层，寺内有300多尊佛像，其中最珍贵的就是文成公主从长安带来的释迦牟尼等身镀金铜像。

因为当时西藏还没人出家为僧，大昭寺建成初期，只是供藏经、供佛用的。后来经过历代的扩建，四周增设回廊、院落，便开始有少数僧侣看管它，但它并不从属于哪个教派。15世纪，纪宗喀巴黄教兴起后，每年都会在这里举行传召法会。17世纪后，许多重大的政治、宗教活动，如历代的达赖或班禅的受戒仪式也在这里举行。

> **转经轮**
> 转经轮又称"嘛呢"经筒、转经筒等，与六字箴言（六字大明咒）有关。藏传佛教认为，持颂六字箴言越多，表示对佛越虔诚，可得脱轮回之苦。

> **布达拉宫**
> 布达拉宫不仅是一座建筑艺术与佛教艺术的博物馆，也是古代民族团结和国家统一的铁证。

文史之最 海拔最高的宫殿：布达拉宫。它坐落在拉萨市区西北方的玛布日山上，海拔3700多米，是世界上现存的海拔最高的宫殿。

我国现存最早的木塔在哪里?

举世闻名的应县木塔全名为佛宫寺释迦塔,位于山西省朔州市应县城内西北角的佛宫寺院内。它始建于北宋时期,距今已有900多年的历史,是我国现存最古老、最高大的纯木结构楼阁式建筑,是我国古建筑中的瑰宝,也是世界木结构建筑的典范。

该木塔塔高67.31米,底层直径30.27米,总重量约7400吨。整个建筑由塔基、塔身、塔刹三部分组成。塔基分为上下两层,下层为方形,上层为八角形。塔身平面也是八角形,塔高九层,五个明层,四个暗层,外观为五层六檐。塔刹由基座、仰莲、相轮、圆光、仰月、宝盖、宝珠组成,直插云霄。

应县木塔被古人誉为"远看擎天柱,近似百尺莲"。木塔在设计和施工上独具匠心,结构上采用双层环形套筒空间框架。上层柱脚插在下层柱头的枋上,并向内递收,形成一层比一层小的优美轮廓。全塔在建造时没用一个铁钉子,全靠构件互相铆榫咬合而成。塔的暗层里,内外槽柱之间的梁用斜撑连接,成八角筒式内外槽框架,增强了构件的整体性。因使用了54种不同形式的斗拱,此塔又被世人称为"斗拱博物馆"。

关汉卿《救风尘》明校本
《救风尘》是关汉卿的一部杰出的现实主义古典喜剧,写恶棍周舍骗娶妓女宋引章后又加以虐待,宋引章的结义姐妹赵盼儿见义勇为,设计救出宋引章的故事。

应县木塔
这座木塔全称佛宫寺释迦塔,在山西省朔州市应县城内,是中国辽代高层木结构佛塔,因塔身全是木制构件叠架而成,俗称应县木塔,是世界现存最古老、最高大的全木结构高层塔式建筑。它历经1次大风暴和7次大地震,至今仍完整无损。

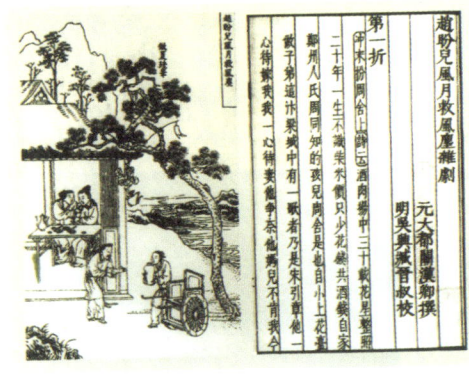

元曲四大家都是谁?

元代时,戏曲艺术有很大的发展,有姓名记载的杂剧作家就有80余人,其中,关汉卿、白朴、马致远和郑光祖这四位杂剧作家,集中代表了元代的杂剧创作成就,被后人称为"元曲四大家"。

关汉卿编有杂剧67部,现存18部。其中《窦娥冤》、《望江亭》、《单刀会》等是他的代表作。关汉卿的笔下活跃着一些普通的妇女形象,如窦娥、杜蕊娘等,她们大多出身卑贱,遭遇悲惨,但她们正直、善良、聪明、机智,有着强烈的反抗精神,敢于与黑暗势力展开搏斗。

白朴编有杂剧15部,其中现存的《唐明皇秋夜梧桐雨》,写的是唐明皇与杨贵妃的爱情故事,历来被认为是爱情剧中的成功之作,具有极强的艺术生命力,对后代戏曲的发展产生了深远的影响。

马致远编有杂剧16种,现存的有《江州司马青衫泪》、《吕洞宾三醉岳阳楼》等七种。马致远的创作集中地表现了当代文人的内心矛盾和思想苦闷,并由此反映了一个时代的文化特征。

郑光祖编有杂剧18部,全部保留至今的有《迷青琐倩女离魂》、《㑳梅香骗翰林风月》、《醉思乡王粲登楼》等。他的剧目主要有两个主题,一个是青年男女的爱情故事,另一个是历史题材故事。

文史之最　最奇特的塔:我国云南滇西芒市一座具有200多年历史的塔,它被一棵榕树紧紧箍在中间,塔顶上生长着参天大树。

为什么说赵孟頫是元代最有影响的书法家?

Weishenme

赵孟頫,字子昂,号松雪,浙江湖州人,是元代最杰出的书法家之一,在中国书画史上具有广泛的影响。赵孟頫在书法上非常用功,对于自己喜欢的书法作品,常常一遍一遍地临摹。他在唐代王维"以诗入画"的基础上,提出了"书画同法,以书入画"的观点。他认为书法和绘画的原理、法则相同,因此书法的技巧也可以运用到绘画中去。比如,书法中的飞白法是一种枯笔露白的技法,如果用来画石头,可以增加石头的质感。又如,用书法中大篆的笔法画枯树,可以更好地表现树的遒劲和苍老;用楷书的笔法画竹子,可以避免琐碎的感觉。他的这些理论,对中国画,特别是文人画的发展产生了深刻的影响。

他的书法成就和观念更是深深地影响了后来人。不仅同时代的一些名家如邓文原、鲜于枢纷纷以他为榜样,就连明代的祝允明、文征明,清代的刘墉、乾隆帝也从中汲取了不少营养。整个元朝书法几乎都笼罩在赵孟頫的庇荫之中。在中国书法史上他是个上承晋唐,下启明清的一个重要的桥梁式人物,也是继王羲之、颜真卿之后第三个影响深远的书法大家。

中国长篇古典小说中的四大名著是什么?

Weishenme

《三国演义》、《水浒传》、《西游记》和《红楼梦》被誉为中国长篇古典小说中的"四大名著",家喻户晓。

《三国演义》是中国文学史上的第一部章回小说。它主要讲述的是我国东汉末年至三国时代的军事和政治斗争。作者罗贯中在这部小说中写了大大小小的一系列战争,这些战争千变万化,表现了战争的复杂性和多样性。

《水浒传》是中国最优秀的英雄传奇小说。作者施耐庵结合自己的生活经验和元末农民起义的真实历史,集中地、多方面地反映了封建社会里的一次农民革命的产生、发展和失败的过程。

《西游记》是明代神魔小说的扛鼎之作,讲述了唐僧和他的三个徒弟孙悟空、猪八戒、沙僧四人到西天取经的传奇故事,全书充满了神奇瑰丽的想象。

《红楼梦》是中国古代文学的巅峰之作。作者曹雪芹以贾宝玉和林黛玉的爱情故事为中心,联系了当时的社会背景,揭露出了封建统治阶级的奢靡罪恶,并揭示出封建社会必然走向崩溃的历史命运。

赵孟頫《浴马图》(局部)

赵孟頫一生画了大量以马为题材的人马图,《浴马图》是其中尺幅较大、场面复杂、最具代表性的作品之一。整个画面中共有十四匹马、九个人,画中人身着唐装,马为进口的贡马,抒发了作者对盛唐繁荣的向往和赞叹。

《脂砚斋重评石头记》书影

《红楼梦》有十几种版本,通行本为程甲本,脂本是后发现的"古本",原名《石头记》,通名为《脂砚斋重评石头记》。

文史之最 中国最早的女书法家:东晋的卫铄,世称"李夫人"或"卫夫人"。她擅长楷书、行书、篆书、隶书,其中楷书和隶书造诣尤深。

定陵地宫
定陵是明代第十个皇帝朱翊钧（万历）和孝端、孝靖两个皇后的陵墓。在十三座明陵中，定陵是唯一一座被打开的陵墓，陵中地宫深27米，总面积达1195平方米。

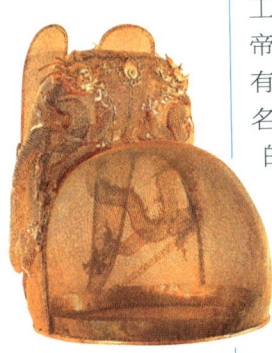

万历金冠
这顶金冠于1956年在定陵地宫出土，重826克，高24厘米，直径17.5厘米。冠体找不到一个接点和焊点，有专家评价："它的出现，标志着中国古代镂织工艺已达到了登峰造极的境地。"

明十三陵在建筑上有何特点？

举世闻名的明十三陵，是我国明朝13个封建皇帝的陵墓，它修建在北京市昌平区的天寿山下。从1409年兴建第一座陵墓起，到1644年明朝灭亡时结束，这项建造工程共延续了200余年。陵区内有13座皇帝陵墓、7座妃子墓、1座太监墓，共埋葬有13位皇帝、23位皇后、2位太子、30余名妃嫔和1名太监。其中，13座皇帝陵寝的建筑风格、整体布局基本相同，都是前方后圆，只在面积大小和筑饰繁简上略有差异。

13座陵寝中，建筑最为雄伟的是长陵，结构最为精美的是永陵，规模最小的是思陵，唯一被打开的是定陵。在陵区南北长7千米的中轴线上，还建有宏阔壮观的神路。除思陵以外的12个陵，还建有陵监、陵园、陵卫等附属建筑。陵区占地面积达40平方千米，周围的军都山余脉在陵域东、西、北三面形成环抱式天然屏障，使陵区自然环境幽雅，景色宜人。

陵寝建筑规模宏大，体系完备，整体性突出，陵寝制度独具风貌，是明朝统治年间中国历史建筑艺术的杰作，也是陵寝规划与建造的最高代表。而它的历史遗存，又从另一个侧面记录了明王朝的盛衰兴亡，记录了明朝文化、艺术、科学技术的发展状况。

明朝为何建筑长城？

明长城是我国明朝时期在北部地区修筑的一种军事防御工程，当时称边墙。明长城东起鸭绿江，西达嘉峪关，横贯今天的辽宁、河北、天津、北京、内蒙古、山西、陕西、宁夏、甘肃等9个省、市、自治区，全长有6300多千米，所以又称"万里长城"。

明朝建立以后，退回到漠北草原的蒙古贵族鞑靼、瓦剌诸部仍然不断南下骚扰抢掠；明朝中期，女真族又兴起于东北地区，也不断威胁边境的安全。为了巩固北方的边防，明朝在200多年的统治时期中，几乎没有停止过对长城的修筑工程。

明长城是中国历史上费时最久，工程最大，防御体系和结构最为完善的长城工程。它对明朝防御侵扰，保护国家安全和人民生产生活的安定，开发边远地区，保护中国与西北域外的交通联系都起过不小的作用。它充分体现了中国古代建筑工程的高度成就和古代劳动人民的聪明才智。

【百科辞典】

殉葬：
又称陪葬，以器物、牲畜甚至活人陪同死者葬入墓穴，以保证死者亡魂的冥福。用活人殉葬是中国古代一项残忍野蛮的习俗，秦汉以后就很少出现了。但到了明代，人殉之风死灰复燃，朱元璋首开恶例。

"八大山人"是指八个人吗?

Weishenme

朱耷是我国明末清初时期著名的画家,他的一生有许多别号,如雪个、个山、屋驴等,"八大山人"仅是他的许多别号中的一个。

1644年,清兵入关,明亡。身为明朝皇族后裔的朱耷从此过起了流亡和隐居的生活。他先是出家为僧,后来又做了道士,在幽寂的道观中度过了后半生的大部分时光。在道观中,他几乎把所有的时间都用在了绘画上,并最终成了一位杰出的画家。

朱耷的晚期作品主观情感鲜明突出,笔墨淋漓流动而又清润凝重,达到了艺术上的巅峰。

《荷花水鸟图》
八大山人习惯通过象征手法,对所画的花鸟鱼虫进行夸张处理,以奇特的造型和简单的线条使画中形象突出,甚至将鸟和鱼的眼睛画成"白眼向人",来表现自己的孤傲不群、愤世嫉俗。

《红楼梦》为何是中国古典小说的巅峰之作?

Weishenme

《红楼梦》是我国清代小说家曹雪芹写的一部著名的文学作品。在清朝雍正皇帝执政初期,曹雪芹的祖父曾是朝廷命官。但后来由于受封建统治阶级内部政治斗争的牵连,曹家遭受了一系列的打击,并从此一蹶不振,日渐衰落。不久后,曹雪芹随同父母来到了北京。在经历了生活的重大转折后,曹雪芹深感世态炎凉,因而对封建社会有了更清醒、更深刻的认识。他蔑视权贵,远离官场,在贫困如洗的艰难生活中,以坚忍不拔的毅力从事小说《红楼梦》的写作和修订。

《红楼梦》写的是一个封建贵族大家庭从繁荣走向衰败的故事。贾宝玉、林黛玉、薛宝钗的恋爱婚姻悲剧,是这个故事的中心。作品围绕着这一中心,展开了许多错综复杂的矛盾斗争,描绘了一幅极其广阔的社会生活图画,指出了整个封建社会的千疮百孔,摇摇欲坠。《红楼梦》还深刻尖锐地批判了封建社会制度、政治吏治、婚姻制度、伦理关系,控诉了封建主义的残酷无情,大胆地预见了封建社会和封建统治阶级必然灭亡的历史命运。

《红楼梦》被公认为中国古典小说创作的巅峰之作,全书共120回,前80回为曹雪芹所写,后40回由高鹗续写。高鹗的续书虽然在思想高度和艺术成就上与前80回存在差异,但基本上符合曹雪芹的原意,并使全书的故事完整无缺,得以在广大读者中间广泛流传。

《红楼梦》插图

文史之最 人物最多的小说:《红楼梦》。出场人物721个,加上所涉及的古代帝王、仙女、神佛等262人,合计983个人物。

中国孩子最爱问的十万个为什么

主题索引：中国现存最大的古建筑群在哪里？鲁迅为什么要写《狂人日记》？

中国现存最大的古建筑群在哪里？

Weishenme

紫禁城位于北京市市中心，现在称为故宫，意思是过去的皇宫。它是明、清两代王朝的皇宫，也是中国和当今世界上现存规模最大、建筑最雄伟、保存最完整的古代宫殿和古建筑群。紫禁城的四面修筑有10米高的城墙和52米宽的护城河。城南北长961米，东西宽753米，总占地面积达78万平方米。城墙四面各建有一座城门，其中南面的叫午门，北面的叫神武门，专供到紫禁城去的游客出入。

紫禁城的南半部分以太和殿、中和殿、保和殿三大殿为中心，两侧还有文华、武英两殿，是皇帝举行朝会的地方，称为"前朝"。北半部分则以乾清宫、交泰殿、坤宁宫三宫为中心，外东侧有奉先、皇极等殿，西侧有养心殿、雨花阁、慈宁宫等，是皇帝和后妃们居住、举行祭祀和宗教活动，以及处理日常事务的地方，称为"后寝"。紫禁城整体建筑布局谨严，秩序井然，寸砖片瓦的安放都遵循着封建等级礼制，反映出帝王至高无上的权威。在封建帝制时代，普通的人民群众是不能也不敢靠近它的。

鲁迅全家合影
这是鲁迅53岁时与全家的合影，他还做了一首诗赠给妻子许广平："十年携手共艰危，以沫相濡亦可哀。聊借图画怡倦眼，此中甘苦两心知。"

故宫太和殿
太和殿是紫禁城内占地面积最大、等级最高的建筑物，建筑规制之高、装饰手法之精堪列中国古代建筑之首。

你知道吗

家庭的变故和变故后的人生体验，使得鲁迅从少年时代起就特别亲近下层人民。后来，他根据儿时的经历和印象写出了回忆童年往事的散文集《朝花夕拾》。

鲁迅为什么要写《狂人日记》？

Weishenme

鲁迅，原名周树人，我国现代伟大的文学家、思想家和革命家。1902年，鲁迅到东京学习医术。然而他意识到，要改变中华民族在强国林立的现代世界上的悲剧命运，最重要的是要改变中国人的精神，于是，他弃医从文，开始翻译外国文学作品，筹办文学杂志，发表文章，从事文学活动。

1918年，鲁迅在《新青年》杂志上发表了他的第一篇小说《狂人日记》，这标志着中国小说的发展已经进入一个全新的时代。这篇小说凝聚了鲁迅痛苦的人生体验和对于中华民族现代命运的沉重思索。它通过"狂人"之口，痛斥了中国封建专制的"吃人"历史，向落后的中国社会发出了严厉质问。

鲁迅的《狂人日记》被认为是讨伐传统封建专制文化的一篇檄文，是呼唤重建中国现代新文化的宣言书。它带着被侮辱与被损害的中华民族的凄厉的声音，向全世界宣告了中华民族重新崛起的意志和信念。

文史之最 最早的白话小说：《狂人日记》。1918年5月发表在《新青年》杂志上的《狂人日记》是中国文学史上第一篇白话小说。

话剧《茶馆》为什么长演不衰？

Weishenme

老舍，原名舒庆春，我国现代杰出的语言艺术家，享有世界声誉的爱国主义作家、人民艺术家。他在小说、剧作、曲艺、散文、诗歌、杂文等方面都取得了卓越的成就，《茶馆》就是他的戏剧代表作之一。

《茶馆》讲述的是1898年满清王朝崩溃前夕，北京裕泰茶馆里茶客满堂，三教九流无所不有。王利发是茶馆的掌柜，他精明能干，经营有方，对茶客们常常都是笑脸相迎。随着岁月的流逝，满清灭亡，军阀混战，民不聊生，但他仍在拼命支撑着这个老字号茶馆。抗战胜利后，国民党反动派给人民带来新的灾难，王利发苦心经营大半生的茶馆被特务霸占。他在绝望之余，和两个老人以撒纸钱自悼，结束了自己饱经沧桑的一生。

《茶馆》选取了清朝末年、民国初年以及抗战胜利后这三个历史阶段，通过茶馆折射出中国近代整个社会的变迁，描绘了一幅近半个世纪的历史画卷。1958年，《茶馆》在北京首都剧场首次公演，获得了巨大的反响。之后几十年间，《茶馆》又应邀赴德国、法国、瑞士、日本、加拿大等国家和地区演出，均受到了热烈的欢迎。

曹禺为什么被誉为"中国的莎士比亚"？

Weishenme

1910年9月24日，曹禺出生在天津一个没落的封建官僚家庭。他小时候受到家庭教师的启蒙，学习了四书五经，并阅读了《红楼梦》、《西游记》、《镜花缘》

▶ 话剧《茶馆》剧照

【百科辞典】

话剧：

一门集剧作、导演、对话、动作、舞美、灯光于一体的综合性艺术，具有如下几个基本特点：舞台性、直观性、综合性和对话性。

等中国古典小说和一些西方小说。曹禺还从小跟随继母看了很多京戏、地方戏和话剧，常常阅读《戏考》，这些经历都培养了他对戏剧的兴趣。

1922年，曹禺进入天津南开中学，并在那里开始了他的话剧事业。大学期间，曹禺仍然是中国戏剧的爱好者。课余时间，他经常同朋友一起去看戏，观赏著名京剧演员的精彩演出。这些传统艺术对他后来的戏剧创作产生了很大的影响。

从1929年起，曹禺开始酝酿人物、构思剧本，到1933年终于完成了《雷雨》的创作，前后用了5年时间。虽然它是曹禺的第一部话剧，但获得了巨大的成功，震动了文坛，成为现代文学史上的经典作品，被认为是"中国话剧现实主义的基石"。之后，他又写了《日出》、《原野》、《北京人》等经典剧作。他的作品对中国的话剧发展产生了深远的影响，因此，他被称为"中国的莎士比亚"。

○ 老舍——"人民艺术家"

老舍被誉为"人民艺术家"，他的作品多以城市生活为题材，人物性格鲜明，细节刻画真实。他能熟练地驾驭语言，善于准确地运用北京话表现人物、描写事件，使作品具有浓郁的地方色彩和强烈的生活气息。

○ 曹禺简介

曹禺（1910~1996年），原名万家宝，字小石。"曹禺"是他在1926年发表小说时第一次使用的笔名。

文史之最 最早的话剧社团：春柳社。1906年冬由中国留学生组建于东京，1907年公演了话剧《黑奴吁天录》。

中国孩子最爱问的十万个为什么

主题索引: 鲁迅为什么拒绝诺贝尔文学奖的提名？金庸小说魅力何在？

三味书屋
清末绍兴城里的著名私塾，鲁迅先生少年时期读书的地方。"三味"取自"读经味如稻粱，读史味如肴馔，读诸子百家，味如醯醢（音希海，即醋和肉酱）"的古语。

"金大侠"
金庸，香港"大紫荆勋贤"，原名查良镛。金庸是新派武侠小说最杰出的代表作家，被誉为武侠小说作家的"泰山北斗"，更有金迷们尊称其为"金大侠"或"查大侠"。

鲁迅为什么拒绝诺贝尔文学奖的提名？

1927年，瑞典的学者斯文海定到我国考察时，在上海了解了鲁迅的文学成就，他与刘半农商量，准备推荐他为诺贝尔文学奖候选人。刘半农托鲁迅的好友台静农去信征询鲁迅的意见，但是同年9月25日，鲁迅回信郑重拒绝了这个意见。

鲁迅是这样解释的："我感谢他的好意，为我，为中国。但我很抱歉，我不愿意如此。诺贝尔赏金，梁启超自然不配，我也不配，要拿这钱，还欠努力。世界上比我好的作家何限，他们得不到。你看我译的那本《小约翰》，我哪里做得出来，然而这作者就没有得到。或者我所便的，是我是中国人，靠着'中国'两个字罢了，那么，与陈焕章在美国做《孔门理财学》而得博士无异了，自己也觉得可笑。我觉得中国实在还没有可得诺贝尔奖赏金的人，瑞典最好不要理我们，谁也不给。倘因为黄色脸皮的人，格外优待从宽，反足以长中国人的虚荣心，以为真可以与别国大作家比肩了，结果将很坏。我眼前所见的依然黑暗，有些疲倦，有些颓唐，此后能否创作，尚在不可知之数。倘这事成功而从此不再动笔，对不起人；倘再写，也许变了翰林文学，一无可观了。还是照旧的没有名誉而穷之为好罢。"

金庸小说魅力何在？

"有华人的地方就有金庸小说。"这句话虽然有些夸张，但在一定程度上反映出了金庸小说的巨大影响。为什么以前被人视为末流的武侠小说能得到这么高的称赞呢？

金庸小说之所以具有很大的魅力，大概是出于以下几个原因：第一，金庸在创作过程中保持了武侠小说的原汁原味，易于为中国读者所接受。第二，小说运用了许多中国式的传统手法，如说书艺术的运用、插科打诨角色的引入、悬念设置等，引人入胜。第三，金庸小说的语言通俗、浅显、流畅、灵活生动，没有难懂的词语和艰涩的句子，而且极富动作性，具有很强的戏剧感和画面感。第四，金庸的小说塑造了一大群性格鲜明的英雄或个性人物，刻画出了深刻的人性，所以具有一定的思想高度。

你知道吗

- 迄今为止，已有四位亚洲作家获得过诺贝尔文学奖，他们是：拉宾德拉纳特·泰戈尔、川端康成、施姆尔·约瑟夫·阿格农和大江健三郎。
- 金庸曾把他创作的14部小说名称的首字巧妙地联成了一副对联：飞雪连天射白鹿，笑书神侠倚碧鸳。

文史之最 第一位获得诺贝尔文学奖的亚洲人：印度诗人拉宾德拉纳特·泰戈尔。他于1913年获得诺贝尔文学奖。

Part 9

九 文学艺术世界卷

文学和艺术是人类永恒的精神追求,也是地球上最美的文明之花。从远古时代,人类就开始了由自发到自觉的艺术创造,在几千年的人类历史中,各个大洲、地域和民族的人们留下了无数辉煌灿烂的文学艺术成就。

传说中的诺亚为什么要造方舟？

诺亚与方舟
这尊雕塑位于德国科隆大教堂，故事取材于《圣经·创世记》。

传说亚当和夏娃由于偷吃禁果，被上帝赶出了伊甸园。他们来到人间后，生下了许多子女，于是，人类逐渐遍布大地。然而，人类之间并没有好好地相处，他们为了争夺食物、财产、土地等而无休止地厮杀，人世间充满了暴力和罪恶。上帝对人类所犯下的罪孽感到十分忧伤。于是，他决定消灭自己创造的人和走兽飞鸟。但是，他又希望留下一部分人和动物让他们悔过自新，建立一个理想的世界。

上帝觉得一个叫诺亚的人令他满意。一天，诺亚听到了上帝的声音。上帝说由于人类罪恶深重，将有洪水到来灭绝人类，他要求诺亚用歌斐木建造方舟，还把舟的规格和造法传授给了诺亚。此后，诺亚在独立无援的情况下，花了整整120年的时间，终于造出了一只庞大的方舟。他听从上帝的安排，把全家8口搬了上去，各种飞禽走兽也一对对赶来，有条不紊地进入方舟。7天后，暴雨自天而降，一连下了40个昼夜，人类和大地上的动植物遭到了灭顶之灾。除诺亚一家人以外，亚当和夏娃的其他后代都被洪水吞没了，连世界上最高的山峰都低于水面7米。

《荷马史诗》作者是谁？

公元前12世纪末，在希腊半岛南部地区的阿凯亚人和小亚细亚西北部的特洛伊人之间发生了一次为期10年的战争。最后，希腊人毁灭了特洛伊城。这就是西方历史上著名的特洛伊战争。战争结束后，在希腊和小亚细亚一带便流传着许多歌颂这次战争中的英雄们的短歌。在传诵过程中，英雄传说又同神话故事交织在一起，由民间说唱诗人口头传授，代代相传。

大约在公元前9至前8世纪时，在小亚细亚的爱琴海一带，出现了一个双目失明的职业说唱诗人，他的名字叫荷马。荷马经常背着希腊古代的七弦竖琴四处漂泊，把自己的诗吟唱给人们听。他的诗在七弦琴的伴奏下，美妙动听，情节精彩，深受人们的欢迎。后来，荷马将关于特洛伊战争的歌谣、故事和神话传说进行了加工整理，最后形成了具有完整情节和统一风格的《伊利亚特》与《奥德赛》。这两部史诗组成了《荷马史诗》。

特洛伊古城的木马模型
为纪念特洛伊战争，人们在古城遗址上树立起一座巨大的木马模型。木马用松树制成，高达20米，游人还可攀梯入内参观。

你知道吗

相传，上帝在毁灭世界以后让水势渐渐消退。这时，诺亚放了一只鸽子出去探路，鸽子回来时衔着一片橄榄叶，这片橄榄叶是从树上啄下来的。诺亚由此判断地上的洪水已经消退。因此，后世的人们就用鸽子和橄榄枝来象征和平。

文史之最　最长的史诗：中国藏族民间说唱体英雄史诗《格萨尔王传》，目前收集到的共有120多卷、100多万行，总计2000多万字。

谁创作了《伊索寓言》？

Weishenme

大约在公元前6世纪，伊索在希腊出生了。伊索在童年期是一个哑巴，只能发出奇怪的声音，不得不靠打手势表达他的意思。再加上他长得又矮又丑，邻居都认为他是个怪物。但是，他的母亲非常爱他，时常讲故事给他听。母亲去世后，伊索离家到各地漫游，收集到了许多有关鸟类、昆虫和动物的故事。

有一天，伊索梦见幸运之神和气地向他微笑，并把手指放进伊索的嘴里，让他的舌头放松。醒来后，他发现自己已经可以说话了。之后，伊索就开始不停地给大家讲他曾经听到的故事。这些故事的主人公大多以动物为主，有豺狼、狮子、狐狸、猴子、兔子等。故事的寓意深刻，包括对富人贪婪自私的揭露，对恶人残忍本性的鞭挞，对社会不平等现象的抨击，对懦弱者、懒惰者的讽刺；也包括对劳动创造财富的肯定，对勇敢斗争的赞美；还包括教人如何处世、如何做人，怎样辨别是非好坏、怎样变得聪明等诸多内容。后来，人们把这些寓言故事进行了加工整理，并汇集成册，便形成了流传至今的《伊索寓言》。伊索寓言是古希腊人生活和斗争的概况、提炼和总结，是古希腊人留给后人的一笔精神遗产。

古希腊雕像为什么多为裸体？

Weishenme

大约在3000年前，古希腊地中海东部的爱琴海一带出现了许多大大小小的城邦，由于各个城邦都企图占有其他城邦的土地，因而经常发生战争。那时的战争全凭肉搏，每个士兵都得锻炼好身体。青年人大半时间都在练身场上练习角斗、跳跃、拳击、赛跑、掷铁饼，把肌肉练得又强壮又柔韧，以便能够在战场上英勇杀敌。

战争同时也带来了体育运动的盛行。古希腊人的孩子从学会走路开始，就要接受体育训练。各个城邦每逢节日，还要举行体育竞赛，从中挑选出最有气力、身手最敏捷的青年。在当时的运动会上，人们并不以裸体为耻。相反，青年男女为了显示自己健美的体魄，常常把衣服脱光。斯巴达的女青年参加运动会时也常常是全裸的。

对于运动会上的优胜者，人们都报以雷鸣般的掌声。姑娘会向冠军献上鲜花和桂冠，诗人为他作诗，雕塑家为他塑像。在雕塑家眼中，理想的雕塑素材是血统好、发育好、比例匀称、擅长各种运动的裸体人物。基于这种思想，大量表现人体健美的裸体雕塑问世，从而形成了裸体艺术的高峰。

讲故事的伊索
传说伊索是一个相貌丑陋而绝顶聪明的奴隶。他小时候本是哑巴，一天他梦见了幸运之神向他微笑，并把手指放进他的嘴里，放松他的舌头。醒来后，他发现自己已经可以说话了，而且口齿伶俐。

拉奥孔像
这座大理石群雕诞生于公元前1世纪左右。传说中，拉奥孔是特洛伊城的祭司，他曾警告特洛伊人不要将木马搬入城中，结果触怒了女神雅典娜，雅典娜派出两条巨蛇将拉奥孔父子三人咬死。

文史之最 最早的奥林匹克运动会：根据历史记载，古代最早的奥林匹克运动会在公元前776年举行，只设180米短跑一个比赛项目。

希罗多德像

希罗多德研究历史，撰写史著，不仅是为了给后人留下资料，最重要的目的在于训世谕今，即用历史事实来进行道德规范教育。他这种重视历史垂训作用的观点和做法，对后来西方史学的发展产生了极大的影响。

酒神狄奥尼索斯像

在古希腊，每当秋收时节，人们都要举行化装舞会庆祝，向传说中的酒神狄奥尼索斯祈祷。人们组成歌队，披上山羊皮，戴上各种各样的面具，唱着酒神颂歌，翩翩起舞。这种载歌载舞的表演成为西方戏剧的源头。

希罗多德为什么被称为"历史之父"？

大约在公元前484年，希罗多德诞生在小亚细亚西南海滨的一座古老的城市。希罗多德的父亲是一个奴隶主，他的叔父是本地一位著名的诗人。希罗多德从小学习勤奋，酷爱史诗。大约从30岁开始，希罗多德开始了一次范围广泛的旅游。每到一地，希罗多德就到历史遗址、名胜古迹浏览凭吊，考察地理环境，了解风土人情，还喜爱听当地人讲述民间传说和历史故事。他把这一切都记了下来，并一直随身带着。

公元前445年前后，希罗多德来到了希腊的政治、经济和文化中心雅典。他十分崇拜雅典的民主政治和军事成就，就不停地向有关的人打听希波战争的各方面情况，收集了很多历史资料。在友人们的鼓励和支持下，希罗多德决心写一部完整叙述希波战争的历史著作以流传后世，这就是史学名著《希波战争史》。

希罗多德的《希波战争史》内容丰富，非常生动地叙述了西亚、北非以及希腊等地区的地理环境、民族分布、经济生活、政治制度、历史往事、名胜古迹等，展示了近20个国家和地区的民族生活图景，宛如古代社会的一部小型百科全书。《希波战争史》是西方史学上的第一座丰碑，为西方历史编纂学"开辟了一个新时代"，希罗多德也因此被称为"历史之父"。

古希腊的戏剧是怎样发展起来的？

葡萄是古希腊最重要的作物之一，古希腊人每年都要举行盛大的酒神祭典，以祈祷或者庆祝葡萄丰收。纪念酒神的庆典是人们彻底放松的日子，往往会演变成狂欢和暴饮，使参加者忘掉平时的烦恼和禁忌，沉浸在梦与醉的境界里。

在乡村的酒神祭典中，能歌善舞的民间歌手常常组成一个约50人的合唱队，并选出一位歌队长充当领唱。合唱队员们扮作半羊半人的森林之神，以山羊皮做装束，胸前佩戴山羊角，脸上贴着用槲树叶做的胡须，头上戴着用常春藤编制的花冠，总是走在整个游行队伍的前列，载歌载舞。游行队伍每停留在一个广场或者宽阔的高地上，就由歌队长指挥合唱队演唱。演唱的歌曲主要是讲述酒神在尘世经受的苦难和考验，因而又叫"酒神颂歌"。歌队长不仅是指挥，同时又是主要的演员。他往往一个人站在较高的地方，讲一段，唱一段，有时还要和合唱队进行对答。后来，表演中增加了一个"应和人"，与歌队长进行对答，也增加了对话的成分。除此以外，酒神祭典大都以游行和无拘无束的狂欢为主要活动，在放纵和欢乐的气氛中，也不乏狂欢歌舞和滑稽戏。

古希腊的戏剧就这样在酒神祭典中发展起来了。

【百科辞典】

酒神：

在希腊神话中，狄奥尼索斯是宙斯之子，相传他曾在半羊半人的森林之神的陪同下周游世界。由于他教给希腊人用葡萄酿酒的技能，所以被奉为"酒神"。

《源氏物语》为什么被称为日本文学的高峰？

《一千零一夜》为什么流传至今？

Weishenme

传说很久以前，有一个国王叫山鲁亚尔。他每天娶一位女子，第二天就杀掉再娶。许多女子都为此惨遭不幸。老百姓害怕极了，纷纷携带女儿逃出了城。宰相的大女儿山鲁佐德博学机智，她决心拯救天下姐妹的生命，于是自愿嫁给国王，带着妹妹一起进了宫。每天晚上，山鲁佐德给妹妹和国王讲一个故事。等到天亮时分，故事也讲到了最精彩的地方，国王忍不住想继续听下去，只好让她多活一天。就这样，她一连讲了一千零一个夜晚。国王终于被山鲁佐德感动了，不但没有杀死她，还正式立她为王后，与她恩爱地生活在一起。

据说，《一千零一夜》正是来源于上面的传说。全书共有大故事134个，每个大故事又包括若干个小故事。这些故事生动地描绘了中世纪阿拉伯帝国广阔的社会生活舞台，歌颂了人类的智慧和勇敢，反映了劳苦大众对美好生活的憧憬，赞扬了青年男女对爱情的忠贞。

《一千零一夜》这朵中世纪阿拉伯文化的奇葩受到了各国读者的喜爱，几经再版，流传至今。

《源氏物语》插图

《源氏物语》行文典雅，笔意缠绵，富有日本民族古雅的风格。作者因对宫廷生活有直接的体验，所以十分熟悉当时日本贵族阶层的淫逸生活及男女间的爱情故事。

阿拉丁神灯

著名的《阿拉丁和神灯》是《一千零一夜》中一个广为流传的故事，里面饱含了生活的智慧、做人的道理，一直流传至今。故事中的主人公阿拉丁以及他的神灯成为人们十分喜爱的形象。

《源氏物语》为什么被称为日本文学的高峰？

Weishenme

《源氏物语》是日本女作家紫式部在11世纪初创作的中古长篇写实小说，全书共54回，近百万字，讲述了日本平安王朝时期的一个爱情故事。书中的人物关系错综复杂，出场人物达到400人之多，因此，《源氏物语》可以被看成是日本的《红楼梦》。

《源氏物语》展示了平安王朝宫廷中豪华奢侈、腐朽淫乱的生活情景，反映了贵族阶级中人与人之间争权夺利、互相倾轧的人际关系，暴露了贵族社会门第为重、男尊女卑的不平等的社会现象，在客观上预示了旧贵族阶级必然崩溃、灭亡的趋势。

《源氏物语》是世界文学史上最早的一部长篇写实小说，作品流露出明显的现实主义倾向，代表了日本古典现实主义文学的最高峰，给后世作家的创作提供了艺术典范。它所创立的"物哀"等美学传统，一直被后世作家继承和发展，成为日本文学民族化的一大因素。

你知道吗

- 《源氏物语》的作者紫式部不仅被载入了日本文学史册，而且享誉世界文坛。1964年，联合国教科文组织将她选定为"世界五大伟人"之一。
- 《一千零一夜》的故事由三部分组成。第一部分是一部叫《赫左尔·艾夫萨乃》的故事集，它是《一千零一夜》的核心；第二部分是源于伊拉克的阿巴斯王朝特别是哈伦·拉希德统治时期的故事；第三部分是有关埃及麦马立克王朝的故事。

文史之最 最早的长篇写实小说：《源氏物语》。该作品的成书年代一般认为是在1001至1008年间。

中国孩子最爱问的十万个为什么

主题索引
夏目漱石的头像为什么印在日元纸币上？古罗马的万神庙为什么有个大穹顶？

日元纸币上的夏目漱石像
夏目漱石精通东西方文化艺术，既是英文学者，又精擅俳句、汉诗和书法，在日本被称为"国民大作家"。图为印有他头像的1000元日元。

万神庙
万神庙位于意大利首都罗马圆形广场的北部，是罗马最古老的建筑之一，也是古罗马建筑的代表。图为万神庙的外部柱廊。

夏目漱石的头像为什么印在日元纸币上？

Weishenme

夏目漱石的原名叫夏目金之助，是日本近代一位非常优秀的批判现实主义作家。1867年，他出生在东京的一个仕宦家庭，后进入东京帝国大学英文系学习。毕业后，他做了一名中学教员。在这期间，他开始了写作的尝试。

夏目漱石在一生的文学生涯中，写下了《我是猫》、《哥儿》、《草枕》、《三四郎》、《从此以后》、《门》、《心》、《明与暗》等数十部颇具特色的作品，为日本文学增添了光彩。他在日本近代文学史上享有很高的地位，被称为"国民大作家"。同时，"漱石文学"以它深厚的思想性和高超的艺术性，在世界文学史上也占有重要的地位，受到各国读者的广泛欢迎。夏目漱石死后，还将他的脑和胃捐赠给了东京帝国大学医学部。因为他的贡献卓越，1984年，他的头像被印在日元1000元的纸币上。

古罗马的万神庙为什么有个大穹顶？

Weishenme

罗马城是人类历史文化古城之一，罗马城的万神庙是闻名世界的古代建筑。它是单一空间、集中式构图的建筑物的代表，也是罗马穹顶技术的最高典范。早期的万神庙是前柱廊式的，被焚毁之后重建时，采用了穹顶覆盖的集中式形制。新的万神庙整体呈圆形。穹顶直径达43.3米，顶端高度也是43.3米。穹顶的建筑材料主要是混凝土和砖，象征着天宇。它的中央开一个直径8.9米的圆洞，象征着神的世界和人的世界的联系。

2世纪，古罗马天文学家托勒密提出了"地心说"的观点。在他的观点里，天以地为中心，而地又以罗马为中心，天地众神以罗马的万神庙为中心。罗马人统一地中海一带后建造了大穹顶，意味着要把四面八方的神仙请到罗马，汇集在万神庙里。在大穹顶上，地不分南北东西，都从中心展开；神不分高低贵贱，皆围绕圆心排列。浑圆无缝的圆穹，像苍天一样盖在万神庙的上方。它中央的圆洞，好像天眼张开喷射出光源，光柱随着太阳的升落在神庙内移动，并映照在墙垣的壁龛、壁柱上，好像神光照亮行星。

文史之最 第一位获得诺贝尔文学奖的日本作家：川端康成。1968年10月17日，川端康成荣获诺贝尔文学奖。

大竞技场为什么是古罗马的象征？

Weishenme

1世纪前后，古罗马的疆域迅速扩大，大半个欧洲、北非和西亚在内的辽阔土地都成了古罗马的属地。古罗马疆域辽阔，政局稳定，政治、经济、文化更加繁荣，并聚集了大量的财富。当时，古罗马的奴隶制经济空前发达，奴隶们被强迫进行无偿的劳动，大批自由民终日游手好闲，惹是生非。为了安抚他们，古罗马兴建了许多大型的公共建筑，如剧场、神庙、浴场和竞技场等，让他们免费参加在那里举行的各种竞技、休闲和娱乐活动。

古罗马大竞技场位于罗马城的中心，外围建筑高达57米，由三层重叠而上的拱廊构成。拱廊自下而上，依次由圆柱支撑，每两根圆柱之间形成一个拱门。整个竞技场有80个这样的拱门并列而立，它们同时又是一个个设有编号的入口，观众可以根据自己的座位号经由不同的入口进入，很方便地到达指定位置。整个竞技场内部共分为5个区，能同时容纳8万人观看表演。没有哪一座竞技场能比它更宏大了。所以，它成了强大的古罗马的象征。

什么是马赛克镶嵌画？

Weishenme

马赛克镶嵌画是用大小不同的彩石、玻璃料器和金属等硬质片料拼嵌而成的图画。它一般用在装饰建筑物的墙面、天花板或地面上。镶嵌画在初期主要是用大卵石拼镶出的图案，然后用来装饰地面。后来逐步发展到了采用多种材料，包括玻璃、陶瓷、贝壳等，用途也扩大到作为建筑物内外墙面、地面及顶棚的装饰。

3世纪时，随着基督教地位的合法化，包含宗教内容的马赛克镶嵌画也产生了。到了4世纪，拜占庭帝国的马赛克镶嵌画把镶嵌艺术与建筑艺术完美地结合在一起，显得神秘、庄严而富有装饰性，甚至取代了壁画而成为欧洲中世纪教堂的主要装饰形式。当时，一些著名教堂的墙面和穹顶都采用这种马赛克镶嵌画作装饰，这些镶嵌画的题材主要是圣经故事和使徒传记等宗教内容，所用镶嵌材料除彩色玻璃外，还杂以金、银、珠宝、玉石等，看起来金光闪烁，富丽堂皇。

马赛克镶嵌画《祷告的耶稣》
这幅马赛克镶嵌画来自土耳其伊斯坦布尔的圣索菲亚大教堂。虽然奥斯曼土耳其苏丹穆罕默德二世占领拜占庭后，把教堂改成了清真寺，但教堂顶部的基督教壁画却保留了下来。

大竞技场内部
竞技场内中央为表演区，外面围着层层看台，大约有55000个座位。表演区地下隐藏着很多洞口和管道，可以存放道具、牲畜或作为角斗士的准备室。

文史之最　最古老的绘画：1879年发现的西班牙阿尔塔米拉洞窟岸画，里面有大约旧石器时代后期的鹿、马、牛等动物壁画。

什么是哥特式建筑？

哥特式建筑是以法国为中心发展起来的。12至15世纪，法国的城市手工业和商业行会十分发达，市民们建造教堂的热情高涨，并以此来相互显示自己城市的繁华。那时，教堂已成为城市公共生活的中心，成为市民大会堂、公共礼堂，甚至可用做市场和剧场。每逢宗教节日，教堂往往成了热闹的赛会中心。

这些兴建起来的哥特式建筑的主要特点是尖塔高耸，在设计中利用十字拱、飞券、修长的立柱，以及新的框架结构来增加支撑顶部的力量，使整个建筑以直升线条、雄伟的外观和教堂内宽阔的空间为特征，再结合镶着彩色玻璃的长窗，使教堂内产生一种浓厚的宗教气氛。教堂的平面仍基本为拉丁十字形，但其西立面的两侧增加了一对高塔。

哥特式教堂的主体由石头的骨架券和飞扶壁组成。其基本单元是在一个正方形或矩形平面四角的柱子上做双圆心骨架尖券，四边和对角线上各一道，屋面石板架在券上，形成拱顶。采用这种方式，可以在不同跨度上作出矢高相同的券，使拱顶重量减轻，简化了施工过程。

→ 哥特式教堂的内部
由于采用了尖券、尖拱和飞扶壁，哥特式教堂的内部空间高旷、单纯、统一。

→ 意大利米兰大教堂
米兰大教堂是世界上最大的哥特式教堂，长158米，最宽处93米。塔尖最高处达108.5米。高高的花窗、直立的扶壁以及135座尖塔，都表现出向上的动势。西边正面是意大利人字山墙，也装饰着很多哥特式尖券尖塔。

什么是"骑士文学"？

12世纪的西欧社会中，逐渐产生了一个骑士阶层。最早的骑士来自中小地主和富裕的农民。他们替大封建领主打仗，从领主手中获得土地和其他报酬。骑士有了土地后便成为小封建主，在思想上是支持封建等级制的。后来，骑士土地成为世袭领地，于是形成了固定的骑士阶层。11世纪90年代的十字军东侵，使骑士们接触到了东方生活和文化，骑士精神也逐渐形成了。

爱情在骑士生活中占有重要地位。骑士们会强烈地表现出对贵妇人的爱慕和崇拜，并常常为了爱情冒险甚至决斗。在他们看来，能博得贵妇人的欢心，能在冒险中取得胜利，便是骑士的最高荣誉。

骑士们有时也会为宗教信仰去冒险，但他们往往反对基督教的禁欲主义，要求享受爱情和生活，并把东方先进的文明带回到当时仍处在相对落后状态的西欧各国。在这些骑士当中，也逐渐产生了许多热爱文学和诗歌的人。他们写书、作诗，抒发自己对生活和爱情的看法，并把自己的冒险经历组织成一个个长篇故事。这些骑士们的文学诗歌作品，后来就被称为"骑士文学"。

文史之最　最大的教堂：圣彼得教堂。位于梵蒂冈，是罗马基督教的中心教堂，也是罗马教皇的教廷。

堂吉诃德为什么冲向大风车？

Weishenme

《堂吉诃德》是16世纪西班牙著名作家塞万提斯写的一部讽刺"骑士小说"的作品。小说讲的是一个名叫吉哈诺的绅士，他对那些荒谬无聊的骑士书刊入了迷。在他的脑子里，塞满了妖术、搏斗、爱慕、巨人、堡垒、被俘的姑娘和各式各样的豪侠壮举。在他看来，这些在现实生活中都是真实存在的。于是，他决定为了自己的荣誉而奋斗——必须成为游侠，周游环球，纠正谬误，解救被俘的公主，最后赢得王位。

吉哈诺把自己的名字改成了"堂吉诃德"，带上一个叫做桑丘·潘沙的侍从，开始了自己的冒险之旅。有一天，他们来到一个城市的郊外，那里矗立着许多巨大的风车。堂吉诃德见到后，把它们看做凶残的妖魔，准备对它们发起战斗。堂吉诃德狠狠地踢了踢他骑的那匹老马，然后握着长矛，冲向了大风车。风刮得很大，堂吉诃德和马顿时被风车掀倒在地上。他一动不动地躺在地上，像死了一般。他的长矛也被摔断了。桑丘赶忙过去救援他的主人，却发现主人已不能动弹。过了很久，堂吉诃德醒来了，准备继续前进，寻找下一个战斗目标。

为什么会出现"流浪汉小说"？

Weishenme

16世纪中叶，在中世纪传统市民文学的影响下，产生了一种新型小说——"流浪汉小说"。这种小说一般采用自传体的形式，描写主人公流浪的所见所闻，反映广阔的社会生活。那么，为什么会出现这种小说呢？

当时，随着美洲殖民地的建立，西班牙商品经济空前繁荣，对外贸易十分兴旺，反而使本国大批农民和手工业者破产，沦为无业游民。加之社会上冒险之风日益兴盛，流浪汉逐渐成为一个庞大的社会群体。"流浪汉小说"便在这样的历史条件下产生了。1554年，无名氏创造的《小癞子》开了"流浪汉小说"的先河。该小说以第一人称叙述了托梅斯河上的小拉撒路由于家庭不幸，不得不给一个瞎子引路，从此开始流浪生涯，尝尽世态炎凉的故事。《小癞子》一书在当时备受欢迎。此后，又陆续出现了M.阿莱曼的《古斯曼·德·阿尔发拉切》、乌维达的《流浪女胡斯蒂娜》、克维多的《骗子手》等流浪汉小说。

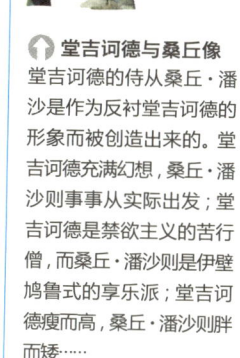

➤ 堂吉诃德与桑丘像
堂吉诃德的侍从桑丘·潘沙是作为反衬堂吉诃德的形象而被创造出来的。堂吉诃德充满幻想，桑丘·潘沙则事事从实际出发；堂吉诃德是禁欲主义的苦行僧，而桑丘·潘沙是伊壁鸠鲁式的享乐派；堂吉诃德瘦而高，桑丘·潘沙则胖而矮……

➤ 西班牙风车
堂吉诃德骑着瘦马、手持长矛盾牌挑战大风车的情节，成为小说中最为人津津乐道的段落。与秀美的荷兰风车不同，西班牙的风车大多树立在光秃秃的山上，显得质朴而荒凉。

文史之最　人文主义文学出现最早的地方：意大利。14世纪，佛罗伦萨诞生了人文主义文学的奠基人物彼特拉克和薄伽丘。

为什么说蒙娜丽莎的微笑最神秘?

▲ 罗浮宫收藏的意大利名画《蒙娜丽莎》
对于这幅画，不同的观者或在不同的时间看，感受似乎都不同，有时觉得画中人笑得舒畅温柔，有时又显得严肃，有时像是略含哀伤，有时甚至显出讥嘲，遂被称为蒙娜丽莎神秘的微笑。

《蒙娜丽莎》是意大利文艺复兴时期著名的画家达·芬奇的一幅享有盛誉的肖像画杰作，成功塑造了资本主义上升时期一位城市有产阶级的妇女形象，代表了达·芬奇绘画艺术的最高成就。在画中，蒙娜丽莎优雅地坐在安乐椅上，她的双手柔美、纤秀，交叠放在胸前。她的眼睛看上去很有神采，目光锐利而脉脉含情。透明的面纱笼罩着她的头部与双肩，披肩上的两绺长发和肩部外衣的小褶纹梳理成统一、流畅的轮廓。她的脸上露出勉强可以看出的微笑，像是微笑刚开始的一瞬间，也像是微笑结束的一瞬间。这个含蓄的微笑看上去具有一种神秘莫测的千古奇韵，被后来的众多美术史家称为"最神秘的微笑"。

为什么说拉斐尔塑造的圣母最为成功?

拉斐尔是15至16世纪时期意大利著名的画家，一生画了许多圣母像，这些圣母像由于创作年代不同而具有不同的气质。在他21岁时，画了第一幅名叫《圣母的婚礼》的作品。这幅画在圣母的形象塑造上有了很多创新，一些绘画技巧甚至在许多前辈画家的作品中也是很少见到的。之后，拉斐尔又画了一系列的圣母像，这些画像和中世纪其他画家所画的同类题材也有很大的不同，其中最有名的是《带金莺的圣母》、《草地上的圣母》和《花园中的圣母》等。

1513年，拉斐尔完成了他的另一幅大型油画《西斯廷圣母》。在画中，圣母被塑造成人类救世主的形象：她决心以牺牲自己的孩子为代价，来拯救苦难深重的世界。整个画面像一个舞台，当帷幕拉开时，圣母脚踩云端，神风徐徐送她而来。代表人间权威的统治者——身披华贵圣袍的教皇取下桂冠，虔诚地欢迎圣母驾临人间。圣母的另一侧是圣女，代表着平民百姓来迎接圣母的驾临，其形象妩媚动人，似乎沉浸在深思之中。《西斯廷圣母》被人们称为拉斐尔最完美的作品，也是塑造圣母形象最为成功的作品。

你知道吗

画圣母像时，拉斐尔从不用现实中的模特儿，但也不是完全凭空想象。他常常按照自己的审美理念来进行构思，然后对现实生活中各种美丽妇女的形象进行分析，再经过自己的艺术加工，最后将圣母形象呈现在画布上。拉斐尔在创作的过程中，总是极力追求美丽、幸福、完好无缺，他的圣母像更多地体现了母亲的精神气质和形象。

➡ 《西斯廷圣母》
《西斯廷圣母》是拉斐尔"圣母像"中的代表作，它以甜美、悠然的抒情风格闻名遐迩。这幅祭坛画从1514年问世以来直至1574年，一直保存在西斯廷教堂里，故得此名。现被德国德累斯顿博物馆收藏。

文史之最 文艺复兴时期最完美的代表人物：达·芬奇。他是伟大的画家、未来学家、建筑师、数学家、音乐家、发明家……

谁创作了西斯廷教堂天顶巨画？

Weishenme

西斯廷教堂原来是意大利古罗马教皇的一个私人礼拜堂。1503年，古罗马教皇朱理二世继承了教皇职位，不久便开始了罗马宫廷的装饰工程，西斯廷教堂的重建也是工程的一部分。教皇请来了当时正在进行一项陵墓雕塑工作的画家、雕塑家米开朗琪罗，要他涂掉教堂内天顶上的旧壁画，并重新绘制。米开朗琪罗不得不停下手里的工作，接受了这项任务。

1508年5月，米开朗琪罗开始创作。直到1512年10月31日，这幅全长40米、宽14米、绘画总面积近600平方米的西斯廷教堂天顶巨画终于完成。在画中，米开朗琪罗以《圣经·创世记》为主线，把天顶的中央分割成了9个画面，分别描绘了"神分光暗"、"创造日月与动植物"、"创造水和大地"、"创造亚当"、"创造夏娃"、"原罪·逐出乐园"、"诺亚献祭"、"大洪水"、"诺亚醉酒"等主题。画面上有天使、预言家、女巫、神甫等340个男女形象，他们体态丰盈，神情逼真，是画家想象中的各种英雄和巨人的汇集，也是西方美术史上最宏伟、最复杂的壁画作品之一。

文豪莎士比亚的"四大悲剧"都是什么？

Weishenme

威廉·莎士比亚是一位让英国人为之自豪的著名剧作家，也是各国人民敬仰的世界文豪。《哈姆雷特》、《奥赛罗》、《麦克白》和《李尔王》是莎士比亚最有名的悲剧作品，被世人称为"莎士比亚四大悲剧"。

《哈姆雷特》描绘的是王子哈姆雷特得知他的叔父杀死自己的父亲并篡夺了王位后，不顾荣辱安危、身入险境揭发叔父罪行的故事。虽然哈姆雷特成功了，但最后却在比剑中中毒身亡。

《奥赛罗》讲的是威尼斯城邦的将军奥赛罗被部下设计陷害，错杀了自己的妻子。最后真相大白，奥赛罗因为悔恨而用短剑自杀身死。

《麦克白》叙述的是野心家麦克白将军从战场上立功回来后，利用国王邓肯到自己家中做客的机会杀死了国王。最后，麦克白又被邓肯的儿子杀死，他的妻子也因为精神分裂而死。

《李尔王》讲的是不列颠国王李尔把国土分给两个能说会道的女儿，而三女儿却因为心善口拙惹怒了李尔，没有得到一点封赏。后来，李尔遭受到了大女儿、二女儿的残酷虐待，三女儿却不计前嫌，并决心和父亲一起起兵夺回土地，但最后双双兵败身亡。

莎士比亚故居
莎士比亚故居位于英国中部的斯特拉福德镇亨利街，这栋两层高的都铎式建筑成为全世界文学爱好者的朝圣之地。

壁画《最后的审判》（局部）
《最后的审判》是西斯廷教堂祭坛后的壁画。该画描绘的是世界末日来临时，基督把万民召集起来分辨善恶，让善者升入天堂，把恶者打入地狱。

中国孩子最爱问的十万个为什么

主题索引
- 歌德为什么写《少年维特之烦恼》？雨果为什么被看做法国浪漫主义文学的领袖？

歌德为什么写《少年维特之烦恼》？

1772年，歌德在法兰克福当律师。为了去德国最高法院实习，他来到了威茨拉尔市。在一次舞会上，他认识了夏绿蒂小姐，并很快爱上了她。后来，歌德才知道，夏绿蒂小姐早与自己的好友、外交官克斯特纳尔订了婚。不愿破坏朋友的幸福，却又抑制不住对夏绿蒂小姐的爱慕，这使歌德曾因为悲观而产生过自杀的念头。但他最终理智地处理了这一问题，离开威茨拉尔回到家乡。不久，他得知夏绿蒂结婚了。两个月后，他又听到自己的一个好朋友因为感情的问题而自杀的消息。痛苦和烦恼激发了歌德的创作灵感。很快，他便将自己的经历写成了书信体小说《少年维特之烦恼》。

小说的主人公维特是一个市民出身的青年，他向往自由、平等的生活，希望从事有益的实际工作。但是，围绕他的社会却充满着等级的偏见和鄙陋的习气——保守腐败的官场、庸俗屈从的市民、神态傲慢的贵族，使他和现实不断发生冲突，而他自己也陷入了毫无希望的爱情之中，最后走上了自杀的道路。

雨果为什么被看做法国浪漫主义文学的领袖？

雨果是法国浪漫主义作家的代表，是19世纪前期浪漫主义文学运动的领袖，法国文学史上卓越的资产阶级民主作家。雨果出生在法国东部的杜省贝桑松，15岁时就在法兰西学院的诗歌竞赛会上得奖，17岁时在"百花诗赛"中获得第一名，20岁时出版了第一本诗集《颂诗集》。

雨果一生写了许多作品，包括26卷诗歌、20卷小说、12卷剧本和21卷哲理论著，给法国文学和人类文化宝库增添了一份十分辉煌的文化遗产。其中，闻名遐迩的代表作有《悲惨世界》、《巴黎圣母院》、《海上劳工》和《笑面人》等。他的一生几乎跨越整个19世纪，文学生涯达60年之久，创作力经久不衰。其浪漫主义小说精彩动人、雄浑有力，达到了艺术的巅峰。而且，雨果善于运用浪漫主义创作手法刻画人物，文笔优美，文风恣肆，对读者来说具有永久的魅力。因此，他被看做法国浪漫主义文学的领袖。

雨果像
维克多·雨果，法国文学史上最伟大的作家之一；法国浪漫主义文学运动的领袖。他的一生几乎跨越整个19世纪，其浪漫主义小说精彩动人，具有永久的魅力。

歌德与席勒铜像
这两尊铜像位于歌德的故乡魏玛市中心广场，已成为魏玛市的象征。

【百科辞典】

书信体小说：
用书信形式写成的小说。这种小说以第一人称"我"为主人公讲解故事、塑造形象，使人读后感到亲切，富有真实感。著名的书信体小说有德国歌德的《少年维特之烦恼》、法国卢梭的《新爱洛绮丝》等。

浪漫主义手法：
文学上的一种创作方法，善于运用丰富的想象和夸张的手法塑造人物形象、反映现实生活。浪漫主义文学的鼎盛时代是法国资产阶级大革命时期，代表作家有雨果、乔治·桑、歌德等。

文史之最 第一篇浪漫主义宣言：1827年，雨果发表剧本《克伦威尔》及其序言。这篇序言被认为是法国浪漫主义的宣言。

名画《自由引导人民》取材于哪个历史事件？

Weishenme

《自由引导人民》是19世纪法国画家德拉克罗瓦最具有浪漫主义色彩的作品之一，取材于1830年法国的"七月革命"这一历史事件。1824年，法国复辟王朝国王查理十世即位后，恢复了被法国大革命摧毁的旧制度，引起了社会各阶层的普遍不满。为了控制局面，查理十世颁布了反动的"七月敕令"，封闭自由派报刊，解散议会，限制选举权。1930年7月27日，在法国综合工科学校学生的领导下，巴黎人民发动了起义，打败了前来镇压起义的王室军队。当月29日，起义军占领了罗浮宫，查理十世被迫逃往英国。这次革命史称"七月革命"。

在《自由引导人民》这幅画中，画家向我们展示了一个硝烟弥漫的巷战场面，这正是当时巴黎市民英勇战斗的情景。引导前进的是自由女神的形象：她一手拿枪，一手高举大革命时期的三色旗，成为画面构图的中心。围绕在她前后左右的是工人、市民、孩子、学生等。他们手持武器，踏着血迹和尸体奋勇前进。此外，在硝烟弥漫的背景中，巴黎圣母院教堂的轮廓隐约可见。

"印象派"之名是怎么来的？

Weishenme

莫奈是19世纪印象派大师。1840年生于巴黎，童年在阿佛尔度过。莫奈没有按照画家的常路走，而是以画漫画起家。不过，当时具有创新意识的雷诺阿、德加、西斯莱、毕沙罗、塞尚等画家都很乐意与莫奈交往。

1874年，莫奈等人在巴黎的一间工作室里举办了一次名叫"独立的画家、雕塑家和版画家艺术展"的画展。在画展中，莫奈的绘画作品《日出·印象》引起了巨大的争议。有人认为莫奈的《日出·印象》画得一塌糊涂，画法过于随意、轻率，连糊墙壁的纸都要比它来得精美。更有一位艺术批评家怒斥他的画"疯狂、怪诞、反胃、不堪入目"。这次画展很快便成了巴黎街谈巷议的话题，吸引了大批观众前来观看，但同时也引来了更多的非议。艺术观点保守的记者勒鲁瓦借此画名，嘲讽画展是"印象主义画家的展览会"，意思是让人看完后毫无印象。"印象派"之名便由此诞生了。

《自由引导人民》这幅画气势磅礴，画面结构紧凑，色调丰富炽热，用笔奔放，有着强烈的感染力。1831年5月1日在巴黎展出时引起轰动，德国诗人海涅还为此画写下了赞美诗。

你知道吗

- 《自由引导人民》整幅画气势磅礴，色彩与明暗对比强烈，结构紧凑，用笔奔放，充分展现了浪漫派绘画的风格特点，具有强烈的感染力。
- 莫奈喜欢描绘所有使人眼花缭乱的东西。他描绘的河水、天空、房屋和树木都洋溢着非同寻常的生命力。从莫奈的观念看，他是一个现实主义者；然而从他的本性看，他又是一个幻想家，他的内心满怀难以遏止的激情。

文史之最 最著名的印象派画家：法国画家莫奈。莫奈1865年的作品《奥林匹亚》以色彩技巧的独特运用开创了印象主义画风。

凡·高为什么喜欢画向日葵？

凡·高自画像
自画像在凡·高作品中占有很重要的地位。1880至1890年这短短的10年间，凡·高创作了近2000幅作品，其中有40余幅自画像。

凡·高是19世纪时期的荷兰人，长年生活在法国，是后印象派画家的代表人物，也是世界上最著名的画家之一。在生活极端困苦的年代，他远离了尘嚣的巴黎，常常一个人独自走在乡间的小路上，眺望满目自然美景。田野里的那些千姿百态的巨大的金色向日葵一下子吸引住了他。他觉得向日葵金黄色的圆盘代表了太阳、激情、狂热、爱情和对美好生活的向往，和自己的心境十分相似。于是，他把自己的所有注意力都放在了观察向日葵上。有时候，这样的举动也能使他暂时忘却精神上的痛苦。他甚至把它们采集回来，布满了自己的整个房间。之后，他就开始不停地在画布上一遍一遍地描绘向日葵，并创作出了影响深远的经典绘画作品《向日葵》。

现在，凡·高是人们公认的绘画天才。然而在一百多年前，伴随他一生的却是贫困和饥饿。他生命里的最后一段时间是在一座小镇的小客栈里度过的。那个房间很小，阴暗而潮湿，只够放置一张小床和一把破椅子，根本无法在室内作画。在他看来，在人生的道路上没有比被巨大的情感无法得到表达和回应更痛苦的事情了。最终，他拿起了手枪，向心窝射了一弹，以自杀的方式离开了人世。

为什么说惠特曼是美国最伟大的诗人？

1819年，惠特曼出生在美国纽约长岛的一个海滨小村庄里。在他5岁的时候，全家人搬到了美国的布鲁克林，惠特曼在那儿开始上小学。长大后，他通过自己刻苦努力，成为一家小有名气的报纸的主笔。他不断撰写反对奴隶制、反对雇主剥削的论文和短评。1848年，西欧各国爆发了革命，这对惠特曼影响很大。他在报纸上发表文章讴歌欧洲革命，并写了不少诗来表达自己的心境，其中包括《欧洲》、《法兰西》、《近代的岁月》等。

1850年起，惠特曼脱离新闻界，重操他父亲的旧业，当起了木匠和建筑师。在此期间，他创作了代表作——诗集《草叶集》。

《草叶集》摒弃了传统诗歌的格律，创造了"自由诗体"。惠特曼用草叶的形象来象征生机勃勃的年轻美国，赞美人民，歌颂自由，提倡民主。《草叶集》是美国浪漫主义文学发展顶峰的产物，也是美国诗歌史上最伟大的诗歌经典，也使惠特曼成了美国最伟大的诗人。

惠特曼像
惠特曼在诗歌艺术方面的最大成就是含蓄而丰富的音乐感。西方学者曾指出他的诗歌往往像意大利歌剧、演讲词和大海波涛一样富有韵律美。

凡·高的《向日葵》
作者以饱满而纯净的色调，展示了内心沸腾着的热情与活力。那一团团如火焰般的向日葵是有原始冲动和热情的生命体，不仅散发着秋天的成熟气息，也表现出画家对生活的热烈渴望与顽强追求。

文史之最 改动最大的诗集：《草叶集》。1855年，《草叶集》在纽约出版时只有12首诗作，1882年再版时已增加到了372首诗。

为什么说《人间喜剧》是小说史上的奇迹？

Weishenme

《人间喜剧》是19世纪法国伟大的批判现实主义作家巴尔扎克的文学作品集。巴尔扎克从小就读了许多书，接触了各种社会思想，特别是空想社会主义和唯物主义思想，对他影响很大。1816年，巴尔扎克秉承父母的意愿进入法律学校学习，1819年结业。这期间，他混迹于法国司法界，看到了资本主义社会的黑暗。毕业后，他不顾父母的坚决反对，在巴黎开始了文学创作。此后，他进一步认清了社会上形形色色的丑恶面孔，为文学创作奠定了基础。

《人间喜剧》包括96部长篇和中、短篇小说，开启了"长篇小说"的先河。它全面描绘了从拿破仑帝国、复辟王朝到七月王朝这一历史时期法国社会不同阶层、不同职业以及不同活动场所中的种种现象和人群，构成了一个由2000多个人物组成的广阔画面，深刻地揭示了资产阶级战胜没落封建阶级的历史过程。

在巴尔扎克的《人间喜剧》里，与人物、环境、历史有关的各种材料都组织得非常精确而缜密，对人物的心理描写也非常深刻，语言丰富并且很有个性。这样规模宏伟的艺术建构在世界文学史上是绝无仅有的，所以被人们认为是小说史上的一个奇迹。

勃朗特三姐妹为什么在英国家喻户晓？

Weishenme

夏洛蒂·勃朗特、艾米莉·勃朗特和安妮·勃朗特是亲姐妹，也是19世纪著名的英国女性作家，在英国的文学史上有"勃朗特三姐妹"之称。

勃朗特三姐妹曾一起学过音乐、弹琴、唱歌、画画，而最使她们感兴趣的还是写作。起初，她们合出了一本诗集，大大鼓舞了创作热情，开始创作小说。一年后，夏洛蒂·勃朗特、艾米莉·勃朗特和安妮·勃朗特分别完成了自己的长篇小说《教师》、《呼啸山庄》和《艾格妮丝·格雷》。她们把三部小说一起寄给出版商。不久，出版商回复她们说，《呼啸山庄》和《艾格妮丝·格雷》已被接受，但夏洛蒂的《教师》将被退回。这对姐姐夏洛蒂来说是一个不小的打击。但她没有退缩，继续写出了另一部长篇小说，这就是闻名于世的《简·爱》。

不久，她们的作品相继问世，英国文坛大为震惊，尤其是夏洛蒂的《简·爱》更是引起了巨大的轰动，大街小巷里的人们都在谈论这部含有女权主义精神的作品。很快，勃朗特三姐妹就成了英国家喻户晓的人物。

安妮·勃朗特之墓
与两位姐姐华丽而充满激情的文风不同，安妮·勃朗特的作品风格朴素淡雅，真挚自然，让人读起来回味无穷。她去世时年仅29岁，墓地位于英国的斯卡布罗镇。

巴尔扎克像
巴尔扎克是19世纪法国伟大的批判现实主义作家，欧洲批判现实主义文学的奠基人和杰出代表。

文史之最 最长的小说：法国小说家路易·法利古尔创作的《善心人》。这部小说的英文版共有4959页，207万字。

中国孩子最爱问的十万个为什么

主题索引
《双城记》的"双城"指哪两座城市？19世纪俄国最伟大的作家是谁？

《双城记》的"双城"指哪两座城市？

狄更斯像
狄更斯生活和创作的时代，正是19世纪中叶维多利亚女王时代前期。他毕生的活动和创作始终与时代潮流同步。

你知道吗

《双城记》是狄更斯的代表作之一。早在创作《双城记》之前，狄更斯就对法国大革命极为关注，并反复研读了《法国革命史》和相关著作。他对大革命的浓厚兴趣缘于对当时英国潜在的社会危机的担忧。

《双城记》是19世纪英国著名作家狄更斯的一部历史小说。《双城记》讲的是发生在巴黎和伦敦两座城市里的故事，描写了法国大革命时期的社会全貌，深刻地揭露了法国的社会矛盾，强烈地抨击了贵族阶级的荒淫残暴，刻画了起义人民攻击巴士底狱时的壮观场景，表现了人民群众的伟大力量。小说还描绘了19世纪时的伦敦景象。然而，作者站在资产阶级人道主义的立场上，既反对残酷压迫人民的暴政，也反对革命者反抗暴政的暴力。在狄更斯笔下，整个革命是一场毁灭一切的巨大灾难，它无情地惩罚罪恶的贵族阶级，也盲目地杀害无辜的百姓。

《双城记》有其不同于一般历史小说的地方，它的人物和主要情节都是虚构的。在法国大革命真实广阔的背景下，作者以虚构人物的经历为主线索，把冤狱、爱情与复仇三个互相独立同时又互相关联的故事交织在一起，情节错综复杂，头绪纷乱繁多。但狄更斯采取了倒叙、插叙、伏笔、铺垫等一系列手法，使得小说结构完整严密，情节曲折紧张而富有戏剧性，表现出了卓越的艺术技巧。

19世纪俄国最伟大的作家是谁？

托尔斯泰像
列夫·托尔斯泰的作品所反映的思想矛盾是俄国社会错综复杂矛盾的真实写照，因此被列宁称为"最清醒的现实主义"的"天才艺术家"。

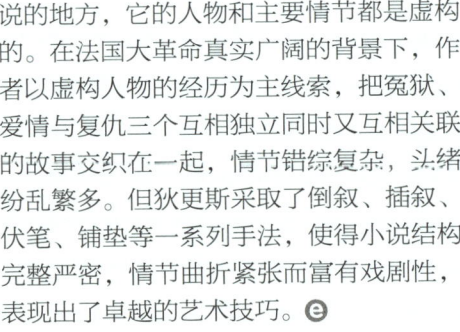

列夫·托尔斯泰是19世纪末20世纪初俄国最伟大的作家，也是世界文学史上最杰出的文学家之一。读大学时，托尔斯泰阅读了卢梭和伏尔泰等一批法国启蒙思想家的大量作品，受到了深刻的影响。这使他开始对俄国的农奴制社会产生强烈不满。后因厌恶学校的教育，他中途退学回了家，不久后又到高加索服兵役，经历了克里米亚战争。从战争中，他看清了沙皇俄国的本质，甚至开始对整个俄国社会感到绝望。因为找不到生活的出路，他只好回到家里，把自己的全部呼声与苦闷表达在了文字上面。

1868年，托尔斯泰经过7次修改，完成了他的第一部具有世界意义的鸿篇巨著《战争与和平》。1877年，他又经过12次的精心修改，完成了第二部巨著《安娜·卡列尼娜》。1881年，托尔斯泰全家搬到了莫斯科。新的生活使他的世界观发生了很多变化。随后不久，他又完成了对俄国地主资产阶级批判得最全面、最深刻的作品《复活》。托尔斯泰的许多小说都歌颂了俄国人民的爱国热忱和英勇的斗争精神，不但思想深刻，同时也表现出作者强烈的国家和社会责任感，为他赢得了"文学泰斗"的美誉。

及至晚年，托尔斯泰的世界观发生激变，1882至1884年一再想离家出走。最后，于1910年11月10日从亚斯纳亚·波利亚纳秘密出走，途中患肺炎，20日在阿斯塔波沃车站逝世。遵照他的遗言，遗体被安葬在亚斯纳亚·波利亚纳的森林中，坟上没有树立墓碑和十字架。

文史之最 英国最杰出的小说家：狄更斯。其小说篇幅宏大，内容包罗万象，风格雅俗共赏，影响遍及欧美乃至世界各国。

丹麦"童话大王"是谁？

1805年，安徒生诞生在丹麦菲英岛欧登塞镇一座破旧的阁楼上。他的父亲是个鞋匠，很早就去世了，全家靠母亲给人洗衣服维持生活。安徒生虽然过着十分贫穷的生活，但经过十几年的奋斗，终于踏进了文学殿堂。1835至1872年，安徒生一共写了168篇童话和故事，其中包括讽刺皇帝愚蠢昏庸和大臣们阿谀逢迎的《皇帝的新衣》、歌颂纯洁少女追求忠诚爱情的《海的女儿》、描写穷苦人悲惨生活的《卖火柴的小女孩》和《看门人的儿子》，以及反映他自己和母亲不幸遭遇和身世的《丑小鸭》和《她是一个废物》等。

安徒生童话爱憎分明，热情歌颂了劳动人民，赞美他们善良和纯洁的优秀品德，无情地揭露和批判了王公贵族们的愚蠢、无能、贪婪和残暴，真实地反映出当时丹麦的社会矛盾，生活气息浓郁而又富有浪漫主义情调。后来，他的不少童话故事被改编成了电影、电视剧和芭蕾舞，在世界各国放映和上演。因为在童话故事上取得的巨大成就，他被人们称为"童话大王"。

马克·吐温为什么被称为"幽默大师"？

马克·吐温出生在美国密西西比河畔的一个乡村律师家庭里。他小时候很调皮，经常逃学到他家附近的密西西比河边游玩，常常在河边一坐就是几个小时，细细地观察着这条大河。他有九次差点被波浪卷走。

马克·吐温12岁时，父亲逝世了，他也自此结束了自己并不喜爱的学生生涯。

在成为作家之前，他曾经做过印刷厂里的排字工，密西西比河水手、士兵，经营过木材业、矿业，当过记者。

马克·吐温一生中共创作了23部作品。其中，《汤姆·索亚历险记》和《哈克贝里·费恩历险记》成为脍炙人口的儿童文学名著，给世界文学宝库增添了光彩。

马克·吐温被人们称为"幽默大师"，是因为他的许多作品不但幽默，而且具有强烈的讽刺意味，《哈克贝里·费恩历险记》就是这样。小说通过叙述白人小孩哈克跟逃亡黑奴吉姆结伴在密西西比河流浪的故事，不仅批判了封建家庭结仇械斗的野蛮，揭露了私刑的残忍，而且讽刺了宗教的虚伪愚昧，谴责了农奴制的罪恶，宣传了不分种族地位、人人都享有自由权利的进步主张。

【百科辞典】

童话： 一种适合儿童阅读的文学体裁。它按照儿童的心理特点和需要，通过丰富的联想和夸张来塑造鲜明的形象，用曲折动人的故事情节和浅显易懂的语言文字来反映现实生活。其抑恶扬善的风格特征也能起到教育儿童的目的。

美人鱼铜像
美人鱼铜像位于丹麦首都哥本哈根朗厄里尼港入口处的一块巨大卵石上，它是丹麦雕塑家埃德华·埃里克森于1912年根据安徒生童话《海的女儿》中的女主角用青铜雕铸的，现已成为丹麦的象征。

安徒生铜像
这座铜像安置在欧登塞市政厅大楼旁的马路边，铜像基座不高，展现了安徒生一手拿着手杖、一手拿着半掩的书，头转向一边的形象。

《格尔尼卡》（局部）
1937年，西班牙小镇格尔尼卡在德国飞机的轰炸下被夷为平地，毕加索闻讯后极为愤慨，为巴黎世界博览会西班牙馆画了这幅大型壁画。《格尔尼卡》以其单纯、朴素和震撼人心的感染力成为"表达幻灭、失望、破坏的不朽之作"。

毕加索像

《记忆的永恒》
达利作于1931年，体现了达利早期的超现实主义画风，其中那个软绵绵的钟表形象后来又多次出现在他的其他作品中，表达了画家对时间的独特理解。

毕加索的画风为什么几经变化？

毕加索是西班牙最杰出的画家，现代画派的代表人物。他一生从事艺术创作和研究，曾几度改变绘画风格，且每次转变都引起很大反响。

14岁那年，毕加索随同父母移居巴塞罗那。当时的世界战乱不断，战争使毕加索长年处于忧郁之中，这也深深地影响了他早期的画风，后来，人们把他的这个时期称为"蓝色时期"。

1905年夏天，23岁的毕加索疯狂地爱上了一位蒙马特尔的年轻模特。他和这位模特在一起过着狂放不羁的生活，画风变得非常明快。"蓝色时期"阴郁冷酷的蓝色调变成了温柔的粉红色，这一时期就是持续了一年多的"玫瑰红时期"。

后来，毕加索又认识了俄罗斯芭蕾舞女演员奥尔佳·柯克洛娃，两人很快就结了婚。奥尔佳非常喜欢上流社会的生活，经常要求毕加索陪她一起参加各种社交活动。毕加索的画风受此影响，有了很大改变，开始了他的"新古典主义时期"。

不久，毕加索在圣·拉扎尔火车站遇到了一个名叫玛丽·泰雷丝的女孩，两人很快步入了爱河。毕加索的画风也由此开始逐渐转变，进入超现实主义时期。再后来，毕加索的画风又经历了"蜕变时期""黑人时期"、"抽象主义时期"等多个时期。

达利为什么把钟表画得软塌塌的？

达利是西班牙著名的超现实主义画家，他常常用卓越的绘画技巧来表现怪异的、梦境般的形象。《记忆的永恒》就是这方面的代表作。

在《记忆的永恒》这幅画中，有一片空旷的海滩，海滩上躺着一个似马非马的怪物，它的身体前部又像是由眼睫毛、鼻子和舌头荒诞地组合在一起的人头残部。怪物的一旁有一个平台，平台上长着一棵枯死的树。而最令人惊奇的是，出现在这幅画中的好几只钟表都变成了柔软而有延展性的东西。它们显得软塌塌的，或挂在树枝上，或搭在平台上，或披在怪物的背上，好像这些用金属、玻璃等坚硬物质制成的钟表在太久的时间中已经疲惫不堪，于是都松垮下来。

达利把钟表任意地夸张变形，再结合象征的手法，创造出了一种介于现实与幻想之间的"超现实境界"，使人感到神秘而怪诞。

文史之最　毕加索最著名的作品：毕加索最著名的画作是他在第二次世界大战时期为了控诉法西斯暴行而创作的油画《格尔尼卡》。

海明威为什么喜欢站着写作？

Weishenme

海明威是20世纪美国最著名的小说家之一。1899年7月21日，海明威出生在芝加哥郊外橡树园镇一个医生的家庭。他的母亲是一个非常喜爱文学的女性，对海明威以后的创作生涯产生了很大影响。

《太阳照常升起》是海明威第一部重要的小说，描述的是流落在法国的一群美国年轻人。他们在第一次世界大战后，迷失了前进的方向，战争给他们造成了生理上和心理上的巨大伤害，他们非常空虚、苦恼和忧郁。美国作家斯坦因由此称这一时代的年轻人为"迷惘的一代"。

海明威一生勤奋创作，早上起床后第一件事就是进行写作。但因为战争和意外事故的重创，海明威的健康状况很糟糕，面容非常憔悴，高大的身躯也逐渐萎缩了下来。为了能够挤出更多创作的时间，在写作时，他慢慢地养成了一个常人没有的习惯——站着写。他说："我站着写，而且是一只脚站着。采取这种姿势，使我处于一种紧张状态，迫使我尽可能简短地表达我的思想。"

音乐是怎样产生的？

Weishenme

在原始社会里，人们生存的环境很恶劣。当人们遇到野兽的侵袭或听到那些动物发出的各种声音时，他们还会模仿动物的叫声，以牙还牙地发出各种尖厉的呼喊。他们发出的这种声音逐渐发展成为原始人类的狩猎歌或像圣歌那样的初期音乐。

后来，当先民们无意之中敲击某一块石头时，发现它可以发出一种美妙的声音；还有的人偶尔拨动一下打猎用的弓弦，就听到一种动听的声音。于是，最原始、最简单、能发出各种不同声音的乐器便产生了。

由于人类本身的创造性和好奇性，便有了歌咏的产生和乐器的创制，但这远远满足不了人们表达情感的需要。加之人类生活和生存的环境中到处充满了节奏，像潮水的涨落或脉搏的跳动，原始人类感觉到这种节奏的交替是那样的奇妙。于是，他们在最初阶段慢慢学会了用有节奏的动作、歌声和发出神秘声音的乐器把人们带到神秘的、理想的精神境界中去，这时，真正的音乐就产生了。音乐成为通过声音的传达来寄托人类希望的一种方式，它丰富了人们原本单调而枯燥的生活。

穿军装的海明威
1918年，19岁的海明威加入美国红十字会战地服务队，来到意大利战场，在战斗中他身负重伤，先后做过13次手术。为了表彰他的勇敢，意大利政府向他颁发了十字军勋章。

原始骨哨
这枚骨哨出土于浙江省余姚市河姆渡文化遗址。骨哨的出土，至少证明了河姆渡氏族捕获鹿类甚多的原因之一就是为了用鹿骨制作骨哨，也证明了乐器最初来自于生产劳动。

你知道吗

■ 海明威的长篇小说《永别了，武器》是"迷惘的一代"文学中最优秀的作品。小说在战争的背景下描写了亨利和凯瑟琳的爱情，深刻地指出他们的幸福和爱情终究会被战争毁灭。

■ 原始人类对自然的了解非常少。当电闪雷鸣、火山爆发时，人们对自然界强大、神秘的力量充满了迷惑和不解，同时也充满了恐惧。于是，他们就会不由自主地对着天空和大地发出尖厉地嚎叫或虔诚地祷告。

什么是五线谱？

五线谱是一种国际上通用的记谱法，几乎所有的国家都使用它。早在10世纪的时候，法国有一个叫古罗的音乐家首先开始用四条横线表示音的高低，又把当时流行的一种表示音的长短的符号放在四条横线里来记载乐谱，这便是五线谱的雏形。这在当时是一个很了不起的发明，震动了整个欧洲音乐界。罗马教皇听说此事，把古罗召至罗马，给了他一笔丰厚的奖金，并让他把罗马教堂所收藏的乐谱一律改为"古罗式记谱法"，也叫"四线谱记谱法"。到了12世纪，有人把表示音的高低的四条横线改成五条横线，但这样的五线谱仍不算完整，如小节线、拍号等符号都还没有出现。直到16世纪，五线谱才逐渐完善，和我们现在使用的差不多一样。

五线谱的每根线以及线与线之间的空间，自下而上分别称为第一线、第二线、第三线、第四线、第五线和第一间、第二间、第三间、第四间。线和间如不够使用，可在五线谱上方或下方增加。加线及加间分别称为上加第一线、上加第一间；下加第一线、下加第一间，以此类推，各代表一个音级。这些音级的固定高度根据所用的谱号来决定。谱号有三种：高音谱号，也称G谱号；低音谱号，也称F谱号；中音谱号，也称C谱号。

五线谱
五线谱是音乐中的"世界语"，要想进入音乐的世界，必须首先学会五线谱，它是跨入音乐大门的桥梁。

交响乐乐器有哪些？

早在18世纪以前，欧洲就已经出现了交响乐队的雏形。当时的乐队指挥由键盘乐手担任，整个乐队以弦乐组为核心，加上几件早期的管乐器，主要用于演奏各种组曲和歌剧序曲。到了19世纪，法国作曲家柏辽兹提出了将固定的乐器组合分部的想法，最终形成了我们今天所看到的交响乐队。

交响乐队是音乐王国里的器乐大家族。一般来说，它分为5个器乐组：弦乐组、木管组、铜管组、打击乐组和色彩乐器组。其中，弦乐组包括小提琴、中提琴、大提琴、倍大提琴；木管组包括短笛、长笛、双簧管、英国管、单簧管、大管；铜管组包括小号、圆号、长号、低音号；打击乐组包括定音鼓、锣、镲、铃鼓、三角铁；色彩乐器组包括钢琴、竖琴、木琴、铝板钟琴等。

音乐厅里的交响音乐会
交响乐队一般包括5个器乐组：弦乐组、木管组、铜管组、打击乐组和色彩乐器组，经常演奏交响诗、交响组曲、协奏曲等。

《土耳其进行曲》是怎样产生的？

Weishenme

18世纪下半叶，土耳其国王访问欧洲时常带上一个乐队，希望能够使别具一格的土耳其音乐传入欧洲。这使当时欧洲的一些作曲家对这种充满异国风情的音乐产生了兴趣，他们将异域音乐吸收到自己的作品中去，于是出现了"土耳其热"。当时，奥地利著名音乐家莫扎特正在进行第二次旅行演出，他与世界各地的音乐家结下了深厚的友谊，加深了对各国社会的了解，这使他的创作思想更加成熟，并在器乐创作中显露出了独特的风格。1778年，莫扎特在巴黎写出了著名的《A大调钢琴奏鸣曲》。《土耳其进行曲》是《A大调钢琴奏鸣曲》中的第三乐章。

然而，《A大调钢琴奏鸣曲》中的第三乐章并没有很明显的土耳其音乐的特点，但由于莫扎特在这一乐章的开头注明为"土耳其风"，因而此乐曲被后人称为《土耳其进行曲》。

小约翰·施特劳斯为何被誉为"圆舞曲之王"？

Weishenme

小约翰·施特劳斯是奥地利著名音乐家老约翰·施特劳斯的儿子。他的两位弟弟约瑟夫·施特劳斯和爱德华·施特劳斯也是著名的音乐家。约翰·施特劳斯学习音乐的道路并不平坦。虽然出生在音乐世家，他的爸爸却反对他学音乐，而要把他送去学习经商，想让他将来当个银行家。小约翰·施特劳斯酷爱音乐，只好自己偷偷地学习。妈妈看到他对音乐兴趣浓厚，不忍心埋没儿子的天赋，便悄悄请来一位老师教他学小提琴。后来，又请来一位老师教他学作曲。很快，小约翰·施特劳斯就在音乐创作上成熟了起来。

小约翰·施特劳斯写过著名的《革命进行曲》、《自由之歌》等歌唱自由的作品。后来，他也写了一些逢迎皇帝的作品，如《脱险狂欢圆舞曲》、《桃金娘花冠圆舞曲》等。他一生创作了500余首作品，主要是生活舞蹈性音乐，包括圆舞曲、波尔卡舞曲、进行曲及一些轻歌剧等。他的创作核心是圆舞曲，以民间舞曲的节奏和其他表现手法为依据，旋律酣畅，节奏自由，音乐语言真挚而自然。因此，他被后人誉为"圆舞曲之王"。

你知道吗

- 在全世界许多地方，人们只要一想到《土耳其进行曲》，耳边便会响起那雄壮激昂的音乐。英武的士兵持枪挺进，猎猎翻飞的旗幡随风涌动……所有想象，都会伴随着熟悉的旋律出现在脑海里。
- 小约翰·施特劳斯不满7岁就写出了自己的第一首圆舞曲。在维也纳，被人们称为"奥地利第二国歌"的《蓝色多瑙河》正是他的经典之作。

◁ 莫扎特像
莫扎特是维也纳古典乐派的代表人物，他的音乐风格诚挚细腻，优雅轻灵，大都充满了乐观主义的情绪。但实际上，他一生极为坎坷，仅仅活了36岁。

▷ 小约翰·施特劳斯镀金铜像
小约翰·施特劳斯（1825~1899年），奥地利著名音乐家。一生写了数百首圆舞曲，其中影响最大、流传最广的是《蓝色多瑙河》。

文史之最 创作圆舞曲最多的音乐家：奥地利作曲家小约翰·施特劳斯，他一生共创作了120余首圆舞曲，被称为"圆舞曲之王"。

中国孩子最爱问的十万个为什么

主题索引: 小号为什么声音嘹亮？钢琴为什么被誉为"乐器之王"？

小号

小号的具体起源已无从考究，在古埃及法老墓里就出土过小号。现代的小号则起源于18世纪的德国。德国作曲家海顿曾写了一首至今仍广泛流传的《降E大调小号协奏曲》，充分展现了小号明亮的音色。

三角钢琴

现代钢琴根据外形主要分为立式钢琴和三角钢琴。音乐会所用的大三角钢琴是乐器中的庞然大物，最重的可达79吨。

小号为什么声音嘹亮？

在历史上，小号通常在军事部门发送信号或古罗马举行宗教仪式时使用。古人曾用恐怖、可怕、沙哑和粗暴来描述古罗马军用小号的声音。当时，只有罗马人、中国藏族人和犹太人的宗教牧师才吹奏小号。中世纪的时候，出现了大量新形式的小号。文艺复兴时期，小号有了进一步的发展，提高了它们在皇家宫廷乐器中的地位，这种乐器更多地被用来作为演奏音乐，而不再是单纯地用于发送信号。

小号本身就是一个共鸣体，它的内部完全由管道构成，通过控制三个按键来调整管道的长短而发出不同的声音。不同的按键方法，可以使管道构成不同的长度。如果想吹出某一种高音，就必须完全符合这个音的气流、发音体和合适的管道长度。此外，小号的号口也起着扩大音量的作用。从人体器官发出的气流就是通过发音体和选定合适的管道长度，经过共鸣和扩大的作用，从而产生嘹亮的声音的。

钢琴为什么被誉为"乐器之王"？

钢琴是世界上使用最为广泛的乐器之一。在音乐艺术的王国里，钢琴以其音域宽广、音量宏大、音色优美、音律准确、转调方便、弹奏灵敏自如而著称，在乐器家族中占据着相当重要的地位。钢琴能发出无穷尽的、富有表现力的声音。无论是色彩丰富的和声，还是线条纷繁的复调；无论是委婉如歌的旋律，还是气势宏伟的交响乐，钢琴都能予以淋漓尽致的表现。

钢琴除了作为一件无与伦比的独奏乐器出现在音乐舞台上以外，还常常在重奏、合奏及伴奏中充当重要的角色。在世界音乐史中，很多作曲家都谱写过不同形式、不同体裁的钢琴曲。在音乐宝库中，钢琴音乐的数量是最多的，而且它的艺术魅力也经久不衰。

不仅如此，钢琴作为一种能表现多种声音的键盘乐器，也被一些作曲家作为音乐创作的工具。作曲家常常把一些复杂的乐队音乐思维缩编为钢琴谱，以便于演奏和交流。进入20世纪，当一些作曲家进行音乐革新的时候，钢琴也常常被当做新乐曲的试验场。因为钢琴具有其他乐器无法替代的艺术表现功能，所以，人们常说钢琴是"乐器之王"。

你知道吗

☑ 小号的音色非常明朗响亮，不仅可以演奏振奋人心的旋律，还能演奏抒情的优美乐章。不论是在交响乐团还是军乐团或者爵士乐团里，它都是常见的乐器。

文史之最 音量最大的音乐会：1976年5月31日，英国伦敦查尔顿足球场上的音乐会，其扩音设备的输出总功率达7.6万瓦。

帕格尼尼为什么被称为"小提琴魔术师"？

Weishenme

你知道吗

帕格尼尼从小就是一个瘦弱的孩子。他臂长、腿弯，前额宽广、下颌突出，眼睛深深凹陷，体质非常羸弱，常因呼吸道感染而患疾病。6岁那年，帕格尼尼曾因麻疹或是猩红热之类的疾病出现过"强直性昏厥"的假死。

帕格尼尼是19世纪意大利的小提琴家、作曲家，也是音乐史上最负盛名的演奏家之一，被称为"小提琴魔术师"。帕格尼尼的父亲是一个爱好音乐的商人，在帕格尼尼3岁的时候就开始教他小提琴演奏技巧。帕格尼尼8岁时，便创作了他的第一首小提琴奏鸣曲；9岁时加入市立歌剧院的管弦乐团；11岁时就登台演奏了自己创作的《变奏曲》；12岁时，他把《卡马尼奥拉》改编成变奏曲并登台演奏，一举成功，轰动了音乐界。

帕格尼尼长得很丑，却深得女人们的喜爱。他有很多情妇，包括社会底层的女子和贵族女子。他曾放弃当一名"皇家小提琴手"的机会，避开上层社会，而选择与妓女、酒馆老板等下层人做伴的生活。他的放荡生活还表现在赌桌上，他是一名不顾一切的赌徒。一次，就在演奏前的几个小时，他竟然将马上就要使用的小提琴输掉了。

帕格尼尼的舞台风格也是奇异古怪的。晚年时他虽然已经积蓄了巨额财富，但仍然穿一条破旧的黑色的裤子。他常常会携一把过大的弓子上台，把身子弯成奇特的姿势，左臂和脑袋向前远远突出，与右臂保持不适当的位置。演出前，他常常故意把琴弦磨损，使琴弦在演奏的时候断掉。这时，他若无其事而又酣畅淋漓地用三根弦、两根弦甚至一根弦继续进行即兴演奏，以显示他非凡的技艺。

为什么说李斯特是"钢琴之王"？

Weishenme

李斯特是19世纪匈牙利杰出的作曲家和钢琴演奏家。6岁的时候，他开始跟随当时著名的音乐教育家车尔尼学习钢琴，9岁便能独立演奏了。16岁时，他的父亲去世，他来到了巴黎。后来，他听了意大利小提琴大师帕格尼尼的演奏，非常激动，决心要在钢琴上创造同样的奇迹。之后不久，他又听了波兰钢琴家肖邦的演奏，更发现了钢琴具有无穷的音乐表现力。他把钢琴看做万能乐器，创造了大量的钢琴曲。其作品多姿多彩，极富想象力，充分挖掘了钢琴的音响功能，对演奏者的技巧提出了更高的要求。他的演奏风格华丽堂皇，气势宏大，充满强烈的艺术魅力。

李斯特虽然早年就离开了自己的祖国，侨居异国多年，但他是一位爱国主义者，非常关心本国人民的民族解放斗争，关心本民族的文化和人民的生活。他运用匈牙利民间音乐的旋律谱写了许多与匈牙利历史题材有关的作品，以表达自己对祖国的怀念之情，如《匈牙利狂想曲》、《匈牙利英雄进行曲》等。由于李斯特在钢琴演奏技法和钢琴曲创造上取得了杰出的成就，人们称他为"钢琴之王"。

帕格尼尼像
帕格尼尼是意大利小提琴大师，伟大的音乐天才，他的小提琴演奏技巧达到了无与伦比的境界。

李斯特像
李斯特是匈牙利作曲家、钢琴家、指挥家和音乐活动家，浪漫主义音乐的主要代表人物之一。

文史之最 最昂贵的小提琴：由意大利名师斯特拉迪瓦里在300年前制造的"汉默"小提琴，以超过350万美元的高价拍出。

中国孩子最爱问的十万个为什么

主题索引

> 巴赫为什么被誉为"音乐之父"？《哈利路亚》为什么一定要站着听？

巴赫为什么被誉为"音乐之父"？

Weishenme

亨德尔像
1759年春，74岁的亨德尔去世。他享受了英国国葬的待遇，长眠在历代国王和圣贤下葬的威斯敏斯特教堂墓地。

教堂里的管风琴
亨德尔早年曾在教堂内任管风琴师。他对自己创作的《哈利路亚》十分得意，据说他晚年失明以后，经常独自在管风琴上弹奏这首合唱曲。

1685年3月21日，巴赫出生在德国爱森纳赫城的一个音乐世家。在这个家庭所培育出的20多名音乐家中，巴赫的成就最高。

巴赫的父亲是一名中提琴手，哥哥是风琴师。小的时候，巴赫在哥哥的指导下学习音乐，很快便掌握了风琴、小提琴等乐器的演奏方法，同时在作曲方面也崭露头角。中学毕业后，他开始了自己艰苦的音乐艺术生涯，曾在宫廷和教堂担任乐师。

巴赫一生创作了大量的作品，除了著名的《平均律钢琴曲集》外，还有《布兰登堡协奏曲》、《农民康塔塔》等。巴赫一生没有离开过自己的祖国，他的作品最能反映当时的德国社会和人民生活的特点。他的作品风格庄重严谨，内容深刻，对许多音乐形式都作了重要的改革和创新。

巴赫不但是一位伟大的作曲家，还是一位杰出的演奏家和优秀的音乐教育家。他在世时，作品无人问津，去世50年后，作品才受到人们的重视，他本人也被人们推崇为最伟大的古典音乐大师。由于他对音乐艺术的发展作出了巨大贡献，所以他在世界音乐史上有"音乐之父"的美称。

巴赫像
巴赫汲取意大利、法国和德国传统音乐中的精华，将其巧妙地融合在一起。他是把西欧不同民族的音乐风格融为一体的开山大师。

《哈利路亚》为什么一定要站着听？

Weishenme

在希伯来语中，"哈利路亚"是"赞美"的意思。《哈利路亚》是德国古典音乐大师亨德尔的音乐作品《弥赛亚》中的一首合唱曲。《弥赛亚》是一

部宗教题材的作品，分为三个部分：第一部分讲述基督即将来临的预言和基督的降生；第二部分讲述基督的受难、死亡、复活和基督的教义，这一部分的高潮处是最著名的大合唱《哈利路亚》；第三部分讲述基督战胜死亡及最终的审判，结尾是宏伟的《阿门颂》。

1742年的春天，《弥赛亚》在柏林举行了首次演出，引起巨大反响，很快便成为世界上最受喜爱的音乐作品之一。有一次，英国维多利亚女王驾临剧院观看这部作品的演出。当合唱《哈利路亚》的歌声在剧院回荡的时候，那恢弘磅礴的气势以及音乐对基督虔诚庄严的赞颂都深深地震撼了女王，她恭敬地站起来聆听。全场观众看到女王的举动后，也跟着她起立。从此以后，在世界许多国家都形成了一种习惯——每当《哈利路亚》合唱的乐声响起时，听众们都肃然而立，以示对上帝的恭敬和虔诚。

文史之最 唯一不写歌剧的伟大音乐家：德国古典乐派的最后一人、杰出的音乐家勃拉姆斯。他一生中从未写过一部歌剧。

贝多芬为什么在双耳失聪后仍坚持创作？

1770年12月16日，贝多芬出生在德国波恩，他从小就具有十分敏锐的乐感。

1792年，贝多芬来到了"音乐之都"维也纳。他努力学习当时著名音乐家们的音乐创作方法与经验。与此同时，他还广泛阅读各种文学和哲学书籍，努力使自己成为一个具有高度修养的艺术家。

然而在28岁时，贝多芬的身体状况逐渐变得糟糕起来。很快，他的双耳全部失聪。对于一个音乐家来说，耳聋无疑是最残酷的事情了。最初一段时间里，他完全不能演奏音乐，陷入了精神上的巨大痛苦之中，甚至曾想到自杀。但音乐使他坚强起来，出于对音乐的兴趣和热爱，贝多芬最终战胜了自己，重新振作了起来。贝多芬一生创作了数百部各式各样的音乐作品。这些具有高度艺术价值的作品对以后的历代作曲家都产生了巨大的影响，成为人类文化宝库中一笔丰厚的宝藏。

肖邦为什么被称为"钢琴诗人"？

肖邦是19世纪波兰伟大的音乐家。不满20岁时，他已经成为华沙公认的知名钢琴家和作曲家。1830年，法国爆发了"七月革命"，不仅打击了欧洲反动的"神圣同盟"的封建统治，也对欧洲各国的革命起到了推动作用。这时，波兰的爱国力量又重新开始活动，秘密的爱国组织也活跃起来。他们不顾反动当局的残酷镇压，酝酿着新的武装起义。在当时动荡不安的形势下，肖邦决定出国深造，并决心通过音乐创作和演奏为祖国获得荣誉。

这期间，肖邦创作了很多具有爱国主义思想的作品来抒发自己的思乡情、亡国恨。其中，有与波兰民族解放斗争相联系的歌颂英雄的作品，如《第一叙事曲》、《A大调波兰舞曲》等；有充满爱国热情的战斗性作品，如《革命练习曲》、《b小调谐谑曲》等；有哀恸祖国命运的悲剧性作品，如《降b小调奏鸣曲》等；还有怀念祖国、思念亲人的幻想性作品，如不少夜曲与幻想曲。肖邦一生不离钢琴，几乎所有作品都是钢琴曲，其中充满了浪漫的爱国主义情怀，所以他被人们敬称为"钢琴诗人"。

贝多芬像

贝多芬是德国最伟大的音乐家之一，他一生坎坷，没有建立家庭，28岁时开始耳聋，不久就全聋了，只能通过谈话册与人交谈，但他坚忍不拔，依然在音乐领域取得了不朽的成就。

肖邦像

肖邦是波兰著名的作曲家，他的音乐旋律具有强烈的感情表现力，极富个性，形成了一种独特的"肖邦风格"，为欧洲音乐的历史发展作出了贡献。

你知道吗

■ 贝多芬一生创作了大量充满时代气息的优秀作品，如交响曲《英雄》、《命运》，序曲《哀格蒙特》，钢琴奏鸣曲《悲怆》、《月光》、《暴风雨》、《热情》等。

■ 肖邦从小非常喜爱波兰的民间音乐，在7岁的时候就写了两首波兰舞曲，8岁时开始登台演出。此后，肖邦以钢琴演奏"神童"的身份经常受华沙的贵族邀请参加演出，一时成为贵族沙龙中的宠儿。

文史之最 最早的钢琴：1709年，意大利人克里斯多佛利以拨弦古琴为原型，制作出一架被称为"具有强弱音变化"的古钢琴。

爵士乐最早出现于何时？

爵士（Jazz）有"兴奋"、"胡言乱语"、"夸大欺骗"等意思。和布鲁斯一样，爵士乐也是一种黑人音乐。20世纪初，它作为一种新的音乐风格在美国的下层社会出现，是一些黑人音乐家最初在新奥尔良的酒吧、舞厅等娱乐场所表演的即兴音乐。经过整整一个世纪的发展，爵士乐如今已成为世界上影响最大的音乐流派之一。

爵士乐最大的特点就是即兴创作演奏。乐队中的每个演员都必须独立处理节奏和旋律，同时还要保证和整个乐队融为一个整体。爵士乐主要使用的乐器有单簧管、萨克斯管、小号、长号，主要的伴奏乐器为钢琴和架子鼓。乐队通常由5至10人组成。自1917年第一张爵士唱片诞生以来，这种音乐便显示出了强大的生命力。20世纪初的新奥尔良爵士乐、30年代大乐队演奏的摇摆乐、40年代的比博普爵士、40年代末的冷爵士、50年代的硬波普、60年代的自由爵士、70年代以后的摇滚爵士等一张张风格各异的爵士乐唱片汇成了绚丽多彩的文化风景。

【百科辞典】

布鲁斯：
布鲁斯（Blues，又译作蓝调）的原意是情绪低调、忧伤、忧郁。它是一种基于五声音阶的声乐和乐器音乐，特殊的和声是它的另外一个特点。

和声：
两个以上不同的音按一定的法则同时发声而构成的音响组合。和声的处理是音乐创作的重要技巧，也是对位、配器、曲式等其他作曲技法的基础。

什么是新世纪音乐？

1973年，美国旧金山一群素昧平生的音乐家在某个音乐节上相聚。这些人在无意中发现，虽然他们以前从没交流过，可彼此制作的音乐却有很多共同之处。这是因为他们的音乐都是把冥思和心灵神游作为出发点而创作的。于是，他们把这种不同于以往任何一种音乐，非流行、非古典而具有实验性质的乐风命名为"New Age"，即一种"划时代、新世纪的音乐"，也称"新世纪音乐"。

新世纪音乐具有鲜明的特点：其一，新世纪音乐很少有强烈的节奏感，这一点同摇滚形成了鲜明的对比；其二，新世纪音乐的旋律感常常较少，但内容丰富，耐听度高；其三，经常在音乐里利用人声合音，听上去非常和谐悦耳。世界知名的"新世纪音乐"歌手或乐队有雅尼、恩雅、莎拉·布莱曼、喜多郎、班得瑞、神秘园、英格玛等。

萨克斯管
萨克斯管是爵士乐中最常用的乐器之一。这种乐器音色丰富，高音区介于单簧管和圆号之间，中音区类似大提琴的音色，而低音区则像大号和低音提琴。

爵士鼓
爵士鼓又称"架子鼓"，形成于20世纪40年代，包含各种类型和音色的打击乐器。

"猫王"普莱斯利
"猫王"普莱斯利是第一个使摇滚乐成为当代流行音乐主流的歌手，也是第一个在表演时加上大幅度摆胯动作的人。

文史之最 最早的爵士乐队：1900年前后，美国新奥尔良黑人音乐家巴迪·波尔汀组建了世界上最早的爵士乐队。

芭蕾舞为什么会被称为"脚尖上的舞蹈"?

Weishenme

芭蕾舞原本是15至16世纪时意大利流行的民间舞蹈。这种舞蹈把音乐、舞蹈、歌唱、朗诵和哑剧结合在一起,表演的时候演员还要带着面具。后来,这种舞蹈从民间传入了宫廷,渐渐成为王公贵族们夜宴嬉戏的助兴节目。

芭蕾舞是一种无氧运动,开、蹦、直、立是它的四大要素,而这四个要素的大部分动作都是在脚尖上完成的,所以芭蕾舞也被称为"脚尖上的舞蹈"。

芭蕾舞最初的女角都由男子扮演,他们穿着笨重的长裙,而且脚是不能外露的,那时候没有脚尖舞。在女子也可以参加芭蕾舞演出后,有一个叫塔里奥妮的女演员,掀起了一场芭蕾舞革命。塔里奥妮小的时候原本不打算跳舞,她的长相也不是很漂亮,但她有一个非常严厉的父亲,为了把她培养成优秀的演员,她的父亲亲自给她上舞蹈课。上完大课,还要上脚尖小课,每次她都累得精疲力竭。经过了极其艰苦的磨炼,塔里奥妮终于成为一位体态轻盈、舞姿优美的芭蕾舞演员。在《仙女》这部舞剧中,塔里奥妮穿上鞋前带有充填物的脚尖鞋,并在用脚尖站立时做出各种高难度动作,由此揭开了"脚尖上的舞蹈"的历史。

芭蕾舞剧《天鹅湖》为什么久演不衰?

Weishenme

1871年夏天,俄国作曲家柴可夫斯基在基辅附近的妹妹家度假时,沿第聂伯河散步以寻找灵感。在河畔残留的中世纪古堡遗迹中,作曲家沉醉在关于天鹅湖传说的遐想之中,灵感油然而生——一部震惊世界的音乐剧作品《天鹅湖》就这样诞生了。

《天鹅湖》描述的是被魔法师罗德伯特变成天鹅的奥杰塔公主在湖边与王子齐格弗里德相遇,倾诉自己的不幸。王子发誓永远爱她。在为王子挑选新娘的舞会上,魔法师化成武士,用外貌与奥杰塔相似的女儿奥吉莉雅欺骗了王子。王子发觉受骗后,在奥杰塔和一群天鹅的帮助和鼓舞下,战胜了魔法师。天鹅们都恢复了人形,奥杰塔和王子终于结合在了一起。

1895年,俄国的两位编剧大师彼季帕和伊凡诺夫重新编导了《天鹅湖》,他们充分理解和运用了柴科夫斯基杰出的音乐语言,演出大获成功。意大利著名的芭蕾明星皮·莱娜尼扮演了剧中的双重角色。她以细腻的感觉、轻盈的舞姿、坚韧的耐久力和高超的技巧,完美地展现了《天鹅湖》的精髓。从此,《天鹅湖》就再也没有离开过世界芭蕾舞舞台,成了久演不衰的芭蕾舞剧精品。

芭蕾舞剧《天鹅湖》剧照
《天鹅湖》充满诗情画意和戏剧力量,是舞剧发展史上一部划时代的作品。

柴科夫斯基像
柴科夫斯基是俄罗斯著名的浪漫主义作曲家,重要作品有歌剧《叶甫盖尼·奥涅金》和《黑桃皇后》,舞剧音乐《天鹅湖》、《睡美人》和《胡桃夹子》等。

文史之最 体重最大的芭蕾女演员:俄罗斯芭蕾舞团有一位体重100千克的芭蕾女演员,她是有史以来最胖的芭蕾女演员。

中国孩子最爱问的十万个为什么

主题索引: 探戈舞为什么有漂亮的甩头动作？踢踏舞中为什么会有清脆的响声？

探戈舞
探戈是一种双人舞蹈，是国际标准舞大赛的正式项目之一。起源于阿根廷，是典型的拉丁美洲艺术表现形式，因广泛流传也不断被加入新的元素。

踢踏舞鞋
专业的爱尔兰踢踏舞鞋底部的"铁片"是由玻璃钢制成的，呈U字形，厚约3至4厘米，身体舞动时脚可以多种角度击打地面，发出悦耳的声音。专业演员会在U形空间里放上麦克风，这样观众可以更清晰地听到不同脚步变换出的节奏。

探戈舞为什么有漂亮的甩头动作？

探戈舞起源于非洲中西部一种叫"探戈诺舞"的民间舞蹈。19世纪的时候，大量的欧洲和非洲移民涌入阿根廷，很多人因为无处可去而暂时滞留在布宜诺斯艾利斯市。于是，码头附近的妓院、酒吧成了他们纵情声色、借酒浇愁的主要场所，使得西班牙等欧洲国家和非洲移民带来的歌舞形式与当地土著文化相互融合，形成了现在的探戈舞。

节奏明快，独特的切分音是探戈音乐鲜明的特征。探戈舞舞步华丽高雅、热烈狂放且变化无穷，交叉步、踢腿、跳跃、旋转，令人眼花缭乱。跳舞时，舞者时而互相深情凝视，时而左顾右盼、快速甩头。为什么要甩头呢？这里还有一个动人的故事。说是以前有一个海员交了一位女友。一天，海员出海归来，两人跳舞之时，海员发现自己的女友总是扭头。这个海员猛然回头一看，发现女友正看着另外一个英俊的男人，顿时醋意大发。从此，探戈舞中就有了男舞者快速甩头监督自己舞伴的动作。

踢踏舞中为什么会有清脆的响声？

踢踏舞是一种以双脚律动为主的舞蹈，特点是音乐轻快、舞态变化多姿，表现力特别强。舞者穿着特制的踢踏舞鞋，用脚的各个部位在地板上摩擦拍击，发出各种踢踏声。加上舞者的各种优美舞姿，形成踢踏舞特有的幽默、诙谐和丰富的艺术魅力。

有人说踢踏舞是一种用来听的舞蹈样式。甚至还有一种说法认为，一位伟大的踢踏舞舞蹈家更是一位音乐家。最早的踢踏舞鞋的木制鞋底和后跟是一个整体，后来分成了前后两部分，再后来又出现了铁制的鞋掌。有的人还故意将铁掌的螺丝拧松，以发出更多的声音。现在手段就更多了，有的在撒了沙子的地面上跳，有的在电子鼓上跳，以追求更多的音响效果。

踢踏舞有不同的风格流派，历史最悠久的流派发源于美国本土。这一流派起源于美国的下层民众，主要是爱尔兰民间舞蹈和非洲黑人舞蹈的结合。这个流派的表演形式比较开放自由，没有太多的程式化限制。舞者不注重身体的舞姿，而注重炫耀脚下打击节奏的复杂技巧，整体舞风显得朴实、散漫。后来，踢踏舞吸收了爵士乐的音乐节奏、即兴表演等元素。一些踢踏舞大师与爵士乐大师常常联袂演出，这就更具自娱性，也更加开放和具有挑战性。

你知道吗

- 探戈舞的舞者讲究上身垂直，两个脚跟提起，双膝微弯，所有的动作都给人以力量向下延伸的感觉，舞姿沉稳有力。优秀的探戈舞者跳舞时总是不停地变换重心，动作很快，给人斩钉截铁、棱角分明的感觉。

- 踢踏舞不仅让人享受到韵律感，更是自我特性和仪态的表现。它和芭蕾舞或现代舞不同，比较讲求力量感和技巧性。因此，有些人学踢踏舞就是为了训练仪态和体力。

文史之最　最早的踢踏舞：踢踏舞主要是爱尔兰民间舞蹈和非洲黑人舞蹈的结合，正式形成时间是20世纪20年代。

百老汇为什么成为音乐剧的代名词？

Weishenme

百老汇是纽约曼哈顿区一条大街的名称，英文意思为"宽阔的街"，全长25千米。这条大道早在纽约市进行城市规划的1811年之前就已存在，它的中心地带位于第四十二街"时代广场"附近，周围云集了数十家世界闻名的大剧院。每年，都有数以百万来自世界各地的游客到纽约欣赏百老汇的音乐剧。因此，百老汇也成了音乐剧的代名词。

百老汇的剧院里上演的大多是比较高雅、经典的音乐剧，而黑色、夸张、幽默、风趣、自然、轻松、活泼，是百老汇音乐剧的一贯表演风格。百老汇上演的剧目有几十种，其中以《悲惨世界》、《美女与野兽》、《歌剧魅影》等剧目最为出色。这里上演的经典剧目，往往一演就是十几年。

百老汇音乐剧中，歌舞艺术的特点是通俗易懂、娱乐性强。舞台布景富丽堂皇，加上各种现代化的科技手段，配合声响、灯光，使得舞台表演变幻莫测。台上演员们身着缤纷绚丽的服装在优美动听的音乐中热情奔放、酣畅淋漓地舞蹈，使观众能够在轻松、快乐中亲身感受到美国文化和音乐艺术。

电影为什么被称为"第七艺术"？

Weishenme

1911年，乔托·卡努杜发表了名为《第七艺术宣言》的著名论著，宣称电影既不是情节戏、戏剧，也不是形式不同的照片游戏。电影是一种艺术，是一种综合文学、建筑、音乐、绘画、雕塑、舞蹈六种艺术的"第七艺术"。

事实上，就其本质来说，电影是用光的笔描写、以影像创作的视觉戏剧。在电影产生的初期，德国的表现主义电影、法国的诗意现实主义电影都推动和丰富了电影语言的发展。苏联的爱森斯坦、普多夫金更是给电影带来了崭新的语汇，并以蒙太奇电影学派闻名于世。这一时期，电影几乎传遍了全世界，很多国家都开始了自己的民族电影生产，使得电影开始成为真正的"第七艺术语言"——一种新的可以跨越国家界限和意识形态的"世界语"。

百老汇经典音乐剧《猫》剧照
1981年5月11日，音乐剧《猫》在伦敦首演，从此一炮打红。1982年，《猫》开始在世界的舞台剧圣地——纽约百老汇公演，到2000年夏天停演，创造了百老汇连续公演最久、次数最多的纪录。

《悲惨世界》剧照
此图为百老汇音乐剧《悲惨世界》的剧照。

【百科辞典】

音乐剧：

早期称为"音乐喜剧"，是19世纪末起源于英国的一种歌剧体裁，即由对白和歌唱相结合而演出的戏剧形式。音乐剧熔戏剧、音乐、歌舞于一炉，富于幽默情趣和喜剧色彩。同时，音乐剧通俗易懂，备受大众欢迎。

文史之最 最大的电影城：美国好莱坞电影城。20世纪，福克斯、米高梅等8个世界级的影片公司都集中于此。

最早的电影是哪一部？

1872年的一天，在美国加利福尼亚州一个酒店里，有两个分别叫斯坦福与科恩的人发生了激烈的争执：马奔跑时四个蹄子是否都着地？斯坦福认为，奔跑的马在跃起的瞬间四蹄是腾空的；科恩却认为，马奔跑时始终有一蹄着地。结果是谁也说服不了谁。于是，他们请来了一个摄影师做他们的裁判。摄影师在跑道的一侧安置了24架照相机，在跑道的另一侧打了24个木桩，每根木桩上都系上一根细绳。然后让马从跑道一端飞奔到另一端，并在这个过程中照了24张相片。每相邻的两张照片动作差别很小，共同组成了一条连贯的照片带。裁判根据这组照片，终于看出马在奔跑时总有一蹄着地，不会四蹄腾空，从而判定科恩获胜。

当时的生物学家马莱从这件事中得到了启迪，在1888年制造出一种轻便的"固定底片连续摄影机"，这就是现代摄影机的鼻祖。从此之后，许多发明家将目光投向了电影摄影机的研制上。1895年12月28日，法国人卢米埃尔兄弟在巴黎的"大咖啡馆"，第一次用自己发明的放映摄影兼用机放映了电影《火车到站》。这标志着世界上第一部电影的正式诞生。

摄影机
摄影机是电影制片的主要设备之一，能够用照相方法把运动物体的不同运动相位按一定时间间隔逐幅地记录在电影胶片上。

电影胶片
电影胶片是一种将感光乳剂涂在透明柔韧的片基上制成的感光材料，包括电影摄影用的负片、印拷贝用的正片、复制用的中间片和录音用的声带片等。

什么是分镜头剧本？

分镜头剧本又称导演剧本，是将影片的文学内容分切成一系列可以摄制的镜头、以供现场拍摄使用的工作剧本。电影的拍摄，一般是由导演根据文学剧本提供的思想与形象，经过总体构思，将未来影片中准备塑造的声画结合的银幕形象通过分镜头的方式予以体现。

分镜头剧本是导演为影片设计的施工蓝图，也是影片摄制组各部门理解导演的具体要求、统一创作思想、制订拍摄计划和测定影片摄制成本的依据。分镜头剧本大多采用表格形式，格式不一，有详有略。一般设有镜号、景别、摄法、长度、内容、音响、音乐等栏目。表格中的"摄法"是指镜头的角度和运动；"内容"是指画面中人物的动作和对话，有时也把动作和对话分开，列为两项。在每个段落之前，还注有场景，即剧情发生的地点和时间；段落与段落之间，标有镜头组接的技巧。有些比较详细的分镜头剧本还附有画面设计草图和艺术处理说明等。

你知道吗

■ 世界上第一部电影《火车到站》描述的是在空荡荡的火车站月台旁的一个中年搬运工。他手推着轻便的行李车正走着，突然，在远处出现了一个移动的黑点，这个黑点渐渐变成了一列向观众冲过来的火车。

■ 在电影艺术中，导演以人们的视觉特点为依据划分镜头，将剧本中的生活场景、人物行为及人物关系具体化、形象化，体现剧本的主题思想，并赋予影片独特的艺术风格。所以，导演被看做"电影的灵魂"。

文史之最 被改编最多的故事：迄今为止，根据童话《灰姑娘》拍摄的影片已有95部，包括动画片、现代芭蕾舞以及模仿作品等。

美国的好莱坞为什么会成为电影名城？

好莱坞位于美国加利福尼亚州洛杉矶市区的西北郊，是世界闻名的电影城。1907年，导演弗朗西斯·伯格斯来到洛杉矶拍摄电影《基度山伯爵》，发现好莱坞的自然风光和宜人的气候非常适于拍电影，就以好莱坞为天然背景，接连拍摄了几部影片。

从1912年起，很多电影公司陆续在好莱坞建立电影厂，其中有著名的米高梅、派拉蒙、雷尼屋、环球、联美、哥伦比亚等。1923年，"HOLLYWOOD"白色大字布设在好莱坞的山坡上，现在已经成为好莱坞的象征之一。20世纪40年代，好莱坞电影业达到鼎盛时期，推出了大量优秀影片。同时，好莱坞也发展成为美国一个重要的文化中心，众多作家、音乐家、电影明星经常汇集在这里。另外，天然圆形剧场、朝圣者圆形剧场、中国剧院、加利福尼亚艺术俱乐部等名胜也相继建造起来，很多电影明星的豪宅就坐落在好莱坞附近的贝佛利山上。

现在，好莱坞在美国文化中已经具有重大的象征意义。可以说，好莱坞的发展史就是美国电影的发展史。好莱坞的影片不仅满足美国电影市场的需求，而且出口到世界各地，为好莱坞投资者带来了丰厚的利润，同时也传播了美国文化。

为什么要设立奥斯卡金像奖？

"奥斯卡金像奖"的正式名称是"电影艺术与科学学院奖"。半个多世纪以来，"奥斯卡金像奖"一直享有盛誉。它不仅反映美国电影艺术的发展进程和取得的成就，而且对世界许多国家的电影艺术有着重大影响。

1927年5月，在美国电影艺术与科学学院成立的宴会上，有人建议，为了推动电影艺术的发展，应该对那些在电影方面有突出成就的人给予奖励。参加宴会的人一致同意这个建议，并由当时参加宴会的米高梅公司美术师在桌布上画了奖杯草图，之后人们按照草图塑成了铜像。这尊铜像是个手握长剑、站在一盘电影胶片上的男性人体塑像，高约35厘米，表面镀金。

1931年，电影艺术与科学学院图书馆的女管理员玛格丽特·赫里奇在仔细端详金像奖之后，惊呼道："啊！他看上去真像我的叔叔奥斯卡！"从此，这一别名享誉全球，沿用至今。

杜比剧院门口的巨型金像
杜比剧院于2001年落成，耗资9400万美元，被确认为奥斯卡金像奖永久颁奖剧院。

好莱坞的标志
提起电影圣地好莱坞，人们马上会想到巨大的"HOLLYWOOD"标志牌。它坐落在洛杉矶市郊山顶上，由白色字母组成，高约15米，是好莱坞文化的重要象征。

文史之最 第一届奥斯卡最佳影片：1927年上映的美国电影——《铁翼雄风》。该影片叙述了一个古老的爱情故事。

↑《摩登时代》剧照
《摩登时代》是查理·卓别林的代表作之一。此剧描写的是人和机器的冲突，却辛辣犀利地讽刺和揭示了工人遭受资本家欺压、被榨尽血汗的严酷现实，具有现实的思想意义。

↑ 查理·卓别林像
卓别林是英国著名电影演员、导演、制片人，默片时代的幽默讽刺大师，在电影史上著名的影片有《淘金记》、《城市之光》、《摩登时代》、《大独裁者》、《凡尔杜先生》、《舞台生涯》等。

为什么说卓别林的喜剧片"笑中带泪"？

Weishenme

1889年，查理·卓别林出生在英国伦敦的一个贫民窟里。他很小的时候，生母因患精神病住进了疯人院。后来，遭到后母虐待的卓别林流浪街头，幼小的心灵蒙上了阴影。14岁那年，卓别林加入流动剧团，跑遍了英国的各个角落。他靠自己的艺术天赋自食其力。1913年，卓别林随剧团到美国演出，开始了自己的电影生涯。

1914年，卓别林在影片《威尼斯赛车记》中创造了一个悲剧小人物夏尔洛，这是夏尔洛形象的首次出现。这个头戴圆顶小帽，留着一块小胡子，身穿肥大裤子的善良可笑的穷小子夏尔洛，一下子就抓住了观众的眼球。观众立刻喜欢上了这个矮个子的小流浪汉。后来，这个形象和卓别林本人已经无法分开，并风靡整个世界。很快，卓别林又主演了《夏尔洛从军记》、《淘金记》、《城市之光》、《摩登时代》等一系列影片，他的名气越来越大。

卓别林一生主演过80多部电影，他是20世纪伟大的批判现实主义电影艺术家。他的电影虽然看似漫不经心，却用独特的喜剧艺术表演出了辛辣和讽刺，尖锐地批判了资本主义社会的罪恶，反映出工业时代资本家的贪婪和残忍。他的喜剧表演常常令人捧腹大笑，但人们笑过之后又常常会感到泪水的苦味，所以被称为"笑中带泪"的作品。

纪录片为什么独具魅力？

Weishenme

纪录片以现实生活为创作素材，通过发现和选择，使生活中的形象直接成为电影的艺术形象。纪录片加工的目的是使电影形象反映的生活更加真实可信，更具艺术感染力，使观众能够更准确、更清晰地感受到现实生活。纪录片创作中的艺术真实必须服从生活真实，不能以外加进去的背离生活真实的艺术手段来改变生活的本来面目。

在这个前提下，纪录片可以运用对比、象征、衬托、暗示、联想以至合理的想象等各种艺术手法，通过画面造型、解说、美工、音乐、音响等表现手段，把文学、美术、音乐等各种因素融成一个艺术整体，从而最大限度地保持生活的光彩、气息和节奏。纪录片是现实生活的见证、历史的真实写照，因而能以其无可争辩、令人信服的真实性和来自生活的特有的艺术魅力去影响、激励和启迪观众。

你知道吗

■ 卓别林小时候非常喜欢唱歌，两三岁时就曾经跟着妈妈在剧院里演出。他不认识五线谱，可随口哼出来的旋律却十分动听。

■ 纪录片并不是原封不动地照搬生活，而是创造性地利用现实，是对现实生活的提炼和剪裁。它应该运用适当的形式，把不同时间、不同空间的生活素材根据特定的主题联系在一起。

文史之最　卓别林最有代表性的作品：《摩登时代》。卓别林的最后一部无声影片，向世人展示了千百万失业者的悲惨生活。

动画片是怎样拍出来的？玛丽莲·梦露为什么被誉为"性感女神"？

你知道吗

■ 在拍摄动画片的过程中，摄影机是固定在特制的机架上的，只能在一个角度进行向上、向下、向左、向右等运动，它的"摇"、"移"主要是通过画面的运动来完成的。

■ 玛丽莲·梦露初期的工作并不顺利，她只是在一些影片中跑跑龙套。为了生活，无奈的梦露仅仅为了50美元就答应拍裸体照。

动画片是怎样拍出来的？
Weishenme

动画片中的画面是逐格拍摄的。拍摄前，需要先排好一幅幅画面，等拍摄了一个画格之后，让摄影机停止转动，换上另一幅画面，再拍一个画格。放映时，胶片在动画片放映机中的运转速度也是每秒钟24格。这样，动画片就动起来了。动画片中人物动作的幅度和速度完全取决于图画。当表现某一动作时，所画的图画越多，每幅画之间的差别越小，动作就显得越慢越平稳；相反，图画越少，每幅画之间差别越大，动作也就显得越快越剧烈。

动画片的表现力极其丰富，几乎什么都可以表现，这为创作人员充分发挥自己的想象力提供了广阔的天地。动画片特别适用于表现夸张的、幻想的、虚构的题材，它可以把幻想和现实紧紧地交织在一起，可以把幻想的东西通过具体形象表现出来。因此，动画片具有独特的感染力。

玛丽莲·梦露为什么被誉为"性感女神"？
Weishenme

1926年6月1日，原名叫诺玛·莫天森的梦露出生在洛杉矶的一家综合医院里。因为父母离异，她从小便寄居在别人家中。从这一家到那一家，从孤儿院到收容所，她尝够了颠沛流离的痛苦滋味。1946年，玛丽莲·梦露被美国二十世纪福克斯公司经理雇用，从此，正式有了玛丽莲·梦露这个艺名。1950年，好莱坞导演约翰大胆启用玛丽莲·梦露，让她在《柏油丛林》中担任重头戏。紧接着，梦露与几位大明星拍摄了《伊芙的底细》，出场时间虽然很短，但她那天真无邪的对白给观众留下了深刻的印象。福克斯公司等影片拍摄结束，便与她续签了7年合同。

1953年是梦露人生的转折点，在电影《尼亚加拉》里，她第一次担任主角。影片以世界著名的尼亚加拉大瀑布为背景，烘托出了梦露优美的体态。这部影片上映后，观众场场爆满，梦露不仅一跃成为第一流的明星，而且也成为好莱坞最了不起的神话。此后，她又相继拍了多部影片，反响强烈。在影片中，她的金发、碧眼、红唇，被风吹起的白色裙子，还有她性感、优美的姿态，都给观众留下了非常深刻的印象，以至于后来人们称她为"性感女神"。

► 动画电影《玩具总动员》剧照
1995年出品的《玩具总动员》是历史上第一部全部用电脑技术制作的3D动画长片，该片曾被网上影评协会评为"百部电影史上最佳动画片"的第一名，它开创了电脑动画新时代。

► 玛丽莲·梦露像
玛丽莲·梦露的一生复杂曲折，被誉为20世纪的神话。即使在今天，她仍然是大多数美国人心目中的"性感女神"。

文史之最 最长的动画片：《阿螺》。其原作漫画于1946年开始登载，动画版从1969开始放映，至今已放映了2500多集。

中国孩子最爱问的十万个为什么

主题索引：马龙·白兰度为什么是"好莱坞常青树"？奥黛丽·赫本为什么被称为"天使"？

《教父》剧照
马龙·白兰度在本片里的演技炉火纯青。他所饰演的黑帮教父入木三分，令"教父"这个形象深入人心。

奥黛丽·赫本像
赫本因主演《罗马假日》而获得奥斯卡最佳女主角奖。她是20世纪最受崇拜的女性之一。她永远有自己的风格，美丽善良，高贵典雅，从不以性感取胜。

马龙·白兰度为什么是"好莱坞常青树"？

1924年4月3日，马龙·白兰度出生于美国内布拉斯加州欧马哈城的一个中产阶级家庭。他自幼顽皮好动，性格倔强，行为轻浮，不服管教，曾几度被学校开除。中学毕业后，他跑到纽约，进了一家戏剧学校攻读表演艺术。

1951年，马龙·白兰度出演了《欲望号街车》。在此剧中，他成功地塑造了一个流氓无产者斯坦利的形象，出色的表演使他获得了奥斯卡奖的提名。此后，白兰度又因《萨巴达》、《朱利斯·恺撒》和《狂野的人》而二次获得奥斯卡奖提名。1954年，白兰度出演了一部低成本影片《码头风云》，他在剧中扮演一位码头搬运工。为此，他亲身去体验生活，真正当起了一个码头搬运工。他将这个角色扮演得有血有肉，而他自己也成为美国中下层工人的光辉代表。这一次，他终于赢得了奥斯卡金像奖。

1970年，白兰度出演了影片《教父》。他把教父唐·维克托演得出神入化，充分展现了自己惊人的才华。为此，他再次成为奥斯卡最佳男主角奖。随后，他又出演了《巴黎的最后探戈》、《超人》、《现代启示录》等影片，均获得了一致的好评。进入20世纪90年代后，年迈的白兰度依然演出了颇具水准的影片《唐璜德马科》和《人魔岛》，再一次向人们展示了他那炉火纯青的演技。他也因此被人们称为"好莱坞常青树"。

奥黛丽·赫本为什么被称为"天使"？

1929年5月4日，奥黛丽·赫本出生于比利时首都布鲁塞尔。她的父亲是一位英国银行家，母亲是荷兰贵族的后裔。奥黛丽曾经在伦敦的女子私立学校学习，后来与母亲回到了荷兰。第二次世界大战结束后，奥黛丽到英国学习芭蕾舞，并成为一名模特。此后，她又成为演员，并来到美国纽约百老汇演出。

奥黛丽·赫本出演的第一部电影就是著名的《罗马假日》，她因此荣获了奥斯卡金像奖。从此，奥黛丽成为那个年代最走红的大明星。她主演的喜剧片轻松幽默，她的银幕形象美丽动人，深受观众喜爱。如《蒂凡尼的早餐》、《窈窕淑女》、《龙凤配》等，都是电影史上经久不衰的著名影片。晚年的奥黛丽积极参加人道主义活动和慈善事业，曾担任联合国派往非洲慰问灾民的亲善大使。她的美丽和善良让人难以忘怀，人们称她为"天使"。

【百科辞典】

《罗马假日》：
一部讲述英国安妮公主和美国穷记者乔·布莱德在罗马相遇的爱情影片。奥黛丽在影片中扮演了美丽顽皮的安妮公主。就是这位在国事活动中开小差的公主，迷倒了世界各地的观众。

文史之最 票房收入最高的男演员：美国电影明星哈里森·福特。由他领衔主演的24部电影的票房总收入达30.1亿美元。

为什么说斯皮尔伯格是"电影奇才"？

Weishenme

斯皮尔伯格是好莱坞最著名的电影导演。他对电影最初的兴趣，很可能源自他12岁时的生日礼物——一架袖珍摄影机。从加利福尼亚大学毕业后，他与一家制片厂签订了长期的导演合同。1971年，斯皮尔伯格仅用10天就导演了他的第一部电视剧《决斗》。这部成本仅为30万美元的影片在欧洲上映时竟为环球公司赚了几百万美元，也为斯皮尔伯格赢得了"电影奇才"的声誉。

后来，斯皮尔伯格指挥一支庞大的电影制作队伍拍摄了他的首部巨制——《大白鲨》。这部电影为好莱坞赢得了4.1亿美元的票房收入，让整个电影界都目瞪口呆。接着，斯皮尔伯格抓住了人们追求幻想、追求刺激的心理，陆续执导和制作了《第三类接触》、《E.T.外星人》、《回到未来》等许多大片，这些影片都以充满幻想的故事情节给观众带来前所未有的离奇感受，引起了极大反响，斯皮尔伯格的名字在美国几乎家喻户晓。

1993年，斯皮尔伯格用近6亿美元的巨额成本制作了《侏罗纪公园》。几个月后，他又推出一部与《侏罗纪公园》风格迥异的影片《辛德勒名单》。在这部影片中，斯皮尔伯格用史诗般的镜头把第二次世界大战中德国纳粹分子屠杀近600万犹太人的惨剧搬上了银幕，再一次让全世界为之震惊。

清真寺是寺庙吗？

Weishenme

清真寺是伊斯兰教穆斯林做礼拜的寺庙。《古兰经》云："一切清真寺，都是真主的，故你们应当祈祷真主，不要祈祷任何物。"

世界上第一个穆斯林礼拜场所是伊斯兰教的先知穆罕默德曾经住过的地方。当时，穆罕默德曾带领穆斯林在那里做礼拜。那是一个很大的院子，中间只有一座小房屋，最初是穆罕默德的住宅。院子的一边竖立一排枣椰树干，用来做柱子。在柱子和墙之间，有一个用枣椰树叶做的凉棚，穆斯林们就在那里做礼拜。以后的清真寺的格局大都是仿照这种方式建造的。

世界不同地区的清真寺建筑风格不尽相同，但多数为大拱顶木结构，内部基本一致。屋脊上常装饰有三个立着的花柱，中间一个花柱的顶上有伊斯兰教的新月标志。在《古兰经》中，穆斯林每日要做5次礼拜：日出、正午、下午、日落和夜晚。在古代没有时钟的情况下，人们很难掌握时间，因此在清真寺外建有宣礼塔。每到礼拜时间，都由嗓门大的人在塔上大声呼唤以召集众人。现在虽然能够确定统一的礼拜时间，但宣礼塔已作为固定的建筑物被保留下来。不少大清真寺四周都有宣礼塔，一般为四个，面朝四方。

麦地那的库巴清真寺
库巴清真寺是伊斯兰教历史上最古老的清真寺，是公元622年先知穆罕默德从麦加迁徙到麦地那之后亲手建造的，位于沙特阿拉伯麦地那西南距城约3公里处。

文史之最 票房最高的电影：《阿凡达》。该片在全球的票房收入总共为27亿美元。

中国孩子最爱问的十万个为什么

主题索引
泰姬陵是为谁而建的？埃菲尔铁塔为什么会成为巴黎的标志？

阿格拉红堡
阿格拉红堡与泰姬陵隔河相望，据说当年发生宫廷政变，沙贾·汗皇帝被囚禁在红堡中，每日只能隔河眺望爱妃的陵墓，郁郁而终。

埃菲尔铁塔

泰姬陵是为谁而建的？

泰姬陵位于印度北方邦阿格拉城不远的亚穆纳河畔，是300年前的莫卧儿帝国皇帝沙贾·汗为皇妃泰姬修建的陵墓，由殿堂、钟楼等构成，全部用纯白色大理石建成，用玻璃、玛瑙镶嵌，绚丽夺目。

据说，皇妃泰姬不仅容貌出众，而且聪明能干，曾协助国王料理朝政，沙贾·汗对她非常宠爱。1630年沙贾·汗带兵征战，泰姬也随军出行，不幸死在途中。为了纪念自己和妻子的爱情，沙贾·汗决定为泰姬建一座最美的陵墓。很快，沙贾·汗从国内外请来了最好的工匠，从各地选来最好的大理石，动用了两万多人来修建泰姬的陵墓。经过了近20年的时间，这座举世无双的陵墓才完全竣工。

陵墓建成后，沙贾·汗常常因为思念他深爱的妻子而披着白衣前去献花。不久，太子篡夺了王位，沙贾·汗被囚在了一个古堡里。从此，他每天坐在古堡的一条走廊里，背对着泰姬陵，目不转睛地注视着镶嵌在一根柱子上的镜子，最终在孤寂和怀念中郁郁而死。

埃菲尔铁塔为什么会成为巴黎的标志？

1875年，法兰西第三共和国建立以后，为了纪念资产阶级革命胜利100周年，政府决定在巴黎举办一次轰动世界的国际博览会。其中一个重要的项目，就是要在巴黎建造一座千尺高塔。消息刚一公布，筹委会就一下子收到了700个建筑方案。经会审，最后确定了建筑工程师古斯塔夫·埃菲尔的设计方案。铁塔在1887年1月26日那天正式破土动工。

1889年5月15日11点50分，埃菲尔为国际博览会开幕式剪彩，亲手将法兰西的国旗第一次升到了刚刚建成的埃菲尔铁塔上空。埃菲尔铁塔塔高320米，分3层，共1711级台阶，在离地面57米、115米和276米处分别建有平台。铁塔共用钢铁7000吨，有12000个金属部件，由2500万只铆钉连结起来。为了铭记这位钢铁建筑之父，人们将铁塔命名为"埃菲尔铁塔"，并在塔下为他铸造了一座半身铜像。

埃菲尔铁塔建成后，既是法国广播电台的中心，又是气象台和电视发射台。战争期间，它还曾作为无线电话监听台截获过德国军队的重要情报，为反法西斯战争作出过贡献。今天，埃菲尔铁塔已成为巴黎乃至整个法国的标志。

【百科辞典】

莫卧儿帝国：
1526年，帖木儿帝国的后裔巴布尔率军侵入印度北部后所建的伊斯兰教古国。莫卧儿一词为"蒙古"的转音。因巴布尔自称为蒙古人，故称其国为"莫卧儿帝国"。

文史之最 最高的铁塔：耸立在加拿大安大略湖畔、高达553.34米的多伦多电视塔，是目前世界上最高的独立铁塔。

为什么蓬皮杜中心刚落成时巴黎人无法接受？

Weishenme

蓬皮杜中心的全名叫"乔治·蓬皮杜国家文化与艺术中心"，坐落在巴黎市中心地区，离巴黎市政厅、巴黎圣母院、罗浮宫都很近。蓬皮杜中心是一个巨大的长方形建筑，长166米，宽160米，高42米，总面积达10.3万平方米。建筑师们采用了反传统的设计理念，将原来属于内部设施的管道和电梯全部暴露在户外，并在表面覆盖了一层玻璃。那些纵横交错的管道和类似脚手架的金属构件上涂着蓝色和绿色的油漆，由玻璃罩住。整个中心看上去就像一个复杂而巨大的管道，让人误以为它是一座"炼油厂"或"煤气中心"。

该中心刚建成时，巴黎人根本无法接受，甚至横加指责，认为它"不三不四"，与周围建筑极不协调，破坏了巴黎的环境。经过一阵喧闹之后，人们慢慢地习惯了它。今天，这个中心已成为巴黎市最受欢迎的文化艺术活动场所，每年到此参观的游客多达800万人次。

目前世界上最高的大楼在哪里？

Weishenme

位于沙特阿拉伯首都迪拜的哈利法塔共有162层，高828米，是人类历史上首个高度超过800米的建筑物，并入选吉尼斯世界纪录世界最高建筑物。

哈利法塔的建筑设计采用超高难度的单式结构，由连接在一起的管状多塔构成。其外形具有太空时代的风格，基座则采用了富有伊斯兰风格的六瓣形的沙漠之花。哈利法塔37层以下是高档酒店，45层至108层则属于豪华公寓，第123层

哈利法塔

为大型观景台，站在上面可俯瞰整个迪拜市。大厦内设有56部升降机，速度最高达每秒17.4米，另外还有双层的观光升降机，每次最多可搭载42人。哈利法塔加上周边的配套项目，总投资超70亿美元。

哈利法塔于2004年9月21日开始动工，2010年1月4日竣工启用。当晚，迪拜酋长亲自为大厦纪念碑揭幕，宣告了这座世界第一高楼正式落成。

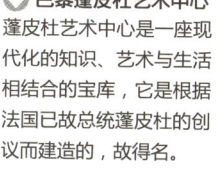

巴黎蓬皮杜艺术中心
蓬皮杜艺术中心是一座现代化的知识、艺术与生活相结合的宝库，它是根据法国已故总统蓬皮杜的创议而建造的，故得名。

中国孩子最爱问的十万个为什么

主题索引
悉尼歌剧院为什么能入选七大奇迹？米拉公寓的造型为什么怪异荒诞？

悉尼歌剧院
悉尼歌剧院的外观为三组巨大的贝壳状建筑，耸立在一南北长186米、东西最宽处为97米的钢筋混凝土基座上，不仅规模宏大，内部陈设也十分讲究。

米拉公寓房顶的柱状物
米拉公寓的房顶上有一些奇形怪状的突出物，有的像身披盔甲的军士，有的像神话中的怪兽，有的像教堂的大钟。其实，这些都是烟囱和通风管道。

悉尼歌剧院为什么能入选七大奇迹？

Weishenme

在澳大利亚悉尼大桥附近有一个三面环水的奔尼浪岛。在这座岛上，矗立着一组造型非常新颖的建筑群，它们就像一枚枚屹立在海滩上的大贝壳，与周围的海上景色浑然一体，极富诗意。它就是举世闻名的悉尼歌剧院。

整个歌剧院分为三个部分：歌剧厅、音乐厅和贝尼朗餐厅。歌剧厅、音乐厅及餐厅并排而立，建在巨型花岗岩石基座上，各由4块巍峨的大壳顶组成。这些"贝壳"依次排列，前三个一个盖着一个，面向海湾，最后一个则背向海湾站立，看上去很像是打开盖倒放着的蚌。

这些高低不一的"贝壳"，最外层用白格子釉瓷砖铺盖，在阳光的照耀下，既像竖立着的尖顶壳，又像两艘巨型帆船行驶在蔚蓝色的海面上。正是由于悉尼歌剧院这种独特的建筑风格，使它跻身于20世纪世界七大奇迹之列。歌剧院内设有展览室、录音室、酒吧、餐厅等大小房间900个，配备有各种世界一流的娱乐设施。

米拉公寓的造型为什么怪异荒诞？

Weishenme

在西班牙巴塞罗那的帕塞奥·德格拉西亚大街上，坐落着一座现代化风格的楼房——米拉公寓。

米拉公寓位于街道转角处，地面以上共6层，其造型仿佛是一座被海水长期侵蚀又经风化而布满孔洞的岩体，墙体本身也像波涛汹涌的海面，富有动感。墙面凸凹不平，屋檐和屋脊有高有低，呈蛇形曲线状。米拉公寓的阳台栏杆由扭曲回绕的铁条和铁板构成，如同挂在岩体上的一簇簇杂乱的海草。其平面布置也不同一般，不仅墙面曲折弯转，房间的平面形状也几乎全是"离方遁圆"，没有一处是方正的矩形。

这座建筑以怪异的造型而闻名于世，是由西班牙建筑设计师安东尼·高迪专门为实业家佩德罗·米拉设计建造的。高迪在建筑艺术上是勇于开辟新道路的设计大师，他以浪漫主义的幻想极力使塑性艺术渗透到三维空间的建筑中去。在米拉公寓的设计中，他充分发挥想象力，将伊斯兰建筑风格与哥特式建筑结构相结合，采取自然的形式精心去探索其独特的塑性建筑楷模。

你知道吗

■ 西班牙实业家米拉爱好后现代艺术，决定要造一座令人叹为观止的建筑。为此，米拉专门请红极一时的青年建筑设计师高迪来设计、建造，并答应给他充分的创作自由和行动自由。

文史之最　**最大的歌剧院**：美国纽约林肯中心的大都会歌剧院。该歌剧院建成于1966年9月，共有观众席3788个座位。

十　国家民族卷

地球上的五大洲分布着许多的民族与国家，而正是因为有了这些历史各异、风俗多样的民族和国家，世界才变得多姿多彩。认识这些伟大的民族，了解这些美丽的国家，你会发现，我们在这个世界上并不孤单。

中国孩子最爱问的十万个为什么

主题索引
① 人类为什么分黄种人、白种人和黑种人？为什么黄种人头发黑而白种人头发黄？

人类为什么分黄种人、白种人和黑种人？

Weishenme

人种类别是根据人类的生物体质和遗传性状而加以区分的，如肤色、体型、头型、眼色、发型、鼻状、血型以及性格等等。不像语言和宗教因时而异，人种是与生俱来的。根据人类学的传统分类方法，全世界的人种主要有黄种人、白种人和黑种人。

黄种人又称为"蒙古利亚人种"，发源于中亚和东亚的干旱草原和半沙漠地区，体质特征是中等身材，头发黑而直，面部扁平。在三大人种中，该人种人口最多，主要分布于中国、朝鲜、韩国、日本、印度尼西亚等地。

白种人又名"高加索人种"或"欧罗巴人种"，发源于南欧、北非和亚洲西南，体质特征是身体瘦长，高鼻、蓝眼。在15世纪以前，白种人主要分布在欧洲、北非、西南亚等地，目前已遍布全球，是美洲、欧洲和大洋洲的主要人种。

黑种人又名"尼格罗人种"或"赤道人种"，发源于非洲撒哈拉沙漠以南地区，体质特征是黑肤，宽鼻，厚唇。黑种人包括居住在南非的布西曼人种、中非的班图人种、西非的森林尼格罗人种、北非的苏丹人种等。他们原来主要分布于非洲和南太平洋岛屿。由于西方贩卖人口的殖民政策，黑种人现已遍布南北美洲。

▲ 金发碧眼的欧洲女孩
西方人是白色人种，虹膜中色素含量少，基质层中分布有血管，所以看上去眼珠呈浅蓝色。

▲ 可爱的黑人小男孩
黑色人种肤色黑，头发卷曲，黑眼睛，鼻子宽扁，嘴唇厚且外翻，体毛较少，这些特征都与当地的气候条件有很大的关系。

为什么黄种人头发黑而白种人头发黄？

Weishenme

不同种族和地区的人，常拥有不同颜色的头发，有乌黑、金黄、红褐、红棕、淡黄、灰白，甚至还有绿色和红色的。这是为什么呢？

原来，头发是由角化的上皮细胞组成的。所谓"角化"，就是指这类细胞已经像指甲般具有一定的坚硬性。人的头发有一定的硬度，就是这个缘故。头发的角化上皮细胞中含有黑色素颗粒，使得头发出现一定的颜色。头发的颜色随人种的不同而有差异，黄种人的头发颜色乌黑，是因为含有的黑色素颗粒特别多；白种人的头发多为黄色，是因为含有的黑色素颗粒比较少。

老年人由于各方面生理机能减退，头发里的黑色素颗粒减少，所以出现白发。但是，不少少年或青壮年有时也会有白头发。这除了与遗传因素有关外，还与内分泌功能失调、重大精神刺激、思虑过多、营养不良等因素有关。传说中，伍子胥过昭关时一夜之间愁白了头的故事，就可以说明这个问题。

【百科辞典】

体质人类学：
从生物的角度对人类进行研究的学科。它主要研究人类的起源、发展、种族差异、人体与生态的关系及现存灵长类的身体和行为等内容。

文化人类学：
从文化的角度研究人类种种行为的学科。它主要研究人类文化的起源、发展变迁的过程和世界上各民族、各地区文化的差异，试图以此类探索人类文化的性质及演变规律。

世界之最 最奇特的人种：在智利欧坎基尔查山海拔6000多米的高处，居住着适应力极强的浑身皮肤呈蓝色的"蓝种人"。

为什么说亚洲是"太阳升起的地方"？

Weishenme

亚洲是世界七大洲中面积最大、人口最多的一个洲，其面积有4400万平方千米，人口数量达35.13亿，约占世界总人口的60.5%。亚洲的名字也最古老，全称是"亚细亚洲"，意思是"太阳升起的地方"。这个名称是怎么来的呢？

亚洲的英文名为"Asia"，相传"亚细亚"这个名称是古代腓尼基人起的。频繁的海上活动，要求腓尼基人必须确定方位。所以，他们把爱琴海以东的地区泛称为"Asu"，意即"日出地"；把爱琴海以西的地方则泛称为"Ereb"，意为"日没地"。"Asia"一词就是由腓尼基语"Asu"演化来的，其所指的地域不是很明确，范围也是有限的。到了公元前1世纪，"Asia"成为罗马帝国的一个行政省的名称，以后才逐渐扩大，包括现今整个亚洲地区，成为世界最大的洲的名称。

文莱为什么被称为"亚洲首富之国"？

Weishenme

文莱位于加里曼丹岛北部，国土面积只有台湾岛的1/6大小，人口也只有30多万，但这个亚洲的"袖珍之国"却是世界上最富庶的国家之一。

文莱是东南亚第三大产油国和世界第四大液化天然气生产国。石油和天然气的生产和出口是文莱的经济支柱，占其国内生产总值的36%和出口总收入的95%。文莱丰富的石油和天然气资源使其人均国内生产总值达1.9万美元，因此成为"亚洲首富之国"。

文莱的旅游景点并不很多，但处处都显示着它的富有，其中以位于首都斯里巴加湾市的建筑最为奢华和典型。博而基亚清真寺是文莱最大的皇家清真寺，又称大清真寺。该寺共有29个圆拱金顶，由45千克黄金做成，4个高塔装饰着蓝色和白色的马赛克。寺内建筑装修极豪华，铺有3000块沙特阿拉伯手织地毯，缀有比利时水晶吊灯。

由于国家富庶，每个文莱居民从出生的那一天起就享有完善的福利。他们享有政府提供的住房，无息贷款，中小学免费教育，赴世界最优秀的学院留学的奖学金资助，终身免费医疗等，而且不用缴纳个人所得税。真是让人忍不住感叹"到了文莱才知道什么叫富裕"。

亚洲卫星图片
亚洲面积4400万平方千米（包括岛屿），约占世界陆地总面积的29.4%，是世界上面积最大的一洲。亚洲大陆与欧洲大陆毗连，形成全球最大的陆地板块——亚欧大陆。

文莱博而基亚清真寺
这座清真寺是文莱最大的皇家清真寺，共有29个圆拱金顶，由45千克黄金做成，4个高塔装饰着蓝色和白色的马赛克。

樱花与富士山
樱花与富士山都是日本的象征。每年4月，富士山山脚下开满了樱花。远眺富士山，日本风情便尽收眼底。

身穿和服的日本女子

曼谷玉佛寺
玉佛寺位于泰国首都曼谷大王宫东北角，是泰国最著名的佛寺。玉佛寺大院中有三座壮丽的宝塔，其中一座锡兰式金塔内藏有佛陀舍利子。

日本为什么被称为"樱花之国"？

日本的樱花有几百个品种，一般分为染井吉野（淡红白色）、山樱（淡红白色）、大岛樱（白色）、江户彼岸樱（白色或红紫色）、枝垂樱（红色）等。受气温的影响，樱花由温暖的日本列岛南端向北方沿着纬度依次开放，形成一条由南向北推进的"樱前线"。日本有句俗语叫"樱花七日"，就是说一朵樱花从开放到凋谢大约为7天，整棵樱树从开花到全谢大约半个月左右。

在日本，樱花被视为吉祥之物。在传统的婚礼等喜庆场合，经常要饮用一种在盐浸的樱花瓣里加入开水的樱花汤，便是取樱花的吉利之义。樱花盛开的4月，也正是日本人入学、就职的时节，是人生的重大转折点，因此樱花又代表了充满光明与希望的未来形象。除此之外，在日本到处都是用樱花命名的街道、车站、市镇、商标、饭菜、茶点、汤饮。文学家写咏樱诗，画家绘樱花图，音乐家谱赞樱曲，银行印出樱花图案的钞票，工厂制造出樱花工艺品，电视台以樱花为背景做节目，还特别办报告樱花开放动态的专栏……樱花的魅力和影响力渗透到了日本人社会生活的各个领域。因此，日本也被称为"樱花之国"。

泰国为什么被称为"黄袍佛国"？

佛教是泰国的国教，泰国是世界上最大的佛教国度，佛教徒占全国总人口的95%。在泰国城乡，大大小小的寺庙共有4万多座，高高矮矮的佛塔有数万座，仅首都曼谷就有400座之多。佛像在泰国人民的心目中是神圣的，村村有佛寺，家家有佛坛，几乎人人的脖子上都挂着制作精致的小佛像。历届泰国政府的内阁组成以后，全体内阁成员都要到玉佛寺向玉佛宣誓效忠国家与国王。每到换季的时候，全国都要举行十分盛大的仪式，由国王亲自给玉佛洒水沐浴，更衣，更换头饰。

每一个泰国男子一生中必须出家当一次和尚，年龄和时间不限，但最短的时间也需3天。经过入寺修行的男子，才能取得成人的资格。在泰国，从都市到乡村，从机关到民间，到处是寺庙，遍地是和尚。黄色的袈裟飘荡在蓝天白云之下，涌动在城乡的街路上，已成为一道靓丽的风景线。因此，泰国也被人们称为"黄袍佛国"。

世界之最 最值钱的宗教文物：在泰国曼谷的金佛寺里有一尊15世纪的金佛，它价值2400万英镑，是全世界最昂贵的宗教圣物。

新加坡为什么又被称为"狮城"？

新加坡是一个城市国家。新加坡是梵语"狮城"的谐音。由于印度文化对新加坡人有很深的影响，新加坡人常常喜欢用梵语作为自己国家的一些地名。而在印度的梵文中，狮子具有勇猛、雄健的特征，也象征着强大和勇敢，所以新加坡人便称自己的国家为"狮城"。

关于新加坡"狮城"这一名称的由来，还有一个传说。在历史上，新加坡被叫做"淡马锡"。"淡马锡"在爪哇语里是"海市"的意思，即海上的城市。8世纪新加坡建国，归属当时的室利佛逝王朝。相传11世纪时，室利佛逝王朝的王子与谬内岛的公主结了婚，并在谬内岛住了下来。一天，王子同公主外出打猎，乘船时遇上了大风浪。在即将翻船时，王子把王冠丢到了海里，海面顿时平静了下来。他们把船划到马锡海边，在附近树林里打猎时，忽然发现了一只头黑胸白、身体红色、行动敏捷的怪兽。随从告诉王子这是一只狮子，王子听了非常高兴，认为这是一个吉祥的地方，便决定留下来。因为登岸时第一眼便看到了狮子，后来，王子就把"淡马锡"改名为"新加坡拉"。在马来语中，"新加"是狮子的意思，"坡拉"是城的意思。这便是"狮城"这一名称的来历。

缅甸为什么又叫"万塔之国"？

亚洲南部的中南半岛是佛教盛行的地区。在这里，随处可以看到象征佛教文化的寺庙和佛塔。缅甸更是素有"万塔之国"的美称。若将缅甸所有的佛塔排成一列纵队，可以从濒海的首都仰光排到北部边境的密支那，全长1567千米。

缅甸的佛塔有各种各样的建筑形式。有的用石块砌筑，有的用碎石堆砌，有的用砖建成，有的用泥土塑成。一座座佛塔神秘肃穆，静谧端庄，有的拔地参天，有的小巧玲珑。

阿难陀塔是缅甸最早的佛塔，建于11世纪。在缅甸历史上的蒲甘王朝时期，由于阿律陀王信奉佛教，建塔之风非常盛行。当时的国都蒲甘城有佛塔448.6733万座，比蒲甘城的人口还要多出几倍，因此号称"四百万宝塔城"。虽然900多年过去了，但蒲甘至今仍然保留着5000多座佛塔。最大的叫冰瑜塔，建于1144年，高60多米，在蒲甘城的众多佛塔中是最高的。

【百科辞典】

梵语： 古代印度的标准书面语，它是源自印度西北地区上流知识阶级的语言，多相对于一般民间所使用的俗语而言，又称为"雅语"。

狮头鱼尾像
狮头鱼尾像坐落于新加坡市内新加坡河畔，是新加坡的标志和象征。

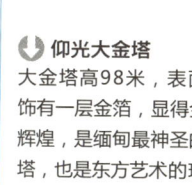

仰光大金塔
大金塔高98米，表面装饰有一层金箔，显得金碧辉煌，是缅甸最神圣的佛塔，也是东方艺术的瑰宝和缅甸国家的象征。

世界之最 婴儿死亡率最低的国家：新加坡。在新加坡，平均每出生1000名婴儿只有2.29名死亡。

印度尼西亚为什么被称为"千岛之国"？

印度尼西亚位于亚洲大陆与大洋洲之间，横跨赤道，是世界上岛屿最多的国家，共有岛屿17508个，素有"千岛之国"之称。群岛南北宽约1800千米，东西长约5100千米，其中约6000个岛屿有人居住。主要岛屿有爪哇、苏门答腊、伊里安、加里曼丹和苏拉威西等。

苏门答腊岛是世界第六大岛，自然资源丰富，有"希望之岛"之称。它又被称为"美南卡巴岛"，意思是"水牛的胜利"。关于这个名称的由来，还有一段有趣的故事。相传距今1500年前，爪哇和马来西亚之间因为苏门答腊岛的归属问题发生了纠纷，双方军队剑拔弩张，一场厮杀即将开始。两军指挥官为了避免流血战争，想出了一个奇妙的办法：双方各派出一头代表本国的水牛，让它们角斗，以其胜负来决定苏门答腊岛的归属。于是，双方都精心挑选了一头水牛，让它们在两军阵前展开激烈的角斗。结果，爪哇的水牛斗败而死，苏门答腊岛便毫无争议地归马来西亚所有了。

伊朗之名是如何来的？

伊朗旧称波斯。公元前2000年左右，古波斯人的游牧部落从中亚进入今天的伊朗地区，排挤了当地居民，并在那里定居了下来。公元前6世纪，波斯帝国的军队征服了叙利亚、巴勒斯坦、埃及、小亚细亚、色雷斯和高加索山地区，成为世界上第一个地跨亚、非、欧三大洲的大帝国，后在亚历山大大帝军队的进攻下灭亡。626年，波斯萨珊王朝对拜占庭首都进行大规模的围攻，但最终失败了。拜占庭王朝的军队趁机开始入侵波斯的领土，与波斯展开了激烈的交战。但不久后，双方以缔结和平条约的方式结束了战争。

阿拉伯帝国兴起后，以伊斯兰教教徒为核心力量的穆斯林军团开始大举进攻波斯，并很快占领了波斯的全部领土，将波斯更名为伊朗。在此后的数百年中，伊朗境内又不断有新的侵略者出现。首先是奥斯曼土耳其人，征服了伊朗全境。接踵而来的是蒙古军团，再后来则是土库曼人。直到16世纪，伊朗人才最终收复了自己的领土。

婆罗浮屠
婆罗浮屠位于印度尼西亚爪哇岛中部的日惹市附近，是世界最大的古老佛塔，被称为东方四大奇迹之一。

绚丽的波斯地毯
波斯地毯是伊朗最著名的手工业产品，其历史至少已经有2500年。波斯地毯通常以抽象的植物、阿拉伯文字和几何图案进行构图，而所用的染料是从天然植物和矿石中提取的，颜色经久不褪。

波斯波利斯遗址
波斯波利斯是古代波斯帝国的行宫，兴建于公元前518年。在波斯皇帝大流士一世的授意下，波斯波利斯被建成了拥有众多巨大宫殿的建筑群。整个古城依山造势，将自然风貌和人类艺术精华融会在一起。

世界之最　最大的佛塔：婆罗浮屠佛塔。位于印度尼西亚的日惹市附近，建于8世纪末期，高31.4米，占地面积1.23万平方米。

为什么说冰岛是"冰与火的国度"？

1936年社会民主党上台执政后，瑞典实行了广泛的社会福利政策，并建立起比较完善的社会福利制度。福利项目十分广泛，包括公民的收入保障、医疗保障、教育保障、住房保障等，覆盖了老人、残疾人、儿童、妇女等不同群体，具有广泛性、普遍性及平等性等特征。这种福利制度是一种前所未有的新模式，所以被称为"瑞典模式"。

瑞典社会福利的最大特点是将人的一生"从摇篮到坟墓"全包下来，并对各项社会福利制度进行立法保障。当公民应该享受的社会福利待遇不能实现或受到侵犯时，可以向地方公共保险法院或高级公共保险法院申诉。每个公民从看病到坐公共汽车，都有一个证明身份的个人编号，这些编号都保存在了计算机里。

20世纪90年代后，瑞典的社会福利模式引起了东欧国家和苏联一些改革派政治家和经济学家的兴趣。他们多次访问瑞典，希望建立一种类似于瑞典的社会福利模式，以便使他们的国家在向市场经济转变的同时，建立一个能够提供公平分配和平等机会的社会保障制度。

冰岛的火山口湖
这个火山口湖约在6500年前形成，火山口约深55米，宽170米，长270米，湖水深7至14米。

斯德哥尔摩城景
斯德哥尔摩是瑞典第一大城市，也是全国政治、经济、文化中心。市内水道纵横，70多座桥梁把整个市区连在一起，素有"北方威尼斯"的美称。

为什么说冰岛是"冰与火的国度"？

冰岛地处欧洲西北部，靠近北极圈，是大西洋最北缘的一个岛国。全境四分之三都是海拔400至800米的高原，有许多巍峨肃穆的雪山，许多地区被冰川覆盖。稍大的冰川面积可达500平方千米，厚度可达1000米。但由于受北大西洋暖流的影响，又因为自身特殊的地质结构，冰岛蕴藏着十分丰富的地热资源，常年从地壳中散发出的热量抵消了北极的严寒，使它成为一个冬暖夏凉的避暑胜地。

冰岛地区岩浆活动相当频繁，是世界上最活跃的火山地带之一，全国有火山100多座，其中有活火山24座。近百年来，冰岛平均每5年就有一次火山喷发，因此又有"火山岛"之称。冰岛的火山形态多种多样，有圆锥形的，有盾状的，更多的是裂隙形的。裂隙形火山在喷发时，岩浆会从裂缝中喷出，形成一排排喷火口。

冰岛的熔岩和冰川面积各占全国总面积的十分之一。所以，冰岛又被人们称为"冰与火的国度"。

你知道吗

■ 冰岛境内有1500多处温泉和热水喷泉，水温平均达75摄氏度，有的甚至高达90摄氏度以上，可以直接用来冲茶。更为有趣的是，冰岛人一边钓鱼，一边就可以吃鱼，因为从河溪中钓到的鱼可直接放进温泉里煮熟。

■ 瑞典福利政策的出台，要经过全社会不同利益群体之间的讨论和协商，达成共识之后再以法律的形式加以确认。政府部门按照分工有序执行，并制定相应的制度和实施细则。

世界之最 最大的冰建筑物：瑞典冰旅馆。位于瑞典尤卡斯耶尔维，室内总面积达5000平方米，每晚可接待150位旅客。

中国孩子最爱问的十万个为什么

主题索引：巴基斯坦为什么被称为"清真之国"？荷兰为什么被称为"风车之国"？

荷兰的木鞋
木鞋在荷兰已有几百年的历史。因荷兰土地潮湿，而木鞋最能防潮，且经久不烂，因而成了荷兰人的最爱。

荷兰的风车
荷兰被世人称为"风车之国"，它坐落在欧洲西部，濒临大西洋，是典型的海洋性气候，一年四季海风不息，给缺乏水力、动力资源的荷兰提供了利用风力的有利条件。

巴基斯坦为什么被称为"清真之国"？

巴基斯坦历史悠久。早在5000年前，这里就孕育出了灿烂的印度河文明，可与古尼罗河文明相媲美。历史上，巴基斯坦和印度原是一个国家，后沦为英国殖民地。1947年6月，印、巴根据《蒙巴顿方案》实行分治。同年8月14日，巴基斯坦宣布独立。1956年3月23日，巴基斯坦伊斯兰共和国正式成立。

"巴基斯坦"一词源自波斯文，意为"圣洁的土地"或"清真之国"。巴基斯坦的国教为伊斯兰教，伊斯兰教徒占全国人口总数的96%。占人口总数4%的非穆斯林大多数是印度教徒或基督教徒。

另外，还有少量的拜火教徒和佛教徒。

穆斯林的主要宗教活动有每年的朝觐、每天5次祈祷等。信奉伊斯兰教的正统穆斯林严格禁酒……这里的许多宗教习俗都给外国客人留下了深刻的印象。

荷兰为什么被称为"风车之国"？

荷兰地势低平，是世界上著名的低地之国，境内60%的地区海拔都不超过1米。荷兰也是多水、多雨的国家，水域面积占国土面积的六分之一，地面上常常会积蓄大量的雨水，如果不将这些雨水排到海里去，低地就会被淹没，人们就没有办法生产和生活了。荷兰人发现当地的风力资源十分丰富，经过长期的思考和实践，终于发明了风车，利用风能进行排水。但由于水车提水的高度不够，而水位的落差又很大，人们就将几个风车从低到高排起来，一级一级地将水排到高出地面的河道里，然后流入大海。由于需要排出的水量很大，因此人们建造了大量的风车，这些风车分布在低地各处，构成了荷兰独特的风车景观。

风车得到快速普及后，风车的制造技术也不断得到改进和提高。人们不再仅仅用它来排水，而且开始用它来碾谷物、榨油、造纸等。如今，虽然荷兰已是一个现代化的国家，但并未失去它的古老传统，象征荷兰民族文化的风车仍然忠实地在荷兰的各个角落运转。

在这个"风车之国"数百年前的风车全盛时期，全国有近万个风车。荷兰人认为风车是整个荷兰繁荣发展的"功臣"，于是确定每年5月的第二个星期六为"风车日"。这一天，全国的风车一齐转动，举国欢庆。

世界之最 最小的《古兰经》：中国宁夏博物馆收藏着两本袖珍《古兰经》。长19.3毫米，宽13.2毫米，厚6毫米，重1.1克。

法国的香槟酒是怎么产生的？

Weishenme

9世纪时，法国的历代国王都在法国香槟地区的兰斯接受加冕。庆典期间，权贵们喜欢喝当地出产的一种"清明透亮，新鲜淡雅并微微颤动"的葡萄酒。1668年，该地区奥维利修道院的主教丹·佩里浓试着把各种葡萄酒勾兑，用软木塞密封后放进酒窖。第二年春天，当他把那些酒瓶取出时，发现瓶内的酒色泽清澈，明亮诱人。刚一摇酒瓶，只听"砰"的一声巨响，瓶塞不翼而飞，酒喷出瓶口，芳香四溢。这种酒被称做"爆塞酒"，就是最初的香槟酒。

香槟酒的制作工艺非常讲究，且生产原料必须来自法国香槟地区，酿制所用的葡萄都需要手工采摘。葡萄刚一送到酒窖，就要用压榨机压榨。为了确保品质，每150千克葡萄最多只能榨取100千克果汁。随后，进行第一次发酵，使果汁变成静态的干性葡萄酒，经过调配获得香槟原酒。

香槟酒是法国人的骄傲，也给全世界带来欢乐。F1方程式赛道的终点，冠军尽情喷洒香槟酒的泡沫来庆贺胜利；"玛丽皇后二号"下水的一刻，一瓶香槟酒砸向船头，象征着对它一帆风顺的祝福。

比利时首都为什么被称为"欧洲之都"？

Weishenme

16世纪以来，比利时先后被西班牙、奥地利、法国与荷兰侵占过。1830年11月，比利时宣告独立，定都布鲁塞尔。布鲁塞尔市区略呈五角形，名胜古迹甚多，是欧洲著名的旅游胜地。城区分为上城和下城。上城依坡而建，为行政区，主要名胜有路易十六式建筑风格的王宫、皇家广场、埃格蒙宫、国家宫、皇家图书馆、艺术博物馆及银行等。下城为商业区，这里商店鳞次栉比，热闹非常。市中心的大广场周围屹立着许多中世纪的哥特式建筑。布鲁塞尔的标志、闻名世界的布鲁塞尔第一公民撒尿小孩于连的铜像就在大广场上。

布鲁塞尔位于西欧交通要冲，是欧洲联盟、北大西洋公约组织等国际组织的总部所在地，另有200多个国际行政中心及超过1000个的官方团体也都在此设立了办事处。此外，名目繁多的国际会议也常在此召开。因此，布鲁塞尔被人称为"欧洲之都"。

你知道吗

- 香槟酒的迥异风格来自调配方法的不同，有的会加入前几年的干性白酒，有的则只用当年收获的葡萄酿酒来调配。若在香槟酒中加入红葡萄酒，便可使其颜色变为玫瑰红或粉红。
- 在布鲁塞尔郊外的王宫附近，有一组名为原子球的原子结构形建筑，又称原子博物馆。它是为纪念1958年布鲁塞尔世界博览会而兴建的。这里一共有9个球，每个球直径达18米，最高的球离地102米，球与球之间有管道相通，有些管道里还安装有电动扶梯，供游人上下。

香槟酒

布鲁塞尔大广场
布鲁塞尔大广场位于布鲁塞尔市中心。每逢两年一届的"大广场鲜花地毯节"，广场都布置有用数百吨鲜花花瓣拼缀成的巨型"鲜花地毯"。

世界之最 最著名的香槟酒产地：香槟。香槟是法国东北部马恩河谷的一个地名，它成为著名的香槟酒产地已有2000多年的历史。

瑞士为什么被称为"钟表王国"?

啤酒节上的心形姜饼
在啤酒节上,人人都会购买这种心形的姜饼挂在脖子上,还可以用糖霜在姜饼上写上爱人的名字,送给喜欢的人。

苏黎世圣彼得大教堂的钟楼
圣彼得大教堂的钟楼建于1534年,大钟的盘面直径有8.7米,时针长3米,分针长4米,是欧洲最大的钟。

16世纪时,欧洲爆发了宗教改革运动,当时,法国的一批新教徒为躲避迫害,流亡到了瑞士。他们中大多是身怀绝技的钟表工人和其他手工业者。为了能够在新的地区形成良好的工作环境,这些钟表工们在日内瓦成立了世界上第一个钟表行业公会。不过,当时日内瓦大约只有300多个钟表技工,每年生产的钟表也只有5000多只。到了18世纪中期,大批的钟表匠开始聚集到日内瓦,他们往往在临街的底楼开店招揽顾客,在顶楼的安静处制造和修理钟表。

日内瓦依靠钟表兴旺发达的经验,启发了生活在瑞士山林深处的农夫、牧民,他们也开始造起了齿轮、弹簧、发条等钟表零件。当地一些青年不惜花费十年甚至数十年的时间去日内瓦等城市学习,再返回家乡开设自己的手工作坊。他们互相分工合作,设计外壳,制造零件,装配成品,造出了世界上质量最好的钟表。随着制表技术的不断革新,机械化和自动化水平逐步提高,原先的家庭作坊也慢慢向规模化发展。到了19世纪,瑞士的钟表制造业已成为全欧洲同行们的领袖,产量占世界总产量的三分之二。

就这样,性能超群的瑞士钟表使瑞士成了独一无二的"钟表王国",蜚声世界。

德国慕尼黑为什么被称为"啤酒之都"?

德国是个盛产啤酒的国家,所产的啤酒质优味醇、品种多样,在世界上享有盛誉。而德国巴伐利亚州首府慕尼黑更因啤酒而闻名于世。在慕尼黑,平均每人每年要喝200多升啤酒,饮用量居世界第一,慕尼黑也因此被人们称为"啤酒之都"。

每年9月的第三个星期六至10月的第一个星期日,慕尼黑都会举办啤酒节。慕尼黑的啤酒节是一个盛大的传统节日,规模很大,几乎全体市民都会参加。到了那几天,在慕尼黑的街头到处都有卖啤酒的。开幕典礼上,伴随着市长打开第一瓶酒,节日庆典就正式开始了。从上午到深夜,人们都在酒桌旁畅饮,或者拿着啤酒杯涌上街头,不分男女老少逢人便喊"干杯"。整个城市一片欢腾,几百万升啤酒会被一扫而光。

节日期间,慕尼黑还会有狂欢游行,以及赛马、街头戏剧表演、民歌表演和音乐会等节目,整个慕尼黑显得热闹非凡。

【百科辞典】

宗教改革:
16世纪,西欧天主教会异常腐败,马丁·路德提出"因信称义"说,认为一个人灵魂的获救只需靠个人虔诚的信仰,不需要教会的繁琐仪式和教士们的指点。他否定了教皇的权威,开创了新教。

奥地利为什么又被称为"音乐国度"?

Weishenme

奥地利位于中欧南部,是一个山地国家。北部与德国和捷克接壤,西面是瑞士和列支敦士登,南部与意大利和斯洛文尼亚相邻,东部的邻国是匈牙利和斯洛伐克。首都维也纳作为世界音乐的摇篮,在世界上享有很高的声誉。在这里,不仅有维也纳爱乐乐团、维也纳男童合唱团等世界著名的演出团体,还有国家歌剧院、金色大厅等闻名遐迩的演出场所。每年的维也纳新年音乐会就是在"金色大厅"里演出的,它是世界上听众最多的音乐会。维也纳浓厚的音乐艺术氛围为奥地利赢得了"音乐国度"的美誉。

此外,在奥地利历史上,产生了众多名扬世界的音乐家:海顿、莫扎特、舒伯特、约翰·施特劳斯,还有出生在德国但长期在奥地利生活的贝多芬等。在两个多世纪中,这些音乐大师为奥地利留下了极其丰厚的文化遗产,令奥地利形成了独特的民族文化传统。

你知道吗

- 维也纳爱乐乐团拥有160多年的辉煌历史,是西方古典音乐发展的重要见证者。
- 威尼斯整座城市都建在水中,水道即为大街小巷,出门靠舟行,充满了诗情画意和浪漫风情。
- 意大利地中海海洋公园是欧洲第一座海洋主题公园。在这个逼真的地中海模拟环境中,生活着200多种鱼类、甲壳类动物、软体动物和无脊椎动物。

为什么意大利每年会吸引数百万游客?

Weishenme

意大利是著名的旅游国家,它有独特的城市风貌,有优美的自然风光,也有浓厚的文化底蕴,一直都是世界上最热门的旅游地之一。

意大利水城威尼斯到处是作家、画家、音乐家留下的艺术痕迹:诗歌、教堂、悦耳的乐声等。进入威尼斯就如同置身于红色艺术宫殿。意大利的首都罗马是世界上最古老的城市之一,这里有着众多世界级的古迹、文物和遗址,如斗兽场、广场废墟、万神殿、圣彼得大教堂、许愿泉、西班牙广场、三位一体教堂、梵蒂冈博物馆等等,还有街头巷尾数不清的喷泉、石雕,以及文艺复兴时期的许多精美建筑和艺术精品。此外,市政厅前自古以来就安放在那里的兽笼、罗马城徽上的母狼形象以及这座城市名称的由来等,都是一些神奇的谜,每年吸引着数百万游客前来寻古探幽。

庞贝遗址

庞贝是位于意大利西南沿海的一座古城,公元79年8月在维苏威火山喷发时被火山灰埋在了地下,却因此保留了大量古罗马建筑遗迹和艺术文物,成为世界上最著名的古城遗址。

世界之最 最小的国家:位于意大利首都罗马西北角的梵蒂冈,面积仅为0.44平方千米,总人口1380人,常住人口540人。

西班牙为什么又被称为"斗牛王国"?

西班牙的斗牛历史已经超过了2000年。在18世纪以前,斗牛一直是西班牙贵族们的娱乐项目。后来,波旁王朝的国王腓力普五世禁止贵族们玩斗牛,这一传统的贵族娱乐项目才从宫廷来到了民间。

现在,西班牙共有400多个斗牛场。位于首都马德里的有着古罗马式建筑风格的文塔斯斗牛场规模最大,可容纳3万至4万人。每年3至10月间,西班牙至少有5000场以上的斗牛,吸引来的外国旅游者达3000多万人。斗牛季节里,每逢周四和周日各举行两场比赛。如逢节日和国家庆典,则每天都可观赏比赛。

斗牛是人与动物之间力量与勇气的较量,是勇敢的象征,更是英雄气概的表现。这种富有民族特色的西班牙"国粹",至今仍狂热地吸引着全世界旅游者的目光,成为西班牙旅游业的重要项目。西班牙也因此赢得了"斗牛王国"的美誉。

西班牙斗牛
在斗牛场上,斗牛士舞动红色的斗篷引逗和激怒公牛,然后凭借熟练的技巧优雅灵巧地躲避公牛的攻击,最后将公牛刺死。

津巴布韦国名由何而来?

1980年4月18日,位于南部非洲的津巴布韦正式宣告独立。津巴布韦的国名原来叫做"罗得西亚"。在津巴布韦沦为英国殖民地时期,英国人用老殖民主义者罗得斯的名字将其命名为"南罗得西亚"。独立后,带有殖民色彩的国名也被废除了,改为津巴布韦。"津巴布韦"一词在当地的班图语中是"石屋"或"石头城"的意思。

津巴布韦及其周边共有100多座规模不同的石头城,规模最大的一座在维多利亚堡东南27千米处,叫做"大津巴布韦"。据考证,这座石头城建于600年前后,是马卡兰加古国的一处遗址。古城分为外城和内城两部分,外城直接建在山上,由花岗岩巨石砌成。石头城是南部非洲地区最著名的古迹,是南部非洲古老文明的象征。当地人引以为傲,人们把它看做国家和民族的象征。因此,他们就用"津巴布韦"来命名自己的祖国。

大津巴布韦遗址
大津巴布韦遗址位于津巴布韦维多利亚堡附近的一个山谷中,原是一大片石头建筑群,现仅剩下一片残垣断壁。

橄榄产量最大的国家:西班牙。西班牙的橄榄种植业有2000余年的历史,其年产量约占世界总产量的三分之一。

加拿大为什么会有"枫树之国"的美誉？

Weishenme

在加拿大，枫林遍布全国各地。每年深秋季节，金风萧瑟，红艳艳的枫叶灿如朝霞，十分瑰丽。由于加拿大人对枫树有着深厚的感情，并把枫树视为国树，因此加拿大素有"枫树之国"的美誉。

加拿大东南部的魁北克和安大略是枫林最多的两个省，那里还有几千个生产枫糖的农场。每年从3月开始，加拿大人民都要兴高采烈地欢庆传统的枫糖节，品尝大自然献给他们的甜蜜食品。枫糖节期间，生产枫糖的农场都粉饰一新，人们穿上节日的盛装，载歌载舞，举行各种形式的活动庆祝丰收。大量前来观光的游客也会同他们一起分享欢乐。到了周末，有的农场还免费供应枫糖糕、太妃糖。这样的枫糖节往往持续一个多月才结束。

加拿大人崇敬枫叶，并将它作为国家的象征：加拿大白底长方形的国旗中央，就有一枚红艳艳的枫叶。1960年，英国查尔斯王子访问加拿大时，人们就用火红的枫叶饰品欢迎王子的光临。在加拿大，枫叶图案随处可见；爱国歌曲中唱到枫叶；货币、书刊、日常用具和装饰品处处有枫叶；连加拿大政府官员的名片上也印有枫叶。

金伯利大洞
南非的"金伯利大洞"是世界上最大的人工挖掘洞穴。从1871年起的43年中，人们在这里不断开掘金刚石矿而形成了这个矿洞。

枫糖浆
糖枫树生长在北美地区，树干中流出的树汁可以熬制成糖，叫枫糖。最常见的枫糖制品是枫糖浆，人们爱吃蘸枫糖浆的煎饼和法国烤面包，也喜欢在冰淇淋、酸奶和奶酪上浇枫糖浆。

南非为什么被誉为"世界矿库"？

Weishenme

南非是一个属于中等收入的发展中国家，但它的矿产资源非常丰富，是世界五大矿产国之一。南非现在已探明储量并开采的矿有七十余种，其黄金、铂族金属、锰、钒、铬、钛、铝硅酸盐的储量均居世界第一位；金刚石、石棉、铜、钒、铀，以及煤、铁、云母、铅等的蕴藏量也极为丰富；金刚石、锑、铀、石棉等的产量均居世界前列。因此，南非被誉为"世界矿库"。

矿业是南非工业的四大部门之一，矿产品出口约占出口收入的50%，全国约有12%的劳动力从事矿业生产。矿业的国内生产总值约占全南非国内生产总值的20%。丰富的资源、廉价的劳动力以及先进的管理经验，使南非成了当今非洲经济最发达的国家。

你知道吗

- 南非是非洲经济最发达的国家，国民生产总值约占全非洲的30%，居非洲首位。南非的外国投资约占南非每年新投资的10%，其中外国私人投资的70%来自欧洲。
- 加拿大是世界上生产枫糖最多的国家，年产量约为3.2万吨，除少部分供国内消费外，大量枫糖都出口到世界各国。

世界之最 最大的"黄金之国"：南非。迄今为止，南非共生产黄金4万多吨，占人类历史上黄金生产总量的五分之二。

中国孩子最爱问的十万个为什么

主题索引
美国为什么被称为"移民国家"？古巴为什么被称为"世界糖罐"？

▶ 印第安人的棚屋
这是北美印第安人特有的棚屋，是将长树枝插入地里，加以弯曲后再用皮条缚牢，棚顶上铺盖树皮或兽皮搭建而成的。

▶ 自由女神像
位于美国纽约市哈德逊河口附近，是法国在1876年赠送给美国的独立100周年礼物。自由女神的右手高举象征自由的火炬，左手捧着1776年7月4日的《独立宣言》，脚下是打碎的锁链。

美国为什么被称为"移民国家"？

Weishenme

在两万多年前，一批来自亚洲的流浪者，经由白令陆桥到达美洲，这些人就是印第安人的祖先，美洲大陆最早的主人。当哥伦布发现新大陆时，居住在美洲的印第安人约有2000万，其中有大约100万人住在现在的加拿大和美国中、北部，其余绝大部分住在现在的墨西哥和美国南部。不过，这些古老的土著几乎全部被欧洲殖民者屠杀了。大约1万年前，又有一批亚洲人移居到北美北部，即后来的因纽特人。而最早到美洲的白种人大概是维京人，他们是一群喜好冒险的渔人，在1000年前曾到过北美东海岸。

美国建国之初，国内总人口仅有390万。除了大约76万黑人外，其余几乎都是清一色的白人，并且绝大部分来自西欧。近400年来，美利坚民族已成为由100多个民族组成的混合体，就连矗立在纽约的自由女神像也是在1886年从法国"移民"到美国的。移民们怀着各自的梦想，远涉重洋来到这片理想中的土地，开始新的生活。可以毫不夸张地说，是移民造就了美国，是移民发展和改变了美国。因此，美国被称为"移民国家"。

古巴为什么被称为"世界糖罐"？

Weishenme

古巴位于美洲中部加勒比海西北端，是西印度洋上最大的岛国，由约1600个大小岛屿组成。主要地区的地势比较平坦，东部、中部是山地，西部多丘陵。全境大部分地区属热带雨林气候，气候温和，雨量充沛，土地开阔而肥沃，适宜多种农作物生长，尤其适宜种植甘蔗。

在古巴，甘蔗的种植面积占全国可耕地的55%，甘蔗是国家经济的主要支柱之一。其次是水稻、烟草、柑橘等。其蔗糖的年产值约占国民收入的40%。同时，古巴也是世界上出口蔗糖最多的国家，它的农业经济长期维持以蔗糖生产为主的单一发展模式。古巴的工业也以制糖业为主，糖产量占世界总产量的7%以上，人均产糖量居世界首位。所以，古巴被誉为"世界糖罐"。

【百科辞典】

因纽特人：
北极地区的土著民族，自称因纽特人，分布在从西伯利亚、阿拉斯加到格陵兰的北极圈内外，总人口约13万，属蒙古人种。因纽特人多信奉萨满教，喜爱养狗，用狗拉雪橇。

甘蔗：
甘蔗是禾本科甘蔗属植物，原产于热带、亚热带地区。甘蔗是制糖的主要原料，在世界食糖总产量中，蔗糖约占65%，在我国，蔗糖则占到80%以上。

世界之最 最长的雪茄：在波多黎各，一名雪茄制造者手工制作了一支长达18.9米的超级大雪茄。

> 为何巴拿马运河河岸曾被称为"死亡河岸"？为什么说埃塞俄比亚是"咖啡之乡"？

为何巴拿马运河河岸曾被称为"死亡河岸"？

Weishenme

巴拿马运河是沟通太平洋和大西洋的重要航运要道，被誉为"世界七大工程奇迹"之一。它位于美洲巴拿马共和国的中部，横穿巴拿马地峡，全长81.3千米，水深约15米，最宽地段约304米宽。整个运河的水位高出两大洋26米，设有6座船闸。船舶通过运河一般需要9小时，可以通航7.6万吨级的轮船。

巴拿马运河开通后，缩短了美国东西海岸间的航程，纽约和旧金山之间的航程缩短了约14450万千米，给美国的军事侵略和对外贸易，特别是对拉丁美洲的控制和扩张带来了极大的好处。巴拿马运河于1920年正式通航后，美国强租了该运河。在经济上，几十年间，美国通过这条运河获得了几百亿美元的巨额利润。而美国付给巴拿马的运河租金却很少。由于巴拿马人民的斗争，美国虽然几次增加租金，但每年也只不过支付193万美元。美国人似乎已经忘记，巴拿马运河的开凿过程是一段惨痛的历史：在运河的修筑过程中，巴拿马人民遭受了无穷的灾难和痛苦，约有7万工人在工程中由于各种原因而死去。因此，当时有人曾把巴拿马运河的河岸称为"死亡河岸"。

1999年12月31日，美国把巴拿马运河及运河区正式交还巴拿马政府。

为什么说埃塞俄比亚是"咖啡之乡"？

Weishenme

埃塞俄比亚人种植咖啡已有4000多年的历史了。咖啡出现之前，在埃塞俄比亚的一个叫卡法的地方，当地的居民无意间发现，他们的牛羊吃了一种长小红豆的植物后变得力大无穷，还有点疯疯癫癫的。于是，有人就摘下那种红豆尝试着嚼一点，味道还不错。后来，人们就开始采摘并有意识地种植它，把它当做粮食、饮料和药品。由于它来自名叫卡法的地方，人们慢慢地就把它命名为"咖啡"，埃塞俄比亚就成了"咖啡之乡"。

埃塞俄比亚的一般家庭喝咖啡都有固定时间、固定地点和固定仪式，就像吃正餐或做宗教礼拜一样。他们的咖啡仪式是远近闻名的：傍晚的时候，全家人围着一个小炭炉席地而坐。炭炉周围的地上铺一层专用于咖啡仪式的青草。小炭炉点着的时候，要特意拣出几块冒着浓烟的白炭在屋里的每个角落都晃一遍，然后放在炉边让它自己燃尽或熄灭。这样，在一段时间内，整个屋子或庭院就笼罩在烟雾之中，让咖啡仪式变得朦胧而神奇。

巴拿马运河上的轮船
巴拿马政府于2006年4月24日正式提出了总投资为52.5亿美元的运河扩建计划，使运河的最大运输量增加一倍，力求让运河在未来的世界贸易活动中继续保持竞争力。

埃塞俄比亚手工咖啡壶
在埃塞俄比亚，几乎每家都有成套的咖啡用具。这把咖啡壶是用泥土塑形烧制而成的。

你知道吗

- 巴拿马运河从提出开凿到正式通航，前后经过了很多年。1878年，法国人从哥伦比亚手中取得了运河的开凿权，并于1883年开始动工，到1889年因财政和技术困难而停工。1904年，美国继续施工，到1914年才最终完成。
- 在埃塞俄比亚，全国出口收入的65%来自咖啡。而在埃塞俄比亚生活的土著人，没有一天是不喝咖啡的。

世界之最　最大的咖啡生产国：巴西。巴西每年的咖啡产量约占全球产量的30%，素有"咖啡王国"之称。

巴西为什么被称为"足球王国"?

对巴西人来说,足球不但是一种运动,更是一种文化,是生活中不可或缺的重要内容。每当联赛或重大国内、国际比赛进行时,巴西人常常举家前往观战,赛场上人山人海。在巴西,几乎人人都是球迷,他们把足球称为"大众运动",无论是在海滩上,还是在城市的街头巷尾,都有人踢球。即使是在贫民窟,穷人家的孩子也光着脚把袜子塞满纸当球踢。巴西许多国际知名的足球运动员都是从这里开始他们的足球生涯的。

巴西足球人才辈出,优秀球员源源不断,这得益于巴西的人才培养机制。巴西足球学校遍布全国各地,重点培养12至13岁的孩子,挑选出的小队员均由优秀教练向他们灌输先进的足球理念和基本技能。而巴西国家队挑选队员时,不仅要看运动员的球技,更要看其是否遵守纪律,是否有团队精神和良好的品格。

在世界杯足球赛中,巴西曾经拿过5次世界冠军,是全世界获得世界杯冠军次数最多的国家。因此,巴西被球迷们称为"足球王国"。

球王贝利
他是世界足球史上伟大的球星,巴西的"国宝"。他说:"我为足球而生,就像贝多芬为音乐而生一样。"

澳大利亚自古就是"羊背上的国家"吗?

澳大利亚地处南太平洋和印度洋之间,国土面积768万平方千米,人口1800多万。全国地势低平,草场辽阔,畜牧业非常发达,畜产品约占全国出口商品的30%,因此有"羊背上的国家"的美称。

然而二百多年以前,当欧洲白人首次踏上澳洲大陆时,当地并没有羊。1788年,菲利普船长率船队从英格兰前往澳大利亚殖民区的途中,经过南非时,把当地的一只公羊和几只母羊带到了悉尼。当时,菲利普船长只是为了吃鲜肉,并没有想到羊毛有什么可以利用的价值。直到1791年,英国军人麦克阿瑟中尉来到了悉尼。他不仅是名军人,而且还是一位颇有眼光的商人和养羊专家。他来到澳大利亚以后,发现这里草场良好,有天然优质的牧草,自流井多,气候温和,阳光充足,又没有大型食肉猛兽,非常适于绵羊的生长和繁殖。此后,麦克阿瑟从一名商人手中买了大约30只美利奴羊,在新南威尔士殖民区放养。从此,绵羊在澳大利亚迅速繁殖起来,澳大利亚也逐渐成为向英国不断输送廉价羊毛的供应地。

澳大利亚牧场的羊群
澳大利亚的养殖业也带动了其他产业的发展,如毛皮和生物化学等工业,利用澳大利亚美利奴羊的羊脂和维生素E合成的澳大利亚绵羊油就很有市场。

世界之最 最大的足球场:巴西的马拉卡纳球场。这座能容纳20万人的大球场长110米,宽75米,见证过无数场世界顶级足球大赛。

为什么英国一度被称为"日不落帝国"？

1588年，击败西班牙无敌舰队以后，英国逐渐取代西班牙成为海上新兴的霸权国家，开始不断扩张海外殖民地。此后，英国相继在英荷战争和七年战争中打败最强劲的对手荷兰和法国，夺取了两国的大片殖民地，完全确立了海上霸权。1815年，英国在拿破仑战争中的胜利，又进一步巩固了其国际政治、军事强权地位。此外，工业革命更让英国成为无可争辩的经济强国。

维多利亚时代，大英帝国步入了鼎盛时期。当时全世界有四五亿人，约有四分之一都是大英帝国的子民。大英帝国领土面积约3000万平方千米，是世界陆地总面积的20%。从英伦三岛延伸到冈比亚、纽芬兰、加拿大、新西兰、澳大利亚、马来亚、新加坡、缅甸、印度、乌干达、肯尼亚、南非、尼日利亚等地，以及无数岛屿，地球上的24个时区均有大英帝国的领土。一天24小时里，太阳总能照到英国及其附属国。因此，19世纪的英国曾被称为"日不落帝国"。

为什么说新西兰是"地球上最后一块绿洲"？

新西兰由北岛、南岛、斯图尔特岛及其附近一些小岛组成，面积约27万平方千米，海岸线长6900千米。它位于太平洋南部，介于南极洲和赤道之间，西面与澳大利亚遥遥相望，北邻汤加、斐济。

新西兰的北岛属于地中海气候，南岛是温带海洋气候，全境温暖如春，雨量均匀丰沛，阳光充足，加上新西兰人民的辛勤劳动，使得这个太平洋岛国风景如画。虽然新西兰境内多山，山地和丘陵占其总面积的75%以上，但这里四季温差不大，植物生长十分茂盛，森林覆盖率达29%，天然牧场或农场占国土面积的一半，素以"地球上最后一块绿洲"著称。

特别值得一提的是，新西兰的草原辽阔，占农业用地的94%，比例仅次于沙特阿拉伯和蒙古，居世界第三位。假如从飞机上俯瞰，新西兰就像是太平洋上一块碧绿的地毯。

新西兰约于1亿年前与大陆分离，从而使许多原始的动植物得以在孤立的环境中存活和演化。为保护这些珍稀动植物，新西兰约有30%的国土被开辟为动植物保护区。

🔼 **新西兰美丽的自然风光**
早在1901年2月1日，新西兰就成立了全球第一个致力于旅游业的政府部门。如今，旅游业已成为新西兰最大的外汇来源之一。

🔽 **维多利亚女王像**
维多利亚女王是第一个以"大不列颠和爱尔兰联合王国女王和印度女皇"名号称呼的英国君主。

【百科辞典】

"日不落帝国"：
指照耀在其部分领土上的太阳落下时另一部分领土上的太阳仍然高挂的帝国，通常用来形容繁荣强盛、在全世界拥有殖民地并掌握当时霸权的帝国。这个词最早是用来形容16世纪时期西班牙帝国的，它最早来源于西班牙国王卡洛斯一世的一段论述："在朕的领土上，太阳永不落下。"

世界之最 最早的"日不落帝国"：西班牙帝国。西班牙是世界上最早的全球性殖民帝国之一，也是第一个被冠以"日不落帝国"称号的国家。

1 0 0 0 0 0   SHIWAN   GE WEISHENME

第三册目录 Contents

十一 神秘的史前生物 365

什么是生命？ ……………………………366
生命从哪里来？ …………………………366
为什么生物会千差万别？ ………………367
什么是生物的地质年代？ ………………367
人们如何了解古生物？ …………………368
什么是"寒武纪生命大爆发"？ …………368
什么是"三叶虫时代"？ …………………369
恐龙是何时出现的？ ……………………369
恐龙为什么叫"恐龙"？ …………………370
早期的恐龙什么样？ ……………………370
为什么说侏罗纪是"恐龙时代"？ ………371
最大的恐龙是哪种？ ……………………371
为什么要研究恐龙足迹？ ………………372
恐龙蛋化石是什么样的？ ………………372
恐龙都是卵生的吗？ ……………………373
恐龙到底吃什么？ ………………………373
为什么有些恐龙喜欢吃石头？ …………374
翼龙为什么会飞？ ………………………374
角龙的角有什么作用？ …………………375
恐龙喜欢群居吗？ ………………………375
恐龙的视力好不好？ ……………………376
恐龙的皮肤什么样？ ……………………376
恐龙的智商有多高？ ……………………377
为什么有的恐龙有两个脑子？ …………377
恐龙是怎样走路的？ ……………………378
恐龙怎么照顾幼崽？ ……………………378
恐龙是恒温动物吗？ ……………………379
恐龙会游泳吗？ …………………………379

为什么说霸王龙是恐龙中的霸王？ ……380
窃蛋龙真的会偷蛋吗？ …………………380
恐龙为什么会灭绝？ ……………………381
恐龙有哪些活着的近亲？ ………………381
恐龙能够复活吗？ ………………………382
鸟类由恐龙进化而来？ …………………382
始祖鸟是什么鸟？ ………………………383
中华龙鸟是龙还是鸟？ …………………383
剑齿虎为何长着长牙？ …………………384
剑齿虎为什么会灭绝？ …………………384
古代巨猪个头有多大？ …………………385
始祖马长什么样子？ ……………………385
猛犸象是现代亚洲象的亲戚吗？ ………386
猛犸象都是长毛象吗？ …………………386

十二 动物世界探秘 387

蚯蚓吃什么？ ……………………………388
蚯蚓怎样适应环境？ ……………………388
蚯蚓为什么能再生？ ……………………389
蛔虫怎么进入寄主体内？ ………………389
为什么绦虫能固定在动物的肠壁上？ …390
蜗牛有眼睛吗？ …………………………390
为什么蜗牛爬过会留下亮晶晶的痕迹？ …391
天然珍珠是怎么来的？ …………………391
乌贼为什么能喷墨汁？ …………………392
乌贼和章鱼有何区别？ …………………392
为什么章鱼能成为海中"一霸"？ ………393
海星的"嘴"在哪里？ ……………………393
海星的管足做什么用？ …………………394
为什么龙虾的小脚能变成大螯？ ………394

目录	
为什么虾煮熟后会变红？ ……………………395	鱼类用什么器官呼吸？ ……………………411
螃蟹鳃和鱼鳃一样吗？ ……………………395	鱼鳔是做什么用的？ ………………………411
寄居蟹"寄居"在哪里？ …………………396	鱼的视力好不好？ …………………………412
珊瑚是动物吗？ ……………………………396	为什么鱼大多有鳞片？ ……………………412
水母为什么会"蜇"人？ …………………397	鱼身上为什么有黏液？ ……………………413
水母为什么能发光？ ………………………397	鲑鱼为什么要洄游？ ………………………413
水母为何能预知风暴？ ……………………398	鲨鱼为什么不停游动？ ……………………414
海绵到底是什么东西？ ……………………398	鱼也要喝水吗？ ……………………………414
海葵的触手有什么用？ ……………………399	肺鱼为什么能离开水？ ……………………415
为什么小丑鱼能在海葵触手中自由穿梭？…399	弹涂鱼为什么能上树？ ……………………415
蜈蚣到底有多少只脚？ ……………………400	海马是鱼吗？ ………………………………416
为什么蜘蛛不会被蜘蛛网粘住？ …………400	雄海马为什么能生宝宝？ …………………416
为何有的蜘蛛不结网？ ……………………401	飞鱼为什么会飞？ …………………………417
最毒的蜘蛛是哪一种？ ……………………401	双髻鲨的头为什么长得那么奇怪？ ………417
昆虫为什么有翅膀？ ………………………402	为什么电鳗会放电？ ………………………418
沫蝉是"跳高冠军"吗？ …………………402	射水鱼为什么能射水？ ……………………418
蜻蜓为什么要"点水"？ …………………403	深海鱼为什么能承受巨大的水压？ ………419
蜻蜓是"飞行之王"吗？ …………………403	什么是两栖动物？ …………………………419
白蚁为什么被誉为"伟大的建筑师"？ …404	青蛙为什么要生活在潮湿的地方？ ………420
为什么军蚁被称为"微型杀手"？ ………404	为什么青蛙吃东西的时候要眨眼睛？ ……420
蚂蚁是如何"放牧"的？ …………………405	多指节蛙为什么又被称做"悖论蛙"？ …421
蚂蚁为什么不会迷路？ ……………………405	龟为什么能够长寿？ ………………………421
蚂蚁为什么会成为"大力士"？ …………406	为什么海龟记得自己的出生地？ …………422
蜜蜂为什么要跳舞？ ………………………406	蜥蜴尾巴为何能再生？ ……………………422
为什么蜜蜂蜇人后自己就会死掉？ ………407	科摩多龙有毒吗？ …………………………423
为什么说蜂巢堪称鬼斧神工？ ……………407	变色龙为什么会变色？ ……………………423
为什么蝴蝶的翅膀绚丽多彩？ ……………408	壁虎为什么能在墙上爬而不掉下来？ ……424
蝴蝶与蛾有什么不同？ ……………………408	为什么鳄鱼会流眼泪？ ……………………424
家蚕为什么会吐丝？ ………………………409	为什么说扬子鳄是"最后的活化石"？ …425
萤火虫为什么能发光？ ……………………409	为什么蛇能吞下比自己头部还大的食物？…425
为什么说蝉的生活方式非常独特？ ………410	为什么蛇总爱吐舌头？ ……………………426
蝉为什么叫声响亮？ ………………………410	为什么蛇要蜕皮？ …………………………426

第三册目录 Contents

蛇都是卵生的吗？ 427
蟒蛇怎样杀死猎物？ 427
为什么响尾蛇的尾巴会发出响声？ 428
候鸟为什么要迁徙？ 428
鸟为什么会飞？ 429
为什么鸵鸟不会飞？ 429
哪种鸟飞行速度最快？ 430
海鸥为什么喜欢追着轮船飞？ 430
为什么企鹅不怕冷？ 431
为什么水鸟能够浮在水面上？ 431
熟睡的鸟儿为何不会从树上跌落？ 432
为什么鹤会单腿站立？ 432
孔雀为什么要开屏？ 433
啄木鸟为何不会得"脑震荡"？ 433
火烈鸟为什么红艳似火？ 434
为什么蜂鸟能在半空中停留？ 434
犀鸟为什么又叫做"多情鸟"？ 435
为什么雌杜鹃从不自己哺育后代？ 435
为什么鹦鹉会说人话？ 436
老鹰为什么视力敏锐？ 436
为什么母针鼹没有乳腺也能喂奶？ 437
织巢鸟是怎样织巢的？ 437
为什么卵生的鸭嘴兽也是哺乳动物？ 438
为什么许多有袋类动物生活在大洋洲？ 438
袋鼯为什么能滑翔？ 439
树袋熊为什么挑食？ 439
袋鼠为什么善于跳跃？ 440
袋鼠的怀孕期为什么非常短？ 440
穿山甲为何身披鳞片？ 441
食蚁兽食量有多大？ 441
蝙蝠属于鸟类吗？ 442
蝙蝠靠什么确定方位？ 442

小白兔为何长红眼睛？ 443
兔子为什么会吃自己的粪便？ 443
为什么雪兔会变色？ 444
河狸为什么要筑坝？ 444
为什么斑鬣狗群被称为"母系社会"？ 445
为什么狼喜欢在半夜里嗥叫？ 445
熊为什么要冬眠？ 446
亚洲黑熊为什么又称做"月亮熊"？ 446
为什么猫眼一日三变？ 447
猫科动物走路为什么悄无声息？ 447
为什么连猛兽都怕臭鼬？ 448
为什么说鲸不是鱼类？ 448
海象为什么长着长牙？ 449
象鼻子为什么那么长？ 449
大象用鼻子吸水为什么不会被呛到？ 450
非洲象和亚洲象有什么区别？ 450
骆驼为什么能在沙漠中长途跋涉？ 451
麋鹿为什么"四不像"？ 451
长颈鹿的脖子为什么那么长？ 452
为什么长颈鹿不担心得"高血压"？ 452
斑马身上为什么有黑白相间的条纹？ 453
斑马如何寻找水源？ 453
白犀牛和黑犀牛只是颜色有别吗？ 454
犀牛身上为什么常落着小鸟？ 454
河马为何总泡在水里？ 455
为什么说蜘蛛猴有"第五只手"？ 455
狐猴是什么样的猴子？ 456
猴子为什么喜欢给同伴"捉虱子"？ 456
吼猴为什么嗓门大？ 457
夜猴的眼睛有何作用？ 457
为什么说大猩猩是"温驯的巨人"？ 458
为什么大猩猩喜欢拍自己的胸脯？ 458

十三 植物王国漫游 459

植物"吃"什么长大？ ……………… 460
植物和动物有何区别？ ……………… 460
植物也会交谈吗？ ……………… 461
植物也有喜怒哀乐吗？ ……………… 461
为什么小小的种子能够长成大树？ ………… 462
为什么说植物的种子是"大力士"？ ……… 462
为什么大树的树干都是圆柱形的？ ………… 463
树木为什么会长年轮？ ……………… 463
为什么植物的根往下长？ ……………… 464
为什么有些植物的根可以吃？ ………… 464
叶片上为什么有叶脉？ ……………… 465
为什么秋天树叶会变色？ ……………… 465
为什么绿色植物能够净化空气？ ………… 466
植物的茎有什么用处？ ……………… 466
花朵为什么万紫千红？ ……………… 467
花儿为什么能散发出迷人的香气？ ………… 467
花粉是怎样传播的？ ……………… 468
牵牛花为什么要在早晨开放？ ………… 468
为何有的植物不开花？ ……………… 469
为什么有的植物先开花后长叶？ ………… 469
为什么果子熟了比较甜？ ……………… 470
为什么高山上的植物比较矮小？ ………… 470
为什么高山上的花朵更艳丽？ ………… 471
什么是赤潮？ ……………… 471
巨藻到底有多大？ ……………… 472
马尾藻海为什么被称为"海上草原"？ …… 472
苔藓为什么能用来监测污染？ ………… 473
苔藓为什么长不高？ ……………… 473

铁树开花为什么罕见？ ……………… 474
银杏为什么被称为"活化石"？ ………… 474
琥珀是怎样形成的？ ……………… 475
松柏树的叶子为什么多为针形？ ………… 475
松柏类植物为什么四季常青？ ………… 476
樟木为什么可以防蛀虫？ ……………… 476
针叶树的球果是什么？ ……………… 477
红树林为什么会被称为"海岸卫士"？ …… 477
竹子为什么长不粗？ ……………… 478
为什么竹子有"节"？ ……………… 478
为何竹子开花就会死？ ……………… 479
为什么椰树树干上有一圈圈横纹？ ………… 479
面包树真的能结出"面包"吗？ ………… 480
为什么光棍树不长叶？ ……………… 480
为什么榕树独木能成林？ ……………… 481
木棉为什么被称为"英雄树"？ ………… 481
为什么胡杨能在盐碱地中存活？ ………… 482
为什么茶树大都生长在南方？ ………… 482
红茶和绿茶有什么区别？ ……………… 483
香蕉的种子在哪里？ ……………… 483
仙人掌为什么长满尖刺？ ……………… 484
为什么水生植物的根茎不会腐烂？ ………… 484
为什么荷叶不沾水珠？ ……………… 485
为什么藕中有许多孔？ ……………… 485
"藕断"为什么"丝连"？ ……………… 486
为什么王莲的叶子那么结实？ ………… 486
为什么蒲公英的种子打着"小伞"？ …… 487
常春藤为什么能爬墙？ ……………… 487
植物有血型吗？ ……………… 487
为什么大蒜可以起到防治疾病的作用？ …… 488
为什么水仙不需要土壤也可以活？ ………… 488
向日葵的花盘为什么向着太阳？ ………… 489

第三册目录 Contents

为什么黑色的花特别少？..................489
含羞草为什么"害羞"？..................490
为什么无籽西瓜没有籽？..................490
佛手瓜为什么会被称为"胎生植物"？......491
为什么发芽的土豆不可以吃？..............491
花生为什么地上开花地下结果？............492
无花果真的没有花吗？....................492
为什么昙花的花期很短？..................493
为什么猪笼草能吃虫？....................493
为什么箭毒木能"见血封喉"？............494
为什么大王花奇臭无比？..................494

十四 探索微生物世界　495

微生物到底有多小？......................496
细菌都藏在什么地方？....................496
什么是球菌、杆菌、螺旋杆菌？............497
细菌是怎么繁殖的？......................497
为什么说人类的生活离不开细菌？..........498
为什么细菌可以发电？....................498
为什么噬菌体能杀菌？....................499
为什么病毒性疾病很难治愈？..............499
为什么有些动物病毒也能感染人类？........500
为什么接种牛痘可以预防天花？............500
艾滋病病毒为什么能致人死亡？............501
变形虫为何被称为"永生的动物"？........501
草履虫在水中怎样运动？..................502
鞭毛虫靠什么维生？......................502
为什么说真菌既不是动物也不是植物？......503
真菌和细菌有何区别？....................503
真菌是怎样繁殖的？......................504

为什么潮湿的食物上会生霉菌？............504
为什么说食用菌的营养价值很高？..........505
为什么许多蘑菇都有一个"伞盖"？........505
哪些蘑菇是有毒的？......................506
马勃菌为什么会炸裂？....................506
冬虫夏草是虫还是草？....................507
灵芝为什么是"仙草"？..................507
为什么有些真菌居然能"吃虫"？..........508
地衣是植物还是真菌？....................508

十五 认识人类自身　509

人共有多少块骨头？......................510
骨骼为什么是坚硬的？....................510
人的头骨是一块完整的骨头吗？............511
肋骨是做什么用的？......................511
为什么女人的骨盆比男人的宽而浅？........512
骨折伤者为什么要打上石膏？..............512
关节到底有什么作用？....................513
为什么女性的肌肉没有男性的发达？........513
人为什么会有疼痛感？....................514
皮肤为什么会出油？......................514
人手为什么有五根手指？..................515
拇指为什么只有两节？....................515
人脑由什么物质组成？....................516
大脑皮层为什么布满了褶皱？..............516
左右脑功能有何不同？....................517
人的小脑起什么作用？....................517
人为什么要每天睡觉？....................518
睡着后为什么会做梦？....................518
眼睛为什么能看见东西？..................519

人为什么有两只眼睛？	519
瞳孔的大小为什么会变？	520
人为什么会流泪？	520
人的两只耳朵为什么长在脑袋两侧？	521
耳朵如何听到声音？	521
耳朵里为什么有耳屎？	521
怎样保持身体平衡？	522
为什么有的人会晕车？	522
鼻子为什么能闻到气味？	523
为什么要用鼻子呼吸？	523
舌头为什么能尝味道？	524
手的触觉为什么很敏感？	524
人为什么会感觉痒？	525
盲人为什么能识别盲文？	525
人为什么离不开空气？	526
为什么肺部有许多肺泡？	526
人是怎样发声的？	527
人为什么会打喷嚏？	527
人为什么会咳嗽？	528
人为什么会打哈欠？	528
为什么人血是红的？	529
为什么小伤口流血会很快停止？	529
静脉中流动的都是静脉血吗？	530
为什么会有脉搏？	530
不同血型的人为什么不能相互输血？	531
皮肤苍白就是贫血吗？	531
只要血型相同就能保证输血安全吗？	532
心脏从来不休息吗？	532
牙齿为什么各不相同？	533
蛀牙是怎么形成的？	533
为什么酸东西吃多了会"倒牙"？	534
人为什么要换牙？	534
为什么食物要经过咀嚼才能吞咽？	535
为什么嚼东西时不宜偏用一侧牙齿？	535
胃酸有什么用？	536
为什么胃不会把自己消化掉？	536
肚子饿了为什么会叫？	537
吃下的东西都去哪儿了？	537
人为什么会打嗝？	537
胆汁是胆囊分泌的吗？	538
为什么大肠里有细菌？	538
阑尾是无用的器官吗？	539
为什么要定时排便？	539
人晒太阳为什么会变黑？	540
皮肤磕碰后为什么会变成乌青色？	540
人害羞为什么脸会红？	540
人体内的淋巴系统是做什么用的？	541
为什么得过一次水痘就终身免疫？	541
基因是什么？	542
人类的细胞有什么用？	542
精子是由哪里产生的？	543
精子为什么长着小尾巴？	543
卵子是怎样形成的？	544
精子和卵子怎样结合？	544
为什么说"十月怀胎，一朝分娩"？	545
为什么会有双胞胎？	545
人为什么会衰老？	546
人老了为什么会眼花？	546
为什么女性的平均寿命比男性的长？	547
什么是癌症？	547

十一　神秘的史前生物

我们了解古老生物的最直接途径就是化石。化石就像记录地球生命的书，从中可以看到古代动植物的样子，从而推断出它们的生活情况和生存环境，也可推断出埋藏化石的地层形成的年代和经历的变化……

什么是生命?

看看水里游来游去的鱼、地上跑来跑去的小狗、空中飞来飞去的鸟,我们会发现,世界上到处都是生物。生物使我们的地球变得生机勃勃、丰富多彩。虽然生物各不相同,但它们有一个共同点——都有生命。

只有生物才有生命。生物有以下共同的特征:

应激性 生物个体能够对外界的刺激作出反应,如大多数植物对光的刺激都会产生向光生长的反应。

细胞 生物是由细胞构成的,单个细胞构成单细胞生物,许多细胞构成多细胞生物。如人体是由几十万亿个细胞构成的。

新陈代谢 生物都要进行新陈代谢。经过一系列复杂的过程,生物把来自外界的营养物质转化为自身物质,再把体内的物质分解,使细胞获得营养和能量。

生长与繁殖 生物的生长,是指生物把它所需要的物质吸收到体内,经过一系列转化后变为它自身的物质,这就是生物个体长大的过程。生物生长到一定程度后具有产生后代的能力,即具有繁殖能力。如小鸟长大后,开始繁衍下一代。

遗传、变异和进化 生物进行繁殖时,亲代与子代相似的现象称为"遗传";亲代与子代之间,以及子代各个个体之间不一样的现象称为"变异";生物从简单到复杂、从低级到高级的变化发展称为"进化",又称"演化",如古猿进化成人。

🔘 细胞结构图

🔘 早期地球上的熔岩
起初,地壳活动频繁,来自太空的陨石经常撞击地球,地球表面处处都是熔化的岩浆。后来,地球逐渐冷却下来,原始的海洋形成了,孕育出最原始的生命。

生命从哪里来?

地球上共有微生物8万多种、植物46万多种、动物100多万种。它们都是从哪里来的呢?科学家们认为,生命起源于原始海洋。不过也有人提出不同的看法,如认为生命是从地球外来的等。尽管如此,科学家对生命诞生过程的认识却基本一致。他们认为,生物从无机物合成有机

你知道吗

- 最初的大气层由二氧化碳、氮气和水蒸气组成,几乎不含氧气。后来地球逐渐冷却,水蒸气凝结成雨从天空落下来,接着地球上便出现了湖泊和海洋。
- 大约35亿年前,地球上出现了生命。在各种生物中,人类是最晚诞生的。

🔘 一猪生九子,连母十个样

小分子后，再由有机小分子合成生物大分子。生物大分子在原始海洋中长期相互作用，构成多分子体系，最终演化成原始生命。然后，原始生命从海洋出发，向不同方向进化，形成许多分支，再经过千百万年，便形成了新的、复杂的生命。

为什么生物会千差万别？
Weishenme

地球上生物种类繁多，而且生物与生物各不相同，千差万别，这是为什么呢？

达尔文认为，地球上形形色色的生物是自然选择的结果。在《物种起源》一书中，他用"适者生存"的进化论观点阐释了这一现象。

原始生命出现后，地球便进入生物进化阶段。大约35亿年前，原始生命演变为原核生物。随着数量的增多，它们需要的物质越来越供不应求，生存竞争便出现了。结果，有的原核生物被淘汰了，有的生存下来，开始进化。大约30亿年前，光合作用大大增强了大气中氧气的含量，也使生命进化得越来越快。大约18亿年前，原核生物演化成了有真正细胞核的真核生物。此后，经过漫长的岁月，真核细胞生物的一支逐渐发展成多细胞生物，然后出现了更高级的动植物。在进化过程中，生物周围不同的生活环境使生物在自然选择的作用下向不同方向进化，从而造就了它们之间的千差万别。

什么是生物的地质年代？
Weishenme

生命的起源与生物的进化都发生在地球上不同的地质年代。那么，什么是地质年代呢？人们又是怎样划分地质年代的呢？

地质年代指地壳上不同时期的岩石和地层在形成过程中的时间（年龄）和先后顺序。人们把地质年代分为两类：相对地质年代和绝对地质年代。相对地质年代是指岩石和地层之间的相对新老关系和它们的生成顺序。根据地层自然形成的先后顺序，科学家把地层分为5代12纪。地层里一般都有古代动植物的化石。化石出现的早晚是有一定顺序的，

生物越低等，化石出现得越早；生物越高等，化石出现得越晚。绝对地质年代是岩石的实际年龄。通过检测岩石中的某种放射性元素，人们能计算出它的绝对地质年代。岩石越老，绝对地质年代越长。一般情况下，科学家先算出每个地质年代开始的时间，再算出它结束的时间，然后推算它共延续了多久。如中生代开始于2.3亿年前，于6700万年前结束，共延续了约1.6亿年。

地球演化和生物进化示意图
地球上生命的进化，是一个从无到有、从低级到高级、从简单到复杂的过程。这一过程从地球诞生之日起就开始了，经过了数十亿年的漫长时间。

> **【百科辞典】**
>
> **自然选择：**
> 　　生物在自然条件的影响下经常发生变异，适应自然条件的生物可以生存、发展，不适应自然条件的生物被淘汰。
>
> **原核生物：**
> 　　由原核细胞（没有真正的细胞核的细胞）构成的生物。

达尔文像
达尔文认为，经过"人工选择"而获得的品种，彼此之间的差别有时比野外物种之间的还要大。

中国孩子最爱问的十万个为什么

主题索引
人们如何了解古生物？什么是"寒武纪生命大爆发"？

寒武纪岩层
图为寒武纪时期形成的岩层，距今已有5.4亿至5.1亿年历史。

恐龙化石（头部）
恐龙的尸体经过亿万年生物地质作用后变成化石，由于地壳的变化而露出地面，被人发现。

三叶虫化石
寒武纪常被称为"三叶虫时代"，这是因为寒武纪岩石中保存有比其他类群丰富的矿化的三叶虫硬壳。

化石就像记录地球生命的书。从化石中可以看到古代动物、植物的样子，从而推断出它们生存的状态和环境，也可以推断出埋藏化石的地层形成的年代和经历的变化，以及生物从古到今的变化等等。科学家们正是通过化石，为人们揭示了古生物演化的漫长进程。

什么是"寒武纪生命大爆发"？

Weishenme

寒武纪是地质年代划分中属显生宙古生代的第一个纪，距今约5.4亿至5.1亿年。

寒武纪开始时，绝大多数无脊椎动物在很短的时间内同时出现了，古生物学家把这种现象称做"寒武纪生命大爆发"。令人不解的是，在寒武纪地层中，有大量门类众多的无脊椎动物化石，但在寒武纪之前的更古老的地层中却一直都找不到任何动物化石。地球花了近30亿年的时间才完善了细胞的结构，可为什么在寒武纪短短的数百万年间，就会一下子出现这么多复杂得多细胞生物呢？达尔文对此深感困惑，并曾在《物种起源》中提到这一事实。"寒武纪生命大爆发"至今仍是古生物学和地质学上的一个谜。

人们如何了解古生物？

Weishenme

古生物指那些曾经生活在地质年代中而现在大部分早已绝灭的生物。那么，我们是怎么知道这些死去很久的古老生物的呢？原来，它们的遗体、遗迹埋藏在地层里，以化石的形式保存了下来。

【百科辞典】

化石：
古生物的遗体（动物的骨骼、牙齿、甲壳、贝壳等）、遗物（恐龙的蛋等）、遗迹（脚印等）埋藏在地下变成的像石头一样的东西。

无脊椎动物：
体内没有脊柱或脊索的动物，如节肢动物、软体动物、腔肠动物和环节动物等。

动物之最　现今世界上最原始最低等的无脊椎动物：桃花水母，又名"桃花鱼"，生长在我国三峡地区，被我国列入濒危动物红色目录。

什么是"三叶虫时代"？

三叶虫是生活在5亿多年前到2亿多年前的一种原始节肢动物。它的形体扁宽，背面正中突起，背上有两道纵沟把身体纵分为三叶形，由此得名。三叶虫统治地球时正值寒武纪，因此人们又将寒武纪称为"三叶虫时代"。

为什么寒武纪时会出现这么多三叶虫呢？科学家认为，三叶虫具有很好的适应环境的能力。三叶虫并不遵循单一的生活模式，有些种类的三叶虫喜欢游泳，有些种类喜欢在水面上漂浮，有些种类喜欢在海底爬行，还有些种类习惯于钻进泥沙里生活，它们占据了海洋中的不同生存空间。寒武纪初期，海洋中出现了大量的小壳动物群，主要是软舌螺、腹足类、单板类等低等的软体动物。它们给三叶虫带来了丰富的食源。因此，整个寒武纪的海洋成了三叶虫的世界。

两栖动物的登陆
两栖动物是鱼类向爬行动物过渡的种类，是恐龙的祖先，它们首先完成了从海洋到陆地的过渡。

三叶虫化石
三叶虫和许多其他生物共同揭开了地球向生物多样化方向发展的序幕。

恐龙是何时出现的？

在大约2.3亿年前的三叠纪晚期，地球上缓慢漂移着的陆地在赤道附近结合成了一个超级大陆，这个超级大陆被德国地质学家阿尔弗雷德·魏格纳叫做"盘古古陆"。在这个"盘古古陆"上，气候很温暖，但后来渐渐变得干燥起来，在水分充足的地方，长着针叶树、苏铁类植物和蕨类植物，后来渐渐出现了恐龙。

在恐龙出现以前，地球上已经出现蜥蜴类的动物，古生物学家相信它们就是后来出现的恐龙的雏形。在大约2.45亿年前的二叠纪末期，一颗小行星撞击地球，灭绝了当时生活在地球上的大多数物种。然后，最早的恐龙从某种爬行动物中进化出来，它们是当时陆地上许多新的动物类群中的一支。同时，还有一些新生命征服了天空和海洋。

你知道吗

- 阿尔弗雷德·魏格纳提出了"大陆漂移学说"。
- 人们一般采到的三叶虫化石都是背壳，三叶虫腹面的节肢极少形成化石。
- 中国三叶虫化石是早古生代的重要化石品种，是划分和对比寒武纪地层的重要依据。三叶虫化石不仅是研究古生物学的珍贵资料，也是一种独特的观赏石和工艺原料，可制成文房四宝、花瓶、扇面等。

动物之最 最古老的昆虫化石：一种无翅的弹尾目昆虫化石，形成于3.5亿年前。昆虫躯体明显地分为头、胸、腹三部分。

中国孩子最爱问的十万个为什么

主题索引
❶ 恐龙为什么叫"恐龙"？早期的恐龙什么样？

发掘恐龙化石
恐龙骨骼化石和恐龙蛋化石是研究恐龙及其生活年代的重要参考资料。图为考古学家正在发掘一具完整的恐龙骨骼化石。

曼特尔向众人展示禽龙化石
曼特尔（1790~1852年），英国医生、地质学家和古生物学家，长期致力于中生代古生物研究，他在白垩纪的地层中首次发现了恐龙类爬行动物的化石。

恐龙为什么叫"恐龙"？

1822年，在英国南部的岩石中，乡村医生曼特尔和妻子发现了一些动物牙齿和骨头化石，并把它们带给当时法国古生物学家居维叶鉴定。居维叶认为牙齿是犀牛的，骨骼是河马的，它们的年代都不会太古老。曼特尔对这个结论非常怀疑，决定继续考证。

两年后，曼特尔偶然结识一位研究鬣蜥的博物学家，就将自己的发现与博物学家收集的鬣蜥的牙齿相对比，发现二者很相似。曼特尔认为这些化石属于一种与鬣蜥同类，但是已经绝灭了的古代爬行动物，就把它命名为"鬣蜥的牙齿"，即禽龙。禽龙是科学史上最早记载的恐龙。

1842年，为概括当时地层中已经发现的、生活在陆地上的大型爬行动物，英国古生物学家查理德·欧文创建"恐龙"一词，意为"恐怖的蜥蜴"或"恐怖的爬行动物"。迄今为止，人们发现的恐龙至少已有650至700种。

早期的恐龙什么样？

自20世纪起，科学家陆续在阿根廷西北部的月谷发现了很多早期恐龙以及其他大型爬行动物的骨架化石。其中包括两种最早的恐龙：黑瑞龙和始盗龙。

1988年，美国科学家瑟里诺博士在月谷发现了第一具黑瑞龙头骨化石，这具化石保存得相当完好。经研究，黑瑞龙耳朵里有一个听小骨，这表明它的听觉可能很敏锐。它的爪子很长，上下颌牙齿锋利，前肢强而有力、骨骼轻巧，应该是一种善于奔跑的食肉类恐龙。据推测，它高3至4米，身长3至6米，体重达360至450千克。

1993年，瑟里诺博士又在月谷发现了一具保存得非常完整的恐龙骨架化石。它被命名为"始盗龙"。始盗龙身长不足1米，体重仅5至7千克，上下颌的牙齿、口腔后面的牙齿与其他的食肉恐龙一样锋利，但是口腔前面的牙齿却呈树叶状，与其他的素食恐龙相似。这说明，始盗龙可能既吃植物又吃肉。始盗龙有5个"手指"，而它之后的恐龙"手指"数目越来越少；始盗龙的腰部只有三块脊椎骨，它之后的恐龙的腰部脊椎骨的数目越来越多，体形也越来越大。

动物之最 第一种获得命名的恐龙：巨齿龙，一种大型食肉恐龙，因其巨大的牙齿而得名。

为什么说侏罗纪是"恐龙时代"？

Weishenme

侏罗纪属于中生代中期，是中生代第二个纪，距今2.08亿至1.44亿年。这一时期，陆地上气候温暖潮湿，植物生长繁茂，大部分地区被森林覆盖。

侏罗纪是恐龙的全盛时期，因此被称为"恐龙时代"。恐龙在这一时期变化很大，从初龙分化出蜥臀目恐龙和鸟臀目恐龙。蜥臀目恐龙又分化出霸王龙、跃龙、雷龙、梁龙等，鸟臀目恐龙则分化出鸭嘴龙、禽龙、剑龙、甲龙、角龙等。这些形形色色的恐龙共同组成了一个庞大的恐龙家族。

大部分的蜥臀目恐龙都有向前突出的耻骨，而鸟臀目恐龙的耻骨都向后倾斜。除臀部结构不同外，两类恐龙在生活及行为特征上也不一样。蜥臀目恐龙包括以四肢行走的植食性蜥脚类恐龙和几乎用两肢行走的肉食性兽脚类恐龙。鸟臀目恐龙全是植食动物，以四肢或两肢行走。

最大的恐龙是哪种？

Weishenme

三叠纪时，恐龙还是又小又敏捷的动物。后来，慢慢出现了大型肉食类恐龙和笨重的植食类恐龙。恐龙的身体变得越来越大，成为庞然大物。

到目前为止，我们所发现的最大的恐龙是震龙。震龙又叫"地震龙"。震龙身长39至52米，身高达18米，体重达130吨。可以说，2至3只震龙头尾相接地站在一起，可以从足球场的一个球门排到另一个球门。要是它在原野上行走，巨脚一踩到地面，大地都会发生颤抖，像地震一样。这就是"震龙"一名的含义。震龙生活在大约1.62亿至1.36亿年前的侏罗纪晚期。在动物分类学上，它属于蜥臀目蜥脚亚目梁龙科，是植食恐龙。据说，震龙吃东西时，会将树叶整个咽下去，从不咀嚼。

现在，我们在陆地上再也见不到如此庞大的动物了，能够与它们相比的大概只有生活在海洋里的蓝鲸了。雌性蓝鲸可以长到30多米，体重可以达到200吨。

黑瑞龙复原图
黑瑞龙是距今约2.3亿年前的三叠纪后期的恐龙，长约5米，头大颈短，是最早的肉食恐龙之一，在阿根廷已发现其数具遗骸。

❶ **翼龙复原图**
翼龙和恐龙生活在同一时代，也属于爬行动物，是恐龙的近亲，也是第一种飞上蓝天的脊椎动物。

❷ **震龙复原图**
到目前为止，人类所发现的身材最大的恐龙是震龙，它的身长有39至52米，身高可以达到18米，最大体重达130吨。

你知道吗

■ 侏罗纪不仅是爬行动物的天下，还是裸子植物的时代，苏铁类、银杏类、松柏类植物非常繁茂。

■ 藻类是地球上最古老的植物，其中蓝藻是最早出现的。

动物之最　最早的植食类恐龙：板龙。出现于2亿年前的三叠纪晚期，身长约6至8米，体重1至2吨。

为什么要研究恐龙足迹?

人们很早就注意到了恐龙的足迹,但真正认识它却很晚。1802年,一位美国青年在他的家乡康涅狄格峡谷附近的红色砂岩中发现了许多恐龙脚印化石,但当时它们被当成是鸟爪的化石。我国云南省晋宁夕阳彝族自治乡的彝胞有个习俗,当他们要埋葬死去的亲人时,送葬的队伍必须抬着棺材沿着一行"金鸡爪"的方向走向墓地。后来古生物学家发现,这种"金鸡爪"其实是一行恐龙的脚印化石。

这些有趣的恐龙足迹是遗迹化石的一种。遗迹化石指那些保留在岩层中的古生物的活动痕迹及其遗物。根据足迹的大小、深浅和排列情况,科学家能够得到很多的信息。例如,可以通过恐龙脚印的深浅推测恐龙的体重;由脚印的形态推测它是肉食的或是植食的,是在地上跑的或是在水中游的;从一行脚印中各脚印的关系,分析它行走时是漫步、快跑还是跳跃,是两足行走还是四足行走……

因此,研究恐龙的足迹很有意义。

恐龙蛋化石
恐龙蛋与其他爬行动物以及鸡、鸭等所产的蛋一样,也是羊膜卵。恐龙蛋蛋壳厚2至7毫米,是世界上最厚的蛋壳。

恐龙足迹
此为美国得克萨斯州沃思堡市东南部恐龙谷州立公园内的恐龙足迹,据说这是侏罗纪时期的恐龙散步时留下的。

恐龙蛋化石是什么样的?

恐龙蛋化石是非常珍贵的古生物化石。1869年,在法国南部普罗旺斯的白垩纪地层中,人们第一次发现了恐龙蛋化石。当时人们不知道这是何种动物的蛋化石。后来,人们发现了越来越多类似的碎蛋片化石,最后确认其为恐龙蛋化石。

人们把恐龙蛋化石称为"化石珍品",因为它的蛋壳很脆弱,要形成化石非常难,所以现在保留下来的恐龙蛋化石非常稀少。各种恐龙的蛋大小不一,直径一般在10至15厘米之间。恐龙蛋的形状也不同,如窃蛋龙、驰龙、伤齿龙等小型兽脚类恐龙的蛋一般是长形的,而马门溪龙、梁龙这些四腿走路的恐龙的蛋是圆形的,鸭嘴龙等鸟脚类恐龙的蛋是椭圆形的,等等。有的恐龙蛋蛋壳表面光滑,也有的具有点线饰纹。

这么小的恐龙蛋怎么能长成那么庞大的恐龙?科学家解释说,如果恐龙蛋大小和恐龙体形成正比的话,那么蛋壳将会厚得让小恐龙无法孵化,也无法让足够的氧气进入蛋内供小恐龙呼吸,所以恐龙蛋并不大。但是由于有些种类的恐龙从孵化出来后,几乎一辈子都会不停生长,所以它们最终能长成庞然大物。

你知道吗

- 1960年,科学家在北极发现了生活在1亿年前的禽龙的足迹。
- 我国是世界上恐龙蛋化石埋藏丰富的国家之一。1993年,科学家曾在河南西峡发现了5000多枚恐龙蛋化石。

动物之最 最长的恐龙足迹化石:位于土库曼斯坦和乌兹别克斯坦边境,其中5串分别长184米、195米、226米、262米和311米。

恐龙都是卵生的吗？

Weishenme

自1869年第一次发现恐龙蛋化石以来，人们又发现了更多的恐龙蛋化石。很长时间以来，人们认为恐龙都是卵生的。不过，有科学家却认为，雷龙可能不是卵生，而是胎生的。

雷龙是世界上最大的恐龙之一，生活在1.2亿年前。雷龙的盆骨腔比其他大多数恐龙都宽得多，足以容纳下胎儿，且能顺利分娩。同时，人们也一直没有找到雷龙的蛋化石。1910年，人们曾发掘出一具成年雷龙的骨架化石，其腹部包含有一个小雷龙的骨架。有科学家认为这是雌雷龙和它未出世的胎儿的遗骨。

还有，人们曾发现一些成年雷龙足迹间有小雷龙的足迹。分析这些小足迹，科学家判断小雷龙的体重大约不低于133千克。如果雷龙是卵生的，刚孵化出来应该没这么大，而胎生出来的小雷龙已经在母体内生长了一段时间，很可能已经有了一定的体重，也很快能在父母的保护下自己走动。

关于雷龙到底是胎生还是卵生的问题，现在还没有一个肯定的结论。

恐龙到底吃什么？

Weishenme

很多人以为恐龙全是可怕的肉食性动物。其实，恐龙分植食类恐龙和肉食类恐龙两类。还有一些恐龙原先是肉食类恐龙，后来既吃植物也吃肉食。不过，绝大多数恐龙属于植食类恐龙，包括体形最大的蜥脚亚目恐龙以及所有的鸟臀目恐龙，只有少数恐龙属于肉食类恐龙。

判断一种恐龙的食性，我们可以从恐龙化石遗骸入手，尤其看它下颌骨及牙齿的形状和排列方式，以及整副恐龙骨架的形状。如肉食类恐龙常常牙齿锋利，头很大，颈比较短。而大多数植食类恐龙则有长长的脖子，便于它们撕扯树梢上的叶片吃。

侏罗纪时，裸子植物生长得非常繁盛，因此植食类恐龙有丰盛的食物享用。肉食类恐龙都属于兽脚亚目，常被称为"食肉龙"或"食肉蜥蜴"。它们主要以其他恐龙、昆虫和鸟类为食，有时也吃动物尸体。它们可能是先用有利爪的前肢捕杀猎物，然后再借助利牙和前肢的利爪把猎物的肉撕扯下来吃。

苏铁
苏铁科植物是世界上最古老的种子植物，是植食性恐龙最喜欢的食物之一，被地质学家誉为"植物活化石"。

动物之最 现在世界上最大的食肉动物：生活在美国阿拉斯加科迪亚克岛上的棕熊，体长约400厘米，体重达757千克。

为什么有些恐龙喜欢吃石头?

恐龙胃石化石

20世纪,美国科考队在我国内蒙古自治区与蒙古人民共和国交界处发掘出大量的恐龙化石。其中,在一具植食类恐龙骨架的胃里,发现了112颗光滑的小石子,显然,这只恐龙在活着的时候就吞下了这些石子。石子一直留在胃里,并随着胃的蠕动与食物一起反复搅拌,渐渐地被磨得十分光滑。古生物学家称这些石头为"胃石"。不过,只有在恐龙的体腔内或体腔旁的圆石才可能是胃石。

在埋藏恐龙骨骼化石的地层中,人们经常会发现胃石。为什么有些恐龙会喜欢吃石头呢?

原来,有些恐龙没有咀嚼食物的臼齿,食物未嚼碎就咽下去了,而胃石能帮它们磨碎和消化食物。其实,现在地球上也有经常吃石头的动物,如鸡、鳄鱼,它们吃石头也是为了帮助消化。胃石是恐龙留下的宝贵记录之一。胃石不容易磨碎或风化,保存为化石的机会比骨骼多。在地层中,只要发现了胃石,哪怕没有发现其他化石,也可以认定恐龙曾在这里生活过。

翼龙复原图
翼龙是恐龙的近亲,其化石分布较广,在南美洲、欧洲以及亚洲都有发现。在法国甚至发现了翼龙的足迹化石。

腕龙
腕龙是最高大的恐龙之一,长23米,高12米,体重达80吨。它是一种植食性恐龙,靠胃石消化食物。

翼龙为什么会飞?

翼龙生活在中生代三叠纪,是地球上最早会飞的爬行动物。翼龙有两大类,早期的喙嘴龙类比较原始,主要生活在侏罗纪,有一条很长的尾巴;晚期的翼龙类主要生活在白垩纪,尾巴很短甚至消失,生活于世界各地的海边。最早的翼龙翼展不超过1.8米,有牙齿和尾巴,后来,牙齿、尾巴都退化了。它们的个头不一样大,有的大如飞机,有的小如麻雀。

作为一种爬行动物,翼龙为什么会飞呢?从翼龙化石看,它虽然没有羽毛,但凭借奇特的骨骼结构和翼膜,翼龙可以自如地飞来飞去。据推测,翼龙最初有五个指头,像鳄鱼一样爬行。经过不断进化,它的第五指退化,第四指不断加长变粗,长到其他手指的20倍长,成为由七节指骨组成的飞行指。两根飞行指构成翅膀的骨架。飞行指与腿之间连接着薄薄的翼膜。翼膜是皮状的,很柔软。翼膜内没有骨骼支撑,只有纤维分布。因此,科学家猜测,翼龙主要的飞行方式是在空中滑翔。另外,中国翼龙的头部有一个很大的孔,便于飞行时减轻头部的重量;脖子比较长,便于开阔视野;轻盈的体态,使它飞得又快又远。

【百科辞典】

臼齿:
位于口腔后方两侧的牙齿,齿冠上有疣状的突起,适合磨碎食物。

退化:
生物体在进化过程中某一部分器官变小,构造简化,功能减退甚至完全消失的现象。

动物之最 最大的翼龙:披羽蛇翼龙,展开双翼有12米长。

角龙的角有什么作用？
Weishenme

角龙最早出现在白垩纪早期的亚洲大陆上，时间大约是1亿年以前。它们是最后出现的一类鸟臀类恐龙，在很短的时间内就演化出很多的种类，因此被称为恐龙家族的"末代骄子"。

角龙长着短而宽的脚，前脚有五趾，后脚有四趾，指（趾）末端有蹄状的构造，所以走起路来又快又稳。除此之外，它们最大的特点是头上都有数目不等的角。另外，还有从头骨后端向后长出的一个宽大的骨质颈盾。角龙的角和颈盾有什么作用呢？

实际上，角龙的角和颈盾是它们防御和保护自己的武器，如同"矛"和"盾"一样。如果说角龙的角是攻击敌人的"矛"，那么颈盾就是防护自身的"盾"。例如，长着三只角的三角龙，它们的角锋利无比，进攻时可以穿透凶猛的霸王龙的身体，把它们刺得浑身是血，而颈盾又使霸王龙无处下手，只得落荒而逃。因此，连霸王龙都惧它三分呢！

恐龙喜欢群居吗？
Weishenme

自从人类第一次发现恐龙化石以来，人们一直想知道恐龙喜欢单独活动还是群体生活。越来越多的发现证明绝大多数恐龙喜欢群居，只有个别的例外。

1877至1878年，在比利时的一个煤矿里，人们发现了许多埋藏在一起的禽龙骨架化石。在内蒙古，人们发现了大量聚集在一起的原角龙和甲龙化石，这些化石有幼年恐龙化石，也有成年恐龙化石。1954年，科学家在辽宁省发现了大量三个趾的恐龙足迹化石。据判断，这是一群用两足行走的素食鸟脚类恐龙留下的。足迹分布在方圆3000米范围内，有的地方很密集。这些足迹的足尖都朝东，足迹大小不一，但都是同类恐龙留下的。这些都是恐龙群居的证据。

三角龙骨骼化石
三角龙是一种具短褶叶颈盾的大型角龙。它额上的两只尖角大约有100厘米长，第三只从鼻后伸出的角短而粗壮。

恐龙生活场景图
从世界各地出土的恐龙化石来看，大多数恐龙都喜欢群居生活。

你知道吗

■ 慈母龙的足迹化石表明，它们过着群居生活，常像象群一样列队外出，大恐龙在两侧，小恐龙在队列中间。

■ 1996至2004年间，我国古生物学家在云南元谋挖掘出一大型恐龙化石群。这里，几百具恐龙遗骸集中在一起，形成一个巨大的"恐龙公墓"。

动物之最 世界上规模最大的白垩纪恐龙化石群集中地：加拿大艾伯塔省恐龙公园，这里保存有60多种不同种类的恐龙化石。

恐龙的视力好不好？

原角龙复原图
原角龙是角龙的祖先，其英文名的含义是"第一张有角的脸"。脑袋中等大小，视力很好。

判断动物视力好不好要看两方面：第一，看眼睛的大小，第二，看两眼的位置。那么，怎么才能知道恐龙的视力情况呢？当然，还是要从恐龙化石入手，看恐龙头骨化石上眼眶的大小和眼睛的位置。恐龙头骨化石上眼眶的大小，大体可以反映恐龙眼睛的大小。一般而言，眼眶越大，眼睛也就越大，视力也就越好。另外，要是眼睛位于头骨前面，其视力比位于头骨两侧的要好，且两眼之间的距离越宽，视力越好，能够更加准确地分辨外界物体。

大多数植食类恐龙的眼睛都很大，这能帮助它们尽早发现远处的敌人，及时采取有效的防范措施。其中，眼睛最大的要属鸟脚类恐龙。它们头骨化石上又大又圆的眼眶，说明它们的视力非常好。蜥脚类恐龙眼睛也很大，视力很好，加上其特有的长脖子，使它们成为视野最为开阔的恐龙。剑龙和甲龙的眼睛相对较小，它们的视力比前两类恐龙差一些，是恐龙中的"近视眼"。肉食类恐龙大都有一双大眼睛，它们目光敏锐，视力超群。其中，恐爪龙、似鸟龙和窄爪龙的视力最好。它们的眼睛不仅大，而且左右分隔较大，位置靠前，可谓是恐龙中的"千里眼"。

剑龙复原图
1985年，古生物学家在中国四川自贡发现了剑龙皮肤化石。这是世界上第一个恐龙皮肤化石，它证实剑龙皮肤的表面有六角形的角质鳞。

【百科辞典】

视力：
在一定距离内眼睛辨别物体形象的能力。"近视眼"能看清楚近处的东西，却看不清楚远处的东西。

角质：
某些动植物体表的一层物质，质地较坚韧。

恐龙的皮肤什么样？

在地球漫长的发展历程中，只有少数恐龙的遗骸能够保存下来，形成化石。恐龙的皮肤极少能形成化石。除非恐龙死后，在皮肤还未腐烂前很快被掩埋，皮肤表面的印痕就留在岩石里，形成皮肤印膜化石。

从发现的少数皮肤印膜化石看，大部分恐龙具有粗糙坚韧的鳞甲或角质突起。如霸王龙的皮肤很粗糙，上面长有一排排高出表面的大鳞片。而甲龙则身披坚硬的甲板，甲板上常长有大的瘤或刺一样的突起，活像古代武士的铠甲。

虽然我们能因此了解恐龙皮肤的结构，但恐龙皮肤的颜色就不得而知了。据推测，恐龙可能具有比现代动物更加艳丽的肤色，它们可能利用绚丽的颜色来炫耀自己或警示敌人，或许还能利用不同的肤色来调节体温呢！

动物之最 视力最好的恐龙： 似鸟龙，生活在白垩纪后期，身长3.5米，眼球直径有10厘米左右。

恐龙的智商有多高?

Weishenme

人们熟悉的恐龙,如马门溪龙、剑龙等,身子很大,脑袋却很小,看上去呆呆的。是不是恐龙都是这样笨头笨脑的?

一般认为,智商的高低和脑部大小成正比,脑袋越大,智商越高。有学者用计算恐龙"脑量商"的办法来测量恐龙的智力水平。"脑量商"是根据恐龙的体重、脑量及现在生活在地球上的爬行动物的脑量大小,按一定公式算出来的。被测的恐龙脑量商越小,它就越笨;脑量商越大,它就越聪明。经测量,马门溪龙等蜥脚类恐龙的脑量商最低,只有0.2至0.35。甲龙和剑龙的脑量商为0.52至0.56,角龙的脑量商在0.7至0.9之间。

在植食类恐龙中,最有智慧的是鸭嘴龙。它的脑量商为0.85至1.50。鸭嘴龙的嗅觉很灵敏,视力不错,非常机警,能及时发现敌人,是有点"小聪明"的恐龙。大型肉食龙脑量商达到1.0至2.0;小型肉食龙中的恐爪龙脑量商超过5.0,它的后裔窄爪龙的脑量商比恐爪龙还高,是最聪明的恐龙。

为什么有的恐龙有两个脑子?

Weishenme

要是说有的恐龙有两个脑子,你肯定觉得很奇怪。马门溪龙、雷龙、剑龙、梁龙就是这类恐龙。它们有个共同的特点,就是身躯特别大,而脑袋却很小。如马门溪龙,据推测,它活着的时候有四五十吨重,而脑子的重量仅有500克左右。

你知道吗

- 伤齿龙,一种蜥臀目恐龙,是最聪明的恐龙之一,据说它的智商和鸵鸟差不多。
- 北美的剑龙和属于巨龙类的梁龙是最笨的恐龙。它们的头骨都很小,直径小于30厘米,脑子大约只有50克,和它庞大的身躯对比就像一粒花生米与人体对比。

后来,科学家研究了马门溪龙的头骨及脊椎骨化石,发现在它们的臀部脊椎上有一个神经球,其作用主要是协助大脑工作。神经球比脑子要大好几倍,与脑子相距十几米远。马门溪龙的后腿和尾巴的运动,就是按神经球发出的指令行事,而大脑只负责吃东西和接受信息。因此,神经球实际上成了马门溪龙的"后脑"。这样,两脑各有各的任务,彼此分工合作。然而,两脑之间的距离无疑会影响信息传递的速度,因此马门溪龙一点也不聪明。

窄爪龙复原图
窄爪龙个头不大,全长只有2米,臀高80厘米。眼睛很大,眼球直径约5厘米。脑容量较大,被称为"最聪明的恐龙"。

两个脑子的剑龙
剑龙和马门溪龙一样,在尾部脊椎上也有一个像脑子一样的神经球,指挥身体后部的运动。

动物之最 曾经生活在地球上的脖子最长的动物:马门溪龙。身长22米,脖子长9至11米。因发现于我国四川马门溪而得名。

中国孩子最爱问的十万个为什么

主题索引：恐龙是怎样走路的？恐龙怎么照顾幼崽？

▶ 在卵中发育的小恐龙

恐龙是怎样走路的？

恐龙是爬行动物，一般的爬行动物都靠爬行前进。那么恐龙是怎样走路的呢？

根据恐龙足迹化石，人们发现不同时期、不同种类的恐龙在不同环境下有不同的走路方式。早期的恐龙像蜥蜴一样用后腿奔跑。它们有长长的尾巴，能够与前半身保持平衡。后来，恐龙开始用两脚或四脚走路。用四脚走路的恐龙，主要是许多大型的植食类恐龙，它们庞大的身躯需要四肢的支撑才能移动；两脚行走的恐龙大部分是肉食类恐龙，它们要用前肢摄取猎物。还有一些恐龙可以自行决定用两脚还是四脚走路。例如，当它们吃低矮的植物时，它们会四脚着地慢慢移动脚步；要是发现有危险，它们便立刻两脚直立，迅速跑开，以避开攻击者。

▶ 埃德蒙顿甲龙
甲龙生活在7000万至6500万年前的白垩纪晚期，是一类全身披着"铠甲"的植食类恐龙，一般有五六米长，后肢比前肢长，身体笨重，只能缓慢爬行。

恐龙怎么照顾幼崽？

我们已经知道，绝大部分的恐龙是卵生的。雌恐龙在柔软的巢里产卵，然后像鸟一样孵化，直到小恐龙安全出世。跟幼鸟一样，恐龙幼崽也很容易成为被猎杀的对象。不过，只有为数不多的恐龙父母照顾幼崽，直至它们长大，大多数小恐龙必须自己照顾自己。

1978年，科学家在美国蒙大拿州挖掘到一个完整的恐龙结巢地点。这些巢由一种被称为"慈母龙"的鸭嘴龙建造。人们从中发掘出许多蛋壳以及鸭嘴龙幼崽的骨骼化石。这表明，某种程度上小鸭嘴龙受到了父母的照顾：恐龙母亲或者父亲，白天或是将食物带进巢中喂食幼崽，或是带领幼崽到巢外取食，夜里一起回到巢中。等到小鸭嘴龙完全发育成熟，就加入恐龙群体中。

你知道吗

■ 四脚行走的角龙是跑得最快的植食类恐龙，可以32至48千米的时速冲刺。

■ 19世纪60至90年代，美国两位恐龙研究专家科普（宾夕法尼亚大学教授）和马什互相争夺恐龙化石发现权、拥有权和研究权，共疯狂地命名了130种恐龙，史称"化石战争"。

动物之最 跑得最快的恐龙：奔鸟龙，奔跑时双臂紧贴胸部两侧，最高时速超过70千米。

恐龙是恒温动物吗？

恐龙属于爬行动物，爬行动物的最大特征之一是属于冷血动物，体温随环境的变化而变化。因此，大部分科学家认为恐龙属于冷血动物。

20世纪70年代，有些科学家质疑这种说法，提出恐龙应该是恒温动物，并用种种研究成果来证明他们的观点。他们认为，恐龙是直立行走的爬行动物，它们不停活动：觅食、逃避敌害、繁殖后代、协调群体等。在活动中，它们大都行动敏捷，速度较快，具有较强的活动能力，其站立行走和快速运动自然要消耗比爬行和缓慢运动更多的能量。消耗的能量，需要由快速的新陈代谢释放出的大量能量来补充，而快速的新陈代谢必然伴随着高而恒定的体温。

同时，恐龙骨骼的骨组织是由层层按同心圆排列的骨小板所组成的，与现代哺乳动物的骨组织非常相似，所以应该有丰富的血管组织为它们提供营养。并且，恐龙躯体和前肢、后腿的温差不超过4摄氏度，与大型恒温哺乳动物的情况相同。因此，恐龙应该属于恒温动物。

不过，要最终确定恐龙是冷血动物还是热血动物，还需要更多的证据。

恐龙会游泳吗？

恐龙大多生活在温暖湿润地带，周围有很多的河流和湖泊。不过，恐龙是陆生爬行动物，不喜欢呆在水里，也不像河马那样半水生生活。那么，它们会游泳吗？

科学家曾在湖水中发现了雷龙游泳时的足迹化石，这证明很多恐龙是会游泳的，不过水性不同。蜥脚类恐龙在逃避肉食龙的追捕时，会进入河湖之中。它们有很长的脖子，10多米深的水对它们来说不成问题。它们游泳时后脚踢水，前脚向前迈进，在湖底留下脚印。鸭嘴龙前足各指之间有蹼，尾巴扁平，可算是天生的游泳家。它们的尾巴在水中左右摆动，游得很快。

很多人认为肉食类恐龙可能是"旱鸭子"，现在看来这种看法是不对的。科学家在湖底发现了肉食类恐龙的足迹化石。据分析，它们在游泳时为了加快速度和改变方向，不时用后脚猛蹬湖底，于是留下了足迹。

恐龙头骨化石
恐龙死后，身体中的软组织因腐烂而消失，骨骼及牙齿等硬体组织沉没在泥沙中，处于密封环境下，经过几千万年的沉积作用，形成化石。

鸭嘴龙复原图
鸭嘴龙主要以柔软植物、藻类或软体动物为食。前足各趾之间有蹼，适合游泳。

凶残的异特龙
一种凶残的食肉恐龙。以体型而言，异特龙虽然比暴龙略小一点，但是具有比暴龙更粗大、更适于猎杀草食恐龙的强壮前肢。

【百科辞典】

热血动物：
体温高且恒定的动物，与冷血动物相对。

水性：
游水的技能。

中国孩子最爱问的十万个为什么

主题索引
- 为什么说霸王龙是恐龙中的霸王？窃蛋龙真的会偷蛋吗？

为什么说霸王龙是恐龙中的霸王？

Weishenme

霸王龙生活在距今7000万至6500万年的白垩纪晚期，是肉食类恐龙中最晚的一支。它的拉丁文学名是"蜥蜴之王"，意为当时陆地上称王称霸的一种恐龙。它可能是有记录以来生活在地球上的最大型食肉类恐龙之一，身长达17米，站立起来有6米高。据估计，它的体重至少有10吨。

奇怪的是，霸王龙的前肢短小无力，而后腿却粗壮而有力，每只脚有三个脚趾。每个前肢趾骨和脚趾上都带有爪子。它的尾巴又细又硬，脑袋则很大，头骨可达1.5米长，因此很聪明。它的下颌很粗壮，有60颗短剑般的牙齿，每颗约20厘米长。一颗牙掉了，会有新牙长出来。它的嘴可以张得很大，用"血盆大口"来形容恰如其分。

霸王龙用两脚走路，奔跑时速度很快，时速可达40千米以上。它以植食类的爬行动物为食，如三角龙、鸭嘴龙等。进食时，它们会先用力咬穿肉和骨头，然后撕裂和咀嚼大片肉块。可想而知，它们该是多么凶猛的猎食者，无愧为恐龙中的霸王。

窃蛋龙复原图
尽管窃蛋龙并不偷蛋吃，但根据国际动物命名法规，它的名字是无法改变的，所以只好委屈它蒙受这不白之冤了。

霸王龙复原图
霸王龙的"血盆大口"曾是许多白垩纪植食性恐龙的噩梦。

你知道吗

- 许多科学家在描绘窃蛋龙复原图时，在窃蛋龙身上画了许多毛，以表示它孵蛋的特点。
- 在一具鸭嘴龙化石的尾椎骨上，人们发现了霸王龙的齿印。显然，这只鸭嘴龙幸运地从霸王龙口下逃生，并又活了一段时间。

窃蛋龙真的会偷蛋吗？

Weishenme

窃蛋龙生活在8800万至7000万年前的白垩纪晚期，是一种大小如鸵鸟的恐龙，体长1.5至2.5米，体重25至35千克，属于兽脚类恐龙。

窃蛋龙发现于1923年，当时美国的一支探险队在蒙古国考察时，偶然发现了大量的恐龙化石。这些化石大多是原角龙的遗骸，同时还发现了一窝恐龙蛋化石，人们认为这些是原角龙的蛋化石。而在这窝恐龙蛋化石的上边趴着一个奇特的兽脚类恐龙化石，好像正在偷原角龙的蛋，因而人们把这个兽脚类恐龙命名为"窃蛋龙"。1993年，人们在一枚以前认为是原角龙化石的化石里发现了一个窃蛋龙的幼崽化石，这证明，窃蛋龙不是在偷蛋，而是在孵蛋。但根据国际命名法，它的名字是无法改变的，因此"窃蛋龙"这个坏名字只好一直延续下来了。

窃蛋龙的头像鸟头，上下颌没有牙齿，但有一个边缘锋利的喙，可以切割食物。它的上肢很长很细，每只手爪上有三个长长的手指，每只脚有三个脚趾。

窃蛋龙用两脚走路，科学家推测它行动十分敏捷，可以像袋鼠一样用坚韧的尾巴保持身体的平衡。古生物学家还曾在窃蛋龙化石的肚子里发现了小的蜥蜴骨骼化石，说明它以捕食体形小的蜥蜴为生。

动物之最 最可怕的恐龙：恐爪龙，长着非常锋利的牙齿和有力的下颌。

恐龙为什么会灭绝？

Weishenme

从两亿多年前的中生代三叠纪到6500万年前恐龙灭绝止，恐龙一直是地球上的霸主。然而，庞大的恐龙家族为什么会突然灭绝呢？

长期以来，最权威的观点认为，恐龙的灭绝和6500万年前的一颗大陨石有关。据研究，当时曾有一颗直径达14.4千米的巨大陨石与地球相撞，激起数百米高的尘埃，遮天蔽日，长达数月甚至数年之久，使地球长期处于黑暗和寒冷当中，恐龙因此灭绝了。1991年，人们在墨西哥的尤卡坦半岛发现了一个陨石坑，进一步证实了这种观点。

不过，越来越多的科学家对此提出质疑，并提供了很多其他的解释，如气候变迁说、物种斗争说、大陆漂移说等。气候变迁说认为，6500万年前地球气候陡然变化，气温大幅下降，造成大气含氧量下降，使恐龙灭绝，但并未阐明气候变化的原因。因此，要解释恐龙灭绝的原因，还需要更多充足的证据。

恐龙有哪些活着的近亲？

Weishenme

6500万年前的大劫难，使地球上绝大部分的生物灭绝了，只有极少数生物逃过劫难，后来逐渐演化，成为现在地球上的成员。这些"幸运儿"都是谁呢？

研究发现，它们是龟鳖类、鳄类、有鳞类（蜥蜴类和蛇类）以及喙头蜥类动物。它们之所以能够活下来，可能是因为它们对环境有较强的适应能力。

在今天地球上的爬行动物中，有鳞类的家族非常繁盛，它们生活的范围十分广泛，其中蜥蜴大约出现在侏罗纪后期，比恐龙晚得多，白垩纪初，有的蜥蜴为了适应特定的生活环境，逐渐失去了四肢而演变为蛇；龟鳖类出现在三叠纪中晚期，已经有两亿多岁了，这得益于它们一身坚固的外壳；在现在的爬行动物中，只有鳄类与恐龙的亲缘关系最近，它大约与恐龙同时出现。喙头蜥是蜥蜴的近亲，出现在三叠纪早期，是现存爬行动物中资格最老的一类。现存的喙头蜥数量很少，被称为"活化石"，它们生活在新西兰南部荒僻的半岛上，和鳄类同属地球上濒临灭绝的动物。

肿头龙复原图
肿头龙的头盖骨异常坚厚，并扩大成为一个突出的圆顶，它就是因此而得名，是最后灭绝的恐龙之一。

恐龙灭绝想象图
恐龙在地球上生活了1.5亿年之久，独霸天空、海洋和陆地，后来，它们突然灭绝了。人们对其灭绝原因有种种猜测，但更多人倾向于巨大的陨石撞击地球导致气候突变，造成恐龙灭绝这一说法。

动物之最 最大的恐龙筑巢地：西班牙境内有一块面积达9平方千米的古海岸，仅在其中一块近1万立方米的砂岩中就有30万个恐龙蛋化石。

恐龙能够复活吗？

让已灭绝的恐龙复活，是许多人的愿望。那么，科学家真能使恐龙复活吗？20世纪80年代，有科学家设想，通过修补DNA，使史前动物再生。科学家计划先把恐龙的DNA移植到雌鳄的受精卵细胞内，使之在雌鳄体内发育，直至卵细胞的周围长出坚硬的卵壳。雌鳄产下这种卵，通过孵化，就能使恐龙复活。

从理论上说，采用现代科技手段可以无性繁殖出恐龙或其他已绝迹的动物。但是，最大的难题是怎样找到恐龙的DNA。科学家曾希望在琥珀化石中找到恐龙的DNA，因为琥珀中常含有昆虫。假如琥珀中保存有吸过恐龙血的蚊子、苍蝇等昆虫，它们的身体内应该有恐龙的血细胞，从中就可以分离出恐龙的DNA。

据说，已经有科学家通过类似的技术取得了恐龙的DNA。然而目前还没有科学家完成将恐龙DNA移植到雌鳄卵细胞内并成功复制出恐龙的报告。

鳄鱼
鳄鱼是恐龙的近亲，科学家想把恐龙的DNA移植到雌鳄的受精卵细胞内，然后复制出恐龙。目前，这个计划并未成功。

尾羽龙模型
尾羽龙有长长的脚爪，尾部脊椎骨很短，覆有羽毛。据推测，它是一种与鸟类关系密切的恐龙。

你知道吗

- 尾羽龙是一种奔跑型动物，它并不会飞行。
- 赫胥黎首先提出鸟类起源于恐龙的假说。后来大量带毛恐龙的出现，有力地支持了这一观点。
- DNA包含了生物遗传的奥秘。

鸟类由恐龙进化而来？

自20世纪起，人们就在争论鸟类是否起源于恐龙。目前，大多数科学家认为，鸟类确实起源于恐龙，而且起源于某种兽脚类恐龙。他们提出种种证据来证明这一点，如最原始的鸟类保留着许多兽脚类恐龙的特征：长有牙齿和长长的骨质尾巴，后足保留着与恐龙类似的大爪子等。

最近，有科学家通过对胚胎学的研究，挑战了这一观点。他们发现，在进化过程中，兽脚类恐龙和鸟类的两个脚趾都因退化而消失了。对兽脚类恐龙化石进行研究发现，它们退化消失的是第四趾和第五趾。同时，对鸟类胚胎的观测却表明，在分类上相距较远的鸡、鸵鸟和鸸鹋这三种鸟类中，退化消失的是第一趾和第五趾，而中间的三个脚趾则都保留下来了。因此，鸟类不可能是由兽脚类恐龙进化而来的，因为兽脚类恐龙不可能在第四趾退化后再重新长出，而且同时再使第一趾退化消失掉。对于鸟类是否由恐龙进化而来的问题，现在还没有形成统一的观点。

动物之最 最小的恐龙：秀颌龙，它的成体身长只有89厘米，体重仅2.27千克，就像一只家养的小鸡。

始祖鸟是什么鸟?

Weishenme

1861年，德国出土了一块年代最为久远的鸟类化石，不仅骨骼得以保存，而且还有羽毛的痕迹，它被命名为"始祖鸟"。

研究发现，始祖鸟生活在1.5亿年前的侏罗纪晚期，大小如乌鸦，被认为是鸟的祖先。它们的化石上有清晰的羽毛印痕，有了初级飞羽、次级飞羽、尾羽以及复羽的分化。它们的前肢已进化成飞行的翅膀，后足有4个趾，三前一后；锁骨愈合成叉骨，耻骨向后伸长。这些特征都与现代鸟类相似。

奇怪的是，它们还有很多与爬行动物极为类似的特征。它们的嘴里长有牙齿，有一条由21节尾椎组成的长尾巴，翅膀尖上长着3个指爪，前肢三块掌骨彼此分离没有愈合成腕掌骨，骨骼内部还没有气窝等。因此，人们推测，它们正处于由爬行动物向鸟类过渡的阶段，大概只能在低空滑翔，捕捉昆虫和爬行动物。它们是怎样从陆栖转变为飞行的呢？有科学家认为长期的奔跑使它们的前肢进化为翅膀；另有科学家认为它们长期在树上攀援，所以逐渐学会了滑翔。

中华龙鸟是龙还是鸟?

Weishenme

1996年，中国辽宁出土了一块原始鸟类化石，科学家定名为"中华龙鸟"。后来证实，它是一种小型食肉恐龙，生活在侏罗纪晚期，属于兽脚类美颌龙科，后更名为"鸟龙"。

中华龙鸟的体态很小，形似恐龙，骨架约1米大小。它的前肢粗短，爪钩锐利，利于捕食；后腿长而粗壮，适宜奔跑；它的嘴上长着粗壮锐利的牙齿，牙齿内侧有锯齿状构造；头部方骨还未愈合，有4节颈椎和13节脊椎，尾椎特别长，共有50多节尾椎骨。最引人注目的是，它全身覆盖着像羽毛一样的皮肤衍生物，这些衍生物长约0.8厘米。

经研究，中华龙鸟介于恐龙和鸟之间，是最早的原始鸟类。这一发现不仅对研究鸟类的起源，而且对研究恐龙的生理特征和演化过程有重要的意义。因此，中华龙鸟化石成为恐龙化石研究史上最重要的发现之一。

对中华龙鸟身上皮肤衍生物的作用，科学家意见不一。有的认为它能帮助保持体温，有的认为它能区别雌雄，还有科学家推测它是羽毛进化的"先驱"。

你知道吗

- 人们认为鸟类由恐龙进化而来，因此鸟类被戏称为"美化了的爬行动物"。
- 翼龙类最早具备飞行的"翅膀"，不过翅膀上没有真正的羽毛。翼龙的胸骨很宽，像鸟一样具有龙骨突，但不能做长距离飞行，还不是空中的征服者。

◀ 中华龙鸟复原图
中华龙鸟生存于距今1.4亿年的早白垩纪，经科学家证实为一种小型食肉恐龙。

◀ 始祖鸟复原图
始祖鸟是世界上最早的鸟类之一。它的骨骼结构与虚骨龙相似，有人以此作为鸟类由恐龙进化而来的证据。

动物之最　最早会飞的鸟：孔子鸟，最早具有角质喙，已具有初步的飞行能力。

剑齿虎狩猎图
第三纪是剑齿动物的鼎盛时期。到了第四纪的更新世，各种新生的猫科和犬科动物都已经出现。在这些新生力量的冲击下，剑齿动物无论在种类还是在数量上都已大不如前。

美洲剑齿虎头骨化石
美洲剑齿虎出现于上新世晚期，是剑齿虎进入美洲之后演化出的新物种，长有非常夸张而尖锐的"匕首牙"。

剑齿虎为何长着长牙？

Weishenme

在距今3300万年的渐新世时期，古剑齿虎出现了，一直生活到100万年前的更新世。作为"剑齿猫科动物"，剑齿虎是有史以来所有猫科动物中最强大的。

剑齿虎得名于其巨大的上犬齿。其体形与现代虎不相上下，但它的上犬齿却比现代虎的犬齿大得多，如同两柄倒插的短剑一般，长达15厘米，而它的下犬齿却相对退化了，转变为巨大的护叶。科学家认为，它的剑齿可能是专门用来对付象类等大型的厚皮植食类动物的。猎食时，剑齿能戳入猎物身体的深处，并且可以尽量地扩大伤口，使之大量出血而亡。与此相适应，剑齿虎的头骨和头部的某些肌肉也相应地发生变化，以便口可以张得更大，使下颌与头骨能形成90度以上的角，充分有效地发挥剑齿的作用。

剑齿虎的体重是现代狮子的两倍，后腿和尾巴非常短小，看起来像一只体格健壮的灰熊。它们奔跑的时速约60千米。

剑齿虎为什么会灭绝？

Weishenme

100万年前，强大的剑齿虎突然灭绝了，是什么原因造成的呢？科学家普遍认为，剑齿虎生活在第四纪冰川时期，气候寒冷，大型植食类动物，如长毛象和乳齿象，靠长毛和厚皮来抵御严冬，它们行动迟缓、笨拙，容易被剑齿虎捕杀。

冰期结束后，气候逐渐变暖，植物生长很茂盛，小型植食类动物，如北美羚羊、野牛等开始大量繁殖。而那些耐寒的大型植食类动物不能适应气候的变化，在迁移中又找不到足够的食物，因饥饿灭绝了，剑齿虎也失去了食源。结果，剑齿虎只能去捕食小型植食类动物。然而，这些动物在适应环境的过程中已逐渐进化。例如野牛，它们通过反刍能从植物中吸收更多的营养成分，奔跑起来又快又敏捷，此前，它们一向独来独往，这时却开始结群生活。而此时的剑齿虎在干燥空旷的大地上却不容易找到隐蔽的地方，因而突袭很难取得成功。

另外，剑齿虎巨大的上犬齿也限制了它们对环境和猎物的适应性，它们竞争不过那些比较灵活的、全面发展的一般肉食类动物，因此便走向了灭绝。

【百科辞典】

犬齿：
哺乳类动物的一种牙齿。位于门齿和白齿之间，为圆锥状的尖齿。

反刍：
某些动物将食物稍微咀嚼后，就吞下去，过一段时间再把食物返回到嘴里细细咀嚼。

动物之最　个头最大的剑齿虎：美洲剑齿虎，体重达300千克，起源于北美洲。

古代巨猪个头有多大?

Weishenme

古生物中的巨猪并不是泛指"巨大的猪",而是特指一类动物。它们出现于始新世中期,在渐新世时繁荣一时,后灭绝于中新世。其体形有野牛那么大,因此被称为"巨猪",主要生活在现在的北美和欧亚地区。

巨猪的种类很多,其中有名的非洲巨猪生活在3400万至2300万年前,活跃于现在的美国南达科他州地区,是一种已经灭绝的现代猪的祖先,身高1米多。另外,巨猪的头骨占身体的比例非常大,如恐颌猪肩高约2米,脑袋长1米多。

巨猪的头部很多地方长有"骨瘤"似的骨质突起,据推测,这些突起可能起炫耀的作用。非洲巨猪的颈部还长着强壮的肌肉,能够帮助它用鼻子掘地,挖起树根和茎块等。

巨猪的四肢比现代猪的四肢长,而且比较粗壮,前肢长于后肢。侧趾退化为二趾,但仍可以看出第二趾和第五趾的痕迹。巨猪的牙齿都很大,上、下臼齿均为方形,各有4个锥形齿尖。过去学界一般认为巨猪属于植食为主的杂食动物,不过许多新的观点认为,巨猪是主动猎食的肉食动物,因为它们有足以压碎其他动物骨头的巨大牙齿。

始祖马长什么样子?

Weishenme

始祖马最早出现于5000万年前的始新世早期,生活在北美洲及欧洲温暖而潮湿的草丛和灌木林中,所以也叫"始新马"。

始祖马被公认为是马类的最早祖先。不过与现代马相比,始祖马非常矮小,身高仅30厘米,只有现代的狐狸那么大。它的脊椎灵活,脊背能弯曲,尾巴稍短,这使它能穿行在草丛和灌木丛中。其四肢细长,靠脚趾行走,前足有四趾,后足有三趾。不过,它颊齿的齿冠低,所以主要吃植物幼嫩的枝叶,虽然也吃草,但不能像现代马那样大口咀嚼。

经过漫长的岁月,始祖马进化为中马。中马又叫渐新马,身高40厘米左右,前足不同于始祖马,变为三趾。趾与趾之间很宽,能全部着地,中趾开始发达起来。这种马又进化为原马,原马又进化为上新马。上新马身高约1米,前、后肢只有中趾显露,第二趾和第四趾只剩下枝状的痕迹。最后,它进化为真马。经过驯化,真马逐渐形成了现代马。

恐颌猪复原图
恐颌猪也叫恐猪,属于后期的巨猪,是当时草原上的庞然大物。

现代马
始祖马进化到现代马的过程中,呈现出脚趾数减少、颊齿增大、面部拉长、体型变大等明显趋势。

动物之最 发现三趾马动物群化石最多的地方:我国甘肃省和政县。三趾马动物群研究是我国古脊椎动物学诞生的标志。

↳ 猛犸象复原图

🐾 猛犸象的象牙
猛犸象拥有一对长而粗壮的象牙，向上扬起并向后弯曲。

猛犸象是现代亚洲象的亲戚吗？

猛犸象生活在300万至1万年前的北半球，当时正值第四纪大冰川时期，因而猛犸象是一种非常耐寒的动物。生物学家经常能在西伯利亚冻土层中发现猛犸象化石。对于生活在那里的鞑靼族人来说，"猛犸"在鞑靼语中意为"地下居住者"。

猛犸象体形与现代亚洲象差不多，体重4至5吨，一般身高5米，但后腿短，整个体态向后倾。它的头骨比较短，顶脊非常高，上下颌和齿槽深。象牙长约1.5米，向上扬起并向后弯曲。臼齿齿板排列紧密，数目很多，第三臼齿最多有30片齿板。猛犸象通常以草和灌木叶子为食。

同亚洲象相比，猛犸象显得十分凶猛，它们会突然攻击任何在它看来有威胁的动物，一瞬间便可置对手于死地。尽管如此，通过对猛犸象和现代象的DNA比较，科学家认为，猛犸象实际上是约480万年前，从亚洲象中分离出去的一个分支。与非洲象相比，猛犸象与亚洲象亲缘关系更近，它们拥有共同的祖先。

猛犸象都是长毛象吗？

最初的猛犸象是从没有毛的亚洲象进化而来的。随着环境的变化，猛犸象的身上开始长出长毛。因此，猛犸象又被称为"长毛象"。

真猛犸象是一种全身长满长毛的猛犸象，是最著名的长毛象，主要生活在北方的寒冷地区。其肩部及背部的毛长达50厘米，尾巴上也长着长毛。除长毛外，真猛犸象还有其他御寒办法。它的耳朵较小，鼻子较短，皮很厚，毛皮下脂肪厚达9厘米。在它高而圆的头顶上，长着一个大"驼峰"，里面贮存着脂肪，这使真猛犸象不仅能抵御寒冷的气候，还能适应食物较少的季节。然而，猛犸象不一定全都分布于寒冷地区，如哥伦布猛犸象就是例外。

哥伦布猛犸象是长毛猛犸象的近亲，生活在美洲草原上。它没有长毛猛犸象那么多的长毛，象牙比长毛猛犸象更长更弯，长达4.5米，除用以抵御捕食者外，还可能用于象群间的"社交活动"。哥伦布猛犸象可能是地球上曾经生活过的最大的一种象，肩高可达4米，体重可达10吨，比今天的非洲象要大得多。

十二 动物世界探秘

动物是人类最亲密的朋友,与人类的生活息息相关。它们与人类一样,有着进食、排泄、繁衍后代的本能。但动物的生活习性并不与人类的相同,动物与动物间也有所不同,可以说它们各有特色。在动物世界里,还有许多奥秘等待我们去发现。

蚯蚓吃什么？

对于蚯蚓，大家都很熟悉，可你知道蚯蚓吃什么吗？由于蚯蚓是生活在泥土中的动物，所以很多人会说蚯蚓吃土。的确，蚯蚓每天都要吞食大量的泥土，不过它的消化能力有限，只能吸收泥土中的腐烂有机物和很小的生物，然后再将泥土以小土粒状粪便的形式排泄出来。因此，它真正的食物是土里的腐殖质。有时，蚯蚓也吃落在地上的植物的残叶。

蚯蚓身体的前端有肉质突起的口前叶。口前叶膨胀时，蚯蚓就能摄取食物；口前叶缩细变尖，蚯蚓就又能挤压泥土、挖掘洞穴了。因此，蚯蚓进食时能促进土壤成分的分解，使其中的营养成分渗入土中。同时，它们在土里掘洞，使土壤疏松，空气和水分可以更多地深入土中。另外，它的排泄物中含有丰富的氮、磷、钾等养分，可以使贫瘠的土壤变得肥沃。如果没有蚯蚓，泥土很快就会变得坚硬且毫无生机。因此，蚯蚓是一种对人类很有益的动物。例如，人们常利用蚯蚓来处理有机废物，1亿条蚯蚓一天就可吞食多达40吨的有机废物。

蚯蚓
蚯蚓体内含有大量的蛋白质和脂肪，营养价值很高，是优良的蛋白质饲料和上等食品。

蚯蚓的生活环境
蚯蚓是变温动物，它的体温会随外界环境温度的变化而变化。

蚯蚓怎样适应环境？

由于长期生活在土壤中，蚯蚓的身体结构与生活习性等都有独特之处，这使它们能够适应泥土环境，从而生存下来。

蚯蚓没有脚，帮助蚯蚓爬行的是它身体表面的刚毛。当蚯蚓行进时，先把身体后部的刚毛插进四周的土里，身体前部的体节一节一节地向前缩短。蚯蚓就靠身体的一伸一缩，像波浪似的从头部向尾部伸展，从而缓缓地向前爬行。

蚯蚓的身体是由许多的体节组成的，在每个体节与体节之间的背部中央有一个小孔，叫背孔。这个小孔和身体里边相通，所以它的体腔液可以从这个小孔里射出来，蚯蚓利用这种液体湿润身体，可以增加土穴中的滑润度，减少身体与粗糙沙土颗粒的摩擦，并防止体表干燥。此外，蚯蚓体表湿润还与其呼吸密切相关，因为它没有专门的呼吸器官，主要通过湿润的表皮与外界进行氧气与二氧化碳的交换。

蚯蚓的感觉器官不发达，只在皮肤上有能感受触觉的小突起，在口腔内有能辨别食物的感觉细胞，在身体前端和背面分布有感光细胞。蚯蚓没有眼睛，而这种感光细胞仅能用来辨别光线的强弱，由此可见，蚯蚓不依靠视觉寻觅食物。

【百科辞典】

腐殖质：
动植物残体在土壤中经微生物分解而形成的有机物质。

刚毛：
人或动物体上生长的硬毛。

动物之最 第一种全部基因获得排序的多细胞动物：一种体长仅1毫米的蚯蚓，它共有1.8万个基因。

蚯蚓为什么能再生？

Weishenme

蚯蚓是一种低等的环节动物。它的整个身体呈圆柱状，像是由两根两头尖的"管子"套在一起组成的。身体外表是一环一环连起来的体壁，其中有由中胚层细胞组成的肌肉系统；体内是一条消化道，从头到尾贯穿在一层层的隔膜中间。在内外两根"管子"间，充满了体腔液。

当蚯蚓被切成两段时，一般情况下，它都能实现再生，由一条蚯蚓变成两条完整的蚯蚓。这是为什么呢？首先，它断面上的肌肉组织会立即收缩，一部分肌肉迅速自行溶解，形成新的细胞团。同时，白血球聚集在切面上，形成栓塞，使伤口很快闭合。其次，位于体腔中隔膜里的原生细胞会迅速转移到切面上来，与自行溶解的肌肉细胞组合在一起，在切面上形成结节状的再生芽。与此同时，它体内的消化道、神经系统、血管等组织的细胞通过大量的有丝分裂，迅速地向再生芽里生长。这样，随着细胞的不断增生，缺少头的一段的切面上会长出一个新的头来，缺少尾巴那一段的切面上会长出一条新的尾巴来。要注意的是，不同体段的蚯蚓再生能力及恢复时间各有不同。

蛔虫怎么进入寄主体内？

Weishenme

蛔虫是动物体内最常见的一种肠道寄生虫。它会使动物患病，对动物本身有很大的危害。那么，蛔虫是怎么进入动物体内的呢？

一般情况下，被蛔虫感染的动物排出的粪便内含有受精蛔虫卵，在温度、湿度合适的情况下，这些虫卵发育成具有感染能力的成熟虫卵。当动物食用或饮用被这些虫卵污染的食物或水后，虫卵就会在动物的肠道内孵出幼虫，然后发育成成虫，成虫再产卵，如此循环往复，蛔虫便在各种动物体内寄居下来。以人为例，当人食用了附有蛔虫卵的蔬菜、水果，或食用了被带有蛔虫卵的苍蝇和尘土污染的食物后，蛔虫卵便进入人体。进入人体的蛔虫卵大部分被胃酸杀死，留下的一部分并不直接在肠道内生长发育，而是由虫卵变成幼虫后，通过人的血液循环，经过心、肺等重要器官再回到肠道发育成成虫。

成年雌蛔虫体内有大量虫卵，每条约有2000万个以上，通过人体粪便每天约排出20万个。排出的虫卵随后广泛分布于厕所、垃圾坑和土壤中，通过尘土、苍蝇、蟑螂、鸡、狗等媒介，散布在蔬菜、食物、水及生活环境中。

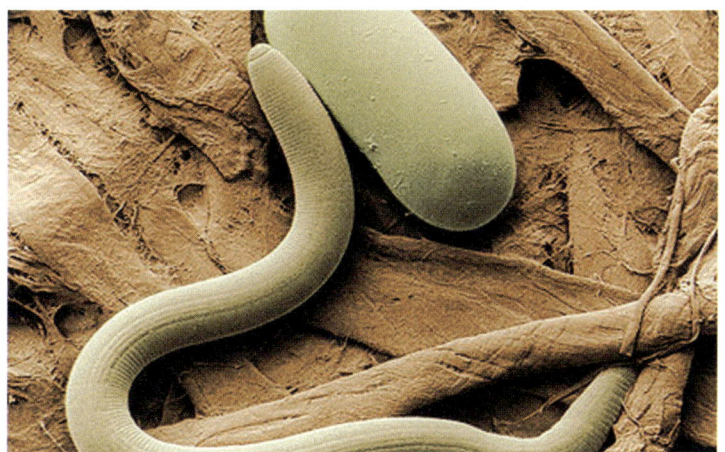

蛔虫
蛔虫是人体肠道内最大的寄生线虫，成体略带粉红色或微黄色，体表有横纹。雄虫尾部常蜷曲。

生命力顽强的蚯蚓
蚯蚓的生命力非常顽强，有再生能力。断成两截的蚯蚓能够变成两条，干瘪的蚯蚓吸水后能够迅速恢复生机。

你知道吗

- 蛔虫是人体肠道内生命力最强的生物，70%的人体内都有蛔虫。
- 中医学对蛔虫病早有认识，将蛔虫又称为蛟蛕、蚘、长虫。
- 蚯蚓体内也有一种寄生虫——猪肺丝虫。

动物之最 最短的蚯蚓：目前所知世界上最短的蚯蚓只有0.5毫米长，属颤蚓目仙女虫科毛腹虫属。

绦虫

绦虫虫体背腹扁平，左右对称，长如带状。绦虫大多分节，无口和消化道，缺少体腔。大多数绦虫是雌雄同体的。

蜗牛

蜗牛的躯体包括壳、头、颈、外壳膜、足、内脏、囊等部分，形形色色，大小不一，有宝塔形、陀螺形、圆锥形、球形、烟斗形等等。

为什么绦虫能固定在动物的肠壁上？

绦虫又叫带虫，成虫寄生于脊椎动物体内，幼虫主要寄生于无脊椎动物体内，但也有以脊椎动物为中间宿主的。除单节绦虫外，所有的绦虫身体均分节，由头节、幼节、成节和孕节组成一条带状链体。绦虫广泛寄生于人、家畜及其他动物体内，引发各种绦虫病和绦虫蚴病。

绦虫的头节实际上是吸附器官，又称附着器，其结构有吸盘型、吸槽型和吸叶型等，依靠头节上的附着器，绦虫能牢牢地吸附在宿主肠壁上。一般头节的顶端具有吻突，吻突上有小钩。有的吸盘或吸叶表面也有小钩，起加强固着的作用。如多寄生于人体的圆叶目绦虫，其头节多呈球形，吸附器官常为4个圆形的吸盘，分列于头节四周。头节顶部有能伸缩的圆形突起，称为顶突。顶突周围常有1至2圈棘状或矛状的小钩。还有一种假叶目绦虫头节呈梭形，其吸附器官是头节背、腹侧向内凹入而形成的两条沟槽。

绦虫全身都有带尖棘的体表微毛。这些微毛既有固着作用，免使虫体从消化道排出，又能擦伤宿主肠壁的上皮细胞，便于其大面积地吸收营养。

蜗牛有眼睛吗？

蜗牛一般昼伏夜出。那么，蜗牛有眼睛吗？实际上，蜗牛不仅有眼睛，它的眼睛还很有用处呢！

蜗牛的眼睛位于身体前端的头部，具体位置有两处——触角基部与触角上。通常，有一对触角的蜗牛，如山蜗牛、豆蜗牛等，眼睛位于触角基部；而有两对触角的蜗牛，如非洲大蜗牛、斯文豪氏大蜗牛等，眼睛则位于大触角的顶端。用肉眼观察，蜗牛的眼睛只是两个小小的黑点。实际上，蜗牛的眼睛与人类相似，也是由角膜、晶体、视网膜与视神经组成，但构造却十分简单，所以蜗牛只能通过感觉光线的变化来判断四周的物体，而不能像人眼一样真正看见物体的样子。因此，蜗牛的视力不太好。但对蜗牛来说，眼睛并不太重要，因为它通常晚上活动，不常用眼睛。不过，如果用手指碰触蜗牛的眼睛，它会马上把眼睛缩回壳里。就算把眼睛缩回壳里，蜗牛也能通过壳壁对光线的反射来观察外面的情况。受此启发，科学家发明了最早的胃窥镜，用于治疗胃病。

【百科辞典】

宿主：
寄生物所寄生的对象，也叫寄主。

触角：
昆虫、软体动物或甲壳类动物的感觉器官之一，生在头上，一般呈丝状。也叫触须。

为什么蜗牛爬过会留下亮晶晶的痕迹?

Weishenme

蜗牛是陆生的腹足类软体动物,喜欢呆在阴凉潮湿的地方。令人惊奇的是,在蜗牛爬过的地方,会留下一条白道。这是为什么呢?

蜗牛的脚很独特,叫肌肉足。爬行时,它用足紧贴在其他物体上,肌肉足扁平的肌肉横褶作波状蠕动,使它缓慢地向前爬行。同时,蜗牛足上还长有一种叫做足腺的腺体。足腺能分泌出一种黏液来帮助它爬行。这种黏液一遇到空气就迅速干燥,且闪闪发亮。因此,在蜗牛爬过的地方,就会留下亮晶晶的痕迹,也就是我们看见的白道了。这种黏液除了能帮助蜗牛爬行外,还能保护蜗牛的身体。当蜗牛冬眠或夏眠时,这种黏液会在壳口形成一个薄膜,把蜗牛的身体严密地封闭在壳内。等到外界环境适宜时,蜗牛再破膜出来活动。还有,当外壳口部意外破损时,黏液会在未破损的部分将蜗牛的身体封闭起来,待破损部分自行脱落后,蜗牛会形成一个较小但却完整的壳体。可见,这种足腺黏液的作用有多大!

天然珍珠是怎么来的?

Weishenme

珍珠是非常华贵的装饰品,也是很名贵的中药材,尤其是天然珍珠,十分珍贵。那么,天然珍珠是如何形成的呢?

在江、河、湖、沼里,生活着一种叫蚌的贝类。蚌的壳内有2片包住蚌的软膜,称为外套膜。当蚌进食时,它的贝壳会张开。一些外来物,如沙粒、小虫或虫卵等会偶然掉进贝壳里,与部分外套膜表皮细胞一起陷入蚌的结缔组织。外套膜的表皮细胞受到刺激,会快速分裂增殖分泌珍珠质,一层复一层地逐渐包围掉进来的异物,最后形成有核的珍珠。

人工养殖珍珠就是根据此原理,运用插核技术将圆形珠植入蚌内,使之形成珍珠的。有时,一部分蚌壳外套膜表皮细胞组织会因病变或受伤等原因脱离原来的部位,进入结缔组织中,从而形成无核的珍珠。

色彩和光泽是珍珠品质重要的标志,二者与蚌所在水域的化学成分和水中浮游生物有关。

爬行的蜗牛
据科学家测定,蜗牛爬行的最快速度大约是每小时12.2米。因为它们是靠腹部的突出颗粒蠕动爬行,所以速度很慢。

珍珠和蚌
珍珠和蚌壳内层的物质成分相同。珍珠是沙粒等异物掉到珍珠蚌壳内后,蚌壳外套膜的分泌物将其层层包裹后形成的。

你知道吗

- 珍珠弹性的大小取决于它所在的蚌壳角蛋白含量的多少。
- 珍珠的硬度是3.5至4.5,高于铜的硬度(3),与铁的硬度(4)相似。
- 蜗牛是世界上牙齿最多的动物。虽然它的嘴大小和针尖差不多,但是却有25600颗牙齿。蜗牛的小触角中间往下一点儿的地方有一个小洞,这就是它的嘴巴,里面有一条锯齿状的舌头,科学家们称之为"齿舌"。

动物之最 最大的珍珠:"真主之珠",也叫"老子之珠",重达6350克,半径13.97厘米,1934年发现于菲律宾一巨贝中。

乌贼为什么能喷墨汁?

乌贼又称墨鱼,生活在温暖的海洋中,主要以甲壳类为食,也捕食鱼类及其他软体动物。

乌贼躯干部包着外套膜,外套膜和内脏团之间形成的腔为外套腔。外套腔内有一个梨形小囊,叫墨囊,位于内脏团后端。实际上,墨囊是一处发达的直肠盲囊。囊内腺体可分泌墨汁,墨汁可经导管由肛门排出。

墨汁是乌贼保护自己的武器。一旦遇上凶猛的敌害,乌贼会立刻从墨囊里喷出一股墨汁,把周围的海水染成一片黑色,使敌害顿时看不见它,而它就可以趁机逃走了。另外,乌贼喷出的这种墨汁还含有毒素,可以用来麻痹敌害,使敌害无法再去追赶它。乌贼的名字就来源于此。当然,乌贼喷墨汁是动物对外界刺激所产生的一种自我保护反应。不到万不得已,乌贼是不会轻易施放它的"黑色烟雾弹"的。

乌贼
乌贼有十条腿,和八条腿的章鱼有很大的区别。

乌贼和章鱼有何区别?

乌贼和章鱼都是海里非常狡猾的动物。虽然它们都被称为鱼,但它们并不属于鱼类。实际上,乌贼和章鱼都是软体动物,是牡蛎和贻贝的近亲。那么,乌贼和章鱼有什么区别呢?

乌贼和章鱼都有腿,不过乌贼有十条腿,而章鱼有八条像飘带一样的长腿,因此,章鱼又被称为"八带鱼";章鱼的每条腿上都有300多个吸盘,小动物一旦被吸住,根本无法逃命;而乌贼腿上却没有吸盘。

当遇到危险时,乌贼和章鱼都能喷出"墨汁"。不过,章鱼不仅能连续6次往外喷射墨汁,而且半小时后就又会积蓄很多墨汁。

除此之外,章鱼比乌贼有更多的脱身技能和自卫本领。它能够把身体变成饼状,钻出极细的缝隙逃生。

不过,如果说到游泳的话,乌贼是海中的游泳高手,借助肚皮上漏斗管喷水的反作用力,它能够跃出水面,在空中飞行50米左右,因此被称为"海洋中的火箭"。乌贼游泳最高时速可达150千米,可作长距离洄游。章鱼则大多以爬行为主,较少游泳。另外,乌贼有石灰质的内壳,而章鱼没有,因此章鱼的身体没有固定的形状。

章鱼
章鱼有八条腿,每条腿上都有吸盘。其神经系统是无脊椎动物中最复杂、最高级的。

动物之最 最大的乌贼:大王乌贼,体长约20米左右,重约2至3吨,是世界上最大的无脊椎动物。

为什么章鱼能成为海中"一霸"?

Weishenme

在海洋中,章鱼是一种力大无比、好斗而聪明的动物,称得上是海洋里的"一霸",不少海洋动物都怕它。章鱼为什么这么厉害呢?这与它的几件特殊的"法宝"是分不开的。

首先,章鱼的8条腿是8条感觉灵敏的触腕。每条触腕上都有很多吸盘,每个吸盘的吸附力为100克,总的吸附力能够达到240千克。当章鱼休息时,总要留一两条触腕值班放哨。要是外界有什么动静,它会立刻跳起来,同时喷出墨汁以隐藏自己,并随时准备进攻或撤退。

其次,章鱼有十分惊人的变色能力,一次可以变出6种颜色。它也可以随时变换自己的皮肤颜色,以便与周围环境协调一致。

再次,章鱼有很强的再生能力。要是实在无路可逃,它会自动断掉一些触腕,只留下一两条触腕,它用那些断掉的触腕来吸引敌人,而自己则急速逃走。而且它伤口处的血管会极力收缩,不会流血,不久创伤处还会长出新的触腕。

另外,章鱼的套膜腔里可以装一些海水,以供它几天的生活所需。

所以说,章鱼是一种本领超强的动物。

海星的"嘴"在哪里?

Weishenme

海星是海里最常见的棘皮动物,外形似五角星,也称星鱼或轮星鱼。全世界的海洋中都有海星,它们生活在潮间带和近岸的平静海域。海星看上去不像是动物,而且从其外观和缓慢的动作来看,更难想象它竟是一种肉食类动物。海星主要捕食一些行动较迟缓的贝类、螃蟹和海葵等。

海星的嘴在其身体下侧中部,可与爬过的物体表面直接接触。海星的食量很大,一只海星幼体一天内吃下的食物相当于它体重的一半还多。由于海星活动缓慢,因此捕食时常采取迂回的策略,慢慢接近猎物,用腕上的管足捉住猎物,并用整个身体包住它,将胃袋从口中吐出,把"嘴"塞进猎物紧闭的硬壳上的微孔里,利用消化酶让猎物在其体外溶解并被其吸收。例如海星捕食蚌时,先用全身包住蚌贝,用嘴将麻醉液从壳缝吐进壳内,使得蚌壳张开,然后从嘴里吐出胃囊,伸进壳内,慢慢将贝肉消化掉。

太平洋章鱼
太平洋章鱼是世界上最大的章鱼,也是深海中的王者。其性情暴躁,不仅敢攻击鲨鱼和鲸鱼,有时还攻击小船。

海星
海星体色十分鲜艳,许多海星还可以随环境变化改变体色。

你知道吗

- 成年海星的天敌寥寥无几,最大的捕食者是它的同类。
- 海星具有一种特殊的能力——再生。海星的腕、体盘受损或自切后,都能够自然再生。海星的任何一个部位都可以重新生成一个新的海星。

动物之最 最大的章鱼:太平洋章鱼,雄章鱼平均直径3米,重25至30千克。

中国孩子最爱问的十万个为什么

主题索引
- 海星的管足做什么用？为什么龙虾的小脚能变成大螯？

海星的管足做什么用？

海星的体形大小不一，体色也不尽相同。它与海参、海胆同属棘皮动物，通常有5个腕。海星的腕具有非常强的力量，可以拉开双壳类动物紧闭的贝壳。在这些腕的下侧，并排长有4列密密麻麻的管足，这些管足排列紧密，各管足末端都有吸盘。管足既能帮助海星捕获猎物，还能使海星在海里运动或附着在其他物体上。

海星在海底移动时不用臂，而是用长在每支臂下的管足。管足蠕动而产生运动，从而移动身体。尽管海星通常行动缓慢，在海底每分钟仅能爬行10厘米，最快20厘米，但某些种类的海星行走起来也快得令人惊叹，如砂海星每分钟可以移动76厘米。

海星臂下的管足非常柔软，可以随意弯曲。如果海星的身体被波浪冲翻了，它们的管足末端会先翻向地面，吸附着岩石，然后慢慢翻过身来。当海星吸附在岩石上时，它会将管足内的液体排到专门的囊中，使管足内部形成真空，因此吸附得非常牢固，即使狂风巨浪也奈何不了它。

螯龙虾
全世界有3种螯龙虾，即分布于北美大西洋岸的美洲螯龙虾、产于欧洲大西洋岸的欧洲螯龙虾、产于南非的南非螯龙虾。大螯是它打开蚌、贻贝等贝类硬壳，获得佳肴的武器。

多足的海星
海星是多足体动物，呈放射状，很稳定。人们往往利用其原理来设计椅、凳、台的脚形。

为什么龙虾的小脚能变成大螯？

龙虾是一种常见的海生动物，种类很多，全世界共有龙虾400多种。通过观察，我们会注意到龙虾有一对特别大的螯，是打开蚌、贻贝等贝类硬壳而获得食物的武器，被称为螯钳。

龙虾的螯钳并非生下来就有的，而是在出生6至8周后才出现的，而且是由龙虾的小脚转变而来的。1908年，生物学家威克特·爱姆尔经过实验证实，年轻龙虾的大螯被砍掉后，另一对小脚就会变成大螯。他还证实，放在玻璃缸中长大的龙虾没有大螯。

后来的科学家重复威克特·爱姆尔早年的实验，把一些龙虾放养在光滑的塑料盘中，而把另一些龙虾放在有泥、牡蛎壳或塑料碎屑的盘里。结果，后者中长出大螯的龙虾数量远远超过前者。在另一个试验中，他们让龙虾的脚每天夹画笔三次，结果也长成了大螯钳。这说明，龙虾的小脚必须经过千万次的反复练习，才能变成威武的大螯钳。

【百科辞典】

棘皮动物：
无脊椎动物的一门，体不分节，无头部，体表有瘤粒或棘刺，全部是海生，运动缓慢或不运动。

管足：
在棘皮动物水管系统中从辐管分出的管状运动器官。

动物之最 最大的海星：臂长1.38米，但它身体的盘体直径仅2.59厘米，干重仅69.74克。

为什么虾煮熟后会变红？

在市场上买到的鲜虾都是青绿色的，但是煮熟后却变成红色，这是为什么呢？

原来，这种煮熟了的虾外壳中有一种颜色鲜红的色素，叫虾青素。除了虾以外，螃蟹等许多甲壳类动物也用虾青素或其他色素来装扮自己，如有些小壳动物主要含有虫青素，有些蟹类体内含有蝶红素。这些色素都和胡萝卜素有类似的结构，是"虾兵蟹将"们所含色素的主要成分。

活着的甲壳类动物的体色，由于种类、环境的差异而有所不同。但是它们不论活着时是什么体色，只要被煮熟，都会变成红色。在活着的生物体内，虾青素和蛋白质结合在一起，所以看不到颜色。受热时，蛋白质发生变性，虾青素从中分离出来，就显露出红色。这时，如果把虾、蟹的红色外壳浸到一种叫丙酮的化学药品中，这种色素会把丙酮染成美丽的橘红色，壳体也会褪色变浅。

螃蟹鳃和鱼鳃一样吗？

螃蟹是生活在水里的甲壳类动物，用鳃呼吸。不过，螃蟹的鳃和鱼鳃不同。螃蟹的鳃生在身体上部的两侧，表面由坚硬的甲壳覆盖着；而鱼鳃长在头部两侧的鳃盖里。螃蟹的鳃由很多像海绵一样松软的鳃片组成；而鱼鳃由许多鳃丝排列组成。螃蟹的鳃片里能够储存很多水分，螃蟹即便离开了水，仍然能和在水里一样不停地呼吸，吸进大量空气，由口器两边吐出来。因此，一旦离开水，鱼会很快死去，而螃蟹尽管也生活在水里，却可以时常爬到陆地上寻找食物，能在陆地上呆一段时间。

不过，如果螃蟹在陆地的时间过长，那么螃蟹鳃里的水分就会逐渐减少，呼吸也会困难起来。为缓解这一状况，螃蟹就要拼命地鼓起鳃吸气、呼气。若它吸进的空气过多，鳃和空气接触的面积增大，鳃里含有的水分和空气就会被一起吐出，形成无数气泡，所以螃蟹的嘴边常有一堆白色泡沫。我们买螃蟹时要挑选甲壳坚硬、吐白沫多的活蟹，这样的螃蟹才新鲜，吃起来才放心。

煮熟的龙虾
本来青色的龙虾被煮熟后变成了红色，这是由于虾青素与蛋白质分离，显露出了本来的颜色。

螃蟹
螃蟹的10只足就长在身体两侧。第一对螯足，既是掘洞的工具，又是防御和进攻的武器。

你知道吗

- 地球上最小的螃蟹是豆蟹，直径不到0.5厘米。
- 螃蟹为什么要横着走路呢？有一种地磁场说认为：螃蟹的内耳最初有定向小磁体，能够依靠地磁场来判断方向。地磁场倒转后，小磁体无法再定向，它便横着走路。

动物之最　陆地上跑得最快的螃蟹： 角眼沙蟹，每秒3.8米，但只能持续6秒，跑时只用3对步足。

中国孩子最爱问的十万个为什么

主题索引
寄居蟹"寄居"在哪里？珊瑚是动物吗？

珊瑚
珊瑚生长得非常缓慢。图中枝干状的为活体珊瑚骨骼，上面的星星点点为珊瑚虫。美丽的珊瑚把海底世界打扮得宛如花园。

寄居蟹"寄居"在哪里？

从昏暗的深海到平静的岸边，到处都有寄居蟹的存在。还有陆生寄居蟹，它们栖息在南美潮湿的密林中。那么，寄居蟹具体"寄居"在哪里呢？

寄居蟹能够栖息在任何腹足类动物的贝壳里，这也正是它名字的由来。如果没有空贝壳，寄居蟹就会发起进攻，把贝壳的"主人"一块块地从"房子"里撕扯出来，然后自己钻进去，并用一只螯堵住贝壳的入口，从此"寄居"下来。可是，海洋中有些凶猛的动物并不害怕寄居蟹的大螯。比如章鱼就能凭借有力的触腕破门而入，把寄居蟹从贝壳中拉出来。为保护自己，寄居蟹会找来一个能相互帮助的伙伴——海葵一起生活。海葵是海底的"毒花"，它的毒性很大，一点儿海葵毒汁就可以毒死一只美洲虎。因此，海洋里的动物都对海葵避而远之。寄居蟹栖居在空螺壳里，而海葵附着在螺壳上；海葵利用寄居蟹作为运动工具，并以寄居蟹吃剩的残屑为食，而寄居蟹可受到海葵保护。于是，它们之间形成一种奇妙而牢固的共生关系。

寄居在螺壳里的寄居蟹
寄居蟹有一个十分庞大的家族，已知有400多种，其寄居形式不尽相同。

珊瑚是动物吗？

形态各异、美丽多姿的珊瑚谁都不陌生。但由于珊瑚的形状像树枝，因此，很多人误认为珊瑚是植物。其实，珊瑚是一种由珊瑚虫遗骨组成的集合体。珊瑚虫仅1厘米大小，外表看起来大同小异，但它们彼此联结的方式各不相同，于是便形成了不同形状的珊瑚。珊瑚虫是出芽生殖，芽体并不分开，每个珊瑚虫都有骨骼，骨骼的成分主要是角质或石灰质。我们通常见到的珊瑚就是由这些珊瑚虫的骨骼堆积而成的。一代又一代的珊瑚累积在一起，便形成了巨大的珊瑚礁或珊瑚岛。珊瑚礁既能保护海岸，又能保护生物的多样性，是海洋的基本生态系统。

珊瑚属于只有内外两个胚层的腔肠动物。它只有一个口，食物从此进去，不消化的残渣也由此排出。口的周围生了很多触手，触手可以捕捉食物，也可以通过振动使水流进入口及腔肠中，以水中的小生物为食。一般情况下，珊瑚喜欢生活在水流快、温度高又比较清净的浅海地区。

【百科辞典】

共生：
两种不同生物共同生活在一起，互利共存。

出芽生殖：
生物体在一定部位长出与母体相似的芽体，芽体逐渐长大后，脱离母体长成新个体。

动物之最 最大的海生螃蟹：日本珍珠蟹，它的腿伸展开可达4米，总重量超过20千克。

水母为什么会"蜇"人？

Weishenme

水母是一种漂亮的水生动物，属于腔肠动物的一种。它的身体很柔软，外形有点像一把透明的伞，从伞状体边缘长出一些须状的触手，像仙女的美丽飘带一样。不过，外观美丽的水母其实十分凶猛。那些伞状体下面的长长的触手上布满了刺细胞，像毒丝一样，能够在碰到猎物时迅速射出毒液，将猎物麻痹或杀死。紧接着，触手就将猎物缠住拉近，用伞状体下面的息肉吸住，由这些息肉中分泌出消化酶，将猎物体内的蛋白质分解，以便消化吸收。

当我们夏天在海中游泳时，有时会突然感到后背或四肢一阵刺痛，就像被皮鞭抽了一下，那多半是被水母"蜇"到了。人类被一般的水母蜇到只会感到灸痛并出现红肿，只要涂上药，几天就能痊愈。但有的水母却能置人于死地。美国《世界野生生物》杂志曾列举了地球上最毒的10种动物，其中箱水母名列榜首。这种生活在澳大利亚沿海的水母虽然只有足球那么大，但触须上有几十亿个毒囊和毒针，足够杀死20个人。

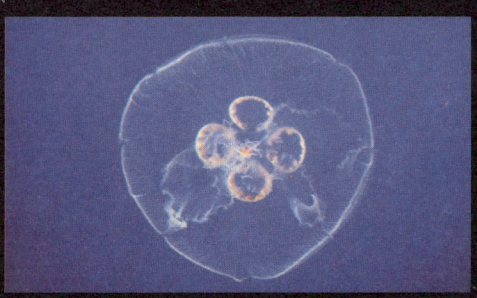

水母为什么能发光？

Weishenme

当水母在夜晚的海面上出没的时候，人们常常能看到那些半透明的伞状体闪耀着淡绿或蓝紫色的光芒，有的还带有彩虹般的光晕。尤其是栉水母在海里游动时，身体显现着球形的蓝光，几条长长触手形成细长的光带，随着波浪的起伏而摆动，光影千姿百态，十分优美。

水母的构造十分简单，没有肌肉和骨骼，身体的98%都是水。它是怎么发光的呢？原来，水母发光靠的是一种奇妙的蛋白质，名叫埃奎明（aequorin）。这种蛋白质和钙离子混合时，会发出蓝色的荧光。水母体内的埃奎明越多，发的光就越强，而每只水母均含有50微克的埃奎明。

【百科辞典】

腔肠动物：
低等多细胞动物，生活在水中，身体仅由内、外两层细胞组成，因其由内胚层围成的空腔具有消化和循环的功能而得名。

埃奎明：
一种蛋白质，和钙离子混合时会发出蓝色荧光。

水母
水母的伞状体内有一种特别的腺，可以释放出一氧化碳，使伞状体膨胀。而当水母遇到敌害或大风暴的时候，它就会自动将气放掉，沉入海底。危险解除或海面平静后，它只需几分钟就可以生产出气体让自己重新膨胀并漂浮起来。

海月水母
海月水母属于钵水母纲，直径10至30厘米，因夏秋两季浮于水面，状如明月，故称"海月水母"。这种水母很常见，有时会成群出现。伞状体中央部位的四个白色圆圈为其重要特征。

动物之最　最大的水母： 1865年美国马萨诸塞州发现的一只霞水母，伞状体直径2.4米，触手长36米。

中国孩子最爱问的十万个为什么

主题索引
水母为何能预知风暴？海绵到底是什么东西？

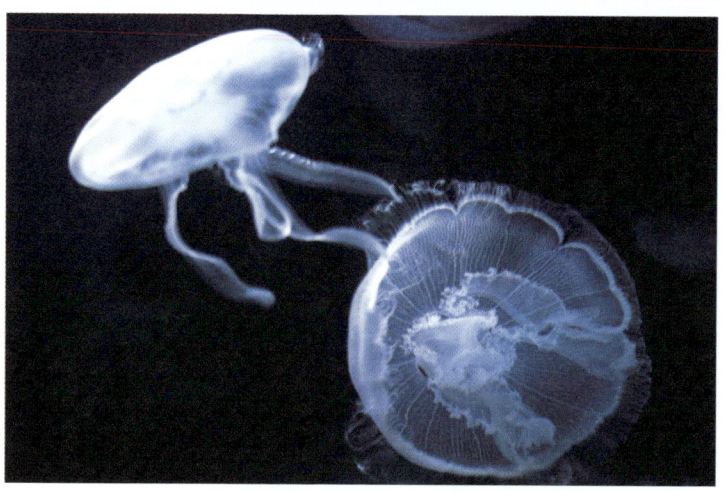

▲ 预知天气的水母
水母对次声波的感觉非常灵敏，能在15小时之前准确预知海洋风暴的信息。

▼ 热带水域海底的海绵
海绵的形态多种多样，大致可归为土墩形和烟囱形两大类。生活在浪大流急环境中的海绵，多呈流线型的土墩状；而生活在风平浪静环境中的海绵，形体则像竖立的烟囱。

水母为何能预知风暴？

Weishenme

海面上风平浪静，水母顶着各色的"伞"在海面上懒洋洋地漂动。不知什么原因，水母一下子都匆匆忙忙从岸边游走，奔向大海，这是为什么呢？有经验的渔民会马上告诉你："风暴要来了！"水母是怎样知道风暴要来了的呢？

原来在风暴来临之前，空气和海洋因剧烈摩擦而产生了次声波，它在水中传播的速度比风暴的运动速度快得多。这种次声波虽然无法被人类感知，但是水母却能敏锐地感觉到。在水母的触手中有一个细柄，细柄上长有小球，这就是水母的耳朵。在水母的内耳中，有一块小小的石头，叫"听石"。次声波振动了这块听石，听石再把振动传给水母耳壁内的神经感受器，水母就听到了次声波传来的风暴警告，就匆匆寻找安全的地方去了。

海绵到底是什么东西？

Weishenme

提到海绵，人们可能会马上想到床垫、布娃娃里装的海绵。其实，这些海绵都是人们用塑料制成的。那么，为什么管它们叫海绵呢？真正的海绵又是什么呢？

原来，海里确实生活着一种叫"海绵"的动物，它属于最原始的无脊椎动物，身体构造非常简单，没有心脏、脑、头、嘴等器官，也不会游动，只能附着在浅海的岩石上。海绵上面有个较大的开口，里面有个空腔，周围的体壁上还有成千上万的小孔，所以又叫"多孔动物"。海水从小孔流入体内，水中的小生物、氧气等生存必需的东西就会被带进来，随后，没有用的水或残渣则由顶端的开口处排出。

古代的希腊人、罗马人和中国人很早就开始采集海绵，用于工艺、医学和日常生活方面。后来人们仿照海绵动物造出了人造海绵，"海绵"这个名字也一直沿用下来。

你知道吗

☐ 海绵的再生能力惊人，即使被撕成碎块，每块也能各自长成新的海绵个体。

☐ 水母也有天敌：有一种海龟，它能在水母群中自由穿梭，用嘴扯断水母的触手，使其只能上下翻滚，最后失去抵抗能力，成为自己的一顿"美餐"。

动物之最 地球上最早的动物：海绵，它们在地球上出现的时间比恐龙还早，可追溯到6.5亿年前。现已发现距今约5亿年的海绵化石。

海葵的触手有什么用?

Weishenme

我们常见的菊花一般在秋季开放,而在海洋中,却有一年四季常开不凋的"海菊花",它就是海葵。海葵种类繁多,一般呈圆筒状,体色艳丽,基部附着在岩石上或海底。海葵上端是圆形的盘,周围有几只到上千只菊瓣似的触手。海葵是一种腔肠动物,这些漂亮的触手是它运动、捕捉食物和保护自己的"秘密武器"。

海葵触手的数目因海葵种类的不同而各异,不过,这些触手上都长满了倒刺,这种倒刺能够刺穿猎物的肉体。倒刺上长有细小的刺细胞,它是一种特殊的有毒器官,会分泌毒液。小鱼嬉戏于"海葵花丛"中时,一旦为海葵触手上的刺细胞刺中,便会被麻痹,然后被触手团团包围,成为海葵的美食。因此,这些触手实际上是一个可怕的陷阱。如果人类不小心碰到它们,就可能产生刺痛或瘙痒的感觉;如果把它们采回去煮熟吃下,则会引起呕吐、发烧等中毒现象,所以,海葵既碰不得也吃不得。另外,海葵并不都是永远呆在一个地方的,有的海葵能靠触手做翻转运动。

🔼 海葵
环绕在海葵消化系统周围的每一只触手都能判断它所接触到的食物能不能吃。猎物一旦被某只触手接触到,就会立刻被众多触手紧紧包围缠绕。

为什么小丑鱼能在海葵触手中自由穿梭?

Weishenme

除与寄居蟹共处一室外,海葵还和一种叫"小丑鱼"的"房客"共同生活。小丑鱼一遇到危险,就会立即躲进海葵的触手中;而每当海葵遇到天敌蝶鱼的攻击时,小丑鱼就会挺身而出,与蝶鱼展开搏斗。平时,小丑鱼会捡食海葵吃剩的残渣,同时也为海葵除去泥土、杂物和寄生虫。

小丑鱼为什么能和海葵和谐共处呢?原来,小丑鱼的体表有一层黏液,既可以中和海葵刺细胞的毒素,又可以抑制刺细胞的弹出。这些黏液原本是海葵的身体分泌的,可以防止众多触手相互触碰造成误伤。而小丑鱼在幼鱼时期就会小心翼翼地接近海葵,从触手上吸收黏液。等到它们全身都涂满了这种物质时,就相当于拿到了自由出入海葵触手的"通行证"。

🔽 小丑鱼和海葵
小丑鱼在海葵触手中来去自如,二者互惠互利。这种生活方式在自然界中大量存在。

你知道吗

■ 海葵时常为地盘和食物与同类争斗,甚至出现一方把另一方体表上的疣突扫平或触手拔光的情况。

■ 海葵遇到危险时会收缩身体,并排空触手内的水,再慢慢地把触手收回到紧缩的体腔内,整个过程历时两个半小时。

动物之最 世界上寿命最长的海洋动物:海葵,据测定,它们的寿命已达1500至2100岁,大大超过海龟和珊瑚的寿命。

中国孩子最爱问的十万个为什么

主题索引

蜈蚣到底有多少只脚？为什么蜘蛛不会被蜘蛛网粘住？

网上的蜘蛛

蛛网各不相同，不过一般都由放射状的蜘蛛丝（纵丝）和椭圆形的蜘蛛丝（横丝）组成。前者主要构建蛛网的骨架，强度很大，无黏性；后者上面有水珠似的凸起，被称为"黏珠"，其黏性经常使误闯入网的昆虫难以脱身。

蜈蚣到底有多少只脚？

Weishenme

蜈蚣有很多只脚，大家常把蜈蚣叫做百足虫，那么，蜈蚣到底有多少只脚呢？

蜈蚣是节肢动物门动物，属于多足纲，20世纪以来，世界各地共发现蜈蚣3000余种。其中，常见的药用蜈蚣成体体长为11至14厘米，体宽0.5至1.1厘米。背腹稍扁，前后部宽度几乎相等，整个身体共由22个体节构成，每节上有一对足。头后的对足叫颚足，呈钩状，很锐利，内通毒腺；最末一对叫尾足，特别大，伸向后方，上面有小棘。因此，一般来说，药用蜈蚣只有22对足，即21对步足和1对颚足，共44只脚，称它为百足虫只是形容它的脚很多而已。不过，不同种类的蜈蚣的足的数量是不同的，有的蜈蚣有100多对步足。有趣的是，以前发现的蜈蚣无论足的对数是多少，一般都是奇数对而没有偶数对的。但后来一个叫凯特尔的英国"蜈蚣迷"不仅证实了蜈蚣足的数量不等，还发现了偶数对步足的蜈蚣。

为什么蜘蛛不会被蜘蛛网粘住？

Weishenme

蜘蛛吐出的丝具有很大的黏性，可以粘住飞过的昆虫，使它们成为蜘蛛的大餐。可是，为什么蜘蛛自己不会被粘住呢？

蜘蛛腹部尾端一般有6至8个纺丝器，与每个纺丝器对应的是蜘蛛身上功能各异的腺体，每个腺体能产生不同的丝线原料。根据需要，蜘蛛吐出不同的丝线原料，从而织出有黏性的和没有黏性的两种丝线。蜘蛛织网时会选择在没有黏性的纵丝上织，避免自己被粘住，碰上有黏性的横丝时，蜘蛛能分泌出一种油性物质，并将它涂抹到自己的身上、尤其是脚上，这样，它就不会被粘住了。另外，通常蛛网与地面都不是垂直的，蜘蛛只用带有毛刺的脚接触蛛网。这样一来，它整个身体就挂在了蛛网上，进一步减小了被粘住的可能性。

【百科辞典】

节肢动物：
无脊椎动物中最大的一类，身体由许多体节构成。

黏性：
像胶水或胶带一样，能把一个物体附着在另一个物体上的特性。

腺体：
生物体内能分泌某些化学物质的组织。

动物之最 **最大的蜈蚣：** 产于拉丁美洲牙买加的一种热带蜈蚣，身体扁平，呈长条状，有180对足，最长的足可达26厘米。

为何有的蜘蛛不结网？

Weishenme

对于蜘蛛结网捕虫，大家都很熟悉。不过，为什么有些蜘蛛不结网呢？原来，除了我们熟知的结网蜘蛛外，还有两类生活方式特殊的蜘蛛：游猎蜘蛛和洞穴蜘蛛。游猎蜘蛛到处游猎捕食，不结网、不挖洞、不造巢；洞穴蜘蛛喜欢躲在沙堆或洞里，在洞口结网，这种网本身没有黏性，纯粹是用来感应猎物的大小的。

有趣的是，会结网的蜘蛛大多视力不佳，不能迅速地狩猎捕食，故以结网来捕捉飞行中的小昆虫。

而游猎蜘蛛一般栖息在林间地上，具有4对分节明显的步足，且全身布满细毛，它们的视力非常好，捕食本领也十分高超。如狼蛛目光敏锐，动作迅速，是小昆虫的杀手。当发现猎物后，狼蛛就静静地爬到猎物旁边，趁其不备，骤然跃起，以迅雷不及掩耳之势将小昆虫抓住，并用螯肢咬住，随即排出毒液将它们毒死，然后吃掉。

最毒的蜘蛛是哪一种？

Weishenme

蜘蛛是昆虫的天敌，但有些毒蜘蛛也会伤害人类与牲畜。实际上，蜘蛛都有毒，只是毒性强弱不同而已。

世界上最毒的蜘蛛叫"红斑蛛"，也称"黑寡妇蜘蛛"。它们广泛分布于温带和热带地区。这种蜘蛛全身披毛，刚毛发达，生性凶猛，不结网，是一种游猎蜘蛛。它们口腔内有坚硬的螯肢，即上颚，内有毒腺。

雌雄红斑蛛的大小和体色都有差异。在蜘蛛的世界中，一般雌性的体形都远大于雄性，而红斑蛛的雌蛛竟比雄蛛大了100倍，红斑蛛是雄蛛和雌蛛体形相差最大的蜘蛛。在体色上，成年雌性红斑蛛腹部通常呈亮黑色，而雄性红斑蛛则呈黑褐色。当红斑蛛被惊动时，为了自卫，它会立即扑上去蜇伤来犯者，此时蜘蛛体内分泌一种神经性毒蛋白液体，从螯肢经皮肤伤口进入被蜇者体内。受害者被蜇时有剧烈疼痛感，之后运动神经中枢会发生麻痹，严重的甚至会死亡。

红斑蛛
红斑蛛也叫黑寡妇蜘蛛，常躲在茂密的草丛中，使人防不胜防。它生性凶猛，富有攻击性，毒性极强。

跳蜘蛛
跳蜘蛛以猎捕苍蝇为生，故又名"蝇虎"。它是一种视力非常好的蜘蛛，会吐丝，但不结网，尾部有一条拉丝。碰到危险时，跳蜘蛛会利用这条拉丝滑入草丛，避开敌人。

你知道吗

- 红斑蛛的毒液毒性比响尾蛇的还强15倍。
- 红斑蛛毒性的大小因性别、发育阶段和季节的不同而有差异，其中，繁殖季节的雌蛛毒性最大。
- 作为宠物饲养的蜘蛛大多是洞穴蜘蛛。

动物之最 最大的蜘蛛：食鸟蜘蛛，身体长度超过100毫米，脚伸展开来足有250毫米，在树林中结网，以自投罗网的鸟类为食。

昆虫为什么有翅膀?

昆虫是我们都很熟悉的动物,色彩缤纷的蝴蝶、采花酿蜜的蜜蜂等都是昆虫,它们都有灵活的翅膀。昆虫是地球上最早出现的"飞行家"。有化石证据表明,早在3亿年前,有翅昆虫便出现了。那么,昆虫的翅膀是怎么来的呢?

3亿年前,大地上到处都生长着热带蕨类植物。那时,蕨类植物长得非常高大,有些甚至高达40米。这些高大的植物正是昆虫获得翅膀的环境条件,因为昆虫只有先爬上高处,适应了那里的生活以后,才有产生翅膀的需要和可能。对于生活在这些高大植物上的昆虫来说,它们要先借助于胸背侧突在植物间滑翔。自然选择的结果使它们胸背侧突一代一代地逐渐扩展,昆虫的滑翔距离也就越来越远。最后,胸背侧突终于进化成了能够自由飞翔的翅膀。翅膀的产生是昆虫进化史上最为重要的事件,它促进了昆虫神经系统的发展,也意味着昆虫行为的复杂化,使昆虫有了更加广阔的生活空间。从此,昆虫逐渐成为地球上成员数量非常庞大的家族。

蜻蜓
"飞行能手"蜻蜓的翅质薄而轻,每秒可振动30至50次,飞行速度可达0.23千米/小时,冲刺飞行速度可高达40米/秒。

红纹沫蝉
红纹沫蝉以善跳跃闻名。雌沫蝉通常将卵产在植物的茎上,并用其分泌的泡沫状物质保护这些卵。

沫蝉是"跳高冠军"吗?

我们一般认为跳蚤是"跳高冠军",因为它的腿肌弹力特别强,能以自身体重135倍的力量进行跳跃,而人类起跳时的力量最多仅能达到自身体重的2至3倍。那么,跳蚤真的是"跳高冠军"吗?恐怕沫蝉会对此提出抗议了。

沫蝉是一种以植物汁液为食的同翅目昆虫。它们会刺穿植物的茎,吸食汁液,因此是一种害虫。沫蝉"就餐"时,把自己隐藏在起泡的口水般的白色泡沫里,以躲避阳光和它们的天敌,所以沫蝉又叫"吹沫虫"或"吹泡虫"。这种昆虫很少飞行,通常在植物之间跳跃前进。科学家发现,沫蝉靠释放储存在强健的后腿中的大量能量,实现跳跃的目的。当不需要跳跃的时候,它们会用较小的前腿移动,并拖着后腿保持平衡。沫蝉跳跃的力量能达到自身体重的414倍。这样的力量可以将这种约6毫米长的昆虫送到约68.6厘米的高度。

【百科辞典】

昆虫:
节肢动物的一纲,身体分头、胸、腹三部分。头部有触角、眼等,胸部有3对足,2对或1对翅膀,也有没翅膀的。

同翅目昆虫:
昆虫纲的一目,包括蝉、沫蝉、飞虱和蚧壳虫等。

蜻蜓为什么要"点水"?

蜻蜓在水面上飞行时,会经常用尾部轻触水面,这就是我们所说的"蜻蜓点水"现象。那么,蜻蜓为什么要"点水"呢?

原来,蜻蜓虽然是生活在陆地上的昆虫,而且整日翱翔在空中,但它们的受精卵却要在水中才能孵化,幼虫也必须在水里才能存活。为了繁衍后代,蜻蜓必须选择在有水的地方产卵,于是蜻蜓用"点水"的方法,把受精卵直接产入水中,或产于水草上。卵到了水中就会附着在水草上,不久便孵出幼虫,称为水虿。水虿常伸出勾状下唇捕捉水中的小动物来吃,长大后它们爬上突出水面的树枝或石头,羽化成可以飞翔的蜻蜓成虫。

有趣的是,雌蜻蜓"点水"时,雄蜻蜓唯恐"妻子"失足落水,便飞在雌蜻

蜓的前上方,用它的尾尖钩住雌蜻蜓的头部,拖着它在水面产卵。因此,有人称雄蜻蜓为"助产士"。

蜻蜓是"飞行之王"吗?

夏秋时节,雨前雨后,我们常会看到很多蜻蜓在空中一起飞来飞去,犹如战斗机群在编队飞行。

蜻蜓的腹部细长,两对翅膀又薄又透明,纤细的头颈更显得轻盈灵巧,非常适合飞行。蜻蜓的飞行速度令人吃惊,其翅膀每秒振动达20至40次,使它飞行的时速可达150千米。在飞行中,它的两对宽大的翅膀保持平行伸展,前翅拍打翻腾空气,在空气中产生快速旋转的小漩涡,而后翅则从这种涡流的自旋中获得能量,形成了较大的升力。同时,蜻蜓还能在空中作特技飞行,姿态优雅,动作干脆利落。它们时而盘旋,时而垂直,时而忽然停住,接着又急速飞行。

另外,蜻蜓的远程飞行能力更是惊人。它们在海上长途飞行时,如果半路上没有地方着陆休息,就必须忍受疲劳和饥渴一直向前飞行,否则就毫无生路。因此,有些蜻蜓居然能飞行1000千米。蜻蜓的飞行速度及耐力,为它赢得了"飞行之王"的美誉。

蜻蜓的交配
蜻蜓飞行技术很高,甚至在飞行时也可以进行交配。交配后,雌蜻蜓将卵产在水中。

蜻蜓产卵
有一部分蜻蜓靠"点水"产卵,大多数则将腹部直接插入浅水中,把卵产在水底。

你知道吗

■ 刚羽化的蜻蜓成虫会立刻离开水域,飞进附近的树林里,它们以林中的小昆虫为食,不需要水源也能生活很长时间。

■ 蜻蜓除能大量捕食蚊子、苍蝇外,有的还能捕食蝶、蛾、蜂等害虫,是一种益虫。

白蚁

根据化石判断，白蚁可能由古直翅目昆虫发展而来，最早出现于2.5亿年前的二叠纪。白蚁体软而小，通常长而圆，有白色、淡黄色、赤褐色直至黑褐色等体色。

白蚁巢穴

非洲与澳洲常见的高大白蚁巢由十几吨的泥土砌成，通常有五六米高，最高可达九米，呈圆锥形塔状，是当地特有的景观。

白蚁为什么被誉为"伟大的建筑师"？

白蚁属社会性群体生活昆虫，身体柔软，只适宜在黑暗与潮湿的环境下生活，一旦暴露在阳光下或环境温度过高、过热，就很容易脱水死去，所以白蚁一般都筑蚁巢。

白蚁的巢体高度从几十厘米到数米不等，由土、木屑、白蚁排泄物和其分泌的唾液黏合而成。每一群体的蚁巢可由一个主巢和数个至十余个副巢组成，相互间有蚁路相通，这使蚁巢内部四通八达，形成一个有机整体。蚁巢可供几百万只白蚁栖息，其中还分产卵室与育幼室等，既坚固又实用。为了保持蚁巢的高湿度，白蚁们挖掘隧道，取地下水来润湿巢穴；为了维持蚁巢的常温，它们架起高耸的通风管，利用空气对流来克服这个难题。因此，蚁巢内部的温度是相对稳定的，通常维持在20至25摄氏度之间，这是最适宜白蚁生长的温度条件。

设计巧妙的蚁巢显示了白蚁高超的建筑本领。因此，它们被人们称为"伟大的建筑师"。

为什么军蚁被称为"微型杀手"？

非洲军蚁素以凶狠闻名，被人们称为"微型杀手"。一只18厘米长的老鼠掉入蚁群后，身上立刻会布满军蚁，几秒钟内便会全身抽搐，5个小时后便只剩下骨架了。

军蚁集体捕食的景象最为壮观。它们出发时通常排成密集的纵队，也有些军蚁采取广阔的横队队形前进，像汹涌的潮水一般。一离开蚁巢，它们就分成一个个小蚁群，包抄并围攻猎取对象。所有的软体昆虫和活动迟缓的昆虫，甚至被拴着的牛羊，都会成为它们的口中物。主力部队前进时，前卫线上和两翼是长着巨颚的兵蚁，中间是工蚁。兵蚁一发现食物，整个军蚁群就会蜂拥而上，将猎物撕咬成碎片，片刻即将猎物吃得一干二净。这种有组织的捕食是通过激素传递信息来完成的。

【百科辞典】

工蚁：
又称"职蚁"，是没有生殖能力的雌性蚂蚁，一般为群体中最小的个体，但数量最多。工蚁的主要职责是建造和扩大巢穴、采集食物、喂养幼蚁及蚁后等。

蚁后：
有生殖能力的雌性蚂蚁，或称"母蚁"，在群体中体形最大，特别是腹部大，生殖器官发达。主要职责是产卵、繁殖后代和统管群体。

产卵最多的昆虫：白蚁蚁后，它一生可产卵5亿粒。

蚂蚁是如何"放牧"的?

Weishenme

人类是放牧人,会放养牛羊等动物,获得奶、肉等食品。令人惊奇的是,小小的蚂蚁也是"放牧人",它们通过放牧蚜虫等来获得"牛奶"。

蚜虫是靠植物的汁液生活的动物。它们的粪便亮晶晶的,含有丰富的糖,我们称之为"蜜露"。蚂蚁非常喜欢蜜露,常用触角拍打蚜虫的背部,促使蚜虫分泌蜜露。人们把蚂蚁的这一动作叫做"挤奶",而把蚜虫比喻为蚂蚁的"奶牛"。

有趣的是,蚂蚁不仅会"挤奶",还会放牧蚜虫。秋天时,蚂蚁会把成群的蚜虫豢养在蚁穴中。春天时,蚂蚁开始"放牧"蚜虫。每次"放牧"前,工蚁会先爬到树枝上把甲虫、草蛉之类的昆虫赶走,再搬运蚜虫到植物上。搬运时,蚂蚁用颚牢牢地叼住它们,而蚜虫则会顺从地收缩起小腿,以免挂在树枝上。负责放牧的蚂蚁会认真地守卫在那里,保护蚜虫免受瓢虫、壁虱等天敌的侵害,提防其他蚂蚁把蚜虫抢走。因此,蚂蚁和蚜虫之间便形成了一种共生关系:蚜虫为蚂蚁提供食物,蚂蚁给蚜虫创造良好的取食环境。

蚂蚁为什么不会迷路?

Weishenme

蚂蚁过的是群体生活,它们在地下筑穴,到地面上觅食,再将食物搬回蚁巢。那么,蚂蚁会不会因此迷路呢?

实际上,蚂蚁一般是不会迷路的,因为它有认路的本领。蚂蚁的视觉非常灵敏,不但可以利用陆地上的景致,甚至可以利用天空中的景致(如太阳的位置等)来认路,辨认回巢方向。除依靠眼睛外,蚂蚁还能根据气味来认路。实验证明,有些蚂蚁会在它们爬过的地面上留下一种气味,在归途中只要沿着这种气味前进,就不会迷路。有些蚂蚁很熟悉往返道路上的天然气味,因此也不会迷路。

另外,年长蚂蚁的认路本领比年轻的更强。例如,年长蚂蚁经验丰富,比年轻蚂蚁更熟悉太阳位置的改变,因此总能顺利"回家"。

你知道吗

- 除蚜虫外,蚂蚁还放牧其他"牲畜",如介壳虫、木虱、蝉和一些鳞翅目的幼虫。
- 生活在菩提树上的蚜虫一天可为蚂蚁生产25毫克"牛奶","产奶量"是自己体重的好几倍。

蚂蚁和蚜虫
蚂蚁经常跟在蚜虫后面吞食蜜露。有时,蚂蚁会在带有蚜虫的植物茎秆上抹上泥土,在茎的上方修建"小土屋",并守在土屋入口处,以保护蚜虫。

蚂蚁的交流
蚂蚁的嗅觉非常灵敏,只要有一丝线索,它们就能找到回蚁巢的路。蚂蚁之间的信息交流是靠头上触须的互相接触完成的。

动物之最 数量最多的昆虫:蚂蚁,全世界约有1.6万种蚂蚁,其个体总数远远超过其他所有陆生动物。

蚂蚁为什么会成为"大力士"？

蚂蚁是动物中相对力量最大的"大力士"，它能举起超过自身体重50倍的食物；在运送食物过程中，它能拉动超过体重300倍的食物，并从很远的地方运回蚁巢。为什么蚂蚁会这么有力气呢？

科学工作者发现，蚂蚁腿部的肌肉是一部高效率的"发动机"，它由几十亿台微妙的"小发动机"组成。蚂蚁的"肌肉发动机"使用的是一种特殊的"燃料"，称为三磷酸腺苷，这是一种结构非常复杂的含磷化合物，缩写为ATP。在许多场合下，只要肌肉在活动时产生一点儿酸性物质就能引起ATP的剧烈变化，使肌肉蛋白的长形分子在刹那间收缩起来，产生巨大的能量。

这种特殊的"燃料"能把潜藏的能量直接释放出来，转变为机械能，由于不存在机械摩擦，所以几乎没有能量的损失，因此蚂蚁的"肌肉发动机"的效率可高达80%以上，比飞机发动机的效率还要高好几倍。这就是"蚂蚁大力士"的奥秘。

蜜蜂为什么要跳舞？

春暖花开时，勤劳的蜜蜂便开始四处采蜜。有时，我们会注意到，工蜂将食物送回蜂巢后，会有更多的蜜蜂飞往同一个花丛去采蜜。蜜蜂是怎么告诉同伴蜜源信息的呢？

原来，蜜蜂是利用舞蹈向同伴传递蜜源信息的。在蜂巢中，工蜂是专门负责"侦察"蜜源的"侦察兵"，找到蜜源后，它们会采一些花粉飞回蜂巢，并跳起舞来。如果找到的蜜源离蜂巢不太远，它们会跳圆形舞，表示蜜源在50米以内；如果跳"8"字舞，则表示蜜源距离较远，距蜂巢50至100米以外。此外，它们还利用在一定时间内跳"8"字舞的圈数和摆尾的次数来表示蜜源距蜂巢的距离，如在15秒钟内跳"8"字舞的圈数越少、摆尾的次数越多，则表示蜜源离蜂巢越远。工蜂跳舞时，身体的方位可以表示蜜源方向。如果它们头朝上，说明蜜源在向着太阳的方向；要是头朝下，就说明蜜源在背着太阳的方向。蜂巢中的其他蜜蜂得到这些信息，就会很快飞向蜜源，从植物的蜜腺中采集食物。

搬运食物的蚂蚁
蚂蚁的力气很大，可以搬动比自己体重数十倍的东西。

勤劳的小蜜蜂
勤劳的蜜蜂在花丛中飞来飞去，忙于采集花蜜和花粉。它们不仅养育自己的后代，而且为人类献上甘甜的蜂蜜。

【百科辞典】

工蜂：
雌蜂，不过生殖器官发育不完全，在蜂群中数量最多。工蜂的主要职责是采集花蜜、花粉，哺饲蜂王、幼虫，分泌王浆、蜡质，建造蜂房，侦察蜜源，清洁蜂房，守卫御敌等。

蜜腺：
某些植物的花上分泌糖汁的腺。

动物之最 最勤劳的昆虫：蜜蜂，一生都在采蜜。一只蜜蜂要采集2000朵花的蜜腺，才能生产出一茶匙的蜂蜜。

为什么蜜蜂蜇人后自己就会死掉？

Weishenme

大家都知道蜜蜂会蜇人，因此，很多人害怕蜜蜂。其实，不到万不得已，蜜蜂是不会蜇人的，因为它蜇人后自己就会死掉，这是为什么呢？

原来，蜜蜂腹部末端的毒针是由一根背刺针和两根腹刺针组成的，针后面连接

着毒腺和内脏器官，腹刺针尖端有几个呈倒齿状的小倒钩。当蜜蜂的毒针刺入人体的皮肤后，会排出毒液。蜜蜂要拔出刺针飞走时，由于小倒钩牢固地钩住了人体皮肤，所以毒针连同一部分内脏也一起被拉了出来，失去部分内脏的蜜蜂就死去了。但是，当蜜蜂蜇到身上有硬质表皮覆盖的昆虫时，它的刺针却可以从形成的破口中拔出，而自己也不会死掉。

蜂王和工蜂都长有毒针，但雄蜂却没有长。蜂王只有当内部打架时才使用毒针，所以，蜂王并不蜇人；而工蜂只有在受到外来威胁或为保护蜂巢时才会用毒针攻击敌人。因此，如果人们不去招惹蜜蜂，它们是不会主动蜇人的。

为什么说蜂巢堪称鬼斧神工？

Weishenme

蜂巢是蜂群生活和繁殖后代的处所，由巢脾构成。各巢脾在蜂巢内相互平行悬挂，并与地面垂直，巢脾间距为7至10毫米，称为"蜂路"。每张巢脾由数千个六角形的巢房联结在一起组成，是工蜂用自身分泌的蜂蜡修筑的。大大小小的六角形的巢房分别为培育雄蜂和工蜂而建造，底面为3个菱形面。培育蜂王用的巢房称为王台，形状似下垂的花生，多在巢脾下部和边角上。在雄蜂房和工蜂房之间及巢脾与巢框的连接处，有不规则的过渡型巢房，用于贮存蜂蜜和加固巢脾。蜂巢形成9至14度左右的倾斜，以防蜂蜜流出。

蜂巢中的六角形结构非常坚固，因此被仿制后应用于飞机的羽翼以及人造卫星的机壁上。从整体上看，蜜蜂在建造蜂巢时，总是力争使用最少的材料制作尽可能宽敞的空间，蜂巢堪称自然界的鬼斧神工。

蜂巢
蜂巢是蜜蜂所建的巢穴，由众多正六边形的蜂蜡巢室组成。蜂巢里除了蜜蜂之外，还有它们的幼虫，并储存着蜂蜜和花粉。

蜜蜂的毒刺
蜜蜂的毒刺位于其尾部末端，毒性较强。蜜蜂一般不会主动攻击人，因为攻击人后自己就会死亡。

你知道吗

- 晴天的上午9至11点，由于外界的蜜粉源比较丰富，因此蜂群一般不会在这一期间蜇人。
- 蜂巢温度过低时，蜜蜂会在蜂巢中聚集成团，用胸膛抵着蜂巢壁，给蜂巢加温。

动物之最　最大的蜜蜂：黑大蜜蜂，活跃于喜马拉雅山周围的雪山下，因此又被称为"喜马拉雅蜜蜂"、"雪山蜜蜂"等。其蜂巢通常为单一巢脾。

为什么蝴蝶的翅膀绚丽多彩？

由于翅色绚丽多彩，蝴蝶广受人们的喜爱，被看做观赏昆虫。为什么蝴蝶的翅膀会呈现出五彩缤纷的颜色呢？

在蝴蝶的翅膀上，生长着很多粉状鳞片，每个鳞片通过小柄插在翅膀上，这些鳞片就像屋顶上的瓦一样整齐、均匀地排列着。通常，一只蝴蝶的翅膀上覆盖有不同形状的鳞片，这些鳞片表面都有凹凸不平的细微纹理，这些纹理经来自不同角度的光线的反射、折射，就产生了各种颜色；再加上这些鳞片本身含有各种色素，能显现出各种不同的颜色，所以蝴蝶的翅膀就显得五彩缤纷了。蝴蝶翅膀不同的颜色和花纹可以达到威吓、警戒或隐蔽的效果。如木叶蝶前后翅相连而叠时，酷似一片枯树叶，令敌人难辨真伪。

➡ **木叶蝶**
木叶蝶也叫枯叶蝶，因翅膀花纹像枯叶而得名。其翅膀背面闪耀着青蓝色金属光泽。

➡ **梦幻月光蝶**
古往今来，人们一般把蝴蝶作为美好事物的代表。南美洲的哥伦比亚把梦幻月光蝶作为国蝶。

【百科辞典】

拟态：
某些动物的形态、斑纹、颜色等跟另外一种动物、植物或周围自然界的物体相似，借以保护自身免受侵害的现象。

变态：
某些动物在个体发育过程中形态发生变化的现象。

蝴蝶与蛾有什么不同？

在日常生活中，人们经常会误把蝴蝶当蛾、把蛾当蝴蝶。那么，我们应该怎样区分它们呢？

蝴蝶与蛾都属昆虫鳞翅目，都属于变态发育，都要经历卵、幼虫、蛹、成虫4个发育阶段。成虫期的蝴蝶和蛾都有一对触角、一对翅膀，在翅膀上都有闪闪发光、粉末状的鳞粉，难怪人们会混淆它们。不过，仔细观察，还是可以发现它们的不同。

首先，蝴蝶的触角像锣鼓的棒槌，也有的似榻棒；蛾的触角多数呈羽毛状或丝状。其次，蝴蝶的翅膀表面色彩美丽，翅面阔大，身体（腹部）瘦长；蛾类的翅面没有蝴蝶那么艳丽多彩，翅膀大多较小，腹部较粗短。再次，蝴蝶有两对翅膀，而一部分蛾只有一对翅膀。蝴蝶停下来时，有一对翅膀便竖立在背上；蛾停留下来时，它的翅膀是向身体两旁展开摊平的。最后，蝴蝶在白天活动，翩翩起舞于花草丛中，而蛾类则常在夜间活动，时常在有光的区域活动。知道了这些区别，我们便能很容易区分蝴蝶和蛾了。

动物之最 最大的蝴蝶：大鸟翼蝶，翅膀张开有30厘米宽，产于太平洋西南部。

家蚕为什么会吐丝？
Weishenme

人们都知道家蚕会吐丝结茧，可对家蚕为什么会吐丝，却不一定很清楚。原来，家蚕的幼虫体内有一套结构完整、构造复杂的造丝系统，叫做丝腺体，丝腺体连接着头部下面叫做挤压器的吐丝泡，由这两个基本部件组成一台"天然纺织机"。家蚕吐丝时，头上的肌肉不停地伸缩，挤压器便将丝腺体中的丝液抽压出来，丝液与空气接触后，便形成细长的丝。

家蚕吐丝结茧时，它的头总是时而抬高，时而垂下，并不停地左右摆动着。如果用放大镜仔细观察便可发现，家蚕作茧的丝是一个个排列得很整齐的"8"字形丝围，每个丝围约有0.72厘米长，每20多个丝围叫做一个丝列。当茧的一头织好后，家蚕会来个180度的大转弯，开始织茧的另一头，因此，它的茧都是两头稍粗，中间稍细，很像一颗花生。家蚕要结好一枚茧，需要转换250至500次位置，编织约6万个"8"字形丝围。

家蚕吐完丝后就变成蛹，然后羽化成为蚕蛾，破茧而出。

萤火虫为什么能发光？
Weishenme

夏天的夜晚，我们常会看到许多亮晶晶的"小星星"在低空中飞来飞去，它们就是萤火虫。为什么萤火虫能发光呢？

原来，萤火虫的腹部有一个发光器。萤火虫是一种小昆虫，体长只有约10毫米，它的发光器则更小。发光器是一个主要由发光细胞层和反光细胞层构成的扁平的光盘结构。发光细胞里面含有荧光素和荧光酶两种物质。荧光酶是发光的催化剂，在它的作用下，荧光素在细胞里的水的参与下，和氧气相互作用，发出荧光，也就是我们看到的萤火虫的光。萤火虫发的光几乎不产生热量，因此人们称之为"冷光"。萤火虫发光有两个目的，一是雌雄之间相互吸引追逐，二是为了吓唬敌人。

萤火虫
萤火虫幼虫和成虫的尾部都有发光器，幼虫没有翅膀，而成虫有翅膀。幼虫和成虫均以蜗牛或小昆虫为食，喜栖于潮湿温暖、草木繁盛的地方。

蚕茧
蚕幼虫在茧中将丝吐尽后，过几天便蜕皮变成圆胖的黄褐色蛹，不久变为有翅的蚕蛾，破茧而出。

你知道吗

- 由于蚕一生只吃桑叶却吐出珍贵的丝，因此，人们常用李商隐的诗句"春蚕到死丝方尽"来赞扬那些像蚕一样有奉献精神的人。
- 萤火虫的发光时间约自晚上7点至11点半，并非整夜都发光。

正在羽化的蝉
蝉的蜕皮过程被称为"羽化"。如果一只蝉在双翼展开的羽化过程中受到干扰,它也许会终生残废,无法飞行。

鸣蝉
雄蝉唱歌是为了引诱雌蝉前来交配。其肚皮上的两个小圆片叫音盖,音盖内侧有一层透明的薄膜,这是主要的发声器官。

为什么说蝉的生活方式非常独特?

蝉是夏秋季节常见的昆虫,俗称"知了"。它属于同翅目蝉科,身长约五六厘米,是一种不完全变态昆虫。

蝉的生活方式非常奇特。夏天,蝉多把卵产于树木嫩枝的皮下组织内,产卵后一周内即死去。卵经过一个月左右的时间方开始孵化,之后掉落到地面,自行掘洞钻入土中栖身。在土中,蝉蛹以刺吸式口器吸食树根汁液为生,期间还要完成4次蜕皮。这段时间很漫长,少则两三年,多则十几年。最终,老熟幼虫先用它钩状的前爪挖洞,爬出洞穴,再用前爪攀援着,慢慢爬上树干,然后,它背上出现一条黑色的裂缝,由此开始它的最后一次蜕皮过程。蜕皮结束后,蝉的幼虫变成成虫。不久,成虫爬出蝉壳,经阳光的照射,翅膀逐渐施展、干燥。整个羽化过程需1至3小时。羽化后,成虫飞向丛林树冠,以其刺吸式口器刺入树木枝干吸食汁液。成虫性成熟后,雄虫开始鸣叫,吸引雌虫与其交配。交配后雄虫死亡,雌虫产完卵后也随之死亡。

蝉为什么叫声响亮?

蝉是夏秋时的"歌唱家",它的叫声抑扬顿挫,非常响亮。蝉的发音器就在腹基部,像蒙上了一层鼓膜的大鼓,鼓膜受到振动而发出声音,由于鸣肌每秒能伸缩约1万次,盖板和鼓膜之间是空的,能起共鸣的作用,所以鸣声特别响亮。一般中小型蝉蝉鸣达80至90分贝,大型蝉蝉鸣高达100至130分贝。蝉还能用各种不同的声调激昂高歌。不过,只有雄蝉可以鸣叫,雌蝉的发音器构造不完全,不能发声。

由于蝉不是用口发声的,所以它能一边吸食树汁,一边用发音器唱歌,进食和唱歌互不妨碍。另外,蝉的鸣叫还能预报天气,如果它很早就在树端高声歌唱起来,就是在告诉人们"今天天气很热"。

【百科辞典】

不完全变态昆虫:
发育过程经历卵、幼虫、成虫三个发育期的昆虫,与完全变态昆虫相比,少了一个貌似静止的蛹期。

蜕皮:
许多节肢动物(主要是昆虫)和爬行动物在生长期间旧的表皮脱落,由新长出的表皮来代替的现象。通常每蜕皮一次就长大一些。

生命周期最长的昆虫:美国17年蝉,需要在地下呆17年才能长成成虫。

鱼类用什么器官呼吸？
Weishenme

在水中游泳时，我们要不断抬头换气，而鱼在水中就能呼吸，这是为什么呢？原来，鱼与人不同，鱼靠鱼鳃呼吸。

在鱼的头部两侧，分别有两块很大的鳃盖，鳃盖里面的空腔叫鳃腔。掀起鳃盖，可以看见在鱼的咽喉两侧各有4个鳃，每个鳃又分成两排鳃片，每排鳃片由许多鳃丝排列组成，每根鳃丝的两侧又生出许多细小的鳃小片。鱼在水中时，每个鳃片、鳃丝、鳃小片都完全张开，使鳃和水的接触面积扩大，增加摄取水中所溶解的氧的机会。在鳃小片中有微血管，这里的表皮很薄，当血液流过这里时就完成了气体交换：将带来的二氧化碳透过鳃小片的薄壁，送到水中；同时，吸取水中的氧，氧随血液循环输送到身体各部分。

口部和鳃盖的交替开闭可以使水不断地由口进入口腔，经咽到达鳃腔，与鳃丝接触，然后由鳃孔排到外面，鱼的呼吸作用就是在这个过程中完成的。水中的氧在这一过程中被鱼鳃内的血管吸收，鱼就不会缺氧。因此，鱼能一直生活在水中。

鱼鳔是做什么用的？
Weishenme

海洋中上层的硬骨鱼类大多数都有囊状的鳔。鱼鳔的体积约占身体的5%左右，形状有卵圆形、圆锥形、心脏形、马蹄形等。那么，鱼鳔是做什么用的呢？

轻轻按鱼鳔，我们感到鱼鳔里有空气。实际上，鱼鳔里面的确含有氧、氮和二氧化碳几种气体，其中氧气的含量最多。因此，在缺氧的环境中，鱼可以用鱼鳔辅助呼吸。

不过，鱼鳔的主要用处是调节鱼体的比重，使鱼在水中沉浮或静止不动。鱼鳔上有一个专门分泌气体的组织，叫气腺。气腺的作用类似水泵，可以把血液中的气体抽到鱼鳔里来；而当鱼鳔中的气体过多时，便运送一部分气体进入血液。因此，鱼通过鱼鳔，可以不用运动就缓慢上升或下降；而软骨鱼类、一些在水底生活的鱼和擅长快游的硬骨鱼没有鱼鳔，它们如果不运动的话就会沉到水底。当鱼想上浮到水面时，由于水压减小，鱼会吸收一部分气体，使鱼鳔膨胀起来，鱼体比重减轻，开始上浮。反之同理。另外，鱼鳔也可作为发声共鸣的器官。

🔸 **金鱼**
大多数鱼类的上浮或下沉都是由鱼鳔内充气的多少决定的。人们根据这一原理，制成了潜水艇。

🔸 **鲨鱼**
鲨鱼没有鱼鳔，所以必须不停地游动，才能保持身体在水中的平衡。

【百科辞典】

鱼鳔：
　　某些鱼类体内可以胀缩的囊状物。

硬骨鱼类：
　　生活在水中的最繁盛的脊椎动物。骨骼多为硬骨，一般披鳞、有鳔。

动物之最 最短命的脊椎动物：小虾虎鱼，生活在澳大利亚，平均寿命为8周。

鱼的视力好不好?

鱼虽然属于低等脊椎动物,但它们的眼睛的结构却与人眼相似。所不同的是,人眼的晶状体是扁圆形,可以看到远处的东西;而鱼眼的晶状体却是圆球形,只能看见较近的物像。因此,所有的鱼都是近视眼,它们很少能看到12米以外的物体,这与它们晶状体的弯曲度不能改变有关。

为什么如此近视的鱼在水中的反应却很灵敏呢?原来,鱼在水中虽然看得不远,但却能够通过光线的折射,在水中看到陆地上的物体。由于折射作用,鱼能看到陆地上的物体的距离比实际的距离要近得多,位置也比较高,所以它们能敏锐地感知到陆地上的物体。因此,有经验的钓鱼者通常都是蹲在岸边,使人体与水平面保持最小的角度,这样鱼就看不到人了。一般来说,鱼类的视野比人类的视野要广阔得多,所以不用转身就能看见前后和上面的物体,例如淡水鲑在垂直面上的视野为150度,水平面上的视野为160至170度,而人眼分别为134至154度。正是由于这个原因,照相机上使用的超广角镜头也被称为鱼眼镜头。

金鱼的眼睛
鱼的眼睛没有眼睑,神经系统也是比较低级的。它们的眼睛内没有像人眼那样复杂的折光系统,虽然鱼能看到东西,但它们是高度近视的。

热带鱼
大多数热带鱼都有光彩夺目的鱼鳞,这是它们在特定环境中生存的保护色。

为什么鱼大多有鳞片?

大多数的鱼身体表面都覆盖着鳞片,鱼鳞实际上是鱼类体表的皮肤衍生物,一般占鱼体重的2%至3%。鱼鳞从外表看是透明的,形状像花瓣,边缘呈微小的卷曲,带有白色光泽。为什么鱼会有鳞呢?

实际上,鱼鳞是一种多功能的组织,它能保护鱼的身体。首先,鱼的身体很柔软,鱼鳞为鱼体提供了一道保护的屏障。鱼的身体内外的盐度不同,如果没有鱼鳞,水会不断地渗入淡水鱼的体内,而海水鱼身体内的水分会跑出来,鱼就活不下去了。同时,鱼鳞还可以帮助鱼抵抗疾病,使鱼免遭水中微生物的侵害。除此之外,对大多数鱼来说,鱼鳞相当于外露的骨骼,有助于鱼维持体形,还能使鱼减少与水的摩擦力,游得更快。有时,鱼鳞还有伪装作用,鱼腹部的鳞银光闪闪,能反射和折射光线,如果水下有凶猛的鱼游过,当它往上看时,不太容易把鱼体和水的闪光分辨开来。

由于不同种类的鱼的皮肤结构不同,因此鱼鳞也各不相同。有的鱼浑身都有鳞;有的鱼只在身体某一部分皮肤的表层上有鳞,如裸鲤;有的鱼鳞像利针一样,如河豚;有的鱼看起来没有鳞,表面很光滑,其实它们也有鳞,只是非常小,要用放大镜才能看到;还有的鱼鳞长在皮下,如鳗鱼。

你知道吗

- 鱼眼没有眼睑,所以鱼睡觉时乃至死去后也都睁着眼睛,它们不会眨眼。
- 生活在南美洲的四眼鱼,眼睛生在头顶上,看上去好像有四只眼,其实它只有两个眼球。

鱼身上为什么有黏液？

Weishenme

我们抓泥鳅、鲇鱼时，往往只抓了一手黏液，而它们却溜走了。它们身上为什么会有黏液呢？

实际上，在泥鳅、鲇鱼等鱼的身上，都有一种黏液腺，黏液腺里的细胞能分泌大量的黏液，黏液布满鱼的全身，形成了一个黏液层。首先来说，黏液的作用类似鱼鳞，它虽然不能阻挡硬物的撞击，但可防止细菌、霉菌和其他微小生物的侵袭，阻挡水中有害物质从皮肤进入体内，黏液还可以对浑浊的水起到澄清作用。其次，有了它的存在，鱼的皮肤就可以不透水。这对维持鱼体内，尤其是一些洄游类的鱼体内渗透压的恒定有好处，因为黏液可以帮助它们适应水中盐度的变化。再次，由于黏液很滑，能减少鱼与水的摩擦力，帮助鱼更快更省力地游。如对泥鳅来说，黏液不仅能使它在泥中行动自如，还能让它在遇到危险时迅速逃生。另外，在生殖季节，有的雄鱼用黏液粘住一些植物形成鱼巢；有的雄鱼将吹出的气泡黏附在黏液上形成泡沫块，使雌鱼易于产卵，并使卵子容易受精。

鲑鱼为什么要洄游？

Weishenme

鲑鱼是世界上最珍贵的鱼种之一。这类鱼在淡水中出生，到海洋中生活，之后又回到出生的地方产卵，产卵后就死亡。鲑鱼为什么要洄游呢？

有科学家认为，鲑鱼远陆洄游是由于觅食的需要，而近陆洄游是出于生殖的需要。如生

捕捉鲑鱼
每年8月至9月中旬，在北美阿拉斯加湾，北美棕熊都会聚集在这里等待前来产卵的鲑鱼。它们在鲑鱼跃入漩涡时将其摁到水底，再用牙紧紧咬住后叼到岸边。

【百科辞典】

洄游：
海洋中的一些动物（主要是鱼类）沿着一定路线有规律地往返迁移。鱼类向陆地移动和溯河而上的叫"近陆洄游"；离开陆地和顺流而下的叫"远陆洄游"。

长在加拿大附近的鲑鱼，因为北温带的河流中没有足够的食物和容纳空间，它们便结群到遥远的北部海洋去觅食。进入生殖季节后，长大的鲑鱼又会成群从大海返回出生的河流里产卵。它们在溪流中逆水而上，遇到有落差的地方，会像鲤鱼跳龙门一样往上飞跃。可是，为什么鲑鱼能准确记得自己的"故乡"呢？有一种理论认为，鲑鱼有内在的磁场地图和精确识别白日长短的天赋；另外，鲑鱼还能嗅出它们幼时生活过的河水的味道。对于鲑鱼洄游的现象，至今还没有确切的解释。

鲇鱼
鲇鱼是底栖性、以动物性饵料为食的鱼类，通身无鳞，表面布满黏液。鲇鱼有扁平的头和大口，口的周围有数条长须，利用此须能辨别出味道，这是它的显著特征。

动物之最 最小的鲑鱼：七彩鲑鱼，体重一般不足2千克，也是最美丽的鲑鱼。

鲨鱼为什么不停游动？

我们见到的鲨鱼无时无刻不在游动，甚至连睡觉时也在游，这是为什么呢？

鲨鱼属于软骨鱼，体内没有鱼鳔，然而它们的密度又比水稍大，因此它们要不停地游动，不然就会沉入海底，再也无力浮起。由于一直不停地游动，鲨鱼需要的热量就很多，而它们就像一个填不饱的无底洞，一直在进食。那些闯入鲨鱼领地的动物，像海豚、海狮、海龟、鱼类等，都成了它们充饥的美食，甚至一些海洋垃圾也被它们糊里糊涂地吞进胃中。鲨鱼凶猛无比，因此被人们称为"海洋里的霸主"。另外，鲨鱼的游动速度很快，这也是它能横行海洋的原因之一，不过这种高速仅限于短程冲刺。多数鲨鱼游动时不能倒退，因此它们很容易陷入像刺网这样的障碍中，而且一旦陷入就难以逃脱。

▶ 不停游动的**鲨鱼**
鲨鱼的呼吸与其他的鱼不同。它们一般没有鳃盖，而在头的后面有5至7个鳃裂，鳃就在这里面。由于鲨鱼不停地游动，鳃裂不断接触大量含有新鲜氧气的海水，从而完成呼吸。另外，鲨鱼身上有许多毛细血管，可以辅助呼吸。

▶ **大白鲨**
大白鲨是最凶猛的海洋鱼类，是潜水者最大的威胁。

鱼也要喝水吗？

我们每天都要喝水以补充身体中的水分，生活在水中的鱼也要喝水吗？

很多人看到鱼嘴一开一合，动个不停，就说鱼在喝水。实际上，鱼嘴一张一合是为了让水加速流过它的鳃，以便吸收水中的氧而放出体内的二氧化碳，却并不一定是在喝水。科学家经研究发现，生活在淡水中的鱼终生都不喝水；而生活在海里的咸水鱼则要经常喝水。为什么会这样呢？

原来，在淡水中，鱼的体液比周围淡水渗透压高，淡水可以从鱼体外直接渗入鱼体内。故淡水鱼不但不必喝水，还要设法排除渗入体内的过多的水分，否则就会被水胀死。而生活在海里的咸水鱼体内的体液渗透压比周围溶有各种盐类的海水低，其体内的水就会不断地渗出体外，故要经常喝水以补充体内失去的水分。但海里也有少数的鱼，如鲨鱼就不必喝水，因为它们在血液中用尿素维持体液的渗透压高于海水渗透压。

你知道吗

- 鲨鱼，在古代叫做鲛、鲛鲨、沙鱼，是海洋中的庞然大物，号称"海中狼"。
- 护士鲨个性温驯，对人类没有生命威胁。它利用气孔，迫使水通过鳃，提供稳定的富氧水，使它们可以在静止不动时呼吸。

动物之最 最大的鲨：鲸鲨，也是最大的鱼，通常体长在10米左右。

肺鱼为什么能离开水？

肺鱼是一种和腔棘鱼类相近的淡水鱼。肺鱼的最早代表是泥盆纪中期的双鳍鱼。肺鱼曾经在4亿至3亿年前的晚泥盆纪至石炭纪期间十分繁盛，现在只有少数肺

鱼生活在非洲、澳洲和南美洲的赤道地区，可以说已成为一种活化石。

正如它的名字一样，肺鱼有很发达的肺部，部分种类即使离开水也能生存。具体而言，澳洲肺鱼是现存肺鱼中最原始的，它们生活在昆士兰州的一些河流中，在旱季河的流水量减少时就生活在一个个孤立的小水坑中，利用它们那分布着许多血管的单个的肺进行呼吸。不过，这种鱼还不能离开水面生活。而非洲的肺鱼和南美洲的肺鱼则在它们栖息的河流完全干涸后还能够生存数月。当旱季来临时，这些肺鱼就钻进泥里并把自己包裹起来，只留下一到数个小孔与外界通气。与澳洲肺鱼不同的是，这两种肺鱼都有一对肺。

弹涂鱼为什么能上树？

弹涂鱼属于虾虎鱼类，是一种底栖鱼，生活在浅海中和河口附近。它的身体长而侧扁，呈暗褐色，有黑色小斑点，背鳍为黑紫色，边缘略显白边。弹涂鱼的腹鳍已经演化成了吸盘，它靠吸盘将身体附着在礁石上。

令人惊讶的是，弹涂鱼是少数能够长时间脱离水也能存活的鱼类之一。原来，弹涂鱼不仅有鳃，而且还有多个辅助呼吸的器官。它的皮肤内有很多血管，可以直接与外界进行气体交换。离开水后，其鳃前的喉部仍然保持相当分量的海水，可以供呼吸使用。最有意思的是，弹涂鱼的尾鳍也有呼吸功能，所以在海边看到的弹涂鱼经常是将身体的大部分露出水面，而把尾鳍留在水中。另外，它还有一对特别发达的胸鳍。胸鳍很长，根部的肌肉相当发达，有点像人的两只胳膊，十分有助于陆上活动，有时，弹涂鱼走路比人步行还快。涨潮时，弹涂鱼常利用胸鳍抓住树干，攀援到矮树上。

美洲肺鱼
肺鱼为人们了解过去鱼类向原始的两栖类动物过渡提供了参照，但要说肺鱼就是两栖类的祖先则证据不足。

弹涂鱼
弹涂鱼是一种十分特殊的鱼类，在陆地上生活的时间要比在水中长。它有一双大而突出的圆眼睛，这使它对周围的情况了如指掌。

你知道吗

- 肺鱼有4亿多年的历史，是鱼类的"老祖宗"。旱季时它不吃不喝，依靠自己体内储备的脂肪来维持生命。
- 美洲肺鱼生活在南美洲静水中，体长可达1.25米，

中国孩子最爱问的十万个为什么

主题索引
- 海马是鱼吗？雄海马为什么能生宝宝？

海马是鱼吗？
Weishenme

海马的头部酷似马头，因此得名，不过有趣的是，它却是一种奇特而珍贵的近陆浅海小型鱼类。海马恐怕是最不像鱼的鱼了，它们集马、蜻蜓、虾、象四种动物的特征于一身：有马形的头、蜻蜓的眼睛、跟虾一样的身子，还有一个像象鼻一样的尾巴。

海马用鳃呼吸，头部弯曲，与躯干部成一个锐角或直角，顶部有突出的冠，冠端有小棘。它的头两侧各有22个鼻孔，嘴呈尖尖的管形，口很小，不能张合，因此只能吸食水中的小动物。它的眼睛很特别，可以分别向上下、左右或前后转动。这使它甚至不用转动身体，就能用伶俐的眼睛察看四周。有时，它还能一只眼向前看，另一只眼向后看，除蜻蜓和变色龙之外，这是其他动物所不能做到的。它的胸腹部凸出，躯干由10至12节骨环组成。它的尾部细长，呈四棱形，尾端细尖，能蜷曲。另外，海马的全身完全由膜骨片包裹，有一无刺的背鳍，无腹鳍和尾鳍。

> **→ 有育儿囊的雄海马**
> 雌海马将卵产在雄海马的育儿囊中，雄海马同时排出精子进行受精。受精卵在雄海马的育儿囊中孵化成小海马。其育儿囊里每次可容纳2000只小海马。

> **→ 海马**
> 海马的背鳍上有一根根活动的棘条，这些棘条能在一秒钟内来回活动70次。依靠从背鳍一端传到另一端的波浪，海马能自由自在地做前后或上下的移动。

雄海马为什么能生宝宝？
Weishenme

海马除了外形有趣之外，它的繁殖习性也很奇特。自然界动物的繁衍一般都由雌性完成，不过，奇怪的是，海马"怀孕"和"分娩"却是由雄海马来完成的。雄海马尾部腹侧有一个育儿囊，它是一个由皮肤褶成的腹袋，袋壁中充满血管，能够为小海马提供营养。每年谷雨过后，海马进入繁殖期，雄海马的育儿囊开始胀大。交尾时，雌雄海马将尾缠在一起，时而直立游动，时而水平游动，时而旋转。此刻，雌雄海马将凸出的输卵管插入雄海马的育儿囊中，将一粒粒的卵子排入，直至盛满为止。与此同时，雄海马也排出精子使卵子在育儿囊中受精。之后，雄海马便独自担负起生儿育女的任务。怀孕过程中，雄海马的腹袋又变成了温室。数周后，小海马们便会孵化出来。分娩时，雄海马的育儿囊的口会微微张开并逐渐扩大，随后，一只只小海马便从开口处生出来。

为什么海马"爸爸"会生宝宝呢？有科学家认为，雄海马的育儿囊有一种基因，可指导虾红素蛋白的合成，而由此构成的育儿囊经发育形成蜂巢状的子宫，发挥雌性怀孕时子宫的生理机能。

【百科辞典】

基因：
生物体遗传的基本单位，存在于细胞的染色体上，呈线状排列。

子宫：
哺乳动物的生殖器官，形状像囊。

动物之最 最小的有袋动物：海马，身长仅4至13厘米，较小的体重还不足25克。

飞鱼为什么会飞?

Weishenme

在海上航行的人们会经常看到这样的情景:一群飞鱼正在海中嬉游,突然,一条鲨鱼向它们扑来,它们却迎着鲨鱼游去,并迅速振动尾鳍,跃出水面,张开像翅膀一样的胸鳍在水面上飞行,同时,腹鳍也随即张开,协助胸鳍进行飞行,使鲨鱼扑了一个空。

飞鱼为什么会飞呢?原来,飞鱼长有一对发达的胸鳍,长度约为身长的2/3,宽度约为身长的1/3,腹鳍也比较发达,尾鳍下叶比上叶长,这种鳍使飞鱼具备了飞行的条件。当由胸鳍产生的上升力和尾鳍的前进力作用在一起时,飞鱼就能离开水面飞行了。不过,它们的飞行其实只能算滑翔,因为飞行距离不太远,大约为300多米。飞鱼一般的滑翔高度为6至10米,滑翔时间为40多秒,时速可达60千米。

能非常准确地确定猎物的方向和速度。双髻鲨的嘴巴长在头的下方,牙齿尖利,虽然双髻鲨是食人鲨,但主要以鱼类、甲壳类和软体动物为食。只要人们不拿着鱼叉向它们挑衅,它们一般是不会主动攻击人类的。双髻鲨的性别很容易区分,雄鱼肛门附近比雌鱼多出一对向外伸出的管状器官,被称为"交合突"。

双髻鲨
双髻鲨不仅头部长得奇怪,生殖器官构造也很独特。其交合突内侧有一条沟槽,雄鱼通过这个沟槽把精液导入雌鱼的体内。

双髻鲨的头为什么长得那么奇怪?

Weishenme

双髻鲨属于鼠鲨目,生活在热带海洋中。这种鲨的头前部向两侧突出,如同古代女子头上梳的双发髻,因此而得名。为什么双髻鲨会长有这么奇怪的头型呢?生物学家对此看法不一。有些生物学家认为,这种头型在觅食的时候具有感觉探测的优势,而其他生物学家则相信这有助于它在水中保持浮游状态。

双髻鲨头部的两个突起上面各有一只眼睛和一个鼻孔。其中,两只眼睛在突出部分的顶端,相距1米,这使双髻鲨的视野更有立体感,容易分辨远近,因此

飞鱼
飞鱼以飞翔来避开海中敌人的自卫方式有时也很危险,因为这常使它成为海鸟的美餐。

你知道吗

- 位于加勒比海东端的珊瑚岛国巴巴多斯以盛产飞鱼而闻名,被人们称为"飞鱼岛国"。
- 飞鱼具有趋旋光性,白天时目光很敏锐,晚上则常盲目飞翔。

电鳗
电鳗放电却电不着自己，不过它放电后要经过一段时间的恢复，才能再次放电。

射水鱼
射水鱼的体形近似卵形，身体侧扁，头长而尖，眼大，体侧有6条黑色垂直条纹。它射出的水柱不仅能把苍蝇、蜜蜂之类的小昆虫击落，甚至能把人的眼睛打伤。

为什么电鳗会放电？

电鳗生活在南美洲，体形似蛇，长可达2米多，体重可达20多千克，体表光滑无鳞。与普通鳗鱼相比，电鳗有一个独特的本领——放电，它也因此而得名。电鳗是鱼类中放电能力最强的淡水鱼类，可输出电压300至800伏，因此有"水中高压线"之称。为什么电鳗会放电呢？

原来，电鳗身上长有两对发电器，形状为长梭形，位于其尾部脊髓两侧。它放电时的平均电压为350多伏，不过产生的电流却极其微弱，一般不到1安培。虽然它发出的是直流电，但放电频率每秒可达300个脉冲。放电的损伤力取决于电鳗的大小和机体的状况。当电鳗长不足1米时，电压随着电鳗的成长而增加。当电鳗身长大于1米后，只有电流的强度增大。

电鳗以其他鱼类为食。捕食时，它先悄悄地游近鱼群，然后连续放出电流，受到电击的鱼马上晕厥过去，身体僵直。于是，电鳗乘机吞食它们。然而，被电鳗电晕的鱼往往超过它们食用所需要的量。因此，电鳗放电也不一定是为了捕食，也可能是一种生理需要。

射水鱼为什么能射水？

射水鱼是一种欣赏价值非常高的鱼类，被称为自然界的"神射手"。因其能向上喷射水柱，捕食海岸边和掠过水面的陆生昆虫而得名。为什么射水鱼能够射出水柱呢？

原来，在射水鱼口腔顶部有一道很细的凹槽，当射水鱼用舌头抵住凹槽时，口腔内便形成一条像玩具水枪的枪管一样的管道。一旦发现猎物，射水鱼便偷偷游近目标，先行瞄准，然后突然合上鳃盖，一道强劲的水柱就会沿着管道射出去，将昆虫打落水中。它能把水射到3米多高，距离30厘米内的猎物很难逃命。要是连续的几道水柱仍不能击落猎物，它还能跃出水面近30厘米将猎物抓获。但是，由于光的折射，从水下往上看，一切事物的位置都会发生偏移。那么，射水鱼是怎样准确地确定目标的呢？很简单，射水鱼头上有一对水泡眼，体侧有6条黑色垂直条纹，其中一条通过眼部，这使它不仅能看到水面的东西，也能察觉到空中的物体。当准确对准猎物正下方后，它便射出水柱。

【百科辞典】

电流：
单位时间内通过导电物体横截面的电量，单位是安培。

折射：
光线、电波、声波等穿过不同介质时传播方向发生变化的现象。

动物之最　放电电压最高的鱼：放电鱼，产于孟加拉国沼泽，长4米，能放出1000多伏的瞬间电压。

深海鱼为什么能承受巨大的水压？

Weishenme

我们都知道，海水越深，水压就越大。深度每增加10米，压力就要增加1个大气压。也就是说，生活在水下7000多米的小鱼，要承受700千克的压力。这个压力可以把钢制的坦克压扁，而令人不可思议的是，在此种压力下，深海鱼竟能照样游动自如。为什么这些深海鱼能承受这么巨大的压力呢？

原来，为适应环境，深海鱼类的生理机能已经发生了很大变化，这些变化反映在深海鱼的肌肉和骨骼上。由于深海环境的巨大水压作用，鱼的骨骼变得非常薄，而且容易弯曲；肌肉组织变得特别柔韧，纤维组织变得出奇细密；更有趣的是，鱼皮组织变成一层非常薄的层膜，它能使鱼体内的生理组织充满水分，以保持体内外压力的平衡。这就是深海鱼为什么能够承受巨大的水压，而并不会被压扁的原因。

什么是两栖动物？

Weishenme

提起两栖动物，很多人会误认为两栖动物就是"水陆两栖的动物"，这种看法是不准确的。比如，有不少鳄类和龟类就是"水陆两栖"的，但它们属于爬行动物；也有一些真正的两栖动物或者终生生活在陆地上，或者终生生活在水中，并不"两栖"。那么，究竟什么样的动物才是两栖动物呢？

两栖动物是一种具有四肢的脊椎动物，它们皮肤的腺体发达，而没有其他四足动物的鳞片、羽毛和毛发等特征。实际上，它们的英文名"amphibian"意为"有两种生活的动物"，这说明了此类动物的特点。大多数两栖动物的幼体生活在水中，像鱼一样有尾巴，并用鳃呼吸；而它们的成体则在陆地上生活，用肺呼吸，尾部消失。这个发育过程叫"变态"，变态发育是这类动物的一个重要特点。现生两栖动物的皮肤薄而裸露，没有鳞、毛或羽覆盖，皮肤腺体发达。成体大多用肺呼吸，但有的水生种类终生用鳃呼吸。它们的卵没有硬质的卵壳，多数产在水里或潮湿的环境中。

【百科辞典】

四足动物：
具有4个附肢的脊椎动物。所有两栖类、爬行类、鸟类和哺乳类都是四足动物，其中包括附肢退化的一些种类（如蛇）。鱼类不是四足动物。

冬眠：
某些动物对不利生活条件的一种适应，它们冬季僵卧在洞里，血液循环和呼吸非常缓慢，神经活动几乎完全停止。

宽咽鱼
宽咽鱼主要栖息于大西洋、印度洋及太平洋深海底，这种鱼鳃孔小，但口非常大，胸鳍不明显。

箭毒蛙
两栖动物一般昼伏夜出，并以冬眠的方式度过寒冷季节。但也有一些种类习惯在白天活动，如箭毒蛙。

动物之最　最古老的两栖动物：迷齿亚纲，它们是早期两栖动物的主干，生存于泥盆纪到白垩纪期间，其中包括爬行动物的祖先。

青蛙
青蛙是两栖动物的典型代表，有冬眠的习惯。冬眠期间的青蛙几乎完全靠皮肤进行呼吸。

青蛙的眼睛
青蛙的眼睛不同于一般动物的眼睛，它们往往看运动的物体时很敏锐，看静止的物体时很迟钝。另外，青蛙的眼睛还可以识别不同的图像。它可以在飞动着的各种形状的小飞虫里，立即识别出它最喜欢吃的苍蝇。

青蛙为什么要生活在潮湿的地方？

青蛙是我们都熟悉的两栖动物，它们的幼体生活在水里，而成体则水陆两栖。不过，青蛙一般栖息在阴暗潮湿的地方，如树林底层、山涧溪流等。这是为什么呢？

原来，青蛙长大后，不像幼体那样用鳃呼吸，而是改用肺及皮肤呼吸，在陆地上捉害虫吃。但青蛙的肺并不发达，仅仅是一对薄壁的空心囊，构造很简单，气体的交换量也很少，依靠它得到的氧气不能满足青蛙生存的需要，所以青蛙还必须借助皮肤的辅助呼吸来补足氧气。青蛙的皮肤经常分泌黏液，如果皮肤能保持湿润状态，就能使外界空气中的氧和皮肤微血管血液中的二氧化碳进行交换，补充肺呼吸量的不足。青蛙透过皮肤呼吸所得的氧大约占吸氧总量的40%左右。因此，青蛙不能长期呆在陆地上，而要生活在潮湿的地方或水边，以使它的皮肤保持湿润。

为什么青蛙吃东西的时候要眨眼睛？

青蛙不仅吃蚊子、苍蝇等小昆虫，还大量捕食飞蛾、稻飞虱等农业害虫。一只青蛙一年可以消灭5万多只害虫，真不愧是"捕虫能手"。夏天的晚上，人们时常可以看到这样的情景：一只青蛙蹲坐在池塘边上，一动不动、目不转睛地盯着迎面飞来的各种小虫子。忽然，它腾身跃起，伸出像鞭子一样的舌头，准确无误地把虫子卷进嘴巴里。更有意思的是，青蛙每次吞咽食物的时候都会眨眼睛，吞咽的食物越大，眨眼睛的次数也就越多，直到把这些食物全部吞下去为止。这又是为什么呢？

原来，青蛙吃东西时，会先用长长的舌头将飞虫粘住，再送进宽大的嘴里。青蛙没有牙齿，因此只能把食物整个吞下去。另外，它的眼眶底部没有骨头，眼球与口腔之间只隔着一层薄薄的膜。每次吞咽食物的时候，青蛙的眼肌会发生收缩，就产生这种眨眼的动作；同时，眼球向着口腔方向突出，形成一种压力，将食物推进食道。所以，青蛙吃东西时就常常眨眼睛了。

你知道吗

■ 青蛙是水陆两栖动物，一般被视为精确的环境晴雨表或指示器。

■ 最原始的青蛙在三叠纪早期开始进化。最早有跳跃动作的青蛙出现在侏罗纪。

动物之最　最大的青蛙：喀麦隆蛙，产于非洲，成年后体重达3千克，身长达1米。

多指节蛙为什么又被称做"悖论蛙"?

Weishenme

每年春天,我们常常可以看到很多蝌蚪,它们一般只有1至2厘米长。但在南美洲的亚马孙河流域和特立尼达岛上却生活着一种巨大的蝌蚪,它的全长往往超过25厘米。这是哪种蛙的蝌蚪呢?这个问题在一段时间内迟迟没有得到确切答案,因为谁都没有见过这种巨型蝌蚪变成的蛙。于是科学家给它取了许多不同的名字。

后来,为了揭开神秘蝌蚪之谜,科学家把这种硕大的蝌蚪饲养在实验室里,观察它的生长、发育过程,最终真相大白。原来这种蝌蚪在变成蛙的过程中,不仅没有长大,反而变小了,从全长25厘米的蝌蚪,变成最多不超过7厘米的多指节蛙。难怪科学家无论如何也没有想到要把当地出产的这种蛙和那么大的蝌蚪联系起来。根据这一不合理现象,人们给这种蛙取了一个特别的名字:"不合理蛙",又叫"悖论蛙"。

龟为什么能够长寿?

Weishenme

人们都喜欢把龟叫做动物界的"老寿星",因为很多龟都能够存活100年以上。为什么龟能够这么长寿呢?

科学家们对龟长寿的原因看法不一。有科学家认为,龟的寿命与龟的个体大小有关,个体越大,寿命越长;个体越小,寿命越短。但1971年在长江捕获的一只大头龟个体并不大,却至少已存活了132年,因为它的背甲上刻有"道光二十年"(即1840年)的字样。

也有科学家认为:素食龟要比肉食或杂食龟寿命长。比如,生活在太平洋和印度洋热带岛屿上的象龟是长寿龟,以青草、野果和仙人掌为食,可以存活300年以上。

研究发现,对于人和动物细胞来说,繁殖的代次和生存的年限都受到某种限制。人的胚胎细胞在培养液中分裂到50代时,就因难以往下延续而衰老死亡了,而乌龟的细胞却可以分裂到110代,这说明,龟细胞繁殖代数的多少,同龟的寿命长短有密切的关系。

除此之外,动物学家发现龟的心脏机能较强,离体取出后竟然能够自己跳动24小时之久,这与龟的寿命长短也有直接的联系。

龟的长寿与它的呼吸方式也有关系。龟没有肋间肌,所以呼吸时必须用口腔下方一上一下地运动,才能将空气吸入口腔,并压送至肺部。它在呼吸时,头、足一伸一缩,肺也就一张一吸,这种特殊的呼吸动作,也是龟得以长寿的原因之一。

蝌蚪变青蛙
青蛙卵经过一段时间的孵化,就成了小蝌蚪,小蝌蚪以水中的藻类和浮游生物为食。约一个半月后,小蝌蚪尾巴的根部开始膨胀,随后后腿与前肢开始成形,尾巴同时缩短,最后就变成了青蛙。

【百科辞典】

蝌蚪:
蛙、蟾蜍、蝾螈、鲵等两栖类动物的幼体。

龟:
爬行动物的一种,一般四肢粗壮,有坚硬的龟壳,头、尾和四肢都有鳞,并能缩进壳内。

象龟
太平洋象龟是著名的长寿龟,寿命可达300余年。以蛇、鱼、蠕虫作为食物的大头龟和一些杂食性的龟,它们的寿命也有超过100年的。

动物之最 陆地上最大的龟:象龟,又称山龟,最重的达375千克,背甲长约1.5米,以可以载人爬行而著名。

中国孩子最爱问的十万个为什么

主题索引
① 为什么海龟记得自己的出生地？蜥蜴尾巴为何能再生？

断了尾巴的蜥蜴
蜥蜴是变温动物，为了调节体温，它很喜欢晒太阳。其尾巴可以再生，有些蜥蜴在遇到敌人时甚至主动断掉尾巴来转移敌人的注意力。

海龟游泳
海龟几乎一生都在海中度过，它自身的游动能力不强，需要借助海流的力量漂游。

为什么海龟记得自己的出生地？

Weishenme

海龟是海洋龟类的总称，已在地球上生活了近2.5亿年。它们具有洄游习性，对出生地的忠诚度极高，往往在饵料丰富的海域觅食生长，然后返回出生地僻静的沙滩上产卵繁殖。为什么几十年后海龟还能清楚地记得自己的出生地呢？

科学家对此提出了三种假说，其中，"返回出生地"假说最为人们所接受。这种假说认为幼龟和鲑鱼一样，在出生后，会在记忆中留下其出生地特有的"记号"：出生地的气味或水流中的物理、化学成分等特点。当它们长大成熟后，成龟会"开启"这道记忆之门，再依循这些信息洄游到其出生地去产卵。然而，这种假说并没有足够的证据支撑，因此海龟的洄游依然是一个谜，困扰着人类。

蜥蜴尾巴为何能再生？

Weishenme

许多蜥蜴在遇到危险时，常自断其尾，以不停跳动的断尾吸引敌人的注意力，自己却逃之夭夭，不久，蜥蜴又能生出新的尾巴。这是为什么呢？

科学家称蜥蜴自断其尾的现象为"自截"，是一种逃避敌害的保护性适应。自截可在尾巴的任何部位发生，但不能在两个尾椎骨之间的关节处进行。自截一般发生于同一椎体中部的特殊软骨横隔处，这种特殊横隔构造在尾椎骨骨化过程中形成，因尾部肌肉强烈收缩而断开。软骨横隔的细胞终生保持胚胎组织的特性，可以不断分化。所以尾巴断开后又可再生出一条新的尾巴。再生尾中没有分节的尾椎骨，而只是一根连续的骨棱，鳞片的排列及构造也与原尾巴不同。有时候，尾巴并未完全断掉，而软骨横隔自伤处不断分化再生，产生另一只甚至两只尾巴，形成分杈尾的现象。

为什么断尾还能不停跳动呢？原来，蜥蜴的尾巴是它贮存营养的仓库。这些营养以糖原的形式贮存在尾巴里。尾巴断后，糖原迅速释放出来，促使断后的尾巴依然跳动。

动物之最 最大的蜥蜴：科摩多龙，产于印度尼西亚科摩多岛，成年蜥蜴一般长3.5至5米，体重达100至150千克。

科摩多龙有毒吗?

Weishenme

科摩多龙是生活在印度尼西亚科摩多岛的一种巨蜥。这种庞然大物皮肤粗糙,生有许多隆起的疙瘩,无鳞片,黑褐色,口腔长满巨大而锋利的牙齿,是全球最危险的动物之一,与亚洲帝王眼镜蛇、非洲黑树蛇、南美红斑蛛并称为"动物界四大杀手"。

科摩多龙以它巨大而有力的长尾和尖爪来捕食科摩多岛上的野猪、鹿、猴子等。不过,更多时候,它不以体力和利齿向猎物发动正面进攻,而是悄悄接近猎物,找机会狠咬一口,72小时内,猎物必倒地而亡,然后它便坐享其成。这是为什么呢?

原来,科摩多龙会分泌一种剧毒的毒液,凡是被它咬伤的动物或人都难逃厄运,因为到现在为止,还没有特效药可以解科摩多龙的毒液。科学家发现,刚刚出生的科摩多龙的唾液是无毒的,因此推测成年科摩多龙的毒液来自于它嘴里的一些细菌。这些细菌以科摩多龙嘴里的食物残渣为食,能产生强大的毒素。不过,最近的研究发现,科摩多龙本身产生的唾液也可能具有一定毒素。同时,由于科摩多龙血液中有这种细菌的抗体,因此它不会被自己毒到。

变色龙为什么会变色?

Weishenme

变色龙又名"避役",主要分布在非洲大陆和马达加斯加,是一种"善变"的树栖爬行类动物。随环境、温度和心情的变化,它能够在20秒内改变自己的体色。为什么变色龙会变色呢?

【百科辞典】

抗体: 人或动物的血清中,由于病菌或病毒的侵入而产生的具有免疫能力的蛋白质。

伪装: 动物用来隐藏自己,或欺骗其他动物的一种手段。

○ 变色龙
变色龙的皮肤里有三层色素细胞,能够迅速改变体色。

与其他爬行类动物不同的是,变色龙的体色变换完全取决于皮肤表层内的色素细胞,在这些色素细胞中充满着不同颜色的色素。具体来说,变色龙皮肤有三层色素细胞,最深的一层由载黑素细胞构成,其中细胞带有的黑色素可与上一层细胞相互交融;中间层由鸟嘌呤细胞构成,它主要调控暗蓝色素;最外层细胞则主要是黄色素和红色素。当外界环境变化时,变色龙的色素细胞会在其神经的刺激下使色素在各层之间交融变换,从而改变体色。

另外,人们通常认为,变色是变色龙逃避敌害的一种自卫手段。然而,科学家最近发现,变色龙变色不仅仅是为了伪装,还是在传递信息,以便与同伴沟通,就如同人类的语言一样。

○ 科摩多龙
科摩多龙曾和恐龙生活在同一时代。科摩多岛气候温和,丛林茂密,四周环海,海岸有成片的沙滩和林立的礁岩,是科摩多龙生活的"天堂"。

动物之最 最小的变色龙:盔甲变色龙,产于马达加斯加,最大的身长仅4厘米。

壁虎为什么能在墙上爬而不掉下来？

生活中，我们有时会看到壁虎在墙壁或天花板上爬。为什么它们不会从墙上掉下来呢？

原来，壁虎每只脚的底部都长着数百万根极细的刚毛，每根刚毛的长度，约相当于两根人类头发的宽度。更为奇妙的是，在这些人眼都看不清的每根刚毛顶部，还有约400至1000根更细的分支。这种精细结构使得刚毛与物体表面分子间的距离非常近，从而产生分子引力。虽然每根刚毛产生的力量微不足道，但这么多刚毛的力量集合起来，便十分惊人了。据计算，一根刚毛产生的力量能够提起一只蚂蚁，这些刚毛虽然占地不到一个小硬币的面积，却能支撑100千克左右的重量。因此，壁虎在墙壁上行走时，它只需使用其中一只脚的刚毛，便能支撑起整个身体。要是遇到敌人，它们便同时运用几只脚的刚毛，这样壁虎就爬得更稳更快了。

壁虎
壁虎在无论多么脏的物体表面都能行走，因为它的脚虽然不会自动分泌液体，但有着自动清洗的功能。

凯门鳄
凯门鳄是美洲地区的一种鳄鱼，性情凶猛，攻击力很强。因嘴巴较短，也叫短吻鳄。

为什么鳄鱼会流眼泪？

生活中，人们常用"鳄鱼流眼泪"来形容一个人很虚伪：害人之后，还假慈悲地流眼泪。不过，鳄鱼的确会流出大滴晶亮的"眼泪"。这是为什么呢？

其实鳄鱼是没有同情心的，也不会像人一样流眼泪，它流的不是真正的眼泪，而是盐分。鳄鱼肾脏的排泄功能很不完善，而它的体内又有多余的盐分，于是就要靠一种特殊的盐腺来排泄。鳄鱼的盐腺正好位于眼睛附近，它会把盐分逐渐浓缩起来，然后通过流泪的方式将盐分排出。

除鳄鱼外，海龟、海蛇、海蜥和一些海鸟身上，也都有类似的盐腺。盐腺使这些动物能将体内多余的盐分排掉。所以，盐腺是它们天然的"海水淡化器"。

你知道吗

- 鳄鱼的眼睛突生在头上部，在水中时，它是一个远视眼，而在陆地上则是一个"千里眼"。
- 像蜥蜴一样，壁虎断尾后，很快也会生出一条新尾巴。
- 台湾有一种会高声鸣叫的壁虎。据说，它以前并不会叫，在郑成功收复台湾时，为了给郑军发出荷兰军来犯的警报才开始鸣叫。因此，郑成功便封这种壁虎为"铁甲将军"。

动物之最　最小的鳄鱼：奥斯布伦·德瓦夫鳄鱼，产于西非刚果河上游，体长极少超过1.2米。

为什么说扬子鳄是"最后的活化石"?

扬子鳄身长约2米,像条大蜥蜴。嘴长,里面长着锋利的牙齿;背部暗褐色,有的呈深绿色,腹部灰色,皮肤上覆盖着大鳞片;它四肢粗壮,尾巴很长,长度甚至超过了头和身体长度的总和。扬子鳄是我国特有的动物,濒临灭绝,栖息在我国长江中下游和安徽、浙江等地,被称为中华鳄,因为外貌像龙,所以又称土龙、猪婆龙。很多人称它为"最后的活化石",这是为什么呢?

考古学家认为,在两亿年前的恐龙时代,鳄类便已经存在了。6000万年前,由于地球环境的变化,恐龙等爬行动物都灭绝了,只有少数鳄类适应了新的环境而生存下来。而扬子鳄等鳄类就是那个时期现存的最后孑遗。在扬子鳄身上,至今还可以找到恐龙等爬行动物的许多特征。现在,人们研究恐龙时,除了依据恐龙化石所反映出来的信息以外,也常常以扬子鳄为依据去推断恐龙的生活习性。它为研究动物的演化和揭示大自然的奥妙提供了科学研究的材料,所以,扬子鳄被称为"最后的活化石"。

为什么蛇能吞下比自己头部还大的食物?

蛇是令所有人恐惧的爬行动物。最让人惊讶的是,蛇的嘴能张得很大,可以吞下比自己的头还大的食物,这是为什么呢?

原来,蛇头部与开合有关的骨骼和其他的动物不同。首先,蛇头部接连到下巴的几块骨头是可以活动的,因此它的下巴可以向下张得很大。其次,蛇左右下巴之间的骨头连接成可活动的榫头,左右以韧带相连,可以向两侧张大。因此,蛇的嘴不但上下可以张得很开,而且左右也能在一定程度内张得很大,这样就可以吞食比它的头部还大得多的东西了。同时,蛇还会分泌出大量的唾液,帮助它吞咽食物。

【百科辞典】

孑遗: 也称孑遗生物,指经过大变故后少数遗留下来的生物,一般会成为活化石。

榫头: 竹、木、石制器物或构件上利用凹凸方式相接处凸出的部分。

🔴 吞食青蛙的蝰蛇
蛇的口伸缩性很大,能吞下比自己的头还大的东西。另外,蛇的肋骨可自由活动,因此从喉头下咽的食物通常会直接进入它的腹中。

🟢 扬子鳄
扬子鳄与美洲的密西西比河鳄为目前世界上仅存的两种淡水鳄,数量极其稀少。它们很早之前就生活在地球上了,有重要的研究价值。

吐信的蛇
蛇信是重要的嗅觉器官，作用和人的鼻子一样。人们往往认为蛇吐信是在"吓唬"人，其实，蛇通常是不会主动攻击人的，除非人们"打草惊蛇"。

蛇蜕
蛇蜕皮时，眼睛会暂时失明，蜕后复明。蛇蜕内含骨胶原等成分，可入药。

为什么蛇总爱吐舌头？

Weishenme

几乎所有的蛇都有一条鲜红而又分杈的舌头，也称为"蛇信"。有时，我们会注意到蛇吐舌头，那么蛇为什么吐舌头呢？是故意要吓唬人吗？

实际上，蛇很喜欢吐舌头，不过它吐舌头不是"故意"要吓唬人，而是在"闻"味道。蛇的视觉、听觉很差，它的味觉也已经退化，食物吃到嘴里也不知道是什么味道。不过，蛇的嗅觉却很发达，能分辨出很多种气味，但它的嗅觉器官并不是鼻子，而是那条又细又长、顶端分杈的舌头。当蛇把舌头伸出来时，得到一些物质微粒，缩回去以后，舌头就伸到了口腔前上方的一对小腔里，这个部位叫助鼻器。它与外界隔离，不能直接产生嗅觉，但是它靠舌头的帮助能实现嗅觉功能。助鼻器是由许多感觉细胞组成的，能够通过嗅觉中枢的综合和分析，鉴别出微粒中的化学物质。经过判断，蛇就可以准确地捕获猎物了。被蛇咬伤的动物逃走时，蛇可以利用它那伸缩的舌头和灵敏的助鼻器探寻和跟踪，直到再次发现捕捉的对象。

为什么蛇要蜕皮？

Weishenme

我们知道，蛇一年要蜕几次皮，蜕下来的蛇皮叫蛇蜕，又叫龙衣。蛇为什么要蜕皮呢？

蛇细长的身体表面包裹着鳞片，但这些鳞片和鱼的鳞片不同。蛇的鳞片是由皮肤最外面的角质层演化开来的，所以叫角质鳞。它比较柔韧，而且不透水，也不能随着身体的长大而长大。蛇长大一些，就需要蜕一次皮。蛇蜕皮后新长的鳞片比原来的要大些。蛇鳞不仅有防止水分蒸发和机械损伤的作用，也是蛇爬行的主要工具。

蛇一般每隔两三个月就要蜕一次皮，一般冬眠后也会蜕一次皮，蜕皮的次数与动物生长的速度有关，例如生长快的蛇每两个月就要蜕皮一次。蛇蜕皮时，要选择粗糙的地面或缠住树枝扭动身体，通过摩擦脱去陈旧的"外套"，而换上"新装"。因此我们经常会在石洞口或树枝上看见蛇蜕。

你知道吗

- 蛇的内脏主要集中在从头算起七寸左右的地方，因此，打蛇要打七寸。
- 许多节肢动物的外骨骼限制了其身体的生长，因而有蜕皮现象，蜕皮受激素的控制。
- 有些爬行动物以碎屑或小颗粒的形式蜕皮，如蜥蜴的表皮就会成片脱落。
- 不是所有的爬行动物都蜕皮，比如龟。

蛇都是卵生的吗?

Weishenme

很多蛇都是卵生生殖，一般一年一窝。蛇卵孵化后，小蛇在卵内发育成形时才破壳而出。但是，有些蛇却是卵胎生殖。因此，蛇的生殖方式有两种：卵生和卵胎生。

游蛇都是卵生的，但蟒、盲蛇和眼镜蛇，有些卵生，有些则卵胎生。不同种类的蛇，生殖方式不同；不同环境下生活的蛇，生殖方式也有差异。通常生活在寒冷地区和高山的蛇，大多是卵胎生，例如蝰蛇。而终生生活在印度洋和西太平洋的热带海域中的海蛇几乎都是卵胎生殖。这种生殖方式可使卵停留在母体输卵管里，使发育的胚胎能够维持所需要的温度，不受外界多变环境的影响。

通常情况下，只有少数卵生蛇，如蟒、印度蜥蛇等会照料自己的蛇卵，它们产卵后会在四周盘卷起来进行孵化，因为盘得很严实，别的动物几乎看不见有蛇卵。这样不仅可以保持卵的温度，还可以避免敌害来偷吃蛇卵。直到小蛇即将孵化出来前，母蛇才松开身子，让小蛇从卵里爬出来。

蟒蛇怎样杀死猎物?

Weishenme

很多人都听过人被巨大的蟒蛇缠绕致死的传闻，但实际上，没有几个是真的，因为蟒蛇一般不伤害人类。要是它接近人，人只要跑开就可以逃生了；但较小的动物，如蜥蜴、鸟类和老鼠，就不容易逃掉了。

蟒蛇是世界上最大的一种蛇类，长达5至7米，最大体重在50至60千克。不过，蟒蛇体大性惰，行动迟缓。大多情况下，蟒蛇习惯于一动不动地躺着等待猎物，缓缓地爬行以接近猎物。一旦猎物靠近，它便用突然袭击的方式将其咬住，然后开始伸展身体，一圈一圈地缠紧猎物。猎物每呼吸一次，就会被缠得更紧直至窒息死亡，然后蟒蛇就从猎物的头部开始吞食。

然而，蟒蛇不经常吞食猎物，它们吃一餐就能活几个星期，因而大部分时间都在养精蓄锐。和其他蛇类一样，蟒蛇的头部也有一种特殊的热敏器官，被称为"颊窝"，它能使蟒蛇觉察到附近温血动物散发出的热量。因此，即使在黑暗中，蟒蛇也能轻易地捕捉到猎物。

【百科辞典】

输卵管：
女子和雌性动物生殖器官的一部分，在子宫两侧，作用是把卵巢产生的卵子输送到子宫去。

胚胎：
在母体内初期发育的动物体，由卵受精后发育而成。

↙ 蟒蛇
蟒蛇是一种较原始的蛇，在其肛门两侧各有一小型爪状痕迹，为后肢退化后的残余。

↑ 眼镜蛇
眼镜蛇一次产卵10至18枚，孵育期约50天，它们的卵很奇怪，在孵化以前，卵的体积和重量会自动逐渐增加。

最长的毒蛇：眼睛王蛇，生活于亚洲南部丛林中，长2至3米，最长的为5.71米。

为什么响尾蛇的尾巴会发出响声？

响尾蛇
响尾蛇以每秒40至60次的频率摇动尾巴，响环就会发出"嘎啦、嘎啦"的响声，30米以外就能听到。

北极燕鸥
北极燕鸥是世界上迁徙距离最远的候鸟。每年6月在北极地区生儿育女，到了8月份就率领儿女向南极迁徙，这样每年往返于两极之间，飞行距离达40000多千米。

在美洲的某些地区，常会听到一种"嘎啦、嘎啦"的声音。没有经验的人会以为这是溪水发出来的流水声，可是四周却并没有小溪。原来，这是由响尾蛇的尾巴发出的响声。为什么响尾蛇的尾巴会响呢？

响尾蛇是一种毒蛇，生活在美洲大陆上。成年的响尾蛇尾巴有6至10块连锁环，尾端有一个硬化的角质轮，外壳由坚硬的皮肤构成。在这个角质轮内有两个由角质腔隔成的空泡，响尾蛇摆动尾巴的时候，空气在气泡内形成一股气流，空泡就发出一阵阵声响。响尾蛇也因此而得名。这就好像我们吹的哨子，外面是一层铜做的壳子，

里面装上一层薄膜，形成两个空泡，用力吹它的时候，空泡受到空气振动，就发出声响。

响尾蛇尾巴发出来的声音，很像流水的声音。它们往往利用这种声音来诱捕那些口渴的小动物。当有人或大动物靠近时，它也摇动尾巴发出警告，企图把对方吓跑。因此，响尾蛇响尾，是一种捕食和自卫的手段。

候鸟为什么要迁徙？

鸟类每年定期且大规模地迁徙，在很早以前就引起了人类的注意。人们把这些随季节变化而南北迁移的鸟类称为候鸟。为什么鸟要迁徙呢？

研究发现，引起鸟迁徙的原因很多，主要有以下三种原因：

以北半球为例，首先，冬季时的北方气温下降，日照时间变短，使鸟类的食物如昆虫、植物的果实和种子大量减少。恶劣的环境迫使一些鸟迁飞到南方过冬。春夏时，南方由于大量候鸟的聚集，食物相对减少，气温又升得较高，不适合它们的繁殖，所以这些鸟又迁回北方。

其次，据史料记载，历史上地球曾经多次出现冰川现象。冰川后的北方异常寒冷，生活在这里的鸟类被迫迁飞到南方温暖的地带；冰川融化后，它们因留恋故乡又飞回来。冰川的周期性使它们形成了季节性迁飞的习性。

再次，遗传学家认为，这些鸟的遗传基因控制着它们迁飞的欲望。在迁徙中，它们会严格按照遗传基因上记载的路线飞行，所以不会迷失方向。

你知道吗

- 很多鸟类一年四季都在同一个地方生活，被称为"留鸟"。
- 河口、湿地因为食物资源丰富，常成为候鸟补充能量的中途站。

鸟为什么会飞？

Weishenme

我们看到的鸟，一般都可以在天空中飞，因此我们又称它们为"飞鸟"。为什么鸟会飞呢？

首先，鸟的身体表面是轻而温暖的羽毛，羽毛不仅具有保温作用，而且使鸟类的外形呈流线型，在空气中运动时受到的阻力最小，有利于飞行。鸟的胸部肌肉非常发达，有足够的力量扇动翅膀飞行。飞行时，两只翅膀不断上下扇动，鼓动气流，就会产生巨大的下压抵抗力，使鸟体快速向前飞行。

其次，鸟的骨壁薄而轻，骨头是空心的，里面充有空气。它的头骨是一个完整的骨片，身体各部位的骨椎也相互愈合在一起，肋骨上有钩状突起，互相钩接，形成强固的胸廓。这种独特的骨骼结构，减轻了鸟的体重，增强了它们的飞行能力。

再次，鸟能进行"双重呼吸"。鸟的肺是实心的，呈海绵状，并有9个从肺壁凸出而形成的薄膜气囊。飞行时，它主要靠胸肌的运动进行呼吸，气体经肺进入气囊后，再从气囊经肺排出，由于气囊的扩大和收缩，气体在肺部进行两次交换。这是鸟适应飞行生活的一种特殊的呼吸方式。

为什么鸵鸟不会飞？

Weishenme

有时，我们会在动物园看到奔跑的鸵鸟，它也是鸟，却不能飞翔。这是为什么呢？

鸵鸟高达2至3米，从它的嘴尖到尾尖的长度有2米，体重有100多千克，是体形最大的鸟。它庞大的身躯使它很难飞起来。同时，同飞鸟相比，鸵鸟的飞行器官高度退化，使它根本无法飞翔。飞鸟的飞行器官主要有由前肢变成的翅膀、羽毛等，羽毛中真正有飞行功能的是飞羽和尾羽，飞羽长在翅膀上，尾羽长在尾部。而鸵鸟则既无飞羽也无尾羽。为了使鸟类的飞行器官能保持正常功能，飞鸟都有一个尾脂腺，能分泌油质以保护羽毛不变形，但鸵鸟没有这种羽毛保养器。另外，根据羽毛着生在鸟体表的位置，飞鸟一般分羽区和裸区，即体表的有些区域分布羽毛，有些区域不生羽毛。这种羽毛的着生方式，有利于剧烈的飞行运动。鸵鸟的羽毛却全部平均分布体表，无羽区与裸区之分。不过，鸵鸟虽然不会飞，但跑得非常快，速度可达72千米/小时。鸵鸟的脚力也很大，它们可以用脚击伤人。

鸵鸟
在漫长的进化过程中，为适应沙漠草原环境，鸵鸟的翼和尾都退化了，后肢却变得发达有力，适于奔跑。

家鸽的骨骼
鸽子骨骼的重量约为体重的1/20，比全身羽毛的总重量还轻。骨骼内部中空，充满空气，可有效减轻体重，有利于飞行。

【百科辞典】

双重呼吸：
在吸气和呼气时都能在肺部进行气体交换的呼吸方式。

尾脂腺：
也叫"尾腺"、"羽脂腺"，是着生在鸟类尾基部背面的皮肤腺。

海鸥
海鸥除以鱼、虾、蟹、贝为食外，还爱捡食船上人们抛弃的残羹剩饭，故海鸥又有"海港清洁工"的绰号。

军舰鸟
军舰鸟一般栖息在海岸边的树林中，主要以鱼、软体动物和水母为食，有时也吃腐肉。军舰起航后，它总是"护卫"左右，因而得名。

哪种鸟飞行速度最快？

由于种类不同，鸟的飞行速度也不一样，那么，哪种鸟飞得最快呢？

研究发现，军舰鸟是飞行速度最快的鸟。它是一种大型的热带海鸟，主要生活在太平洋、印度洋一带的热带地区，在我国的广东、福建、海南沿海及西沙群岛也有分布。军舰鸟全身羽毛呈黑色，夹杂有蓝色和绿色的光泽，它的喉囊、脚趾均为鲜红色。军舰鸟的胸肌发达，善于飞翔，一向有"飞行冠军"之称。当它展开2至5米长的两翅捕食时，飞行时速可达400千米左右。它不但能飞到1200米的高度，还能不作停顿地飞往离巢1600多千米的远方，最远可达4000千米左右。虽然军舰鸟善于飞行，但却惰于捕食，它经常从其他鸟儿口中把人家捕获的鱼儿抢到自己嘴里，故又名"强盗鸟"。

海鸥为什么喜欢追着轮船飞？

海鸥是最常见的海鸟，人们甚至一提起海鸟就会很自然地首先想到海鸥。在海上航行的轮船，经常有白色的海鸥相伴，从而给一望无际的大海增添了无限生机和诗意。那么，海鸥为什么喜欢追着轮船飞呢？

原来，轮船在海上航行时，由于受到空气和海水的阻力，上空会产生一股上升的气流。海鸥尾随在轮船的后面或上空，可借助这股上升的气流毫不费力地托住身子以助飞翔。同时，轮船在大海中航行，常会惊动沿途海域的鱼虾，这些鱼虾被轮船激起的浪花打得晕头转向，漂浮在水面上，很快就会被视力极强的海鸥所发现，从而轻而易举地把它们吃掉。这种"守株待兔"的觅食方式，当然是海鸥的聪明之举。

你知道吗

■ 夏季，海鸥进入繁殖期，它们用枯草、树枝、羽毛、海草等筑起皿形巢。有的地方鸟巢的密度很大，两个巢之间相距仅1至2米远。各亲鸟都划定自己的"势力范围"，不准其他鸟入侵，所以"邻居"间难免要发生争吵。

■ 二战期间，为应对海战中德军的大批潜艇，英国人训练海鸥，使它们一看见水下有黑影运动，就立即在海面尾随盘旋，结果用这种方法顺利搜寻到了大批德军潜艇。

动物之最　飞行最远的鸟： 北极燕鸥，又名白昼鸟。在北极繁殖，到南极越冬，总在两极的极昼中生活，是地球上唯一永远生活在光明中的生物。

为什么企鹅不怕冷？

Weishenme

企鹅是一种生活在南极的水鸟，它们的双腿很短，身材矮胖，翅膀已经退化，不能飞翔，所以只能在冰面上一摇一晃地行走，姿态非常可爱。不过到了水里，它们就变成了游泳和潜水的高手。企鹅可以说已经成了南极洲的象征，而南极是地球上最寒冷的地方，这里的最低温度曾达到零下88.3摄氏度。难道企鹅不怕冷吗？

原来，企鹅有自己独特的"羽绒服"。它的全身长满了又密又厚的光滑羽毛，其羽毛密度比同一体形的鸟类大3至4倍。它羽毛的尖端弯弯的，一层压一层，连水都透不进去，下面还生有密密的茸毛。企鹅只要竖起羽毛，聚足空气，便像穿了厚厚的"羽绒服"一样，可以保温防水。并且，在极地的冬夜，它的茸毛层所吸收到并反射出去的射线是肉眼看不见的红外线，这种射线的热量可以透过羽毛层和茸毛层储存起来，用以抗寒。同时，企鹅的皮下脂肪层特别厚，能够隔绝体外严寒，有很好的保温效果。令人惊奇的是，企鹅还具有在体内保持双重体温的能力，即一部分躯体保持接近热带气温的体温，而另一部分的温度却显得很低。

为什么水鸟能够浮在水面上？

Weishenme

野鸭、鸳鸯等鸟儿平常总是生活在水里，只有休息的时候才会找一块陆地爬上去。这些水鸟为什么能浮在水面上呢？

实际上，如果我们仔细观察，就会发现水鸟的身体结构具有很多适合水中生活的特点。水鸟尾部有尾脂腺，它们经常用头或嘴把油脂涂抹到全身的羽毛上，使羽毛不被水沾湿。同时，水鸟靠近皮肤的一层羽毛叫"绒羽"，它们被外面的正羽覆盖着，水便无法渗入，因而绒羽能储藏大量空气，起到浮袋的作用。所以水鸟在水中时，身体会产生浮力，就不会沉下去了。比如天鹅，它长着一层厚厚的羽毛，这些羽毛像船的外壳一样，再加上羽毛外表有一层油脂，就不会被水沾湿。所以天鹅能浮在水面上不沉下去。

鹈鹕
鹈鹕是一种大型的水鸟，身长可达1.8米，双翼展开可达3米，体重可达14千克，一般群体捕食。

企鹅
企鹅不能飞行，但善于游泳，以小鱼及磷虾为食。1620年法国的伯利欧船长在非洲南端首度惊见会潜游捕食的企鹅时，称其为"有羽毛的鱼"。

【百科辞典】

红外线：
太阳光线中众多不可见光线中的一种，易于被物体吸收，穿透云雾的能力比可见光强，能放出热量。

浮力：
浸在水中或空气中的物体，受到的水或空气将它向上托的力。

动物之最　游水最快的鸟：巴布亚企鹅，体长约76厘米，通常在近海较浅处觅食，游水速度可达27.4千米/小时。

熟睡的鸟儿为何不会从树上跌落？

我们都习惯躺在床上睡觉，在某些特殊情况下也能坐着入睡，不过总睡得东倒西歪。鸟儿一般以双足紧扣树枝的方式"坐"在数米高的树上睡觉，却从不会跌落下来。这是为什么呢？

原来，鸟类和人类的肌肉作用方式不一样，而在进行"抓"这一动作时，更是完全相反。人类想抓住什么东西时，会用力使肌肉紧张起来。相反，鸟儿要是用力使肌肉紧张起来，就会松开它们所抓的物体。换句话说，当鸟儿飞到树枝上时，它爪子的肌肉呈紧张状态；当它在树枝上"坐"稳后，肌肉反而松弛下来，爪子便抓住了树枝。

另外，不同鸟的睡眠时间也不相同。鹎属的鸟，如白眉歌鸫，通常只睡1至3个小时，而穴洞孵卵类鸟，如啄木鸟则大约要睡6个小时，是睡得最长的鸟类。除此之外，与人类相比，鸟儿没有"深度睡眠"这一睡眠阶段，它们大多只是进入一种"安静的状态"而已，因为它们必须随时警惕可能出现的天敌，以便及时飞走逃生。

啄木鸟
全世界大约有180种啄木鸟，因其会从树木中啄出虫子、会在死掉的树干中啄洞筑巢而得名。白天"睡觉"时，它们通常睁一只眼、闭一只眼。

单腿休息的非洲皇冠鹤
皇冠鹤又叫"皇冠鸟"，因其头顶的羽毛类似皇冠而得名。它有着优雅的体态，行走起来还颇有皇家的威仪。

为什么鹤会单腿站立？

鹤是一种美丽的动物，头顶通常裸露，嘴强直，如我们熟悉的丹顶鹤。令人好奇的是，它们有时会单腿站立，这是为什么呢？

鸟类学家发现，鹤通常只在休息或睡觉的时候才单腿站立，这么做是为了减少能量的消耗，通常它们会交替使用两只脚独立。如丹顶鹤洁白的羽毛能帮助它保持身体的温度，但它细长的腿以及脚上却不长毛，体内的热量很容易从腿脚散失。为减少热量散失，丹顶鹤休息时便经常单立，把一只脚藏在羽毛下面。除了鹤，还有其他许多腿长的鸟也会在休息时一只脚站立，例如黄脚绿鸠和鹭。这些鸟有时还向后弯曲脖颈，把脑袋藏在羽毛中，这也有利于防止热量散失。不过，当这些鸟感觉危险或准备远行时，它们会马上两只脚着地，然后展开翅膀飞向高空。

你知道吗

- 丹顶鹤裸露的朱红色头顶好像一顶小红帽，因此得名。
- 丹顶鹤择偶时，雄鹤会先发出求偶鸣叫，主动求爱，而雌鹤则翩翩起舞，随之呼应。然后，雌雄二鹤嘴和颈向上直伸，同时跳跃着扇动两翅，这就是所谓的"鹤舞"。一旦婚配成对，它们就偕老至终。

主题索引
孔雀为什么要开屏？啄木鸟为何不会得"脑震荡"？

动物世界探秘

↶ 孔雀开屏
孔雀开屏时下背闪耀紫铜色光泽。其尾上覆羽特别发达，平时收拢在身后，伸展开来长约有1米。

【百科辞典】

性激素：
由生殖器官分泌的激素。

脑震荡：
头部遭受外力打击后，大脑受到损伤，会发生短暂的脑功能障碍，如头痛等。

孔雀为什么要开屏？

Weishenme

在动物园游玩的人，大都会被孔雀开屏的情景所吸引。孔雀为什么会开屏呢？

正如我们所知道的，动物的生殖腺会分泌性激素，使它们有求偶行为，以繁衍后代。孔雀开屏正是一种求偶表现。每年的3至4月是孔雀的繁殖季节，有着漂亮羽毛的雄孔雀身体内的生殖腺分泌性激素，刺激大脑，它便展开那五彩缤纷、色泽艳丽的尾屏，还不停地做出各种各样优美的舞蹈动作，向雌孔雀炫耀自己的美丽，以此吸引雌孔雀。待到它求偶成功之后，便与雌孔雀一起产卵育雏。

另外，孔雀开屏也是它保护自己的一种方式。在孔雀的大尾屏上，我们可以看到五色金翠线纹，其中散布着许多近似圆形的"眼状斑"，这种斑纹从内至外是由紫、蓝、褐、黄、红等颜色组成的。一旦遇到敌人而又来不及逃避时，孔雀便突然开屏，然后抖动它"沙沙"作响，很多的眼状斑随之乱动起来，使敌人畏惧，不敢轻易向前。ℯ

啄木鸟为何不会得"脑震荡"？

Weishenme

啄木鸟是常见的留鸟，专门觅食树木中的天牛、吉丁虫、透翅蛾、蠹虫等害虫，每天能吃掉1500条左右。因此，人们称它为"森林医生"。

据测定，啄木鸟啄食时，头部摆动速度大约为2092千米/小时，啄木的频率达15至16次/秒。因此，啄木时，啄木鸟头部所受冲击力等于所受重力的1000倍，相当于航天员乘火箭起飞所受压力的250倍。啄木鸟啄木时所承受的冲力这样大，那它为什么不会得"脑震荡"呢？

科学家发现，啄木鸟的头部结构很特殊：它的颅骨骨质疏松，充满气体，就像一块海绵；头的内部有一层坚韧的外脑膜，在外脑膜与脑髓之间有狭窄的空隙，这样的结构可以减弱震波的流体传导；而且它的脑组织十分紧密。这样，啄木鸟就具有了三层防震装置，再加上啄木鸟头部两侧有强有力的肌肉系统，它们也同样起着防震的作用，另外，它的眼睛和舌头也能缓冲撞击时带来的冲击。所以，啄木鸟在猛烈的敲击下，不会发生脑震荡。ℯ

↶ 工作中的啄木鸟
达尔文在《物种起源》中一再感叹啄木鸟身体构造的巧妙："啄木鸟攀登树木并从树皮的裂缝里捉捕虫子，我们能够举出比这种适应性更加动人的例子吗？"

动物之最 最擅长效鸣的鸟：湿地苇莺，能模仿60多种鸟鸣。

火烈鸟为什么红艳似火?

Weishenme

> **蜂鸟**
> 有的雄蜂鸟具有羽冠或修长的尾羽。为适应翅膀的快速拍打,蜂鸟的新陈代谢速度在所有动物中是最快的。

> **火烈鸟**
> 火烈鸟的羽毛如果与身体分离,羽毛就会变成白色,因为羽毛离体后就与体内色素分离了。

我们都知道,很多动物靠伪装使体色与周围环境一致来逃避天敌。而火烈鸟的羽毛却红艳似火,引人注目,这使它们成为一种很容易被攻击的动物。为什么火烈鸟会如火焰般鲜红呢?

令人惊讶的是,火烈鸟的羽毛呈红色竟然与它所摄取的食物有很大的关系。火烈鸟自身不会制造色素,它体内的色素全由食物中获得,如大火烈鸟一般以贝类为食,其中含有大量色素,比如类胡萝卜素。此外,一只大火烈鸟每天还要吃掉大量的螺旋藻,而螺旋藻中除含有大量蛋白质外,还含有一种特殊的叶红素。当大火烈鸟吞食这些食物后,这些色素就存在于体内,特别是在羽毛中积存起来。这就是为什么大火烈鸟的羽毛如火焰般鲜红的原因。于是,有人戏称大火烈鸟为"好色之徒"。

不过,当火烈鸟进行周期性换羽,而体内色素沉积程度还不够时,它们新长出的羽毛就是白色的。

为什么蜂鸟能在半空中停留?

Weishenme

蜂鸟是世界上最小的鸟,大多生活于南美洲热带雨林中。体形最大的是南美洲西部的巨蜂鸟,体长也不过20厘米,约20克重。体形最小的则是生活在古巴的吸蜜蜂鸟,其体长约5.5厘米,2克重。不过,千万别因它们身体小就小瞧它们。小小的蜂鸟有三种和直升机一样的飞行绝技:倒退飞行、垂直上升和下降、停留在空中原"地"不动。其中,蜂鸟能在空中停留的绝技最让科学家不解。

最近,有科学家认为,蜂鸟之所以能停留在空中,是因为它们的大脑中有一个特别的脑核。与其他28种鸟类的大脑相比,蜂鸟的大脑最多只有一粒米大小,但可用于监视世界中任何运动的特殊脑核大约是其他鸟的3至5倍大。这一脑核使得蜂鸟能够在半空中静止不动,即便它们的翅膀以75次/秒的速度快速扇动也没有关系。蜂鸟在空中停留的时间大约为其活动总时间的90%。

你知道吗

- 非洲的纳古鲁湖积聚着成千上万只大火烈鸟,被称为"大火烈鸟的天堂"。
- 蜂鸟是唯一可以向后飞的鸟。
- 19世纪时,欧美妇女常用蜂鸟的羽毛作为帽饰。

犀鸟为什么又叫做"多情鸟"？

Weishenme

在非洲和亚洲南部的热带森林里，生活着一种很奇特的鸟——犀鸟。它们长着巨大而下弯的嘴，上嘴的基部生有大型头盔状的突起，看起来好像奇形怪状的犀牛角，这可能就是它们名字的由来。令人惊

讶的是，它们被人们称为"多情鸟"，这是为什么呢？

春季，犀鸟进入繁殖期，雄犀鸟和雌犀鸟通过对情歌求偶，一旦结合，便相依为命，接着，它们会选择高大树干上的洞穴做巢。雌鸟开始产卵时，它们夫妻会精心布置"产房"。雄鸟衔回泥土，雌鸟从胃里吐出黏液，连同树枝、草叶等混成材料，然后雄鸟从外、雌鸟从内把洞口封起来，仅留下一个能让雌鸟伸出喙尖的小洞，这样雌鸟就可以免受天敌的伤害，安心孵卵了。此后，雄鸟会衔回食物给雌鸟和幼鸟。最令人感动的是，犀鸟对爱情十分忠贞，如果自己的配偶突然遇难死亡，剩下的一只鸟就会不吃不喝，并发出凄哀的鸣叫，不停地飞，直至活活饿死或累死。因此，人们叫它"多情鸟"。

【百科辞典】

寄养：
托付给别人抚养或饲养。

夏候鸟：
春夏季时飞到某处筑巢孵卵，秋季时幼鸟长大，又陆续飞往较暖地区越冬，至次年春季又飞回某处的候鸟。如杜鹃。

为什么雌杜鹃从不自己哺育后代？

Weishenme

杜鹃是一种食虫益鸟，尤其喜欢吃毛虫。然而，雌杜鹃却是一种自私而狡诈的寄育性鸟：它不营巢，把自己的蛋"寄养"在其他鸟的巢里，让它们代为孵育。这是为什么呢？

有科学家认为，雌杜鹃之所以如此，是怕凶残而贪食的雄杜鹃把刚下的蛋吃掉。同时，雌杜鹃平均每年会下15枚蛋，不过中间间隔的时间很长，一般从3月或4月至7月，即便它筑巢孵卵，也无法一一喂养出生的幼鸟。为与自己的生育周期保持一致，杜鹃就把自己的蛋产在柳莺等鸟的巢中。为迷惑巢主，它还会取走巢中的一枚蛋。"寄养"期间，雌杜鹃会不时来巢中探望，要是发现自己的蛋不见了，便勃然大怒，捣毁鸟巢。小杜鹃通常会比巢主的子女早出世。发自本能，它会把巢主的幼雏踢走，独占鸟巢。等长至要离巢时，便随附近的雌杜鹃一起飞走。

犀鸟
犀鸟是一种奇特而珍贵的大型鸟类，体长在70至120厘米，嘴巴占身长的1/3到1/2，宽扁的脚趾非常适合在树上攀爬。

杜鹃鸟
杜鹃鸟栖息在植被稠密的地方，人们常常闻其声而不见其形。

为什么鹦鹉会说人话?

鹦鹉
鹦鹉说人话,只是能模仿人说话的声音,而它们对自己所学的话是什么意思,却一无所知。

苍鹰
苍鹰依靠眼睛分辨率低、视野宽的部分搜索目标,而分辨率高、视野窄的部分是用于仔细观察已发现的目标的。

我们都知道"鹦鹉学舌"这个成语,可是鹦鹉是鸟类,为什么它们能学说人话呢?

鹦鹉会说人话,与它们口腔及舌的构造密切相关。

鹦鹉的发声器叫"鸣管",位于气管与支气管的交界处,由中央的舌状突起和侧壁上的鸣膜及鸣肌组成。鹦鹉鸣管的构造比一般鸟儿的鸣管更完善,有四五对调节鸣管管径、声率、张力的特殊肌肉——鸣肌。在神经系统的控制下,鸣肌收缩或松弛,从而发出鸣叫声。同时,

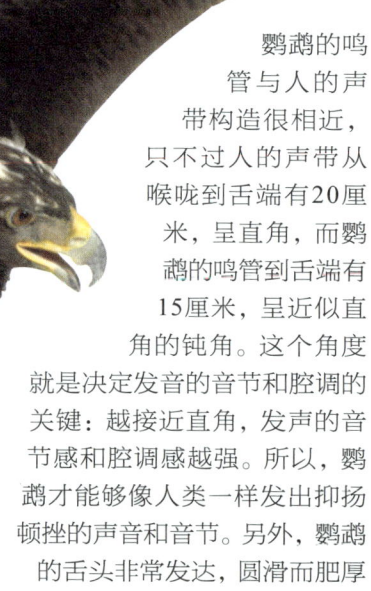

鹦鹉的鸣管与人的声带构造很相近,只不过人的声带从喉咙到舌端有20厘米,呈直角,而鹦鹉的鸣管到舌端有15厘米,呈近似直角的钝角。这个角度就是决定发音的音节和腔调的关键:越接近直角,发声的音节感和腔调感越强。所以,鹦鹉才能够像人类一样发出抑扬顿挫的声音和音节。另外,鹦鹉的舌头非常发达,圆滑而肥厚柔软,形状也与人的舌头非常相似,所以,鹦鹉便可以发出一些简单但准确清晰的音节。

老鹰为什么视力敏锐?

老鹰可以在几千米的高空准确无误地辨别地上的动物,就连蛇、田鼠这样的小动物也逃不过它们的眼睛。为什么它们的视力这么好呢?

原来,老鹰的眼部结构很特殊。它们独特的视觉系统可将物体放大数倍,其原理同望远镜一样。人类每只眼睛里的视网膜上,都有一个凹槽,叫做"中央凹",而老鹰的每只眼睛里却有两个中央凹:正中央凹和侧中央凹。它们分别集中在眼睛的不同区域。正中央凹能敏锐地发现前方视野里的物体,侧中央凹则负责监视侧面的物体。在鹰头的前方有最敏锐的双眼视觉区,它是由两种中央凹的视野重叠而成。这样,鹰眼的视野便近似于球形,能看到非常宽广的区域,并可以保证在飞行的同时,在地上搜寻猎物。

另外,老鹰的每个中央凹用于看东西的细胞非常多,比人类的视觉细胞多出6至7倍。同时,和其他鸟一样,鹰眼内也有梳状突起,它像一个过滤器,能起到减弱眼内散射光的作用。因此,鹰不仅能比其他动物看得远,而且看得更清楚,被誉为动物中的"千里眼"。

你知道吗

- 据研究,鹦鹉在地震之前会有一定的反常行为。
- 鹦鹉不仅会学说话,而且能学唱歌。英格兰的一只名叫斯皮凯的天才鹦鹉,能唱柴可夫斯基的《1812序曲》。

动物之最 **最大的鹰**:菲律宾鹰,为菲律宾的国鸟,被称为"最高贵的飞翔者",其翼展长达2.2米。

为什么母针鼹没有乳腺也能喂奶？

Weishenme

澳大利亚有一种叫针鼹的动物，像刺猬和豪猪一样全身长刺。它属于哺乳动物，却是卵生。更令人奇怪的是，母针鼹没有乳腺，那它如何给小针鼹喂奶呢？

原来，每年繁殖季节，母针鼹腹部就会长出一个临时的育儿袋。母针鼹产下一枚蛋后，就会腹部着地，用嘴巴将蛋推进袋里。针鼹蛋内只有蛋黄，没有蛋清，外壳柔软，但很结实。蛋在袋内孵化，小针鼹破壳而出。母针鼹没有乳头，育儿袋内长着毛穗的地方长有乳腺，可分泌乳汁。小针鼹本能地用嘴在育儿袋内吮吸乳汁，直至7至8周后，它的刺变硬了，才离开育儿袋。在这之后，母针鼹的育儿袋和它里面的乳腺失去作用，也就慢慢消失了，所以，我们看到的非繁殖期的母针鼹是没有乳腺的。

织巢鸟是怎样织巢的？

Weishenme

织巢鸟因善于使用植物纤维精巧地编织鸟巢而得名。在鸟类中，它是杰出的"建筑大师"。1872年，自然学家首次看到它所建造的巢穴时，竟误以为是人类的杰作。那么，织巢鸟的巢穴到底是什么样子呢？

与其娇小的个头相比，群居织巢鸟的鸟巢真是硕大无比。从远处看，鸟巢像一个挂在树上的大草堆。但要是从鸟巢的下面抬头往上看，就会发现巢穴内部结构十分复杂，并且针对不同的用途使用不同的建筑材料。经分析，建造时，织巢鸟会先把较粗大的嫩枝连接起来，为巨巢制成一个坚固的屋顶，然后再将干草插入巨巢的外墙体内，以增加隔热效果，并抵御冬季凛冽的寒风。在巢室里，即将孵卵的织巢鸟夫妇将柔软的花草和毛发填塞到杯状的窝内，然后用绿草在窝的边缘制成一个坚硬的隆起脊，以防止卵从窝内滑落出去。此外，巢里还有一根根尖刺插在通往各个巢室的通道内，以增加入侵者进入巢室的难度。它们建造的最大鸟巢周长达6米，有100多个巢室，可居住400多只鸟。这样的建造工作到现在都还没有停止。

织巢鸟和它的巢穴
织巢鸟主要产于非洲，大约有5种。它们能够用草和其他植物编织出自己的巢。它们喜欢群居，在一棵树上往往会有十几个巢穴。

针鼹
针鼹是现存最原始的哺乳动物之一，与鸭嘴兽同为世界仅有的两种单孔类动物。身上有坚硬的刺，口中无牙，有呈管状的长嘴，舌长并带黏液，以取食蚁类。

【百科辞典】

哺乳动物：
最高等的脊椎动物，基本特点是靠母体的乳腺分泌乳汁哺育初生幼体。一般胎生，最低等的单孔目为卵生。

单孔类动物：
处于爬虫类动物与哺乳类动物之间的一种动物。

动物之最　最小的哺乳动物：小鼩鼱，体长仅4至6厘米，尾长4至5厘米，体重3至5克。

为什么卵生的鸭嘴兽也是哺乳动物?

→ 袋鼠

1800年,当英国人从其殖民地澳大利亚把发现的一件鸭嘴兽标本运达伦敦时,当时的动物学家们难以相信它竟是一个真实的物种:身上既长着与哺乳动物一样的毛发,用乳汁哺育幼体,又像鸟和爬行动物一样卵生,水陆两栖生活。当时,鸭嘴兽究竟属于鸟类还是哺乳动物这一问题,在生物学界引起了一场热烈的争论。最后,动物学家以兽毛和哺乳作为分类的主要依据,将鸭嘴兽列入哺乳动物,称它为卵生的哺乳动物。因为在动物世界里,只有哺乳动物才有圆形的毛(鸟类的羽毛是扁的),才分泌真正的乳汁,而这两点鸭嘴兽都具备了。此外,它还有哺乳动物的其他特征,如用肺呼吸,为热血动物等。

至于"鸭嘴兽"一名,是在这种动物被确认为兽类以后,人们根据它的嘴和鸭嘴相似的特点而取的。

→ 袋獾

袋獾曾广泛分布于澳大利亚,现仅见于塔斯马尼亚岛。它们行走时总在不停地嗅着地面,似乎是在寻找食物。

为什么许多有袋类动物生活在大洋洲?

有袋类动物属于低等哺乳动物。一般胎生,不过大多无胎盘,通常母兽腹部有一个育儿袋。幼兽初生时发育不完全,所以要在育儿袋中哺育长大。现在的有袋类动物多数生活在大洋洲,这是为什么呢?

据推测,约7000万至8000万年前的白垩纪晚期及第三纪早期,有袋类动物可能遍布于世界大部分地区,在兽类中是相当古老的类群。然而,随着近代哺乳类动物的兴起,肉食类动物的掠食,有袋类动物在大洋洲之外的大陆上陆续绝迹。在地球大陆分离时,大洋洲与其他大陆分离的时间较早,且分离后再没有联合过,因此形成了一个孤立于太平洋与印度洋之间的"世外桃源",肉食类动物等难以侵入,气候环境等也没有太大的变化,有袋类动物便幸运地生存下来,并且适应了各种不同的生活方式,发展成类似于真兽类动物的各种生态类群。如生活方式类似于狼、鼬等肉食类动物的袋狼、袋鼬、袋獾;生活方式类似于鹿、羊和羚羊等植食类动物的袋鼠等。

你知道吗

■ 1843年,恩格斯在英国看到一枚鸭嘴兽蛋,当时有人告诉他这是澳大利亚的一种哺乳动物的蛋,他予以嘲笑。后来他才知道是自己错了。

■ 作为唯一产袋鼠的国家,澳大利亚的国徽上也有一只袋鼠图案。

袋鼯为什么能滑翔？

在我国南方，人们有时能看到一类奇异的动物，它们可以从一棵树滑翔到另一棵树上去。研究发现，它们是一类和松鼠有亲缘关系的兽——鼯鼠和飞鼠。澳大利亚也有这类会滑翔的动物，不过它们身上都有一个育儿袋，因此被称为袋鼯。实际上，袋鼯是有袋类动物向空中发展的一支，它们中有些种类和啮齿类动物中鼯鼠科的成员一样，能在树间作短距离滑翔。为什么袋鼯能在空中滑翔呢？

原来，袋鼯的四肢和体侧有宽大多毛的皮膜，这使它们能够飞起来。如最小的袋鼯——小袋鼯前肢的腕部至后肢的踝部之间有一个与鼯鼠飞膜相似的皮膜，也叫"翼状褶"。凭借这一皮膜和羽毛状的尾巴，利用风或气流，它们能在空中滑翔一段距离。它们的长尾巴可以像南美洲的卷尾猴一样起第五肢的作用，非常灵巧地缠绕住树枝，使它们可以头向下悬挂在树枝上，利用前肢捉小虫和采花蜜吃。

树袋熊为什么挑食？

树袋熊又叫考拉，生活在澳大利亚，是澳大利亚奇特而珍贵的原始树栖动物，属有袋哺乳类。树袋熊身长70至80厘米，成体体重8至15千克，性情温顺，体态憨厚，颇似玩具熊，是澳大利亚最受欢迎的动物。同时，人们都说它是最爱挑食的动物，这是为什么呢？

原来，树袋熊的胃口很大，但食路很窄，只吃桉叶。澳大利亚有300多种桉树，可树袋熊只吃其中的12种，特别喜欢吃玫瑰桉树、甘露桉树和斑桉树上的叶子。可见，树袋熊的确特别挑食。白天，树袋熊栖息在桉树上，晚间外出活动，沿着树枝寻找桉树叶和嫩枝充饥。一只成年树袋熊每天能吃掉1千克左右的桉树叶。桉叶中含有桉树脑和水茴香菇，因此，树袋熊的身上总是散发着一种清香的桉叶气味。桉叶汁多，能使树袋熊得到足够的水分，所以它几乎从不下地饮水，当地人也因此称它为"Koala"（考拉），意为"不喝水"。

树袋熊
树袋熊又叫做考拉、无尾熊、可拉熊等，属哺乳类中的有袋目树袋熊科，分布于澳大利亚东南部干旱森林中。

小袋鼯
小袋鼯体长仅6至8厘米，尾巴与身体等长或更长，很像鸟儿的羽毛，中央有一柔软的羽柄，羽柄两侧长着大约8毫米长的毛。

你知道吗

- 袋鼯在澳大利亚有大、中、小三种，体形最大的大袋鼯身长1至1.5米，最远可滑翔1000多米。
- 大袋鼯和树袋熊一样，只吃桉叶。

动物之最 撕咬力量最大的猎食者：袋獾，肉食性有袋类动物，一只6千克重的袋獾能够杀死30千克重的袋熊。

袋鼠为什么善于跳跃?

说到袋鼠,人们就会想到它跳远的本领。如红灰色的大袋鼠轻轻一跳,便跳出4米多远,逃生时,甚至能跳出10米远。奔跑起来,它的时速可达50千米。其实,无论体形多大的袋鼠,都善于跳跃。这是为什么呢?

仔细观察袋鼠,我们会注意到它的后肢很长,腿上长着长脚,强健而有力。同时,它踝关节处的肌腱像一根橡皮筋,当袋鼠向上跳的时候,这些肌腱就储备好能量;等到落下来时,肌腱就将储备的能量重新释放出来。跳跃时,袋鼠的后腿蹬地,前后腿同时向前,而它的尾巴则起到平衡作用。所以,当袋鼠跳跃时,它既能利用肌腱爆发的能量高高跳跃起来,又能借助后腿的弹跳稳稳向前冲,跳得又远又稳,因此被称为"跳远健将"。

跳跃的袋鼠
袋鼠的尾巴又粗又长,长满肌肉。它既能在袋鼠休息时支撑袋鼠的身体,又能在袋鼠跳跃时帮助袋鼠跳得更快更远。跳跃低时,尾巴还可以控制重心和方向。袋鼠搏斗时,会用尾巴拄地,用后腿搏斗。

袋鼠的怀孕期为什么非常短?

雌袋鼠腹前有一个育儿袋,由一根上耻骨(或叫袋骨)支撑着,用以哺育幼体。只有雌袋鼠才有育儿袋。袋鼠的怀孕期很短,如大袋鼠怀孕期仅33天,最长也不过40天。为什么袋鼠的怀孕期会这么短呢?

原来,袋鼠的受孕方式非常奇特。通常,前一胎袋鼠出生刚刚两天,雌袋鼠又发情、交配,怀上第二胎。这第二胎在母体中暂时停留在休眠状态,待上一胎袋鼠离开母体或死亡后,它才开始继续发育,经30多天后产出。袋鼠还可以一次交配多次受精。这些受精卵往往要等到适合幼袋鼠成长的条件成熟后才会发育成胚胎。雌袋鼠没有胎盘,怀孕期很短,约一个月小袋鼠即可出生。刚出生的小袋鼠有3厘米大,它会自己爬进育儿袋,吮吸乳汁,8个月后离开袋子,不过偶尔还会吃奶。因此,一只雌袋鼠可能同时有三只幼袋鼠:一只在子宫里,一只在育儿袋里,还有一只已经离开了育儿袋。如此周而复始,成年雌袋鼠的子宫里终年怀崽,这在动物界中非常罕见。

袋鼠妈妈和育儿袋内的小袋鼠
雌袋鼠腹前的育儿袋是刚出生的小袋鼠生长和发育的场所,小袋鼠离开育儿袋后,雌袋鼠会接着产下一胎。

【百科辞典】

怀孕:
妇女或雌性哺乳动物体内有了幼体。

胎盘:
母体的子宫内壁和胎儿之间的组织,圆饼状,通过脐带和胎儿相连,是胎儿和母体的主要联系物。

动物之最　最大的有袋动物:红大袋鼠,又名大赤袋鼠,成年雄性2米多高,体重近90千克,从鼻尖至伸直的尾巴直线长度可达2.7米。

穿山甲为何身披鳞片?

Weishenme

在我国南方丘陵林区，人们有时会看到一种身披"铠甲"、善于挖洞的动物，它就是穿山甲。它看上去尖头尖尾，身体呈流线型，四肢粗短，小眼小嘴小耳朵，除腹、面及四肢内侧外，身体的其余地方都披挂覆瓦状的硬角质厚甲片，如同鲤鱼鳞一般，所以又称"鲮鲤"，全身约有500至600块。令人惊奇的是，这副"铠甲"，虽然外观很像古代士兵的铠甲，但硬度却超过了铠甲，据说用小口径步枪都难以击穿，牙齿锋利的野兽也奈何不得，因而被称做"穿山甲"。为什么穿山甲会长有这么坚硬的"铠甲"呢?

穿山甲属夜行性动物，性情温驯而懦弱，胆子很小，因此一有动静，便立刻挖洞藏身。要是躲避不及，它就先用利爪与敌人搏斗，然后把身体缩入甲中，蜷成一团，用宽宽的尾巴包住头部，形成球状，一动也不动，而且还会从肛门中喷射出一股含有臭味的液体，使捕食它的动物无从下手，只得悻悻而去。穿山甲是挖洞的能手，它身上的鳞甲在挖洞过程中起了重要作用。挖洞时，穿山甲用粗大的尾巴钉住后方的地面，用利爪挖土并推向后方，再由后肢把刨出的土向后推出。有时它先用前爪把土掘松，将身子钻进去，然后竖立起全身的鳞片，形成许多"小铲子"，身体一边向后倒退，一边把挖松的土铲下，拉出洞外；前进时，则将全身的鳞片闭合，又形成许多把瓦工的"抹子"，将洞顶刮抹得平滑而坚固。

食蚁兽食量有多大?

Weishenme

食蚁兽属于哺乳纲贫齿目，生活在中南美洲的热带森林中，因专吃蚂蚁和白蚁而得名。在南美洲的热带雨林中，白蚁和蚂蚁占所有动物量的30%，因此食蚁兽有充足的食源。食蚁兽的身体结构与它捕蚁的一系列活动密切相关。它的前肢有力，第三趾粗大，长着强而弯曲的爪，可以劈开蚁巢。它的头骨大致呈圆筒状，长长的鼻吻部有复杂的鼻甲，蠕虫状的长舌收缩灵活，舌上富有唾液和腮腺分泌物的混合黏液，能像胶布一样粘住蚂蚁。那么，它们一天会吃多少只蚂蚁呢?

觅食时，食蚁兽一般先用它强有力的前肢劈开、击破蚂蚁或白蚁的巢，再用带黏液的、很薄很长的舌头舔食，然后囫囵吞下，靠胃部变厚的幽门研磨。大食蚁兽通常用它长长的"鼻子"贴近地面不停地搜寻食物，它偏爱食白蚁，只在吃不到白蚁的时候才吃蚂蚁。它们食量很大，一只成年的大食蚁兽一天能吃20000至30000只蚂蚁。

穿山甲
穿山甲的鳞片一般呈黑褐色或灰褐色，老年时变为橙红色，所以有人误认为有"铁甲"和"铜甲"两种穿山甲。

大食蚁兽
大食蚁兽完全地栖生活，且主要为昼行性动物。当遇到危险时，用前肢和利爪与敌人搏斗。

你知道吗

- 一些狡猾的豺狼在穿山甲缩成一团后，并不再用嘴咬它，而改往它的鳞甲上撒尿。要是穿山甲无法忍受身体又臊又湿，便会展开鳞甲，也就成了豺狼的美餐。
- 食蚁兽齿骨细长，但没有牙齿。

动物之最　舌头最长的动物：大食蚁兽的舌头能伸长至60厘米，1分钟能收缩160次。

蝙蝠的耳朵
具有回声定位能力的蝙蝠能产生短促而频率高的声波，这些声波遇到附近物体便反射回来。蝙蝠的耳朵接收到反射回来的声波，就能够确定猎物及障碍物的位置和大小。回声定位需要发声和接收系统的高度配合才能完成。

蝙蝠
蝙蝠总是倒挂在树上休息，虽然它们会飞，但他们却不是鸟类。

蝙蝠属于鸟类吗？

夏天的傍晚，我们会经常看见蝙蝠在空中低飞。它们一边飞，一边发出"吱吱"的叫声。有人说会飞的就是鸟。那么蝙蝠属于鸟类吗？

其实，蝙蝠并不是鸟类，除了会飞这一点之外，它与鸟类完全不同。鸟有羽毛，口腔内没有牙齿，其消化道中有储存食物和助消化的嗉囊和砂囊。而蝙蝠身上没有羽毛，口中还有细小的牙齿，并没有嗉囊和砂囊。鸟是脊椎动物，一般卵生，孵化幼体，而蝙蝠是胎生，生下的幼蝠趴在母蝠的身上，吃母乳长大，符合哺乳动物胎生和哺乳的特征，因此它属于哺乳动物，而不是鸟类。另外，尽管鸟和蝙蝠都会飞，不过鸟借助飞羽、尾羽等组成的飞行器官飞翔，而蝙蝠则靠"翼手"飞行。蝙蝠的前肢进化为翼，上臂、前臂、掌骨、指骨都特别长，并由它们支撑起一层薄而多毛，从指骨末端至肱骨、体侧、后肢及尾巴之间的柔软而坚韧的皮膜，形成蝙蝠独特的飞行器官——翼手。

蝙蝠靠什么确定方位？

有实验证明，即使被蒙上眼睛，蝙蝠也能及时躲避障碍物，捕捉猎物。它们是怎样做到这一点的呢？

原来，蝙蝠大都有回声定位的能力。它们头部的口鼻部上长着被称做"鼻状叶"的结构，在周围还有很复杂的特殊皮肤皱褶，这是一种奇特的超声波装置，具有发射超声波的功能，能连续不断地发出高频率超声波。如果碰到障碍物或飞舞的昆虫，这些超声波就能反射回来，为它们超凡的大耳廓所接收，然后在它们微细的大脑中对反馈的讯息进行分析。这种超声波探测的灵敏度和分辨力极高，使它们根据回声不仅能判别方向，为自身飞行路线定位，还能辨别不同的昆虫或障碍物，进行有效的追捕或回避。每只蝙蝠都能辨别出自己发出的声波，即便与其他蝙蝠一起捕食，它也不会被别的声波所干扰。所以，它们能在完全黑暗的环境中飞行和捕食，在大量干扰下运用回声定位，发出超声波信号而不影响正常的呼吸，因此被称为"活雷达"。

【百科辞典】

超声波：
超过人能听到的最高频的声波。在空气中近似作直线传播。

回声：
声波遇到障碍物反射或散射回来再度被听到的声音。

动物之最 **最嗜血的蝙蝠：** 吸血蝙蝠，一只吸血蝙蝠每晚吸血量超过其体重的50%，一生所吸食的血超过100升。

小白兔为何长红眼睛?

Weishenme

小时候我们都喜欢唱"小白兔,白又白,两只耳朵竖起来……"的儿歌,那你注意到小白兔的眼睛是红色的了吗?一般来说,兔子眼睛的颜色与身体皮毛的颜色是一致的。换句话说,兔子的身体内部含有哪种色素,毛和眼睛便呈什么颜色。如灰兔子的眼睛是灰色的,黑兔子的眼睛是黑色的。

这样说来,小白兔的眼睛应该是透明的,可为什么我们看到小白兔的眼睛是红色的呢?

有人说这是因为小白兔的体内有红色素。如果真是这样的话,为什么小白兔的毛是白色而不是红色的呢?实际上,小白兔的眼球本身也是无色的,但是它的眼球被体内的血液映出红色,这就是我们所看到的红眼睛,这种红色并不是眼球本身的颜色。

兔子为什么会吃自己的粪便?

Weishenme

兔子是一种吃草的动物,一般栖息在草原与农牧区。它吃嫩绿的青草以及农作物,可有时也会吃自己的粪便。这是为什么呢?

兔子虽然是食草动物,可是不同于牛与羊,它的胃很小,而且只有一个,不具备反刍功能。它如果在白天吃了许多鲜嫩的青草,往往会出现营养过剩的情况,到了晚上就会将软粪排出体外。要是缺少草吃,它排出的粪便就是坚硬的黑色小圆球。有趣的是,兔子有时候会吃自己的软粪,再排出圆滚滚的黑色小粪球。

原来,这些粪便中含有未被消化的植物纤维和一些没有被吸收的维生素、蛋白质等营养成分。这些营养物质在软粪中已呈半消化的状态,很容易被兔子吸收与利用。这样看来,兔子吃自己的粪便也是一种充分利用营养物质的正常现象,不然,在食料不充足的情况下,它可能会因为营养不良而死去。

【百科辞典】

机体:
具有生命的个体的统称,包括植物和动物,也叫有机体。

维生素:
人和动物所必需的某些少量有机化合物,对机体的新陈代谢、生长、发育、健康有极重要的作用。

纤维:
天然或人工合成的细丝状物质或结构。

红眼睛的白兔
兔子的头部长得像鼠,尾巴短,管状的耳朵却很长。上嘴唇由中间裂开,形成"三瓣嘴"。后腿比前腿稍长,所以兔子善于跳跃,跑得很快。兔子一般胆子很小,性情温和,常常到夜间才敢出来觅食。

家兔
家兔在人工饲养的条件下,饲料充足且营养丰富,一般都不会吃自己的粪便。

动物之最 最大的兔:大佛兰兔,其成年兔平均重7至8.5千克,有的重达11.35千克。

为什么雪兔会变色?

雪兔
雪兔生性机警,听觉和嗅觉发达。一般白天隐藏于洞穴中,夜间出来觅食。

河狸
河狸常常会在它栖息的河流中筑坝,堵截水流,形成池塘或浅滩。它修的坝非常牢靠,人们称赞它为"水利工程师"。

雪兔又名白兔、变色兔,是一种个体较大的野兔。每到冬天,雪兔就会脱掉春夏季节的棕色短毛,换上一身雪白的长毛,这是为什么呢?

野生雪兔一般栖息在较寒冷的地区,这些地区冬天常常是一片冰雪世界。为了适应环境,躲避天敌,雪兔毛的颜色和长短总随着季节的变换而改变:夏季变为棕色的短毛,能与栖息地的草地和灌木融为一体;冬季换上雪白长毛,趴在雪地里就不容易被天敌发现。

每年秋末冬初,当每天的光照逐渐减少时,雪兔就开始换毛,毛色变白;到了春天,随着每天的光照时间增加,雪兔又开始换毛,由白色换成棕色。如果我们在春天或秋天去动物园看雪兔,就可以观察到这一过程。

你知道吗

- 有时,河狸的巢穴会一代接一代地传下去。据说,有一些河狸的巢穴已经使用了1000年之久。
- 河狸的尾巴基部有两个麝腺,能分泌"四大动物名香"之一的河狸香(其他为麝香、灵猫香、龙涎香)。河狸香是著名的定香剂和医药兴奋剂。

河狸为什么要筑坝?

河狸是一种半水栖的哺乳动物,善于游泳和潜水。它的头和眼都很小,颈、四肢和耳很短,外耳壳能折起,以防水灌入。河狸体毛呈棕黄至褐色,厚而多绒毛;后足趾间到爪有蹼,适于划水;尾宽大扁平,长约40厘米,覆盖角质鳞片,具有舵的作用。不过,河狸最引人注目的是它筑坝的本领。当河狸移居到一条新的河流时,它要做的第一件事就是修筑一条"水坝"。为什么它要筑坝呢?

原来,当河狸在河边用树枝、石子和淤泥修好一个堤坝后,它便在堤内造巢。修坝时,河狸用锐利的门牙将树根咬断,事先选择好方向,让树倒向河里,再利用水流把它运到修坝的地方,然后把粗树枝垂直地插进土里,当做木桩,最后用细的树枝、石子、淤泥堆成堤坝。河狸修筑的工程量最大的堤坝有180米长、6米宽、3米高。堤坝把河水堵住,使坝内变成浅滩,河狸就可以在沿岸的地方建造它的巢穴。巢设计得很巧妙,分为两层:上层是干燥的,是整个"家庭"的住所,幼河狸在这儿出生;下层在水面下,是堆积树皮、木段等的仓库。每个巢有两个出口,一个通往地面,一个由一条隧道通往水中,这样河狸在水下或陆上都能安全而自由自在地生活。

为什么斑鬣狗群被称为"母系社会"?

Weishenme

鬣狗的外形似狗,犬齿、裂齿发达,咬力强,是唯一能够嚼食骨头的哺乳动物。其中体形最大的是斑鬣狗,身长约125厘米,肩高80厘米左右,毛色棕黄并有乌褐色斑点,分布在非洲,数量众多。

斑鬣狗群体生活,一个群体大到上百只,小到十几只,首领往往都是一只体格健壮的雌性斑鬣狗。斑鬣狗的社会组织等级森严,觅食时"母首领"总能得到一块最大、部位最好的肉食。因此,有人称斑鬣狗群是"母系社会"。雌性体重平均比雄性重12%,是两性中强壮且具有支配权的一方。当两只性别不同的斑鬣狗碰到一起时,雄性总让雌性走在前面。

另外,雌斑鬣狗全年只有14天处于发情期,在此期间,它们可以连续和不同的雄斑鬣狗交配一次或数次。在任何一个数量达到30只的斑鬣狗群中,所有的成年雄狗之间都有血缘关系,而所有的成年雌狗则来自于另一群体。

为什么狼喜欢在半夜里嗥叫?

Weishenme

在北方某些偏僻的山村,夜深人静的时候有时可以听到狼群的嗥叫声。为什么狼爱在夜间嗥叫呢?

狼是一种以肉食为主的猛兽,它们专门猎取兔子、野鸡、田鼠、小鹿等动物,吃腐肉和尸体,甚至同类间也互相残杀,狼群有时还会伤害人,不过大多发生在特殊情况下。狼的食量很大,一次可食数十千克肉,狼的忍饥性也很强,饱餐一顿后可以数月不吃而其凶猛的劲头丝毫不减。就生活习性而言,狼过着群居生活,习惯在夜间出来活动。每到傍晚后,饥饿的狼往往成群结队地出来觅食,一边走一边发出低声的嗥叫。动物的叫声常是相互联系的信号。在不同的情况下狼会发出不同的叫声,如母狼常发出叫声来呼唤小狼,公狼又唤母狼,集合成群后外出猎食。在繁殖期,狼也往往发出嗥叫来寻找配偶。幼狼在饥饿时也会发出尖细的叫声。

嗥叫的狼

狼群有领域性,且其领域通常是其活动范围。狼群之间的领域范围不重叠,会以嗥声向其他狼群宣告范围。

斑鬣狗

斑鬣狗生性残忍,且耐性极强,团体成员之间精诚团结,即使是非洲草原上的霸主——狮子也要对它们忍让三分。

动物之最 最大的狼:基奈山狼,仅产于美国基奈半岛,体长1.3至2米,肩高0.9至1.1米,体重70至100千克,1915年灭绝。

北极熊
有的北极熊不冬眠或冬眠时间很短,依靠嗅觉和冰雪的反光四处觅食。

熊为什么要冬眠?

Weishenme

我们知道,生活在温带或寒带的冷血动物一到冬天就要冬眠。熊是一种体形很大的哺乳动物,可是它也要冬眠,为什么呢?

原来,尽管熊是庞然大物,但其体态笨重,捕食能力很有限,所以在它的食物中,植物占到很大的比例。冬季是植物凋零的季节,熊的食物来源出现危机,在严寒中觅食会消耗很多体力,而得到的食物热量很可能不足以补充失去的热量,所以它们采取了以睡觉来保存体力的做法。如果食物充足,许多熊不会冬眠,反而会整个冬天都去狩猎。因此,冬眠是它们适应食物匮乏的季节或避寒的一种本能活动。

一般来说,小型哺乳类动物在冬眠时体温会急速下降,但熊的体温只会下降约4摄氏度,不过心跳速度会减缓75%。

熊开始冬眠后,它的能量来源就从食物转换为体内储存的脂肪。脂肪燃烧时,新陈代谢会产生毒素,但熊在冬眠时,体内的细胞会将这些毒素分解为无害的物质,再重新循环利用。这种生化作用也让熊可以回收体内的水分,因此,熊在冬眠时不会排尿,也不会脱水。

亚洲黑熊为什么又称做"月亮熊"?

Weishenme

亚洲黑熊是一种体形较小的熊,体长1.6米左右,体重一般不超过200千克,喜欢生活在潮湿的丛林地区,尤其是山地森林中。它长着圆圆的头和较大的耳朵,颈部和肩部的毛形成了一种鬃毛,呈深黑色,又厚又长。最引人注目的是,它的胸前有一个镰刀型的白色标记,看上去像一弯新月,因此又叫"月亮熊"。

亚洲黑熊一般在夜晚活动,白天在树洞或岩洞中睡觉,有冬眠习性。它善于攀爬,可以上到很高的树上去采摘果子和蜂蜜,并善于游泳。它的嗅觉和听觉很灵敏,顺风可闻到500米以外的气味,能听到300步以外的脚步声,但它的视力较差,故有"黑瞎子"之称。亚洲黑熊食性较杂,以植物的叶、芽、果实、种子为食,有时也吃昆虫、鸟卵和小型兽类等。

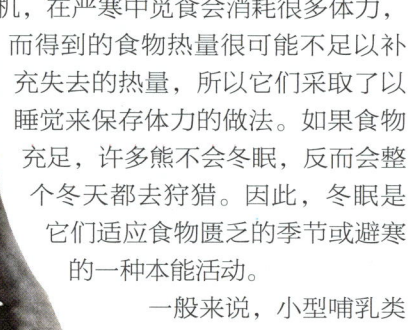

马来熊
亚洲黑熊又叫马来熊,它们可以像人类一样直立行走,也能像人一样坐着,行动谨慎又缓慢,很少攻击人类。

你知道吗

☐ 1902年的秋天,美国总统罗斯福在密西西比河附近打猎,却毫无收获,随从便将一只小黑熊绑在树上让总统射杀,但他不忍杀害,并发誓再也不猎杀黑熊。之后人们便以罗斯福的小名泰迪(Teddy)命名一种小熊毛绒玩具,从此泰迪熊(Teddy Bear)风靡世界。

动物之最 最大的熊:北极熊,又叫白熊,体长可达2.5米,高约1.6米,重约500千克,被称为"北极圈之王"。

为什么猫眼一日三变?

Weishenme

猫的眼睛大而突出,位于头部的正前方。在早晨、中午、晚上不同的时间看猫的眼睛,会发现各不相同,因此有人说猫的眼睛一日三变,这是为什么呢?

原来,猫的眼球瞳孔很大,负责瞳孔收缩的肌肉很发达,收缩能力也很强。人如果看太阳,瞳孔就会缩小,但缩到一定程度就不再缩小了,因此,如果在过分暗的地方多看了些时间,眼睛就会不舒服。但猫在不同的光线中,都能很好地适应。在早晨的光线下,瞳孔像枣核一样;在中午强烈的光线照耀下,猫的瞳孔可以缩得很小,呈一条线;在夜晚昏暗的条件下,瞳孔充分放大呈圆形,像一轮满月。简而言之,猫眼睛的瞳孔会随外界光线强弱的周期性变化而发生变化,随时调整进入眼睛内的光线强弱,使其始终保持足以使神经兴奋的水平。因此,无论外界光线强弱,猫都能看清东西。这对猫的夜间活动和觅食都具有重要意义。

猫科动物走路为什么悄无声息?

Weishenme

猫是大家都很熟悉的动物,它属于猫科。猫科动物走路时体态优美又悄无声息,这是为什么呢?

猫科动物的前爪有5个脚趾,后爪则有4个。它们的前爪除了走路和攀爬外,还是防御和狩猎时强有力的武器。猫的每个脚趾都长有利爪,这些利爪是从脚趾的最后一块骨头上长出来的,呈钩型,爪子上长有柔软的肉垫,可保护指甲。当它们走路时,为保护这些利爪,通常会将利爪收在脚掌下,再加上肉垫的作用,它们行路时便悄无声息了。另外,它们的尾巴也有很强的平衡能力,这对于它们走路没有声音也有一定的作用。

猫科动物脚底的肉垫在关键时刻还可起到保命的作用。当猫科动物从高处落下时,脚底的肉垫可以帮助它们免受震动,所以一般不会摔伤。民间更由此传说猫有"九条命"。

> **美洲豹**
> 美洲豹是猫科动物的一种,又叫美洲虎,是美洲大陆体形最大的猫科动物。和其他猫科动物一样,美洲豹走路时也悄无声息。

【百科辞典】

猫科动物:
一种几乎专门以肉食为主的哺乳动物,属食肉目,生活在除南极洲和大洋洲以外的各个大陆上。包括4个亚科,即猎豹亚科、猫亚科、豹亚科、猞猁亚科,共36种。大型猫科动物可以发出吼叫。

瞳孔:
虹膜中心的圆孔,可随光线强弱缩小或扩大,光线通过它进入眼内。

> **猫**
> 猫的视野很接近人类的视野。它们的视角很宽阔,也是彩色视觉。在昏暗的光线中,它们的视力比大多数动物都要好。

动物之最 现存最大的猫科动物:东北虎,主要分布于我国的东北地区,体长为1.8至2.8米,尾长约0.9米,体重227至272千克。

臭鼬和黑熊
臭鼬一般白天在洞中睡觉，晚上外出觅食，以昆虫、青蛙、鸟类和蛋为食。它能发出奇臭无比的气味，许多猛兽都要对它退避三舍。

虎鲸
虎鲸遍布四海，以体魄健壮、性情凶狠闻名，有"鲸之暴君"之称。经过驯化后的虎鲸十分驯服，是海洋公园和水族馆中的"水族明星"。

为什么连猛兽都怕臭鼬？

臭鼬属鼬科动物，大小如家猫，体长512至610毫米，体重920至2440克。它的头、耳、眼都很小，长着一身醒目的黑白相间的毛。臭鼬是一种性情温和的小动物，但为什么连猛兽都怕它呢？

原来，臭鼬有一个臭腺，位于肛门两侧，能分泌奇臭的臭气，"臭"走掠食者。当受到惊吓或袭击时，臭鼬会竖起尾巴，反转身作倒立状，从肛门喷出臭气，反击敌人。在3.5米的距离内，臭鼬一般都能打中目标。这种气体不仅恶臭无比，在约800米的范围内都可以闻到，还具有麻痹作用，会使被击中者眼睛又辣又疼、流泪不止，甚至出现短时间失明。因此，绝大部分掠食者，哪怕美洲野猫、美洲豹等猛兽，除非它们非常饥饿，不然都会避开臭鼬。

经研究，这种臭气其实是琥珀色液体，由于被使劲喷出，便形成了细雾。它的成分是一种叫丁硫醇的物质。一只臭鼬每天大约可产1毫升丁硫醇，存储于臭腺中。不过，要是鹰、鹫等鸟类突然从空中发动袭击，臭鼬一时之间无法招架，就只能束手就擒。

为什么说鲸不是鱼类？

鲸的体形和鱼很像，呈梭形，俗称鲸鱼。但实际上，鲸并不属于鱼类。这是为什么呢？

原来，鲸是生活在海洋中的大型哺乳动物，与鱼有很多不同的地方。首先，鱼是卵生的，而鲸则胎生，它们还能分泌乳汁，哺乳后代。其次，鱼在水中用鳃呼吸，而鲸却必须浮出水面用肺呼吸，在换气时，它们会喷起巨大的水柱，状如喷泉。再次，鱼类是冷血动物，而鲸却是温血动物，体温恒定。另外，鲸在动物进化上比鱼类高级，它实际上是生活在海洋中的兽类。

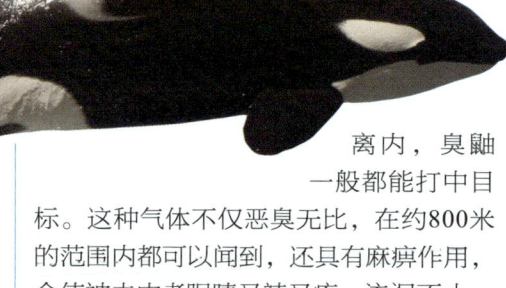

你知道吗

- 虎鲸能发出62种不同的声音，而且不同声音具有不同的含义。不同海域的虎鲸及虎鲸群使用的"语言音调"会有不同程度的差异，类似人类的方言，被称为"虎鲸方言"。
- "潜水冠军"抹香鲸常因追猎巨乌贼而"屏气潜水"长达1.5小时，它可潜到2200米的深海中。
- 抹香鲸可一口吞下巨乌贼，但消化不了乌贼的鹦嘴，鹦嘴在抹香鲸体内逐渐形成珍贵的香料——龙涎香。

海象为什么长着长牙？

Weishenme

海象是一种生活在北极海的哺乳动物，它头很圆，嘴巴短而阔，鼻子粗大，长着一对与陆地上的象很相似的长牙。海象的长牙是做什么用的？

像陆生象用长牙寻找食物一样，海象的长牙主要是用来获取食物的。海象常常潜入海底，将长牙插入泥沙中，如耕犁般耕耘，犁过之处显出两道约50厘米深的垄沟。当犁过2至3米时，海象就伸展前肢向上游，它的两只前鳍足紧紧合拢，捧着混有食物的泥沙边游边搓，身后拖着一股黑色"烟雾"。当快游到水面时，它把猎获物撒开，又转回头根据其不同的下沉速度，捕捉诸如海螺、贝壳类软体动物。所以，海象被一些海洋生物学家称为"水下耕耘者"。

有时，为保护幼崽，母海象会用长牙作武器，与北极熊搏斗。此外，雄海象在求偶时会用长牙互相角斗，在水下游泳时要用长牙凿洞呼吸，在冰上行走时也要长牙帮忙。总之，海象生活中处处都离不开它的长牙。

象鼻子为什么那么长？

Weishenme

大象是我们都不陌生的动物，它们都有一条长长的鼻子，呈圆筒形，可以缠卷起来，用于自卫和取食。为什么大象的鼻子会那么长呢？

大象是世界上最大的陆栖动物，早在很久以前，它们就已生活在地球上了。那时候的大象身躯既没有现在这么庞大，鼻子也不像现在这么长。它们的身高只有70厘米左右，而鼻子和现在的河马鼻子差不多长。大约在2000万年前，地球上一年四季温暖如春，各种生物生长旺盛。由于食物丰富，营养良好，大象的身体也一代比一代庞大，四肢变得像四根圆柱，结果头离地面的距离越来越远，难以吃到地上的食物，行动也变得越来越不灵活。为适应生活环境，便于觅食和饮水，在漫长的进化过程中，象的上唇慢慢延长，鼻子也随着长长了。久而久之，它们的鼻子和上唇合二为一，就成了今天这个样子。大象鼻端的指状突起，正是上唇的痕迹。鼻子对于大象来说，就如同人的手，灵活自如，而且力气还很大，这同象鼻的肌肉组成有关系。大象的鼻子约有5万块肌肉，所以使用起来非常自如。地球上的大象分为非洲象和印度象两大类，前者的鼻子尖上有两块突起，而后者只有一个。

【百科辞典】

象牙：
象的门牙，略呈圆锥形，伸出口外。它基本上会伴随大象一生，可借此判断大象的年龄。

鳍足：
海生哺乳动物的四肢十分像鱼鳍，适于游泳。海象、海豹和海狮都是鳍足类动物。

海象的长牙
海象不分雌雄都长着长牙，每根长70至80厘米，重达4千克多，在海象的有生之年一直都在生长。

象
成年大象的鼻子重约145千克，由5万多块肌肉组成，既作呼吸、嗅觉器官，也作味觉器官。

动物之最　最长寿的哺乳动物：大象，一般情况下，象的寿命达60至70岁。据记载，哥拉帕格斯群岛的长寿象能活180至220岁。

中国孩子最爱问的十万个为什么

主题索引
> 大象用鼻子吸水为什么不会呛到？非洲象和亚洲象有什么区别？

洗澡的非洲大象
象鼻一次可以吸水达9升。夏天洗完澡后，大象会用鼻子吸些沙土喷在身上，以防止蚊、虻蝥咬。

亚洲象
亚洲象比非洲象的进化程度更高，它们之间的亲缘关系很远。

大象用鼻子吸水为什么不会呛到？

Weishenme

大家知道，人在游泳时，总是要用嘴来换气，如果不小心鼻子里吸进了水，就会让人咳嗽不止。然而，体形庞大的象在天气炎热时，就走到小河里或水池边，用长长的鼻子把水吸进去，然后喷洒到身上给自己降温或洗澡。为什么它不会被自己吸的水呛到呢？

原来，大象鼻腔的结构比较特殊，虽然它的气管和食道是彼此相通的，但是鼻腔后面的食道上方，长有一块软骨。大象用长鼻子吸水时，水进入鼻腔后，由于大脑中枢神经的支配，喉咙部位的肌肉发生收缩，促使食道上方的这块软骨暂时将气管口盖上，水就由鼻腔进入食道，而不会进入气管和肺里去。当它将水重新喷出去后，软骨又会自动张开，以保持呼吸的畅通。

非洲象和亚洲象有什么区别？

Weishenme

远古时代，长鼻类动物一度非常兴盛，并分化出很多类型的象，但这些象大都逐渐灭绝了。如今，生存下来的现代象只有两种，即亚洲象与非洲象。它们的外形十分相似，生活习性也大同小异。那么，它们之间有什么样的区别呢？

在体形方面，非洲象是迄今生存着的最大型陆生哺乳动物，雄性非洲象可重达7500千克；而亚洲象就要小一点，但它仍然是亚洲最大型陆生哺乳动物。

在象鼻方面，非洲象象鼻上有很多环状的皱褶，鼻端的指状突起有两个；而亚洲象象鼻光滑，只有一个指状突起。

在耳朵的形状和大小方面，非洲象的耳朵是亚洲象的两倍大，耳大如扇，直径可达1.5米，利于散热降温。

在栖息地方面，非洲象生活在非洲大草原或热带雨林中；亚洲象则大部分栖息在东南亚的林地，很多是家养大象。

在象牙方面，非洲象无论是雌性还是雄性都有象牙，且比亚洲象的象牙长得长；而亚洲象只有雄性拥有象牙。这也是它们之间最根本的区别。

你知道吗

■ 大象的记忆力很好，会为死去的同伴"扫墓"、探望尸骨、"祭拜"象牙。

■ 亚洲象的额部两侧有两个鼓突，称为"智慧瘤"，而非洲象就没有。

■ 象群由母象维系，雄象一旦长到15岁就必须离群。

动物之最　孕期最长的哺乳动物：亚洲象，其孕期长达22个月。

骆驼为什么能在沙漠中长途跋涉？

Weishenme

骆驼是一种能够长时间忍耐干渴的动物，它能在沙漠中背负重物长途跋涉，是沙漠中特有的交通工具，被人们称为"沙漠之舟"。骆驼为什么能在干旱炎热的沙漠中长途跋涉呢？

原来，骆驼的驼峰里贮存着胶质脂肪，其重量相当于全身重量的1/5。双峰驼的两个驼峰里足足可以贮存40千克的脂肪。当骆驼饥渴交迫时，驼峰的脂肪便逐渐氧化分解成骆驼所需要的营养、能量和水分。据估计，每100克脂肪反应后可产生107毫升水，而两座驼峰的脂肪经反应后就可以产生40多升水。可见，驼峰不仅是"食品库"，还是"蓄水池"。

同时，骆驼巨大的口鼻也是保存水分的关键部位。骆驼鼻子内层呈蜗形卷，增大了呼出气体通过的面积。夜间，鼻子内层从呼出的气体中回收水分，同时冷却气体，使其低于体温8.3摄氏度。据计算，骆驼的这些特殊能力可使它比人类呼出温热气体节省70%的水分。另外，骆驼的胃分为三室，前两室附有众多的"水囊"，有贮水防旱的功效。

麋鹿为什么"四不像"？

Weishenme

麋鹿生活在沼泽、滩涂地带，群居生活，善于游泳和跋涉。因其"蹄似牛非牛，头似马非马，尾似驴非驴，角似鹿非鹿"，故俗称"四不像"。

麋鹿的蹄子像牛的蹄子，又宽又大，在脚趾之间还长有蹼。这样的蹄子有利于麋鹿在泥沼中行走，而不会陷进沼泽里。麋鹿的脸像马，比其他鹿的脸长，鼻子和唇部很宽大，长着又长又硬的刚毛。当麋鹿把整个头部伸到水中去取食水草时，唇部的触毛起到感觉作用。麋鹿的尾巴像驴的尾巴，一直垂到脚脖。沼泽里蚊蝇、虻虫多，长尾巴有利于驱赶它们，防止被叮咬。鹿类动物的鹿角分杈大多向前伸展，是抵御敌害和争斗的武器，可是麋鹿犄角的分支却是朝后和朝外伸展的。这是因为沼泽地带的大型猛兽较少，而麋鹿生性胆小，内部争斗也不激烈，所以犄角只是一个装饰。

麋鹿
麋鹿是中国特有的物种，但它的英文学名却以外国人的姓氏命名；它曾在中国生活了数百万年，不料20世纪初曾一度在故土绝迹。20世纪80年代，它又远渡重洋，重返故乡。

双峰驼
"无边瀚海人难度，端赖驼力代客船"，古老的骆驼用宽大的脚掌踩出了一条东起长安、西至罗马的"丝绸之路"。

动物之最 最大的麋鹿自然保护区：中国江苏大丰麋鹿自然保护区，拥有世界上最大的麋鹿种群和麋鹿基因库，共有1000多头麋鹿。

中国孩子最爱问的十万个为什么

主题索引
长颈鹿的脖子为什么那么长？为什么长颈鹿不担心得"高血压"？

长颈鹿的脖子为什么那么长？

Weishenme

长颈鹿妈妈与幼鹿
长颈鹿的幼崽出生后20分钟即能站立，几天后便能奔跑如飞。

吃草的长颈鹿
长颈鹿生活在非洲，群居。通常生一对角，终生不会脱落，皮肤上的花斑网纹则为一种天然的保护色。

长颈鹿是我们都熟悉的动物。它个头很高，成年长颈鹿中，雌鹿的平均身高可达4.26米，而雄鹿平均高达4.57至5.18米。最引人注目的是，它的脖子很长，可达2米左右。为什么长颈鹿的脖子会这么长呢？

远古时期，长颈鹿的祖先躯体只有小鹿大小，属于植食类动物。渐渐地，地球上的树木越长越高，为吃到树上的叶子，得到足够的食物，长颈鹿就必须努力伸长脖子。脖子短的长颈鹿因为长期吃不上食物，而被淘汰了，剩下脖子长的长颈鹿。这样，经过漫长的进化过程，长颈鹿就变成现在的样子。

长颈鹿的长脖子对它警戒放哨、了解敌情和寻求食物是必不可少的。这使它能远远地看见敌人，然后迅速逃跑。同时，它的脖子也是一个很有用的"冷却塔"，靠脖子散热，长颈鹿才能够适应热带炎热的气候。漫步、跑动时，长颈鹿的脑袋就被置于前方，借以往前推移它的重心，增大前进的动力。因此，它行动非常灵活，奔跑时速可达60千米。

为什么长颈鹿不担心得"高血压"？

Weishenme

一般情况下，成年人的正常血压应为11至17千帕，要是再高，就会出现高血压这种危害极大的疾病。然而，对于长颈鹿来说，它心脏泵压可达到40千帕，脑下部的颈动脉血压可保持26.7千帕。难道长颈鹿患高血压了吗？

事实上，要是长颈鹿没有这样的高血压，那恐怕真要生病了。长颈鹿以个头高、脖子长著称，它头部的位置与心脏距离2米多，为保证心脏把血液输送到距离很远的大脑，就要求它必须拥有比普通动物更高的血压才行。

长颈鹿的心脏比一个篮球还大，重约11千克，还非常厚实，心壁厚达7.5厘米，具有强烈的收缩力。长颈鹿休息时每分钟心跳100次，比牛马等动物高1倍以上，它每分钟输出的血量可达到60升。同时，长颈鹿大脑下部有血管网络，动脉和静脉分成很细的支状网，颈静脉中有一个多功能的瓣膜，当血液缓慢上升时，血压便逐渐降低，反之同理。因此，长颈鹿的血压虽然很高，但只会使血液畅通，而不会给它自己带来什么危险。

【百科辞典】

血压：
血管中的血液对血管壁的压力，通常指动脉血压。一般以千帕（kPa）为单位。

瓣膜：
人或某些动物的器官里面可以开闭的膜状结构，简称瓣。

动物之最 最高的动物：长颈鹿，站立时由脚至头可达6至8米，体重约700千克，幼崽刚生下来时就高达1.5米。

斑马身上为什么有黑白相间的条纹？

Weishenme

动物园里，人们可以看到身上有着黑白相间条纹的斑马。斑马的外形与一般的马相似，是马的近亲，一般群居生活在非洲大陆的平原和草原上。令人不解的是，草原本来就很开阔，缺少遮蔽物，而斑马的条纹在阳光的照射下显得色彩斑斓，格外耀眼。那它们该怎么保护自己，才能不容易被敌人发现呢？

斑马是一种植食类动物，体长2至2.4米，尾长47至57厘米，肩高1.2至1.4米，体重约350千克。它们的腿很长，能以64千米的时速奔跑，但防御能力不强，常常遭到狮子、鬣狗等肉食类动物的追逐和袭击。在阳光或月光的照耀下，它们身上黑白的条纹吸收和反射光线的作用不一样，身躯的轮廓也就变幻不定，并能与森林草原的背景巧妙地协调起来，这样就不容易被敌人发现。因此，虽然这些条纹看上去很耀眼，但却是一种保护手段。非洲大陆上有一种可怕的昆虫——舌蝇（又叫采采蝇），它的视觉很特别，一般只会被颜色一致的大块面积所吸引，对条纹明暗相间、色彩对比强烈的斑马反而视而不见。同时，不同的斑马，条纹的宽窄不同，这也利于它们识别同类。

斑马如何寻找水源？

Weishenme

斑马经常喝水，很少到远离水源的地方去，因此它们取食和饮水的地方离得很近。然而，非洲是个阳光灼热的地方，气温很高，不经常降水，旱季时更是如此。所以，很多时候，斑马要自己找水喝，它们是如何找到水源的呢？

斑马通常会在旱季到来之前大规模迁徙到其他地方去；或者在雨季时使劲吃草喝水让自己变胖，等旱季时便依靠体内的脂肪来维持热量消耗，再寻找水源和青草。斑马有一种特殊的本领："挖井"。它们会在干涸的河床上徘徊，凭借本能，找到或许有水的地方，用蹄子不停地刨土，挖掘泥沙。当浅土被刨开后，它们会不知疲倦地挖下去，有时，挖到1米多深时，就能找到地下清水了。当然，其他的动物也会趁机赶来喝水，如公沙鸡等。

🔼 斑马

斑马产于非洲东部、中部和南部，喜欢栖息在平原和草原（山斑马则居于多山地区）。常10至12只结成群，有时也跟其他动物，如牛羚、鸵鸟混合在一起。

🔼 美丽的花纹

斑马身上的条纹漂亮而雅致，是同类之间相互识别的主要标记之一，更是一种适应环境的保护色。

你知道吗

- 受斑马条纹保护色的启发，人们在军舰上涂上类似于斑马条纹的色彩，以隐蔽自己、迷惑敌人。
- 20世纪50年代初，英国人在街道上设计出一种横格状的人行横道线，作为行人专用道。这些横线像斑马身上的白斑纹，被称为"斑马线"。

动物之最 最高的斑马：细斑马，肩高140至160厘米，条纹又细又密，耳朵又大又圆。

中国孩子最爱问的十万个为什么

主题索引

白犀牛和黑犀牛只是颜色有别吗？犀牛身上为什么常落着小鸟？

白犀牛和黑犀牛只是颜色有别吗？

Weishenme

犀牛是陆地上最庞大的哺乳动物之一，体长2至4米，重1000至3600千克，吻部上方长有单角或双角。在五种现生犀牛中，白犀牛是体形最大的犀牛，又名"方嘴犀"，它的嘴唇宽平，皮肤呈蓝灰色或棕灰色。它们之所以被称为"白犀牛"，是因为南非语中的"宽平"与英语中的"白色"发音相近，造成翻译有误，后人将错就错，把它们称做白犀牛，而将皮肤呈灰黑色、与白犀牛一同生活在非洲草原的尖嘴唇犀牛称为黑犀牛，又称非洲犀。

白犀牛最明显的特征是吻部比较方，贴近地面，头向下，吃草时嘴巴呈半圆形。相比之下，黑犀牛的体形较小，吻部尖，还能伸缩卷曲，头向上抬起，吃树叶时嘴巴呈"V"形。吻部的区别是它们之间最主要的区别。其次，白犀牛性情较为温驯，黑犀牛则性情粗野，脾气反复无常。另外，白犀牛会成群活动，群中通常是母犀牛与小犀牛，成年的雄犀牛大多数独居，而黑犀牛独栖或两三只同栖。

白犀牛
白犀牛的耳朵边缘与尾巴上有刚毛，其余部分则无毛。上唇为方形，鼻上的角平均长60厘米，最长可达200厘米。

犀牛背上的犀牛鸟
犀牛和犀牛鸟相互依存，各取所需，其关系非常密切。非洲人很喜欢犀牛鸟对朋友的忠实，因此，常叫自己喜爱的人为"我的犀牛"。

犀牛身上为什么常落着小鸟？

Weishenme

犀牛的躯体异常粗笨，四肢短粗，头很大却比较迟钝，视力很差，但嗅觉和听觉较敏锐。

一些大型猫科动物，如狮、虎等有时偷猎幼犀，但它们都不敢惹成年犀牛。然而，却有一种黑色的小鸟能够在它身上跳来跳去，与犀牛相处得像朋友般融洽。这是为什么呢？

原来，犀牛的皮肤虽然厚而坚硬，但其褶缝里的皮肤很薄，又十分娇嫩，许多吸血的蝇、虻等昆虫常钻进去叮咬，使犀牛又痛又痒。这些昆虫还寄生在褶缝里，产卵生蛆。为赶走它们，犀牛要常常在泥水中打滚抹泥。不过，通常情况下，停在它身上的小鸟会帮它啄食这些寄生虫。有时，它们也啄食犀牛行走时踢起来的昆虫。所以，人们又把这种黑色的小鸟叫做"犀牛鸟"。另一方面，犀牛鸟停在犀牛角上，像"哨兵"一样，能够看见远处的敌人。周围稍有异常，它们就鸣叫着飞离犀牛，向犀牛发出"警报"。因此，它们也形成了互惠共生的伙伴关系。

【百科辞典】

虻：
昆虫，体呈椭圆形，黑绿色，口吻粗。雄性吸植物的汁液或花蜜，雌性吸人或动物的血液。

蛆：
苍蝇的幼虫，体柔软，白色，多生在不洁净的地方。

动物之最 最小的犀牛：苏门答腊犀牛，身高0.9至1.5米，身长2.4至2.5米，也是唯一一种身上有毛的犀牛。

河马为何总泡在水里?

Weishenme

河马是一种生活在非洲热带河流中的动物,吻宽嘴大,鼻孔长在吻端上面,与眼睛和耳朵排成一条直线。体长3.75至4.6米,尾长约56厘米,肩高约1.5米,体重3000至4600千克,四肢短粗,看上去像粗圆桶。它们非常擅长游泳,每天大部分时间都呆在水中。为什么它们这么喜欢泡在水里呢?

原来,在太阳下,河马身体的水分蒸发很快,要是它们长时间离开水,皮肤就会干裂。更重要的是,它们尽管身体庞大,却没有防御敌人的"武器"。因此,白天时,它们尽可能呆在危险较少的水里休息,躲避陆上活跃的掠食者,晚上出来进食,天亮就又回到水中。河马主要以水生植物为食,偶尔吃草,食物匮乏时也吃肉。同时,非洲气候很炎热,河马泡在水里能躲避酷热。因此,总是泡在水里是河马适应环境的反应。

为什么说蜘蛛猴有"第五只手"?

Weishenme

蜘蛛猴属于悬猴科,生活在中南美洲的热带森林里。它的身体很瘦小,四肢又细又长,当它们在树上活动时,远远望去,好像一只只巨大的蜘蛛,因此得名。蜘蛛猴的头又小又圆,尾巴长达80厘米,比身体还长了10多厘米,尾巴尖端近20厘米处的毛稀少,腹面上甚至只有一道道的皱纹,被称为"尾纹"。奇怪的是,这条尾巴被人们称为它的"第五只手",这是为什么呢?

原来,蜘蛛猴的尾巴非常敏感,缠绕抓曳能力特别强。它能帮助蜘蛛猴攀援树枝、平衡身体,还能牢牢地缠绕在树枝上,灵巧地把身体倒挂在半空中,蜘蛛猴休息时,就常倒挂着睡觉。同时,这条尾巴像手一样灵活,能轻松而熟练地采摘和拾取食物,甚至捡起细物。因此,人们把蜘蛛猴的尾巴叫做它们的"第五只手"。

另外,蜘蛛猴的尾巴里还有一条直接联结动脉管的中静脉。天热时,尾巴便变成散热器;天凉时,动脉血能不通过小血管直接回到体内。借助尾巴,蜘蛛猴就能调节体温了。

【百科辞典】

静脉: 把血液送回心脏的血管。静脉中的血液含有较多的二氧化碳,血色暗红。

动脉: 把心脏中压出来的血液输送到全身各部分的血管。

攀缘的蜘蛛猴
蜘蛛猴性情怯弱,敏捷好动,能从一棵树跳到9米外的另一棵树上。它们很怕冷,所以只能生活在热带森林中。

水中的河马
河马的潜水本领十分高超,不过潜伏时每隔3至5分钟就要把头伸出水面呼吸一次。

动物之最 尾巴最细小的猴子:豚尾猴,体长54至62厘米,尾长不及身长的1/4,很细,形似猪尾,行动时弯而下垂,故名。

中国孩子最爱问的十万个为什么

主题索引
- 狐猴是什么样的猴子？猴子为什么喜欢给同伴"捉虱子"？

狐猴是什么样的猴子？

狐猴是灵长目中最原始的一种猴子，属于原猴亚目，共有20多种。它们的身体形状、手脚构造像猴子，但脸长得有点像狐狸，所以被称为"狐猴"。狐猴曾经在地域上分布很广，不过在近5000万年内，只生活在非洲的马达加斯加岛、科摩罗岛及其附近岛屿上，大多数栖息于热带雨林、干燥的森林或灌木丛中，被称为"热带丛林中的幽灵"。

狐猴一般体长13至60厘米，体重60至3000克；尾巴很长，通常等于或超过体长，而且尾毛又密又长，像一把扫帚。狐猴通常以水果、树叶，以及昆虫、壁虎之类的小动物为食，多数在夜晚活动，群居生活。

环尾狐猴的尾巴上有一圈圈黑白相间的环节，是狐猴中体色最鲜艳的一种。它们生活在较干旱的疏林岩石地区，是狐猴中唯一在白天活动的种群。环尾狐猴主要在地面上活动，它们的脚底有毛，所以在光滑的岩石上跳跃也不致滑倒。

最小的一种狐猴叫"鼠狐猴"，通常只有几寸长。它习惯住在树上，在夜间活动。在干旱炎热的季节，鼠狐猴可以进入休眠状态，几个星期不吃东西，不过在"睡觉"之前，它们会尽可能吃饱，把脂肪积储起来，在休眠时慢慢吸收到身体里去，维持生命活动。

狐猴虽然受到保护，但由于栖息地遭到破坏，所以种群数量仍在减少，现在属于世界上的濒危动物之一。

猴子为什么喜欢给同伴"捉虱子"？

在动物园里，我们有时会看到群居的猴子互相翻开同伴的皮毛仔细寻找着什么，要是找到了，它们就把这些东西往嘴里送。看到这种情景，人们经常说猴子在给同伴捉虱子，真是这样的吗？

其实，这样的说法是不正确的。科学家最近发现，猴子身上并没有什么寄生虫，当然也就不会有虱子存活。但是，猴子为什么要在同伴的皮毛里翻来翻去呢？事实上，它们这样做，是在找一种结晶盐。猴子身上有时出汗，汗蒸发后，皮肤表皮会留下一种略带咸味的结晶盐。它们特别喜欢吃结晶盐，而吃结晶盐是它们补充体内盐分的一种方式。当然，结晶盐长期附着在猴子身上也让它们很不舒服，所以，就出现了猴子互相翻对方皮毛的情景。

环尾狐猴
环尾狐猴又叫节尾狐猴，分布于非洲马达加斯加岛，生活于干旱多岩石地区。

长尾叶猴
长尾叶猴又叫做哈努曼叶猴，产于印度。这种叶猴等级分明，地位低的猴子一定要为地位高的猴子"捉虱子"。

你知道吗

- 狐猴是现存的最原始的灵长类动物，其历史可追溯至史前时期。
- 狐猴与人类有很近的亲缘关系。有科学家认为，它是人类的祖先，大约7000万年前，狐猴的一支进化成了猴子；到了4000万年前，猴子的一支又演变成了类人猿，此后逐渐进化成了人类。
- 在印度著名史诗《罗摩衍那》中，记载有神猴哈努曼为印度人民除暴安良立大功的传说，因此哈努曼叶猴被印度人奉为神，受到敬重。

动物之最 最小的灵长类动物：鼠狐猴，产于马达加斯加，头部和身体的长度约为6.2厘米，尾部长度约为13.6厘米，平均重量约为30.6克。

吼猴为什么嗓门大?

Weishenme

在南美洲丛林中,人们有时会听到从树丛深处传来的一种如雷的吼声。这吼声震耳欲聋,经常持续数小时,回响在整个丛林上空,即便在1.5千米开外还能听得很清楚。这吼声是从哪里来的呢?

原来,它来自美洲特有的一种猴——吼猴。吼猴是美洲体形最大的猴,体长约0.9米,像狗一般大小,尾巴有1米多长,常年树栖生活。它们身上长着十分浓密的毛,多呈红褐色,并随阳光的强弱和照射角度的不同,变幻成金、绿、紫、红等迷人的色彩,分外美丽。除此之外,吼猴最让人惊讶的是它的大嗓门。这种猴子的舌骨特别大,能够形成一种特殊的回音器。从它的喉咙里发出的吼声,经过这个回音器后,立刻变得非常响亮,就像它正拿着一个麦克风吼叫一样。另外,吼猴群居生活,开始时通常只有一只叫,接着其他的吼猴便开始回应,这些吼猴的声音汇聚到一起,自然使吼叫声如雷鸣般了。有趣的是,吼猴在吼叫时能发出7至8种不同的声音。

夜猴的眼睛有何作用?

Weishenme

夜猴体长约45厘米,尾长约40厘米(不太卷曲),体重约1.2千克,如松鼠般大小,身上披毛,非常美丽。它们生活在南美洲热带雨林中,是唯一一种昼伏夜出的高等灵长目动物,又被称为"猫头鹰猴"。

夜猴一般居住在距离地面30米高的树冠上,过着一夫一妻制的家庭生活,雄性负责保卫地盘。不过,夜猴最引人注意的是它独一无二的眼睛。首先,它的眼睛圆溜溜的,大得出奇;其次,这对眼睛的虹膜会显现出红、黄、褐色混合在一起的色彩,眼睛周围还有白色的颌毛,眼睛上方长有棕黑色的额毛,相互映衬,显得十分美丽;最后,夜猴的眼珠突出,眼球表面蒙着一层透明的角膜,好像大玻璃球似的。更令人称奇的是,它的眼睛能分辨色彩,聚光能力极强,在近乎漆黑的夜里,夜猴照样能轻而易举地捕捉到正在飞行的昆虫。不过,它仍需要微光才能活动,满月时它们最为活跃。

夜猴食性很杂,吃野果、昆虫、蜗牛、鸟蛋及蜂蜜等。然而,它们吃东西时很小心,总是先拿到眼前仔细检查一遍,然后才放心食用。

【百科辞典】

灵长目:
最高等的哺乳动物,如猴、类人猿等,大脑较发达,面部短,锁骨发育良好,四肢都有五趾,便于握物。

虹膜:
眼球前部含色素的环形薄膜,当中是瞳孔。

夜猴
夜猴的脸和猫头鹰的脸很像,毛呈淡棕灰色,杂有一些橄榄绿色。这有利于它在树上伪装,不易被敌人发现。

树上攀缘的黑吼猴
据推测,吼猴群起吼叫是为了恫吓敌人、联络伙伴或警告别的吼猴家族不要进入自己的领地。

动物之最 最早的灵长类动物:科学家根据懒猴和夜猴的化石推断,最早的灵长类祖先大约是在7000万年前进化形成的。

为什么说大猩猩是"温驯的巨人"?

香蕉
香蕉是大猩猩最喜欢的食物之一,此外它们还爱吃树叶和嫩芽。

生气的银背
通常,雄性大猩猩发育成熟后,后腰部分的体毛会变成白色,它被称为"银背"。银背德高望重,通常充当群体的头领。

大猩猩
大猩猩一般白天活动,雌性及幼体常在树上活动、休息,成年雄性多在地面觅食。

目前,地球上生活着4种类人猿,分别是大猩猩、黑猩猩、红猩猩和长臂猿。其中,大猩猩体形最大,主要分布于非洲的喀麦隆、加蓬、刚果等地,栖居在海拔1500至3500米的热带雨林地带。它们身高可达1.7米,体重近300千克。然而,人们却都说它们其实是"温驯的巨人",这是为什么呢?原来,大猩猩以树叶、嫩芽、花、果实等为食,是素食主义者,因此性情非常平和。它们往往是一个家族结群生活,大部分时间都在非洲森林里闲逛、嚼枝叶或睡觉。尽管如此,发怒时,它们也会有攻击行为。如面对不友好的闯入者,它们会捡起石头砸过去或把自己的粪便扔过去。另外,研究发现,它们的遗传物质DNA与人类的相似度达97.7%,因而非常聪明。据说它们甚至会用石头来榨油。它们也有各种各样的情绪,如恐惧、喜悦等,能发出至少22种声音以"表情达意",其中常用的有七八种。

为什么大猩猩喜欢拍自己的胸脯?

在动物园里,我们有时会看到大猩猩手拍着胸脯走来走去的样子。实际上,野生的大猩猩也经常用手拍胸脯。这是为什么呢?有人说大猩猩拍胸脯是在准备发动进攻,因为当它拍胸脯时,一般都会有"敌人"在场。这种说法并不准确。研究发现,大猩猩拍胸脯可能更多的是在示威,向对方表明自己的力量。比如,大猩猩群居生活,每群由一个叫"银背"的成年雄性大猩猩领导。"银背"不仅要带领群里的大猩猩觅食,寻找休息的领地,折弯树枝搭窝睡觉,还要保护群里的雌猩猩和小猩猩。当出现危险或有其他雄性大猩猩出现时,"银背"就会做出边喊叫边捶胸的动作,想要吓唬和赶走对方,并借此在群中树立威信,但这不意味着它很愤怒,马上要发起进攻。

另外,科学家称,当大猩猩感到不舒服时,它们会把手掌合拢成碗状,响声很大地拍打胸脯。

你知道吗

■ 空闲时,大猩猩会坐在一起互相梳理皮毛。科学家推测,这是它们交流情感的一种方式。

■ 美国加利福尼亚州一只名叫可可的大猩猩掌握了近1000种手语,是目前世界上唯一能用手语与人类交流的大猩猩。

动物之最 **最聪明的灵长类动物**:猩猩,其学习能力和解决问题的能力非常出色,生活于亚洲,体形仅次于大猩猩。

Part 13

十三　植物王国漫游

我们生活的地球上，除了各种神奇的动物，还有生机盎然、五彩缤纷的植物。在植物王国这个神秘的国度中，有许多奥秘等待我们去探究，去感受它们的无尽魅力。

植物"吃"什么长大？

植物也像人一样是从小到大逐渐生长的，人是靠吃饭、喝水和吸取其他营养而长大的，那植物是吃什么长大的呢？

植物是"吃"空气中的二氧化碳、土壤中的水和无机盐长大的。首先，在阳光的照射下，植物会吸进二氧化碳，吐出氧气，这也就是我们常说的"光合作用"。植物的叶片是制造养分的地方。植物的根从土壤中吸收水分和无机盐，通过茎运送到叶子上。在阳光下，叶片里的叶绿素能把根吸收的水分和无机盐分解转化成氧和有机物质。氧被释放到空气中，有机物质通过植物体内的输送管道储藏在根、茎、叶、花和果实里。这样，植物就慢慢长大了。

↑ 叶绿体
叶绿体是植物用来进行光合作用的细胞器。主要含有叶绿素、胡萝卜素和叶黄素，其中叶绿素的含量最多，遮蔽了其他色素，所以呈现绿色。

↑ 光合作用示意图
植物利用阳光的能量，将二氧化碳转换成淀粉，以供植物生存之用。光合作用在叶绿体内进行，因此叶绿体可以说是阳光传递生命能量的媒介。

植物和动物有何区别？

科学家将动物和植物的区别归纳为四大方面：

第一，几乎所有的植物都在同一个地方发芽生长，开花结果，也就是说原地不动地度过一生。当然这中间也有少数例外，如随水漂流的小型水生植物。与植物相反，绝大多数动物为了觅食、避敌或别的原因，经常跑来跑去处于运动状态。

第二，从小到大，植物的各种器官一直在发生不同的增减变化，例如植物在幼小时期只有根、茎、叶，成年之后长出了花朵，花朵凋谢后再结出果实种子。而大多数动物（低等动物除外）不论老幼，五官四肢等各种器官不增不减，仅仅是体积大小发生变化。例如刚生下来的小狮子或小老虎，已经具备了与父母同样多的器官。

第三，从两者的生活习性上说，植物有个十分重要的特点，那就是除了少数寄生和腐生植物外，它们都能进行光合作用，能自己制造"粮食"养活自己。而动物却无法做到这一点，他们只能依靠吃植物和捕食其他动物来养活自己。

第四，植物与动物的区别，还有一条十分严格的标准。在显微镜下观察它们的细胞就会发现，植物的细胞都有一层又厚又硬的细胞壁，而动物的细胞只有细胞膜，没有细胞壁。

【百科辞典】

光合作用：
指植物利用光能，将二氧化碳和水等无机物合成有机物，并放出氧气的过程。

细胞：
生物体的基本结构和功能单位，形状多种多样，主要由细胞膜、细胞质和细胞核等构成。

植物之最　最古老的植物：人类已知的最古老的植物是蓝绿藻，人们在有30多亿年历史的岩石中发现了这种藻类的化石。

植物也会交谈吗?
Weishenme

植物有自己非常独特的交谈方式。

据美国发表的研究报告显示,悬铃树上如果长虫,叶片便产生石炭酸和丹宁等物质,让叶片变涩,甚至有毒性,使虫子不敢吃叶子。而且森林里如果一棵悬铃树长虫,相邻的悬铃树就都会产生石炭酸和丹宁等物质,这棵受虫害的树,就像鸟、猴等动物在面临危机时发出声音警告同伴一般,也会发出警戒讯号。

研究还表明,各种植物在生长过程中,需要不断进行能量交换,这种交换虽然缓慢、不易察觉,却存在着微弱的热量变化和声响。英国专家为了研究植物的语言,利用一种名叫"植物探测仪"的仪器听到植物的"说话声",他们把这种语言命名为"微热量语"。

植物也有喜怒哀乐吗?
Weishenme

一位心理学家把一部脑摄像仪传送器固定在百合花的花茎上,让一位妇女在催眠师的指导下,对着百合花时而大笑,时而忧伤,心理学家就能在荧屏上看到百合花随着妇女情绪的变化,显示出有节奏的不同波纹。这说明,百合花被人的情感变化"打动"了,"理解"了她的喜怒哀乐。

植物的喜和乐还表现在欣赏音乐上。法国一位园艺家给西红柿"戴"上耳机,每天给它放3小时的爵士乐,结果它长出了2千克重的西红柿王。美国一位叫史密斯的科学家给大豆播放"蓝色狂想曲",20天后,这些秧苗比未听音乐的高出1/4。科学家还发现不同植物欣赏的音乐也不一样:西红柿喜欢浪漫曲,黄瓜爱听箫声,橡胶树则喜欢听风琴。但是,植物都不喜欢噪声,噪声会使花卉的生长速度减慢47%。另外,给植物浇水,它会"欢唱";遇到干旱,它会"呻吟"!

植物为什么有这么复杂的情感呢?有科学家推测,可能是空气的颤动促进了植物的生长能力。也有人认为,主要是植物也有"心脏",这颗"心"在每个单细胞内,因此懂得冷热、惊吓和情感的波动。当然,也有人不承认植物有情感。因此,植物是否有感情还是个谜。

悬铃树
古希腊的"西方医学之父"希波克拉底常常在悬铃树的浓荫下讲课授徒,治病救人。因此,悬铃树又被西方人尊为"生命之树"。

含羞草
植物与动物不同,植物大多没有神经系统,没有肌肉,所以它一般不会对外界的刺激产生反应。而含羞草与一般植物不同,它在受到外界刺激时,叶柄下垂,小叶片合闭,此动作被人们理解为"害羞",故称之为"含羞草"。

【百科辞典】

丹宁:
一类天然产物,存在于许多植物中,如石榴、咖啡、茶叶、柿子等,丹宁有鞣皮的作用,即将生皮变为皮革,所以也叫鞣质或鞣酸。

中国孩子最爱问的十万个为什么

主题索引
❶ 为什么小小的种子能够长成大树？ 为什么说植物的种子是"大力士"？

🌱 **发芽的种子**
种子发芽时体现出来的百折不挠、积极向上的精神广为人们称道。

🌱 **植物生长示意图**
植物从小小的种子变成参天大树，经历了复杂的生长过程。在地面下，植物的根系逐渐发育，它所占有的空间要超过露出地面的部分。

为什么小小的种子能够长成大树？

Weishenme

我们在泥土里埋入一粒种子，然后它就会生根发芽，植物的生长主要是靠它的根。任何植物的根都有两个基本作用：第一，将植物固定在土壤中；第二，从土壤中吸收水分和养料。

那么根是如何固定植物的呢？我们先来看看植物的根到底有多少、有多深。曾有一位科学家统计过一棵黑麦的根，这棵黑麦的根有1400万条，若把它们连接起来，共长600千米。在南非德兰士瓦的东部地区有一种野生的无花果，树干只有5.6米高，但它的根深入地下竟达130米，相当于35层楼的高度！想想这么多、这么深的根，何愁固定不了整棵植物呢？

那么根又是如何吸收水分和养料的呢？每种植物都有根毛区，它位于根的尖端部分，植物正是靠根毛区吸收水分和养料的。根毛区长有大量纤细的根毛，就说前面提到的那棵黑麦，根毛有150亿条，若连接起来，全长1万千米，是北京到巴黎的距离。这么多根毛，大大增加了根毛区表皮细胞的总吸收面积。

由此，我们可以看出，植物正是有了根才长出粗壮的干、繁盛的叶，最终长成参天大树。俗话说"根深叶茂"，根越深，吸收的营养就越多，植物长得就越健壮，越茂盛。

为什么说植物的种子是"大力士"？

Weishenme

种子在萌发过程中充满着巨大的活力。掉在悬崖峭壁上的种子，能排除各种障碍，从根部不断分泌有机酸液，"啃裂"石头，钻进石隙，长成一棵盘根错节的大树。由此可知，植物的种子确实是个"大力士"。

曾经有人利用种子的力量来解决问题。几位生理学家和医生为了研究人的头骨，想方设法要把头骨完整地分开来，但刀和锯子都没办法将之切开，锤子和斧子则只会将它击碎。怎么办呢？后来，他们找到了一个好办法：将一些植物种子装满颅腔，然后灌进水，保持一定的温度。此后种子萌发了，使头骨分裂成好多块，分出来的头骨完全适合研究的需要。

另外，曾经发生过一艘远洋货轮在航行途中船身断裂的事故。后来发现，这艘大轮船的舱里装满了大豆，在航行时海水渗进了船舱，大豆经水浸泡后发涨，不断往外挤，把舱挤满，结果船就断裂了。由此可见，种子的神奇力量实在令人惊叹不已。

•••【百科辞典】•••

种子：
　　显花植物所特有的器官，是由完成了受精过程的胚珠发育而成的，通常包括种皮、胚和胚乳三部分。

根毛：
　　密生在根的尖端的细毛，是根吸收水分和养料的主要部分。

植物之最 最长的植物：一种叫白藤的藤条，它的茎只有4至5厘米粗，长度却达200至300米，有的甚至达到500米。

为什么大树的树干都是圆柱形的？

Weishenme

自然界的树木种类繁多，我们却从来没有看见不是圆柱形树干的树，不光树干，连树枝都是圆柱形的。各种树木的叶子、果实，还有树冠，形状千奇百怪，为什么所有的树干和枝条却都是圆的呢？这对树木到底有哪些好处呢？

在各种形状中，圆的面积最大，圆柱形的支持力也最大。树木的树冠高大，它的重量全靠一根主干支持，有些丰产的果树结果时，树上还要挂上成百上千斤的果实，如果没有强有力的树干支持，树木哪能吃得消呢？圆柱形结构的树干还可以防止或减小外来的伤害，比如摩擦、碰撞，树干如果是正方形和长方形等除了圆以外的其他形状，必定有棱角和平面，而棱角最容易被动物啃咬，也难免被撞伤。因此，树干都是圆柱形的。

多年生的树木免不了被暴风雨袭击，大风沿着圆形表面吹过去，树木不会受到什么影响，或只受到最小的影响。一切生物都在进化的道路上前进着，它们的躯体特征总是朝着最适应环境的方向发展，圆柱形树干可能也是长期自然选择的结果吧！

树木为什么会长年轮？

Weishenme

我们在野外有时能看到被砍倒的大树树桩，它上面好像画着一圈一圈的图案。

其实，这些圆圈不是画上去的，它是树木在生长过程中留下的年轮。年轮，一年一轮，是树木独特的、沉默的"语言"，是树木年龄的标志，只要数一数年轮，就可以知道大树的年龄。在有显著季节性气候的地区，多年生树木每生长一年，就会留下一轮痕迹，形成年轮。那么，年轮是如何产生的呢？

生长在温带地区的树木，春季气温升高，营养物质充足，生长得比较快，所以木质较疏松，颜色较浅；秋季气温降低，营养物质减少，生长得比较慢，木质致密，颜色较深。同一年春季和秋季生长的部分，颜色逐渐转变，没有明显的界限，它们共同构成一个环带。两年之间的颜色界限则相当明显，呈现清楚的纹理。这就是产生年轮的基本原理。

• • • 【百科辞典】• • •

年轮： 木本植物的主干由于季节变化生长快慢不同，在木质部的断面显出的环形纹理。年轮的总数大体相当于树的年龄。

树冠： 乔木树干的上部连同所长的枝叶。

树干： 树木的主体部分。

🔼 **红杉伟岸的圆形身躯**
红杉又叫"美洲杉"，是世界上最高大的树木。一棵名叫"谢尔曼将军"的红杉，树高83米，树围31米，重2800吨，相当于450头非洲象的重量。

◀ **树的年轮**
树的年轮如今已成为科学家研究的一个重要对象。通过年轮，人们可以测定许多事物发生的年代，测知过去发生的地震、火山爆发和气候变化等。

植物之最 生长最慢的树：美国加利福尼亚州的山上生长着一株古松，树高9米。据测定，其树龄已有4700多岁，每年增高不超过2毫米。

中国孩子最爱问的十万个为什么

主题索引
❶ 为什么植物的根往下长？为什么有些植物的根可以吃？

榕树的气生根
榕树以庞大的气生根闻名于世，享有"林是一棵树，树是一座林"的美誉。从枝条上垂下的气生根一律向下，共同构成了庞大而复杂的根系。

胡萝卜
胡萝卜以富含胡萝卜素而受到人们的喜爱，被食用的部分主要是它的根部。

为什么植物的根往下长？

Weishenme

几乎所有植物的种子在泥土中萌芽时，根都是向地下生长的。这是为什么呢？

这是因为植物具有向地性的缘故。植物的向地性与地球引力有着密切的联系，重力作用会引起植物体内的生长素分布不均匀。生长素能够在植物体中"移动"，只有达到适宜的浓度时，才有促进细胞生长的作用，超过最适浓度则会抑制细胞生长。不同的植物器官对生长素的浓度有不同的要求，促进根生长的最适浓度为十亿分之一，茎为十万分之一，芽介于两者之间。一般情况下，根的生长素浓度虽然很低，但这种浓度对它来说是最佳浓度，所以它会不断地"使劲"往下钻。

后来，科学家经过研究还发现，根的顶端像戴了一顶"帽子"，叫做根冠。根冠的细胞里积累了大量的钙，正是这些钙，控制着植物的根向地下生长。

为什么有些植物的根可以吃？

Weishenme

自然界中有些植物的根可以供人类食用。这样的植物很多，例如：萝卜、胡萝卜、芥菜、芜菁、紫菜头、山药、人参等。

一般植物的根都细长多须，但有的植物的根发生了变态，变得膨大起来，里面贮藏了丰富的养料，被称为"块根"。这样的根我们都可以食用，就跟平时吃的蔬菜一样；它们经过人工栽培和改良，会生长出很多品种来，比如萝卜就有"心里美"、"大红袍"、"象牙白"、"小萝卜"、"卫青"等。此外，像人参这样的根，更有意想不到的神奇功效。例如，当一个人休克或虚脱时，服用人参汤，就能很快苏醒过来；一个垂死的病人，如果口中含一块野人参，也有可能延长几天寿命。

你知道吗

■ 有些生长在沼泽地带的植物，根向上生长伸出淤泥，暴露在空气中，这种根叫做呼吸根，因为淤泥里氧气很少，呼吸根要吸到较多的氧气，就只能破泥而出了。

■ 有些植物的根特别肥大，如我们常吃的萝卜，这种根叫做肉质根或贮藏根，除了能吸收水分和矿物质，还有贮存营养物质的特别功能，相当于一个营养仓库。

■ 菟丝子是令人讨厌的寄生植物，它的根与众不同，顶端处的一个小突起变成了一种吸器，因此称为"吸根"。这种吸根能伸入寄主的茎叶表皮内，吮吸别人造好的营养物质。

植物之最　**最长的根**：南非德兰士瓦的东部地区有一种野生无花果树，根系长达130米，堪称世界上最长的根。

【百科辞典】

叶脉：
叶片上分布的细管状构造，主要由细而长的细胞构成，分布到叶片的各个部分，作用是输送水分、养料等。

叶绿素：
植物体中的绿色物质，是一种复杂的有机酸。植物利用叶绿素进行光合作用制造养料。

花青素：
植物细胞液里的一种水溶性植物色素。种子植物的花、叶和果实以及一些苔藓、蕨类植物中都有花青素。

叶片上为什么有叶脉？
Weishenme

植物的叶子上有各种形状的纹络，有网状的、扇形的、平行的，这些纹络就叫叶脉。那么叶脉有什么作用呢？

植物通过它的根在土壤里吸取水分和养料，然后慢慢地输送到身体各个部分。像动物有血管一样，植物的身体里也长了许多很细的管子，这就是叶脉。从根部末端开始，由茎到叶子，都要通过叶脉来输送养料。叶子通过光合作用制造的各种养料也要通过叶脉输送到植物的全身。这些细小的管子埋藏在茎里面，不会被肉眼看见，但到了叶子上就变成更细小的分杈的管子，很容易被肉眼识别。

另外，叶脉还起着支撑叶子的作用，否则叶片就会卷起来或耷拉下来。

为什么秋天树叶会变色？
Weishenme

秋天，许多树木都会落叶，在落叶前叶子往往变成黄色，但有少数树种的叶子却变成了猩红色，叫做"红叶"。这是为什么呢？

我们知道，树叶中含有很多色素，如叶绿素、叶黄素、胡萝卜素等。叶绿素颜色较深，在夏天常常盖住了其他色素，因此叶子显出油绿的颜色。但当秋天来临温度慢慢降低时，树叶靠近树枝的地方会长出一层膜，使得水分和养分不易通过，叶子就吸收不到营养了。叶绿素会因为遭到破坏而渐渐消失，这时黄色的叶黄素、胡萝卜素就显现出来。秋天叶子变黄就是这个道理。

有的植物在强光、低温、干旱的条件下，叶子在凋落前会产生大量的红色花青素，这就是红叶形成的原因。

枫叶
枫叶在春天和夏天都是绿色的，到了秋天，才会变为黄色、橙色或红色。一棵棵枫树，火焰般瑰丽，赤红得奇异，为自然界增添了一道绚丽的风景。

悬铃树树叶
悬铃树就是平常所说的欧洲梧桐。它的树叶即使制成标本，其叶脉仍清晰可见。

你知道吗

- 有一种被称为"降龙木"的树木（也就是铁桦树）生长在中朝边境，它的树干竟然比钢铁还要硬，连子弹都不能击穿它。
- 传说宋朝的杨家将专用降龙木做武器的柄，冲锋陷阵时得心应手。

植物之最 最大的树叶：印度洋马斯克林群岛上的酒椰棕榈和南美的亚马孙竹棕榈叶片长达19.8米，还有0.45米长的叶柄。

【百科辞典】

叶绿体：
植物细胞质中的一种细胞器，内含叶绿素、酶和脱氧核糖核酸，能自行分裂，在遗传上有相对独立性。

有机物：
指含有碳元素的化合物。有机物中除碳元素以外，通常还含有氢、氧、氮、硫、磷、卤素等。

筛管：
筛管分子与导管分子相似，是管状细胞，在植物体中纵向连接，形成长的细胞行列，称为筛管。

为什么绿色植物能够净化空气？

当我们在绿树成荫、芳草鲜美的庭院里散步时，会有一种清新、舒畅的感觉，这正是绿色植物带给我们的美好享受。

绿色植物在自然界中起着十分重要的作用。绿色植物都能进行光合作用，即利用自然界中的阳光、水分及二氧化碳，在叶绿体内经过复杂的反应，转化为有机物（葡萄糖）并储存化学能量，还可继续转化为淀粉、脂肪、蛋白质等物质贮藏在植物中，同时释放出氧气。

光合作用能使自然界获得大量的氧气供动植物呼吸和燃烧之用，同时消耗空气中的二氧化碳，以净化空气。此外，绿色植物还能杀死一些病菌、毒素，吸收一些对人体有害的有毒气体。

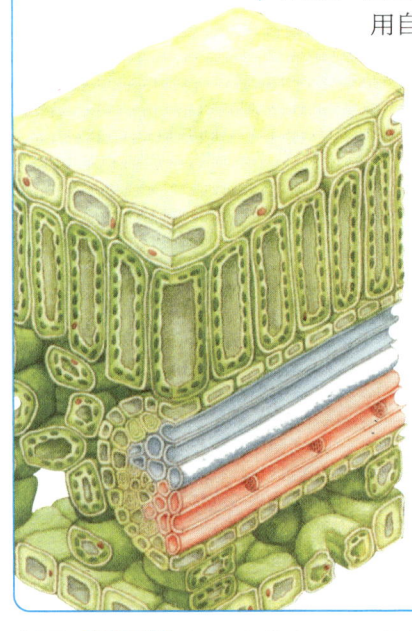

植物叶子的结构示意图
植物叶子由叶肉、叶脉等组成。叶肉里有大量叶绿体，可以进行光合作用；叶脉是吸收水分和输送养料的器官。叶子是植物进行光合作用、制造养分的主要器官。

植物的茎有什么用处？

树木的树干，小麦的麦秆，花草的茎，这些都是植物的茎。那么植物的茎有什么用处呢？

植物的茎首先起着支撑整株植物的作用，使植物能向上生长，叶片能平坦舒展以吸收到更多的阳光进行光合作用。此外，茎还起着输送水分、养料、贮存养分的作用，有些植物的茎还具有繁殖功能。

树的茎上有一层较松软的树皮，树皮里生长着许多韧皮纤维，使茎具有弹性，不易折断。树皮里还有许多管状细胞形成的细胞行列，叫做筛管。筛管能把树叶制造的有机养分运送到根部，供根生长。树皮的里面就是茎的木质部，里面有许多木纤维，很坚硬。木质部中还有许多导管，它们把根吸收的水和无机物运送到叶子里去，为叶子的光合作用提供原料。

植物的茎是多种多样的，有时会使你误认为是根、叶、果实。

你知道吗

- 我们平时吃的洋葱其实是茎，这种茎叫做鳞茎。它的四周有许多肥厚的肉质鳞片叶，层层紧包，仿佛穿上了几十件衣裳，这些鳞片叶可以贮藏养料，保护鳞茎内部的幼芽，减少水分蒸发。

- 我们平时吃的荸荠，样子好像紫红色的扁球。它虽然长在水田的淤泥中，但这个"扁球"并不是根，而是另一种变态的茎——球茎。

- 著名的观赏植物文竹，最美的地方是它那绿色的、如纱巾般轻柔的部分。这部分也是变态的茎而不是叶，它真正的叶子已经退化成了不引人注意的白色小鳞片。

植物之最 寿命最长的叶子：安哥拉有一种植物名字叫"百岁兰"，它的叶子能活上100多年。

花朵为什么万紫千红？

Weishenme

花园里的花儿万紫千红，绚丽多彩。尽管花儿种类繁多，但花色主要是白、黄、橙、红、茶、绿、蓝、紫、黑等。其中大多数花的颜色是在红、紫、蓝之间变化，有的是在黄、橙、红之间变化。花儿为什么会有不同的颜色呢？

原来花色在红、紫、蓝之间变化的花朵里含有花青素，花青素的颜色很不稳定，它与土壤中的酸碱度有关系，与环境的温度、湿度也有关系。例如摘一朵红牵牛花，把它浸泡到碱性水中，它会变成蓝色，把变成蓝色的花浸泡到酸性水中，它又变成红色。这说明酸碱度的含量和变化会引起花青素的变色。由于花儿生长环境不同，体内的酸碱度也不相同，因此，花色也就丰富多彩了。另一些花的颜色是在黄、橙、红之间变化，那是花朵里的胡萝卜素变化的结果。还有一些花是白色的，因为白色花朵里没有色素，花瓣里充满小气泡，如把里面的小气泡挤掉，花瓣就变成无色透明的了。

花儿为什么能散发出迷人的香气？

Weishenme

花之所以能散发出迷人的香气，是因为花朵里含有一种制造香味的油香胞，它能分泌出具有各种香气的芳香油。芳香油随水分挥发到空中，人就闻到香气了。

对于植物来说，开花散发香气并不是为了供人们观赏，而是为了吸引各种小昆虫。花的色彩和香气都是植物吸引昆虫的手段。昆虫能为它们传播花粉，这样植物才能形成果实或种子，这样的花叫做虫媒花。有些植物是靠风来传授花粉的，因此它就没有鲜艳的色彩、芬芳的香气和甜美的花蜜了，这类花叫做风媒花。

● 虫媒花
花的香气引来了蜜蜂，蜜蜂采走了花蜜，同时身上也沾上了花粉。蜜蜂将这些花粉带到其他花上，就完成了传粉的任务。

● 五颜六色的花
花的颜色与所含的色素和酸碱度有很大关系。

你知道吗

☑ 依靠昆虫传粉的花叫做虫媒花，特点是花朵色彩鲜艳或者气味芳香。

☑ 依靠风力传粉的花叫做风媒花，特点是花朵不鲜艳，没有香味，但花粉又轻又细，数量多，特别适合风力传播。

中国孩子最爱问的十万个为什么

主题索引: 花粉是怎样传播的？牵牛花为什么要在早晨开放？

花粉是怎样传播的？

植物的花是它的生殖器官，是培育、繁殖种子的地方。大多数的花都由雌雄花蕊两部分组成，雄蕊可以产生花粉，雌蕊是由柱头、花柱和子房构成的，子房是卵生长的地方。经过卵和花粉结合，才能发育出一粒新的种子。雄蕊顶上藏着无数细小的花粉。一棵植物的花粉落到另一棵植物的雌蕊上，就能形成种子，结出果实。因此传播花粉是为了繁殖后代。

花粉自花药里散出来落在雌蕊的柱头上，这个过程叫传粉。由于柱头上具有绒毛或黏液，花粉可以稳固地停留在上面。

帮助植物来传播花粉的"朋友"有很多：风能把花粉吹到很远的地方，水也能把花粉送到另一棵植物那里。不过，大多数花是靠昆虫来传播花粉的。蜜蜂和蝴蝶是最出色的"传粉使者"，它们得到的"酬谢"就是花里面甜美的花蜜。另外，小形的蜂鸟及蜗牛、蝙蝠等小动物也能传粉，但不常见。

牵牛花
牵牛花是一年生蔓性缠绕草生植物，茎细长，密被短刚毛。单叶互生，叶片心形，先端三裂，两侧裂片有时有浅裂。牵牛花朝开午谢，因此被人们称为"朝颜"。

花粉形态示意图
各类植物的花粉往往各不相同。大多数花粉成熟时分散开成为单粒花粉，但也有两粒以上花粉黏合在一起的，称为复合花粉粒。花粉的传播途径主要有两个，即依靠昆虫或风力传播。

【百科辞典】

花粉：
花药里的粉粒多是黄色的，也有青色或黑色的。每个粉粒里都有一个生殖细胞。

花药：
长在雄蕊的上部、花丝的顶端，呈囊状，里面有花粉。

花冠：
花的组成部分之一，由若干花瓣组成。

你知道吗

牵牛花的药用价值较高，具有泻下、利尿、消肿、驱虫等功效，主治肢体水肿、肾炎水肿、肝硬化腹水、便秘、虫积腹痛等症。明代吴宽写诗赞道："本草载药品，草部见牵牛。薰风篱落间，蔓出甚绸缪。"

牵牛花为什么要在早晨开放？

牵牛花别名喇叭花、牵牛、朝颜花，是一年生蔓性缠绕草本花卉。清晨，我们常常会看到五颜六色的牵牛花竞相开放。可到了中午，喇叭形的花朵全变蔫了。为什么牵牛花是在早上开放呢？

原来，牵牛花的花冠又大又薄，很容易向外蒸发出大量水分。清晨，空气比较湿润，气温也不高，牵牛花体内的水分十分充足，就绽开出了一朵朵鲜丽的喇叭花。到了中午时分，气温升高，空气也变得干燥起来，花冠里的水分逐渐蒸发出去，又不能及时得到根部供给的水分，所以花冠很快就都卷起来了。

可见，每种植物都有自己的生活习性，什么时候发芽长叶，什么时候开花结果，都遵循着自己的规律。而这些规律又都是顺应自然、长期演变的结果。

植物之最 飘得最高最远的花粉：松树的花粉。花粉中生有能够帮助飞行的气囊，可以升高至几千米，同时也能飘得很远。

为何有的植物不开花？

Weishenme

我们知道，绝大多数的植物成熟后都会开出美丽的花朵，花儿落了再结出累累硕果。但有些植物是根本不开花的。这又是为什么呢？

花、果实和种子都与植物体的生殖有关。不开花的孢子植物虽然没有种子，但它可以通过向环境中释放成千上万个活性小颗粒——孢子来繁衍后代。有花植物的繁殖方式比孢子植物高级，它通过自身或外界授粉后，结出果实，果实保护着种子。还有一部分有花植物不是通过种子繁殖后代，而是利用自己的根、茎或叶，把这些部位的一部分转化为新的植物体。

有些植物既不开花也不结籽，它们通过形成类似于花粉的孢子来繁殖，这类植物就是上面提到的孢子植物。很多低等植物属于这一类，如蕨类植物、地衣和苔藓等。所以说，不管植物开花还是不开花，它们的繁殖和生长都不会受到影响。e

为什么有的植物先开花后长叶？

Weishenme

自然界里，大多数植物是先长叶后开花的。但也有先开花后长叶的植物，最典型的要数玉兰了。

玉兰之所以先开花后长叶主要是因为它开花和长叶所需的环境温度不一样。玉兰的花芽和叶芽、枝芽是分开生长的，花芽大，生于枝的顶端，在冬天就可以在树枝上看到。到了春天，气候稍微转暖，由于花芽开放所需的环境温度比叶芽萌发所需的温度要低，玉兰就先开花了。

植物无论开花还是长叶，都要有与其相适宜的温度。有的植物开花所需的温度较低，初春的温度已经足够了。而对长叶来说，这种温度还太低，没有达到要求，因而叶芽潜伏着不长大。直到温度逐渐升高后，叶芽才会慢慢长大。e

🔼 玉兰

玉兰属木兰科，落叶小乔木。小枝淡灰色，嫩枝及芽外披黄色短柔毛。叶呈倒卵形，叶端突尖，表面有光泽。花单生枝顶，钟状，白色有清香。

•••【百科辞典】•••

被子植物：
种子不裸露，外面有果皮包着，这类植物叫做被子植物，例如桃树。

孢子植物：
藻类植物、苔藓植物和蕨类植物的孢子比较显著，通常脱离母体而发育，它们统称为孢子植物。

蕨类植物：
植物的一大类，有真正的根、茎和叶子，茎有维管束，用孢子繁殖，生长在森林和山野的阴湿地带，如蕨、石松等。

🔽 绵马鳞毛蕨

绵马鳞毛蕨主要分布在欧洲，属于古老的蕨类植物。它不开花也不结果，靠分裂孢子传宗接代。

植物之最 最早的蕨类植物：光蕨属植物，据在英国和前捷克斯洛伐克发现的化石来看，大约有4亿年历史。

中国孩子最爱问的十万个为什么

主题索引
① 为什么果子熟了比较甜？为什么高山上的植物比较矮小？

为什么果子熟了比较甜？

我们吃的苹果、柑橘、葡萄、柿子等水果，当它们未成熟时尝起来都口感酸涩，但是成熟后却酸甜可口。这是什么原因呢？

原来，酸味是因为在水果中，含有一些酸性物质，统称为有机酸，如柠檬酸、酒石酸、苹果酸等。涩味是因为水果中含有大量鞣酸。当水果还没有成熟的时候，有机酸能够协助调节果实内的酸碱度，使它们保持平衡，有利于植物的呼吸，并且和无机盐一起构成一个缓冲体系，使植物处于相对稳定的环境中，从而有利于植物生命活动和新陈代谢的进行。

当水果成熟的时候，有机酸就会发生变化，有的被慢慢地分解掉了，有的转化成了糖，有的被中和了。这样一来，水果的酸味变淡了，加上水果成熟后糖分不断增加，吃起来就会酸甜可口了。

人的身体经常补充一些有机酸是有好处的，它能帮助我们消化食物。特别是吃了含蛋白质和脂肪比较多的食物后，更需要增加一些有机酸来帮助消化。

🍎 苹果
苹果的果实是由子房和花托发育而成的假果，其中子房发育成果心，花托发育成果肉，胚发育成种子。果肉及果皮内均含有鞣酸，果皮中的含量尤其丰富。

🌿 高山草甸
又称为高寒草甸。是在寒冷的环境条件下，发育在高原和高山的一种草地类型。其植被组成主要是冷中生的多年生草本植物。

【百科辞典】

紫外线：
波长比可见光短的电磁波，在光谱上位于紫色光的外侧。可使磷光和荧光物质发光，能透过空气，不易穿过玻璃，有杀菌能力，会对眼睛产生伤害。

新陈代谢：
生物体经常不断地从外界取得生活必需的物质，并使它们变成生物体本身的物质，同时把体内产生的废物排出体外，这种新物质代替旧物质的过程叫新陈代谢。

为什么高山上的植物比较矮小？

在几千米的高山上，很少能看到几十米高的大树。高山上的各种植物都长得又低又矮，有的甚至紧贴着地面生长。这是什么原因呢？

高山上风特别大，高大的植物容易被风刮断，所以，植物的茎和枝全都缩得短短的，而且一丛丛地聚集在一起。密密的枝和叶，不但能抵抗强风，还能防止身体中的热量和水分散失。同时，它们的茎和叶上常常长着又浓又密的绒毛，起到保持体内温度、减少体内水分消耗、抵抗强烈的紫外线照射的作用。这也是高山上的植物长期适应这种特定的环境的结果。

植物之最　最大的果实：世界上最大的果实要数木菠萝了，直径达1米左右，又名菠萝蜜、树菠萝。

为什么高山上的花朵更艳丽？

Weishenme

登过高山的人们，一定会发现，那里的植物花朵格外艳丽，这是为什么呢？

这是因为高山的紫外线照射很强，使植物细胞的染色体遭到破坏，阻碍了核苷酸的合成，并且不同程度地破坏了植物细胞的代谢反应。高山植物为了能在恶劣的环境条件下生存，练就了一套特殊的生存本领。为了

抵御强烈的紫外线，它的体内产生大量的类胡萝卜素和花青素，因为这两类物质能大量吸收紫外线，使植物细胞正常的生活。

由于高山植物能产生大量的类胡萝卜素和花青素，而类胡萝卜素可以使花朵呈橙色和黄色，花青素则可以使花朵呈红色、蓝色、紫色等。花朵有了这么多的色素，自然就会开放得娇艳夺目。

什么是赤潮？

Weishenme

赤潮又称"红潮"或"有害藻华"，通常是指海洋微藻、细菌和原生动物在海水中过度增殖或聚集致使海水变色的一种现象。赤潮不一定都是红色的，发生赤潮时，海水除了会变成红色，还能变成橘红色、黄色、绿色、褐色。

赤潮是海洋遭受污染后所产生的一种生态异常现象，是海水中有机物和营养盐含量过多而引起的。在一定的环境条件下，海水中某些细小的浮游生物在某段时间内突然加剧繁殖或高度聚集，使某一海域的生态环境遭到破坏。这种引发赤潮的微小浮游生物，称为赤潮生物。

赤潮是一种自然生态现象，大部分赤潮是无害的。然而，近年来赤潮的频繁发生和规模的不断扩大，危及渔业资源和海产养殖业，赤潮毒素也严重威胁着人类的生命安全。随着现代化工农业生产的迅猛发展，沿海地区人口增多，大量工农业废水和生活污水排入海洋，海洋污染严重。其中相当一部分未经处理就直接排入海洋，导致近海、港湾富营养化程度日趋严重。

同时，由于沿海开发程度的增高和海水养殖业的扩大，也带来了海洋生态环境和养殖业自身污染问题；海运业的发展也可能导致外来有害赤潮种类的引入；另外，全球气候变暖也是导致赤潮频繁发生的重要原因。

双花堇菜
花梗细，生于海拔800至4100米的草坡、林下、林缘、灌丛下，是一种颜色艳丽的高山花卉。

龙胆
龙胆与杜鹃、报春合称为"世界三大高山花卉"。

植物之最　最古老的银杏树：山东莒县城西9000米处有座浮来山，山上古刹定林寺内有一株银杏树，树龄已有3000余年。

海中的马尾藻
马尾藻属于褐藻门，马尾藻科，属大型藻类，是唯一能在开阔水域里自主生长的藻类。

巨藻
大多数巨藻可以长到几十米，一般长度为100米，据记载最长的达500米，重达200千克。所以一株巨藻就能构成"海底森林"的奇观。

巨藻到底有多大？

在航海界，传说有一只轮船在海洋中遇到过一条长约1000米的巨蛇。然而，这只是传说而已，科学家在长期调查中，从来就没有发现有人捉到或者打死过这种大蛇，倒是看到过不少大得离奇的巨藻。因此，人们看到的大蛇可能就是巨藻。巨藻有的长达三四百米，在水面上拐来拐去，顺着海流的方向浮动，看起来活像一条长蛇在游动，可能人们把那长长的巨藻误以为是巨蛇了。

藻类是低等植物，它们构造简单，没有根、茎、叶之分。但是巨藻进化程度很高，已经分化出不同的器官。它的细胞里除了含有绿色的叶绿素、红色的胡萝卜素之外，还有黄色的岩藻黄素，所以它是褐色的，得名"褐藻"。它的基部有假根，叫做固着器，可使植物体固着在岩石或其他物体上，还有一个很长很长的柄，它的作用是支持和运输养分。柄上长着很多带状的假叶，这是用来进行光合作用的营养器官。假叶的基部有一个气囊，使长柄和假叶能够在海水中自由地漂浮。

巨藻有个习性，它喜欢温度低的地方，害怕温度高的地方。所以，在太平洋和大西洋中的寒冷海区都可以看到它的身影。

马尾藻海为什么被称为"海上草原"？

马尾藻海位于北大西洋环流中心的美国东部海区，约有2000海里长、1000海里宽。海上大量漂浮的植物主要由马尾藻组成，这种植物像"大木筏"一样漂浮在大洋中，直接在海水中提取养分，并通过分裂成片，继续以独立生长的方式蔓延开来。厚厚的一层海藻铺在茫茫大海上，呈现出一派草原风光。

1492年，哥伦布横渡大西洋经过这片海域时，船队发现前方视野中出现了大片生机勃勃的绿色，他们惊喜地以为陆地近在咫尺了，可是当船队驶近时，才发现"绿色"原来是水中茂密生长的马尾藻。不仅靠岸的期待落了空，而且他们几乎被马尾藻困住不能脱身。马尾藻海是大西洋中一个没有岸的海，它围绕着百慕大群岛，与大陆毫无瓜葛，所以它虽名为"海"，其实并不是严格意义上的海，只能说是大西洋中的一个特殊水域。

你知道吗

■ 人们从巨藻身上提炼的钾、甘露醇和大量的褐藻胶、褐藻脑等物质在纺织工业、橡胶工业、医药工业都能派上用场。用巨藻制的稳定剂还可以用来制作美味的果酱、冰激凌。

■ 藻类是个大家庭，有三四百米的巨藻，也有在显微镜下才能看到的只有几微米的单细胞藻。

苔藓为什么能用来监测污染?

Weishenme

随着现代工业的发展,工厂向大气中排放的有害物质,特别是有毒气体越来越多。如果不及时处理,就会造成空气污染。有些植物是天然的环境监测能手,能给人类提供准确的环境信息。

人们在观察中发现,不少植物对于有害气体的反应极为敏感。空气被污染以后,受害的植物叶子轻则出现伤斑,绿色稍微变浅;重则叶绿素很快被破坏,叶子变黄、枯萎,随之整株植物都会死去。

在植物当中,苔藓和地衣类植物对空气污染反应最敏感。苔藓植物属于高等植物中比较低等的一类,它们分布的地区很广,只要是阴湿的环境,都可以找到它们。大多数苔藓的构造都很简单,叶片一般是单层细胞,没有保护层,有害气体很容易直接侵入细胞里。只要空气中二氧化硫的浓度超过5‰,苔藓的叶子就会变成黄色或黑褐色,几十个小时后,有的苔藓植物就会干枯死亡了。于是,人们就利用苔藓植物的这一特性监测环境污染的情况。

【百科辞典】

苔藓植物:
隐花植物的一大类,主要分为苔和藓两个纲,种类很多,大多生长在潮湿的地方,有假根。

卵细胞:
动植物的雌性生殖细胞,与精子结合后产生受精卵。

十分容易,而且苔藓生活在潮湿的环境中,低矮的茎和叶很容易得到水分,所以茎总也长不高。

再者,苔藓植物的生殖过程也离不开水,否则精子就不能游动,不能到达颈卵器与卵细胞完成受精过程。所以茎如果长高了,就要脱离低矮潮湿的环境,就要影响它的生活和生殖发育。这也是苔藓植物总也长不高的原因之一。

苔藓
正常的苔藓多呈绿色,当因工业污染排出的二氧化硫超标时,其颜色就会变成黑色。

附生在石头上的苔藓
苔藓植物是一种小型的多细胞植物,多生于阴湿的环境中。最大的种类也只有数十厘米高,普通的种类与藻类相似,呈扁平的叶状体。

苔藓为什么长不高?

Weishenme

从植物进化的顺序来看,苔藓植物已经进入陆地生活,而且茎叶已经分化。茎直立且有分枝,没有出现真正的根,只有不能吸收水分和无机盐,仅起固定作用的假根。

苔藓没有专门的输导组织来传递水分和营养物质,这就极大地限制了茎的发展。假根又不具备吸水的功能,所以苔藓只能依靠叶片直接吸水。叶片很薄,吸水

植物之最 最大的藓类植物:欧洲的大金发藓。在潮湿的地方,它的长茎可以长到20厘米高。

铁树
铁树的生长有很强的地域性。在热带,可以长到二十来米,甚至能连年开花;在较为寒冷的地方,不仅长得低矮,而且往往需要几十年甚至几百年才能开花。

银杏叶
中生代侏罗纪,银杏曾广泛分布于北半球,白垩纪晚期开始衰退。第四纪冰川降临,银杏在欧洲、北美和亚洲绝大部分地区灭绝。

铁树开花为什么罕见?

俗话说"千年铁树开花",也就是说要看到铁树开花很不容易,或者说要生长相当长的年份(树龄)的铁树才能开花。在环境、栽培等方面,都要始终满足铁树的生理习性,若环境适宜,它需要10年左右才会开花,并且同时进入成熟期。但是,铁树非常怕冷,如果气候不如它的意,它不仅长得又矮又小,而且终年也不开一朵花。

植物学家告诉我们,铁树开花有很强的地域性。生长在热带的铁树,10年后就能年年开花结果;生长在亚热带甚至温带的铁树,也有不少是连年开花的,也有隔一两年才开一次花的。但是,我国北方的铁树却极难开花。因为铁树长期以来已适应了热带气候,养成了喜欢湿热、喜爱阳光的习性。

我国北方气候寒冷、雨量又少,所以铁树到北方后生长速度很慢,几十年只长到1米左右,而广东的铁树可长到4至5米高,东南亚的铁树甚至可长到20米高。生长在我国北方的铁树往往需要几十年甚至几百年才能开花,有的终生也不开花。所以,在北方铁树开花是一桩罕见的事情。

银杏为什么被称为"活化石"?

银杏是新生代第四纪冰川时期的孑遗植物,也是地球上最早的植物之一。

据地质学家和古生物专家考察,地球在25亿年间共出现过6次生物大灭绝。其中300万年前的新生代第四纪冰川时期,银杏濒于灭绝,全世界只有我国浙江天目山余脉长兴地区的银杏保存了下来,后传遍全国。宋朝时银杏传入日本,再由日本传至欧洲、美洲等。因此,银杏是古老的"活化石植物"之一。

银杏的价值不仅在于它能跨越"有史时期"生存下来,更重要的是它能在这漫长的"地质时期"保持自己的遗传稳定性。据报道,中国科学院化石专家在考察"长兴灰岩"时,将两亿多年前的"银杏化石"拿来同现在的长兴银杏比较,两者竟毫无变异。因此,人们将银杏称为"活化石"。

你知道吗

- 古时候,人们发现铁树枯黄了,就在它的根旁撒一些铁屑,结果它慢慢地复苏了,所以人们又叫它"苏铁"。
- 银杏的寿命很长,雌株一般20年左右开始结果,500年生的大树仍能正常结果。
- 利用银杏果的有效成分和特殊药效加工生产的保健食品、药物等为社会创造了财富,为人类带来了健康和长寿。

植物之最 最高大的草:竹子。它与大树不一样,它的中心是空的,这样才不容易被风刮倒或者折断。

【百科辞典】

角质：
某些动植物体表皮的一层组织，质地坚韧，由多种结构复杂的成分构成，有保护内部组织的作用。

蜡质：
动物、矿物或植物所产生的油质，具有可塑性，能燃烧，易熔化，不溶于水。

琥珀：
古代松柏树脂的化石，淡黄色、褐色或红褐色的固体，质脆，燃烧时有香气。

琥珀是怎样形成的？

Weishenme

亿万年前，在茂密的原始森林里，生长着白松、红杉等能分泌松脂的植物。当各种昆虫在森林里觅食时，正好碰上黏稠的黄色松脂从树上掉下来，于是它们就被活活地封入松脂中。千万年之后，由于陆地下沉，海水上升，原始森林被淹没，那些松脂连同被封入其中的昆虫一起被埋葬在海水之中，沉积在泥沙之间。又过了千万年，这些松脂经过复杂的化学变化变成了透明的琥珀。而被封入其中的昆虫因为有松脂的保护，没有被细菌分解腐烂，因而完好地保存了下来。

琥珀珍贵美丽，人们喜欢把它当做饰物。此外，它还是博物馆里的珍藏，因为它记载着亿万年前昆虫的进化史。

松柏树的叶子为什么多为针形？

Weishenme

松柏树原是寒带和高山生长的树木，由于长期在寒冷的环境中生活，形成了独特的御寒结构。松柏树的叶一般呈针形、线形或鳞片形，叶片面积小，这样水分才不容易蒸发散失。有的叶片具有厚厚的角质或蜡质，有的则生有很厚的绒毛。如取一枚松树的针叶仔细观察一下，就可看到上面密生着白色的绒毛，摸上去感觉很光滑。这些构造都有效地阻止了水分的蒸发。同时，松柏树叶片内水分少，又含松脂，当气温降低时，可以很快地使细胞液浓度增大，增加糖分和脂肪以便防冻。所以，即使是在冬季，松柏树也不会因缺水而干枯，保证了树木的生机永存。

柏树的叶子
叶小，呈鳞形或刺形，在树枝上交叉对生或三四枚轮生。

琥珀项链
用琥珀制成的项链、戒指等饰品美观大方，深受人们欢迎。在手掌的温度下，琥珀能发出一种淡淡的优雅的芳香。

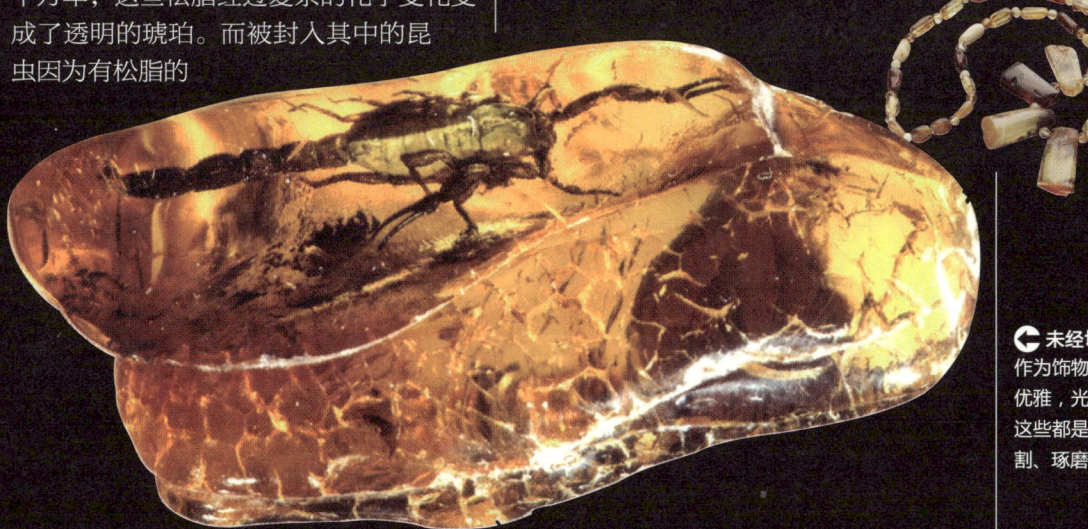

未经切割的天然琥珀
作为饰物的琥珀制品造型优雅，光滑如玉。其实，这些都是天然琥珀经过切割、琢磨制作而成的。

松柏类植物为什么四季常青？

Weishenme

在寒冷的冬季，杨树、柳树等许多树的叶子都脱落了，只剩下光秃秃的树枝，可是松树、柏树的叶子还是青葱碧绿，挺立在冰天雪地里，显得很神气。这是因为它们的叶子本来就很细小，从叶子上跑不掉多少水分，况且叶子的表面还有一层像蜡一样的东西保护着树叶，抵挡严寒，因而叶子能始终保持绿色。

树木的叶片都有一定的生长期，生长期的长短因植物不同而不同。每片树叶达到一定的年龄就要脱落，松柏树也不例外。松柏的树叶也是要衰落的，只不过它的叶子生长期长，可生长3至5年，脱换时又是互相交替，一般在新叶长出以后老叶才次第枯落。所以全树看来好像不落叶一样，使人有四季常青的感觉。

→ 樟树
樟树叶子可提取樟脑，樟脑是著名的驱虫剂。

↑ 刺柏
刺柏属于柏科植物，为中国特有树种，自温带至寒带均有分布。和松科植物一样，柏科植物也具有四季常青的特点。

你知道吗

☐ 樟脑丸有天然樟脑丸和合成樟脑丸之分。天然樟脑丸是光滑的白色或无色晶体，气味清香，能浮于水中；而含有萘的合成樟脑丸大多呈白色，气味刺鼻，且会沉于水中。

樟木为什么可以防蛀虫？

Weishenme

樟木是我国江南、台湾等地区随处可见的常绿乔木，尤其以我国台湾省最多。台湾是世界上最著名的樟木产地，樟木产量占世界总产量的70%。

过去，人们经常把换季的衣物放在樟木制成的衣箱里存放，以防止蛀虫对衣物的损害。那么，樟木为什么具有防蛀的功效呢？

樟木的全身都散发着一种特殊的香味，正是这种香味令啃咬衣物的蛀虫"闻"而却步，而这种气味来源于樟木中所含有的各种挥发油。香樟木材的轴向薄壁组织和射线组织中含有丰富的油细胞，或称黏液细胞，在显微镜下可明显地看见内含浅黄色的樟脑油。樟木中樟脑油的含量达3%至5%，樟脑油可以通过对樟木的枝、叶、根、木材进行蒸馏而提取出来。樟脑油的提取物包含多种化学成分，其中α-蒎烯和莰烯是合成杀虫剂的重要成分。

经过实验证实，天然樟脑、樟木屑或小樟木块确实对危害家具、地板、纸张的蠹虫有明显的驱避作用。因此在南方春夏季节，许多家庭都会使用樟脑，甚至直接用樟木屑或小樟木块置于衣柜、书橱、室内的阴暗角落中用来驱虫。

针叶树的球果是什么？

Weishenme

松柏类植物不开花，也不产生孢子，而是靠球果繁殖。它们的叶子多为针形，故称为针叶树或针叶植物。

针叶树，如松树和柏树都是裸子植物，它们是雌雄同株的，它们的球果是种子而不是果实。球果实际上是松柏纲植物的花，是由雌球花在受粉受精后发育成的一种球状或长圆状结构，是用以繁殖后代的。成熟的雄球果会产生数以百万的花粉，随风传播到雌球果裸露的胚珠上。雄球果在播撒完花粉之后干枯凋谢，而雌球果伴随着种子的成长也一点点长大变硬。大多数球果种子和外面的鳞会彼此裂开，种子散落；但也有少数松柏的球果不会开裂，如红松、圆柏等。

我们知道，果实是由子房发育而成的，种子是由胚珠发育而成的。而松和柏没有子房，只有裸露的胚珠，所以它们没有果实而只有裸露的种子。

红树林为什么会被称为"海岸卫士"？

Weishenme

红树林是分布在热带海滩上的一类常绿木本植物群落。这类群落的主要种类由红树科植物组成，故名红树林。红树林群落是地球上最奇妙、最特殊的生物群落。它们主要生活在以赤道为中心的热带及亚热带淤泥深厚的海滩上，在海陆交界的潮间带形成壮观的海上森林。森林在潮起潮落的过程中经受着海水不断的冲刷。

红树林长期在海边生长，不断适应海生环境，给海岸带来了各种好处。红树林组成的热带和亚热带海上森林，是海岸生态系统的主要成员，它们的枯枝落叶和果实是海生动物的食物，绿色的树冠是各种昆虫和海鸟的栖息场所，在红树林的树根间，生长着各种藻类及虾、蟹、鱼等水生动物。树冠上的鸟类昆虫、海水中的海藻鱼虾与红树林一起组成了独特的海岸生态系统。红树林抵抗海浪和潮水，保护着海堤的安全，浓密的红树林以及生活在其上的虫鸟又保护着近海的农田，给农民带来了丰收的希望。因此，人们把红树林称为"海岸卫士"。

印度东海岸的红树林
红树林是一种稀有的木本胎生植物群落，生长于陆地与海洋交界带的滩涂、浅滩，是陆地向海洋过度的特殊生态系统，生物资源储量非常丰富。

松塔
松塔是松树结子的蒂，松子隐藏在其中。不过，松子没有子房，只有裸露的胚珠，是裸子植物的代表。

【百科辞典】

球果：
穗状花序的一种，球形或圆锥形，由许多覆瓦状的木质鳞片组成，长成之后，很像果实，如松柏的雌花穗。

裸子植物：
种子植物的一大类，胚珠和种子都是裸露的，胚珠外面没有子房，种子外面没有果皮包着，如松、杉等植物。

红树林：
生长在热带海滩上的一类（盐生）常绿木本植物群落，主要由红树科植物组成。

植物之最 最耐盐碱土的植物：盐角草，我国华北和西北的盐土中有很多盐角草。它能在含盐度达0.5%至6.5%的高浓度潮湿盐沼中生长。

中国孩子最爱问的十万个为什么

主题索引
- 竹子为什么长不粗？为什么竹子有"节"？

竹子
竹子为单子叶植物，内中空，有节。最大的特色是长到一定程度，其粗细就不会再有变化了。

竹节

竹笋

竹子为什么长不粗？

许多树木都会越长越粗。譬如加拿大白杨，刚栽下的时候，只有筷子那么细，以后一年一年地生长，茎干就慢慢粗起来，十来年后就变成参天大树了。竹子也能生长许多年，但是当它的茎达到一定粗细时就不会再增大了。这是什么原因？

竹子是单子叶植物，树木大多是双子叶植物。单子叶植物茎的构造和双子叶植物有很大的区别，最主要的区别就是双子叶植物的茎里有形成层而单子叶植物没有。形成层每年都会进行细胞分裂，产生新的韧皮部和木质部，于是树木一年一年粗起来。竹子没有形成层，所以只有在开始长出来的时候能够生长，到一定程度后，就不会再长粗了。竹子能长到多粗呢？江西奉新县的一棵大毛竹，从地面根部到竹梢高22米，眉围粗58厘米，地面围粗71厘米，可以说是"毛竹之王"了。

除了竹子以外，小麦、水稻、高粱、玉米等也都是单子叶植物，所以它们的茎长到一定程度后就不会再长粗了。

为什么竹子有"节"？

竹子是一种单子叶植物，它的茎里面没有形成层，不会像树那样长得很粗，因而它只能长高。竹子长高的速度是十分明显的，一般竹笋出土后10余天就可以长得和母竹一般高。也就是说，竹子在十几天就能长到10至20米高。

植物之所以能长高增粗，是分生组织的细胞分裂、增大、伸长的结果。分生组织有的在植物的茎尖，有的在根尖，有的在植物侧面的形成层，有的在每一茎节间的基部。竹子每个节间的下部都具有分裂能力极强的居间分生组织，这些细胞可以在适宜的条件下旺盛地分裂，迅速地生长。竹子的每节分生组织同时活动，竹笋就迅速地长高了。所以竹子有节是为了更快地长高。

此外，竹竿分节，对于它那细高的身体来说，能起到很好的固定作用，使它不至于被大风轻易地刮断。

【百科辞典】

单子叶植物：
植物种子的胚只有一片子叶，须根系，叶多为平行脉，维管束散生，无形成层，茎长成后不再加粗，如竹子、水稻、小麦、甘蔗、蒜等。

植物之最 最高的竹子：印度麻竹。它的常见高度达30至35米，直径可达20厘米左右，锯下一节就能制成一个不小的水桶。

主题索引　为何竹子开花就会死？为什么椰树树干上有一圈圈横纹？　十三　植物王国漫游

> 晨光中的竹林

为何竹子开花就会死？
Weishenme

竹子的寿命很长，有的能活几十年甚至几百年，但是只要一开花，大多数竹子的生命也就要结束了。因为多数竹子一生就开一次花，属于多年生一次开花植物。每株竹子都是由地下茎长出的笋芽发育而成的，当它开花结实以后，营养耗尽，就会逐渐枯死。当竹林大面积开花，竹枝死亡，成熟的果实散落，在气候、土壤合适时即可自然萌发。有的科学家认为，竹子生长到一定的年龄，必然会衰老，为繁衍后代，它们在生命结束之前开花、结果。也有研究发现，竹子开花一般发生在天气长期干旱，竹林土壤板结、杂草丛生的恶劣环境中，是生长条件恶劣引起的。

为什么椰树树干上有一圈圈横纹？
Weishenme

椰树跟其他树木不同，它没有树皮与木质部之间那层分裂能力极强的形成层，它的茎干由许许多多纤维化的维管组成。因此，椰树的茎干从根部到顶端几乎一样粗。为什么椰树树干上有许多横纹呢？

椰树没有分枝，它的树干顶端只有一个生长点，一旦这个生长点遭到损害，椰树也就停止生长，甚至会干枯。椰树的叶子都集中长在顶端，成年的椰树，一般茎干顶端长有30片左右的叶子，叶片一般长4至5米，为羽状复叶。

椰树每年能长出12至15片新叶，随着茎干不断长高，老叶也就脱落了，因此，茎干的顶端一般保持两年中所生长的叶片，约30片左右。每年秋天，当老叶脱落时，椰树的茎干上就会留下一道横纹。这样年复一年，所以茎干上就留下了无数的环状叶痕。这种环状叶痕为人们采摘椰子提供了踏脚的地方，人们可以踩着这些横纹轻松地向上攀爬。

你知道吗

■ 竹笋出土后，只用十几天的时间就可以长得跟母竹一样大，它的生长速度非常快，可以生存很长时间。

■ 椰树是利用水来传播种子的，椰子成熟后掉进水里，像皮球一样漂在水面上，一旦被冲到岸边就生根发芽长成椰子树。

椰子树
椰子树属常绿乔木，树干挺直，高15到30米，是热带海岸常见的树种。

植物之最　最大的有花植物：1892年种在美国的一棵中国紫藤，枝丫长达152米，树重约为230吨，在长达5个星期的花期中，开出了150万朵花。

面包树真的能结出"面包"吗?

人们常吃的面包都是用面粉等原料发酵后烤制而成的。可是,在南太平洋的一些岛屿上,当地居民吃的面包,却是从一种面包树上采摘下来的"面包果"烤制而成的。面包树为什么会结面包呢?

面包树属桑科植物,它是一种四季常青的高大乔木,一般高度都在10米以上,最高的达60多米,树干直径约为1米。面包树是一种雌雄同株的树木,它的开花期和挂果期特别长,从第一年的10月份一直延续到第二年的七八月份,一年可收获面包果3次。面包树有两种,一种结有核果,一种结无核果。结无核果的为优良品种,每株树结果时间长达几十年。

成熟后的面包果,只要放到火上烤一下就可食用。烤制后的面包果松软可口,香味扑鼻,吃起来跟我们平常吃的面包味道差不多。

面包树的果实
面包树分布在西太平洋群岛及印度、菲律宾一带,为东南亚著名林't'木,在我国台湾、海南岛亦可见。

光棍树
光棍树为大戟科大戟属,直立灌木或小乔木。枝肉质,圆柱状,簇生或散生。无叶或仅有数枚散生,线状,矩圆形。

【百科辞典】

发酵:
复杂的有机化合物在微生物的作用下分解成比较简单的物质的过程,比如酿酒。

桑科植物:
落叶乔木,树皮有浅裂,叶子卵形,花单性,花被黄绿色。

乔木:
木本植物,树干高大,主干和分枝有明显的区别,如松、柏、杨、白桦等。

你知道吗

- 面包树不但枝条上能开花、结果,就连粗的老树干甚至根部也能开花结果。
- 面包果肉汁丰富,香甜可口,含有大量的维生素A、维生素B,此外还含有少量的蛋白质和脂肪。

为什么光棍树不长叶?

光棍树原名绿玉树,因为它的树干常年光溜溜的不长叶子,所以人们叫它"光棍树"。

光棍树的祖先生活在干旱、少雨的非洲沙漠地带。由于这里一年到头气候干燥、少雨,光棍树为了生存下去,必须采取各种各样的方法与恶劣的自然条件作斗

争。它将叶子退化掉,只剩下光秃秃的树枝,这样就大大减少了水分的蒸发,从而使自己能够适应恶劣的自然环境。

其实,光棍树也并不是没有叶子,只不过它的叶子非常小而且少,脱落得很快,不容易被人察觉而已。它主要靠绿色枝条上的叶绿体来进行光合作用,制造养分。它的枝条里含有有毒的乳白色汁液,人的皮肤接触后,会感到奇痒无比,并出现红肿现象。

为什么榕树独木能成林？

Weishenme

俗语说："独木不成林。"意思是说，单独的一棵树成不了一片森林。

可是，在我国南方生长着这样一种榕树，它寿命长、生长快，侧枝和侧根非常发达。榕树的主干和树枝上不断生长出许多气根，向下垂着。它们接触到地面后，又扎入土中生根，并且不断增粗，成为支柱根。支柱根只会长粗，不长枝也不长叶，具有吸收水分和养料的功能，同时还支撑着榕树不断向外生长的树枝，使树冠不断扩大。枝叶年复一年地扩展，使单独的一棵榕树长成了一片茂密的"树林"，形成了独木成林的奇异景观。

【百科辞典】

气根：
由植物茎或叶的部分所生出的不定根，部分或全部露于地上，常带绿色，能吸收空气中的水分和养分。

阳性植物：
在阳光充足的条件下才生长得好的植物。

木棉为什么被称为"英雄树"？

Weishenme

木棉是一种生长在亚热带地区的落叶大乔木，高达30多米，树干直径可达1米以上，是一种阳性植物。当它和其他树种生长在一起时，为了获得更多的阳光，使自己枝叶繁盛，它总是要超出群树，而不被其他树遮掩。木棉一般散生在林边路旁或溪边低谷地带上。

木棉在我国岭南具有悠久的历史，过去有人把它喻为南方的代表，广州在历史上曾被称为"木棉市"。木棉树枝干挺拔，姿态巍峨，有一股英雄之气。木棉树开花时尤其显得瑰丽雄奇，每年三四月，还未长叶，它的枝条上就布满了花，花朵嫣红绚丽，花瓣赤红，花蕊金黄，一树数百朵。火红的茶杯一样的花瓣，金黄的花蕊，犹如燃烧的火炬一般。它豪迈的气概令人肃然起敬，因此被人们称做"英雄树"。

木棉花
木棉树树形高大，雄壮魁梧，枝干舒展，花朵硕大如杯，远观好似一团团在枝头尽情燃烧、欢快跳跃的火苗。

独木成林的榕树
榕树的很多种类具有板根、老茎生花、空中花园和绞杀现象，景观奇特雄伟，体现了热带雨林的重要特征。

你知道吗

从古至今，西双版纳的傣族人对木棉情有独钟。在汉文古籍中曾多次提到傣族织锦，其取材于木棉的果絮，称为"桐锦"，闻名中原；用木棉的花序或纤维作枕头、床褥的填充料，十分柔软舒适；在餐桌上，用木棉花瓣烹制而成的菜肴也时有出现；在傣族情歌中，少女们常把自己心爱的小伙子比为"高大的木棉树"。

植物之最 我国最大的榕树：生长于广东省新会县环城乡，树冠覆盖面积达6000多平方米，有1000多条支柱根，犹如一片茂密的树林。

为什么胡杨能在盐碱地中存活？

▶ 茶园中的茶树
茶树属山茶科，常绿灌木或小乔木。嫩叶背生白色茸毛，称为"白毫"，老熟自落。白毫是评价茶叶优劣的标准之一。色泽翠绿、白毫似雪的茶叶是茶中上品。

盐碱地对植物的危害很大，只有极少数的植物能够在盐碱地中生存，而且大多是比较矮小的植物，但胡杨却是个例外。它是生活在盐碱地的高大植物，树高达15至30米，被称为盐碱地的"巨人"。

胡杨是落叶乔木，叶形多变异，根系发达且密如蛛网。它的根总是朝着水多、肥多、空气流通的方向伸展，扎到几十米深的地层中去吸取地下水，而且体内还可以贮存大量的水分。当水源贫乏时，它就少长枝叶，以减少蒸发，水分增多时，又枝繁叶茂起来，恢复生长活力。因此它能忍受荒漠中干旱的气候条件。

胡杨具有非凡的耐盐碱能力。它的细胞有不受碱水伤害的特殊机能，细胞液的浓度很高，能够从含盐碱的地下水中吸取水分和养料。

胡杨还具有某种平衡能力，当体内盐分过高时，它可以通过树干的龟裂将盐分排出，以适应高盐环境。此外，胡杨能使盐碱地得到改良，同时又有防风固沙的作用，因此被称为"盐碱地的宝树"。

▶ 胡杨树的老树根
胡杨树从根部萌生幼苗，能忍受干旱，对盐碱有极强的忍耐力。它的根可以扎到地下10米深处吸收水分，其细胞还有特殊机能，不受碱水的伤害。当树老化时，其能自行断脱树干与枝杈。

为什么茶树大都生长在南方？

我国很多有名的茶叶，如"龙井"、"铁观音"、"碧螺春"等都生长在南方。似乎没听说过北方有什么茶树，这是为什么呢？

原来，茶树是一种喜欢温暖湿润气候及微酸性土壤的植物。而我国长江以南的山区或半山区气候温暖，空气潮湿，土壤大多是微酸性的。另外，茶树的生长需要土壤中含有较多的"铝"元素，在南方的酸性土壤里，铝的含量比较高，正好可以满足茶树的生长需要。

所以，南方无论是气候条件还是土质条件都非常有利于茶叶生长，因而茶叶能在南方成片种植。

【百科辞典】

盐碱地：
土壤中含有较多盐分的土地，这种地不利于植物生长。

酸性土壤：
指含有一定数量的酸性物质（如硫酸、硝酸、盐酸等）的土壤。土壤中酸性物质过多，会损害植物、污染水源。

红茶和绿茶有什么区别？

Weishenme

红茶与绿茶一样，都是用绿色的鲜嫩茶叶做成的，只不过加工方法有所不同。

红茶是经过发酵做成的。人们把鲜茶叶揉捻，使细胞破裂，挤出汁液，然后发酵。发酵时，茶叶的叶绿素被破坏了——绿色消失，而它所含的鞣酸在氧化酶的作用下变成了红色的氧化物。这样就变成了"红茶"。

而绿茶没有经过发酵。人们把铁锅烧到将近220摄氏度，使锅底变成暗红色，然后把新鲜茶叶倒进去，快速翻炒。这样，茶叶中水分蒸发了，而叶绿素却没有被破坏，所以成了"绿茶"。

🔺 红茶
红茶与绿茶相反，是一种全发酵茶。

🔻 香蕉
人们在吃香蕉时，感觉好像没有籽。其实，这是因为香蕉籽是软的，在嘴里感觉不到罢了。

香蕉的种子在哪里？

Weishenme

有人说香蕉的种子已经退化得很小，就在香蕉的中间部分；也有人说种子长在香蕉的外面；还有人说香蕉没有种子。那么，香蕉的种子在什么地方呢？

吃香蕉的时候你会发现在果肉的中间有黑褐色的小点，这就是香蕉的种子。一般的种子都是硬的，为什么我们把香蕉的种子吃进嘴里却没有什么感觉呢？原来，这些种子已经退化了。

据说过去香蕉没有被人工栽培的时候，它的种子也是硬的，而且比现在的大。人们对香蕉进行人工栽培后，对它的品种进行了改良，于是香蕉变得更适合人们的口味，吃起来也更方便了，只是种子已经不再具有种子的功能了。所以香蕉树的繁殖一般是无性繁殖，也就是培育果树时经常用到的扦插、压条、断根等方法。

其实，很多作物都经过了人类的改良，比如水稻、小麦、苹果、桃子等。它们由原来不好吃且产量低的野生植物，变成了现在的高产品种。这都是人们在长期的生产生活中对它们进行培育、改良的结果。

你知道吗

▪ 乌龙茶是我国几大茶类中独具特色的茶叶品种。它综合了绿茶和红茶的制法，既有红茶的浓鲜，又有绿茶的清香，颇受人们的喜爱。

▪ 人们在炒青绿茶的过程中发现，如果杀青揉捻后干燥不足，叶色就会变黄，于是人们研制出了新品类——黄茶。

▪ 黑茶是我国生产历史十分悠久的特有茶类。在加工过程中，鲜叶经渥堆发酵变黑，故称"黑茶"。黑茶既可直接冲泡饮用，也可以压制成紧压茶（如各种砖茶）。

植物之最 最早出现的绿色植物：蓝藻是地球上最早出现的绿色植物。人们在南非古沉积岩中发现了34亿年前就出现在地球上的蓝藻。

仙人掌为什么长满尖刺？

仙人掌浑身长满尖刺是为了适应它所生活的沙漠环境，是在干旱的气候条件下逐渐演变而成的。对于一般植物来说，所吸收水分的99%都是通过叶片蒸发掉的。仙人掌的叶子退化了，变成了针状和刺状，这就减少了水分的蒸发。

仙人掌的刺有的变成了白色的茸毛，披在自己的身上。白色可以反射强烈的太阳光，这样就可以减少太阳直射，降低自身的温度。

它那刺一样的叶子还可以贮存水分。它的茎已变成肉质的，含有胶体物。它把根深深地扎到沙地深处去吸收水分，吸收来的水分存在茎里面很难跑掉，所以它粗厚的茎就像一个小水库。你可能没有机会去沙漠里看那些巨大的仙人掌，但是你可以观察我们生活中的各种仙人掌科植物，像仙人球、仙人山等，它们有趣的外形都是为了满足生存的需要。

仙人掌
仙人掌种类繁多，形态各异。其共同特征是都没有叶子，通身布满尖刺。其实，这些尖刺就是它们的叶子。为了适应干旱少雨的气候，减少水分蒸发，叶子都变成了刺状物。

为什么水生植物的根茎不会腐烂？

我们知道，一般植物浇水过多或排水不良都会造成根茎腐烂。可水生植物总泡在水里，它的根茎为什么不会腐烂呢？

根茎腐烂的原因不在于水的多少，而在于是否能得到足够的氧气。如果氧气稀少的话，土里或者是水中的微生物就会变得非常活跃，能制造出对植物有害的硫化氢等有机化合物，而且植物的根茎上也会滋生病原菌。这样植物的根茎就烂了。

水生植物适应了水中生活，它们在长期的进化中具备了一种奇特的结构，这样才不会被水淹死。比如，莲的叶子上有气孔，空气中的二氧化碳可以经过叶片上的气孔进入叶柄，再向下扩散到莲藕，这样就保证了呼吸与代谢的需要，根茎也就不会腐烂了。

水葫芦
学名凤眼莲，水生直立或漂浮草本植物。叶直立，呈卵形或圆形，光滑，叶柄长而粗，中部以下膨大如球，基部有鞘状苞片，花茎单生，中部亦具鞘状苞片，穗状花序。

【百科辞典】

微生物：
形体微小、构造简单的生物的统称。微生物广泛分布在自然界中，如细菌、真菌、病毒等。

病原菌：
能引起疾病的细菌、霉菌、病原虫、病毒等的统称。

为什么荷叶不沾水珠？
Weishenme

雨后，当你走过荷花塘时就会发现，一颗颗亮晶晶的雨珠在荷叶上滚动，但就是不会沾湿荷叶。这是什么缘故呢？

原来，在荷叶的表面有一层由叶子表皮细胞产生的角质层，这层角质层像蜡一样，具油性，不透水，但能透过阳光。它不仅可以防止叶内水分蒸发过多，还能保护叶子本身不受外来伤害。在荷叶表面不仅有角质层，而且在角质层外面，还有一层蜡粉，涂满叶面，因而叶面看上去是粉

绿色的。荷叶有了这层蜡粉，更增强了对叶子的保护作用，提高了防止水分过多散失的能力。由于荷叶上有角质层和蜡粉这两层物质，所以当水珠落在叶面时就会在上面滚来滚去，却不会沾湿叶子。

为什么藕中有许多孔？
Weishenme

莲藕是一种大家都爱吃的蔬菜，据说多吃可以使人多长"心眼"变得更加聪明，当然，这只是人们的美好愿望。取一节莲藕，我们会看到切开的断面上有许多孔，这些孔是做什么的呢？

其实，植物的大小、形状、结构等都是在长期进化中因生存需要而不断演化

【百科辞典】

叶柄：
叶子的组成部分之一，连接叶片和茎，长条形。有的叶子没有叶柄，叶片直接和茎连接。

形成的。多孔的藕是莲的地下茎，莲用它来贮藏养分，但是很多人误把它当做莲的根。植物的生长需要阳光、水和空气，而藕生长在池塘底的淤泥中，泥里的空气很少。为了能正常生长，"出淤泥而不染"的莲就想了一个办法：通过水面上的叶和叶柄上的气孔为地下的藕补充空气。莲的叶柄是空心的，空气从叶柄中间通过，进入藕里，藕的节和节之间长有很多根，于是空气就通过藕的孔传给根，从而保证了莲藕生长所需要的空气。在莲的生长期内，如果莲叶被折断或者藕上的孔被堵住的话，过不了几天，莲就枯萎了。这进一步说明，藕孔是空气的通道。

莲藕
莲藕含有淀粉、蛋白质、天门冬素、维生素C以及氧化酶等成分，营养价值很高。

荷叶上的水珠
荷为莲科多年生水生草本植物。荷叶不沾水。水珠落到荷叶上滚来滚去，宛如珍珠一般。

莲
莲又称做荷花、荷、水芙蓉、芙蕖、水芝等，常年生长在水中。莲的果实俗称莲蓬，其地下茎的肥大部分则为藕。

"藕断"为什么"丝连"？

当我们折断藕时，可以观察到无数条长长的白色藕丝在断藕之间连着。为什么会有这种"藕断丝连"的现象呢？

其实，藕丝不仅存在于藕内，在荷梗、莲蓬中都有，不过藕内的藕丝更纤细罢了。如果你采来一根荷梗，尽可能把它折成一段一段的，提起来就像一长串连接着的小绿"灯笼"，连接这些小绿"灯笼"的，便是这种细丝。这种细丝看上去是一根，如放在显微镜下观察，会发现其实是由3至8根更细的丝组成，就如一条棉纱是由无数棉纤维组成一样。

原来，这都是运输植物生长需要的水分和养料的组织。植物运输水分的组织，主要是一些空心的长筒形细胞组成的导管。导管内壁在某些部位特别增厚，形成种种纹理，有的呈环状，有的呈梯形，有的呈网形。而藕的导管壁增厚部分却连续成螺旋状，被称为"螺旋纹导管"。藕和荷梗的维管束中螺旋纹导管很多，当藕或荷梗折断时，导管内壁增厚的螺旋部分脱离，就成为螺旋状的细丝。细丝很像拉长后的弹簧，挂在折断的藕或荷梗的两端，所以就有了"藕断丝连"的说法。

➡ 王莲的叶脉
王莲巨叶的背面有特别多粗大的叶脉构成的骨架，骨架间有镰刀形的横隔相连。叶子里还有许多气室，使叶子能平衡地浮在水面上。

为什么王莲的叶子那么结实？

王莲是世界闻名的观赏植物之一，属睡莲科，原产南美洲的亚马孙河流域，它与我国的藕莲是同一类植物。藕莲叶片伸出水面，叶面只有脸盆那么大，而王莲不愧为莲中之王，它那漂浮在水面上的圆圆的叶子直径可达1至2米，最大的可达4米，叶子的边缘向上卷曲10多厘米，好像一个巨大的木盆。有人测试过，王莲的叶子一般能载重六七十千克，非常结实。王莲的叶子哪来的这股力量呢？

秘密就在王莲叶子的背面。把王莲的叶子翻过来，可以看到排列成肋条状的叶脉又粗又壮，很像大桥的梁架。这种特殊的结构使王莲叶子变得很结实。

➡ 王莲
王莲原生长在南美洲亚马孙河流域，是世界上最大的圆叶植物。叶缘向上卷曲，浮于水面，每叶片可承重数十千克。

你知道吗

■ 王莲练就了一身抵抗炎热气候的本领，它的叶细胞中含有一种叫叶青素的色素，可以把光线的辐射能转变为热能，把叶背加热，使叶子上下两面的温度协调一致。

■ 王莲花在盛开的时候能散发高温，据测定，花内的温度要比外界温度高10摄氏度以上。

为什么蒲公英的种子打着"小伞"？

Weishenme

蒲公英开花时，茎秆顶端长出一簇簇白色的绒毛，这是它的果实，里面有种子。那白色的绒毛叫冠毛，冠毛下面就是一粒

种子。种子成熟后，就好像一个能飞的小降落伞。蒲公英要借助风力的作用来把它的种子散播出去，冠毛飞到哪里，种子也就跟着飞到哪里，并且在那儿发芽、生根、开花。等到第二年的春天，田野里、高山上就会出现许许多多的小蒲公英了。可见，它打着"小伞"是为了更好地散播种子。

常春藤为什么能爬墙？

Weishenme

我们经常看到常春藤的藤蔓在高墙上攀爬，它的枝上生着一排排像刷子似的根，名为"不定根"，因为生长在空气中，所以也叫"气生根"。常春藤就是用不定根攀爬的。不定根有着背光的特性，因此，它能转向墙面、树皮或石壁，同时它又能分泌黏液，当黏液干后枝干就能牢固地贴附在所接触到的表面上。常春藤的老枝固定后，顶端的幼嫩部分便延伸出去。在幼嫩的枝条变老固定自己时，新的幼嫩的顶端又延伸出去。就这样，它能不断地攀缘而上。

植物有血型吗？

Weishenme

人和动物都有血型，植物也有血型吗？一位日本科学家在研究了500多种植物后，发现其中60种为O型血型，24种为B型血型，另一些植物为AB型血型。

据研究，植物体内确实存在着一类带糖基的蛋白质或多糖链，或称"凝集素"。有的植物的糖基恰好同人体内的血型糖基相似。如果以人体抗血清进行鉴定，植物体内的糖基也会跟人体抗血清发生反应，从而显示出与人相似的血型。比如，辛夷和山茶是O型，珊瑚树是B型，单叶枫是B型，但是A型的植物至今没有找到。

植物界为什么会存在血型物质？为什么又找不到A型的植物？这些问题至今仍是不解之谜。

蒲公英的种子
有些种子会长出形状如翅膀或羽毛的附属物，乘风飞行。蒲公英的瘦果成熟时冠毛展开，像一顶降落伞，随风飘扬，把种子散播到远方。

罗汉松
罗汉松是竹柏科竹柏属植物，又名罗汉杉，树皮深灰色，呈鳞片状开裂，枝叶稠密，血型为B型。

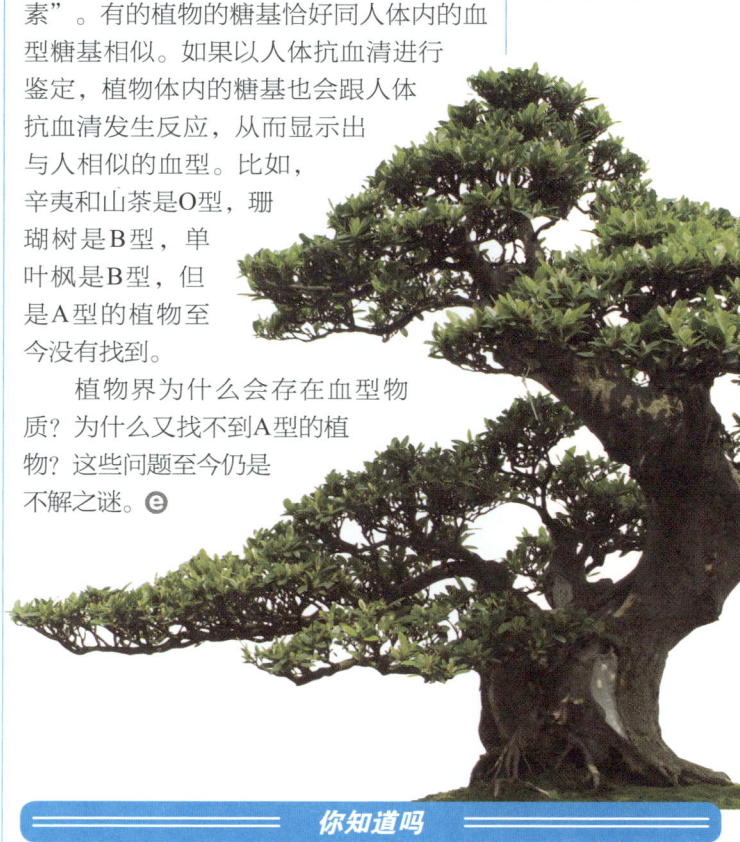

你知道吗

■ 植物虽然没有血液和红细胞，却有类似人体血型的物质——血型糖。

■ 不同的血型糖决定了植物不同的血型。植物半数以上是O型血，其他的则为B型血、AB型血。

中国孩子最爱问的十万个为什么

主题索引：为什么大蒜可以起到防治疾病的作用？为什么水仙不需要土壤也可以活？

水仙
水仙鳞茎肥大，积聚着丰富营养，供水仙生长开花使用。

大蒜
中医认为大蒜辛辣、性温，有解滞气、暖脾胃、消症积、解毒杀虫等功效。

为什么大蒜可以起到防治疾病的作用？

Weishenme

大蒜除了长成蒜薹用做蔬菜和以蒜头做"作料"外，还是很好的药物。有的医书里，把大蒜和抗生素的效应相提并论，在许多缺医少药的偏远山村，也都用大蒜防病治病。大蒜怎么会有防腐、杀菌的本领呢？

原来，大蒜中含有一种植物抑菌剂，叫大蒜素，大蒜素的杀菌力几乎是青霉素的一百倍。让人拉肚子、感冒的各种细菌，不管如何猖狂、肆虐、逞强，只要遇到大蒜汁，就再也施展不出它们的本领了。

大蒜还能降低胆固醇，改善冠状动脉的循环状况，所以常吃大蒜的人能减少得冠心病的可能性。同时，大蒜能提高人体里巨噬细胞的消化能力，这种巨噬细胞能吞吃细菌乃至癌细胞，所以对人的健康，特别是在抑制癌细胞方面，起着积极的作用。

为什么水仙不需要土壤也可以活？

Weishenme

水仙叶姿秀美，花香浓郁，亭亭玉立于水中，故有"凌波仙子"的雅号。自然界里绝大多数植物都依靠土壤生长，由根从土壤里吸收水和养料，供植株需要。但水仙这种美丽的花在清水中也能生长、开花。这是为什么呢？

水仙栽在水里，靠那个像洋葱头一样的鳞茎提供营养。鳞茎是在土壤里培育出来的，通常在水仙花的鳞茎周围分出一些小鳞茎，把它们剥下来，在9至10月份栽种下去，就能长出新苗。大约经过2至3年左右，当新苗的鳞茎长大以后，把它挖出来就可以栽在水里了。由于培育的时间长，鳞茎里积聚的营养十分丰富，足够水仙在水里生长使用，所以水仙不需要土壤也可以存活。当阳光和温度适宜时，它就会开花。

【百科辞典】

抗生素：
某些微生物或动植物所产生的能抑制另一些微生物生长繁殖的化学物质。种类很多，常用的有青霉素、链霉素、金霉素等，多用来治疗人或家畜的传染病。

胆固醇：
醇的一种，白色结晶，质地软。人的胆汁、神经组织、血液中含胆固醇较多。它是合成胆酸和类固醇激素的重要原料。

植物之最 最能贮水的草本植物：巨柱仙人掌。它像一根分枝的大柱子，有六七层楼那么高，有超过1吨的水贮存在它的体内。

向日葵的花盘为什么向着太阳?

Weishenme

向日葵又叫葵花,它的大花盘从早到晚总是向着太阳转动,这是什么原因呢?

原来,向日葵大花盘下面的茎中有一种奇妙的物质,它能刺激细胞生长,向着阳光的一面生长得慢,背着阳光的一面生长得快,这样,背光一面的茎秆长得比较长,结果茎秆就弯曲了。大花盘就朝着太阳,太阳东升西落,大花盘也跟着移动。这是植物向旋光性的一种表现。

另外,一些科学家对葵花向阳作了新的解释:在葵花的大花盘四周有一圈金黄色的舌状小花,中间是管状小花。管状小花中含有很多纤维,阳光照射后温度升高了,底部的纤维会发生收缩。这一收缩,就使花盘主动地转换方向接受阳光了。

为什么黑色的花特别少?

Weishenme

许多植物都会开花,花的颜色五彩缤纷。植物花色的形成大多是受基因控制的,因此是可以遗传的。植物体内存在着花青素和类胡萝卜素。花青素是一种有机色素,极容易受环境的影响而发生变化,使植物花的颜色在红、紫、蓝之间变化,而类胡萝卜素本身就有60余种颜色,使花呈现黄、橙、红等许多不同的颜色。

世界上花的颜色虽然很多,但黑色的花却十分稀少。我们都知道,太阳光由红、橙、黄、绿、青、蓝、紫7种颜色组成。花的组织,尤其是花瓣,一般都比较柔嫩,容易受到高温伤害。黑色可以吸收全部的光波,这样黑色的花在太阳光下升温特别快,花的组织容易受到灼伤,不利于花的自我保护。因此,黑色的花能自然保存下来的品种寥寥无几。

另外,要人为地创造黑色品种的花也十分困难,即使通过杂交,获得黑色花的概率也极其微小。所以在万紫千红的花朵中,黑牡丹等黑色花种因为稀少而变得十分珍贵。

【百科辞典】

胡萝卜素:
有机化合物,存在于多种植物中,在体内可转变为维生素A。有色蔬菜如菠菜、豌豆苗、胡萝卜、红心甜薯等,水果如杏、柿子等,是胡萝卜素的良好来源。

纤维:
天然的或人工合成的细丝状物质。棉花、麻类植物的韧皮部分,动物的毛和矿物中的石棉,都含有天然纤维。

黑色郁金香
物以稀为贵,由于黑花很少,黑色郁金香、黑牡丹和墨菊就成了珍品。

向日葵
向日葵又名"朝阳花",因其花常朝着太阳而得名。它对光线要求较高,对温度适应范围大。

植物之最 最大的花: 大王花,目前发现其最大直径达112厘米。它可以通过发出腐肉般的恶臭气味来吸引并捕食苍蝇。

含羞草为什么"害羞"？

夏天，含羞草旺盛地生长着。它的叶片很敏感，用手一碰，马上就闭合了，叶柄也垂下来，像一个害羞的小姑娘。

含羞草的小叶柄和复叶叶柄基部，都有一个鼓起的结构，叫叶枕。叶枕中心有一个维管束，周围全是薄壁细胞，细胞间空隙很大。薄壁细胞含有很多水分，胀得鼓鼓的，叶子因此总是平展着。当小叶受到触碰时，震动传给叶枕，叶枕上半部薄壁细胞就把水分挤到周围的空隙中，上半部薄壁细胞的压力降低，下半部的不变，因而小叶会成对向上合拢。如果碰触强烈，刺激传到复叶叶柄基部的叶枕，叶枕下半部细胞压力降低，上半部的不变，整片复叶就耷拉下来。含羞草这种"害羞"的本能，是保护自己的好办法。

▶ **开花的含羞草**
含羞草株形散落，羽叶纤细秀丽，其叶片一碰即闭合。花多而清秀，楚楚动人，给人以文弱清秀之感。

为什么无籽西瓜没有籽？

自古以来，西瓜都是有籽的。在炎热的夏季，当人们大嚼特嚼味甜多汁的西瓜消暑解渴时，却不得不频繁地吐出瓜子，比较麻烦。因此，人们渴望吃到无籽的西瓜。20世纪40年代，日本科学家终于培育出了无籽的西瓜。那么，无籽西瓜为什么没有西瓜子呢？

生产无籽西瓜，首先要用一种叫秋水仙素的化学药剂处理普通西瓜的幼苗。我们知道，普通西瓜为二倍体植物，也就是体内有两组染色体，而经过秋水仙素处理的幼苗会长成四倍体西瓜。这种西瓜能正常开花结果，种子也能正常萌发。然后将四倍体西瓜与二倍体西瓜进行杂交，这样在四倍体西瓜的植株上就能结出三倍体的植株，在开花时，用二倍体西瓜的花粉授粉，以刺激花朵的子房发育成果实，而胚珠无法发育为成熟的种子。其实无籽西瓜并不是完全没有种子，瓜瓤里还有未发育的嫩黄的小瓜子，吃起来就像无籽一样。

▶ **无籽西瓜**
无籽西瓜是用种子种出来的，但这个种子不是无籽西瓜里的种子，因为无籽西瓜的种子本身是没有繁殖能力的。

你知道吗

■ 含羞草的老家在美洲热带地区，那里常常有狂风暴雨，柔弱的含羞草叶子在刮风下雨时关闭起来，就不容易受到暴风雨的伤害。

■ 含羞草能合拢叶片还有另一个好处，当有些昆虫飞过来想啃咬它的叶片时，叶片突然关闭，毫无准备的昆虫一下子就被吓跑了。

佛手瓜为什么会被称为"胎生植物"?

佛手瓜的果实和种子都很特别,每个瓜只有一颗种子。种子成熟时充满整个子房腔,疏松多汁的种皮与果肉紧贴在一起,以保持种子的湿润和萌发时水分、养料的供应。佛手瓜的种子是没有休眠期的,悬挂在藤蔓上的成熟佛手瓜种子很快就萌发长出幼苗。因此,佛手瓜留种和繁殖时,不是将瓜中的种子取出来,而是用种瓜来进行种植。如果把种子从果肉中取出来种植,因为得不到果肉的保护和水分、养料的供应,种子不是干死就是很快烂掉。由于佛手瓜有种子不离开母体就发芽生长的特征,所以人们称它为"胎生植物"。

为什么发芽的土豆不可以吃?

我们知道,土豆长时间地储藏就会变绿变青,以至于长出嫩芽来。这通常是因为土豆在生长时培土不够高,有一部分裸露在地面上,或是在保存时,土豆受到阳光的照射的缘故,以上原因都会造成土豆变绿变青甚至长出嫩芽。然而,土豆的生芽不同于其他植物,土豆生芽后,在芽的周围会产生一种叫做"龙葵碱"的剧毒物质,人们如果食用了发芽的土豆后,很容易发生肠胃不适、呕吐,出现中毒现象。所以我们在清洗食用土豆时,一定要将土豆变绿和发芽的部分挖掉。

【百科辞典】

佛手瓜:
一种常绿小乔木,叶子长圆形,花白色,果实鲜黄色,下端有裂纹,形状像半握着的手,有芳香。

胎生植物:
像人和某些动物一样,这种植物的幼体在母体内发育到一定阶段以后就脱离母体而独自生长。

龙葵碱:
一种致命毒素,对胃肠黏膜有较强的刺激作用,对中枢神经有麻痹作用,会引起呕吐、头晕、流涎等症状,但是龙葵碱并非立即致死,而会慢慢累积在体内。常存在于发芽或变青的土豆内。

那么,怎样才能防止土豆发芽呢?要做到不让土豆长时间受阳光照射,就必须将其转移到黑暗处储藏。其次,土豆收获后,一般都有两三个月的休眠期。在休眠期内,土豆是不会发芽的。

发芽的土豆
土豆如果发芽,在芽的周围会产生一种叫做"龙葵碱"的剧毒物质。

佛手瓜
佛手瓜形如两掌合十,有佛教祝福之意,因此也称为"福寿"。

植物之最 发芽最快的种子:梭梭树种子。它只需要一点水或两三个小时的潮湿环境,便会迅速发芽、生根、生长。

花生为什么地上开花地下结果？

Weishenme

花生是我国最主要的油料作物之一，又称"落花生"、"及地果"、"长生果"，顾名思义就是花落而生实。的确，花生有地上开花地下结果的习性。那么它为什么在土壤里结果呢？

原来，花生的花有两种：一种叫不孕花，它生长在枝顶部；另一种叫可孕花，在分枝下端。花经传粉受精后，花瓣凋谢，子房钻入土中发育成为果荚。

科学家们在研究花生的遗传性时发现，花生的果实发育需要有水分、黑暗、压力和机械刺激等各种条件，其中以水分和黑暗环境为主。试验证明，只要有适当的黑暗环境和适量的水分，花生在空中也能结出果实。

🔽 **花生地**
花生地上开花，却在地下结果。果壳坚硬，成熟后不开裂，室间无横隔而有缢缩。每个荚果有2至6粒种子，以2粒者居多。图为现代化花生种植基地。

无花果真的没有花吗？

Weishenme

无花果是桑科的落叶乔木或灌木，又称"隐花果"，原产于欧洲地中海沿岸和中亚地区。人们对于无花果树并不陌生，它是一种姿态优美的树，叶片很大，形状像手掌。许多人都吃过它的果实。然而，无花果到底有没有花呢？

有人说，无花果就是"无花之果"。其实不然，无花果是有花的。这种植物的花多得不计其数，只不过它们很小，而且躲藏起来，不容易看到。那么，无花果的花在哪里呢？无花果的果实像个大肉球，如果把它掰开，再用放大镜观察，就可以看到里面有无数小凸起，它们就是躲藏起来的花朵。无花果的花分雌花和雄花两种，它们分居两地，外面又有大肉球包着，传授花粉就显得困难重重了。幸好有一种叫小山蜂的昆虫充当了"媒人"。小山蜂的身体很小，它最喜欢吃无花果分泌的蜜汁。当这种小昆虫从大肉球顶端的小孔中钻进钻出时，就不知不觉地传授了花粉。

人们因为不容易看到无花果的花，就认为它是没有花的。显然，这是一种误解。其实，我们平时吃的无花果的果实也不是真正的果实，而是由花托膨大形成的假果。真正的果实和花一样，也很小，且隐藏在肉球似的假果里。

🔽 **无花果的果实**
许多人认为无花果是没有花朵的。其实不然，无花果不仅有花朵，而且数量很多，只是很小，且隐藏在果实里罢了。

【百科辞典】

假果：
食用部分不是子房壁发育而成的，而是花托或花萼发育而成的果实，叫做假果。如梨、苹果、无花果、桑葚等。

花托：
花的组成部分之一，是花梗顶端长花的部分。有些植物的果实是由花托发育而成的，如苹果和梨。

结果习性最奇特的植物：花生的果实一定要在黑暗的环境里才能长大，如把已经成形的果实挖出来，果实就不能继续正常生长了。

为什么昙花的花期很短?

Weishenme

平时,要看到昙花很不容易,"昙花一现"说的就是昙花开的时间很短,一会儿就过去了。再有,昙花大都在夜里开,这时人们都在睡觉,要看昙花就更难了。

昙花的老家不在中国,而在非洲的南部和墨西哥。那里的气候干燥炎热,白天和夜间温差很大,昙花长期在这种环境里生活,渐渐地形成一些特殊的生活习性。昙花的花朵又大又白,四周衬有浅红或淡紫的颜色,而且还特别娇嫩,禁不住白天热辣辣的太阳灼晒。所以为了生存,它只好选择在夜晚凉爽的时候悄悄地绽放。

昙花常在夜晚8点至12点之间开放,这时气温适宜,"昙花一现"之后又很快凋谢,以避免低温或高温的伤害。

不过,如今人们已经可以想办法促使昙花在白天开花了。花卉园艺学家采用以下"偷天换日"、"颠倒昼夜"的科学办法予以实现:在昙花的花蕾长到10厘米时,每天上午7点钟把整株昙花搬进暗室里,造成无光亮的环境。到傍晚8点至9点钟,用100至200瓦的电灯进行人工照射。这样处理7至10天后,昙花就能在白天(即上午7~9点)开放了,并能从上午一直开放到下午5点钟才完全闭合。

昙花
昙花别名"琼花"、"月下美人",属仙人掌科、昙花属。花非常美丽,但花期很短,故有"昙花一现"的说法。

为什么猪笼草能吃虫?

Weishenme

猪笼草是一种生长在热带雨林中的多年生藤蔓植物,与其他通过光合作用获得营养的植物不同的是,猪笼草可以捕捉并"吃掉"空中飞过的昆虫,是最有代表性的食虫植物之一。在它的叶片顶端生长着一个非常有趣的小瓶子,也像个小口袋,瓶子里能散发出诱人的香味,吸引昆虫过来探个究竟。瓶子上边有个小盖子,盖子下面布满了蜜腺,能分泌出香甜诱人的蜜汁,可是瓶口却有点倾斜,瓶子内壁上的蜡质,极为光滑,内壁的下部,有许多凸出的消化腺,能分泌出许多消化力极强的消化液。昆虫一旦到了这个小瓶子口,就会从光滑的瓶壁上滑下去,并被里面的黏液粘住,再也无法逃脱。那具有极强消化能力的消化液不一会儿就麻痹了小虫子,然后慢慢"吃"掉它们。

猪笼草生活在潮湿、缺乏养分的贫瘠环境中,它通过消化各种昆虫来补充自身所缺乏的氮、磷等营养物质。

猪笼草
美丽的花朵,温柔的陷阱。小虫子一进入,盖子马上盖上,小虫子便只能做猪笼草的"点心"了。

植物之最 **最大的兰花**:热带美洲一种兰科植物所开的花,直径达92厘米,花瓣长达46厘米。

中国孩子最爱问的十万个为什么

主题索引
- 为什么箭毒木能"见血封喉"？为什么大王花奇臭无比？

为什么箭毒木能"见血封喉"？
Weishenme

你听说过有毒的树吗？在我国云南南部、广西南部以及海南省，有一种箭毒木，也叫"见血封喉"树，光听这名字就有点儿吓人。

这种常绿的大树长得很高，树干粗大，树皮是灰颜色的。如果把树枝折断、树皮剥开，会流出一种白色的乳汁，这种乳汁的毒性极大，不小心弄到眼睛里，会使两眼失明，人和家畜误吃了一点，就会因心脏麻痹而中毒死亡。古时候人们打仗，常常在箭头涂上这种有毒的树汁，敌人中了箭，就会被毒死。

➡ **箭毒木**
箭毒木为桑科常绿大乔木，又名加独树、加布、剪刀树等，树干基部粗大，具有板根，树皮灰色，春季开花。

为什么大王花奇臭无比？
Weishenme

在东南亚的热带雨林里，生长着世界上最奇怪的植物之一。这种植物没有茎也没有叶，却能开出世界上最大的花，这就是著名的大王花。

大王花的直径可以达到60至90厘米。按常理，这种花一定是香飘万里，然而让人十分奇怪的是，它却是奇臭无比。

⬇ **大王花**
大王花又叫莱佛士亚花，是世界上最大的花。它长得并不难看，但恶臭扑鼻，使人"敬而远之"。

每当大王花盛开之时，臭味总会引来无数苍蝇，而喜欢猎奇的人们，也只能远远地掩鼻欣赏。那么，大王花为什么要开臭花呢？

原来，这是为了传宗接代。大王花开花时，它的壶状圆盘的内侧会释放出一股特殊的臭味。有一种叫做金代蝇的昆虫，受到这股臭味的吸引会发疯一般地赶来，在花前花后飞舞寻觅，企图找出好吃的食物。等到它们最终发现什么也没有时，授粉的工作已经悄然完成。大王花就是利用这种特殊的手段，来完成自己传宗接代的大事的。

=== **你知道吗** ===

箭毒木是一种剧毒植物和药用植物。民间有句谚语："七上八下九不活。"意思是说，被沾上箭毒木毒液的毒箭射中的野兽，在逃窜时若是走上坡路，最多只能走七步，走下坡路最多只能跑八步，走平路时最多只能跑九步就要毙命。它的毒液具有强心、加速心律、增加心血输出量的作用，在医药学上具有很大的研究价值和开发价值。

植物之最 最臭的花：死马海芋。它散发出腐尸般的气味来招引丽蝇，当丽蝇飞到花朵里来产卵时，花粉便沾到它身上，被它带走进行传播。

Part 14

十四　探索微生物世界

微生物同样具有生命，它们可以由小长大，可以"生儿育女"、繁殖后代，也可以"吃"进食物，排出废物。它们的个子特别小，小到我们根本无法用肉眼去观察它们，只能借助显微镜去研究它们。

微生物到底有多小？

微生物一词并非分类学上的名词，而是对一切微小生物的总称，它们形体微小、结构简单，不为人眼所见，人们必须借助显微镜才能观察到它们。微生物虽然个体微小，但仍具有结构和生理功能，并能在适宜的环境中快速地生长和繁殖。

微生物的世界主要是由一群肉眼看不见的单细胞生物所构成的，其种类之繁多、数目之庞大，超乎我们的想象。目前，微生物大致分为细菌、真菌（包含酵母菌和霉菌）、藻类和俗称为"寄生虫"的原虫和蠕虫等几类。病毒是一种只能在活的生物细胞中自我复制的简单有机体，严格说来它并不能算一种生物，但也被归属于微生物，其在医学上的重要性并不亚于其他种类的微生物。

后来，科学家们发现甚至有比病毒更简单的生物，如只含有核酸的类病毒，它可以在活细胞内自我复制；而只含有蛋白质的病原性蛋白质颗粒，竟然也能在人体内自我复制，使人患上可怕的慢性神经退化性疾病，真是不可思议。

细菌都藏在什么地方？

细菌是与人类关系极为密切的一种微生物。它们具有原核型细胞结构，大多为单细胞，直径小于10微米，除少部分自养外，其余大多以腐生或寄生方式生存。细菌分布广泛，无论空气、水、土壤还是人身上都有细菌存在，其中土壤是细菌的主要分布场所，每克干土中大约含有10^8至10^{10}个细菌。

在我们周围，到处都有细菌存在。凡在温暖、潮湿和富含有机物质的地方，都有大量的细菌在活动。如用手去抚摸长有细菌的物体表面，就会有黏滑的感觉。在固体食物表面如果长出水珠状、鼻涕状、糨糊状、颜色多样的细菌菌落或菌苔时，用小棒去试挑一下，常会拉出丝状物，这就是细菌。长有大量细菌的液体，会呈现混浊、沉淀或漂浮一片片小"白花"，并伴有大量气泡冒出。在它们大量集居处，常会散发出特殊的臭味或酸败味。

发霉的葡萄
葡萄发霉了，这是霉菌在搞鬼。霉菌是微生物家族的一员，体形很小，个体用肉眼根本看不清楚。群体集中在一起，才可以看出其颜色。

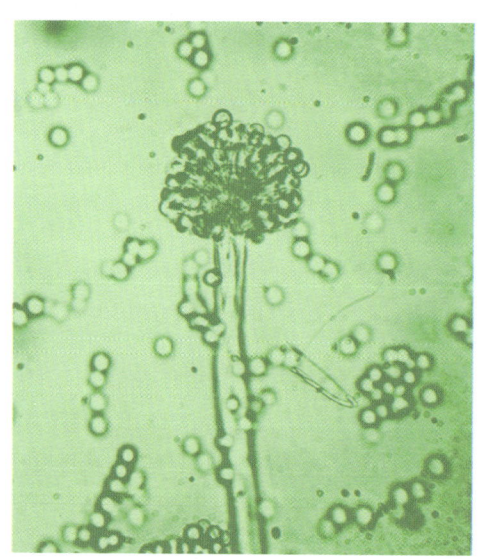

显微镜下观察到的细菌
细菌的形状千姿百态，属于非常低级的生物。其最主要的繁殖方式是二分裂这种无性繁殖方式：一个细菞细胞壁横向分裂，形成两个子代细胞。

【百科辞典】

细菌：
微生物的一大类，体积微小，必须用显微镜才能看见。有球形、杆形、螺旋形、弧形、线形等多种，其生殖方式一般是分裂繁殖。

原核型细胞：
仅有原始核，无核膜和核仁，缺乏细胞器。原核细胞构成的生物称为原核生物。原核生物包括细菌、衣原体、立克次氏体、支原体、螺旋体和放线菌。

最早的微生物化石：1977年10月，美国两位教授在南非发现了距今34亿年的一种球状单细胞微生物化石。

什么是球菌、杆菌、螺旋杆菌？

细菌不仅分布广泛，而且种类繁多，长相也各有不同。细菌的细胞形态包括球状、杆状、螺旋状三种，所属的细菌分别为球菌、杆菌和螺旋菌。球状或椭圆形的称为球菌，杆状或圆柱形的称为杆菌，螺旋菌细胞呈弯曲杆状，细胞壁坚韧，菌体较硬，这类细菌可分为弧菌、螺旋菌两种。

在球菌中，有的形单影只，称为单球菌，例如尿素小球菌；有的成双成对，称为双球菌，例如肺炎双球菌；有的4个菌体连在一起，称为四联球菌；有的8个菌体像"叠罗汉"一样地叠在一起，称为八叠球菌，例如藤黄八叠球菌；有的菌体像一串串珠子链儿一样连在一起，称为链球菌，例如乳酸链球菌；还有的菌体不规则地聚集在一起，看起来像一串串的葡萄，称为葡萄球菌，例如金黄色葡萄球菌。

杆菌又分为长杆菌（例如结核杆菌）、短杆菌（例如谷氨酸生产菌）和中型杆菌（例如大肠杆菌）三类。有的杆状菌体能连在一起，这样的杆菌称为链杆菌（例如炭疽杆菌）；还有的杆菌体能长出侧枝，称为分枝杆菌（例如结核杆菌）。

细胞形状略呈弯曲或弓形的称为弧菌，呈螺旋状的称为螺旋菌，也叫做螺旋体。

细菌是怎么繁殖的？

细菌一般以简单的二分裂方式进行无性繁殖，个体由1分裂为2，再分裂为4，再分裂为8，依此类推。个别细菌如结核杆菌偶用分枝繁殖的方式。球菌可从不同平面分裂，分裂后形成不同的排列方式；杆菌则沿横轴进行分裂。

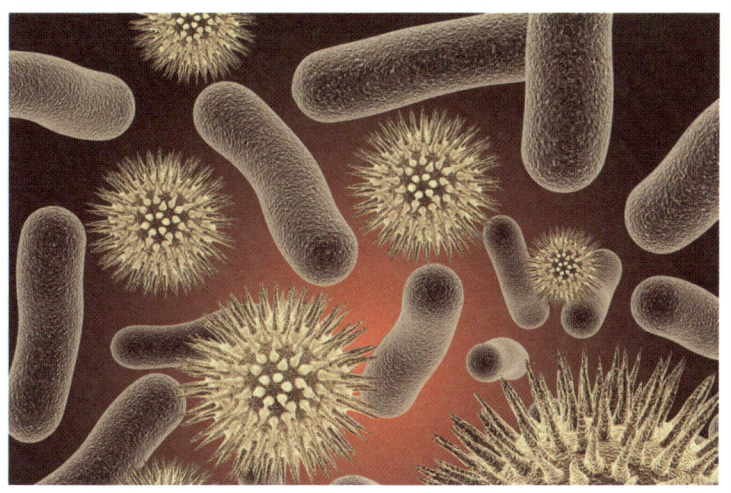

显微镜下观察到的细菌

细菌的形态不尽相同，主要有球状、杆状、螺旋状三种。

细菌繁殖速度之快是惊人的。细菌分裂倍增的必需时间，称为"代时"。细菌的代时决定于细菌的种类和环境的影响，细菌代时一般为20至30分钟，如大肠杆菌的代时为20分钟，依此计算，在最佳条件下，8小时后，1个细胞可繁殖到200万以上，10小时后可超过10亿，24小时后，细菌繁殖的数量可以庞大到难以计数的程度。

因此，细菌虽然极其微小，但一夜之间便可繁殖出数十亿个相同的个体，这些个体形成的细菌菌落直径可达数厘米，可以为肉眼所见。但实际上，由于细菌繁殖过程中营养物质的消耗、毒性产物的积聚及环境酸碱度的改变，因此细菌绝不可能始终保持原速度无限增殖，经过一定时间后，细菌增殖的速度就会逐渐减慢，死亡细菌逐渐增多，活菌率逐渐降低。

你知道吗

■ 细菌必须有充足的营养物质才能生长繁殖，这些营养物质为细菌的新陈代谢及生长繁殖提供必需的养料和足够的能量。

■ 细菌必须在适宜的温度下才能生长繁殖，一般它的温度极限为7至90摄氏度。

■ 细菌繁殖要有合适的酸碱度，因为在它的新陈代谢过程中，酶的活性在一定的pH（酸碱度）范围内才能发挥出来。

■ 细菌繁殖还要有必要的气体环境，如氧和二氧化碳等。

微生物之最 最大的细菌：硫黄杆菌，长16至45微米，在适宜的条件下可以形成几毫米长的丝状体。

为什么说人类的生活离不开细菌？

提起细菌，人们首先想到的恐怕是那些导致疾病、残害生命的病原细菌，因此难免"谈菌色变"。实际上，病原菌只是细菌的一部分，而在细菌家族的大千世界里，大多数细菌构成了人类生活的一部分，能够给人类带来很多的益处，它们和动物、植物共同组成生物大军，使大自然变得生机勃勃。

细菌是人类生活的伴侣，大多数细菌对人类生活都有益。某些细菌甚至对人体的健康起着至关重要的作用。例如，人类消化系统中的细菌能将有害细菌消灭。大肠中有许多细菌，这些细菌中含有的酶能使食物残渣和植物纤维分解，其中有益物质由肠壁吸收，有害物质则以大便形式排出体外。大肠内细菌还能利用肠内较简单的物质合成复合维生素B和维生素K，它们由肠壁吸收后对人体具有营养作用，并具有凝血功能。正常皮肤表面寄生的细菌可将皮脂分解成游离脂肪酸，对皮肤表面的致病菌有抑制作用。细菌对其他生物或自然环境也有重要作用。

有些豆类植物能利用它们根瘤中的细菌从空气中吸收氨并将其转化成硝酸盐。有些细菌还能将自然界的废弃物分解，是大自然的清洁工。

酸奶
酸奶是由纯牛奶发酵而成的，除保留了鲜牛奶的全部营养成分外，还含有双歧杆菌、嗜酸乳杆菌、干酪乳杆菌等有益于人体健康的益生菌。

为什么细菌可以发电？

一种最新型的发电装置已经试制成功，出乎意料的是它的电流竟然是由细菌产生的。把细菌放在含有大量有机物并掺和葡萄糖的混合物中，细菌就会在其中分泌氢。随即，氢被氧化就产生了电流。

细菌在氧化有机物时具有传递电子的本领，能把化学能转变为电能，通过电极就可以对外供电，利用这种原理用细菌制成的电池叫做"细菌电池"。

20世纪80年代中后期，细菌电池已发展到酶电池的高新阶段。研究人员从细菌和真菌中提取酶，用来催化燃料电池内的反应。酶电池初露头角，便在科学研究、临床试验、通信显示、航标等各个方面得到了广泛应用。目前这种供电的通行装置已应用于太空中，用酶电池推动的船舶也已在海上自由航行。

最近，美国科学家在死海的大盐湖里找到一种嗜盐杆菌，它们含有一种紫色素，在把大约10%的阳光转化成化学物质时，可产生电荷。科学家们已利用它们制造出了一种小型实验性太阳能细菌电池。

你知道吗

- 美国科学家发现，在淡水池塘中常见的一种细菌可以用来连续发电，这种细菌不仅能分解有机污染物，而且能适应多种恶劣环境。
- 用这种细菌制成的燃料电池，只要有足够的有机物作为"食物来源"，电池中的细菌就能通过分解食物持续释放出带电粒子。

为什么噬菌体能杀菌?

Weishenme

噬菌体,又称"嗜菌体"、"细菌病毒",在希腊文中意思是"细菌食客",这是一种豆状的病毒。噬菌体有6条腿,能附着在比它更大的细菌表面。大多数噬菌体有尾巴,其顶端能够将自己捆绑在目标细菌表层特定的分子上。然后病毒DNA就会通过尾巴注入宿主细胞,在那里直接制造噬菌体后代,有时候半个小时就能生产100多个。被感染的细菌内部制造出了太多的噬菌体复制品,从而引起爆裂。所以,单细胞细菌染上噬菌体就意味着死亡。

噬菌体体积微小,呈蝌蚪状,能侵入细菌体内,并在其中大量生产繁殖,引起细胞分裂,从而在固体培养基上形成不同大小和形状的噬菌斑。噬菌体分布极广,凡是有细菌的场所,就可能有相应的噬菌体存在。

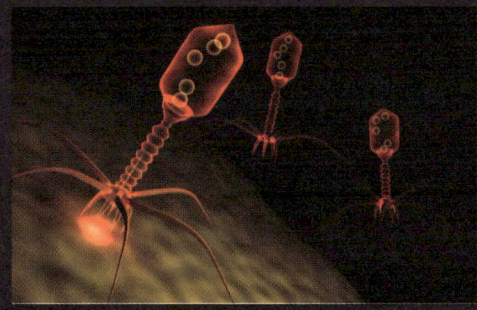

为什么病毒性疾病很难治愈?

Weishenme

病毒是一种非细胞形态的微生物,它体积小,只能用电子显微镜才能观察到。它无细胞器,由基因组核酸和蛋白质外壳组成。基因组仅含一种类型的核酸,要么是核糖核酸(RNA),要么是脱氧核糖核酸(DNA)。

细菌是单细胞生物,在人体内合适的条件下,如在各种黏膜上就可能自我繁殖使人致病。只要改变细菌的繁殖条件就可能杀死细菌把病治好。

而病毒则是非细胞微生物,它缺乏完整的酶系统,不能独立进行代谢活动,因而不能像细菌一样进行自我繁殖。病毒感染后,先进入人体血液内形成病毒血症,随后只能严格地寄生在人体靶细胞内,利用细胞的生物合成机器进行自身的复制并释放子代病毒。换而言之,病毒只有进入到人体细胞内才能生存和复制,此时只要能识别病毒并能区分哪些是被感染细胞哪些是健康细胞,把病毒和被感染细胞杀死就能把病治好。可惜的是,到目前为止,现有的合成药物和治疗方法还不具备这种识别和区分功能,而又不可能把人体所有的细胞都杀死。因此,药物很难治愈病毒性疾病。

具备这种特异性识别功能的只有人体自身的免疫细胞和免疫球蛋白。如果感染者此时的免疫力低下,特异性抗体不足以清除病毒,病毒性疾病就会变得很难治愈。

【百科辞典】

核糖核酸:
存在于生物细胞以及部分病毒、类病毒中的遗传信息载体。

脱氧核糖核酸:
即DNA,染色体的主要化学成分,同时也是组成基因的材料,有时被称为"遗传微粒"。在繁殖过程中,母代会复制自己的一部分DNA并传递到子代中,从而完成性状的传递。

电子显微镜下的流感病毒
流感病毒会造成急性上呼吸道感染,并借由空气迅速传播。

噬菌体侵入细菌身体
噬菌体是感染细菌、真菌、放线菌或螺旋体等微生物的细菌病毒的总称,分布极广,凡是有细菌的场所,就可能有相应的噬菌体存在。

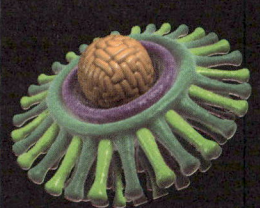

禽流感病毒模拟图
禽流感是由禽流感病毒引起的一种急性传染病,也能感染人类。患者主要症状为:高热、咳嗽、流涕、肌痛等,严重者会因心、肾等多种脏器衰竭而死亡。

中国孩子最爱问的十万个为什么

主题索引
为什么有些动物病毒也能感染人类？为什么接种牛痘可以预防天花？

为什么有些动物病毒也能感染人类？

> **爱德华·琴纳为人们接种牛痘**
> 天花固然可怕，但接种牛痘能预防天花，爱德华·琴纳的发明使天花绝迹。

动物病毒指的是寄生于脊椎动物和无脊椎动物细胞内的病毒，能引起人和动物的多种疾病。许多人类的疾病是由脊椎动物病毒引起的，如艾滋病（AIDS）、非典型性肺炎（SARS）、天花、黄热病、流行性感冒、肝炎和麻疹等。研究人员认为导致艾滋病的HIV来源于野生灵长类动物，与SARS有关的冠状病毒也是由果子狸传给人类的。

动物病毒大多通过血液、呼吸道、口腔等的接触而传染给人体。比如狂犬病是由于狗受到感染，然后通过咬伤人类而传播开来的。狂犬病的目标是神经系统，但由于它不进入血液，所以免疫系统不会受到伤害。不过，一旦这种病毒到达大脑，就无药可救了。现有资料表明，人类的传染病约有80%是由病毒所致。可见，病毒是对人类危害最大、个头最小的"杀手"。

> **果子狸**
> 2003年，突如其来的非典型性肺炎让整个世界为之恐慌，造成了巨大的人员伤亡和财产损失。最后研究得出的结果是果子狸携带的病毒通过人类的口传给了人类。

为什么接种牛痘可以预防天花？

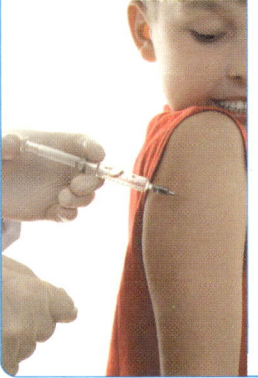

> **接种牛痘**

天花是由天花病毒引起的烈性传染病。患天花的人即使侥幸不死，也免不了脸上布满麻点，样子很难看。在人类历史上，多次发生过天花大规模流行的悲剧。16至18世纪，欧洲每年死于天花病的人数约为50万，亚洲达80万。

早在12世纪，中国人就发明了在人的鼻孔里种痘以预防天花的方法，不过这种方法并不安全，轻则留疤，重则死亡。1796年，英国医生爱德华·琴纳（1749~1827年）发现，奶牛场女工接触过患天花的奶牛后，只会得轻度的牛痘，而不会再得严重的天花。他由此发明了接种牛痘预防天花的方法。1979年10月26日，世界卫生组织正式宣布，天花已经从地球上绝迹了。

为什么接种牛痘可以预防天花呢？这是因为人类和许多动物在遇到病毒侵袭后，体内会产生一种专门抵御此种病毒的抗体。只要接种极少量经过处理后毒性变小的病毒，人类就可以预防该病毒所引起的疾病。

【百科辞典】

脊椎动物：
有脊椎骨的动物，是脊索动物的一个亚门。包括鱼类、两栖动物、爬行动物、鸟类和哺乳动物五大类。

狂犬病：
又名"恐水症"，是一种侵害中枢神经系统的急性病毒性传染病，所有温血动物包括人类都可能被感染。一般认为是被口边出白色泡沫的疯狗咬到而感染，其实猫、白鼬、浣熊、臭鼬、狐狸或蝙蝠也可能患此病并传染。患狂犬病的人类患者多数会发病身亡。

微生物之最 最人的病毒：天花病毒。这种病毒的直径为300纳米。

主题索引

艾滋病病毒为什么能致人死亡？变形虫为何被称为"永生的动物"？

十四 探索微生物世界

【百科辞典】

淋巴细胞：
白细胞的一种，产生于脾脏、淋巴结等器官，有产生和储存抗体的功能。

免疫：
由于具有抵抗力而不患某种传染病的现象，有先天性免疫和获得性免疫两种类型。

艾滋病病毒为什么能致人死亡？

Weishenme

艾滋病是其英文名称AIDS的音译，它的全名是"获得性免疫缺陷综合征"，英文缩写为AIDS。艾滋病是感染人类免疫缺陷病毒（HIV）引起的以T4淋巴细胞免疫功能缺陷为主的一种混合免疫缺陷病。HIV把人体免疫系统中最重要的T4淋巴细胞作为攻击目标，通过大量吞噬、破坏T4淋巴细胞使整个人体免疫系统遭到破坏，最终使人体丧失对各种疾病的抵抗能力而导致死亡。

现代免疫学理论认为，人体一旦免疫机能受到严重损害，不但会失去对病毒和细菌的防御能力，而且那些本来并不致病的病原微生物也可能在人体内大量繁殖，从而致人发病。艾滋病患者随着免疫力的降低，会越来越频繁地感染上各种致病微生物，而且感染的程度也会变得越来越严重。艾滋病患者最终会因各种复合感染而死亡。

变形虫为何被称为"永生的动物"？

Weishenme

世界上各种生物都有自己的形状和独特的模样，可是变形虫却与众不同，它的身体只有孤零零的一个细胞，细胞由薄膜、细胞质和细胞核组成，没有心、肝、脾、肺、肾。但动物的一切生理机能，如运动、消化、呼吸、排泄等，都可以由这唯一的细胞来完成。

变形虫通常在污水、池塘或湿土中生活，当它捕食、运动和抗敌时，细胞质便伸出去，形成"伪足"。这个"伪足"可以从身体的任何一个部位延伸出去，而且各条伪足不停地伸缩着，因此它的形态也就经常变换，没有固定形态。

自古以来，各种动物死了之后都会留下自己的尸体，然而变形虫却死不留尸。原来，变形虫长大之后就开始繁殖，由一个分裂成两个。这样，老的变形虫就消失了。所以科学家称变形虫为"永远不死的动物"或者"永生的虫"。

艾滋病病毒破坏人体细胞
艾滋病病毒，即人类免疫缺陷病毒（HIV），可以破坏人体免疫系统，使人体由于失去抵抗能力，感染其他病毒而死亡。

变形虫
变形虫是一种极小的原生动物，身体直径通常只有0.1毫米，最大的也只有0.4毫米，肉眼看去，不过是一个模糊的小白点。

你知道吗

■ 变形虫这一家族有不少种类。例如在海水中生活的有孔虫、夜光虫、放射虫，在淡水中生活的太阳虫。

■ 人和动物体内也寄生着变形虫。痢疾类变形虫寄生在人的大肠里，能溶解肠壁上的细胞，引起"阿米巴痢疾"，危害人体健康。

微生物之最 **致死率最高的病毒：** "埃博拉"病毒是人类迄今为止发现的致死率最高的病毒，感染者死亡率在50%至90%之间。

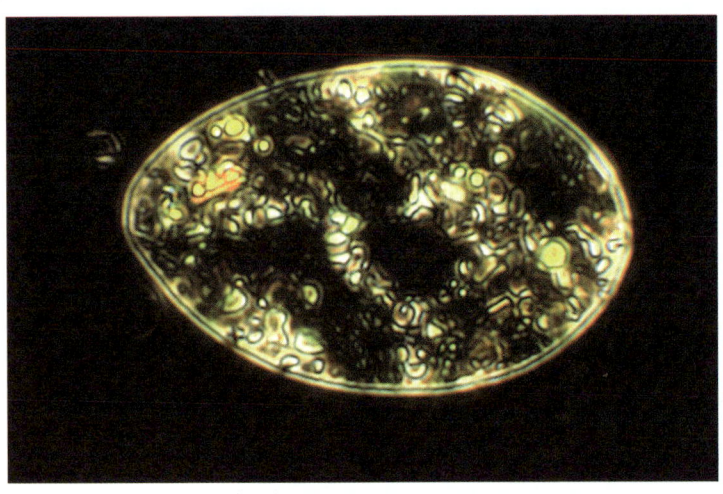

腰鞭毛虫

腰鞭毛虫属鞭毛虫纲,直径约40至50微米,有明显的纵沟和横沟,横沟上部称上锥或上壳,下部称下锥或下壳。有自纵沟伸出的纵鞭毛和绕横沟运动的横鞭毛,故也称为"双鞭毛虫"。

草履虫结构示意图

草履虫属于动物界中最原始、最低等的原生动物。它的身体就是一个细胞,最大的草履虫只有芝麻粒的1/10大。草履虫喜欢生活在有机物含量较多的稻田、水沟或水不常流动的池塘中,以细菌和单细胞藻类为食。

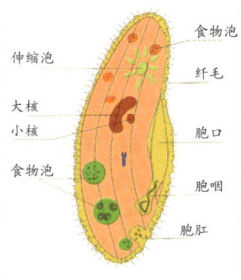

草履虫在水中怎样运动?

草履虫是一种身体很小的圆筒形单细胞原生动物。草履虫靠身体的表膜吸收水里的氧气,排出二氧化碳。大草履虫是较常见的一种原生动物,在分类学上隶属于纤毛纲。它生活在淡水中,在一般的池沼、小河沟中都可以采集到。

大草履虫的身体呈圆筒形,前端较圆,中后部较宽,后端较尖,体长只有80至300微米。它的身体形状从平面角度看上去像一只倒放的草鞋底,所以被叫做"草履虫"。草履虫全身由一个细胞组成,身体表面包着一层膜,膜上长满了纵行排列的密密的纤毛,它正是靠纤毛的划动在水里运动。从身体的前端开始,有一道沟斜着伸向身体的中部,在沟的后端有口,所以被称为口沟,相当于草履虫的"嘴巴"。口沟里有一个胞口,下面连着胞咽,口沟内的密长的纤毛摆动时,能把水里的细菌和有机碎屑作为食物摆进口沟,这些物质再进入草履虫体内,供其慢慢消化吸收。残渣由一个叫肛门点的小孔排出。当它游泳的时候,全身的纤毛都会有节奏地摆动。这样,草履虫的身体就旋转着前进了。

鞭毛虫靠什么维生?

鞭毛虫是一类点状的原生质,是以鞭毛作为运动细胞器的原虫,无色素体,种类繁多,如眼虫、夜光虫、锥虫、利什曼原虫等。鞭毛虫多数种类表膜坚韧,能维持一定体形。它们长着一条或几条鞭毛,靠着鞭毛摆动运动。它们分布很广,在淡水、海水和潮湿的土壤中都有它们的踪迹。它们主要有以下4种营养方式:

1. 自养性营养(或称植物性营养),即体内有色素体,能进行光合作用自己制造养料,如衣滴虫。

2. 腐生性营养,体内无色素体,借助体表渗透作用摄取周围环境中呈溶解状态的有机物,如锥虫。

3. 动物性营养,以胞口等摄取或吞噬外界固体食物,如变形虫、草履虫等。

4. 混合性营养,即在有光条件下,可进行光合作用,自制养料;在无光条件下则进行腐生性营养。

有些鞭毛虫是人畜的病原体,如锥虫、利什曼原虫、毛滴虫等。它们主要寄生于宿主的消化道、泌尿道、血液中。这些寄生鞭毛虫损害鱼类及牲畜,间接危害人类,有的甚至能直接杀死人类。

你知道吗

■ 草履虫喜欢生活在有机物含量较多的稻田、水沟或水不流动的池塘中,以细菌和单细胞藻类为食。据估计,一个草履虫每天大约能吞食43000个细菌,因此,它对污水有一定的净化作用。

■ 非洲有一种锥虫,由吸血蝇传播。如果在人体内寄生,锥虫就会在血液中繁殖,分泌毒汁,麻醉大脑,使人处于昏迷状态,最终致死,状如睡眠,故此病又名"睡眠病"。

微生物之最 行动最快的细菌:霍乱弧菌,它凭借鞭毛的摆动,1小时内能飞奔18厘米,这段距离是它身长的9万倍。

为什么说真菌既不是动物也不是植物?

Weishenme

世界上的生物通常被分为动物和植物两大类。而真菌到底应该归属于哪一类,至今也没有统一的定论。真菌是一个庞大的生物类群,包括酵母菌、伞菌、霉菌、蘑菇、地衣、马勃菌等。真菌的种属很多,已确认的种超过10万个,属达1万个以上。

真菌既不是动物也不是植物,而是一类没有叶绿素也不能进行光合作用的腐生或寄生生物。它们通过细细的菌丝来吸收营养物质,因为它们自己不能制造所需的养料。真菌依靠分解动植物组织为食,从而得到生长所需要的养分。它们大多能制造一种叫做菌丝的网,称为真菌体。这种缠绕的网铺在真菌寄生的物体上,用以吸收养分。真菌体常生长在土壤和动植物尸体中,因此我们很少见到活动着的真菌。

真菌和细菌有何区别?

Weishenme

真菌和细菌是微生物中最主要的两种,人们都知道细菌可以导致疾病,那么,真菌又是怎么回事,是细菌的一种吗?的确,真菌也很微小,也能使人生病,但真菌和细菌是有着本质的区别的。

真菌是具有真核和细胞壁的异养生物。其个体除少数低等类型为单细胞个体外,大多是由纤细管状菌丝构成的菌丝体。低等真菌的菌丝无隔膜,称为无隔菌丝,高等真菌的菌丝都有隔膜,称为有隔菌丝。多数真菌的细胞壁中都含有甲壳质和纤维素。常见的真菌细胞器有:线粒体、微体、核糖体、液泡、溶酶体、泡囊、内质网、微管、鞭毛等;常见的内含物有肝糖、晶体、脂体等。真菌通常又分为三类,即酵母菌、霉菌和蕈菌(大型真菌),它们归属于不同的亚门。

细菌主要由细胞壁、细胞膜、细胞质、核质体等部分构成,有的细菌还有荚膜、鞭毛、菌毛等特殊结构。细菌有广义和狭义之分。广义的细菌即为原核生物,是指一大类细胞核无核膜包裹,只存在称做拟核区(或拟核)的裸露DNA的原始单细胞生物,包括真细菌和古生菌两大类群。狭义的细菌是指一类形状细短,结构简单,多以二分裂方式进行繁殖的原核生物,是在自然界分布最广、个体数量最多的有机体,是大自然物质循环的主要参与者。

啤酒酵母
啤酒酵母是一种安全、营养并具有一定保健功效的食用真菌。除用于酿造啤酒、酒精及其他的饮料酒外,还可发酵面包。

蘑菇
蘑菇属于食用菌。食用菌是真菌家族中数量庞大的一支,包括香菇、草菇、蘑菇、木耳、银耳、猴头、竹荪、松口蘑(松茸)、口蘑、红菇、羊肚菌、马鞍菌、块菌和牛肝菌等。

【百科辞典】

真菌:
低等生物,菌丝体中有明显的细胞核,以有性或无性的孢子进行繁殖,主要靠菌丝体吸收外界现成的营养物质来维持生活,通常寄生在其他生物体上。

菌丝:
真菌体表面的一种缠绕的网。这种缠绕的网铺在真菌寄生的物体上,用以吸收养分。

微生物之最 我国发现的最大真菌:1987年发现的一棵特大真菌,长36.5厘米,重10.5千克,据分析已生长了1000多年。

真菌是怎样繁殖的？

香菇
香菇属于食用真菌，其菌伞下的褶皱里藏有许多孢子，它就是靠孢子来进行繁殖的。

西红柿表面长出的霉菌
霉菌是丝状真菌的统称。凡是在基质上长成绒毛状、棉絮状或蜘蛛网状菌丝体的真菌统称为霉菌。

真菌经过营养阶段之后便进入繁殖阶段，经过繁殖产生许多新个体。真菌是通过产生孢子来进行繁殖的。真菌的繁殖方式同其他高等生物一样，分为无性繁殖和有性繁殖两类。无性繁殖又称为体细胞繁殖，是指不经过两性细胞的结合便能产生新的个体，不涉及细胞核的融合（核配）和减数分裂的繁殖方式，以营养繁殖为特征。有性繁殖则以两个细胞核的融合以及随后的减数分裂为特征。有性繁殖的意义在于可提供较高的遗传物质的重组概率，因此能产生较多具有新基因型的后代，使真菌更好地适应自然环境。有些真菌如酵母菌，以一分为二的方法繁殖，但大多数真菌都是通过释放微小的孢子来繁殖的。大部分真菌都能同时进行无性繁殖与有性繁殖，并且以无性繁殖为主。有的菌种缺少无性繁殖阶段，而另一些菌种缺少有性繁殖阶段。

为什么潮湿的食物上会生霉菌？

每年初夏的黄梅季节一到，气温就逐渐增高，特别是在我国南方，雨量也逐渐增多，空气中的湿度增大了很多，往往使人感到闷热不堪。更加讨厌的是，许多东西都发霉了。为什么会这样呢？

所谓发霉，就是指食物、衣物、家具等东西受到了霉菌的侵害。原来，在我们周围存在着许多我们肉眼看不见的真菌类生物的孢子，它们广泛分布在土壤、水、动植物体和各种有机物中。在遇到潮湿和温暖的环境时，这些孢子就会开始大规模地生长繁殖。

霉菌的学名叫丝状真菌，它的基本单位是菌丝（即一种管状的细丝），直径一般为3至10微米。这些菌丝可伸长并产生分枝，许多分枝的菌丝相互交织在一起，就形成了我们肉眼可见的绒毛状、絮状或蛛网状的霉斑，通常呈白色、褐色、灰色或其他颜色。

霉菌在繁殖生长过程中会产生毒素，这种毒素降低了食物质量。如果霉菌毒素直接侵入人体，还会导致严重的病变。

不过，也不是所有霉菌都罪大恶极，我们制造酱、酱油、豆腐乳等，就离不开曲霉和毛霉等霉菌的帮助。而从青霉中提取的青霉素，更是挽救了千千万万人的生命。

【百科辞典】

孢子：
某些低等动物、植物或者菌类产生的一种有繁殖作用或休眠作用的细胞，离开母体后就能形成新的个体。孢子一般很微小，是单细胞。

霉菌：
真菌的一种，用孢子繁殖，种类很多，如天气湿热时衣物上长的黑霉，制造青霉素用的青霉，手癣、脚癣等皮肤病的病原体等。

青霉素：
抗生素的一种，是从青霉菌培养液中提制的药物。常用的青霉素是钙盐、钾盐或钠盐。青霉素对葡萄球菌、链球菌、肺炎双球菌等有抑制作用。

为什么说食用菌的营养价值很高?

Weishenme

食用菌的营养价值很高，从总体上说，食用菌是高蛋白、低脂肪并富含维生素、矿物质和膳食纤维的优质美味食物。食用菌蛋白质含量高，氨基酸种类齐全且比例平衡，是蛋白质和氨基酸的很好来源。

食用菌的营养成分中40%至82%是碳水化合物，碳水化合物是生命活动的能源物质。食用菌碳水化合物中的水溶性多糖和酸性多糖有较强的抗肿瘤活性。

食用菌含有多种维生素。据测定，每100克鲜草菇中维生素C含量高达206.27毫克，这是其他蔬菜和水果中达不到的。香菇的维生素更加丰富，除了含有大量的维生素B和烟酸外，还含有丰富的维生素D。维生素D是钙质成骨的必要因素。此外，香菇中的多种酶也可以纠正人体酶的缺乏症。食用菌还是人类膳食所需矿物质的很好来源。

个细胞，非常微小，只能在显微镜下才看得清楚。菌丝是有分工的：专管营养和增大身体的，叫做营养菌丝；专管传宗接代的，叫做繁殖菌丝。

蘑菇没有根，没有枝叶，也不含叶绿素，自己不会制造营养物质，完全靠吸收现成的养分来生活。它靠营养菌丝吸收养分，这种菌丝伸入土壤、朽木甚至一些植物体中，分泌出一些酶来，把复杂的有机物分解成比较简单的物质，然后直接吸收利用。

所以说，蘑菇的伞盖是它维持生存和繁衍的器官。

"撑伞"的蘑菇
蘑菇依靠腐生或寄生的方式生存。有的蘑菇长在腐烂的木头上，吸收腐木中的营养；有的直接寄生在活的植物身上，"偷取"植物体内的营养物质。

花菇
香菇是世界上第二大食用菌，不仅味道鲜美，还富含多种营养物质，被誉为"植物皇后"。花菇是香菇中的上品。

为什么许多蘑菇都有一个"伞盖"?

Weishenme

蘑菇是几种食用真菌的统称。我们平时吃的蘑菇有许多都顶着一个"伞盖"。这是为什么呢？

蘑菇是一种比较低等的生物，从蘑菇的伞盖上切下一块，放在显微镜下，可以看到一束一束的菌丝。每一条菌丝是一

你知道吗

■ 人们常说"不敢在太岁头上动土"，你知道太岁是什么吗？1986年，甘肃省永登县连城村有人挖出了一个肉乎乎像坛子似的怪物，直径有14厘米。后经兰州大学生物系专家鉴定证实：这是一种世界上罕见的白腹菌新种，已有100多岁了，现已被正式命名为"太岁菌"。

■ 有一种称做墨西哥裸头草的蘑菇，体内含有裸头草碱，人误食后肌肉松弛无力，瞳孔放大，不久就会情绪紊乱，对周围环境产生隔离的感觉，似乎进入了梦境，但从外表来看依然与常人无异。因此，误食这种蘑菇的人的所作所为常令别人感到莫名其妙。

哪些蘑菇是有毒的？

蘑菇营养美味，颇受人们喜爱，但有不少蘑菇是有毒的。毒蘑菇的颜色一般比较浓艳美丽，它们柔软多汁，且汁液浑浊。毒蘑菇的"伞盖"多半是红色的，上面带有红色、紫色或其他杂色的斑点，能发出辣味、恶臭或苦味。菌柄上有时候长着小裙子一样的菌环或菌托，伞柄很难用手撕开，如弄破则会流出乳白色或黄色的汁液。毒蘑菇在森林里悄悄地生长，我们之所以会注意到它们，是因为被它们那与众不同的外表所吸引。它们往往生长在比较肮脏的地方，而可供人类食用的蘑菇往往形象平实、颜色朴素，生长在清洁的地方。

当然，也并不是所有的毒蘑菇颜色都很鲜艳，事实上色彩不艳的肉褐鳞小伞、白毒鹅膏菌、秋盔孢伞等菌类也有毒性，而长得很漂亮的橙盖鹅膏却是非常美味可口的食用菌。那些颜色鲜艳的有毒蘑菇终日生长在阴暗、潮湿的肮脏地带，吸收的毒素都表现在外观上，这也是部分毒蘑菇颜色鲜艳的原因所在。

在我国发现的食用蘑菇有300多种，有毒蘑菇有100多种，其中剧毒者有10种。由于蘑菇有毒与无毒没有明显的区分标准，所以采食野蘑菇时要特别小心，那些色彩鲜艳有疣点、斑点、裂沟、生泡的以及奇形怪状的野蘑菇均不可食用，对于不认识或从未吃过的野蘑菇，千万不要随便采摘食用。

马勃菌
马勃菌的故乡在南美洲的森林，人或动物一不小心碰到，它们就会"砰"的一声爆裂，冒出一股烟雾，人吸入这种烟雾，鼻孔、喉咙便会感到奇痒无比，不由自主地涕泪横流。

毒蝇蕈
毒蝇蕈是具有代表性的毒蘑菇，也叫毒蝇鹅膏、蛤蟆菌，属于担子菌纲、伞菌科。它的菌盖幼时为半球形，后平展开来，表面有黏性。

你知道吗

有一种美丽的致幻蘑菇叫哈莫菌，人吃了它会产生幻觉，眼前的东西会被放得很大，看普通的人也如同看巨人一样。猫吃了这种蘑菇，就不敢抓老鼠了，因为在猫眼里，老鼠已经"变成"了大象。

马勃菌为什么会炸裂？

原始森林里生长着一种叫"天然催泪弹"的菌类——大型马勃菌。它可以长得像南瓜一样肥大，重达5千克以上。如果人或动物一不小心触碰或踢到，它们就会"砰"的一声爆裂，冒出一股黑烟，烟味刺鼻，使人的鼻孔、喉咙感到奇痒无比，因而不由自主地涕泪横流。

马勃菌的样子像白色的皮球，它是一种会爆裂的真菌。马勃菌的孢子在它体内的一个袋状小室里发育成长。当它们成熟后，只要轻轻一碰就会炸裂开来，喷出一股尘雾。这股尘雾实际上是由数万亿颗的孢子组成的，它们对人的眼睛、鼻子、喉咙有刺激作用。孢子很轻，能飞出很远。一粒孢子落到了适宜的地方，就能长成一棵新菌。

微生物之最　毒性最强的菌类：某些鹅膏毒伞菌，它们的菌株基部都有环状的基座或菌托。

冬虫夏草是虫还是草?

Weishenme

冬虫夏草产于我国西南低温、严寒、海拔3000米以上的山区,是很珍贵的药材。古人说它冬天是虫,夏天成草,再到冬天又变为虫。真的是这样吗?

其实,虫草是一种昆虫与真菌的结合体。虫是虫草蝙蝠蛾的幼虫,菌是虫草真菌。每当盛夏,海拔3000米以上的雪山草甸上,冰雪消融,体小身花的蝙蝠蛾便将千千万万个虫卵留在花叶上。蛾卵继而变成小虫,钻进潮湿疏松的土壤里,吸收植物根茎的营养,逐渐将身体养得洁白肥胖。这时,球形的子囊孢子遇到虫草蝙蝠蛾幼虫,便钻进虫体内部,以幼虫为食,萌发菌丝。

受真菌感染的幼虫逐渐蠕动到距地表2至3厘米的地方,头上尾下而死。幼虫虽然死了,但它的体壳仍然完好,所以冬季被发现时它仍像一条虫子。这就是"冬虫"。

寒冷的冬天过后,到第二年春天,虫体内的真菌迅速发育,到五六月份,从幼虫头部长出一根紫红色的小草,高2至5厘米,顶端有菠萝状的囊壳,里面充满了真菌的孢子,这就是"夏草"。这些孢子成熟后从子囊壳中散发出来,再去感染其他幼虫。被感染的幼虫尸体都会在地面上长出一根像草一样的真菌,人们便叫它们"冬虫夏草"。

灵芝为什么是"仙草"?

Weishenme

灵芝俗称灵芝草,民间称之为"仙草",在我国古代的民间传说中,灵芝一直被赋予了一层神秘色彩。

其实,灵芝并不是草,它同蘑菇一样是一种真菌,寄生在一些大树的树桩或腐烂的树根上。灵芝的形状也和蘑菇相似,有一根细长的柄,柄上展开一个扇形的盖。这个盖很像动物的肾脏,表面有环形的纹路。我们可以根据盖上的圈数来推算出灵芝的年龄。

灵芝幼小时呈黄白色,成熟后变成棕红色,表面油光铮亮,像用油漆漆过一样。灵芝对人体有滋补作用,味苦。中医用它来强心、补血、益气、安神,它可以医治神经衰弱、高血压、心脏病、小儿哮喘等多种病症。为了使用方便,人们常把它制成针剂、冲剂等。灵芝既能医治人体的许多病痛,又能对人体起到滋补保健作用。因此,人们把灵芝称为"仙草"也是有一定道理的。

↑ 灵芝
《神农本草经》把灵芝列为上品,谓灵芝:"主耳聋,利关节,保神益精,坚筋骨,好颜色,久服轻身不老延年。"

↶ 冬虫夏草
冬虫夏草是虫和草结合在一起长成的一种奇特的东西。它在冬天是虫子,夏天从虫子里长出草来。虫是虫草蝙蝠蛾的幼虫,草是一种虫草真菌。

↑ 白玉灵芝如意
古人认为灵芝是使人长寿的仙草,将玉如意的头部雕刻为灵芝形,表达了人们祈求吉祥安康的意愿。

【百科辞典】

灵芝:
蕈的一种,菌盖呈肾脏形,赤褐色或暗紫色,有环纹和光泽。

神经衰弱:
一种神经活动机能失调的病。症状是头痛、耳鸣、健忘、失眠、容易兴奋激动并且容易疲劳等。

微生物之最　最大的蕈菌: 生物学家曾在原捷克斯洛伐克发现一种巨蕈,直径4米多,重达100多千克。

为什么有些真菌居然能"吃虫"?

在自然界,不仅有一类绿色的高等植物会捕食昆虫,还有一些菌类也具有这种奇妙的本领。科学家惊奇地发现,有许多真菌以捕食线虫、纤毛虫、草履虫、变形虫等一些原生动物为生,还有真菌甚至能够捕食蚊蝇,人们称它们为食虫真菌。真菌不同于绿色植物,它们没有叶绿素,不能进行光合作用制造养料,要靠分解吸收其他生物机体来维持自己的生命。

有一种叫少孢节丛孢菌的真菌,它的菌丝能形成菌网并分泌出黏液来粘捕线虫。一旦线虫被粘住,它便在粘住虫体的地方长出穿透枝伸进线虫的体内,穿透枝的顶端形成一个侵染球,球上长出许多营养菌丝,用来吸收线虫体内的营养物质,最后菌丝充满虫体,线虫就只剩外壳了。

有一种真菌叫蕈,它的菌套非常敏感,当有线虫爬近时,其菌套就会突然扩大3倍以上,以便让线虫入套。线虫一旦钻进套中,菌套立即收缩将它捕获,动作非常迅速,整个过程仅需要一秒钟,其敏捷程度简直令人吃惊。

捕蝇蕈
捕蝇蕈是一种毒蘑菇。夏秋季生长在树林中,蕈伞表面有白色或黄色的鳞片。

地衣
地衣是多年生生物,是由真菌和水藻组合成的复合有机体。因为两种生物长期紧密地结合在一起,在形态上、构造上、生理上和遗传上,都形成一个单独的固定有机体。

地衣是植物还是真菌?

地衣是真菌和水藻的共生体,它的结构有点像三明治,其中真菌有如面包,水藻有如夹馅。绿色的水藻捕捉阳光并合成食物供给真菌,而真菌保护水藻免受脱水的威胁。

地衣约有2万多种,在地球上分布十分广泛。地衣中的单细胞藻类含有叶绿体,可以进行光合作用。它所制造的有机物给真菌的生长发育提供营养,而真菌的菌丝则吸收水分和无机盐,为地衣进行光合作用提供原料。两者之间是相互依存的关系,而且形成一体,这是生物界里典型的共生关系。

此外,地衣中的菌丝成束,从下层伸出,叫做假根,假根可以使地衣固着在岩石或树皮上。地衣经常遇到不良环境而处于休眠状态,所以生长十分缓慢。

你知道吗

- 在澳大利亚有一种野生蘑菇,它所分泌的带有特殊气味的黏液可将30米以内的蚊子吸引过来。当蚊子碰触菌伞时便被粘住,然后被蘑菇"吃"掉。据科学家观察,一株蘑菇一昼夜可捕食蚊子200至300只。
- 地衣的生长慢得惊人,但寿命却很长。人们发现北极岩石上的一小块地衣已有数百岁了,而且看样子还会长期地生存下去。
- 地衣对空气污染特别敏感,在空气遭受污染的地区很难找到地衣。科学家据此利用地衣来监测大气污染。

十五　认识人类自身

人体像一台复杂的机器,虽然外形不尽相同,但组织结构却是相同的。人体的每一个器官都有其特殊的功能,它们密切合作,共同维持着人的生命与健康,并使之繁衍不息。

人共有多少块骨头？

成人共有206块骨头，分为头颅骨、躯干骨、上肢骨、下肢骨四个部分。但儿童的骨头却比大人多。因为儿童的骶骨有5块，长大成人后合为1块了；儿童的尾骨有4至5块，长大后也合成了1块；儿童有2块髂骨、2块坐骨和2块耻骨，成人以后就合并成为2块髋骨了。这样加起来，儿童的骨头要比大人多11至12块，就是说有217至218块。医学书上说，初生婴儿的骨头竟多达305块。

不过，某些骨头会再生出"副骨"或"子骨"来。例如，有些人每只手和腕部有"副骨"及"子骨"24块，每只脚有26块。在身体的膝、肘、脊椎部位，有时也会另外长出小骨来，不过每个人额外长出的骨头多少不一样。要是把"副骨"或"子骨"算进去，成人的骨头就远不止206块了。但由于这些"额外小骨"的意义不大，我们只要知道成人有206块骨头就行了。

当然，说成人有206块骨头，这是针对全球人类的"总体"而言的。世界各地的人在这方面还存在差异，我国科学工作者1985年进行的抽样调查表明，中国人的骨头要比欧美人少，大多数人只有204块骨头。而在欧美，绝大多数人有206块骨头。这是由于大多数中国人的脚上第5趾骨为2块骨头，不像欧美人有3块骨头，每只脚少1块，所以只有204块。

人体的骨骼

骨骼为什么是坚硬的？

骨骼是人体的"支架"，它为肌肉提供了附着处，支撑着皮肤和其他器官，并保护着重要的身体器官，所以它的组织特别坚硬。骨骼分为骨皮质与骨髓质两部分。真正坚硬无比的是骨皮质，而骨髓质为半空心，宛如丝瓜筋络，是制造血液的"工厂"。

骨皮质如此坚硬，究竟是由什么成分组成的呢？下面是一个成分配方：水50%、脂肪15.75%、有机物（骨胶质等）12.4%、无机物（钙、镁、钠、磷等）21.85%。正是这些物质所构成的组织结构保证了骨骼有一定的坚硬度。

科学家发现，骨皮质里的组织结构特别精致，好像钢筋水泥一般。骨的有机物宛如钢筋一样，组成网状结构，有层次地紧密排列，使骨骼具有弹性与韧性。骨的无机物特别是钙与磷结合成的羟基磷灰石，会紧密地填充在有机物的网状结构中，像钢筋水泥中的水泥一样，使骨骼具有相当的硬度与坚固性。

【百科辞典】

骶骨：
腰椎下部5块椎骨合成的一块骨，呈三角形，上宽下窄，上部与第五腰椎相连，下部与尾骨相连。

骨皮质：
又叫骨密质，较致密。分布于长骨、短骨的骨干及扁骨、不规则骨的表层。

骨髓：
在骨松质的腔隙内和长骨的空腔中充满一种像果冻一样的柔软物质，这就是骨髓。

人体最小的骨骼：耳内的镫骨，它只有3毫米长。

人的头骨是一块完整的骨头吗？

Weishenme

我们有时候会在电视里见到，人死了很久之后，只剩下一堆白骨，各部分骨头都散落开，可是白森森的头骨，或者说骷髅还是完整的。难道人的头骨是一整块骨头吗？

人的头骨学名叫颅，它虽然看起来像是一整块，但事实上，它是由23块骨头组成的，其中脑颅8块，面颅15块。这些骨通过坚硬的骨缝紧紧地连接在一起。颅骨上的圆顶是头盖骨，由8块弯曲的片状骨融合而成。此外，颅骨上还有许多孔，血管和神经从这些孔中通过。

【百科辞典】

骷髅：
干枯无肉的死人头骨或全副骨骼。

颅腔：
颅内的空腔，顶部略呈半球形，底部高低不平。脑就位于颅腔内。

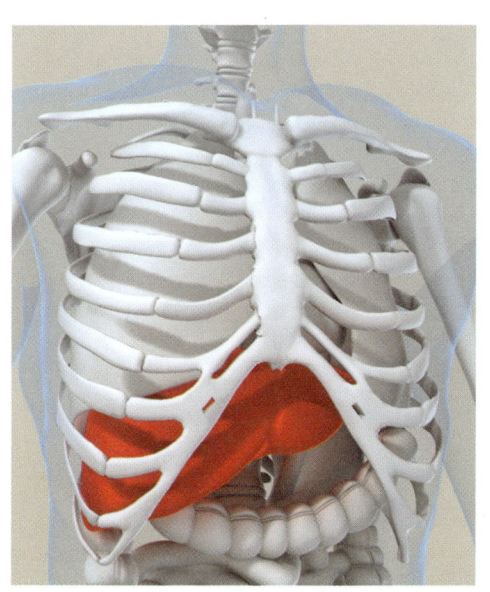

颅另外有3对听小骨位于颞骨内。脑颅位于后上方，略呈卵圆形，内为颅腔，容纳脑。面颅位于前下方，形成面部的基本轮廓，并参与构成眼眶、鼻腔和口腔。

肋骨是做什么用的？

Weishenme

人体躯干上部的胸廓主要由肋骨及胸骨构成。人体内共有24根肋骨，它们是成对排列的细长扁骨。在背部，肋骨与脊柱的胸椎相连接。在正面，上方的7对肋骨通过软骨与胸骨相连接。

人的肋骨有三个作用：一、保护肺和心脏。肺与心脏被整个包在肋骨之中，避免了来自外部的冲击。二、呼吸作用。当我们吐气的时候，肺部收缩，前面的肋骨部分下降，肋骨内的厚度会减少，肺中的空气因而被挤了出来；吸气时，肺部膨胀，前面的肋骨部分拉上，肋骨内的厚度会增加，肺因吸入空气而鼓起。三、支撑两臂。支撑左右臂的两肩肩胛骨，肩胛骨被韧带紧紧地固定在肋骨后。

头骨
头骨是由23块骨头组成的，包括8块脑颅骨和15块面颅骨。仅下颌骨能活动，其余的骨都紧密连接，不能活动。

人体肋骨
人体肋骨有12对，左右对称，后端与胸椎相连接，前端仅第1至7肋借软骨与胸骨相连接，称为真肋；第8至12肋称为假肋。

你知道吗

☐ 1929年，我国古人类学家裴文中在北京周口店发现了"北京人"头盖骨，被誉为"古人类研究史上最为动人的发现之一"。此发现把最早的人类化石历史从距今不到10万年推至距今50万年。

☐ 1964年，在我国陕西蓝田县又发现一个猿人头盖骨。蓝田猿人比北京猿人还要早，距今已有五六十万年。在此之前，世界上只有我国的周口店、印度尼西亚的爪哇和阿尔及利亚的突尼芬发现过猿人头盖骨。

人类之最 人体最硬的骨头：头骨。牙齿是人体最硬的器官，但牙齿不属于骨头。

为什么女人的骨盆比男人的宽而浅？

骨盆就是位于身体腰部以下，大腿以上的这一大块盆状的环形结构。它由髋骨和脊椎下部的骶骨组成。骨盆是人体的重要结构，由多块骨骼借助关节、韧带互相连接而成。它由骶骨上接腰椎和脊柱，支托躯干，对抗强大的重力负荷，并通过两侧的髋臼与股骨组成髋关节，将重力传导至下肢，起着承上启下的作用。呈碗状的骨盆还对身体较低部位的内脏器官起着保护作用，如肠子、膀胱、子宫等。

男女的骨盆构造一样，但女人的较宽、较浅。女性骨盆形态前浅后深，并有一定的弯曲度，其轴呈半月形。骨盆是产道的主要部分，是自然分娩时胎儿的必经通道，其大小和形态是直接影响阴道分娩能否顺利进行的因素。分娩时，胎儿必须经母体骨盆中间的大孔。这个孔的左右径最长，而胎儿的头部是前后径最长。这样，胎儿必须将头稍稍转向侧面才能顺利娩出。由于不需要生产，男人的骨盆孔较女人的自然要小得多。

女性骨盆
骨盆的主要功能是支持体重和保护盆腔内脏器。女性骨盆又是胎儿娩出时必经的通道。与男性骨盆相比，女性骨盆宽而浅，有利于分娩。

石膏绷带
石膏绷带由纱布浸透生石灰水做成，临床上利用石膏绷带来打石膏，主要起固定作用，有助于折骨的愈合。

骨折伤者为什么要打上石膏？

人因意外而骨折后，医生会给伤者骨折的部位打上厚厚的石膏，等到骨头长好了再拆掉。这是为什么呢？

骨折是骨部分或完全断裂或移位的一种比较严重的外伤，非常疼痛。因为骨折的愈合需要较长的时间，所以必须借用外部的固定物来维持折骨复位后的正确位置，防止它再移位。常用的外固定物就是石膏绷带。

石膏绷带是用熟石膏的细粉末撒在特制的纱布绷带上卷曲而成的。使用时把石膏绷带浸入水中，无水硫酸钙吸水后逐渐变得十分坚固，能够对折骨起到有效的外固定作用。在石膏未硬固时，医生就可按骨折部位迅速将石膏绷带塑形，包扎好。由于石膏绷带有这个特性，所以被广泛用于躯干部脊椎及四肢的骨折治疗中。

你知道吗

- 人类骨盆的形态与其他哺乳动物的有着明显的不同，大多数哺乳动物的骨盆是长长的，这适于它们以4条腿行走，人类用2条腿走路，因而人类骨盆逐渐进化为现在的碗状结构。
- 早期的哺乳动物均用4条腿行走，它们的脊柱以骨盆为桥梁与腿骨之间形成一个直角。今天，大多数哺乳动物（如牛、羊等）仍保持着这种结构。
- 黑猩猩的骨盆较长，但不像四足动物的盆腔那样窄长，也不像人类骨盆一样宽阔呈盆状，这就使它能够以半直立姿态行走，十分独特。

关节到底有什么作用？

<small>Weishenme</small>

人的骨头如果真的像顶梁柱一样硬直，人们将无法运动，人之所以能够活动自如，关键在于人拥有关节。这些关节有的很大，大到足以承担人体的全部重量；有的很小，小到人的肉眼都无法看见。正是有了关节，我们的身体才能做出各种各样的动作。

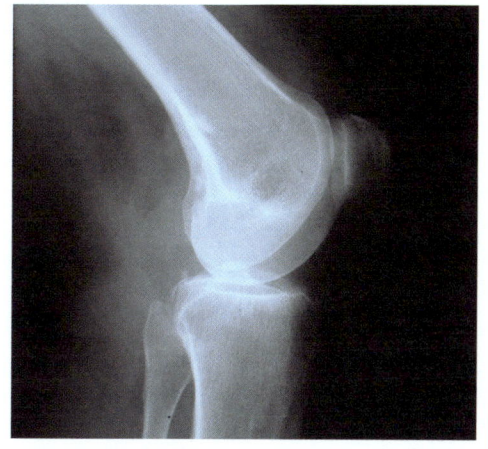

我们的骨头都是由关节连接起来的，没有关节我们只能一动不动地躺着，不能走路，不能抬手，也不能摇头、动手指头。关节是两块或两块以上骨骼相连的部分，可以分为固定关节、半动关节和活动关节。事实上，人体内的大多数关节都是活动关节。活动关节有4种，一种是球状的，像肩部的关节，我们的胳膊能前后摆动，全靠肩关节起作用。最大的球状关节是髋关节，连接下肢和髋骨。一种是椭圆形的，像腰关节，这种关节只能前后或左右活动。还有一种关节只能像门一样，在一个平向上前后移动，手指的关节就是这样。最后一种是旋转关节，我们的头盖骨底部就有旋转关节，所以头部可以来回转动，手腕处也有旋转关节，我们用钥匙开锁时，手能转动就是旋转关节在起作用。

【百科辞典】

关节：
骨头互相连接的地方。

激素：
内分泌腺分泌的物质。直接进入血液，遍布全身，对机体的代谢、生长、发育和繁殖等起重要调节作用。

为什么女性的肌肉没有男性的发达？

<small>Weishenme</small>

我们知道男性一般长得都比女性结实、魁梧，力气也大；女性很少有像男性那么发达的肌肉，而是脂肪比较多。这是为什么呢？

其实，这是由于男女分泌不同的激素而导致的。激素又称荷尔蒙，是由内分泌腺或内分泌细胞分泌的高效生物活性物质，它们直接进入血液分布到全身。在体内作为信使传递信息，对肌体的代谢、生长、发育和繁殖等起重要的调节作用，是我们生命中不可或缺的重要物质。男性以雄性激素为主，女性以雌性激素为主。雄性激素具有促进蛋白质合成和肌肉发育的作用，在男性机体内雄性激素的含量要比女性机体内雄性激素含量高几十倍，它们对肌肉的发育起着良好的促进作用，所以男性的肌肉显得特别发达。

而女性体内主要是雌性激素，该激素能促进身体各部位的脂肪沉积，所以女性会显得更丰满。

▶ 膝关节结构示意图
膝关节是人体最大的关节，结构十分复杂，由骨、肌腱、韧带、关节腔、关节囊及一些有特定作用的软组织等组成。每一次运动，膝关节从脑接受的信息量和人体中枢系统对其的反馈量是全身关节中最大的。

▶ 男性肌肉
因为男性体内的雄性荷尔蒙比女性体内的高很多，所以男性肌肉要比女性的发达。

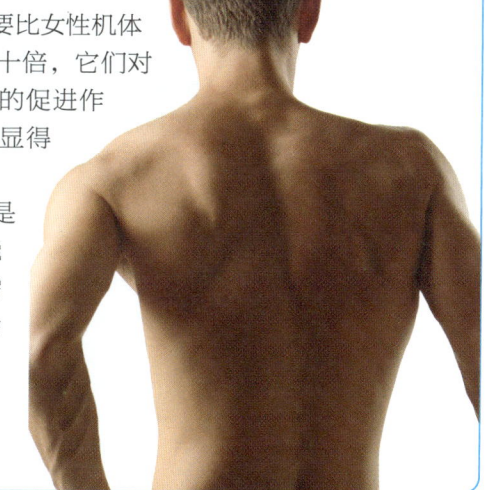

人类之最 活动幅度最大的关节：肩关节。其活动功能包括前屈、后伸、内收、外展、内旋、外旋、上举以及环转。

人为什么会有疼痛感？

我们有时候不小心被小刀割破了手指，会有疼痛感。那么人为什么会有疼痛感呢？疼痛到底是怎样产生的呢？长期以来人们对此一直迷惑不解。后来，科学家经过反复试验和探索，提出了一些理论，才使人们对此有了初步的认识。

以美国的约翰·博尼卡博士为首的一批科学家，根据人体神经系统的化学原理来阐明疼痛产生的过程：人体某一部位受伤以后，会立刻释放出一些化学物质，同时产生疼痛信号。释放出来的化学物质主要是：用来传递疼痛信号的P物质、前列腺素和迟延奇诺素。迟延奇诺素是由胰蛋白和血浆球蛋白作用而释放出来的一种物质，含有9种氨基酸链，在已知的与疼痛有关的物质中作用最为强烈。P物质、前列腺素和迟延奇诺素，会刺激神经末梢，使疼痛信号从受伤部位传向大脑，引起痛感。前列腺素还能加速受伤部位的血液循环，使抗感染的白血球大量聚集在患处，从而引起局部红肿发炎，增加疼痛感。

疼痛的产生
疼痛是身体受到损伤之时的一种不愉快的感觉和情绪体验，是一类复杂的病理、生理改变，以"疼痛"为主要症状的疾病称为"疼痛性疾病"。

皮脂腺结构示意图
皮脂腺可分泌皮脂，经导管进入毛囊，再经毛孔排到皮肤表面。皮脂为油状半流态混合物，含有多种脂类。其主要成分为甘油三酯、脂肪酸、磷脂、脂化胆固醇等。

皮肤为什么会出油？

新穿在身上的洁白衬衣，等我们晚上睡觉时脱下来一看，领口、袖口常有一层油。你也许会问，为什么会出油呢？如果没有油就好了，多干净啊！其实不然，皮肤没有油，就不健康了。那么这些油脂是怎么来的呢？

皮肤外表有一层表皮，上面有歪歪斜斜的毛发。表皮的下面是一层真皮，在这里分布有血管、神经，毛发的根部就深埋在这一层。毛发根部的周围有一种腺体，叫皮脂腺。皮脂腺就是分泌皮脂油质的，它的开口通向毛发，当附近的肌肉收缩时，压迫皮脂腺，皮脂就顺着毛发根部流向毛孔，到达皮肤表面，皮肤上的油就是从这儿来的。全身的皮肤，除去手心、足掌以外，都有皮脂腺，但它们的分布并不均匀，其中以头皮、面部及胸背等部位分布较多，因而这些部位的油脂分泌也更旺盛。

这些油脂对我们身体是有益的，它们对于毛发及皮肤的润滑，有很大的作用。有了皮脂，毛发光滑发亮，皮肤不干燥，也不会破裂。据研究，健康成年人一天里要分泌100至300克的皮脂。

你知道吗

- 皮脂中含有脂肪酸、乳酸以及溶菌酶等成分。假如把细菌放在皮肤上，3分钟就可生成300万个细菌，但经过2个小时后，这些细菌就只剩下7000个左右了。
- 皮脂中的各种酸，使皮肤的环境呈酸性，据测量其pH值约为5.5左右。这种酸性的环境能杀灭细菌。
- 皮脂还具有防水和防止体温下降等作用。

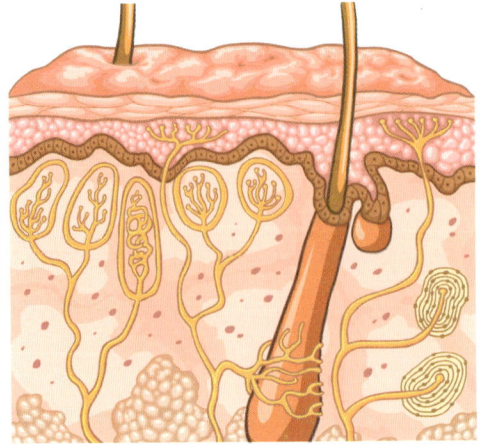

人类之最 人体最大的器官：皮肤，它覆盖全身，占体重的5%至15%。

人手为什么有五根手指？

Weishenme

正常人都长着5个手指，当然也有特例，比如有长着6个或者7个的，那是先天性的畸形发育，我们另当别论。为什么人都长着5个手指呢？

我们先来假设一下，如果你的手只有1个手指的话，想想看方便不方便呢？如果只有1个手指，就几乎干不了什么事了。因为连东西都抓不住，更谈不上使用工具了。那么如果是2个手指呢？连环画上机器人的手指大多被画成2个手指头。可是，要灵巧地制造塑料玩具，轻轻地捏住昆虫，随意地用筷子夹菜，以及编织毛衣、制作陶器等等，用2个手指就显得力不从心了。

人类因为会使用工具才创造了灿烂的文明。手指分为5个，而且大拇指也灵活自如，这是人类经过长期进化的结果。比如马，为了跑得更快，马蹄逐渐发生变异，脚趾结成一体，并最终形成现在这样的形状。

总之，各种生物形态的变异进化都是适应环境的结果。

拇指为什么只有两节？

Weishenme

人的手有5个手指，除了大拇指有2个指节外，食指、中指、无名指、小指都有3个指节。你别小看大拇指，它虽然短小，但它的功能却独占整个手功能的一半以上。如果没有了大拇指，整个手就变得极不灵活。

你知道为什么大拇指只有两节吗？其实，大拇指的这种结构是人类长期进化的结果。人的祖先是猿，古猿靠四肢爬行，拇指或大足趾与其他四指（趾）分开，在树上进行攀援活动时，三节的指或趾十分适宜，而两节的拇指（趾）用处却不大。猿开始直立行走后，上肢逐渐从爬行的功能中解放出来，下肢则专门用于负重行走。这种分工导致了手指功能的变化。由于经常使用工具，大拇指逐渐变长且更加粗壮有力。在哺乳动物中，人类的手独一无二，其最大的优越性就在于大拇指同其他四个手指的相对结构。许多类人猿可以将自己的拇指和食指对合，但却无法将拇指与中指、无名指以及小指对合，因为它们的手指不够柔韧。只有人类，在手掌有一群发达的大拇指肌肉，使指能与其他四指任意对合，非常灵活。为了适应这一特点，使大拇指能够进行伸屈、收展及旋转等活动，最佳的结构就是两个指节。如果拇指仍保持三个指节，活动就不能兼备灵活与稳健两个优点。所以，大拇指的结构是自然选择的结果。

【百科辞典】

畸形：
生物体的某部分发育不正常。

变异：
同种生物世代之间或同代生物不同个体之间在形态特征、生理特征等方面所表现出的差异。

进化：
事物由简单到复杂、由低级到高级逐渐发展变化的过程。19世纪后用于生物学，专指生物由简单到复杂、由低级到高级的发展变化过程，又称演化。

手工劳作
手在从猿到人的进化中起了决定作用。古猿用脚直立行走，从而将手解放出来，并用手制作各种工具，进行各种劳动，从而使人类彻底与猿告别。

手掌X光片
从图中可以看出，食指、中指、无名指和小指的关节都是三节，唯独大拇指是两节，不过特别粗壮。

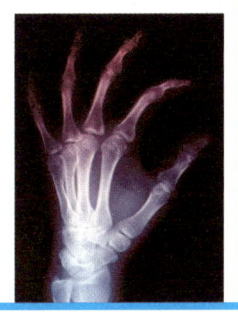

人类之最 作用最大的指头：大拇指。其功能占整个手功能的一半以上，美洲的印第安人称之为"手指之母"。

人脑由什么物质组成？

Weishenme

脑看起来像是一块固态的、很重的块状物质，其实它不但不重，而且物质组成也很简单，主要由脂类、蛋白质、糖类、无机盐等构成。

脂类是脑不可缺少的营养物质，大脑皮质脂类占脑干重的一半以上，主要包括甘油磷脂、神经磷脂、糖脂和胆固醇等。此外，脑组织还存在着少量的不饱和脂肪酸，如亚油酸、亚麻酸、花生四烯酸等，这些必需的不饱和脂肪酸在脑的发育过程中起着极为重要的作用。这些脂类的主要功能不是供给能量，而是构成脑细胞的结构成分。蛋白质是脑细胞的主要成分之一，占脑干重的30%至35%。脑中的蛋白质包括各种球蛋白、核蛋白和一种称为神经角蛋白的特殊硬蛋白。脑组织的蛋白质多与胆固醇结合成脂蛋白，从而构成神经细胞膜的主要成分。脑组织的蛋白质所含氨基酸大多数为疏水的，故很难溶于水。糖类不仅是神经和脑组织的主要供能物质，也是脑细胞的构成成分之一，常与脂类或蛋白质结合成糖脂或糖蛋白。

脑组织含有多种无机盐，主要的有磷酸盐、钾、钠、氯和钙。钙对脑有多方面的作用，其中最主要的是抑制神经的异常兴奋，使神经活动保持在正常状态。

人脑模型
脑是人体中主管全身知觉、运动、思维、记忆等活动的器官，是神经系统的主要部分，位于颅腔内，由大脑、小脑和脑干三部分组成。

脑CT
大脑结构非常复杂，因此当人脑有病变时，需要借助CT检查来帮助诊断。

大脑皮层为什么布满了褶皱？

Weishenme

人类之所以成为万物之灵，在很大程度上取决于大脑。大脑皮层是大脑最外层的皱皱巴巴的灰色组织，平均厚度为2.5至3毫米。这里决定着我们的语言能力、推理能力。布满大脑皮层的褶皱，即沟回。人类的大脑为什么会产生沟回呢？要知道，很多哺乳动物的大脑都是平滑的。

美国神经学专家埃森对此作出了解释：大脑神经细胞在发育过程中的张力造成大脑皮层产生了大量沟回。如果大脑皮层没有褶皱，而是完全平展开的话，它的占"地"面积要比现在大3倍。但是，很长时间以来，研究人员一直弄不明白大脑皮层产生沟回的原因。他们只知道胎儿大脑在6个月大时才开始形成沟回。有些科学家认为，部分大脑细胞天生就比其他细胞生长迅速，这种不平衡的发育最终导致大脑皮层布满褶皱。但是埃森认为，大脑皮层布满沟回可能是由于为了争取最大限度增加表面积与体积比而自然形成的。

【百科辞典】

蛋白质：
天然的高分子有机化合物，由多种氨基酸组成。是构成生物体活性物质的最重要部分，是生命的基础，种类很多。

无机盐：
指除碳酸盐和碳的氧化物外，不含碳原子的化合物。

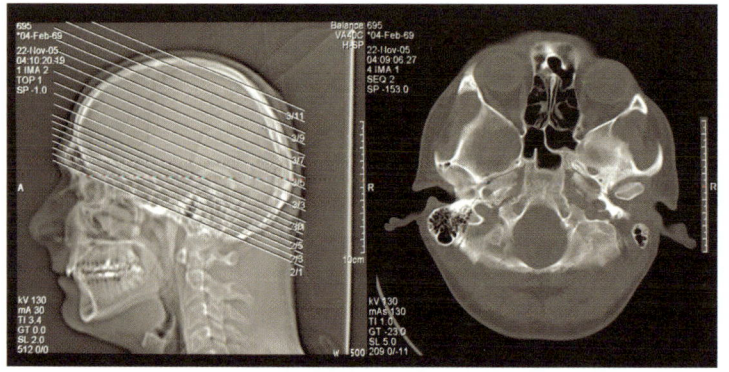

人类之最　人体对缺氧最敏感的部位：大脑。大脑细胞丰富，代谢率高，需氧量高，会最先接收到人体缺氧的信号。

左右脑功能有何不同？
Weishenme

大脑是人体内最精密脆弱却最为奇妙的器官，它最奇妙之处不在于它的构造与组织，而在于它蕴藏了人类无穷无尽的思想与潜在能力。大脑分为左右两个半球，左半部分就是左脑，右半部分就是右脑。它们的形状虽然对称相同，但发挥的功能却不一样。

左脑被称为"知性脑"，比较偏向理性思考。它掌管说话、领会文字、对信息进行分析和判断等能力。右脑比较偏向直觉思考，掌管图像、绘画、音乐等能力，被称为"艺术脑"，负责情绪处理。协作中，左脑把从感觉器官收到的信息转换成语言，再传到右脑加以印象化，接着传回左脑进行逻辑处理，再由右脑显现创意或灵感，最后交给左脑，进行语言处理。比如，演奏钢琴时左脑将视觉、触觉、听觉信息收集，然后传给右脑，由右脑对音乐进行鉴赏和理解。

基本上，人身体各部的神经若是上传到大脑，信息都会交叉传达到对侧的大脑半球。所以左脑管右边的身体，而右脑管左边的身体。但左右脑并不是单独运作，互不相干的，它们之间有非常密切的联系，会互相传送信息，也必须要相互支持、密切合作，才能将身体的潜在功能发挥到极致。

人的小脑起什么作用？
Weishenme

小脑位于大脑的后下方，颅后窝内，延髓和脑桥的背面，是脑的第二大组成部分。从外观上看，小脑中间有一条纵贯上下的狭窄部分，卷曲如虫，称为蚓部。蚓部两侧有两个膨隆团块称为小脑半球。在小脑蚓部和半球表面有一些横行的沟和裂，将小脑分成许多回、叶和小叶。小脑表面的灰质为小脑皮层，深部为白质，也称髓质，白质内有数对核团，称中央核。

小脑是运动的重要调节中枢，有大量的传入和传出神经。大脑皮质发向肌肉的运动信息和执行运动时来自肌肉和关节等的神经冲动，都可传入小脑。小脑经常对这两种传来的神经冲动进行整合，并通过传出神经调整和纠正各有关肌肉的运动，使身体各部在运动中保持协调。

此外，小脑在维持身体平衡上也起着重要作用。它接受来自前庭器官的信息，通过传出神经，改变躯体不同部分肌肉的张力，使肌体在重力作用下，做加速或旋转运动时保持姿势平衡。据研究，小脑对内脏机能活动也有一定作用。

◯ **人的左右脑示意图**
大的左右大脑半球由胼胝体相连。半球内的腔隙称为侧脑室，每个半球有三个面，即膨隆的背外侧面、垂直的内侧面和凹凸不平的底面。

◯ **小脑位置示意图**
小脑位于大脑半球后方，覆盖在脑桥及延髓之上，横跨在中脑和延髓之间，是脑六个组成部分中仅次于大脑的第二大结构。

人类之最 最神奇的大脑：爱因斯坦的大脑。研究发现，他的大脑在内部结构上跟常人有很大不同。

中国孩子最爱问的十万个为什么

主题索引
- 人为什么要每天睡觉？睡着后为什么会做梦？

睡梦中的婴儿
据统计，人类睡眠的时间随着年龄的增长而逐渐缩短。新生儿最初几天里的睡眠时间每天超过20小时，而成年人为7至8小时。

枕头
枕头的质量往往影响睡眠的质量。

人为什么要每天睡觉？

凡是动物都要睡眠，唯一的例外是鳄鱼。人也是这样，从出生的第一天起就会睡觉，不需要人教，而且年龄越小睡的时间越长。人处在非常情况下，不吃东西可以活一个月或更长的时间，但不睡觉只能活10至15天。由此可见，睡眠对人实在太重要了。

科学研究表明：睡眠是人借以维持正常生命的自然手段。睡眠能使大脑细胞免于衰竭和破坏，使神经细胞在清醒时的消耗得到恢复和补充。正如一台机器一样，耗油到一定程度，就得添加油料，否则它就会停止工作。清醒和睡眠都是人的正常生理需要。一个人一生中大约有三分之一的时间是在睡眠中度过的。一位80岁的老人，大约有30年的时间花在睡眠上。

睡着后为什么会做梦？

人的大脑是由许多细胞组成的。白天大脑指挥着我们做各种事情，到夜晚进入睡眠以后，大脑开始进入被抑制状态，也要进行休息。但是，如果大脑的活动不能被普遍地抑制，还有一些区域的细胞没有休息，处在兴奋状态，就会发挥作用，人就会做梦。在仍然兴奋的细胞中，如果有主管说话的细胞，还会说梦话。

有一些人患有夜游症，他们在入睡以后，往往不像一般人那样静静地睡眠，而是无意识地从床上下来，做着各种机械的动作，摸索着走路，眼睛是睁着或者半睁着的。有的人还会走出房间上下楼，甚至翻跃障碍物。夜游也是大脑细胞没有完全被抑制产生的，这些仍然处于兴奋状态的细胞主管行动，指挥着人去夜游。

你知道吗

- 多数动物都有睡眠行为。马、牛、大象的睡眠时间很短，每天仅需2至4小时；犰狳与蝙蝠每天的睡眠时间多达19至20小时。家畜中的猫与狗都是随时睡随时醒。

- 美国加利福尼亚州的蒙培镇，有一名叫格利斯的男子，单腿站着就能睡觉，醒来以后，也从不到椅子上面去歇息。从早到晚，他都是用一只脚蹦着行走，休息的时候也是单脚站立，累了再由另一只脚替换。十分有趣的是，格利斯的职业为舞蹈演员，他擅长跳独脚舞。

- 心理学家认为，人的智能有很大潜力，一般情况下只用了不到1/4，另外的3/4潜藏在无意识之中，而做梦便是一种典型的无意识活动，梦境可帮助你进行创造性思维，许多著名科学家、文学家的丰硕成果，不少就得益于梦的启迪。

人类之最 人体最大的内分泌腺：甲状腺。它重约50克，分泌的甲状腺素能促进人体新陈代谢，维持身体正常的生长发育。

眼睛为什么能看见东西?

Weishenme

每天我们睁开眼睛,就能看到五彩缤纷的大千世界,不管是走路、吃饭,还是看书、学习、工作,一时一刻都离不开这双眼睛,那么眼睛为什么能看见东西呢?

从外面观察,我们眼睛有眼白和眼珠两部分,其中黑色眼珠的最外面是一层薄薄的透明角膜,角膜内有透明的液体叫房水,房水后面是个有弹性、可调节曲度的晶状体,晶状体的后面还有透明的胶状物,叫做玻璃体。它们都能透过光线。包裹它们的是三层膜,最里面的一层叫视网膜,上面有许多感光细胞,可感受光的刺激;中间一层叫脉络膜,上面有许多色素,它的作用是使眼球里面保持黑暗(像照相机的暗房一样),以免漏过其他光线而影响视觉;最外面的一层叫巩膜,也就是我们看到的眼白,上面有许多血管和神经,有保护作用。当物体上的光线透过角膜、房水、晶状体、玻璃体时,被折射聚集到视网膜上成一倒立的像,而视网膜上的感光细胞受到光线的刺激,产生冲动,由视觉神经传到大脑视觉中枢,经过大脑的分析,我们便看清了物体,并且能够判断出物体的亮度、形状、大小和颜色等。

人为什么有两只眼睛?

Weishenme

每个人都长着两只眼睛,为什么不只长一只呢? 这是因为用两只眼睛观察周围比用一只眼睛来得准确和精细。人生活在一个三维立体空间中,可是一只眼睛的视网膜得到的却是一个没有深度和立体感的二维平面像,无法把三维立体的客观事物如实地反映出来。如果用双眼同时注视某一景物,由于位置和角度的一致,可产生微小的相位差,也就是视差。再经过大脑的加工处理,便可将它综合成一个单一的、完整的、具有深度和立体感的物像了。对于远离我们的物体,两眼视线几乎是平行的,视差位移接近于零,所以我们很难判断这个物体的距离,更不会对它产生立体感了。仰望星空你会感觉到天上所有的星星似乎都在同一球面上,分不清远近,这就是视差位移为零造成的结果。

把两个有视差的二维平面像重叠分析成一个三维立体物像,这就是双眼的视觉功能。可见,人的两眼就是要一左一右,并处于头部的正前方,形成视差,才能获得具有深度和立体感的物像。反过来,如果只有一只眼的话,也就无法获得立体的物像了。

【百科辞典】

角膜: 黑眼珠表面的一层透明薄膜,由结缔组织构成,向前凸出,没有血管分布,有很多神经纤维,感觉很灵敏,后部与巩膜相连。

巩膜: 眼球最外层的纤维膜,白色,很坚韧,前面与角膜相连,有保护眼球内部组织的作用。

眼球的构造

眼球分眼球壁和内容物两部分。眼球壁分3层,由外向内顺次为巩膜、脉络膜和视网膜。眼球内容物是眼球内一些无色透明的折光结构,包括晶状体、房水和玻璃体,它们与角膜一起组成眼的折光系统。

明亮的眼睛

人类拥有两只处于同一平面上的眼睛有诸多方便。简单来说,这样的一对眼睛非常便于定位。

人类之最 世界上视力最强的人:联邦德国的史图加大学曾有一名叫塞德维隆尼的学生,她可以辨认出1600米以外的人的模样。

瞳孔的大小为什么会变？

每个人都有这样的体会，从黑洞洞的电影院里刚一出来，会感觉到有很强的光线刺激眼睛。这是因为瞳孔在暗光下变大，出电影院后突然受到大量光线的照射而缩小了的缘故。

在眼球的虹膜中，有两种细小的肌肉，一种叫瞳孔括约肌，是使瞳孔缩小的肌肉；另一种叫瞳孔开大肌，负责瞳孔的扩大。瞳孔括约肌绕着瞳孔，它收缩时把肌肉拉向瞳孔前面的上方，这样瞳孔就缩小了。瞳孔开大肌由外向内放射在瞳孔周围，它收缩时会把肌肉拉向外面和后面，使瞳孔扩大。瞳孔的大小变化可改变进入眼内的光的多少。在亮光下，瞳孔变小，能防止光线太强损害眼睛。在暗光下，瞳孔变大，使人能够看见事物。

但有时人们在看到奇特的事情时，瞳孔也会比平时扩大很多倍，这是受人的情感影响的结果。

瞳孔的扩大还与思维活动有关系。例如学生做简单的习题时，瞳孔保持原来的状态；如果题目很难或者在考试时，瞳孔就会扩大到最大限度。

无论是光线强弱的变化，还是情感和思维的影响，瞳孔放大和缩小都是植物性神经支配瞳孔肌运动的结果。

瞳孔的反射路径
瞳孔对光反射的通路：视网膜→视神经→视交叉→两侧视束→上丘臂→顶盖前区→两侧动眼神经副核→动眼神经→睫状神经节→节后纤维→瞳孔括约肌收缩→两侧瞳孔缩小。

流泪
泪液由位于眼球外上方的泪腺产生，泪液流经眼球表面，并通过眼睑上的小开口（泪道）出眼。泪道开口下接鼻泪道，鼻泪道下方开口于鼻腔。

人为什么会流泪？

人们感到悲伤、疼痛，或者打喷嚏、大笑，或者受到强光、沙尘、烟熏等刺激时，眼睛就会流出眼泪来。

那么，人的眼泪是从哪儿来的呢？原来，人的眼睑外侧上方各有一条泪腺，专门分泌泪水。我们平时觉察不出眼泪，是因为下眼睑的内角处有一针尖大小的洞连通鼻腔，平时眼睛分泌的泪水，除一部分蒸发外，其余的就经过这个小洞流到鼻腔里。当人们悲伤或高兴过度或者眼睛受到刺激时，泪水来不及从小洞流走，便会夺眶而出。

其实，眼泪还起着保护眼睛的作用。它冲洗眼球表面的尘土，保持眼睛清洁，防止细菌生长。同时，它还起到润滑作用，使角膜保持润湿和透明。

如果眼睛有病，通过鼻腔的小孔会塞住，泪水流不到鼻腔，就会发生经常性流泪的现象。

你知道吗

- 洋葱中含有硫代丙醛和氧化硫代丙醛，会刺激人的眼球，使人流泪。这些物质极易溶于水，所以在切洋葱时，旁边放一盆水，可缓解流泪的症状。

- 人在悲伤时流出的眼泪中含有大量水分、钾离子和蛋白质，哭可以把体内的有害物质排出，从而使人体免受不良情绪和有害物质的损害。

人类之最 最早的角膜移植手术：1905年，奥地利眼科医生埃德特·泽姆给一个病人植入了一对角膜，使他恢复了视力。

人的两只耳朵为什么长在脑袋两侧？

人的两只耳朵长在脑袋两侧可以使头部具有对称感，看起来比较协调。想想，如果有人在一侧长着两个耳朵，而另一侧光秃秃的，该有多么难看！更重要的是，两只耳朵长在脑袋两侧有助于听清楚来自不同方向的声音。左边来的声音，左耳朵听到的声音强些；相反，右边来的声音，右耳朵听到的强些。

这样，不论从左右哪个方向传来声音，我们都能清楚地听到。如果两只耳朵长在了同一侧，不论是在左边还是右边，从相反方向传来的声音，都会听不清楚。

耳朵如何听到声音？

我们的整个听觉器官包括外耳、中耳和内耳。外耳和中耳都是传导声波的重要部分，外耳的耳郭收集外界的声波，通过外耳道、中耳集中将声波传到鼓膜。而内耳则是感受声音以及感受身体在静止状态和运动时的位置的器官。鼓膜位于中耳内，是一块鸭蛋形的薄膜，面积大概为85平方毫米。由外耳传来的声波传到中耳，接着引起鼓膜振动，而鼓膜的振动又导致3块听小骨振动，继而引起内耳中听神经的感知，听神经立即将信息传送到大脑。于是大脑就通过耳朵马上感受到外界各种各样的声音了。

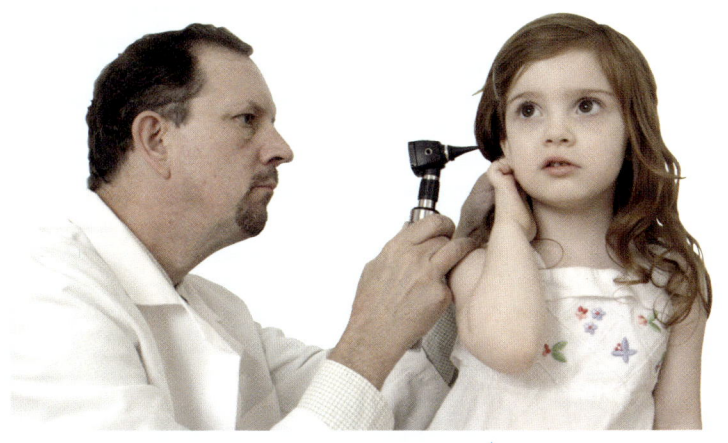

耳朵里为什么有耳屎？

人类能听到声音靠的是耳朵和它的神经系统。耳朵是我们的听觉器官，耳朵里有一层皮肤，在外耳道的管壁上有一种腺体，能分泌黄色的蜡状液体。当它与灰尘、皮屑等混在一起，就形成了我们所说的耳屎，医学上称之为"耵聍"。

耳屎可以湿润耳内的细毛，还可以防止小虫进入耳内，是保护耳朵的一道防线。但是，如果耳屎堆积太多，会使人耳朵发痒，还会造成耳道堵塞，影响听觉。这时，可用一根棉签把耳屎轻轻地扫出来，切不可用指甲随意乱掏，以免损伤耳道内的皮肤、碰伤鼓膜，导致发炎，影响听力。

治疗耵聍栓塞
耳屎的学名叫"耵聍"，是外耳道的分泌物，功能主要是防止异物侵犯鼓膜。但耳屎分泌异常会造成栓塞，引起耳闷、听力减退甚至耳痛，这时，应该请医生处理。

人耳内部结构
听觉系统包括外耳、中耳、内耳及听觉神经系统。听觉神经系统包括听觉神经和大脑听觉区。

你知道吗

- 人体里有少数组织没有血管，耳内就有这种组织，内耳细胞不凭借血液而是始终浸在某种液体里，以获得养分。
- 人的耳朵对不同的声音和响度的感受是不一样的，但都有一定的限度。经常连续收听响度、强度过大的声音很容易造成耳朵的疲劳，导致听力下降。

人类之最 人体最小的肌肉：耳朵里面的镫骨肌。它的长度不过1毫米，可它却有调节声音传导的作用。

怎样保持身体平衡？

内耳结构示意图
内耳由构造复杂的弯曲管道组成，所以又称"迷路"。其中，半规管是感受方向和平衡的前庭系统的一部分。

平衡木
平衡木表面狭窄，对运动员完成动作的准确性和控制身体平衡的能力有很高的要求。

我们每个人在走路的时候，如果把动作分解开来，实际上每迈一步，都是一个即将要摔倒的过程。可是，我们并没有摔倒，这是因为人的平衡能力在起作用，它使左、右脚交替迈出，使得人能稳稳当当地行走。正因为人有了平衡能力，所以才能完成许多高难度的空中翻滚、跳跃等动作。

那么，人体这种保持平衡的能力是怎么来的呢？原来，在人的颅骨内有一个很小但结构十分复杂的内耳。主宰人的平衡能力的就是内耳中的半规管和半规管前的两个囊状结构。当头部在三维空间发生位置变化时，半规管的内部组织会把这种信息传到大脑中枢，而那两个囊状结构则专门感受头部处于静止时的位置，以及前进、后退、升降等直线运动。神经中枢从内耳的这两个部分获得人在运动时的种种信息，从而及时作出反应，使人体保持平衡。

为什么有的人会晕车？

有的人在乘车或乘船的时候会感到头晕目眩，严重的还会恶心呕吐和出虚汗，这就是晕车或晕船现象。产生这种现象，是由于耳朵里面的平衡感觉器感受到摇动而引起的。

耳朵分为外耳、中耳和内耳三大部分，平衡感觉器就在内耳里面，它与内耳神经相连接，内耳神经又连着大脑和小脑，平衡感觉器能感受到身体所受的摇动，能把身体摇动时所处的位置，通过内耳神经及时传到大脑和小脑，大脑和小脑得到信号，就能及时地调节身体的位置，使身体位置恢复正常。无论是乘车还是乘船，甚至从事体育活动，身体都会出现很剧烈的摇晃颠簸，如果摇动的幅度小，一般的人还是能够适应的，但是有的人平衡感觉器特别敏感，在受到摇动时就会频频地向大脑和小脑发出信号，信号又多又乱，大脑和小脑在接收这些信号时没有规律，就会有很不适应的感觉，产生头晕和目眩现象。

你知道吗

■ 在坐车前保证有充足的睡眠，不要吃得过饱，选择坐在车子中部靠近车窗通风的地方，或乘车前半小时服用苯海拉明、扑尔敏等防晕车药，在前额部、鼻唇沟处涂些清凉油或者薄荷油，都可以预防晕车或减轻晕车反应。

■ 有些人因车辆颠簸或对汽油味不习惯，以致头晕恶心，可以带一根小人参在口袋里，当感到难受时，立即将一小片塞入口中含服，这样很快就会适应环境，减轻晕车反应。

鼻子为什么能闻到气味？

Weishenme

我们的鼻子有两大本领，一是用来呼吸，二是作为嗅觉器官。我们能辨别出4000多种不同的气味，那么，鼻子是怎样闻出各种气味的呢？

在人的鼻腔内壁，有一块比大拇指还要大的嗅区黏膜，里面分布着大量的嗅觉细胞和能分泌液体的嗅腺，嗅觉细胞有1000多万个，它们与大脑有联系。当人吸气时，飘散在空气中的气味分子便随气流钻进鼻腔，溶解在嗅腺的分泌物中，刺激嗅觉细胞。这时，嗅觉细胞马上兴奋起来，产生神经冲动。这些神经冲动通过嗅神经，传给

大脑的嗅觉中枢。大脑经过分析判断后，就能辨别出各种气味了。

人的嗅觉有两个明显的特点：一是它非常灵敏，一个化妆品专家仅凭鼻子，就能分辨出上百种不同的香味；二是它具有适应性，一种气味闻得时间久了，就会产生疲劳现象，"入芝兰之室，久而不闻其香"说的就是这种情况。

为什么要用鼻子呼吸？

Weishenme

有不少人认为，鼻子和嘴都可以呼吸，二者没有太大的区别。其实，这种观

【百科辞典】

嗅觉：
鼻腔黏膜与某些物质的气体分子相接触时所产生的感觉。

嗅腺：
位于嗅黏膜深部的小形腺体称为嗅腺。嗅腺可分泌黄色的物质，对黏膜有湿润作用，对嗅细胞的感受活动也起一定的协助作用。

嗅神经：
第一对脑神经，从大脑的前下部发出，分布在鼻黏膜中，主管嗅觉。

点是不正确的。用鼻子呼吸才是合乎科学的，因为鼻腔不止是空气的通道，它还有温暖、湿润和洁净空气的功能。

鼻腔黏膜的血管十分丰富，具有收缩和扩张功能，而且能随着体内外环境的改变而进行自我调节。当外界有冷空气进入鼻腔时，小血管里的血液就会增多，流速也会加快，这样，就能把进入鼻腔的冷空气调节到和体温相似的温度；同时，可将干燥的空气变得湿润，以维持呼吸道的正常生理活动。

此外，鼻孔里长有很多鼻毛，用鼻子呼吸，鼻毛可以挡住空气中的灰尘。当空气中的灰尘和微生物等吸入鼻腔后，会被鼻毛和鼻子中的黏液吸附住。鼻腔分泌的黏液中还含有一种溶菌酶，它能抑制和溶解细菌。所以，用鼻子呼吸比用嘴巴呼吸更科学卫生。

闻花香
鼻子里长着许多能闻到气味的嗅觉细胞。当气味钻进鼻子里时，它们就能闻出味道，然后告诉大脑。

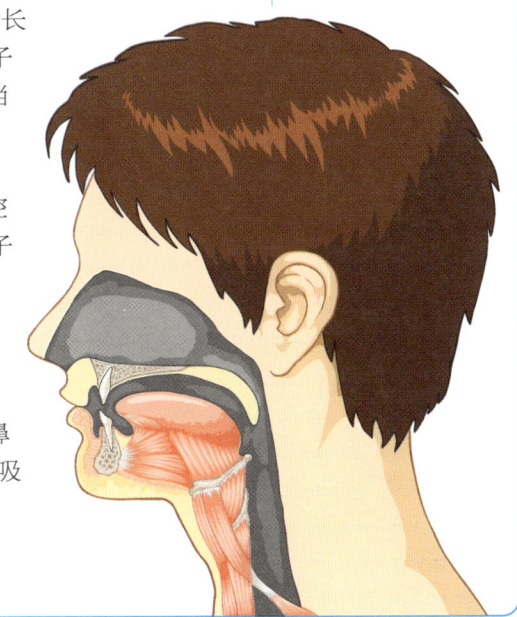

鼻腔结构示意图
鼻腔是呼吸道的首端和门户。鼻毛对空气中较大的粉尘颗粒有过滤作用；鼻甲黏膜下有海绵状血窦，可供调节鼻内气温所需热量；鼻腔黏膜腺体可分泌大量液体，用来提高吸入空气的湿度，防止呼吸道黏膜干燥。

人类之最 人体所含最多的矿物质：钙。它在人体内可达1000克左右，99%以骨盐形式存在于我们的骨骼和牙齿中。

舌头为什么能尝味道？

人的舌头能感觉到酸甜苦辣千般味道，所以有人称它为"味道检测器"。我们不禁要问：舌头为什么能辨别这么多味道呢？

它的秘密就在于长在舌面上的味蕾。味蕾是味觉感受器，它除了长在舌面的乳头状突起内，还分布在舌头的底面和咽部、软腭等。味蕾呈椭圆形，外面有一层盖细胞，里面是细长的味觉细胞。味觉细胞的末端还有纤毛，叫做味毛。支配味蕾的感觉神经末梢细支就包围在味觉细胞上，像根电线一样，把味觉细胞的兴奋冲动传递到大脑的味觉中枢。

科学家说，舌头上巧妙地分布着甜、酸、苦、咸四种基本味觉细胞，味毛受到某种味觉刺激后，立即报告给大脑中管味觉的神经，从而作出反应。涩、辣等味觉则是混合味觉，是这四种基本味觉的不同组合。味觉也同其他感觉，如嗅觉、触觉等相联系，比如辣觉就是热觉、痛觉和基本味觉的混合。

味觉系统示意图
不同味道的物质刺激舌上的味觉感受体，信息通过神经传导到大脑味觉中枢，再由综合神经中枢系统分析，从而产生味觉。

敏感的双手
手指上的感受器分布很多，因此人的手指特别敏感，触觉灵敏。

【百科辞典】

味觉：
舌头与液体或者溶解于液体的物质接触时所产生的感觉。甜、酸、苦、咸是最基本的四种味觉。

神经末梢：
神经从神经中枢发出后分布到各组织的部分，作用是感受外来的刺激并把这些刺激传达到神经中枢，又把神经中枢的命令传达到各个组织。

手的触觉为什么很敏感？

人体触觉最敏感的部位是手、舌、唇、足等。人们往往通过手去探知物体的形状、温度、粗糙度等，利用手指的触觉去感知外部世界。手的这个功能对于人的日常工作和生活是相当重要的。

为什么手的触觉那么灵敏呢？原来，人体皮肤上有许多神经末梢感受器，能把冷、热、痛等感觉用信号的形式传递到大脑，由大脑作出判断。据统计，人体每平方厘米的皮肤上大约有12个感知热的感受器，100多个感知痛的感受器，25个感知触觉的感受器。手指部位的感受器分布尤其多，因此手指的触觉功能最发达。

如果经过特别训练的话，手指的敏感程度还可以比正常情况高出很多。例如，盲人可以流利地"阅读"盲文，这种"阅读"完全是靠手指触摸盲文纸上凹凸不平的小颗粒来实现的。手指不仅触觉灵敏，对冷、热、痛的感觉也很灵敏。俗话说，"十指连心"，如果手指被刺伤了，那真是钻心地疼。因此，我们应保护好自己的手指，它们对我们的生活实在是太重要了。

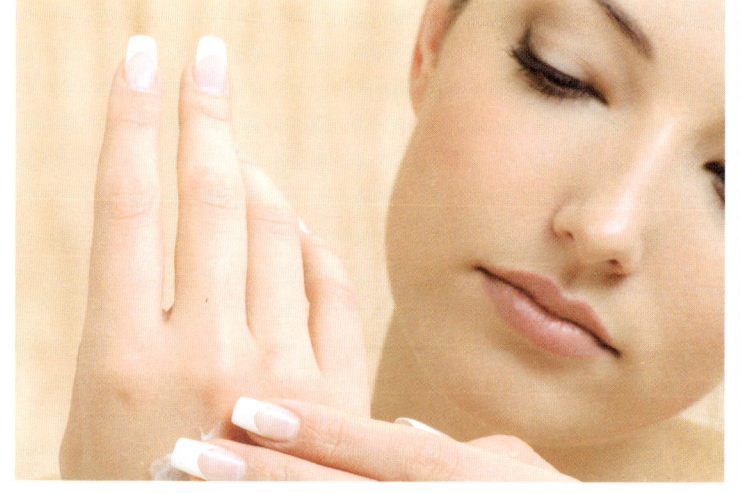

人类之最 最不知疼痛的人：中国安徽一个名叫金晨的女孩，是世界上最不知疼痛的麻木人。由于没有痛感，她的身上留有多处伤痕。

人为什么会感觉痒？

Weishenme

痒是人类共同拥有的感觉之一，就如同疼痛、恐惧等一样，是人类的本能。人不仅会感到痒，而且有时还会被它搞得非常难受，甚至坐立不安。比如，夏天的时候，如果你不小心被蚊子叮了一下，就会感到奇痒无比。那么，你知道为什么人会感觉到痒吗？

据科学研究统计，在人皮肤每平方厘米的面积上有100至200个痛点、10个冷点、1个热点，就是没有痒点。既然没有痒点，人为什么还会感觉到痒呢？这个问题曾一度让科学家感到困惑。随着科学的发展，科学家们对此现象的研究越来越深入，目前有两种解释：有些科学家认为，人虽然没有痒点，但是对那些痛点给一些轻微的刺激，这种刺激传到大脑，人们就感到痒；还有一些科学家认为，在现阶段，虽然痒的感觉点并没有找到，但是它们是有可能存在的，只是我们还没有发现而已。

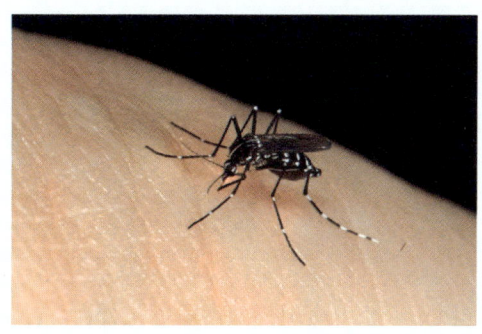

盲人为什么能识别盲文？

Weishenme

盲人要区别伍元、拾元的钞票，只需用手摸一摸钞票上的盲点就知道了。他们的手指怎么会有那么大的本领呢？

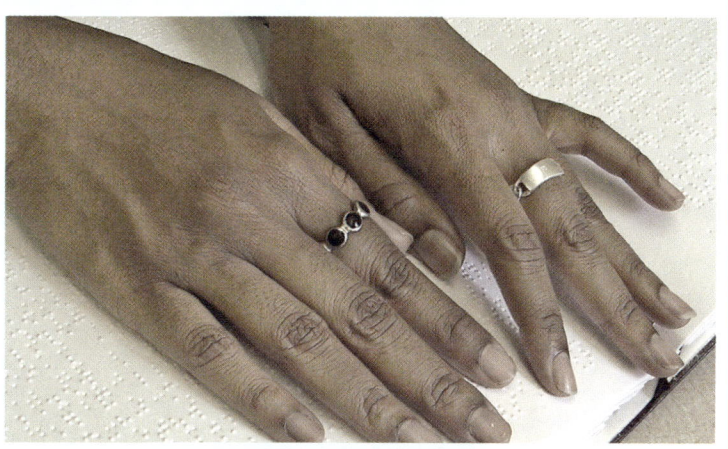

原来，手指是全身感觉最灵敏的部位之一。据测定，在手指头上一块比邮票还小的范围内就有上千万个神经细胞，能分辨出所接触到的物体是圆是方，是软是硬，是光滑还是粗糙等。因此，长期从事某种工作的专业人士对自己所熟悉的事物往往有超乎寻常的分辨力。

盲文是一种专为盲人设计、靠触觉感知的拼音文字。它是由排列不同的凸出的点组成的。盲人就是靠手指触摸盲文纸上细微的凹凸不平的小颗粒来"阅读"的。盲文最早是由法国盲童学校教师布莱尔于1824年创制的，故又称"布莱尔盲字"或"布莱尔点子法"。盲文由六个凸点组成，以点数的多少和点位的不同来区分不同的符号，可变化成63个不同的图形符号，是现代国际上普遍使用的盲文形式。

盲人经过学习训练，用手指便可"阅读"。

【百科辞典】

痛点：
皮肤上专管疼痛感觉的神经细胞末梢。

点字：
专供盲人使用的凸出来的点状文字，字母由不同排列的凸出的点子组成。

用手指"读"盲文
盲人通过指尖触摸突起的点组成的文字，就可以和正常人一样"阅读"书籍了。

盲文的发明者布莱尔
盲人触摸使用的专门文字称为点字。它是由法国盲人路易·布莱尔于1824年创造的，故国际上通称盲文为"布莱尔盲字"。

蚊虫叮咬皮肤
蚊虫叮咬之后，皮肤上往往出现红色的斑点，感觉很痒。但究竟是什么原因引起痒的感觉，至今仍是个谜。

潜水员
由于海底压强较大，空气非常稀薄，因此潜水员需要靠氧气瓶来维持正常的呼吸。

呼吸系统示意图
人的呼吸系统包括呼吸道（鼻腔、咽、喉、气管、支气管）和肺两大部分。

人为什么离不开空气？

人不进食可活一个月或更长的时间，不喝水只能活七天，但如果不呼吸，马上就活不下去了。在维持生命的三种基本要素——氧、水、食物中，人体对氧的储备是最少的，如果断绝氧的供应，人体组织所储存的氧仅能维持3至4分钟的有氧代谢。

空气中含有氧、氮、二氧化碳，以及微量的其他气体，还含有水蒸气。我们知道，我们的体温能恒定在37摄氏度左右，是因为我们体内不断在"燃烧"，只不过"烧"的不是煤、柴，而是食物中的碳水化合物、脂肪或蛋白质。如果没有氧，这些物质的氧化"燃烧"是无法进行下去的，我们的生命也将终止。我们吸入的空气含氧量为20.9%，但呼出的气体中只含氧16.4%，呼吸之间所减少的氧就是被人体吸收利用，在氧化代谢过程中"烧"掉的。我们呼出的气体中含二氧化碳4.1%，比吸入时多100倍，这也是氧化"燃烧"的结果。氮虽然在空气中占的比例最大，但它不是人体新陈代谢所需的物质，对我们的健康也无害。

为什么肺部有许多肺泡？

肺是用于呼吸的主要器官，由海绵状的组织构成。肺内有许多进行气体交换的小泡囊，它们就是肺泡。肺泡是粒状组织，像气球一样中空，有时收缩、有时膨胀，使空气得以出入。每个肺内约有3亿个肺泡。肺泡通过结缔组织连接在一起，通过毛细血管和内皮细胞的薄壁进行气体交换。正因为这样，空气和血液之间的间隔非常小，只有0.5微米。

肺泡壁上密布着毛细血管，这些血管中有从心脏送来的血液流入，之后血液再往心脏的方向折回。血液中的血红蛋白有在氧气多的地方（如肺中）与氧结合、在氧气稀薄的地方（如人体末端组织）释出氧的特性。同样，它在二氧化碳多的末端组织中会与二氧化碳结合，而在二氧化碳稀薄的肺中则会释出二氧化碳。像袋子般的肺泡壁非常薄，所以氧和二氧化碳的气体分子可随意穿透。运来二氧化碳的血液在肺泡中释出二氧化碳，同时与肺泡中的氧相结合，再经过心脏运至全身。正因为肺部有那么多肺泡，氧气以及二氧化碳才能顺利进行交换，维持人体功能。

你知道吗

- 成人在安静状态下，一昼夜所吸入和呼出的气体体积达20至30立方米。
- 人类利用空气治疗疾病的历史和整个医学史一样悠久。在1945年抗痨药物发明以前，医生对付肺结核的唯一办法，就是利用自然界的空气、水和阳光，加上营养来进行治疗的。

人类之最 人体内最多的物质：水。成人身体里约有45升水，大约占体重的65%。

人是怎样发声的？

Weishenme

在人的颈部内有一种产生声音的结构，叫做喉。它的内部有一个空腔，我们叫它喉腔。喉腔中连着两块能够振动发声的肌肉——声带。它们紧密地并列在一起，而且像橡皮筋一样，拉得越紧，反弹的声音越大。

在两根声带中间有一条裂缝，叫做声门裂。随着声带的一紧一松，声门裂也忽长忽短，忽大忽小。当人准备发出声音时，总要先吸一口气然后暂时停止呼吸，这时松弛的声带被喉部的肌肉上下拉紧，相互靠拢，声门裂变得又细又长，只留下一道窄小的缝隙。因为闭气的时候，气流都积在气管里，气管内的压力一时之间大大增加，等到你想吐掉这口气时，被久压的气流就会迅速地冲向声带并试图从这条缝隙中穿过，这就使得声带发生振动，而且这种振动还会使喉腔里的空气也一起产生振动，引起共鸣，因而发出了声音。嗓音的高低、粗细就是由声带的紧张度、呼出的气流量等因素决定的。

青少年声带比较娇嫩，如果说话时间过久，就会发生充血现象，声音会变得嘶哑，所以一定要注意保护嗓子。

人为什么会打喷嚏？

Weishenme

每当我们想打喷嚏的时候，就好像突然来了一股不可抗拒的力量，想控制都控制不住。打完喷嚏后，会出现瞬间的轻快感。人体的一切活动都是由神经支配的，打喷嚏也是同样道理。科学家把这种神经系统调节反应的过程叫做"反射"。

鼻腔内神经分布非常丰富，因此也经常出现神经反射现象。打喷嚏就是鼻腔内

【百科辞典】

声带： 发音器官的主要部分，是两片带状的纤维质薄膜状肌肉，附在喉部的勺状软骨上，肺内呼出气流振动声带，即发出声音。

反射： 有机体通过神经系统，对于刺激所产生的反应。

一种神经反射现象。其反射过程大致是这样的：当鼻腔吸入灰尘颗粒、花粉，不良的气体、气味，甚至感冒、情绪激动及强光刺激等，均可直接或间接刺激鼻腔黏膜感觉神经（即三叉神经的分支）末梢，感觉神经再将刺激反射给大脑的呼吸中枢，立即就会出现控制不住的深吸气，随之而来的则是强呼气，即一股强气流经鼻腔猛烈喷出。这股强大的气流中带着大量的鼻腔分泌物，如同暴风骤雨，以迅雷不及掩耳之势，将鼻腔的异物等驱逐出去。所以，打喷嚏是一种对人体非常好的保护性反射。

发声
人声基频的高低取决于声带的长短、张力（松紧）和声门的大小；声音强度则取决于气流的大小和速度。

打喷嚏
打喷嚏是从鼻道排除刺激物或外来物的一种方式。其原因主要有4种，即感冒时打喷嚏、患有过敏性鼻炎或花粉症打喷嚏、患有血管收缩性鼻炎打喷嚏和患非过敏性鼻炎打喷嚏。

人为什么会咳嗽？

当人感冒或者喉咙不舒服时，常会咳嗽。那么，人为什么会咳嗽呢？

从喉部支气管一直到终末支气管的内壁有一层黏膜，黏膜是由带纤毛的上皮细胞构成的，能分泌黏液，这种黏液能保持呼吸道湿润，黏膜上的纤毛具有活动能力，能不停地摆动。当灰尘、细菌随空气被吸入时，就会被黏膜上的黏液粘住，并逐渐被黏膜上的纤毛扫向喉部。这些含有灰尘、细菌的黏液经咳嗽可排出体外，这就是平时所说的"痰"。所以，咳嗽是喉部、气管、支气管受到刺激而引起的一种保护性反应。

当人身体健康，抵抗力强时，空气带进来的病菌即使没被咳嗽咳出，潜伏在喉咙和气管等处也不敢轻举妄动。当人着凉生了病，抵抗力减弱的时候，病菌便会在里面兴风作浪，引起喉咙、气管发炎。这时人非但更容易咳嗽，而且咳出的黏液往往含有病菌和白细胞尸体，会变成浓浓的黄色。如果支气管甚至肺部受到病菌感染，原来在毛细血管里的红细胞跑了出来，咳出的痰液往往呈铁锈色或鲜红色，这时就得赶快上医院请医生诊治了。

🔺 气管和肺部支气管示意图

支气管是由气管分出的各级分支。一级支气管，即左、右主支气管。左主支气管较细长，走向倾斜；右主支气管较粗短，走向略直。

🔺 打哈欠

打哈欠时人体吸入新鲜空气，这些空气能够降低鼻腔中血管和血管中血液的温度，这些低温血液被输送至大脑后会进一步刺激大脑，使大脑保持警觉。

人为什么会打哈欠？

打哈欠是常事，有时还有感染力，特别是午后2点、晚上10点左右，一个人打哈欠，周围人也会跟着打哈欠。打哈欠是大脑兴奋处于低潮所引起的感应性和良性的调节反应，医学上说打哈欠是一种自我保护的行为。

二氧化碳是身体内的废气，在血液中积聚过多时，便引起哈欠反射。打哈欠时，咀嚼肌、面肌、颈部肌肉收缩，使嘴强制张大，呼出二氧化碳；与此同时，胸腔扩展，双肩抬高，使肺部能够吸收比平时更多的空气，供给脑部更多氧气。所以，打哈欠有醒脑提神的作用。

引起哈欠的原因很多。疲劳、紧张、久坐、专心致志做功课、腰带太紧、室内过热和通风不良等，都会引发哈欠。

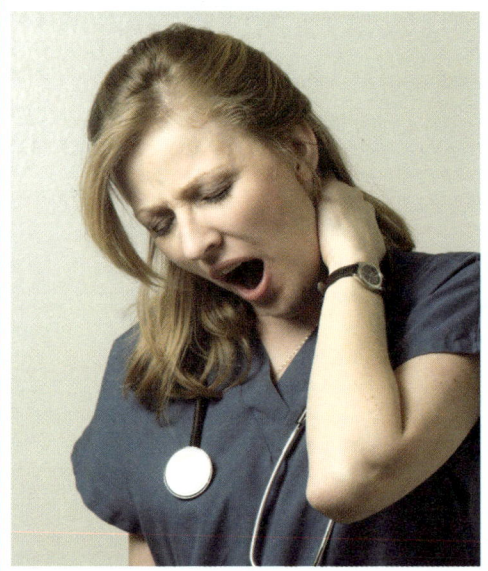

•••【百科辞典】•••

咳嗽：
喉部或气管的黏膜受到刺激时迅速吸气，随即强烈地呼气，声带振动发声。

白细胞：
血细胞的一种，比红细胞大，圆形或椭圆形，无色，有细胞核，产生在骨髓、脾脏和淋巴结中，作用是吞噬病菌、中和病菌分泌的毒素等。

感应性：
因受外界刺激而引起灵敏反应的特性。

人类之最 功能最多的内分泌腺：人的大脑下面有个像蚕豆一样的小东西叫脑垂体，它能分泌至少七八种身体必需的激素。

为什么人血是红的？

Weishenme

人类很早就知道血是红色的，也知道血对人的重要性，如果血流尽了，人就会死去。那么，血液为什么是红色的呢？

这是因为在血管中奔流的红细胞是血液最主要的构成成分，它占全部血液量的50%左右。所以，是这些悬浮于血浆中的红细胞使血液变成了红色。

红细胞的主要成分是一种名叫血红蛋白的物质，血红蛋白是一种含铁的结合蛋白质，由球蛋白和血红素组成，其中关键部分是能够携带氧分子的含铁血红素。由于每个红细胞有4个含铁血红素分子，每个含铁血红素分子可携带1个氧分子，所以一个红细胞可以携带4个氧分子。红细胞的颜色因含氧量的不同而稍有变化。人体血液中所含氧气量的多寡是决定血液颜色的关键因素之一。动脉血因含氧量高，所以颜色鲜红；静脉血含氧量低，所以颜色暗红。℮

为什么小伤口流血会很快停止？

Weishenme

当我们的手指不小心被刀割伤后，会流出一滴滴的鲜血。可是过了一会儿，流出的血会越来越少，最终伤口结了血痂，血液也自行止住了。这是什么原因呢？

这要归功于血液家族中个头最小的成员——血小板。虽然名为血小板，可它却不像板，它的形状是不规则的。有的是椭圆形，有的就像一块块碎片，数量不多也不算少，每立方毫米血液中约有10万至30万个。血小板寿命约7至14天，每天约更新总量的1/10，衰老的血小板大多在脾脏中被清除。

血小板就像水龙头的开关，而且还是个自动开关。当血液从伤口往外流时，血小板即迅速集中在伤口处，并融合在一起，阻止伤口流血。血小板还能释放出凝血因子，它与血浆中的纤维蛋白原相互作用，使纤维蛋白原变成固体纤维蛋白，这些纤维蛋白相互交错重叠，最终就堵住了伤口。

有些专家发现，血小板中具有生长因子，它可以帮助伤口愈合。当我们的伤口结痂后，只要不再去碰破它，过几天所结的痂便会自动脱落，这是血小板中的生长因子在起作用。生长因子具有修复伤口，恢复皮肤、血管的功能。℮

◆ **血液的组成**
血液是流动在心脏和血管内的红色液体，主要成分为血浆、血细胞和血小板三种。血细胞又分为红细胞和白细胞。其中红细胞占大部分，因含有名为血红蛋白的蛋白质而呈红色。

◆ **血液中的血小板**
当某部位受伤出血时，具有凝血作用的血小板会很快聚集在那里，阻止伤口流血。

你知道吗

☐ 有一种生活在深海底处名叫鲎的动物，它的血液是蓝色的，这是因为它的血细胞的主要成分是一种血蓝蛋白而不是血红蛋白，这种血蓝蛋白含铜，呈蓝绿色，因此也叫铜蓝蛋白。

☐ 在非洲西北部山区有一种过着原始生活的绿色人种，总数不到3000。据说，这些绿种人不仅看上去像树叶一样绿，而且他们的血液也是绿色的。

人类之最 人类最多的血型：根据调查，就全世界范围来说，O型血的人数量最多，约占总人口的46%。

静脉中流动的都是静脉血吗？

首先我们要弄明白静脉和静脉血、动脉和动脉血之间的区别：动脉和静脉是输送血液的管道，属于器官。动脉血和静脉血是血管中流动着的血液，属于组织。区分动脉和静脉主要看血管中血液流动的方向：将血液由心脏送出去的血管为动脉；将全身各处的血液收回心脏的血管为静脉。区分动脉血和静脉血的依据是血液中氧的含量、血液的颜色。氧含量高，颜色鲜红的血液为动脉血；含氧量低，颜色暗红的为静脉血。

动脉血因其中的氧气被身体利用后成为静脉血进入静脉，所以静脉血含氧量少，呈暗红色，这些血液最终流到腔静脉，进入右心房，最后流向肺。并不是所有的静脉里流动的血液都是静脉血，肺静脉中流动的就是含氧量很高的动脉血。

↑ 人的心脏模型
心脏如同本人的拳头大小，通过间隔分为左右两半，每一半再进一步分为两部分：回收血液的部分（称为心房）和喷血的部分（称为心室）。

为什么会有脉搏？

当你把左手自然地平放在桌面上，掌心向上，用右手的食指、中指、无名指搭在左手腕靠近大拇指的一侧时，你会感到手指上有一跳一跳的感觉，这就是脉搏。这时你所搭的是桡动脉。此外，在头上、颈部、腹部、脚上都可以摸到脉搏。人为什么会有脉搏呢？

脉搏是由心脏的收缩和舒张引起的。

↑ 检测脉搏
脉搏就是指浅表动脉的搏动。正常人的脉搏和心跳是一致的，临床上有许多疾病，特别是心脏病会使脉搏异常。

当心脏收缩时，心室里的血液猛地朝动脉血管里冲去，由于血管腔较小，大量血液冲进来使血管壁扩张；当心脏舒张时，血液进入血管的速度较为缓慢，这时血管壁借助于自身较好的弹性回缩。心脏有节律地收缩和舒张，血管壁也有节律地扩张、回缩，这就是血管的搏动。这种搏动能沿着血管壁不断地向前传播，因此，我们在身体的许多部位都能摸到脉搏。

一般情况下，摸静脉血管感觉不到脉搏，这是因为静脉血管管腔较大、血流速度慢、管壁较薄、弹性不足等。因此，准确地说，我们能摸到的是动脉脉搏。

古代中医早就有了切脉看病的诊断方法。他们根据脉搏的次数、强弱、节律、波形的变化来判断心脏的健康状况、血压的高低等，甚至可以判断是否怀孕，传说高明的医生还可以根据脉搏判断胎儿的性别。由此可见切脉之神奇。

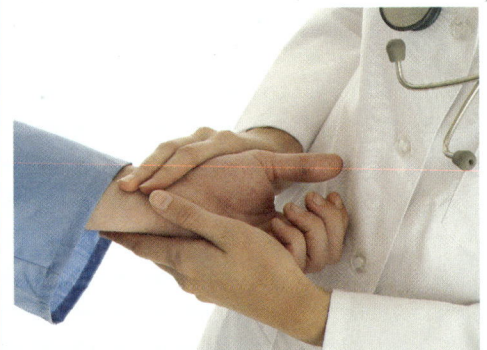

【百科辞典】

脉搏：
心脏收缩时，由于输出血液的冲击引起的动脉的跳动，也叫脉息。

桡动脉：
位于手腕部肱桡肌与桡侧腕屈肌之间，浅面为前臂深筋膜，深面为拇长屈肌腱和旋前方肌及桡骨下端。

人类之最 人体内微血管最多的部位：肺部一共有3000亿条微血管，假如连接起来，总长度约为2400千米。

不同血型的人为什么不能相互输血？

Weishenme

当伤者急需输血而医院恰巧没有合适的储备血时，医生要组织人员为伤员输血。在输血之前，医生首先要检验伤员和为伤员输血者的血型，看他们的血型是否相合，一般相同的血型才可以输血，不相同则不能输血。

1902年，奥地利病理学家兰特斯坦纳发现，人类的血液有四种基本类型，即A、B、AB、O四种，我们每个人的血型只是四种中的一种。这四种血型是根据不同人的血液含有四种不同的特殊物质的情况确定的。这四种物质，有两种在红细胞里，叫A凝集原和B凝集原；另两种在血清里，叫α凝集素和β凝集素。A型血的红细胞里含有A凝集原，血清中含有β凝集素；B型血的红细胞里含有B凝集原，血清中含有α凝集素；AB型血的红细胞里含有A和B两种凝集原，血清中没有凝集素；O型血的红细胞里没有凝集原，血清中含有α和β两种凝集素。血型不合者不能相互输血，是因为不同血型的血液里所含的上述物质一旦接触就会使红细胞发生凝集，使人出现生命危险。

皮肤苍白就是贫血吗？

Weishenme

贫血是一种常见的病症。从检测指标上说，贫血通常是指成年人每升血液中红细胞和血红蛋白指标低于正常值。有许多人认为，只要皮肤苍白就是贫血。其实，这种观点是片面的，不科学的。

事实上，人的皮肤颜色深浅受到多种因素影响。肤色不仅和血液里血红蛋白数量有关，而且与皮肤厚度、皮肤色素含量等也有密切关系。此外，环境因素也对肤色有很大影响。比如，一个人如果长期不晒太阳，肤色也会比平时白一些。

由此可见，皮肤颜色苍白不一定是贫血引起的。相反，肤色较深的人也有患贫血的可能。因此，确定某人是否贫血或贫血程度如何，不能单纯靠肤色深浅来判断，通常应以血红蛋白指标作为诊断贫血的依据。同时，医生也会结合贫血的临床特征，如皮肤、指甲根部、口唇的颜色，以及心慌、气短、头晕、失眠、记忆力下降等症状，作出正确的判断。

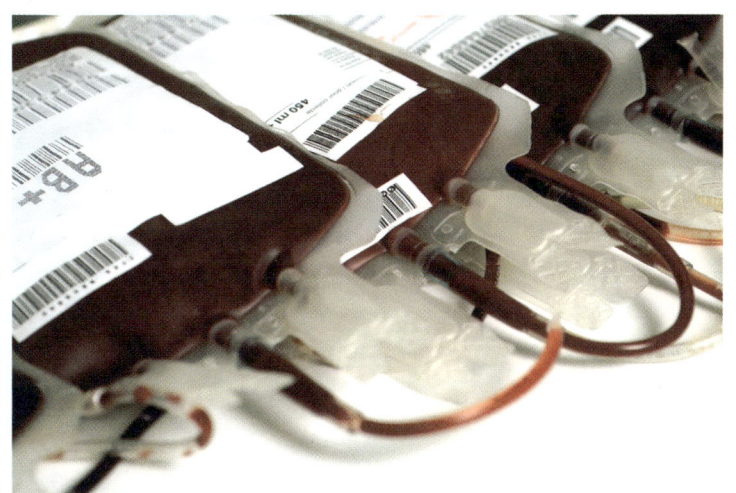

○ 血库里的血浆
血库里的血浆都是按照不同的血型进行分类的，非常严格。血型不同的人不能进行输血，否则被输血者有生命危险。

○ 贫血病人的红血球
贫血是指全身循环血液中红细胞总量减少至正常值以下。虽然红血球决定了血液的颜色，但贫血病人的脸色不一定苍白。

你知道吗

过去人们认为只有人才有血型，现在已知许多动物都有血型。生长在美国缅因海湾的角鲨有4种血型。大马哈鱼至少有8种血型。家畜也有血型，牛有3种，马有4种，猪也有4种。

只要血型相同就能保证输血安全吗？

根据ABO血型分类法，可以把人类的血型分为四种。凡红细胞只含A凝集原的血，称为A型血；红细胞只含B凝集原的血，称为B型血；A和B两种凝集原都有的血液，称为AB型血；A、B两种凝集原都没有的血液，则称为O型血。

任何人的血清中都不含有和自身红细胞凝集原相对抗的凝集素，即在A型血的血清中只含抗B凝集素；B型血的血清中只含抗A凝集素；AB型血的血清中，这两种凝集素都没有；而O型血的血清中则两种凝集素全有。因此，最好是输同型的血，否则容易产生凝集反应。

但是，即便是同型输血，也不一定能保证绝对安全。这是因为人类除了ABO血型以外，还有一种含Rh因子的血型。凡红细胞有Rh因子的人称为Rh阳性，没有Rh因子的人称为Rh阴性。一个Rh阴性的人第一次接受Rh阳性的血液时不会发生凝集反应。但这个人以后如再次输入Rh阳性的血液时，就会发生凝集反应。所以，即使是同型输血也必须小心谨慎。

心脏从来不休息吗？

心脏是循环系统中的动力。人的心脏如本人的拳头大小，外形像桃子，位于横膈之上，两肺间而偏左。心脏主要由心肌构成，有左心房、左心室、右心房、右心室四个腔。左右心房之间和左右心室之间均由间隔隔开，所以互不相通；心房与心室之间有瓣膜，这些瓣膜使血液只能由心房流入心室，而不能倒流。人在睡着之后，手脚不动了，眼、耳不看不听了，大脑也基本休息了。脑细胞也像夜里城市的路灯，只有少数亮着。可人的心脏却一直在跳个不停，"生命不止，心跳不停"。那么，心脏真的从来都不休息吗？

其实，心脏是会自我协调、积极休息的。心脏跳动一次，包括收缩、舒张，医学上称为一个心动周期。如果心跳每分钟75次，那么一个心动周期等于0.8秒（即60秒除以75次等于0.8秒）。在0.8秒的时间里，心房收缩占0.1秒，心房舒张占0.7秒，心室收缩占0.3秒，心室舒张占0.5秒。由此可见，不管是心房还是心室，收缩占的时间都比舒张的时间短。实际上，心房每天工作4小时，休息20小时；心室每天工作11小时，休息13小时。可见，心脏有充分的时间休息。

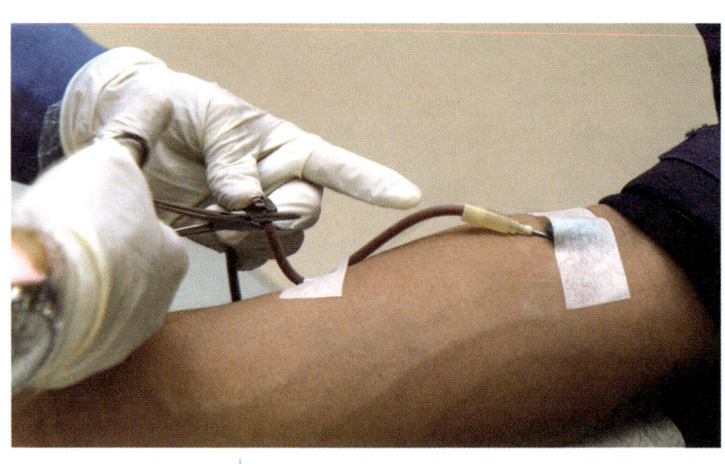

献血
无偿献血是国际卫生组织与国际红十字会推崇的献血形式。健康人按规定献血后，由于造血功能加强，失去的血细胞很快得到补充，身体会变得更健康。

心脏
如果按一个人心脏平均每分钟跳70次、寿命70岁计算的话，一个人的一生中，心脏就要跳动近26亿次。一旦心脏停止跳动而通过抢救不能复跳，那就意味着生命终止了。

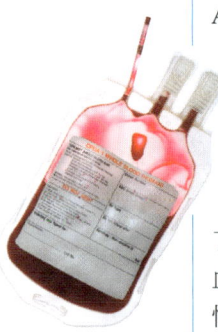

世界上最稀少的血型：最稀少的血型是"孟买血"血型，1961年在捷克的一名护士身上发现。

牙齿为什么各不相同?

Weishenme

人类牙齿的类型、结构与食物的种类、性质有密切关系。由于牙齿要担负切割、撕裂、研磨食物的任务，所以32颗牙在颌骨上的位置及排列非常巧妙，并且分工明确：前方门牙主要负责切割食物；向内两侧是用来撕肉食的尖锐犬牙，共4颗，占10%；剩余20颗，占60%，是适合磨碎谷类食物的臼齿。人类进化后，由于工具的发明和烹调技术的进步，牙齿的功能和颌骨承受的压力大大减小，颌骨退化，牙床变小，牙齿的排列就比较拥挤。有时第三恒齿，也叫智齿，会发生阻生，引起牙龈病，让人疼痛难忍。奇形怪状的智齿并不是智慧的象征，而是多余无用的牙齿，若经常发炎，可以拔除。

牙齿形态各异，但牙的骨质都一样，它是全身最硬的骨组织。牙冠表面釉质钙化度最高，无机盐物质占96%至97%，加上面部发达的咀嚼肌，所以人能咀嚼硬度较高的食物。但是，过硬或过热、过冷的刺激均会造成牙齿的损害。一般在35至36摄氏度的温度下，牙齿组织和细胞的新陈代谢才能处于最佳状态。

蛀牙是怎么形成的?

Weishenme

爱吃糖的人的牙根附近常会产生黑色斑点，有时甚至产生黑洞，这就是我们常说的蛀牙。那么，蛀牙是怎么形成的呢？

蛀牙的形成最主要与两个因素有关，即糖类的摄取以及特定的口腔内细菌（如某些链球菌）。食物中的糖类经过口腔菌落的发酵而生成有机酸，有机酸会破坏牙齿附近的酸碱平衡，当酸性达到一定程度时，牙齿便会去钙化。刚开始牙齿的珐琅质会出现不透明的白点，若去钙化的过程继续，牙齿便会空洞化，最后形成蛀牙。

糖类食物摄取越多，糖类在口腔中停留的时间越长，蛀牙形成的概率就越大。如嚼食含蔗糖的口香糖造成蛀牙的概率远比喝含蔗糖的汽水饮料高。

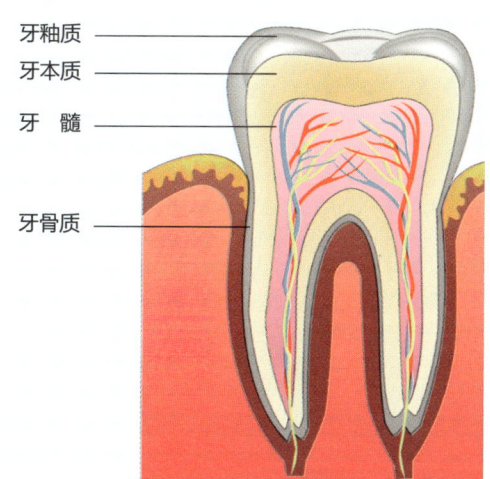

- 牙釉质
- 牙本质
- 牙　髓
- 牙骨质

【百科辞典】

智齿：
口腔中最后面的白齿，一般在18至30岁才长出来，也有的人终生不长智齿。

刷牙
刷牙是保持口腔清洁的主要方法，它能消除口腔内软白污物、食物碎片和部分牙面菌斑，减少口腔环境中的致病因素，预防和治疗蛀牙、牙周炎等各种牙科疾病。

牙齿剖面图
牙齿由牙釉质、牙本质、牙骨质以及牙髓四个部分组成。

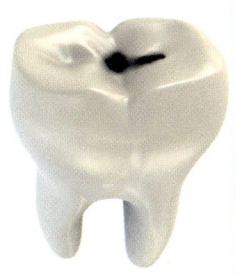

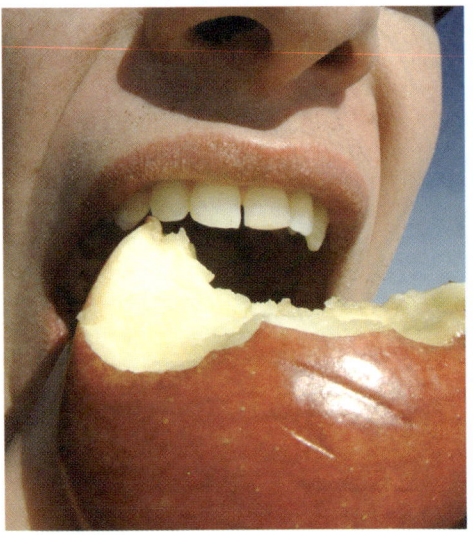

→ **倒牙**
"倒牙"在医学上被称为牙齿感觉过敏,是指在牙本质部分暴露或者机体抵抗力下降时,牙齿遇到在正常生理范围内的外界刺激时出现的异常酸痛感。

→ **健康的牙齿**
要想有一副健康的牙齿,必须注意牙齿的保健,多吃含钙丰富的食物,特别是在婴幼儿时期就应注意饮食的选择。再则,还要注意口腔卫生。

为什么酸东西吃多了会"倒牙"?

Weishenme

我们平常吃一些酸味儿特别浓的水果后,会感觉牙齿变"软"了,产生一种酸痛的怪感觉,这就是所谓的"倒牙"。吃酸东西倒牙,是因为牙齿有了伤,碰上酸的东西或其他硬的东西容易受到刺激的缘故。

我们牙齿的最外层都有一层保护膜,叫牙釉质。它能保护我们的牙齿免受冷、热、酸、甜的刺激。但是,由于平时不注意保护牙釉质,咬较硬的食物,比如啃硬骨头、咬带壳的核桃、杏仁儿等,就会破坏牙釉质。这样牙釉质下面的牙本质就露出来了,牙本质上通着神经,感觉比较灵敏,碰上酸的东西容易受到刺激,我们自然就会有酸痛的感觉。

再者,酸的东西本身就有腐蚀性。即使牙齿原来没有受伤,酸的东西吃多了,也会使牙齿外面的牙釉质被腐蚀掉一部分,进而发生"倒牙"现象。

人为什么要换牙?

Weishenme

每个人一生都有两副牙齿——乳牙和恒牙。乳牙在婴儿6个月后就开始长出来了,乳牙的数目等于婴儿出生的月数减去4或6,也就是说1岁时乳牙就会长出6个或8个,到两岁半左右全部出齐,共20颗。6岁时,乳牙就开始自己掉了,慢慢长出恒牙来;12岁时,恒牙就完全占据了乳牙的位置;17至25岁时,恒牙全部长了出来,共28至32颗。

换牙是每个人都会经历的生理过程。但人为什么要换牙呢?

科学家认为,人从出生到6岁,是头颅骨骼发育最快的时期。人出生时上下腭牙床的骨骼比较小,随着人体的生长发育,牙床逐渐变大,乳牙会显得越来越小,而它的功能也渐渐不能满足人体生长的需要。人的牙床到6至7岁以后基本定型,以后的生长变化很小,因此,人在六七岁时换牙最佳。

•••【百科辞典】•••

牙釉质:
牙冠表面呈半透明且有一定光泽的一层物质,主要成分是磷酸钙等无机物,其硬度可与石英相媲美。

牙本质:
牙釉质的内层组织,色泽淡黄,对外界刺激非常敏感,主要成分是羟磷灰石等无机物和胶原蛋白等有机物。

乳牙:
在婴儿出生后六七个月开始长出,到两岁半左右长全的牙齿,共20颗,也叫奶牙。

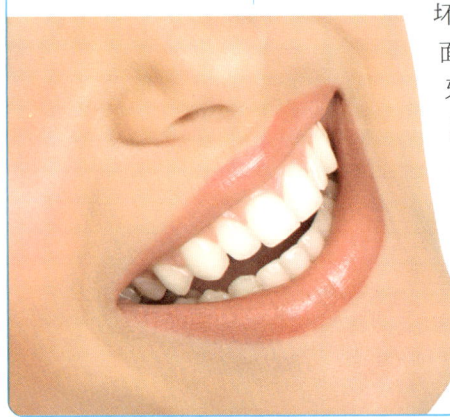

为什么食物要经过咀嚼才能吞咽?

Weishenme

我们对食物的消化过程是从口腔开始的,由牙齿、舌和唾液的活动而引发。锐利的门齿和犬齿切断、撕碎食物,扁平的前臼齿和臼齿将食物磨碎,这就是咀嚼过程。

食物进口后在第一关被嚼得十分细碎,然后通过咽喉、食道,进入胃里。经过胃的不停蠕动,在胃液的作用下,食物被细致加工成为半流质的糊状物,然后再被送到肠子里去。肠液、胰液再对糊状物进行充分消化,使肠道能吸收营养并排出废物。

如果我们吃东西时狼吞虎咽,食物没有经过仔细咀嚼,就会增加胃的负担。胃不能很好地消化食物,就会影响肠的消化和吸收,进而影响到身体健康。食物在嘴里加工得越细,胃的负担越小。所以,我们吃东西时一定要细嚼慢咽。

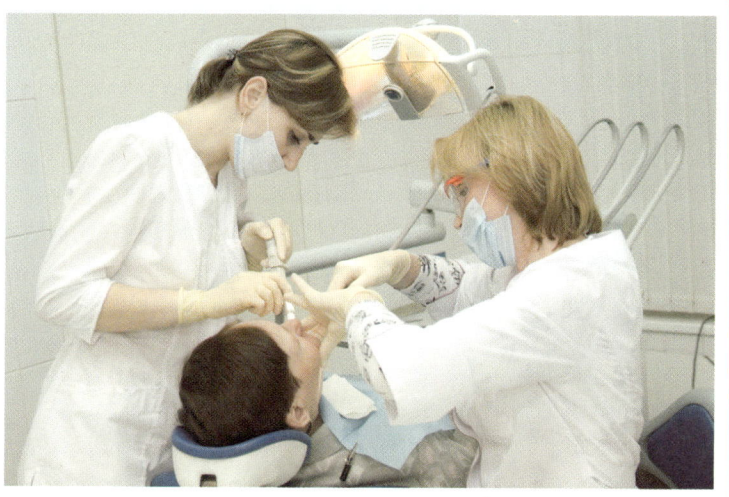

为什么嚼东西时不宜偏用一侧牙齿?

Weishenme

牙齿具有咀嚼功能,并与发音和面部美观有密切关系。如果常偏用一侧牙齿咀嚼食物,常使用的一侧牙齿就会负担过重,牙面容易磨损引起牙质过敏或牙髓炎。不常用的一侧牙齿,则因缺少适当的食物摩擦,牙周组织比较薄弱,容易积存牙垢,引起龋齿和牙周病。从小就偏用一侧牙齿,还会使一侧的脸部肌肉发育超过另一侧,引起两侧面部不对称,从而影响到美观。

总喜欢用一侧牙齿咀嚼食物的人,多数是因为另一侧牙齿缺失、有洞或缝隙宽,容易嵌塞食物。有了这些问题应及时到医院治疗,纠正偏用一侧牙齿咀嚼食物的习惯。当开始使用原来不常用的一侧牙齿时,常会感到不得力,这时可以用较软或小块的食物逐渐锻炼,经过一段时间就会适应了。

诊治牙病
用一侧牙齿咀嚼食物可能导致牙齿畸形,或引起牙病。牙齿离大脑很近,疼痛起来非常难受,最好到牙科诊所治疗。

牙齿的作用
恒牙按形态和功能可分为切牙、尖牙和磨牙。切牙的功能是切断食物,尖牙用以穿刺和撕裂食物,磨牙则能磨碎食物。人类咀嚼食物使用的主要是磨牙。

你知道吗

■ 我们口腔中的唾液里含有酶,它能分解淀粉、碳水化合物等,帮助消化食物,还可以冲掉食物残渣,使口腔及牙齿保持清洁。

■ 牛有四个胃,分别是瘤胃、蜂巢胃、重瓣胃和皱胃。牛吃东西时,食物不经过咀嚼就从瘤胃到蜂巢胃,经过发酵后又返回嘴里,经反复咀嚼后再送到重瓣胃,最后送到皱胃消化吸收。

胃酸有什么用？

Weishenme

胃液是酸的，因为胃液中含有胃酸。胃酸包括盐酸、酸性磷酸盐、乳酸、醋酸等。由于后几种物质的含量很少，盐酸就成了胃酸的代名词。正常人每天分泌胃液1500至3000毫升，可见酸的分泌量是很多的。胃黏膜中有一种特殊的细胞叫做壁细胞，它是一个盐酸的"制造车间"。胃内之所以有这么多盐酸，是因为它对人体起着很重要的作用。胃内的盐酸有什么生理作用呢？

杀菌：随食物混进胃内的细菌，生长在口腔、饮水中的细菌很难闯过这第一道"酸防线"，大多在胃中被消灭。

初步消化蛋白质：盐酸可使食物中的动物蛋白（肉、蛋、鱼、奶）和植物蛋白（谷类、豆类等）发生变性而易被消化，更重要的是，胃内的胃蛋白酶只有在盐酸作用下才能消化蛋白质，不过只是初步消化而已。

促进胰液、胆汁分泌：胃酸进入小肠后会间接地促进胰液和胆汁这两种消化液分泌，前者是消化蛋白质和脂肪的"主力军"，后者则负责消化吸收脂肪。

促进铁和钙的吸收：铁是造血原料，钙是骨骼生长必需的成分，只有在酸性条件下，二者才能较好地被吸收利用。

可见，胃酸是人体消化系统的重要成分之一，胃酸缺乏或减少会出现一系列消化不良的症状。

你知道吗

- 胃酸的功能很重要，在胃酸分泌过少或服用碱性药物时，常常会有腹胀、腹泻等消化不良症状。
- 胃酸分泌过多对人体也没有好处，因为过多的胃酸对胃和十二指肠黏膜有侵蚀破坏作用，是消化性溃疡病的发病原因之一。

为什么胃不会把自己消化掉？

Weishenme

胃是人体消化食物的主要器官之一。它能蠕动，把食物磨烂。它分泌的胃液中含有胃酸和胃蛋白酶：胃酸可以杀死食物中的细菌，使富含纤维的食物变得十分柔软，还能增强胃蛋白酶的作用；胃蛋白酶能把食物中的蛋白质分解成便于人体吸收的氨基酸。

胃能消化掉其他动物的肉，但却不会把自己也腐蚀消化掉，这是为什么呢？

事实上，胃液在消化食物的同时，确实对胃壁有一定的损害作用。但由于胃有很强的再生能力，因此这种损害仅是暂时的。据研究，每分钟胃的表面能够产生约50万个新细胞，也就是说，只需三天就可以再生一个新的胃。而且胃壁上覆盖着一层厚厚的黏膜，它可以防止腐蚀性的胃液直接渗入内壁。此外，在胃壁上皮细胞上面还覆盖着薄薄的一层碳水化合物，可以进一步加强对胃的保护。有这么多重的保护和防范措施，我们的胃当然就不会消化掉自己了。

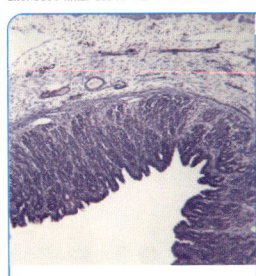

胃壁剖面
人的胃壁由黏膜、黏膜下层、肌层和外膜四层组成，并有神经、血管和淋巴管分布其中。

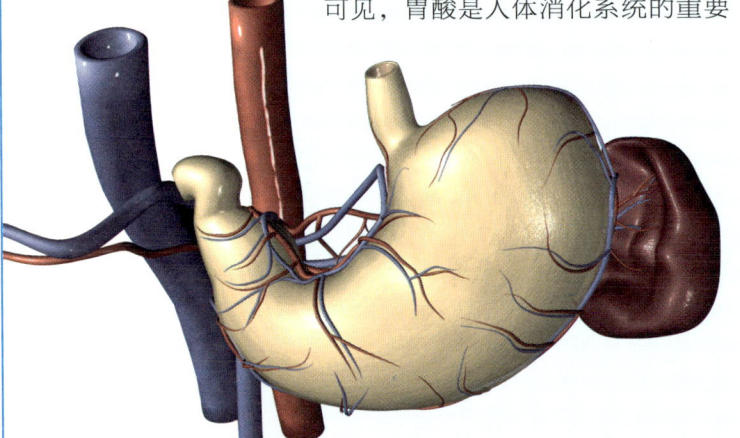

胃
胃是人体消化系统的主要部分。胃壁上覆盖的胃黏膜具有特殊的保护作用，与胃液直接接触，带有腐蚀性的胃液不能渗入到胃的内壁，使其免遭或只受到轻度的酸液侵蚀。

人类之最 人体最主要的能源：糖类是供给人体热量和力气的最主要的能源。正常情况下，人体大约70%的能量是由糖类来提供的。

肚子饿了为什么会叫？

Weishenme

当食物在胃中消化将近完毕时，胃液仍旧继续分泌，由于胃里空了，胃的收缩就逐渐加强。空胃猛烈收缩时的冲动通过神经传至大脑，就引起饥饿感觉，我们称这种猛烈的胃收缩运动为"饥饿收缩"。

当胃进行饥饿收缩时，胃内的液体和吞咽下去的气体在胃内不得安宁，一会儿被挤到东，一会儿又被挤到西，结果就会发出"咕咕"的声音。

饥饿收缩是周期性的，在饥饿时胃的强烈收缩只不过延续半小时左右，随后也就进入平静期，再这么延续半小时到1小时，随着胃收缩的停止，饥饿的感觉也就消失了。所以，等到饿过头以后，我们反而吃不下东西了。

吃下的东西都去哪儿了？

Weishenme

人的身体就好像一个炉子。要不断地向炉子里添煤，火才能一个劲儿地烧下去。人体不断地在发热、运动，也需要按时往里加"燃料"——食物。食物中所含的蛋白质、脂肪、碳水化合物等，在人体内各种酶的作用下被氧化了，这个过程虽然不会产生火，却能释放大量的热。

蛋白质"燃烧"以后，变成了尿素，从小便里排出去。脂肪和碳水化合物"燃烧"后，变成了二氧化碳和水。二氧化碳从鼻孔里跑掉了，水分有的在呼气时跑掉，有的成了"无形的汗"从皮肤上跑掉，也有的从大小便里排出去。这些东西排泄出去，人体就轻了。也正因为这样，人们要经常进餐，用吃进去的食物来供给热量，维持生命活动。

人为什么会打嗝？

Weishenme

我们常常会遇到这样的现象，当吃饭太快、吞咽不当或遇到某些刺激时，人们往往会控制不住地打嗝。虽然打嗝不会影响身体健康，但使人难受，在大庭广众之下更使人难堪。

那么，人为什么会打嗝呢？这是因为人们吃饭过快，或吃饭时说话把气体吞入胃中，由膈肌痉挛引起的，是暂时的现象。一些胃病患者，或消化功能不好的人，也会有此现象。

防治打嗝，第一，吃饭要细嚼慢咽，不要边吃饭边说话。第二，吃干饭时喝点汤。遇到打嗝时，可深吸一口气，屏住气，然后喝几口水；也可以张口做腹部深呼吸；或用拇指压耳垂后凹陷处5至10分钟；或紧压左手少商穴（此穴在拇指桡侧指旁）1分钟；或两手拇指压在太阳穴上，两手食指在两侧眉毛处按摩。

胃的肌层
肌层是构成胃壁的主要层次之一，由内斜、中环和外纵三层平滑肌构成。

人体消化系统示意图
消化系统由消化管和消化腺两部分组成。消化管是一条起自口腔，延续为咽、食管、胃、小肠、大肠、肛门的很长的肌性管道。消化腺包括消化管各部的管壁、三对唾液腺、肝和胰。食物只有在消化系统的帮助下才能转化为人体所需的能量。

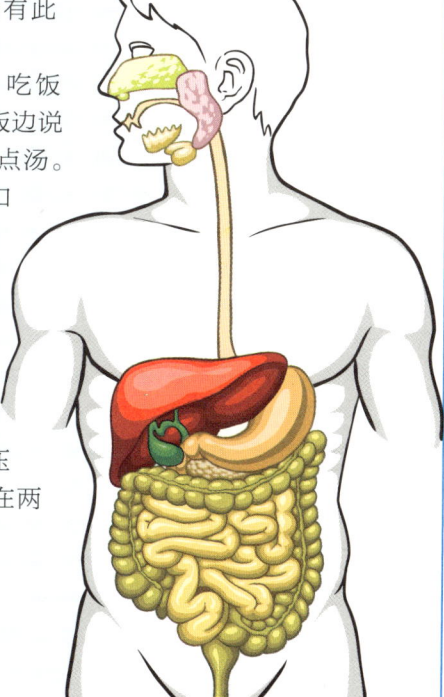

人类之最 人体"库存"最多的物质：脂肪一般约占成年人体重的15%，是人体"库存"最多的物质。

胆汁是胆囊分泌的吗？

胆汁不是由胆囊分泌的，它由肝脏分泌，不断进入肝内毛细胆管，聚集在胆囊，最后由胆总管排到肠道。正常成人每天生成并分泌的胆汁大约有300至700毫升，其主要成分是胆汁酸盐、胆红素和胆固醇。胆囊位于肝脏的下方，起到储存和浓缩胆汁的作用。

肝脏制造胆汁，然后汇聚到一根管子（即胆总管）里，这根管子在中间部分分了个叉，分出一根管子与胆囊相通。胆总管最后与十二指肠相通。平时没吃东西的时候，胆总管与十二指肠的接口处是关闭的（由一层环形肌肉控制），肝脏制造的胆汁就暂时储存在胆囊内；在人吃油腻、高蛋白的食物时，胆总管与十二指肠的接口处就会开放，胆囊内储存的胆汁就释放入十二指肠，参与脂肪的消化。

胆汁对人体是有益的：胆汁中的胆汁酸能乳化脂肪，使之成为乳胶体，且能激活胰脂酶，促进脂肪的消化和吸收；胆汁既是一种消化液又是排泄液；除胆红素外，进入体内的药物、代谢产物、毒物、染料及重金属盐等均可随胆汁排入肠道，再由粪便排出体外。

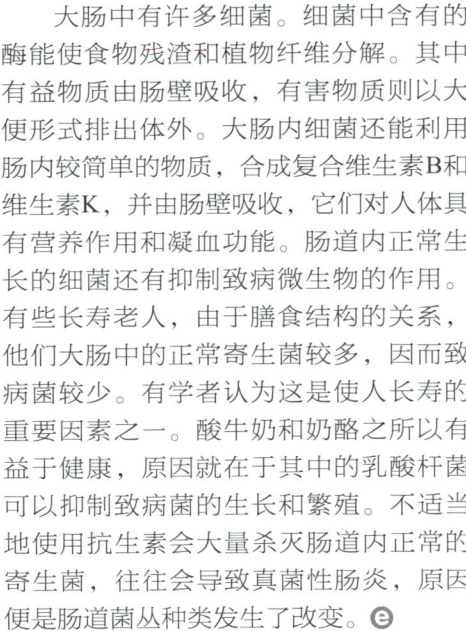

➡ 人体肠道示意图

 大肠杆菌

大肠杆菌能发酵多种糖类，产酸、产气，是人和动物肠道中的正常栖居菌，婴儿出生后即随哺乳进入肠道，与人终身相伴。

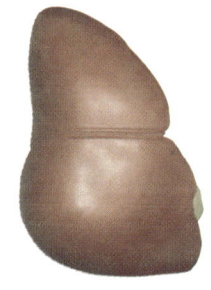

为什么大肠里有细菌？

人体有些地方是不能有任何细菌的，如血液、骨髓内，但有些器官却必须有细菌存在，如肠腔、皮肤、口腔等。当然，这些细菌通常是不具有致病性质的。

大肠中有许多细菌。细菌中含有的酶能使食物残渣和植物纤维分解。其中有益物质由肠壁吸收，有害物质则以大便形式排出体外。大肠内细菌还能利用肠内较简单的物质，合成复合维生素B和维生素K，并由肠壁吸收，它们对人体具有营养作用和凝血功能。肠道内正常生长的细菌还有抑制致病微生物的作用。有些长寿老人，由于膳食结构的关系，他们大肠中的正常寄生菌较多，因而致病菌较少。有学者认为这是使人长寿的重要因素之一。酸牛奶和奶酪之所以有益于健康，原因就在于其中的乳酸杆菌可以抑制致病菌的生长和繁殖。不适当地使用抗生素会大量杀灭肠道内正常的寄生菌，往往会导致真菌性肠炎，原因便是肠道菌丛种类发生了改变。

你知道吗

■ 大肠中充斥着数十亿的细菌，只要大肠壁保持完整，这些细菌便无害。

■ 有些细菌能合成少量可被大肠吸收的维生素，虽然这些维生素的量与食物中所含维生素的量相比要少得多，但当饮食中缺乏这些维生素时，这些由细菌所产生的微量维生素便显得十分重要了。

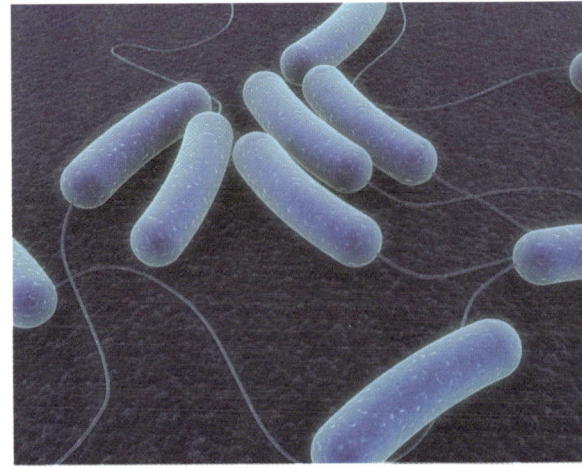

阑尾是无用的器官吗？

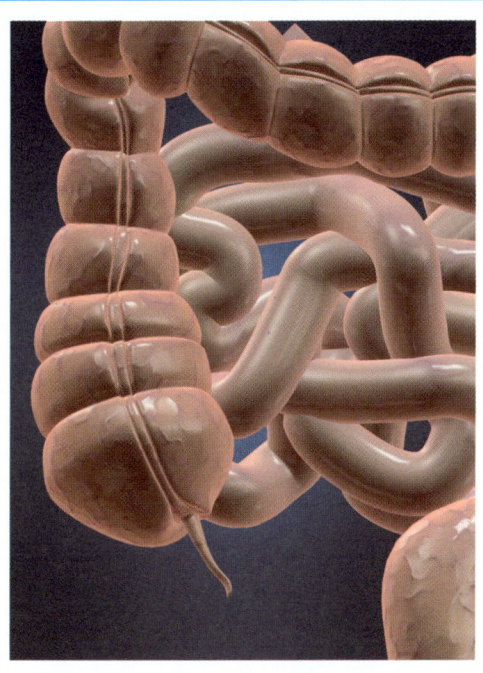

多年来，人们一直认为阑尾没有什么生理功能。但是我们知道，阑尾在人的胎儿和青少年时期发挥着重要的作用。人类胎儿发育到11周前后，阑尾中会出现内分泌细胞。这些内分泌细胞可产生各种生物胺和缩氨酸激素，从而协助人体进行自我平衡。

研究人员认为，成人身上的阑尾主要与免疫功能有关。人出生后不久，淋巴组织便开始在阑尾中聚积，在20岁左右达到高峰，之后迅速下降，并在60岁后消失殆尽。不过，在身体发育阶段，阑尾能够发挥淋巴器官的功能，促进B淋巴细胞（一种白细胞）的成熟和免疫球蛋白A类抗体的生成。研究人员还证明，阑尾参与制造的分子有助于淋巴细胞向身体内的其他部位转移。

由此看来，阑尾的功能似乎是使白细胞接触胃肠道里的大量抗原即外来物质。因此，阑尾可以帮助抑制具有潜在破坏作用的体液性抗体反应，同时能够提供局部的免疫作用。阑尾吸收肠道内的抗原并对其作出反应。这种局部的免疫系统在生理免疫反应以及对食物、药物、细菌或病毒性抗原的控制中发挥了重要的作用。目前，科学家正在对这些局部免疫反应与炎症性肠疾病以及自体免疫反应之间的关系进行研究。

盲肠和阑尾
阑尾是回肠与盲肠交界处的一条蚯蚓状突起，有时会发炎，称为阑尾炎，也叫"盲肠炎"。

为什么要定时排便？

每天，我们要吃进大量的食物。这些食物经过消化道时被消化、吸收，剩下的食物残渣在肠内经过发酵形成粪便，进入直肠，最终由肛门排出，这就是排便。

排便是人体正常的排泄行为，是不可缺少的生理活动。但是，不同的人排便的习惯也不同，有的人每天排一次便，很有规律；有的则几天才排一次便。事实上，身体每天都会产生便意，但有些人因工作忙，一时走不开或场所不合适，便忍了下来。如果长期这样，直肠壁上的神经末梢对大便积聚的反应就不敏感了。粪便长时间地积聚肠腔内，其中大量的水分被肠壁吸收，变得干结，不易被排出，久而久之，便会导致便秘、痔疮等症。另外，肠道内还寄生着一些细菌，细菌在使食物残渣发酵的同时，还会产生一定量的毒素，这些毒素在人体内的时间过长，人就会中毒，感到头晕、不舒服。

因此，我们要养成定时排便的习惯，这对保持身体健康有很重要的作用。

便盆上的宝宝
从小养成定时排便的习惯，对人的身体健康至关重要。

中国孩子最爱问的十万个为什么

主题索引
人晒太阳为什么会变黑？皮肤磕碰后为什么会变成乌青色？人害羞为什么脸会红？

人晒太阳为什么会变黑？

皮肤的黑与白是由皮肤中黑色素的多少决定的，皮肤变黑是黑色素增加的结果。那么，在夏天的阳光下，皮肤的黑色素为什么会增多呢？

阳光中的紫外线是最容易伤害皮肤的，而皮肤产生黑色素正是为了抵挡阳光中的紫外线，以免皮肤受到它的伤害。我们穿着衣服的部位之所以不会被晒黑，是因为有衣服的遮挡，皮肤不需要产生黑色素来抵挡紫外线的缘故。

到了冬天，我们的皮肤又会慢慢变白，那是因为我们穿着厚厚的衣服，使得皮肤不需要直接抵抗紫外线。同时，冬天的紫外线也不是很强烈。

防晒
夏天里，太阳炽烈，给裸露的皮肤涂上防晒霜，可以保护皮肤。

皮肤磕碰后为什么会变成乌青色？

当我们不小心撞到坚硬的物体时，除了感到疼痛以外，有时候我们还会发现，被撞到的部位虽然不流血，但过了一会儿，这些被撞的地方会变得乌青，这到底是什么原因呢？

原来，在我们的皮肤里分布着很多血管，有的很粗，血管壁也较厚，这种血管不会轻易破裂。有的血管则很细，如毛细血管，将二三十根毛细血管拧成一股，也只有一根头发那么粗，而且它的血管壁很薄，仅由一层上皮细胞构成。

如果毛细血管受到外力的撞击，就很容易破裂，在皮下形成淤血块。由于这些血液中的红细胞没有充足的氧气供应，逐渐变成暗红，继而坏死，就呈现青紫色了。人体内专门负责清除废物的细胞会慢慢地将坏死的红细胞吃掉。因此，被撞部位的乌青色也要经过一段时间才会消失。

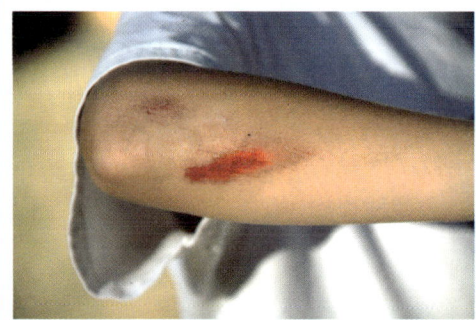

受伤的皮肤
表面没伤而皮肤乌青，是因为皮下组织的毛细血管破裂，造成红细胞死亡。死亡的红细胞时间长了就会变为青紫色。

人害羞为什么脸会红？

很多人一害羞脸就红。这好像很奇怪，难为情和感到羞耻等感情是大脑产生的，脸怎么会变红呢？

人的视觉和听觉神经都与大脑紧密联系着，当与别人谈话或者做事情的时候，看到或听到使人害羞的事情，眼睛和耳朵会立即通过神经把信息传给大脑，大脑皮质收到信息，迅速进行分析判断，然后开始刺激肾上腺，肾上腺受到刺激，立即分泌出肾上腺素。肾上腺素在会使血管扩张，尤其是脸皮下的微血管扩张得更厉害，所以脸孔就发热并且红起来了。

你知道吗

■ 我们夏天出门要带着遮阳帽或遮阳伞，以免接受过强的紫外线照射，破坏细胞的正常代谢功能。

■ 使用具有防晒作用的防晒霜和防晒露可以保护皮肤并减少黑色素的产生。

人类之最 最罕见的不出汗者：安徽蚌埠有3个孩子不会出汗，在炎热的季节里，他们常常要泡在冷水中，否则就会热昏倒地。

人体内的淋巴系统是做什么用的？

Weishenme

淋巴系统是指能够制造白细胞和抗体，滤出病原体的循环系统。它主要分布在颈部、腹股沟及腋窝等处，由淋巴结、淋巴组织、淋巴器官、淋巴和淋巴管等组成。淋巴结是淋巴系统中最小的单位。淋巴组织也称网状内皮组织，分布于全身各处。淋巴管是全身的第二条液体循环线，分布于全身。在淋巴管内流动的液体叫淋巴。全身各处的淋巴组织和淋巴结通过大小不等的淋巴管连接相通。淋巴系统可将淋巴排出，输入血液中，以抵抗病菌的感染。

淋巴细胞是人体免疫功能的主力军。按发生、形态和功能等特点，又可分成T淋巴细胞和B淋巴细胞两种。T淋巴细胞主要执行细胞免疫功能。异物抗原经巨噬细胞吞噬处理后，将决定异物特异性的抗原物质传送到T淋巴细胞，激活T淋巴细胞。T淋巴细胞能破坏具有这种特异性的异物抗原。B淋巴细胞主要执行体液免疫功能。它可产生大量免疫球蛋白，能识别、凝集、溶解异物或中和毒素。

为什么得过一次水痘就终身免疫？

Weishenme

水痘是一种常见的主要发生在儿童中的传染病。它是由水痘带状疱疹病毒感染所引起的出疹性急性呼吸道传染病，一年四季均可发病，特别多发于冬、春季。水疱主要通过空气、飞沫经呼吸道传播，也可因接触患儿疱疹内的疱浆通过衣服、用具、玩具传染，传染性较强。病毒先在上呼吸道繁殖，小量病毒侵入血液中在单核吞噬系统中繁殖后，再大量进入血液循环，形成第二次病毒血症，侵袭皮肤及内脏，引起发病。但是，出过水痘的人，一生都不会再得这种病，有了终身的免疫力。这又是什么原因呢？

这是因为，人体有一套健全的免疫系统，对特殊的微生物（病毒、细菌等）有特殊的免疫力。所谓免疫力，就是在微生物等被叫做抗原的物质刺激下，免疫淋巴组织被激活，产生免疫物质（抗体）直接杀灭微生物。免疫记忆细胞对接触过的微生物抗原留下了记忆，下次同一抗原再次侵入时，免疫记忆细胞就会很快识别出来，并迅速产生免疫物质（抗体），杀死微生物。

人类根据这一原理发明了各种疫苗，就是把微生物作减毒处理后，作为抗原注射到免疫力还不强的人身上，使其产生免疫力，以预防这些特殊传染病，达到终身免疫的目的。

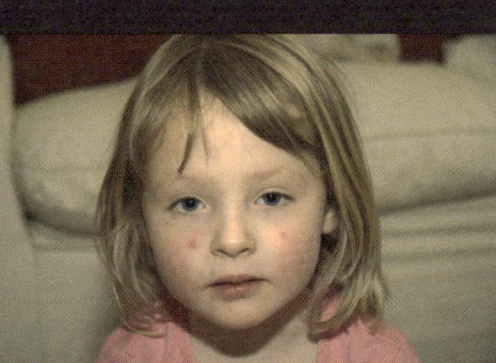

患水痘的小女孩
水痘是由水痘带状疱疹病毒初次感染引起的传染病，其主要症状是发热及出现周身性红色斑丘疹、疱疹、痂疹等。

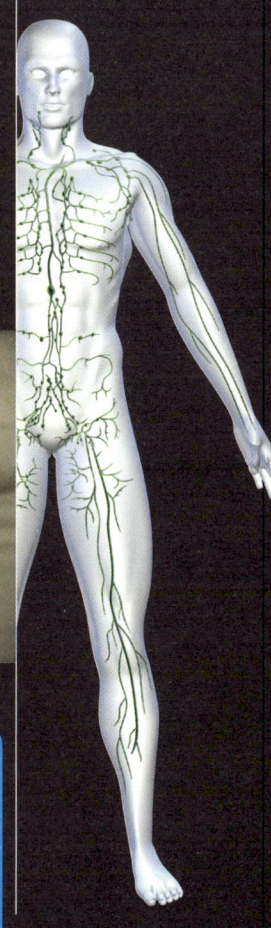

人体淋巴分布示意图
淋巴系统是循环系统的组成部分，由淋巴管、淋巴结、淋巴组织、淋巴和淋巴器官组成。

【百科辞典】

疫苗：
　　能使机体产生免疫力的病毒或立克次氏体等制剂，如牛痘苗、麻疹疫苗等。

基因是什么？

1909年，丹麦科学家约翰逊首次提出了"基因"的概念。他认为，生物的性状，如植物的高矮、花色、籽粒大小，动物的肤色、毛色等等，都是由基因决定的。

1910年，美国杰出的遗传学家摩尔根在研究果蝇的遗传现象时，发现基因会发生突变。本来是红眼的果蝇，在它的后代中突然出现白眼果蝇。究其原因，是控制红白眼性状的基因发生了变化。这一现象告诉人们，改变基因，就有可能得到新的性状，培育出新的生物种。这对于包括基因重组技术在内的基因工程技术来说，是极其重要的。

在很长一段时间里，虽然人们知道基因是怎么回事，但它具体是什么物质，却不太清楚。直到1944年，科学家通过实验才明确DNA是构成基因的物质基础。DNA由4种核苷酸组成，4种核苷酸固定配对形成密码，这就是一切生物的遗传密码。经过将近一个世纪的努力，科学家们对基因的研究已经取得了突破性的成果，可以设想，基因技术在未来的科学领域中将发挥日益重要的作用。

双螺旋结构示意图
1953年4月25日，美国科学家詹姆斯·沃森博士和弗朗西斯·克里克博士提出了DNA的新结构——双螺旋结构模式，使人们了解到基因是如何复制并携带信息的。

神经元
神经细胞是高等动物神经系统的结构单位和功能单位，又被称为神经元。其基本结构可分为胞体和突起两部分。胞体包括细胞膜、细胞质和细胞核；突起由胞体发出，分为树突和轴突两种。

人类的细胞有什么用？

你想过自己的身体是由什么构成的吗？我们的身体是由细胞构成的。细胞是表现生命体结构和功能的基本单位，其形状各种各样，主要由细胞核、细胞质、细胞膜等构成。

细胞的首要任务是准确无误地构成我们的身体。例如骨是骨细胞的集合体，肌肉由肌细胞组成，脑由无数个脑神经细胞组成，胃、肝、皮肤也都是由各自的细胞所组成的。其次是在各个环节上发挥它们各自的作用。在多细胞生物中，随着机体结构和功能的发展，细胞分化成各种各样的形态，以适应机体的各种功能，如运动、营养和生殖等。

这如同一辆汽车，汽车是由很多机械零部件组装成的，只有组装正确，它们才能全都正常运转，才能保证汽车不出故障而安全行驶。

据说，人体细胞的个数无法统计，那是一个超出人类想象能力的数字。正因为如此众多的细胞在各自的岗位上辛勤地工作，我们的身体才能这样健康。

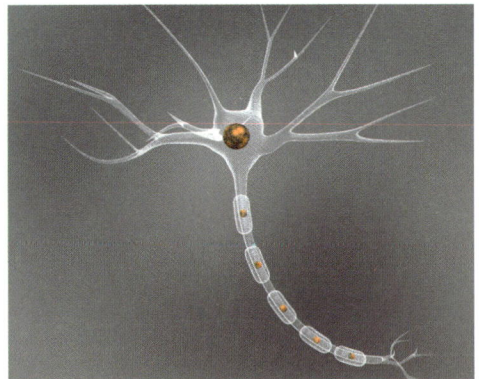

【百科辞典】

DNA：
脱氧核糖核酸，是核酸的一类，因分子中含有脱氧核糖而得名。存在于细胞核、线粒体、叶绿体中，也可以以游离状态存在于某些细胞的细胞质中。

人类之最 人体内最长的细胞：专管运动功能的神经细胞，它们的突起末端有的可达到1米以上。

精子是由哪里产生的？

Weishenme

精子是产自男性体内的生殖细胞。它是一种形态特殊的细胞，外形像一只小蝌蚪，长约60微米，头部的细胞核负责携带亲代遗传基因，其尾部则具有运动功能，使精子能向卵子游动，与卵子结合。卵子受精后，就成为一个新的受精卵，它会一边发育一边向子宫方向移动，最终发育成一个胎儿。

精子是在睾丸的曲细精管中制造出来的。曲细精管的内壁是基膜，由精原细胞和支持细胞构成。精子由精原细胞发育而来。精原细胞经过分裂增殖后成长为初级精母细胞，初级精母细胞再分裂为次级精母细胞，次级精母细胞继续分裂形成精子细胞，精子细胞发育成熟后便成为真正的精子。这些精子细胞在不断发育的过程中，逐渐向管腔方向移动，最终脱离曲细精管上皮，以成熟的精子形式释放到管腔中来。

精子的形成也就是男性生殖细胞发育成熟的过程。成熟的精子在附睾中停留10天后便来到射精管，在那里它可存活6周，而在女性体内它仅能存活3天。

精子为什么长着小尾巴？

Weishenme

在显微镜下观察，精子个个长着大脑袋、小细脖、粗身子、长尾巴，模样活像春天池塘里游泳的蝌蚪。精子全长约五六十微米，可想而知，精子真的是微乎其微了。精子虽然极微小，但构造并不简单，可以分为头、颈、体、尾四个部分。

一个精子就是一个细胞。精子的"头部"主要成分是一个高度浓缩的细胞核，细胞核的里面，含有大名鼎鼎的染色体，在染色体上携带着遗传基因。精子细胞核的前方，像是戴了一顶圆圆的大帽子（即顶体）。顶体的作用像一只钻头，当精子与卵子相遇的一刹那，像钻头一样的精子顶体便释放出一些水解酶，溶解卵子的外膜，帮助精子顺利地进入卵子内部，完成受精过程。精子的"尾巴"很长，几乎是"头部"的10倍，它是精子前进的"推进器"。精子靠它，可以悠闲地摆来摆去，向前，向上，翻跟斗，转圆圈，甚至还能爬高。精子的运动速度可以达到每秒钟五六十微米，生育能力强的精子，其存活期间可以爬到5厘米的高度，可谓是身怀绝技，不同凡响。

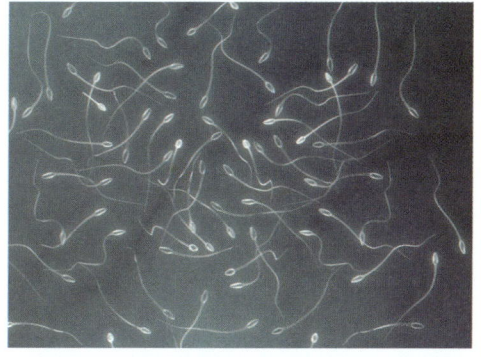

男性生殖系统
生殖系统是生物体内和生殖密切相关的器官组成的统一体。男性内生殖器包括睾丸、附睾、输精管、射精管、精囊腺、前列腺等。外生殖器有阴茎和阴囊。

精子
精子外形很像蝌蚪，不过很小，只有借助显微镜才能看得见。

你知道吗

- 成年男子每天可产生3亿个精子。
- 一个精子的发育成熟，要经历复杂的过程，大约需要3个月左右的时间。精子是在睾丸曲细精管内形成的，经过附睾后，又进入子宫、输卵管内，才具有了活动和受精能力。

中国孩子最爱问的十万个为什么

主题索引: 卵子是怎样形成的？精子和卵子怎样结合？

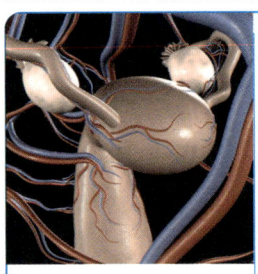

卵巢和子宫

卵子是怎样形成的？

卵子是产自女性体内的生殖细胞，由卵巢中的原始卵母细胞发育而成，是人体内最大的细胞。卵子是球形的，由卵黄膜包裹着，起着保护卵子的作用。

如果将卵巢解剖开来，可以发现它分为两层：外围的皮质和中央部位的髓质。皮质是产生卵子的场所，髓质协助皮质完成产生卵子的任务。一般来说，在生育年龄里，每一个月经周期只有1个卵泡发育成熟。成熟的卵泡不但体积增大，卵泡液增多，里面的卵细胞也发育为成熟的卵子，而且逐渐向卵巢表面移行。等到排卵时，卵子从卵泡里破裂而出，即被守候在旁边的输卵管伞部"捕获"进输卵管，然后慢慢地移动到输卵管管腔最宽大的壶腹部，并停留在该处，等待精子的光临。

卵巢的生卵作用是不连续的。女性青春期发育成熟以后，在每一个规则的月经周期内排出1个成熟的卵子（有时也会产生2个卵子），直到绝经期止。女性一生大约排出400个卵子。1个卵子排出后大约可以存活48小时。在这48小时内如果卵子与精子相遇就有可能形成受精卵，若不能遇到精子形成受精卵，便在48至72小时后自然死亡。

卵的受精

精子进入阴道后，以每分钟2至3厘米的速度游入子宫，再进入输卵管内部。这时，如果输卵管中正好有卵子，无数精子中最幸运也是最有活力的一个，就会在靠近卵巢的部分和卵子结合，成为受精卵。

精子和卵子怎样结合？

女性在排卵时，每次只排出1个卵子，而性成熟期的男子，一次射精能排出3至5毫升精液，含有几千万甚至几亿个精子。这些精子中，有少数是属于"先天残疾"的，不堪担负生育后代的重任。

发育良好的精子进入阴道后，靠着"尾巴"的摆动和阴道肌肉的收缩，以每分钟两三毫米的速度向卵子游去。它们要连闯四关才能到达输卵管。第一关：沿着阴道上行；第二关：通过子宫颈管口进入子宫腔；第三关：游过宫腔，进入输卵管；第四关：在输卵管内与卵子结合。

在射精后2小时，最英勇顽强的一小批精子终于抵达目的地——输卵管上端。这时，成熟卵子也在羞涩、焦急地等待着它的"如意郎君"——精子的到来。卵子排出后，只有一天的寿命，而且只有前半天才有受精能力。最终，一个幸运的精子用头部的顶体，揭开了卵子的"盖头"，钻进卵子体内，同时卵子的膜发生改变，使其他精子不能再进入。于是，辉煌的时刻到来了：一个新的生命，精子与卵子形成的一个新的细胞即受精卵诞生了。

你知道吗

- 受精卵是1个新细胞，大约在受精后30个小时，它开始分裂，产生2个细胞，这2个细胞再继续分裂形成4个，这些细胞再分裂成8个，依此类推。
- 受精卵在形成后六七天，就在子宫"扎根落户"，与子宫内膜开始形成胎盘。

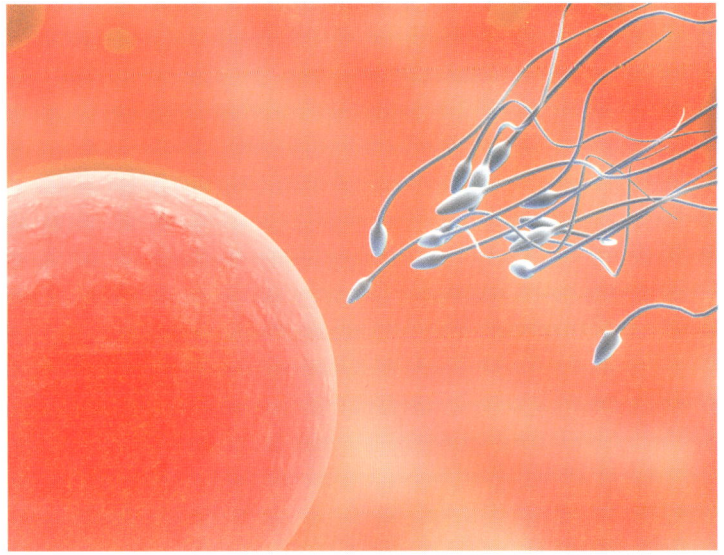

人类之最 人体内最小的细胞：淋巴细胞。它的直径只有6微米，500个淋巴细胞排起来，才有一粒芝麻那么大。

为什么说"十月怀胎，一朝分娩"？

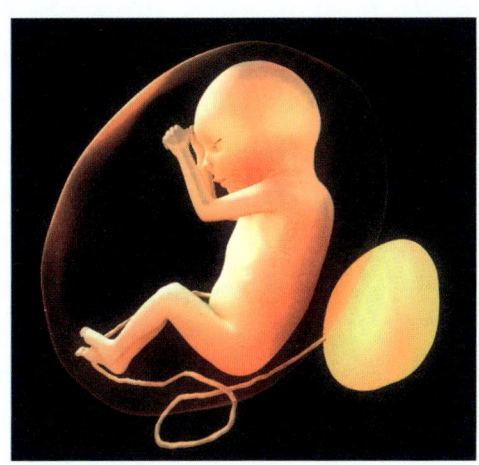

因为精子和卵子结合成受精卵后，便开始细胞分裂（也叫卵裂），并随着输卵管肌肉的蠕动、纤毛的摆动、管内液体的流动，受精卵逐渐向子宫腔移动，这个过程大约要4天时间。这时，受精卵已反复分裂成一个形如桑葚的细胞团。它在子宫腔内分泌一种分解蛋白质的酶，侵蚀子宫内膜，趁机钻入子宫内膜的功能层中，然后内膜重新修复。从此，受精卵就像种子埋进肥沃的土壤，迅速茁壮成长起来。

发育到第2个月时，受精卵已发育成具有人形的胚胎，可分辨出头、四肢、眼、耳和鼻子。到第3个月，胚胎就改称"胎儿"了。到第4个月，胎儿骨骼系统开始发育，且可分辨出胎儿的性别，胎儿的活动（胎动）也比较活跃。到了第5个月，胎儿的心脏发育不断完善。以后的主要变化是个头逐渐增大，体重与日俱增，直至胎儿呱呱坠地。胚胎和胎儿在母体内的生长发育通常需要280天，医学上计为40个孕周，每月按4周算，正好是10个月。相对而言，胎儿从母体分娩出来的时间是十分短暂的，故人称"十月怀胎，一朝分娩"。

为什么会有双胞胎？

正常的生育是一个成熟的卵子和一个精子结合为受精卵，并发育为一个胎儿。但在某些特定的情况下，妇女也会生出双胞胎甚至多胞胎。双胎（孪生）有两种：

一种是双卵（异卵）双胎，是指妇女同时排出2个卵子，又各自和1个精子受精，成为2个受精卵。由于从不同的卵发育而来，各含有不同的遗传结构，其性别往往不相同，身体外貌特征也不一定相似。这种同一时间排出2个卵，多系女性生殖器官生理上不正常所致。双卵双胎占双胎总出现率的2/3。

另一种是在整个胚胎发育的早期，由于某种原因使受精卵在第一次分裂时形成2个卵裂球，两者各自发育成1个婴儿，叫做单卵双胎，其胎儿具有相同的遗传性，在性别、血型、指纹、相貌、身材、行为、智能和性格特点上极为相似。

双胎的产生可能与遗传因素有关。在有双胎的兄弟或姐妹的家庭中，双胎的出现率较高。另外也与临床上常用促性腺激素等激素类药物诱导排卵有关。这类激素有时会导致多排卵。

多胞胎则是多卵同时受精的结果，也可由单卵分裂而来。

母亲腹中的胎儿
从怀孕到出生，胎儿在母亲的腹中共经历约280天即40周。第37周已进入最后阶段，满37周出生的胎儿就可以称为"足月儿"了。

双胞胎
双胞胎分异卵双胎和单卵双胎两种。单卵双胎是一个精子与一个卵子结合产生的一个受精卵一分为二，形成两个胚胎，长成两个胎儿。

人体收缩性最大的器官：子宫。它平时只有鸡蛋大小，到怀孕后期可胀得像冬瓜那么大。

人老了为什么会眼花？

有的人到了四五十岁以后，视力有所减退，看东西有点模糊了，"老眼昏花"了。

老年眼花，这是老年人的一种较常见的现象。因为人眼看物体如同照相机一样，主要靠弹力较好的内眼晶状体随时改变其弧度，使外界物体的光线透过它后形成的影像都能正好映在眼底的视网膜上，这样就能清晰地看到物体。随着年龄的增大，人眼晶状体的弹性逐渐减弱而变硬，失去了年轻时可随时调节弧度的本领，通常只能处于较扁平的状态。这时，如果看近物，则因射入眼内的光线的焦点落在视网膜的后面，在视网膜上形成的影像便会模糊不清；而当看远处的物体时，射入眼内的光线接近平行，透过扁平晶状体后形成的影像能较集中地落在视网膜上，因而看物体也就清晰了。

要纠正这种老年眼花，应佩戴合适的老花眼镜。这种眼镜的镜片中央厚、边缘薄，配上后可弥补晶状体不能凸出的缺点，从而能使近处的分散光线也能较集中地反映在视网膜上，形成较清晰的影像。当然也有六七十岁的老人不戴老花镜的，这是因为其眼内晶状体的弹性仍较好的缘故。

耄耋老人
衰老是人类必经的生命历程。随着人体机能的逐渐老化，眼睛大多会发生近距离视物困难的现象，变成"老花眼"。

人为什么会衰老？

人体最基本的组成单位是细胞，细胞不断地产生，同时也不断死亡，大体上细胞的总数保持着一个动态的平衡。除了神经细胞以外，人体组织细胞大约每6至7年就要全部更换一次，所以人体能够经常保持活力。

但是，人体的神经细胞没有再生能力，无法进行更新。随着神经细胞的生长、衰老和死亡，人的整个生命也会随着经历从年轻到衰老，最后死亡的过程。现代医学认为，神经细胞衰老后，中枢神经系统和动物神经系统就无法维持其正常功能，导致机体内环境的稳定状态遭到破坏，整个人就会衰老。

此外，人体的衰老也与内分泌的改变相关。研究者发现，性激素的过高或过低，以及平衡失调，都有可能导致衰老。人体在自身代谢过程中，不断产生一些毒素，堆积在体内，这些毒素也可以加快人衰老的进程。

步履蹒跚的老人
据研究，人到中年以后，腿部肌肉开始松弛，骨质逐渐疏松、软化，弹性降低，所以腿脚不便可以说是衰老的前奏。

你知道吗

■ 老年人新陈代谢减慢，细胞和组织逐渐退化和衰老，饮食中的不饱和脂肪酸氧化后和蛋白质结合，形成了棕黑色的"脂褐素"沉积在细胞里，于是就形成了老年斑。

为什么女性的平均寿命比男性的长？

Weishenme

根据世界范围的科研调查统计，女性的平均寿命要高于男性。有的人一定会有疑问：男性那么强壮，女性相对纤弱，为什么女性的寿命却比男性长呢？

从生理方面来说，女性的免疫系统比男性强，这是女性寿命较长的最主要原因。与男性相比，女性有更复杂的免疫系统。女性体内免疫球蛋白等的含量比男性多，其天然免疫防御功能也较强，得免疫缺陷病的概率也比男性少。

免疫系统与染色体关系极为密切。染色体上存在许多与免疫有关的基因，如果某些基因存在缺陷，那么免疫系统的结构或功能也会出现相应的变化，这显然将削弱整个人体的免疫力。女性受先天的遗传影响比男性小，目前已知的各种遗传病中，女性易得的只占25%。正因为如此，女性的平均寿命要比男性长。

什么是癌症？

Weishenme

癌的英文Cancer一词原有"螃蟹横行"的意思。为什么称癌为螃蟹呢？这就是说"癌"是无规律的，没有明显界限的，像螃蟹走路那样并不遵行一定的轨迹或路径而横行霸道，不受任何约束。癌细胞可以任意繁殖，可向周围扩散，不管是硬如石的骨质，还是韧如牛皮的筋膜，都可以被它侵犯损害。

简单地说，癌是机体在各种致癌因素的作用下，局部组织异常增生而形成的。癌细胞就是异常增生的细胞。由于自我控制机制被破坏，癌细胞可以无止境地增生。

癌症的成因很多，人类正常细胞虽含有致癌基因，但流行病学调查显示，其中以饮食生活的影响最大，同时罹患的部位也大多在消化器官。其实中文的"癌"字拆开来看，可不就是跟吃东西有关吗？"品"三个"口"表示很会吃，"山"则意味着吃得很多，"疒"当然就代表生病了。此外，不良的生活方式也是癌症的发病因素之一。例如，吸烟者与不吸烟者相比，前者的肺癌发病率为后者的9倍；同样，酗酒者的发病率也高于普通人。

【百科辞典】

癌：
上皮组织生长出来的恶性肿瘤，如胃癌、肝癌、食道癌、皮肤癌等。

免疫系统：
人体抵御病原菌侵犯最重要的保卫系统。由免疫器官、免疫细胞、免疫分子组成。

胃癌示意图
胃癌是常见的恶性肿瘤之一，可发生于胃体的上、下各部位。胃癌在我国的发病率很高，死亡率占恶性肿瘤第一位。

显微镜下的癌细胞
癌细胞是一种变异的细胞，是产生癌症的病源。癌细胞与正常细胞不同，有无限生长、转化和转移三大特点，也因此难以被消灭。

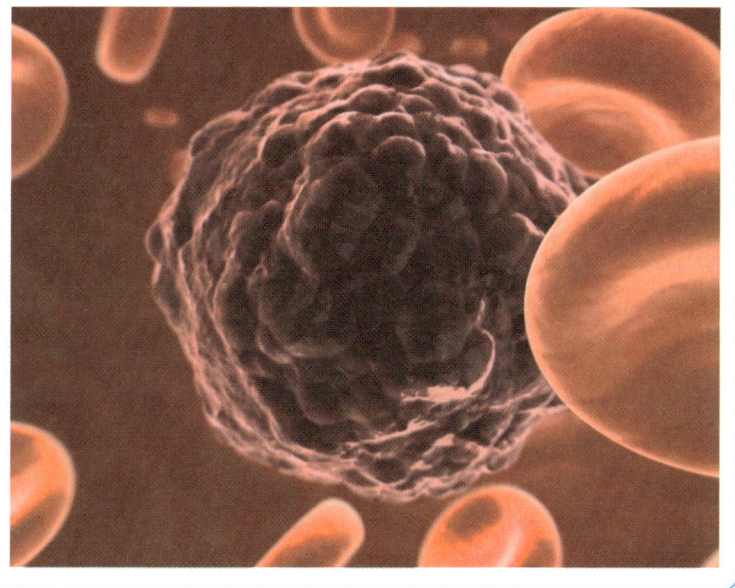

人类之最　活得最久的癌症患者：美国的麦立克老太太曾4次接受治癌手术，活了105岁，她是活得最久的癌症患者。

100 000 SHIWAN GE WEISHENME

十六 宇宙·星球　549

宇宙在哪里？..................................550
宇宙到底有多大？..............................550
宇宙是怎样产生的？............................551
为什么说宇宙还在不断膨胀？....................551
太空中为什么又冷又黑？........................552
什么是星体？..................................552
什么是暗物质？................................553
为什么要用光年来计算星体间的距离？............553
为什么宇宙中的星体大多是球形的？..............554
什么叫星系？..................................554
天上的"银河"是由什么构成的？.................555
为什么说银河系像铁饼？........................555
银河系的"旋臂"是怎么产生的？.................556
恒星真的恒定不动吗？..........................556
恒星为什么会发光？............................557
恒星是怎么产生的？............................557
恒星的亮度如何表示？..........................558
为什么恒星的颜色各不相同？....................558
恒星的一生是怎样"度过"的？...................559
为什么我们能看见早已死亡的恒星？..............559
超新星是刚刚诞生的恒星吗？....................560
白矮星的密度为什么那么大？....................560
什么是"黑洞"？...............................561
什么是"双星"？...............................561
什么是星团？..................................562
什么是星云？..................................562
星云的成分是什么？............................563
太阳系都有哪些成员？..........................563

太阳系是怎么诞生的？..........................564
日心说为什么会带来天文学革命？................564
阳光为什么是七色光？..........................565
太阳的能量从何而来？..........................565
太阳的年龄有多大？............................566
为什么太阳也会死亡？..........................566
太阳为什么有"斑点"？.........................567
太阳上也会"刮风"吗？.........................567
为什么会发生日食？............................568
为什么水星上没有水？..........................568
"金星凌日"现象是怎么回事？...................569
金星为什么每天早晚出现在地平线上？............569
火星为什么看上去是红色的？....................570
火星上为什么到处是干涸的河床？................570
火星上有"运河"吗？...........................571
木星为什么被称为"行星之王"？.................571
木星上为什么电闪雷鸣？........................572
木星上的大红斑是什么？........................572
木卫二上有水吗？..............................573
土星为什么有光环？............................573
为什么说木星有可能成为第二个太阳？............574
天王星为什么"躺着"运动？.....................574
为什么说海王星是"笔尖下发现的行星"？.........575
冥王星为什么被踢出九大行星之列？..............575
为什么冥王星的轨道那么奇怪？..................576
为什么彗星都拖着一条"尾巴"？.................576
哈雷彗星是如何得名的？........................577
什么是小行星？................................577
为什么火星和木星之间会有小行星带？............578
近地小行星有朝一日会撞上地球吗？..............578
天空中为什么会有流星？........................579
流星雨是怎样形成的？..........................579

| 陨石有什么用处? ……580
| 天上的星星为什么会组成星座? ……580
| 星座名称是怎么来的? ……581
| 什么是星图? ……581
| 为什么北斗七星可以帮人辨别方向? ……582
| 为什么北极星永远不会没入地平线? ……582
| 为什么说狮子座是代表春天的星座? ……583
| 天上的"牛郎"和"织女"相隔多远? ……583
| 月球是怎么产生的? ……584
| 月球为什么会远离地球? ……584
| 为什么地球上看月亮有圆有缺? ……585
| 什么是月海? ……585
| 为什么月亮总是同一面冲着地球? ……586
| 月球上的脚印为什么能长期保存? ……586
| 月球上为什么有环形山? ……586

十七 太空·宇航　587

什么是UFO? ……588
太空中为什么会传来神秘信息? ……588
外星可能存在生命吗? ……589
麦田怪圈是外星人的恶作剧吗? ……589
科学家为什么要寻找外星人? ……590
什么是地球同步轨道? ……590
人造卫星家族都有哪些成员? ……591
什么是返回式卫星? ……591
太空探测器是做什么的? ……592
"旅行者号"探测器上为什么带有唱片? ……592
为什么要将小狗和猴子送入太空? ……593
谁第一个登上月球? ……593
月球上有哪些可利用的资源? ……594

月球车是做什么用的? ……594
科学家们为什么对火星情有独钟? ……595
为什么人类至今未能登上火星? ……595
为什么宇航员要接受严格训练? ……596
怎样在地球上模拟太空环境? ……596
为什么宇航员要进行太空行走? ……597
航天器是怎样在太空中对接的? ……597
宇航员为什么要穿宇航服进入太空? ……598
人在太空中怎样睡觉? ……598
为什么宇航员连吃饭都要小心翼翼? ……599
为什么在太空中洗澡不容易? ……599
宇航员为什么容易患骨质疏松症? ……600
什么是宇宙空间站? ……600
"和平号"空间站为何被称为"人造天宫"? ……601
为什么要建国际空间站? ……601
人类可以移居太空吗? ……602
太空可以种庄稼吗? ……602
科学家为什么提出太空工厂的设想? ……603
太空为什么有"垃圾"? ……603
哈勃望远镜为什么在太空中游弋? ……604
射电望远镜有什么用? ……604
英国巨石阵是最早的天文台吗? ……605
玛雅人的天文台是什么样的? ……605
为什么天文台建在郊外? ……606
为什么天文台的屋顶都是球形的? ……606

十八 地球·地理　607

地球是怎么形成的? ……608
地球有多大年纪了? ……608

第四册目录 Contents

地球为什么是椭球体? 609
地球的大小是怎么测量出来的? 609
地球仪上为什么有经线和纬线? 610
地球上为什么会有白天和黑夜? 610
地球为什么不停自转? 611
地球自转一周是整整24小时吗? 611
为什么我们感觉不到地球的转动? 612
地球上不同地方为什么会有时差? 612
为什么北半球出水口的水流总是逆时针旋转? 613
地球上的四季是怎么形成的? 613
为什么南北半球的季节不同? 614
为什么冬天昼短夜长? 614
一秒钟的长度是怎么定出来的? 615
年、月、日是怎么来的? 615
为什么会有闰月和闰年? 616
为什么地球上最热的地方不在赤道上? 616
什么是极昼极夜现象? 617
为什么极光只在两极附近出现? 617
南极为什么比北极寒冷? 618
南极的风为什么能夺人性命? 618
地球的内部到底是什么样子的? 619
为什么地磁场是地球的保护层? 619
为什么地球的磁极会发生倒转? 620
地球的岩石圈由几个板块构成? 620
什么是大陆漂移学说? 621
为什么板块交界处多火山和地震? 621
火山是怎么形成的? 622
火山为什么是圆锥形的? 622
火山为什么会喷发? 623
火山喷发的产物有哪些? 623
火山喷发为什么会形成火山岛? 624
火山爆发为什么能毁灭庞贝城? 624
火山附近的土地为什么格外肥沃? 625
为什么会发生地震? 625
为什么地震前会有地光? 625
为什么南北两极很少发生地震? 626
为什么地动仪可以预测地震? 626
土壤是从哪里来的? 627
为什么土壤有各种颜色? 627
为什么土壤能孕育生命? 627
喜马拉雅山地区是怎样形成的? 628
珠穆朗玛峰为什么还在不断增高? 628
为什么高山上的冰雪终年不化? 629
乞力马扎罗山为什么被称为"赤道雪峰"? 629
平原是怎样产生的? 630
为什么河流入海处会形成三角洲? 630
为什么在高原上做饭容易"夹生"? 631
著名的云南石林是怎样形成的? 631
为什么石灰岩洞里有石钟乳和石笋? 632
四川黄龙的五彩池是怎么形成的? 632
沙丘为什么会"唱歌"? 633
流沙为什么会把人吞噬? 633
沙漠里为什么会有绿洲? 634
为什么说撒哈拉沙漠以前是绿洲? 634
"火焰山"真的存在吗? 635
新疆的"魔鬼城"是如何形成的? 635
罗布泊为什么会干涸? 636
地球表面的海水是从哪里来的? 636
"海"和"洋"有什么区别? 637
太平洋真的太平吗? 637
北冰洋岸边的岩石为什么是破碎的? 638
大西洋为什么正在变大? 638
海水为什么是咸的? 639

为什么海水在冬天不会结冰？...................639
为什么会有海浪？...................640
海浪为什么总是迎着海岸而来？...............640
什么是"疯狗浪"？...................641
为什么地中海是典型的内海？...........641
为什么红海的海水是红色的？...........642
为什么波罗的海的海水特别淡？...........642
为什么说黑海有爆炸的危险？...........643
为什么死海淹不死人？...................643
海底也有高山峻岭吗？...................644
海沟是怎样形成的？...................644
海峡是怎样形成的？...................645
为什么海水呈现出多种颜色？...........645
为什么会有涨潮落潮？...................646
为什么会发生海啸？...................646
珊瑚岛是如何形成的？...................647
为什么会有水下环礁？...................647
鸟岛上到底有多少鸟？...................648
蛇岛上为什么遍布毒蛇？...........648
夏威夷群岛为什么是"太平洋的十字路口"？...649
河水为什么流不干？...................649
河流为什么是弯曲的？...................650
为什么黄河水是黄色的？...........650
为什么钱塘江会出现涌潮现象？...........651
尼罗河为何定期泛滥？...................651
亚马孙河为什么会成为世界第一大河？.....652
科罗拉多大峡谷为什么景色奇丽？...........652
著名的东非大裂谷是怎么形成的？...........653
为什么地下会有河流？...................653
地下水藏在哪里？...................654
井水为什么冬暖夏凉？...................654
泉水为什么会涌出地面？...........655

间歇泉为什么定时喷水？...........655
为什么温泉水是温热的？...........656
瀑布是怎样形成的？...................656
为什么瀑布下面会形成深潭？...........657
为什么说尼亚加拉瀑布是最大的瀑布？.....657
人们为什么要开凿运河？...........658
苏伊士运河为什么会成为最繁忙的运河？...658
为什么有的山顶会形成湖泊？...........659
为什么内陆湖大多是咸水湖？...........659
为什么贝加尔湖里生活着海洋动物？.........660
冰川是怎样形成的？...................660
冰川为什么会运动？...................661
什么叫"冰山一角"？...................661
为什么将冰川称为"固体水库"？...........662
湿地为什么被称为"地球之肾"？...........662
沼泽地是怎样形成的？...................663
阿拉斯加冰川湾的冰为什么呈蓝色？.........663
百慕大三角地区为什么神秘莫测？...........664
爱尔兰海岸边为何有一条"巨人之路"？...664
死谷中的石头为什么会"走路"？...........665
马尾藻海域为什么异常凶险？...........665
"天坑"是如何形成的？...................666
南极地区的无雪干谷是什么样的？...........666

十九 气象·气候 667

地球周围为什么包着一层大气？...........668
大气为什么会分层？...................668
原始大气的成分是什么？...........669
为什么说对流层是最活跃的大气层？.........669
为什么臭氧层被称为地球生命的"保护伞"？...670

第四册目录 Contents

为什么海拔越高的地方气温越低？ ……… 670
为什么一天中不是正午最热？ ………… 671
大气为什么会形成环流？ ……………… 671
晴朗的天空为什么是蔚蓝色的？ ……… 672
地球上为什么会刮风？ ………………… 672
为什么某些地区的风向会随季节改变？ … 673
为什么峡谷地带的风比较大？ ………… 673
台风为什么总是发生在热带海洋上？ … 674
为什么给热带气旋起名？ ……………… 674
为什么龙卷风有惊人的破坏力？ ……… 675
为什么美国被称为"龙卷风之乡"？ …… 675
云彩是从哪里来的？ …………………… 676
为什么云朵看起来大都是白色的？ …… 676
为什么有的云朵形状像鱼鳞？ ………… 677
为什么下雨之前天上会出现乌云？ …… 677
为什么海洋不会干涸？ ………………… 678
为什么会有冻雨？ ……………………… 678
沙漠地区为什么会出现幻雨？ ………… 679
如何实现人工降雨？ …………………… 679
人工消雨是怎么回事？ ………………… 680
下雨时为什么电闪雷鸣？ ……………… 680
夏天的午后为什么常下雷阵雨？ ……… 681
雷雨天为什么不能在树下避雨？ ……… 681
罕见的球形闪电是怎样产生的？ ……… 682
雨后为什么会出现彩虹？ ……………… 682
峨眉山上为什么会出现"佛光"？ …… 683
霜是从天上降下来的吗？ ……………… 683
为什么夏天会下冰雹？ ………………… 684
雾凇是怎样形成的？ …………………… 684
吉林雾凇为什么著名？ ………………… 685
寒潮是如何形成的？ …………………… 685
冬天为什么会下雪？ …………………… 686

雪为什么是白色的？ …………………… 686
为什么雪花是六角形的？ ……………… 687
为什么说"下雪不冷化雪冷"？ ……… 687
雾是怎么产生的？ ……………………… 688
露水是从哪里来的？ …………………… 688
太阳和月亮周围为什么会出现光晕？ … 689
为什么说"月晕而风，日晕则雨"？ … 689
沙漠里为什么会出现海市蜃楼？ ……… 690
朝霞和晚霞为什么五彩斑斓？ ………… 690
为什么人们"朝霞不出门，晚霞行千里"？
…………………………………………… 691
地震前为什么会出现绳状的云朵？ …… 691
地球上的五带是怎么划分的？ ………… 692
热带地区为什么一年只有干湿两季？ … 692
沙漠地区为什么常年干旱少雨？ ……… 693
气象站里的百叶箱是做什么用的？ …… 693
气象卫星为什么能观测气象？ ………… 694
气象卫星为什么要拍摄卫星云图？ …… 694

二十 能源·矿藏 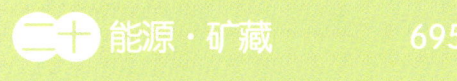695

常见的能源有哪些？ …………………… 696
为什么说地球上的能源都来自太阳？ … 696
为什么黑色的集热板能收集太阳能？ … 697
风力发电场为什么有许多风车？ ……… 697
水车是做什么用的？ …………………… 698
水力发电站为什么需要建水坝？ ……… 698
潮汐为什么能发电？ …………………… 699
为什么说地热能的储量巨大？ ………… 699
为什么沼气能用来做饭？ ……………… 700
岩石和矿物有什么区别？ ……………… 700

煤炭是怎样形成的？ ……………………… 701
为什么在煤层中常能发现琥珀？ ………… 701
石油是怎样形成的？ ……………………… 702
为什么阿拉伯国家盛产石油？ …………… 702
天然气储藏在哪里？ ……………………… 703
钻石为什么被称为"宝石之王"？ ……… 703
红宝石都是红色的吗？ …………………… 704
黑色金属都是黑色的吗？ ………………… 704
为什么指南针失灵的地方常有大铁矿？ … 705
为什么植物能够帮助人类找矿？ ………… 705
核能是从哪里来的？ ……………………… 706
为什么说核能是能源世界的"巨人"？ … 706
为什么需要对核废料严格管理？ ………… 707
为什么说海洋是一座能源宝库？ ………… 707
海底"可燃冰"是什么？ ………………… 708
为什么海洋中蕴藏着丰富的核原料？ …… 708
海中为什么会有淡水？ …………………… 709
为什么海水的温差也能发电？ …………… 709
为什么要将海水淡化？ …………………… 710
垃圾为什么能发电？ ……………………… 710

二十一 生态·环境　711

地球为什么是目前已知唯一存在生命的星球？ … 712
什么是生物圈？ …………………………… 712
什么是生态系统？ ………………………… 713
为什么说生态系统不可再造？ …………… 713
为什么各类生物会形成食物链？ ………… 714
为什么维护生态平衡至关重要？ ………… 714
大气污染是怎样造成的？ ………………… 715
污染严重的地区为什么会下酸雨？ ……… 715

工业"三废"指什么？ …………………… 716
南极上空为什么会出现臭氧空洞？ ……… 716
为什么要控制汽车尾气排放？ …………… 717
可怕的水俣病是怎么引发的？ …………… 717
为什么会发生赤潮？ ……………………… 718
什么是厄尔尼诺现象？ …………………… 718
为什么会出现"反厄尔尼诺现象"？ …… 719
沙尘暴是怎样形成的？ …………………… 719
为什么城市里会出现地面沉降？ ………… 720
水污染为什么严重影响人类生存？ ……… 720
为什么说淡水资源是有限的？ …………… 721
为什么水面浮油对水生动物危害巨大？ … 721
什么是"白色污染"？ …………………… 722
泥石流为什么多发生在山区？ …………… 722
土地为什么会荒漠化？ …………………… 723
楼兰古城为什么会沦为废墟？ …………… 723
黄土高原上为什么沟壑纵横？ …………… 723
森林为什么能调节气候？ ………………… 724
电磁辐射对人体有什么危害？ …………… 725
为什么城市里的建筑工地不能在半夜施工？ … 725
为什么人类的生存离不开其他物种？ …… 726
为什么一年中有半年时间不能捕鱼？ …… 726
为什么要封山育林？ ……………………… 727
为什么全球的气候正在变暖？ …………… 727
气候变暖有哪些危害？ …………………… 728
为什么要对环境状况进行监测？ ………… 728
为什么要将废旧电池集中回收？ ………… 729
为什么要进行垃圾分类？ ………………… 729
为什么要将固体废物循环再利用？ ……… 730
城市边缘为什么要种植防风林？ ………… 730
为什么城市会出现热岛现象？ …………… 731
为什么要建自然保护区？ ………………… 731

Part 16

十六　宇宙·星球

我们现在说的"宇宙",指的是人类目前所能观测到的最大的天体系统,也叫"可观测宇宙",天文学中把它叫做"总星系"。银河系和河外星系,恒星、星云、行星、卫星、彗星等都包括在总星系内。

浩瀚的宇宙

天文学中的"宇宙"是指人类目前所能观测到的最大的天体系统。浩瀚的宇宙中，有很多五颜六色、千姿百态的天体。

宇宙在哪里？

Weishenme

宇宙是我们生存的空间。那么，它到底在哪里呢？关于这个问题有很多说法。翻一翻中国的古书就会发现，最早出现"宇宙"这个词的是《庄子·齐物论》。"宇"是指各个方向，包括东西南北的一切方向；"宙"包括过去、现在、白天、黑夜，即一切不同的具体时间。战国末期的尸佼说："四方上下曰宇，往古来今曰宙。"所以，"宇"指空间，"宙"指时间，"宇宙"就是时间和空间的统一。后来，"宇宙"一词便被用来指整个客观实在的世界。在西方，"宇宙"这个词源自希腊语，原意就是"秩序"。古希腊人认为，宇宙的产生就是从混沌中产生出秩序。

我们现在说的"宇宙"，指的是人类目前所能观测到的最大的天体系统，也叫"可观测宇宙"，天文学中把它叫做"总星系"。总星系包括银河系和河外星系，恒星、星云、行星、卫星、彗星等都包括在总星系内。

宇宙到底有多大？

Weishenme

随着天文学的发展，天文学家能观测到的离我们最远的星系是150亿光年。也就是说，如果有一束光以每秒钟30万千米的速度从这个星系发出，需要经过150亿光年才能到达地球。这150亿光年的距离就是我们目前所知道的宇宙的范围。目前，科学家们发现的星系有10亿个以上，而每个星系又包含有几百到几万亿颗像太阳这样的恒星。地球和太阳系相比就如同沧海一粟，可想而知，地球在如此浩瀚的宇宙中甚至可以忽略不计。

宇宙到底有多大，是有限的还是无限的，现在还不能确定。解决这个难题还需要航天技术的不断进步和天文学家的努力。

旋转的宇宙

当代天文学的研究成果表明，宇宙是由星云、星团、星系等组成的一个多重旋转的结构。

【百科辞典】

星系：

在天文学中，我们把这种由千百亿颗恒星以及分布在它们之间的星际气体、宇宙尘埃等物质构成的占据了成千上万亿光年空间的天体系统叫做"星系"。

宇宙之最 宇宙中最远的星系：8C1433+63，距离地球大约150亿光年。

宇宙是怎样产生的？

关于宇宙的产生有很多种说法。很多科学家都认为宇宙是在一次大爆炸后产生的，这就是由美国科学家加莫夫和弗里德曼于1946年提出的"宇宙大爆炸"理论。这种假说认为，大约在200亿年以前，宇宙是一个滚烫滚烫的大火球，所有的物质都高度集中在一点，大火球温度高到一定程度后便发生了大爆炸。大爆炸后，一些构成宇宙的物质开始向外飞散。又经过了很长很长的时间，这些物质手拉手抱在一起相互结合，形成了星系和各种天体；另一部分物质受到强大的引力作用，形成了星际物质。科学家们还发现，宇宙产生后并没有停下不动。美国天文学家哈勃经过研究后认为宇宙还在不断地膨胀。科学家们预测，宇宙最终也会灭亡。

有些天文学家不同意"大爆炸产生宇宙"的观点，他们提出了"宇宙永恒"、"宇宙层次"等假说。当然，所有这些假说都要靠科技的发展和实践的深入去验证。

宇宙之始
最初的宇宙物质都聚集在一起，密度很高，温度也非常高，在100亿摄氏度以上。

为什么说宇宙还在不断膨胀？

美国天文学家哈勃在1929年对24个星系进行了观测和分析后发现这些星系都在远离地球，即天文学中所说的"退行"。他还发现，距离越远的星系退行速度就越快，这表明宇宙在不断膨胀。这一发现被科学家们命名为"哈勃定理"。

宇宙从诞生到现在一直在膨胀，那么这种膨胀的速度是怎样的？科学家们研究发现，由于宇宙的物质之间存在万有引力，而万有引力会努力地把物质往一块拉，所以宇宙的膨胀速度在渐渐变慢。

天文学家对万有引力的大小理解不一样，对宇宙膨胀的未来看法也就不相同。有些天文学家认为，宇宙中的物质密度很小，所以互相的引力很弱，宇宙的膨胀会一直持续下去。另一些科学家则认为宇宙中的引力十分大，宇宙的膨胀速度会越变越慢，直到停止，然后宇宙就开始收缩，越缩越小。

宇宙大爆炸（想象图）
这是人们关于宇宙大爆炸的想象图。宇宙大爆炸的假设能够解释较多的观测事实，所以被绝大多数天文学家所接受。

中国孩子最爱问的十万个为什么

主题索引
- 太空中为什么又冷又黑？什么是星体？

太空中为什么又冷又黑？

太空既冰冷又黑暗，在这个接近真空的空间里，到处都是对人类有害的辐射和宇宙射线，所以我们绝对不能用"生机盎然"来形容太空。

太空中，特别是远离恒星的地方，十分寒冷。太空中最冷的地方的温度大约是零下270摄氏度，比北极和南极的温度低多了。这是一种让人无法想象的严寒。

从地面看天空是明亮的，而太空实际却是黑暗的。这是什么原因呢？我们看到天空很明亮，是因为地球周围有大气层，大气层把光线都反射到了地球上。而宇宙中没有大气层，所以宇航员看到的太空是黑色的。在黑暗的太空中，只有一颗颗恒星发着光。

> **太空**
> 太空中除了闪闪的星光外，全是一片漆黑。

什么是星体？

要更好地了解太空，就必须知道什么叫星体。

这还要从宇宙大爆炸说起。大爆炸后，宇宙瞬间充满了大量炫目的、炽热的电子、氢离子以及氦离子。这些粒子具有非常大的能量，不能结合为中性的原子。经过38万年冷却后，宇宙中的这些电子和离子才重新结合。宇宙初期，一些原子和分子互相碰撞聚结为第一批星体。这些星体发出的辐射又开始剥离周围原子的电子，这一时期又被称为"再度电离"的时期。关于这一时期，由于理论和证据都不足，因此在一些方面还存在着争论和矛盾，但一般认为，宇宙大爆炸后产生了第一批星体，之后在漫长的岁月中，有更多的星体逐渐形成。

宇宙星体包括：暗物质、恒星、行星、卫星、彗星、流星体、陨星、小行星、星团、星系、星际物质等。星体在大小、质量、光度、温度等方面存在着很大差异。

> **基本粒子**
> 基本粒子是能够以自由状态存在的最小物质成分，它们比起原子来是更为基本的物质成分，于是被称为基本粒子。最早被发现的粒子是电子和质子。

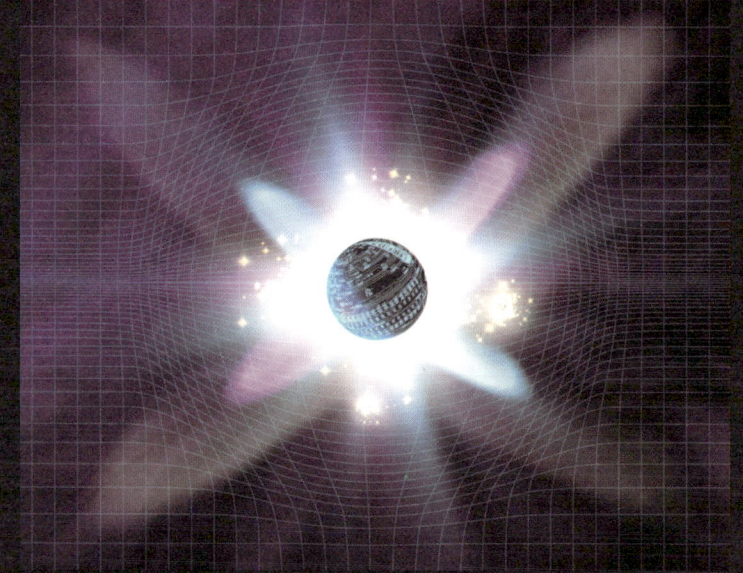

宇宙之最 距离地球最远的行星：到目前为止，天文学家发现的最远的一颗行星距离地球17000光年。

什么是暗物质？

Weishenme

宇宙中不但有各种各样的天体，还存在着一种看不见的暗物质，它不发光，就像"幽灵"一样在太空中游荡。暗物质发出巨大的引力，影响着周围星体的运动，并最终使宇宙由膨胀状态变成收缩状态。

暗物质是宇宙的重要组成部分。它的总质量是普通物质的6倍。暗物质主导了宇宙结构的形成。尽管人们对暗物质的性质一直一无所知，但是到了20世纪80年代，人们已经普遍接受了暗物质大约占宇宙能量的20%这一说法。

暗物质是由什么样的物质形成的呢？是粒子还是场？这些都还需要天文学家去研究。有些天文学家认为暗物质可能有两种形态：一种叫热暗物质，即在宇宙形成物质世界的时候，暗物质的候选者仍然保持着其相对论性粒子状态；另外一种叫冷暗物质，即在宇宙形成物质世界的时候，暗物质的候选者已经是非相对论性的粒子。这两种暗物质在宇宙成长过程中起着不同的作用，一种也不能少。探索和研究暗物质是21世纪科学面临的一个难题。

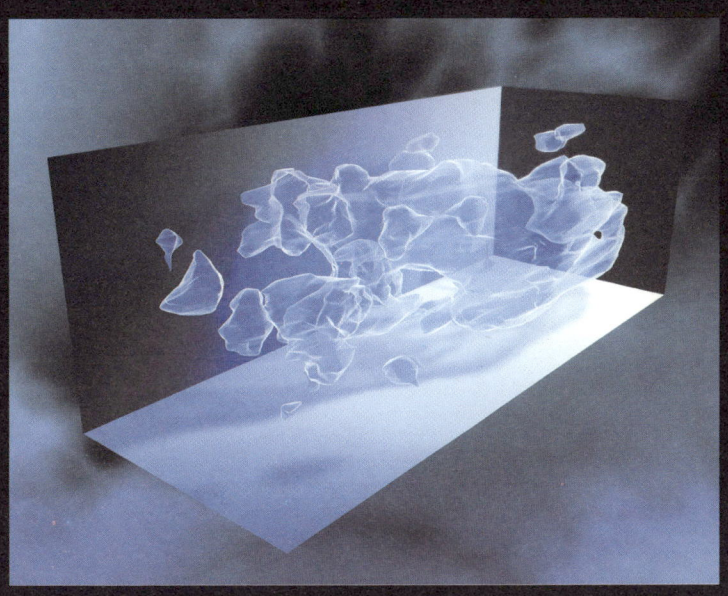

宇宙暗物质三维数字地图

这是全球首张宇宙暗物质三维数字地图。与暗物质相比，图中的"亮物质"就像是黑夜中闪闪发光的宝石。

为什么要用光年来计算星体间的距离？

Weishenme

宇宙广阔无边，要测量天体之间的距离，得有一把合适的尺子才行。宇宙中星体间的距离很远，我们常用的长度单位根本表示不出来。

有人也许会问，一个天文单位等于149597870千米，为什么不用它来衡量星体之间的距离呢？用天文单位测量太阳系行星的距离很合适，但要用它测量星体之间的距离，这把尺子就显得太小了。

天文学家用光年来计算星体之间的距离。光年并不是时间单位，而是一个长度单位。

科学界对于光年最准确的定义是：一儒略年的时间中（即365.25日，而每日相等于86400秒），在自由空间以及距离任何引力场或磁场无限远的地方，一光子所行走的距离。因为真空中的光速是每秒299792458米，所以一光年就等于9460730472580800米。

我们可以计算出，离太阳最近的恒星（半人马星座的比邻星）与太阳的距离为4.22光年。银河系的直径约为10万光年。人类所观测的宇宙深度已达150亿光年，这个广泛的空间，就是总星系。

射电望远镜

射电望远镜可以接收宇宙中射来的很微弱的射电波，因此可以探测遥远的天体，包括距离上百亿光年的天体。

••• 【百科辞典】•••

天文单位：

天文学中使用的距离单位，是天文常数之一。主要用于测量太阳系内天体之间的距离，也用来表示弥漫星云、球状星团等的直径或分布范围。

为什么宇宙中的星体大多是球形的？

Weishenme

我们知道的星球中很多都是球形的，这到底是怎么回事呢？这是因为有一种作用力从星体的中心发出，把所有的物质都向里边拉。只有形成一个球形，才能使所有物质都往星球的重力中心集中。这个奇妙的过程叫做"均衡调节"。

一颗星球的质量越大，它的形状就越圆。相反，如果星球质量很小，引力也小，星体就可能不是圆的。所以，并不是所有的星球都是圆的。事实上，太阳系里除了八大行星外，还有很多质量很小的小行星，它们的形状很不规则。就算是太阳系质量最大的行星——木星，也不完全是圆的。因为木星的自转速度是八大行星中最快的，自转会产生离心力，且自转速度与离心力大小成正比。木星赤道周围的离心力是最大的，所以把木星拉成扁圆了。所有的行星都会发生这种情况，但我们要很仔细观察才能看出来。

【百科辞典】

自转：
天文学名词。凡卫星、行星、恒星、星系绕着自己的轴心转动，就叫自转。

离心力：
离心力是一种假想力，即惯性力。当物体做圆周运动时，向心加速度会在物体的坐标系产生如同力一般的效果，相当于有一股力作用在离心方向，叫做"离心力"。

星云：
银河系以内、太阳系以外一切非恒星状的气体尘埃云。

什么叫星系？

Weishenme

天文学中把由千百亿颗恒星和分布在它们之间的星际气体、宇宙尘埃等物质构成的天体系统叫做星系。我们的太阳就是银河系中普通的一颗恒星。

银河系并不是宇宙中唯一的星系，天文学家观察到的星系已经有好几万个了。用天文望远镜向天空望去，它们看起来和云雾一样。离银河系最近的星系是大麦哲伦星云和小麦哲伦星云，是用航海家麦哲伦的名字命名的，离银河系有十几万光年。我们把银河系以外的这些星系叫做"河外星系"。

星系的形状是多种多样的。我们简单地把它们分为椭圆星系、透镜星系、旋涡星系、棒旋星系和不规则星系五种。星系的分布并不均匀，它们也不甘寂寞，有些星系甚至抱成团了，有三五成群的，也有好几百个抱在一起的。天文学家把它们叫做"星系团"。

星系的起源变化和宇宙早期的变化有很大的关系。一般认为星系形成于大约100亿年前。

星系
星系是宇宙中庞大的星星的"岛屿"，也是宇宙中最大、最美丽的天体系统之一。到目前为止，人们已在宇宙中观测到了约1000亿个星系。

天上的"银河"是由什么构成的?

Weishenme

仰望夜空,人们不但可以看到无数闪闪发光的星星,还能看到一条纱巾似的银白色亮带横跨在天空,看起来就像一条大河,古人把它称为"银河"。我国古代还有一个美丽的传说,每年的农历七月初七,牛郎和织女就会在银河的鹊桥上相会。其实这是在科学技术不发达的情况下,人们产生的一种误解。

天文学家用望远镜观测发现,银河并不是天上的河,而是一个由1000多亿颗恒星和星云组成的像盘子一样的恒星系统。因为它离我们太远了,所以看起来就像一条河。

既然银河是由许许多多的恒星和星云构成的,那么人们怎样去认识这些密密麻麻的星体呢?为了更好地认识银河里的星星,古人把天空中的星星分成了很多星座,每个星座包括几颗离得很近的星星。

为什么说银河系像铁饼?

Weishenme

银河系是地球和太阳所在的星系。银河系包括1000多亿颗恒星和大量的星团、星云,还有各种类型的星际气体和星际尘埃。银河系的总质量和1400亿个太阳的质量差不多,其中恒星所占的比例最大,约占总质量的90%,星际物质约占10%。

在银河系里,很多恒星都集中在一个像扁球一样的空间里,这个扁球体中间隆起、四周扁平,就像一个大铁饼。扁球体中间突出的部分叫"核球",半径大约是7000光年。核球的中部叫"银核",四周叫"银盘",从中心向边缘逐渐变薄。太阳就在银盘里,它离银心大约是2.3万光年。银盘里面还有旋臂,这是气体、尘埃和年轻恒星集中的地方。在银盘外面有一个更大的球形,这里的星星相对少一些,密度就小,我们把它叫做"银晕",银晕直径大约是7万光年。银晕外面还有物质密度更小的部分,叫"银冕",也是一个球形。

银河"铁饼"
银河系侧看就像一个中心略鼓的大圆盘或大铁饼,鼓起处为银心,是恒星密集区,故望去是白茫茫的一片。

银河系自转
银河系总在不停地自转,其中太阳处的自转速度约为220千米/秒,太阳绕银心运转1周约需2.5亿年。

银河之光
银河系在每年的6至9月份会显得特别亮,因为此时地球处在黑暗的一侧会转过来朝向银河系物质密集的那部分。

巴纳德68分子云
位于蛇夫座的巴纳德68分子云，是最著名的暗星云之一。这个暗星云的内部，可能是宇宙中最阴冷且最孤独的地方之一。

V838 Mon
这是位于麒麟座的V838 Mon。2002年1月，它内部的恒星发生爆炸，产生的亮度超过了太阳的60万倍。

银河系的"旋臂"是怎么产生的？

Weishenme

银河系就像一个特别大的旋涡，有几条向外伸展的"大手臂"，天文学家把它叫做"旋臂"。银河系总共有4条旋臂：天鹅臂、人马臂、猎户臂和英仙臂。我们的太阳系就处在猎户臂的内侧。

银河系的旋臂是怎么产生的呢？这个问题一直都是天文学上的难题。经过长时间研究，我们现在只知道是由气体和尘埃物质混杂在一起的，旋臂里面含有恒星、星际气体和尘埃。旋臂的前边一般都会有一个黑暗的窄条，也是由尘埃组成。

现在人们主要是通过射电观测来了解银河系的旋臂。在太阳附近，人们通过射电观测探测到了英仙臂、猎户臂和人马臂3条旋臂。银河系的旋臂里主要是极端星族 I 天体，还有大量的中性氢、电离氢、分子云和尘埃。天文学家对银河系旋臂的研究一直都没有停止，人们都期待解开旋臂的产生之谜。

恒星真的恒定不动吗？

Weishenme

恒星的位置并不是固定不变的，它们一直在运动，并且速度还很快，只是因为它们离我们太远了，所以我们很难发现它们的运动和变化。

恒星的运动速度分为两种：和视线方向垂直的叫"切向速度"，和视线方向相同的叫"视向速度"。观察一颗恒星的运动可以以另一颗恒星为参照。把参照的恒星和要观测的恒星的变化记录下来，经过长期观察，就能基本确定出恒星的速度了。有时，科学家得出的结果和观测到的情况是不同的。比如，如果两颗恒星的运动速度很接近，距离远的看上去就慢，而距离近看上去就快。因此科学家要通过长期观测和分析，才能确定恒星的速度。恒星在运动过程中，还会产生很多变化，当一个衰老的恒星质量大于10个太阳的质量时，就有可能变成一颗中子星，而质量小于10个太阳的恒星往往只能变为一颗白矮星。

恒星为什么会发光?

Weishenme

科学家研究发现，恒星发光有两方面的原因：一是恒星有巨大的质量，由于质量巨大，它才会有很高的中心温度，才能由氢的原子核聚变成氦，并向外发出光和热；二是发展阶段的问题，恒星并不是一直都发光，也不会永远发光，它也有产生和死亡的过程，恒星发光期是其生命中最辉煌的一段时间。能发光的恒星质量至少要达到太阳质量的百分之几到百分之十。

天文学家预测，太阳在红巨星阶段将停留大约10亿年时间，光度将升高到今天的好几十倍。到那时候，地球上的地面的温度将升高到今天的两三倍，北温带夏季最高温度将接近100摄氏度。听起来还有些害怕呢！

恒星是怎么产生的?

Weishenme

星云是构成恒星的物质，但是真正构成恒星的物质量非常大，构成太阳这样的一颗恒星需要一个大约方圆900亿千米的星云团。从星云变成恒星的过程可以分为快收缩阶段和慢收缩阶段。前者历经几十万年，后者历经数千万年。星云快收缩后半径只有原来的百分之一，平均密度提高1亿倍，最后形成一个"星胚"。这是一个又浓又黑的云团，中心为一密集核。此后进入慢收缩，也叫原恒星阶段。这时星胚温度不断升高，温度升高到一定的程度就会闪烁发光，并步入恒星的幼年阶段。但这时恒星还不稳定，仍然被弥漫的星云物质所包围，并向外界抛射物质。

恒星的质量大多都在太阳质量的十分之一到几十倍之间，而太阳的质量大约是地球的33万倍，由此我们就可以知道恒星的质量非常大。

夜空星辰
晴朗的夜空里人们可以看见很多星星在闪闪发光，而白天太阳辐射的光线非常强烈，人们就看不到星星了。

创造之柱
这团被称为"创造之柱"的鹰状星云，是一个恒星的摇篮。有科学家认为，太阳可能诞生在和它非常类似的环境里。

天象仪
天象仪是一种表演天文现象的仪器。光学天象仪的基本原理是通过星片把星空放映到半球形的银幕上，形成人造星空。

宇宙之最 发光最弱的恒星：目前所知发光最弱的恒星的发光强度只有太阳的五百多万分之一。

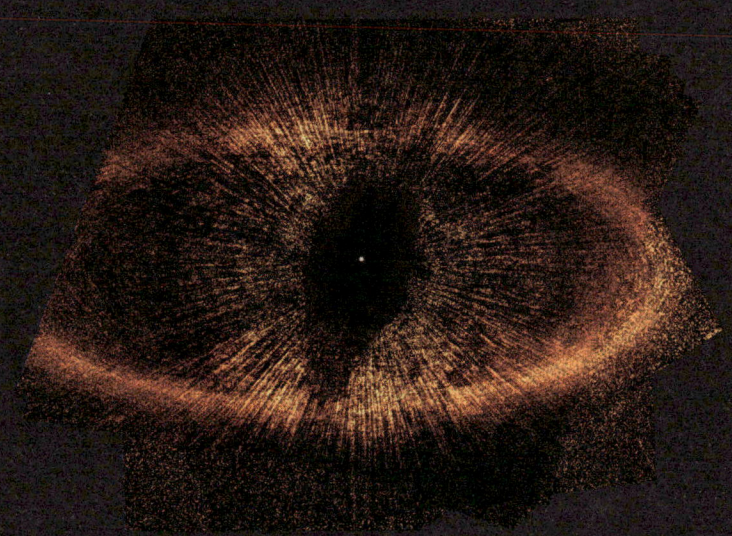

北落师门
白色恒星北落师门是南鱼座的主星，也是秋季夜空中最亮的一颗星。

天狼星
天狼星是冬季夜空中最亮的星星。它是大犬座中的一颗双星，其中的亮子星是一颗比太阳亮23倍的蓝白星。

恒星的亮度如何表示？

在夜空中，我们看到的恒星有的亮，有的暗，这是怎么回事呢？恒星的亮暗与它们的发光能力以及离地球的远近有关系。天文学家通常用"星等"来表示恒星的亮度。星等是表示天体相对亮度的数值，星等值越小，星星就越亮。

比较成熟的星等概念是在公元前2世纪由希腊天文学家伊巴谷提出来的。他把人眼可以看见的恒星按亮暗程度分成等级，把看起来最亮的20颗恒星作为一等星，把看起来最暗弱的恒星作为六等星，在这中间又分为二等星、三等星、四等星和五等星。

经过科学家的不断改进，英国科学家普森在1857年用公式把两个星的星等和它们的亮度联系起来。普森认为，一等星比六等星亮100倍，星等增加1等，亮度减弱2.512倍。普森的这个公式一直沿用到今天。

在地球上测出的星等叫视星等，它是直接由光度测量得到的星等。由于辐射探测器的灵敏度与波长有关，而天体辐射的能量在不同波长也不相同，因此用不同的探测器测得的星等也不相同。

为什么恒星的颜色各不相同？

我们在夜空中看到的恒星大多数是金黄色的，其实天文学家用天文望远镜观测到的恒星是有很多颜色的，有红色的、蓝色的、黄色的、白色的。

为什么它们的颜色不相同呢？恒星的颜色是由它们的温度决定的。蓝色恒星表面温度最高，红色恒星表面温度最低，而黄色和白色恒星表面温度处在中间。

恒星的温度单位是开尔文，用K来表示。一般来说，蓝色恒星表面温度在10000K以上，如参宿七、水委一和轩辕十四等；白色恒星表面温度在11500至7700K之间，如天狼星、织女星、牛郎星、北落师门和天津四等；黄色恒星表面温度在6000至5000K之间，如太阳、五车二和南门二等；红色恒星表面温度在3600至2600K之间，如参宿四和心宿二等。

恒星的颜色和大小没有关系，不过在两颗同等温度的恒星之间，大一点的恒星看起来更亮。

你知道吗

- 月亮是一颗卫星，本身并不会发光，我们看到的月光是它反射太阳的光。
- 巨星是恒星世界中个头最大的，它们的直径要比太阳大几十到几百倍；超巨星更可达太阳的几千倍。

为什么我们能看见早已死亡的恒星？

Weishenme

恒星的死亡人类用肉眼是看不见的，但通过哈勃太空望远镜可以看到。恒星"死亡"时分解出的气体和尘埃形成星云。虽然临近死亡，但恒星死亡前的变化却很美丽。哈勃太空望远镜不仅可以观测到各种各样的恒星，还可以看到死亡恒星周围漂亮的景象。一颗恒星从诞生到死亡可能要几十亿年的时间，我们人类只有不足百年的短暂生命，当然看不到恒星死亡的全过程了。但我们可以把处在不同年龄段的恒星照片都拍下来，就能拼出恒星从生到死的图像。

↑ **恒星之死**
一颗恒星从诞生到死亡要几十亿年的时间。图中发着微弱亮光的就是快要死亡的恒星。

◐ **恒星分解**
这是性质与太阳等同的恒星在"死亡"的时候分解出气体和尘埃，并形成星云的情景。

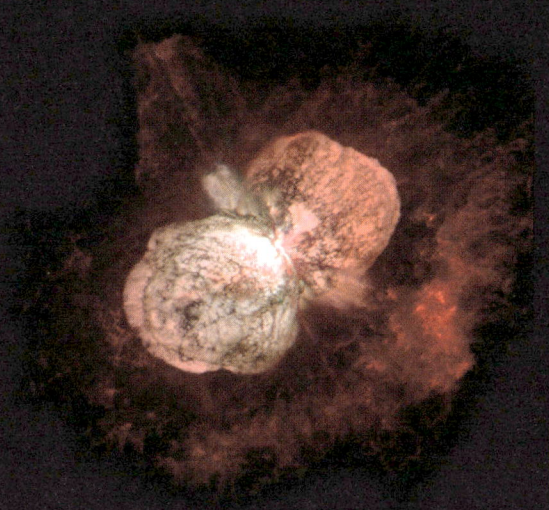

恒星的一生是怎样"度过"的？

Weishenme

恒星和人类一样，也有生老病死，要经历孕育期、幼年期、少年期、青年期、中年期和老年期。恒星在不同的时期有不同的名称。星胎是孕育期，原恒星是幼年期，主序前星是少年期，主序星是青年期，巨星是中年期，白矮星是老年期。大多数恒星的一生，基本上都是这样度过的。

恒星的一生是非常复杂的，我们可以通过其变化的关键阶段来了解它。恒星内部以氢核聚变为主的发展阶段叫主序阶段。处于主序阶段的恒星称为"主序星"。恒星在这一阶段持续的时间占整个寿命的90%以上。当氦的质量约占恒星总质量的12%时，恒星的结构就会发生明显变化，开始离开主序星。恒星脱离主星序后会很快变成红巨星。这一时期氢燃烧层产生的能量可能比主序阶段还要多，但星体表面温度不仅不升高反而会下降。恒星演化到后期，星体结构越来越复杂，变化越来越剧烈。在恒星演化的不同时期，演变的快慢相差是非常大的。

【百科辞典】

星胎：
在星体之间碰撞和吸引过程中，有些特大的星体就在现在的行星轨道附近形成，这些特大的星体叫做"星胎"。

中子星：
是处于演化后期的恒星，它是在老年恒星的中心形成的。

↓ **中子星**
中子星是处于演化后期的恒星，它是在老年恒星的中心形成的。典型中子星的直径为20千米，质量约等于太阳的质量。

宇宙之最 距离太阳最近的恒星：比邻星。位于半人马星座，距离太阳4.22光年。

超新星是刚刚诞生的恒星吗？

Weishenme

有时候天空中会出现一颗非常亮的星星，而且是从来没有出现过的。可过上几个月或者几天，它又消失了。这种奇怪的星星叫做"新星"或"超新星"。

在宇宙大爆炸中，恒星的光度可能在很短的时间内增加几十万倍，这样的恒星叫"新星"。如果恒星的爆发再猛烈些，它的光度增加在短时间内甚至能超过1000万倍，这样的恒星叫做"超新星"。

新星和超新星是变星中的一个类别。以前人们还以为它们是刚诞生的恒星，所以给它们取名叫"新星"。其实正好相反，它们是快要死亡的老年恒星，中心向内收缩，外壳却向外膨胀，形成一颗正在爆发的红巨星。

新星或者超新星的爆发是天体发展变化的重要环节。它是老年恒星的逐渐死亡，同时又伴随着新恒星的诞生。现在人类已经发现了很多颗超新星，它们大多在河外星系中。目前在银河系里我们只发现了8颗超新星。

▶ 超新星
据说超新星在几天内倾泻的能量，就像一颗青年恒星在几亿年里所辐射的那样多，这让它看上去明亮异常。位于图片中部、发出璀璨光芒的星体即为一颗超新星。

白矮星的密度为什么那么大？

Weishenme

白矮星最大的特点就是密度高，最高可达10^6至10^7克/立方厘米。它的平均密度大约是水的100万倍，每立方厘米的白矮星物质就有几百千克重。它表面的重力加速度大约是地球的10倍到104倍。如果人能到达白矮星表面，那么他是站不起来的，因为白矮星上的引力特别大，人的骨骼早就被自己的体重压碎了。

为什么白矮星的密度这么大呢？因为白矮星内部有很大压力。在巨大的压力下，内部的电子脱离原子核变成了自由电子。这种自由电子气体很爱乱跑，它尽可能地往原子核之间的空隙里钻，使单位空间里所含的物质大大增多，密度就提高了。当白矮星质量进一步增大时，它就可能抵抗不住自己的引力收缩，坍缩成密度更高的天体，如中子星或黑洞。

▶ 白矮星（右）与红巨星
白矮星光度低、密度高、温度高、体积较小。红巨星的体积非常大，光度也很高，我们肉眼看到的最亮的星中，许多都是红巨星。

最有名的超新星：1054年出现的金牛座超新星，在《宋会要》中有详细的记载。

什么是"黑洞"?

Weishenme

在浩瀚的宇宙中,有一种叫做"黑洞"的神秘物质,它的名字听起来就像一个黑色的大深洞,它其实是科学家们预言的一种天体。一个质量比太阳大8倍以上的恒星在逐渐衰老的过程中会慢慢收缩,没有什么力量可以阻止这种收缩。当它的半径小到一定程度时,所有物质都会集中在一起,这时就形成了黑洞。

黑洞是密度超大的天体,拥有强大的吸引力,连光都逃脱不了。黑洞的性质决定了探测黑洞是很困难的,我们没办法通过光的反射来观察它,只能通过它周围的物体来间接了解黑洞。黑洞用很强的吸引力吸引它周围的物质,物质被它吸引时速度就会越来越快,这样一来,黑洞的一些特点就被我们掌握了。

黑洞就像一个无底洞,什么东西都能被它吸进去,被吸进去的物质就别想再"爬"出来了。根据爱因斯坦的能量与质量守恒定律,当物体失去能量时,同时也会失去质量。黑洞也遵守这个定律,当黑洞失去能量时,它就不存在了。

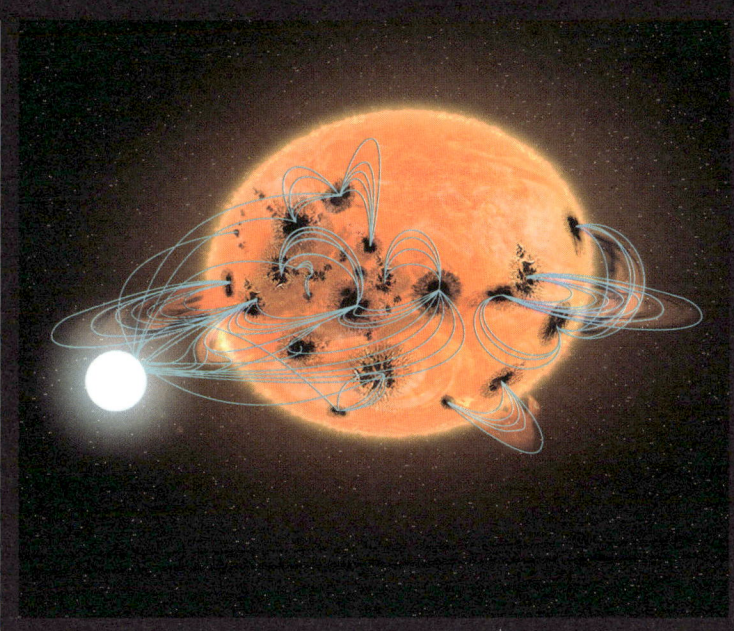

黑洞引力
黑洞中隐匿着巨大的引力场,这种引力大到任何东西,甚至连光都难逃黑洞的手掌心。

什么是"双星"?

Weishenme

一些恒星两两成双靠在一起,互相环绕着运行,叫做"双星"。构成双星的两颗恒星都叫子星,其中较亮的一颗叫"主星",较暗的一颗叫"伴星"。主星和伴星亮度有的相差不大,有的却相差很大。

双星种类很多。能够用望远镜把两颗子星分辨开来的双星叫做"目视双星"。许多双星的两颗子星之间距离很近,即使用现在最大的望远镜,也不能把它们区分开。但天文学家可以用分光方法得到的光谱发现两颗子星,这样的双星称为"分光双星"。此外,还有测光双星和交食双星等。

银河系双星的数量很多,双星的研究在天文学中占有重要的地位。研究双星不但可以了解恒星的形成和变化过程,还可以了解银河系的形成和演化。如科学家通过分析双星的轨道运动,首次在太阳系外验证了万有引力定律。

天文望远镜
天文望远镜是观测天体的重要手段,随着望远镜各方面性能的改进和提高,天文学也正经历着巨大的飞跃,并由此使人类对宇宙的认识有了进一步的发展。

宇宙之最 离地球最近的黑洞:距地球约1600光年,位于人马星座。

中国孩子最爱问的十万个为什么

主题索引：什么是星团？什么是星云？

猎户星云
图为猎户座中的星云状物质。猎户座大星云肉眼可见，是辨认猎户座的指标之一。

球状星团
球状星团是由于物理上的原因而聚集在一起并受引力束缚的一群恒星，其成员星的空间密度显著高于周围的星场。

什么是星团？

Weishenme

在天空中，我们可以看到有很多星星密密麻麻地聚在一起，天文学家把这种由10个以上的恒星组成的、互相吸引的恒星群体叫"星团"。星团的成员星数少的只有十几个、几十个，多的可以有几万、几十万个以上。一般认为，同一星团里的恒星有共同的起源。

星团可分为两大类：球状星团和疏散星团。由恒星群组成的球形的星团叫球状星团，而疏散星团是指结构松散、形状不规则的星团。

银河系中已经发现的球状星团有150多个。它们的分布很奇怪，有三分之一都分布在人马座附近。球状星团的直径在15光年至300光年范围内，而且其中没有年轻恒星，成员星的年龄一般都在100亿年以上。

在银河系中已发现的疏散星团有1000多个。它们大多数都位于银道面两旁，离银道面距离一般小于600光年。

什么是星云？

Weishenme

星云与我们经常看到的白云不同，它是由宇宙中的气体和尘埃组成的，看起来像一种太空云雾，因此人们形象地把它们叫"星云"。我们有时将星系、各种星团及宇宙空间中各种类型的尘埃和气体都叫做星云。

按照它们的形态，银河系中的星云可以分为弥漫星云、行星状星云等几种。

弥漫星云就像其名字一样，没有明显的边界，形状经常是不规则的。它们的直径在几十光年左右，密度为每立方厘米10至100个原子。比较有名的弥漫星云有猎户座大星云、马头星云、玫瑰星云等。

行星状星云的样子很像一个盘子，中心是空的，而且经常有一颗很亮的恒星。这种星云是由恒星不停地向外发射物质形成的。因此，行星状星云是恒星晚年演化的结果。比较有名的行星状星云有宝瓶座耳轮状星云和天琴座环状星云。

你知道吗

- **昴星团**：最有名的星团之一，梅西叶天体编号为M45。在晴朗的夜空，用肉眼就可以看到它。
- **马头星云**：猎户座的马头星云是夜空中最好辨认的星云之一，它是一个大型暗分子云的一部分。
- **玫瑰星云**：美丽的玫瑰星云是一个距离我们3000光年的大型发射星云。

星云的成分是什么？

Weishenme

星云是由气体和尘埃微粒组成的。气体和尘埃的含量在不同星云中所占的比重是不一样的。亮星云中的尘埃比较少，一般小于1%，暗星云中的要多一些。星云的密度很小，每立方厘米大约只有几十到几千个原子（或离子）。星云的体积十分大，比太阳系大的多。因此，尽管它的密度很小，但总质量却很大。星云中含量最多的是氢，接下来是氮，还有一些碳、氧、氟等非金属元素和镁、钾、钠、钙、铁等金属元素。随着天文学的不断进步，科学家们还发现星云中含有有机分子。

因为星云的主要成分是氢，所以当星云的密度超过一定的限度，就会在引力作用下收缩，体积变小，逐渐聚集成团。有些天文学家预测，星云和恒星之间可以相互转化，但是这还需要通过研究来证明。

↑ 太阳系黄道面
太阳系里的行星轨道差不多处在同一平面内，该平面被称为黄道面，并以地球公转轨道面为基准。

太阳系都有哪些成员？

Weishenme

太阳系就是以太阳为主体的恒星系。太阳系的范围很大，两端的距离有120亿千米。这个大家族中都有哪些成员呢？

在太阳系这个大家族中最有名的就是八大行星了。按照距离太阳从近到远的顺序，这八大行星分别是：水星、金星、地球、火星、木星、土星、天王星、海王星。太阳系里不但有八大行星，还有卫星、小行星、流星和彗星等。

太阳的质量占整个太阳系总质量的99.8%，它用巨大的引力吸引着周围的天体，不让它们跑远，并且把光和热传给它们。太阳系里的这些行星都以太阳为中心沿着椭圆轨道公转，其中水星的轨道十分接近圆形。另外，除了金星、天王星外，行星的自转和公转方向是相同的。行星本身不发光，靠反射太阳光而发亮。科学家根据行星的性质把它们分为3类：类地行星（包括水星、金星、地球和火星）、巨行星（包括木星和土星）、远日行星（包括天王星、海王星）。

← 蟹状星云
蟹状星云因形状有如螃蟹而得名，它是强红外源、紫外源、X射线源和γ射线源，总辐射光度的量级比太阳强几万倍。

宇宙之最　最大的类地行星：太阳系中最大的类地行星是地球。

太阳系
太阳系位于银河系边缘的第三旋臂——猎户旋臂上，是由太阳以及在其引力作用下围绕它运转的天体构成的天体系统。

刑台上的布鲁诺
布鲁诺因信奉和颂扬哥白尼学说而被天主教会活活烧死在百花广场。人们称他为"科学的殉道士"。

哥白尼雕像
哥白尼是第一个提出完整"日心说"的人，但他并不是一位职业天文学家，《天体运行论》是他利用业余时间完成的。

太阳系是怎么诞生的？

太阳系是怎么诞生的呢？一些天文学家认为太阳系是被"撞"出来的，因为他们观测到太阳系中的行星和卫星上有大量被撞击形成的坑。根据这种现象，天文学家肖梅克在1977年提出，物体的撞击是发生在类地行星上最基本的活动，并在这个基础上提出了"撞击说"。他认为这种撞击是分等级的，最初太阳是一个单一的天体，在彗星和其他天体不断冲击下，产生了很多残骸，然后这些残骸慢慢形成了行星。在这以后，又有很多撞击体撞向行星，围绕着行星形成了一个由气体、液体、尘埃和固态物质组成的带。受向心力作用，这个带慢慢变成了球形，成为被撞行星的卫星。

关于太阳系的产生还有星云说和遭遇假说。星云说认为，星云冷缩后，转动的速度加快，使周围的物质分离，凝聚成行星；而遭遇假说则认为，其他天体通过太阳附近时吸引出太阳内部的物质，形成行星。

日心说为什么会带来天文学革命？

日心说也叫"地动说"，是关于天体运动的学说。这种学说认为，太阳是宇宙的中心，而不是地球。完整的日心说是由波兰天文学家哥白尼在1543年提出的，发表在他的著作《天体运行论》中。实际上，在公元前300多年，古希腊的赫拉克里特和阿里斯塔克就已经提出"太阳是宇宙的中心，地球围绕太阳运动"的观点。

以前人们普遍认为地球是宇宙的中心。这一观点被中世纪罗马教廷所推崇，成为统治思想。哥白尼向这个观点发出挑战，他认为，地球绝不是宇宙的中心，而是围绕太阳运行的一颗普通的行星。哥白尼的这一学说冲破了中世纪的神学教条，彻底改变了人们的宇宙观念，引起了自然科学的一场大革命。天文学也因此首先迈入了近代科学的大门。

哥白尼的学说不但改变了当时人们对宇宙的认识，而且从根本上动摇了欧洲中世纪宗教神学的理论基础。"从此自然科学便开始从神学中解放出来"，"科学的发展开始大踏步前进"。

阳光为什么是七色光?
Weishenme

有一首歌中唱道:"太阳太阳,给我们带来七色光彩……"我们平时见到的太阳光明明是白色的,为什么说它是七色光呢?其实,白色的太阳光是由红、橙、黄、绿、蓝、靛、紫七种单色光组成的。我们可以用一种方法来看到太阳光的"真面目"。在光线很强时把房间遮暗,只让一束阳光照到房里,在这束光照射的地方放一块三棱镜,你会发现这束光通过棱镜后,会在墙上照出一条美丽的七色光带,像雨后出现的彩虹一样。

太阳光照到物体上时,一部分光被物体表面反射,另一部分被物体吸收,物体的颜色是由它本身反射的光线颜色决定的。如果物体能把阳光中的七种光全部反射回去,那么这个物体就是白色的;如果物体能将所有的光都吸收掉,那这个物体就是黑色的。树叶之所以是绿色,是因为它能反射出绿光。

太阳的能量从何而来?
Weishenme

太阳一直用它巨大的光和热哺育着地球生物,从未间断。地球上的一切能量几乎都是直接或间接从太阳那里获得的。可以说,没有太阳,就没有地球,也没有人类。

那么,太阳的巨大能量从何而来呢?

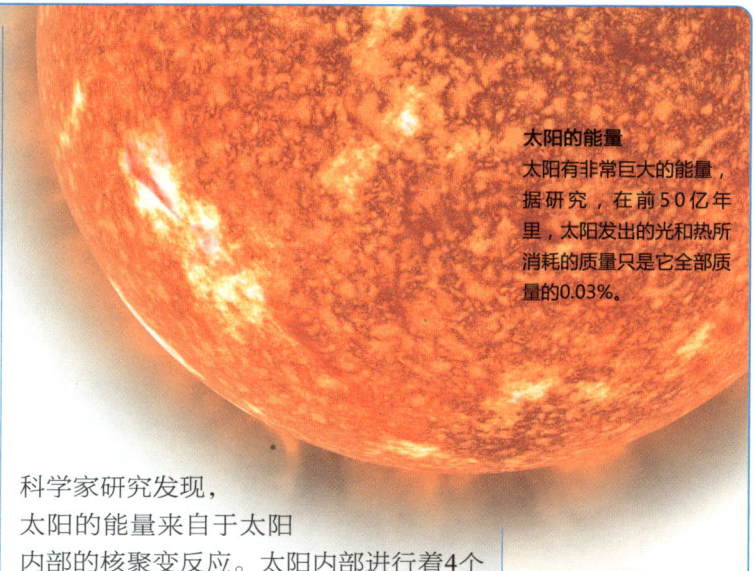

太阳的能量
太阳有非常巨大的能量,据研究,在前50亿年里,太阳发出的光和热所消耗的质量只是它全部质量的0.03%。

科学家研究发现,太阳的能量来自于太阳内部的核聚变反应。太阳内部进行着4个氢原子核聚变成1个氦原子核的过程,同时放出大量能量,就像氢弹爆炸一样。在这种热核反应中,氢不断地被消耗。也可以说,太阳在燃烧着氢。但它和我们经常见到的燃烧不同,它不需要氧来助燃,而且燃烧后会变成另外一种新的元素。在4个氢原子核聚合成1个氦原子核的过程中,太阳的质量不断变小。那么,亏损的物质跑到哪里去了呢?原来,这些物质变成了光和热,也就是说,物质由一般形式转化成了能量。

牛顿像
17世纪英国杰出的物理学家、天文学家和数学家,近代自然科学的集大成者,举世公认的科学巨人。

雨后彩虹
雨过天晴后出现的彩虹,是阳光射到空中接近圆形的小水滴中,造成色散及反射而形成的。

【百科辞典】

三棱镜:
由透明物质(通常是玻璃)所制造的一种三角形物体。

助燃:
帮助另一种物质燃烧,一般指气体。

宇宙之最 最早分离太阳光的人:1666年,英国科学家牛顿首次用三棱镜分离了太阳光,证明了太阳光由七种色光组成。

太阳的年龄有多大?

和人类一样,太阳也会经历幼年期、少年期、青年期、中年期和老年期,那么它现在多少"岁"了呢?根据科学家的研究和预测,太阳的年龄大约是46亿至48亿岁,目前正处在中年期。

太阳的年龄可以通过太阳上氦的含量来进行推算。由于每种不同类型的原子会产生自己特有的光谱线,所以天文学家们通过研究太阳的光谱线就可以确定太阳外层大气中含有哪些化学元素。科学家研究发现,在太阳中大约有71%是氢,27%是氦。如果太阳在一开始时全是氢,那么它大约要花200亿年的时间才能形成目前这么多的氦。不过,天体物理学家们已经证明,太阳在一开始就含有大量的氦,由此推算出它的年龄是46亿至48亿岁。

↑ 褐矮星
褐矮星是介于恒星和行星之间的暗弱恒星,它们在一段时期内能通过缓慢的引力坍缩产生热和光,但其中心永远不可能热到足以引发核燃烧的程度。

为什么太阳也会死亡?

对于人类来说,光芒四射的太阳是宇宙中最重要的天体。万物生长都要靠太阳,没有太阳,地球上就不可能有姿态万千的生命现象,当然也不会孕育出充满智慧的人类。岁岁年年,太阳天天东升西落。在人们心目中,太阳一成不变,成了某种永恒的象征。其实,太阳是银河系中一颗非常普通的恒星,和其他天体一样,也要经历诞生、成长、死亡的过程。

太阳的年龄大概有46亿至48亿岁。它是通过热核聚变,靠燃烧集中在核心的大量氢元素而发光、发热的,平均每秒钟要消耗掉600万吨氢。太阳中储备的氢元素可以供太阳继续燃烧50亿年,50亿年后,太阳会死亡吗?

50亿年后,当太阳中的氢元素消耗完后,它的温度大约可以高达1亿摄氏度。此时太阳内部会产生氦聚变,接着太阳很快便会极度膨胀,进入所谓的"红巨星"阶段,它的光亮度将增至如今的100倍,并把距离它最近的行星如水星和金星吞噬掉。地球也会变得越来越热,直至被极度膨胀的太阳吞没,地球上的生命将无法继续生存。随着时间的推移,太阳会迅速地耗尽它的全部燃料,坍缩成为一颗黯淡的白矮星。最后,在万有引力作用下,太阳再次收缩,成为一个无光无热的褐矮星,消失在茫茫的宇宙深处,结束它辉煌而耀目的一生。

→ 核聚变
核聚变能释放出巨大的能量,太阳内部连续进行着氢聚变成氦的过程,它的光和热就是由核聚变产生的。

太阳为什么有“斑点”？

Weishenme

在太阳表面上有一些小斑点，科学家们把这些小斑点叫做“太阳黑子”。其实，“黑子”并不是黑色的，只是它们比太阳光球层温度要低1000至2000摄氏度，因此在更加明亮的光球衬托下，它们看起来就像是没有什么亮光的斑点了。

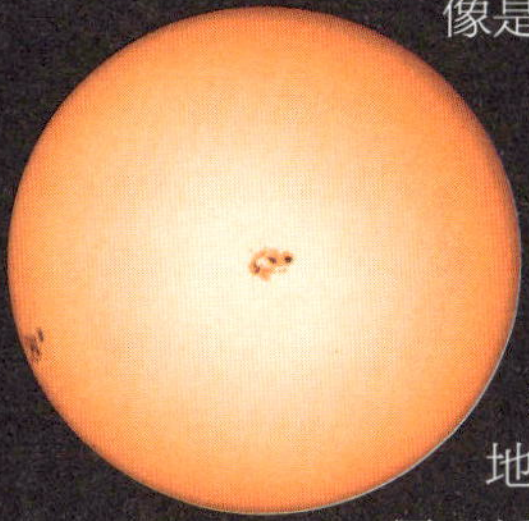

太阳黑子由本影和在它周围的半影组成，形状差异很大：最小的黑子直径只有几百千米，没有半影，而最大的黑子直径比地球的直径还大几倍。太阳黑子活动呈周期出现，两次极大年的间隔平均为11.2年。太阳黑子很少单独活动，而是经常成群出现。

太阳黑子活动频繁的时候，整个太阳系都会受影响，地球上可能会出现大规模的自然灾害。在黑子群周围常常会出现耀斑。太阳黑子发出的辐射和地球磁场、电离层相互作用，可以使地球上的短波无线电通讯中断，有时还会引发极光。ⓔ

太阳上也会“刮风”吗？

Weishenme

太阳是很不平静的。有时太阳大气最外层的日冕会抛射出物质粒子流，科学家们形象地把这种现象叫做“太阳风”。

太阳风分为两种：一种是持续不断地辐射出来，速度比较小，飞到地球附近时约为每秒450千米，每立方厘米含质子数1至10个，这种太阳风叫做“持续太阳风”；另一种是在太阳活动时辐射出来，速度比较大，飞到地球附近时可达到每秒1000至2000千米，每立方厘米含质子数几十个，这种太阳风叫做“扰动太阳风”。高速的太阳风对地球的影响很大，它抵达地球时往往会引起很大的磁暴与强烈的极光，同时也发生电离层干扰。ⓔ

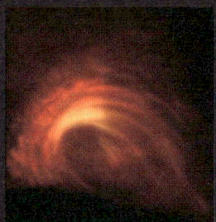

↑太阳耀斑
日面上突然出现的亮斑闪耀，寿命仅有几分钟到几十分钟，亮度上升快而下降慢，即为太阳耀斑。

←太阳黑子
图中的黑色物体即为太阳黑子，其周围的斑驳特征反映出太阳表面激烈的对流活动。

↓太阳风袭击地球（模拟图）
太阳风从冕洞喷发而出，其至少可以吹遍整个太阳系。

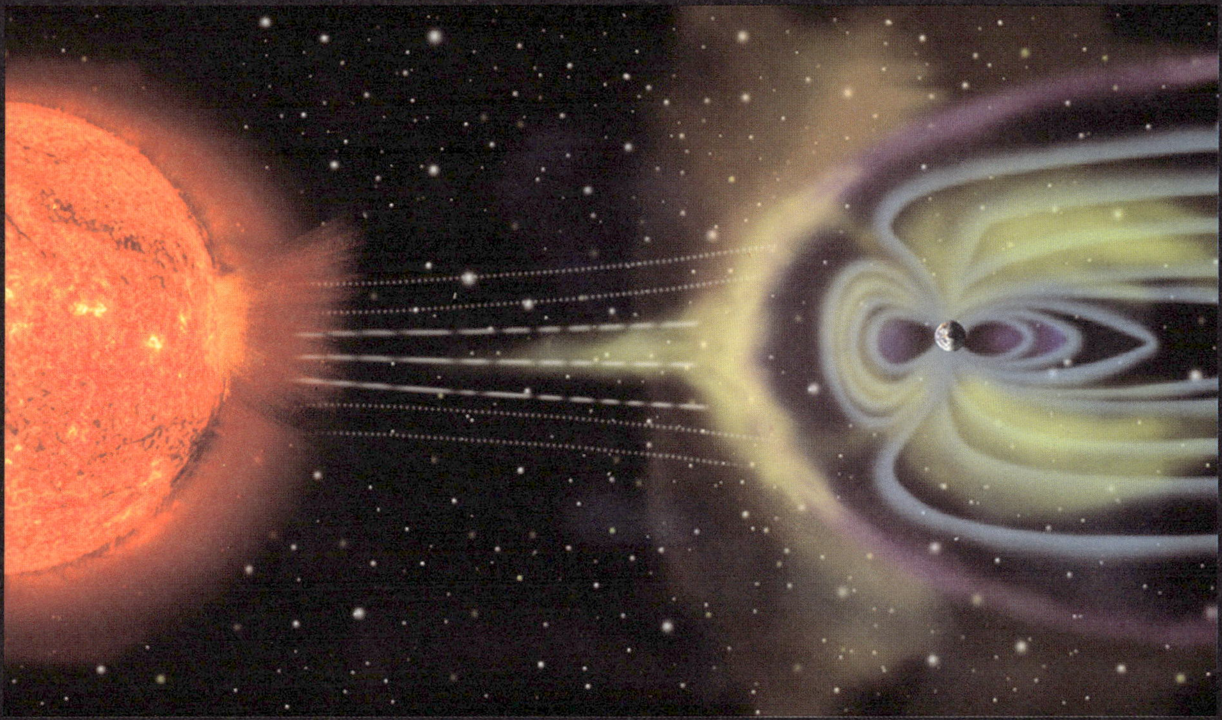

中国孩子最爱问的十万个为什么

主题索引
- 为什么会发生日食？为什么水星上没有水？

日偏食
日偏食是最常见的日食现象。整个日偏食的过程可分三个阶段：初亏、食甚、复圆。

日全食"钻石环"
日全食即将结束前，当第一束阳光穿过月盘边缘的山谷时，产生的一个闪亮的"钻石环"。

为什么会发生日食？
Weishenme

太阳有时会被一个黑色的影子遮住，几分钟后，又会慢慢露出光芒，这就是"日食"现象。

为什么会发生这种现象呢？科学家研究发现，月亮在绕地球公转时，有时会转到太阳和地球的中间。如果太阳、月球、地球三者正好排成或接近一条直线，月球就会挡住射到地球上的太阳光，月球身后的黑影正好落到地球上，天空变暗，甚至白天也可见到点点繁星，这就是日食。

由于月球比地球小，因此只有在月影中的人们才能看到日食。日全食的延续时间不超过7分58秒。我国在公元前1217年就已经有了确切的日食记录，这是世界上最早的日食记录。

日食主要有日全食、日偏食和日环食三类。月球把太阳全部挡住时发生日全食，遮住一部分时发生日偏食，遮住太阳中央的部分时发生日环食。

为什么水星上没有水？
Weishenme

别看水星的名字叫"水星"，其实它上面没有一滴水，那为什么还叫它水星呢？原来，我国古时候用阴阳五行（金、木、水、火、土）来命名日、月和行星，水星只不过是我们给它起的名字。

水星上没有水和它本身的特性有关系。水星是离太阳最近的行星，也是太阳系八大行星中最小的一颗，它的直径只有4880千米，在太阳这个大火球的照射下，水星温度非常高，朝向太阳的一面温度高达400摄氏度以上，最高地表温度可达427摄氏度，连锡这样的金属都能被熔化，所以，就算水星上有水，也会被瞬间蒸发掉。另外，水星的质量很小，只有地球的5.5%，而且密度也很小，只有水的5.4倍，所以水星上的引力非常小，甚至不能将气体吸引在自己周围形成大气，当然也不可能有水蒸气了。水星背向太阳的一面长期不见阳光，温度在零下173摄氏度以下，所以也不可能有液态的水。

你知道吗
- 水星只比月亮大一点点，而且它长得也和月亮很像，在水星的表面上也有很多环形山。
- 美国的"水手10号"探测器在1974至1975年间三次接近水星，并对它进行了拍摄。
- 水星的自转周期为58.6天，恰为公转周期的2/3，因此水星上一昼夜长达176天。

宇宙之最 迄今为止发现的温度最高的行星：Wasp—1b，太阳系外行星，距地球1000光年左右，表面温度超过1800摄氏度。

"金星凌日"现象是怎么回事？金星为什么每天早晚出现在地平线上？

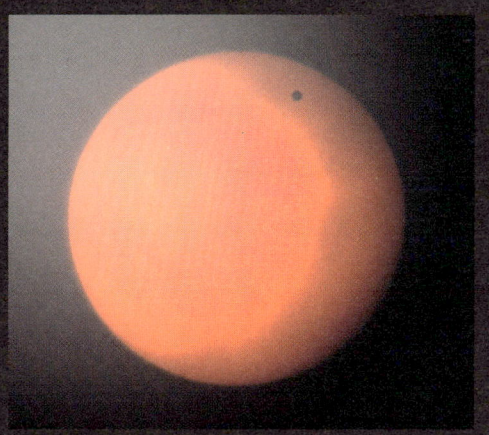

"金星凌日"现象是怎么回事？

Weishenme

观测天象的时候，人们有时会看到在太阳表面有一个小黑点慢慢穿过，这种天象叫做"金星凌日"。天文学家对这一现象作了解释：由于金星轨道在地球轨道内侧，它就有机会从太阳和地球之间通过。在特定时间，地球、金星、太阳会在一条直线上，就会发生"金星凌日"。"金星凌日"持续时间超过6个小时，在金星进出太阳表面的过程中，会发生一系列有趣的光学现象。

其实，"金星凌日"就像日食和月食一样，也是一种交食现象，只是由于金星的视圆面远远小于太阳的视圆面，才表现为在日面上出现一个缓慢移动的小黑点。这种现象的出现周期通常是8年、121.5年、8年、105.5年，依次循环。

现代天文学诞生之前，人们就是通过观察"金星凌日"，用视差来测量太阳和地球之间的距离。

金星为什么每天早晚出现在地平线上？

Weishenme

天亮前后，东方地平线上有时会出现一颗特别明亮的星，人们叫它"启明星"；黄昏时分，西方的落日余晖中有时也会出现一颗非常明亮的星，人们叫它"长庚星"。这两颗星其实是一颗，那就是金星。金星是太阳系的八大行星之一，按离太阳由近到远的次序是第二颗，也是离地球最近的行星。

为什么从地球上看，金星只有在每天早上和晚间出现在地平面上呢？这是因为，金星自转一周大概要243天，而地球自转一周大概只需要24小时，从地球上看，金星和太阳的最大视角不超过48度，因此金星不会整夜出现在夜空中，只会在早晨和晚上出现两次。

◀ 金星凌日
金星划过日面的罕见景象叫做"金星凌日"。太阳右上部位的小黑点就是正在"凌日"的金星。

◀ 金星伴月
由于金星亮度大，每天早晚出现在地平线上，所以当金星和月亮正好位于同一条直线上时，就会出现金星伴月的美景，用肉眼也极易发现。

◀ 金星地表图
这是经计算机拼合而成的金星地表图，使用了麦哲伦探测器于1991年拍摄的多张金星照片。

宇宙之最 最早用肉眼观察金星凌日的人：阿拉伯自然科学家法拉比，时间大约在910年。

> 火星
> 西方以罗马神话中战神的名字命名火星，称其为"Mars"。

> 火星河床
> 火星上干涸的河床多达数千条，长度从数百千米到1000千米以上，蜿蜒曲折，纵横交错，极为壮观。

火星为什么看上去是红色的？

火星是太阳系八大行星之一，按照距离太阳由近及远的次序是第四颗。火星的表面到处都是红色的土壤和岩石，这些土壤和岩石中有很多铁元素，由于长期受紫外线的照射，铁生成了红色和黄色的氧化物。因此，从地球上看到的火星是红色的。

火星红彤彤的，因此有人认为它上面有火，温度很高。其实正好相反，火星距离太阳比较远，所接收到的太阳辐射只有地球的43%，地面平均温度大约比地球低30摄氏度，昼夜温差可达上百摄氏度。火星白天的最高温度是零下12摄氏度，而到晚上只有零下76摄氏度，所以说火星上面是很冷的。

火星赤道半径为3395千米，是地球的一半，体积不到地球的1/6，质量只是地球的1/10。火星的内部和地球一样，也有核、幔、壳的结构。火星上也存在大气，其主要成分是二氧化碳，大约占95%，还有极少量的一氧化碳和水汽。

火星上为什么到处是干涸的河床？

1971年美国发射的"水手9号"火星探测器看到的火星表面景象是一片荒凉，毫无生机。"水手9号"没有探测到火星表面有液态水，却发现了许多干涸的河床。火星上为什么有这么多干涸的河床呢？

在对一些可靠的证据进行研究后，很多科学家都认为，在火星历史的早期，火山活动等因素使火星表面比较温暖，液态水曾经在这些河床里流动，掀起了阵阵波浪。那时火星自转轴要比现在倾斜得多，这样，南北两极冠的冰就有更多的机会融化成水，并蒸发成水蒸气。水蒸气又凝结成雨落在赤道地区，形成河流，后来河流又干涸了。因为有河流，自然就会有河床了。

当然这并不是唯一的说法。还有人认为：火山活动喷发出很多水和二氧化碳，同时如果一些地区的地热把地下冰融化了，就会形成几股大的水流。在它们的冲刷下，火星表面会很自然地形成大小河床。

关于河床的形成原因，学者们的看法可能多种多样。但学者们一致认为，河床里曾流动着大量的水。

宇宙之最　距离最短的卫星与主星：在太阳系中，火卫一与火星之间的距离是卫星与主星距离最短的，大约有6000千米。

火星上有"运河"吗?

Weishenme

1877年,意大利天文学家夏帕雷利用天文望远镜观测火星时,发现火星上密布着黑色的线条,他把这些线条称为"火星上的河渠"。随后他又根据长期观测结果绘制了火星图。没想到因为翻译者的一时疏忽,将意大利语"河渠"错误地翻译成英语的"运河","火星运河"就一直被沿用至今。到了19世纪80年代,美国科学家洛韦尔把这些黑色线条说成是智慧生物开凿的运河。

运河是人工开凿的河道,那么火星上有"运河"吗?如果承认火星上有运河,就等于承认火星上有智慧生命存在。因此,"火星运河"引起了科学家们的极大兴趣。

从20世纪60年代开始,美国和苏联曾多次向火星上发射探测器。两个"海盗号"探测器在火星表面上进行了预定的考察和实验,结果证实"火星运河"只不过是一些环形山和陨石坑,以及一些比较大的峡谷。

此外,美国的"水手9号"对火星表面的大部分区域进行了拍照。通过传回的照片可以看出,那些纵横交错的线条很可能是干涸的河床。

木星为什么被称为"行星之王"?

Weishenme

木星是太阳系八大行星中最大的一颗,也是太阳系中自转最快的行星,赤道部分自转一周为9小时50分30秒。天文学上把木星这类巨大的行星叫做"巨行星"。木星还是天空中最亮的星星之一,它的亮度仅次于金星,比最亮的恒星——天狼星还要亮。

木星是一个巨大的扁球体。它的赤道直径大约是14.28万千米,是地球的11.2倍,体积相当于地球的1316倍,而它的质量是太阳系所有行星、卫星、小行星和流星体质量总和的1.5倍,也就是地球质量的318倍。如果把地球和木星放在一起,就好像拿一粒芝麻和一个大西瓜进行比较一样。所以我们把木星叫做"行星之王"。

木星和它的"月亮" 在这幅由"新地平线号"飞船拍摄于2007年的图片中,木星和它的卫星组成了美丽的双月牙图案。

火星探测车(效果图) 2004年1月4日,美国"勇气号"成功登陆火星。图为"勇气号"释放在火星陆地上的火星探测车。

宇宙之最 最早探索木星的探测器:"先驱者10号",是美国在1973年发射的。

← 木星与它的卫星们
处于左方的"小点"是木卫一,右方的是木卫二。

1995年12月7日进入绕木星飞行的轨道,1995年12月8日,再入器在以16万千米/小时的速度冲入木星大气层,收集了木星大气的风速、温度、雷电和云层高度等数据。

通过研究这次木星探测数据,科学家们发现产生雷电的原因是木星大气层上层存在着上升和下降的现象,使干燥的云层里产生雷暴活动。木星大气中有强烈的狂风和湍流,风速为530千米/小时,这可能是由木星深处释放的热量造成的。木星上的闪电,就是由木星上大规模的气流活动和低气压造成的。

木星上为什么电闪雷鸣?

Weishenme

在地球上,闪电和打雷是一种很常见的自然现象,而在以"脾气暴躁"著称的木星上,电闪雷鸣的次数就更频繁了。为什么木星上会出现电闪雷鸣呢?

科学家们发现,木星上也有一个大气层,而且这个大气层活动剧烈,这很可能就是电闪雷鸣产生的原因。为了进一步搞清楚这一现象,美国科学家在1989年10月18日把一个名叫"伽利略号"的木星探测器送上了太空。"伽利略号"探测器重2550千克,由轨道器和再入器组成。它在

木星上的大红斑是什么?

Weishenme

大红斑是木星表面最显著的特征。1660年人们对木星大红斑作了首次描述。300多年来,人们一直在观察它,它虽然已经改变了颜色和形状,但从来没有完全消失过。

大红斑是一团激烈的沿逆时针方向运动的上升气流,气流中含有大量的红磷化合物,所以看起来是红色的。木星的大红斑位于南纬23度处,东西长4万千米,南北宽1.3万千米。在大红斑中心部分有个小颗粒,是大红斑的核,其直径为几百千米。这个核在周围的逆时针旋涡运动中维持不动。"先驱者号"和"旅行者号"探测器的探测结果表明,大红斑是一个庞大的气旋风暴,类似于地球上的台风,也类似火星上的尘暴,但它的规模要大得多,持续时间也长得多。除了大红斑之外,木星上还存在一些小红斑。

大红斑的寿命很长,可维持几百年或更长久。根据科学家的探测和理论分析,大红斑的长寿有两个前提条件:第一,这些斑状结构必须是稳定的,否则它们只能存在几天;二是能源供应问题,一个稳定的涡流如果没有能源维持,很快就会下沉。

← 木星大气层(模拟图)
从图中可以看出,木星上的大气运动十分剧烈,可能由此产生频繁的电闪雷鸣,使木星的"脾气"显得格外暴躁。

宇宙之最　离木星中心最近的卫星:木卫十六,它离木星的距离是12.7万千米。

木卫二上有水吗？

Weishenme

在木星的众多卫星中，木卫二是最与众不同的。它是太阳系中最明亮的一颗卫星，几百年来，它的独特性使一批又一批的科学家对它着迷。木卫二的内部很可能是非常活跃的。科学家推测，在木卫二冰壳下面很可能隐藏了一个太阳系中最大的液态水海洋。木卫二上真的有水吗？

科学家们发现，木卫二的表面照片与地球海洋上的冰的照片相似。这可能是因为木卫二表面的冰下面有一层液态的水，水可能有50千米深，由引潮力带来的热量保持液态。如果真是这样的话，木卫二将是除地球之外，太阳系中唯一一个有大量的液态水存在的地方。

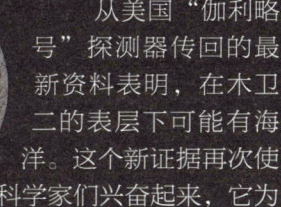

从美国"伽利略号"探测器传回的最新资料表明，在木卫二的表层下可能有海洋。这个新证据再次使科学家们兴奋起来，它为"木卫二上有水"的假设提供了可靠的论据。2000年1月3日，"伽利略号"探测器在离木卫二上空351千米的地方飞掠而过。令人惊讶的是，木卫二地磁北极点的地理位置在变化，并且移动得很频繁，几乎每5.5小时就移动一段距离。一些科学家认为这很可能是因为木卫二的地表之下有一个液体水层。

土星为什么有光环？

Weishenme

太阳系中最美丽的行星就是土星，用望远镜看去，土星那淡黄色的、橘子形状的身体上漂浮着明暗相间的云带，腰间缠绕着一道绚丽多彩的光环，十分美丽。

土星为什么会有这些光环呢？早在

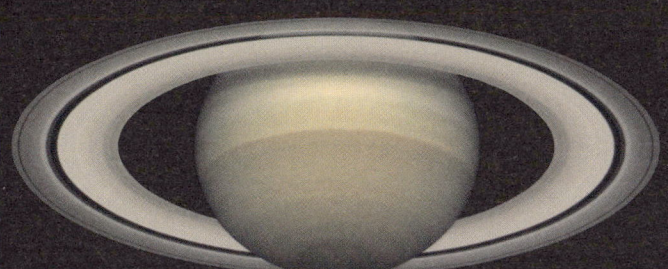

1850年，法国数学家洛希就推断：行星引力会产生一种起潮力，这种起潮力能够阻止靠近行星运转的物质结合成一个较大的天体，起潮力作用的边界叫做"洛希极限"。目前所知道的行星环就是位于这个理论范围内。根据这一点，科学家们对土星光环的形成原因进行了三种推测：第一，由于卫星进入行星的洛希极限内，因而被行星的起潮力所瓦解；第二，洛希极限里的一个或多个较大的星体，被流星撞击成碎片而形成光环；第三，太阳系演化初期残留下来的某些原始物质，因为在洛希极限内绕太阳公转而无法凝集成卫星，最终形成了光环。随着研究的深入，科学家们在第二种推测的基础上提出：土星的光环是由一颗非常接近土星的卫星破碎后形成的。不过，对于光环的成因，科学家们目前还只能是猜测而已。

土星光环
土星的光环在望远镜中十分引人注目。这光环实际上是由无数直径在7厘米至9米之间的小冰块组成的，结构极其复杂，在阳光照射下显得色彩斑斓。

木卫二
木卫二最醒目的外观是遍布全球的一串串十字条纹。较大的一个向外扩散到淡色物质地带，长近20千米。

"卡西尼号"土星探测器
以意大利出生的法国天文学家卡西尼的名字命名。主要任务是环绕土星飞行，对土星及其大气、光环、卫星和磁场进行深入考察。

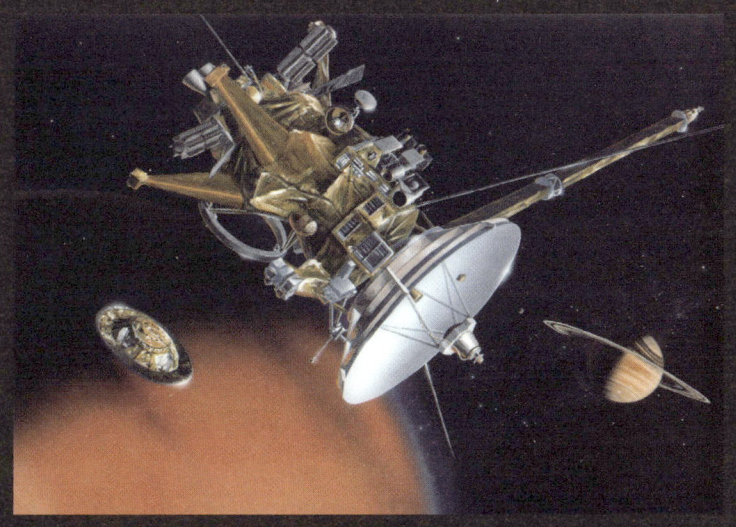

为什么说木星有可能成为第二个太阳？

Weishenme

木星是太阳系最大的行星。由于它的特征和太阳有些相似，一些天文学家认为木星在若干年后会变成另一个太阳。作为八大行星中的一员，木星真的会成为第二个太阳吗？

科学家们经过探测后发现，木星是一颗以氢作为主要成分的天体，这与太阳相似。木星与太阳这两个天体的大气中都含有约90%的氢和约10%的氦，以及很少量的其他气体。木星的中心部分大概是一个固体核，主要由铁和硅组成，那里的温度至少可以有30000摄氏度。通过这些可以看出，木星确实有和太阳相似的地方。

另外，木星发出来的热量是它从太阳那里接受的2倍，也就是说木星本身会发热，而且它的亮度在逐年增加。同时木星的身躯非常庞大，能够不断俘获太阳所抛出来的物质。因此有人预言，30亿年后木星的质量将与太阳接近，那时木星将摇身一变，可能成为一颗发光、发热的恒星，即成为第二个太阳。

木星是否能成为第二个太阳仍然是一个未知数，这还需要科学家们进行长期的观测和研究。

➡ 天王星
和其他气态行星一样，天王星也有自己的光环。它一共拥有11种不同颜色的光环。

⬇ 木星内部结构示意图
木星主要由液态金属氢组成，液态金属氢与表层木星大气之间是液态氢分子和氦分子的混合层。

天王星为什么"躺着"运动？

Weishenme

在八大行星里，天王星有着独一无二的特征，即它的赤道面与它绕太阳公转的轨道面的倾角为97度55分，也就是说，天王星的自转轴几乎是倒在它的轨道面上，它是躺着绕太阳运动的。

为什么天王星会躺着绕太阳运动呢？科学家们普遍认为，行星是由早先的许多微行星相互碰撞、彼此融合在一起而形成的。行星在长大的过程中会不断受到微行星的撞击，因而在微行星撞击的方向受到一个作用力而发生自转。而原始行星逐渐长成，在这些原始行星之间也会发生碰撞，这样的碰撞所产生的影响很大。比如，哪怕只有一颗原始行星与原始天王星发生碰撞，天王星的自转速度和自转轴方向都会发生很大的变化，具体的变化方式取决于那颗原始行星的撞击方式和撞击角度。现在大多数天文学家认为，在天王星形成的最后阶段，曾受到另一个处在原始行星阶段的大天体的撞击，使它的自转轴出现了非常大的倾斜。

宇宙之最　最早提出木星可能会成为第二个太阳的人：苏联科学家苏切科夫，时间大约在20世纪80年代初。

为什么说海王星是"笔尖下发现的行星"?

Weishenme

1845至1846年,英国的亚当斯和法国的勒维耶根据牛顿万有引力和运动定律,分别独立对天王星轨道进行了计算。1845年,亚当斯首先算出天王星轨道,但格林尼治天文台对他的论文并不重视。1846年9月18日,勒维耶把结果寄到了柏林,却受到了重视。他们根据天王星运动的偏差去估计"摄动"的大小,从而推算出未知行星的位置。根据计算结果,1846年9月23日,柏林天文台的天文学家果然在预定位置附近发现了新行星——海王星,所以海王星又被叫做"笔尖下发现的行星"。

海王星的发现为哥白尼学说和牛顿力学提供了最好的证明,也成为科学史上的一段佳话。

冥王星为什么被踢出九大行星之列?

Weishenme

自从冥王星被发现以来,人类对它地位的质疑就一直没有中断过,它不被行星大家庭接受是因为它不符合新的行星标准。2006年8月24日,国际天文学联合会第26届大会通过了一项决议,确定了新的行星标准。这个新标准规定,成为行星的天体必须符合三个主要条件:第一,要绕着太阳公转,有足够大的质量;第二,能够依靠自身的重力作用,通过流体静力学平衡,使自身形状达到近似球形;第三,在公转区域中起着支配性的作用,不受轨道上相邻天体的干扰,或者说必须清空轨道附近的其他天体。冥王星虽然符合前两个条件,但不符合第三个条件,它在公转区域中没有起支配性的作用,而是受到了轨道上相邻天体的干扰。

冥王星由于"先天"不足,不符合新的行星标准,所以只能被踢出行星行列,加入"矮行星"行列。

海王星内部结构示意图
海王星有一个由氢、氦、甲烷分子组成的外壳,外壳下由水、甲烷、液氨等物质组成为幔。

曾经的九大行星
冥王星曾位列太阳系九大行星之一,但它在最近的一次天文学会议上被"开除"了。于是太阳系只剩下八大行星。

宇宙之最 最早发现冥王星的人:美国天文学家汤葆,时间是在1930年。

为什么冥王星的轨道那么奇怪？

Weishenme

冥王星最奇怪是它的运行轨道，它的离心率和轨道倾角比八大行星的都大，离心率为0.256，在近日点时离太阳仅29.8个天文单位，比海王星还近；轨道倾角是17.1度，平均轨道速度为4.74千米/秒，公转一周要248年。根据冥王星表面亮度的变化，天文学家可以测出它的自转周期为6天9小时17分。冥王星的自转轴与公转轴间的夹角大于60度，因而冥王星是和天王星相似，都属侧向自转。

由于冥王星轨道的离心率、轨道面对黄道面的倾角都比其他行星大，所以冥王星在近日点附近时比海王星离太阳还近，这时海王星反而成了离太阳最远的行星。另外，每隔一段时间，冥王星和海王星会彼此接近，在黄道投影图上两颗行星的轨道交叉。但它们的轨道平面并不重合，因而它们并不会发生碰撞。即使在交叉点附近，它们之间的距离仍然是很大的。

冥王星为什么会形成这么奇怪的轨道呢？比较流行的说法是轨道迁移理论。也就是说，冥王星原来的轨道比现在的更接近太阳，后来由于远日行星的轨道向外迁移，使得冥王星的轨道也向外迁移，同时落入现在的共振中，就出现了现在这种比较特殊的轨道。

扫把星
拖着长长尾巴的彗星形似扫把，因此俗称"扫把星"，被我国古代人民视为不祥的象征。

冥王星与冥卫一
冥王星与冥卫一是独一无二的组合，因为它们的自转是同步的，所以始终保持同一面相对。

为什么彗星都拖着一条"尾巴"？

Weishenme

其实彗星的"尾巴"并不是自己长出来的，而是四个互相联系的效应形成的：一是气体和尘埃从彗核上蒸发时所得到的初始动量；二是阳光的辐射压将尘埃推离太阳；三是太阳风将带电粒子吹离太阳；四是朝向太阳的万有引力吸引。

在这四个因素中，太阳风起到最主要的作用。太阳风是一种向外奔涌的亚原子粒子云，它对彗星有一股作用力，这种力超过了彗星本身的微弱引力，于是彗星内的尘雾云就开始被太阳风吹出来，向背离太阳的方向伸展。当彗星进一步靠近太阳时，因为太阳光的热量以及压力增大，彗星中的气体以及尘埃就会被推向后方，从而形成一条形状像扫帚一样的尾巴——彗尾。在这过程中，初始动量和万有引力也发挥了重要作用。

你知道吗

- 彗星越靠近太阳，彗尾就会越长，最长的可以达到3.5亿千米。
- 恩克彗星是周期最短的彗星，也是第二颗按预言回归的彗星（第一颗是哈雷彗星）。

外星观测史上"最胖"的行星：TrES—4。位于武仙座，质量只有木星的85%左右，体积却是木星的5倍！

哈雷彗星是如何得名的？

Weishenme

1682年8月，天空出现了一颗用肉眼可以直接看到的明亮彗星，它的后面拖着一条很长很清晰的尾巴。这颗彗星的出现引起了天文学家们的关注。当时，英国有一位26岁的天文学家哈雷对这颗彗星产生了极大的兴趣，他仔细观测、记录了彗星的位置和它在星空中的变化。经过一段时期的观测，他惊奇地发现，这颗彗星并不是初次来到地球，而是一个"老朋友"了。

哈雷生活的那个时代，几乎没有人想过彗星会定期回到太阳附近。自从有了这个想法，哈雷就全身心地投入到对彗星的观测和研究中去了。通过大量的观测、研究和计算，他大胆地预言，1682年出现的那颗彗星会在1758年底或1759年初再次回归。哈雷去世十多年后，1758年底，这颗被预报回归的彗星准时地回到太阳附近。哈雷在18世纪初的预言，历经半个多世纪终于得到了证实。后人为了纪念哈雷，就把这颗彗星命名为"哈雷彗星"。

什么是小行星？

Weishenme

太阳系里除了八大行星以外，还有一种被天文学家叫做"小行星"的天体。那么，什么是小行星呢？

1801年，科学家们在夜空中发现了一个闪光的小物体，起初他们以为是颗行星，然而一年后他们又发现了一个和它十分相像的物体。他们意识到行星不可能这么小，于是把它们叫做小行星。

小行星是太阳系家族中的一员，它是一种用肉眼看不见的小天体，小行星的特点是体积小、质量小。天文学家估计，最小的小行星直径还不到1千米，最大的小行星直径也不超过800千米。它们和大行星一样，沿着椭圆轨道绕太阳运行。

大多数的小行星是由一些形状很不规则、表面粗糙、结构较松的石块构成的。小行星上是没有大气层的。

哈雷彗星
哈雷彗星的背后拖着一条长长的、清晰闪亮的尾巴。每隔76年，哈雷彗星都会按时回归。

艾达与达克太
下图中，主角无疑是小行星——艾达，而它竟然也拥有一颗卫星——达克太（就是右边的那个小白点）。

彗星与环状星云
这是彗星与环状星云相遇时的奇妙景象。环状星云又称为M57或NGC6720，位于天琴座内。

你知道吗

- 哈雷彗星的公转轨道是逆向的，和黄道面之间的夹角是18度。
- 天文学家运用先进科技已经辨别出大约5000颗小行星。
- 小行星带其实非常空旷，各小行星之间的距离非常遥远。

宇宙之最 关于哈雷彗星的最早记录：公元前240年，记载于我国汉代史书《史记·秦始皇本纪》中。

小行星

小行星是太阳系内像行星一样环绕太阳运动、体积和质量比行星小得多的天体。

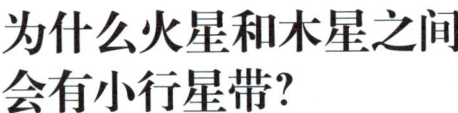

小行星带

位于火星和木星轨道之间的小行星带，估计存在着大约50万颗小行星。

为什么火星和木星之间会有小行星带？

在火星和木星轨道之间，有一个小行星很密集的区域，科学家们把它叫做"小行星带"。估计这一地带约有50万颗小行星。为什么火星和木星之间会有一个小行星带呢？

关于小行星带，天文学界主要有两种观点。比较普遍的观点认为，在太阳系形成初期，由于某种原因，在火星与木星之间的这个比较空的地带没能积聚形成一颗大行星，就形成了大批的小行星。

第二种观点认为小行星带主要是木星和太阳相互作用的结果。根据天体力学计算，两个天体的引力场相互作用会产生平衡点，叫做"拉格朗日点"。小行星带正好位于木星与太阳的拉格朗日点附近，太阳引力和木星引力的合力正好可以形成公转的向心力。

近地小行星有朝一日会撞上地球吗？

近地小行星是指那些轨道与地球轨道相交的小行星。有的近地小行星的轨道近日点深入到内太阳系，有的甚至跑到地球轨道里，因此，很多人担心这些近地小行星会撞上地球，情况真的会那样吗？

一些近地小行星受到大行星的影响，轨道会和地球轨道相交，从而有可能和地球撞在一起。在过去的几十亿年中，这种事件确实发生过。天文学家在地球上已找到了100多个陨石坑，据推测，其中91处是小行星撞击而成的。科学家考证，1976年吉林陨石雨的母体就是"阿波罗型"小行星的一个碎块。最近又有美国科学家提出，6500万年前导致恐龙灭绝的也是一颗陨落的"阿波罗型"小行星。

虽然小行星撞击对地球造成的危害很大，但是这种概率是很微小的。科学家研究表明，直径10千米大小的小行星平均1亿年左右才会和地球相撞一次，地球每百万年会受到三次较小的小行星的撞击，但其中只有一次会发生在陆地上。

【百科辞典】

合力：
如果一个力产生的效果与几个力共同作用时产生的效果相同，那么这个力就叫做这几个力的合力。

陨石雨：
一种陨石现象。较大的陨石在下落过程中，由于受到高温、高压气流的冲击，会在半空中发生爆裂，如果陨石足够大，爆裂开的碎块就会像雨点一样散落到地面。

近日点：
行星离太阳最近的点。

宇宙之最　最早发现的小行星：谷神星，由意大利人皮亚齐在1801年1月1日发现。

天空中为什么会有流星？

Weishenme

在晴朗的夜晚中，我们有时会看到一些明亮的小东西划过天空，速度极快。天文学上把它们叫做"流星"。流星为什么会划过天空呢？

原来，太阳系中除了太阳、八大行星和它们的卫星外，还存在着细小的陨石、小行星、彗星，以及报废的人造卫星等星际物质。它们接近地球时，受到地球引力的作用而落入地球大气层，随着重力加速度越来越大，这些物质的下坠速度也越来越快，和大气层的摩擦越来越激烈。当温度达到一定程度时就燃烧产生光和热，变成流星划过天空。如果它们在大气中没有燃烧尽，落到地面后就成为"陨铁"或"陨石"。

流星雨是怎样形成的？

Weishenme

流星雨是成群的流星，看起来像是流星从夜空中的一点迸发并坠落下来。流星雨发生时的景象非常美丽。那么，流星雨是怎样形成的？

流星雨形成的根本原因是彗星的破碎。彗星主要由冰和尘埃组成。当彗星逐渐靠近太阳时，冰会发生气化，使尘埃颗粒像喷泉的水一样，喷出来后进入彗星轨道。当地球经过其轨道附近的尘埃带时，这些尘埃颗粒与地球的大气层发生高速摩擦，产生高热而燃烧，天空中就会出现流星雨。当流星雨每小时的天顶流量超过1000时，就称为"流星暴"。

在地球上观察，流星雨好像从夜空中的一点发出，该点所在的小块天区叫流星雨的"辐射点"。人们通常以流星雨辐射点所在天区的星座给流星雨命名。比如每年11月17日前后出现的流星雨，其辐射点在狮子座，它就叫做"狮子座流星雨"。

剧烈燃烧的流星（效果图）
小天体靠近地球时，和大气层的摩擦越来越激烈，最终就燃烧起来，产生光和热，成为流星。

流星雨
流星雨看上去像是成群的流星从夜空中的一点迸发并坠落下来的，十分美丽壮观。

你知道吗

■ 流星体是穿行在星际空间的尘埃和固体块，数量众多。沿同一轨道绕太阳运行的大群流星体，称为"流星群"。

■ 流星体的质量一般很小，比如产生5等亮度的流星体直径约0.5厘米，质量0.06毫克，肉眼可见的流星体直径在0.1至1厘米之间。

宇宙之最 最早记载流星雨的国家：中国。早在公元前687年，《春秋》一书中有关于天琴座流星雨的记载。

中国孩子最爱问的十万个为什么

主题索引: 陨石有什么用处？天上的星星为什么会组成星座？

希腊神话中的猎户座
这是17世纪希腊天文学家约翰·赫维留笔下的猎户座。在希腊神话中，猎户座是海神波塞冬的儿子奥赖温变成的。

陨石有什么用处？

Weishenme

地球上有一些来自宇宙的大石块，科学家称它们为陨石。陨石是地球以外的宇宙星体脱离原有运行轨道或者成为碎块散落到地球上的石块。

那么，陨石有什么研究价值呢？

陨石是人类直接认识太阳系各星体的珍贵实物标本。通过研究陨石，人们可以了解宇宙的演化，探索地球以外是否存在生命，发现新的元素，推测地球生命的起源。科学家们发现，来自古老星体的碳质球粒陨石不但有可能经历过太阳系复杂的演化过程，而且其上有一些不属于地球的氨基酸等有机物，极具科研价值。

另外，陨石在坠落地球的过程中会发生非常复杂的变化，而对这个过程的研究能够帮助人类认识太阳系行星和卫星表面环形山的形成原因。

陨石
陨石根据其内部的铁镍金属含量高低可分为三大类：石陨石、铁陨石、石铁陨石。石陨石中的铁镍金属含量≤30%，石铁陨石的铁镍金属含量在30%至65%之间，铁陨石的铁镍金属含量≥95%。

天上的星星为什么会组成星座？

Weishenme

晴朗的夜空中，星星闪闪发光，它们有些靠得很近，很像某些动物或物体的样子，古人便把它们称为"星座"。几乎每个星座背后都有一段有趣的神话传说。星星为什么会组成星座呢？

其实，星星组成星座并不是因为它们之间有什么必然的联系，星座是古人为了更好地认识星空而随意划分的。星座起源于四大文明古国之一的古巴比伦。生活在两河流域的古巴比伦人发现天空中的星星会随着季节的变化而移动，但是星星之间的相对位置却不变，因此他们把天空分为许多区域，叫做"星座"。

后来，人类为了更全面地认识星空，就把更多的星星组成了星座，并给每个星座都起了名字，和神话故事联系起来。例如，在希腊神话中，猎户座就是海神波塞冬的儿子奥赖温死后升到天上变成的。

1922年，国际天文学联合会决定将天空划分为88个星座，星座名称基本不变。1928年，国际天文学联合会正式公布了88个星座的名称。这88个星座分成3个天区，北半球29个，南半球47个，黄道附近12个。人类肉眼可见的恒星有近6000颗，每颗均可归入唯一一个星座。每一个星座都可以由其中的亮星构成的形状辨认出来。

你知道吗

- 古巴比伦人在公元前1000年前后已划分出了30个星座。
- 黄道带上的12星座最初是巴比伦人用来计量时间的，而不像现在用来代表人的性格。

宇宙之最 地球上最著名的陨石坑：美国亚利桑那州的巴林杰陨石坑，直径达1200多米，深约180米。

星座名称是怎么来的?

Weishenme

每个星座都有一个既形象又好听的名字。那么,这些星座的名字都是怎么来的呢?

其实,人们很早就开始给星座起名字了。公元前270年左右,古希腊人把他们所能见到的部分天空划分成48个星座区域,用假想的线条把星座区域里的主要亮星连起来,然后发挥丰富的想象力,把这些星座想象成人或动物的形象,并结合神话故事给它们取了合适的名字,这就是星座名称的由来。随着天文学的不断进步,人类用天文望远镜观测到的星星更多了。1928年,国际天文学联合会公布了88个星座的方案,给那些没有对应神话故事的星座也起了动听的名字。

如同我们中国根据出生年份所代表的动物来定义一个人的生肖,在很多国家,一个人的出生日期可以与星座对应起来。在占星学中,一个人出生时,太阳在天球中的投影所在的星座就是这个人的太阳星座,而一个人的星盘似乎可以决定他的性格和命运。人们熟知的黄道十二星座依次为:白羊座、金牛座、双子座、巨蟹座、狮子座、处女座、天秤座、天蝎座、射手座、摩羯座、水瓶座、双鱼座。

什么是星图?

Weishenme

星图表示夜空中星星的排列形状和光度是天文观测的基本工具之一。要分辨天上的星座,最好先要学会使用星图。

星图主要分为四种:四季星图、每月星图、旋转星图及全天星图。四季星图及每月星图可以被旋转星图取代,而用这三种星图观星都要结合观测地点的纬度。由于北极星在不同的纬度的星图中高度不同,以它为中心的其他星座在不同的星图中自然也有不同的位置。使用星图观星时要注意这一点。如果把北半球用的星图带到南半球使用,你会发现星图显示出来的星空和你所看到的星空有很大的区别。

此外,星图标记着一些不同于地面上使用的经纬度,即赤经和赤纬。赤经和赤纬是以天球的赤道坐标系划分的,用以表示天位的位置。

星图种类繁多,有的星图只绘出恒星,有的星图则绘出各种天体。根据使用对象的不同,有的星图专供天文工作者使用,有的适合天文爱好者使用。

金牛座
著名的黄道十二星座之一,在猎户座西北方不远的天区。

黄道十二宫
在天文学上,以地球为中心,太阳环绕地球所经过的轨迹称为"黄道"。黄道面包括了太阳系八大行星运转的轨道,为了便于确定位置,人们将黄道划分为十二等份,每份用邻近的一个星座命名,这些星座就称为黄道十二宫。

宇宙之最 亮星最多的星座:在全天88个星座中,亮星最多的是猎户座,它有2颗一等星,5颗二等星,3颗三等星和15颗四等星。

中国孩子最爱问的十万个为什么

主题索引
- 为什么北斗七星可以帮人辨别方向？为什么北极星永远不会没入地平线？

▶ 北斗七星
大熊星座中的北斗七星。从左上连线往下依次为：天枢、天璇、天玑、天权、玉衡、开阳、摇光。

▶ 北极星
北极星位于小熊星座，距地球约430光年，是夜空能看到的亮度和位置较稳定的恒星。由于北极星最靠近正北的方位，千百年来地球上的人们靠它的星光来导航。

为什么北斗七星可以帮人辨别方向？

Weishenme

北斗七星从斗身上端开始，到斗柄的末端，我国古代分别把它们称为天枢、天璇、天玑、天权、玉衡、开阳、摇光。从"天璇"过"天枢"向外面延伸一条直线，大概延长5倍多一些，就可以见到一颗和北斗星差不多亮的星星，这就是北极星。北极星所指的方向，就是地球的正北方，顺时针看去，就是东、南、西方。

因此，要通过北斗七星来辨别方向，主要是要找准北极星的位置。

为什么北极星永远不会没入地平线？

Weishenme

在北半球天空中，北极星是最重要的一颗指示方向的星体。在夜间，找到了北极星就基本上找到了正北方。北极星属于小熊星座，是其中最亮的一颗。和其他的星体相比，北极星永远不会没入地平线，这是为什么呢？

像太阳一样，恒星也有越过天空的每日行程：东升西落。但是，围绕北天极的星星，即那些靠近北极星的恒星是例外，由于它们和天极靠得太近了，所以永远不会消失在地平线以下。这样，就算北斗七星没入地平线以下，我们仍然可以通过仙后座找到北极星。

【百科辞典】

北天极：
地轴和天球于北方相交的一点。如果将地球的北极点和南极点用一条可以无限延伸的直线连接起来，这条直线从地球的南北两极分别伸向无穷远，向北的这部分所指的方向就是北天极的位置。

仙后座：
位于仙王座以南，仙女座之北，与大熊座遥遥相对，因为靠近北天极，全年都可看到。

顺时针：
与钟表的转动方向一致即为"顺时针"。

宇宙之最 北斗七星中最亮的星："玉衡"星，它的亮度几乎接近一等星。

为什么说狮子座是代表春天的星座？

Weishenme

狮子座是黄道十二星座之一，中心位置为赤经10度30分，赤纬16度，面积约947平方度。在星座分界线内目视，星等亮于六等的星有96颗，其中亮于四等的星有18颗。

狮子座的轩辕十四（α星）、牧夫座的大角以及处女座的角宿一，组成了春季星空里著名的"春季大三角"。天文学家把狮子座叫做"代表春天的星座"，这是什么原因呢？

原来，在每年的4月中旬夜晚8时30分左右，狮子座就会出现在南方的天空中。4月中旬正好是春天来临的时节，所以人们就把看到狮子座作为春天已经来临的一种信号。由于春天是复苏和播种的季节，代表着生机和力量，所以古人对狮子座非常崇拜。据说，著名的狮身人面像就是由这头狮子的身体配上处女的头塑造出来的。狮子座里的星星在我国古代也很受重视，被喻为黄帝之神，称为"轩辕"。

另外，狮子座一到春天就比较明亮、容易辨认，这也是它代表春天的原因。

天上的"牛郎"和"织女"相隔多远？

Weishenme

明亮的牛郎星在西方叫做天鹰座α，离我们有16光年的距离，体积比太阳大1.6倍，亮10.5倍。牛郎星最早名为牵牛星，到了民间，牵牛变为了牛郎，同时也有了织女星。实际上，织女星比牛郎星大得多、亮得多，它的质量是太阳的2.4倍，半径是太阳的60倍。

科学家们经过观测和计算得出：织女星和牛郎星的相隔距离，如果用千米计算，大约有150亿千米；如果以光年计算，则为16光年。也就是说，如果以宇宙最快的速度——光速飞行，从牛郎星飞到织女星也要16年！

← 织女星
织女星是天琴座中的一颗亮星，也是夏夜星空中最著名的亮星之一。在西方，人们称它为Vega。

↑ 狮子星座
天空中出现狮子座，是春天来临的标志。狮子座里的星星在我国古代很受重视，古人把它们喻为黄帝之神，称为"轩辕"。

轩辕十四
图中光芒万丈的星星即为狮子座的最亮星"轩辕十四"。它如此明亮，有时甚至使人忽略了它右下方的星系。

你知道吗

- 占星学上的狮子座的人性格喜爱交际，重视朋友，个性豪爽，有强大的领导能力，并且具有激发人心的气质，经常是团体中的焦点人物，具有坚忍不拔的性格，俨然有王者之风。
- 牛郎和织女的爱情故事，是我国四大民间爱情传说之一。

月球是怎么产生的?

Weishenme

月球是距离我们生活的星球最近的天体,也是人类最熟悉的天体之一。那么,月球是怎么产生的?

关于月球的起源,一直以来说法很多。其中有三种说法最有代表性,分别是"同源说"、"分裂说"和"捕获说"。"同源说"认为月球和地球是由同一块星云收缩凝聚而成的,而它们形成的时间也大致相当。这种说法有两点很难解释:一是月球和地球在物质组成上有很大差别;二是月球与地球的质量之比是1/18。很明显,"同源说"还存在着很大的漏洞。"分裂说"认为月球是由地球赤道带上的膨胀体凝聚而成的,是地球的浅表物质,所以密度比较小。这种说法只能说明月球和地球为什么密度差异很大。由于月球现在并不在地球赤道面的上空,因此,人们又对"分裂说"产生了质疑。"捕获说"就应运而生,它认为月球与地球在不同的地方生成,后来月球在偶然的机会下被地球捕获,但这种说法也有不足的地方。

随着天文学的不断进步,20世纪80年代后期又产生了一种新的假说,即"碰撞说"。这种观点认为,太阳系演化早期,在现在的月球空间中有一个原始的地球和一个质量是地球的0.14倍的小天体,因为偶然相撞而使地球的飞出物和原小天体的核心相结合,形成了月球。这个崭新的理论得到了很多科学家的赞同,但这也只是一种推测和假想。

月球为什么会远离地球?

Weishenme

科学家们发现,月球正在不断远离地球。美国和法国的科学家利用放置在月球上的镜子进行测量,结果表明,25年来地球与月球的距离增加了12米。作为一种宇宙测量仪器,这面镜子是25年前美国宇航员奥尔德林和阿姆斯特朗登上月球时放置在月球表面上的。

月球为什么会远离地球呢?美国科罗拉多大学的天文学家彼特·本得解释说,在月球引力的作用下,地球上产生潮汐,这种潮汐运动中的一部分能量被分散到地球的海洋里。因为这种能量失去了,使地球—月球系统的运动应力受到了影响。这就是月球逐渐远离地球的原因。而且月球和地球的距离还会不断拉大。

此后,科学家又经过了多次观测和实践,结果表明,4亿年前的月球和地球之间的距离大约只有现在距离的43%,也就是说月球在以每年4厘米的速度远离地球。

> **月球全貌**
> 月球表面有阴暗的部分和明亮的区域。早期的天文学家以为发暗的地区都有海水覆盖,因此把它们称为"海"。著名的有云海、静海等。

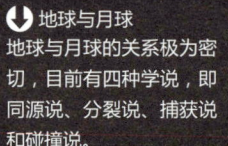

> **地球与月球**
> 地球与月球的关系极为密切,目前有四种学说,即同源说、分裂说、捕获说和碰撞说。

【百科辞典】

密度:
某种物质的质量和体积的比值,即单位体积的某种物质的质量。

潮汐:
日、月引潮力的作用使地球的岩石圈、水圈和大气圈中分别产生了周期性的运动和变化,叫做"潮汐"。

为什么地球上看月亮有圆有缺？

Weishenme

我国宋代大文学家苏轼曾这样写道："人有悲欢离合，月有阴晴圆缺。"月亮有圆有缺，这是为什么呢？

这主要是因为月球本身不会发光，我们能看到月亮，靠的是它反射的太阳光。我们看到的月亮几乎天天都在发生变化。当地球、月球、太阳三者位于同一条直线上，并且日、地处于同一侧时，月球明亮的一半正对地球，地球上的人就可以看到圆圆的月亮——满月；当三者在同一直线上，且日、月位于地球同一侧面时，月亮黑暗的一面正对地球，地球上的人什么也看不到，这就是新月；当三者之间为直角时，月球正对地球的是一半明、一半暗，这是弦月；当月球对着地球的是大半部分为黑暗的一面时，称为娥眉月。

月亮的这种周期性的圆缺变化，就是月相。月相变化的平均周期是29日12时44分2.9秒，即一个朔望月。

什么是月海？

Weishenme

月球上并没有水，所以月球上不可能有海。但有时候我们会听到有人提到"月海"这个词，这又是怎么回事呢？

原来，早期的观察者发现月面有部分地区较暗，在当时无法清晰观察到月球表面的情况下，观察者们按照其对地球的认识，猜测该地区可能为海洋，因为其反光度比其他地方较低。相对地，其他比较光亮的地方就被称之为月陆了。后来，天文学家发现，月海实际上是颜色较黑的玄武岩，这些玄武岩很可能是月球早期遭受其他微行星的撞击时由地底翻出而形成的。由于历史上一直沿用"月海"这个叫法，所以这个名不副实的名称保留到了现在。

新月抱旧月
月球只能反射太阳的光辉，而日、地、月三者的位置是不断变化的，所以站在地球上看去，月亮就有了"阴晴圆缺"。

月球车
由宇航员驾驶在月面上行走的车，主要用于帮助宇航员扩大活动范围和减少体力消耗，可随时存放宇航员采集到的岩石和土壤标本。

太阳、地球与月球
月球在环绕地球作椭圆运动的同时，也伴随地球围绕太阳公转，周期为一年。

宇宙之最 月球上最大的月海："风暴洋"，面积大约是500万平方千米，差不多等于9个法国的面积。

为什么月亮总是同一面冲着地球？

细心的人会发现，我们看到的月亮总是同一面，这是为什么呢？

经过长期的观察，人们发现月亮也会自转，而自转的周期刚好跟它绕着地球公转的周期是一样的。所以不管月球跑到哪里，我们在地球上看到的月亮都是同一面，月亮上的阴影也总是同一个样子。至于月球的另一面是什么样子，我们在地球上无法看到。

一些科学家在以上结论的基础上提出：由于引力和摩擦力作用，月球运行时是没有升降变动的，月球的自转周期也没有改变。所以，月球将永远保持着以同一面朝向我们的姿态。

月球上的脚印
40年前人类第一次登月成功后在静海地区留下的脚印，现在仍然完好地保留在月球上。

月球上的脚印为什么能长期保存？

1969年7月20日，美国宇航员阿姆斯特朗在月面上迈出了他"个人的一小步，人类的一大步"。他留在月球上的第一个脚印长32.5厘米，宽15厘米，深0.5厘米。到"阿波罗登月计划"结束时，共有12位宇航员的脚印留在了月面上，而且很长时间都没有消失。那么，为什么月球上的脚印能保存很长时间呢？

这是因为月球上没有大气层，也没有刮风、下雨、下雪等天气变化。月球上的岩石可能在太阳照射引起的温度剧变而逐渐破碎，但这对月面尘土没有影响。从月震仪记录的情况看，月球的深处相当平静，通常只是由于绕地球运转时受到的周期性潮汐应力变化而产生轻微的月震。至今人们尚未发现月球上有明显的火山活动。

此外，能破坏宇航员脚印的还有太阳风和宇宙线粒子。不过，这些粒子流要磨损1毫米月面尘土得花费几千万年。因此，宇航员在月球上留下的脚印可以长期保存。

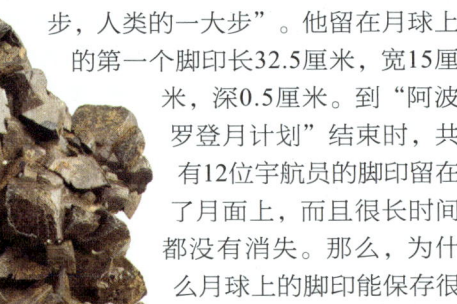

铁陨石
1836年在纳米比亚发现的铁陨石。铁陨石是主要成分为铁、镍的陨石，主要由铁纹石和镍纹石两种矿物组成。

月球上为什么有环形山？

环形山众多是月球表面最显著的特征，整个月面几乎布满了环形山。

月球上大多数的环形山是30亿年前的陨石碰撞造成的。大块的岩石和铁陨石猛烈地穿过太空，并以很高的速度撞向月球，因为没有大气的阻挡，这些岩石和铁陨石直冲而下，与月球接触后发生剧烈的爆炸，于是在月球表面产生了很多洼坑，这就是环形山。因此，环形山并不是山，而是大小不一的陨石坑。

有的科学家不同意这种观点。他们认为，月球上曾经有过剧烈的火山爆发，喷出来的物质凝固以后，就形成了现在的环形山。月球表面的引力很小，而火山喷发的规模很大，这样就形成了巨大的环形山。

【百科辞典】

阿波罗登月计划：
又叫阿波罗工程，是美国从1961年到1972年从事的一系列载人登月飞行活动。

月震：
发生在月球上的地震。

十七　太空·宇航

Part 17

外太空简称太空，指的是地球稠密大气层之外的空间区域。人类对太空的好奇和探索从未停止过，从宇航员第一次探访月球到火星探测器登陆火星，人类为了更好地认识和了解宇宙一直在不懈努力。

什么是UFO？

UFO，全称是Unidentified Flying Object，中文意思是"不明飞行物"。由于不明飞行物外形很像一个盘子，所以又叫做"飞碟"。古今中外关于UFO的记载很多。随着航天事业的发展，人们能够探测到越来越远的宇宙空间，对宇宙的认识也越来越深入，因此近几十年世界上又掀起了有关UFO的热潮。

1878年1月，美国得克萨斯州的农民马丁看到空中有一个圆形物体，随后，美国的150家报纸登载了这则新闻，并把这种物体叫做飞碟。1947年6月，美国爱达荷州的一个企业家阿诺德驾驶私人飞机经过华盛顿雷尼尔山附近的时候，发现9个圆盘高速掠过空中，跳跃前进。美国所有的报纸都报道了这一事件，又一次引起了世界性的UFO热。此后关于UFO的报告就更多了，各国政府和民间机构也都在进行有关UFO的调查和研究。

● 圆盘形UFO
据目击者报告，UFO的外形多呈圆盘状（碟状）、球状和雪茄状。图为人类设想中的圆盘形UFO。

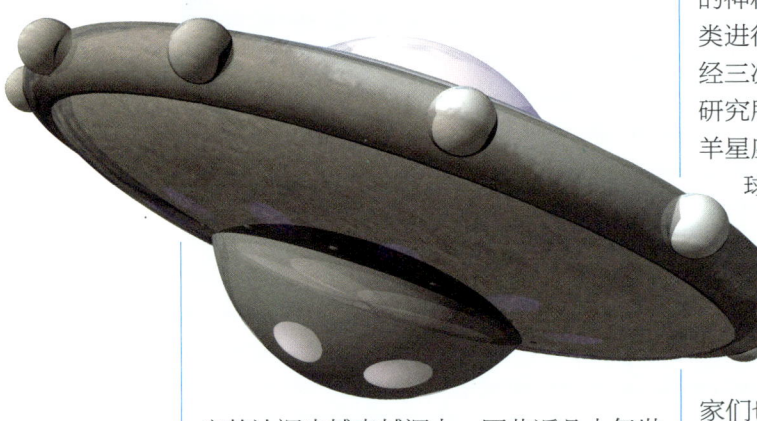

太空中为什么会传来神秘信息？

地球上的人们一直在寻找外星文明，外星人也可能在寻找我们。最有说服力的例子是：科学家用一个名叫"阿雷西波"的射电望远镜收到一些可能是来自外太空的神秘无线电信号，这也许是外星人与人类进行最初接触的方式。"阿雷西波"已经三次收到这些来自太空的神秘信号，据研究所分析，它们可能发自双鱼星座与白羊星座之间。那么这样的信息真的是外星球发给我们的吗？

科学家们分析了这些信号的频率特征，认为这些信号不像是自然界干扰或噪音造成的，也不像天文现象，而很可能是来自外星文明。同时，科学家们也提醒说，这种说法还只是推测。

另外，1972至1976年间，科学家在对600颗恒星的搜寻过程中，又收到了从12颗恒星传来的无法破译的异常信号，这些都让人们对探索外星文明产生了更大的兴趣。

关于太空神秘信号的更大规模的搜寻和破译工作正在进行。也许有一天，人类能理解宇宙人传给我们的信息。

你知道吗

☑ 全世界大约有三分之一的国家在研究UFO，已经出版的关于UFO的专著约350余种，各种期刊近百种。

☑ 常见的一种UFO的飞行姿态是：纹丝不动地悬停在空中或离地不高的半空中，而且丝毫见不到能确保这一凌空悬停的任何机械作用的表现形式。

外星可能存在生命吗？麦田怪圈是外星人的恶作剧吗？

外星可能存在生命吗？

Weishenme

随着科学技术的进步，人们的眼界变得更开阔，懂得了宇宙是广大无边的。同时又好奇：除了人类，广阔宇宙中有外星人存在吗？在太阳系里，除地球之外的其他行星基本上没有生物生存所必需的条件。因此，要寻找外星人，将目标定在太阳系之外的可能性比较大一些。

1972年，美国发射了"先驱者10号"飞船。它于1987年飞出了太阳系，飞船的金属片上刻画了人类的形象、人类居住的地球以及太阳系的位置。1977年，美国的"旅行者1号"又给外面的世界带去了更丰富的信息，包括一部唱机和一张收录了人类很多种语言和音乐的唱片，人们都期望外星人能够收到它。除此之外，科学家们还制造了复杂的设备，试图向外星发射信息和接收来自外星的信息，但还是没有找到外星人。关于外星人的说法依然只是传说，并没有确切的证据。

科学家们分析，宇宙间像地球这样的行星肯定还很多，某些与地球环境相似的行星上很可能有外星人。但受到航天、通讯技术的限制，我们还需要加倍努力才可能找到他们。

麦田怪圈是外星人的恶作剧吗？

Weishenme

1647年，在英格兰一块长满麦子的麦田里，有些麦秆弯曲伏倒，并且组合成规则的圆圈形图案。从高空看去，这些图案造型很奇妙，所以人们就把这种现象叫做"麦田怪圈"。有人说这是外星人所为，情况真是这样吗？

其实从17世纪以来，有关麦田怪圈的争论就一直没有间断过。有些人认为这一现象是外星人的恶作剧，人们将神秘麦田圈与外星智慧生命联系起来。这些在空中才能完全看清的符号，是不是外星人给我们的某种信息呢？特别是1991年出现的象形图案，有的像箱子或钥匙，有的甚至像人。有人还说他们在出现麦田怪圈的农田上方发现过光或不明飞行物。

此外，关于麦田怪圈的成因还有磁场说、龙卷风说、异端说和人造说四种说法，但都没有得到证实，看来研究还将持续下去。

《天兆》海报
格雷汉姆·海斯是美国费城某小镇上一个普通的农场主，一天早上醒来，他意外地发现玉米田里出现了一串串紧紧联结在一起的庞大环状神秘图案，看上去像是外星人的飞船降落的痕迹……

麦田怪圈
神秘美丽的麦田怪圈，到底是外星人的杰作，还是地球人的恶搞？至今仍是一个谜。

宇宙之最 最大的麦田怪圈：2003年7月4日在美国罗克维勒市一个农民的80英亩麦田里发现的怪圈。

科学家为什么要寻找外星人？

↑ 外星人ET
电影《E.T.外星人》中著名的小外星人ET。它身高不过一米，却具有不可思议的神奇力量。

↗ "先驱者10号"飞船（模拟图）
1983年，美国"先驱者10号"飞船第一次飞出了太阳系，其金属片上刻画了人类、地球的形象以及太阳系的位置，希望某天能被外星文明发现。

在茫茫的宇宙中寻访外星人十分艰难，需要花费巨大的精力和物力。那么，我们为什么要搜寻外星人呢？

首先，人们希望了解地球之外的宇宙。只有在更深入广泛地了解到宇宙中的各种情况之后，有些问题才能得出比较明确的答案。

其次，人们认识到交流的重要性。如果能找到外星人，我们可以从他们那里学习和吸收许多对我们有用的东西，为我们地球文明的发展起到巨大的促进作用。

另外，这是一项科研工作，探寻宇宙之路将会给人类带来很多现实利益。因此，许多国家和机构都不惜花费重金和巨大精力，积极投入到寻访外星生命的科研中去。

→ 《E.T.外星人》海报
外星人的报道时常见诸报端，自称见过外星人的人们描述，他们所见到的外星人大多是一些个子矮小、脑袋圆大、嘴巴窄长如裂缝、身穿紧身衣的类人生物。但外星人是否真的存在，至今仍是未解之谜。

什么是地球同步轨道？

地球同步轨道指的是运行周期与地球自转周期相等的人造地球卫星轨道。由于卫星的轨道平面与赤道平面重合，因此它的轨道周期与地球在惯性空间中的自转周期（23小时56分4秒）一样，而且方向也一致，这种轨道被称为"静止卫星轨道"。也有人把周期等于地球自转周期几分之一的轨道称为"地球同步轨道"。例如，苏联"闪电号"通信卫星的轨道周期约为12小时，以生活在地球表面的人为参照，"闪电号"在同一时刻大致会出现在相同的方向。

目前，在地球同步轨道上运行的卫星的覆盖范围很广，利用3颗分布在地球赤道上的同步轨道卫星就可以实现除南北极很小一部分地区外的全球通信。此外，气象卫星、广播卫星等也常采用这种轨道。

【百科辞典】

通信卫星：
具有无线电通信中继站功能的人造地球卫星。

导航卫星：
为地面、海洋、空中和空间用户导航定位的人造地球卫星。

航天之最　我国最早的通信卫星：1984年4月8日，由"长征三号"运载火箭发射的试验通信卫星。

人造卫星家族都有哪些成员？

Weishenme

在晴朗的夜空中，人们有时会看到一种移动的星星，它飞快地运行着。其实这种奇特的天体并不是宇宙间的星星，而是人类发射的人造地球卫星。人造地球卫星是一种环绕地球飞行并在空间轨道运行一圈以上的无人航天器，它忠实地为人类服务，也给冷寂的宇宙增添了生气和活力。那么人造卫星都有哪些成员呢？

人造卫星是一个大家族，按它们各自的用途分为科学卫星、技术试验卫星和应用卫星。科学卫星主要包括空间物理探测卫星和天文卫星；技术试验卫星是进行新技术试验或为应用卫星进行试验的卫星；应用卫星是直接为人类服务的卫星，它的种类最多，数量也最大，其中包括通信卫星、气象卫星、侦察卫星、导航卫星、测地卫星、地球资源卫星、截击卫星等。

什么是返回式卫星？

Weishenme

一般情况下，卫星发射后就在太空执行任务，不需要返回地面。可有些卫星却需要回到地面，这就是返回式卫星。

返回式卫星的研制很复杂，不但要具备普通卫星的功能，还必须解决卫星的返回技术，才能使其从太空轨道上安全返回地面。这也是返回式卫星的独特之处和研制困难所在。

返回式卫星有很大的用途。它们广泛地应用在工农业生产和科研等各个方面。它们是观测地球的平台，因为卫星上有各种精密的遥感仪器设备，通过它们，科学家可以获取大量图像清晰的、分辨率高的遥感资料。这些资料涉及众多领域，包括国土普查、地图测绘、石油勘探、地质矿产调查、海洋海岸测绘、电站选址、铁路选线、地震预报、草原与林区普查以及历史文物考古等。其中还有用于国防的军事卫星，这类卫星为保护国家安全作出了很大贡献。

火箭腾空

火箭是目前唯一能使物体达到宇宙速度、克服或摆脱地球引力、进入宇宙空间的运载工具。

"东方红一号"明信片
"东方红一号"卫星是我国于1970年4月24日发射的第一颗人造地球卫星。

中国孩子最爱问的十万个为什么

主题索引
太空探测器是做什么的？"旅行者号"探测器上为什么带有唱片？

↑ "智能一号"撞月（模拟图）
2006年9月3日，欧洲探测器"智能一号"按计划成功撞击月球，完成其"献身"壮举。图为撞月的模拟图。

↓ "旅行者1号"探测器
"旅行者1号"已经进入太阳系最外层边界，并即将飞出太阳系，犹如人类在茫茫大海中投下的漂流瓶。

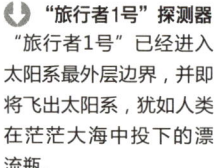

太空探测器是做什么的？

Weishenme

自人类第一次把人造卫星送到太空起，探索太空的脚步就从没有停息过。经过科学家的努力，人类已经可以用高度发达的太空探测器去探索宇宙了。那么，它有什么作用呢？

发射太空探测器的作用有很多，包括对大气物理、生命起源、天体演化、太空环境等进行研究。当然，这些研究探索都与人类对自身生命的关注分不开——人类所做的一切都是为自己造福。

到目前为止，人类发射的各种太空探测器已经对很多天体进行了探测，包括月球、水星、金星、火星、木星、土星、天王星、海王星、哈雷彗星以及许多小行星。现在，科学家们发射的"先驱者11号"和"旅行者2号"探测器经过10年的漫长旅途，不仅"拜访"了很多行星，还飞到了太阳系的边缘。

太空探测器肩负着重要的使命，它们将为人类探索太空的事业作出巨大贡献。

"旅行者号"探测器上为什么带有唱片？

Weishenme

"旅行者号"探测器是美国在1977年发射的两颗行星探测器。在"旅行者"1号和2号探测器上都带着一套"地球之声"的唱片，这是为什么呢？

其实，这是人类送给外星人的第一份礼物，目的是向太空介绍人类自身。这套唱片由镀金的铜板制成，直径30厘米，可放音乐120分钟。唱片主要分为4个部分，每一个部分都有特殊的用途：第一部分是用图像编码录制的115幅照片和图表，介绍了太阳系的概况及其在银河系中的位置、地球的面貌、人类的科学技术发展及社会状况等；第二部分是用世界上60种语言录制的问候语，目的是让外星人接收到我们的声音和语言；第三部分是用声音介绍地球上的各种自然现象及发展历史，有风声、雨声、雷声和各种昆虫鸟兽鸣叫吼啸的声音，还有婴儿落地的哭声和火箭发射的巨大轰鸣声，总共35种；第四部分是27首古典名曲，目的是让外星人了解我们的音乐，有贝多芬、巴赫的名曲及各国的民族乐曲等。

这套唱片装在一个密封的特殊铝盒中，预计可以在宇宙中保存10亿年。

【百科辞典】

分辨率：
影像清晰度或浓度的衡量标准。

遥感：
一般情况下，是指从远处探测、感知物体或事物的技术。

地震：
就是地球表面的快速振动，在古代又叫"地动"。

航天之最　最早到达月球的太空探测器：1959年9月14日，苏联的"卢纳2号"探测器成为最早在月球上降落的航天器。

主题索引

❶ 为什么要将小狗和猴子送入太空？谁第一个登上月球？

太空·宇航

谁第一个登上月球？

Weishenme

经过锲而不舍的努力，人类终于实现了登上月球的梦想。那么谁是第一个登上月球的人呢？他就是美国人尼尔·奥尔登·阿姆斯特朗。

1969年7月16日，美国宇航员奥尔德林和阿姆斯特朗乘"阿波罗11号"宇宙飞船飞向月球。7月20日，由阿姆斯特朗操纵"飞鹰号"登月舱在月球表面着陆。当天上午10点，他和奥尔德林跨出登月舱，踏上月面。阿姆斯特朗率先踏上月球的土地，成为第一个登上月球并在月球上行走的人。当时他说了一句名言："这是个人迈出的一小步，却是人类迈出的一大步。"他们在月球表面度过了2.5个小时，21日从月球起飞，24日返回地球。

◐ **宇宙飞船（模拟图）**
宇宙飞船比无人航天器（例如卫星等）复杂得多，以至于到目前仍只有美、俄、中三国能独立进行载人航天活动。

◐ **第一个登上月球的人**
尼尔·奥尔登·阿姆斯特朗。他与搭档巴兹·奥尔德林一道在月球表面停留了2.5个小时。

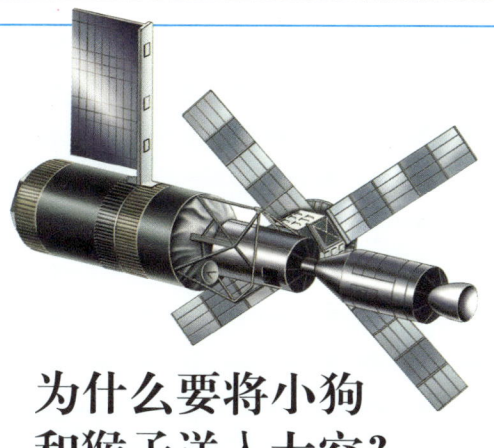

为什么要将小狗和猴子送入太空？

Weishenme

在进入太空之前，人类先用小狗和猴子等动物进行了试验。1957年11月3日，苏联把一只名叫莱依卡的小狗送上了太空。1961年1月21日，美国人把一只猴子送上了太空。人类为什么要把这些小动物送入太空呢？

其实，这样做的目的是为了在太空进行生命科学实验，为人类以及地球上的生物和环境服务。通过对小狗和猴子等动物在太空中的情况进行观测，科学家可以研究失重、超重和其他各种太空环境对动物生长、发育、代谢和遗传等方面的影响。

用这些动物进行科学实验有许多特殊的优点和有利条件，这是载人飞船和航天站所不能取代的。因此，它们是进行太空生命科学研究必不可少的工具。

【百科辞典】

失重：
物体对支持物的压力小于物体所受重力的现象。

超重：
物体对其支持物的压力大于其重力的现象。

着陆：
飞机、航天器等降落到地面上。

航天之最　**外层空间的最低界限：**一般认为，是人造卫星离地面的最低高度，即100至110千米。

月球上有哪些可利用的资源?

月球是地球唯一的天然卫星,也是离地球最近的天体。月球表面保存着自46亿年前形成以来至31亿年以前的地质活动记录。地球上的资源总有一天会用完,人们就想从月球上获取资源。那么,月球上有哪些人类可以利用的资源呢?

月球上有丰富的矿藏,稀有金属的储藏量比地球还多。在月球广泛分布的岩石中,蕴藏着丰富的钛、铁、铀、钍、稀土、镁、磷、硅、钠、钾、镍、铬、锰等矿产。其中,铁的储量十分巨大,而且开采和冶炼起来也很方便。另外,在月球表层,铝的含量也十分丰富。

月球的岩石中含有地球上的全部元素和60种左右的矿物,其中有6种矿物是地球上没有的。在月球上还有一种可以发电的元素氦-3,是清洁的核材料,没有污染。氦-3在地球的储量非常小,但在月球上有几百万吨。

月球表面
月壳是由多种元素组成的,包括铀、钍、钾、氧、硅、镁、铁、钛、钙、铝及氢。月球上稀有金属的储藏量比地球还多。

"月球车1号"
1970年11月17日,苏联发射的"月球17号"探测器把世界上第一台无人驾驶的月球车——"月球车1号"送上月球。该车重约1.8吨,在月面上行驶了10.5千米,考察了8万平方米的月面。

月球车是做什么用的?

在第一颗人造卫星发射成功后,人们就对飞向外天空充满了信心。离我们最近、我们最熟悉的天体就是月球了。科学家们是用月球车来探测月球的。那么月球车是做什么用的呢?

月球车就是在月球表面行驶,对月球进行考察的专用车辆。它分为两类:第一类是无人驾驶月球车。1970年11月17日,苏联发射的"月球17号"探测器把世界上第一台无人驾驶的月球车——"月球车1号"送上月球。此车约重1.8吨,在月面上行驶了10.5千米,考察了8万平方米的月面。此后苏联送上月球的"月球车2号"行驶了37千米,并向地球发回了88幅月面全景图。另一类是有人驾驶月球车,这是由宇航员驾驶在月面上行走的车。它的作用就更多了,可以随时存放宇航员采集的岩石和土壤标本。1971年9月30日,美国"阿波罗15号"飞船登上月球,两名宇航员驾驶月球车行驶了27.9千米;1972年"阿波罗"16号、17号携带的月球车,利用装在车上的彩色摄像机和传输设备,向地球发回宇航员在月面上活动的情景、离开月球返回环月轨道时登月舱上升及发动机喷气的景象。

科学家对月球车带回的宝贵资料进行了分析研究,大大深化了人类对月球的认识。

你知道吗

☑ 有人驾驶月球车的每个轮子各由一台发动机驱动,用蓄电池提供动力,轮胎在零下100摄氏度低温下仍然可以保持弹性。

科学家们为什么对火星情有独钟？

Weishenme

地球上的资源是有限的，加上环境日益恶化，所以人类一直都希望能在地球之外找到一个适合人类居住的地方。受到科幻小说以及电影情节的影响，许多人都认为火星是第二颗人类可以生活的行星。科学家们对研究火星也很感兴趣，这是为什么呢？

在太阳系的星体中，和地球最相似的就是火星了。它距离太阳22794万千米，大约是日地距离的1.5倍；自转轴与轨道平面的夹角为24度，和地球一样有着一年四季的变化；它自转一周的时间比地球多半个多小时，为24小时37分22.6秒，和地球的昼夜长短基本差不多，所以人们如果有一天真的移居火星，连作息时间都不需要改变。

科学家们研究发现，火星上可能有水和类似于细菌的原始生命形式。流体冲刷出来的沟渠和其他地理特征，为火星表面上可能曾经有水提供了证据。虽然目前火星表面的低温和稀薄的大气已经使水无法存在，但是，液态水有可能仍然存在于火星表面以下。1996年，有科学家宣布，一块来自火星的陨石上包含有可能是远古微生物的残骸。这一发现再次引起了人们对火星的兴趣。许多科学家表示，要了解火星上是否存在生命进化，关键就是要了解火星上水的历史。相信在不久的将来，科学家们就能解开火星上的水的秘密。

为什么人类至今未能登上火星？

Weishenme

人类在20世纪60年代末登上了月球，极大地增强了人类探索宇宙的信心。20世纪70年代中期人类发射的"海盗号"宇宙飞船登陆火星，但这个飞船并没有载人。到目前为止，人类也没有登上火星，这是为什么呢？

这是因为载人飞行的技术十分复杂。首先，载人飞船要比不载人的飞船大许多倍。从地球飞到火星，再从火星飞回地球，以目前飞船的速度，至少需要3年。在漫长的3年中，飞船消耗的燃料数量是十分庞大的。更麻烦的是，飞船还要携带保障宇航员生活的必需品。一艘载有8名宇航员的飞船在太空中逗留900天，单是一些最简单的生活必需品，如氧气、水和食品，就要携带40吨之多，加上飞船的燃料，真是不堪重负。此外，宇航员连续3年处在失重的环境里，生理上会发生一些不良反应。即使宇航员能够经受住3年失重的考验，还必须防备强烈的宇宙辐射。

因此，在这些问题没有妥善解决之前，载人火星飞行的计划不可能实现。

火星上的冰冻水
人们在火星地下发现了大量的冰冻水，这使得火星成为地球外生命存在的"希望之星"。

火星地貌
有人认为火星的环境可以被改造成类似地球的样子，以作为未来暴增人口的移民地。

星球之最 火星表面最低温度：零下123摄氏度，是在火星的夜晚。

中国孩子最爱问的十万个为什么

主题索引
- 为什么宇航员要接受严格训练？怎样在地球上模拟太空环境？

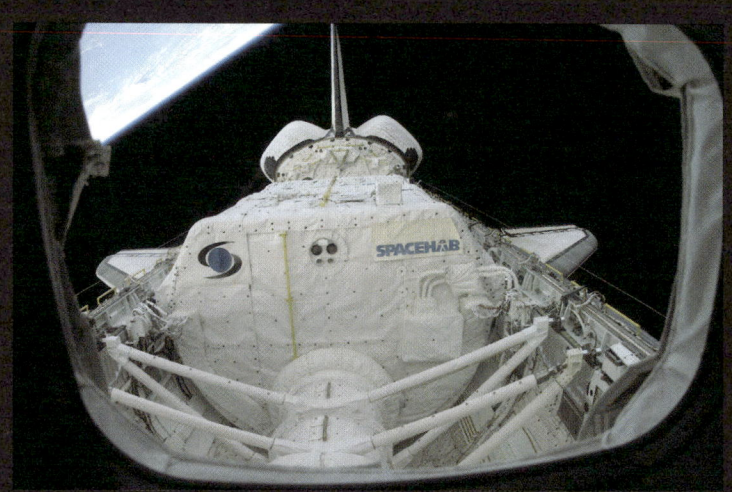

在太空飞船上看地球
在太空中可以观赏到地球以及其他天体的旖旎风光，给人一种前所未有的体验，因此太空旅游一直是很多人的梦想。

为什么宇航员要接受严格训练？

Weishenme

成为一名宇航员不仅要经过层层选拔，而且要接受严格的训练。那么宇航员为什么还要经过严格的训练呢？

因为太空中的环境非常独特，人类要克服各种各样的困难和应对随时可能发生的意外，所以宇航员要接受严格的训练，而且接受训练的宇航员必须要有很强的毅力。

首先，为了让宇航员适应寒冷的空间，宇航员必须在零下184摄氏度的超温室中进行生存能力试验。

其次，为了检验宇航员对震动及眩晕的耐受能力，科学家研制了特殊的转椅，这张转椅不但可以做360度顺时针和逆时针的快速运转，而且可以同时上下前后摆动。

此外，科学家们模拟了飞船返回地球的冲击环境，这是为了加强宇航员的抗冲击耐力。进行这项训练是在一个"冲击塔室"里进行的，里面有一座约4层楼高的绿色铁塔。除了这些，宇航员训练中心里还有各种各样的模拟舱，目的都是使宇航员能够适应太空生活。

怎样在地球上模拟太空环境？

Weishenme

模拟太空环境主要是对失重环境的模拟，以对宇航员进行失重训练。失重训练是利用失重飞机完成的，可以完成抛物线飞行，形成15至40秒的微重力时间，使航天员感受、体验和熟悉失重环境。在失重的时间里宇航员可以做各种试验，如吃东西、喝水、穿脱衣服、闭眼与睁眼的定向运动，甚至可把一个舱体搬进机舱中，还可以进行人在失重的状态下从舱体爬出来的试验，训练太空的出舱活动。

科学家还制造了一种叫做中性浮力水槽的东西，它可以制造出一种漂浮的感觉，让航天员体验失重状态。这种方法主要用于对出舱活动的航天员进行训练。一般是将1∶1的航天器放入水槽中，航天员穿上改制的舱外航天服，进行出舱活动程序的仿真训练。

太空漂浮
人造地球卫星、宇宙飞船、航天飞机进入轨道后，人和物将处于失重状态。宇航员进入太空后，就会呈"漂浮"状态，因此，需要适当地进行一些训练以适应这种全新的生活状态。

为什么宇航员要进行太空行走？

Weishenme

太空行走又称为出舱活动，狭义上是指航天员离开载人航天器乘员舱，只身进入太空的活动。太空行走看似美妙，但必须要考虑到太空的微重力环境对宇航员人身安全可能造成的影响，所以说太空行走是载人航天的一项关键技术，要实现这一目标，需要诸多的特殊技术保障。随着科学技术的发展，航天员已经可以离开载人航天器进入到太空中活动。那么，航天员为什么要进行太空行走？

进行太空行走的原因有很多，不同时期原因并不一样。1965年3月苏联航天员列昂诺夫第一次进行太空行走的原因有两个：第一，在载人航天活动中进行一次技术性的突破；第二，使苏联在航天技术方面走到美国前边，在全世界产生重大影响。美国当然不服气了，在1965年的6月份，美国人怀特乘坐"双子星4号"飞船飞行时也进行了太空行走。

现在，宇航员进行太空行走更频繁，太空行走的目的也更多了。比如，可以修复载人航天器或其他航天器上的受损部件等。登月活动更是体现了航天员在太空行走的巨大作用，为人类进入外层空间和其他星球打下了良好的基础。

航天器是怎样在太空中对接的？

Weishenme

在太空翱翔的航天器有很多，科学家们就想把它们对接起来，互相补给食物和进行交流，这就是太空对接，即两个或两个以上的航天器在太空飞行时连接起来，形成更大的航天器，去完成特定任务。对接的航天器包括载人和不载人两种，对接主要由航天器控制系统和对接机构完成。那么，航天器是怎样进行对接的呢？

真正意义上的航天器对接，始于1995年美国航天飞机与俄罗斯"和平号"空间站的对接。1995年6月29日美国"阿特兰蒂斯号"航天飞机发射到太空，与"和平号"进行了首次对接。对接过程是这样的："和平号"空间站在这次对接中充当着被追逐者的角色，对接前它停泊在合适的轨道高度上；"阿特兰蒂斯号"航天飞机进行相对的机动飞行，然后停靠对接。地面控制人员能在显示屏上看到它们交会和对接的全过程，还看到了航天飞机上的航天员隔窗微笑、招手致意的画面。对接完毕后，两个载人航天器的10名航天员汇聚在一起，共同度过了一段有意义的太空时光。

出舱作业
在最初的航天飞行中，航天员的活动只能局限在载人的密闭舱内。现在，航天员经常需要出舱作业。

太空"积木"
由于火箭的载荷有限，大型空间站不得不分解成数个组件，分批发射到太空中，再组装成整体，就好像是在搭建积木。

中国孩子最爱问的十万个为什么

主题索引：宇航员为什么要穿宇航服进入太空？人在太空中怎样睡觉？

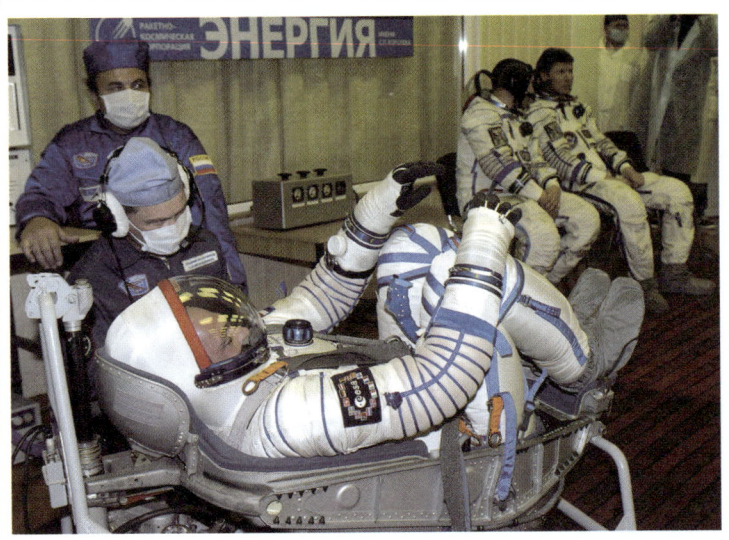

试穿宇航服
宇航服是保障航天员生命活动和工作能力的个人密闭装备，可消除空间的真空、高低温、太阳辐射和微流星等环境因素对人体的危害。

太空失重
在失重的状态下，宇航员必须把自己绑在航天器上以固定身体，否则随时会"飘走"。

宇航员为什么要穿宇航服进入太空？

Weishenme

看太空画册的时候，人们会发现宇航员都穿着一身厚厚的宇航服。这些宇航服是专供宇航员在太空中使用的，里边有一定的压力。宇航员为什么要穿这种特制的宇航服呢？

从宏观来看，宇宙飞船在飞离地球后，宇航员就处在充满宇宙射线和粒子辐射的极寒缺氧的环境中，如果不穿上宇航服，宇航员的生命就有危险。

具体来说，宇航服分为舱内宇航服和舱外宇航服两种。舱内宇航服可以保护宇航员在飞船发生危险时安全地返回地面；舱外宇航服可以保证宇航员进入外太空完成特定的工作任务。舱外宇航服具有更高的可靠性，它还装配有生命保障系统和供宇航员在外层空间运动的小型火箭。

因此，宇航服必须具备这样一些功能：能使位于太空的人体处于加压状态；能供给保障宇航员生命安全所必需的氧气，消除二氧化碳并能够控制温度和湿度；能使宇航员在宇宙空间具有各种活动能力，使宇航员的疲劳度降到最低；具有防御宇宙射线辐射的能力；能经得起微流星的冲击；具有应付太空意外事故的能力。

人在太空中怎样睡觉？

Weishenme

宇航员在太空中的停留大都会超过一天，所以他们也需要睡觉。但在太空里睡觉和我们平常睡觉是很不一样的。宇航员是怎样睡的呢？

宇航员在太空中睡觉是很特别的。在失重环境里，站着和躺着睡都一样。科学家给宇航员提供了一个睡袋。睡袋一般固定在飞船内的舱壁上，这样就像睡在床上一样舒服。睡觉时，宇航员必须将手臂放进睡袋里，然后把双手束在胸前，以免无意中碰到仪器设备的开关。这样一来，宇航员既可以靠着舱壁睡，也可以贴着天花板睡，总之想怎么睡都可以。

有趣的一点是，在地面上我们是白天工作，晚上睡觉；宇航员的作息时间却不能这样制定，他们只能根据人的生物节律和飞行任务需要来安排。宇航员仍以24小时为周期安排作息时间。因此，除了接受地面的指令外，他们还必须准确地掌握时间和昼夜变化情况。根据飞行程序，24小时双人乘组的宇航员每人可以轮换睡眠6至7个小时。

航天之最 最贵的宇航服：美国宇航局的宇航服，每套大约900万美元。

为什么宇航员连吃饭都要小心翼翼？

Weishenme

由于宇航飞船里所有的东西都处于失重状态，如果它们不被固定在某一地方，就会在飞船里飘来飘去。假如面包、牛奶都这样到处乱飞，宇航员就没有办法吃饭了。于是，科学家把营养丰富的牛肉、蔬菜、水果等加工成太空食品，装入塑料袋或塑料盒子里。宇航员吃饭时，就像我们吃果冻一样一点一点地吸食，或者像挤牙膏那样把太空食物挤进嘴里。吃饭时还不能说话，否则食物就会从口里跑出去，在空中乱飞。宇航员这样吃饭是十分难受的，因此他们吃饭时必须得小心翼翼才行。

为什么在太空中洗澡不容易？

Weishenme

对于常人来说，洗澡是一件很轻松的事，但对太空中生活的宇航员却不太容易，为什么这么说呢？

首先，太空中水十分珍贵，必须节约使用；其次，洗澡所需设备很多，过程极其繁琐。太空中的洗澡间是用一种强力尼龙布制成的浴罩隔成的。宇航员要先将它的两端分别固定在"天花板"和"地板"上，并封得严严实实，再整理好供水和抽水的管道以及空气净化器，最后要给装水的容器加压，否则水是不会自动从容器里流出来的。这些前期的准备工作常要花去宇航员很多时间。洗澡时，宇航员还要戴上呼吸罩和护目罩。洗完澡后，身上的污水不会自动流下来，需要开动水泵连同空气一起抽走，沾在帆布罩上的水也得抽走。事实上，真正的洗澡过程只要15分钟，可前后准备工作却要45分钟。

可见，在太空中洗一次澡真的很不容易。

太空厕所系统
美国斥资1900万美元为国际空间站购置了一套俄罗斯制太空厕所系统。这套设备能将尿液转化成饮用水。

在太空中洗澡
在太空中洗澡是一件非常麻烦的事，而且费用极高，每次花费大约为10万美元。

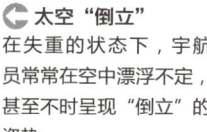

太空"倒立"
在失重的状态下，宇航员常常在空中漂浮不定，甚至不时呈现"倒立"的姿势。

中国孩子最爱问的十万个为什么

主题索引：宇航员为什么容易患骨质疏松症？什么是宇宙空间站？

▲ **宇航员进入空间站**
空间站是宇航员在太空中工作和生活的主要场所。图为宇宙飞船与空间站成功对接后，双方宇航员握手致意。

▲ **复杂的操控装置**
宇宙飞船内部有成千上万的仪器设备，宇航员对各种操控装置都要了如指掌。

▲ **太空"蹦极"**
宇航员们正在太空中开PARTY。太空生活虽然精彩，但是长期处于失重状态下，人很容易患上骨质疏松症。

宇航员为什么容易患骨质疏松症？

<small>Weishenme</small>

要成为一名宇航员，必须具备一流的身体素质，只有体质好、反应快的人才可能成为一名合格的宇航员。但为什么这些经过严格筛选的宇航员却容易患上骨质疏松症呢？

科学家们研究发现：宇航员在飞船上待4天，骨钙含量就明显下降，时间再长，四肢就会变得脆弱易断。在太空生活一个月，宇航员损失的骨质相当于地球上患骨质疏松症的老年妇女一年内损失的骨质。健康受到影响的宇航员下飞船时有的要扶着才能离开船舱，有的甚至需要被人抬出船舱。

是失重导致宇航员骨质疏松。在地球上，我们都生活在重力的作用下，加上日常活动中肌肉的伸缩使全身骨骼都受到不同力的作用，对骨骼的正常生长和发育起到了重要的作用。研究发现，骨细胞和骨内周围的一些结构有感受应力的功能，并能把受到的应力放大，从而引起细胞生理活动的改变，促使骨组织生长。一旦失重，这些细胞失去了应有的刺激，细胞的成骨活动就会减少乃至停止，时间长了自然会引起骨质疏松。

什么是宇宙空间站？

<small>Weishenme</small>

从到达太空那一刻起，人类就想在宇宙中建立一个能够长时间停留的基地。随着科技水平的不断提高，人类的想法终于变成了现实，宇宙空间站是能在太空中长时间运行的巨大载人飞船。空间站上有工作舱、生活舱、服务舱和对接舱，舱内有类似地面的生活环境，宇航员和研究人员可利用各种仪器设备进行科学研究。

空间站其实也是一种飞行器，是更大、更先进、飞行时间更长的飞船。它是一个环绕地球运动的半永久性的"活动房子"。因为太空有许多地球上不具备的环境条件，如高真空状态、微重力状态，在这种环境中可以合成许多地球上得不到的产品，所以人们可以在那里进行科学研究、试制新产品，空间站也就成了重要的科学研究基地。

=== **你知道吗** ===

■ 1988年12月21日，从"和平号"空间站上归来的两名宇航员季托夫和马纳罗夫，创造了在太空飞行整整一年的新纪录。

航天之最 最早进入太空的人：尤里·阿列克谢耶维奇·加加林，苏联宇航员，于1961年4月12日完成了世界上首次载人宇宙飞行。

"和平号"空间站为何被称为"人造天宫"？

"和平号"空间站是苏联研制的第三代载人空间站，也是人类历史上的第九座空间站，人们形象地称它为"人造天宫"。这是为什么呢？

说它是"人造天宫"，主要因为它是目前人类历史上体积最大、应用技术最先进、设施最完善、太空飞行时间最长的空间站，创造了多项世界纪录。"和平号"空间站是人类实现永久定居太空梦想的第一步。宇航员们在"和平号"上所积累的经验为国际空间站的设计提供了重要参考。

"和平号"空间站的设计工作从1976年开始。据统计，在它运行的15年间，共绕地球飞行了8万多圈，行程35亿千米，有31艘"联盟号"载人飞船和62艘"进步号"货运飞船与和平号实现对接，美国航天飞机也曾9次访问它。先后有28个长期考察组和16个短期考察组在站上从事考察活动，共有俄罗斯、美国、英国、法国等12个国家的135名宇航员到访过该空间站。从科研贡献和接待规模来看，"和平号"不愧为"人造天宫"。

为什么要建国际空间站？

建立国际空间站可以加强各国间的交流，为人类探索太空作出了重大贡献。最重要的是，国际空间站可使人类进行长期的对地观测和天文观测，并能进行生命科学研究。

在对地观测方面，国际空间站比遥感卫星优越得多。当地球上发生地震、海啸或火山喷发等事件时，空间站上的航天员可以及时调整遥感器的各种参数，以获得最佳观测效果；当遥感器等仪器设备发生故障时，宇航员又可随时将其修复到正常工作状态。国际空间站可对地球大气质量进行监测，也可长期监测气候变化。在陆地资源开发、海洋资源利用等方面，人类也都会从中受益。国际空间站在天文观测上要比其他航天器先进很多，它是了解宇宙天体位置、运动结构、物理状态、化学组成及其演变规律的重要工具。

国际空间站上的人体生命科学研究也很重要，它可直接促进航天医学的发展。同时，国际空间站也会促进太空工厂、太空旅游等目标的实现。

"和平号"空间站
"和平号"空间站是世界上第一个载人并超期限运转的宇宙空间站。该站共在太空服役了15年，其中超期服役期为10年。北京时间2001年3月23日，"和平号"终于在人工控制下坠落，结束了自己的历史使命。

国际空间站
国际空间站是国与国合作建造的最大的载人空间站。其设计寿命为10至15年，载人舱内大气压与地球表面相同，可载6人。

日夜交替
国际空间站的宇航员在太空中记录到的地球日夜交替的情景，从图中还可看到空间站的太阳能板。

航天之最 在太空停留时间最长的人：3次飞上太空的俄罗斯宇航员阿夫杰耶夫。他创下了在太空累计停留742天的记录。

人类可以移居太空吗?

1957年,苏联发射了第一颗人造卫星,随后人类向太空发射了各种卫星、飞船探测器,并顺利地登上了月球。如今,人们会问:人类能搬到太空居住吗?

天文学家说,人类移居太空起码要具备三个条件:一要拥有强大的运载工具,二要研制出能仿造地球基本生活条件的载人航天器,三要弄清太空环境对人体的影响。太空中没有氧气,温度又极低,而且生物体在受到太阳照射时温度上升很快,超过活体能够承受的极限。因此,航天器中要有许多特设系统,将其中的空气成分、温度等条件调至适当以满足宇航员的工作和生活需要。科学家经过长期研究发现,太空环境对人体的影响很大。当人类进入太空,在缺乏重力的情况下,全身体液会向上半身和头部转移,而体液转移会使血浆容积减少、血液浓缩,发生贫血。同时,微重力环境对人体的肌肉、骨骼也会产生影响。

因此,人类要想移居太空,还有相当长的路要走。

太空种子培育
太空中存在着各种射线,可以使被送到太空中的种子发生基因突变。这种突变可能是好的,也可能是坏的,需要经过反复试验才能培育出优良品种。

太空蔬菜——蛋茄
太空蔬菜在品质、产量、抗病性等方面都优于普通蔬菜。经研究发现,太空蔬菜的维生素含量是普通蔬菜的281.5%。

你知道吗

- 目前在国际空间站上,宇航员吃的是罐头食品和袋装的新鲜水果以及蔬菜,食品定期由俄罗斯飞船运达。
- 美国国家航空航天局正在进行太空农作物种植试验。航天局希望这个试验能培育出太空大豆,最终将空间站发展成微型太空食品农场。
- 我国的"神舟五号"飞船由于空间有限,无法携带任何食物加热设备,所以杨利伟吃的食物都是凉的。现在,我国已经研制出了太空食物加热设备。

太空可以种庄稼吗?

宇航员如果在太空停留较长时间,食物的供应就会成为科学家很头疼的问题。有的科学家试图在太空上种庄稼,以解决食物供应问题。这可行吗?

科研人员发现:植物不需要重力也能生长。目前的环境控制技术已经可以在太空发展种植业。美国航空航天局正计划在下次太空实验时种植生菜、洋葱、西红柿和萝卜。

实际上,科研人员在太空失重条件下种植农作物的试验已有多年,但此前的试验多是种植小麦。1996年,俄罗斯和美国合作进行试验,在"和平号"空间站成功收获了150多棵墨西哥小麦。

到目前为止,宇航员在"礼炮号"和"和平号"空间站培植过小麦、洋葱、兰花等植物。初步结果表明,植物在太空中要比在地球上生长得快、成熟得早。

美国航空专家们估计,数十年后宇航员们的食谱将更加丰富,他们很有可能在太空中吃上自己种的蔬菜。

太空为什么有"垃圾"？

Weishenme

自1957年苏联第一颗人造卫星上天至今，已有50多年过去了。这期间，许多国家把大量的火箭、卫星和空间站送上太空，同时也带去了越来越多的人工废弃物，这些就是"太空垃圾"。这些各式各样的"垃圾"数量很多。现在能被地面观测和跟踪的垃圾就有近400万块，估计总重量在3000吨以上。它们有的比一辆载重卡车还大，有的只不过是一个小螺钉。为什么会有"太空垃圾"呢？

"太空垃圾"的来源很多，大的有已经报废，但仍在飞行的航天器，它们包括卫星、空间站等；中等的有意外爆炸形成的碎片；小的有一些零部件，如星箭分离用的爆炸螺栓和弹簧等；还有宇航员"随手乱扔"的垃圾；更多的则是极其微小的空间微粒，如航天器脱落的油漆颗粒等。

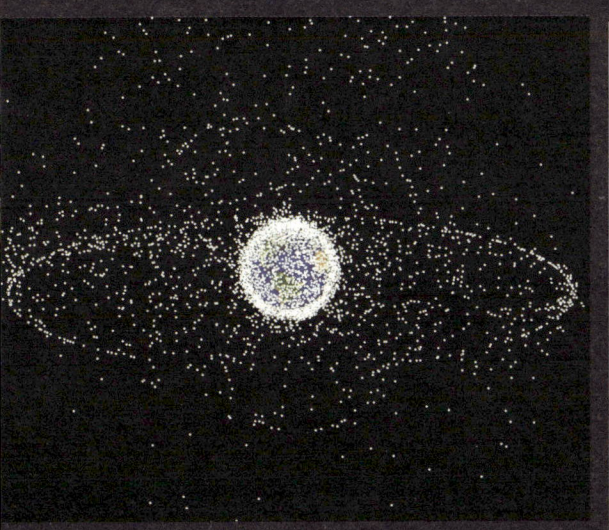

太空垃圾密布
太空垃圾是宇宙交通事故最大的潜在"肇事者"，随时可能进入航天器运行的轨道，伏击航天器。

太空垃圾包围圈
太空垃圾是人类在探索宇宙的过程中，有意无意遗弃在宇宙空间的各种残骸和废物。地球已经处于太空垃圾的包围圈中。

科学家为什么提出太空工厂的设想？

Weishenme

地球上有很多工厂，工厂制造出了无数和我们生活息息相关的产品。由于人类对宇宙的认识水平不断提高，科学家甚至想在太空上开设工厂。这是出于什么目的呢？太空环境和地球上的不一样，它有很多宝贵资源，比如，微重力、高真空、超洁净和丰富的太阳能等等，这种环境中人们可以生产出地球上难以制造的高质量产品。

美国科学家设想建立一种名叫"空间工业设施"的太空工厂。这种工厂由工作舱和供应舱组成，它有很多用途。初期主要用于材料加工、药物试制和太阳能发电方面，将来扩展到生产其他产品。重要的是，这间工厂涉及空间工程建筑的一系列尖端技术，有助于人类发展空间基地。

太空工厂可以利用与地球完全不同的条件制造人类所需要的产品，同时帮助人类继续向深层空间发展，获得更多人类所需要的东西。

【百科辞典】

微重力：
也叫零重力，它是指在太空中出现的重力很微小或者重力为零的情况。

太阳能：
一般是指太阳光的辐射能量。

↑ 平方千米阵（想象图）
平方千米阵（SKA）是计划中的下一代巨型射电望远镜阵，灵敏度将比目前世界上最大的射电望远镜还要高50倍。

哈勃望远镜
哈勃望远镜是一架以天文学家哈勃的名字命名的并围绕地球运行的太空望远镜。1990年发射之后，哈勃望远镜已经成为天文史上最重要的仪器之一。

哈勃望远镜为什么在太空中游弋？

Weishenme

哈勃望远镜是目前世界上最大、最精确的天文望远镜，它以天文学家爱德文·哈勃的名字命名。1990年4月25日它由美国航天飞机送上590千米处的太空轨道。哈勃望远镜以2.8万千米的时速沿寂静的轨道运行，帮助人类探索太空的秘密。为什么哈勃望远镜会在太空中游弋呢？

哈勃望远镜在太空中收集大量的图像和信息，通过人造卫星和地面数据传输网络将这些信息送达美国的太空望远镜科学研究中心。由于在外层空间运行，哈勃望远镜获得的图像不受大气折射影响，可以获得通常被大气层吸收的红外光谱的图像。利用这些极其珍贵的太空图像和宇宙资料，科学家们取得了一系列突破性的成就，沉寂多年的天文学领域正发生着天翻地覆的变化。

射电望远镜有什么用？

Weishenme

射电望远镜的工作原理是：投射来的电磁波被一个精确镜面反射后，到达公共焦点。它有哪些用途呢？

射电望远镜是探测天体射电辐射的基本设备。第二次世界大战结束后，射电天文学脱颖而出，而射电望远镜对射电天文学的发展起了关键作用。20世纪60年代天文学的四大发现——类星体、脉冲星、星际分子和宇宙微波背景辐射都是用射电望远镜观测得到的。射电望远镜的每一次长足进步都对射电天文学的发展起了巨大的推动作用。

20世纪60年代产生了两种新型的非连续孔径射电望远镜：甚长基线干涉仪和综合孔径射电望远镜。甚长基线干涉仪具有很高的空间分辨率，能帮助观测者更好地了解天体及星际物质；综合孔径射电望远镜能获得清晰的射电图像。

你知道吗

■ 哈勃望远镜的构想可以追溯到1946年。它是20世纪70年代开始设计、建造的，共耗资20亿美元。

■ 世界上最大的可跟踪型经典式射电望远镜，抛物面天线直径长达100米，被安装在德国马克斯·普朗克射电天文研究所。

航天之最　最大的非连续孔径射电望远镜：甚大天线阵，安装在美国国立射电天文台。

英国巨石阵是最早的天文台吗？

Weishenme

在英格兰索尔兹伯里平原上，矗立着一组占地大约11公顷的奇特巨石建筑，人们把它叫做巨石阵。巨石阵的主体由几十块巨大的石柱组成，这些石柱排成几个完整的同心圆。巨石阵的外围是直径约90米的环形土沟与土岗，内侧紧挨着56个圆形坑。

巨石阵是欧洲著名的史前时代文化神庙遗址，约建于公元前4000至前2000年，属于新石器时代末期至青铜时代的建筑。有科学家推测，它是英国某宗教部落建立的天文台。事实真是这样吗？

科学家研究发现，巨石阵不仅在建筑史上具有重要地位，在天文学上也有着重大意义：它的主轴线（通往石柱的古道）和夏至日早晨初升的太阳在同一条线上；另外，还有两块石头的连线指向冬至日落的方向。因此人们推测，这很可能是远古人类为观测天象而建造的，可以算是天文台最早的雏形了。但是到目前为止，并没有直接的文献或纪录能够证明英国巨石阵就是最早的天文台。

玛雅人的天文台是什么样的？

Weishenme

玛雅人起源于南美洲，他们是印第安人的一支，曾创造了辉煌的玛雅文明。大约在公元前1000年左右的时候，玛雅人就有了高度发达的农业、数学、天文学和宗教文化。他们很早就对天文学有了深入研究并建立了天文台。那么，玛雅人的天文台是什么样的呢？

玛雅人的天文台常常是一组建筑群，从一座金字塔上的观测点向东方的庙宇望去，就是春分、秋分日出的方向；向东北方向的庙宇望去，就是夏至日出的方向；向东南方向的庙宇望去，就是冬至日出的方向。类似的建筑群，在玛雅文化遗址地区发现了好几处。

在这些天文台中，有一个奇琴伊察天文台，它是玛雅文化中唯一的圆形建筑物。

玛雅雕像

英国巨石阵
巨石阵是欧洲著名的史前时代文化神庙遗址，位于英格兰威尔特郡索尔兹伯里平原。它充斥着某种神秘的氛围，有人怀疑它是外星人留下的遗迹。

宇宙之最　我国最大的天文台：南京紫金山天文台，位于紫金山第三峰，海拔250米，1934年9月建成。

天文台的球星屋顶
此天文台的球形屋顶上有一条宽宽的"裂缝",从屋顶的最高点一直"裂"到半屋中央。这条"裂缝"是一个巨大的天窗,庞大的天文望远镜就是通过这个天窗望向辽阔的太空,观测天象。

为什么天文台建在郊外?

Weishenme

天文台是进行天文观测和研究的机构。世界各国的天文台大多设在郊外,并且常常建在山上。这是为什么呢?

原来,地球被一层大气包围着,天文望远镜要透过大气才能看到星光。而空气中的烟雾、尘埃以及水蒸气的波动,都会对天文观测有影响,特别是在大城市的周围,夜晚城市灯光照亮了空气中的杂质微粒,使天空变亮,这更严重影响天文学家观测较暗的星星。而在远离城市的地方,尘埃和烟雾相对较少,但还是不能完全避免这些影响。

总之,郊外的烟雾和尘埃较少,对天文观测的影响较小,所以天文台大多建在郊外。

为什么天文台的屋顶都是球形的?

Weishenme

我们经常见到的屋顶,不是平的就是斜坡形的,而天文台的屋顶却不是这样。远远望去,天文台有一个银白色的圆形屋顶,在阳光照耀下闪闪发光。为什么天文台的屋顶要设计成圆形呢?

其实,我们看到的这些银白色的圆顶房屋,实际上是天文台的观测室,它的屋顶部分是半球形。这种设计是为了便于观测。在天文台里,人们通过天文望远镜观察太空。天文望远镜往往做得非常庞大,不能随便移动,而人们观测的目标又分布在天空的各个方位,如果采用普通的屋顶,就很难使望远镜指向任一目标。因此,装置了机械旋转系统的球形屋顶就使观测研究十分方便了。需要观测时只要转动球形屋顶,把天窗转到要观测的方向,望远镜也转到同一位置,然后上下调整镜头,就可以使望远镜指向天空中的任何目标了。不用天文台时,可以将球顶上的天窗关起来,还能保护天文望远镜不受风雨的侵袭。

格里菲斯公园天文台
格里菲斯公园天文台是美国洛杉矶的标志性建筑,曾经是电影《霹雳娇娃2》和《黄金眼》的外景地。

Part 18

十八　地球·地理

地球是人类的共同家园，而正是生命的存在，才使得地球在浩瀚宇宙中显得如此独特。在地球上繁衍生息的人们，总希望更深入地了解自己居住的星球：它到底从何而来？随着时间的推移，它又将去往何处？

地球是怎么形成的?

地球是我们人类生存的地方,人类从未停止过对地球的探索和研究。以前人们只是靠想象来解释地球的形成,直到18世纪哥白尼提出了日心说、牛顿发现了万有引力以及伽利略发明了天文望远镜,才使人们对地球的形成有了比较准确认识。那么,地球究竟是怎么形成的呢?

在关于地球形成的众多学说中,最著名的是1755年德国哲学家康德的假说。他认为,地球的形成和太阳系的形成有十分重要的关系。太阳系是由一团巨大的星云演化而来,这一星云中的物质在引力的作用下聚集成不同的团块,最大的团块形成了太阳,其他比较大的团块则形成了包括地球在内的行星。他进一步指出,当形成地球的物质团块聚集了地球现在质量的64%时,就可以认为原始地球诞生了。

原始地球形成后,在重力作用下,地球外部较重的物质逐渐下沉,内部较轻的物质逐渐上升,液态的铁等重元素沉到了地球中心,形成了地核。然后,在地球内部物质的对流和化学分离作用下,逐渐形成了地壳、地幔、地核。

关于地球的形成目前还只是停留在假说阶段,除了康德的模式外,还有三个关于地球形成的著名假说,分别是拉普拉斯星云说、霍伊尔—沙兹曼假说和戴文赛星云说。

地球的结构
地球可以看成是由一系列同心层组成的球体。地球内部有核、幔、壳结构,外部有水圈、大气圈磁层。这些圈层共同组成了地球的物理形态。

阳光照射地球
太阳是离地球最近能够掌控地球命运的恒星,是地球赖以生存的能量之源。

地球有多大年纪了?

人类一直想知道地球的年龄,不过这是个很难的问题,在没有找到科学方法以前,人们只能根据古代的神话传说来猜测地球的年龄。那么,地球真正的年龄有多大呢?

不少科学家都做过这方面的探索。1862年,英国物理学家开尔芬第一次从物理学的角度探讨了地球的年龄问题。他假定地球原来是炽热的液体,后凝固冷却下来,由此推导出:地球凝固变成现在这样所经过的时间大约是2000万至4000万年。他的计算结果发表后,并没有得到学术界承认。

1896年,法国柏克勒尔发现了天然放射性元素铀。1905年又有人发现岩石具有放射性的特征。之后,通过科学家们的进一步研究发现,根据岩石中放射性元素的蜕变速度可以测定岩石的具体年龄,这种方法叫做同位素年龄测定。

利用同位素年龄测定法,科学家们估算出地球的年龄大约是46亿年。

你知道吗

- 放射性元素能够自发地从原子核内部放出粒子或射线,同时释放出能量。
- 同位素有相同质子数,不同中子数。同一元素的不同核素互为同位素。
- 近年来,科学家们通过研究发现,还可利用热释光法鉴定岩石同位素,以测定地球的年龄。

地球之最 最早从物理学角度研究地球年龄的人:1862年,英国物理学家开尔芬第一次从物理学的角度探讨了地球的年龄问题。

地球为什么是椭球体？

Weishenme

通常，我们从图片上看到的地球基本都是圆形的。科学家们经过测算发现，地球是个椭球体，其轨道长半径为149597870千米，轨道偏心率为0.0167，公转轨道运动的平均速度是29.79千米/秒。为什么地球是椭球体呢？

科学家们普遍认同的是：天体在宇宙中的运动始终会受到各种引力的影响，所以它们既公转又自转。地球自转产生了离心力，在离心力的作用下，赤道显得比两极要鼓，因此就成了现在这个椭球体的样子了。

此外还有两种观点：一种观点认为，地球受到太阳风的袭击，自身磁场发生紊乱，形成不规则球体；另一种观点认为，地球一直都是不规则的球形，几亿年间多次受到小行星等其他天体的撞击才形成了现在这样的椭球体。ⓔ

地球的大小是怎么测量出来的？

Weishenme

对于我们人类来说，地球非常大，所以要知道它的大小是很不容易的。那么，科学家是如何测量地球大小的呢？

古希腊伟大的数学家、地理学家埃拉托色尼最先测量出了地球的大小。当时，他居住在今天的埃及亚历山大港附近。亚历山大港正南方有个地方叫塞恩，两地基本在同一条子午线上，距离约为800千米。塞恩有一口很深的枯井，夏至这一天正午，阳光可以直射井底，说明这一天正午太阳恰好在头顶正上方。可是同一天的正午，在亚历山大港，太阳却是偏南的。

根据测量，埃拉托色尼得知阳光照射的方向和竖直木桩呈7度12分的夹角。这个夹角，就是两地间子午线弧长所对应的圆心角。埃拉托色尼根据数学公式，很快计算出了地球周长大约是40000千米，这和我们今天所知道的数值极为接近。可见，埃拉托色尼的方法是正确的。至今，天文大地的测量工作，也依然是根据他的原理进行的。不过，精确的测量和推算不是靠太阳，而是靠某恒星的高度和方位。

在近代的测量中，我们主要利用恒星来测定地球某两地间子午线的弧长。只要精确测知一段子午线弧长，便会很容易地计算出地球的周长。这和埃拉托色尼的方法基本一致。ⓔ

本初子午线
英国格林尼治天文台的子午线，是全球时间和经度计量的标准参考子午线，也称"本初子午线"。依靠子午线便可以测出地球的周长。

椭圆地球
地球看上去是个浑圆的球体，但它实际上却是个略扁的椭球体。

【百科辞典】

磁场：
能够产生磁力的空间存在着磁场。

子午线：
也叫经线，是在地面上连接两极的线，表示南北方向。

周长：
圆、椭圆或其他闭合的曲线一周的长度。

地球之最 地球温度最高的部分：地球的内核，温度高达6000摄氏度以上，和太阳表面温度差不多。

地球仪上为什么有经线和纬线？

地球仪
地球仪是缩小的地球模型。在地球仪上，没有长度、面积、方向、形状的变形，所以从地球仪上观察各种景物的相互关系是整体而又近似于正确的。

零度经线
通过格林尼治天文台的本初子午线，也被定为"零度经线"，是地球上计算经度的起始经线。

我们在地球仪上可以发现一条条纵横交错的线，这就是经纬线。连接南北两极的线叫经线，和经线垂直的线叫纬线。纬线是一个个长度不等的圆圈。地球仪上为什么会有经线和纬线呢？经线和纬线是人们为了在地球上确定位置和方向，在地球仪和地图上画出来的，地球本身并没有经纬线。

经线连接南北两极，所有的经线长度都相等。经线指示南北方向，纬线指示东西方向，经线和纬线互相垂直、互相交织，就构成了经纬网。我们在阅读地图的时候，就可以借助经纬网来辨别方向，为地球上的任何一点确定方位。经线和纬线还可以把地球划分成几个不同的半球。沿赤道这条纬线将地球分成两半，赤道以北叫北半球；赤道以南叫南半球。

地球仪有很多作用，它不仅可以通过经纬坐标来确定地理位置，还可以演示地球的自转和公转、认识世界海陆的分布概况等。

地球上为什么会有白天和黑夜？

地球上的我们每天都经历着白天和黑夜。我们白天工作学习，夜晚睡觉休息。地球上为什么会有白天和黑夜呢？

我们知道，地球是太阳系的一个行星。太阳是太阳系的中心，它是一个非常巨大的火球，不停地散发着光和热。太阳的光线照到哪个星球上，这个星球被照到的地方就会变得十分明亮。地球和其他行星一样，在围绕太阳公转的同时，还在不停地自转。当我们居住的地方转到朝向太阳一面时，就是白天，转到背向太阳一面时，就是黑夜。由于地球总是朝着同一个方向转动，大约每24小时转动一圈，所以白天和黑夜就会交替来临。

你知道吗

- 习惯上，把由西经20度向东到东经160度的半球叫东半球，把西经20度向西到东经160度的半球叫西半球。
- 早期地球仪的制作过程是这样的：先印刷出狭长的三角形图块，然后将这些图块剪下来，粘贴在木球上。

地球为什么不停自转？

Weishenme

每天早上，太阳从东方升起，到了傍晚，又从西方落下，这种现象说明地球在自转。地球自转的方向是自西向东。地球为什么会永不停息地转动呢？

要搞清楚这个问题，先要从物理学说起。物理学上有一条很重要的角动量守恒定律，即一个转动的物体如果不受其他力矩的作用，它的角动量就不因形状而改变。地球是在太阳系的形成过程中，由太阳周围的固体颗粒和星云逐渐聚集成的。形成太阳系的星云本来就具有角动量，聚集起来之后角动量不会损失，而是会重新分布，这就是地球自转的原因。因此，地球在形成过程中就已经开始自转，而不是形成之后才开始自转的。

地球自转一周是整整24小时吗？

Weishenme

人们常说地球自转一周是24小时，那么真的就是整整24小时吗？

其实，这只是一个笼统的说法。根据参照物的不同，天文学上将地球自转一周的周期分为三种：分别是太阳日、太阴日和恒星日，各以太阳、月球和春分点为参照物。太阳日是地球同一经线相邻两次面向太阳所用的时间，为24小时；太阴日是月球中心连续两次通过地球上同一子午线所需要的时间，平均是24小时50分；恒星日是春分点两次经过同一子午圈所需的时间，也就是某一个恒星两次经过同一子午线所需的时间。一个恒星日等于23小时56分4秒。

在太阳日、太阴日和恒星日三个周期中，只有恒星日是地球自转的真正周期，即地球自转360度所经历的时间，准确值是23小时56分4秒。而在实际生活中，我们所说的"日"就是指昼夜更替的周期，即太阳日。

沙漏
沙漏又称"沙钟"，是我国古代一种计量时间的仪器。沙漏的制造原理与漏刻大体相同，是根据流沙从一个容器漏到另一个容器的数量来计时间。

地球的自转
20世纪初以后，天文学家发现地球自转速度是不均匀的，受潮汐摩擦的影响，地球自转周期有减慢的趋势。

你知道吗

- 从任一天体北极看，凡是按照逆时针方向自转的天体，都在自西向东转动，叫做顺向自转；凡是按照顺时针方向自转的天体，都在自东向西转动，叫做逆向自转。
- 地球的自转速度并不均匀。
- 地球自转轴在地球本体上的位置是经常变动的，这种变动叫做地极移动，简称极移。

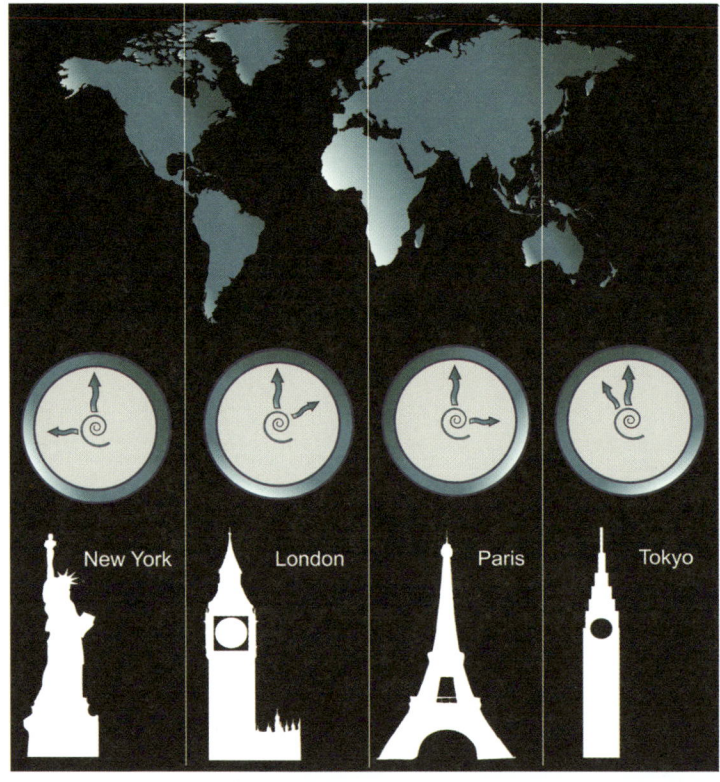

时区
各地的标准时间为格林尼治时间加上或减去时区中所标的小时和分钟数时差。计算时差时,将两个时区标准时间相减,数值大的时间就早。

为什么我们感觉不到地球的转动?

Weishenme

当我们坐车或乘船时,很容易就会感觉到车和船在行进。可是,地球在转动,我们为什么就感觉不到呢?

举例来说,当我们乘船在江河里航行时,两岸的景物离船很近,我们就会看到景物迅速向后移动,于是感觉船行驶很快;而轮船在大海中航行的时候,四周都是茫茫海水,没有了参照物,我们就会感觉轮船行进很慢。其实,在大海中航行的轮船比在江河中航行的轮船速度要快得多。

同样的道理,地球就像是宇宙中的"航船"。由于两边没有参照物,它就会像航行在大海中的轮船一样,给人一种运行速度很慢甚至停滞不前的感觉。假如地球轨道近处有像江河两岸一样的景物,我们就很容易感觉到地球在快速转动了。虽然在地球近处没有景物,但远处的星星能帮助我们看到一点地球运动的迹象,只是星星距离我们太遥远了,所以人类在短时间里很难感觉出地球在转动。

月升日落
虽然我们感觉不到地球的转动,但它确实无时无刻不在运动中。日升月落的现象就是地球自转的结果。

地球上不同地方为什么会有时差?

Weishenme

时差就是两个地区地方时之间的差别。为什么地球上不同地方会有时差呢?

时差跟地球的自转、公转和两极磁场有关。地球向着太阳的只有半边,地球东边先看到日出,然后随着地球的转动,其他地方才逐渐被太阳照射,看到日出。地球自转一周大约需要24小时,看到日出的时间也就有24个时间差。而地球上当地时间是根据正午来确定的,所以也就产生了时间差。此外,地球两极的磁场影响了地球的自转,进而也影响了时差。

【百科辞典】

地方时:
随着地球的自转,一天中太阳东升西落,太阳经过某地天空的最高点时为此地的地方时12点。因此,不同经线上具有不同的地方时。

为什么北半球出水口的水流总是逆时针旋转?

Weishenme

很早以前,人们就发现了一个奇怪的现象:用水斗放水时,在水斗的出水口周围,水总是沿着逆时针方向旋转。即使用手将水沿顺时针方向转流过来,过一会儿,水还是会沿着逆时针方向旋转回去。

其实,这是地球自转造成的。我们知道,地球总是在不停地自转,自转一圈大约需要24小时。地处北半球的物体,位置越靠近北,随地球转动的速度就越小。假如有一股水由北向南流,因为原来自西向东转动的速度比较小,它就会向西偏;而假如是由南向北流,原来自西向东转动的速度大,它会因为惯性的原因,保持原来较快的速度而往东偏。水斗出水口周围的水是从四面八方流来的,从北向南流的水向西偏,从南向北流的水向东偏,水就沿着逆时针方向旋转起来。

我们在北半球,所以看到的情况是出水口的水流总是逆时针旋转,而住在南半球的人观察到的结果则与我们恰好相反,水斗出水口周围的水总是沿着顺时针方向旋转。

地球上的四季是怎么形成的?

Weishenme

地球上的人们每一年都会经历春夏秋冬四个季节:春天温暖,夏天炎热,秋天凉爽,冬天寒冷。是什么原因形成了这四个不同的季节呢?

由于地球是倾斜着绕太阳公转的,这使得太阳光的直射以赤道为中心,在南北回归线内来回移动,每年一次,循环不断,从而形成了地球上一年四季不断交替的现象。

具体情形是这样的:当阳光直射赤道时,南北半球的阳光是斜射的。在3月21日左右,北半球时值春季,而南半球则是秋季;当地球公转到阳光直射北回归线时,时间是6月22日左右,北半球进入夏季,南半球进入冬季;当阳光再次直射赤道时,时间是9月23日左右,北半球进入秋季,南半球则转为春季;当阳光直射南回归线时,时间是12月22日左右,北半球进入冬季,南半球则进入了夏季。依次循环,四季便出现了。

公转
地球和太阳系里的其他行星都是以太阳为中心,围绕着太阳有规律地进行公转。当然我们是感觉不到的。

四季
春夏秋冬,四季轮回,是大自然赐予人间最美好的礼物。

地球之最 四季最明显的地区:地球上的南温带和北温带地区。

为什么南北半球的季节不同?

当我们祖国的首都北京是冰雪纷飞的严寒冬季时,澳大利亚却是烈日炎炎、酷暑难熬;当华北平原忙于春耕播种时,澳大利亚却是一派收获的景象。北京处于北半球,澳大利亚处于南半球,为什么南北半球的季节不同呢?

要弄清这个问题,还得从地球公转说起。地球围绕太阳公转时,地轴总是倾斜的,角度为66度34分,且倾斜方向不会改变。这就使得阳光在地球表面的直射点在南、北回归线间移动。太阳直射北回归线时,北半球单位面积获得的太阳光热量多,此时气温是一年中最高的时候,并且昼比夜长,所以,北半球为夏季;而南半球受到太阳斜射,光线透过大气层的路程比较远,单位面积得到的太阳光热量少,处在一年中最冷的季节并且黑夜比白昼长很多,所以南半球进入冬季。当太阳的直射点由北回归线向南回归线移动时,北半球所获得的太阳辐射热量逐渐变少,由夏季进入秋季,慢慢转入冬季;而南半球获得的太阳辐射量逐渐增多,由冬季进入春季,从而过渡到夏季。

冬夜
冬季的夜晚漫长,寒冷非常,植物大都落叶,许多生物都会减少生命活动,有些动物还会冬眠。

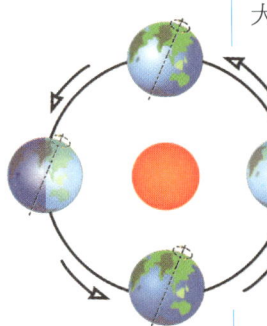

季节更替
地球上的季节更替,首先表现为一种天文现象,不仅是温度的周期性变化,而且是昼夜长短和太阳高度的周期性变化。

澳洲海岸夏日风情
澳大利亚地处南半球,而我国地处北半球。当澳洲烈日炎炎时,我国首都北京正白雪皑皑。

为什么冬天昼短夜长?

为什么冬天会出现白昼时间短、夜晚时间长的情况呢?

其实,冬天昼短夜长是对于北半球而言的。因为地轴是倾斜的,地球自转造成了北半球冬天夜晚比白天长。南半球的情况则相反,冬天白天比夜晚长。

具体来讲,地球自转产生的赤道面与公转产生的轨道面不在同一平面上,存在着夹角,称为黄赤交角。因为有了黄赤交角,才出现了南北回归线23度26分,太阳直射点在北南回归线之间运动。北半球的冬天,太阳直射南半球,北半球各纬度夜长大于昼长,纬度越高,夜越长昼越短。其中,冬至日这一天,北半球各纬度的昼长达到一年中的最小值,而且北极圈及其以北地区,整日看不到太阳,出现极夜现象,南半球则反之。

一秒钟的长度是怎么定出来的?

Weishenme

在日常生活中,人们用各种各样的表来确定时间。一般的表都有时针、分针和秒针,分别代表小时、分钟和秒。秒是三个时间单位中最小的,1分钟等于60秒,1小时等于60分钟。那么,1秒钟的长度究竟是怎么确定出来的?

以前,人们所说的一秒钟就是钟摆的一次摇摆,或是石英钟秒针的一次转动。随着科学技术的进步,人们对一秒钟的规定更加精确了。1967年的国际计量大会上,科学家们把铯原子的9192631770次固有微波振荡频率定义为一秒。这个标准一直沿用到现在。之所以这样规定,是由于原子内部的运动受外界的影响最小,振动着的原子系统不会因为外界条件的变化而改变频率。科学家们计算一秒钟,只需利用电子系统准确地记录下这些振荡次数,到了9192631770次,就知道有一秒钟了。

年、月、日是怎么来的?

Weishenme

翻开日历,我们可以看到上面按顺序排列着年、月、日。人们通过年、月、日来确定日期。当别人问起我们的生日时,我们也会马上说是哪一年、哪一月、哪一日。那么年、月、日究竟是怎么来的呢?

人们根据地球自转产生昼夜交替的现象形成了"日"的概念;根据月亮绕地球公转产生朔望,形成"月"的概念;根据地球绕太阳公转产生的四季交替现象而形成了"年"的概念。

一年是指地球绕太阳公转一周的时间,即365.2422日,也就是365日5小时48分46秒,叫做"回归年"。

一月是月亮绕地球一周的时间,也就是一个朔望月。一个朔望月的长度大约是29.53059日,也就是29日12时44分3秒,这叫做"历月"。

一日是地球本身自转一周的时间,也就是一个白天加一个黑夜,一般理解为24小时。地球是椭圆形的,本身不会发光。在同一时间里,地球只有一半向着太阳,这一半的地球就处于白天,而背着太阳的一面得不到太阳光的照射,就处于黑夜。地球在不停地自转,就使白天和黑夜形成了有规律的循环。

玛雅的石刻日历
玛雅人的太阳历和太阴历十分精确,但他们的日历却很古怪:由13个月组成一年,每个月为20天。玛雅人为什么要使用如此奇怪的日历,至今还是一个谜。

日历
有了年月日的划分,人们就能方便地记录时间。一年有12个月,共365天或366天。人们把每一年开始的第一天称为元旦。

你知道吗

■ 铯是一种化学元素,色白、质软、熔点低,在空气中易氧化。铯是制造真空器件、光电管等的重要材料。

■ 我国古人又把一天的二十四个小时分为十二个时辰,用十二地支来命名,每个时辰恰好是两个小时。

地球之最 天数最少的月份:二月份,平年是28天,闰年是29天。

为什么会有闰月和闰年?

公历每隔四年就会有一个闰年,在农历上,还会出现闰月。为什么会有闰年和闰月呢?

天文学上把地球绕太阳从春分点回到春分点的时间叫做一个回归年,周期为365天5小时48分46秒(合365.24219天)。而公历的平年只有365天,比回归年短约0.2422天,每四年累积约一天,把这一天加于2月末(2月29日),使当年的历年长度为366天,这一年就为闰年。按照每四年一个闰年计算,平均每年就要多算出0.0078天,经过400年就会多出大约3天来,因此,每400年中要减少3个闰年。所以规定公历年份是整百数的,必须是400的倍数才是闰年,不是400的倍数的就是平年。

比如,1700年、1800年和1900年为平年,2000年为闰年。闰年的计算,归结起来就是通常说的:四年一闰,百年不闰,四百年再闰。

关于闰月,我国现行历法采用19年7闰的方法。中国传统的阴阳历以朔月的长度29.5306天为1个月的平均值,全年12个月,比回归年的长度365.2422天少10.88天。所以每三年要闰一个月,每五年闰两个月,每19年闰七个月,才能使其与回归年的长度相符合。农历置闰的方法可以使农历年的平均长度接近回归年,而农历中的月又有鲜明的月相特征,保持了公历和阴历各自的特点。

赤道海洋
宽广澎湃的赤道海洋,为赤道带来了难得的清凉。正是因为有海洋的存在,赤道虽然接受了最多的阳光照射,但却不是地球上最热的地方。

恺撒塑像
恺撒,罗马共和国末期杰出的军事统帅、政治家。公元前49年,恺撒在罗马主持制定了《儒略历》。

为什么地球上最热的地方不在赤道上?

地球上最热的地方不是赤道,而是沙漠地区。撒哈拉沙漠白天的最高温度可达到55摄氏度,平常也都在45摄氏度以上。而赤道附近的高温记录很少有超过35摄氏度的。

为什么沙漠地区比赤道温度还高呢?原来,赤道地区大部分都是海洋,广阔的赤道洋面,能把太阳的热量传向海洋深处。海水温度变化比陆地慢,因为海水蒸发要耗去大量的热量,所以赤道地区的温度不会急剧上升。

大沙漠里的情况就不一样了。那里植物很少,水更是极缺,沙子热容量小、升温快,而沙地传热慢,热量不容易向下传达,同时又缺乏水的蒸发散热作用,所以,在太阳的照射下,沙漠里的温度上升得非常快,那里就成为地球上最热的地方了。

你知道吗

闰月中以闰四、五、六月最多,闰九、十月比较少见,而闰十一月、十二月和正月则非常罕见。

地球之最 最早提出闰月概念的国家:中国,大约在公元前500多年,比古希腊要早160多年。

什么是极昼极夜现象？

极昼极夜现象是地球两极地区的奇观。极昼又称永昼或午夜太阳，是指地球的两极地区一日之内太阳都在地平线以上的现象，即昼长超过24小时。与极昼相反，极夜又称永夜，是在地球的两极地区，一日之内太阳都在地平线以下的现象，即夜长超过24小时。

在南极洲的高纬度地区，昼夜交替出现的时间是随着纬度的升高而改变的，纬度越高，极昼和极夜的时间就越长。在南纬90度，即南极点上，昼夜交替的时间各为半年。离开南极点，就不再是半年白天或半年黑夜，纬度越低，极昼和极夜的时间越短，但只有极昼和极夜以外的时间才会出现一天24小时的昼夜更替。如果处于极昼的末期，起初每天黑夜的时间很短暂，之后黑夜的时间越来越长，最后全是黑夜，极夜也就开始了。极昼和极夜的这种自然现象在地球的另一极北极也同样出现，不过它出现的时间同南极正好相反，北极若处在极昼，则南极为极夜，反之亦然。

为什么极光只在两极附近出现？

极光是高纬度地带的天空中出现的一种奇妙景观。它一般出现在晴朗的夜晚，并且会轻盈地飘荡，忽暗忽明，发出美丽的光芒，十分壮观。

极光常常出现在南北两极的附近，这是为什么呢？许多世纪以来，这一直是人们猜测和探索的天象之谜。从前，爱斯基摩人以为那是鬼神引导死者灵魂上天堂的火炬。13世纪时，人们认为那是格陵兰冰原反射的光。到了17世纪，人们称它为北极光（南极同样的光称为南极光）。

随着科技的进步，我们越来越多地了解了关于极光的奥秘。原来，这美丽的景观是太阳与地球大气层共同的杰作。在太阳创造的所有能量中，有一种能量被称为"太阳风"。太阳风是太阳喷射出的带电粒子，是一股可以覆盖地球的强大的带电亚原子颗粒流。太阳风在地球上空环绕地球流动，以大约每秒400千米的速度撞击地球磁场。地球磁场形如漏斗，尖端对着地球的南北两个磁极，因此太阳发出的带电粒子沿着地磁场这个"漏斗"沉降，进入地球的两极地区。两极的高层大气受到太阳风的轰击后就会发出光芒，形成极光。

北极光
绚烂的北极光，有种令人窒息的美。极光是原子与分子在地球大气层最上层运动时激发的一种光学现象。

南极风光
南极大陆总面积达1400万平方千米，大部分被冰雪覆盖，十分寒冷。

地球之最 西方最早记载极光的人：亚里士多德。他把极光叫做天上的裂缝。

南极为什么比北极寒冷？

地球上最寒冷的地方要数南极和北极了。科学家们经过测算得出：北极的年平均气温在零下10摄氏度左右，最低气温纪录是零下70摄氏度；而南极的年平均气温为零下25至零下30摄氏度，最低气温纪录是零下89.6摄氏度。从这些数字上来看，南极比北极还要寒冷，这是为什么呢？

主要有四个方面的原因。第一，南北极的海陆分布不同，南极洲是海洋包围着大陆，而北极是大陆包围着海洋。陆地吸收和储存热量的能力比海洋大得多，而陆地吸热快，散热也快。第二，南极大陆的平均海拔高度为2350米，而北极地区的海拔基本上处在海平面位置。第三，南极的天气系统比较封闭，它与中低纬度地区的热量交换比北极少。第四，北极地区有著名的北大西洋暖流汇入，而且还携带了大量暖湿气流进入北极，北大西洋暖流经过的海域在冬季甚至不会结冰。

南极的风为什么能夺人性命？

在南极地区，每年平均有300天会出现8级以上大风，平均风速达19.4米/秒。这种狂风不是一般的大风，它甚至能杀死人。

南极风为什么这么可怕呢？原因在于南极的风暴，它的速度有时超过40米/秒，比12级台风还要厉害。此时如果有人在南极行走，凶狠的狂风会瞬间带走人体的热量，将人冻伤甚至冻死。1960年10月10日

下午，在南极昭和站进行科学考察的日本福岛博士，走出基地食堂去喂狗，突遇风速达每秒35米的南极风，从此福岛博士再也没有回来。1967年2月9日，科学家们在距离站区4.2千米处发现了他的尸体。

南极风暴之所以如此强大，是因为南极大陆的冰盖就像一块中间厚、四周薄的"铁饼"，其中心高原与沿海地区之间是陡坡地形。由于大陆雪面温度低，附近的空气迅速被冷却收缩而变重，密度增大，变重了的冷空气从内陆高处沿斜面急剧下滑，到了沿海地带，因地势骤然下降，冷气流下滑的速度加大，于是就形成了强劲的、快速的下降风。

【百科辞典】

海拔： 超出海平面的高度。

昭和站： 日本在南极洲建立的考察站。昭和是日本昭和天皇在位期间使用的年号，时间为1926年12月26日至1989年1月7日。

南极探险
冰雪覆盖的南极吸引了一批批勇敢的探险家。1911年底，挪威探险家阿蒙森和英国探险家斯科特在南极展开了一场富有戏剧性的角逐。最后，阿蒙森成为第一个到达南极的人。

南极在地球上的位置示意图
南极是根据地球旋转方式决定的地球的最南点。它是世界上最冷的地方，没有四季之分，只有暖、寒季的区别。

最大的风速：法国迪尔维尔站观测到的、风速达100米/秒的飓风，相当于12级台风的3倍。

地球的内部到底是什么样子的？

Weishenme

我们都生活在地球表面，那么地球内部是怎样的呢？研究表明，地球内部大致可以分为地壳、地幔、地核三个圈层。

地壳是地球外部的一层坚硬外壳，除地表覆盖着一层沉积岩、风化土和海水外，上部主要由花岗岩类的岩石组成，下部主要由玄武岩或辉长岩类的岩石组成。地壳的平均厚度为33千米，但各地并不一样，一般大陆比海洋厚，高山比平原厚。

地幔可以分成两层。上层离地面33至900千米，物质成分有硅、氧、铁和镁等，温度在1200至1500摄氏度之间；下层离地面900至2900千米，物质成分有硅酸盐、金属氧化物、硫化物、铁、镍等，温度大约在1500至2000摄氏度之间。

地核是指地幔以下到地球核心部分，温度大约为3000至5000摄氏度，有关地核的物质组成，科学家们的意见还不统一，还需要进一步探索。

为什么地磁场是地球的保护层？

Weishenme

地磁场对人类的生产、生活有着重要意义。军队行进、航海出行都要利用地磁场对指南针的作用来确定方向。科学家还根据地磁场在地面上分布的特征寻找矿藏。地磁场的作用不只是这些，有人还把它叫做地球的保护层，这是为什么呢？

地磁场在地球上空形成一个"保护层"，可以减少来自宇宙射线的侵袭。如果没有这个保护层，太阳发出的强大的带电粒子流就不会受到地磁场的干扰发生偏转而是直射向地球。在这种高能粒子的轰击下，地球上的任何生命都将无法存在。所以地磁场这个"保护层"对我们来说至关重要。

目前人们普遍认为，地球存在磁场的原因是因为地核内液态铁的流动。最具代表性的假说是"发电机理论"。1945年，物理学家埃尔萨塞根据磁流体发电机的原理，认为当液态的外地核在最初的微弱磁场中运动，像磁流体发电机一样产生电流，电流的磁场又使原来的弱磁场增强，这样外地核物质与磁场相互作用，使原来的弱磁场不断加强。由于摩擦生热的消耗，磁场增加到一定程度就稳定下来，形成了现在的地磁场。

罗盘
罗盘又叫做罗经，是古代风水师看风水的主要工具。尽管风水学中没有提到"磁场"的概念，但是罗盘上各圈层之间所讲究的方向、方位、间隔的配合，却处处暗合了磁场的规律。

西藏寺庙
西藏地处"世界屋脊"——青藏高原，平均海拔超过4000米，地壳则厚达60至80千米。

地球之最　地球最厚的地方：钦博拉索山，海拔约为6310米，从地心到山峰峰顶的距离为6384.1千米。

六大板块示意图
图为法国科学家勒皮顺提出的六大板块的理论示意图,其中环太平洋板块边界的板块活动最为活跃,因此这里地震和火山活动也最为频繁。

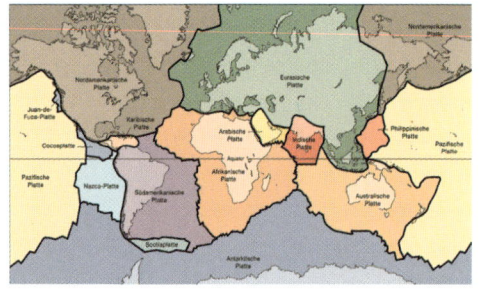

为什么地球的磁极会发生倒转?

Weishenme

吸铁石学名叫磁铁。如果把两个磁铁放在一起,会发现同极互相排斥、不同极互相吸引。但有些时候,在一定条件下这两个磁极会发生倒转,这是为什么呢?

关于地球磁极发生倒转的原因,目前主要有两种观点。一种观点认为,磁极倒转是随机发生的。如果某个地方的磁性小回路突然出现了,并且比其他的地方还多,那么小磁场就会组成反向回路,在一定的情况下,就会出现磁极的倒转;另一种观点认为,磁极的倒转并不是随机出现的,而是遵循一定的规律。科学家们发现,电磁现象和地心流体运动的规律常常是不一致的,所以地球的磁极会发生倒转。偶尔出现一致的情况,才导致有人错误地认为磁极倒转是随机出现的。

这两种说法都只是处在推测阶段,还有待科学家们进一步研究。

地球的岩石圈由几个板块构成?

Weishenme

岩石圈是地表平均厚度约100千米的带有弹性的坚硬岩石圈层,由地壳和上地幔顶部组成。岩石圈是与人类关系最密切的一个地球圈层,它不但是人类赖以居住的基地,而且是江河湖海的依托;岩石圈上的土壤,是所有植物生长的"摇篮";岩石圈还是矿产资源的供给地。

1968年,法国地质学家勒皮顺把全球岩石圈划分为六大板块,即太平洋板块、亚欧板块、印度洋板块、非洲板块、美洲板块和南极洲板块。其中,除了太平洋板块全部浸没在海底外,其他五个板块上既有大陆也有海洋。随着研究的深入,有人在这些大板块中又分出一些较小的板块,例如,把美洲板块分为北美洲板块和南美洲板块;从太平洋板块中分出东太平洋板块;从亚欧板块中分出以中国大陆为主体的东亚板块等等。所有这些板块,都漂浮在具有流动性的地幔软流层之上。

搁浅鲸鱼的骨架
鲸鱼通常是顺着地磁场的磁力线方向游动的,当地磁场异常时,往往就会不幸搁浅。

地球之最 中国最古老的岩石:冀东地区的花岗片麻岩,年龄约为35亿年。

什么是大陆漂移学说？

Weishenme

大陆漂移学说是魏格纳于1912年提出的。他认为，在两三亿年以前地球上只有一整块联合古陆，它的周围都是海洋。后来，在地球自转所产生的离心力和天体引潮力的作用下，这一块联合古陆开始分离。较轻的硅铝层组成的陆块，像冰块浮在水面上一样，在较重的硅镁层上漂移，逐渐形成了现代的海陆分布状况。

魏格纳根据大西洋两岸的非洲和南美洲两个大陆海岸的形状、地质构造、古生物等的相似性得出了这一结论。他发现，在各大陆板块的岩层中都出现了现代条件下不该出现的岩石类型，而这些类型的岩石都是在某一特定地质时期才能形成的。比如，在极地地区，分布有古珊瑚礁和热带植物化石；在赤道地区，发现有古代的冰层；南美和非洲都能见到具有类似蝾螈的骨骼构造的淡水爬行动物——中龙，而它是不可能游过大洋的；还有大西洋两岸的古生代海相无脊椎动物化石组合很相似……大陆漂移学说对现代由海洋分隔的各大陆上动物群和植物群的显著相似性提供了最好的解释。

大陆漂移学说主张地壳存在大规模水平运动，这是对传统"固定论"的挑战，对促进地质科学发展有着积极意义，为后来海底扩张说和板块构造说的兴起奠定了基础。但魏格纳没有解决大陆漂移的动力问题，这是这一学说的不足之处。

为什么板块交界处多火山和地震？

Weishenme

环太平洋火山地震带和地中海—喜马拉雅山火山地震带是地球上的两大火山地震带。这两大地震带都位于板块交界处。为什么板块交界处多火山地震呢？

火山学家认为，当组成地球最外层的岩石板块之间发生碰撞和挤压时，俯冲带的温度会大幅上升，甚至达到使地壳下的岩石发生部分熔融的程度，从而导致火山的形成。因此，世界上绝大多数的火山都分布在各个板块的交界地带，因为这里最容易发生板块碰撞和挤压。

地震是由于地下深处岩石破裂、错动把地壳深处长期积累起来的能量急剧释放出来，以地震波的形式向四面八方传播出去，在地面引起的山摇地动现象。而板块交界地带是板块活动最为活跃的地方，是地壳最为薄弱的环节。因此，地震多发生在板块交界处。

火山和地震往往存在着某种联系。火山爆发可能会引发地震，而发生在火山附近的地震也可能引起火山爆发。

全世界火山和地震发生最频繁的国家是印度尼西亚，它处在亚欧板块、太平洋板块和印度洋板块三大板块交界处，地壳活动十分频繁。

阿尔弗雷德·魏格纳
德国气象学家、地球物理学家。他在《大陆和海洋的形成》一书中努力恢复地球物理学、地理学、气象学及地质学之间的联系，用综合的方法论证大陆漂移理论。

火山岩
岩浆喷出地表冷却凝固而形成的岩石，即为"火山岩"。图中火山岩表面因海水侵蚀和风化而呈现出整齐笔直的折叠面。

你知道吗

- 岩石按形成原因可分为岩浆岩、沉积岩和变质岩三类。
- 18世纪末，岩石学从矿物学中脱胎而出，发展成了一门独立的学科。
- 1801年，在魏格纳提出大陆漂移学说之前，以德国地理学家洪堡为首的一些科学家们曾指出：大西洋两岸的海岸线和岩石都很相似。

地球之最　世界上最高的火山：阿根廷的阿空加瓜火山，海拔6959米，是一座死火山。

主题索引

> 火山是怎么形成的？火山为什么是圆锥形的？

维苏威火山

岩浆奔腾
火山在活动时不但有蒸汽、石块、晶屑和熔浆团块自火山口喷出，而且还有炽热黏稠的熔融物质自火山口溢流出来，汇成一条奔腾的"河流"。这种黏稠的物质便是岩浆。

富士山
根据活动情况可将火山分为活火山、死火山和休眠火山三种。图为日本著名的富士山，它是一座处于休眠状态的活火山。

火山是怎么形成的？
Weishenme

关于火山的形成有很多说法，其中最著名的是板块理论和热点理论。

板块理论是20世纪60年代中期兴起的。持有这一观点的科学家们认为，当组成地球最外层的岩石板块之间发生碰撞时，温度将会大幅上升，当温度上升到一定程度时，地壳下面的岩石就会发生熔融，从而形成火山。从现实情况来看，大部分火山都分布在板块边缘，所以这个假说有一定道理。

还有一些科学家提出了热点理论。他们用夏威夷群岛的事例来证明这一观点。他们认为夏威夷群岛是由地球内部一个神秘的"热点"形成的。当太平洋板块在这个热点上移时，板块底层岩石就被熔化，借助地下的压力冲到地壳上部形成岩浆库，最后变成火山。这个理论虽然成功解释了夏威夷群岛火山形成的过程，但科学家们对"热点"的产生还存在很多争论。

关于火山的形成原因目前还没有定论，但可以肯定的是火山活动是一种宇宙自然现象。宇航探测器发现月球、火星、金星、木卫上均有火山活动。

火山为什么是圆锥形的？
Weishenme

地球内部充满着炽热的岩浆，当压力大到一定程度时，岩浆便会从薄弱的地方冲破地壳，喷涌而出，形成火山喷发。火山是地球内部岩浆喷出地表堆积形成的山体。我们经常见到的火山形状大都像一个圆锥体，称为火山锥，锥顶有火山口，火山口下有火山通道与地壳深处岩浆相连。

火山大都是圆锥形的，这和火山喷出的物质有关。火山喷出的物质一般包括气体、熔岩和固体喷发物。当这些物质从火山口喷出时，炙热的温度把火山口周围的物质都融化了，喷发物冷却后，就堆积在开口周围，形成一座锥形山头。"火山口"也就成了火山锥顶部的凹陷。所以说锥形山是火山喷发的典型产物。

地球之最 欧洲最高的火山：埃特纳火山，位于意大利南部的西西里岛，海拔高度3315米。

火山为什么会喷发？

Weishenme

火山爆发时，会发生天崩地裂、熔浆四射的情况，十分可怕。每次火山喷发都会出现人员伤亡。火山为什么会喷发呢？

火山喷发是岩浆释放能量的一种最强烈的显示方式。当地球内部的岩浆能量积聚到一定程度时，就会在强大的压力作用下沿着地壳薄弱地带喷出地表，形成景象壮观的火山喷发现象。火山喷发类型分为裂隙式喷发、中心式喷发和熔透式喷发三种。

具体来说，岩浆中的气体和水分是火山喷发的重要动力。因为炽热的岩浆本来是不能容纳水和气体的，只是由于地球深处压力巨大，才把它们与岩浆混在了一起。这就有点像汽水中的碳酸气，在压力下可以溶到水中去，但如果压力减轻，它们就会分离出来，体积迅速膨胀产生巨大的冲击力。而当岩浆在火山底下聚积的时候，因为其中的一部分物质逐渐凝结成岩石并从岩浆中分离，余下的物质中，气体和水分的含量就会越来越高，冲击力也越聚越强。当它从地壳中冲开一条出路的时候，大量岩浆便会顺着冲开的出路涌向地面，这时压力急剧减少，气体和水分迅速膨胀，就像炸药一样炸开地表，使得火山骤然爆发。

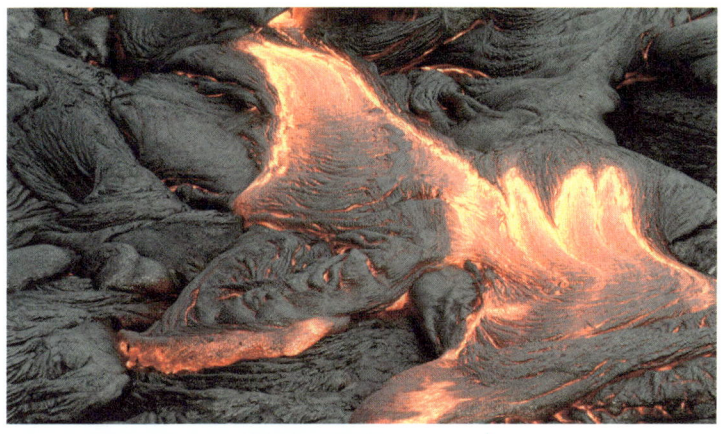

火山喷发的产物有哪些？

Weishenme

火山喷发时，会产生大量物质，科学家根据这些喷发物的物理性质，将其分为三类。

第一类是熔岩，它就是流出地表的岩浆。第二类是火山岩屑。当岩浆接近地面时，黏度过高，气体无法释放时，于是累积的压力越来越大直至熔岩爆炸，这些喷出的物质就是火山岩屑。火山岩屑按大小分为火山尘、火山灰、火山弹。第三类是火山气体。它的主要成分是水蒸气，还有二氧化碳、氮气等。因为火山气体携带大量火山灰、火山尘等，所以火山喷发时就像黑云升起一样。

火山喷发时带出的大量火山灰和火山气体对气候有极大的影响。泥土、岩石碎屑等形成的岩浆能冲毁道路、桥梁，淹没附近的乡村和城市，对人为环境的破坏十分巨大；但火山爆发能给农田盖上近20厘米厚的火山灰却是一件好事，因为这些火山灰富含养分，能使土地更肥沃。

火山岩形成
火山喷发出的岩浆，由于温度和压力的下降，逐渐形成为火山岩。熔浆的化学成分不同，冷却凝固后所形成的岩石也不同。

火山蛋
火山蛋多在岩层褶皱处形成，内含大量铜元素及其他金属，即使经过千万年的岩石挤压、地质变迁，也依然保持着水珠似的浑圆形状。

世界上最小的火山：塔尔火山，位于菲律宾的吕宋岛上，最高处只有海拔300米。

火山喷发为什么会形成火山岛？

庞贝遗骸
庞贝古城中被火山灰掩埋的人类遗骸。在那场空前的大灾难中，庞贝全城超过2.5万人命丧火山岩下。

火山岛
经过漫长的风化剥蚀，火山岛上的岩石破碎并逐步土壤化，火山岛因而变得适宜动植物生存繁衍。

庞贝古城遗址
庞贝古城被称为"天然的历史博物馆"，至今只发掘出1/3，其余部分仍然埋在地下。

火山岛是由海底火山喷发物堆积而成的。一般认为火山岛的形成和火山喷发有关，这是为什么呢？

地质学家告诉我们，地壳以下温度很高，高温使有些岩石熔化成岩浆。在地层的巨大压力下，岩浆顺着裂缝上涌喷出地表。如果在海底喷发，熔岩不断堆积增高，升出海面，便形成了火山岛。由于地壳裂缝主要分布在构造活动带，而且有一定的范围和方向，这就使得火山岛分布不均，有的集中，有的分散，有的成列，有的孤立。可想而知，没有火山喷发和岩浆活动，就没有火山岛的形成。

火山岛在环太平洋地区分布较广，著名的火山岛群有阿留申群岛、夏威夷群岛等。火山岛按其属性分为两种：一种是大洋火山岛，它和大陆地质构造没有联系；另一

种是大陆架或大陆坡海域的火山岛，它和大陆地质构造有联系。

火山爆发为什么能毁灭庞贝城？

庞贝城是古罗马帝国最繁荣的城市，它位于维苏威火山南面。这座城市拥有肥沃的土地，因而物产十分丰富。但是在公元79年8月24日这一天，一场严重的天灾袭击了庞贝城。24小时内，庞贝城在维苏威火山的怒吼中毁灭了。火山爆发竟然摧毁了一座大规模的城市，这是什么原因呢？

公元79年8月24日，庞贝城的居民像往常一样开始了他们一天的生活。中午时分，毁灭性的灾难到来了。随着震耳欲聋的一声巨响，维苏威火山的岩浆喷薄而出，直冲云霄，巨大的火焰熊熊燃烧升腾，黑烟挟带着滚烫的火山灰向人们袭来，刹那间天昏地暗，地动山摇。随后，一场暴雨又开始冲刷山上的泥沙、石块、火山灰，形成巨大的泥石流，泥石流顺着山势滚滚而下，冲向了平原。等到烟消云散、大地变冷之后，庞贝城已被深埋在岩浆、火山灰和泥石流下面了。

突如其来的灾难瞬间凝固了庞贝城，也使得这座千年城市永远地定格在了那一刻。人们现在只能通过那些残垣断壁去遥想这座古城当年的繁华与文明了。

地球之最 我国最大的火山岛：涠洲岛，位于广西北海市以南，面积约25平方千米。

火山附近的土地为什么格外肥沃？

Weishenme

火山喷发后，它附近的土地会变得非常肥沃，这是什么原因呢？

火山喷发时会产生大量的固体喷发物，这些固体喷发物被称为火山碎屑，它来源于已经固结的熔岩或其他火山碎块。

火山碎屑的成分主要是硅酸盐（以二氧化硅为主），其他则是各种矿物质，如硫、钠、钾的化合物等。这些矿物质含有丰富的养分，可以使土地更肥沃。

因此，当熔岩崩解后，杂草苔类开始冒出来，熔岩流过的山坡也会长出蕨类植物。这证明火山附近土地很肥沃。

为什么会发生地震？

Weishenme

地球之所以会经常发生地震，是因为地球表面有一个岩石圈层，约33千米厚，它时刻受着内力和外力的作用。内力来自地幔，地幔内层温度高，经常膨胀、收缩和流动；外力来自太阳和月球的引力以及地球自转速度变化产生的力量。内力和外力的相互作用，使地壳发生断裂、位移等。这种地壳的断裂、位移就是地震。

此外，还有一些地震是由于特殊原因引起的。比如，由火山爆发引起的地震叫做火山地震，由上层地壳压力造成地下空洞坍塌引起的地震叫做隐落地震。

为什么地震前会有地光？

Weishenme

地震发生前，人们常常会看到天空近地面处有发光现象，这就是"地光"。地震发生前为什么会有地光呢？

科学家研究发现：地震将要发生时，地下岩石发生破裂、错断，岩石间的摩擦和滑动会产生一种电磁感应作用，从而造成一个较大范围的放电现象。这种放电现象沿着断裂缝隙通向大气层，在低空引起大气电离和发光现象。

一般情况下，小地震不容易引起地光现象，只有那些较大的地震才可能引起地光现象。由于一次大地震波及范围很广，所以当有地光发生时，即使人们离地光发生处较远也可以看得到它。

火山爆发后
火山喷发可在短期内给人类的生命财产造成巨大损失，它是一种灾难性的自然现象。但火山喷发后，火山灰能使土地变得肥沃，火山碎屑能提供多种矿产资源。火山喷发后形成的奇特地貌还可能成为旅游胜地。

地震后的楼房
地震会给国家经济建设造成损失，对人民生命财产安全带来直接或间接的危害。强烈的地震会给人类带来巨大的灾难。

格陵兰岛

格陵兰岛是地球上仅次于南极洲的第二个"寒极",巨大的冰层杜绝了格陵兰岛内陆地区地震的发生。

为什么南北两极很少发生地震?

Weishenme

世界上很多地方都会发生地震,有些国家地震很频繁,给人们带来了巨大灾难。但在南北极地区却很少发生地震。这是什么原因呢?

原来,巨大的冰层是南极和北极很少发生地震的主要原因。根据多年的观测统计,研究人员发现南极大陆和格陵兰岛的冰雪覆盖面积分别达到90%和80%,而且冰层厚度和质量大得惊人。由于巨大冰层的压力,冰层下部的岩石几乎处于"熔融"状态,岩石的断层自然无从谈起。同时,由于冰层面积广且质量大,冰层下的岩石在垂直方向受到强烈压缩,这种巨大的垂直压力与地壳板块构造带来的水平挤压力正好达到平衡。平衡的结果是这些地方的岩层不容易发生倾斜和弯曲,因此地震也就很少在这里发生了。

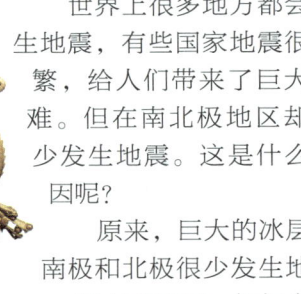

地动仪(复原图)

张衡发明的地动仪是世界上第一架预测地震的仪器,比欧洲制造的类似仪器早1700多年。地动仪的精确性和可靠性不仅显示了设计者的智慧和才能,而且也反映了我国古代冶金技术、铸造技术、计量技术的极高水准。

为什么地动仪可以预测地震?

Weishenme

人类在进化的过程中,就一直在和恶劣的自然环境作斗争,而地震对人类是最大的威胁。很早以前,人们就在思考怎样预测地震的发生。

我国东汉时期,天文学家张衡发明了一种预测地震的仪器——地动仪。地动仪是用高质量的铜制成的,上面有8条金龙,按照8个方向布列,每个龙嘴里都含着一颗小铜球,在龙嘴的下面有8只张开嘴的蟾蜍。地动仪受到地震波冲击时,铜柱就会倒向发生地震的方向,推动同一方向的横杆和龙头,使龙嘴张开,铜球落到蟾蜍嘴中,这样便实现了预测地震的功能。那么,地动仪为什么能预测地震呢?

其实,地动仪预测地震的原理很简单。先来看两个例子:把一颗珠子放在平台上,如果将哪方稍微往下一按,珠子就向哪方滚动;比如,我们点亮一支蜡烛,把它放在一张不平的桌子上,它总会向低的一方倒。地动仪就是根据这些简单的原理设计的。地动可以传到很远的地方,只不过太远了人就感觉不到了,但地动仪却能准确地感测到。

一些科学家认为,地动仪是根据"悬垂摆原理"来预测地震的,也就是说,地动仪是利用一根悬挂柱体的惯性来预测地震的。

【百科辞典】

格陵兰岛:

位于北美洲的东北部,在北冰洋和大西洋之间,全岛面积为217.56万平方千米,海岸线全长约35000千米,是世界上最大的岛屿。

土壤是从哪里来的？

Weishenme

土壤与人类生活息息相关，为人类提供粮食。那么土壤是从哪里来的呢？

土壤是岩石圈顶部经过漫长的物理风化、化学风化和生物风化作用的产物。物理风化的本质是将地表整块岩石分解成大量小碎屑的过程。化学风化则改变了岩石的化学组成和矿物面貌，其中地表水和大气中的氧、二氧化碳的作用最为重要。化学风化使矿物分解，形成以黏土矿物为主的松散物质。生物在土壤形成过程中的作用更为关键，生物的风化作用是通过新陈代谢和降解作用实现的。生物体死后腐烂形成腐殖质，增加了泥土中氮、磷、钾和碳水化合物等养分的含量，使风化壳最终形成土壤。

为什么土壤有各种颜色？

Weishenme

我们知道，我国东北地区的土壤是黑色的，而华北地区的土壤是棕色的，黄土高原地区的土壤是黄色的，岭南地带的土壤却是红色的。为什么土壤会有不同的颜色呢？

这主要是因为土壤里含有多种矿物质。棕壤和红壤里含有丰富的铁质，红壤是当铁质发生高度氧化后形成的，棕壤也是如此；黄壤是铁质还没有高度氧化时的土壤，所以呈现出黄色；含有石英、正长石、高岭土较多的土壤，大多是淡色的，一般接近于灰白色；黑壤的形成是因为土中含有深色的腐殖质。正是这样，土壤才会呈现出不同的颜色。

为什么土壤能孕育生命？

Weishenme

土壤对人类至关重要，可以说，它是孕育生命的温床。

土壤能孕育生命主要有两大原因：第一，土壤具有肥力，植物必须从土壤获取物质和能量才能生长；第二，土壤中含有微生物，这些微生物可以促成多种多样的氧化和还原反应，通过这些反应使铁、锰、硫等矿物质发生转移，变成植物可吸收的状态。植物吸收到了营养物质，人和动物也就有了食物来源。

土壤
土壤是发育于地球陆地表面的具有一定肥力且能够生长植物的疏松表层（包括海、湖浅水区）。它虽然"貌不惊人"，却是人类生存的根基。

云南东川红土风光
东川地处乌蒙山脉，山脉附近高温多雨、植被茂密，因土地呈红褐色而被称为"红土地"。

喜马拉雅山地区是怎样形成的?

珠穆朗玛峰
珠穆朗玛峰目前的海拔为8844.43米,是世界第一高峰。科学家发现,珠穆朗玛峰还在以每年3.7厘米的速度升高。

珠峰上的菊石化石
菊石是由鹦鹉螺进化而来的,最早出现在古生代泥盆纪初期,繁盛于中生代,广泛分布于世界各地的三叠纪海洋中,白垩纪末期绝迹。

喜马拉雅山脉
喜马拉雅山平均海拔为6000米,是世界上最雄伟的山脉。这里高峰林立、银装素裹,藏语"喜马拉雅"即"冰雪之乡"的意思。

喜马拉雅山是世界上最高的山脉。可是,科学家们研究发现:在很久很久以前,这里却是一片汪洋大海,是古地中海的一部分。喜马拉雅山地区怎么会从海洋变成高山呢?

大约在7000万年以前,现在喜马拉雅山所在的地方是一片海洋,叫做特提斯海。它的南部是南亚次大陆向北延伸下来的,海水比较浅,北部海水比较深,具有大洋的性质。后来,由于印度洋板块快速向北移动使得印度洋加速扩张,特提斯海斜插到冈底斯山之下发生了消减,海域逐渐缩小,消减掉的海洋物质形成了岩浆。这些高温的岩浆不断上升,一部分在地下冷却,一部分形成冈底斯岩浆喷出地表,渐渐形成了冈底斯山。后来特提斯海发生分裂,海中出现了隆起的山脉,海水被隔开了。距今大约4000万年时,特提斯海全部消失了,印度洋板块与亚欧板块发生了碰撞,碰撞使那个已经隆起的山脉不断向上翘起,几千万年后就形成了现在的喜马拉雅山。

珠穆朗玛峰为什么还在不断增高?

世界最高峰是我国和尼泊尔交界处的珠穆朗玛峰,它的海拔为8844.43米,人们把它叫做"世界屋脊"。科学家发现,珠穆朗玛峰还在以每年3.7厘米的速度升高。这是什么原因呢?

喜马拉雅山脉是印度洋板块和亚欧板块挤压形成的。这两个板块现在仍在不断挤压,印度洋板块缓慢北移,插到喜马拉雅山之下,使喜马拉雅山不断向上翘起。喜马拉雅山升高了,当然它上面的主峰——珠穆朗玛峰也就会随之升高。

值得注意的是,我们是用海拔高度来衡量珠穆朗玛峰的高度的,而海拔是和海平面比较而言的相对高度。在温室效应的影响下,两极冰川融化,海平面就会升高,到时候只根据海拔高度的变化就很难确定珠穆朗玛峰是到底升高了还是降低了。

你知道吗

- 喜马拉雅山中段高峰林立,除珠穆朗玛峰外,还有希夏邦马峰、卓奥友峰、洛子峰和马卡鲁峰4座海拔超过8000米的高峰。
- 由于地势高寒,喜马拉雅山还存在规模巨大的冰川,景色奇特。

为什么高山上的冰雪终年不化？

Weishenme

即使是夏天最热的时候，许多高山上仍然覆盖着厚厚的冰雪。为什么高山上的冰雪终年不化呢？

主要原因是那里的气温一直很低。我们知道，地球周围有一层能起保温作用的大气层，随着山峰高度的增加，山顶空气变得越来越稀薄，由于失去了大气这个保温层，太阳照射带来的热量很容易散失。因此大约每升高100米，气温就要下降0.6摄氏度左右。所以，山顶温度比地面温度低得多，通常在零摄氏度以下，山上的冰雪自然就不容易融化了。

另外，由于冰雪表面反光作用强，太阳辐射中50%至90%的光和热都会被反射回去，这就使得山顶气温更低，冰雪也就更不容易融化了。

乞力马扎罗山为什么被称为"赤道雪峰"？

Weishenme

乞力马扎罗山是非洲最高的山，在辽阔的东非大草原上拔地而起，高耸入云，气势磅礴。这座神秘而迷人的高山位于坦桑尼亚东北部，在当地人心中是圣洁的象征，每年都会有很多部落在山下举行拜山神、求平安的祭祀活动。人们把乞力马扎罗山叫做"赤道雪峰"，这是什么原因呢？

炎炎夏日，从远处望去，乞力马扎罗山蓝色的山基让人赏心悦目，云雾经常飘荡在雪线以下而白雪皑皑的山顶似乎在天空中盘旋，使人有一种幻觉。乞力马扎罗山的山麓气温有时会达到59摄氏度，而峰顶的气温又常在零下34摄氏度，根据这个特点，人们形象地叫它"赤道雪峰"。

玉龙雪山
雪山地区长年冰雪覆盖，图为我国云南丽江著名的玉龙雪山。全山13峰，终年积雪不化，如一条矫健的玉龙横卧山巅，十分壮美雄奇。

乞力马扎罗山
乞力马扎罗山有"赤道雪峰"之称，其山顶终年被冰雪覆盖，但它又是一座活火山，可谓"外冷内热"。

地球之最　体积最大的山：夏威夷岛的冒纳罗亚火山，海拔4169米，火山体积达75000立方千米。

中国孩子最爱问的十万个为什么

主题索引：平原是怎样产生的？为什么河流入海处会形成三角洲？

平原是怎样产生的？

海拔高度相对较小、广阔而平坦的陆地一般称为平原。它的主要特点是地势低平，起伏和缓，相对高度一般不超过50米，坡度在5度以下。它以较低的高度区别于高原，以较小的起伏区别于丘陵。平原是陆地上最平坦的地域，海拔一般在200米以下。

地球上最适合人类居住的地方是平原。当前世界人口的绝大部分都居住在温带、亚热带和热带的平原地区，平原地区也是经济文化发展较早较快的地方。平原是怎么产生的呢？

平原是地壳在长期稳定、升降运动极其缓慢的情况下，经过外力剥蚀夷平和堆积形成的。根据成因的不同，平原大致分成三类。一类是冲积平原，即高地的沙砾、泥土被水流带到河谷低洼的地区沉积下来形成的平坦区域，它的特点是地面平坦，面积广大，多分布在大江、大河的中、下游两岸地区；另一类是侵蚀平原，它在地壳长期稳定的条件下，风化物因重力、流水的作用而使地表逐渐被剥蚀，最后形成了石质平原，即侵蚀平原；还有一类是堆积平原，由于地壳长期的大面积下沉，地表不断接受各种不同成因的堆积物的补偿，从而形成了平缓的堆积平原。

恒河三角洲
恒河三角洲是世界上最大的三角洲，宽320千米，面积7万多平方千米，分属孟加拉国和印度。

长江三角洲
长江三角洲是我国最大的河口三角洲，它由长江带下的大量泥沙堆积而成。长江中下游平原自古就有"鱼米之乡"的美称。

为什么河流入海处会形成三角洲？

仔细观察我国的地图，你会发现，在长江、黄河以及珠江的入海口处都有一个面积很大的三角地形，地理学家把它叫做三角洲。为什么在河流入海处会形成三角洲呢？

当河流携带着泥沙注入海洋时，水流分散，流速突然变小，潮水也会不时涌入阻滞河水。另外，海水中溶有许多电离性强的氯化钠，它产生的大量离子使悬浮在水中的泥沙沉淀下来。于是泥沙在入海口越积越多，最后露出水面。这时，河流只能从沙堆两边绕过去，而沙堆的迎水面直接受到河流的冲击侵蚀往往成尖状，而背水面则比较宽大，就像一个三角形一样，所以这种区域被形象地称为三角洲。

世界上比较著名的三角洲很多，主要有尼罗河三角洲、密西西比河三角洲、多瑙河三角洲、湄公河三角洲、恒河三角洲以及我国的长江三角洲等。

我国的长江三角洲是由长江携带的大量泥沙堆积而成的。它北起通扬运河，南抵杭州湾，西至镇江，东到海滨，包括上海市、江苏省南部、浙江省北部以及邻近海域，面积约为99600平方千米，是一片坦荡的大平原。

【百科辞典】

河谷：
河水所流经的带状延伸的凹地。

河床：
河谷谷底部分河水经常流动的地方。

侵蚀：
水、冰川、空气等在运动状态下对地表岩石及其风化产物进行的破坏作用。

地球之最　平原面积占全洲总面积比重最高的洲：欧洲。欧洲地形以平原为主，平原面积约占全洲总面积的2/3。

为什么在高原上做饭容易"夹生"？

Weishenme

高原海拔一般在1000米以上，不仅面积广大，而且地形开阔，周边有明显的陡坡。生活在高原上的人一般不吃米饭，因为在高原上米饭很难煮熟，常出现我们所说的"夹生"现象。

为什么高原上会出现这种情况呢？这是因为高原地区海拔高、气压低，氧气含量少，水的沸点低于100摄氏度。我们知道，平时煮饭水烧开时的温度是100摄氏度，这个时候，空气的气压正好是一个大气压。但是在高原上，随着高度的上升、空气的稀薄，气压低于一个大气压，而水的沸点是随着气压的高低而变化的。当气压低于一个大气压时，水不到100摄氏度就沸腾了，即使炉火再旺水温也不会再升高。因此，用普通饭锅煮饭就会出现夹生的情况。如果用高压锅煮饭，夹生的情况会略少一些。

著名的云南石林是怎样形成的？

Weishenme

在我国云南省昆明市石林彝族自治县境内，有一座奇怪的石头"园林"，人们把它叫做石林。石林是一座名副其实的由岩石组成的"森林"，穿行其间，但见怪石林立、突兀峥嵘、姿态各异，令人目不暇接。

起初，人们对石林的认识很有限，在石林的形成问题上出现了很多传说。后来，科学家们经过研究发现，原来几亿年前，石林所在的地方还是一片汪洋大海。经过漫长的积累，海底沉积了许多细小的泥粒和有机质。在巨大的压力和结晶作用下，这些泥粒和有机质逐渐形成了坚硬的石灰岩。后来地壳上升，这些石灰岩层变成了石灰岩高原。在温暖和潮湿的气候里，雨水沿着岩石裂隙向下流，慢慢地把岩石里的碳酸钙溶蚀，使裂隙逐渐扩大，整块岩石逐渐被切割分离开来。因为石灰岩地面有很多裂隙，被溶蚀扩大后就形成了各式各样的石柱。随着溶蚀作用的发展，在裂缝两边还引起了许多石块的崩落，这就使"溶沟"变得更宽，渐渐形成了一片巍峨高耸、景色美丽的石柱园林。

青藏高原风光
青藏高原是世界上最高的高原，平均海拔在4000米以上，有"世界屋脊"和"第三极"之称。

云南石林
云南石林是世界上唯一一个位于亚热带高原地区的喀斯特地貌风景区，素有"天下第一奇观"、"石林博物馆"的美称。

地球之最 最大的石林群：云南路南石林，总面积达300平方千米。

黄龙五彩池
五彩池位于四川黄龙景区的海拔最高处，诡谲奇幻，池水晶莹剔透，仿佛仙人撒落在群山中的翡翠，被誉为"黄龙"的眼睛。

石钟乳
石钟乳是自上而下生长的，每百年才长长1厘米，长1米就需要1万年了。

石笋
石笋的形成原理与石钟乳相同，但它是自下往上生长的。如果两者上下相接，就成为"石柱"。

为什么石灰岩洞里有石钟乳和石笋？

Weishenme

去过溶洞的人，一定会被溶洞里形态各异的石笋和石钟乳所吸引。在赞叹大自然的鬼斧神工的同时，你有没有想过这些石钟乳和石笋是怎么形成的呢？

石钟乳又叫钟乳石，生成钟乳石和石笋的溶洞都是由石灰岩构成的。洞顶有很多裂隙，每处裂隙里都有水滴渗出来。水分蒸发后，就会留下一些石灰质的沉淀，经过长时间的积累，洞顶上的石灰质越来越多便形成了突状物质。当这些突状物质外面又包起一层石灰质，渐渐越垂越长，就形成了姿态万千的钟乳石。

我们再来看石笋的形成过程。因为地壳不断运动，海水退去，出现了绵延不断的喀斯特岩溶地貌石灰岩山峰。这些露出来的石山长期受雨水侵蚀冲刷，顶部变成刀山剑石的形状。石峰底座由于地下水的长期溶蚀、河水的冲击而逐渐形成了溶洞。溶洞继续被溶蚀扩大，石灰岩溶液从洞顶往下滴，甚至往下流，使二氧化碳进一步扩散，同时溶液受蒸发作用达到饱和，剩余的碳酸氢钙沉淀，就形成了自下而上生长的石笋。

广西、云南是我国石钟乳资源最丰富的省区，这里所产的石钟乳光泽剔透、形状奇特，具有很高的欣赏价值。

四川黄龙的五彩池是怎么形成的？

Weishenme

在我国四川省的黄龙风景名胜区，有一个著名的景观——五彩池，它以秀美多彩、纯洁透明闻名天下，面积5645平方米，海拔2995米，天寒而不冻，旱涝而池水无增减。五彩池这种美丽而又奇特的景观是怎么形成的呢？

关于五彩池的形成原因，目前还没有肯定的答案。但科学家经过考察和研究推测发现，独特的喀斯特地貌、水的深浅、光线等多种因素使五彩池呈现色彩斑斓的景象。黄龙沟背靠着终年积雪的岷山主峰雪宝鼎，面临着碧澄的涪江。高山雪水和涌出地表的岩溶水融合在一起，水流在流淌过程中，速度时快时慢，水中的碳酸钙开始凝聚。碳酸钙沉积过程中，又与各种有机物、无机物结成不同质的钙化体。这些钙化体在不同角度的光线照射下，这才形成了颜色各异的"五彩池"。

地球之最　世界上最大的石笋：位于古巴的丁马洞中，高63米，底宽134米。

沙丘为什么会"唱歌"？

Weishenme

在沙漠里你会看到很多沙丘。如果爬上沙丘，你会听到嗡嗡的声音，好像沙丘在唱歌一样。沙丘怎么会"唱歌"呢？

关于这个问题有很多说法。有科学家认为，沙粒之间的孔隙时大时小，经常变动，当沙粒滑动的时候，空气时而进入这些孔隙，时而又被挤出，因此产生振动而发声。还有人认为，沙丘下面存在一个潮湿的沙土层，上面干燥沙粒的振动波传到潮湿层时，就会引起共鸣，发出声音。还有一种观点认为，只要沙漠表面的沙子细而干燥，含有大量石英，被太阳晒得火热后，再受到风吹或有人在上面走动，沙粒产生摩擦就会发声。近年来还有人作了更深入的解释，认为由于石英晶体对压力非常敏感，受到挤压就会产生电，而在电的作用下它又会伸缩振动，从而发出声音来。

尽管有各种各样的解释，但沙丘发声的秘密至今仍然没有被完全揭开。

流沙为什么会把人吞噬？

Weishenme

如果去沙漠旅游，当地人会告诉你，沙漠里出现的流沙会把人陷进去。在电影场景里，流沙是一个能把人吸入无底洞的大怪物，人一旦身陷其中，往往不能自拔，而同伴只能眼睁睁地看着受困者被沙子吞噬。这是真的吗？

荷兰物理学家丹尼尔·波恩采集了一些流沙带回去研究。波恩在家里的浴缸中装满流沙，然后向里边投放东西。这个实验揭示了流沙的秘密：流沙样品是由沙子和盐水混合构成的，呈半固体状态，这些颗粒松散地堆积在一起，看起来有很稳定的表面，但即使是承受很小的压力，流沙的整体框架也会立即塌陷。浓厚的"沙浆"堆积在底层，它能粘住所有物体使其动弹不得，而流沙中的超细颗粒更是危险——它使流沙具有足以使人丧命的巨大夹紧力。

科学家们通过计算得出：一个人陷入流沙后，把腿拔出来所需要的力量相当于吊起一辆轿车的力量。所以一旦陷入流沙，胡乱挣扎、用力蹬脚都是徒劳的，最明智的做法是耐心而轻柔地来回移动双脚，以缓解身体所受的压力，使"沙浆"松散开来，否则它会紧紧地粘住你。

你知道吗

■ 如果陷入流沙，不要挣扎，要耐心而轻微地来回倒脚，使沙浆松散开来，否则砂浆会紧紧地粘住你。

■ 公元1692年，牙买加的罗伊尔港口发生了一场因地震导致土壤液化而形成的流沙灾难，这场灾难造成城市1/3的部分消失、2000多人丧生。

流沙
其实，绝大多数流沙和一般沙子没有太大区别，只是因为渗了水，造成沙粒间的摩擦力减小，便形成了半液态、难以承重的沙水混合物。

沙漠驼队
图中，一支驼队正在沙漠中穿行。看似美丽宁静的沙漠，其实潜藏着很多危险，比如风和流沙。

地球之最　世界上流动沙丘面积比例最大的沙漠：中国新疆的塔克拉玛干沙漠，流动沙丘面积占沙漠总面积的82%。

中国孩子最爱问的十万个为什么

主题索引
沙漠里为什么会有绿洲？为什么说撒哈拉沙漠以前是绿洲？

敦煌月牙泉
敦煌的月牙泉是"丝绸之路"上的沙漠绿洲。月牙形清泉如翡翠般镶嵌在金子似的沙丘上，蔚为壮丽。

沙漠里为什么会有绿洲？

提起沙漠，人们就会想到那一望无际的黄沙和荒凉的景象。但是，在沙漠绿洲中，不仅处处绿意盎然，而且人烟稠密、物产丰富。绿洲是沙漠中水草茂盛的绿地，这里土壤肥沃、灌溉条件便利，往往是干旱地区农牧业较发达的地方。沙漠里为什么会有绿洲呢？

绿洲大多背靠高山，面临沙漠。高山上有足够的冰雪，到了夏天，冰雪融化，雪水流下来汇成一条条河流。河流在山地里流动时，带着大量泥沙奔腾向下，因为地形陡峻，水流湍急，河流中泥沙的含量很大，出了山口以后，地形变得平坦，雪水流速变慢，泥沙就会一点一点沉积下来，堆在山前出口附近。水流会沿途渗漏和蒸发，许多河流到地面就很快藏在地下的沙石中变成了地下水。这样，在沿河两岸和地下水丰富的地方，就形成了绿洲。

为什么说撒哈拉沙漠以前是绿洲？

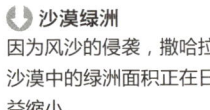

沙漠绿洲
因为风沙的侵袭，撒哈拉沙漠中的绿洲面积正在日益缩小。

非洲的撒哈拉大沙漠西自大西洋，东到红海，北起阿特拉斯山脉，南至苏丹，南北纵贯1600千米，东西5600千米，面积超过900万平方千米，是世界上最大的沙漠，几乎占了整个非洲大陆的1/3。然而，考古学家在撒哈拉中部扎巴连山谷发现了5000多幅的壁画，壁画上有栩栩如生的长颈鹿，有急驰如飞的羚羊，有手持弓箭的猎人，有静坐沉思的少女，还有劳动和舞蹈的情景。这说明，在6000多年以前，撒哈拉地区绝不是干旱的沙漠，而是气候温和、雨量充沛、草木青青的绿洲。那为什么撒哈拉现在却成了沙漠呢？

以前人们认为是人类大量使用土地导致撒哈拉由以前的绿洲变成了现在的沙漠。但是科学家们研究发现，近三四万年以来，撒哈拉地区的气候经历了几次明显的干燥期和湿润期的交替变化。湿润期时，降水丰沛，植物茂盛，河流纵横，湖泊成群，洪水经常泛滥，原来的沙漠面积大为缩小。而在干燥期，降水量大大减少，地面蒸发量增大，植物稀少，河流断水成为干河谷，湖泊缩小甚至干涸有的蒸发成咸水湖。公元前2000年以后，气候干燥程度加剧，原先的森林、草原逐渐变成了沙漠，许多草原动物或迁徙或灭绝，于是这里渐渐变成了今天的撒哈拉沙漠。

地球之最 撒哈拉沙漠的最高点：位于提贝斯提高原中的库西山，海拔为3415米。

"火焰山"真的存在吗?

Weishenme

《西游记》中有这样的描写：唐僧师徒西天取经的路上，遇到一座"火焰山"。火焰山阻挡了师徒前进的道路，孙悟空向铁扇公主借了芭蕉扇，才把大火灭了。其实，火焰山真的存在，它位于我国吐鲁番盆地中部，当地人称它为"克孜勒塔格"，意即"红山"。它东西长约100千米，南北宽7至10千米，平均高度500米左右，是一座年轻的褶皱低山。人们为什么称它为"火焰山"呢？

吐鲁番是天山山脉中的一个盆地，海拔-155米。这里气候干燥，在烈日的照耀下，夏天气温很高。因盆地里的热气不容易散发，所以6至8月这里的平均气温在38摄氏度以上，高于40摄氏度的日子也有40天左右，最高气温达48.9摄氏度。而"克孜勒塔格"不仅坐落在盆地中，而且它主要由红色的砂岩组成。炎热的天气里，在灼热阳光照射下，红色山岩热浪滚滚，绛红色烟云蒸腾缭绕，热气流不断上升，恰似团团烈焰在燃烧，故名"火焰山"。

新疆的"魔鬼城"是如何形成的?

Weishenme

在我国新疆克拉玛依市乌尔禾乡东南3千米，有座"魔鬼城"。每当大风天气，风在"城"中肆虐，发出"呜呜"的怪声，如同群魔嚎叫，听起来叫人心惊肉跳。"魔鬼城"是怎么形成的呢？

原来，准噶尔盆地在地质时期曾经有过一段干热的气候，岩石在高温干燥的环境下氧化成赭红色。这种岩石在长期的风化、风力磨蚀、重力崩塌以及流水的溶蚀、切割等综合作用下，再加上岩石的硬度各不相同，所以形成了平台、方山、峰林、石谷等特有的地貌景观。这些残余的平顶小山很像一个破败的城堡，当地人于是把它叫做"魔鬼城"。

火焰山
"火焰山"地处吐鲁番盆地中部，是我国最热的地方，夏季气温高达47摄氏度，据测山顶气温可达80摄氏度。

新疆魔鬼城
魔鬼城被哈萨克人称为"沙依坦克尔西"，意即"魔鬼"。当夜晚来临时，魔鬼城月光惨淡、四周萧索，如有风沙刮起，声音好似鬼哭狼嚎，更显得恐怖异常。

地球之最 我国陆地最低点：吐鲁番盆地的艾丁湖，海拔-154米，是世界上仅次于约旦死海的第二低地。

罗布泊卫星图像
罗布泊曾是我国第二大咸水湖，因地处塔里木盆地东部的古"丝绸之路"要冲而著称于世。1972年后，绝大部分湖区都干涸了，成了一望无际的戈壁滩。

地球表面
从这张图中可以看出，地球表面大部分地区都被海水覆盖，是名副其实的"蓝色星球"。

罗布泊为什么会干涸？

罗布泊曾是一个巨大的湖泊，但在1972年它却干涸了。是什么原因导致这个美丽的地方消失了呢？

长期以来，世界各国的地理学家都在寻找答案。有人认为是罗布泊人砍伐树木造成的，有人认为是因为罗布泊会移动，当它移动到沙漠地带时，湖泊就消失了。2003年10月，中国科学院组织了一支罗布泊科学钻探考察队，试图找到罗布泊地区气候环境变化的过程及该地区人类文明变迁的原因。考察队认为，在距今7万至8万年以前，青藏高原快速地隆起使罗布泊南面和西面的湖底抬高了，原来的古罗布泊分解成台特马湖、喀拉和顺湖及北面较大的罗布泊。随着时间的推移，罗布泊地区的环境发生了很大变化，如湖水渐渐干涸、冰川萎缩、人类活动加剧等。20世纪60年代，塔里木河下游断流，罗布泊渐渐失去了补给水源。到1972年，罗布泊完全干涸了。

地球表面的海水是从哪里来的？

通过宇航员从太空发回的照片我们可以看到，地球的表面是蓝色的，而且71%的地方覆盖着海水。那么，这么多海水是从哪里来的呢？

最近，美国科学家提出一个新理论。他们认为，地球上的水来自太空中的彗星，这些彗星是由冰构成的。科学家还发现，地球表面的水也会向太空流失。这是因为大气中水蒸气分子在太阳紫外线的作用下会分解成氢原子和氧原子，当氢原子的运动速度超过宇宙速度，水蒸气分子就会脱离大气层而进入太空。科学家推算，飞离地球表面的水量与进入地球表面的水量大体相等。

但地质科学家发现，2万年来，世界海洋的水位涨高了大约100米。于是，地球表面水量不断增多就成了难解之谜。最近，美国衣阿华大学研究小组的科学家从人造卫星发回的数千张地球大气紫外辐射图像中发现，在圆盘形状的地球图像上总有一些小黑斑，每个小黑斑大约存在2至3分钟。经过分析，科学家认为，这些斑点是这些看不见的冰块组成的小彗星冲入地球大气层时破裂融化成水蒸气造成的。

地球形成至今大约已有46亿年的历史，由于这些小彗星不断供给水分，从而使地球得以储存今天这样庞大的水量。

=== 你知道吗 ===

罗布泊有过许多名称，有的是根据它的特点命名的，如坳泽、盐泽、涸海等，有的因它的位置而得名，如蒲昌海、牢兰海、孔雀海等。

"海"和"洋"有什么区别?

Weishenme

地球被广阔的海洋所覆盖,十分美丽,世界海洋的面积有36100万平方千米,约占地球总面积的71%。人们习惯将海洋并称,其实海和洋是有区别的。

海是海洋靠近大陆的部分,内侧是大陆,外侧是大洋,中间以群岛、岛屿为界;海的深度比较浅,平均深度从几米到两三千米;海临近大陆,因受大陆、河流、气候和季节的影响,水的温度、盐度、颜色和透明度都有明显的变化;海没有自己独立的潮汐与海流;海可以分为边缘海、内陆海和地中海。

洋是海洋的主要部分。世界大洋的总面积约占海洋面积的89%。地球上的大洋是互通的,分为太平洋、大西洋、印度洋和北冰洋。其中太平洋的面积最大,有18000多万平方千米,比地球上陆地面积的总和还要大。大洋的深度一般在3000米以上,最深的地方可达1万多米;大洋离陆地遥远,不受陆地的影响,它的水温和盐度的变化不大;每个大洋都有自己独特的洋流和潮汐系统;大洋水色蔚蓝,透明度很高,水中的杂质很少。

世界上的海和洋相互连通,形成了一个不可分割的整体,"海洋"这个词代表了这个整体。

太平洋真的太平吗?

Weishenme

太平洋位于亚洲、大洋洲、北美洲、南美洲和南极洲之间,是世界上最大的大洋。1519年,葡萄牙人麦哲伦率领的船队进入一个新大洋,洋面长期风平浪静、天气晴朗,船员们把这个新大洋叫做"和平之海",中文翻译为"太平洋"。

太平洋虽名为"太平洋",其实它并不"太平"。科学家们发现,太平洋是海沟最多的大洋,共有28条大海沟,它们分布在太平洋的浅海与深水洋交界的地方,很像一个环形。在这些海沟中,活火山多达360多座,占全世界活火山总数的85%。另外,太平洋中地震也很频繁,占全世界地震总数的80%。大洋的海底地震还会引发海啸,造成海上灾难,摧毁近海城市。正是因为太平洋有这么多潜在的威胁,所以它并不"太平"。

太平洋
太平洋南起南极,北到北极,西至亚洲和澳洲,东界南、北美洲,约占地球面积的1/3,是世界上最大的大洋。

洋流示意图
洋流可以分为暖流和寒流。从水温较高海区流向水温较低海区的洋流是暖流;反之,则是寒流。

台风眼(卫星气象图)
图中显示的是位于太平洋上空的一个台风眼。

你知道吗

■ 在美洲西海岸的广阔水域,洋和海之间并没有岛屿和群岛分布,科学家便根据海底地形来划分,陆架和陆坡所占据的水域为海,海以外的水域为洋。

■ 寒暖流交汇的海区,海水受到扰动,将海水中下层的营养盐类带到表层,为鱼类提供了食物,有利于鱼类大量繁殖。

地球之最 世界最浅的海:亚速海,属于内陆海,位于乌克兰和俄罗斯南部海岸外,平均水深8米。

中国孩子最爱问的十万个为什么

主题索引：北冰洋岸边的岩石为什么是破碎的？大西洋为什么正在变大？

北冰洋
北冰洋沿岸有很多既古老又坚硬的岩石，岩石表面布满了裂隙和擦痕，十分特别。

大西洋沿岸风光
有研究证明，大西洋正在不断变大，很可能挑战太平洋"世界第一大洋"的地位。

北冰洋岸边的岩石为什么是破碎的？

北冰洋位于亚洲、欧洲和北美洲之间，被三大洲所包围。它的面积约为1310万平方千米，约占世界海洋总面积的4.1%，是四大洋中最小、最浅的。同时，北冰洋也是地球上最神秘的海洋，那里有很多既古老又坚硬的岩石，石表布满了裂隙与擦痕，还有很多碎块。那么，为什么这里的岩石是破碎的呢？

其实，这种地貌是冰冻、解冻和古冰川共同作用的结果。寒冷的冬季，厚厚的冰雪覆盖着北冰洋海岸，石缝里的冰块把岩石冻胀开裂。夏季来临时，冰雪融化，阳光直射，岩石在热胀冷缩的作用下，长年累月、反复不停地冰冻又解冻，暴露在外的岩石不断破裂，就成了现在的样子。

远古时代，从这里通过的冰川挟带着许多尖锐的石块，石块在岩石表面留下了许多擦痕，使这里的海岸景观变得更加奇特。

大西洋为什么正在变大？

大西洋是世界第二大洋，它位于欧洲、非洲、南北美洲和南极洲之间，洋面东西狭窄、南北延伸，轮廓略呈S形，自北至南全长约1.6万千米，赤道区域最窄，最短距离仅约2400多千米。大西洋总面积约为9166万平方千米，平均深度3627米，从赤道南北分为北大西洋和南大西洋。

科学家们通过研究和测量发现，大西洋正在不断扩张。在距今大约2.25亿年前的三叠纪时代，大西洋诞生了，它在诞生之初就不断地扩张。大地测量专家利用最新技术测出，欧亚大陆和北美大陆正在缓慢地移动，目前这些大陆板块以大约每年1.9厘米的速度向相反的地方漂移；而南大西洋洋底自6500万年前至今，一直以平均每年4厘米的速度向两侧分离运动，这就是说，大西洋还在不断变宽。

地球之最 世界上最长的冰川：位于南极的兰伯特—费希尔冰道，总长为513千米。

海水为什么是咸的？

Weishenme

住在海边的人都知道，海水是不能喝的，刚进嘴只是有点咸，可马上就会感觉又苦又涩。那么海水为什么是咸的呢？

首先，海水的溶解物中90%是氯化钠，也就是食盐，另外还有氯化镁、硫酸镁、碳酸镁及含钾、碘、钠、溴等各种元素的其他盐类。海水中的盐是由陆地上的江河带来的。雨水落到地面后向低处汇集，形成河流。其中一部分水穿过各个地层渗入地下，有的会在其他地段浮出地表，然后连同其他河流共同汇入大海。水在流动过程中，经过各种土壤和岩层，溶解了很多盐类物质，这些物质随着河流一起流入了大海。其次，海洋中盐的浓度增加，还与海水蒸发有关。太阳光热被海水吸收后，海水表面的温度升高，水变成水蒸气的趋势增强，水在蒸发的过程中由液态变成气态，原有的盐分却留在了海水中。海面上空的水蒸气在风力作用下，运动到陆地上空，与冷空气相遇后变成小水滴，在重力的作用下，水滴落向地面，形成了降雨。降雨给盐分搬运工程又增加了一批生力军，一个新的循环过程开始了。于是，在海洋与陆地水循环的过程中，海洋中盐的浓度越来越高。

为什么海水在冬天不会结冰？

Weishenme

住在海边的人都有这样的体会，每年入冬以后，陆地上的河流湖泊一般都会陆续结冰，而海面上往往到了深冬也照样波涛汹涌，海浪起伏。这是为什么呢？

清水到零摄氏度时就会结冰，而含有杂质的水则很难结冰。海水中的盐类大约占35‰，而且大多以离子形式存在。离子在溶剂中不停地运动，它的速率远远大于水分子的运动速率。即使水温降到零点时，因为有离子的运动作用，水分子也不易形成晶体状态，所以海水不易结冰。只有在寒潮频频暴发、空气较长时间处于低温的情况下，海水才会出现结冰现象。不过，有些浅海入冬后也可能会结冰。

海洋封冻情况在亚欧大陆东西两岸差别很大。欧洲西岸在墨西哥暖流影响下海港不冻，亚洲东岸地区冬季沿海封冻较强。如我国渤海之滨的塘沽港，冬天就会发生冰冻，有时需要靠破冰船来疏通航道。

湛蓝海水
海水是盐的"故乡"，海水中含有各种盐类，其中90%左右是氯化钠，也就是食盐。

盐场
我国盐的生产自古都是以海水为原料，采用海滩晒盐法。但海滩晒盐这种方式占地面积大，生产周期长，产量不高，效益也较低。随着现代科学技术的发展，这种古老的盐场必将逐渐被全新的析盐方法所取代。

波罗的海风光
波罗的海是世界上盐度最低的海域，海水含盐度自出口处向海内逐渐减少。

地球之最 盐度最低的海：波罗的海，它东部表层的海水含盐度仅为2‰。

惊涛拍岸
猛烈的海浪冲击岸边时，会形成"惊涛拍岸"的壮观景象。

海浪谱
海浪中包含着无数频率、振幅、方向各不相同的组成波，这些组成波便构成了海浪谱。海浪谱不仅能够描述海浪内部的能量构成，还能给出海浪的外部特征，对于研究海浪具有重要的意义。

为什么会有海浪？

Weishenme

有海的地方总是很迷人的，住在海边的人们经常可以看到翻滚的海浪。所谓海浪，就是指海水的波动现象，海浪一般波高几厘米至二十多米，特殊情况下可超过30米，气势相当壮观，当然破坏性也强。那么，为什么会存在海浪呢？

以前，人们简单地认为海浪是由风引起的。当然，风是形成海浪的一个重要原因，因风形成的浪被称为风浪，但是无风的海面也会出现海浪。科学家们研究发现，在天体引力、大气压力变化和海水密度分布不均等外力和内力作用下，水分子先是跟着外力的作用方向走，但海水的表面张力和地心引力又把水分子往下拉，这样水分子就沿着固定的圆心，上上下下地兜圈子。很多水分子一起运动，就形成了波涛汹涌的海浪。

大洋中如果海面宽广、风速大、风向稳定、吹刮时间长，海浪必定很强。如南北半球西风带的洋面上，常常是波涛滚滚；而赤道无风带和南北半球副热带无风带海域，虽然水面开阔，但因风力微弱，风向不定，海浪一般都很小。

海浪为什么总是迎着海岸而来？

Weishenme

当我们瞭望大海时，常会看到翻滚的海浪总是冲向岸边，而不是沿海岸线前进，这是为什么呢？

科学家对海浪进行了细致的观察。他们发现，越是近海岸，海水越浅，海浪的速度就越慢；而在深海中，海浪的速度则比较快。所以，在深海和浅海分界的地方，海浪的波长和传播方向会发生改变，变得渐渐垂直于海岸线。由于越靠近海岸海水较浅，海浪的速度也会逐渐变慢，这时它的传递方向就会越来越垂直于海岸线，如果我们面向大海，就会看到海浪前进几乎和海岸线垂直，这时就会感觉海浪是迎着我们而来的。

当然，这也不是绝对的。在远离海岸的大海深处，海浪的行进方向取决于海风与海流的方向，并不一定向观察者迎面而来。

你知道吗

- 海浪包括风浪、涌浪和海洋近岸波等。
- 海洋近岸波是当风浪或涌浪传播到海岸附近时受地形的作用而改变波动性质的海浪。随着海水变浅，海浪传播速度变小，波峰线弯转，渐渐和等深线平行。在传播过程中，海浪的波形也在不断变化，波峰前侧不断变陡，后侧变缓，波面很不对称，以至发生倒卷破碎现象，于是在岸边形成水体向前涌动的现象。
- 巨型海浪会给航海、海上施工、渔业捕捞和海上军事活动等带来危害。

什么是"疯狗浪"?

Weishenme

经常在海边钓鱼的人可能听过"疯狗浪"这个词。但对于多数人来说,"疯狗浪"还很陌生,它到底是怎么回事呢?

其实,"疯狗浪"一词最早产生于我国的台湾省。台湾省东北部的一些人在海边垂钓或游览时,有人曾被突然间来临的大浪卷入海中。因为这种大浪来势凶猛,非常危险,所以,当地的人们把它叫做"疯狗浪"。"疯狗浪"来临后,岸边的大浪会不断冲击海岸,一浪接一浪,汹涌无比。

"疯狗浪"一般有两种类型:一是凶猛强烈的海浪。它们不断地侵袭海岸,岸边垂钓或游泳的人很容易被它卷走。避免灾害的方式就是远离它。还有一种是具有迷惑性和突然性让人防不胜防的海浪。它出现前没有任何征兆,甚至天气良好,海上平静无风,但突然出现的一道大浪却很凶猛。此时如果岸上有人,则很容易被卷入海中。

气象专家调查发现,一些"疯狗浪"的发生和台风有关。他们指出,"疯狗浪"很可能是由东北季风、台风、地形、波浪、潮流等诸多原因造成。所以在海边游玩时要特别小心,尽量避免被"疯狗浪"袭击而造成悲剧。

为什么地中海是典型的内海?

Weishenme

地中海是指亚、非、欧三洲之间的广阔水域,因为古代人们只知道这个海在三大洲之间,所以就把它叫做"地中海"。地中海东西长3800千米,南北最宽处1800千米,面积250万平方千米。地中海轮廓曲折,有很多半岛、岛屿、海湾与海峡。

地中海一直被人们称为内海。这是为什么呢?我们先来了解一下内海的概念。内海就是指深入大陆内部的海,一般有狭窄的水道与大洋相连。地中海正是典型的内海。

"疯狗浪"
"疯狗浪"来临时,有时达数层楼高,常将游客甚至车辆卷入海中,令人防不胜防。

地中海沿岸风光
这片海域位于亚、非、欧三大洲之间,因此人们就把它叫做"地中海"。

你知道吗

- 地中海航运发达,经苏伊士运河及直布罗陀海峡沟通了印度洋和大西洋。
- 古时候,地中海的海上贸易就很繁荣,这一度促使古埃及、古希腊和古罗马等国的文明走向鼎盛。
- 由于地中海是一个最大的陆间海,冬暖多雨,夏热干燥,海水温度较高,蒸发作用非常旺盛,使得海水含盐度高达39.5‰,盐业生产成了沿岸各国的一项重要经济活动。

红藻
红藻的质体中除了含有叶绿素和黄色素外，还有大量藻红素。

芬兰湾风光
芬兰湾位于波罗的海东部，北临芬兰，东、南界俄罗斯和爱沙尼亚。北岸陡峭、曲折，多岛屿；东、南岸低平。

潜水红海
在红海中潜水，可以看到一个丰富多彩、异常美丽奇妙的海底世界。清澈的海水下面生长着五颜六色的珊瑚和稀有的海洋生物。

为什么红海的海水是红色的？

红海位于亚洲和非洲之间，风景绮丽，最吸引人的莫过于它红色的海水。

红海海水呈现红色有两个原因。第一，红海中生有大量的红藻，这些红藻会发生季节性的大规模繁殖，使整个海水变成红褐色，有时连天空、海岸都会被映成红色。第二，撒哈拉大沙漠的红沙被狂风卷入红海上空，红海海面在布满红沙的天空的映照下，形成了一片奇特的红色世界。但在通常情况下，这里的海水还是蓝绿色的，只是由于人们对红色的海水印象太深刻了，所以才把这片海水叫做红海。

为什么波罗的海的海水特别淡？

大西洋东北部的波罗的海面积38.6万平方千米，平均深度86米，体积仅为3.3万立方千米，含盐度只有7‰至8‰，最低时为2‰，是世界上最淡的海。波罗的海的海水为什么这么淡呢？

这主要有三方面的原因。第一，波罗的海的海水温度低，蒸发微弱，含盐度就低。第二，波罗的海位于温带海洋性气候区，空气湿度较高，年降水量在600毫米左右，大量的降雨就会把海水冲淡。第三，波罗的海周围有20多条大河注入，流入的淡水多，海水就被稀释了。日积月累，波罗的海的海水就变得越来越淡了。

波罗的海的海岸线十分曲折，海中岛屿林立，有波的尼亚湾、芬兰湾、里加湾等著名海湾。而俄罗斯的圣彼得堡、瑞典首都斯德哥尔摩、芬兰首都赫尔辛基、拉脱维亚首都里加等都是波罗的海沿岸的名城。

【百科辞典】

珊瑚：
是一种海生圆筒状腔肠动物。它以捕食海洋里细小的浮游生物为食，在生长过程中能吸收海水中的钙和二氧化碳，然后分泌出石灰石，使其变成自己的外壳。

暖流：
洋流的一种，由水温高的海区流向水温低的海区。

稀释：
在溶液中加入溶剂使溶液的浓度变小。

642 地球之最 红海的最大深度：2514米，而整个红海的平均深度是558米；红海也是世界上最热的海、最年轻的海和最咸的海。

为什么说黑海有爆炸的危险？

Weishenme

黑海是欧洲东南部和亚洲小亚细亚半岛之间的内海，因水色深暗、多风暴而得名。黑海面积大约是42.2万平方千米，通过伊斯坦布尔海峡与地中海相连。黑海在历史上曾经是各国争夺的战略要地，很多国家都想占领它。但有些科学家却说黑海可能会发生爆炸。

这真是个让人恐惧的说法，很多人不太相信。可是科学家发现，由于人类的制造工厂里有大量的有害废弃物被排到黑海中，导致黑海里硫化氢含量增高，这些潜藏在黑海深处的硫化氢，能量相当于千万颗原子弹，随时都有发生大爆炸的可能。

1989年6月，著名科学家比利道诺夫写了一篇《黑海何时爆炸》的文章。文章写到：黑海深处潜藏的硫化氢水层正在以每年2米的速度上升，如果不控制住这种上升，黑海将发生爆炸，海洋里的许多生物将会死亡。

虽然有些科学家不同意比利道诺夫的观点，但人类还是应当防止工业废弃物流入黑海，做到防患于未然。

为什么死海淹不死人？

Weishenme

死海不是海，而是一个内陆盐湖，位于以色列和约旦之间的约旦谷地。它是东非大裂谷的北部延续部分，也是世界上海拔最低的湖泊。死海还有一种奇怪的特性，那就是：到了死海无论会不会游泳的人都能浮在水面上。为什么会这样呢？

两三百万年前，由于地壳运动，死海所在的地方发生了一次巨大的地表断裂，最终形成了死海。死海的两岸是悬崖绝壁，最高处达700多米。尽管有约旦河和哈萨河流入死海，但是，这里的气候又干又热，死海就像一个大蒸笼，不断地将流进湖中的河水蒸发掉，把盐留在湖中。经过长时间的积累，湖水中盐分越积越多。最高处含量已达300‰，比一般的海水含盐量高很多。海水中含盐量高，它的相对密度就大。死海的相对密度为1.2左右，而正常人的相对密度不会超过1.1，所以在死海里，人可以随心所欲地徜徉其间，而不用担心被淹死。

死海
死海水面平均低于海平面约400米，是地球表面的最低点。

黑海
人类工厂向黑海排放了大量污染物，导致黑海的硫化氢含量急剧增高，随时有发生大爆炸的可能。

死海岸边的盐酸结晶物
死海的含盐量很大，即使是不会游泳的人，也能漂浮在海上，而不用担心会被淹死。

➡ 波多黎各海沟
波多黎各海沟是大西洋中最深的海沟，位于北大西洋波多黎各岛北部大西洋与加勒比海之间，最深处达9218米。

➡ 鮟鱇鱼
鮟鱇鱼为近海底层鱼类，又名蛤蟆鱼、老头鱼等。它的嘴巴很大，牙齿为犬齿状，头顶上还有一根"钓鱼竿"，不时发出闪闪"星"光来引诱小鱼。

➡ 夏威夷岛
美丽的夏威夷岛其实是一座高达9000多米的海底大山，堪称太平洋上的"珠穆朗玛峰"。

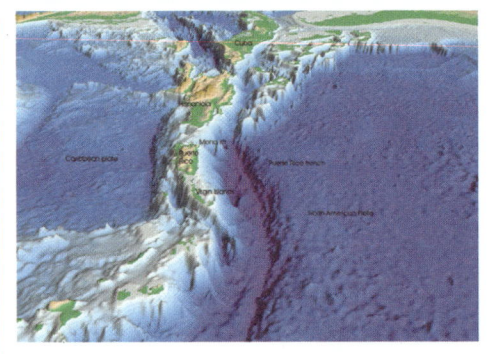

海底也有高山峻岭吗？
Weishenme

陆地上分布着很多秀丽险峻的高山，也许你不知道，其实海底也有很多高山峻岭。

科学家们发现，海底的高山有些比珠穆朗玛峰还要高，比如太平洋上的夏威夷岛就是一座9000多米高的海底大山。在深海平原中，地形比较突出范围不太大的孤立高地叫海底山；还有一类特别突出的海底山叫海峰，海峰呈锥状，且比四周海底高1000米以上，有的隐没于水下，有的露出海平面。

海底世界并不像人们看上去的那样平缓、宁静，它其实是地球上最活跃、最动荡不安的地带，太平洋海域就有着众多的海底火山。由于海底地震火山活动频繁，于是形成了高山峻岭。因这些活动发生在海底，所以我们是不容易察觉的。

海沟是怎样形成的？
Weishenme

深海海床上又窄又长的低陷地形叫做海沟。海沟的走向与大陆边缘平行，地势起伏明显。海沟通常比周围海床的深度低2000米左右，长度可达几千千米。那么海沟是怎么形成的呢？

科学家们对太平洋附近的海沟进行了分析。他们发现，太平洋地壳厚度小、密度大，所处的位置又相对低，在海底扩张作用下，与东亚大陆地壳相撞，太平洋地壳俯冲到东亚大陆地壳之下，从而使大洋一侧出现深度巨大的海沟。这两种地壳的相对运动速度越大，海沟的深度就越大。

因此，海沟有以下特征：沟长一般在500至4500千米，沟宽40至120千米；在平面上大多呈弧形向大洋凸出，横剖面呈不对称的V字形，近陆侧陡峻，近洋侧略缓；海沟两侧普遍具阶梯状的地貌，地质结构复杂。海沟是大洋地壳与大陆地壳之间的接触过渡带，沿海沟分布的区域是地球上最强烈的地震活动带，震源通常自洋侧向陆侧加深，构成自海沟附近向大陆方向倾斜的震源带。

通过上面的分析我们可以知道，海沟是由板块相向运动形成的，它也是岩石圈板块的汇聚型板块边界（消亡边界），大洋岩石圈板块在此俯冲、消亡。

地球之最　全球海洋最深的地方：西太平洋的马里亚纳海沟，估计最深处达11034米。

海峡是怎样形成的？

Weishenme

打开世界地图你会发现，在两块陆地之间会有一个海水流经的狭窄通道，这个通道连接两大海域，在地理学上叫做海峡。海峡的地理位置十分重要，它不但是交通要道、航运枢纽，还是战争双方的必争之地。那么，海峡是怎样形成的呢？

海峡的形成是由于两块陆地的分离。两块陆地分离的原因可能是构造断裂，也可能是由海水涌入原始狭长的岩性地带长期冲蚀造成的。海峡一般水较深，水流较急且多涡流。海峡内的海水温度、盐度、水色、透明度等水文要素的垂直和水平方向的变化较大，底质多为坚硬的岩石或沙砾，细小的沉积物较少。比如英吉利海峡（包括多佛尔海峡）实际上是分割大不列颠岛和欧洲大陆的狭窄浅海。大不列颠岛原来与欧洲大陆相连，后受阿尔卑斯造山运动影响，多佛尔海峡两侧开始褶皱和断裂，海峡地区下沉，海水逐渐上升，形成了现在的海陆分布轮廓。

为什么海水呈现出多种颜色？

Weishenme

翻开世界地图，我们会看到一些以颜色来命名的海洋，如黄海、红海、黑海、白海等。海水通常都是蓝色的，为什么会有这么多颜色的海水呢？

其实，海水的颜色主要和它的光学性质有关。具体来讲，由于海水对太阳光线的吸收、反射和散射作用，使海水呈现出很多颜色。太阳光是由红、橙、黄、绿、青、蓝、紫七种颜色的光组成，这七种光的波长不一样，从红光到紫光，波长越来越短。红光、橙光、黄光的穿透能力很强，很容易被水分子吸收；而蓝光、紫光的穿透能力相对较弱，遇到海水时易被散射和反射。

另外，人类的眼睛对紫光并不敏感，而对蓝光却很敏感，所以，海水在我们眼中呈现出了蓝色。

海水颜色除了受以上因素影响外，还会受到水中悬浮物、水深、云层等因素的影响。如我国的黄海看上去一片黄绿，这是因为黄河携带的大量泥沙把海水"染黄"了；黑海是由于下层海水长期处于缺氧环境，上层海水中生物分泌的秽物和各种动植物死亡后沉到深处腐烂，产生大量污泥浊水，使海水变黑了。

🔍 **海峡岩石断崖**
很多海峡是海水通过地峡的裂缝长期侵蚀而成的，因此拥有众多千奇百怪的断崖。

🔍 **色彩丰富的海**
近处的海水是纯净的，下面的海沙清晰可见；稍远处是绿色的，像翡翠一般；再往里是蓝色，最后变成深蓝与天际相接，非常漂亮。

地球之最 **最长的海峡**：莫桑比克海峡，位于非洲东南部的莫桑比克与马达加斯加之间，长达1670千米。

为什么会有涨潮落潮？

到过海边的人会发现，海水每天会发生两次涨潮和两次落潮。这是什么原因呢？

从前人们对这种现象不理解，产生了很多迷信的说法。后来，科学家们研究发现，这主要是月亮的引力造成的。我们都知道地球有引力，无论我们跳得多高，最后都会落在地面上。月球是地球的卫星，是离地球最近的天体，它对地球有一种引潮力。在引潮力的作用下，地球上的大多数海水每天会涨落两次。当海洋随地球转到面对月亮的一侧时，月亮对海水的引力最大，这种引潮力使得海水上涨；当海洋随地球转到背对月亮时，就会引起背面的海水上涨。月亮每天绕地球一周，等到月亮离地球越来越远的时候，水就退下去，成了落潮，其他地方又开始涨潮了。

其实，太阳对地球也有引力，只是因为它离地球太远了，引力到达地球时只有月亮的5/11。每月阴历的初一和十五，地球、月球和太阳的位置转到一条直线上，此时月球、太阳对地球的引力最大，潮起潮落的变化也最大。

为什么会发生海啸？

2004年12月26日，印度尼西亚遭受了严重的海啸灾难。此次海啸造成12.6万人死亡，9.4万人失踪，无数房屋倒塌，大批灾民无家可归，给人类带来了巨大灾难。那么，海啸是怎么发生的呢？

海啸是一种具有强大破坏力的海浪，一般是由地震引发的。地震发生时，海底地层出现断裂，一部分地层突然上升或下沉，造成从海底到海面的整个水层发生抖动。这种现象和平常见到的海浪大不一样。海浪经常在海面起伏，深度不是很大，波动的振幅随水深衰减很快；而地震引发的海水"抖动"是从海底到海面整个水体的波动，能量超乎寻常。

一般情况下，大于6.5级的地震才可能引发海啸。全球地震海啸发生区的分布基本与地震带一致。当海底地震导致海底变形时，变形区附近的水体产生巨大波动，海啸就产生了。

除了地震引发海啸外，研究人员还发现，火山爆发或水下塌陷和滑坡也可能引起海啸。

海啸来袭
海啸掀起的狂涛骇浪，高度可达几十米，形成"水墙"，如果"水墙"冲上陆地，就会对人类生命造成严重威胁。

海上落日
海水的涨潮与退潮是月球和太阳对潮力产生吸引力的结果，潮水涨落呈现周期性有规律的变化。

珊瑚礁
珊瑚礁的主体是由珊瑚虫组成的。珊瑚虫是海洋中的一种腔肠动物，以捕食海洋里细小的浮游生物为生。

珊瑚
珊瑚是由很多珊瑚虫组成的，它们自由地漂浮或固着在底层栖息地。

珊瑚岛是如何形成的？
Weishenme

大海中的珊瑚绚丽动人、多姿多彩，它是成千上万的珊瑚虫辛勤耕耘的结果。有时候，我们会在海面上看到大片的珊瑚岛，那么珊瑚岛是怎样形成的呢？

珊瑚岛是由海中的珊瑚虫遗骸堆积起来的岛屿。珊瑚虫生活在热带海洋中，是一种腔肠动物，多群居而生，形状像树枝。珊瑚虫死后，身体里的胶质能把很多珊瑚虫的骨骼粘在一起，一层贴一层，长期下来就形成了礁石。珊瑚礁形成后，珊瑚虫继续不断繁殖。当珊瑚礁的下沉速度等于或小于珊瑚礁的生长速度时，礁体便向上、向四周生长扩大，形成环礁。在波浪的作用下，破碎的珊瑚沙在环礁中适宜堆积的地方集中，经过长时间的堆积作用，礁体露出海面，珊瑚岛就形成了。

珊瑚岛不仅能给鱼类创造良好的生存环境，还能加固堤岸。因此，人们应当保护珊瑚。

为什么会有水下环礁？
Weishenme

在众多珊瑚礁中，有一种呈现出环状或马蹄状的珊瑚礁叫做水下环礁，我国古代把它叫做"石塘"。为什么会有水下环礁呢？水下环礁是怎么形成的呢？

水下环礁是珊瑚礁的一种特殊地貌。珊瑚虫在长达2.5亿年的演变过程中保持了顽强的生命力，一代代繁衍生息着。珊瑚礁是造礁生物与含钙物质长期积累沉淀形成的结果，即是由造礁珊瑚的遗骸和石灰质藻类堆积而成的。珊瑚礁生成后，如果珊瑚礁的生长速度不及礁体下沉速度或海面上升速度，当水深超过40米时，珊瑚虫不能生存，礁体停止生长，变成了水下环礁。

夸贾林环礁
夸贾林环礁是世界上最大的环礁，面积达2850平方千米，是美国海、空军基地和反导弹基地。

地球之最 最大的环礁：马绍尔群岛中的夸贾林环礁，纤细的环礁全长283千米，连接43个小礁屿，面积2850平方千米。

鸟岛上到底有多少鸟?

我国青海湖的西北部有两座美丽的小岛，岛上鸟类众多，数量惊人，人们将这里称为鸟岛。鸟岛分为"蛋岛"和"海西皮"，分别位于青海湖西北隅。"蛋岛"因产蛋季节鸟蛋遍地故名。那么，鸟岛上到底有多少鸟呢？

鸟岛长约500米，宽约150米，坡度平缓，地表由沙土、石块覆盖，岛的西南边有几处泉水涌流。鸟岛上栖息着近十万只候鸟，每年三四月份，来自我国南方和东南亚等地的斑头雁、棕头鸥、赤麻鸭、鸬鹚等十多种候鸟开始在鸟岛上繁衍生息；五六月间鸟蛋遍地，幼鸟成群，数量多达十几万只，天上、地上、水里到处是鸟，热闹非凡；七八月间，秋高气爽，群鸟或翱翔蓝天，或游弋湖面，景色非常美丽；到了深秋，大部分候鸟都带着它们的"孩子"离开鸟岛，去遥远的南亚等地过冬。为了保护鸟类，1975年8月国家将鸟岛辟为自然保护区，1980年该保护区被列为国家级自然保护区，1986年，青海省政府拨款兴建了暗道、地堡、瞭望台等设施，供游人观赏。

蝮蛇
蝮蛇别名"土公蛇"、"草上飞"，是一种小型毒蛇，分布广泛，多生活在平原、丘陵及山区，栖息在石堆、草丛、灌木丛及田野中。

鸬鹚
鸬鹚是一种水鸟，嘴长而有尖钩，善潜水捕食鱼类，除南北极外几乎遍布全球。渔人常驯养它用做捕鱼的工具。

青海湖鸟岛
鸟岛位于青海湖西北部，这里栖息着十万余只各类候鸟，被誉为"鸟的世界"、"鸟的王国"。

蛇岛上为什么遍布毒蛇？

在大连市旅顺口区西北面的渤海中，有一个面积约1平方千米的小岛。小岛主峰海拔216米，岛上有7条山脊、6条沟和7处岩洞，除有一小片卵石滩外，四周均为悬崖峭壁。这座岛上，共有13000多条蛇，而且都属于黑眉蝮蛇，有剧毒。人们因此将这里称做"蛇岛"。

科学家研究表明，1亿年前的中生代燕山运动以及后来的喜马拉雅造山运动中，渤海下陷，蛇岛随之形成。当时蛇岛很小，后来地壳不断上升，它才形成今天的样子。蛇岛上的蛇是在地质构造海陆变迁时期从大陆迁移而来。由于造山运动产生的强大压力，蛇岛上形成了很多大大小小的裂隙。这些裂隙纵横交错，加上长期的风化侵蚀，形成很多石缝和岩洞，成为毒蛇隐蔽和过冬的良好场所，同时也为这些毒蛇的繁殖和生存提供了有利条件。

你知道吗

- 1958年6月，蛇岛发生的一场大火将整个蛇岛几乎化为灰烬，大量蛇被烧死、烤死，蛇资源因此遭到严重损失。
- 蛇毒是宝贵的药用资源，用它制成的药剂能治疗神经系统、肌肉、血液循环等方面的疾病，而且效果良好。

地球之最　鸟岛最热闹的季节：每年的六月下旬。此时很多雏鸟陆续破壳而出，鸟的数量大大增加。

夏威夷群岛为什么是"太平洋的十字路口"?

Weishenme

夏威夷群岛位于太平洋中部,由130多个岛屿组成。很多人把它叫做"太平洋的十字路口",这是为什么呢?

从美洲的温哥华、旧金山到亚洲的横滨、马尼拉,从大洋洲的悉尼、奥克兰到北美洛杉矶、维多利亚,无数邮轮都必经夏威夷群岛,无论是横跨太平洋的航空线,还是穿越太平洋的海底电缆,都无法绕过夏威夷群岛这个重要的交通枢纽。

夏威夷群岛不但航运地理位置十分重要,而且还是军事上的战略要地。这里是美国太平洋战区的指挥中心,驻有美太平洋舰队总部及其所属的陆、海、空三军司令部,著名的珍珠港事件就发生在这里。因此人们经常把夏威夷岛叫做"太平洋的十字路口"。

河水为什么流不干?

Weishenme

世界上有很多大江大河,有的会泛滥成灾,有的会流量锐减,但江河里的水好像总也流不干,这是为什么呢?

其实,江河湖海是会不断得到补给的,补给方式主要有四种:

其一是流域上空的降水,这是河流水量补给的最主要的来源。降雨之后,除一部分水渗入地下外,大量雨水都顺着地面一直流向水沟、水沟流向小河、小河又汇入大江大河,从而完成水量补给。

其二是地下水补给。地下水补给又分为浅层补给和深层补给。浅层补给一般指河岸两侧冲积层中的松散堆积物的孔隙以及裂隙中蓄积的各种地下水渗出来流入河道,从而补给河流水量;深层补给通常指水在渗入地下深处后,经长期蓄积而形成的地下水慢慢回渗给河流的补给方式。

冰雪融水也是河流水量补给的另一重要来源。冰雪融水通常分为季节性积雪融水和冰川融水。

另外,湖泊、沼泽的蓄水通常也是某些河流水量补给的来源之一。

正是因为这些不同方式的水量补给江河才能日夜奔流不息。

🎧 **长江之源——沱沱河**
沱沱河是长江的正源,出自青海省西南边境唐古拉山脉的各拉丹冬雪山,是世界上海拔最高的大江之源。

夏威夷群岛(卫星图像)
夏威夷群岛是由124个小岛和8个大岛组成的新月形岛链,弯弯地镶嵌在太平洋中部水域,所以有"太平洋十字路口"之称。

夏威夷草裙舞
独具风情的夏威夷舞蹈。男性舞者只着一条腰带,女性则不着上装,舞蹈非常奔放。

中国孩子最爱问的十万个为什么

主题索引
> 河流为什么是弯曲的？为什么黄河水是黄色的？

亚马孙河鸟瞰图
亚马孙河浩浩荡荡，千回百转，蜿蜒流经秘鲁、巴西、玻利维亚、厄瓜多尔、哥伦比亚和委内瑞拉等国，滋润着800万平方千米的广袤土地，孕育了世界上最大的热带雨林。

河流为什么是弯曲的？
Weishenme

在乡间的小路上，你经常可以看到弯曲的河流。为什么河流都是弯曲的呢？

这主要有三个原因：第一，由于地形的原因，河流不可能沿着直线方向一直向前流动。河流两岸的土壤结构很不一样，所含的化学成分也不相同，所以它们溶在水中后会改变两岸土壤承受水冲击的能力，这是河流弯曲的最主要原因。第二，地球自转的方向是自西向东，河流的方向也会随之改变。第三，水流按曲线流动，必然会受到一定的离心力作用，随着离心力的加大，河流总是从一边折向另一边，这样就会对河岸产生影响。

经过多年的冲刷、不断地循环，泥沙沉积得越来越多，弯弯曲曲的河流就形成了。

为什么黄河水是黄色的？
Weishenme

黄河是我们的母亲河，它发源于青海省巴颜喀拉山北麓，流经9个省区，全长5464千米，是中华民族的摇篮。

黄河波涛汹涌，巨浪翻滚，整条河流都呈现泥沙的颜色，这是为什么呢？其实，很久以前黄河水并不黄，它的名字也不叫"黄河"，而叫"大河"。直到唐代，人们看到的大河才是黄色的，因此取名"黄河"，并流传至今。

自古以来，黄河流域就一直是人口密集、经济发达的地区。由于古代中国重农轻牧的政策和对资源的需求，致使黄河流域植被遭到严重破坏，上游林木被大量砍伐。缺少了植被的保护，加上黄土本身结构松散，这就使黄土高原在河水和雨水的侵蚀下水土流失严重，形成千沟万壑的地表形态。水带着泥土，从山上流到山下，从小河流进大河，日积月累，河里的沙子越来越多，河水就这样变成了黄色的。

黄河最大年输沙量达39.1亿吨，最高含沙量为920千克/立方米。可见，"治黄"的关键是"治沙"，不能让泥沙"随心所欲"地流入黄河。新中国成立后，科学家已经为治理黄河设计了多套方案，目前针对黄河的治理正在有效实施。

你知道吗

- 除河源和河口外，每一条河流根据水文和河谷地形特征都可分为上、中、下游三段。
- 黄河中游河段流经黄土高原地区，黄河支流带入大量泥沙，使它成为世界上含沙量最多的河流。
- 黄河平均年径流总量仅574亿立方米，在中国河流中居第八位。
- 黄河每年有两次汛期，大汛是夏季，来水主要是上游的暴雨，汛期可能延续三四个月；小汛是春季三四月间，来水主要是上游冰雪融水，汛期较短。
- 黄土高原植被的第一次受损，是在秦始皇统一六国后。一方面，大量人口进入关中，垦殖面积激增；另一方面，秦大兴土木，广造宫殿陵寝，黄河流域植被因此遭到严重的破坏。

地球之最 黄河的最高含沙量：920千克/立方米，时间是1977年。

为什么钱塘江会出现涌潮现象？

Weishenme

钱塘江是我国浙江省最大的河流，全长605千米，流域面积48887平方千米。每年钱塘江都会出现涌潮现象，这是为什么呢？

所谓涌潮，就是指外海的潮水进入窄而浅的河口后引起的波浪堆积的现象。钱塘江涌潮经常出现在杭州湾钱塘江入海口附近。这里的入海口呈喇叭形，江口大而江身小。起潮时，海水从100千米宽的江口涌入，由于两岸很狭窄，杭州湾水面就会迅速升高，此时就出现了涌潮。再加上钱塘江流出的河水受到潮水阻挡，很难外泄，反过来又提高了湾内的水位，加强了潮势。钱塘江口还有一条巨大的沙坎，潮水涌入时受沙坎阻挡，速度减慢，而后面的潮水又迅速涌了上来，后浪推前浪，潮头就会越来越高。

此外，浙江沿海一带夏秋季节经常刮东南风，风向与潮水的方向基本上一致，这也促使了涌潮的发生。

尼罗河为何定期泛滥？

Weishenme

尼罗河发源于非洲东北部布隆迪高地，是古埃及文明的"生命之母"。尼罗河有定期泛滥的特点，这是为什么呢？

这和尼罗河的重要支流青尼罗河有关。青尼罗河发源于埃塞俄比亚高原上的塔纳湖，它的上游处在热带山地多雨区，水源十分丰富。青尼罗河的降水有鲜明的季节性，河水流量变化很大。春季水量十分有限，到6月份开始涨水，9月初达到高峰，11至12月水位下降，以后进入枯水期。由于青尼罗河的这个特性，使得尼罗河下游每年都会定期泛滥。

几千年来，尼罗河都会在每年6至10月定期泛滥。8月河水涨至最高，河水淹没两岸的大片田野，人们纷纷迁往高处暂住。10月以后，洪水消退，为两岸土地留下了肥沃的养料。在肥厚的土壤上，人们继续栽种棉花、小麦、水稻、椰枣等农作物，干旱的沙漠地区因此形成了一条"绿色走廊"。

涌潮
涌潮是世界上少有的自然现象之一，世界最著名的涌潮是我国的钱塘江大潮。钱塘江涌潮景象变化万千，远看有如"素练横江，漫漫平沙起白虹"；潮近时有如万马奔腾，气势恢弘；待逼近围堤时，化成一股高达10余米的水柱直冲云霄，极为壮观。

尼罗河沿岸风光
尼罗河是非洲的一条国际性河流，全长6600多千米，是世界上流经国家最多的河流。

尼罗河河神哈比

地球之最 尼罗河一词最早出现的时间：2000多年前。有人认为它是由古埃及法老尼罗斯的名字演化来的。

中国孩子最爱问的十万个为什么

主题索引：亚马孙河为什么会成为世界第一大河？ 科罗拉多大峡谷为什么景色奇丽？

科罗拉多大峡谷
世界七大奇景之一。峡谷两岸是巨岩断层，岩层嶙峋，堪称鬼斧神工，令人叹为观止。

亚马孙河
亚马孙河被誉为"河流之王"，它是世界上流域面积最广、流量最大的河流，巴西人称之为"河海"。

亚马孙河为什么会成为世界第一大河？

Weishenme

亚马孙河全长6751千米，沿途接纳1000多条支流，流域面积达705万平方千米，约占南美大陆总面积的40%。亚马孙河是世界第一大河，是世界上流量最大、流域面积最广的河流。它是怎么成为世界第一大河的呢？

亚马孙河位于南美大陆中北部。那里是世界上最典型、最广阔的热带雨林气候区，全年高温多雨，降水尤为充沛，年降水量一般都超过1500毫米。充足的降水成为亚马孙河奔腾不息的源泉。此外，安第斯山每年都有大量的冰雪融水补给亚马孙河，更增添了它的水量。据测算，亚马孙河口的平均流量高达120000立方米/秒，每年注入大西洋的总水量为6600立方千米，相当于密西西比河的6.5倍，占世界河流入海总量的1/9。亚马孙河冲积形成的亚马孙平原是世界最大的冲积平原，面积比10个法国还大。亚马孙平原地势低平，周围高原坡面都向平原倾斜，这使地表径流非常容易向平原汇集。它的流域面积是尼罗河流域面积的2.5倍。亚马孙河拥有非常密集的河网，1500千米以上的大支流就有17条，1000千米以下的支流更是数不胜数。因此，亚马孙河是当之无愧的"世界第一大河"。

科罗拉多大峡谷为什么景色奇丽？

Weishenme

科罗拉多大峡谷位于美国亚利桑那州西北部科罗拉多河中游、科罗拉多高原的西南部。大峡谷全长443千米，谷底最深处为1800米，极为壮丽，其雄伟的地貌、浩瀚的气魄、慑人的神态、奇突的景色，堪称举世无双。有人说，它是在太空中唯一可用肉眼看到的自然景观。这么雄伟的地貌是怎么形成的呢？

大峡谷山石多为红色，谷底到山顶分布着从寒武纪到新生代各个时期的岩层，层次清晰，色调各异，并且每个岩层都含有各个地质年代的代表性生物化石，因此又被叫做"活的地质史教科书"。

峡谷两壁及谷底在气候、景观方面有很大不同。南壁干暖，植物稀少；北壁寒湿，林木苍翠；谷底则干热，呈一派荒漠景观。蜿蜒于谷底的科罗拉多河曲折幽深，部分地段河水激流奔腾。因此，沿峡谷航行漂流成为十分吸引人的探险活动。

你知道吗

■ 亚马孙河流域是条矿物资源丰富的宝带。就目前的探测结果来看，这里蕴藏着丰富的铝土、锡、锰、铀、银、铋、金、镍、铅、锌、石英、紫晶和石油等重要矿物质。

■ 1919年美国国会通过法案，将科罗拉多大峡谷最深的一段辟为国家公园。该公园长约170千米，面积2728平方千米。

地球之最 最早在亚马孙河流域生活的人类：印第安人。据考古学家估计，印第安人至少在9000至12000多年以前就在亚马孙河流域生活。

著名的东非大裂谷是怎么形成的?

Weishenme

非洲东部有一个著名的地理奇观,这就是东非大裂谷。它是非洲最高的地带,总面积500多万平方千米,占非洲面积的1/6左右。有人形象地把它叫做"地球表皮上的一条大伤痕"。那么,东非大裂谷是怎么形成的呢?

板块构造学说认为,地壳的断裂作用形成了这一巨大的陷落带。裂谷带是陆地板块分离的地方,非洲东部正好处于地幔物质上升运动强烈的地带。在上升流的作用下,东非地壳抬升形成高原,上升流向两侧相反方向的分散作用使地壳脆弱部分张裂、断陷而成为裂谷带,于是东非大裂谷就形成了。这里也是地壳运动十分活跃的地带,因而多火山和地震。

现在,裂谷带仍在不断向两侧扩展。据计算,东非大裂谷张裂的平均速度为每年2至4厘米。至有地理学家预言,未来非洲大陆将沿裂谷断裂成两个大陆板块。

为什么地下会有河流?

Weishenme

河流对我们来说并不陌生,无论城市、乡村,还是深山野外,我们经常可以

见到它。但我们常见的都是地上河流,其实地下也有河流。你知道这是为什么吗?

地下河流是在地表以下石灰岩地区的地下水汇集和排泄的通道。地下河的形成有多种情况。有的是在地势或重力的作用下形成的地下河,有的是在石灰岩地区由于水的溶解作用形成的地下河,另外,如果地下水受到隔水层的阻挡,也会形成悬挂式地下河。

我国著名的连州地下河长达1400米,最宽处10米有余,最窄处只有4米;地下河洞平均高10至20米,最高约50米,水深不一,深处7至8米,浅处仅1米。洞内钟乳石千姿百态、瑰丽多彩,形成洞中有洞、洞中有河、洞中有桥的奇观,景色蔚为壮观。

连州地下河
连州地下河位于广东省连州市东北26千米处,是一个典型的亚热带喀斯特地貌的巨型天然石灰岩溶洞。洞内有无数千姿百态、瑰丽多彩的钟乳石,我国著名作家秦牧赞其为"神秘瑰丽的地下河"。

东非大裂谷(局部)
东非大裂谷是陆地上最大的断裂带,因断裂面积巨大,加上谷内植被覆盖,以至有的地方看上去更像一个盆地。

地球之最 最长的地下河:萨克阿通河,是墨西哥的一批潜水员在墨西哥南部的里维拉马雅发现的,长约155千米。

中国孩子最爱问的十万个为什么

水井
水井开采的是地下水，主要用于人们的日常生活和农业灌溉。它扩大了人类活动范围，对人类文明发展有着重要意义。

地下河
地下河是地球内部的自然景观。雨水落到地面，一部分从地表流走，另一部分蒸发到空气中，还有一部分渗入地下，形成了地下河。

地下水藏在哪里？

在我国的一些偏远地区，人们大多饮用井水。井水是地下水的一种，它在地面以下的岩石和土壤的孔隙中流动。那么，地下水藏在什么地方呢？

地下水并不是什么地方都有，根据其埋藏条件的不同，可以分为三类：

第一，上层潜水，它藏于浅层的岩石裂缝或沉积层中。这是由于局部的隔水作用，使下渗的大气降水停留在这些地方，从而形成地下水。

第二，在地表以下第一个稳定隔水层上也会发现地下水，这种地下水叫潜水。我们通常所见到的地下水多半是潜水。当潜水流出地面时就形成泉。

第三，是埋藏比较深的、流动于两个隔水层之间的地下水，这种地下水叫做自流水。它往往具有较大的水压，特别是当上下两个隔水层倾斜时，隔层中的水体要承受更大的水压。当井钻穿过上层顶板时，强大的压力就会使水体喷涌而出，形成自流水。

大气降水是地下水的主要来源。

地下水资源十分庞大，据估算，全世界的地下水总量多达1.5亿立方千米，几乎占地球总水量的1/10，比整个大西洋的水量还要多！地下水与人类关系密切，不过，如地下水过多，会引起铁路、公路塌陷，矿区坑道被淹没，沼泽地形成等问题。而且不能盲目和过度开发地下水，否则容易形成地下空洞，使地层下陷。

井水为什么冬暖夏凉？

很早以前，人们就会打井取水了。现在在农村和一些小城镇仍有很多井，它是人们利用地下水的标志。不过，井水不能直接饮用，它含的杂质比较多，必须先用明矾等净化并且煮开才能饮用。用过井水的人都知道，井水最大的特点就是"冬暖夏凉"。这是为什么呢？

井水"冬暖夏凉"是相对于当时地面温度来说的。在炎热的夏天，地球表面受太阳照射和气流的直接影响，温度升高很快，而地下的泥土只能通过上层泥土吸热，因为泥土传热很慢，所以地下温度要比地面温度低，从而导致井水的温度比地面上的温度低。在寒冷的冬天，地面温度降得很快，常在零摄氏度以下，这时，湖面的水就要结冰。因为地下深处泥土不能直接向空气中散热，所以地下温度变化很小，井水的温度就会比地面上的高。这时从井里打上来的水就会感觉很温热。

【百科辞典】

潜水：
是指在地表以下的饱水带中第一个具有自由水面的含水层中的重力水。

明矾：
又叫白矾、钾矾，是含有结晶水的硫酸钾和硫酸铝的复盐。

气流：
泛指任何运动着的空气流。

地球之最 人类使用最多的地下水：井水和泉水是人们日常使用最多的地下水。

主题索引

泉水为什么会涌出地面？间歇泉为什么定时喷水？

地球·地理

泉水为什么会涌出地面？

Weishenme

如果你有在山中旅游的经历，那么应该看到过汩汩流淌的泉水。当你把手伸过去，就会感受到泉水的清凉，而且涌动的水流会让人感觉很舒服。可是泉水为什么会不断地涌出地面呢？

地质学家研究发现，泉水的涌出和地下潜流关系密切。在岩溶发育好的地方，大量的雨水和地表径流渗入地下汇成充沛的裂隙岩溶水。这些裂隙岩溶水受变质岩的阻挡，顺着岩层倾斜的方向向北做水平运动，这样便形成了地下潜流。随着水的大量汇聚，地下潜流逐渐从水平运动变成垂直向上运动，这就又使岩溶得到发育，水位也随之升高。泉水在强大的压力下穿过岩溶裂隙，在灰岩和侵入岩体的接触地带以及沉积层薄弱的地方涌出地表，于是形成了涌泉。

间歇泉为什么定时喷水？

Weishenme

有一种泉的喷发是间歇性的，我们把它叫做间歇泉。间歇泉为什么会定时喷水呢？

科学家经过考察和研究发现，充足的地下水源和特殊的地质构造是形成间歇泉最根本的原因。泉水连接着地下通道，通道下面的地下水被沸腾的岩浆烤热，但通道上部，泉水在高压水柱的压力下又不能自由翻滚沸腾。同时，由于通道狭窄，泉水也不能随意上下对流。这样，通道下面的水不断被加热，当温度上升到一定程度时，水就会化为水汽喷出地表。大量的水汽跑出来后，原来聚集在地下的水汽一下子减少了许多，压力随之减小，泉水于是就重新平静下来，但水仍旧堵塞着通道，等到水汽重新聚集到一定程度时，就再一次喷发，这样就形成了间歇泉。

泉水喷涌
当地下潜流的压力过大之时，泉水就会激烈地喷涌而出，成语"泪如泉涌"便是以此作比。

变质岩
变质岩是在高温高压和矿物质的混合作用下由一种石头自然变质形成的石头。变质可能是重结晶、纹理改变或颜色改变。

"老忠实"间歇泉
此泉位于美国黄石国家公园，每隔40多分钟就喷发一次，上百年来从未间断，所以人们称它为"老忠实"。

地球之最　喷发最高的间歇泉：新西兰北岛怀蒙谷间歇泉，喷泉最高可达450米。　655

牵牛花池温泉
牵牛花池是美国黄石国家公园中最美丽的温泉。它的最大特点就是颜色随着水温的变化而变化。

黄果树瀑布
黄果树瀑布以其雄奇壮阔的主瀑布、连环密布的群瀑布闻名于世,享有"中华第一瀑"的盛誉。

为什么温泉水是温热的?

科学家们根据泉水的不同温度,对泉水进行了分类,一般水温在25摄氏度以上的叫做温泉。那么,温泉的水为什么是热的呢?

温泉的产生往往和火山活动有关。火山爆发时,地球内部大量熔融的岩浆冲出地面,但也有一部分岩浆因压力的减小而没有冲出地面。这些滞留在地面以下的岩浆便会把热量释放到地层里,于是那里的地下水温度便会升高。从岩浆中分离出来的一部分水蒸气也会使地下水温升高,所以在火山活动的地区,就会出现温泉。但是,有些地方没有火山却也有温泉,这是为什么呢?这并不奇怪,那里的温泉同样是由于岩浆活动而产生的,只是那里的岩浆活动不足以达到使火山爆发的程度,但依然能够把地下水烧热,从而形成温泉。

一般说来,温泉的形成需要具备下列三个条件:地下必须有热水存在;必须有静水压力差导致热水上涌;岩石中必须有深长裂隙以使热水到达地面。

温泉水水质优良无污染,含有多种对人体有益的微量元素和矿物质,因此泡温泉成为人们强身祛病的理想选择。

瀑布是怎样形成的?

瀑布是一种非常壮美的自然景观,在地质学上,瀑布有个很形象的学名叫跌水,即河水在流经断层、凹陷地区时垂直地跌落。那么,瀑布是怎样形成的呢?

科学家认为,形成瀑布的原因很多,主要原因是组成河床底部的岩石软硬程度不同。质地较软的岩石在被河水冲击侵蚀得非常严重时就会形成陡坎,而坚硬的岩石则相对悬垂起来。当河水流到这里时,自然要顺势而下,形成瀑布。可以说,河水在河道中奔流时经常会遇到河床的陡坎,遇有陡坎跌流下来,就形成了瀑布。除此之外,山崩、断层、熔岩堵塞、冰川等作用也可以形成瀑布。

为什么瀑布下面会形成深潭？

Weishenme

在一些大瀑布下面，常会有一个深深的水池，这就是深潭。它是河流中常见的河床微地貌现象。深潭可以增加水流阻力，消减水流能量，具有稳定河床的作用。那么，为什么瀑布下面会形成深潭呢？

在瀑布强大的冲击力下，瀑布底下往往会形成一个河槽。河槽不断变大，日积月累，便被冲刷成一个盆地，因同时也在不断积蓄着水，于是便形成了深潭。有时，潭水深度甚至可以等长于瀑布的高度。

"飞瀑之下，必有深潭"，正因为瀑布的能量集中于一点，并且天长日久奔泻不已才会冲出深潭。

瀑布下的深潭往往水清潭净，是天然的游泳池，如庐山王家坡双瀑下的碧龙潭、广东肇庆鼎湖山瀑布下的飞水潭等。游人或可在潭中畅游，或可仰观瀑布英姿，其情其景妙不可言。

为什么说尼亚加拉瀑布是最大的瀑布？

Weishenme

尼亚加拉瀑布位于加拿大和美国交界的尼亚加拉河上。此瀑不仅水量大，落差也大，气势十分宏伟。尼亚加拉瀑布是尼亚加拉河跌入河谷断层的产物，该瀑布以河床绝壁上的山羊岛为界，分为加拿大瀑布和美国瀑布两部分。其中，加拿大瀑布更为雄伟壮观，其宽度为750米，落差52.8米，丰沛浩瀚的河水从50多米的高处直冲而下，发出震耳欲聋的轰鸣，场面震人心魄。加拿大瀑布溅起的浪花和水汽，有时高达100多米。因此，人们将尼亚加拉瀑布称为世界第一大瀑布。

> **加拿大瀑布**
> 尼亚加拉瀑布由多个瀑布共同组成，其中最壮丽的当数加拿大瀑布，因形似马蹄而又名"马蹄瀑布"。该瀑布水量极大，顷刻下泻，有如雷霆万钧，水雾也非常浓厚，整个场面壮阔恢弘、瑰丽多姿。

> **美国瀑布**
> 美国瀑布是尼亚加拉瀑布的另一半，因位于美国境内而得名。瀑布下岩石叠积，犬牙交错，激流从天而下，十分壮美。

地球之最　落差最大的瀑布：委内瑞拉的安赫尔瀑布，落差979米。

人们为什么要开凿运河？

中国的运河历史悠久，早在公元前219年，古人就为打通湘江和漓江之间的航运而开凿了灵渠；美国的密西西比河、哈得孙河与五大湖（苏必利尔湖、密歇根湖、休伦湖、伊利湖和安大略湖）之间也均有运河相通。人们为什么要挖运河呢？这是因为运河可以给人类带来诸多便利并创造价值。

开凿运河最主要的原因是为了航运。受地理环境的限制，很多地方因为没有河道连接，货物运输要绕很远的路，而开凿运河可以大大缩短行程，使人们比较便捷地到达目的地，节省了很多时间。

运河还可以满足沿岸居民的生活用水需求，并灌溉一片土地，使那里成为居住地。事实证明，只要有河流的地方，人口都比较稠密。

此外，运河还有分洪、排涝、给水等重要功能。世界各国均重视运河的开凿工程。

苏伊士运河为什么会成为最繁忙的运河？

在埃及的东北部有一条著名的运河，叫苏伊士运河，它北通地中海，南连红海，全长190千米，河面宽300至350米，平均水深20米，可使150万吨的满载货船和多只30万吨的空船同时通过。很多人称苏伊士运河为"最繁忙的运河"，这是为什么呢？

原来，苏伊士运河是世界上最具经济价值和战略地位的国际航运水道，它彻底改变了东西方交往的不便处境。这条运河实现了欧亚之间的南北双向水运，而使船只不必绕过南非的好望角，大大节省了航程。例如，从法国的马赛港到印度的孟买港，经苏伊士运河要比绕好望角可缩短56%的航程。

在全世界所有的通海运河中，无论是过往船只数量，还是货运量，苏伊士运河均名列前茅。中东地区出口到西欧的石油，70%经由苏伊士运河运送；亚洲和欧洲之间除石油以外的一般货物海运，80%经过苏伊士运河；每年仅通过苏伊士运河运输的货物总量就占到了世界海运贸易量的14%。

总之，苏伊士运河连接了大西洋、地中海与印度洋，是欧洲、亚洲及非洲的交通要道，也是世界上最繁忙的运河。

巴拿马运河
巴拿马运河是沟通太平洋和大西洋的重要航运通道，被誉为世界七大奇迹工程之一。

苏伊士运河
苏伊士运河是世界上最具经济价值和战略地位的国际航运水道，堪称"最繁忙的运河"。

地球之最 世界上最大的水闸式运河：巴拿马运河。整个运河的水位高出两大洋26米，共设船闸6座。运河的开通缩短了大西洋与太平洋间的航程。

为什么有的山顶会形成湖泊？

Weishenme

我国有很多美丽的湖泊，当你漫步在幽静清澈的湖边时，会感觉神清气爽。湖泊大都分布在平原地区，但有时山顶也有湖泊，如西藏的纳木错，在全球湖面面积为1000平方千米以上的湖泊中是海拔最高的；位于白头山上的天池水深达373米，是中国最深的湖泊。这些湖泊为什么会出现在山顶上呢？

山顶湖泊的形成原因很多，大部分都是由火山造成的。火山喷发出来的熔岩和其他碎屑物质散落在火山口周围，日积月累，越堆越高，形成了像漏斗一样的地形。当火山最后一次喷发后，这个漏斗地形就基本不变了。经过长期的降水，火山口形成积水，于是就产生了湖泊，如长白山上的天池。还有一些山顶湖泊是由冰川堆积物堵塞河谷形成的。

我国的高山湖泊非常多，主要分布在云南西部和长白山地区，仅长白山主峰白头山附近就有许多火山口湖，当地有"七十二龙潭"之说。此外，广东雷州半岛的海光岩、云南腾冲等地，也有非常壮观的高山湖泊。高山湖泊非常美丽，它们好像桂冠上的颗颗明珠，将祖国大地点缀得晶莹夺目。

为什么内陆湖大多是咸水湖？

Weishenme

如果你看过《可可西里》这部电影，也许还会记得片中那巍峨的雪山和美丽的湖泊。著名的可可西里山附近有大量冰川，那里是我国青藏高原内陆湖泊的主要分布区。这些内陆湖大多是咸水湖。为什么内陆湖大多是咸水湖呢？

内陆湖远离海洋，气候干燥，湖水补给主要依靠入湖径流，损耗主要是湖面蒸发，它的水位变化也会受入湖河流的影响。内陆湖水量补给系数小，年均水位变化的幅度基本都小于1米。由于内陆湖的吞吐量很小，所以它调节径流的作用也小，甚至没有。而有些内陆湖因为补给量小，蒸发量却很大，导致湖水逐渐浓缩，于是就形成了咸水湖或盐湖。由于干旱和上游用水量的增加，入湖水量减少，有很多内陆湖萎缩甚至干涸了。

青海湖胜景
青海湖又名"库库诺尔"，即蒙语"青色的海"。它既是中国最大的内陆湖，也是最大的咸水湖。

盐堆
从盐堆中直接获得的粗盐含有泥沙、氯化镁等杂质，需要经过一系列制盐工艺才能加工成我们日常食用的精盐。我国有着悠久的制盐史，是最早产盐的国家。

长白山天池
长白山天池位于中、朝边界，海拔2194米，气势恢弘，景色壮丽，是我国最高的山顶火口湖。

环斑海豹
环斑海豹是贝加尔湖的特产动物，它们不但是贝加尔湖中唯一的哺乳动物，而且它们还是全世界唯一的淡水海豹。

贝加尔湖
贝加尔湖是世界上最深、蓄水量最大的湖，最深处达1637米，蓄水量占世界淡水总储量的1/5。

为什么贝加尔湖里生活着海洋动物？

Weishenme

科学家们经过长期的探索后发现：贝加尔湖从前是一片海洋，由于地壳运动，周围的高山渐渐隆起，而它相对下降，最终形成了湖泊。后来，由于周围的许多河流都注入进来，这里就慢慢变成了淡水湖，结束了它作为海洋的历史。原来很多生活在海洋中的生物，在这一过程中灭绝了。但一些生存能力强的动物逐渐适应了淡水环境，成为世界上特有的淡水动物，如环斑海豹等。

有些学者不认可这种观点，他们认为，贝加尔湖里的淡水类海洋动物，原来是在海洋里生活的，由于它们不安于只在海洋中生活，便进入到叶尼塞河，然后不断向上游迁徙，最后到达了贝加尔湖，并逐渐适应了淡水生活。它们在淡水环境中繁殖后代，形成了淡水湖里的"海洋动物"。

冰川是怎样形成的？

Weishenme

要形成冰川首先要有一定数量的固态水，其中包括雪、雾、雹等；其次，只有在高寒地区才能形成冰川。在极地和高山地区，由于气候严寒，积雪常年不化，当温度降到零摄氏度以下后，积雪在自身重力作用下再度结晶，形成雪粒状。雪层逐渐加厚，压力作用就会将粒雪向更深处挤压，冰的结晶就越变越粗，而粒雪的密度则因粒雪颗粒间的空气体积不断减少而变大，这使粒雪变得更为密实而形成蓝色的冰川冰。冰川冰形成后，因自身的重力作用形成塑性体，塑性体沿斜坡缓慢运动或在冰层压力下缓缓流动形成冰川。

【百科辞典】

淡水湖：
指含盐量很低的湖。

海豹：
一种肉食性海洋动物，它们的身体呈流线型，四肢变为鳍状，适于游泳。

晶体：
即原子、离子或分子按一定的空间次序周期性重复排列而形成的固体，具有固定的熔点和规则的外形。

地球之最 运动最快的冰川：格陵兰的一些冰川，每年运动1000多米。因为冰川运动速度很慢，所以相对来说格陵兰的冰川运动最快。

冰川为什么会运动？
Weishenme

19世纪初叶，几名登山者不幸被雪崩掩埋在阿尔卑斯山上的冰川粒雪盆里。然而奇怪的是，43年后，遇难者的遗体却在冰舌前被发现了。遗体本身并不会移动，唯一的解释就是冰川在运动。为什么冰川会运动呢？

这要从物体变形说起。物体在受力时，为了适应或消除外力，可作三种变形，即弹性变形、塑性变形和脆性变形（或称破裂）。一般物体在受力时都有这三个变形阶段。

就冰川来说，由于它容易出现晶体的内部滑动，也就容易产生塑性变化。由于上部冰层的压力和上游冰层的推力，冰川下部老是处于受力状态，使下部冰层的塑性表现得比较充分。同时，下部冰层的熔点因受压所以比上部冰层稍低，造成下部冰层的温度更接近于熔点，使得其塑性变形更易实现。这样，冰川下部出现塑性带就不难理解了。而冰川表层，缺乏长期受力这个重要条件，当外力突然增加时，往往作弹性或脆性变形，成为脆性带。

冰川运动的速度，日平均不过几厘米，多的也不过数米，因此肉眼是很难察觉到的。格陵兰岛的一些冰川，运动速度居世界之首，但每年也仅运动千余米。其他地区的冰川，像阿尔卑斯山的某些冰川，年流速仅为80至150米。

什么叫"冰山一角"？
Weishenme

当我们描述某个事物只出现一小部分时，常用"冰山之一角"来形容。那么，什么叫"冰山一角"呢？

顾名思义，"冰山一角"就是指冰山的水上部分只占其全部体积的很小一部分。因为冰山是浮在海面上的，很大一部分在水下，根据浮力等于重力的原理以及冰和水的密度可以算出，冰山露在海面上的部分只占整个冰山体积的十分之一，所以说海面上看到的"冰山"只是真正冰山的一小部分而已。

南极冰山是一个比较著名的冰山，它的水上与水下部分的高度之比变化很大，这取决于冰露出时的形状。

1912年4月14日夜晚，泰坦尼克号豪华客轮因撞上北大西洋的一座冰山而沉没，这场空前的海难至今让人难以忘怀。

冰臼
冰臼是冰川融水对下覆基岩进行强烈冲击和研磨后所形成的石坑。因为它很像我国古代舂米用的石臼，所以人们形象地称之为"冰臼"。

海螺沟冰川
海螺沟冰川位于四川省泸定县境内，是世界上为数不多的低海拔冰川之一，约形成于1600年前。海螺沟冰川在国内同纬度冰川中海拔最低，最低点为2850米，其冰川舌伸入原始森林6千米，与森林共生。

南极冰山
冰山常见于南极洲和格陵兰岛周围。每年仅格陵兰岛西部就产生冰山近1万座。

地球之最 世界上最大的冰山：B15冰山，它的面积曾达到1.1万平方千米，比北京市的面积还要大。

中国孩子最爱问的十万个为什么

主题索引
① 为什么将冰川称为"固体水库"？湿地为什么被称为"地球之肾"？

生态平衡
弱肉强食是自然界的生存规律。吃与被吃，是自然界保持生态平衡的必要手段。

冰川融水
冰川是地球淡水的主体，被称为"固体水库"，同时还是许多大江大河的"策源地"。

湿地景观
湿地被人们称为"地球之肾"，其作用相当于人类的肾脏，可以改良土壤、净化水质，还能调节气候与生态平衡，对改善地球环境有重要作用。

为什么将冰川称为"固体水库"？

Weishenme

地球上的冰川面积大约是整个地球面积的1/10。科学家们把冰川叫做"固体水库"，这是为什么呢？

冰川是地球上淡水的主体，其储水量约占地表淡水总储量的68.7%。冰川融水可以用来开发干旱地区，改造沙漠，发展农业生产。但如果冰川全部融化，海平面将上升80至90米，地球上所有的沿海平原都将被淹没，所以人们把冰川称为"固体水库"。

冰川还是许多大江大河的"策源地"。我国的长江、黄河就发源于青藏高原上的冰川融水地区。 ℮

湿地为什么被称为"地球之肾"？

Weishenme

地球上有三大生态系统，即：森林、海洋、湿地。所谓湿地是指无论天然或人工、长久或暂时的沼泽地、泥炭地或

水域地带、包括低潮时水深不超过6米的水域，统称为湿地。科学家们把湿地叫做"地球之肾"，这是为什么呢？

原来，地球的湿地具有和人类肾脏相似的功能。人类的肾脏是排毒器官，可以保护我们的身体不受毒素侵害；湿地可以改良土壤、净化水质、防治污染，还能调节气候和生态平衡。此外，湿地蕴藏着丰富的动植物资源。它不仅可以为造纸工业提供原料，又可以为农业、盐业、渔业、养殖业提供生产资料，还能防风抗洪。湿地有这么多作用，因此被科学家称做"地球之肾"。

为了提高人们保护湿地的意识，国际上决定将每年的2月2日定为"世界湿地日"。 ℮

【百科辞典】

生态平衡：
生态系统在一定时间内结构和功能的相对稳定，其物质与能量的输入和输出接近相等。

渔业：
一种通过捕捞和养殖鱼类与其他水生动物来取得水产品的社会生产部门。

泥炭：
煤化程度最低的煤，是古代埋藏在地下的植物，因处于潮湿、偏酸性的环境下，无法完全腐败分解而形成的。

地球之最　世界上最大的湿地：巴西中部马托格罗索州的潘塔纳尔沼泽地，面积为25万平方千米。

沼泽地是怎样形成的？

在平原、山区、高原等地方，我们可以发现很多的沼泽。沼泽是指地表过湿、生长着沼泽植物并有泥炭形成和堆积的地区。沼泽是怎么形成的呢？

沼泽的形成取决于当地的水文状况和地貌，主要有以下三种情况。

在有些气候湿润地区，杂草大量繁殖，形成厚实的草层，使土壤通气状况变坏，碳分子逐渐减少，于是原有植物渐趋衰亡，莎草、水藓等植物开始茂盛。这些喜湿性植物具有很强的蓄水能力，地表湿润状况进一步加重，于是就形成了沼泽。

低洼平原上的河流沿岸，在河水浅、流速慢的情况下，因生长水草而逐渐形成沼泽；在沿海的低地，由于反复被海水淹没，海滩上杂草、芦苇丛生，也会形成盐沼泽；有些高原、高山地区，由于冬季积雪，次年春夏季节冰雪融化，地面积水，短草和苔藓植物杂生，也可形成沼泽。

在森林地区，枯枝落叶在树下不断堆积，好像给地面盖了一层很厚的被子，这层覆盖物既能大量积蓄雨水，又可减少土壤水分蒸发，保持高湿润状态。在碳化作用下，土壤中的矿物养分流失，造成草木死亡，代之以繁茂的苔藓植物。苔藓植物能涵养水源，使植物残体的分解过程减慢，泥炭开始堆积，于是逐渐形成了沼泽。

阿拉斯加冰川湾的冰为什么呈蓝色？

阿拉斯加是美国一个与主体大陆不相连的州。那里最有代表性的景色之一就是蓝色冰川湾。为什么阿拉斯加冰川湾是蓝色的呢？

其实，这主要与光的折射有关。我们先从阿拉斯加冰川湾的形成说起：阿拉斯加冰川最集中的地区在阿拉斯加山区和沿海降水充沛的地区，这些远古的冰河总是处于活跃期。因连续不断的降雪，在重力作用下，底层冰块不断受到地表新雪的挤压，形成密实的大冰块，最终因受高山冰川源头冰块的压力作用而崩落到河流、湖泊中。大多数冰川都将蓝色以外的所有颜色折射掉了，所以呈现出了蓝色。

阿拉斯加冰川湾有三种不同的冰川：高山或悬挂冰川，常依附在山顶；山谷冰川，大多由一条或多条冰川交汇并扩散形成；潮水冰川，冰川的前缘坠入水中形成的冰川景象。

↰ 沼泽地
沼泽地不仅是纤维植物、药用植物、蜜源植物的天然宝库，还是珍贵鸟类、鱼类栖息、繁殖和育肥的良好场所。

↑ 河马
河马主要生活在非洲热带。它们喜欢栖息在河流附近的沼泽地里和有芦苇的地方。

↓ 阿拉斯加冰川
美国的阿拉斯加冰川大约形成于4000多年前的冰河世纪，常年的积雪和雪水共同作用形成了密度较高的冰。由于波长较短的光被反射，使冰川呈现出蓝色。

地球之最 我国面积最大的沼泽地：柴达木盆地的盐沼泽，面积约1.1万平方千米。

中国孩子最爱问的 十万个为什么

主题索引
> 百慕大三角地区为什么神秘莫测？爱尔兰海岸边为何有一条"巨人之路"？

百慕大三角地区为什么神秘莫测？

桃红色沙滩
百慕大的桃红色沙滩被认为是"世界上最可爱的海滩"。

从大西洋上的百慕大，到佛罗里达州南部的迈阿密，通过巴哈马群岛、穿过波多黎各，到西经40度附近的圣胡安，再折回百慕大，沿这一线路形成的三角地区叫做百慕大三角区。近百年来，这里发生了很多离奇的失踪事件，这到底是怎么回事呢？

其实在地理学上并不存在"百慕大三角"这样一种划分，是因为在这一海域曾多次发生莫名其妙的沉船和坠机事件，于是人们称它为"魔鬼三角区"。据记载，从1880年到1976年间，这片海域约有158次失踪事件，其中自1949年以来，就有至少97起事件，2000多人在此丧生或失踪。

从地理环境来看，百慕大三角区确实具有特殊性。这里有势力强大的暖流经过，而且常常出现飓风、龙卷风，海底地貌复杂，大陆架狭窄，海沟幽深，处于火山和地震的活跃地带。但这些并不足以解释百慕大为何总出现这些怪异的失踪事件。这一切还有待科学家们进一步探索，为我们解开这个谜团。

巨人之路
在英国北爱尔兰一处悬崖脚下，屹立着大约3.7万多根各种形状的石柱，被称为"巨人之路"。

爱尔兰海岸边为何有一条"巨人之路"？

"巨人之路"位于英国北爱尔兰贝尔法斯特西北约80千米处的一座断崖上。这里大约有3.7万根大小均匀的玄武岩石柱，这些石柱聚集成一条绵延数千米的堤道，形状很规则，看起来好像是人工凿成的。这条巨人之路是怎么形成的呢？

现代地质学家们为我们揭开了其中的奥秘。白垩纪末期，北大西洋开始分裂和扩张，大西洋中脊就是分裂和扩张的中心。一股股玄武熔岩从地壳的裂隙涌出，层层相叠，像河流一样流向大海，遇到海水很快冷却变成固态的玄武岩并收缩、结晶。岩浆在凝固过程中发生了爆裂，而且收缩力非常平均，于是就形成了规则的柱状体，其中六棱柱居多。所有的玄武岩柱并在一起，其间的裂缝很小，这样巨人之路就形成了。

【百科辞典】

龙卷风：
一种高速旋转的漏斗状涡旋强风。

海岸线：
海面与陆地的分界线。

六边形：
由六条直线组成的封闭图形。

地球之最 最早在百慕大发现珍宝的人：1950年，百慕大人特迪·塔克首次在百慕大海底的发现了来自于美洲大陆的沉船和船内的金币、陶器等珍宝。

死谷中的石头为什么会"走路"？

Weishenme

美国加利福尼亚州有一处被称为"死谷"的名胜区。这是个非常奇特的地方：山顶白雪皑皑，山中长满松树和野花，山下却是一片沙漠。这样的景观还不算最奇特，最吸引人的要属"会走路的石头"了。石头会走路？这是怎么回事？有人说是超自然力量在作怪，有人说与不明飞行物有关，那么，到底是什么原因让石头会走路呢？

加州理工学院的地质学教授夏普经过7年的研究，揭开了其中的奥秘。夏普通过一个实验，结合当时的天气情况来研究了石头的"足迹"。他发现石头移动是风雨作用的结果，其移动方向与盛行风方向一致。死谷年均降雨量很少超过70毫米，但即使微量雨水也会使坚硬的黏土变得稀滑。这时，只要附近山间吹来一阵强风，就足以使石头沿着湿滑的泥面滑动，有时速度可达1米/秒。

石头"走路"的谜底已经揭开，但这种奇特的自然现象仍会让人惊叹不已。

马尾藻海域为什么异常凶险？

Weishenme

在大西洋中有个奇异的"洋中之海"——马尾藻海。它违背地理学上的定义，周边不与岸相接，而是被大洋包围着，这在地球上是绝无仅有的。这片海域有许多与众不同之处，几个世纪以来，已有不少航海者在马尾藻海遇难，为什么马尾藻海这样凶险呢？

有人说马尾藻海中有恶龙，会将过往船只拖入水中；有人说马尾藻海有妖魔，常常施展"定身法"，将船只捆住，直到被风浪掀翻为止。当然，这些只是迷信的说法。

许多航海家推测，可能是由于以螺旋桨驱动的船舶在无意中误入了大片有马尾藻漂浮的海区后，螺旋桨被马尾藻死死缠住，使船只不能动弹，最后因倾覆或碰撞而沉没。问题是，这种说法不能解释飞机在马尾藻海失事的原因，因此，更多的人认为这是目前还无法破解的一个谜。

随着科学技术的发展，特别是卫星遥感技术的发明，我们相信，经过科学家们的努力，马尾藻海之谜一定能够解开。

会"走路"的石头
死谷中的各种石头都会"走路"，它们在地面上拖着长长的痕迹，有的笔直，有的略有弯曲或呈"之"字形。

马尾藻

马尾藻海
马尾藻海是大西洋中一个没有岸的海，海上漂浮着大量的马尾藻，虽然景色秀丽，但是凶险异常。

中国孩子最爱问的十万个为什么

主题索引: "天坑"是如何形成的？南极地区的无雪干谷是什么样的？

"天坑"是如何形成的？

在地理学上，有多种复杂的地形，其中有一种叫做天坑，它是一种特殊的地形。一般天坑的四周树林茂密，坑口几乎都被枝叶覆盖，拨开洞口将石头扔进坑内会听到像打雷一样的轰隆声从洞底一层层传来，并发出悠长的回音。这巨大的天坑是怎么形成的呢？

天坑学名叫喀斯特漏斗，是喀斯特地区的一种特殊地形。要想知道天坑是如何形成的，必须先从溶洞说起：雨水落在石灰岩地面后，沿着裂隙渗入地下，由于石灰岩具有易溶于水的特性，地下水带着溶解的石灰岩质一路溶蚀四壁，逐渐扩大，就在地下形成了大型的溶洞。溶洞的洞顶在重力作用下不断塌陷，直到最后就成了我们今天看到的天坑。因此，天坑的形成与当地的气候、岩石特性、地质构造和水文条件有着密切的关系。

直至今日，关于天坑的考察、认定和争论也一直没有停止过。2005年后，"天坑"这个由中国人定义的术语在国际喀斯特学术界获得了一致认可，学术界开始使用"tiankeng"通行国际。目前世界上已被确认的天坑达78个，其中2/3分布在中国。中国西南云贵高原东坡的乐业天坑群是目前已知的世界最大的天坑群，是一座珍贵的"天坑博物馆"和"世界岩溶圣地"。

天坑
天坑属于特大型的喀斯特地貌，容积巨大，岩壁陡峭而圈闭，空间呈深陷的井状或桶状，发育在厚度特别大、地下水位特别深的可溶性岩层中。

南极地区的无雪干谷是什么样的？

南极洲是人类最少涉足的大洲，那里终年飘雪，大部分地方被冰雪覆盖。南极大陆是一个中部高四周低、形状极像锅盖的高原，平均厚度为2000米，最厚的地方可达4800米。此外，在南极洲还有许多现象人们目前仍然无法解释，"无雪干谷"就是其中最神秘的一个。

无雪干谷海拔约1500至2500米，山上有冰川，这些冰川向着谷地流动，形成冰瀑。不过，这些冰瀑流到山谷两旁的时候就没有了。冰川到达不了的地方，一年四季都不下雪，所以人们才把它叫做"无雪干谷"。

最早到达这里的探险家们走进无雪干谷的时候，发现这里没有冰，也没有雪，只有裸露的岩石，还有岩石旁边一堆堆海豹遗骨。这里没有生命，只有令人颤抖的死亡，因此人们把它叫做"死亡之谷"。

后来，又有很多科学家到达过无雪干谷。他们对这里为什么会出现大量海豹和兽类的遗骨作出过种种猜测，但谁也拿不出更多的证据来。所以，这些遗骨给人们留下了一个难解之谜，至今无人可解。

无雪干谷
南极大部分地区终年冰雪覆盖，却还有一个奇特的无雪干谷，其间有很多动物因缺少饮用水，最后干渴而死，变成了一堆堆白骨。

【百科辞典】

溶解：
一种物质（溶质）分散于另一种物质（溶剂）中成为溶液的过程。

谷：
两山之间狭窄低凹的地方。

地球之最 世界上最大的天坑：2002年在重庆市奉节县的小寨村发现的小寨天坑，被誉为"天下第一坑"。

Part 19

十九 气象·气候

云、雾、雨、雪、冰雹、雷电、台风、寒潮……这些与我们日常生活息息相关的天气现象,就是气象。而气候则是长时间内气象要素和天气现象的平均或统计状态,时间尺度为月、季、年、数年乃至数百年。

大气层
覆盖在地球表面的大气层是地球上所有生命的"保护伞"。

从太空看大气层
从太空中看地球大气，层次分明，清晰可见。

地球周围为什么包着一层大气？

地球外部包裹着一层总厚度达1000千米的大气。那么，地球周围为什么会包着一层大气？

在地球刚形成的时候，不仅地球的表面存在空气，而且地球内部也有，这时空气中的主要成分是氢和氦。后来，在地心引力的作用下，地球内部的空气受到挤压，温度升高，被排到了太空中，其中一部分被地心引力吸住，在地球的表面形成了一层薄薄的大气。

同时，地球上动植物出现后，动物的呼吸使大气中部分氧转化为二氧化碳；而植物的光合作用吸收了大气中丰富的二氧化碳，并放出氧气，使大气中的含氧量增加并在高空形成臭氧层。臭氧层能吸收紫外线，有利于植物迅速繁殖，从而又使大气中的氧和二氧化碳的含量大大增加。

就这样，地球在几十亿年的不断演化过程中，逐渐形成了以水汽、氮、二氧化碳和氧为主要成分的大气层。

大气为什么会分层？

抬头仰望，有时我们看到的只是白茫茫的一片天空。其实，大气是分层的，而且层和层之间特性不同。那么，大气为什么分层呢？

根据温度分布、组成状况、电离程度的不同，大气可以分为很多层。

第一，按温度的不同，大气可分为对流层、平流层、中间层、热层和外层。对流层是接近地球表面的一层大气，平均温度在17至零下52摄氏度之间；平流层在对流层上面，距离地球表面50千米远，平均温度在零下3摄氏度；中间层在平流层以上到离地球表面85千米处，平均温度在零下93摄氏度；热层在中间层顶（约85千米）至250千米或500千米左右之间的大气层，平均温度是1727摄氏度。热层顶以上的大气层叫外层大气，温度可达几千开尔文（零摄氏度=273.16度K）。

第二，按组成状况不同，从地面到离地面100千米的大气层是均质层，100千米以上是非均质层。

第三，按电离程度的不同，大气可分为两层：从地表到离地表80千米这一层，大气中的分子和原子都处于中性状态，叫做中性层；离地表80至1000千米这一层，大气中的原子在太阳辐射作用下电离，形成大量正离子和电子，构成电离层，这一层能反射无线电短波，使地面上实现无线电短波通讯。

【百科辞典】

地心引力：
地球吸引其他物体的力。

电离：
将电子从基态激发到脱离原子的过程。

中性：
化学上指既不呈酸性又不呈碱性的状态。

原始大气的成分是什么？

Weishenme

大约在50亿年前，大气就伴随着地球的诞生而形成了。那么，原始大气的成分是什么呢？

科学家根据火山喷发出的气体，以及木星和土星现在的大气成分主要是甲烷、氨气和氢气这些事实，推测原始地球大气的主要成分有氢气、二氧化碳、氨气、甲烷、硫化氢和氰化氢等气体。

20世纪80年代以来，有的学者对以上观点产生了怀疑。他们认为，原始大气中没有氨气、甲烷和硫化氢气体，因为这些气体很容易被紫外线辐射所分解，而且地球所释放的氢气多数也会逃逸到太空中。因此，这些学者认为早期原始大气的主要成分应该是水蒸气、一氧化碳、二氧化碳、氮气等气体，另外可能还有一些游离的氢气。

关于原始大气的成分科学界至今还没有统一的结论。

为什么说对流层是最活跃的大气层？

Weishenme

大气层有很多层，最贴近地面的一层是对流层，整个大气质量的3/4和几乎全部的水汽、固体杂质都集中在这一层。科学家们认为，对流层是大气层中最活跃的一层，这是什么原因呢？

对流层在大气圈的最底层，它的平均厚度约为12千米。在这一层中，气温随高度升高而降低，平均每上升100米，气温约降低0.6摄氏度。由于受地表影响较大，气象要素（气温、湿度等）水平分布不均，存在着强烈的垂直对流作用和较大的水平运动，无规则的乱流混合也相当强烈。雨、雪、云、雾、雹、霜、雷、电等主要的天气现象都发生在这一层里。

另外，由于这层大气的热量主要采自地面，再加上地球形状、海陆分布、地形起伏等因素的影响，导致该层上冷下热，因而对流运动十分活跃。

所以，我们说对流层是大气中最活跃的一层。

高山滑雪

雪是天空中的水汽凝结形成的固态降水。由于90%以上的水汽集中在对流层中，所以雪便形成和发生在对流层中。

闪电追击

飞机一般飞行在相对稳定的平流层中，平流层比对流层高，所以雷电通常不会影响飞机正常飞行。但是飞机在起飞和降落时都要穿越对流层，如果刚好遇上打雷、闪电，飞机安全将会受到巨大威胁。

你知道吗

- 低纬度地区对流层顶的气温约为零下83摄氏度，高纬度地区对流层顶的气温约为零下53摄氏度。
- 对流层的厚度随地区和季节不同而有所不同，在赤道附近约为15千米，在高纬度和中纬度地区为8至12千米。
- 对流层相对于整个大气圈的总厚度来说是相当薄的，但它的质量却占整个大气总质量的3/4以上。

气象之最　大气层中最稠密的一层：对流层。

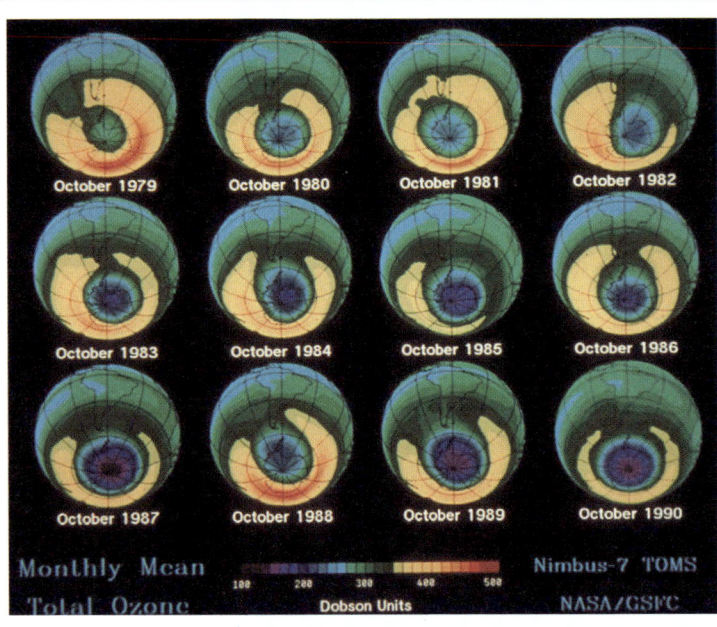

臭氧层空洞
1979至1990年10月份南极上空的臭氧层空洞对比图。臭氧浓度减少会使太阳对地球表面的紫外辐射量增加，这将极大地影响人类和其他生物的正常生存。

落基山鸟瞰图
海拔越高，大气的保温作用越差，温度就越低，因此，很多高山上终年覆盖着皑皑白雪，落基山就常年积雪。

为什么臭氧层被称为地球生命的"保护伞"？

最初，地球的大气中没有臭氧层。因受到太阳紫外线的强烈照射，陆地上没有生物存在，仅有少数生物生活在海洋中。海洋中的绿色植物不断吸收大气中的二氧化碳，释放出氧气，其中一部分氧气扩散到大气层的上层，在紫外线的作用下，氧气变成了臭氧，从而产生了臭氧层。很多人把臭氧层叫做地球生命的"保护伞"，这是为什么呢？

太阳光谱中，能到达地球表面的有紫外线和可见光。紫外线可以促进人体内维生素D的合成，这有利于骨组织的生成，但过量照射会引起皮肤癌、免疫系统和眼的疾病，对动植物也有伤害。臭氧层能让太阳光中的可见光通过，并且吸收掉99%以上的有害紫外线辐射，从而使地球上的人类和动植物免遭有害紫外线的伤害。臭氧层能保护地球上的生物得以生存繁衍，所以，人们形象地称它为地球生命的"保护伞"。

为什么海拔越高的地方气温越低？

通常人们认为，海拔越高，离太阳越近，气温也应越高。然而事实却恰好相反，科学家研究发现，海拔越高，气温越低。

为什么会这样呢？原来，在地球底层大气中有大量二氧化碳、水汽等容易吸热的物质，这些物质对太阳的短波辐射基本无障碍，能让太阳的短波辐射到达地面。地面在接受太阳辐射后，再向外进行地面辐射。由于地面辐射是长波辐射，位于底层大气中的吸热物质对长波辐射有极强的吸收能力，所以地面辐射差不多全被大气所吸收。可见，地面辐射是底层大气的主要热源。而海拔高的地方云层少，空气稀薄，白天吸收地面辐射少，晚上对地面的逆辐射作用弱，大气的保温作用差，温度自然就低。因此，离地面越近，气温越高；反之，离地面越远，气温越低。

【百科辞典】

紫外线：
指波长在100至400纳米之间的太阳光线。

短波辐射：
太阳辐射波长主要为0.15至4微米，其中最大辐射波长平均为0.5微米，习惯上叫做短波辐射。

长波辐射：
地面吸收太阳辐射后，温度增高，转而将能量向天空作出的辐射。由于能量集中在红外线部分，大大长于太阳的短波辐射，因而叫长波辐射，又叫地面辐射。

气象之最　最早发现臭氧的人：德国化学家先贝，发现时间大约是19世纪50年代。

为什么一天中不是正午最热?

Weishenme

正午12时是一天中太阳离地面最近的时刻，但是它却不是一天中最热的时候，这是为什么呢？

原来，空气中的各种气体直接吸收的太阳光热能只有14%左右，而43%左右的热能被地面吸收，因而空气中的温度主要是间接从地面得到的。也就是说太阳光照射到地面后，地面把吸收的热量再放出去烘热空气，而这些都需要一定的时间。同时，虽然正午太阳光几乎最接近地面直射，地面和空气受热最强，但此时地面放出的热量却少于它所接收的太阳热量，所以这时并不是最热的时候。正午以后，地面温度继续升高，一直到地面放出的热量等于它所接收的太阳热量时，地面温度才能达到最高，此时一般是下午2点左右。所以，一天中最热的时候是午后两三点钟左右，而不是正午。

大气为什么会形成环流?

Weishenme

大气是一种看不见摸不着的物质，其实它也在不停地运动着。科学家把大气的大范围运动叫做大气环流，通常包括平均纬向环流、平均水平环流和平均经圈环流。形成大气环流的主要因素有以下几点。

第一，太阳辐射作用。大气运动需要能量，而能量几乎都来源于太阳辐射。大气不仅吸收太阳辐射、地面辐射和地球给予大气的其他类型能量，同时大气本身也会向外放射辐射。然而这种吸收和放射的差额在大气中的分布是很不均匀的。太阳辐射对大气系统加热不均是大气产生大规模运动的根本原因，而大气在高低纬间的热量收支不平衡是产生和维持大气环流的直接原动力。

第二，地球自转作用。大气在自转的地球外围运动着，地球自转产生的偏向力迫使空气运动的方向偏离气压梯度力方向。全球气压水平分布在热力和动力因子作用下，呈现出规则的纬向气压带，高低气压带交错排列。气压带的生成和维持是经圈环流形成的必需条件。

第三，地表性质作用。地球表面有广阔的海洋、大片的陆地，陆地上又有高山峻岭、低地平原、广大沙漠以及极地冷原，海陆相间分布对高空环流的形成和变化有显著影响。

此外，地面摩擦作用以及大气本身的特殊性质也是形成大气环流的重要因素。

日晷仪
日晷仪是古代利用日影测得时刻的一种计时仪器。世界上最早的日晷仪诞生于6000年前的巴比伦王国。

中午的阳光
中午时太阳光直射地面，影子非常短，而且阳光刺眼，太阳看起来分外明亮。

你知道吗

■ 大气环流是完成地球—大气系统的角动量。热量和水分的输送与平衡以及各种能量间相互转换都要依靠大气环流来完成，大气环流同时又是这些物理量输送、平衡和转换的重要结果。

■ 研究大气环流的特征及其形成、维持、变化和作用，掌握其演变规律，不仅有利于人类认识自然，而且还有利于改进和提高天气预报的准确率，有利于探索全球气候变化，更有效地利用气候资源。

主题索引

晴朗的天空为什么是蔚蓝色的？地球上为什么会刮风？

蔚蓝的天空
在晴朗的日子里，我们看到的天空通常是蔚蓝色的，尤其是经过雨水洗刷后的天空，更是一碧万里，令人心旷神怡。

晴朗的天空为什么是蔚蓝色的？

Weishenme

在晴朗无云的日子里，我们看到的天空通常是蔚蓝色的，特别是一场大雨之后，天空更是蓝得如一泓秋水，令人心旷神怡。这是为什么呢？

科学实验表明，太阳光射入地球大气层时，遇到大气分子和其他微粒时会发生散射。这些大气分子和微粒本身是不会发光的，但它们散射了太阳光，每一个大气分子就变成了一个散射光的光源。阳光所含的七种色中，紫光、蓝光、青光的波长短，最容易被大气分子散射出来，而波长较长的橙、红、黄等颜色的光波透射力最强，散射较弱，它们能透过这些大气分子而保持原来的方向。这样，光波发生分离之后，高空的散射光便以紫光、蓝光、青光为主。

另外，散射光线的颜色与微粒的大小也有密切关系。微粒小，则只有短光波被散射，对下层空气分子来讲，主要是蓝色光线被散射出来，因此我们看到的天空就是蔚蓝色的。

地球上为什么会刮风？

Weishenme

刮风是我们很熟悉的自然现象，它是指空气的水平运动，风的要素包括方向和大小，即风向和风速。风受大气环流、地形、水域等不同因素的综合影响，表现形式多种多样，如季风、地方性的海陆风、山谷风等。那么，地球上为什么会刮风呢？

风形成的直接原因是由于气压梯度力的作用，根本原因是各地受热不均。各地受热不均引起了空气的上升或下沉运动，进而导致了同一个水平面气压的差异，这个差异产生了水平气压梯度力，使轻的空气上升、重的空气下沉，这样的流动就会形成风。

风对地球上热量和水分的输送起着非常重要的作用，直接影响着天气的变化。

风力发电
风是一种潜力很大的新能源。把风的动能转化成机械能，再把机械能转化为电能，就可以实现风力发电，让风为我们所用。

···【百科辞典】···

散射：
光在传播过程中遇到不均匀媒质时，一部分光线不能直线前进，而是改变方向射向四周，这种现象叫散射。

风向：
风吹来的方向，常用16方位记录。

风速：
空气在单位时间内移动的水平距离，以米/秒为单位。大气中的水平风速一般为1.0至10米/秒，台风、龙卷风有时会达到102米/秒。

海陆风：
因海洋和陆地受热不均匀而在海岸附近形成的一种风系。在基本气流微弱时，白天风从海洋吹向陆地，夜晚风从陆地吹向海洋。前者叫做海风，后者叫做陆风，合称为海陆风。

气象之最 世界上风最大的地方：冬天的南极是世界上风最大的地方。在南极，平均每年8级以上的大风的天数有300天，年平均风速19.4米/秒。

为什么某些地区的风向会随季节改变?

Weishenme

风是一种变化不定的事物。在四季的交替变换中,某些地区的风甚至还会随季节改变方向。如在我国,冬季全国大部分地区都吹偏北风,而夏季则多吹偏南风。这种现象就是季风。季风是由海陆分布、大气环流、大陆地形等因素造成的,是以一年为周期的大范围对流现象。为什么会形成季风呢?

季风的形成主要是因为海洋和陆地的比热不同。在夏季,由于陆地比热小,在太阳照射下陆地温度升高快,因而气温比海洋上高,温度高则空气密度小,于是陆地上形成低气压,而凉爽的海洋上则形成高气压,因而夏季风就从南方海洋上的高气压流向大陆低气压,便刮偏南风。在冬季,由于地面接收到的太阳热量少,同时又因向空中辐射而散失热量,所以大陆温度较低,形成冷高气压,而海洋上却依然温暖,形成暖低气压,所以冬季风从内陆冷高压流向南方海洋的暖低压,就刮偏北风。

雅鲁藏布大峡谷
西藏雅鲁藏布江下游的雅鲁藏布大峡谷是地球上最深的峡谷。许多地区至今仍无人涉足,堪称"地球上最后的秘境"。

为什么峡谷地带的风比较大?

Weishenme

峡谷中的风要比平原等其他地区的风更猛烈,为什么会这样呢?

当气流从开阔地区向两山对峙的峡谷地带流入时,由于空气不能在峡谷内堆积,于是气流便加速流过峡谷,所以风速就会增大。另外,当冷空气进入峡谷,就会受到两侧山峰的挤压,这也是峡谷地带风大的原因之一。

就像峡谷里的风总比平原风猛烈一样,城市高楼间的狭窄地带风力也十分强。一些楼间窄地的瞬间风力就大大超过7级,以至于行驶的汽车都会打晃。城市"峡谷风"已成为各大城市面临的新问题,被列为20种新的城市灾害之一。

峡谷景观
当气流从两山对峙的峡谷地带流过时,因为空气不能在峡谷内堆积,所以气流将加速流过峡谷,从而导致风速增大。

你知道吗

☐ 亚洲地区是世界上最著名的季风区。在南亚地区,冬季盛行东北季风,夏季盛行西南季风。

☐ 季风活动范围很广,它影响着地球上1/4的区域和1/2的人口。西太平洋、南亚、东亚、非洲和澳大利亚北部都是季风活动明显的地区,其中印度季风和东亚季风尤为显著。

台风的破坏力
台风是一种破坏力很强的灾害性天气系统，它带来的暴风和暴雨对所过之处有着极大的破坏力。但同时台风对于调节地球热量、维持热平衡也功不可没。

台风将至
台风将至时，风卷残云，夕阳将天边渲染得艳丽而又诡异，隐隐透出一种不安。

风暴中心
台风是产生于热带洋面上的一种强烈的热带气旋，风向呈逆时针方向。台风经过时常伴随着大风和暴雨天气。

台风为什么总是发生在热带海洋上？

Weishenme

台风是产生于热带洋面上的一种强烈的热带气旋。台风经过时常伴随着大风和暴雨天气。那么台风为什么总是发生在热带海洋上呢？

台风形成的原因虽然至今仍不十分清楚，但它的产生必须要具备如下两个主要条件。首先，要有比较高的海洋温度；其次，要有充沛的水汽。

之所以说热带海洋是台风生成的温床，是因为以下几方面的原因。首先，热带海洋是地球上水汽最丰富的地方，地球底层空气可以充分吸收来自海面的水汽，而这些水汽是台风形成发展的主要原动力。没有这个原动力，台风即使已经形成，也会消散。其次，那里离赤道有一定距离，地球自转有利于台风发展气旋式环流和气流辐合。另外，热带海面情况比中纬度地区单纯，同一海域上方的气压往往能保持较长时间，使台风有充分的时间积蓄能量。

为什么给热带气旋起名？

Weishenme

在天气预报中，我们有时会听到达维、苏力、苏拉、海棠等台风的名称，这些台风其实是热带气旋的一种。为什么要给热带气旋起名字呢？

因为热带气旋是最具破坏力的天气系统，人们为了方便记忆，便给它起了名字。此外，一个热带气旋从产生到消亡常常要持续一周以上，所以在大洋上可能会同时出现几个热带气旋，这些气旋有了名字就不易被混淆，也方便人们对这种破坏力居全球首位的热带气旋进行预警和防御，从而减少损失。

在西北太平洋，正式以人名为热带气旋命名始于1945年，开始只是用女人的名字。后来，据说因受到女权主义者的反对，从1979年开始，一个男人名和一个女人名交替使用。2000年1月1日起，西北太平洋地区启用了一套完全不同于以往的新命名表，即均采用台风委员会成员的14个国家和地区所提供的亚洲名字。

【百科辞典】

气流辐合：
指气流从四周向中心流动。

涡旋：
指半径很小的圆柱在静止流体中旋转引起周围流体做圆周运动的流动现象。一般旋涡内部有一涡量的密集区，称涡核，其运动类似刚体旋转。

热带风暴：
热带气旋的一种，其中心附近持续风力为每小时63至87千米。

主题索引

为什么龙卷风有惊人的破坏力？为什么美国被称为"龙卷风之乡"？

为什么龙卷风有惊人的破坏力？

Weishenme

龙卷风往往由空气强烈对流运动产生，发生时十分突然和猛烈，可以使庄稼、树木瞬间被毁，造成交通、通讯中断，房屋倒塌，人畜伤亡。

龙卷风一般是在极不稳定的天气状况下发生的，它的出现常常伴随着雷雨和冰雹天气。这样的天气和龙卷风一起出现，就使龙卷风的破坏力大大加强。

龙卷风的发生一般是有特定的地域和季节特征的。在我国，它一般出现在长江中下游的平原地区，华南地区较多。就季节而言，龙卷风一般多出现在春末和夏季，即5至9月，大多发生在午后到傍晚这个时间段。

为什么美国被称为"龙卷风之乡"？

Weishenme

美国是世界上发生龙卷风最多的国家，平均每天有5次龙卷风发生，每年就有1000至2000个龙卷风。美国的龙卷风不仅数量多，而且强度大，因此，美国又有"龙卷风之乡"的称号。这和美国的地理位置、气候条件以及大气环流特征等因素有关。

首先，美国东濒大西洋，西靠太平洋，南面又有墨西哥湾，大量的水汽不断从东、西、南三面流向美国大陆。水汽多，雷雨云就容易产生，雷雨云积聚到一定强度，就会产生龙卷风。

其次，美国主要处在中纬度，春夏季常受副热带高压控制，即使在秋冬季也常受其边缘影响。副热带高压的西部边缘是气流辐合上升最剧烈之处；在副热带高压南部和西部是偏东和东南气流最活跃的地方，它把大西洋和墨西哥湾的大量暖湿空气源源不断地输向美国大陆，为雷雨云的产生提供了条件，进而导致龙卷风的形成。

龙卷风过后
龙卷风的袭击十分突然和猛烈，可以使庄稼、树木瞬间被毁，造成交通、通讯中断，房屋倒塌，人畜伤亡等重大损失。

龙卷风
龙卷风是一种强烈的小范围空气涡旋，通常由强烈的对流运动产生，具有极大的破坏力。

被"卷走"的小镇
1997年5月4日晚，美国中部堪萨斯州格林斯堡镇遭到强龙卷风袭击，全镇90%以上的建筑物被毁。这场龙卷风几乎将整座小镇"从地图上抹去"。

气象之最 龙卷风的最大风速：位于龙卷风的中心附近，最大可达300米/秒左右，比台风近中心最大风速大好几倍。

云彩是从哪里来的？

天空有时碧空无云，有时白云朵朵，有时又乌云滚滚。天空的云彩有时距地面有1万多米，有时只有几十米。如此多彩多姿、千变万化的云是怎样形成的呢？

云是空气中的水汽达到饱和或过饱和状态而发生凝结形成的。漂浮在天空中的云彩是由许多细小的水滴或冰晶组成的，有时是小水滴或小冰晶的混合物，有时也包含一些较大的雨滴、冰及雪粒。江河湖海以及土壤和动植物体内的水分随时蒸发到空中变成水汽。水汽从蒸发表面进入温度较高的底层大气后就停了下来，这样底层大气中的水汽就多了。如果这些湿热的空气继续抬升，温度就会逐渐降低，抬升到了一定高度，空气中的水汽就会达到饱和。如果空气继续上升，就会有多余的水汽析出。如果那里的温度高于零摄氏度，多余的水汽就凝华成小水滴；如果温度低于零摄氏度，多余的水汽就凝为小冰晶。这些小水滴和小冰晶逐渐增多并达到人眼能辨认的程度时，云就诞生了。

云吸收从地面散发的热量，并将其反射回地面，这有助于使地球保温。但是云同时也会将太阳光直接反射回太空，所以云对地面有降温作用。可见，云与气候、天气关系非常密切。

风雨欲来
暴风雨来临前，云朵变得又黑又厚，云层压得很低，大部分阳光也被云团遮挡住了。

白云飘飘
蓝天白云，晴空万里，总让人心旷神怡。但其实白云并不是纯白色的，其中混合了多种色光。

【百科辞典】

饱和：
在一定温度和压力下，溶液中所含溶质的量达到最大限度的现象。

瑞利散射：
入射光在线度小于光波长的微粒上散射后散射光和入射光波长相同的现象，因英国物理学家瑞利提出而得名。

迈以散射：
当光遇到比其波长要大的微粒时所发生的一种散射。

为什么云朵看起来大都是白色的？

仰望天空中洁白的云朵，人们难免会有疑问：漂亮的云朵为什么大都是白色的？

其实，我们看到的"白"，是多色光的综合结果，是视觉效果。视觉意义上的多色光的"色"是主观的感觉，它与纯客观的单色光的"色"间没有必然联系。这就好比彩电屏幕能显示黄、橙、紫等各种"视觉单色"，但这些色中实际上完全不含黄、橙、紫的单色成分，它们都是由红、蓝、绿三种单色成分按适当的比例配成的具有单色视觉效果的"三色光"。

天空中的云是由小水滴和空气中的粉尘组成的，它们的直径要比太阳光中任何一种颜色的光的波长都要长得多，所以发生瑞利散射的情况很少。这样，一部分太阳光被反射到空中；一部分发生了迈以散射，但不改变太阳光中的任何颜色；还有一部分直接穿透水滴之间的缝隙。上述情况对太阳光的成分都没有影响，所以天空中的云看上去是白色的。

气象之最 对流层中最高的云：卷云，平均高度超过6000米。

为什么有的云朵形状像鱼鳞？

Weishenme

"鱼鳞云"又叫"沉积云"，是秋、冬季节强冷空气来时出现的一种天气现象。一般而言，冷空气来之前，云层较高，数量也不多；冷空气来时，云层逐渐压低、加厚，我们会看见成片浓重的云，接着就会下雨；天气开始好转时，厚重的云层会升高、断裂，这时就会有鱼鳞形状的云出现。另外，"鱼鳞云"还会转变为"高积云"，预示着一两天之后可能还会下雨。

俗话说"天现鱼鳞云，不雨风也颠"。天气忽晴忽雨的时候出现"鱼鳞云"，预示近期天气不稳定，短暂晴好后可能还会有大风和降雨。

为什么下雨之前天上会出现乌云？

Weishenme

下雨之前，天空中经常会乌云密布，地面上也会狂风大作。为什么下雨之前天空中会出现乌云呢？具体情况是这样的：

地球上的水在太阳光的照射下变成水蒸气散发到空中，这些水汽在高空遇到冷空气便凝聚成小水滴。这些小水滴又小又轻，被空气中的上升气流托在空中，使空气湿度越来越大。因为高空的温度低于地表温度，所以水蒸气首先在高空达到饱和或过饱和状态。高空总会有一些灰尘，成为凝聚中心，使饱和水汽和过饱和水汽凝结成细小的雾滴。雾滴足够密集时，就成为肉眼可见的白云。当雾滴越来越大时，云层越来越厚，几乎连成一片，白云就变成乌云了。这是因为水汽浓度较高，阳光照射在云层上方后绝大部分被散射，只有少部分可以透射到地面。此时的云与周围明亮的天空相比就暗了许多，因此从地面上看云就是"乌"的。

乌云压顶
大雨将至时，云中的水汽浓度较高，导致阳光射在云层上方后绝大部分被散射，"白云"就变成"乌云"了。

鱼鳞云
当冷空气带来一场小雨过后，天空中的云朵会大片大片地断裂开来，鱼鳞般地排列在天空，十分奇妙。

你知道吗

- 自然界中除了常见的毛毛雨、阵雨等，还有许多有趣的雨，比如蛙雨、铁雨、金雨，甚至钱雨，实际上它们都是龙卷风的杰作。
- 目前，测定降雨量常用的仪器包括雨量筒和量杯。雨量筒的直径一般为20厘米，内装一个漏斗和一个瓶子。量杯的直径为4厘米，它与雨量筒是配套使用的。
- 中国气象局规定，24小时内的降雨量叫做日降雨量，凡是日降雨量在10毫米以下的降雨叫做小雨，10.0至24.9毫米为中雨，25.0至49.9毫米为大雨，50.0至99.9毫米为暴雨，100.0至250.0毫米为大暴雨，超过250.0毫米的叫做特大暴雨。

为什么海洋不会干涸？

科学家们推测，每年大约有448000立方千米的海水被蒸发到空中。我们不禁要问：如此大量的海水被蒸发，海洋却没有干涸，这是为什么呢？

其实，这和水循环有密切的关系。大量的海水蒸发到空气中，形成水蒸气，但这些水蒸气大部分会在海洋的上空凝结成云，然后又以降水的方式回到海洋，这部分水大约有412000立方千米。另外36000立方千米的水，以水汽的形式来到了陆地上空。这些水汽在陆地上空四处飘荡，在一定的条件下变成雨滴、雪片或冰雹，降落到地面上。这些水到了地面上之后，大部分都汇入江河，又流回海洋，这就是水循环。水循环始终在海洋和陆地之间进行着。因为水循环的过程源源不断地补充海洋里的水量，所以海洋是不会干涸的。

为什么会有冻雨？

在我国南方，每当初冬或冬末春初，当空中的雨落到很冷的电线、地面时，雨水会很快凝结成冰，于是电线成了粗粗的冰条，地面上也积了一层薄薄的冰，这种雨就是冻雨。那么，冻雨是怎样形成的呢？

初冬或冬末春初，当较强的冷空气南下遇到暖湿气流时，冷空气会像楔子一样插在暖空气的下方，近地层气温骤降到零摄氏度以下，湿润的暖空气被抬升，并成云致雨。这时，近地面的空气比零摄氏度稍微低一点，而它的上面是温度高于零摄氏度的气层或云层，再往上又是零摄氏度以下的云层。从这层零摄氏度以下的云层中降落的雪，穿过高于零摄氏度的暖气层融化后，就会以雨的形式继续下落，进入靠近地面低于零摄氏度的冷气层后，雨滴又迅速冷却。其中直径小一些的雨滴发生冻结，降落下来的是"冰粒"；而直径较大的雨滴由于凝固点很低，来不及发生冻结，降落下来就是冻雨。

冻雨是一种灾害性天气。它会压断电线，影响人们的日常生活。严重的冻雨还会压塌房屋、冻死农作物和蔬菜，同时对交通造成很大影响。消除冻雨灾害的方法，主要有：在冻雨出现时发动输电线沿线居民不断把电线上的雨凇敲刮干净；在飞机上安装除冰设备或干脆绕开冻雨区域飞行等。

雨凇
冻雨从天空落下后，碰到树枝、花草、果实或其他物体时，就会在上面冻结成晶莹剔透的一层冰壳，气象学上把这种冻结物称为雨凇。

长江第一湾
万里长江从青藏高原南下，其上游金沙江到了丽江县石鼓镇时，突然掉头北转，形成了"V"形的大湾，这就是著名的长江第一湾。

气象之最　我国出现冻雨最多的地区：贵州省，其次是湖南省、江西省、湖北省、河南省、安徽省和江苏省等地。

沙漠地区为什么会出现幻雨？

Weishenme

在沙漠地区，人们常常会看到一种奇异的现象：当人们在烈日下干渴难忍的时候，沙漠上空的冷空气便在悄悄地聚集、流动，不一会儿，乌云堆积，喜雨将降。人们不禁欢喜雀跃，然而雨滴还未降落到地面便在半空中消失了，让人们空欢喜一场。人们把这种可望而不可即的雨叫做"幻雨"，也叫"空中雨"。

为什么沙漠地区会出现幻雨呢？这是因为沙漠地区每年的降水量十分稀少，有的地方甚至几年不下一滴雨，这就使得沙漠地区低空极度酷热、干燥。因此，沙漠上空形成的雨滴还没有降落到地面就在半空中蒸发掉了，这样就形成了人们常说的幻雨。

由于干旱的原因，在沙漠里行走的人常常会渴望下一场及时雨，而幻雨却不是真正的降雨，它的出现只会让人们感到更加无奈。

如何实现人工降雨？

Weishenme

我们都知道，降雨是一种自然现象。然而随着世界人口的增加，人类对淡水的需求量急剧上升，不少地区出现了严重的水资源危机。因此，人们希望通过人工的方法加快云中形成降水的过程，使云中更多的水分转化为降水，这就是人工降雨。人工降雨又分为空中作业和地面作业两种方法。空中作业是用飞机在云中播撒催化剂，地面作业是利用高炮、火箭从地面上发射催雨弹。

为什么可以实现人工降雨呢？原来，人工降雨是根据自然界降水形成的原理，人为地补充某些降水形成所必需的条件，促使云滴迅速凝结或合并增大，从而形成降水。形成降雨最重要的条件是：零摄氏度以下的冷云中要有冰晶，零摄氏度以上的暖云中要有大水滴。

因此，人类通过向云中播撒人工冰核加快云中产生凝结或凝华的冰水转化过程来实现人工降雨的目的。另外，人们还可以通过影响暖云来达到降雨的目的。要人工影响暖云可以引入湿性核。湿性核能在低饱和度下凝结增长，可在短时间里形成几十微米以上的大水滴，大水滴经过一些必要的过程就形成了降雨。

🔼 **雨**
雨是从云中降落的水滴，可以及时补充地球水资源。当久旱不雨时，人们往往就要采取人工降雨措施来进行催雨或使雨量增大。

🔽 **骆驼**
骆驼特别耐饥耐渴，能驮着人横穿茫茫沙漠，所以人们赠与它"沙漠之舟"的美誉。

🔽 **撒哈拉沙漠（局部）**
撒哈拉沙漠位于非洲北部，是世界上最大的沙漠，同时也是全球最缺水的地方之一。

闪电
闪电时会发出很强的电流,平均电流为3万安培,最大电流可达30万安培。人或动物如果不慎被闪电击中,很可能造成重伤甚至死亡。

人工消雨是怎么回事?
Weishenme

前面我们已经了解了人工降雨,那么什么是人工消雨呢?

人工消雨就是在降水云团的上游地区采用大范围、大规模的人工增雨作业,使天气系统的能量加速扩散,同时使得空中水滴提前快速形成从而提前降落到地面。此外,气象专家还通过释放过量人工冰核的方法减小雨滴,形成大量的冰胚争食云中的水汽,使得大量的云滴无法长大而形成雨滴,这样也可达到人工消雨的目的。人工消雨可以使一些降水提前降落或消失,从而保证避雨区的晴好天气。

人工消雨技术面临的最大难题是确保人工消雨的精确性,否则,人工消雨很可能功亏一篑。

下雨时为什么电闪雷鸣?
Weishenme

每当狂风骤起、暴雨突降之时,总是伴随有惊雷霹雳。为什么一下雨就会电闪雷鸣呢?

其实,这主要和积雨云的出现有关。当近地面空气极不稳定的时候,大气中就容易产生强烈的向上对流运动,形成高耸的积雨云。积雨云会带来降雨,在云中上下奔腾的水汽会产生静电。云的上端产生正电荷,云的下端产生负电荷,地面又是正电荷,正、负电荷之间有空气作为绝缘体。若正、负电荷间的电压差大到可以冲破作为绝缘体的空气时,就会使空气在瞬间膨胀爆炸、发热发光。发光现象就是闪电,而膨胀爆炸发出的巨大声响就是打雷。因此,下雨的时候常常伴随着电闪雷鸣。

人工消雨用的高炮
气象专家通过火箭高炮向云层发射大量催化剂,使云层中的雨滴"长不大",使云中的水汽飘过避雨区域后才变成雨滴落下来,这样便可起到人工消雨的作用。

> 【百科辞典】
>
> **电荷:**
> 物质、原子或电子等所带的电量。
>
> **静电:**
> 相对静止不动的电荷,通常指因不同物体之间相互摩擦而产生的在物体表面所带的正负电荷。
>
> **绝缘体:**
> 又叫电介质,是不善于传导电流的物质。

气象之最 **闪电的最大电流:** 闪电的平均电流为3万安培,最大电流可达30万安培。

夏天的午后为什么常下雷阵雨？

Weishenme

在夏季的午后，常常会出现狂风大作、雷雨交加的天气。只见雨如瓢泼，飞沙走石，较小的东西会被吹到空中随风起舞，有时树枝也会被大风刮断。但是转眼间又会雨过天晴，风平浪静。为什么雷阵雨偏偏爱在夏天的午后光临呢？

原来，夏季日照强烈，尤其是午后，没有植被覆盖的地表温度上升很快，受地表高温的影响，该地上空空气温度比周围地区高，导致空气密度变小，重量变轻，引起垂直上升运动。空气把地面大量的水汽带到几千米以上的高空，发展成强大的雷雨云系。雷雨云里蕴藏着大量水分，它们在云中随着云体的发展而增多，当上升气流无法托住它们时，就会降落成雨滴。

也可以简单地理解为：夏天的午后，地球上空的空气温度最高，上升运动也最强，所以雷阵雨就多在午后至傍晚这段时间出现。

在遇上雷阵雨时，要远离树木，尽量不要大跨步跑动，可以选择到建筑物内躲雨，但不宜呆在车内。

雷雨天为什么不能在树下避雨？

Weishenme

打雷下雨的时候，缺乏气象常识的人常会跑到大树底下去避雨。其实，这样做是非常危险的，因为大树底下的人最容易遭遇雷击。

从气象角度讲，大树可以做雷电接收器，雨天地面有水，位居树下的人体极可能成为互相连通的"引雷通道"，而雷电电流是人体无法承受的。雷打到树上之后，雷电电流就会通过树干泻下来，这种电流很强。在躲雨的过程当中，因为树的高度在人的头顶之上，当这棵大树传导的雷电下来到达人头顶上空的时候，由于下边树干的阻力比较大，所以电弧会闪落打在人的头上，又通过人体一直泄放到地底下去。在这种情况下，人很容易被击伤。另外，雷雨云一般都带有电荷，与地球有很大的电势差，如果站在树下或旁边，由于强大的电流击穿空气放电，许多电流也会通过人体，造成伤害。

所以，雷雨天一定不能躲在树下避雨。

雷阵雨前的天空 雷阵雨来临时，往往会出现狂风大作、雷雨交加的现象。大风起时飞沙走石，掀翻屋顶吹倒墙，令人防不胜防。

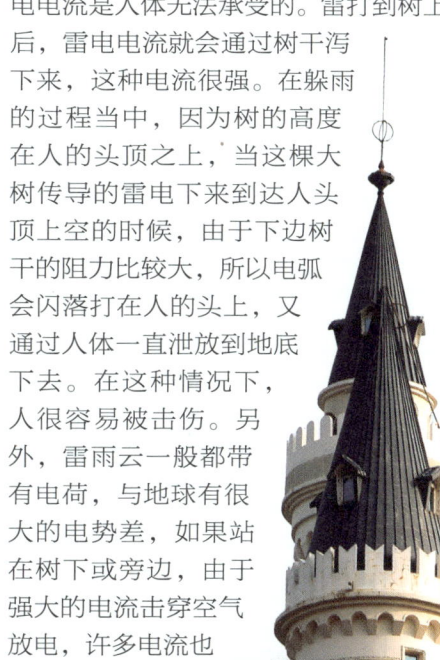

装有避雷针的建筑物 避雷针可以把云层上的电荷导入大地，保证高层建筑物的安全。

气象之最 我国雷暴最多的地方：海南岛西北部的儋州市，平均一年有130.7天会打雷，被称为中国的"雷暴之乡"。

球形闪电
球形闪电俗称滚地雷，通常都在雷暴之下发生，它十分光亮，略呈圆球形，直径大约是20至50厘米。

罕见的球形闪电是怎样产生的？

球形闪电不但罕见而且很奇怪，它见缝就钻，常常从门窗、烟囱甚至缝隙中钻入室内，有时能沿着导线以每秒2米左右的速度前进并燃烧。它有时爆炸，有时无声而逝，有时在地面上缓慢移动，有时跳跃行走，有时在地面上高处悬浮……

这种十分罕见的球形闪电是怎样产生的呢？其实，关于这个问题一直没有让人信服的解释。苏联一位物理学家认为，球形闪电是雷电"吹"成的"泡"。雷暴时，地球的电场强度提高1000倍，强电场击中水滴，在水滴周围形成强场的枝状闪电使水滴膨胀起来。当电流的电阻不断增强，水便分解成氢和氧，氢与氧燃烧便形成了火球的形状。

此外，关于球形闪电的产生还有许多不同的说法，比如从等离子体、离子、带电的尘埃等角度提出的理论。

雨后为什么会出现彩虹？

夏天雷雨或阵雨过后，天空常常会出现一条非常美丽的弓形彩带，从它的外层向里，整齐地排列着红、橙、黄、绿、蓝、靛、紫七种颜色，这就是彩虹。为什么雨后会出现彩虹呢？

彩虹是气象中的一种光学现象。雨后会有大量的小水滴悬浮在空中，当阳光照射到这些小水滴上时会发生折射，分散成七种颜色的光。很多小水滴同时把阳光折射出来，再反射到我们的眼睛里，我们就会看到一条半圆形的彩虹。彩虹的色带分明，红的排在最外面，接下来是橙、黄、绿、蓝、靛、紫六种颜色。

彩虹的明显程度，取决于空气中小水滴的大小。小水滴体积越大，形成的彩虹越鲜亮；小水滴体积越小，形成的彩虹越不明显。

冬天气温较低，空气中不容易存在小水滴，下阵雨的机会也少，所以冬天一般不会有彩虹出现。

你知道吗

- 球形闪电出现时常伴随着爆炸声，消失后空气里会留下一股刺鼻的烟味。
- 球形闪电具有破坏力。它既可以破坏玻璃窗，也能使墙壁的外层剥落。
- 彩虹并非出现在半空中的特定位置。它是观察者看见的一种光学现象，彩虹出现的位置，会随着观察者的位置不同而改变。当观察者看到彩虹时，它的位置必定是在太阳的相反方向。
- 晚虹是一种罕见的现象，在月光强烈的晚上也可能出现。由于人类视觉在晚间低光线的情况下难以分辨颜色，因此晚虹看起来好像全是白色的。

双彩虹
有时候天空会出现双彩虹，在一条彩虹外边还有一条同心但较暗的副虹（又称霓）。副虹是阳光在水滴中经过两次反射形成的。

气象之最　最早记载球形闪电的人：法国天文学家、物理学家阿罗戈，他在1838年首次发表了关于球形闪电的文章。

峨眉山上为什么会出现"佛光"？

峨眉山是我国四大佛教圣地之一，著名的峨眉山"佛光"又为这块圣地增添了许多神秘色彩。每当雨雪天初晴之时，夕阳的余晖斜照在峨眉金顶舍身崖下的云层上，就会形成一个无比绚丽的光环。这个环光芒四射，形状和我们常见的佛像身后环绕的彩色光环一样。

峨眉山上为什么会出现佛光呢？

科学研究认为：佛光是日光在传播过程中经过障碍物的边缘或空隙间产生的衍

现象，即发生衍射而形成的。当云层较厚时，日光在通过云层时，会受到云层深处的水滴或冰晶的反射。这种反射光线穿过云雾表面时，会在微小的水滴边缘产生衍射现象，有一部分光束会偏离原来的方向，其偏离的角度与水滴直径成反比，而与各色光的波长成正比。于是，不同的单色光就逐渐扩散开来，在人们的眼前就会出现一个彩色的光环。

佛家认为，要与佛有缘的人才能看到此光，因为佛光是从佛的眉宇间放射出的救世之光、吉祥之光。这种说法虽然没有科学依据，但是代表了人们的一种美好愿望。

霜是从天上降下来的吗？

在寒冷季节的早晨，草叶上、土块上常常会覆盖着一层白色的结晶，但在日出后很快会消失。人们常常把这种现象叫做"下霜"。翻翻日历，每年10月下旬总有"霜降"这个节气。我们见过降雪，也见过降雨，可是谁也没有见过降霜。这是为什么呢？

其实，霜并不是从天上降下来的，而是在近地面层的空气里形成的。霜的形成不仅和当时的天气条件有关，而且与所附着物体的属性也有关。当物体表面的温度很低，而物体表面附近的空气温度却比较高时，在物体表面和空气之间会产生一个温度差。如果这种温度差主要是由物体表面辐射冷却造成的，那么，较暖的空气就会冷却。当水汽达到过饱和状态时，多余的水汽就会析出。如果温度在零摄氏度以下，多余的水汽就会在物体表面上凝结为冰晶，这就形成了霜。

【百科辞典】

单色光：
单一频率或波长的光，不能产生色散。

衍射：
又叫绕射，是指波遇到障碍物或小孔后通过散射继续在空间传播的现象。

结晶：
物质从液态或气态变成晶体的过程。

霜降
说是降霜，其实霜并不是从天上降下来的，而是在近地面层的空气里形成的。霜本身对植物既没有害处，也没有益处，通常人们所说的"霜害"，实际上是指在霜形成的同时产生的"冻害"。

"蕨类霜"
这种霜冻形成的图案叫"蕨类霜"，是无数水分子以非常对称的六边形形状排列而成的，堪称大自然的艺术品。

气象之最　最早发现峨眉山"佛光"的时间：公元63年，距今已有1900多年。

中国孩子最爱问的十万个为什么

冰雹
冰雹俗称雹子,夏季或春夏之交最为常见。它是一些小的如绿豆、黄豆,大的似栗子、鸡蛋的冰粒,特大的比柚子还大。

松花江雾凇
冬季的松花江气候寒冷,但有一段时间水温甚高,冒起的水蒸气不断凝结在岸边的柳丝、松叶上,便形成了一个玲珑剔透、玉树银枝的雾凇世界。

为什么夏天会下冰雹?

Weishenme

夏天的时候,我们有时会看到天上掉下一种冰粒,小的如绿豆、黄豆,大的似栗子、鸡蛋,特大的比柚子还大。这就是冰雹,俗称雹子,它是一种从冰雹云中降落下来的冰块或冰疙瘩。

为什么冰雹最常出现在夏季呢?这是因为强烈的上升气流一般只会在夏季形成,而这是产生冰雹不可缺少的气象条件。作为一种固态降水,冰雹是在强对流天气下形成的。这种强对流天气一般发生在某地前期气温较高,后期高空有冷空气经过时,冷空气下沉,热空气上升,即形成对流。在对流过程中,空气中已有的冰核等冰雹的"胚胎"在多次上升和下降中体积和重量不断增大,当上升气流再也支托不住时,它便降落至地面。

因此,冰雹一般在夏天出现。

雾凇是怎样形成的?

Weishenme

冬季的时候,在我国北方,常可以看到松柳凝霜挂雪、戴玉披银,如朵朵白云、排排雪浪,十分壮观,这就是雾凇。它是在物体上形成的一种白色不透明的粒状结构沉积物,人们俗称为雾凇。那么,雾凇是怎么形成的呢?

冬季时,由于雾中有无数零摄氏度以下而尚未结冰的雾滴,这些雾滴随风在树枝或其他物体上不断积聚冻粘,就形成了雾凇。雾凇一般分为粒状雾凇和晶状雾凇两类,它们的形成原因有所不同。粒状雾凇是雾滴、水滴随风移动遇到物体时迅速凝结而成的。这类雾凇由一些起伏不平的小冰球重叠而成,呈白雪状,密度大,能较牢固地附着在物体上。另一类晶状雾凇,是天气严寒致使空气呈过饱和状态时水汽直接凝华而成的。这种雾凇由无数小冰晶连接而成,一般增长速度慢、密度小,结构疏松,多产生于晴天、微风、降温强、雾滴小的时候。

山顶上最容易形成雾凇,这也是飞机上常见的冰冻形式。在寒冷的天气里,泉水、河流、湖泊或池塘附近的蒸雾也可形成雾凇。

你知道吗

■ 20世纪80年代以来,天气雷达、卫星云图接收、计算机和通信传输等先进技术在气象业务中的大量使用,大大提高了人们对冰雹活动的跟踪监测能力。

■ 雾凇是一种独特的自然美景,但是它有时也会成为一种自然灾害。严重的雾凇有时会将电线、树木压断,造成损失。

气象之最 我国雾凇出现最多的地方:吉林省的长白山,年平均出现178.9天,最多的年份有187天。

吉林雾凇为什么著名？

雾凇现象在我国北方是很普遍的，在南方高山地区也很常见。其中以吉林雾凇最为著名，号称中国四大自然奇观之一，这是为什么呢？

因为这里存在着"严寒的大气和温暖的江水"。吉林市位于我国东北地区，冬季气候严寒，清晨气温一般都在零下20至25摄氏度。尽管松花江湖面上结了1米厚的坚冰，而从松花江湖大坝底部丰满水电站水闸放出来的湖水温度却在4摄氏度左右。这25至30摄氏度的温差使得湖水刚一出闸，就如开锅般地腾起浓雾。数十里的云雾长龙随松花江水缓缓流过吉林市区，十分壮观。这就是美丽的吉林雾凇得天独厚的气候条件。它使得江畔长堤上的大柳树成了"白发三千丈"的雪柳，使得苍松成了"玉菊怒放"的雪松。这种在得天独厚条件下形成的雾凇既奇厚又结构疏松，因而显得特别轻柔丰盈、婀娜多姿、美丽绝伦。在全中国，以至更大范围内，哪里能再找到这样的条件呢？一般低温地区不可能有不冻的江水，而江水不冻的地区又绝不可能有如此低温的大气环境。因此，雾凇独以吉林雾凇最为著名，每年都有几万中外游客慕名而来观赏美景。

寒潮是如何形成的？

寒潮是冬季的一种灾害性天气，人们习惯把寒潮称为寒流。所谓寒潮，就是北方的冷空气大规模地向南侵袭造成大范围急剧降温和偏北大风的天气过程。寒潮一般多发生在秋末、冬季和初春时节。气象学家对寒潮有一个清楚的规定：因为冷空气的入侵，气温在24小时内剧降10摄氏度以上，而且在这一天内最低温度又在5摄氏度以下，就把此次冷空气爆发过程称为一次寒潮过程。在长江中下游地区，强冷空气南下造成48小时内气温下降10摄氏度以上的天气，也叫做寒潮。那么，寒潮是怎么形成的呢？

这是因为，西伯利亚北部和蒙古高原等地区，一年里获得的太阳光热十分少。特别是在冬季，这里白天很短，黑夜却很长。这样，空气就不断变冷，空气密度越来越大，气压越来越高。当冷空气积聚到一定程度后，在高空气流引导下，便会大规模地移动，形成寒潮。

寒潮过境时，常伴随着6至8级的偏北大风，使沿途气温骤降，发生霜冻。在北方还会引起沙尘暴，对农业生产有较大影响。

吉林雾凇
雾凇现象在我国北方十分普遍，但吉林市的雾凇最为著名，号称中国四大自然奇观之一。

寒潮
寒潮常带来强烈的雨雪天气，造成灾害。图为一个男子正在试图打开一辆被冰雪掩盖的汽车的车门。

中国孩子最爱问的十万个为什么

主题索引： 冬天为什么会下雪？雪为什么是白色的？

珠穆朗玛峰
位于中华人民共和国与尼泊尔交界的喜马拉雅山脉之上，终年积雪，海拔8844.43米，是世界第一高峰。

冬天为什么会下雪？

在我国北方寒冷的冬天里，有时天空会飘起鹅毛大雪，转眼间，大地就会变成一片白色。那么，冬天为什么会下雪呢？

其实，下雪是降水的一种形式，气象学家把这叫做固体降水。这些雪花生长在云体里，云体里既有冰晶，也有过冷水滴，这种云叫做冰水混合云。在这种云体内，过冷水滴不断蒸发变成水汽，水汽便源源不断地涌向冰晶的表面，再经过凝华，冰晶逐渐增大形成雪花。雪花形成后向下飘落，在飘落的过程中，碰上其他雪花就会黏附在一起，慢慢长大。遇到上升气流时，小雪花上升的速度比大雪花快，小雪花赶上大雪花后就发生粘连的现象，经过累积，就形成了直径为几厘米的鹅毛一样的雪团了。当空气中的上升气流再也托不住这些雪花时，它们就从云层中飘落下来，如果这时低层空气的温度在零摄氏度以下，雪花就会降落到地面。

降雪对农作物的生长发育非常有利。因为雪的导热本领很差，如果土壤表面盖上一层雪被，可以减少土壤热量的外传，阻挡寒气的侵入，雪被下面的庄稼便可安全越冬。此外，雪还能增强土壤肥力。据测定，每升雪水里约含氮化物7.5克，所以雪水渗入土壤，就等于施了一次氮肥。

雪为什么是白色的？

冬天，雪花纷纷扬扬地落下来，房屋白了，树木白了，大地也白了。那么，雪为什么是白色的呢？

原来，雪花是由许多小的冰晶组成的。冰是无色透明的，但小冰晶像钻石一样，有很多面，每一面都像一面小镜子，可以反射光线。因为光线方向是不同的，从各个方向合在一起射进我们的眼睛，所以我们看到的雪花就是白色的。

在一般情况下，雪都是白色的，但偶尔也会因为特殊原因出现其他颜色。1962年3月，苏联就曾经下过黄红色的雪，一片金色的世界像梦一般出现在眼前。从沙漠里刮来的漫天飞舞的黄沙把雪染黄了，我国天山地区也下过黄雪。

白色世界
雪花是由许多小的冰晶组成的。冰有很多面，每一面都可以反射光线，光线从各个方向合在一起射入眼睛，我们所看到的雪花就是白色的了。

气象之最 北半球最高的雪线：珠穆朗玛峰北侧东绒布冰川和羌塘高原西部昂龙岗日雪线，海拔6200米。

为什么雪花是六角形的？

大雪纷飞时，如果你拿一张黑颜色的纸，让雪花飘落在纸上，就可以看出雪花是六角形的，并且它的样子也是千姿百态的。为什么雪花是六角形呢？

其实这和水汽凝华结晶时晶体的习性有关。水汽凝华结晶成的雪花属于六方晶系。六方晶系都具有四个结晶轴，其中三个辅轴相交，第四轴与三个辅轴垂直。当水汽凝华结晶的时候，如果主晶轴比其他三个辅轴发育得慢，并且很短，那么晶体就形成片状；如果主晶轴发育很快，延伸很长，那么晶体就形成柱子一样的形状。雪花之所以一般是六角形的，是因为沿主晶轴方向晶体生长的速度比沿三个辅轴方向慢。雪花在空中漂浮时还会振动，这种振动是环绕对称点进行的，这样，就保证了在增长过程中的雪花始终保持六角形。

为什么说"下雪不冷化雪冷"？

冬天下雪的时候，人们感觉并不冷，但在化雪的时候却感觉十分冷，这是为什么呢？

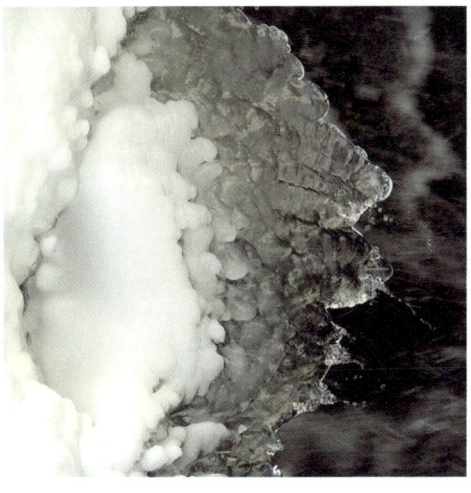

原来，在冬季的时候，冷空气从北方向南方移动，当它和南方来的暖湿空气相遇时，就会产生降雪。下雪前，冷空气势力比较弱，风也很小，停留很长一段时间后也会逐渐变暖，而且从南方来的气流又把较暖的空气带到北方来了。当冷空气势力加强时，暖湿空气上抬，变成云，天空布满了云层，地面的热量也不容易散失。所以，降雪时人们感觉不是很冷。

在降雪的过程中，冷空气势力会越来越强，这将导致强冷空气盛行。雪停云散，天气变晴之后，因为从地面到空中都受到冷空气控制，并且多刮北风或西北风，风力较大，云散去后就会失去保温的作用，雪面的反射作用较大，再加上积雪在阳光照射下融化时，又要从近地面大气层中吸收很多热量而使地面气温降低。所以，人们就会觉得化雪时比下雪时要冷得多。

六棱雪花
雪花形成时一般都是六角形的。而在空中漂浮时，它的振动是环绕对称点进行的，这样就保证雪花可以始终保持六角形。

融化中的雪
"下雪不冷化雪冷"。雪融化时，需要从空气中吸收大量的热，所以化雪时往往比下雪时更冷。

雪后的美国国会大厦
美国国会大厦是全美最著名的地标之一，位于美国首都华盛顿的国会山庄上。华盛顿每年降雪量达1870毫米，是全世界降雪量最大的都市，故称"雪城"。

气象之最　世界上降雪量最大的城市：美国的首都华盛顿，年降雪量达1870毫米，是世界著名的"雪城"。

云山雾海

很多海拔比较高的山上都会出现云山雾海的奇观，较著名的有黄山、张家界等。云雾弥漫中，群山时隐时现，如同蓬莱仙岛一般，令人心驰神往。

雾是怎么产生的？

Weishenme

秋天的清晨，有时你会发现天空中一片朦胧，只能看到自己身边的东西，再远处什么也看不见。这就是雾，它其实是地表的云，那么雾是怎么产生的呢？

一般情况下，雾发生在秋末或初冬无风或微风的晴夜。白天温度比较高，空气中含有较多的水分；夜晚温度下降，空气容纳水汽的能力减小，一部分水汽便会凝结成小水滴。小水滴聚集得多了，就形成了雾。雾形成的条件有三个：冷却、加湿、有凝结核。

此外，我们还可以看到一种蒸发雾。冷空气流经温暖水面，如果气温与水温相差很大，水面会蒸发大量水汽，在水面附近的水汽凝结便形成了雾。这时雾层上往往有逆温层存在，否则对流运动会使雾消散。

而人类活动也可以形成城市中的烟雾。在早晨和晚上锅炉供暖的高峰期，大量排放的烟尘悬浮物和汽车尾气等污染物在低气压、风小的条件下，不易扩散，与低层空气中的水汽相结合，便形成了烟尘（雾）。这种烟尘（雾）持续时间较长，对环境影响很大。

露水是从哪里来的？

Weishenme

清晨，有时候我们可以在树叶、草叶上看到一颗颗亮晶晶的小水珠，这种现象秋天特别多。其实这就是露水，那么露水是从哪里来的呢？

露水要在大气较稳定、风小、天空晴朗少云、地面热量散失快的天气条件下才能形成。在晴朗无云、微风飘拂的夜晚，由于地面的花草、石头等物体散热比空气快，所以温度比空气低。当较热的空气碰到这些温度较低的物体时，水汽便会发生饱和而凝结成小水珠留在这些物体上面，这就是我们看到的露水。露水并不是从天空落下的，它只聚集在草、花或其他比周围的空气温度低的东西上。

如果夜间天空有云，地面就像盖了一条棉被，地面辐射出的热量碰到云层后，一部分折回大地，另一部分被云层吸收后又会慢慢被放射到地面，这样地面的气温不容易下降，露水就难出现。如果夜间风较大，空气就会上下对流，使近地面空气的温度增加，又使得水汽扩散，露水也很难形成。

朝露

露水并非从天而降，而是夜晚的空气碰到冷却了的草叶时水分凝结形成的。

太阳和月亮周围为什么会出现光晕？

Weishenme

晕是一种自然界的光学现象。它是太阳或月亮的光线在透过高而薄的白云时受到冰晶折射而形成的彩色光圈。出现在太阳周围的光圈叫日晕，出现在月亮周围的光圈叫月晕。那么，太阳和月亮周围为什么会出现光晕？

晕出现的时候，一般没有什么风，天空中飘着薄云。薄云包括卷云、卷层云或卷积云。卷云、卷层云和卷积云主要由冰晶组成，它们中的冰晶多数是六棱柱体。当阳光进入大气后，冰晶起着棱镜作用，经过两次折射，阳光被色散成不同方向的色光，便会在太阳或月亮周围产生彩色光环，光环颜色内红外紫，这种七色彩环就被称为"晕"。因为阳光是由红、橙、黄、绿、蓝、靛、紫7种色光组成的，而不同色光的折射率不同，被冰晶折射后偏转角度也不同，最小偏向角约为22度。

日晕是一种比较罕见的天象。虽然日晕罕见又漂亮，但当它出现时不能长时间用肉眼观看它，以免灼伤眼睛。月晕又称"风圈"，是月光被云层折射后，在月亮周围形成的光圈。月晕可以作为天气变化的预兆，历来就有"月晕而风，日晕而雨"的说法。

为什么说"月晕而风，日晕则雨"？

Weishenme

古人很早以前就用晕来预测天气，民间还流传着"日晕三更雨，月晕午时风"的说法，这句话的意思是，如果出现了晕，就将有风雨出现。这是什么原因呢？

日晕和月晕是日、月光线通过云层时受到冰晶的折射或反射而形成的。这种冰晶结构的云常常是冷暖空气相遇而生成的云层，随后云层增厚，会发展成雨层云，所以晕是风雨将要来临的征兆。

晕出现在卷云和卷层云中，往往与锋面云系相联系。冷暖锋前部，由于暖湿空气沿锋面抬升在高空形成卷层云，卷层云随着锋面推移，在锋面过境前后就会出现降水和大风。当天空中出现晕时，如果一个地方离这层云有六七百千米，按每小时四五十千米的移动速度来估算，一般在晕出现后十几个小时之内风雨就会到来，这就是"日晕三更雨，月晕午时风"的道理。

日晕
日晕是日光通过云层中的冰晶时经折射而形成的光现象，光围绕太阳成环形，呈彩色。

月晕
月晕是月光通过云层中的冰晶时，经折射而成的光现象。月晕呈彩色光环状，十分迷人。

中国孩子最爱问的十万个为什么

主题索引
> 沙漠里为什么会出现海市蜃楼？朝霞和晚霞为什么五彩斑斓？

绚丽晚霞
傍晚出现晚霞时，预示着笼罩在本地上空的雨云即将东移，天气就要转晴。因此民间有"晚霞行千里"的说法。

沙漠里为什么会出现海市蜃楼？

沙漠里为什么会出现海市蜃楼呢？其实，它的出现和光的传播有关。光在密度分布不均匀的空气中传播时，会发生全反射，这就是形成海市蜃楼的原因。有个很简单的实验可以印证光的折射，取一只杯子，倒入大半杯水，放在太阳光下，再在杯中插入一根筷子。这时会看到筷子像被折断了一样，这就是光线折射造成的。光在同一密度的空气中行进时速度不变，始终以直线的方向前进；但当光倾斜地从空气进入水中的时候，由于水的密度与空气不一样了，光的速度就会发生改变，并使前进的方向也发生改变。

海市蜃楼经常发生在沿海地区，但有时在沙漠里也会看到。因为太阳照射到沙地上，接近沙面的热空气层比上层空气的密度小，折射率也小。从远处物体射向地面的光线进入折射率小的热空气层时被折射，入射角逐渐增大，也可能发生全反射，人们逆着反射光线看去，就会看到远处物体的倒景，就好像是从水面反射出来的一样。

朝霞和晚霞为什么五彩斑斓？

人们把日出前后在东方天空看到的霞叫做朝霞，把日落前后的霞叫做晚霞。朝霞和晚霞为什么会五彩斑斓呢？

朝霞和晚霞的形成原因都是空气对光线的散射。太阳光射入大气层后，遇到大气分子和悬浮在大气中的微粒，就会发生散射。这些大气分子和微粒本身是不会发光的，但由于它们散射了太阳光，每一个大气分子也就成了一个散射光源。太阳光谱中波长较短的紫、蓝、青等颜色的光最容易散射出来，而波长较长的黄、橙、红等颜色的光透射能力很强。这样，地平线上空的光线只剩波长较长的红、橙、黄光了。这些光线经空气分子和水汽等杂质的散射后，那里的天空就会呈现出绚丽的色彩。

朝霞满天
霞是日出和日落前后阳光通过厚厚的大气层被大量的空气分子散射的结果。如果有云层，云块也会染上艳丽的颜色。

气象之最 我国最早记载海市蜃楼的书籍：西汉时期司马迁编写的《史记·天官书》。书中写到："海旁蜃气象楼台，广野气成宫阙然。"

为什么人们"朝霞不出门，晚霞行千里"？

我国民间有句俗语"朝霞不出门，晚霞行千里"，这究竟是怎么回事呢？

原来，春夏早晨，低空空气稳定，尘埃少，这时如出现鲜艳的朝霞，就表示东方低空含有许多水滴，有云层存在，雨水也将逐渐逼近，这就是"朝霞不出门"的原因。傍晚，由于大地被阳光照射了一天，空气温度较高，低空大气中水分一般不会很多，但尘埃因对流变弱可能大量集中于底层。这时如出现的鲜艳的晚霞，则主要是由于尘埃等干粒子对阳光的散射所致，这就说明西方的天气比较干燥。按照气流由西向东移动的规律，未来一段时间本地的天气不会转坏，所以有"晚霞行千里"的说法。可见，"朝霞不出门，晚霞行千里"的说法是有一定科学道理的。

地震前为什么会出现绳状的云朵？

在地震前，有时天空会出现条带状的云朵，有的像绳子，长几十千米，宽几千米。其实这种绳状的云朵是地震云的一种。地震云是指地震即将发生时震区上空出现的不同颜色的带状云，如白色、灰色、橙色、橘红色等。为什么地震前会出现这种绳状的地震云呢？

地震工作者认为，地震即将发生时，地热会聚集于地震带，地震带岩石受强烈应力作用发生激烈摩擦也会产生大量热量。这些热量从地表表面逸出，使空气增温产生上升气流并在高空形成地震云，云的尾端指向地震发生处。也有人认为，地震云的必然性尚缺乏实验数据，也可能只是一种巧合。因此，地震云的真相还有待进一步考证。

朝霞如血
俗语说，朝霞不出门。早晨出现朝霞，说明大气中水滴很多，大雨将至，不宜出行。

地震云
地震云多出现在早上或傍晚，持续的时间越长，对应的震中就离云出现的地方越近。

你知道吗

■ 如果天空中出现火红色或金黄色的晚霞，就表明西方已经没有云层，因为这样阳光才能透射过来形成晚霞，因此晚霞预示天气将要转晴。

■ 中午是阳光最强的时候，也是空气中的水分最少的时候，所以中午看不到霞。

主题索引

地球上的五带是怎么划分的？热带地区为什么一年只有干湿两季？

🏠 格陵兰岛
格陵兰岛属寒带，那里气候寒冷，冰雪茫茫，中部地区的最冷月平均温度为零下47摄氏度，绝对最低温度达到零下70摄氏度，是地球上仅次于南极洲的第二个"寒极"。

🏠 海南风光
海南省是中国南海上一颗璀璨的明珠，地处热带、亚热带，属热带季风气候区，是中国最具热带特色的地方。海南全年暖热，雨量充沛，但降雨季节分配不均，因此干湿季节明显。

地球上的五带是怎么划分的？

Weishenme

我们都知道，地球上有热带、北温带、南温带、北寒带和南寒带这五个自然带。那么，这五带是怎么划分的呢？

太阳辐射是气候带形成的基本因素。太阳辐射在地表的分布，主要取决于太阳高度角。太阳高度角随纬度增高而递减，它不仅影响温度分布，还影响气压带、风带和降水，使地球上的气候呈现出按纬度分布的地带性。

热带：在南、北回归线之间，是地球上太阳唯一能够直射的地带，地面获得的太阳光热最多。热带地区气候终年炎热，四季和昼夜长短变化都不明显。

寒带：南、北极圈以内的地区。北极圈以北的地区是北寒带，南极圈以南的地区是南寒带。寒带地区，太阳斜射得很厉害，一年中大部分时间是漫长的黑夜，获得的太阳光热最少，故称寒带。这里气候终年寒冷，没有明显的四季变化，有极昼、极夜现象。

温带：是南、北回归线和南、北极圈之间的广大地区。北回归线和北极圈之间为北温带，南回归线和南极圈之间为南温带。温带地区冬冷夏热，四季分明，夏季昼长夜短，冬季昼短夜长，昼夜长短变化十分明显。

热带地区为什么一年只有干湿两季？

Weishenme

我国的海南省属于热带地区，那里有丰富的旅游资源，有美丽富饶、得天独厚的热带海岛。像海南岛这样的热带地区是没有四季的，它只分干湿两个季节。这是什么原因呢？

热带地区一年中四季的冷暖变化不明显，但是下雨和不下雨的日子却相对集中，界线也比较明显。所以热带地区的季节划分就和温带地区不同，它没有四季的划分，一年只分为一个多雨的热季与一个少雨的冷季。根据这一点，热带地区可以分为旱季和雨季，就是我们经常听到的干湿两季。比如北非的苏丹，一年之中的季节可分为三季：11至1月为干凉季，2至5月为干热季，6至10月为雨季。

你知道吗

■ 南纬23度26分和北纬23度26分之间是热带气候区。在这一区域内，由于地表及降水的不同，热带气候又可分为赤道雨林气候、热带草原气候、热带荒漠气候、热带季风气候等。

■ 我国的雷州半岛和台湾省南部也处于热带气候控制之下，终年不见霜雪，到处是郁郁葱葱的热带丛林。

■ 按水平尺度大小，气候可分为大气候、中气候与小气候。大气候是指全球性和大区域的气候，中气候是指较小自然区域的气候，小气候是指更小范围的气候。

气象之最 最早提出科学划分5个气候带的人：奥地利的苏潘，1879年，他经过科学测算把全球气候划分为5个气候带。

沙漠地区为什么常年干旱少雨？

Weishenme

沙漠地区烈日高照，十分干旱，一般很少下雨。为什么会这样呢？

沙漠地区干旱少雨，主要是由于那里太阳辐射强烈。沙漠地区每年太阳照射的时间都在3000小时以上，最多的地方可以超过3600小时，撒哈拉沙漠甚至超过4000小时，也就是说，每天太阳要照射这里10个小时以上。在如此高温下，沙漠地区蒸发强烈，而空气相对湿度又小，所以很难成云致雨。

气象站里的百叶箱是做什么用的？

Weishenme

一提到气象站，人们就会想到那小巧玲珑的百叶箱、高杆上的风向标和风杯。风向标和风杯是用来观测风的来向和风力大小的，而这个小小的百叶箱却很神秘，它到底有什么作用呢？

打开百叶箱，你可以看到里边摆放着各种各样的温度表，有最高温度表、最低温度表、干球温度表、湿球温度表。这些温度表都是用来观测大气的温度和湿度的。干球温度表主要用于观测大气的温度。干球温度表和湿球温度表的读数结合在一起就可以算出大气的湿度。

温度表是不能直接暴露在空气中的。由于温度表吸收太阳辐射的能力比大气强得多，太阳一晒，温度表表面的温度很快就会上升，这样测到的就是温度表表面的温度，而不是大气的温度。夜晚，温度表感应地面辐射的能力也比大气强得多。因此，任何直接暴露在空气中的温度表，其测量值在白天偏高，夜晚则偏低。

所以说百叶箱是安置测定温度、湿度仪器所用的防护设备，它的作用就是防止太阳对仪器的直接辐射和地面对仪器的反射辐射，一方面保护仪器免受强风、雨、雪等的影响；另一方面使仪器感应部分有适当的通风，能真实地感应外界空气温度和湿度的变化。

百叶箱
整个箱体涂成白色，有利于反射太阳辐射；四壁和顶层、底层的特殊结构可以保障箱内外空气自由流通，并避免降水和强风的影响。

跳鼠
跳鼠是沙漠里典型的穴居啮齿类动物，喜欢在沙丘上挖洞居住，因此又称"沙跳"。

纳米布沙漠（局部）
位于纳米比亚和安哥拉境内，是世界上最古老、最干燥的沙漠之一。沙漠中，凯塞布干河沿岸一带年降雨量不足25毫米，常常是暴风雨骤然降临，其他时刻则一点雨水也没有。

地理之最 我国最大的沙漠：塔克拉玛干沙漠，位于新疆维吾尔自治区，面积是33.76万平方千米。

中国孩子最爱问的十万个为什么

主题索引
气象卫星为什么能观测气象？气象卫星为什么要拍摄卫星云图？

气象卫星为什么能观测气象？

> **气象卫星**
> 气象卫星具有观测范围大、及时迅速、连续完整的特点，并能把云图等气象信息发给地面用户。

气象卫星之所以能观测气象，主要是因为它携带着气象遥感器。这种遥感器能够接收和测量地球及其大气的可见光、红外与微波辐射，并将它们转换成电信号传送到地面。地面接收站再将电信号复原绘出各种云层、地表和洋面图片，进一步处理后就可以发现天气变化的趋势。

气象卫星的主要工作内容包括：卫星云图的拍摄；对云顶温度、云顶状况、云量和云内凝结物相位的观测；对陆地表面以及海洋表面状况的观测；对大气中水汽总量、湿度分布、降水区和降水量分布的观测；对大气中臭氧的含量及其分布的观测；对太阳的入射辐射、地气体系对太阳辐射的总反射率以及地气体系向太空的红外辐射的观测；对空间环境状况的监测等。

气象卫星的出现使气象监测工作发生了根本变化。它可以实时地获取全球的天气变化状况，提供常规观测手段无法获取的大量宝贵信息，从根本上解决了广大海洋水域和人烟稀少地区气象观测资料不足的难题，使人类对地球及其大气的了解在深度和广度上都达到空前的程度。

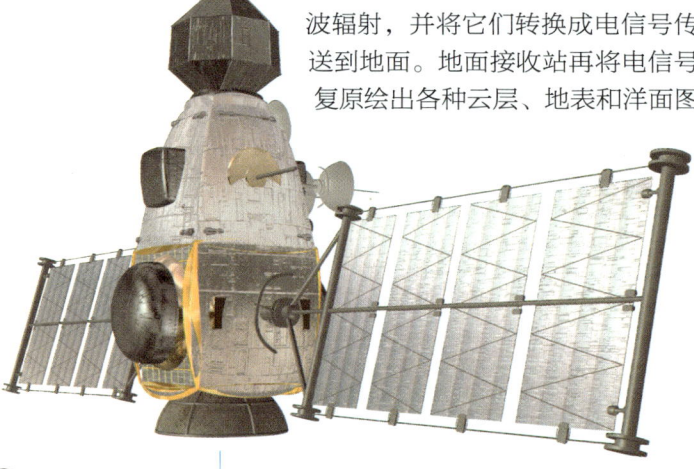

> **国防卫星**
> 这是一种具有国防作用的气象卫星，可为空中、海上、陆地和太空作战提供有关云层、气温、大气状况等气象信息。

> **卫星云图**
> 卫星云图是气象卫星自上而下观测到的地球上的云层覆盖状况和地球表面特征的图像，对提高天气预报的准确率具有重要作用。

气象卫星为什么要拍摄卫星云图？

天气预报时首先在电视画面上呈现的就是卫星云图。它是由气象卫星观测到的图像，包括地球上的云层覆盖状况和地球表面的特征。气象卫星为什么要拍这些卫星云图呢？

利用卫星云图可以识别不同的天气系统，确定它们的位置，估计其强度和发展趋势，为天气分析和天气预报提供依据。在海洋、沙漠、高原等缺少气象观测台、观测站的地区，卫星云图所提供的资料弥补了常规探测资料的不足，对提高预报准确率起了重要作用。

世界各国的气象卫星拍摄了大量的卫星云图，这些卫星云图已经成为当今世界不可或缺的气象信息来源。

【百科辞典】

天气预报：
利用大气变化的规律，根据当前及近期的天气形势，对未来一定时期内的天气状况进行预测。

波段：
电磁波频谱的划分，也指发射机、接收机等设备的工作频率范围的划分。

气象之最 我国最早的气象卫星：1988年9月7日发射的"风云一号"太阳同步轨道气象卫星。

Part 20

二十　能源·矿藏

能源是可产生各种能量（如热量、电能、光能和机械能等）或可作功的物质的统称，它是人类活动的物质基础。矿藏是埋藏在地下的各种自然矿物资源的总称，部分能源同时也是矿藏，如石油、煤炭、天然气等。

常见的能源有哪些?

能源是自然界中能为人类提供某种形式能量的物质资源。如今,能源和我们的生活息息相关,那么,常见的能源主要有哪些呢?

石油
石油是从地下深处开采的棕黑色可燃黏稠液体,是古代海洋或湖泊中的生物经过漫长的演化形成的混合物,与煤一样属于化石能源。

潮汐磨房
潮汐中蕴藏着巨大的能量,潮汐发电就是靠潮汐的落差来实现的,以前劳动人民用潮汐能推磨,现在许多国家都利用潮汐能来发电。图为潮汐磨房。

常见的能源包括固体燃料、液体燃料、气体燃料、水能、电能。其中,前三种统称为化石燃料或化石能源。已经被人类认识的上述能源,在一定条件下可以转换为人们所需的某种形式的能量。如薪柴和煤炭,把它们加热到一定温度,它们能和空气中的氧气化合并放出大量的热能。我们可以用热能来取暖、做饭或制冷,也可以用热能来产生蒸汽,用蒸汽推动汽轮机,使热能变成机械能;还可以用汽轮机带动发电机,使机械能变成电能;如果把电送到工厂、企业、机关、农牧林区和住户,它又可以转换成机械能、光能或热能。

此外,人类还发现了很多新能源,包括潮汐能、波浪能、海流能、风能、地热能、生物能、氢能、核能等。

为什么说地球上的能源都来自太阳?

太阳是一个大火球,它拥有十分强大的能量,地球上万物的生长都和它紧密相关。很多科学家说,地球上的能源都来自太阳,这是真的吗?

科学家们研究发现,人类所需能量的绝大部分都直接或间接地来自太阳。自然界里的各种植物通过光合作用把太阳能转变成了化学能,并在体内贮存下来,这些能量给人类和动物提供了能源。煤炭、石油、天然气都是化石燃料,它们是由古代埋在地下的动植物经过漫长的地质年代转化形成的,这其实是由古代生物固定下来的太阳能。另外,水能、风能、波浪能、海流能等也都是由太阳能转换来的。

因此,我们可以说地球上的能源都来自太阳。

你知道吗

■ 能源依据产生的方式可划分为一级能源和二级能源。自然界中以现成形式提供的能源称为一级能源,如石油、天然气等;需依靠其他能源的能量间接获取的能源叫做二级能源,如电能。

■ 核能已经成为当今世界越来越主要的能源,在所有能源中所占的比例也越来越大,在法国占80%,在美国占30%。

■ 截止到2003年底,化石能源仍是世界上的主要能源,在世界能源供应中约占87.7%,其中,石油占37.3%、煤炭占26.5%、天然气占23.9%。

能源之最 可再生能源投资最多的国家:中国。根据统计,我国在可再生能源方面的投资为60亿美元,居世界首位。

为什么黑色的集热板能收集太阳能？

Weishenme

细心的人会发现，在楼顶上放置的太阳能热水器大都有黑色的集热板。为什么黑色的集热板能够收集太阳能呢？

黑色的集热板其实是一种平板式集热器。太阳能设备一般装在屋顶上，太阳光照射到黑色薄铁皮制成的集热板上，光能变成了热能。因为黑色的集热板可以将各种颜色的太阳光全部吸收，所以一般都用黑色的集热板来收集太阳能。

太阳能集热板将太阳辐射能转化为热能，这个过程叫做光热转换。集热板的吸热及储能材料是一种无毒、无害、无燃、无辐射、无污染、结构稳定、安全可靠的物质。集热板转换效率高达80%以上，能将热能通过热交换系统迅速传递到人们所需要的地方。

风力发电场为什么有许多风车？

Weishenme

在荷兰，我们经常可以看到很多风车。它们随风转动，为这个美丽的"风车之国"增色不少。实际上，这些风车大部分都位于风力发电场，这是为什么呢？

风是一种潜力很大的洁净能源，2000多年前，中国、巴比伦、波斯等国就已开始利用古老的风车提水灌溉、碾磨谷物。19世纪末，欧洲人开始利用风车发电。风车发电的原理是利用风力带动风车叶片旋转，再通过增速机将旋转的速度提升，促使发电机发电。

据测定，一台55千瓦的风力发电机组，当风速每秒为9.5米时，机组的输出功率为55千瓦；当风速每秒8米时，功率为38千瓦；当风速每秒为6米时，功率只有16千瓦；而当风速为每秒5米时，仅为9.5千瓦。由此可见，风力愈大，它所产生的经济效益也愈大。

现在，风力发电正在世界范围内被广泛应用。据估计，2000年时，世界风力发电总容量已达到1200万千瓦。

黑色集热板
黑色的集热板可以将各种颜色的太阳光全部吸收，转化为热能。根据这个原理，一般太阳能热水器都是使用黑色集热板。

【百科辞典】

热能：
　　热传递过程中传递的内能。

巴比伦王国：
　　西亚巴比伦尼亚南部的古代奴隶制城邦，以巴比伦城为中心。

千瓦：
　　电的功率单位。

达坂城风力发电场
我国南北疆气流活动的主要通道——新疆达坂城山口，年风能蕴藏量为250亿千瓦时，可装机容量达400万千瓦。

水车是做什么用的？

水车，古时候叫做翻车，也叫龙骨车，是我国劳动人民在东汉末年发明的。水车上端的大轴两端各有四根拐木，作为脚踏之用。水车一般被放在岸上的木架之间，人扶着木架用脚踩动拐木，就能带动下边的龙骨叶沿木槽往上移动把水提上岸来。

那么，水车到底能帮助人们做什么呢？最重要的是，它能使人们从繁重的体力劳动中得到解放。具体来讲，水车可以帮助人类引水灌溉，节省了很多体力。在清朝时期和解放前，水车被广泛应用于农业生产。解放以后，水车慢慢消失了，到了今天，只保存下来几架作为历史的见证。

水车发展到唐宋，在轮轴应用方面有了很大的进步。隋唐时人们利用水力做动力发明了"筒车"，筒车配合水池和连筒可以把低处的水往高处送，功效很大，节约了宝贵的人力。元朝和明朝的水车用水力和畜力做驱动，终于把人力从水车脚踏板上解放出来。

由此可见，水车在中国农业发展中贡献很大。它使农作物种植所受的地形制约大为减轻，促进了丘陵和山坡地的开发。在干旱时，水车可以用来汲水灌溉，在发生洪涝积水时，水车也可用来排水解涝。

大坝
大坝是人类在与自然长期相处过程中，利用自然力量的结果。随着社会的发展，大坝在原始的灌溉功能之上又发展出了现在的发电泄洪功能。

水车
水车是我国古代人民发明的一种引水灌溉的农具。水车可以用人力、水力或兽力做驱动，大大提高了农业的作业效率。

水力发电站为什么需要建水坝？

很早以前，人们就建造了水坝。公元前700至前250年，亚述人、巴比伦人、波斯人修筑了多座供灌溉用的水坝。同一时期，在印度和中国，人们也修筑了各种水坝，如中国的都江堰。现在，在很多水力发电站附近也可以看到水坝，这是为什么呢？

原来，水力发电利用的多是河川、湖泊等位于高处、具有势能的水，这些水流至低处时，其中所含的势能转换成水轮机的动能，再以水轮机为原动机，推动发电机产生电能。水力发电在某种意义上来说是将水的势能变成机械能后又变成电能的转换过程。水坝可以将水积蓄起来，从而抬高上游水位，提高水的势能，同时积累水在流动过程中所产生的能量。因此，水电站通常需要建水坝。

你知道吗

- 1940年竣工的佩克堡水坝，土方量9600万立方米，是当时世界上最大的水利工程。
- 1579年至1589年，在西班牙蒂维建造的一座重力拱坝，高42米，在后来近3个世纪中，它始终是欧洲最高的水坝。

能源之最　世界上最大的水坝：中国的三峡大坝，大坝坝顶总长3035米，坝高185米。

潮汐为什么能发电？

Weishenme

海水有一种周期性的涨落现象：某个时间内波浪翻滚，迅猛上涨，达到高潮；一段时间后，上涨的海水又会自己退去，留下一片沙滩，这是低潮。这种不断循环的现象就叫潮汐。人们可以根据潮汐的这种特点，利用它来发电。这是为什么呢？

潮汐发电和水力发电的原理类似。它是利用潮水涨落产生的水位差所具有的势

能来发电的，也就是说，把海水涨落的能量转变为机械能，再把机械能转变为电能（发电）。具体地说，潮汐发电就是在海湾或有潮汐的河口建一个堤坝，主要用来拦水，然后将海湾或河口与海洋隔开，构成水库，再在坝内或坝房安装水轮发电机组，最后利用潮汐涨落时海水的水位升降，让海水通过轮机转动水轮发电机组发电。

为什么说地热能的储量巨大？

Weishenme

地热能是指贮存在地球内部的可再生热能，它一般集中分布在板块边缘地带。地热能起源于地球的熔融岩浆和放射性物质的衰变。科学家认为，全球地热能的储量与资源潜量十分巨大。这是什么原因呢？

科学家们研究发现，地热资源是地球上取之不尽、用之不竭的可再生能源。地球本身就是一个巨大的地热库，储藏着丰富的热能。有关资料表明，仅在距地表以下1万米厚的地层范围内，储热量就达到了1.05×10^{26}焦耳，相当于9.95×10^{15}标准煤所释放的热量。

我国地热资源丰富，分布范围广，在可供开采利用的深度范围内，既有广泛分布的中低温地热，又有能够直接发电的高温地热。据国土资源部初步估算，全国主要沉积盆地距地表2000米以内储藏的地热能，就相当于2500亿吨标准煤的热量。

你知道吗

- 潮汐电站除了发电外，还有着广阔的综合利用前景，其中最大的效益是围海造田、增加土地，此外还可以进行海产养殖和发展旅游业。
- 我国一般把高于150摄氏度的地热流体叫做高温地热，主要用于发电。低于150摄氏度的地热流体叫中低温地热，通常直接用于采暖、工农业加温、水产养殖及医疗和洗浴等。
- 目前世界上最大的潮汐发电站是1966年在法国西部沿海建造的朗斯洛潮汐电站。它的装机容量为24千瓦，年均发电量为5.44亿度。

地热发电厂
地热发电是将地热蒸汽的热能在汽轮机中转变为机械能，让它带动发电机发电。地热发电是地热利用的最重要方式。

退潮后
落潮时，海水奔腾而归，水位持续下降，势能转化为动能，动能再转化为电能，以此实现潮汐发电。下图为退潮之后搁浅的渔船。

能源之最 直接利用地热最多的国家：中国。我国每年直接利用的地热资源量已达44570万立方米，居世界首位。

沼气池
沼气池的池型种类很多，但反应原理都是利用生物发酵，将有机物转化为甲烷等可燃性气体。

火山岩
火山岩是岩浆喷出地表冷却凝固而形成的岩石，是现代利用很广泛的一种石材。

石英
石英是地球表面分布最广的矿物之一，在工业中有广泛的用途。

甲烷分子结构图
甲烷在自然界分布很广，是天然气、沼气、坑气及煤气的主要成分。

为什么沼气能用来做饭？

在我国农村，有很多家庭都有沼气池，利用沼气做饭。凡是沼气利用得好的地方，农户的卫生状况和居住环境都大有改观。为什么沼气能用来做饭呢？

沼气是指有机物在厌氧环境中通过微生物发酵作用而产生的一种可燃性混合气体。它的主要成分是甲烷和二氧化碳，其中，甲烷占55%至70%，二氧化碳占25%至40%，此外还有少量的氢气、硫化氢、一氧化碳、氮气和氨等。这些成分决定沼气具有可燃性，所以它能用来做饭。

沼气还可以用于农业生产，如温室保温、烘烤农产品、储备粮食、水果保鲜等。大中型沼气工程生产的沼气可用来发电、烧锅炉、加工食品、采暖或供给城市居民使用。

岩石和矿物有什么区别？

在生活中，常可以听到岩石和矿物这两个词，但人们有时可能会把它们混淆。那么，它们之间有什么区别呢？

岩石就是通常所说的石头，是天然产出的具稳定外形的矿物或玻璃集合体。它是构成地壳和上地幔的物质基础。

矿物是指由地质作用形成的天然单质或化合物。它们具有相对固定的化学组成，呈固态者还具有稳定的内部结构。矿物是组成岩石的基本单元。目前已知的矿物约有3000种，绝大多数是固态无机物，液态（如石油、自然汞）、气态（如天然气、二氧化碳和氦）、固态有机物（如油页岩、琥珀）仅占数十种。

不同的矿物组合在一起会形成不同种类的岩石。组成地壳的岩石主要可分为三种：地球高温、高压下熔融又慢慢冷却形成的岩浆岩；沙、粉沙和泥混合而成的沉积岩；前两种岩石经过变质作用形成的变质岩。

【百科辞典】

温室：
又叫暖房，能透光、保温，可用来栽培植物。

石英：
一种物理性质和化学性质均十分稳定的矿产资源。

化合物：
在化学反应之中产生的由两种或两种以上元素构成的纯净物。

能源之最　最古老的岩石：年龄约为43至44亿岁，是科学家在澳大利亚西南部发现的。

煤炭是怎样形成的？

Weishenme

煤炭被人们誉为"黑色的金子"、"工业的食粮"，是18世纪以来人类世界使用的主要能源之一。虽然它的重要位置已被石油所代替，但在今后相当长的一段时间内，由于石油的日渐枯竭，储量巨大的煤炭必将成为人类生产生活中无法替代的能源之一。那么，煤炭是怎样形成的呢？

很多科学家都认为，煤炭是千百万年来植物的枝叶和根茎在地面上堆积而成的一层极厚的黑色腐殖质，后来由于地壳的变动，这些腐殖质被埋入地下，长期与空气隔绝，并在高温、高压下经过一系列复杂的物理化学反应，形成了黑色可燃化石。

也有一些科学家不同意这种说法。但是，无可否认的事实是，煤炭确实是植物的残骸经过一系列的演变形成的。只要仔细观察一下煤块，你就会看到上面有植物的叶、根、茎的痕迹。如果把煤切成薄片放到显微镜下观察，你还能非常清楚地发现植物组织和构造。有的煤层里还保存着像树干一类的东西，有些还包裹着完整的昆虫化石。

为什么在煤层中常能发现琥珀？

Weishenme

煤矿工人在采煤的过程中，有时会在煤层中挖出一些黄色透明的琥珀矿石，更令人称奇的是，这些被挖出来的琥珀石中有的还含有小昆虫。石中的小昆虫品种多样，形态各异，栩栩如生。煤层中为什么会有琥珀？

原来，在很久以前的古生代，沼泽地上生长着大片森林，当时气候暖湿，森林里树木枝繁叶茂。如遇大风吹断树枝，树枝折断处便会流下一滴滴树脂。如果滴下的树脂正巧粘住了一只小虫，继续滴下的树脂就会把小虫厚厚实实地裹在里面。后来，地面缓缓下沉，大量的林木和树枝上滴下的树脂被掩埋在地下，其上覆盖着厚厚的地壳风化物。经过地质作用，埋藏在地下的林木炭化成乌黑的煤，而滴下的树脂也变得很坚固。但树脂的化学性质非常稳定，不易变化，所以它仍保持着原来的颜色与透明度，这便是我们见到的琥珀。因此，人们常在煤层中发现琥珀，在琥珀中也常会发现小虫。

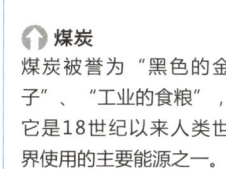

煤炭
煤炭被誉为"黑色的金子"、"工业的食粮"，它是18世纪以来人类世界使用的主要能源之一。

琥珀
琥珀的形状多种多样，表面常保留着当初树脂流动时产生的纹路，内部经常可见气泡及古老的昆虫或植物碎屑。油脂光泽，透明到半透明不等。

矿藏之最 世界上最大的琥珀集散地：濒临波罗的海的格但斯克以琥珀成色好、品质佳享誉世界，是世界上最大的琥珀集散地。

采油机

这种采油机被形象地称为"磕头机",它利用一上一下的往复运动,带动油井内的抽油杆和活塞把原油从1000多米的油井深处抽到地面。

阿拉伯半岛卫星图

阿拉伯半岛位于亚、非两大洲之间,是世界上最大的半岛。这里的石油储量居世界第一。

科威特炼油厂

科威特位于亚洲西部、阿拉伯半岛东北部、波斯湾西北岸,这里石油和天然气储量丰富,其中石油储量占世界储量的10.8%,居世界第四位。

石油是怎样形成的?

石油是当今世界极其重要的工业能源,被称做"工业的血液"。这种黑棕色的、黏稠的液体,已经渗透到人类生活的许多领域。那么,石油是如何形成的呢?

经过长期的研究,科学家已经证明石油是由古代的有机物转变而来的,即石油的原料是生物的尸体。生物的细胞含有脂肪和油脂,脂肪和油脂则是由碳、氢、氧这3种元素组成的。在古老的地质年代里,古代海洋或大型湖泊里的大量生物死亡后被埋在泥沙下,它们的遗体在缺氧的条件下逐渐分解。随着地壳的升降运动,它们又被送到海底,埋藏在沉积岩层里,承受高压和地热的烘烤,经过漫长的转化,最后形成了石油这种液态的碳氢化合物。

据估计,全世界海底石油的总储量约为3250亿吨,占整个地球石油储量的1/3。这些石油多分布在中国近海、中东、波斯湾、墨西哥湾、几内亚湾和北海等浅海海底。

为什么阿拉伯国家盛产石油?

世界上产油量多的国家大部分都是阿拉伯国家。阿拉伯国家以盛产石油闻名,其石油产量约占全世界的1/4,享有"世界油库"之称。为什么阿拉伯国家盛产石油?

1亿多年前,阿拉伯国家所处的中东地区的地质构造为大型沉积岩盆地。随着时间的推移,埋藏在地下的生物有机质在高温、高压和细菌的生物化学及物理作用下,经过裂解、烃化,形成了碳氢化合物,并沿着岩石的空隙和裂隙运动。中生代之后,地壳运动使这些阿拉伯国家所在的地区形成了褶皱,油气在侧向压力的作用下再次向褶皱聚集,于是便有了今天的大油田。

还有人认为阿拉伯国家盛产石油与此处的地质条件有关。原来的阿拉伯半岛与亚欧大陆并不相连,由于板块飘移使两个板块相撞,原来大量的森林被挤压到了地层深处,阿拉伯从而成为石油的富集地。

【百科辞典】

碳氢化合物:
仅由碳、氢两种元素组成的有机化合物,又叫烃。

裂解:
石油化工生产过程中,用比裂化更高的温度使石油分馏产物中的长链烃断裂成乙烯、丙烯等短链烃的加工过程。

能源之最 石油储量最多的国家:沙特阿拉伯,约占全球石油已探明储量的1/4。

主题索引

天然气储藏在哪里？钻石为什么被称为"宝石之王"？

天然气储藏在哪里？

Weishenme

天然气是埋藏在地下的古生物经过亿万年的高温和高压等作用而形成的可燃气体，是一种无色、无味、无毒、燃烧稳定、洁净环保的优质能源，是一种主要由甲烷构成的气态化石燃料。天然气主要储藏在哪里呢？

天然气主要贮藏在地下多孔隙岩层中。很早以前，地球上有大片被水淹没的低洼地区，大量的生物在此繁衍。这些生物死亡后，它们的遗体沉入水底，然后泥沙不断地在遗体上堆积起来，一层层地把它们压在下面。在动植物遗体中生长着一种细菌，它的名字叫"厌气性细菌"。亿万年以来，"厌气性细菌"做着一种"分解"动植物遗体的工作，渐渐地把动植物遗体转变成了天然气。后来，地壳发生了变动，陆地上升，古代海洋退却，气体就向那些有隙缝的地方集中。这样，天然气的储气层就形成了。

此外，还有的天然气存于油田中，也有少量存于煤层中。

钻石为什么被称为"宝石之王"？

Weishenme

钻石号称"宝石之王"，它和红宝石、蓝宝石、祖母绿和金绿猫眼石一起被列为大自然赋予人类的五大名贵宝石，而其中钻石又居五大宝石之首，是世界上公认的最珍贵的宝石。钻石是金刚石的宝石学名称，也称金刚石、天宝石、夜光石。

钻石之所以被人类称为"宝石之王"，并成为最昂贵的宝石品种，除与它本身的魅力和品质有关外，还与钻石矿床的探测、加工等有着密切的关系。首先，钻石矿床的探寻十分艰难，要耗费巨大的资金；其次，钻石矿床数量少，是一种稀缺资源；再次，钻石的开采规模浩大、难度高，它的加工程序复杂，工时量大。以上三个特点决定了钻石是宝石之中的"王者"。

有人初步统计，一颗钻石，从它的开采、分选、加工、分级、销售到最后卖到购买者手中，约涉及200多万人。一枚钻戒是大自然造物主和200多万人心血的结晶，钻石的无比珍贵也就体现在这里。

钻石
钻石英文名称为Diamond，源于古希腊语Adamant，意思是坚硬不可侵犯的物质。钻石以无色透明为上品，有一种无色透明中带一点蓝色的，更是佳品。

天然气运输专用船
这种船专门用来运送零下162摄氏度液化的天然气，造价很高，一般用于专门航线。

祖母绿
祖母绿是一种含铍铝的硅酸盐，玻璃光泽，透明至半透明不等。英文名称为Emerald，《西厢记》中将其译为祖母绿，后流传至今。

你知道吗

- 按天然气在地下存在的相态可将其分为游离态化合物、溶解态化合物、吸附态化合物和固态水合物。
- 人类开采利用钻石的历史已有几千年了，但自古以来大于20克拉的宝石级钻石十分罕见。
- 17世纪初，在印度戈尔康达的钻石砂矿中发现了一粒重309克拉的钻石坯，由它加工而成的钻石后被取名为"奥尔洛夫钻石"。

矿藏之最 最早的合成钻石：1955年由日本首先研制成功，因其成本高于天然钻石，所以没有批量生产。

红宝石都是红色的吗？

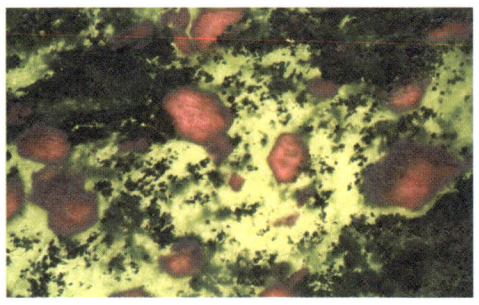

在众多的宝石中，红宝石品质上乘，色泽明艳动人，是五大名宝石之一。娇艳欲滴的红宝石晶莹剔透，散发着迷人的光泽，但红宝石都是红色的吗？

所谓红宝石即红色的刚玉宝石，主要成分是氧化铝（Al_2O_3），红色来自铬（Cr）。红宝石包括从浅红到深红所有红色调的刚玉宝石。没有铬的宝石是蓝色的。因此，红宝石都是红色的。

红宝石的质量主要通过颜色、净度和切工等方面来评价。红宝石的颜色有红色、橙红色、暗红色、粉红色，其中以纯红色为最佳；净度是指红宝石中瑕疵的大小、数量、位置、对比度，瑕疵少者为佳，瑕疵偏多会影响宝石的透明度及耐久性；红宝石的切工主要从琢形、比例、对称性和修饰度等方面去考虑。对于红宝石而言，颜色是其价值最主要的因素，一般情况下，鲜红或鸽血红的红宝石价值最高，因为这样的红色最具光彩。

《圣经》中约伯说："智慧的价值超过红宝石。"可见红宝石自古就被人们看成是尊贵的象征。摩西的哥哥亚伦所穿圣衣上的第四颗宝石便是红宝石，这颗宝石上刻着犹太人祖先的名字。自从古代犹太人宣布建立以色列国以来，这颗珍贵的宝石一直是皇冠上最名贵的宝物。

天然红宝石大多产自亚洲（缅甸、泰国和斯里兰卡）、非洲和澳大利亚，美国蒙大拿州和南卡罗来纳州也有出产。天然红宝石非常少见，但是人造红宝石的技术并不难，所以工业用的红宝石都是人造的。

红宝石毛料
未经加工的红宝石原石。天然红宝石大多产自亚洲（缅甸、泰国和斯里兰卡）、非洲和澳大利亚，非常少见，极其珍贵，所以工业用的红宝石都是人造的。

红宝石戒指
红宝石的英文名为Ruby，在《圣经》中是所有宝石中最珍贵的，被誉为"爱情之石"，象征着热情、爱情、永恒和坚贞。

铁锈与废墟
纯铁本是银白色的，但因为铁的表面常常生锈，覆盖着一层黑色的四氧化三铁与棕褐色的三氧化二铁的混合物，所以铁看上去就是黑色和棕褐色的了。

黑色金属都是黑色的吗？

在家里，我们做饭用的刀、锅和勺等都是用金属做的。金属具有特有光泽而且不透明，富有展性、延性、导热性和导电性。

金属是个大家族，现在世界上共有86种金属。人们通常把金属分成两大类：黑色金属和有色金属。

很多人认为黑色金属一定是黑色的，其实不然。黑色金属只有三种：铁、锰、铬。事实上，它们三个都不是黑色的：纯铁是银白色的，锰是银白色的，铬是灰白色的。由于铁的表面常常生锈，覆盖着一层黑色的四氧化三铁与棕褐色的三氧化二铁的混合物，看上去是黑色的，因此人们把铁称为"黑色金属"。常说的"黑色冶金工业"主要是指钢铁工业，最常见的合金钢是锰钢与铬钢，因此人们把锰与铬也算成是"黑色金属"了。

除了铁、锰、铬外，其他的金属都是有色金属。

矿藏之最　颜色最浓的红宝石： 鸽血红的宝石，艳红如鲜血，在白炽光下，光彩夺目，也是价值最高的红宝石。

为什么指南针失灵的地方常有大铁矿？

Weishenme

俄国十月革命以前，一些旅行者在库尔斯克城附近发现了一个奇怪的现象：他们带的指南针好像被施了魔法一样，指针不再指向真正的南北方向。科学家们猜测，这里的地下很可能隐藏着一个很大的磁铁矿，但他们找了好久，也没有找到铁矿。十月革命胜利后，列宁派遣的地质工作队终于在这里找到了含有磁铁矿的石英岩。为什么指南针失灵的地方经常会有大铁矿呢？

指南针是我国古代的四大发明之一。我国古代劳动人民在寻找铁矿的实践中，发现了磁石的指极性，最初的指南针就是用天然磁石制成的，古人把它称为"司南"。指南针的原理是利用地球南、北极地磁场的吸引力，来指示南、北方向。因此，碰到铁矿石时，指南针带铁磁性的针头就会指向铁矿石而不再指向南北方向。

但是，并不是磁力越强的地方铁矿就越多，因为有些岩石的磁性也可以很强。相反，那些磁力比较弱的地区往往隐藏着铁矿，而且含铁量还很高，因为地下那些质量较差的磁铁矿石，经过风化变成了赤铁矿并富集了起来。

为什么植物能够帮助人类找矿？

Weishenme

广阔的大地上生长着种类繁多的植物。植物属于有机物，有时科学家把植物和矿物联系在一起，用植物帮助人们来找矿。这是为什么呢？

植物在新陈代谢和生长发育过程中，特别需要某种矿物。它们常常会形成发达的根系，深深扎入地下，去寻找这些矿物元素。有些植物吸收某种金属离子后会引起细胞液酸碱度的变化，导致正常花色的改变，这对人们寻找矿藏具有指示作用。因此，植物成了地质学家找矿的"侦察兵"。

有人从亚麻中提取出了铅，这是因为这种亚麻生长在铅矿区；有人从一堆玉米灰烬中找出了几克黄金；有人根据一种开浅红色花的紫云英发现了铀矿；有人通过蓝色的野玫瑰找到了铜矿埋藏的地方。铊是一种银白色、比砷毒性还大的金属，在医学和航天、军事等领域都有很重要的作用。以前所需要的铊主要是从有色金属硫化矿冶炼的烟尘中回收而得到的。后来科学家经过反复的勘验，终于发现大金发藓等植物是寻找铊矿的有效指示植物，从而找到了大型的铊矿床。

铁矿石
铁是世界上发现最早、利用最广、用量最多的一种金属。铁矿石主要用于钢铁工业，被冶炼为含碳量不同的生铁和钢。

指南针
指南针的发明是人们对物体磁性认识的结果。人们首先发现了磁石引铁的性质，后来又发现了磁石的指向性，最终发明了指南针。

亚麻花
亚麻是一种古老的韧皮纤维作物和油料作物。亚麻对铅元素具有很强的吸收能力。某种亚麻燃烧后，灰里氧化铅的含量竟高达52%，简直成了"植物矿石"。

矿藏之最　铁矿储量最多的国家：俄罗斯

核能是从哪里来的?

危险！放射性物质
由放射性物质所造成的污染，叫放射性污染。放射性污染的来源有：原子能工业排放的放射性废物、核武器试验的沉降物以及其他含有放射性物质的废渣、废气、废水。

核电站
将原子核裂变释放的核能转变为电能的系统和设备。

能源危机对世界各国来说都是一个挑战，很多国家都试图运用核能来缓解这个问题。原子核裂变或聚合可以释放出惊人的能量，这就是核能。那么，核能是从哪里来的呢？

核能来自于原子核。核能的产生有两种途径：一种是较重的原子核分裂成两个中间质量的原子核，并释放出热量；另一种是两个较轻的原子核聚合成一个中间质量的原子核，并释放出热量。

著名科学家爱因斯坦提出了质能关系公式，即质量也可以转变为能量，而且这种转变的能量非常巨大。质能关系正确地解释了核能的来源，奠定了核能理论的基础。

为什么说核能是能源世界的"巨人"?

世界上常用的能源是煤炭和石油，核能属于新能源。核能和常规能源比起来有很多优点，因此，很多人把核能叫做能源世界的"巨人"。为什么核能可以获得这样的称号呢？

第一，核能的能量十分巨大，1千克燃料铀能发800万度电，而1千克煤却只能发3度电，所以说核燃料具有体积小、能量大的优点。20世纪80年代因化石能源短缺问题日益突出，核能发电发展很快。到1991年，全世界近30个国家和地区建成的核电机组为423套，总容量为3.275亿千瓦，发电量约占全世界总发电量的16%。

第二，与其他能源相比，核能是一种安全可靠的能源。油田和煤矿一般事故多发，相比起来，核电站的风险要小得多。

第三，核电的成本较低。20世纪70年代初，核电的成本在一些工业发达国家与火力发电成本相当。后来，由于石油价格上涨和核电技术的提高，核电成本已低于火力发电成本。在法国，核电的成本不仅低于火力发电，而且低于水力发电。由此看来，利用核能发电的前景十分广阔。

中国大陆核电起步较晚，20世纪80年代才动工兴建核电站。中国自行设计建造的秦山核电站和大亚湾核电站已经投入运行。

【百科辞典】

铀：
1789年由德国化学家克拉普罗特从沥青铀矿中分离出来的一种元素。它的熔点大约是1132摄氏度，沸点是3818摄氏度。

核能：
即原子能，因原子能是原子核裂变或聚变时释放出来的，所以也叫核能。

为什么需要对核废料严格管理?

Weishenme

煤炭燃烧会产生煤灰,核反应堆在反应过后也会产生很多核废料。核废料是指在核燃料生产、加工和核反应堆用过的、不再需要的并具有放射性的废料。世界上有核的国家都对核废料进行了严格的管理。这是为什么呢?

核废料可能导致放射性污染。因为放射性物质的放射线穿透力很强,能使细胞发生癌变,对生物和环境都有破坏性,对人类健康的危害也很大。

核废料可分为低放射性废料与高放射性废料两种。低放射性核废料是指医院、工厂、研究机构以及核电厂等产生的包含放射性物质的废弃物,如衣物、纸类、试验器具等。高放射性核废料主要是使用过的核燃料,其中铀235约占3%,其余97%主要为铀238以及钚。铀238和钚都是可回收利用的资源。

为了更安全、更长久地掩埋核废料,世界各国都在努力开发新技术,以减少核废料对环境的危害。

为什么说海洋是一座能源宝库?

Weishenme

地球表面71%的地方都是海洋。广阔的海洋,从蔚蓝到碧绿,美丽而又壮观。现在,人们越来越多地注意到了海洋的价值,不断对海洋进行开发,海洋已经成为一座能源宝库。为什么这么说呢?

根据科学家测定:海底蕴藏着大量的多金属结核,其中,锰结核含量约为2000亿吨;海底磷矿、硫化矿、砂矿的储量也很丰富;海水中含有大量化学元素,可提取的元素包括铀、氘、氚等80余种;海洋的水产资源极为丰富,海洋生物约20余万种,所能提供的蛋白质将占到人类食用蛋白质的1/3左右;海洋地质专家估计,海底储存石油2500亿吨,比陆地储油量高3倍;此外还有丰富的煤田和天然气。

此外,工程师们正在开拓海洋利用的新领域,包括建设海上城市、海上机场、海底隧道、海底仓库等,以拓展人类生存的空间。同时,海水本身也是一种重要资源,它不仅可以通过脱盐处理转化成淡水,还可以直接用于工业冷却、印染、清洁、消防等,甚至将来还有可能用于农业灌溉。

海洋如此富饶,它可以为人类提供食物、能源、矿物、水源、化工原料乃至于广阔的活动空间,所以广阔无垠的海洋是自然界赐予人类的一个巨大的资源宝库。

核废料处理
核废料处理的基本方法有稀释分散、浓缩贮存以及回收利用。目前,国际通用的方法是先经过冷却、干式储存,然后再将装有核废料的金属罐投入选定海域4000米以下的海底或深埋于建在地下厚厚岩石层里的核废料处理库中。

海上养殖场
随着社会的发展,人们越来越多地注意到了海洋的价值。逐渐深入的海洋开发,使海洋这座能源宝库更好地为人类服务。图为利用海洋建立的海上养殖场。

麦克阿瑟河铀矿
麦克阿瑟河铀矿山位于加拿大萨斯喀彻温省北部，是世界上规模最大、产量最高的铀矿山。

铀矿
铀矿石是矿石家族中的"玫瑰花"，色彩绚丽，具有放射性。矿石品位偏低，通常有磷、硫及有色金属、稀有金属矿产与之共生或伴生。

海底"可燃冰"是什么？

Weishenme

自然界中确实存在着能够燃烧的"冰"即天然"可燃冰"，它埋藏于海底的岩石中。为什么海底会有"可燃冰"呢？

原来，"可燃冰"是由海洋板块活动形成的。当海洋板块下沉的时候，古老的海底地壳会下沉到地球内部，海底的石油和天然气就会涌上表面。在冰冷的海水和深海压力下，一部分天然气与海水发生了化学作用，形成了"可燃冰"。

"可燃冰"的形成需具备以下三个条件：第一，温度不能太高，零摄氏度以上才可以生成，0至10摄氏度是最合适的，温度最高不能超过20摄氏度，再高气体就分解了；第二，要有足够的压力，零摄氏度时，气压在30个大气压以上它就可能生成；第三，地底要有气源。

科学家估计，海底"可燃冰"分布的范围约占海洋总面积的10%，相当于4000万平方千米，是迄今为止人们发现的海底最具价值的矿产资源，足够人类使用1000年。

为什么海洋中蕴藏着丰富的核原料？

Weishenme

广阔的海洋中有很多宝贵的资源，其中还有10万亿吨重氢，它是用做核聚变的宝贵原料。为什么海洋中蕴藏着这么多核原料呢？

能够发生裂变反应的最佳物质是铀，能够发生聚变反应的最佳物质是氘，而这两种物质的绝大部分都储存在海水里。

海水里铀的浓度虽然不高，每升海水中只有3.3微克，但海洋十分广阔，海水的量也多，所以海洋里的铀总量十分巨大，可以达到45亿吨，这相当于陆地铀储量的4500倍。铀是能够产生高能量的核原料，1千克铀可供利用的能量相当于2250吨优质煤。因此可以预想，海洋将成为人类的能源宝藏。

不过，至今还没有一个国家能够进行大规模的铀生产，这主要是因为技术难题和成本问题。尽管海水含铀总量高达45亿吨，但浓度极低。要想得到3千克铀，必须要处理100万吨海水才行，处理如此巨量的海水，给铀生产提出了很多技术难题，也会耗费大力的人力、物力、财力。

你知道吗

- 1立方米的"可燃冰"可转化为164立方米的天然气和0.8立方米的水。
- "可燃冰"作为一种新能源虽然具有开发应用的前景，但对它的开采如果方法不当，让释放出的甲烷扩散到大气中，会大大增强地球上的温室效应，使地球变暖，导致地球上永久冻土和两极冰川融化。

海中为什么会有淡水？

Weishenme

在我国福建南部的古雷兰岛东边，有一个叫莱屿的小岛，距该岛约500米处的海面上有一片奇怪的淡水区，叫做"玉带泉"。在美国佛罗里达州和古巴东北部之间的海区，也有一片直径为30米的淡水海域。这里水的颜色、温度、波浪与周围的海水不同，人们称之为"淡水井"。

海水一般是咸的，为什么海洋中会出现这些淡水区域呢？一些科学家认为，淡水区域的海底一般都会有一口喷泉，能够喷出强大的淡水流。当喷出的淡水流冲开海水，占据了一定的位置以后，就形成了一个与周围海水完全不同的淡水区。

有些科学家不同意这种说法，他们认为，在几十万年前，这些海底可能是一片陆地，如同在我国东海海底发现的长江古河道那样，陆地上众多的河流和星罗棋布的湖泊为形成地下含水层创造了有利条件。后来虽然经历了多次海陆变迁，但其中的水分被保存了下来，这些水分冲开海水便形成了淡水区。

为什么海水的温差也能发电？

Weishenme

海洋中还蕴藏着丰富的太阳热能。太阳每年供应给海洋的热能大约有60多万亿千瓦时。这样庞大的能量，除了一部分转变为海流的动能和供水汽的循环利用外，都直接以热能的形式储存在海水中，主要表现为海水表层和深层直接的温差。一些国家利用海水的温差来发电，这是怎么回事呢？

原来，水的沸点和气压有着密切的关系。如果建造一个装置，用抽真空的方法使表层的海水在20摄氏度汽化并推动汽轮机，再将深层的冷水提上来使蒸汽冷却，周而复始，就可以发电了。除了这种方法外，还可以用低沸点的流体如丙烷和氨来作为热机的工作介质。

法国已经建成了世界上第一座温差发电站，发电容量为14000千瓦。估计不久的将来大规模利用海水温差发电将成为可能。

【百科辞典】

喷泉：
将水或其他液体经过一定压力通过喷头喷洒出来使其具有特定形状的组合体。

沸点：
液体沸腾时候的温度叫做沸点。

介质：
一种物质存在于另一种物质内部时，后者就是前者的介质。

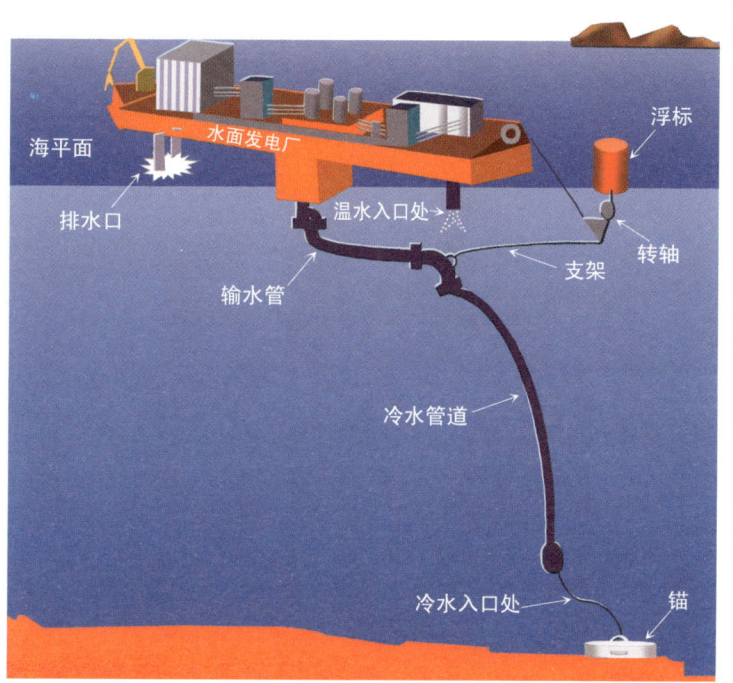

海水温差发电厂（示意图）

这种发电方法的优点是不受天气影响，输出功率稳定。它在热带和亚热带海区最为适用。有专家研究认为，利用海水温差建立输出功率为10万千瓦的发电厂是有可能的。

能源之最 淡水资源最丰富的国家：巴西是世界上淡水资源最丰富的国家，其淡水资源约占世界淡水总量的13.8%。

海水淡化
所谓海水淡化，就是将海水中的盐分分离以获得淡水。现在所用的海水淡化方法有海水冻结法、电渗析法、蒸馏法、反渗透法等。

废物利用
日常生活中的一些废弃物，只要略为加工，就可以变成别具一格的艺术品。"世界上根本没有垃圾，只有放错了地方的资源。"下图为废物制成的帆船工艺品。

为什么要将海水淡化？

Weishenme

地球上大部分是海洋，按理说生活在地球上的人类不必担心缺水，但是科学家们还在用现代科技手段对海水实行淡化处理，这是为什么呢？所谓海水淡化，就是将海水中的盐分分离以获得淡水。

其实，地球虽然有"水球"之称，但它表面覆盖的水体中，海洋咸水占到了97.5%，人们能利用的淡水只占地球总水量的0.26%。在水资源紧张的情况下，把海水淡化确实是一个缓解水资源短缺的好办法。

例如，西亚的沙特阿拉伯是个缺水的国家，随着石油工业和经济的发展，这里缺水的问题越来越严重。为此，沙特阿拉伯于20世纪60年代制定了建立大型海水淡化厂的长远计划。经过数十年的建设，沙特阿拉伯的海水淡化工程有了长足的发展。目前，沙特阿拉伯每天生产淡水23.64亿升，同时发电360万千瓦。

海水淡化事业的迅速发展，使沙特阿拉伯登上了"海水淡化王国"的宝座，长期令沙特阿拉伯人苦恼的淡水问题得到了基本解决。

所以，海水淡化工程对解决淡水危机有重要作用。

垃圾为什么能发电？

Weishenme

日常生活中会产生大量的垃圾。一般说来，垃圾就是无用的东西，但事实真的是这样吗？其实不然，垃圾可用来发电。

垃圾发电是把各种垃圾收集后，进行分类处理，并用来发电。垃圾为什么能发电呢？这主要有两方面原因：第一，对燃烧值较高的物品进行高温焚烧，然后把在高温焚烧中产生的热能转化为高温蒸汽，推动涡轮机转动，使发电机产生电能；第二，对不能燃烧的有机物进行发酵、厌氧处理；第三，干燥脱硫，产生一种气体叫甲烷，也叫沼气，再经燃烧，把热能转化为蒸汽，推动涡轮机转动，带动发电机产生电能。

现在，随着科学技术的发展，人们对垃圾有了新的看法："世界上根本没有垃圾，只有放错了地方的资源。"垃圾发电在国际上已成为保护资源、拉动环保产业的重要项目。垃圾发电可以实现环保和资源再生的良性循环。日本已建立了1700多家垃圾发电厂，维也纳光市区就有9家。

你知道吗

- 亚洲国家如日本、新加坡、韩国、印度尼西亚与中国等都积极发展或应用海水淡化作为替代水源。
- 我国有丰富的垃圾资源，其中存在极大的潜在效益。现在，全国城市每年因垃圾造成的损失约近300亿元，如果将其综合利用却能创造出2500亿元的效益。

能源之最 最早的海水淡化厂：1954年建于美国，现在仍在得克萨斯州的弗里波特运转着。

Part 21

二十一　生态·环境

生态环境是指由生物群落及非生物自然因素组成的各种生态系统所构成的整体，主要或完全由自然因素形成，并间接地、潜在地、长远地对人类的生存和发展产生影响。所以说，我们必须积极保护和改善生态环境。

中国孩子最爱问的十万个为什么

主题索引
地球为什么是目前已知唯一存在生命的星球？ 什么是生物圈？

生机勃勃的星球
水、空气、阳光……这些缺一不可的生存条件使地球成为迄今已知的唯一一颗生机勃勃的星球。

生物圈
地球上有生命存在的地方均属生物圈。生物圈里繁衍着各种各样的生命，为了获得足够的能量和营养物质以支撑生命活动，这些生物之间就必然存在着吃与被吃的关系。这种物质能量交换维持了整个生物圈的平衡。

地球为什么是目前已知唯一存在生命的星球？

Weishenme

目前，地球上生活着大约200万种不同种类的生物。科技的发展让人们了解到了宇宙空间的广阔，但是科学家们还没有在地球之外发现生命。地球是目前已知唯一存在生命的星球。

地球有生命存在主要有两个条件。第一，地球的外部条件。首先，地球所处的宇宙环境安全，八大行星的公转轨道基本处在同一平面上，并且方向相同，避免了彼此碰撞；其次，地球的光照稳定，自从地球诞生到现在太阳对地球的照射一直没有中断过。第二，地球的自身条件。地球上的水能以液态形式存在；有适宜生物呼吸的大气和适于生物生存的大气层；地球的质量和体积适中；地球上有适宜的温度。

因为科学家还没有发现具备以上所有条件的别的星球，所以我们说地球是已知唯一存在生命的星球。

什么是生物圈？

Weishenme

生物圈，也叫生态圈，它是由大气圈下层、水圈、土壤岩石圈以及活动于其中的生物组成的地球表面最大的生态系统。

地球在长期的发展和演变过程中，形成了大气圈、水圈、土壤岩石圈等不同的圈层。这三个圈层相互重叠、互相渗透、相互作用，形成水中有气、气中有水、土中有水有气的适合生物生存的环境。生物依靠三个圈层提供的物质和太阳辐射能量实现生存发展，同时也在发展过程中不断地改变着各圈层的成分和性质。

生物圈泛指地球上所有生命与其生存环境的整体，它在地球表面上到平流层、下到10多千米的地壳范围内形成一个有生物存在的薄层。在这样一个薄层里具有生命存在的四个条件：阳光、水、适宜的温度和营养成分。

总之，地球上有生命存在的地方均属于生物圈。

你知道吗

☐ 一些与地球环境相似的行星确实很可能存在外星人，但是由于我们的航天、通讯技术尚不发达，要找到它们我们还必须加倍努力才行。

☐ 生物圈主要由生命物质、生物生成性物质和生物惰性物质三部分组成。

☐ 生物圈是最大的生态系统。人在生态系统中扮演消费者的角色，人的生存和发展离不开整个生物圈。因此，保护生物圈就是保护我们自己。

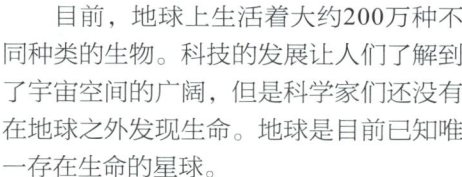

生态之最　最早提出生物圈概念的人：奥地利地质学家休斯。他是在1375年提出生物圈概念的。

什么是生态系统？

我们居住的地球上存在着大大小小、多种多样的生态系统，大的如生物圈、海洋、陆地、森林、草原、湖泊等，小的如一片草地、一个池塘等。那么，什么是生态系统呢？

生态系统的概念最早是由英国生态学家坦斯利在1935年提出来的。今天，人们对生态系统这一概念的理解是：生态系统就是在一定空间范围内共同栖居着的所有生物群落与其环境之间通过不断的物质循环和能量流动过程而相互作用、相互依存的统一整体。

生态系统有四个主要的组成成分：非生物环境、生产者、消费者和分解者。非生物环境包括气候因子、无机物质、有机物质等。生产者是自养生物，主要指绿色植物，也包括蓝绿藻和一些光合细菌。消费者是异养生物，主要指以其他生物为食物的各种动物。分解者也是异养生物，主要是细菌和真菌，也包括某些原生动物和蚯蚓、白蚁、秃鹫等腐食性动物。它们分解动植物的残体、粪便和各种复杂的有机化合物，吸收某些分解产物，最终能将有机物分解为简单的无机物，而这些无机物参与物质循环后可被自养生物重新利用。

为什么说生态系统不可再造？

生态问题已经成为全人类共同关心、关注的大问题，因为我们只有一个地球，这个星球的健康状况影响着我们每一个人的生活。生态系统如果遭到破坏就不能再造，这是为什么？

一个生态系统内，各种生物之间以及他们的环境之间存在着一种平衡关系。如果生态系统的平衡被严重地破坏，就可能会造成永久的失衡，并且是无法再造的。

天然生态系统是大自然万物经过千万年磨合形成的。它为人类提供美好、多样、稳定的生态环境，它是包括人类在内的生物大家庭的乐园。它一旦遭到严重破坏就不可再造，所以我们一定要保护好生态系统。

纽约中央公园
纽约中央公园号称纽约的"后花园"，是纽约城市生态系统重要的组成部分。它面积达843英亩，是一块完全人造的自然景观，每天都有数以万计的市民与游客在此亲近自然、放松身心。

生态之最 最早提出生态学一词的人：德国生物学家海格尔，于1869年提出。

主题索引

> 为什么各类生物会形成食物链？为什么维护生态平衡至关重要？

食物链

如果某个物种灭绝，就会破坏整个生态系统的平衡，导致其他物种的数量发生变化，因此食物链对生态系统有非常重要的影响。

第二级食肉者
第一级食肉者
植食者
植物

为什么各类生物会形成食物链？

食物链是指生物相互制约、相互依存所形成的食物网络关系。"大鱼吃小鱼，小鱼吃虾米，虾米吃泥巴"，这样就构成了一种食物链。

那么，为什么各类生物能形成食物链呢？

食物对任何生物来说都极为重要，它能提供生活所需的能源、修补受损机能及生长之用。而吃和被吃的行为在生物之间是紧密联系的，这就促进了食物链的形成。食物链的类型可分为4种：捕食性食物链、寄食性食物链、腐食性食物链和碎食性食物链。

食物链中的能量和营养素在不同的生物间传递。食物链很少包括6个以上的物种，因为传递的能量每经过一阶段或食性层次就会减少一些。

生态系统中的生物虽然种类繁多，但根据它们在能量和物质运动中所起的作用，可以归纳为生产者、消费者和分解者三类。在自然界中，每种动物实际上并不是只吃一种食物，这就形成了一个复杂的食物链网。

生态平衡

生态平衡一旦遭到破坏（有些平衡甚至无法重建），带来的后果可能是人的努力无法弥补的。因此人类要尊重生态平衡，维护生态平衡，绝不要轻易去破坏它。

蛇吞鼠

蛇是鼠的天敌。青草—蝗虫—蛙（鼠）—蛇—鹰，是自然界中一条重要的食物链。

为什么维护生态平衡至关重要？

生态平衡是指生态系统内两个方面的稳定：一方面是生物种类的组成和数量比例相对稳定；另一方面是非生物环境保持相对稳定。生态平衡是一种动态平衡。比如，生物个体会不断发生更替，但也总体上看，系统会保持稳定，生物总量也没有明显变化。维持生态平衡为什么如此重要？

生态系统一旦失去平衡，会造成非常严重的连锁性后果。20世纪50年代，我国曾把麻雀作为"四害"来消灭，可是在大量捕杀麻雀之后的几年里，却出现了严重的虫灾，农业生产遭受了巨大损失。后来科学家们发现，麻雀是吃害虫的好手。消灭了麻雀，害虫没有了天敌，就会大肆繁殖，导致了虫灾、农田绝收等一系列严重的后果。生态系统的平衡往往是大自然经过了很长时间才建立起来的动态平衡。这种平衡一旦遭到破坏，为此所带来的恶果可能是人的努力无法弥补的。因此人类要维护生态平衡，不要轻易去破坏它。

生态之最　最早提出食物链概念的人：英国的动物学家埃尔顿，于1927年提出。

大气污染是怎样造成的？

在工业区或化工厂附近，高高的烟囱里冒着黑烟，天空中弥漫着其他杂质和烟尘，我们几乎很难看到清洁和明朗的天空，这就是大气污染造成的。大气中污染物质的浓度达到一定程度，就会破坏生态系统和人类正常生存发展的条件，从而对人或物造成危害。大气污染是怎么形成的呢？

造成大气污染的原因主要是人为因素，如工业废气、生活燃煤、汽车尾气、农垦烧荒、森林火灾和核爆炸等。随着人类经济活动和生产活动的迅速发展，人类在大量消耗能源的同时，也将大量的废气、烟尘物质排入大气。大气污染严重影响了大气环境的质量，特别是在人口稠密的城市和工业区域大气污染日益严重。

工业发展、人口增加、森林砍伐等原因导致大气成分发生了变化。这种变化主要表现为二氧化碳、甲烷、氯氟烃等温室气体的含量上升。

污染严重的地区为什么会下酸雨？

靠近化工厂的地方，经常会下一种非常可怕的雨，这种雨会导致大片森林死亡、农作物枯萎，它就是酸雨。酸雨是指pH小于5.6的雨。酸雨一般出现在环境污染严重的地方，这是为什么呢？

二氧化硫和氮氧化物是形成酸雨的主要原因，而这些物质的产生是由于人类对环境的污染造成的。酸雨里含有酸性物质，是因为煤、石油或者天然气在燃烧后会生成二氧化硫、氮氧化物等新的化学物质。这些化学物质如果排放到空气中，就会变成各种各样的小酸雨滴，等到下雨时，小酸雨滴就会跟着一起落下来，雨也就变成了酸雨。因此，酸雨完全是由于人类污染了空气才形成的。

近一个世纪以来，人类社会的二氧化硫排放量一直在上升，尤其是第二次世界大战后上升得更快。1950至1990年全球的二氧化硫排放量增加了约1倍，目前已超过每年1.5亿吨。全球氮氧化物的排放量也接近每年1亿吨。

工业废气
造成大气污染的因素有自然因素（如森林火灾、火山爆发等）和人为因素（如工业废气、生活燃煤、汽车尾气等）两种，以后者为主。

泰姬陵
大理石含钙很多，因此最怕酸雨侵蚀。印度著名古迹泰姬陵，由于大气污染和酸雨腐蚀，建筑表层的大理石已失去光泽，乳白色逐渐泛黄，有的甚至变成了锈色。

生态之最 我国最大的酸雨区：华中酸雨区已成为目前我国污染范围最大、中心强度最高的酸雨污染区。

"海底世界"

大量的工业、生活垃圾，不但侵占了地球上的大量土地，还延伸到了海底。难道地球真的要成为人类的垃圾桶吗？

工业"三废"指什么？

Weishenme

工业"三废"是指工业生产所排放的废水、废渣、废气。

废水是指工业生产过程中排出的水，它包括生产污水和生产废水。

废渣包括高炉矿渣、钢渣、粉煤灰、硫铁灰、电石渣、赤泥、白泥、洗煤泥、硅锰渣、铬渣等。

废气包括二氧化碳、二硫化碳、硫化氢、氟化物、氮氧化物、氯、氯化氢、一氧化碳、硫酸、铅、汞、烟尘及生产性粉尘。

工业"三废"中含有多种有毒、有害物质，若不经妥善处理，未达到规定的排放标准就排放到环境（大气、水域、土壤）中，便会污染环境，破坏生态平衡，影响工农业生产和人民健康。因此，我们必须加强对工业"三废"的防治与综合利用。

焚烧轮胎

汽车轮胎的主要化学成分是生胶和炭黑，而炭黑性质活泼，污染力极强。废旧轮胎长期露天堆放，占用大量土地，污染周围环境，而将其焚烧则会产生大量的有毒气体，破坏臭氧层。

南极上空为什么会出现臭氧空洞？

Weishenme

臭氧层是大气平流层中臭氧浓度最高的地方。它是地球的一个保护层，能吸收大部分的太阳紫外线辐射，保护地球上的人类和动植物免遭短波紫外线的伤害。科学家们发现，在人类很少踏足的南极上空却出现了臭氧空洞，这是什么原因呢？

目前，对南极上空出现臭氧空洞的原因有种种解释，总结起来主要有以下三点：

第一，宇宙高能粒子簇射破坏了臭氧层。美国地球与宇宙研究局局长登·贝克认为，通过人造地球卫星发现射向地球的带电粒子在地球磁场的作用下沿着磁力线向南北两极射去。当南极大陆的早春季节到来时，气温会升高，氮氢化合物开始发生化学反应。这一过程使臭氧层迅速遭到破坏，因而在南极上空臭氧层会出现空洞。

第二，化学反应引起臭氧耗损从而造成臭氧空洞。美国怀俄明大学的霍夫曼认为，臭氧层出现空洞是由工业化产生的氟氯化合物引起的化学反应造成的。

第三，大量废气的排放使臭氧层出现空洞。学者们认为，近年来由于在平流层飞行的喷气式飞机、火箭和导弹日益增多，它们将大量废气排放到高空，使臭氧遭到耗损，从而形成了臭氧空洞。

生态之最　第一个世界保护臭氧层日：1995年9月16日。联合国大会于1995年1月23日决定每年的9月16日为国际保护臭氧层日。

为什么要控制汽车尾气排放？

Weishenme

汽车尾气主要是指从汽车排气管排出的废气，很多国家都在控制汽车尾气的排放，这是为什么呢？

科学分析发现，汽车尾气中含有上百种化合物。其中固体悬浮颗粒能随呼吸进入人体肺部，引起呼吸系统疾病；如果吸入了微量的一氧化碳，也可能给人造成可怕的缺氧性伤害；氮氧、氢氧化合物会使易感人群出现刺激反应，患上眼病、喉炎；尾气中氮氢化合物所含苯并芘是致癌物质，被人体吸入后不能排出，积累到一定浓度时就会形成恶性肿瘤；铅是有毒的重金属元素，人体中铅含量超标可引发心血管系统疾病，并影响肝、肾等重要器官的功能及神经系统；硫氧化物达到一定浓度时容易导致"酸雨"，造成土壤和水源酸化，影响农作物和森林的生长。

因此，我们必须切实采取有效措施，不断提高汽车尾气排放标准，减轻大气污染，还人类一个清洁、明朗的天空。

可怕的水俣病是怎么引发的？

Weishenme

"水俣病"于1953年首次在日本九州熊本县水俣镇被发现，因此得名。患者具有明显的神经症状，如突发性惊吓、两眼斜视、吞咽困难、阵发性抽搐、口腔张开而不能说话等，症状严重的还可能出现痉挛、麻痹、意识障碍，并很快死亡。那么，这种可怕的病是怎么引发的？

医学研究证明，水俣病是由于大量食用被工业废水污染过的鱼、贝等而引起的甲基汞中毒。甲基汞经血液循环进入肝脏和胃脏，然后被转移到大脑或胎儿体内，黏着在人的神经细胞上，导致病发。

水俣病人
50年代初，日本水俣镇出现了一些口齿不清、面部发呆、手脚发抖、神经失常的病人，这些病人久治不愈，最后会全身弯曲，悲惨死去。

城市堵车一景
汽车的普及，带来了交通拥堵和尾气排放等一系列问题。汽车尾气更成了大气污染的罪魁祸首。

你知道吗

- 一辆轿车一年排出的有害废气是自身重量的4倍。
- 英国空气洁净和环境保护协会曾发表研究报告称，与交通事故遇难者相比，英国每年死于空气污染的人要多出10倍。
- 水俣病的遗传性很强，孕妇吃了被甲基汞污染的海产品后，可能引起婴儿患先天性水俣病。

环境之最 汽车尾气排放量最大的城市：北京。汽车尾气排放量占可吸入颗粒物比例的23.3%。

赤潮发生时的海岸
赤潮被人们喻为"红色幽灵",国际上称其为"有害藻华"。它是海洋中某一种或某几种浮游生物在一定环境条件下爆发性繁殖或高度聚集而引起的灾害性海洋生态异常现象,它会导致海水变色,影响和危害其他海洋生物的正常生存。

为什么会发生赤潮?

在海边生活的人会发现,海水的颜色有时会呈现出红、黄、绿和褐色等,而不是平时看到的蓝色,这种现象叫做赤潮。赤潮是水体中某些微小的浮游植物、原生动物或细菌在一定的环境条件下突发性地增殖和聚集而引起一定范围内一段时间里的水体变色现象。为什么会发生赤潮呢?

赤潮是一种复杂的生态异常现象,发生的原因比较复杂。关于赤潮发生的机理虽然至今尚无定论,但是赤潮发生的首要条件是赤潮生物增殖要达到一定的密度,否则,尽管其他因子都适宜,也不会发生赤潮。在正常的环境条件下,赤潮生物在浮游生物中所占的比重并不大。

总结起来,赤潮发生与下列环境因素密切相关:

第一,海水富营养化是赤潮发生的物质基础和必要条件。

第二,水文气象和海水理化因子的变化是赤潮发生的重要原因。

第三,海水养殖的自身污染也是诱发赤潮的因素之一。

什么是厄尔尼诺现象?

"厄尔尼诺现象"又称"厄尔尼诺海流",是太平洋地区赤道附近大范围内海洋和大气相互作用后失去平衡而产生的一种气候现象。

【百科辞典】

浮游生物:
在海洋、湖泊及河川等水域中的,自身完全没有移动能力或者移动能力非常弱而只能浮在水面生活的生物叫做浮游生物。

洋流:
又叫海流,是指海洋中除了由引潮力引起的潮汐运动外海水沿一定途径大规模流动的现象。

"厄尔尼诺"一词来源于西班牙语,原意为"圣婴"。

正常情况下,热带太平洋区域的季风洋流是从东向西,会给太平洋西岸带来丰沛的降雨。但这种模式每2至7年会被打乱一次,风向和洋流发生逆转,太平洋表层的洋流转而自西向东流向美洲西海岸,随之带走太平洋西岸的降雨,这就是"厄尔尼诺现象"。

"厄尔尼诺"带来的水灾
厄尔尼诺现象出现时,全球许多地方会发生洪涝灾害,许多繁华的城市变为一片泽国,肥沃的土地变成一片汪洋,给人类带来重大灾难。

为什么会出现"反厄尔尼诺现象"？

厄尔尼诺现象是海水异常增温的情况。与之相反，在赤道太平洋东部和中部，有时还会出现海水大范围持续异常变冷的现象，人们称之为"拉尼娜"现象，也叫"反厄尔尼诺现象"。

那么，反厄尔尼诺现象究竟是怎样形成的？厄尔尼诺现象和赤道太平洋中东部海温增暖、信风减弱有关，而反厄尔尼诺现象现象与赤道太平洋中东部海温变冷、信风增强相关联。所以，反厄尔尼诺现象其实是热带海洋和大气共同作用的结果。

海洋表层海水的运动主要受海表面风的牵制。信风的存在使大量暖水被吹送到赤道西太平洋地区。赤道东太平洋地区的暖水被刮走，主要靠海面以下的冷水进行补充，因此，赤道东太平洋海温比西太平洋明显偏低。当信风加强时，赤道东太平洋深层海水上翻现象更加猛烈，导致海面温度异常偏低，使气流在赤道太平洋东部下沉，而气流在西部的上升运动更为加剧，这进一步加剧了赤道东太平洋冷水发展，于是就引发了反厄尔尼诺现象。

沙尘暴是怎样形成的？

沙尘暴是北方地区的一种灾害性天气，又叫"沙暴"、"黑风暴"，是一种较严重的风沙现象。沙尘暴发生时，天空灰蒙蒙的，车子上、路上都有厚厚的一层土，人们外出时必须戴上墨镜和口罩。这种可怕的沙尘暴是怎么形成的呢？

沙尘暴的形成必须具备两个条件：第一是气象条件，需要8级以上的大风，风速在每秒25米以上；第二是环境条件，需要有丰富的沙源。我国东南沿海地区虽然经常会刮台风，但由于地表有植被覆盖，没有沙源，所以不会形成沙尘暴。非洲撒哈拉沙漠虽然有产生沙尘暴的沙源，却很少刮大风，所以也很少产生沙尘暴。而我国甘肃河西走廊一带被巴丹吉林、腾格里等大沙漠包围，再加上西北地区植被少，春秋季降雨又少，气温高，气压低，与西伯利亚冷高压区形成极大气压差，所以春秋季节经常飞沙走石，形成沙尘暴。

防治沙尘暴最主要的办法是增加地表植被覆盖，大力营造防风固沙林。目前，我国已经在西北地区营建了1200千米长的防护林带，加强绿洲内的农田林网建设，治理荒漠化土地，使生态环境有了明显的改观。

雪灾中的上海
受"拉尼娜"现象的影响，2008年1月，我国南方大部分地区遭受了罕见的大雪灾，各地积雪厚度纷纷突破历史纪录。

沙尘暴
沙尘暴可造成房屋倒塌、交通供电受阻或中断、火灾、人畜伤亡等。它污染自然环境，破坏作物生长，给国民经济建设和人民生命财产安全造成严重的损失和极大的危害。

环境之最 我国最大的沙尘暴：2002年3月18日至21日，我国爆发了涉及范围最广、持续时间最长的沙尘暴。

被污染的水
过度发展工业，使大量工业废水废渣涌入江河，造成河水污染，严重威胁着人类的生存。

废水处理池
利用物理、化学和生物的方法对废水进行处理，可使废水净化，以至重新回收利用，达到充分利用水资源的目的，也可减少对环境的污染。

地面沉降形成的裂缝
目前，我国有近70个城市因不合理开采地下水诱发了地面沉降，沉降范围达6.4万平方千米。

为什么城市里会出现地面沉降？

Weishenme

现在，人们发现许多工业城市的地面正在不断下沉，如日本的大阪，年下沉速度超过20厘米。我国最大的工业城市上海，从20世纪20年代至今下沉最严重的地区已达2.37米。这种现象叫做地面沉降。地面沉降是指在一定的地表面积内所发生的地面水平面降低的现象。为什么城市里会出现地面沉降的现象呢？

科学家分析发现，地面沉降的原因包括地质因素和人类活动两方面。

从地质因素看，自然界发生的地面沉降大致有三种原因。第一，地表松散地层或半松散地层在重力作用下在变成致密的、坚硬或半坚硬的岩层时，地面会因地层厚度的变小而发生沉降。第二，因地质构造作用导致地面凹陷而发生沉降。第三，地震导致地面沉降。

地面沉降现象与人类活动也有很大关系。尤其是近几十年来，人类对地下资源的过度开采直接导致了今天全球范围内的地面沉降。在我国，由于各大中城市都处于巨大的人口压力之下，地下水的过度抽取更为严重，导致大部分城市出现地面沉降现象，沿海地区还出现了海水倒灌现象。

水污染为什么严重影响人类生存？

Weishenme

水污染主要是由人类活动产生的污染物造成的，其污染源包括工业污染源、农业污染源和生活污染源三大部分。目前，水污染问题相当严重，在破坏自然环境的同时，水污染已经严重影响了人类的生存，这是为什么呢？

在人的身体中，营养物质的消化吸收、代谢物质的排泄、血液的循环、体温的调节以及各种生理生化反应过程，都离不开水。如果水质受污染，就会影响人的健康。在所有已知的疾病中，大约80%都与水污染有关。水被污染以后，有可能引起一些传染病，如痢疾、腹泻、肝炎、霍乱等。如果饮用水含有铅、镉、铬、砷、酚类、氰化物等重金属和难以分解的有机物，则可能引起人体器官的病变、畸形等。一些重金属和有机物，虽然在水中的含量并不高，但经过水生生物的吸收、积累，在生物体内也会达到很高的浓度。用污水灌溉农田，农作物也会吸收富集这类物质，人如果经常吃这样的水产品或农产品，就会对身体健康造成极大的危害。

为什么说淡水资源是有限的？

Weishenme

很多人都把地球叫做蔚蓝色的水球，因为地球表面的71%都被水覆盖着。然而，地球上的淡水资源却是十分有限的，这是为什么？

虽然地球表面71%被水覆盖，但其中绝大多数都是海水，而海水是不能被人类直接饮用或用于灌溉的。地球上97.5%的水是咸水，只有2.5%是淡水。而在淡水中，将近70%储存在南极和格陵兰的冰盖中，其余的大部分是土壤中的水分或深层地下水，这些水资源都难以供人类开采使用。只有江河、湖泊、水库及浅层地下水等容易被开采，可供人类直接使用，但其数量不足世界淡水总量的1%，只占地球上全部水的0.77%。

据统计，目前世界上有80个国家约15亿人口面临淡水资源不足的问题，其中有29个国家约4.5亿人口完全生活在缺水的环境中。另外，全世界每年排放的污水达4000多亿吨，又会造成5万多亿吨淡水水体被污染。

由此可见，淡水资源是十分有限的。

为什么水面浮油对水生动物危害巨大？

Weishenme

有时候，我们会在海洋表面看到一层浮油，它们给水生的动植物造成了巨大的危害，这是为什么呢？

科学家们研究发现，这些浮油覆盖在水面上会使海水和大气隔离，从而造成海水缺氧，导致海洋生物死亡。浮油对幼鱼和鱼卵的危害也很大。在被浮油污染的海水中孵化出来的幼鱼会出现鱼体扭曲、没有生命力的现象。油膜和油块能粘住大量鱼卵和幼鱼，致使它们死亡。

另外，鱼、虾、蟹、龟等一些海洋生物的觅食、归巢、交配、迁徙等行为，都是靠某些烃类来传递信息的。由油膜分解产生的某些烃类，与海洋动物用来传递信息的某些烃类的化学信息和化学结构相同或类似，这会影响到这些动物的正常行为。

三峡大坝
三峡大坝是当今世界第一大水电工程，正常蓄水位175米，总库容393亿立方米，其中防洪库容221.5亿立方米，能够抵御百年一遇的特大洪水。三峡大坝建成后，将会形成长达600千米的巨型水库。

海洋污染
海洋约占地球总面积的71%，浩瀚的海洋也成为众多污染物的汇集地。

苏必利尔湖
北美洲的苏必利尔湖是全球最大的淡水湖，湖水纯净，其中蕴藏着多种矿物。可是，如今的苏必利尔湖也面临着日益严重的污染威胁。

能源之最 淡水资源最丰富的大洲：南极洲。

泥石流为什么多发生在山区？

泥石流是众多自然灾害中破坏性比较大的一种。泥石流所到之处，良田变荒漠，房屋变废墟，路基、桥梁被冲毁，给人类的生命财产带来极大损失。地质科学家研究发现：泥石流多发生在山区，这是为什么呢？

你知道吗

- 防治白色污染不能光靠企业和个人的自觉性，国家还应该将其纳入法制化轨道。
- 我国泥石流的分布，明显受地形、地质和降水条件的影响。

因为山区地形陡峭，树木植被很少，一旦暴雨来临，石块吸足了水分，就会出现松动，开始顺着斜坡向下移动，石块互相挤压、冲撞，大大小小的泥石夹杂着泥浆水，汇成一股巨大的洪流滚滚而下，就形成了泥石流。所以说，泥石流的形成必须同时具备三个条件：第一，陡峻的便于集水、集物的地形和地貌；第二，丰富的松散物质；第三，短时间内有大量的水源。

因为泥石流还具有崩塌、滑坡和洪水破坏同时发生的特点，所以危害程度更为严重。

泥石流

泥石流具有爆发突然、来势凶猛、危害迅速等特点。泥石流常常与崩塌、滑坡和洪水破坏同时发生，其危害程度比单一的崩塌、滑坡和洪水的危害更为严重。

什么是"白色污染"？

世界各国在发展经济的同时，也给环境造成了严重的污染。其中白色污染是危害比较大的。

人们使用高分子化合物制成的各类生活塑料制品后对其随意乱丢乱扔，使之成为难于降解处理的固体废物，造成城市环境严重污染的现象，这就是"白色污染"。

在"白色污染"中，污染最明显、最令人头痛、群众反映最强烈的要数那些在街头随处可见的废旧塑料包装袋和一次性塑料快餐具。据有关部门统计，我国每年消耗的一次性塑胶泡沫快餐盒达4亿至7亿个。

白色污染

白色污染是人们对难降解的塑料垃圾污染环境的一种形象称谓。这些难以被降解处理的塑料垃圾对城市环境造成了极其严重的污染。

环境之最　白色污染最严重的城市之一：广州，这里每天产生塑料袋垃圾近2000万个，一年近70亿个。

土地为什么会荒漠化？楼兰古城为什么会沦为废墟？黄土高原上为什么沟壑纵横？

土地为什么会荒漠化？

Weishenme

有些沙漠地区其实以前并不是沙漠，而是后来由于种种原因变成了沙漠，这个过程叫做土地荒漠化。具体来说，荒漠化是指在干旱、半干旱和某些湿润、半湿润地区由于气候变化和人类活动等各种因素影响所造成的土地退化。它使土地肥力减弱、经济生产潜力降低。那么，土地为什么会变成荒漠呢？

土地荒漠化是自然因素和人为因素共同作用的结果。自然因素主要是指异常的气候条件，特别是严重的干旱。严重的干旱会造成植被退化、风蚀加快，引起荒漠化。人为因素主要是指乱砍滥伐、过度放牧、过度开垦草地并进行连续耕作等。这些不合理的行为造成植被破坏、地表裸露，加快了风蚀或雨蚀。从世界范围来看，过度放牧和不适当的旱作农业是干旱和半干旱地区发生荒漠化的主要原因。从亚太地区人类活动对土地退化的影响构成来看，植被破坏占37%，过度放牧占33%，不可持续农业耕种占25%，基础设施建设过度开发占5%。

土地荒漠化是中国最严重的生态环境问题之一，全国262万平方千米的荒漠化土地面积大大超过了全国耕地面积的总和，约占国土面积的27%。目前，尽管荒漠化趋势已在局部地区得到遏制，但它每年仍以3000多平方千米的速度扩展。

楼兰古城为什么会沦为废墟？

Weishenme

在我国新疆塔克拉玛干大沙漠东部罗布泊西边，曾经有一座繁荣昌盛的楼兰城。它是古代楼兰王国的都城，曾经作为"丝绸之路"上的中转贸易站而闻名世界。然而，这个古城在繁荣了几个世纪之后，却逐渐变成了废墟。为什么楼兰古城会变成废墟呢？

楼兰王国从公元前176年建国到630年消失，共经历了800多年的时间。关于它的消失有很多种观点。有的学者认为，因为后来丝绸之路改道，生活在这里的人们纷纷出走，最后就把楼兰城遗弃了；另一些学者则认为，是当时激烈的异族战争导致了楼兰城的毁灭。

随着科学的进步，越来越多的数据显示，气候的恶化、沙漠的进逼、河道的变迁使楼兰古城的水源枯竭，失去基本生存条件，人们只好放弃原本美丽的家园，去寻找新的安家之处。

黄土高原上为什么沟壑纵横？

Weishenme

黄土高原海拔1000至2000米，面积近60万平方千米，有70%的地面被黄土覆盖，是世界上最大的黄土覆盖区。黄土高原的地貌可以用支离破碎、沟壑纵横来形容。这是为什么呢？

黄土高原地面沟壑纵横，主要是水土流失造成的。黄土为颗粒细小的土壤，质地

▶ 楼兰古城遗址
楼兰古城遗址位于今新疆维吾尔自治区若羌县境内罗布泊以西、孔雀河道南岸7千米处，整个遗址散布在罗布泊西岸的雅丹地形之中，人迹罕至，环境恶劣。

"风吹来的高原"
黄土高原是世界最大的黄土沉积区，关于它的形成以"风成说"最为可信。黄土高原北部和西北部是大片的沙漠区，每逢西北风盛行的冬春季节，细小的粉沙和粘土就会随风向东南飞去。当风力减弱或受到秦岭山脉阻挡时，这些沙尘便停降下来，经过几十万年堆积就形成了浩瀚的黄土高原。

环境之最 世界上荒漠化最快的国家：蒙古国，其国土面积的42.5%已不同程度的荒漠化，并在持续增长。

黄土高原俯瞰图
黄土高原地面沟壑纵横，是因水土流失造成的。同时，黄土高原的地壳还在不断上升，河、沟还在不断下切，这进一步加剧了它的纵横起伏。

疏松，具有直立性，有机质和粘粒的含量很低，土粒结合主要依靠黄土中的碳酸钙质。但碳酸钙质很容易溶解于雨水，使土粒不能在结合在一起，所以黄土在雨水中极易流失。

另外，黄土高原坡度比较大，植被稀少，夏季又多暴雨，流水对土壤的侵蚀作用很强。地表只要出现一道小沟，在流水的侵蚀作用下小沟会很快加深、加宽，沟谷会不断发展延长。同时，黄土高原地壳在不断上升，而河、沟却在不断下切，这也加剧了这片高原的纵横起伏。

森林为什么能调节气候？

人们常说森林是大自然的"总调度室"，那么，森林为什么能调节气候呢？说森林调节气候的主要原因有三点：

第一，辽阔的森林、大量的蒸腾，使空气中有大量水汽，这些水汽遇寒气就会凝结成降水。第二，连绵不断、高低不等的树冠阻碍着太阳射线，使林内气温、土温散失迟缓，从而降低土壤蒸发，削减风速；树枝树叶可以使降水落地缓慢，减少径流，使降水能充分渗入土壤、湿润地面，从而调节气候。第三，森林和野生植物每年增加的有机物质连同枯枝败叶腐烂以后成为优质肥料。森林起到最好的水土保持作用，林地内存在的大量蓄水可使森林更好地调节气候。

因为森林有调节气候的巨大作用，所以人们把森林称为"地球之肺"。

原始森林
原始森林是陆地生态系统的核心，能调节气候、涵养水源、保持水土、净化空气、增强土壤肥力、减轻灾害、保存物种及提供木材等，是一个很大的生态系统圈。它是人工种树所不能取代的。

环境之最　黄土高原上黄土最厚的地方：兰州，黄土厚度达300米以上。

电磁辐射对人体有什么危害？

Weishenme

电磁辐射是由空间共同移送的电能量和磁能量组成的。它对人体有哪些危害呢？

第一，它极可能是儿童患白血病的原因之一。医学研究证明，人长期处于高电磁辐射的环境中，血液、淋巴液和细胞原生质会发生改变。

第二，诱发癌症并加速人体癌细胞的增殖。电磁辐射污染会影响人类的循环系统、免疫系统和代谢功能。

第三，影响人类的生殖系统，主要表现为男子精子质量降低、孕妇发生自然流产和胎儿畸形等。

第四，导致儿童智力残缺。最新调查显示，我国每年出生的2000万儿童中有35万为缺陷儿，其中25万为智力残缺，有专家认为电磁辐射是其中因素之一。

第五，影响人们的心血管系统，表现为心悸、失眠、部分女性经期紊乱、心动过缓、心搏血量减少、白细胞减少、免疫功能下降等。

第六，影响人们的视觉系统。眼睛是人体中对电磁辐射比较敏感的器官，过高的电磁辐射污染会引起视力下降，导致白内障。

为什么城市里的建筑工地不能在半夜施工？

Weishenme

随着我国经济的高速发展，城市里到处可以见到正在施工的建筑工地。国家法律规定，夜里22点至次日清晨6点之间的时间段内建筑工地不能施工，这是为什么呢？

第一，半夜施工会打扰人们休息。人正常休息时，声音不能超过40分贝；正常工作、学习时，声音不能超过70分贝。夜间，其他声音较小，所以施工的声音显得更刺耳，而且施工的声音本身就会超过70分贝，它严重影响人们的正常休息和生活。施工队夜里在室外施工，会产生许多声响，如钢铁的碰撞声，推土机、水泥搅拌机的轰鸣等，这些噪音有时甚至可以达到90分贝。人们长期生活在这样的环境里会出现神经衰弱、耳聋耳鸣等现象。

第二，因为建筑工作劳动强度大、难度系数高，而工作人员在夜间施工很容易出现差错，严重的甚至会造成重大损失或发生生命危险，所以相关人员要时刻绷紧"安全生产"这根弦，坚决杜绝夜间施工，以防重大事故的发生。

建筑工地
建筑工地噪音不可避免，只能尽量控制，如设置围墙、合理安排施工时间等。现在很多地方已经禁止现场搅拌混凝土，推广使用商业混凝土，这样能减少部分噪音。

防辐射服
电磁辐射会损害人类的身体和智力，防辐射服可以有效阻挡电磁辐射，大大减轻电磁辐射带来的危害。

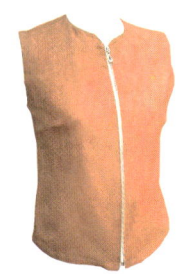

你知道吗

☑ 电磁辐射所产生的能量大小取决于频率的高低，频率越高，能量越大。

☑ 电磁"频谱"包括形形色色的电磁辐射，从极低频的电磁辐射到极高频的电磁辐射，两者之间还有无线电波、微波、红外线、可见光和紫外光等。

环境之最 电脑辐射最强的部分：位于电脑背面。和电脑保持50至75厘米的距离，可减少电磁辐射的影响。

主题索引
为什么人类的生存离不开其他物种？为什么一年中有半年时间不能捕鱼？

休渔时节
适时休渔，避开水生资源的繁殖期和幼苗生长期，不仅可以保护资源、增加产量，也能使渔民节约成本，实现休养生息。

家鸡
家禽家畜是人们肉类食物的主要来源，主要有鸡、鸭、鹅、猪、牛、羊等，它们为人类提供蛋白质、脂肪等营养物质。

为什么人类的生存离不开其他物种？

Weishenme

除了人类，地球上还生存着其他物种，包括动物、植物和微生物。离开了它们，人类就无法在地球上生存，这是为什么呢？

我们先来说微生物。没有微生物，动植物的尸体就不会腐烂；我们吃下的东西就无法发挥它的功效，因为是微生物在帮助我们消化；许多药品将无法生产，我们喝的酒、酸奶也同样无法制成，因为这些都要靠微生物的作用；馒头、咸菜等也无法制作，各种转基因产品也无法培植。所以，没有微生物，人类将难以生存。

没有植物，人类也不能生存。首先，人必须依靠植物提供的氧气生存。其次，人的食、衣、住、用不论是直接或间接都得依赖于植物。没有植物，人和其他生物都无法生存，地球就将成为一个没有生命的寂静世界。

没有动物，大自然就无法实现生态平衡，人类也将无法生存。

可见，人类的生存离不开其他物种。

为什么一年中有半年时间不能捕鱼？

Weishenme

在沿海地区，一年中有半年时间都看不到捕鱼者的身影，这是怎么回事呢？

渔业资源是海洋渔业生产的物质基础。海洋里没有鱼，发展海洋渔业就无从谈起。因此，发展海洋渔业生产必须遵循渔业资源繁殖生长的客观规律，使捕捞强度与渔业资源的可捕量相适应。

世界上很多国家根据渔业资源的生长、繁殖习性等特点，规定一年中有半年的时间不能捕鱼。

【百科辞典】

转基因：
将人工分离和修饰过的基因导入到生物体基因组中，导入基因的表达会引起生物体性状的可遗传的修饰，这一技术叫做转基因技术。

休渔：
为了使海洋中的鱼类有充足的繁殖和生长时间，在每年的规定时间内，禁止任何人在规定海域内捕鱼。这对鱼类的生长起到了很好的保护作用。

环境之最 我国最早实施休渔的海区：黄海、东海两大海区，从1995年开始休渔。

为什么要封山育林？

Weishenme

封山育林是以封禁为基本手段促进和恢复森林植被的措施。为什么要封山育林呢？

封山育林具有用工少、成本低、见效快、效益高等特点。原来的疏林地、灌丛地、灌木林地、具备封育条件的荒山、荒地等经过5至10年的封育，大多成为了有林地，而封育成本仅为人工造林的1/5至1/10。很多山区或半山区资金短缺，若全靠人工造林，显然是无能为力，如果封山育林就可大大加快绿化速度。通过封山育林，可以使林木种类增多，使森林涵养水源、保持水土的能力增强，增加生物多样性，减轻森林病虫害，提高林分质量。

为什么全球的气候正在变暖？

Weishenme

随着现代科技的发展，人类的生活有了很大的改善，但是人类也面临着很多新的生存危机。比如，全球气候正在逐年

变暖，这将导致两极冰川融化、海平面上升。是什么原因导致全球变暖呢？

科学研究发现，太阳黑子的增多或减少与地球暖冷有密切关系。在过去100年间，太阳黑子数目增多，与此同时，全球气温也持续上升。因此，一些科学家认为太阳黑子增加是导致全球变暖的原因。

还有一些科学家认为，人类活动是导致地球变暖的主要因素。大量煤炭、石油等化石燃料释放出上万吨的二氧化碳，严重干扰了大气中二氧化碳循环的动态平衡。其次，由于近年来乱砍滥伐现象屡禁不止，使得森林面积逐年减少，光合作用耗去的二氧化碳数量大幅度减少，结果使大气中的二氧化碳含量连年增加，因而产生"温室效应"而导致全球变暖。

如今，气候变暖以及由此给人类社会带来的不利影响已经成为世界各国普遍关注的话题。

森林
森林不仅为人类提供生产和生活所必需的各种资料，还能改善空气质量，减少泥沙流失，涵养水源以及减少风沙危害。因此，应禁止人们乱砍滥伐，并加强护林育林。

乱砍滥伐森林
乱砍滥伐、破坏森林，就是破坏人类赖以生存的自然环境，破坏全球的生态平衡。这也使得全球温度日益升高。

你知道吗

- 根据实际情况，封山育林分为全封、半封和轮封。全封指较长时间内禁止一切人为活动，半封指季节性地开山，轮封即定期分片轮封轮开。
- 封山育林往往会与林区的副业生产、多种经营发生一定的矛盾。
- 1981至1990年全球平均气温比100年前上升了0.48摄氏度。

环境之最 气候变暖速度最快的国家：澳大利亚，该国历史上最热的20个年份有15个出现在1980年以后。

登革热病人
登革热是登革热病毒引起的依靠蚊虫进行传播的一种急性传染病。气温越高，登革热疫情严重爆发的可能性越大。

环境监测示意图
环境监测在对污染物监测的同时，还扩展延伸到了对生物、生态变化的大环境监测。

气候变暖有哪些危害？

目前，人类十分关注气候变暖的现象，世界各国都积极参与制定并遵守减少温室气体排放的国际条约，因为气候变暖将给人类带来巨大危害。那么，气候变暖有哪些危害呢？具体来说，气候变暖的危害主要包括四大方面：

第一，海平面上升。过去的百年里，海平面上升了14.4厘米，我国上升了11.5厘米。海平面升高将导致很多沿海低地国家被淹没。

第二，影响动植物。气候是决定生物群落分布的主要因素，气候变化能改变一个地区不同物种的适应性和生态系统内部不同种群的竞争力。尤其是自然界中的植物群落，可能因无法适应全球变暖的速度而难以做出适应性转移，因此惨遭灭绝。

第三，影响农业。一年中温度和降水的分布是决定种植何种作物的主要因素，温度及由温度引起的降水变化将影响到粮食作物的产量和作物的分布类型。

第四，影响人类健康。极端的高温将会威胁到人类健康，主要体现为发病率和死亡率增加。疟疾、血吸虫病、钩虫病、霍乱、脑膜炎、黑热病、登革热等传染病将危及热带地区，而某些目前主要发生在热带地区的疾病也可能随着气候变暖向中纬度地区传播。

为什么要对环境状况进行监测？

我们都生活在地球上，保护地球环境是我们每个人的责任。科学家们十分重视环境的变化，对环境状况进行了密切的监测。那么，为什么要对环境状况进行监测呢？

环境监测是间断或连续地测定环境中污染物的种类、数量和浓度来观察、分析其变化和对环境影响的过程。环境监测的主要任务是：对环境中的各项要素进行经常性监测，掌握和评价环境质量状况及发展趋势；对各有关单位排放污染物的情况进行监视性监测；为政府有关部门执行各项环境法规、标准和全面展开环境管理工作提供准确、可靠的监测数据和资料。

环境监测是环境保护的基础，是环境管理执法体系的重要组成部分，被喻为"环保战线的耳目和哨兵"、"定量管理的尺子"。

环境之最 受气候变暖影响最大的体育项目：冰地曲棍球与高山滑雪。

为什么要将废旧电池集中回收?

Weishenme

如今,人们对电池的使用量大大增加。全国电池年消耗量为30亿只,因随手丢弃致使丢失铜740吨、锌1.6万吨、锰粉9.7万吨。环保专家建议人们把废旧电池集中进行回收,这是为什么呢?

这主要有两方面的原因。首先,废旧电池对人体有很大的危害。电池中的汞会慢慢从电池中溢出来,进入土壤或水源,再通过农作物进入人体,损伤人的肾脏。

【百科辞典】

汞:
又叫水银,在各种金属中,汞的熔点是最低的,只有零下38.87摄氏度,也是唯一在常温下呈液态并易流动的金属。

神经系统:
机体内起主导作用的系统,是由神经细胞和神经胶质组成的。

玻璃:
一种较透明的固体物质,主要成分是二氧化硅,广泛应用于建筑物中。

在微生物的作用下,无机汞可以转化成甲基汞,聚集在鱼类的身体里,人食用了这种鱼后,甲基汞会进入人的大脑细胞,使人的神经系统受到严重破坏,重者甚至会发疯致死。其次,废旧电池中的重金属又是可利用的资源,因此对废旧电池进行资源化处理非常重要。

虽然对废旧电池进行集中回收对人类有好处,但是废旧电池的集中回收的数量不应该太多,堆积时间也不能过长。因为如果废旧电池堆积过多,就不能用自然稀释的方法对其进行处理了。

为什么要进行垃圾分类?

Weishenme

垃圾分类是按照垃圾的不同成分、属性、利用价值以及对环境的影响并根据不同处置方式的要求将其分成属性不同的若干种类。如今,中国生活垃圾一般可分为四大类:可回收垃圾、厨余垃圾、有害垃圾和其他垃圾。为什么要对垃圾进行分类收集呢?

专家认为:垃圾分类一方面可以把有毒有害的东西区分开来处理,避免垃圾污染环境;另一方面还可以回收利用,提取有用资源供循环使用。

垃圾分类收集便于统一处理,减少有毒害的垃圾进入地下或空气中,避免污染土壤、河流、地下水以及大气等自然环境,从而最大限度地杜绝这些垃圾危害人们的身体健康,保障人居环境的清洁优美。

垃圾分类收集具有良好的经济价值。利用1吨废纸可造纸800千克,相当于节约木材4立方米或少砍伐树龄30年的树木20棵;利用1吨废钢铁可提炼钢900千克,相当于节约矿石3吨;1吨废玻璃回收后,可生产一块篮球场面积的平板玻璃或2万只500克的瓶子。所有这些分类后的垃圾都能转化为我们生活中可持续利用的资源。

居民区的垃圾分类
居民区垃圾一般分为可回收物、厨余垃圾、其他垃圾三类。可回收物指宜于再次利用的垃圾,如纸类、塑料类、金属、玻璃、织物等;厨余垃圾指剩饭菜和瓜果等生物性垃圾;其它垃圾指除上述两种之外的垃圾,如灰尘、砖瓦淘气等。另外,居民区还应备有旧电池收集箱。

垃圾分类回收桶
对垃圾进行分类,可以把有毒有害的东西区分开来处理,避免垃圾污染环境,还可以回收提取其中的有用资源,循环使用。

环境之最 使用量最多的电池:普通干电池,也叫一次性干电池,主要用于手电筒、半导体收音机等,是废旧电池中最多的一种。

中国孩子最爱问的十万个为什么

主题索引
为什么要将固体废物循环再利用？城市边缘为什么要种植防风林？

① **电子垃圾**
我国是电子垃圾的主要"进口国"和"避风港"——世界上有80%的电子垃圾被运往亚洲，而中国就接纳了这80%中的90%。

② **固体废物处理厂**
对固体废物进行合理的回收利用，有利于降低污染、节约能源。

防风林
防风林可以降低风速，防风固沙，起到改善气候条件、涵养水源、保持水土、减少冻害和其他灾害的作用。

为什么要将固体废物循环再利用？

Weishenme

随着经济的发展，我国一方面面临生产原料紧缺的问题，另一方面，固体废物的大量产生又给环境带来了巨大的压力。因此，我国的很多科学家都提出要对固体废物进行循环再利用。这主要有以下三方面的好处：

首先，固体废物可用做建筑材料。许多工业废渣的成分、性质类似于天然建筑材料或人工制成的建筑材料。含有钙、硅、铝等氧化物并具有水硬胶凝性的废渣，可作水泥、砖瓦等墙体材料；具有一定强度、体积稳定的废渣和废石，可作混凝土骨料。

其次，城市垃圾中的大量有机物可利用生物降解制取沼气，还有一些有机物如废塑料，经过加工处理可提取出燃料油等。

再次，有些固体垃圾循环再利用后可以改良土壤，增加肥力。如用废渣制作的硅钙钾化肥，既可以解决土地板结问题，又可以使植物抗干旱、抗倒伏，增强抗病虫害的能力，同时还能促进粮食早熟，有利于增产增收。

城市边缘为什么要种植防风林？

Weishenme

北方某些地区一到春季就会出现风沙天气。根治风沙最有效的途径就是植树造林、营造防风林。在城市的边缘种植防风林，既可以降低风速，防风固沙，又可以改善气候条件，涵养水源，保持水土，减少冻害和其他灾害的发生。

种植防风林还具有一定的经济价值。营造防风林的树种常是毛白杨、加杨、刺槐、梧桐等高大乔木。这些树种生长迅速，树体高大，枝繁叶茂，寿命长，经济价值很高。

环境之最 增长速度最快的固体废物：电子垃圾（报废的家用电器、电脑、手机等）。

为什么城市会出现热岛现象？

世界上的很多大城市从早上到晚上，气温都比周边地区高出很多。科学家们把这种现象叫做热岛现象，也叫"大气热污染现象"。因为在用等温线表示的气温分布图上，气温高的部分就像一个岛的样子。那么，为什么会出现热岛现象呢？

造成热岛现象的原因主要有两个：第一，地表被许多无机物覆盖。城市中，越来越多的地表被建筑物、混凝土和柏油马路所覆盖，绿地和水面减少，蒸发作用减弱，大气得不到冷却，所以温度就会越来越高。第二，人工排热器增加。拿日本来说，日本大城市中人口和产业集中，每天由工厂、汽车和空调等排出的热量十分巨大。据统计，日本全国现在使用的空调数量是1972年的30倍。

城市绿地是城市中的主要自然因素，因此大力发展城市绿化是减轻热岛效应的主要措施。绿地能吸收太阳辐射，并将大部分热量用于植物蒸腾耗热，并让热量在光合作用中转化为化学能，因而使得城市中致使环境增温的热量大大减少。

为什么要建自然保护区？

我国国土面积广阔，有很多美丽的山水风光和珍稀物种资源。国家为了保护这些资源，建立了各种各样的自然保护区。自然保护区也就是需要进行特殊保护、具有特殊意义的自然景观地域，比如丰富的物种资源和稀有动植物分布区、重要的风景区、名川大江的水源涵养区、具有典型意义的地质表面和自然遗迹以及一些人类还没有认识的、在探索自然中存在着特殊意义的自然区域等。

自然保护区既是一些自然生态系统和生物物种的保存地，又是活的自然博物馆。建立自然保护区就是要把一些有代表性的自然生物系统、珍稀野生动植物、奇特的自然景观、自然历史和自然历史遗迹等保护起来，让它们免遭破坏。当然，在保护的基础上，还可以供人们参观游览。

此外，建立自然保护区可以保护有价值的自然人文地理环境，为考证历史、评估现状、预测未来提供依据。

屋顶花园
屋顶花园在热度灼人的大都市中已渐成潮流。它不仅可以美化环境，而且能减缓高楼林立的城市温度日趋升高的趋势。

九寨沟
位于四川省阿坝藏族羌族自治州九寨沟县，属于国家级自然保护区，以其神奇的风景闻名于世，1992年被联合国教科文组织批准列入《世界文化与自然遗产名录》。

环境之最 我国最大的自然保护区：阿尔金山自然保护区，总面积为4.5万平方千米，其大小相当于45个香港特别行政区的面积。

100 000 SHIWAN GE WEISHENME